Le franc suisse : une naissance dans la douleur (1815-1865)

Jan Chiarelli

Le franc suisse : une naissance dans la douleur (1815-1865)

PETER LANG

Lausanne - Berlin - Bruxelles - Chennai - New York - Oxford

Information bibliographique publiée par *Die Deutsche Nationalbibliothek*.
Die Deutsche Nationalbibliothek répertorie cette publication dans
la *Deutsche Nationalbibliografie* ; les données bibliographiques
détaillées sont disponibles sur le site http://dnb.d-nb.de.

Library of Congress Cataloging-in-Publication Data
A CIP catalog record for this book has been applied for at the
Library of Congress.

Cet ouvrage est une version légèrement retravaillée d'une thèse de doctorat en histoire,
soutenue en septembre 2023 à la Faculté des Lettres de l'Université de Lausanne.
La publication de ce travail a bénéficié du soutien financier du
Fonds des publications de l'Université de Lausanne.
Publié avec le soutien du Fonds national suisse de recherche scientifique.

Illustration de couverture :

Projets de dessins pour l'avers de la pièce de 5 francs suisses réalisés
lors du concours pour les nouvelles pièces helvétiques en 1850-1851
(Archives fédérales, E12#1000/36#151* et E12#1000/36#152*).

ISBN 978-3-0343-4951-2 (Print)
E-ISBN 978-3-0343-4959-8 (E-PDF)
E-ISBN 978-3-0343-4960-4 (EPUB)
DOI 10.3726/ b21867

Publié par Peter Lang AG, Lausanne, Suisse

info@peterlang.com www.peterlang.com/

Remerciements

Cette étude est le fruit d'un travail de longue haleine qui n'aurait pu aboutir sans le concours de nombreuses personnes. Je tiens ici à leur témoigner ma reconnaissance.

Mes premiers remerciements vont à Cédric Humair, Sébastien Guex, Luca Einaudi et Sacha Zala pour leur expertise et la finesse de leurs critiques.

Pour leur travail de relecture et leurs corrections, je suis très reconnaissant à Vivien Ballenegger, Nicolas Chachereau, Samuel Goy, Sylvain Praz et Fabio Rossinelli. J'adresse également mes sincères remerciements à Karine Crousaz pour m'avoir initié à la lecture de la Kurrentschrift ; cette aide a été inestimable lors de la consultation des documents d'archives. Ma gratitude va aussi à Jacqueline Frey et à Alexandre Hirzel du Centre informatique de l'Université de Lausanne pour le support informatique et l'élaboration des cartes.

J'adresse mes plus profonds remerciements à Olivier Chaponnière, Roger Durand, Antoine Clerc et Gilles Perret pour les nombreux moments de partage, leur regard affuté, leur soutien technique, ainsi que la pertinence de leur analyse. J'ai aussi une dette particulière envers Gilles Bourquin, soutien indéfectible depuis de nombreuses années.

Merci également aux membres des familles Chiarelli, Vuaridel, Buffat et Siffert pour leurs encouragements.

Je suis également redevable au personnel des différentes archives et bibliothèques pour leur collaboration durant toutes ces années de recherches. Leur disponibilité m'a été très précieuse. Merci en particulier aux collaborateurs des Archives fédérales, des Archives d'Etat de Bâle-Ville, des Archives d'Etat de Genève, ainsi que de la Bibliothèque nationale suisse. Je suis en particulier reconnaissant envers Mme Cosette Lagnel du Musée monétaire de Lausanne pour son accueil.

Pour la réalisation de ce livre, merci à Mme Viktoria von Wickede pour son accompagnement et sa confiance.

Enfin, parmi toutes ces personnes, il y en a une essentielle, l'ingrédient magique, dont la bonne humeur contagieuse et le soutien inconditionnel m'ont fourni la légèreté indispensable à traiter cette thématique complexe et à tenir bon sur le long terme : que Camille trouve dans les pages qui suivent la marque de ma plus profonde reconnaissance.

Table des matières

Cette étude contient des informations complémentaires en annexe. Elles peuvent être téléchargées ici

https://supplementaryresources.blob.core.windows.net/4335438-chiarelli/Annexes.pdf

Liste des cartes

Liste des graphiques

Liste des schémas

Liste des tableaux

Liste des abréviations

Archives et périodiques

ACV	Archives cantonales vaudoises
AD	Archives diplomatiques de La Courneuve (Paris)
AEB	Archives d'Etat de Bâle-Ville
AEF	Archives économiques et financières (Savigny-le-Temple)
AEG	Archives d'Etat de Genève
AEZ	Archives d'Etat de Zurich
AF	Archives fédérales, Berne
BSG	Bibliothèque de Saint-Gall
Monatblatt	Monatblatt des Schweizerischen Gewerbsvereins
Wochenblatt	Wochenblatt des schweizerischen Industrievereins

Autorités politiques

AsF = Assemblée fédérale
CE = Conseil des Etats
CaE = Conseiller aux Etats
CdE = Conseiller d'Etat
CF = Conseil fédéral
Cf = Conseiller fédéral
CN = Conseil national
Cn = Conseiller national
DFF = Département fédéral des Finances
GC = Grand conseil

Monnaies

Cts = centimes
FF = Franc français
FLa = Florin allemand
FLz = Florin zurichois
FS = Franc suisse (nouveau)
FSa = Franc suisse (ancien)
TB = Thaler de Brabant
UML = Union monétaire latine

Cantons

AG	Argovie	**OW**	Obwald
AI	Appenzell Rhodes-Intérieures	**SG**	Saint-Gall
AR	Appenzell Rhodes-Extérieures	**SH**	Schaffhouse
BE	Berne	**SO**	Soleure
BL	Bâle-Campagne	**SZ**	Schwytz
BS	Bâle-Ville	**TG**	Thurgovie
FR	Fribourg	**TI**	Tessin
GE	Genève	**UR**	Uri
GL	Glaris	**VD**	Vaud
GR	Grisons	**VS**	Valais
LU	Lucerne	**ZG**	Zoug
NE	Neuchâtel	**ZH**	Zurich
NW	Nidwald		

1. Chapitre introductif

1.1. Introduction

«*L'histoire monétaire suisse n'a rien d'instructif ni d'édifiant*»[1]. Écrite en 1849, une année avant la naissance du franc suisse (FS), cette phrase d'un fin connaisseur de la situation monétaire du pays a de quoi surprendre le lecteur du 21e siècle. Il est vrai que les travaux actuels ont plutôt tendance à présenter l'histoire monétaire suisse comme une histoire à succès. Le titre du dernier ouvrage en date paru sur le sujet en témoigne bien[2]. C'est que la situation a passablement changé depuis un siècle et demi. Les propos tenus par le Conseiller fédéral (Cf) Hans-Rudolf Merz en 2005 à l'occasion de la commémoration du décès du Soleurois Josef Munzinger, premier Cf en charge des Finances considéré comme le père du FS, sont à cet égard révélateurs du chemin parcouru depuis un siècle et demi:

> «*Die Einführung des Frankens vor 150 Jahren entpuppt sich also als eine Erfolgsgeschichte. Die Schweiz gehört denn auch zu den ganz wenigen europäischen Ländern, die ihre ursprüngliche Währung bis heute beibehalten haben. [...] Zusammen mit der politischen Stabilität, der Sozialpartnerschaft, gesunden öffentlichen Finanzen, einem flexiblen Arbeitsmarkt und der Forschungsfreiheit bilden diese die Pfeiler unseres Wohlstands*»[3].

Présenté comme un élément constitutif de la prospérité helvétique actuelle, le FS n'a pas toujours rempli cette fonction, loin s'en faut. Depuis sa naissance en 1850, la monnaie suisse a d'abord passé par le statut de monnaie-satellite de la France peu recherchée sur les marchés étrangers durant toute la seconde moitié du 19e siècle. Elle a ensuite connu une histoire mouvementée au 20e siècle, avec les affres de la Première Guerre mondiale qui l'a hissée au rang de réserve de valeur internationale, position fortement renforcée par le Second conflit

---

1 Speiser, Johann Jakob, «Rapport d'expert et proposition d'un projet de loi concernant le système monétaire, accompagné d'un préambule», *Feuille fédérale suisse*, Vol. 3, 54, 1849, pp. 1-28 (ici, p. 5).

2 Baltensperger, Ernst, *Le Franc Suisse: l'histoire d'un succès*, Lausanne: Presses polytechniques et universitaires romandes, 2015, 320 p.

3 Discours de Hans-Rudolf Merz à Olten le 10.06.2005 intitulé «Bundesrat Munzinger: Der Vater des Schweizerfrankens», disponible en ligne (Etat au 17.07.2023): https://www.admin.ch/gov/de/start/dokumentation/medienmitteilungen.msg-id-130.html

mondial, et la dévaluation de 1936. Aujourd'hui, elle affiche une stabilité qui fait bien des envieux. Cette histoire à succès, comme aime à le rappeler la littérature consacrée au FS, est en fait une construction relativement récente qui tend à occulter que le FS naît dans la douleur.

C'est justement l'objet de ce travail. La réalisation de l'unification monétaire, inscrite dans la Constitution de 1848, est un parcours semé d'embûches. Au cœur de ce processus figure le choix du pied monétaire, c'est-à-dire la base qui détermine l'unité de référence du nouveau système. Plusieurs possibilités s'offrent au législateur de 1848 : adopter la monnaie française, introduire la monnaie des Etats du sud de l'Allemagne ou alors créer leur propre système monétaire. Si la première solution est finalement retenue, ce choix n'allait pas de soi. Le pays se déchire en effet autour de la question monétaire, comme on l'appelait alors. En 1850, un partisan de la monnaie allemande va jusqu'à considérer l'adoption du pied monétaire français comme une déclaration de guerre à la Suisse orientale. Au sortir de la guerre civile du Sonderbund, cette affirmation fait grand bruit et témoigne d'enjeux d'envergure qui pèsent sur le débat monétaire. Après la naissance du FS en 1850, ses premières années d'existence sont tout autant tumultueuses. A peine arrivées dans la circulation, les nouvelles pièces disparaissent sous les effets d'une modification du contexte international : la découverte de mines d'or dans des contrées lointaines contribue à redistribuer les cartes du jeu monétaire à l'échelle mondiale. Ce n'est qu'au prix de la diminution du contenu métallique des pièces suisses en 1860, qui constitue une importante modification de la législation monétaire adoptée une décennie auparavant, que les milieux économiques suisses parviennent à maintenir des espèces helvétiques dans la circulation intérieure. Cette mesure n'est toutefois pas du goût de tout le monde : en 1864, la France interdit les pièces suisses puisqu'elles ne sont plus conformes aux siennes. Nous sommes donc loin d'un parcours constitué d'exploits et de réussites se succédant qui seraient les fondements de la prospérité actuelle.

Disons-le d'emblée, il ne s'agit pas ici d'écrire une énième histoire du FS dont le 20e siècle a été particulièrement friand. Le lecteur qui chercherait un travail mettant en scène les grandes étapes de l'histoire monétaire helvétique serait vraisemblablement déçu en se lançant dans la lecture des pages qui suivent. Il existe d'ailleurs bien assez d'ouvrages qui remplissent cette fonction. Notre objectif est bien différent : cette étude vise à étudier le long processus qui donne naissance au FS en 1850 et ses premières années d'existence. Point de bascule entre la première moitié du 19e siècle, durant laquelle plus de 700 monnaies différentes circulent sur le territoire helvétique, et la participation à l'Union monétaire latine (UML) fondée en 1865, la naissance du FS figure sans aucun doute parmi les événements les plus importants de l'histoire monétaire contemporaine. Dans ce travail, il s'agira de comprendre qui sont les acteurs qui ont défendu ou combattu l'adoption du pied monétaire français en Suisse et, surtout, pour quelles raisons. De cette manière, il sera possible de donner un peu de chaire à une histoire qui a souvent tendance à se limiter à sa stricte dimension technique.

1.2. Importance de la thématique et questionnements de recherche

Durant le demi-siècle qui sépare 1815 de 1865, la Suisse connaît de profonds bouleversements en matière économique, sociale et politique. Pays à large dominante agricole où près de deux tiers de la population active est employée dans l'agriculture au début du siècle[4] et qui connaît des vagues d'émigration pour échapper aux disettes, il se transforme progressivement sous l'impulsion de l'industrialisation. En 1840, la Suisse figure ainsi en première position des pays dits "développés" en termes d'exportations par habitant[5]. Deux décennies plus tard, elle occupe la 3e place des pays "développés" en termes de volume de production industrielle par habitant, derrière la Grande-Bretagne et la Belgique[6], alors que les secteurs secondaire et tertiaire réunis emploient un peu moins de la moitié de la population active[7]. Cette transformation en profondeur de la structure socio-économique helvétique s'accompagne d'une modification du statut et du rôle de la monnaie. Pour bien comprendre cette évolution, il est au préalable nécessaire de prendre en compte les trois fonctions de la monnaie déjà énoncées par Aristote : celles de paiement, de compte et de réserve de valeur[8]. A ces trois fonctions traditionnelles, nous en ajoutons

4 Bairoch, Paul, *L'agriculture des pays développés, 1800 à nos jours : production – productivité – rendements*, Paris : Economica, 1999, p. 30.

5 Bairoch, Paul, « La Suisse dans le contexte international aux XIXe et XXe siècles », in Bairoch, Paul, Körner, Martin (Eds.), *La Suisse dans l'économie mondiale. Die Schweiz in der Weltwirtschaft*, Genève : Droz, 1990, pp. 103-140 (ici, p. 106).

6 Bairoch, Paul, « International Industrialization Levels from 1750 to 1980 », *Journal of European Economic History*, 11, 2, 1982, pp. 269-333 (ici, p. 281).

7 Siegenthaler, Hansjörg (Dir.), *Statistique historique de la Suisse*, Zurich : Chronos, 1996, tableau F.1 Ouvriers industriels et population active par secteurs et branches principales de 1800 à 1890, p. 396.

8 A ce sujet, l'analyse de Karl Marx demeure aujourd'hui encore la plus pertinente. Cf. Marx, Karl, *Le Capital. Critique de l'économie politique. Livre premier. Le procès de production du capital*, Paris : Presses universitaires de France, 1993 (éd.

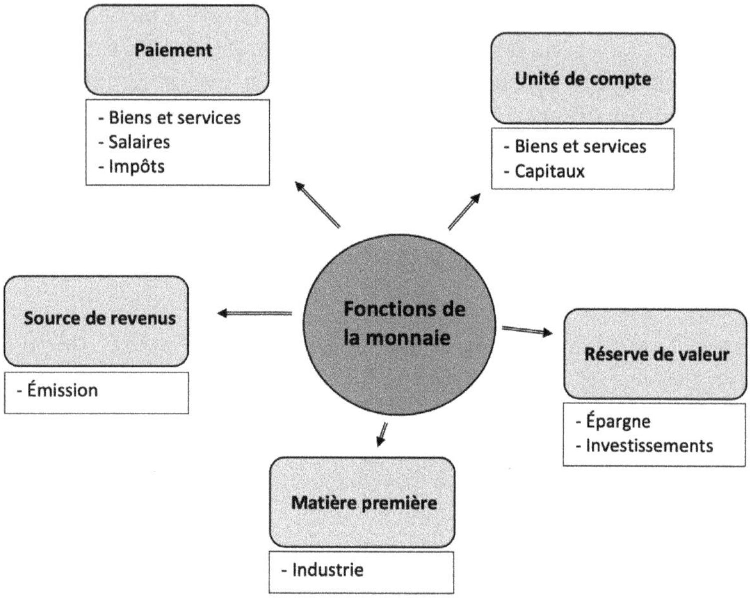

Schéma 1 : les fonctions de la monnaie

deux supplémentaires, celle de matière première et celle de source de revenus. Arrêtons-nous un moment sur cet aspect[9].

La fonction de paiement de la monnaie concerne et touche toutes les activités monétarisées de la société, puisqu'elle constitue le principal instrument

originale allemande : 1867), chapitre III, pp. 107-165. Pour une bonne discussion de cette approche : AGLIETTA, Michel, ORLÉAN, André, *La Violence de la monnaie*, Paris : Presses universitaires de France, 1982, pp. 43-49. De manière générale, sur les réalités que recouvre la notion de monnaie : SERVET, Jean-Michel, *Les monnaies du lien*, Lyon : Presses universitaires de Lyon, 2012, pp. 31-55.

9 Sur ce qui suit, cf. COURBIS, Bernard, FROMENT, Eric, SERVET, Jean-Michel, « A propos du concept de monnaie », *Cahiers d'économie politique*, 18, 1990, pp. 5-29 (ici, pp. 8-14) ; MORINEAU, Michel, « De quoi va-t-on parler ? De la monnaie... », *Revue européenne des sciences sociales*, XLV, 137, 2007, pp. 81-98 (ici, pp. 84-89) ; THIVEAUD, Jean-Marie, « Monnaie universelle, unique, unitaire, cosmopolite, internationale... : Petite anthologie de quelques siècles de projets monétaires entre utopie et réalité », *Revue d'économie financière*, 36, 1998, pp. 15-50 (ici, pp. 22-28).

des échanges dans les sociétés marchandes. Au contraire du troc, qui représente l'échange de deux biens ou services, la monnaie introduit une dimension supplémentaire dans le processus d'échange, car elle permet de différer le paiement. Lors du paiement au créancier, il ne s'agit plus d'acquérir un bien, puisque le débiteur est déjà en sa possession, mais d'éteindre une dette. A son tour, le créancier peut acquérir un bien avec cette somme ou honorer une dette qu'il posséderait. En raison de son rôle dans les échanges marchands, la monnaie intéresse tous les acteurs du commerce, des négociants actifs à l'échelle internationale aux détaillants pratiquant leurs activités sur les marchés de proximité en passant par tous les prestataires de services, qu'ils soient hôteliers, banquiers ou encore transporteurs. La monnaie concerne également les milieux industriels pour le paiement des salaires, qu'il s'agisse des grands industriels de l'industrie mécanisée qui sont de gros employeurs ou de plus petits industriels. Enfin, la monnaie devient au 19e siècle le principal outil pour payer les impôts.

Pour assurer cette fonction de paiement, il est décisif de pouvoir disposer de suffisamment de monnaies. Leur insuffisance peut en effet avoir comme conséquence de provoquer un ralentissement des échanges et peut mener à une paralysie de l'économie. C'est dans ce genre de cas que d'autres objets sont temporairement utilisés pour assurer les transactions, comme des timbres-poste ou de la porcelaine. Au contraire, l'inflation des moyens de paiement a pour conséquence une perte de valeur de la monnaie. En cas de surémission, les outils monétaires traditionnels sont en effet délaissés au profit d'autres instruments à la valeur jugée plus stable. Il est aussi nécessaire que la monnaie soit de bonne qualité et qu'elle soit reconnue comme telle par les partenaires économiques pour remplir son rôle d'intermédiaire des échanges. A défaut, elle peut constituer un frein à la fluidité des transactions, voire être refusée. En raison de cette fonction de paiement centrale dans les échanges, les coûts d'acquisition des moyens de paiements relèvent d'un facteur de compétitivité pour les acteurs économiques. Des variations sur le change des outils monétaires peuvent en effet fortement pénaliser ses utilisateurs par rapport à la concurrence. Au-delà du change, les coûts de transaction pour se procurer ces moyens de paiement jouent aussi un rôle et peuvent être déterminants pour demeurer compétitif.

La seconde fonction de la monnaie est son usage comme unité de compte, offrant ainsi la possibilité de mesurer la valeur de toute chose. Elle permet alors de simplifier la comparaison des prix et de fluidifier les échanges. Jusqu'au 19e siècle, la structure monétaire repose sur la circulation d'une multitude de pièces, dont la valeur des unes par rapport aux autres dépend de leur contenu métallique et de leur demande qui varie selon le type d'opérations à effectuer et en fonction du destinataire final. Afin de comparer et d'évaluer la valeur respective de ces espèces, une monnaie de compte – qui, comme son nom l'indique, sert à compter et n'est le plus souvent pas frappée – fournit une unité de mesure commune qui permet ensuite de transposer une valeur dans d'autres monnaies[10]. Avec ce système, il devient possible de faire cohabiter sur un territoire des espèces hétérogènes dans un ensemble relativement homogène. Ceci est d'autant plus nécessaire que les sociétés pré-marchandes connaissent de fréquents épisodes de pénurie monétaire, auxquels répondent la circulation d'une grande diversité de pièces locales et étrangères[11]. En somme, cette organisation fournit un repère commun auquel tout le monde peut se référer et qui sert de base au système d'échange. Le 19e siècle marque une rupture fondamentale dans cette structure. Les monnaies réelles et de compte fusionnent en une seule unité qui est à la fois l'une et l'autre: l'unité de compte est physiquement représentée par une espèce métallique. Changement majeur, car il implique que les pièces possèdent désormais une valeur monétaire et une teneur en métal toutes deux invariables[12].

En raison de cette fonction, la monnaie intéresse tous les acteurs de l'économie qui échangent des biens et des services sur une base monétaire. Pour être utilisée comme unité de compte, la monnaie doit être adaptée aux besoins et aux usages courants des utilisateurs pour qu'ils s'en servent. C'est ce qui explique qu'une fois solidement ancrées, il est très difficile de changer les habitudes liées à la manière de compter des monnaies. Puisqu'il est fréquent que les utilisateurs aient recours à des pièces provenant de plusieurs systèmes, la

---

10 Sur le fonctionnement des monnaies de compte: Bloch, Marc, « Mutations monétaires dans l'ancienne France », *Annales. Economies, Sociétés, Civilisations*, 2, 1953, pp. 145-158 (ici, pp. 152-154) ; Werveke, Hans Van, « Monnaie de compte et monnaie réelle », *Revue belge de philologie et d'histoire*, 13, 1-2, 1934, pp. 123-152 (ici, pp. 123-127). Et plus récemment: Day, John, « Naissance et mort des monnaies de compte (XIIIe-XVIIIe siècles) », *Revue numismatique*, 6, 153, 1998, pp. 335-343 ; Deleplace, Ghislain, « Les différents usages de l'étalon monétaire », *Cahiers d'économie politique*, 23, 1994, pp. 101-113 (ici, pp. 110-111); Boyer-Xambeu, Marie-Thérèse, Deleplace, Ghislain, Gillard, Lucien, « Vers une typologie des régimes monétaires », *Cahiers d'économie politique*, 18, 1990, pp. 31-60 (ici, pp. 32-33). Sur la Suisse, cf. Meier, Paul, *Der Währungswirrwarr von der Helvetik bis zur Bundesverfassung*, Bern: Arnaud-Druck, 1951, pp. 54-70.

11 Helleiner, Eric, *The Making of National Money. Territorial Currencies in Historical Perspective*, Ithaca ; London: Cornell University Press, 2003, p. 31 ; Bloch, Marc, « Mutations monétaires dans l'ancienne France », *op. cit.*, pp. 145-158 (ici, p. 152).

12 Bloch, Marc, *Esquisse d'une histoire monétaire de l'Europe*, Paris: A. Colin, 1954, p. 79.

fonction de compte est décisive car elle fournit le dénominateur nécessaire pour établir une comparaison entre elles. La lisibilité des changes doit donc être compréhensible pour que cette monnaie remplisse cette fonction. Enfin, en tant qu'unité de compte, la monnaie doit être suffisamment stable pour mesurer la valeur des biens et des services, sans pour autant la déterminer. La dévaluation, qui consiste en une baisse de la valeur légale de la monnaie, peut entrainer un abandon de cette monnaie, car elle ne présente plus la stabilité nécessaire à remplir son rôle d'unité de compte.

La troisième fonction de la monnaie est d'officier comme réserve de valeur dans le temps, bien que cette fonction ne soit pas propre à la monnaie. En effet, une monnaie peut perdre son statut de réserve de valeur en période d'instabilité économique, mais garder ceux de moyen de paiement et d'unité de compte. Quoi qu'il en soit, un détenteur de monnaies n'est pas tenu de les utiliser dans l'immédiat, car elles offrent la possibilité de différer le pouvoir d'achat qu'elles confèrent dans le temps. Dans cette perspective, le contenu métallique garantit la valeur nominale des monnaies et met en partie à l'abri ses détenteurs des risques de dévaluation ou d'inflation, car le métal précieux contenu dans une pièce a une valeur intrinsèque, indépendamment de son utilisation monétaire. Le souverain émetteur, rôle qu'endosse l'Etat dans les sociétés contemporaines, joue également un rôle central en garantissant la valeur de la monnaie sur la durée. En plus d'assurer la qualité de la fabrication des pièces, il peut aussi intervenir afin de limiter les risques de change qui pourraient peser sur une monnaie.

En tant que réserve de valeur, la monnaie intéresse tous ses détenteurs, mais en particulier les épargnants et les investisseurs. Pour remplir cette fonction, sa valeur doit donc être stable dans le temps afin de constituer une sécurité pour ses détenteurs. Cela signifie que l'inflation doit être maîtrisée pour éviter une perte de pouvoir d'achat et que la dévaluation doit être évitée pour garantir ce rôle de réserve de valeur. En somme, il est nécessaire de tendre vers la plus grande stabilité pour assurer cette fonction.

Au-delà de ces trois fonctions traditionnelles, il faut encore ajouter que la monnaie peut aussi remplir une fonction industrielle. Pour certains secteurs qui travaillent les métaux précieux, comme les orfèvres, les bijoutiers ou encore les horlogers, la monnaie constitue une matière première pour leurs activités. Cet aspect n'est pas à négliger, car l'usage non monétaire de la monnaie peut en effet atteindre des sommes conséquentes et constituer un élément de compétitivité économique. Il est donc nécessaire de disposer de monnaies en quantité suffisante pour pouvoir s'approvisionner directement dans la circulation. Un ralentissement dans la vitesse de circulation des moyens de paiement métalliques aurait pour conséquence de réduire l'activité industrielle. La qualité des pièces joue également un rôle important, car ne pas pouvoir les utiliser nécessiterait de modifier le circuit d'approvisionnement en matière première, engendrant au passage des coûts supplémentaires. C'est en effet parce que cela leur revient moins cher que ces acteurs économiques puisent dans la circulation des monnaies le métal nécessaire à leurs activités.

La monnaie a une dernière fonction, celle de source de revenus pour le souverain émetteur. Jusqu'à l'émergence des Etats-nations dans le courant du 19e siècle, le droit de frapper monnaie est une prérogative endossée par une multitude de souverains, qu'il s'agisse de rois, de princes, de villes, de monastères ou encore de profanes qui affirment leur souveraineté par l'émission de monnaies. Mais la fabrication de pièces, surtout celles qui contiennent une faible proportion de métaux précieux, peut aussi constituer une source de revenus pour ces souverains. D'ailleurs, il est très fréquent que le contenu métallique des pièces soit abaissé afin d'accroître les profits réalisés. Il arrive aussi que des frappes en grande quantité aient lieu de manière ponctuelle pour financer, par exemple, l'effort de guerre. En raison de ce rôle, les souverains sont peu enclins à se défaire de leur régale monétaire et peuvent faire preuve d'une résistance parfois assez forte à transférer à l'Etat le droit de battre monnaie. Enfin, dans les sociétés contemporaines, la valeur de la monnaie en circulation est garantie par la législation des Etats et les quantités frappées sont régulées. Cela signifie qu'en principe, le contenu métallique des pièces est invariable et qu'il y a moins d'épisodes de surémission.

En raison des multiples fonctions qu'endosse la monnaie, il peut arriver qu'une fonction entre en contradiction avec une autre. Par exemple, l'émission de grosses quantités de pièces de faible valeur de la part d'un souverain pour des raisons financières peut entrer en conflit avec la fonction de réserve de valeur qui requière une stabilité dans les quantités de moyens de paiement à disposition. En cas de crise économique, la nécessité de disposer d'outils monétaires en suffisance peut entrer en opposition avec la fonction de réserve de valeur, puisque les détenteurs de monnaies ont tendance à les thésauriser. Ainsi, la monnaie endosse plusieurs rôles et fonctions qui en font un objet d'étude extrêmement complexe. Pour chaque acteur économique, la monnaie remplit une ou plusieurs fonctions qui requièrent certaines qualités, qui peuvent être incompatibles avec les qualités que d'autres acteurs recherchent pour remplir une autre fonction monétaire.

Le 19e siècle est une période-clef pour l'étude de la monnaie. Les historiens et les économistes qui ont travaillé sur la question s'accordent sur son rôle de bascule, lorsque la monnaie s'impose comme *« un instrument d'échange ubiquiste* »[13]. Le système capitaliste se développe rapidement et touche bientôt à toutes les sphères de la société. L'industrialisation et le commerce explosent durant ce siècle. L'intégration à l'économie mondiale a comme conséquence une accélération du processus de monétarisation de l'économie, qui peut se définir comme l'extension et la multiplication des rôles que joue la monnaie dans les sociétés marchandes. La monétarisation se traduit par une diffusion croissante des pièces de monnaie métallique – puis des billets de banque – à disposition du public. Si ce processus s'accélère au 19e siècle, il est la conséquence de l'effet cumulé de plusieurs facteurs qui trouvent, pour certains, leurs racines dans le courant du Moyen-Âge[14]. A partir du 11e siècle, une part croissante de la population renonce à pratiquer l'agriculture et s'installe dans les centres urbains. Occupée à d'autres activités économiques, cette partie de la population dépend des produits agricoles pour sa consommation. Se mettent alors en place les bases d'un circuit d'échanges continus entre la campagne et la ville, dont le socle repose sur la circulation de monnaies. Cette transition progressive entre une structure agraire traditionnelle, centrée sur l'autoproduction, et une société de type marchande qui repose sur la vente du surplus agricole, est permise par toute une série de progrès techniques qui améliorent la productivité[15]. Elle s'accompagne d'un mouvement de spécialisation dans le milieu rural dès la fin du Moyen-Âge : une proportion croissante de la production est vendue, alors que l'alimentation est couverte par des achats réalisés sur les marchés. A cette dynamique des échanges entre villes et campagnes s'ajoute le développement des affaires aux échelles nationale et internationale qui s'accélère durant l'Epoque moderne. Conséquence de l'amélioration du niveau de vie lié à l'urbanisation, l'augmentation du pouvoir d'achat engendre une poussée de la consommation, entrainant une accélération dans le mouvement des marchandises, notamment soutenue par les progrès dans les transports, la communication et la distribution. Cette expansion des échanges induit une extension des rapports monétaires, le rôle de paiement des monnaies devenant une forme

13 Morineau, Michel, « De quoi va-t-on parler ? De la monnaie… », *op. cit.*, pp. 81-98 (ici, p. 85).

14 Bairoch, Paul, *Victoires et déboires II. Histoire économique et sociale du monde du XVIe siècle à nos jours*, Paris : Gallimard, 1997, pp. 349-350 ; North, Michael, *Das Geld und seine Geschichte. Vom Mittelalter bis zur Gegenwart*, München : C. H. Beck, 1994, pp. 33-37.

15 Jourdon, Philippe, *Histoire monétaire de l'Europe de 1800 à 2007 : De l'esprit des Lumières après le XVIIIe siècle à la généralisation de l'économie monétarisée à partir du XXIe siècle*, Paris : L'Harmattan, 2009, p. 9.

d'expression du développement économique. Les chiffres témoignent d'ailleurs bien de cette dynamique, bien que les données pour le montrer fassent défaut pour la première moitié du 19e siècle. Selon une estimation de Paul Bairoch, la quantité de numéraire en circulation, composé des pièces de monnaies métalliques et des billets de banque, est multipliée par 15 dans les pays "développés" entre 1850 et 1913, alors que leur vitesse de circulation s'accélère[16].

L'uniformisation des outils monétaires dans la plupart des pays "développés" durant le 19e siècle nourrit à son tour la monétarisation de la société, car en s'imposant comme le principal médium d'échange et le rouage essentiel des échanges marchands, la monnaie a des effets sur l'ensemble de la société, en ce qu'elle fournit aussi bien un espace commun qu'un tiers régulateur[17]. Dans une économie de marché, toutes les transactions deviennent monétaires : puisque tout doit pouvoir s'acheter et se vendre et que toutes les étapes du processus de production sont monnayables, le recours à une unité de mesure commune est indispensable à assigner une valeur standardisée à toute chose[18]. Socle des nouveaux systèmes économiques, elle agit aussi comme accélérateur des rapports économiques et tend à fluidifier la dynamique des échanges[19]. La monnaie fournit également la condition indispensable à la mise en place d'un marché du crédit à même de drainer l'épargne, composante essentielle du développement économique[20]. Reposant d'abord sur le noyau familial, le crédit s'étend dans un premier temps à l'échelle régionale, puis se développe au niveau national. Ainsi, s'immisçant à toutes les échelles de l'activité économique, la monnaie devient l'intermédiaire qui assure la cohésion des activités économiques. Mais pour que le rôle de la monnaie déploie ses effets, il est nécessaire d'intégrer toutes les couches de la société au système, y compris celles restées en retrait du processus marchand, comme les classes pauvres des centres urbains et certains milieux

---

16 Bairoch, Paul, *Victoires et déboires II*, *op. cit.*, p. 350.

17 Aglietta, Michel, « L'ambivalence de l'argent », *Revue française d'économie*, 3, 3, 1988, pp. 87-133 (ici, pp. 97-99) ; Aglietta, Michel, Orléan, André, *La Violence de la monnaie*, *op. cit.*, pp. 41-42.

18 Polanyi, Karl, *La grande transformation. Aux origines politiques et économiques de notre temps*, Malamoud, Catherine, Angeno, Maurice (Trad.), Paris : Gallimard, 1983 (éd. originale anglaise : 1944), pp. 68-70.

19 Braudel, Fernand, *L'identité de la France*, Tome III, *Les hommes et les choses*, Paris : Arthaud, 1986, pp. 355-360.

20 *Ibid.*, p. 366 ; Giarini, Orio, Stahel, Walter R., *Les limites du certain. Affronter les risques dans une nouvelle économie de service*, Lausanne : Presses polytechniques et universitaires romandes, 1990, pp. 18-20.

agricoles. En raison notamment du fort degré d'autoproduction et du recours au troc dans les petites transactions, ce type d'acteurs demeurent en marge du processus de monétarisation[21]. C'est par l'intermédiaire du commerce de détail pratiqué sur les marchés de proximité que cette intégration a lieu. Le remplacement du troc et de l'échange par des petites monnaies impose à chacun d'entrer en contact avec ces nouveaux signes et de les utiliser. Cette dynamique d'inclusion se réalise aussi avec l'accroissement de la demande de main-d'œuvre qui accompagne le développement des activités industrielles. En contrepartie, la diminution du nombre de personnes actives dans l'agriculture entraine la généralisation du salariat qui touche des pans toujours plus importants de la société[22].

Dans ce processus de monétarisation qui s'accélère au 19e siècle, la formation des Etats-nations et l'extension de leur rayon d'action est absolument déterminant. Ils assument en effet de nombreuses fonctions nouvelles, qui entrainent la mise sur pied d'une administration permanente : réseaux de communications, de transports et d'énergies tombent, à des degrés divers selon les Etats et les périodes, entre les mains des collectivités publiques. Le renforcement du rôle et des compétences du pouvoir central agit à trois niveaux principaux sur le processus de monétarisation de la société[23]. Le premier concerne l'unification monétaire. La formation d'un Etat-nation constitue la condition préalable de la création de systèmes monétaires nationaux sur la base de la conception "one nation = one money", notamment développée par l'économiste canadien Eric Helleiner[24], de sorte qu'en 1914, tous les pays "développés" disposent d'une monnaie nationale[25]. La centralisation de la régale monétaire transfère à l'Etat le droit et la compétence d'agir directement sur la structure de la circulation

21 Sur cet aspect, se référer en premier lieu à l'excellent article de Servet, Jean-Michel, « La fable du troc », *Dix-huitième siècle*, 26, 1994, pp. 103-115.

22 Giddens, Anthony, *The Nation-State and Violence*, Cambridge : Polity Press, 1985, p. 159.

23 Sur le rôle de l'Etat au 19e siècle dans le processus de monétarisation, on se référera à la seule étude qui, à notre connaissance, développe cette problématique : Helleiner, Eric, *The Making of National Money*, *op. cit.*, pp. 31-46.

24 Les économistes débattent de la validité de cette formule : cf. Helleiner, Eric, « One Nation, One Money : Territorial Currencies and the Nation-State », *Advanced Research on the Europeanisation of the Nation-State, Working Paper*, 17, University of Oslo, 1997, 40 p. (ici, pp. 9-19) et Cohen, Benjamin J., *The Geography of Money*, Ithaca ; London : Cornell University Press, 1998, pp. 1-4.

25 Helleiner, Eric, *The Making of National Money*, *op. cit.*, pp. 31-41 ; Albertini, Jean-Marie, Lecomte-Collin, Véronique, Collin, Bruno, *Histoire de la*

des espèces. Par les lois qu'il est habilité à décréter, il détermine quelles monnaies sont officielles, lesquelles peuvent être utilisées ou non. Il devient donc garant de la valeur et de la stabilité des monnaies. Cet élément est essentiel, car il entraine un lien de confiance entre la population et le pouvoir central : sans possibilité de vérifier la qualité du numéraire à sa disposition, le public témoigne de sa confiance dans la solvabilité de l'Etat[26]. Il s'agit du deuxième élément. Garant de la valeur du principal médium d'échange, le pouvoir central fournit ainsi une condition indispensable pour que les échanges s'effectuent sur une base monétaire sinon stable au moins unifiée. L'Etat procure en effet toute une série de garanties qui participent à encadrer la bonne marche de l'activité économique : la suppression d'une partie des coûts de transaction (le transport, les assurances, les services bancaires, les frais de fonte et de frappe ou encore l'agio), qui résultent de la multitude de monnaies et de l'incertitude qui pèse sur leur valeur réelle dans la circulation, la protection juridique en cas de défaut de paiements et sa possibilité d'intervenir sur les composantes de la masse monétaire créent un climat de confiance propice aux investisseurs et au développement des affaires[27]. Disposer d'une unité monétaire stable est un des prérequis pour promouvoir la croissance économique et favoriser le développement des activités sur les marchés nationaux et internationaux[28]. Le monde bancaire bénéficie en particulier de ces garanties car il dispose désormais d'un outil unifié dont la valeur est garantie par son contenu métallique, alors que l'Etat devient garant en acceptant les pièces sans conditions. Le troisième effet du renforcement du rôle et des compétences du pouvoir central sur le processus de monétarisation de la société concerne la mise sur pied d'un système de taxation uniforme, servant, selon les cas, à financer les efforts de guerre, l'entretien d'une bureaucratie ou le financement d'autres secteurs dont il a la gestion. En adoptant une monnaie commune, le pouvoir central se dote d'un appareil en

---

monnaie : du troc à l'euro, Paris ; Zurich ; Bruxelles : Sélection du Reader's Digest, 2000, p. 105.

26 Simmel, Georg, *Philosophie de l'argent*, Paris : PUF, 1987 (éd. originale allemande : 1977), pp. 196-198.

27 North, Douglass Cecil, « Transaction Costs in History », *Journal of European Economic History*, 14, 3, 1985, pp. 557-576 (ici, pp. 565-568) ; Helleiner, Eric, « National Currencies and National Identities », *American Behavioral Scientist*, 41, 10, 1998, pp. 1409-1436 (ici, p. 1415).

28 Osterhammel, Jürgen, *La transformation du monde. Une histoire globale du XIXe siècle*, Besien, Hugues van (Trad.), Paris : Nouveau Monde éditions, 2017 (éd. originale allemande : 2009), p. 988.

mesure d'homogénéiser le prélèvement des impôts à toutes les couches de la population[29]. Les milieux agricoles et défavorisés intègrent ainsi progressivement la société marchande afin d'être en mesure de régler les taxes sur une base monétaire et non plus en nature[30]. Ce processus d'extension de la monétarisation de la société, qui découle en grande partie de la multiplication des rapports des citoyens avec l'Etat, alimente et renforce à son tour la vitalité du marché intérieur.

Revenons maintenant à la Suisse. Comme les autres pays "développés", elle s'inscrit dans ce processus de monétarisation de la société. Le développement des activités industrielles et commerciales s'accompagne d'une forte croissance du numéraire en circulation. Composé des pièces de monnaies métalliques et des billets de banque, il passe de 117 millions de FS en 1851 à 551 millions de FS en 1910, soit une multiplication par près de cinq sur un peu plus d'un demi-siècle[31], alors que le nombre d'habitants augmente d'un peu plus de 50 % sur la même période. Ce phénomène s'accompagne, comme à l'étranger, d'un mouvement d'unification des systèmes monétaires qui sont en vigueur sur le territoire. En Suisse, il n'est toutefois pas linéaire. En effet, durant les deux premiers tiers du 19e siècle, l'évolution de la structure monétaire du pays se caractérise par une alternance de phases d'unification et d'éclatement, dont le schéma ci-dessous fournit une illustration.

Jusqu'à la fin du 18e siècle, les cantons helvétiques sont entièrement souverains en matière monétaire[32]. En 1798, Napoléon Ier impose à la Suisse la création d'un Etat fortement centralisé sur le modèle de la France : c'est la naissance de

29 Helleiner, Eric, *The Making of National Money*, *op. cit.*, pp. 91-96 ; Giddens, Anthony, *The Nation-State and Violence*, *op. cit.*, pp. 156-160 ; Tilly, Charles, *Coercion, Capital, and European States, AD 990-1990*, Cambridge : Basil Blackwell, 1990, pp. 84-89.

30 Ardant, Gabriel, « Financial Policy and Economic Infrastructure of Modern States and Nations », in Tilly, Charles (Ed.), *The Formation of National States in Western Europe*, Princeton : Princeton University Press, 1975, pp. 164-242 (ici, pp. 166 et 174-176).

31 Siegenthaler, Hansjörg (Dir.), *Statistique historique de la Suisse*, *op. cit.*, tableau O.3, Masse monétaire en Suisse de 1851 à 1910, p. 805. Avant l'unification de 1850, il n'existe aucune donnée permettant d'évaluer la quantité de numéraire en circulation à l'échelle du pays. Cf. la note 369 p. 295 pour des précisions.

32 Sur la situation monétaire durant l'Ancien Régime, cf. Furrer, Norbert, *Das Münzgeld der alten Schweiz : Grundriss*, Zürich : Chronos, 1995, 235 p.

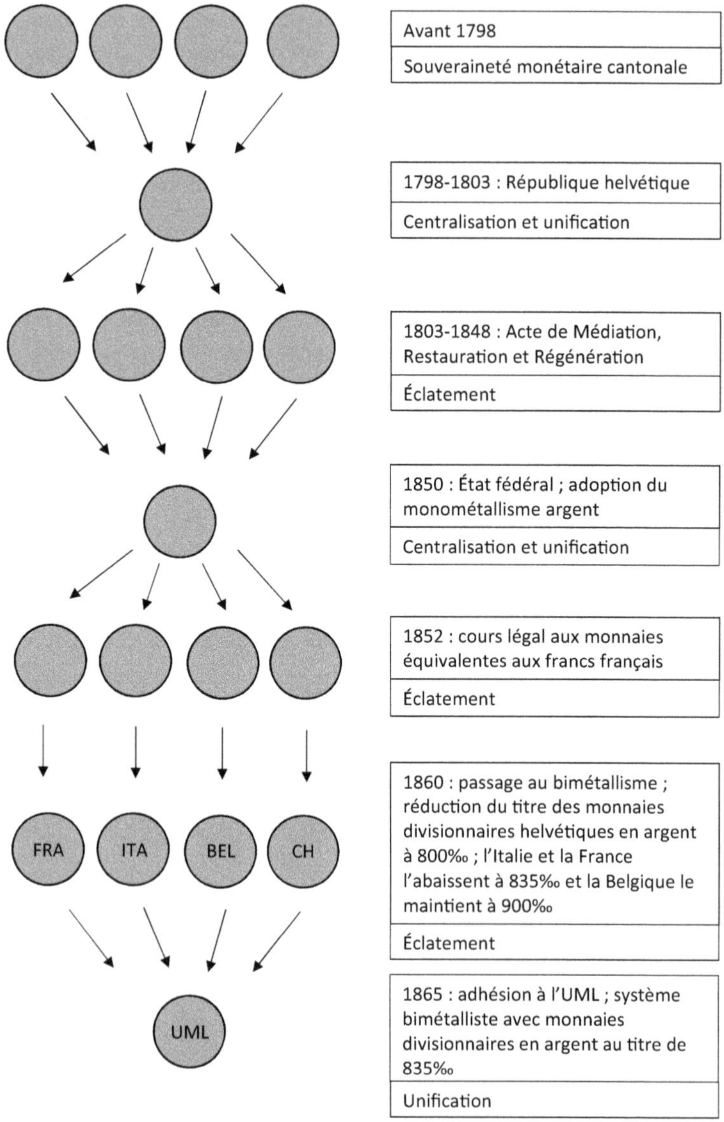

Schéma 2 : évolution du processus d'unification monétaire suisse (1798-1865)

la République helvétique[33]. La Constitution ne contient toutefois aucun article spécifique sur la régale monétaire. L'article 50 stipule uniquement que « *Les conseils législatifs ratifient ou rejettent, sur la proposition préalable et nécessaire du Directoire exécutif, tout ce qui concerne les finances, la paix et la guerre* »[34]. Sur la base de cet article constitutionnel assez vague, une première loi de juin 1798 contenant trois articles adopte le pied monétaire bernois comme base de la nouvelle unité monétaire du pays[35]. L'année suivante, une loi plus étoffée de 13 articles fixe plus précisément les caractéristiques du nouveau système monétaire[36]. Elle confirme l'adoption de la nouvelle unité monétaire helvétique sur la base du pied bernois, tout en intégrant le système décimal français. Elle prend le nom de franc suisse qui se divise en 10 batz de 10 rappes chacun (1 FSa = 100 rappes)[37]. Il se définit comme la 37e partie du marc d'argent fin, valant 1.47 franc français (FF)[38]. Ce texte législatif est un bon indicateur de la volonté des

---

33 Sur la République helvétique, cf. Böning, Holger, *Revolution in der Schweiz. Das Ende der Alten Eidgenossenschaft - Die Helvetische Republik 1798-1803*, Bern, etc.: Peter Lang, 1985, pp. 103-181 ; Simon, Christian, « Die Helvetik - Eine aufgezwungene und gescheiterte Revolution ? », in Hildbrand, Thomas, Tanner, Albert (Eds.), *Im Zeichen der Revolution: der Weg zum schweizerischen Bundesstaat 1798-1848*, Zürich: Chronos, 1997, pp. 29-49 ; Kästli, Tobias, *Die Schweiz - eine Republik in Europa. Geschichte des Nationalstaats seit 1798*, Zürich: NZZ, 1998, pp. 47-155 ; Kölz, Alfred, *Histoire constitutionnelle de la Suisse moderne. Ses fondements idéologiques et son évolution institutionnelle dans le contexte européen, de la fin de l'Ancien Régime à 1848*, Perrinjaquet, Alain, Colbois, Sylvie (Trad.), Berne: Ed. Stämpfli ; Bruxelles: Bruylant SA, 2006, pp. 108-155 ; Fontana, Biancamaria, *La République helvétique. Laboratoire de la Suisse moderne*, Lausanne: Presses polytechniques et universitaires romandes, 2020, pp. 21-133 (en particulier les pp. 27-56) ; Meuwly, Olivier, *Une brève histoire constitutionnelle de la Suisse*, Neuchâtel: Alphil, 2023, pp. 20-24.

34 « Constitution de la République helvétique du 12.04.1798 », reproduite in Kaiser, Simon, Strickler, Johannes, *Geschichte und Texte der Bundesverfassungen der schweizerischen Eidgenossenschaft von der helvetischen Staatsumwälzung bis zur Gegenwart*, Bern: K. J. Wyss, 1901, pp. 8-34 (ici, p. 20).

35 « Loi du 25 juin 1798. Type et taux de l'argent à monétiser », in *Bulletin des lois et décrets du Corps législatif de la République helvétique*, Volume I, Lausanne: Henri Emanuel Vincent, 1798, pp. 173-174.

36 « Loi du 18 mars 1799. Fixation d'un système monétaire uniforme en Helvétie », in *Ibid.*, Volume II, pp. 419-422.

37 Le poids des FS successifs et leur rapport à la monnaie française figure dans l'annexe 1.

38 Sur le passage, en France, de la livre tournois au franc, cf. Braesch, Frédéric, *La livre tournois et le franc de Germinal: essai sur la monnaie métallique*, Paris: La maison du livre français, 1936, pp. 13- 21 ; Consigny, Pierre, *La France et sa monnaie: un chemin de mémoire*, Paris: Imprimerie nationale éditions, 2001, pp. 205-207.

nouvelles autorités politiques de se doter rapidement d'un système monétaire unifié sans trop bousculer les habitudes[39]. C'est en effet ce qui explique qu'elles n'adoptent pas le pied monétaire français, mais privilégient un système déjà connu du public. Il présente également l'avantage de maintenir dans la circulation les pièces bernoises, qui sont les plus répandues dans le pays, car la loi ne prévoit que le retrait des pièces entièrement effacées ou rognées, l'ensemble des pièces cantonales qui circulaient avant 1798 restant donc en circulation[40].

Afin de réaliser cette nouvelle unité monétaire, les nouvelles autorités politiques procèdent à la frappe de pièces, dont les conditions d'émission sont fixées dans la loi[41]. Or, la période de la République helvétique se caractérise par un manque criant de métaux précieux, en raison notamment des caisses vidées par les Français, mais aussi de la cherté des métaux[42]. Les autorités politiques helvétiques récupèrent alors le métal des pièces retirées et fondent une partie des canons pour fabriquer les nouvelles pièces. Toutefois, pour faire face au manque de métal et à la situation financière précaire du nouveau pouvoir politique, les autorités procèdent essentiellement à la frappe de petites pièces, dans le but de réaliser un bénéfice. Il est ainsi frappé pour plus d'un million de FSa, dont la moitié en billon qui procure un gain de quelque 100'000.- FSa[43*]. En dépit de

---

39 A propos des monnaies durant la République helvétique, se référer en premier lieu à Strickler, Johannes, «Das schweizerische Münzwesen im Übergang vom 18. Zum 19. Jahrhundert», *Vierteljahrschrift für Sozial- und Wirtschaftsgeschichte*, 2, 1, 1904, pp. 122-147 et 2, 2, 1904, pp. 286-322 (en particulier la seconde partie). Cf. aussi Hofer, Paul-Friedrich, «Die Münzprägungen der Helvetischen Republik», *Revue suisse de numismatique, 26*, 1934, pp. 147-164 (ici, pp. 148-152).

40 Blaum, Kurt, *Das Geldwesen der Schweiz seit 1798*, Strassburg: Trübner, 1908, pp. 5-6 ; Weisskopf, Erich, *Das schweizerische Münzwesen von seinen Anfängen bis zur Gegenwart*, Bern: A. Francke, 1948, p. 55.

41 La loi prévoit la frappe de pièces d'or et d'argent, introduisant ainsi un système bimétalliste, dont le rapport entre l'or et l'argent est de 1/15.3. En France, il est fixé à 1/15.5.

42 Campagnolo, Matteo, «Les sept cents monnaies d'avant 1848», in Lescaze, Bernard, Rivaz, Michel de, Campagnolo, Matteo, *Une monnaie pour la Suisse*, Genève: Ed. Suzanne Hurter, 1999, pp. 43-54 (ici, p. 46) ; Weisskopf, Erich, *Das schweizerische Münzwesen*, *op. cit.*, p. 54.

43 Blaum, Kurt, *Das Geldwesen der Schweiz seit 1798, op. cit.*, p. 4. La répartition des frappes est la suivante: 271'216.- FSa en espèces d'or, 188'785.- FSa en pièces d'argent et 563'752.- FSa en billon (5, 1 et 0.5 batz, 0.5 kreuzer, 1 rappen).

* Dans l'ensemble du texte, toutes les valeurs sont exprimées en FF qui correspond à la valeur du FS de 1850, afin de faciliter les comparaisons dans le temps. Lorsqu'une autre unité est utilisée, elle est indiquée sous cette forme: FSa. Il existe plusieurs FSa,

l'usage d'un système connu, les nouvelles pièces ont de la peine à être acceptées par le public, qui privilégie l'utilisation des anciennes monnaies. Enfin, pour satisfaire les besoins du grand commerce et pallier les faibles frappes de bonnes espèces, les monnaies étrangères sont tarifées dans le pays.

Cette première expérience de centralisation et d'unification monétaires de l'histoire du pays ne dure que cinq ans. Malgré ses limites, notamment en ce qui concerne les faibles montants de frappes d'espèces en or et en argent, ainsi que le non-retrait des anciennes pièces cantonales, elle représente un véritable progrès pour la Suisse, qui se dote pour la première fois de son histoire d'une unité monétaire centralisée et qui émet des pièces à son effigie[44].

En 1803, constatant que les Suisses n'arrivent pas à s'entendre dans le cadre de la structure politique centralisée de 1798, Napoléon Ier impose l'Acte de Médiation qui consacre le retour de toute une série de compétences aux cantons[45]. Après la brève parenthèse centralisatrice de la République helvétique, cette nouvelle Charte représente un éclatement du système monétaire en place et constitue un retour à une organisation presque identique à celle d'avant

---

mais seules les sommes postérieures à 1819 ont été transformées (1 FSa = 1.45 FS de 1850). Se référer à l'annexe 1 pour la valeur des différents FSa et au chapitre 6.2.1 pour leur équivalence avec le FS de 1850. Les correspondances suivantes ont par ailleurs servi de base à la conversion : 1 florin hollandais = 1.45 FF ; 1 florin allemand (FLa) = 2.12 FF ; 1 florin autrichien = 2.57 FF ; 1 thaler allemand = 3.72 FF et 1 livre sterling = 25 FF.

44 Blaum, Kurt, *Das Geldwesen der Schweiz seit 1798, op. cit.*, p. 6 ; Hofer, Paul-Friedrich, « Die Münzprägungen der Helvetischen Republik », *op. cit.*, pp. 147-164 (ici, pp. 152-153).

45 Sur l'Acte de Médiation, se référer aux contributions dans Turchetti, Mario (Ed.), *La Suisse de la Médiation dans l'Europe napoléonienne (1803-1814). Die Schweiz unter der Mediationsakte in Napoleon Europa (1803-1814). Actes du colloque de Fribourg (journée du 10 octobre 2003)*, Fribourg: Academic Press, 2005, 151 p. et dans Czouz-Tornare, Alain-Jacques (Dir.), *Quand Napoléon Bonaparte recréa la Suisse : la genèse et la mise en œuvre de l'Acte de médiation. Aspects des relations franco-suisses autour de 1803. Journée d'étude du 3 mars 2003 à la Sorbonne, salle Louis Liard*, Paris : Société des études robespierristes, 2005, 248 p., ainsi qu'à Andrey, Georges, Tornare, Alain-Jacques, *L'Acte de Médiation. Socle d'une nouvelle Suisse*, Bière : Cabédita, 2017, pp. 11-92 et Andrey, Georges, Tornare, Alain-Jacques, *19 Février 1803 : l'Acte de Médiation rercrée la Suisse*, Lausanne : Presses polytechniques et universitaires romandes, 2021, pp. 19-157. Des informations figurent également dans Kästli, Tobias, *Die Schweiz – eine Republik in Europa, op. cit.*, pp. 156-176, dans Kölz, Alfred, *Histoire constitutionnelle, op. cit.*, pp. 157-168 et dans Meuwly, Olivier, *Une brève histoire, op. cit.*, pp. 24-27.

1798[46]. Son article 7 précise que « *Les monnaies fabriquées en Suisse ont un titre uniforme, qui est déterminé par la Diète* »[47]. Ainsi en est-il fait d'une monnaie centralisée et unifiée. Désormais, la Diète fédérale n'a, en vertu de ce texte, que la compétence de fixer les conditions d'émission des pièces fabriquées par les cantons par l'adoption d'une monnaie commune. Ce nouveau franc suisse, qui vaut très exactement 1.5 FF, est fixé par une loi le 11.08.1803[48]. Durant les années qui suivent, la Diète fédérale fixe plusieurs contingents de frappe qui s'élèvent à un total de 613'130.- FSa, petites et grosses pièces confondues. Or, elle n'a pas les compétences pour discipliner les cantons qui usent de leur régale sans égard aux prescriptions de la Diète[49]. Ainsi, de nombreux cantons refusent d'appliquer cette norme et frappent d'après leur pied monétaire, notamment les « nouveaux » cantons (Argovie, Saint-Gall, Thurgovie et Vaud). Seuls les Grisons et Schaffhouse respectent leur contingent de frappe, tandis que plusieurs cantons ne procèdent à aucune fabrication (Tessin, Unterwald et Zoug). Entre 1803 et 1811, l'ensemble des cantons frappe 2'180'473.- FSa, plus de trois fois la valeur autorisée par la Diète ; les espèces d'or et d'argent représentent moins de 8 % de cette somme[50]. A titre d'exemple, le canton de Bâle obtient un quota de 25'560.- FSa et fabrique pour quelque 284'000.- FSa, onze fois ce qui lui a été attribué[51]. Ainsi, en récupérant leur régale monétaire en 1803, les cantons enterrent en l'espace d'une décennie l'expérience centralisatrice de la République helvétique et mettent au service de leurs besoins la frappe de monnaies.

En 1815, le processus d'éclatement monétaire initié en 1803 se renforce avec l'adoption du Pacte fédéral qui représente un retour complet à la situation

---

46 Sur les ruptures et les continuités de 1798-1803, se référer par exemple au cas vaudois présenté par Furrer, Norbert, « Le "sage système de l'unité monétaire" en l'an 1803 », in Chuard, C. *et alii*, *Vaud sous l'Acte de Médiation, 1803-1813 : la naissance d'un canton confédéré*, Lausanne : Bibliothèque historique vaudoise ; Société vaudoise d'histoire et d'archéologie, 2002, pp. 225-229.

47 « Acte de Médiation du 19 février 1803 », cité in Kaiser, Simon, Strickler, Johannes, *Geschichte und Texte*, *op. cit.*, pp. 115-131 (ici, p. 118).

48 Af, C0#1000/2#3*, Abschied der Tagsatzung, 11.08.1803, pp. 293-299.

49 Meier, Paul, *Der Währungswirrwarr*, *op. cit.*, pp. 131-135.

50 Strickler, Johannes, « Das schweizerische Münzwesen », *op. cit.*, pp. 286-322 (ici, p. 313).

51 Chiffres tirés de Schüepp, Jakob, « Neue Beiträge zur Schweiz. Münz-und Währungsgeschichte 1700-1900. I. Teil : das Kleingeld », in *Programm der Thurgauischen Kantonsschule. Bericht über das Schuljahr 1913/1914*, Frauenfeld : Huber & Co, [1914], p. 92.

d'avant 1798. Cette nouvelle Charte ne contient en effet aucun article sur les monnaies, ce qui signifie que la régale monétaire revient entièrement dans les mains des cantons. Libres de toute prescription d'un pouvoir central, ceux-ci usent de leur droit et frappent massivement des petites pièces. Sans compétences en la matière, la Diète fédérale n'est pas en mesure de centraliser et d'unifier les systèmes cantonaux. Si une nouvelle unité de compte fédérale est adoptée en 1819 au sein de la Diète fédérale par 19 cantons, un FS qui vaut 1.48 FF, ceux-ci ne l'utilisent que pour les opérations comptables liées à l'Etat central, mais pas à l'échelle cantonale. Cette situation perdure jusqu'à la naissance de l'Etat fédéral en 1848, en dépit de plusieurs tentatives de centraliser et d'unifier les monnaies qui s'accélèrent dès les années 1830. En 1850, les systèmes monétaires cantonaux sont centralisés et unifiés sur la base du pied monétaire français qui est adopté comme base de la nouvelle unité monétaire du pays, un FS valant très exactement un FF. En 1852, un premier éclatement a déjà lieu, lorsque les monnaies françaises, sardes, belges et d'autres Etats italiens obtiennent cours légal sur le territoire helvétique. La parfaite similitude entre le système suisse et français introduite en 1850 ne dure qu'une décennie. En 1860, les autorités politiques helvétiques modifient le contenu métallique des petites monnaies d'argent pour faire face à leur disparition de la circulation, ce qui signifie qu'il n'y a plus de concordance avec les pièces françaises. En 1862 et en 1864, l'Italie et la France procèdent également à une modification du titre de fin de leurs petites pièces d'argent, mais sur une autre base que celle retenue par les autorités politiques helvétiques. Ainsi, en 1864, il existe trois titres différents pour les pays dont la structure monétaire est basée sur le franc, la Belgique n'ayant pas modifié le contenu métallique de ses monnaies. Ce nouvel éclatement ne dure pas longtemps. En 1865, ces pays se retrouvent au sein de l'UML qui adopte des normes communes pour la fabrication et la circulation des pièces de ces pays.

Entre 1798 et 1865, la structure monétaire helvétique se caractérise donc par une alternance de phases d'unification et d'éclatement. En l'espace d'un peu plus de six décennies, la multitude de souverains et de monnaies qui caractérisent la période antérieure à 1798 sont remplacées par une monnaie unique centralisée en 1850 qui est intégrée une décennie et demie après sa création à une union internationale. Durant les trois épisodes où les autorités politiques suisses adoptent une unité monétaire commune avant 1850 (1798, 1803 et 1819), c'est le système français qui sert de point de référence et non pas un système allemand. La valeur des francs suisses successifs possède en effet toujours une bonne correspondance avec l'unité française, jusqu'à la parfaite équivalence de 1850. Elle demeure jusqu'à la dévaluation du FF en 1928.

Entrons maintenant plus en détail dans la structure monétaire de la période qui va de 1815 à 1848, qui constitue une part importante de notre analyse[52]. Dans la littérature secondaire, la première moitié du 19e siècle est considérée comme une période de « chaos monétaire ». Sans s'attarder maintenant sur la validité de cette notion, qui sera discutée en détail plus bas, tâchons de saisir les principales caractéristiques de la situation qui prévaut avant l'unification de 1850[53].

Une première caractéristique est la multitude de souverains. En raison de l'évolution de la structure monétaire abordée ci-dessus, il existe un grand nombre d'autorités qui détiennent le droit de frapper des monnaies. Les pièces qui circulent sur le territoire durant la première moitié du 19e siècle proviennent en effet de 79 souverains suisses, parmi lesquels figurent tous les cantons et demi-cantons, l'Etat central de la République helvétique, des villes, des clergés, ainsi que des profanes[54]. Parmi eux, certains n'existent plus au 19e siècle, mais leurs pièces circulent encore, d'autres frappent jusqu'à la fondation de l'Etat fédéral en 1848, comme le canton de Genève, tandis que certains n'usent pas de ce droit, comme Appenzell Rhodes-Extérieures[55]. Des pièces de tout le continent européen circulent aussi sur le territoire helvétique.

A cette constellation de souverains s'ajoute une seconde caractéristique, la pléthore de dénominations des pièces de monnaies en circulation. Du côté des pièces d'or, les doublons et les ducats circulent à côté des florins, des couronnes ou encore des francs. En ce qui concerne les pièces d'argent et de cuivre, la diversité est encore plus grande : adlers, thalers, florins, kreuzers, batz, pfennigs, piécettes, schillings, groschens, soldi, blutzgers, angsters, denaris, centimes, sols ou encore deniers composent la circulation[56].

Une troisième caractéristique a trait à l'existence d'une pluralité de monnaies de compte et de manière de compter. Puisque chaque canton dispose de

---

52 Pour le fonctionnement des systèmes monétaires des cantons suisses aux 16e et 17e siècles, qui diffère assez peu de celui de la première moitié du 19e siècle, cf. Körner, Martin, « Zum Problem der Währungsvielfalt in der alten Schweiz », in Cauwenberghe, Eddy van, Irsigler, Franz (Eds.), *Münzprägung, Geldumlauf und Wechselkurse – Minting, Monetary Circulation and Exchange Rates*, Trier : Verlag Trierer Historische Forschungen, 1984, pp. 219-235.

53 Sur ce qui suit, cf. Meier, Paul, *Der Währungswirrwarr*, *op. cit.*, pp. 118-123.

54 La liste de ces souverains figure dans *Ibid.*, pp. 33-36.

55 Le Tableau 5 p. 127 donne la dernière date d'émission pour chaque canton et demi-canton.

56 Blaum, Kurt, *Das Geldwesen der Schweiz seit 1798*, *op. cit.*, pp. 39-40.

son propre système monétaire, celui-ci repose, selon les cas, sur une ou plusieurs monnaies de compte et qui, pour certaines d'entre elles, ont une utilisation très spécifique. A Berne par exemple, la livre est utilisée pour les valeurs patrimoniales, la couronne pour les intérêts et les salaires, tandis que le franc sert pour la comptabilité de l'Etat. Entre 1815 et 1848, 32 monnaies de compte différentes sont en vigueur sur le territoire helvétique, les plus connues étant le franc, le florin, la livre ou encore la couronne[57]. Certaines d'entre elles sont aussi des monnaies frappées qui circulent.

Tableau 1 : sélection de monnaies de compte en vigueur sur le territoire helvétique après 1798[58]

Entité	Unité monétaire légale	Monnaies de compte
Berne	1 franc suisse = 6.61 grammes	1 couronne = 25 batz = 100 kreuzers = 800 hallers 1 livre bernoise = 20 schillings = 240 hallers 1 franc suisse = 10 batz = 100 rappen
Genève	1 florin = 7.26 grammes (avant 1838) / 1 franc de Genève = 4.5 grammes (dès 1838)	1 livre courante = 3 florins et 6 sous = 20 sols (avant 1838) 1 franc genevois = 100 centimes (dès 1838)
Saint-Gall	1 florin = 9.75 grammes (avant 1838) / 9.54 grammes (dès 1838)	1 florin d'empire = 60 kreuzers = 240 pfennigs = 480 hallers
Zurich	1 florin = 10.48 grammes	1 florin zurichois = ½ thaler = 40 schillings = 60 kreuzers = 160 rappen = 480 hallers
Etat central	1 franc suisse = 6.61 grammes (1798-1803) ; 6.75 grammes (1803-1819) ; 6.66 grammes (1819-1850) ; 4.5 grammes (dès 1850)	1 franc suisse = 10 batz = 100 rappen

Comme ce tableau permet de la constater, certaines monnaies de compte sont construites sur une base décimale, d'autre sur une base duodécimale.

57 Meier, Paul, *Der Währungswirrwarr*, *op. cit.*, pp. 54-55.
58 L'unité monétaire légale est exprimée en grammes d'argent fin.

Ainsi, le franc peut-il se diviser en 10 batz de 10 centimes (rappen) chacun ou en 10 batz de 4 kreuzers chacun. Le florin se divise tantôt en 60 kreuzers de 4 pfennigs, tantôt en 40 schillings de 6 angsters. Il y a donc plusieurs monnaies qui portent le même nom, mais qui se subdivisent de manière différente et ne possèdent pas forcément la même valeur, ni dans le temps, ni dans l'espace: le florin de Zurich (FLz) pèse 10.48 grammes d'argent fin, tandis que le florin allemand (FLa) qui circule en Suisse orientale a un poids de 9.75 grammes d'argent fin jusqu'en 1838, puis de 9.54 grammes d'argent fin par la suite. Afin de s'y retrouver et convertir des valeurs entre tous les systèmes en vigueur, les recueils de tarifs ou livres de poche regorgent de tableaux d'équivalence et d'"exercices" servant par exemple à transformer une somme ancrée dans le système décimal en monnaie de compte d'un système duodécimal[59].

Ainsi, cette multitude de souverains qui frappent une grande variété de pièces aux dénominations différentes, couplée avec la diversité de manière de compter, a comme conséquence que la circulation se compose de pièces aux caractéristiques des plus hétérogènes. Pour bien comprendre cette situation, un détour par le processus d'émission des monnaies est nécessaire[60]. Le schéma ci-dessous en fournit une illustration.

Durant le Moyen-Âge et l'Epoque moderne, plusieurs unités de poids sont utilisées pour les métaux nobles en Europe: ce sont les poids de marc[61]. Les villes helvétiques utilisent tantôt le leur, tantôt un étranger[62]. Le choix du poids de marc détermine l'étalon monétaire, c'est-à-dire l'unité de référence du système monétaire, qui peut être en argent, en or ou reposer sur les deux métaux à la fois. Le nombre de pièces qui peuvent être fabriquées à partir d'un de ces

59 Un bon exemple est fourni par le caissier de la "Caisse d'Epargne et de Prévoyance de Genève": Bastard, Antoine, *Recueil des tarifs, contenant la réduction réciproque des monnaies de Suisse, de France, de Piémont, et du Canton de Genève, suivant leurs rapports actuels entr'elles*, Lausanne: Rouiller, 1828, p. 7.

60 Sur ce qui suit, cf. Courbis, Bernard, Froment, Eric, Servet, Jean-Michel, « A propos du concept de monnaie », *op. cit.*, pp. 5-29 (ici, pp. 20-22).

61 En France, c'est le marc de Paris, qui pèse 244.752 grammes d'argent fin, qui fait office de référence. Dans les Etats allemands, c'est généralement le marc de Cologne qui est en vigueur, mais sa valeur n'est pas unifiée et son poids varie de 233.468 grammes à Dresde à 233.955 grammes à Baden. Les marcs de Nuremberg, de Vienne et de Strasbourg sont aussi en vigueur.

62 Froidevaux, Charles, *Histoire économique et monétaire en Suisse occidentale (1589-1818)*, Tome 1, Neuchâtel: Alphil, 2019, pp. 47-56.

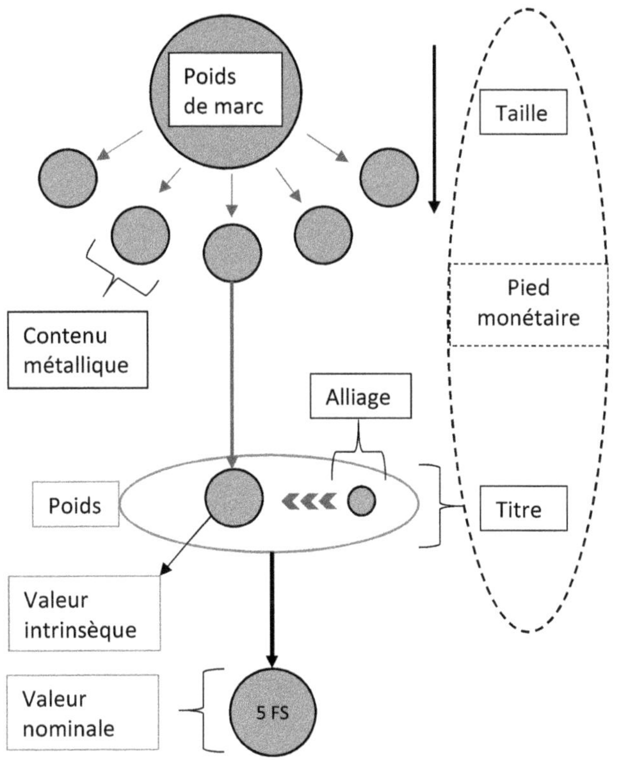

Schéma 3 : processus d'émission d'une pièce de monnaie

poids de marc, qui détermine donc le contenu métallique d'une pièce, s'appelle la taille. Les souverains ajoutent à ce poids de métal précieux un alliage de métaux non-nobles (du cuivre, du zinc, du nickel ou un mélange) : le titre ou l'aloi représente la proportion de métal précieux contenu dans une pièce. Un titre de fin de 900 ‰ signifie qu'il y a 900 ‰ de métal précieux et 100 ‰ d'alliage dans la pièce. Le poids fait quant à lui référence à l'ensemble de la pièce (métal précieux + alliage). La différence entre la valeur nominale, qui est inscrite sur la pièce, et la valeur intrinsèque, qui correspond à la valeur du métal précieux contenu dans la pièce, représente le gain du souverain et se nomme le droit de seigneuriage : plus la proportion d'alliage ajoutée est élevée – et donc la quantité de métal précieux est comparativement faible –, plus le gain pour le souverain émetteur est important. Si ce bénéfice permet de couvrir les frais inhérents à la fabrication (fonctionnement de l'atelier monétaire, frais de frappe ou encore paiement des salaires), il a surtout une visée fiscale, en ce qu'il permet de remplir les Caisses de l'Etat[63]. Schématiquement, le gain de seigneuriage représente donc la différence entre ce qu'un Hôtel des Monnaies demande pour la frappe d'une pièce et le métal que contient réellement cette pièce. Enfin, le pied monétaire représente le rapport qui existe entre le nombre de pièces qui sont taillées dans un marc et le titre de fin, ce qui permet de lier la valeur des monnaies au cours des métaux précieux. Le pied monétaire définit l'unité de base des systèmes monétaires. Pour la Suisse d'après 1850, l'unité de base est 1 FS. Dans les systèmes monétaires contemporains, le pied monétaire détermine généralement le cours légal des pièces, c'est-à-dire les pièces officielles que tout le monde est tenu de recevoir en paiement. A partir de 1850, les nouveaux FS – 5 , 2 et 1 FS ; 50, 20, 10, 5, 2 et 1 centimes (cts) – ont cours légal et un pouvoir libératoire illimité : elles permettent d'acquitter les dettes, sans aucune limite de temps ou de quantité. En 1852, les pièces d'argent de France, de Sardaigne et d'Etats italiens obtiennent aussi le statut de monnaies légales en Suisse. En 1860, la même mesure est étendue aux pièces d'or françaises et sardes. Il se peut également que des espèces sans lien avec le pied monétaire soient reçues auprès des Caisses publiques[64]. On parle alors de tarification ou de cours officiel: c'est notamment le cas en Suisse en 1870 avec les souverains et demi-souverains anglais et les dollars américains.

En raison du nombre élevé d'étapes nécessaires à la fabrication d'une pièce, un changement même mineur dans un seul maillon de la chaîne a pour conséquence qu'une pièce présente suffisamment de différences avec une autre pour qu'elles ne soient pas identiques[65]. C'est précisément ce qui se passe en

---

63 Melitz, Jacques, Oudiz, Gilles, « Systèmes monétaires et systèmes de change du XVIe et d'aujourd'hui en Europe occidentale », *Communications*, 50, 1989, pp. 181-194 (surtout les pp. 182-184).

64 Les Caisses publiques désignent toutes les caisses qui sont sous la responsabilité et l'administration de l'Etat, tels que les bureaux de péage ou de poste. Elles ont notamment pour fonction de recevoir le paiement des différents impôts, des taxes commerciales ou encore des intérêts. Elles sont également autorisées à procéder à certains paiements, jusqu'à la concurrence d'un montant qui varie d'un canton à l'autre.

65 Lehr, Ernest, *Essai sur la numismatique suisse*, Lausanne : B. Benda, 1875, p. 12.

Suisse durant la première moitié du 19e siècle, comme l'illustre le tableau ci-dessous. Puisque chaque canton frappe selon ses propres normes, il en ressort une mosaïque de pièces distinctes qui circulent[66]. Ces différences, qui sont généralement assez faibles, peuvent être la cause de résistances à l'unification ; elles peuvent aussi expliquer que les tensions disparaissent assez rapidement après le choix d'une monnaie commune.

66 Des tableaux récapitulatifs contenant le titre et le poids des différentes pièces frappées sont édités à l'usage des commerçants pour permettre d'évaluer leur valeur. Cf. par exemple Darier, Hugues, *Tableau du titre, poids et valeur des différentes monnaies d'or et d'argent, qui circulent dans le commerce*, Genève : Pierre Ecuyer, 1807, pp. 24-25.

Tableau 2: aperçu de la diversité des caractéristiques d'une sélection de pièces de monnaies frappées dans trois cantons suisses entre 1750 et 1850[67]

Canton	Monnaie d'or Valeur nominale (titre / poids)	Monnaies d'argent Valeur nominale (titre / poids)	Monnaies divisionnaires Valeur nominale (titre / poids)
		Avant 1798	
BE	1 ducat (0.986 / 3.5 gr.) 2 ducats (0.986 / 7.0 gr.) 1 doublon (0.900 / 7.6 gr.)	10 kreuzers (0.755 / 2.0 – 2.5 gr.) ½ thaler (0.874 / 13.4 – 14.0 gr.) 1 thaler (0.871 / 27.2 – 29.4 gr.)	1 kreuzer (0.123 / 0.7 – 1.1 gr.) 2 kreuzers = ½ batz (0.130 / 1.5 – 1.9 gr.) 4 kreuzers = 1 batz (0.242 / 2.1 – 2.8 gr.)
SG	1 ducat (0.986 / 3.5 gr.)	10 kreuzers (? / 3.6 gr.) ½ thaler (? / 13.5 – 14.0 gr.) 1 thaler (0.878 / 27.5 – 28.7 gr.)	1 kreuzer (0.180 / 0.60 gr.) 2 kreuzers (0.237 / 1.1 – 1.4 gr.) 4 kreuzers (0.340 / 1.6 – 2.3 gr.)
ZH	1 ducat (0.986 / 3.5 gr.) 2 ducats (0.986 / 7.0 gr.)	1 franc (0.889 / 7.4 gr.) ½ thaler (0.822 / 12.4 – 14.0 gr.) 1 thaler (0.847 / 25.1 – 28.1 gr.)	1 rappen (0.040 / 0.5 gr.)
		1798-1803 – République helvétique	
	16 francs (0.900 / 7.6 gr.) 32 francs (0.900 / 15.2 gr.)	1 franc (0.840 / 6.6 gr.) 10 batz (0.833 / 7.7 gr.) 20 batz (0.833 / 14.7 gr.) 40 batz / 4 francs (0.868 / 29.3 gr.)	1 rappen (billon / 0.6 gr.) ½ batz (billon / 2.0 gr.) 1 batz (billon / 2.7 gr.)
		Après 1803	
BE	1 doublon (0.900 / 7.6 gr.) / 16 francs bernois	1 franc (0.907 / 7.4 gr.) 2 francs (0.907 / 14.5 gr.) 4 francs (0.907 / 29.1 gr.)	1 rappen (billon / 0.6 gr.) 1 batz (0.165 / 2.62 gr.)
SG	-	½ franc / 5 batz (0.660 / 4.4 gr.)	1 kreuzer (billon / 0.8 gr.) 1 batz (billon / 2.4 gr.)
ZH	1 ducat (0.986 / 3.5 gr.)	10 batz (0.890 / 7.4 gr.) 20 batz (0.890 / 14.7 gr.) 40 batz (0.884 / 29.3 gr.)	1 rappen (billon /0.6 gr.)

67 Les informations figurant dans ce tableau sont tirées du travail de l'Essayeur de la Monnaie, Custer, Hermann, *Die Gewichte, Gehalte und Werthe der alten schweizerischen Münzen*, Bern: J. A. Weingart, 1854, 127 p. qui analyse toutes les pièces retirées lors de la réforme monétaire qui débute en 1849.

Poursuivons l'étude de la structure monétaire helvétique de la première moitié du 19e siècle. Afin de bien saisir sa complexité, il faut distinguer deux composantes de la circulation, les grosses pièces et les petites pièces, dont les règles de fonctionnement divergent passablement[68].

Les grosses pièces, qui peuvent être en or ou en argent, sont qualifiées de pièces de bonne qualité. Elles connaissent une très large diffusion à l'échelle européenne et pour certaines, comme la piastre d'Espagne et le FF, à l'échelle internationale. Elles peuvent être utilisées en paiement sur la majorité des places de commerce, car leur valeur nominale est garantie par leur valeur intrinsèque. En effet, en les faisant fondre, un particulier peut récupérer le métal précieux qu'elles contiennent – qui correspond à la valeur nominale moins le droit de seigneuriage – et peut le revendre sur le marché des métaux précieux. Monnaies du commerce international, du grand négoce et de la banque, elles servent de base aux transactions d'une certaine importance. Si un recours aux livres de poche (Heldmann, Nelkenbrecher, Noback, Peyer) permet d'évaluer leur prix[69], la valeur exacte de ces monnaies est déterminée à l'aide d'une balance de changeur (ou trébuchet) qui permet de les peser exactement. Cette pratique est d'autant plus nécessaire qu'il faut vérifier l'usure naturelle des pièces, tandis que le rognage est alors très répandu : il consiste à découper ou à limer le bord des pièces pour en récupérer des petites parties de métal précieux, puis à les remettre dans la circulation à un poids légèrement réduit. Il faut aussi préciser que le contenu métallique des grosses pièces n'est pas uniformisé pendant cette période. Par exemple, le titre de fin des thalers de Brabant (TB), originaires de Hollande et qui sont aussi frappés dans les Etats allemands, peut varier jusqu'à 2.5 % selon la date d'émission et le souverain qui les fabrique. C'est avec l'application de nouvelles technologies industrielles qu'elles sont progressivement homogénéisées dans le courant du 19e siècle[70].

Durant la première moitié du 19e siècle, certains cantons frappent des bonnes espèces en or ou en argent, comme Berne et Zurich, tandis que d'autres se

---

68 Schüepp, Jakob, « Neue Beiträge zur Schweiz. Münz-und Währungsgeschichte 1700-1900. I. Teil : das Kleingeld », *op. cit.*, 107 p. et Schüepp, Jakob, « Neue Beiträge zur Schweiz. Münz-und Währungsgeschichte 1700-1900. II. Teil : die groben Sorten », in *Programm der Thurgauischen Kantonsschule. Bericht über das Schuljahr 1915/1916*, Frauenfeld : Huber & Co, [1916], 118 p.

69 Les livres de poche contiennent de nombreuses tables de conversion entre les différentes monnaies présentes sur un territoire. Originaires d'Allemagne, ils se répandent rapidement en Suisse durant les années 1820-1830.

70 Helleiner, Eric, *The Making of National Money*, *op. cit.*, pp. 47-60.

reposent uniquement sur la circulation de pièces étrangères, comme Saint-Gall et la Thurgovie. Il convient toutefois de relever que si les pièces d'or circulent, elles ne représentent qu'une infime partie de la circulation. Tous les Gouvernements cantonaux édictent des tarifs officiels qui déterminent lesquelles de ces bonnes pièces ont un cours légal sur leur territoire et à quel prix elles sont reçues dans leurs Caisses[71]. Cette pratique poursuit plusieurs objectifs. Elle a pour but d'éviter de frapper soi-même ce type de pièces, car le gain réalisé sur leur fabrication est faible. Elle permet également de disposer d'outils monétaires qui sont acceptés parmi les partenaires économiques. Enfin, elle offre la possibilité d'élargir l'approvisionnement en numéraire pour se prémunir des épisodes de pénurie monétaire. Il en résulte une mosaïque de tarifs qui varient sur tout le territoire helvétique[72]. Une pièce d'argent de 5 FF peut ainsi être reçue à deux prix différents dans deux cantons limitrophes, alors que la piastre espagnole peut être tarifée ici et n'obtenir aucun cours là, car le besoin ne s'en fait pas ressentir. Afin de s'assurer de disposer de suffisamment de ces pièces ou au contraire pour les repousser, pour favoriser les affaires sur le marché intérieur ou alors avec l'étranger, les autorités politiques cantonales interviennent sur ces tarifs qui évoluent en conséquence dans le temps et dans l'espace, comme le montre le tableau ci-dessous[73]. Entre 1811 et 1840, le prix de la pièce de 5 FF augmente de près de 5 % à Lucerne, mais de moins de 1 % sur la même période à Zurich ; entre 1825 et 1848, le prix de cette même pièce de 5 FF augmente de 5 % à Bâle, tandis qu'il diminue de 2.5 % à Fribourg. Ces différences donnent lieu à un important commerce de spéculation qui se pratique entre les cantons. Au demeurant, ces tarifs cantonaux doivent être précis et être régulièrement adaptés au contenu métallique réel des pièces tarifées, c'est-à-dire en tenant compte de l'usure et du rognage ; sans ces précautions, les pièces étrangères peuvent très rapidement quitter la circulation. La variation de cette multitude de tarifs cantonaux entraîne également des cours abusifs sur ces bonnes espèces. Ils englobent deux dimensions. Il s'agit, d'une part, de la différence entre la valeur métallique intrinsèque et le cours officiel. En raison de leur rareté, pour s'assurer d'en disposer suffisamment ou pour s'aligner

71 Guery, Alain, Postel-Vinay, Gilles, « Aux origines de la monnaie moderne », *Annales. Economies, sociétés, civilisations*, 43, 4, 1988, pp. 969-974 (ici, pp. 971-972) et Boyer-Xambeu, Marie-Thérèse, Deleplace, Ghislain, Gillard, Lucien, « Vers une typologie des régimes monétaires », *op. cit.*, pp. 31-60 (ici, p. 38).

72 Weber, Ernst Juerg, « Currency Competition in Switzerland, 1826-1850 », *Kyklos*, 4, 3, 1988, pp. 459-478 (ici, p. 460).

73 Des « placards monétaires » sont régulièrement affichés dans les villes pour informer la population des monnaies qui ont cours et de leur valeur. Les démonétisations de pièces sont annoncées de la même manière.

sur l'augmentation de leur prix dans un canton voisin, certains Gouvernements cantonaux, surtout ceux où les activités dominantes sont orientées sur le marché intérieur (comme Fribourg et Vaud) ou ceux ne possédant pas de frontière avec l'étranger (principalement Unterwald, Uri et Zoug), haussent les tarifs de ces espèces, dont le prix ne correspond en conséquence plus à leur valeur intrinsèque. D'autre part, on parle de cours abusifs lorsque des montants sont arrondis par commodité ou lorsqu'il n'est pas possible de les régler avec les espèces existantes. Par exemple, au lieu de vendre un bien 34.2 batz, un marchand peut arrondir le prix à 34 ou 34.5 batz, selon qu'il veuille ou non ménager l'acheteur.

Afin de déterminer le prix de ces grosses espèces, c'est uniquement le contenu métallique des pièces qui est pris en compte. Prenons un exemple pour bien comprendre ce mécanisme : la pièce d'une valeur nominale de 5 FF pèse 25 grammes ; au titre de fin de 900 ‰, elle contient donc 22.5 grammes d'argent fin et 2.5 grammes d'alliage. En 1819, la valeur du FS est fixée par la Diète à 6.6665 grammes d'argent fin. Une pièce de 5 FF au contenu métallique de 22.5 grammes d'argent fin a donc un cours de 3.375 FS ou de 33.75 batz, 1 FS étant divisé en 10 batz. A côté de ce tarif officiel, le marché pratique d'autres prix, selon les mécanismes de l'offre et de la demande. Ainsi, le paiement des loyers et des intérêts ne se fait-il par exemple pas sur la même base que le tarif légal.

Tableau 3 : évolution du prix (en batz) de la pièce de 5 francs français dans quatre cantons suisses entre 1811 et 1840[74]

Canton Date	**1811**	**1825**	**1830**	**1840**
Argovie	33.75	33.75	34.00	35.00
Lucerne	33.50	34.00	34.50	35.00
Vaud	33.75	34.00	34.50	34.50
Zurich	33.75	33.75	31.00	31.00

Par ailleurs, en raison de la multitude de monnaies de compte et de manière de compter en vigueur sur le territoire, une même pièce est tarifée avec plusieurs dénominations, comme l'illustre le tableau ci-dessous tiré d'un guide de 1827 destiné aux voyageurs. Le Louis d'or français vaut ainsi 13.6 florins à 70 blutzgers dans les Grisons, 12 florins à 40 schillings à Lucerne, 11 florins à 60 kreuzers en Suisse orientale, 10 florins à 40 schillings à Zurich, 16 francs à 10 batz en Suisse occidentale et centrale ou encore 34 lires à 20 soldi austriaci dans le Tessin.

74 Tableau retravaillé à partir de données fournies par Meier, Paul, *Der Währungswirrwarr, op. cit.*, p. 49.

Tableau 4 : tarif d'une sélection de pièces d'or et d'argent étrangères avec les monnaies de compte cantonales en 1827[75]

Espèces	BE	VD	GE	BS	ZH	SG	LU	SZ	GL	GR	TI
						Pièces d'or					
Louis à 24 livres	16 fr.	16 fr.	51 fl.	10 fl. 40 kr.	10 fl.	11 fl.	12 fl.	13 fl.	10 fl. 20 sch.	13 fl. 6 blu.	34 lir.
20 FF	13 fr. 5 bz.	13 fr. 6 bz.	43 fl. 0.6 sols	9 fl.	8 fl. 27 kr.	9 fl. 17 kr.	10 fl. 5 sch.	11 fl.	8 fl. 34 sch.	11 fl. 0.5 blu.	28 lir. 13.75 sol.
Ducat d'Autriche et de Hollande	8 fr.	8 fr.	25.5 fl.	5 fl. 20 kr.	5 fl.	5 fl. 30 kr.	6 fl.	6 fl. 30 sch.	5 fl. 10 sch.	6 fl. 48 blu.	15 lir. 0.5 sol.
						Pièces d'argent					
Ecu de 6 livres	4 fr.	4 fr.	12 fl. 0.75 sols	2 fl. 40 kr.	2 fl. 30 kr.	2 fl. 42 kr.	3 fl.	3 fl. 10 sch.	2 fl. 25 sch.	3 fl. 24 blu.	8.25 lir.
5 FF	3 fr. 3.75 bz.	3 fr. 4 bz.	10 fl. 9 sols	2 fl. 15 kr.	2 fl. 6 kr.	2 fl. 19 kr.	2 fl. 21.25 sch.	2 fl. 30 sch.	2 fl. 8.5 sch.	2 fl. 52 blu.	7 lir. 3.5 sol.
TB	3 fr. 9 bz.	3 fr. 9 bz.	12 fl. 5 sols	2 fl. 36 kr.	2 fl. 27 kr.	9 fl. 17 kr.	2 fl. 37 sch.	3 fl. 5 sch.	2 fl. 22.5 sch.	3 fl. 20 blu.	8 lir. 5 sol.

Du fait de cette organisation monétaire relativement complexe, la loi dite de Gresham déploie ses effets[76]. En présence de plusieurs monnaies à la valeur intrinsèque différente, celle qui est en proportion surévaluée tend à s'imposer dans la circulation. En d'autres termes, la mauvaise monnaie chasse la bonne. Le mécanisme de ce processus est relativement facile à comprendre : lorsque deux espèces circulent conjointement, celle qui est reconnue comme

75 Tableau tiré de Glutz-Blotzheim, Robert, *Manuel du voyageur en Suisse*, Zurich : Orell, Füssli & Cie, 1827, p. 68 et retravaillé par nos soins. La définition des abréviations est la suivante : blu. = blutzgers ; bz. = batz ; fl. = florins ; fr. = francs ; kr. = kreuzers ; lir. = lires ; sch. = schillings ; sol. = soldi.

76 Théret, Bruno, « Les trois états de la monnaie. Approche interdisciplinaire du fait monétaire », *Revue économique*, 4, 59, 2008, pp. 813-841 (ici, p. 824). Pour la Suisse : Schüepp, Jakob, *Beiträge zur Schweizerischen Münzgeschichte, 1850-1894*, Frauenfeld : Huber & Cie, 1895, pp. 9-11.

la meilleure – c'est-à-dire qui présente le plus d'avantages – est utilisée dans le commerce extérieur, thésaurisée car elle constitue une réserve de valeur ou fondue pour récupérer le métal. Il ne reste donc plus que la monnaie considérée comme mauvaise dans la circulation. De plus, les tarifs différenciés qui sont pratiqués par les cantons suisses sur les grosses espèces ont un effet inflationniste, car elles ont tendance à se diriger vers l'endroit où elles sont payées au plus haut prix, laissant dans la circulation du réservoir qu'elles quittent les autres monnaies comparativement de moins bonne qualité. Afin de s'assurer de disposer d'espèces de bonne qualité, les autres Gouvernements cantonaux haussent à leur tour leur prix. Il faut enfin mentionner qu'en raison de la multitude de pièces étrangères qui sont tarifées, il n'est pas possible pour les Gouvernements cantonaux d'avoir connaissance de tous les changements qui interviennent à l'étranger sur le contenu métallique de ces monnaies. Ceci a comme conséquence que les tarifs qui sont en vigueur sur le territoire helvétique sont parfois en décalage avec la valeur réelle des pièces en circulation[77].

Au contraire des grosses pièces, les petites pièces s'inscrivent dans les systèmes monétaires locaux ou régionaux et ne connaissent qu'une diffusion géographique très limitée ; elles servent à s'acquitter des petits montants lors des transactions quotidiennes, à faire le change dans le cas où une grosse espèce est donnée en paiement d'une marchandise de faible valeur et à faire l'appoint d'une grosse somme. Les monnaies divisionnaires représentent les fractions de l'unité monétaire de référence. Composées d'un alliage de cuivre et de zinc, auquel peut être ajouté de l'argent dans une proportion qui est généralement comprise entre 5 % et 60 % du poids total, elles portent le nom de pièces de billon. En raison du peu de métaux précieux qu'elles contiennent, ces dernières pièces constituent une source de gain très intéressante pour les souverains, mais sont en conséquence souvent de mauvaise qualité, sont pour la plupart effacées, rognées et s'usent très facilement. Certaines se présentent comme des petites pièces noires sans marque distinctive et ne portent fréquemment aucune indication de leur valeur. Entre les multiples émissions cantonales, seules quelques très faibles distinctions permettent de les reconnaître. A cause de ces

77 Un bon exemple est celui de la France, où une multitude d'ordonnances, de décrets, d'arrêtés ou encore de lois monétaires sont édictés durant la première moitié du 19e siècle. Ils figurent dans : Levasseur, E., « La monnaie et la circulation monétaire en France depuis la Révolution de 1789 », *Revue d'économie politique*, 25, 4, 1911, pp. 425-454 (ici, pp. 432-434).

caractéristiques, elles sont régulièrement frappées d'interdits par les cantons voisins et par les Etats étrangers, notamment par la France et le Grand-Duché de Bade.

Durant la première moitié du 19e siècle, il est commun de regrouper ces pièces dans des sacs par lots de 4 ou 8 francs, dont le contenu est le plus souvent inconnu. En présence de ces pièces, acheteurs et vendeurs négocient leur valeur du fait de leur qualité médiocre, car les accepter ne donne aucune garantie à son détenteur de réussir à les réutiliser à la même valeur. Bien que l'Etat émetteur garantisse leur valeur nominale, il est très fréquent qu'il refuse de les reprendre car elles sont rognées et leur valeur intrinsèque ne correspond plus à celle du moment de l'émission. Au contraire des grosses espèces, les petites pièces ont un pouvoir libératoire limité: elles ne sont légalement reçues dans les paiements qu'à concurrence d'une certaine somme ou d'un certain pourcentage de la somme totale, généralement fixé à 5 %.

Entre 1815 et 1848, les cantons demeurent donc pleinement souverains en matière monétaire et modèlent à leur guise ce que nous entendons sous la notion d'armature monétaire, c'est-à-dire les lois, les tarifs et les différents types de pièces en circulation. Ils sont également libres de participer à des accords intercantonaux ou à des mesures prises sur une base volontaire à l'échelle fédérale.

Mais comment cette complexité se manifeste-t-elle concrètement pour les utilisateurs de la monnaie ? Deux exemples permettent d'en prendre la mesure. Le premier concerne un marchand de vins vaudois qui veut vendre pour 100 FF de ses produits à un Lucernois. Exprimé avec la monnaie de compte cantonale (1 florin lucernois vaut 40 schillings qui se divisent en 6 angsters de 2 hallers chacun), ces 100 FF représentent 50 florins lucernois, 3 angsters et 1 haller. En admettant que le marchand vaudois soit payé comptant avec la monnaie qui circule à Lucerne, il devra faire face à deux difficultés avec les pièces reçues. La première concerne les grosses espèces, en l'occurrence les florins lucernois. Certes, ces pièces peuvent être écoulées relativement facilement. Néanmoins, elles ne sont pas reçues par les Caisses publiques vaudoises. Le marchand est alors contraint de se tourner vers un changeur, devant au passage assumer les frais de change. Sur le marché, ces florins lucernois sont reçus en-dessous de leur valeur, car l'utilisateur n'est pas certain de pouvoir facilement les utiliser dans ses affaires courantes. Et si ce marchand vaudois avait reçu en paiement des pièces qui connaissent une plus large diffusion, comme la piastre espagnole, il n'est pas certain que le marchand puisse les réutiliser à la même valeur à laquelle elles ont été reçues, en raison des tarifs qui varient d'un canton à l'autre. Il risque donc de perdre quelques pourcents sur leur valeur. Le second problème auquel est confronté le marchand vaudois concerne les petites pièces, dans ce cas 3 angsters et 1 haller. La situation se complique alors, car ces pièces ne sont ni acceptées par les Caisses publiques vaudoises, ni sur les marchés régionaux. Là encore, le marchand doit passer par l'intermédiaire d'un changeur qui lui donnera en échange de ces petites pièces des batz qui ont cours sur le territoire vaudois ; toutefois, la taxe de change est dans ce cas plus élevée qu'avec les grosses espèces, car le changeur veut se protéger de ces pièces qu'il écoulera avec plus de difficultés. En définitive, le marchand peut très bien faire ses affaires, mais il risque de recevoir en paiement des outils monétaires qui n'ont pas une valeur identique chez lui ou qui ne sont tout simplement pas acceptés dans son canton ou parmi les personnes avec qui il est en relation d'affaires. Il est en conséquence très fréquent que les marchands actifs à l'échelle interrégionale haussent légèrement leur prix afin de couvrir les taxes de change qu'ils devront assumer par la suite.

Un second exemple permet de bien saisir comment se manifeste la complexité de l'organisation monétaire qui prévaut durant la première moitié du 19e siècle, celui d'un voyageur anglais qui entre en Suisse par Genève. En paiement d'un bien ou d'un service quelconque, il donne ses souverains anglais et reçoit en retour un mélange de pièces, soit des florins genevois, des sols et des deniers. Incapable de déterminer leur valeur, ce voyageur est contraint de laisser les vendeurs puiser dans sa bourse le montant demandé lors de ses achats. Dans une échoppe, un détaillant lui explique alors que le florin genevois se divise en 12 sous de 12 deniers chacun. Après quelques semaines passées à Genève, il s'est familiarisé avec le système duodécimal en vigueur et maîtrise l'utilisation des pièces en circulation. Il décide ensuite de poursuivre son voyage à travers le pays. Arrivé à Lausanne pour y passer la nuit, l'aubergiste refuse d'être payé avec des pièces genevoises, celles-ci n'ayant pas cours dans le canton de Vaud. Il est par contre d'accord d'accepter les florins, qui sont des bonnes pièces qu'il pourra réutiliser sans trop de difficultés. Mais puisqu'elles ne sont pas tarifées par les Caisses publiques, il les prend légèrement sous leur valeur, afin de couvrir les éventuelles taxes de change. L'aubergiste informe alors l'Anglais qu'il doit se méfier avec les grosses pièces qu'il a en sa possession, car elles ne sont pas reçues partout à la même valeur et peuvent même parfois être refusées. En retour de son paiement, il rend au voyageur des batz et des rappen qui sont ancrés dans le système décimal vaudois. Se retrouvant avec ces différentes petites pièces dans sa bourse, dont il ne peut déjà plus utiliser la moitié, l'Anglais comprend qu'il sera contraint d'écouler les petites monnaies du canton qu'il quitte, même s'il n'a pas de dépense à faire, car il ne les utiliserait qu'à perte par la suite. Quant aux bonnes espèces, il risquera de devoir négocier leur valeur. Il prend conscience qu'il sera confronté à une organisation monétaire tout autant incompréhensible à ses yeux dans chaque canton. Ainsi, au moment de quitter le pays, il risquerait d'avoir sur les bras une diversité de petites pièces dont il ne saurait que faire. Par ailleurs, en raison de la multitude de systèmes en vigueur, il pourrait uniquement constater le prix global de son séjour sur le territoire helvétique par le nombre de pièces qu'il n'a plus en sa possession, mais sans savoir ce qu'a pu lui coûter tel ou tel bien ou service.

Ces quelques pages permettent de montrer que la structure monétaire helvétique est complexe durant la première moitié du 19e siècle. La centralisation des compétences monétaires en 1848 et l'adoption d'une monnaie unique deux ans plus tard mettent un terme à cette organisation. Partant de ce constat, ce travail cherche à répondre à deux questions centrales. La première est de déterminer quels milieux économiques revendiquent l'unification monétaire durant la première moitié du 19e siècle ? La seconde question est de comprendre qui sont les acteurs qui se mobilisent en faveur de l'adoption du pied monétaire français comme base de la monnaie suisse en 1849-1850 ? En d'autres termes, le cœur du questionnement est de comprendre qui réclame une monnaie unique et qui se prononce pour la référence monétaire française et pour quelles raisons. Dans ce travail, nous défendons la thèse que les milieux marchands et banquiers de Suisse occidentale qui dominent le débat considèrent l'adoption du pied monétaire français comme un des principaux outils de l'intégration de la Suisse au commerce international. Pour défendre cette thèse, trois hypothèses ont guidé nos recherches.

La première hypothèse, c'est que les facteurs géographiques et politiques traditionnellement avancés par les chercheurs sont insuffisants à expliquer les enjeux qui sous-tendent le débat monétaire qui suit la naissance de l'Etat fédéral. Cette approche binaire d'une division en deux camps ne permet en effet pas de saisir la complexité des prises de position. A cet égard, un article du rédacteur en chef de la *Neue Zürcher Zeitung* Peter Felber paru en 1849 illustre parfaitement que les contemporains sont déjà conscients qu'il ne peut être question de réduire la défense d'un pied monétaire à un positionnement géographique ou à une orientation politique. Les divisions que connaissent les milieux économiques de Suisse orientale en sont un bon exemple :

> *« Die Aeusserungen, die sich namentlich in der öffentlichen Schweiz in der verschiedensten politischen Lagern kundgeben, sind hiefür unwiderlegbare Beweise, dass man an der Sache und nicht am Scheine hält, denn so wie sich die grössten Widerpartei, die "Neue Schweiz" und der "Erzähler" für den Guldenfuss vereint zu haben scheinen, so*

> *sprechen sich hinwieder die konservative Thurgauerzeitung und der radikale St. Gallerte sehr einig für den Fünffrankenthaler aus »*[78].

Nos recherches permettent de valider cette première hypothèse. Le facteur qui a le plus de poids n'est ni géographique, ni politique, mais économique. De là découle la seconde hypothèse, à savoir que c'est le type et l'orientation des affaires des acteurs économiques qui détermine leurs prises de position. Autrement dit, la défense d'un pied monétaire ou d'un autre dépend de la structure de l'activité économique pratiquée par les acteurs. Selon que les activités soient productives, commerciales ou de services, pratiquées sur les marchés de proximité, le marché intérieur ou extérieur, qu'elles soient orientées en direction du nord ou du sud de l'Europe ou de l'outre-mer, ce sont ces caractéristiques qui constituent les paramètres décisifs pour comprendre quels acteurs défendent quels choix. De ce point de vue, les propos tenus en 1850 par la fraction de la commission du Conseil national favorable au choix du pied monétaire allemand comme base de la nouvelle monnaie sont absolument clairs sur l'importance du facteur commercial :

> *« Plus l'autre rapport [de la majorité en faveur du pied monétaire français, JC] passera légèrement sur ces faits relatifs au mouvement commercial et auxquels est subordonnée la solution de la question monétaire, plus nous nous verrons obligés d'insister pour en faire ressortir l'importance. Ils sont doublement décisifs lorsqu'il s'agit de projets de réforme dans les affaires monétaires d'un petit pays comme la Suisse, qui, en vertu de sa position frontière ouverte de presque tous les côtés, enclavé entre deux grands pays ayant des systèmes monétaires à eux, en vertu de la nature de son sol auquel sont subordonnées et sa production et sa consommation, en vertu du caractère propre de son industrie et de son commerce qui, puisant leur force dans le principe de la liberté du commerce, ont dû se frayer, au milieu de nombreuses vicissitudes, une voie dans les pays étrangers, en traversant les lignes de douanes de nos voisins, – d'un pays qui, en vertu de son besoin proportionnellement immense de moyens de circulation et de l'impossibilité dans laquelle il se trouve de frapper avec avantage de grosses espèces suivant ses besoins, enfin qui, en vertu de sa répugnance prononcée pour tout ce qui tend à augmenter les moyens artificiels de circulation par l'émission de papier- monnaie, de bons du trésor, etc., ne peut être mis sur la même ligne que tout autre Etat […] »*[79].

---

78 [Felber, Peter], « Entwurf zu Münz-Gesetzesvorschlägen », *Neue Zürcher Zeitung*, 29.10.1849, pp. 1-2 (ici, p. 1). Sur Peter Felber, cf. la note 207 p. 372

79 « Rapport et propositions de la fraction de la Commission du Conseil national qui recommande l'adoption du système du franc de Suisse basé sur le marc de Cologne (5 avril 1850) », *Supplément à la Feuille fédérale*, Vol. 1, 20, 30.04.1850, pp. 1-142 (ici, pp. 59-60). Nous soulignons.

Cette seconde hypothèse, celle du rôle décisif du facteur commercial pour comprendre les prises de position, est aussi validée à l'issue de nos recherches.

La troisième et dernière hypothèse concerne le lien entre adoption du pied monétaire français et financement de la construction du réseau de chemins de fer en Suisse. Plusieurs études ont avancé l'idée qu'il existerait un rapport entre le processus d'unification monétaire et le financement du réseau ferré[80]. Certes, les acteurs intéressés aux chemins de fer qui sont investis dans la question monétaire se tournent du côté de Paris à peine le pied monétaire français adopté aux Chambres. Certes, la fondation des premières compagnies helvétiques de chemins de fer se repose sur des capitaux d'origine anglaise et surtout française. Certes, l'unification monétaire contribue à créer un climat de confiance qui rassure les investisseurs, désormais plus enclins à orienter leurs fonds en direction du financement d'activités à l'intérieur du pays. Ces éléments semblent donc coïncider pour tisser un lien entre adoption du pied monétaire français et financement de la construction du réseau de chemins de fer. Néanmoins, sur la base des sources consultées, nous arrivons à la conclusion qu'aucun élément ne permet de valider cette hypothèse. Il est tout à fait possible que des recherches ultérieures portant spécifiquement sur le financement de la construction du réseau ferré apportent une réponse différente à la nôtre.

Les questions qui vont guider notre analyse et les hypothèses principales de notre recherche ayant été présentées, intéressons-nous maintenant de plus près aux ouvrages qui ont déjà abordés notre sujet.

1.3. Aperçu bibliographique et apports

La production d'études relative à la naissance du FS est très variée et pourtant notre connaissance du sujet demeure lacunaire à plusieurs égards. A la croisée de nombreuses disciplines – historique, numismatique, juridique, économique –, l'histoire monétaire intéresse en effet de nombreux domaines qui évoluent selon leurs propres règles et poursuivent des buts spécifiques. Bien que cette pluralité de points de vue présente l'avantage de fournir des éclairages distincts sur une

80 Gubler, Ferdinand, *Die Anfänge der schweizerischen Eisenbahnpolitik auf Grundlage der wirtschaftlichen Interessen, 1833-1852*, Zürich: Leemann & Co, 1915, pp. 261, 267 et 270 ; Duc, Gérard, *Les tarifs marchandises des chemins de fer suisses (1850-1913): stratégies des compagnies ferroviaires, nécessités de l'économie nationale et évolution du rôle régulateur de l'Etat*, Berne, etc.: Peter Lang, 2010, p. 73 ; Schneider, Hans, *Geschichte des Schweizerischen Bundesstaates 1848-1918. Erster Halbband 1848-1874*, Zürich: Ernst Waldmann, 1931, p. 130.

grande diversité de thématiques, il en résulte un cloisonnement important du savoir sur les questions monétaires, chacune de ces études venant enrichir son propre champ, le plus souvent déconnecté des autres disciplines et ne prenant que rarement en compte les avancées effectuées dans les autres domaines de recherche[81]. Dans ces conditions, le travail de l'historien consiste à tenter d'élaborer une synthèse de ces approches pour reconstruire aussi fidèlement que possible la réalité historique. Or, cette entreprise le confronte à une situation délicate. Il se rend en effet rapidement compte que la littérature se caractérise par trois traits saillants dans les questions monétaires des deux premiers tiers du 19e siècle. Tout d'abord, il relève une absence marquée des historiens de ce terrain de recherche et, partant, d'un manque de questionnement historiographique et de recours à des sources de première main. Les économistes et les numismates dominent ce champ et leurs travaux ont largement façonné le modèle interprétatif dominant. Ensuite, l'historien qui entreprend ce travail de recherche remarque que les principaux traits de cette grille d'analyse, qui s'est imposée durant la première moitié du 20e siècle, ne peuvent se comprendre sans prendre en compte l'influence décisive du contexte national et international sur le rythme de la production des travaux, ainsi que sur l'interprétation des phénomènes historiques. Les publications dans ce domaine sont presque toujours liées à des événements qui perturbent la situation contemporaine et qui agissent comme autant de moteurs à l'écriture de l'histoire du choix du franc comme monnaie nationale en 1850. Les motivations et les préoccupations des auteurs relèvent ainsi le plus souvent d'un intérêt immédiat, au caractère scientifique et historique négligeable. Enfin, l'historien se rend alors compte que ces travaux sont utilisés comme une justification historique qui est mise au service d'une meilleure compréhension de la situation contemporaine. Outils à visée politique, dont les thèses sont fortement orientées, ces études doivent inciter à une forme de prudence et à une lecture critique. Car il est vrai que l'histoire monétaire du début du 19e siècle est, pour reprendre la formulation de l'historien français Guy Thuillier, « *une histoire austère, une histoire difficile* » qui touche à toutes les dimensions de la société et fait intervenir une multitude d'acteurs, dont il n'est pas toujours aisé de distinguer les intérêts[82]. Dans ces

81 Sur les champs que recouvre l'histoire monétaire : Thuillier, Guy, *La monnaie en France au début du XIXe siècle*, Genève : Droz, 1983, pp. 3-5. A propos de la nécessité d'adopter une approche interdisciplinaire pour l'étude de la monnaie : Servet, Jean-Michel, *Les monnaies du lien*, *op. cit.*, pp. 82-84.

82 Thuillier, Guy, *La monnaie en France au début du XIXe siècle*, *op. cit.*, p. 3.

conditions, il est bien plus confortable de maintenir un regard superficiel sur l'objet historique et de véhiculer le cadre interprétatif dominant afin d'éviter de se confronter à la complexité que requiert cette analyse.

Le modèle interprétatif dominant qui explique pour quelles raisons le FF constitue la base de la monnaie nationale s'articule autour des trois temps de la réforme monétaire de 1849-1850, représentant sa cause, son déroulement et ses conséquences. Présentons-le brièvement avant d'entrer dans le détail de la littérature consacrée à ce sujet. Le premier jalon de ce modèle postule que depuis le début du 19e siècle, la situation monétaire du pays se caractériserait par une forme de « chaos monétaire » ou d'« anarchie monétaire » (« Münzchaos » ou « Münzwirrwarr »), résultat de l'usage des régales cantonales présenté plus haut. Au moment de la fondation de l'Etat fédéral en 1848, cette situation de « désordre » serait la principale cause de la réforme qui passe par la centralisation et l'unification de l'ensemble des systèmes cantonaux. Présenté comme mouvement inéluctable, le postulat d'un « chaos monétaire » qui expliquerait à lui seul le processus d'uniformisation, n'épuise cependant pas pour autant la question. Le second jalon du modèle dominant concerne le choix du pied monétaire. Loin de faire l'unanimité, l'adoption d'une monnaie commune diviserait le pays en deux blocs défendant des intérêts diamétralement opposés. D'une part, une Suisse occidentale se prononcerait en faveur du FF. D'autre part, une Suisse orientale serait favorable au choix du FLa. Enfin, le troisième jalon considère qu'au terme d'une violente confrontation entre ces deux groupes, l'adoption du système français donnerait lieu à une perte d'indépendance de la Suisse qui deviendrait une « province monétaire » de sa puissante voisine.

La pierre angulaire de ce modèle est le choix du pied monétaire qui mettrait aux prises deux Suisses, considérées comme deux fronts homogènes aux intérêts distincts et inconciliables. La prédominance du facteur géographique comme clef d'interprétation décisive s'est imposée dans l'ensemble du champ sans jamais être remise en question. Elle est d'ailleurs reprise à l'étranger et constitue, dans les ouvrages généraux sur l'unification monétaire au 19e siècle, une des principales caractéristiques du cas helvétique[83]. Les lignes qui suivent ont pour objectif de présenter, dans un premier temps, les grands traits de la production de travaux qui a vu naître ce modèle qu'il s'agira de discuter plus en détail dans un second temps.

83 Cf. par exemple : Vanthoor, Wim Frans Victor, *European Monetary Union since 1848. A Political and Historical Analysis*, Cheltenham ; Northampton : Edward Elgar, 1996, p. 13.

La première étude d'ampleur sur l'histoire monétaire helvétique du 19e siècle provient de l'enseignant et numismate thurgovien Jakob Schüepp en 1895[84]. L'auteur cherche à saisir dans son travail les causes des dysfonctionnements de l'UML, union fondée en 1865 qui créé une vaste zone de libre circulation des monnaies équivalentes au franc entre la France, la Belgique, l'Italie, la Suisse et la Grèce. Schüepp pose dans son travail les deux premiers jalons du modèle présenté ci-dessus. Premièrement, l'existence d'une multitude de pièces en circulation avant 1848 sont la cause d'un « chaos monétaire ». Deuxièmement, il défend la thèse que les débats monétaires qui ont lieu dans le cadre de la fondation de l'Etat fédéral en 1848 ne répondent pas à une opposition politique entre conservateurs et libéraux, mais doivent être analysés comme une confrontation économique entre l'est et l'ouest de la Suisse. Malgré quelques nuances formulées par l'auteur à l'égard de l'unité de ces deux blocs, cette grille de lecture s'est imposée par la suite parmi l'ensemble des chercheurs comme le facteur explicatif déterminant dans la compréhension des rapports de force qui sous-tendent le choix de la nouvelle monnaie fédérale.

Une décennie plus tard, l'économiste allemand Kurt Blaum réalise une thèse en économie politique à l'Université de Strasbourg sous la direction de Georg Friedrich Knapp, auteur de la très influente *Staatliche Theorie des Geldes* (1905). Blaum, tout en respectant des normes scientifiques strictes et en insérant son histoire dans le contexte économique, perpétue la grille d'analyse proposée par Schüepp sans la discuter et fournit le troisième jalon du modèle. Sa thèse centrale repose en effet sur l'idée que l'adoption du FF en 1850 réduit la Suisse à une « province monétaire française », dont elle est dans un état de dépendance totale[85]. Cette thèse présente l'avantage d'inscrire dans le temps long ce qui serait devenu une caractéristique essentielle de la Suisse vis-à-vis de la France, non seulement dans le domaine monétaire, mais de manière plus large au niveau des relations économiques, celle d'une dépendance qui remonte à la période de la République helvétique. Bien que largement exagérée, cette interprétation a pourtant fait date. Or, elle ne peut faire l'économie du contexte de sa rédaction. A partir des années 1870, la Suisse profite du dynamisme allemand, qui devient la locomotive économique de l'Europe continentale. Mais dès le début du 20e siècle, les relations avec la France s'améliorent suite à une série d'accords dans les secteurs du commerce et des transports, tandis que celles avec l'Allemagne se détériorent. En 1908, Blaum appelle à une sortie de l'UML

---

84 Schüepp, Jakob, *Beiträge zur Schweizerischen Münzgeschichte, op. cit.*, 154 p.
85 Blaum, Kurt, *Das Geldwesen der Schweiz seit 1798, op. cit.*, pp. 17, 31 et 42.

qui est emmenée par la France et qui témoigne aux yeux de l'économiste allemand de l'influence historique française sur l'évolution monétaire helvétique, tout en constituant un signe indéniable de l'absence de sa souveraineté sur sa propre monnaie. Quitter cette entente monétaire permettrait ainsi à la Suisse de renforcer ses liens avec l'Allemagne. Au même moment, Hans Altherr produit une analyse plus nuancée que celle de Blaum. Il se questionne quant à lui sur le rôle que la Banque nationale suisse, qui a ouvert ses portes l'année précédente, peut jouer pour résoudre les problèmes monétaires engendrés par la participation de la Suisse à l'UML[86].

Au début du 20e siècle, les trois articulations du modèle interprétatif ont donc été formulées : la réforme de 1850, qui répond à un « chaos monétaire » qui prévaut depuis le début du siècle, met au prise deux Suisses aux intérêts antagonistes et l'adoption du FF comme base de la monnaie nationale rabaisse la Suisse au statut de « province monétaire » de la France. A cet égard, la thèse réalisée en 1948 par l'économiste bâlois Erich Weisskopf témoigne du poids de ce modèle au sein du champ de l'histoire monétaire helvétique. Il pérennise en effet les conclusions de Blaum et les élève au rang d'évidences. Sa formulation est d'ailleurs sans équivoque : « *Dass die Schweiz damit zu einer Geldprovinz Frankreichs degradiert wurde, dem es sich regelrecht in die Arme warf, ist augenscheinlich [...]* »[87]. Réalisée au sortir de la Deuxième Guerre mondiale, alors que la Suisse se trouve dans une situation très délicate vis-à-vis de ses voisins, cette thèse de doctorat en économie politique, dirigée par Eduard Kellenberger, sous-directeur du Département fédéral des Finances (DFF) et professeur extraordinaire d'économie politique à l'Université de Berne, a pour principale fonction d'ancrer au sein d'une base historique solide l'image d'un petit pays dont le destin monétaire a toujours été soumis à celui des Grandes puissances. L'étude de Blaum (1908), qui a largement été reprise par Weisskopf (1948), s'est imposée comme l'ouvrage de référence dans le champ monétaire, alors même que ses thèses sont très orientées et que le questionnement historiographique demeure en grande partie absent. L'étude du 19e siècle est en effet mobilisée comme un outil politique au service d'une justification de la situation contemporaine, au détriment d'une meilleure connaissance des processus historiques en cours. La thèse de Blaum ne repose d'ailleurs que sur un corpus de sources très maigre et n'intègre pas non plus deux travaux bâlois de qualité

86 Altherr, Hans, *Eine Betrachtung über neue Wege der schweizerischen Münzpolitik*, Bern : A. Francke, 1908, pp. 6-9.

87 Weisskopf, Erich, *Das schweizerische Münzwesen*, *op. cit.*, pp. 77-78.

qui fournissent pourtant des éléments d'analyse qui permettent de nuancer le modèle interprétatif dominant.

Le renouvellement qui s'opère au début du 20e siècle accuse un changement de perspective dans les études sur la naissance du FS. Aux travaux sur le temps long s'ajoutent des études thématiques sur la courte durée qui éclairent d'un jour nouveau les rapports de force qui se jouent à l'échelle fédérale en 1849-1850. En 1901, le statisticien et secrétaire de la Chambre de commerce de Bâle Traugott Geering montre bien le rôle central joué par les acteurs bâlois lors de la réforme fédérale[88]. Par ailleurs, il énonce des pistes de recherches très pertinentes – comme la question du financement de la réforme – qui sont pourtant restées lettre morte. Quelques années plus tard, le statisticien bâlois Fritz Mangold, fournit une biographie conséquente du banquier Johann Jakob Speiser en mobilisant notamment sa correspondance personnelle[89]. L'analyse de réseau permet à Mangold de dépasser le modèle interprétatif d'une partition du pays en deux blocs antagonistes et d'en relativiser l'unité, tout en mettant en évidence la complexité des intérêts défendus. Bien que de nature hagiographique, ces deux études sont les seules à adopter le point de vue cantonal sur la réforme et contribuent à modérer la validité du facteur géographique comme critère explicatif déterminant.

En 1936, la nuance apportée par Mangold est confirmée par le banquier et commerçant saint-gallois William Schlesinger[90]. Il réalise une thèse de doctorat en économie politique sous la direction d'Eugen Grossmann, expert influent en politique financière et fiscale et professeur de statistique et de sciences financières à l'Université de Zurich. Fortement influencée par la violente crise économique des années 1930, cette thèse a pour but premier de fournir un ciment idéologique pour la défense du FS face aux exigences croissantes de dévaluation, en liant sur le temps long le destin monétaire helvétique à celui de la France. Par l'analyse d'un corpus extrêmement riche de sources, constitué de la majorité des brochures publiées lors de la réforme, ainsi que de la correspondance des principaux défenseurs saint-gallois du FLa, il parvient à montrer

88 Geering, Traugott, « Die schweizerische Münzreform durch Bankdirektor Johann Jakob Speiser », in Historischen und Antiquarischen Gesellschaft zu Basel (Ed.), *Festschrift zum vierhundertsten Jahrestage des ewigen Bundes zwischen Basel und den Eidgenossen 13. Juli 1901*, Basel : [s.n.], 1901, pp. 181-193.

89 Mangold, Fritz, « Bankdirektor Johann Jakob Speiser », in *Basler Biographien*, 1904, pp. 135-320.

90 Schlesinger, William, *Das Geldproblem in der Öffentlichen Meinung der Schweiz, 1803-1850*, Zürich : [s.n.], 1936, 135 p.

que le modèle interprétatif élaboré par Schüepp et approfondi par Blaum est largement superficiel. Il remet en effet en cause la pertinence du critère géographique en identifiant les réseaux d'acteurs à l'œuvre lors des discussions sur le choix de la monnaie fédérale et démontre que l'unité du bloc de Suisse orientale n'est qu'apparente. La thèse de Schlesinger constitue une étude centrale de la production des études consacrées à la naissance du FS. Son apport au champ de l'histoire monétaire helvétique du 19e siècle est essentiel pour bien saisir la complexité des intérêts en jeu lors de la réforme monétaire. Ces trois études sont complétées en 1953 par la biographie conséquente du Cf Josef Munzinger, réalisée par l'historien soleurois Hans Haefliger[91]. En ce qui concerne notre thématique, son principal apport est de mettre en lumière le rôle de Munzinger dans le choix du pied monétaire français.

Les quatre travaux présentés ci-dessus marquent un saut qualitatif important au sein du champ de l'histoire monétaire helvétique du 19e siècle. Tout en remettant en cause le jalon central sur lequel repose la grille d'analyse dominante, ils confirment la nécessité d'intégrer à l'analyse d'autres critères explicatifs, tels que les intérêts divergents des différents milieux économiques suisses. Ces études contribuent, ce faisant, à donner un peu de chair à cette histoire, qui, sous la plume des premiers auteurs, avait plus tendance à se réduire à des considérations relevant des sciences monétaires qu'à une véritable tentative de saisir dans sa complexité cet objet historique.

Au début des années 1950, le juriste bâlois Paul Meier propose une thèse de doctorat dirigée par Eduard Kellenberg, également directeur de la thèse de Weisskopf, qui aborde la structure de la circulation des monnaies helvétiques durant la première moitié du 19e siècle[92]. A notre connaissance, il s'agit de l'unique recherche qui étudie en profondeur les intérêts monétaires des cantons avant la centralisation de 1848. Cette analyse permet à Meier de discuter en détail la notion de « chaos monétaire », en montrant que cette situation répondait aux intérêts cantonaux dans le cadre de l'exercice de leur souveraineté monétaire[93]. Bien que les conclusions du juriste bâlois soient largement influencées par le contexte international – elles visent à montrer, à la veille des

---

91 Haefliger, Hans, *Bundesrat Josef Munzinger*, Solothurn : [Drucksachenverwaltung Staatskanzlei], 1953, 447 p.

92 Meier, Paul, *Der Währungswirrwarr*, *op. cit.*, 148 p.

93 Sur cette notion de souveraineté dans le domaine monétaire, cf. Thiveaud, Jean-Marie, « Le Roi, l'Etat, la finance – Souveraineté et légitimité de la monnaie », in Aglietta, Michel, Orlean, André (Dir.), *Souveraineté, légitimité de la monnaie*, Paris : A.E.F. ; C.R.E.A., 1995, pp. 165-193 (ici, pp. 168-189) et Mundell, Robert A.,

accords de Bretton Woods qui cherchent notamment à accroître la surveillance des politiques monétaires nationales, qu'un système monétaire dérégulé fonctionne sans besoin d'intervention –, elles contribuent à remettre en cause le premier jalon du modèle interprétatif dominant.

Relevons finalement que le premier siècle d'existence du FS ne donne lieu qu'à une seule publication officielle, rédigée par Franz Xaver Weissenrieder, vétérinaire et numismate saint-gallois, et préfacée par le Cf en charge du DFF Ernst Nobs[94]. Il s'agit d'un ouvrage commémoratif qui propose une synthèse des perspectives historiques, numismatiques et juridiques de l'histoire monétaire des cent premières années de l'Etat fédéral. En 2012, l'économiste zurichois Ernst Baltensperger fournit une synthèse actualisée de l'ouvrage de Weissenrieder sans nouveaux éléments d'analyse, commanditée par la Banque nationale suisse[95].

Les paragraphes précédents donnent à voir que les historiens sont très largement absents du champ de l'histoire monétaire helvétique du 19e siècle et ne participent quasiment pas à la construction du savoir sur l'adoption du franc comme monnaie nationale. Ils n'interviennent que tardivement et timidement, à la fin du 20e siècle, lors des festivités liées aux 150 ans de l'Etat fédéral. Le débat qui s'ouvre alors parmi les historiens est l'occasion d'une ébauche de renouvellement des travaux sur la naissance du FS. Car si cette discussion a eu le mérite d'entamer un processus de décloisonnement de la réforme de 1850 en l'inscrivant dans la perspective plus large du rôle de l'Etat dans le développement économique, il n'en demeure pas moins qu'une seule étude y a participé et que la naissance du FS demeure un des parents pauvres de l'étude de 1848. En 1998, les deux historiens zurichois Patrick Halbeisen et Margrit Müller défendent une thèse qui rompt avec l'interprétation traditionnelle[96]. Selon eux, la question monétaire ne représente plus un thème important aux yeux des cantons durant

---

« Monetary Unions and the Problem of Sovereignty », *The Annals of the American Academy of Political and Social Science*, 579, 2002, pp. 123-152 (ici, pp. 130-134).

94 Weissenrieder, Franz Xaver, *100 Jahre schweizerisches Münzwesen: 1850-1950, ein Querschnitt durch ein Jahrhundert eidgenössicher Münzgeschichte und Währungspolitik*, Bazenheid: E. Kalberer « Thur-Verlag », 1952, 101 p.

95 Baltensperger, Ernst, *Le Franc Suisse, op. cit.*, 320 p.

96 Halbeisen, Patrick, Müller, Margrit, « Die schrittweise Nationalisierung des Geldes: Von der Einführung der Schweizer Währung (Münzreform 1848) zur nationalen Kontrolle über das Geldwesen (Gründung der Nationalbnak 1907) », in Mosser, Alois (Ed.), *Österreichs Weg zum Euro: Aspekte – Perspektiven – Handlungsspielräume*, Wien: Manzsche Verlagsbuchhandlung, 1998, pp. 63-86.

la décennie qui précède la fondation de l'Etat fédéral. L'amélioration de la circulation des moyens de paiement dès les années 1830 justifierait qu'ils s'en désintéressent. Bien que les arguments avancés pour la justifier soient pertinents, cette thèse est peu convaincante, puisqu'il ne s'agit pas d'un « désintérêt », mais de l'incapacité des milieux politiques à s'entendre sur le sujet au sein de la Diète fédérale, qui constitue l'Assemblée des représentants cantonaux à l'échelle fédérale. Or, cette question déborde largement du cadre politique et intéresse au plus haut point les différents acteurs économiques qui se mobilisent à travers tout le pays. On en voudra pour preuve les dizaines de brochures publiées, les innombrables prises de position dans la presse ou encore les pétitions couvertes de dizaines de milliers signatures qui sont déposées à Berne durant le printemps 1850. Par ailleurs, si les deux historiens zurichois entretiennent le schéma d'une opposition entre l'est et l'ouest de la Suisse sur le choix du pied monétaire, ils le nuancent quelque peu en mentionnant que les intérêts du grand commerce ne sont pas semblables à ceux de l'artisanat. Enfin, ils entretiennent la thèse de Blaum d'une dépendance helvétique à la France sans la discuter, mais concluent avec raison que l'objectif principal de cette réforme est de sécuriser l'approvisionnement en moyens de paiement.

Mentionnons aussi qu'un collectif de trois chercheurs genevois publie en 1999 un ouvrage construit autour de chapitres thématiques, qui propose de lire l'adoption d'une monnaie unique de plusieurs points de vue (contexte monétaire européen, retrait des anciennes monnaies ou encore symbolique de la figure représentée sur les nouvelles pièces)[97]. Les différentes approches adoptées dans cet ouvrage contribuent à mettre en évidence la complexité et les nombreux enjeux de la réforme monétaire fédérale.

En 2004, un mémoire de licence réalisé à l'Université de Bâle constitue très probablement une des meilleures études sur la naissance du FS[98]. La consultation d'une partie de la correspondance de Speiser et d'un large éventail de titres de presse fournissent à Sebastian Rauber la possibilité de remettre en cause le cadre interprétatif dominant et de soulever des thématiques restées dans l'ombre des recherches, telles que l'exclusion du peuple de la réforme ou encore le rôle de l'unification dans la construction de l'Etat fédéral.

---

97 Lescaze, Bernard, Rivaz, Michel de, Campagnolo, Matteo, *Une monnaie pour la Suisse*, *op. cit.*, 140 p.

98 Rauber, Sebastian, *Die Vereinheitlichung des schweizerischen Münzwesens nach 1848*, Mémoire de licence de l'Université de Bâle, 2004, 102 p.

Enfin, l'historien Cédric Humair propose en 2009 de relier la position des acteurs intervenant dans le débat monétaire selon leurs intérêts économiques[99]. Il est le premier à adopter une nouvelle grille de lecture qui remette en cause la prédominance du facteur géographique qui domine les travaux depuis le début du 20e siècle et à prendre en compte les intérêts divergents des différentes régions qui composent le tissu économique helvétique. Si la forme de l'ouvrage ne permet pas de développer cette analyse, elle n'en demeure pas moins innovante et constitue une nouvelle manière d'appréhender le rapport de force qui se joue à l'échelle fédérale.

Bien que les travaux des économistes et des historiens représentent la plus grande partie des références mobilisées dans le cadre de ce travail, les publications des numismates ne sont pas non plus à négliger. Elles apportent en effet un éclairage cantonal sur les enjeux liés au transfert de la régale monétaire à l'Etat central ; l'unification monétaire de 1850 n'est toutefois abordée qu'en marge de leurs propos et est bien souvent uniquement perçue comme la fin d'une période glorieuse[100]. Leurs parties historiques permettent néanmoins de bien saisir la

99 Humair, Cédric, *1848. Naissance de la Suisse moderne*, Lausanne: Antipodes, 2009, pp. 92-98.

100 Arx, Rolf von, *Die Münzgeschichte des Landes Glarus und das Silberbergwerk auf der Mürtschenalp am Anfang des 17. Jahrhunderts*, Hilterfingen: Helvetische Münzenzeitung, 1979, 176 p. ; Demole, Eugène, *Histoire monétaire de Genève de 1792 à 1848*, Genève: J. Jullien ; Paris: Alphonse Picard, 1892, 139 p. ; Demole, Eugène, Wavre, William, *Histoire monétaire de Neuchâtel*, Neuchâtel: Société d'histoire et d'archéologie, 1939, 354 p. ; Girtanner-Salchli, Hermann, « Das Münzwesen im Kanton St. Gallen unter Berücksichtigung der Verhandlungen im Schosse der eidgenössischen Tagsatzung von 1803 bis 1848 », *Revue suisse de numismatique*, 21, 1917, pp. 101-142 ; 22, 1920, pp. 105-128, 196-245, 289-316 ; 23, 1923, pp. 54-138 ; Haas-Zumbühl, Franz, « Beiträge zu einer luzernischen Münzgeschichte », *Revue suisse de numismatique*, 9, 1899, pp. 5-166 ; Haas-Zumbühl, Franz, « Die Tätigkeit der Münzstätte in Luzern von 1803 bis 1848 », *Revue suisse de numismatique*, 20, 1915, pp. 17-83 ; Hürlimann, Hans, *Zurcher Münzgeschichte*, Zürich: Kommissionsverlag Berichthaus, 1966, 357 p. ; Morard, Nicolas, Cahn, Erich Bernhard, Villard, Charles, *Monnaies de Fribourg – Freiburger Münzen*, Fribourg: Banque de l'Etat de Fribourg, 1969, 249 p. ; Weber, Félix, *Kleine Luzerner Münzgeschichte: 15.-19. Jahrhundert*, [Luzern]: [Kantonalbank], [1975], 19 p. ; Püntener August, *Urner Münz- und Geldgeschichte*, Altdorf: A. Püntener, 1980, 136 p. ; Roesle, Alphonse E., *Das Münzrecht im Kanton Aargau. Beitrag zur Geschichte des schweizerischen Münzrechtes*, Schwarzenburg: Imprimerie Gerber-Buchdruck, 1946, 127 p. ; Wielandt, Friedrich, *Münz- und Geldgeschichte des Standes Luzern*, Luzern: Schweizerischer Bankverein, 1969, 176 p. ; Wielandt,

diversité des intérêts cantonaux et fournissent de nombreuses données chiffrées intéressantes. Les ouvrages numismatiques soulèvent également des questionnements importants, à l'image de l'apport de l'adoption d'une monnaie unique à la construction de l'identité nationale ou encore des difficultés techniques de l'introduction du franc en Suisse[101].

Au-delà de la littérature sur l'histoire monétaire helvétique, ce travail peut se reposer sur l'existence d'une grande variété d'études sur les cas étrangers. Toutefois, il faut d'emblée préciser que la Suisse présente de ce point de vue des spécificités qui ne se retrouvent pas – ou très peu – dans les autres pays. En effet, contrairement à la France ou à l'Angleterre où un Etat central fort dispose très tôt, en comparaison internationale, d'une monnaie commune, l'unification monétaire helvétique se réalise dans le cadre d'une structure politique fédéraliste au sein de laquelle plusieurs systèmes sont proposés. A cet égard, le cas de l'Allemagne est très instructif. La fondation du « Zollverein » en 1833 prévoit l'unification de l'ensemble des systèmes monétaires de tous les participants. N'arrivant pas à se mettre d'accord sur une base commune, ils se retrouvent alors dès 1837-1838 au sein de deux zones monétaires distinctes qui perdureront jusqu'à l'adoption du mark en 1871. Les historiens et les économistes ont montré que les enjeux qui prévalent à ce processus procèdent largement d'une nature économique et que les intérêts des différentes régions sont loin d'être homogènes[102]. Par ailleurs, ces études soulignent également les fortes résistances à l'adoption du pied monétaire d'une autre région.

Friedrich, *Münz- und Geldgeschichte des Standes Schwyz*, Schwyz : Kantonalbank, 1964, 122 p. ; Wielandt, Friedrich, *Münz- und Geldgeschichte des Standes Zug*, Zug : Zuger Kantonalbank, 1966, 149 p. ; Wielandt, Friedrich, *Schaffhauser Münz- und Geldgeschichte*, Schaffhausen : Schaffhauser Kantonalbank, 1959, 223 p. Les introductions aux tomes des catalogues numismatiques suisses fournissent des informations historiques intéressantes : Société suisse de numismatique (Ed.), *Catalogue des monnaies suisses : essai d'un catalogue de toutes les frappes monétaires suisses classées d'après leur type*, 9 Volumes, 1959-1991.

101 Chaponnière, Olivier, *Antoine Bovy et le Franc suisse : une collection unique de documents monétaires*, Genève : Chaponnière & Firmenich, 2015, 151 p.

102 Bissing-Berlin, Wilhelm Moritz von, « Der Deutsche Zollverein und die monetären Probleme », in Jahn, Georg (Ed.), *Schmollers Jahrbuch für Gesetzgebung, Verwaltung und Volkswirtschaft*, 79, 1, 1959, pp. 199-214 ; Schultz, Bruno, *Kleine deutsche Geldgeschichte des 19. und 20. Jahrhunderts*, Berlin : Duncker & Humblot, 1976, 294 p. ; Sprenger, Bernd, *Das Geld der deutschen. Geldgeschichte Deutschlands von den Anfängen bis zur Gegenwart*, Paderborn ; München ; Wien ; Zürich : Ferdinand Schöningh, 1991, 300 p. ; Holtfrerich, Carl-Ludwig, « The monetary unification process in 19th-century Germany : relevance and lessons for

Les études françaises fournissent aussi des clefs de lecture intéressantes pour le cas helvétique. Aux travaux fondateurs de la première moitié du 20e siècle qui mettent notamment en évidence la complexité et la diversité du champ de l'analyse monétaire dans des analyses sur le temps long[103] viennent s'ajouter des études de cas thématiques qui soulignent la complexité d'une réforme des instruments monétaires. La situation de la France durant l'époque moderne, avant la création du FF, est riche d'enseignements pour le cas helvétique. En 1994, Jérôme Blanc discute en détail, dans une étude d'une grande qualité, l'idée d'une période de «désordre monétaire» qui prévaudrait avant le début du 19e siècle[104]. Ce travail est complété par Jérôme Jambu qui montre que la naissance du FF en 1803 se diffuse lentement dans la société[105]. Dans cette perspective, Joseph Confavreux souligne les rôles de l'unification, ainsi que les réticences qu'elle engendre dans les différentes couches de la société[106]. Quant à Guy Thuillier et Louis Dermigny, leurs travaux portent sur l'utilisation sociale des monnaies métalliques et montrent que les usages des moyens de paiement

---

Europe today», in De Cecco, Marcello, Giovannini, Alberto (Ed.), *A European Central Bank ? Perspectives on monetary unification after ten years of the EMS*, Cambridge ; New York ; Port Chester ; Melbourne ; Sydney : Cambridge University Press, 1990, pp. 216-243 ; Holtfrerich, Carl-Ludwig, «Did monetary unification precede or follow political unification of Germany in the 19th century ?», *European Economic Review*, 37, 1993, pp. 518-524 ; Otto, Frank, *Die Entstehung eines nationalen Geldes. Integrationsprozesse der deutschen Währungen im 19. Jahrhundert*, Berlin : Dunck & Humbolt, 2002, 585 p.

103 Thuillier, Guy, *La monnaie en France au début du XIXe siècle*, *op. cit.*, 450 p. ; Bloch, Marc, *Esquisse d'une histoire monétaire de l'Europe*, *op. cit.*, 96 p. ; Bloch, Marc, «Mutations monétaires dans l'ancienne France», *op. cit.*, 2, 1953, pp. 145-158 et 4, 1953, pp. 433-456.

104 Blanc, Jérôme, «La complexité monétaire en France sous l'Ancien régime : étendue et mode de gestion», *De Pecunia*, 1994, 4, 3, 49 p. Cf. aussi Blanc, Jérôme, «Formes et rationalités du localisme monétaire», *Actualité Economique*, 2002, 3, 78, pp. 347-369.

105 Jambu, Jérôme, «Changer de système de compte ou de monnaie, à l'époque moderne et sous la Révolution (à travers l'exemple normand)», *Revue européenne des sciences sociales*, 137, 2017, pp. 141-152. Cf. aussi Jambu, Jérôme, «La distinction entre monnaie de compte et monnaie réelle est-elle à la racine des crises monétaires dans la France moderne ?», in Daumas, Jean-Claude (Dir.), *Faire de l'histoire économique aujourd'hui*, Dijon : Ed. Universitaires de Dijon, 2013, pp. 127-141.

106 Confavreux, Joseph, «Usages sociaux et politiques de la monnaie en Dordogne dans la première moitié du XIXe siècle», *Ruralia*, 7, 2000, 30 p.

sont en corrélation directe avec le type d'activité économique[107]. Enfin, l'étude de l'économiste Michèle St-Marc fournit quelques éléments intéressants sur le contexte monétaire du 19e siècle[108].

L'Angleterre présente un cas très particulier en Europe dans la mesure où la Livre sterling devient la monnaie officielle en 1717 – plus d'un demi-siècle avant la France – et qu'il s'agit du seul pays unifié à adopter l'étalon-or au début du 19e siècle (1816). Malgré quelques réformes de moindre importance entreprises par la suite, l'Angleterre ne joue pas un rôle de premier plan dans la circulation des monnaies sur le continent avant 1850[109]. Elle n'intervient qu'à partir du milieu des années 1860, au moment où l'idée d'une union monétaire internationale émerge en France.

Afin de compléter cet aperçu, il faut encore mentionner plusieurs travaux qui abordent le cas de l'UML fondée en 1865. Les premières études sur le sujet proviennent de contemporains qui cherchent à comprendre les raisons de son dysfonctionnement. Ces travaux ne contiennent aucune problématisation d'ordre historique et se basent uniquement sur des sources imprimées ; ils fournissent néanmoins quelques données factuelles intéressantes[110]. A partir des années

---

107 Thuillier, Guy, « Pour une histoire monétaire de la France au XIXe siècle : le rôle des monnaies de cuivre et de billon », *Annales E.S.C.*, 1, 1959, pp. 65-90 ; Thuillier, Guy, « Pour une histoire monétaire en France : spéculations sur l'or et l'argent en 1857 », *Annales E.S.C.*, 4, 1962, pp. 722-731 ; Dermigny, Louis, « La France à la fin de l'ancien régime : une carte monétaire », *Annales. Economies, sociétés, civilisations*, 10, 4, 1955, pp. 480-493.

108 Saint Marc, Michèle, *Histoire monétaire de la France, 1800-1980*, Paris : Presses Universitaires de France, 1983, 441 p.

109 Feavearyear, Albert, *The Pound Sterling. A History of English Money*, Oxford : Clarendon Press, 1963² (1e édition : 1931), 446 p. ; Sinclair, David, *The Pound. A Biography*, London : Century, 2000, 298 p. ; Esposito, Marie-Claude, « Le contrôle de l'émission de monnaie en Grande-Bretagne au XIXe siècle : avancées et limites du Bank Charter Act de 1844 », *Histoire, économie & société*, 2, 2009, pp. 59-74.

110 Russell, Henry B., *International Monetary Conferences. Their Purposes, Character, and Results*, New York ; London : Harper & Brothers, 1898, 477 p. ; Willis, Henry Parker, *A History of the Latin Monetary Union : A Study of International Monetary Action*, New York : Greenwood Press, 1968 (éd. originale : 1901), 332 p. ; Brossault, Eric, *Histoire de l'Union monétaire latine*, Rennes : Imprimerie des Arts et Manufactures, 1903, 203 p. ; Janssen, Albert Edouard, *Les conventions monétaires*, Paris : F. Alcan et R. Lisbonne ; Bruxelles : F. Larcier, 1911, 569 p. ; Greul, Robert, *Die Lateinische Münz-Union. Eine völkerrechtsgeschichtliche Studie*, Berlin : Ferd. Dümmler, 1926, 149 p.

1970, mais surtout dès les années 1990, les économistes investissent ce champ de recherche et produisent plusieurs travaux de qualité en exploitant des sources archivistiques. Ce renouveau s'inscrit dans le contexte de la signature du traité de Maastricht en 1992 qui prévoit notamment l'instauration d'une monnaie unique. Une fois encore, l'histoire est alors mobilisée dans la perspective d'une meilleure compréhension de la situation contemporaine. De manière générale, Jean-Marie Thiveaud, Robert J. Bartel, Angela Redish et Mark Perlman traitent du rôle des unions monétaires, à leur caractère fédérateur, ainsi qu'à la question des étalons monétaires[111]. C'est Marc Flandreau qui, le premier, renouvèle l'analyse portée sur l'UML en élargissant la focale à sa dimension économique et commerciale[112]. A sa suite, Luca Einaudi s'intéresse en particulier aux raisons de sa fondation et à ses premiers développements. En mobilisant un large corpus d'archives inédites, il fournit plusieurs études de qualité sur le rôle et l'extension des unions monétaires durant la seconde moitié du 19e siècle[113]. Ces deux auteurs remettent en cause l'idée que l'UML constituerait un instrument

111 Thiveaud, Jean-Marie, « L'Union latine : Europe, monnaie et toile d'araignée », *Revue d'économie financière*, 8-9, 1989, pp. 19-25 ; Thiveaud, Jean-Marie, Oliveira, Matthieu de, « Les unions monétaires en Europe au XIXe siècle », *Revue d'économie financière*, hors-série, 1992, pp. 161-176 ; Bartel, Robert J., « International Monetary Unions : the XIXth Century Experience », *Journal of European Economic History*, 3, 1974, pp. 689-704 ; Redish, Angela, « The Latin Monetary Union and the Emergence of the International Gold Standard », in Bordo, Michael M., Capie, Forrest, *Monetary Regimes in Transition*, Cambridge : Cambridge University Press, 1994, pp. 68-85 ; Perlman, Mark, « In Search of Monetary Union », *The Journal of European Economic History*, 22, 2, 1993, pp. 313-332.

112 Flandreau, Marc, « Was the Latin Monetary Union a Franc Zone ? », in Reis, Jaime (Ed.), *International Monetary Systems in Historical Perspective*, Basingstoke : Macmillan Press, 1995, pp. 71-89 ; Flandreau, Marc, « The Economics and Politics of Monetary Unions : A Reassessment of the Latin Monetary Union, 1865-71 », *Financial History Review*, 7, 2000, pp. 25-43.

113 Einaudi, Luca, « From the Franc to the 'Europe' : The Attempted Transformation of the Latin Monetary Union into a European Monetary Union, 1865-1873 », *The Economic History Review*, 53, 2, 2000, pp. 284-308 ; Einaudi, Luca, « L'Union latine : convergence et union monétaires dans l'Europe du XIXe siècle », in Feiertag, Olivier, Margairaz, Michel (Eds.), *Politiques et pratiques des banques d'émission en Europe (XVIIe-XXe siècles). Le bicentenaire de la Banque de France dans la perspective de l'identité monétaire européenne*, Paris : Albin Michel, 2003, pp. 299-323 ; Einaudi, Luca, *Money and Politics. European Monetary Unification and the International Gold Standard (1865-1873)*, Oxford : Oxford University Press, 2012² (1e édition : 2001), 241 p.

au service de l'hégémonie française en Europe et appuient sur l'importance du facteur commercial. En 2001, Silvana Koch-Mehrin réalise sa thèse de doctorat sur l'histoire de cette union[114]. Malgré une étude complète, son travail doit être considéré avec une très forte distance critique, son doctorat lui ayant été retiré en 2011 pour des raisons de plagiat. En 2009, Guido Thiemeyer aborde l'UML sous l'angle de la diplomatie et de la coopération entre les Etats européens[115]. Enfin, en 2017, l'économiste Lucien Gillard analyse les intérêts des pays participants, ainsi que le système de règles qui régit l'union durant ses six décennies d'existence[116].

D'un point de vue helvétique, la participation suisse à l'UML a pendant longtemps peu retenu l'attention des chercheurs. Les thèses de l'économiste lausannois Georges Paillard réalisée en 1909 et de celle de droit de Louis-Albert Dubois présentée en 1950 ne contiennent aucun questionnement d'ordre historiographique[117]. En 1995, un mémoire de licence de bonne qualité réalisé par Barbara Graf sous la direction de Beatrix Mesmer à l'Université de Berne s'intéresse à l'adhésion de la Suisse à cette union du point de vue de l'intégration internationale en remontant à la réforme de 1850[118]. Deux ans plus tard, Stefano Vescovi analyse dans son mémoire de licence le passage de la Suisse au bimétallisme en 1860, ainsi que les problèmes que le pays rencontre au sein de l'UML[119]. En 1999, Madeleine Herren discute, dans une étude qui se concentre

114 Koch-Mehrin, Silvana, *Historische Währungsunion zwischen Wirtschaft und Politik: die Lateinische Münzunion 1865-1927*, Baden-Baden: Nomos, 2001, 227 p.

115 Thiemeyer, Guido, *Internationalismus und Diplomatie. Währungspolitische Kooperation im europäischen Staatensystem 1865-1900*, München: R. Oldenbourg, 2009, 255 p. Cf. aussi Thiemeyer, Guido, « Europäische Wirtschaftsintegration in der zweiten Hälfte des 19. Jahrhunderts. Das Beispiel der Lateinischen Münzunion », in Henrich-Franke, Christian, Neutsch, Cornelius, Thiemeyer, Guido (Eds.), *Internationalismus und Europäische Integration im Vergleich*, Baden-Baden: Nomos, 2007, pp. 39-56.

116 Gillard, Lucien, *L'Union latine, une expérience de souverainetés monétaires partagées (1865-1926)*, Paris: Classiques Garnier, 2017, 372 p.

117 Paillard, Georges, *La Suisse et l'Union monétaire latine: étude économique et juridique*, Paris: Félix Alcan ; Lausanne: Payot, 1909, 302 p. ; Dubois, Louis-Albert, *La fin de l'Union monétaire latine*, Neuchâtel: Jules Guinchard-Arbois, 1950, 128 p.

118 Graf, Barbara, *Die Schweiz und die lateinische Münzunion: eine integrationspolitische Gründungsgeschichte ? Eine intergrationsgeschichtliche Untersuchung am Beispiel des schweizerischen Währungswesens von 1848 bis 1868*, Mémoire de licence de l'Université de Berne, 1995, 187 p.

119 Vescovi, Stefano, *Bimetallismus in der modernen Schweiz. Formen, Probleme, Auseinandersetzungen und Interpretationsversuche der metallischen*

surtout sur la fin du 19e siècle, de la nécessité pour la Suisse d'internationaliser son système monétaire[120]. Enfin, en 2014, Luca Fasnacht rédige un mémoire de licence similaire à celui de Barbara Graf, en axant sa réflexion sur les motivations des décisions monétaires qui interviennent en Suisse entre 1848 et 1865 et en particulier sur les raisons qui poussent le pays à adhérer à l'UML[121].

Il faut encore relever que plusieurs travaux consacrés à l'épisode suisse du « free-banking », lorsqu'entre 1826 et 1907 les banques émettent librement des billets sans l'intervention d'une banque centrale, discutent des conséquences de la participation helvétique à l'UML sur cette expérience[122].

Doppelwährung im 19. Jahrhundert, Mémoire de licence de l'Université de Berne, 1997, 103 p.

120 Herren, Madeleine, « "Money is the great instrument of association". L'union monétaire latine, la guerre et la Suisse », *Relations internationales*, 99, 1999, pp. 269-288.

121 Cet auteur découvre, de son propre aveu, le mémoire de Barbara Graf à la fin de ses recherches, ce qui le contraint à modifier quelque peu son angle d'analyse. Cf. Fasnacht, Luca, *Der Weg der Schweiz in die Lateinische Münzunion. Das Währungswesen der Schweiz seit der Bundesstaatsgründung bis zur Unterzeichnung der internationalen Münzkonvention von 1865*, Mémoire de licence de l'Université de Zurich, 2014, 91 p. (ici, p. 11).

122 Cf. en premier lieu : Herger, Nils, « Regulated free banking in Switzerland (1881-1907) », *Swiss Journal of Economics and Statistics*, 157, 2021, 12 p. ; Neldner, Manfred, « Competition Necessarily Tends to Produce Excess : The Experience of Free Banking in Switzerland », *German Economic Review*, 4, 3, 2003, pp. 389-408 ; Weber, Ernst Juerg, « Free banking in Switzerland after the liberal revolutions in the nineteenth century », in Dowd, Kevin, *The experience of free banking*, London ; New York : Routledge, 1992, pp. 187-205 ; Ritzmann, Franz, « Die Entwicklung des schweizerischen Geld- und Kreditsystems », *Swiss Journal of Economics and Statistics*, 100, 1964, pp. 235-272. De manière plus générale, l'expérience suisse du « free-banking » a donné lieu à de nombreuses études ces dernières décennies : Herger, Nils, « Unregulated and regulated free banking : Evidence from the case of Switzerland (1826–1907) », *Explorations in Economic History*, 93, 2022, 9 p. ; Gerlach, Stefan, Kugler, Peter, « Money demand under free banking 1851-1906 », *Swiss Journal of Economics and Statistics*, 154, 2018, 8 p. ; Fink, Alexander, « Free banking as an evolving system : the case of Switzerland reconsidered », *The Review of Austrian Economics*, 27, 2014, pp. 57-69 ; Neldner, Manfred, « Lessons from the free banking era in Switzerland : The law of adverse clearings and the role of the non-issuing credit banks », *European Review of Economic History*, 2, 3, 1998, pp. 289-308 ; Nedwed, Harald, *Notenbankenfreiheit. Theoretische Analyse und historische Erfahrungen aus der Schweiz im 19. Jahrhundert*, Basel : Ganzmann

Ce parcours permet de mettre en évidence que le champ de l'histoire monétaire helvétique du 19e siècle se caractérise par la persistance et l'entretien d'un discours identique qui tourne en boucle depuis maintenant plus d'un siècle, reposant sur des interprétations élevées au rang d'évidences qu'aucune analyse critique n'a encore questionnées en profondeur. Le présent travail ne peut se satisfaire à véhiculer ce type de modèle sans le questionner, mais doit au contraire entrer dans le cœur du sujet pour en vérifier la validité. Les lignes qui suivent ont pour objectif de discuter en détail les trois éléments constitutifs du modèle dominant.

Le premier jalon postule qu'un « chaos monétaire » serait la principale caractéristique de la circulation monétaire qui prévaut sur le territoire helvétique avant 1848. Elle reposerait sur l'entremêlement de nombreuses causes qui remontent, pour certaines, à la fin du Moyen-Âge. Son fonctionnement est relativement simple : un souverain écharse ses monnaies, c'est-à-dire qu'il frappe une nouvelle monnaie au contenu métallique plus léger que celles existantes mais à la même valeur nominale. Les pièces ont donc la même valeur sur le marché, mais contiennent une proportion moindre de métal précieux. Il en résulte un processus inflationniste, puisque la baisse de la valeur des pièces en circulation engendre une perte du pouvoir d'achat pour ses détenteurs. Les autres souverains émettent alors à leur tour une nouvelle monnaie au contenu métallique plus bas. Ces pratiques ont pour conséquence, nous l'avons vu plus haut, qu'une grande diversité de pièces présentant un nom, une valeur et un contenu en métal différents circulent conjointement. Cette course en avant a pour principal objectif de conserver la mainmise sur une émission constante dans le temps, source importante de revenus. C'est de cette compétition entre les souverains qui exercent jalousement leur droit régalien de frapper monnaie qu'apparaît la notion de « désordre ». Déjà mobilisée comme argumentaire par les partisans d'une réforme durant toute la première moitié du 19e siècle, elle n'a alors que vocation à justifier leur volonté d'unification. Il faut aussi dire que pour certains contemporains, la multitude et la diversité de pièces en circulation est contraire à l'esprit du 19e siècle qui tend vers une uniformisation des outils du commerce. Cette notion de « chaos » s'est par la suite imposée dans le champ de l'histoire monétaire sous des formes diverses. En 1961, Albert Hauser parle ainsi de

---

AG, 1992, 392 p. ; Weber, Ernst Juerg, « Currency Competition in Switzerland, 1826-1850 », *op. cit.*, pp. 459-478.

«*systemlosen Systems*» et Ernst Baltensperger d'«*imbroglio monétaire*»[123]. Or, ce supposé «désordre monétaire» permanent soulève de nombreuses interrogations. Il est en effet difficilement concevable que les différents utilisateurs de la monnaie, en particulier les marchands, aient accepté une telle organisation pendant des décennies, voire des siècles, si les instruments monétaires à leur disposition avaient vraiment été inadéquats[124]. Cette «*impression d'inintelligibilité*», pour reprendre l'expression de Jérôme Blanc, n'est en fait qu'apparente et procède en large partie de la vision que les chercheurs, accoutumés à des systèmes monétaires unifiés, projettent sur la situation antérieure à l'uniformisation des instruments monétaires[125]. Il n'en demeure pas moins que la perception de cette complexité relève de l'absence de prise en compte du contexte économico-social de l'époque, qui est pourtant déterminant pour comprendre cette organisation. Les différentes strates socio-économiques utilisent en effet des moyens de paiement qui leur sont propres et qui, sans forcément entrer en contradiction les uns avec les autres, ont tendance à se superposer, fournissant ainsi l'image reconstruite *a posteriori* d'un «désordre». Certes, la circulation de plus de 700 sortes de monnaies sur le territoire helvétique durant la première moitié du 19e siècle contribue à cette impression de désorganisation. Néanmoins, selon les données à notre disposition, il semblerait que la Suisse ne fasse pas exception de ce point de vue à l'échelle européenne, puisque 282 sortes de monnaies différentes sont retirées dans le cadre de l'unification monétaire italienne en 1862[126]. Lors de la réforme monétaire belge de 1832, ce sont aussi des dizaines de pièces différentes qui sont envoyées au creuset, les plus

---

123 Hauser, Albert, *Schweizerische Wirtschafts- und Sozialgeschichte*, Erlenbach-Zürich ; Stuttgart: Eugen Rentsch, 1961, p. 267 ; Baltensperger, Ernst, *Le Franc Suisse*, *op. cit.*, pp. 24 et 77.

124 Servet, Jean-Michel, «Des mesures et des hommes», *Revue économique*, 40, 1, 1989, pp. 111-118 (ici, note 5 p. 118).

125 Pour une discussion de cette notion de «désordre monétaire» dans l'Ancien régime français, se référer en premier lieu à Blanc, Jérôme, «La complexité monétaire en France sous l'Ancien régime», *op. cit.*, pp. 3 et 15-16.

126 Einaudi, Luca, *Money and Politics*, *op. cit.*, p. 32. Sur la structure monétaire italienne au début du 19e siècle, qui s'apparente à celle de la Suisse, cf. Glazier, Ira A., «Tradition et innovation monétaires en Italie de 1815 à 1848: la Lombardie-Vénétie et le Münzpatent de 1823», in Day, John (Ed.), *Études d'histoire monétaire*, Lille: Presses universitaires de Lille, 1984, pp. 423-444 (surtout les pp. 424-427 et 439-440).

anciennes datant du 17e siècle[127]. Cette structure semble donc répandue avant l'adoption de monnaies unifiées au sein des Etats-nations dans le courant du 19e siècle. Bien qu'elle puisse sembler compliquée à un lecteur du 21e siècle, l'exercice de la régale monétaire qui s'inscrit dans la structure politique fédéraliste issue du Congrès de Vienne en 1815 présente l'avantage de pouvoir adapter la politique monétaire cantonale aux besoins des acteurs économiques actifs à l'échelle locale. Cette organisation prétérite toutefois d'autres milieux socio-économiques qui mènent leurs affaires aux échelles nationale et/ou internationale et qui réclament un changement dans cette structure. Impression de « désordre » donc en adoptant une focale nationale, mais organisation qui présente l'avantage de maitriser les composantes de la circulation monétaire et de pouvoir intervenir de manière rapide sur ces instruments à une échelle régionale.

Le second jalon du modèle dominant, qui en constitue le cœur, repose sur l'idée d'une partition du pays en deux blocs aux intérêts diamétralement opposés. Point nodal des tensions, la réforme de 1849-1850 mettrait en scène l'opposition de ces deux entités. A cet égard, les propos du numismate thurgovien Jakob Schüepp à la toute fin du 19e siècle ont fait date et résument parfaitement la perception du rôle déterminant du facteur géographique dans le rapport de force qui se jouerait alors à l'échelle fédérale :

> *« Einerseits die Grenze von Basel über Genf bis Locarno, das Frankensystem, welches basiert ist auf das metrische Grammsystem – anderseits die Grenze von Basel über Schaffhausen und Rorschach bis an den Langensee, der Guldenfuss, dessen Grundlage die kölnische Mark ist. Einerseits die Bezugsquellen der 5-Fr[ankenthaler] – anderseits diejenigen der Kronenthaler, der Guldenstücke und der österreichischen Zwanziger »*[128].

A en croire les tenants de ce schéma, une sorte de « röstigraben monétaire » agirait donc comme une ligne de force séparant deux espaces incompatibles et déterminerait de manière décisive des prises de position selon l'appartenance géographique. L'élaboration de cette grille de lecture repose sur le modèle d'un clivage traditionnel en deux blocs présents notamment dans les domaines politique (libéraux-radicaux/catholiques-conservateurs) et religieux (catholiques/protestants)[129]. Il est vrai que cette clef a de quoi séduire puisqu'elle découle d'un

---

127 Pringels, Pierre, « Le Franc belge 1832-2011. Histoire et évolution des monnaies. Taux de change des valeurs européennes 1832 », *Annales du Cercle Archéologique d'Enghien*, 2001, pp. 143-182 (ici, pp. 153-162).

128 Schüepp, Jakob, *Beiträge zur Schweizerischen Münzgeschichte*, *op. cit.*, p. 26.

129 C'est ici l'occasion de mentionner que l'interprétation, elle aussi binaire, qui rattache au choix du FF le système de valeur démocratique français, en opposition au système monarchique des Etats allemands, ne résiste pas à l'analyse des sources

raisonnement cohérent: la Suisse occidentale, dont les affaires sont en majorité orientées vers les ports et les marchés de France et d'Italie, se prononcerait en faveur du FF, tandis que la Suisse orientale, qui entretient des rapports économiques très étroits avec les trois Etats du sud de l'Allemagne (Grand-Duché de Bade, Royaume de Wurtemberg et Royaume de Bavière), défendrait l'adoption du FLa. Il est également vrai que les contemporains des années 1830 à 1850 qui sont opposés à l'unification sur la base du FF, mobilisent déjà ce schéma explicatif comme argument pour justifier la nécessité de créer deux zones monétaires dans le pays. Le recours à ce schéma interprétatif s'ancre donc au sein d'une base temporelle solide[130]. Les ouvrages les plus récents qui abordent la question en sont d'ailleurs les témoins les plus privilégiés: en 2021, Andrea Franc entretient cette vision dans son ouvrage consacré à la mondialisation des entreprises helvétiques aux 19e et 20e siècles[131]. Disons-le clairement, cette grille n'est pas fausse en tant que telle et de nombreux éléments concourent à justifier l'entretien de ce schéma analytique. Nous l'intégrerons d'ailleurs partiellement à notre cadre analytique, tout en minimisant son importance. Elle n'en demeure pas moins très superficielle et mérite largement d'être affinée pour réussir à appréhender précisément les intérêts défendus et les prises de position des acteurs du débat monétaire. Le fait, tout d'abord, de regrouper dans un même ensemble qui couvre la moitié du pays des cantons aux structures politique et économique différentes pose problème. D'autant plus que le seul critère de sélection qui s'opère, outre la proximité géographique, c'est que les échanges extérieurs de ces cantons sont prétendument dirigés vers le même partenaire

---

produites pendant la réforme monétaire. Cette vision figure dans GREYERZ, Hans von, « Der Bundesstaat seit 1848 », *Handbuch der Schweizer Geschichte*, Tome II, Zürich: Berichthaus, 1977, pp. 1019-1246 (ici, p. 1027) et dans RUFFIEUX, Roland, « La Suisse des radicaux (1848-1914) », in *Nouvelle histoire de la Suisse et des Suisses*, Volume 3, Lausanne: Payot, 1983, pp. 7-90 (ici, p. 15).

130 En 1829, le commerçant bernois Glutz scinde déjà l'espace helvétique en deux « Verkehrskreise », l'un à l'ouest du pays orienté en direction de la France, l'autre au nord-est dirigé vers les Etats allemands. Tout en soulignant que la structure de l'orientation des affaires sur les marchés étrangers est déterminante dans le choix du pied monétaire, il relève le caractère incertain de ce schéma, car il faudrait au moins ajouter une troisième aire monétaire, les régions du sud et du sud-est du pays qui sont intégrées aux économies des Etats italiens. Cf. [GLUTZ], *Ueber das Münzwesen der westlichen Schweiz in seinem gegenwärtigen Zustande*, Bern: Chr. Albr. Jenni, 1829, pp. V et 5.

131 FRANC, Andrea, *En dialogue avec le monde: les entreprises suisses aux XIXe et XXe siècles*, Zurich: Hier & Jetzt, 2021, p. 55.

économique étranger. Le second problème que pose cette interprétation historique est le fait d'envisager que les acteurs de chaque canton sont unanimes à défendre un point de vue similaire. Considérer que les artisans, les négociants et les industriels d'un canton ont des intérêts identiques est tout autant imprécis qu'inexact. Ce modèle explicatif qui prévaut depuis plus d'un siècle n'est donc pas satisfaisant et la situation est bien plus complexe que l'existence de deux blocs dont les intérêts seraient déterminés par une ligne de démarcation imaginaire.

Le troisième jalon du schéma dominant postule que l'adoption du FF comme base de la nouvelle monnaie nationale réduit la Suisse à une province monétaire de la France. Élaborée au début du 20e siècle, cette thèse s'est imposée dans l'ensemble du champ, à l'exception de quelques rares nuances[132]. Elle repose sur trois éléments. Le premier a trait à la parfaite concordance du FS avec le FF, puisque la Suisse adopte une partie de la nomenclature française dans sa loi monétaire du 7 mai 1850. Deuxièmement, les premiers FS sont exclusivement frappés en France, avant l'ouverture d'un Hôtel des Monnaies à Berne en 1854. Troisièmement, le pays pratique dès 1852 une forme de « parasitisme monétaire », c'est à dire que sa circulation est composée à plus de 80 % d'espèces étrangères et avant tout françaises, ce qui viendrait confirmer la très forte influence de l'Hexagone sur les affaires monétaires helvétiques. Bien que la Suisse dépende en effet en large partie de la France dans ce domaine, elle n'en est pas pour autant sa « province monétaire ». Car dans une telle situation, les autorités françaises auraient cherché à intervenir, d'une manière ou d'une autre, sur le devenir de leur « province ». Or, sur la base des sources consultées, il apparaît que tel n'est pas le cas : dépendantes sur le papier, les autorités suisses parviennent à suffisamment dénouer les liens pour maintenir une certaine marge de manœuvre dans les questions monétaires. L'ouverture de son propre Hôtel des Monnaies et la décision de 1860 d'abaisser le titre de fin d'une partie de ses monnaies qui a comme conséquence une sortie partielle du réservoir monétaire français l'illustrent bien. A cet égard, trois éléments doivent impérativement être pris en compte. Le premier, c'est qu'aucune preuve n'a été trouvée dans les sources consultées que les autorités françaises aient cherché à retenir la Suisse dans leur zone d'influence. Elles se réjouissent certes que la Suisse adopte le franc, mais pas, semble-t-il, au point d'intervenir dans ses affaires durant la réforme ou

---

132 Denzel, Markus A., « Die Integration der Schweizer Finanzplätze in das internationale Zahlungsverkehrssystem vom 17. Jahrhundert bis 1914 », *Revue suisse d'histoire*, 48, 1998, pp. 177-235 (ici, note 195 p. 227).

par la suite. C'est justement le second élément. Après l'adoption du pied monétaire français, les autorités politiques et monétaires françaises n'offrent aucune condition avantageuse pour la frappe des premières pièces helvétiques qui sont réalisées dans les Hôtels des Monnaies de Paris et de Strasbourg. La situation est même inverse : les livraisons prennent du retard et les pièces sont de mauvaise qualité. C'est en partie pour ces raisons que les milieux économiques et politiques suisses décident d'ouvrir un Hôtel des Monnaies quelques années plus tard. Il semble dès lors étonnant qu'une « Métropole » entretienne ce type de rapport avec sa « province ». L'interprétation qui fait de la Suisse une « province monétaire française » est donc à nos yeux exagérée. Nous lui préférons la notion de « satellite monétaire », qui permet de modérer le degré de dépendance helvétique vis-à-vis de la France[133]. D'ailleurs, et c'est très important de le souligner, les Etats qui s'ancrent dans un système monétaire étranger au 19e siècle sont considérés par les contemporains comme des satellites de ces pays. C'est ainsi comme « satellite de la France » que la Belgique est caractérisée lors des discussions dans le cadre de l'UML de la seconde moitié du 19e siècle[134]. Cette précision est d'autant plus nécessaire que si le terme de « province monétaire » constitue un argument pour sortir de l'UML lorsqu'elle est formulée par Blaum en 1908, elle se teinte d'une dimension supplémentaire lorsqu'elle devient une vérité indiscutable sous la plume de Weisskopf en 1948[135]. Sa visée principale est dès lors d'alimenter le mythe qui se construit au lendemain du Second conflit mondial de la Suisse comme un petit pays à la merci des *desiderata* des Grandes puissances. L'objectif central d'une telle approche est de rester intégré

---

133 Cette notion de « satellite » se retrouve en 1915 sous la plume de Jöhr, Adolf, *Die schweizerischen Notenbanken 1826-1913*, Zürich : Orell Füssli, 1915, p. 348. Elle est aussi utilisée par Guex, Sébastien, *La politique monétaire et financière de la Confédération suisse 1900-1920*, Lausanne : Payot, 1993, p. 22 et, plus récemment, par l'économiste zurichois Baltensperger, Ernst, *Le Franc Suisse*, *op. cit.*, p. 21.

134 Cette perception peut être attribuée au consul américain en poste en Belgique, cité in *Report and Accompanying Documents of the United States Monetary Commission, 1876*, Volume 1, Washington : Government Printing Office, 1877, p. 144. Cette notion est reprise dans la littérature secondaire : Bartel, Robert J., « International Monetary Unions », *op. cit.*, pp. 689-704 (ici, p. 694) ; Valance, Georges, *La légende du franc, de 1360 à demain*, Paris : Flammarion, 1996, p. 207.

135 Avant Weisskopf, Paul Hagenbach véhicule déjà cette vision : Hagenbach, Paul, *Die Entwicklung zur Goldwährung in der Schweiz*, Weinfelden : Neuenschwander'sche Verlagsbuchhandlung, 1929, pp. 11 et 13.

à l'économie mondiale en fournissant la preuve historique que les Suisses ne maîtrisent pas leur destin[136].

Le troisième élément qu'il est nécessaire de souligner, c'est que durant tout le 19e siècle, il est très commun pour les Etats qui unifient leur système monétaire sur la base d'autres Etats de donner cours légal à la monnaie d'ancrage. La Suisse ne fait pas du tout exception de ce point de vue-là[137]. Ainsi, lorsque la Belgique adopte le pied monétaire français en 1832, la frappe de pièces d'argent – 25 millions de FF entre 1832 et 1847 – ne suffit pas à couvrir les besoins du pays ; les FF en argent obtiennent alors un cours légal. Concernant les pièces d'or, la Belgique n'en frappe aucune et octroie le statut de moyen de paiement légal aux FF en or : le pays se repose donc exclusivement sur la circulation étrangère pour ce type de pièces. Vingt-cinq ans après la naissance du franc belge, plus de 75 % des monnaies qui circulent en Belgique proviennent de l'étranger. Un cas de figure similaire peut être observé en Italie lors de l'unification de 1862 qui repose sur l'adoption du pied monétaire français : les pièces d'argent de France, de Belgique et de Suisse obtiennent un cours légal. Aux Etats-Unis, ce sont les monnaies d'or françaises, anglaises et espagnoles qui sont acceptées jusqu'en 1857. Ainsi, le caractère prétendument exceptionnel du « parasitisme monétaire », dont les travaux sur le sujet ont fait une des principales caractéristiques du système monétaire suisse de 1850, doit être replacé dans le contexte du milieu 19e siècle lorsqu'il est courant pour les Etats d'avoir recours à cette pratique, ce qui permet d'en relativiser la particularité helvétique.

Il est maintenant temps de passer aux apports de notre travail. Notre connaissance des origines du FS demeure, nous l'avons dit, fort lacunaire. La plus grande partie des travaux commence à dater et aucun renouvellement important ne s'est réellement produit dans ce champ. Certes, l'étude encourageante de Halbeisen et Müller (1998) a ouvert de nouvelles perspectives de recherche, mais à l'exception d'un mémoire de licence, elles sont restées lettre morte. En l'état actuel, l'histoire monétaire du 19e siècle reste un angle mort de l'histoire contemporaine, qui a par ailleurs été reléguée en marge de

136 Sur cette question, se référer en premier lieu à GUEX, Sébastien, « Introduction. De la Suisse comme petit Etat faible : jalons pour sortir d'une image en trompe-l'œil », in GUEX, Sébastien (Ed.), *La Suisse et les Grandes puissances, 1914-1945. Switzerland and the Great Powers, 1914-1945*, Genève : Droz, 1999, pp. 7-29 (ici, pp. 7-18).

137 Sur ce qui suit, cf. WILLIS, Henry Parker, *A History of the Latin Monetary Union*, *op. cit.*, pp. 16-18 et 37 ; REDISH, Angela, « The Latin Monetary Union », *op. cit.*, pp. 68-85 (ici, p. 71 et note 5 p. 83) ; EINAUDI, Luca, *Money and Politics*, *op. cit.*, p. 21 ; PRINGELS, Pierre, « Le Franc belge 1832-2011 », *op. cit.*, pp. 143-182 (ici, p. 163).

l'histoire économique suisse. On en voudra pour preuve les propos de l'historien Jean-François Bergier dans son ouvrage sur l'histoire économique de la Suisse de 1984: «*Je ne retiens pas l'histoire monétaire de la Suisse ; jusqu'en 1848, elle n'est qu'un labyrinthe, celui de tous les ateliers monétaires seigneuriaux, urbains, puis cantonaux. Après 1848, l'histoire encore jeune du franc suisse reste à faire*»[138]. Propos incisif, mais qui reste valable aujourd'hui encore, car le nombre d'études publiées sur le sujet depuis l'analyse de Bergier peut se compter sur les doigts d'une main. Il a dans tous les cas le mérite d'énoncer clairement la situation.

Ce constat quelque peu décourageant justifie donc la formulation de nouveaux questionnements qui soient l'occasion de renouveler les clefs d'interprétation traditionnelles et de palier à la faiblesse du regard des économistes sur la thématique. Notre étude entend contribuer à ce champ de recherche de différentes manières.

Elle propose une nouvelle approche méthodologique pour commencer. L'objectif premier est de sortir d'une analyse cloisonnée à sa stricte dimension monétaire pour prendre en compte le contexte économique, politique et social qui a vu naître le FS. En s'inscrivant dans la continuité de l'étude de Cédric Humair sur la politique douanière du 19e siècle[139], ce travail mobilise de nouveaux critères d'analyse qui intègrent l'horizon d'attentes et le positionnement des principaux acteurs individuels et collectifs qui se mobilisent. Il s'agit donc, en somme, de replacer l'analyse monétaire dans un contexte plus large et de saisir précisément le large spectre des intérêts défendus lors de la réforme de 1849-1850. Dans cette perspective, cette analyse aimerait participer à une meilleure connaissance du rôle de l'Etat fédéral dans le développement de l'économie helvétique, ainsi que des rapports qu'il entretient avec les acteurs suisses. Plus largement, l'objectif est de contribuer, modestement, à un renouvèlement de l'histoire économique consacrée au 19e siècle[140].

Ensuite, ce travail propose un nouveau cadre chronologique, en élargissant la focale sur la période qui court de 1815 à 1865. Cette perspective présente deux avantages. Elle permet, d'une part, d'inscrire la réforme sur la moyenne durée et de cesser d'envisager les événements monétaires comme autant d'éléments

138 Bergier, Jean-François, *Histoire économique de la Suisse*, Lausanne: Payot, 1984, p. 301.

139 Humair, Cédric, *Développement économique et Etat central (1815-1914): un siècle de politique douanière au service des élites*, Berne, etc.: Peter Lang, 2004, 870 p.

140 Straumann, Tobias, «Wieder mehr Wirtschaftsgeschichte der Schweiz im 19. Jahrhundert – ein Plädoyer», *Revue suisse d'histoire*, 71, 2021, pp. 143-158.

déconnectés les uns des autres, mais de les considérer dans une même continuité sur le temps plus long. D'autre part, elle est l'occasion d'aborder les années 1850 et 1860, largement délaissées par les chercheurs. C'est en particulier le cas de l'introduction pratique de la nouvelle monnaie sur l'ensemble du territoire: la plus grande majorité des travaux présentés s'arrêtent sur le choix du pied monétaire en 1850 et n'intègrent pas du tout la mise en application de la réforme. Nous verrons pourtant que l'adoption de la nouvelle monnaie ne représente qu'une seule face et que les étapes nécessaires à son introduction dans la circulation se poursuivent bien au-delà du débat aux Chambres fédérales. C'est aussi l'occasion de traiter de la question du passage de la Suisse au bimétallisme en 1860. Après plus de cinq années de débats, le monométallisme argent contenu dans la loi de 1850 est abandonné lorsque, pour répondre à la modification du contexte monétaire international, les milieux économiques suisses décident de donner cours légal aux monnaies d'or françaises et sardes.

Enfin, cette recherche mobilise de nouvelles sources de provenance et de nature très diverse. L'analyse croisée d'un matériel archivistique conséquent, de publications d'époque et de la presse quotidienne dévoile en effet de nouvelles facettes du processus d'unification de 1850. Il est maintenant temps de présenter ce corpus de sources qui nous a permis d'identifier les intérêts des acteurs qui s'investissent dans la question monétaire et de reconstituer les débats qui ont lieu entre 1815 et 1865.

1.4. Présentation des sources

Le parcours présenté ci-dessus a mis en évidence que l'étude du choix du franc comme monnaie nationale en 1850 et de ses premières années d'existence souffre d'un déséquilibre important, dans la mesure où le recours à du matériel de première main fait particulièrement défaut. Elle peut pourtant se reposer sur l'existence d'un corpus de sources riches et variées qui permettent d'entreprendre une analyse approfondie de ces thématiques.

La première catégorie de sources mobilisées dans le cadre de ce travail éclaire les rapports entre l'Etat et les acteurs politiques et économiques suisses. Malgré son intérêt central pour la thématique, le matériel déposé aux Archives fédérales (AF) à Berne et librement accessible n'a quasiment jamais été exploité jusqu'à présent, à quelques rares exceptions. Il peut se diviser en trois volets.

Le premier volet est constitué des procès-verbaux des conférences, des concordats et de toutes les réunions officielles qui ponctuent la première moitié du 19e siècle. Ils sont complétés par les Recès de la Diète fédérale, puis, après 1848, par les délibérations du Conseil des Etats (CE) et du Conseil national

(CN). Les messages du Conseil fédéral (CF), les projets de lois et les rapports de commissions publiés dans la *Feuille fédérale* se trouvent aussi dans cette catégorie, tout comme le compte-rendu détaillé des séances de l'UML qui se tient à Paris en 1865. Ces documents ont avant tout une valeur informative, puisqu'ils nous renseignent sur le positionnement des cantons, de leurs représentants, ainsi que de l'Etat et fournissent un aperçu global du rapport de force dans les questions monétaires. Ils présentent toutefois certaines limites, car il s'agit le plus souvent de procès-verbaux de décision, qui sont, par leur nature, très lacunaires et ne retranscrivent pas l'ensemble des débats. Un recours aux principaux titres de presse quotidiens a permis de reconstituer en grande partie le contenu des discussions.

A ce premier volet s'ajoutent les prises de positions d'associations et d'acteurs individuels lors des conférences des années 1830, des débats en 1849-1850 et des discussions entourant le passage au bimétallisme en 1854-1860. Il s'agit essentiellement de mémoires, d'expertises, de brochures non publiées et de pétitions. Cette catégorie de sources présente une grande importance qualitative, puisqu'elle offre la possibilité de sortir de l'arène des débats politiques pour saisir des revendications précises. Elles sont l'occasion d'identifier avec précision les intérêts défendus par les acteurs qui se mobilisent et forment ainsi un complément indispensable à la documentation produite par l'Etat pour bien saisir le positionnement des milieux économiques.

Enfin, le dernier volet de sources disponibles aux AF concerne la correspondance envoyée par les consuls suisses établis à l'étranger à la Diète fédérale. Ce matériel, notamment constitué de rapports économiques à l'attention du Gouvernement helvétique, nous renseigne sur la structure des exportations suisses entre 1815 et 1848 et, dans une moindre mesure, sur les importations. Il représente une base importante pour tenter d'appréhender le poids des différentes places de commerce européennes pour le commerce extérieur helvétique.

La seconde catégorie de sources mobilisées dans ce travail est constituée par une intense correspondance relative à la réforme qui se structure autour de deux pôles. D'une part, les lettres reçues par le chef du DFF Josef Munzinger qui sont déposées aux AF. Les émetteurs sont très variés et sont aussi bien des Gouvernements cantonaux, que des experts monétaires ou des particuliers. Le cœur de cette documentation demeure néanmoins la correspondance adressée par le banquier bâlois Johann Jakob Speiser, qui est nommé unique expert de la réforme monétaire par le CF en 1849. Elle représente environ une cinquantaine de lettres entre octobre 1849 et mai 1850. Ce matériel est extrêmement précieux, car il est l'occasion d'entrer au cœur du processus de la réforme et nous renseigne sur l'évolution de ses phases. Cette correspondance est d'autant plus intéressante que les réponses adressées par Munzinger à l'expert bâlois se trouvent dans le fonds Speiser à Bâle, ce qui offre l'occasion de suivre de manière très détaillée les différentes étapes de la réforme. D'autre part, les lettres reçues par Johann Jakob Speiser sont donc déposées aux Archives d'Etat de Bâle-Ville (AEB). Il s'agit d'un fonds très conséquent, puisque pas moins de 326 personnes sont en relation épistolaire avec le Bâlois. Face à l'envergure de ce matériel archivistique, une sélection indispensable s'est opérée au préalable. Sur la période d'abord, ciblée entre les années 1849 et 1853. Sur les personnages ensuite, identifiés en amont. Il en ressort une quarantaine de correspondants qui abordent les questions monétaires. Le volume de leur correspondance est par contre variable : d'une lettre à plusieurs dizaines. Une partie de cette correspondance a déjà été partiellement exploitée par Mangold en 1904, mais de manière souvent incomplète et avec de nombreuses erreurs de référencement. Cette documentation permet en premier lieu de saisir toute la complexité de l'organisation des réseaux d'acteurs à l'œuvre lors de la réforme, tant du côté des tenants du FF, que de ceux des partisans du FLa. Elle est aussi l'occasion de comprendre les stratégies des deux camps, ainsi que leurs aires d'influence respectives. Ensuite, elle nous éclaire sur l'importance du travail « invisible » effectué par l'expert monétaire – collecte d'informations, négociations de contrats, mobilisation des partisans ou encore stratégies mises en œuvre pour défendre ses intérêts. Enfin, elle fournit un éclairage nouveau sur la réforme. Elle nous donne en effet à voir les doutes, les difficultés ou encore les rapports conflictuels que Speiser entretient avec certains Cf, des partisans, des opposants ou des partenaires étrangers. Loin de se cantonner à la dimension monétaire, le fonds Speiser est d'une richesse inouïe pour le chercheur qui s'intéresse à l'histoire économique de la Suisse aux alentours de 1850 et en particulier aux premières années d'existence de l'Etat fédéral. Figure centrale du capitalisme bâlois, Speiser est actif sur tous les fronts – chemins de fer, banque et commerce – et la correspondance qu'il reçoit nous renseigne de manière très précise sur les exigences de certains milieux économiques dans de nombreux domaines, ainsi que sur la mise en place des nouvelles infrastructures après 1848.

La consultation de cette catégorie de sources a été complétée par la lecture de la correspondance reçue par trois autres acteurs. Premièrement, celle d'Alfred Escher, qui a été retranscrite et est librement disponible en ligne. Tout comme les lettres du fonds Speiser, elle fournit un éclairage sur le positionnement des acteurs zurichois lors de la réforme monétaire, mais aussi de manière plus large sur leurs attentes quant à la mise en place des conditions-cadres économiques lors de la fondation de l'Etat fédéral ; elles représentent une trentaine de lettres. Par ailleurs, les notes personnelles d'Alfred Escher sur les monnaies sont déposées aux AF. Elles sont constituées de quinze documents qui sont des prises de notes, des calculs et plusieurs lexiques. Elles fournissent un précieux complément pour comprendre le positionnement de ce personnage. Deuxièmement, la correspondance adressée à l'un des principaux opposants au FF, le Saint-Gallois Johann Matthias Hungerbühler, qui est disponible à la Bibliothèque Vadiana à Saint-Gall. Tout comme pour Speiser et Escher, ce fonds est une mine d'informations pour saisir le positionnement des acteurs de Suisse orientale lors de la mise en place de l'Etat fédéral. Ce sont ainsi une septantaine de lettres adressées par une quinzaine de correspondants qui concernent directement la réforme monétaire fédérale et qui proviennent aussi bien de Zurich, que de Saint-Gall ou de Glaris. Elles nous renseignent précisément sur les intérêts que défendent les milieux du grand commerce et de la banque de Suisse orientale, ainsi que sur les réseaux d'acteurs qui se mobilisent. Troisièmement, la correspondance du Conseiller aux Etats (CaE) saint-gallois Arnold Otto Aepli. Moins conséquentes, pour notre période, que les trois fonds ci-dessus, ces archives contiennent une trentaine de lettres envoyées par une dizaine de correspondants différents qui abordent spécifiquement les monnaies et en particulier la deuxième phase de la réforme, lorsque les partisans du pied allemand lancent en février 1850 une pétition à travers le pays pour défendre leurs intérêts. Ces lettres nous permettent de saisir la mise en place de la stratégie de défense du FLa, ainsi que les relais qui sont mis à profit.

La prise en compte de trois centres économiques importants du pays (Bâle, Saint-Gall et Zurich) fournit l'occasion d'opérer un quadrillage assez précis de l'horizon d'attente quant aux effets de l'unification monétaire, ainsi que des constellations d'acteurs qui se mobilisent et prennent position.

La cinquantaine de brochures publiées entre 1815 et 1850 constitue la troisième catégorie de sources consultées. Déjà exploitées en grande partie par Schlesinger en 1936, elles sont l'occasion de saisir la convergence ou la divergence des intérêts des acteurs collectifs et individuels qui se mobilisent durant toute la première moitié du 19e siècle, mais en particulier en 1849-1850. Destinées au grand public, elles visent à convaincre de la justesse de leur prise de position et manquent souvent, par conséquent, d'exactitude et d'objectivité. Elles permettent néanmoins d'opérer une radiographie des positionnements selon l'activité économique. La dizaine de brochures publiées entre 1854 et 1860 pour défendre le passage à l'étalon-or ou le maintien de l'étalon-argent figure également dans cette rubrique.

Les publications des milieux économiques représentent une quatrième catégorie de sources consultées. Éditée à Bâle en 1849 et 1850, la *Wochenblatt des Schweizerischen Industrievereins* forme la principale parution prise en compte.

Son rôle est crucial pour comprendre les exigences des acteurs bâlois, zurichois et saint-gallois, car ses colonnes sont ouvertes à toutes les opinions qui sont discutées en détail. D'autres périodiques proches des intérêts des artisans – *Monatblatt des schweizerischen Gewerbsvereins* et *Zeitung für schweizerische Handwerker- und Gewerbe-Vereine* – ont aussi été consultés, mais les collections sont souvent incomplètes. Il en ressort néanmoins un tableau relativement précis de l'horizon d'attente de ces milieux économiques. Moyen d'expression le plus répandu, la presse quotidienne et hebdomadaire constitue un complément utile pour cerner avec précision les prises de position des acteurs.

La cinquième catégorie de sources mobilisées fournit un éclairage étranger sur la réforme monétaire suisse. Les rapports des Ministres français en poste en Suisse sont déposés aux Archives diplomatiques de La Courneuve à Paris (AD). Ces documents dressent périodiquement un état des lieux de la situation politique, économique et sociale helvétique et donnent à voir l'intérêt que la France peut porter aux affaires suisses. Les questions monétaires, et plus largement économiques, ne constituent toutefois pas le cœur des préoccupations entre 1848 et 1850 et n'occupent qu'une place marginale dans ces rapports. Elles sont en effet largement éclipsées par la thématique des réfugiés européens qui trouvent asile sur le territoire suisse, question qui intéresse bien plus les autorités françaises pour des raisons de stabilité politique. Les délibérations de la Commission des Monnaies et Médailles de Paris, qui est en charge de délivrer les autorisations de frappe aux ateliers monétaires français, sont disponibles aux Archives économiques et financières de Savigny-le-Temple (AEF). Il s'agit toutefois de procès-verbaux de décisions qui contiennent relativement peu d'informations sur la position des autorités monétaires françaises vis-à-vis de la Suisse.

Enfin, la sixième et dernière catégorie de sources concerne les données chiffrées mobilisées dans le cadre de ce travail. Nous l'avons vu plus haut, la question monétaire helvétique est en grande partie subordonnée aux échanges commerciaux avec l'étranger. Il devient dès lors nécessaire de réussir à saisir la structure de ces flux. Or, plusieurs historiens l'ont déjà montré, il s'agit d'une entreprise particulièrement compliquée[141]. En effet, avant 1848,

141 Sur ce qui suit: Veyrassat, Béatrice, «La Suisse sur les marchés du monde. Exportations globales et répartition géographique au XIXe siècle. Essai de reconstitution», in Bairoch, Paul, Körner, Martin (Eds.), *La Suisse dans l'économie mondiale. Die Schweiz in der Weltwirtschaft*, Genève: Droz, 1990, pp. 287-316 (ici, pp. 288-297) ; Humair, Cédric, *Développement économique et Etat central,*

il n'existe aucune statistique officielle qui puisse nous venir en aide. Après la naissance de l'Etat fédéral et la mise en place d'une administration fédérale, la statistique commerciale comporte certaines limites qui compliquent son utilisation[142]. Jusqu'en 1884, elle indique uniquement le volume du mouvement des marchandises, exprimé selon leur poids brut, c'est-à-dire sans prendre en compte le poids de l'emballage (la tare). Or, celui-ci peut atteindre 20 % du poids brut, selon que les marchandises soient dirigées sur les marchés européens ou d'outre-mer. C'est une autre limite de ces statistiques : elles n'indiquent ni la destination finale des exportations, ni la provenance d'origine des importations. Seuls les mouvements avec les quatre pays limitrophes sont fournis[143]. Si, à partir de 1884, la statistique repose sur le volume et la valeur, elle comporte des imperfections qui ne permettent pas de déterminer la géographie réelle des échanges extérieurs de la Suisse. Il faut donc attendre 1892 pour disposer de données chiffrées fiables pour évaluer la structure des échanges commerciaux helvétiques avec l'étranger. Au-delà de ces limites, il faut encore prendre en compte le commerce de contrebande, qui, de par sa nature illicite, ne figure pas dans les statistiques officielles. Or, celui-ci peut atteindre des sommes importantes.

En raison de ces lacunes, certains historiens ont mobilisé les statistiques commerciales étrangères pour tâcher d'évaluer le commerce extérieur helvétique.

---

op. cit., pp. 28-34 ; Gern, Philippe, Arlettaz, Silvia, *Relations franco-suisses au XIXe siècle. La confrontation de deux politiques économiques*, Genève : Georg Editeur, 1992, pp. 281-286 ; Buser, Jakob, « La statistique du commerce suisse », *La Suisse économique*, 1916, pp. 183-215 (ici, pp. 183-187 et 197-208). Les références au matériel statistique suisse produit au 19e siècle figurent dans Geering, Traugott, « Bibliographie de la Statistique commerciale », in Speiser, William, Geering, Traugott, Kummer, Johann Jakob, *Bibliographie der schweizerischen Landeskunde. Bankwesen, Handelsstatistik, Versicherungswesen*, Berne : K. J. Wyss, 1893, pp. 119-136.

142 Pour la période 1848-1865, cf. Franscini, Stefano, *Neue Statistik der Schweiz*, 3 Volumes, Bern : Haller'schen Buchdruckerei, 1848-1851 ; Eidgenössische Departement des Innern, *Beiträge der schweizerischen Eidgenossenschaft. V. Theil : Statistische Übersichten über den Handel der Schweiz mit dem Auslande*, Bern : Stämpfliche Buchdruckerei, 1858, 318 p. ; Bureau de Statistique du Département Fédéral de l'Intérieur, *Statistique de la Suisse. Commerce de la Suisse, en vue spéciale du commerce avec l'Association douanière allemande et l'Autriche*, Berne : H. Blom, 1865, 132 p.

143 Département fédéral du commerce, *Statistique du mouvement commercial suisse de 1851-1884*, Berne : Imprimerie Stämpfli, 1887, pp. VI-VIII.

Cependant, elles présentent elles aussi certaines limites qui compliquent leur utilisation. Du côté français, l'évaluation des échanges franco-suisses prend pour base une valeur officielle déterminée en 1826 et maintenue jusqu'en 1846, date à partir de laquelle elle est ajustée chaque année. Elle ne peut donc servir à appréhender la valeur des échanges, puisqu'elle enregistre l'évolution de leur volume. En plus de cette difficulté, il existe à partir de 1825 une distinction dans la statistique française entre le commerce général, qui englobe l'ensemble des marchandises qui entrent ou sortent de la France, indépendamment de leur pays de provenance et de leur destination finale, et le commerce spécial, qui comprend uniquement les marchandises qui sont consommées à l'intérieur du pays. Ces statistiques françaises incluent ainsi dans les exportations helvétiques toutes les marchandises qui proviennent de Suisse et qui sont consommées sur les marchés français. Or, tout ce qui sort de Suisse n'y a pas forcément été fabriqué. Certaines marchandises peuvent uniquement transiter à travers le territoire ou alors y être entreposées avant d'être réexpédiées en France.

La situation des statistiques avec les autres pays limitrophes de la Suisse est encore plus compliquée. Du côté allemand, il n'existe aucune évaluation officielle des échanges avec la Suisse avant 1870 et, après cette date, les données chiffrées sont lacunaires jusqu'en 1892. Pour l'Autriche, la statistique est difficilement exploitable, en raison notamment des nombreux changements de frontières. La statistique italienne est quant à elle très tardive et n'est mise sur pied qu'après l'unité de 1862. Enfin, les premières données chiffrées avec les Etats sardes datent de 1852. Il faut encore mentionner qu'il n'existe aucune statistique officielle du commerce anglo-suisse pour notre période, en dépit du rôle de pivot de l'Angleterre avec les marchés lointains pour le commerce extérieur helvétique. Des reconstructions qui se basent sur les statistiques françaises et sur les rapports des consuls anglais sont toutefois disponibles[144]. Ainsi, en raison de ces données chiffrées hétérogènes et souvent incomplètes, les reconstructions de la valeur du commerce extérieur helvétique réalisées par les historiens doivent être considérées avec une certaine prudence et comme des ordres de grandeur, le degré d'imprécision lié à ces estimations étant élevé.

En plus des estimations produites par les historiens, nous utilisons plusieurs sources de l'époque pour essayer de reconstruire les flux du commerce

---

144 Imlah, Ann Gordon, *Britain and Switzerland: 1845-1860. A study of Anglo-Swiss relations during some critical years for Swiss neutrality*, London : Longmans, 1966, pp. 115-126.

extérieur suisse. Car si les études se concentrent surtout sur les exportations, nous disposons en l'état actuel de peu d'informations sur la valeur des importations en Suisse. Le premier type de sources mobilisées concerne les évaluations produites à partir des années 1840 par des acteurs de l'époque lors du débat sur la forme à donner au régime douanier suisse[145]. Déjà exploitées par l'historiographie, elles constituent une base importante pour notre travail. Le deuxième type de sources provient des évaluations du commerce extérieur suisse faites par les consuls helvétiques mentionnées plus haut. Enfin, durant la réforme monétaire de 1849-1850, les chiffres sont utilisés par les acteurs du débat comme une arme de combat afin de défendre leur position. Certes, il faut considérer ces données avec une certaine distance critique, puisqu'elles sont souvent manipulées pour démontrer la justesse de certaines prises de position. Néanmoins, elles permettent dans certains cas de compléter les chiffres officiels. Quelques données récoltées çà et là dans la correspondance reçue par Munzinger et par Speiser complètent cette catégorie de sources.

Terminons cette présentation avec un avertissement général sur la nature des sources consultées. Les artisans et les petits commerçants ont laissé peu de traces et leurs attentes dans les questions monétaires sont bien souvent difficiles à saisir. Des prises de position dans la presse, un petit nombre de mémoires et quelques articles dans certains périodiques permettent parfois d'appréhender leur positionnement, mais ils restent peu représentés dans le corpus de documents dont l'historien dispose. De la même manière, les sources qui nous renseigneraient sur l'utilisation et le rôle des monnaies dans la vie quotidienne font particulièrement défaut en Suisse. Pour reprendre la belle formulation de Fernand Braudel, « *[…] l'histoire des monnaies – en France comme en Europe – est une histoire à étages : ce qui se passe en haut ne se passe pas forcément au ras de chaussée* »[146]. Or, en Suisse, les informations dont nous disposons sur les échelons inférieurs ne nous permettent pas, pour le moment, d'écrire une histoire de tous les étages. En dépit de ces limites, tâchons de saisir quelles sont les exigences des acteurs des débats monétaires qui ont lieu en Suisse entre 1815 et 1865.

145 Cf. la note 33 p. 201 pour les références.

146 Braudel, Fernand, *L'identité de la France*, Tome III, *Les hommes et les choses*, *op. cit.*, p. 359.

1.5. Revendications des acteurs du débat monétaire et cadre d'analyse

Au cœur de notre analyse figurent les intérêts des acteurs économiques. Afin de saisir dans toute sa complexité la réforme monétaire qui voit naître le FS en 1850, il est nécessaire de donner un peu de chair à cette histoire, c'est-à-dire d'intégrer à l'analyse les acteurs qui interviennent dans le débat selon le prisme de leurs intérêts[147]. Dans les années 1950, abordant l'histoire monétaire française du Moyen-Âge, l'historien Marc Bloch a souligné la nécessité de complexifier l'approche en identifiant aussi précisément que possible les intérêts des acteurs intervenant dans le débat monétaire :

> *« Mais experts, fonctionnaires, députés des bonnes villes aussi – tous ces « bons et notables personnages » dont les rois tant de fois dans leurs ordonnances évoquent l'opinion, quels étaient-ils au juste ? J'entends : quelles étaient leur formation, leurs liaisons, leurs partis pris, leur intérêt surtout ? Là gît le vrai problème humain. La plupart, sinon la totalité des experts qu'ont consultés les derniers Capétiens, étaient des marchands, souvent des marchands italiens, à la fois négociants au longs cours et préteurs des rois et des grands ; fréquemment aussi fermiers des ateliers monétaires et vendeurs de métaux précieux. Les administrateurs même n'étaient pas toujours étrangers à ces milieux d'affaires »*[148].

De ce point de vue, il faut reconnaître que les études sur la naissance du FS en 1850 constituent un cas à part dans le champ de l'histoire monétaire helvétique. Plusieurs travaux de qualité ont en effet mis en évidence les intérêts des principaux protagonistes[149]. Mais la tendance majoritaire demeure à une approche très superficielle, à l'image du numismate Weissenrieder qui

---

147 Sur cette approche, on consultera les réflexions méthodologiques d'un des principaux experts du champ de l'histoire monétaire helvétique, qui dresse un bilan semblable au nôtre sur la période du début du 20e siècle : Guex, Sébastien, *La politique monétaire et financière de la Confédération suisse 1900-1920*, *op. cit.*, pp. 15-18. Cf. aussi Hefeker, Carsten, « Interest Groups, Coalitions and Monetary Integration in the XIXth Century », *Journal of European Economic History*, 24, 1995, pp. 489-536 (ici, pp. 489-490, 495-496 et 504-505) et Hefeker, Carsten, *Interest Groups and Money Integration. The Political Economy of Exchange Regime Choice*, New York : Routledge, 1996, pp. 2-3 et 31-40.

148 Bloch, Marc, « Mutations monétaires dans l'ancienne France », *op. cit.*, pp. 145-158 (ici, p. 157).

149 Mangold, Fritz, « Bankdirektor Johann Jakob Speiser », *op. cit.*, pp. 135-320 ; Schlesinger, William, *Das Geldproblem*, *op. cit.* ; Haefliger, Hans, *Bundesrat Josef Munzinger*, *op. cit.*

réduit la réforme monétaire à un affrontement entre deux banquiers, le Bâlois Speiser en faveur du pied monétaire français et le Zurichois Pestalozzi pour le pied monétaire allemand[150]. Cette perception à tendance simpliste, qui prend ses racines dans certains titres de presse de l'époque[151], soulève néanmoins une question importante : les questions monétaires sont-elles vraiment uniquement une histoire de banquiers ? La question est complexe et mérite d'être posée tant le nombre de banquiers, aussi bien suisses qu'étrangers, qui interviennent est élevé. Il est vrai que l'unique expert nommé par le CF en 1849 pour mener la réforme monétaire, le directeur de banque bâlois Johann Jakob Speiser, est un banquier. Il est aussi vrai qu'à Zurich, la défense du pied monétaire allemand est emmenée par le banquier privé Leonhard Pestalozzi. Il est également vrai que des représentants de la branche de la banque des cantons de Genève, Neuchâtel, Soleure, Saint-Gall ou encore Appenzell Rhodes-Extérieures, se mobilisent durant toutes les étapes de la réforme monétaire. Il est enfin encore vrai que plusieurs acteurs étrangers qui interviennent dans la réforme monétaire sont banquiers. Cela ne suffit néanmoins pas à en faire une affaire exclusive de banquiers, car le panel des milieux qui prennent part à la réforme est bien plus large. Les questions monétaires, et en particulier l'idée d'une réforme en profondeur, intéressent en effet aussi les acteurs du grand commerce, de l'industrie, du tourisme et de l'artisanat, contrairement à ce qu'affirment certains historiens[152]. Par contre, il faut relever que le recours au peuple fait plus office de faire-valoir que de réalité[153]. Deux éléments suffisent à en prendre la mesure. Premièrement, un mépris certain se dessine parmi les milieux économiques dirigeants pour l'opinion qui pourrait émaner du peuple. Les propos tenus par le banquier bâlois Speiser sont à cet égard très clairs : « *Offenbar ist die Münzfrage, aus welcher jetzt der Zweck einer Volks-Agitation gemacht werden soll, keine Gegenstand, über den die Massen ein kompetentes Urteil abzugeben im Stande sind* »[154]. Qu'il soit ou non capable de porter un jugement sur le sujet, le peuple ne semble pas

150 Weissenrieder, Franz Xaver, *100 Jahre schweizerisches Münzwesen*, *op. cit.*, pp. 10-11.

151 Par exemple dans [s.a.], « Schweiz », *Neue Zürcher Zeitung*, 11.12.1849, p. 1.

152 Halbeisen, Patrick, Müller, Margrit, « Die schrittweise Nationalisierung des Geldes », *op. cit.*, pp. 63-86 (ici, p. 70).

153 Une critique de ce procédé figure dans [s.a.], « Schluss der allgemeinen Münzartikel », *Neue Zürcher Zeitung*, 25.11.1849, pp. 1-2 (ici, p. 1).

154 [Speiser, Johann Jakob], « Münz-Agitation und "Hausbackene Politik" », *Neue Zürcher Zeitung*, 17.02.1850, p. 1.

vraiment s'intéresser à la réforme monétaire qui voit naître le FS. Un correspondant anonyme de l'importante *Neue Zürcher Zeitung* le formule d'ailleurs très bien en 1849 :

> « *Wer nun, vor allem aus, in Bern oder hier, erklärt: die Münzfrage sei im Kanton St. Gallen "eine Frage des Volkes", der täuscht sich selbst und andere. Das "Volk" unseres Kantons nimmt an der Münzfrage gar kein Interesse. Nicht ist's natürlicher, als das. Es versteht sie nicht ; erklären ja die hohen Herren, dass auch sie wenig davon verstehen. Das ist der eine Grund, warum bei uns, wie gewiss anderwärts, das "Volk" sehr ruhig ob der grossen Münzdebatte schläft, und teilnahmslos darüber seinen Geschäften nachgeht. Der andere Grund ist: das "Volk" wird sich, ob der französische, ob der deutsch oder ob ein gemischter eigener Münzfuss siegen werde, bei dem einen und andern zu helfen wissen. Ganz gewiss. Die Sache ist bei uns, wie wohl anderswo, eine "Herrenfrage", nichts weniger, nicht mehr* »[155].

Cette citation nous amène au second élément : la réforme monétaire est l'affaire de certains milieux privilégiés qui ont les moyens de s'intéresser à cette question. Leur intervention dans l'organisation monétaire de l'Etat fédéral a pour objectif de la modeler pour qu'elle corresponde à leurs besoins. Selon les propos d'un contemporain très critique, le négociant bâlois Rudolf Moser, « *le banquier, le négociant, l'industriel ne veillent pas au salut de l'Etat ; ils cherchent leur intérêt, leur commodité* »[156]. Capables de s'adapter rapidement aux changements structurels, ces milieux cherchent à créer des conditions-cadres monétaires pour qu'elles soient conformes à leurs intérêts, ce qui, d'ailleurs, n'échappe pas aux contemporains qui les critiquent ouvertement[157].

Dans ces conditions, il devient nécessaire de réussir à appréhender précisément les intérêts de la constellation d'acteurs qui se mobilisent, qu'ils soient ou non favorables à une réforme. Le modèle dominant n'est pas en mesure de fournir un cadre d'analyse à même d'y parvenir. Car ce n'est en effet ni le positionnement géographique, ni l'appartenance politique qui sont déterminants

---

155 [s.a.], « St. Gallen », *Neue Zürcher Zeitung*, 28.11.1849, p. 3. Dans ce même ordre d'idée, cf. aussi [Speiser, Johann Jakob], « Zum Münzstreit. IV », *Neue Zürcher Zeitung*, 26.11.1849, p. 1.

156 Moser, Rudolf, *Du tarifage des monnaies dans la Suisse occidentale*, Berne : [s.n.], 1850, p. 13. Sur Rudolf Moser, cf. la note 60 p. 332. Des propos similaires sont tenus par le Cn soleurois Johann Jakob Trog (cf. note 228 p. 478) lors de la séance du 23.11.1849 du CN, rapportés in [s.a.], « Bundesstadt. Nationalrath », *Neue Zürcher Zeitung*, 25.11.1849, p. 2.

157 Par exemple : [s.a.], « Stimme eines Laien über Tarifirung der fremden Münzsorten und den Schweizerfranken », *Neue Zürcher Zeitung*, 04.04.1850, p. 1.

pour expliquer les prises de position, mais bien le profil économique des acteurs intervenant dans le débat qui détermine des besoins spécifiques. Les intérêts divergent ainsi selon les caractéristiques de l'activité, qu'elle soit productive (agriculture, artisanat, industrie) ou de service (commerce, tourisme, banque), l'orientation des affaires (marché intérieur ou marché extérieur) ou encore la géographie des débouchés extérieurs (Europe du Nord, Europe du Sud ou outre-mer). Ces différentes dimensions permettent de déterminer précisément les attentes des acteurs en termes d'intervention des collectivités publiques dans les questions monétaires. Afin de bien saisir la complexité de la situation durant les deux premiers tiers du 19e siècle, le recours à deux niveaux d'analyse est nécessaire. Le premier niveau repose sur la structure de l'activité économique dominante à l'échelle régionale. Au début des années 1990, les deux économistes français Robert Salais et Michael Storper ont développé un schéma théorique reposant sur l'idée que le moteur et la forme de la mobilisation des acteurs économiques sont déterminés par la spécificité du type de produit fabriqué. Selon leurs termes, *« c'est alors le produit qui construit l'espace stratégique critique de l'économie pour ses acteurs »*[158]. En 2004, l'historien Cédric Humair a proposé d'analyser la forte segmentation de l'économie helvétique du 19e siècle en recourant à cette trame analytique. Il a alors identifié cinq « mondes de production » qui reposent sur des structures économiques et des groupes sociaux distincts[159]. Cette grille de lecture servira de support à notre analyse, car elle permet d'appréhender les intérêts divergents, souvent contradictoires, en termes d'attentes dans la structure de l'intervention des autorités fédérales. Les lignes qui suivent présentent plus en détail ce premier niveau d'analyse.

158 Salais, Robert, Storper, Michael, *Les mondes de production : enquête sur l'identité économique de la France*, Paris : Ecole des hautes études en sciences sociales, 1993, p. 13.

159 Humair, Cédric, *Développement économique et Etat central, op. cit.*, pp. 6-9 et 86-109.

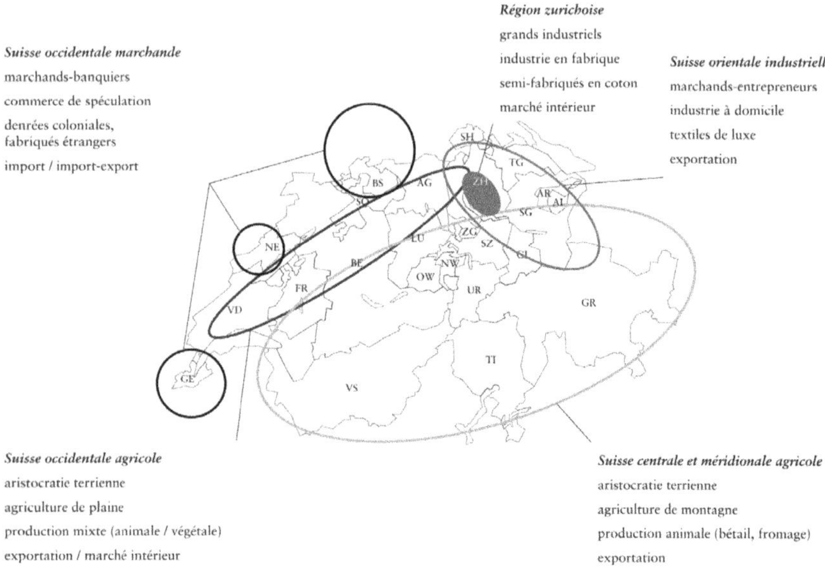

Carte 1 : les cinq mondes de production en Suisse au début du 19e siècle[160]

La Suisse occidentale marchande (Bâle, Genève et Neuchâtel) se caractérise par une composante commerciale qui est fortement intégrée à l'économie mondiale. Pratiquant l'import-export, le négoce en gros et le commerce d'entrepôt, les marchands-banquiers sont actifs sur les marchés européens et d'outre-mer. En parallèle, deux branches d'industrie se développent. A Bâle, la fabrication de rubans de soie de milieu de gamme est destinée à l'exportation, principalement en direction des Etats-Unis. Sur l'Arc jurassien, qui va de Genève à Soleure en passant par Neuchâtel, l'horlogerie se développe de manière très rapide. Produisant pour les marchés étrangers, horlogers et orfèvres réalisent des produits de luxe. Fortement intégrés à l'économie mondiale, ces acteurs utilisent les grosses espèces françaises qui sont très répandues parmi leurs partenaires économiques. Monnaies du commerce international, les pièces d'or y circulent également, car elles sont reçues sur toutes les places commerciales du monde, en particulier en France et en Angleterre. Elles sont aussi fondues pour satisfaire aux besoins en matières premières de l'horlogerie, de la bijouterie et de la joaillerie.

160 Carte tirée de *Ibid.*, p. 7.

En Suisse orientale industrielle (Appenzell, Glaris, Schaffhouse, Saint-Gall et Thurgovie), la production d'une grande diversité d'articles textiles haut de gamme – broderies, cotonnades fines, toiles de lin –, repose sur le principe du « Verlagssystem » : la matière première importée par les grands négociants est travaillée à domicile ou dans de petits ateliers répartis dans les campagnes. Les produits finis sont exportés sur les marchés du monde par l'intermédiaire des places allemandes, surtout en direction des marchés américains et asiatiques. Les milieux industriels de Suisse orientale développent leurs activités sur la base du FLa, qui est la monnaie des trois Etats du sud de l'Allemagne. Utilisées à l'échelle régionale, les monnaies allemandes revêtent un rôle capital car elles servent aussi bien à payer les salaires des ouvriers qu'à régler les importantes importations de céréales et de sel allemands. Maintenir ces pièces dans la circulation relève donc d'une question de compétitivité économique et il ne peut être question de bousculer cette structure monétaire. Quant aux pièces d'or, elles ont une faible diffusion dans ces régions, car les Etats allemands vivent sous le régime de l'étalon-argent et ne les utilisent que très peu.

Berceau de l'industrialisation suisse, la région zurichoise présente quant à elle une structure économique complexe, basée sur le développement parallèle de deux secteurs moteurs, la soie et le coton. Importée de l'étranger, la matière première est distribuée dans les campagnes (soie) selon la même organisation qu'en Suisse orientale, ou travaillée dans des filatures mécaniques (coton). Les produits finis de soie s'exportent sur les marchés du monde, tandis que les filés de coton zurichois s'écoulent sur les marchés régionaux. Liée à ces deux secteurs, une industrie des machines émerge aussi durant la première moitié du 19e siècle ; elle se développe surtout durant la seconde partie du siècle. La complexité du tissu économique se reflète dans l'organisation monétaire du canton, qui est très vraisemblablement une des plus compliquée du pays : les milieux du grand commerce, de l'industrie de la soie et de la banque utilisent des espèces françaises et partagent les revendications des milieux marchands de Suisse occidentale, tandis que les différents acteurs intervenant dans le processus de production des produits de coton se reposent sur le FLa, se rapprochant ainsi des intérêts des milieux industriels de Suisse orientale.

La structure économique des cantons de Suisse occidentale agricole (Argovie, Berne, Fribourg, Soleure et Vaud) est basée sur une agriculture de plaine. La culture du blé et du vin est destinée aux marchés de proximité, surtout en direction des autres cantons suisses, ainsi que dans les régions frontalières françaises et, dans une moindre mesure, dans le Grand-Duché de Bade. La production de bétail est exportée en France et en Italie. Les fromages bernois et fribourgeois prennent quant à eux la route des marchés du monde. Le mercenariat est également pratiqué par certaines familles bernoises et fribourgeoises. Pour répondre à la nature de ces activités économiques, les espèces françaises constituent la base de la circulation dans ces régions et satisfont à tous les besoins. Les pièces d'or y ont aussi une large diffusion, en raison des échanges avec la France.

Dans les cantons de Suisse centrale et méridionale agricole (Lucerne, Schwytz, Unterwald, Uri, Zoug, Grisons, Tessin et Valais), les milieux actifs dans l'agriculture de montagne produisent fromages et bétails qui prennent la route des marchés du nord de l'Italie. Situés sur l'axe du Gothard, des marchands tirent également d'importants revenus du commerce de transit entre le nord et le sud du continent. Exportations de produits agricoles et industriels helvétiques et importations de matières premières et de produits de première nécessité fournissent une occupation à une myriade de transporteurs, voituriers et autres artisans. Comme en Suisse occidentale, le mercenariat est une activité pratiquée dans certains cantons. Intégrés à l'économie européenne, ces acteurs utilisent une très grande diversité de grosses espèces étrangères qui satisfont aux besoins de leurs différents partenaires ; parmi celles-ci, les FF sont particulièrement recherchés car ils bénéficient d'une grande diffusion dans les échanges internationaux. En raison de la vitalité du commerce sur le Gothard, de nombreuses pièces d'or de tout le continent sont régulièrement utilisées pour les affaires. Situés au centre du pays, les acteurs de ces régions utilisent aussi les petites monnaies des cantons frontaliers qui circulent à l'échelle régionale et qui satisfont à leurs besoins quotidiens.

A ce premier niveau d'analyse, il est nécessaire d'en ajouter un second, car l'approche par les « mondes de production » prend uniquement en compte la structure économique dominante. Or, le poids de l'économie régionale joue aussi un rôle important dans les questions monétaires. Durant la première moitié du 19e siècle, les cantons helvétiques sont de véritables Etats souverains autonomes qui entretiennent bien souvent plus de rapports avec leurs voisins étrangers qu'avec les autres régions du pays[161]. Cet ancrage dans les économies transnationales satisfait aux besoins de main-d'œuvre étrangère dans les régions industrialisées, anime le commerce de proximité qui ne peut écouler sur un marché suisse ses produits et pourvoit en biens de première nécessité, en premier lieu en produits agricoles. Alors que Genève dépend de l'approvisionnement en

161 Martin, Colin, « La formation de l'unité monétaire suisse », tiré à part de Congrès international de numismatique, *Congrès international de numismatique, Paris: 6-11 juillet 1953*, Tome II, Paris: Bibliothèque nationale, 1957, pp. 405-410 (ici, pp. 407-408).

céréales des régions frontalières sardes qui entourent le canton (Pays de Gex et Faucigny) pour sa consommation intérieure, la Suisse orientale en importe de grandes quantités des Etats de l'Allemagne du sud. L'Argovie écoule sur les marchés du Grand-Duché de Bade ses produits agricoles (vin, seigle, bétail) et en fait venir des céréales, tandis que le Tessin entretient des liens commerciaux très intenses avec la Lombardie. Ouvriers allemands et autrichiens travaillent aussi pour les milieux industriels de la région zurichoise et de la Suisse orientale. Dans ces conditions, l'ancrage régional détermine les moyens de paiement dominants qui circulent à l'échelle régionale pour les salariés, les artisans et tous les acteurs actifs sur les marchés de proximité. Ainsi, les FF sont-ils majoritairement utilisés dans les échanges régionaux sur la frontière qui court de Bâle aux Grisons en passant par le sud du pays, incluant les espèces du Royaume de Sardaigne conformes au système monétaire français, tandis que les FLa ont la préférence pour la partie s'étendant sur le pourtour nord du pays. La monnaie qui circule en Autriche et dans ses provinces italiennes n'est quant à elle que très peu répandue dans les cantons suisses, à l'exception des Grisons, en raison de son équivalence compliquée avec le FLa. Nous rejoignons là le facteur géographique qui est au cœur du modèle dominant présenté plus haut.

Ce double niveau d'analyse fournit un cadre adéquat à même d'appréhender les besoins des différents milieux qui composent le tissu économique en matière d'intervention de l'Etat dans les affaires monétaires. Passons maintenant à leurs revendications.

Durant la première moitié du 19ᵉ siècle, la régale monétaire est en main cantonale et les groupes sociaux dominants au sein des « mondes de production » réussissent sans difficultés à modeler les composantes de la circulation monétaire à l'échelle régionale. Mais selon l'évolution des débouchés extérieurs, les modifications intervenant dans la structure de la production ou dans les conditions de circulation des monnaies étrangères, l'organisation monétaire issue du Pacte de 1815 ne donne plus satisfaction et devient même un frein au développement économique. Or, en raison du peu d'influence que les frontières politiques cantonales exercent sur la circulation des monnaies, il est nécessaire de se mobiliser à l'échelle fédérale pour que des mesures déploient leurs effets. Des représentants de certains secteurs économiques se mobilisent alors pour exiger un changement dans l'organisation monétaire.

Pour les acteurs pratiquant le commerce d'importation (matières premières, denrées coloniales et alimentaires), il est nécessaire d'améliorer la fluidité de la circulation des marchandises sur le territoire intérieur. A côté de l'établissement d'un cordon douanier aux frontières, la suppression des multiples monnaies en circulation, qui représentent un frein aux échanges, concourrait à créer un marché national unifié à même de stimuler les affaires. Les négociants actifs dans le commerce d'entrepôt et le commerce de transit cherchent quant à eux à améliorer leur intégration à l'économie mondiale et en particulier à se rapprocher des grands ports de commerce européens. Peu intéressés à la constitution d'un marché monétaire unifié à l'intérieur du pays, ces acteurs du grand commerce veulent en priorité disposer d'une monnaie à caractère universel qui soit acceptée parmi l'éventail le plus large possible des partenaires étrangers. Les milieux du commerce d'exportation partagent ces revendications. Écoulant sur les marchés souvent lointains les produits helvétiques et employant plusieurs routes commerciales, ils veulent disposer d'une monnaie qui soit largement diffusée ou, à défaut, d'un système qui repose sur plusieurs grosses espèces étrangères qui satisfassent à la diversité de leurs débouchés et de leurs partenaires. Pour cette catégorie d'acteurs actifs à l'échelle internationale, l'unification des monnaies permettrait de supprimer les risques de change pesant sur les grosses espèces et d'en stabiliser le coût d'acquisition, ce qui améliorerait leur compétitivité.

Les acteurs du commerce de proximité ont des exigences très différentes. Ils cherchent à écouler leurs produits sur les marchés régionaux et sont donc favorables à l'adoption d'une monnaie commune et à la constitution d'un marché monétaire unifié. Certains marchés ayant parfois une dimension transnationale, la circulation de monnaies étrangères peut être importante et constituer la base des échanges. Dans ce cas, les acteurs actifs à cette échelle sont favorables à tarifer certaines pièces d'autres pays. Ainsi, selon leur situation géographique, ils défendent la monnaie la plus répandue à l'échelle régionale. Ils veulent toutefois disposer de petites espèces qui soient de suffisamment bonne qualité pour pouvoir s'assurer de pouvoir les écouler sans risquer une perte. Ils sont aussi favorables à la circulation des grosses espèces, car elles ont bonne réputation et sont recherchées sur les marchés de proximité.

Les marchands-entrepreneurs de Suisse orientale produisent et exportent des cotonnades de luxe. Ils sont extrêmement sensibles au coût de la vie, car la masse salariale représente une part centrale de leurs coûts de production et joue donc un rôle déterminant dans leur compétitivité. A leurs yeux, il est donc décisif de maintenir intactes les relations avec les trois Etats du sud de l'Allemagne, d'où ils tirent le blé et le numéraire nécessaire au paiement des salaires : toute variation sur le prix des céréales et des outils monétaires importés se répercute sur les coûts de production et donc sur leur capacité à demeurer concurrentiels. En conséquence, ils ne sont pas intéressés à la constitution d'un marché monétaire unifié : la priorité est de rester ancré dans l'économie transnationale avec leurs partenaires du nord. De plus, ces acteurs sont opposés à l'adoption d'une monnaie commune qui ne prenne pas pour base le pied monétaire du sud de l'Allemagne. Afin de s'assurer que cette structure monétaire demeure en place, ils défendent la nécessité de disposer d'une grande diversité de grosses espèces, ce qui correspond au demeurant à la diversité de leurs marchés d'exportation. Entre les travailleurs du textile situés à la campagne et les négociants basés dans les villes, des intermédiaires commerciaux, les *ferggers*, qui sont pour certains également des petits fabricants, sont par contre favorables à la création d'un espace monétaire unifié. En raison de leur position au sein du système de production, ils ont tout intérêt à élargir leur rayon d'activité à l'intérieur du pays.

Les milieux actifs dans l'industrie de la soie ne partagent pas ces revendications. Contrairement aux producteurs de cotonnades de luxe, c'est le prix de la matière première qui est déterminant dans leurs coûts de production. Puisque celle-ci est achetée à l'étranger et qu'elle doit être réglée avec des pièces de bonne qualité, ces acteurs cherchent en premier lieu à en réduire les coûts d'acquisition et à limiter tout risque de change. Au demeurant, puisque leurs produits finis sont vendus sur les marchés du monde, ils sont favorables à l'adoption d'une monnaie commune à caractère universel qui soit acceptée par leurs partenaires étrangers. En ce sens, ils partagent les revendications des acteurs du grand commerce international.

Les milieux de l'industrie mécanisée qui sont fortement endettés présentent un autre cas de figure qui est assez complexe. D'une part, la mécanisation du processus de production réduit fortement la masse salariale. Néanmoins, maintenir de bas salaires demeure déterminant pour rester compétitif face à la concurrence étrangère. C'est pour cette raison que ces acteurs défendent les petites pièces qui ont cours à l'échelle locale, car elles servent au paiement des salaires des ouvriers. Dans cette perspective, ils n'accordent qu'une importance négligeable aux grosses espèces. Dans certaines régions du pays, des grands industriels réalisent des profits sur l'importation de petit numéraire allemand de mauvaise qualité qu'ils écoulent auprès des salariés. Par ailleurs, leur production est vendue à l'échelle régionale, sur la base des monnaies locales. En conséquence, ils s'opposent à la création d'un marché monétaire unifié et veulent maintenir en l'état la structure monétaire. Mais, d'autre part, certains de ces acteurs ont besoin des grosses pièces pour régler leur approvisionnement en matières premières et pour rembourser leurs emprunts. En ce sens, ils seraient favorables à réduire leurs coûts d'acquisition. En raison de ces intérêts quelque peu contradictoires, ces acteurs économiques sont généralement opposés à l'adoption d'une monnaie unique, car elle leur ferait courir le risque d'une augmentation de la masse salariale et donc d'une dégradation de leur capacité à rester concurrentiels, qui ne serait pas compensée par les gains retirés par la constitution d'un marché monétaire unifié.

Les agriculteurs pratiquant la culture de céréales en plaine défendent la constitution d'un marché monétaire unifié, car ils écoulent leurs produits à l'intérieur du pays, ainsi que sur les marchés transnationaux, ce qui leur offrirait la possibilité d'étendre leur rayon de distribution. Fortement endettés en raison du rachat des charges féodales à partir du début du 19e siècle, les petits paysans veulent pouvoir rembourser leurs dettes avec le produit de leurs ventes, ce qui requiert de disposer de pièces de bonne qualité à une valeur stable. Les revendications des agriculteurs pratiquant l'élevage de bétail en altitude ne sont pas les mêmes que celles de leurs homologues de plaine. Actifs sur les marchés italiens et français, ils exigent de pouvoir disposer d'une monnaie qui soit aussi bien acceptées en Lombardie autrichienne qu'en Sardaigne ; la nature de leurs affaires requiert qu'elle soit le plus largement reconnue parmi les partenaires étrangers.

Les revendications des acteurs du monde bancaire ne sont quant à elles pas homogènes. En fonction du type d'activité, ils peuvent pratiquer des opérations de change pour le compte de leur clientèle. Dans ce cas, ils sont partisans du maintien d'une grande diversité de pièces dans la circulation qui leur assure une source de gains. D'autres banquiers, qui sont actifs dans le financement d'activités commerciales ou industrielles, sont pour leur part favorables à l'unification monétaire, en raison de leurs affaires qui se limitent rarement à l'échelle régionale. La constitution d'un marché monétaire unifié représenterait l'occasion d'étendre le rayon de leurs activités, tandis qu'une monnaie commune réduirait les risques de change et constituerait ainsi un outil à même de garantir la valeur de leurs investissements. Enfin, les banquiers actifs dans la gestion de fortune sont favorables à la suppression de la multitude de monnaies en circulation, puisqu'elles contribuent à altérer la réputation du pays et ne peuvent garantir la valeur des capitaux de manière pérenne. Une monnaie qui soit reconnue à l'échelle internationale renforcerait au demeurant la confiance des clients étrangers et les encouragerait à investir leur fortune en Suisse.

Les hôteliers et les transporteurs cherchent pour leur part à fluidifier le trafic de personnes sur le territoire intérieur. Ils se prononcent pour la suppression de la multitude de monnaies cantonales en circulation et sont favorables à les remplacer par une seule et unique monnaie qui ait la plus large diffusion possible. Tout comme les milieux bancaires qui s'occupent du commerce des étrangers, ces acteurs estiment que le passage à un système unifié présenterait aussi l'avantage d'améliorer l'image du pays hors des frontières.

Enfin, les mercenaires qui tirent des revenus de leurs activités au service d'Etats étrangers sont favorables à l'adoption d'une monnaie commune. Payés à l'aide de grosses espèces étrangères, le plus souvent françaises, ils veulent s'assurer que leur valeur demeure stable dans le temps et dans l'espace. Pour y parvenir, il est nécessaire de supprimer la multitude de tarifs cantonaux qui font peser un risque sur la stabilité de leur valeur.

Maintenant que les acteurs du débat monétaire et leurs intérêts sont connus, intéressons-nous aux quatre principaux enjeux qui pèsent sur les changements revendiqués par certains acteurs économiques. Le premier enjeu d'une réforme monétaire concerne une meilleure connexion aux marchés extérieurs : l'adoption d'une monnaie unique fait alors office d'outil d'intégration au commerce international. Pour y parvenir, il est nécessaire de remplacer la multitude de pièces et de tarifs cantonaux en vigueur pour stabiliser le prix d'acquisition des grosses espèces. Le risque de change serait alors supprimé à l'intérieur du pays, ce qui contribuerait également à améliorer l'approvisionnement en numéraire. Ce changement intéresse en premier lieu les milieux marchands de Suisse occidentale, de Suisse centrale et de la région zurichoise, tout comme les banquiers de Suisse occidentale et centrale. Certains acteurs de l'industrie à domicile (paille argovienne, ainsi que soie bâloise et zurichoise) veulent aussi se rapprocher de leurs partenaires étrangers, que ce soit pour l'achat de la matière première ou pour l'écoulement de la production. Les milieux agricoles de Suisse centrale et d'une partie de la Suisse méridionale figurent aussi dans ce groupe.

Le second enjeu est d'améliorer l'écoulement de la production sur le marché intérieur. La création d'un marché monétaire unifié est l'occasion d'étendre le rayon de distribution sans que la diversité des monnaies constituent un frein. Deux dimensions doivent être prises en compte pour le réaliser. D'une part, il est nécessaire de retirer de la circulation les pièces de mauvaise qualité. L'Etat doit fournir du numéraire de bonne fabrication et en garantir la valeur pour s'assurer que les outils monétaires puissent être échangés aux quatre coins du pays sans devoir les négocier. D'autre part, le prix des grosses espèces doit être unifié sur tout le territoire. Ce sont principalement les milieux agricoles de Suisse occidentale et certains agriculteurs de Suisse centrale qui bénéficieraient de la constitution d'un marché monétaire unifié. Les artisans et les acteurs actifs sur les marchés de proximité pourraient eux aussi fluidifier leurs activités et les élargir aux autres cantons, tandis que les commerçants qui pratiquent l'importation depuis l'étranger ou l'exportation de produits helvétiques sont aussi favorables à ce changement.

Le troisième enjeu est la création d'un marché intérieur des capitaux. L'adoption d'une monnaie unique permet de réduire les coûts de transaction et de supprimer les risques de change qui résultent de la multitude de pièces et de systèmes monétaires en vigueur. L'unification des monnaies garantit également la valeur des investissements sur le long terme et améliore aussi bien les perspectives de rentabilité que l'image du pays à l'étranger. Ce sont en premier lieu les milieux bancaires, qu'ils soient actifs dans la gestion de fortune ou dans les investissements industriels et commerciaux, qui seraient les principaux bénéficiaires de ce type de changement. Avec une monnaie commune à tout le pays, leurs affaires pourraient plus facilement se développer sur l'ensemble du territoire. Pour leur part, tous les acteurs à la recherche de financements conséquents, qu'ils proviennent de l'industrie mécanisée ou qu'ils soient promoteurs des chemins de fer, pourraient alors s'adresser à des détenteurs de capitaux hors de leur région, sans craindre de devoir assumer des frais de change supplémentaires. Dans cette perspective, la centralisation des compétences monétaires et l'adoption d'une monnaie unique fourniraient les garanties nécessaires à même de rassurer les investisseurs étrangers. Enfin, ce changement améliorerait la crédibilité de l'Etat et sa capacité à emprunter sur les places étrangères.

Le dernier enjeu est d'attirer les touristes et de fluidifier le transport de personnes à l'intérieur du pays. Pour y parvenir, il est nécessaire de disposer d'un système monétaire clair et compréhensible pour les étrangers, ce qui améliorerait également la réputation du pays hors des frontières. Le remplacement de la grande diversité de pièces en circulation par une monnaie unique et la suppression des monnaies de compte cantonales sont les mesures à prendre. Les promoteurs touristiques sont les principaux acteurs intéressés à ce changement. Une partie des milieux bancaires pratiquant la gestion de fortune se prononce dans le même sens. Certains transporteurs et guides actifs dans le système de transport en place avant l'arrivée des chemins de fer bénéficieraient aussi de ce changement.

1.6. Périodisation et structure de l'ouvrage

Ce travail a pour objectif de comprendre pour quelles raisons certains milieux économiques revendiquent la centralisation et l'unification monétaires durant la première moitié du 19e siècle et pourquoi ils défendent le FF comme base de la nouvelle monnaie helvétique. Il paraît dès lors judicieux de fournir quelques repères temporels et structurels qui faciliteront la lecture. La période étudiée débute en 1815, date du Pacte fédéral qui consacre le retour de la régale monétaire aux cantons, et se termine en 1865, lorsque la Suisse adhère à l'UML. La décision d'intégrer le processus de centralisation et d'unification monétaire de 1850 dans la longue durée n'a pas pour vocation de s'inscrire dans la tradition des ouvrages des économistes qui retracent l'histoire du FS sur le temps long. Elle se justifie au contraire d'un point de vue méthodologique. La réforme qui débute en 1849 n'est pas uniquement le produit de la fondation de l'Etat fédéral[162]. Elle a comme base plus de trois décennies de tentatives infructueuses d'unification qu'il est nécessaire de prendre en compte pour comprendre les motivations, les résistances, ainsi que les enjeux qui pèsent sur la réforme qui s'ouvre en 1849. L'inscription dans une temporalité plus large présente également l'avantage de vérifier la validité du cadre analytique sur plusieurs événements. Aux exigences d'unification monétaire qui émergent durant la première moitié du siècle répondent en effet des revendications durant les années 1850 qui aboutissent à un important changement de législation monétaire en 1860.

Le choix de faire débuter l'analyse en 1815 et non pas en 1798 (Helvétique) se justifie par la forte influence qu'exerce la France sur la Suisse pendant cette période. Il pourrait être pertinent de prendre 1798 comme point de départ, lorsque la puissante voisine impose le premier FS centralisé et unifié à la Suisse. Mais l'échec qui en résulte nécessiterait une étude en profondeur des attentes et des besoins des acteurs suisses dans un contexte troublé et instable, alors que les conditions monétaires sont dictées par l'étranger. L'Acte de Médiation de 1803 représente quant à lui un outil au service de la politique française et n'est pas l'œuvre des Suisses eux-mêmes. Certes, les cantons récupèrent une grande partie de leur souveraineté monétaire, mais il n'en demeure pas moins que ces conditions sont là encore imposées par l'étranger. Le problème qui se pose est le même qu'avec la période qui s'étend de 1798 à 1803. Le Pacte de 1815 constitue ainsi une sorte de retour à une situation normale, à un système ultra-fédéraliste tel qu'il prévalait avant 1798. Quant à la décision de terminer l'analyse en 1865, elle se justifie par l'adhésion de la Suisse à l'UML qui ouvre une nouvelle période de l'histoire monétaire helvétique qui dure plus d'un demi-siècle, cette union n'étant dissoute qu'après la Première Guerre mondiale. Or, les études sur la participation helvétique à cette entente font particulièrement défaut et il serait nécessaire de prendre en compte un matériel archivistique très conséquent pour bien saisir les enjeux de cette union monétaire placée sous le signe de la domination française. Ceci est donc une autre histoire qui mériterait un travail d'ampleur à elle seule.

---

162 Jost, Hans Ulrich, « L'Etat fédéral de 1848 dans le contexte du "long" XIXe siècle », in Butikofer, Roland *et alii* (Eds.), *A tire d'ailes. Contributions de Hans Ulrich Jost à une histoire critique de la Suisse*, Lausanne : Antipodes, 2005, pp. 343-356.

Ce travail se structure autour de trois grandes parties. La première, qui court de 1815 à 1848, est marquée par le retour de la régale monétaire dans les mains cantonales. Libres de toutes contraintes, les Gouvernements des cantons mènent des politiques conformes aux intérêts des acteurs économiques locaux. La Diète fédérale, qui ne possède aucune compétence en la matière, n'a pas le pouvoir d'intervenir et d'imposer des mesures communes. Les cantons intéressés s'entendent alors sous forme de concordats qui reposent sur une base volontaire. Les mesures prises dans le cadre de ces accords n'ont toutefois qu'une faible influence sur la structure de la circulation, car il n'existe pas de moyens contraignants pour discipliner les participants. A partir des années 1830, les milieux marchands de Suisse occidentale exigent une refonte en profondeur des conditions monétaires à l'échelle du pays, mais ils sont confrontés à plusieurs formes de résistances qui empêchent tout changement. La décision de la Diète fédérale en 1840 de cesser de délibérer sur cette matière ne freine pas les promoteurs d'une réforme qui concentrent désormais leurs efforts à l'échelle cantonale et régionale. Malgré des tentatives dans les cantons agricoles de Suisse occidentale (Berne et Vaud) et dans la région zurichoise, seule la réforme monétaire genevoise aboutit en 1838, donnant naissance au *franc de Genève*, basé sur le FF. Cette première partie se concentre sur tous les débats, conférences et autres tentatives d'accords qui ont lieu durant la première moitié du 19e siècle. Elle vise à mettre en lumière les forces en présence, les motivations et les résistances, ainsi que les horizons d'attentes des partisans et des opposants à une modification structurelle de l'organisation monétaire. Les principaux événements explorés permettent de bien saisir la cristallisation progressive du rapport de force et les raisons du *statu quo* qui prévaut jusqu'en 1848.

La seconde partie aborde la réforme monétaire qui se déroule entre 1848 et 1853, qui représente le cœur de cette recherche. Elle se caractérise par la naissance de l'Etat fédéral, qui, en entraînant une redéfinition complète des lieux de pouvoir, permet de couper le nœud gordien dans les questions monétaires et d'ouvrir la porte à la centralisation des compétences et à l'unification des systèmes cantonaux. La première étape, le transfert de la régale à l'Etat central, ne rencontre aucune résistance et est largement accepté. La seconde étape, l'épineuse question du choix du pied monétaire se pose ensuite : durant plus de huit mois, le pays se déchire sur le sujet, donnant lieu à la publication de dizaines de brochures, l'organisation de réunions et le lancement de pétitions. La loi du 7 mai 1850 consacre finalement l'adoption du pied monétaire français comme base de la nouvelle monnaie helvétique. C'est la naissance du FS. La troisième étape consiste à mettre à exécution la réforme. Il s'agit de remplacer l'ensemble des anciens systèmes par le nouveau, ce qui passe par le retrait de toutes les pièces en circulation et l'introduction d'une monnaie unique. Cependant, les promoteurs de la réforme sont partisans d'un processus peu coûteux qui ne constitue pas une charge financière trop lourde pour le nouvel Etat central. Ils pratiquent donc une forme de « parasitisme monétaire », qui consiste à ne frapper qu'une petite partie de ses propres pièces et à se reposer sur la circulation du numéraire étranger. Ainsi, en 1852, à peine deux ans après la naissance du FS, les pièces d'argent de France, de Belgique, de Sardaigne et d'autres Etats italiens obtiennent un cours légal en Suisse. L'objectif de cette partie est de montrer sous toutes ses faces la complexité du processus d'unification des monnaies. Elle vise à mettre en lumière les moteurs de la réforme, les motivations profondes qui poussent certains milieux à lutter en faveur du choix du pied français et d'autres à se mobiliser pour le pied allemand. Cette partie analyse ensuite les causes et les conséquences d'un rapprochement monétaire envers la France : ses avantages et désavantages sont discutés afin de dresser un bilan général de la réforme monétaire suisse.

La troisième partie de ce travail couvre les années 1853 à 1865. A peine les premiers FS arrivent-ils dans la circulation que le contexte monétaire international se modifie en profondeur et bouleverse l'équilibre helvétique. Suite à la découverte de mines d'or aux Etats-Unis et en Australie, les pièces d'or arrivent en grande quantité dans la circulation suisse et chassent les FS en argent créés par la loi de 1850. Moins d'une décennie après la réforme, une modification législative d'importance intervient : au terme de plusieurs années de débats, les milieux économiques suisses décident de passer au bimétallisme. Enfin, la Suisse adhère en 1865 à l'UML. Sous couvert d'une union technique, le but poursuivi par les milieux économiques suisses est de sécuriser l'approvisionnement en numéraire et de garantir l'existence de moyens de paiement en quantité suffisante sur le territoire helvétique, tout en disposant d'un outil qui facilite le rapprochement commercial avec la France. Dans cette troisième et dernière partie, l'objectif est d'analyser les quinze premières années d'existence du FS en se concentrant sur ces deux évènements. Elle cherche en particulier à comprendre les enjeux qui pèsent sur le passage au bimétallisme. Si un consensus relativement large se dessine rapidement dans le pays, il doit composer avec de très fortes résistances qui parviennent à repousser la décision pendant plus de cinq ans. Enfin, l'entrée dans l'UML représente aussi bien la fin de ce travail qu'une ouverture vers une nouvelle page de l'histoire monétaire suisse.

Première partie : la longue marche vers l'unification monétaire (1815-1847)

2. L'impossible conciliation des intérêts monétaires régionaux à l'échelle fédérale (1815-1833)

Au sortir des guerres napoléoniennes, les puissances victorieuses de Napoléon Ier réunies aux congrès internationaux de Paris (1814 et 1815) et de Vienne (1814-1815) ont pour principal objectif de rétablir une paix durable entre les nations. Mais au cœur du continent, la Confédération helvétique est au bord de la conflagration. Traversés par de fortes dissensions et des intérêts souvent inconciliables, les cantons suisses n'arrivent pas à s'entendre sur la forme à donner à leur nouvelle Constitution. La difficulté est d'autant plus grande que le pays est confronté à une crise sociale, politique et économique qui accentue les divergences. Au bord de la guerre civile, les cantons helvétiques sont sommés par les Grandes puissances de trouver une solution à leurs affaires intérieures. Ils parviennent à s'accorder sur une structure minimale, le Pacte fédéral de 1815. Ses articles font la part belle à la souveraineté cantonale dans la grande majorité des domaines (douanes, postes ou encore poids et mesures), tandis que les prérogatives de l'Etat central sont réduites à la portion congrue. En l'absence de disposition explicite dans le Pacte de 1815, chaque canton reste pleinement souverain en matière monétaire, ce qui signifie qu'à moins d'une entente unanime peu vraisemblable entre les participants, la modification de l'armature monétaire aux échelles régionale ou fédérale doit obligatoirement passer par la voie des concordats volontaires.

Dès le début de la Restauration, les milieux agricoles de Suisse occidentale emmenés par Berne exigent de changer la structure monétaire fédérale. A défaut d'une centralisation des compétences refusée en 1816, ils s'engagent dans un processus qui vise à unifier, étape par étape, les différentes composantes de la circulation des pièces de monnaies. Leur principal objectif est de réussir à développer leurs affaires sur le marché intérieur pour compenser la fermeture du marché français. Ils sont toutefois confrontés à une opposition tenace de plusieurs groupes de cantons qui escomptent bien se reposer sur l'absence de disposition dans le Pacte fédéral pour user librement de leur régale monétaire. Prenant rapidement le relais des Bernois, les milieux marchands bâlois exigent à leur tour d'apporter des modifications au système monétaire fédéral. Ils sont particulièrement intéressés à améliorer l'intégration commerciale du pays aux marchés étrangers et en particulier à la France. Pour y parvenir, il est indispensable d'assainir la diversité des composantes de la masse monétaire afin de privilégier les grosses espèces étrangères, indispensables au commerce international helvétique. Soutenus par une partie des milieux agricoles de Suisse centrale et méridionale qui voient d'un mauvais œil la perte de leurs compétences monétaires, les cantons industriels de Suisse orientale parviennent à bloquer toute tentative de réforme entreprise à l'échelle fédérale. C'est que les intérêts divergent passablement : maintenir l'osmose économique avec les Etats allemands est déterminant pour eux et surpasse les gains qui pourraient être retirés d'une meilleure intégration aux marchés internationaux. Entre ces groupes de cantons, la région zurichoise fait office de zone-tampon en raison de sa situation géographique. Défendant des intérêts très divergents, les milieux économiques zurichois soutiennent tantôt les revendications des milieux agricoles et marchands de Suisse occidentale, tantôt les exigences des industriels de Suisse orientale.

En raison de ces besoins hétérogènes, la situation monétaire helvétique est complètement bloquée durant la période de la Restauration. Craignant de voir des décisions fédérales contraires à leurs intérêts économiques, des alliances de cantons réussissent à faire échouer les différentes tentatives de modification de la structure monétaire du pays. Seules quelques rares changements aboutissent. Leurs effets restent néanmoins marginaux en raison de leur caractère concordataire, car de nombreux signataires n'appliquent pas les décisions sur la durée. De ce point de vue, l'adoption d'une nouvelle unité de compte en 1819 par 18 cantons et 4 demi-cantons, ainsi que le retrait du billon frappé durant la République helvétique sont les deux seuls achèvements de cette période.

2.1. L'Europe et la Suisse à la sortie des guerres napoléoniennes

En 1815, les puissances victorieuses de la France se réunissent à Vienne pour discuter de la reconstruction de l'Europe et rétablir une paix durable sur le Vieux Continent[1]. L'objectif poursuivi est de garantir la sécurité en créant les conditions nécessaires à la régulation des conflits et à la gestion de la paix. Ce Concert européen des grandes puissances repose sur un équilibre politique fait de compromis qui instaure une culture de la paix entre les quatre Grandes puissances qui dominent l'Europe post-napoléonienne – Angleterre, Autriche,

1 SCHULZ, Matthias, *Normen und Praxis. Das Europäische Konzert der Grossmächte als Sicherheitsrat, 1815-1860*, München : R. Oldenbourg, 2009, pp. 46-72 ; CHAMBERLAIN, Muriel Evelyn, *"Pax Britannica" ? Britisch Foreign Policy, 1789-1914*, London ; New York : Longman, 1988, pp. 50-54.

Russie et Prusse[2]. Organisées au sein de la Quadruple-Alliance, elles mettent en place un vaste système de règles, de consultations régulières, de conférences et de mécanismes de coopération dans le but de coordonner leur politique et de limiter les risques d'une potentielle agression française. La redistribution des cartes du continent a quant à elle pour fonction de garantir l'indépendance des Etats et de prévenir toute hégémonie d'une puissance, en particulier de la France. Au centre de l'Europe, le maintien de plusieurs Etats-tampons et le renforcement de leurs forces de défense participent à la balance du pouvoir sur le continent. Les conditions modelées par le Congrès de Vienne permettent ainsi de prévenir les conflits à l'échelle du continent : entre 1815 et 1914, le temps cumulé des guerres entre les principales puissances – Angleterre, France, Prusse, Autriche, Italie et Russie – se monte à 18 mois[3]. C'est donc bien une longue période de paix qui s'ouvre en 1815. En garantissant une paix durable, les Grandes puissances ont aussi pour objectif de stimuler le développement du commerce, qui officie comme élément pacificateur après plus de deux décennies de conflits. L'élaboration de règles communes, par exemple concernant la navigation fluviale sur le Rhin, vise à créer les conditions nécessaires pour stimuler la croissance économique[4].

2.1.1. La situation commerciale et monétaire à l'échelle européenne après 1815

Après la chute de Napoléon Ier et la levée du blocus continental – mesure économique instaurée en 1806 qui vise à protéger les producteurs européens de la concurrence anglaise –, les Etats du Vieux Continent constatent avec désarroi la prépondérance industrielle et commerciale anglaise, dont les produits à bas prix inondent les marchés européens[5]. Afin de développer leur économie à l'abri

---

2 Schulz, Matthias, « L'Europe après Napoléon et la construction d'une paix internationale. Innovations, erreurs, conséquences », in Herrmann, Irène (Dir.), *Quand le monde a changé… L'entrée de Genève dans la Confédération suisse*, Genève : Georg, 2016, pp. 37-71 (ici, p. 60).

3 Polanyi, Karl, *La grande transformation*, *op. cit.*, pp. 23-29.

4 *Ibid.*, pp. 29-37.

5 Veyrassat, Béatrice, *Négociants et fabricants dans l'industrie cotonnière suisse, 1760-1840. Aux origines financières de l'industrialisation*, Lausanne : Payot, 1982, pp. 225-235 ; Waldvogel, William, *Les relations économiques entre la Grande-Bretagne et la Suisse dans le Passé et le Présent*, Neuveville : Imprimerie W. Henry, 1922, pp. 61-62 ; Rappard, William Emmanuel, *La Révolution industrielle et les origines de la protection légale du travail en Suisse*, Berne : Stämpfli & Cie, 1914,

de cette concurrence, la plupart des Gouvernements adoptent une politique protectionniste qui prend une teinte plus ou moins prohibitive[6]. Ainsi, les marchés du continent se ferment les uns après les autres aux produits helvétiques, à commencer par la France, le principal partenaire économique suisse jusqu'à la fin du 18e siècle[7]. Le retour de la dynastie des Bourbons sur le trône français engendre, sous la pression conjuguée des grands industriels et des grands agriculteurs, une législation ultra-protectionniste orientée contre l'ensemble des partenaires commerciaux du pays qui vise à rétablir la capacité industrielle et à protéger l'agriculture française. Cette politique frappe très durement les milieux exportateurs de produits manufacturés helvétiques, qui sont interdits (en premier lieu les tissus de coton, les produits horlogers et les dentelles), ou surtaxés (toiles de lin et de chanvre, nattes et tresses de pailles). L'exportation de bestiaux est aussi prohibée. Le transit à l'importation et à l'exportation de matières premières et de produits manufacturés sur le territoire de l'Hexagone est également drastiquement restreint, mais pas interdit ; le prix de l'importation du coton par les ports français à destination de la Suisse est ainsi renchéri d'une quinzaine de pourcents[8]. Malgré les conséquences de la fermeture du marché français sur l'économie helvétique, les délégués de la Diète fédérale estiment qu'il serait inutile de riposter par des mesures douanières et décident de favoriser les démarches diplomatiques ; elles ne rencontrent aucun succès[9]. En 1816, le Royaume des Pays-Bas ferme également partiellement ses marchés aux exportations helvétiques, en particulier aux produits de l'industrie textile (indiennes de Neuchâtel, broderies de Saint-Gall, soieries de Zurich et rubans

---

pp. 123-195 ; Cérenville, Bernard de, *Le système continental et la Suisse (1803-1813)*, Lausanne: Georges Bridel & Cie, 1906, pp. 192-284.

6 Bairoch, Paul, *Victoires et déboires II*, *op. cit.*, pp. 280-288 ; Bairoch, Paul, *Mythes et paradoxes de l'histoire économique*, Saint-Girons, Anne (Trad.), Paris: Ed. La Découverte, 1995, pp. 32-38.

7 Gern, Philippe, Arlettaz, Silvia, *Relations franco-suisses au XIXe siècle*, *op. cit.*, pp. 13-25 ; Gern, Philippe, « Approche statistique du commerce franco-suisse de l'An V à 1821 », *Etudes et sources*, 7, 1981, pp. 77-118 (ici, pp. 83-98) ; Humair, Cédric, *Développement économique et Etat central*, *op. cit.*, pp. 81-84.

8 Abschied der Tagsatzung, 1816, Litt. L, *Denkschrift des eidgenössischen Vororts über die kommerziellen Beziehungen zwischen der Schweiz und Frankreich*, 3 p. (ici, p. 2). Le système protectionniste français repose sur les tarifs de 1817 (taxation sur le beurre et le fromage, sur les fils de lin et de chanvre), de 1818 (bonneterie, nattes de paille, toiles de lin et de chanvre), de 1820 (fromages, produits de soie), de 1822 (bestiaux) et de 1826 (laine brute).

9 Abschied der Tagsatzung, séance du 04.08.1818, pp. 141-142.

de soie de Bâle), sans toutefois entraver le commerce de transit[10]. Dès 1817, c'est au tour de l'Empire d'Autriche de s'engager dans la voie du protectionnisme, industriel dans un premier temps, puis également agricole dès 1819. Les marchés du Tyrol, du Vorarlberg et de ses possessions italiennes, surtout la Lombardie-Vénétie, se ferment. L'interdiction d'exporter des produits textiles, du vin et des fromages touche très durement plusieurs cantons de Suisse orientale, qui s'en plaignent amèrement à la Diète :

> «*Seit Jahrhunderten haben die Östlichen GrenzCantone das wichtigste Erzeügnisse ihres Bodens, den Wein, in sehr bedeütender Quantität, und zum grösseren Theil mittelst einer Art von Tauschhandel, an ihre Nachbarn im Vorarlberg abgesetzt, und dagegen von den Bewohnern dieser Oesterreichischen Provinz verschiedene Gattungen von Holz, dem einzigen zur Ausfuhr geeigneten Erzeügniss ihres Bodens, in mancherley Gestalten, an Bau und Brennholz, Rebsteken, Kohlen u.s.w. bezogen ; ein Producte-naustausch, der beiden Theilen gleich zuträglich war*»[11].

La fermeture des marchés du Royaume de Sardaigne en 1824 aux produits agricoles est un autre coup dur porté aux exportateurs helvétiques. Ecoulée par le Valais jusqu'aux deux villes italiennes d'Intra et d'Ossola, qui représentent également le premier lieu d'expédition de la paille produite dans le canton du Tessin, la production agricole des cantons de Suisse occidentale est ensuite dirigée sur les principaux marchés du royaume, comme Turin, ainsi qu'en direction du port de Gênes, relais central pour les marchés du pourtour méditerranéen[12]. D'autres pays plus lointains, de moindres poids pour les marchandises suisses, se ferment également durant ces années (Espagne en 1817 et Russie en 1822).

Après 1825, seuls quelques marchés allemands restent donc encore accessibles. En permettant de compenser la fermeture des débouchés français et

---

10 Les mesures protectionnistes sont encore aggravées par les tarifs de 1819, 1822 et 1828. Cf. Abschied der Tagsatzung, séances du 08.07 et du 01.08.1825, pp. 76-78, ainsi que du 21.07.1829, pp. 92-93.

11 Abschied der Tagsatzung, 1819, Litt. PP, *Zuschrift der Stände Schaffhausen, St. Gallen, Graubünden und Thurgau an das Präsidium der Tagsatzung, betreffend handelsverhältnisse mit Oesterreich*, 30.07.1819, 2 p. (ici, p. 1). La lettre est signée par le commerçant schaffhousois Johann Konrad Sigerist (1774-1833), par l'avocat saint-gallois Julius Hieronymus Zollikofer (1766-1829), par l'avocat et industriel grison Jakob Ulrich Sprecher von Bernegg (1765-1841) et par le landamman thurgovien Johannes Morell (1759-1835). Des démarches diplomatiques permettent de réduire les taxes sur l'exportation du fromage.

12 Abschied der Tagsatzung, séances du 29.07.1824, pp. 48-52 et du 04.08.1825, pp. 78-81.

autrichiens, ils acquièrent une importance croissante pour l'écoulement de la production helvétique[13]. Les marchés des trois Etats du sud de l'Allemagne sont d'autant plus cruciaux que leur économie est fortement complémentaire avec celle de la Suisse industrielle orientale, ce qui permet d'éviter un étouffement économique avec l'arrivée de marchandises anglaises bon marché au sortir des guerres napoléoniennes[14]. Les milieux industriels du nord-est de la Suisse exportent leurs produits textiles (broderies, soieries, cotonnades) et agricoles (vins, animaux d'élevage, fromages), tandis que les Etats du sud de l'Allemagne fournissent céréales, sel, toiles et bétail de boucherie. Le rôle des foires de Leipzig et de Francfort croît également après 1815, surtout pour les produits textiles saint-gallois (mousselines et carolines), ainsi que pour l'horlogerie genevoise et neuchâteloise. Situées sur les deux principales routes commerciales qui traversent le continent d'est en ouest (« Via Regia ») et du nord au sud (« Via Imperii »), les deux foires allemandes s'imposent comme les principaux intermédiaires pour l'écoulement de la production industrielle suisse en direction des marchés du nord et de l'est du continent[15]. Bien que restant ouvert à l'importation et à l'exportation, le transit à travers le territoire français est toutefois interdit pour certains biens (comme les cotons filés fin et les produits de l'horlogerie) et soumis à des taxes parfois élevées pour d'autres (tels que les soies grèges et les bestiaux). C'est pour cette raison que certains milieux économiques suisses font désormais transiter une partie de leurs exportations à destination de l'outre-mer (Amériques et Indes) par les Etats allemands[16]. La

13 Hauser, Albert, « Die Schweiz und der Deutsche Zollverein », *Schweizerische Zeitschrift für Volkswirtschaft und Sozialpolitik*, 94, 1958, pp. 482-494 (ici, p. 483) ; Schmidt, Peter, *Die Schweiz und die europäische Handelspolitik*, Zürich : Orell Füssli, 1914, p. 39 ; Humair, Cédric, *Développement économique et Etat central*, *op. cit.*, p. 85.

14 Dietschi, Erich, *Die Schweiz und Deutschland in ihren handelspolitischen Beziehungen in der Zeit der Entstehung des deutschen Zollvereins 1815-1835*, Basel : [s.n.], 1927, pp. 5-17 ; Hauser, Albert, « Die wirtschaftlichen Beziehungen der Schweiz zu Deutschland in der ersten Hälfte des 19. Jahrhunderts », *Revue suisse d'histoire*, 8, 1958, pp. 355-382 (ici, pp. 365 et 368) ; Inauen, Josef, *Brennpunkt Schweiz. Die Süddeutschen Staaten Baden, Württemberg und Bayern und die Eidgenossenschaft 1815-1840*, Freiburg : Academic Press Fribourg, 2008, pp. 178-188.

15 Lendenmann, Fritz, *Schweizer Handelsleute in Leipzig. Ein Beitrag zur Handels- und Bevölkerungsgeschichte Leipzigs und Kursachsens vom beginnenden 16. Jahrhundert bis 1815*, Bern, etc. : Peter Lang, 1978, pp. 68-76, 92-94 et 125.

16 Abschied der Tagsatzung, 1820, Litt. K, *Bericht an den Löblichen Vorort zu Handen der Hohen Gemeindgenössischen Tagsatzung, von Seite der im Juny 1820*

voie fluviale le long du Rhin Saint-Gall-Bâle-Mayence-Cologne s'impose en particulier comme la principale artère pour rejoindre les ports du nord de l'Allemagne – surtout Hambourg –, ainsi que la plateforme commerciale d'Amsterdam, qui officient comme les principaux relais vers l'outre-mer. Les travaux d'assainissement sur le Rhin entrepris à partir du début du siècle (1804) et la libre navigation progressive sur le fleuve ébauchée dans la cadre du Congrès de Vienne permettent de disposer d'une voie toujours plus praticable entre Bâle et le Royaume des Pays-Bas. Malgré plusieurs obstacles persistants – droit d'étape à Cologne, Mayence et Strasbourg, lenteurs et difficultés de la descente, présence de hautfonds – les marchands helvétiques trouvent dans cet axe commercial une alternative qui leur permet d'écouler une partie de la production qui était destinée au marché français ou qui transitait par ce territoire[17].

Au sud du continent, les marchands helvétiques parviennent également à percer les barrières douanières pour rejoindre les ports. Aux voies commerciales à travers les vallées de la Seine, de la Loire, du Rhône et de la Gironde qui aboutissent aux ports traditionnels du commerce international helvétique sur sol français (Bayonne, Bordeaux, Le Havre, Marseille) se substituent dès lors des courants qui débouchent sur les ports de Gênes, Livourne et Trieste qui acquièrent un rôle de première importance en drainant une grande partie de la production industrielle helvétique en direction du Levant (Egypte, Liban, Syrie, Turquie), ainsi que, dans une moindre proportion, en direction des Amériques et des Indes. Ces relais portuaires deviennent également les principales portes d'entrée européennes de tout le coton et des denrées coloniales (cafés, drogueries, riz, sucre, teintures) du Levant qui s'acheminent ensuite en direction de l'espace économique helvétique[18]. Au début des années 1820,

---

im Luzern versammelten Eidgenössischen Berathungskommission über die Handelsverhältnisse d.d. 19 Juny 1820, 7 p. (ici, pp. 3-4).

17 Les travaux sur le Rhin (enserrement des eaux du fleuve dans un seul lit par la suppression des méandres et la fermeture des bras, raccourcissement de la longueur du fleuve, augmentation de la pente) s'effectuent par étape et par tronçon entre le début du siècle et les années 1870. Le droit d'étape pratiqué à Cologne, Mayence et Strasbourg consiste à obliger les bateliers à débarquer la marchandise qu'ils transportent et la mettre en vente pendant quelques jours ; sans acquéreur, ils peuvent continuer leur route après avoir acquitté la taxe d'étape. Ce droit est supprimé en 1831. Ces thématiques sont abordées dans les différentes contributions réunies dans l'ouvrage dirigé par Ayçoberry, Pierre et Ferro, Marc, *Une histoire du Rhin*, Paris: Ramsay, 1981, 459 p.

18 Un premier axe par le lac Majeur et Novare permet de relier Gênes et Livourne. Le second axe débouche sur le port autrichien de Trieste. Au début des années 1820,

parmi les ports européens utilisés par les marchands suisses, Gênes s'impose comme la voie la plus avantageuse[19]. Pour l'importation d'un quintal de marchandise, le trajet depuis Amsterdam jusqu'à l'espace économique helvétique revient à 9.81 FF et prend 75 jours ; depuis le Havre, il faut compter entre 9.- et 10.- FF pour 28 à 30 jours ; depuis Gênes, le prix s'élève à 9.- FF pour une durée de 10 à 11 jours[20]. Cette restructuration dans les voies commerciales utilisées par les négociants suisses répond au défi de la diversification des marchés que pose le protectionnisme européen. Pour y faire face, la perspective atlantique s'impose rapidement comme une bouffée d'oxygène pour les exportateurs suisses[21]. L'extension des affaires se dirige dans un premier temps vers les Etats-Unis. L'indépendance des pays d'Amérique du Sud à partir de 1811 ouvre aussi de nouveaux marchés au commerce international. Un fin connaisseur du commerce extérieur helvétique souligne dans les années 1870 l'importance que revêt la perspective atlantique pour les exportateurs suisses dès les années 1820 :

> *« Das war nun nicht mehr bloss die allerdings auch erfreuliche Erweiterung eines alten Absatzgebietes für einige bestimmte Artikel, wie wir die von Triest und Italien aus angeknüpften Verbindungen mit der Levante betrachten zu sollen glaubten, sondern die Übertragung eines vollen europäischen Marktes nach dem fernen Westen, der eben*

---

deux voies permettent d'y accéder. D'une part, la route par le lac Majeur aboutit par la Lombardie au port de Venise qui est en relation régulière, par voie de mer, avec Trieste. D'autre part, par Coire, Feldkirch et le Tyrol (Innsbruck). Sur les routes commerciales empruntées durant les années 1820 dans le sud de l'Europe, se référer, pour Gênes, Livourne et Trieste, aux rapports commerciaux des consuls suisses au Vorort et en particulier à celui de Trieste du 05.01.1845, 4 p. dans le fonds aux AF, D0#1000/3#1199*. Jean-Edouard NAVILLE, *Considérations relatives au commerce de transit de la Suisse, présentées au Conseil Représentatif du Canton de Genève, dans sa séance du 24 février 1840,* [Genève] : [s.n.], 1840, p. 5 fournit également des éléments sur Gênes.

19 VEYRASSAT, Béatrice, *Réseaux d'affaires internationaux, émigrations et exportations en Amérique latine au XIXe siècle : le commerce suisse aux Amériques*, Genève : Droz, 1993, p. 82.

20 Exemples tirés de ABSCHIED DER TAGSATZUNG, séance du 11.08.1823, p. 74.

21 VEYRASSAT, Béatrice, *Négociants et fabricants*, *op. cit.*, pp. 36-50 ; VEYRASSAT, Béatrice, *Réseaux d'affaires internationaux, op. cit.*, pp. 83-89 ; VEYRASSAT, Béatrice, *Histoire de la Suisse et des Suisses dans la marche du monde (XVIIe siècle – Première Guerre mondiale). Espaces – Circulations – Échanges*, Neuchâtel : Alphil, 2018, pp. 218-222 et 235-241.

die Schätze eines ungeahnten Reichtums an Boden- und Volkskraft zu mächtiger Entfaltung zu bringen begann»[22].

Les vastes marchés de l'Orient représentent par ailleurs un complément à la perspective atlantique et compensent en partie la perte des marchés européens[23]. En raison de l'évolution dans la structure des débouchés et du poids croissant de la perspective atlantique, les monnaies à caractère universel, comme le FF ou la piastre espagnole, gagnent en attractivité dès le début des années 1820 pour les milieux économiques suisses pratiquant leurs affaires à l'échelle internationale.

Pour terminer ce tour d'horizon, il convient de mentionner que la multitude d'obstacles relevant de l'exercice de la souveraineté cantonale (douanes, monnaies et postes) fragmente fortement l'espace économique helvétique. Le transit de marchandises à travers le pays est en particulier entravé[24]. Dès la moitié du 18e siècle, le financement des infrastructures routières cantonales engendre en effet une multiplication de droits de péage, alors que la diversité des monnaies complique les échanges. L'existence de plusieurs systèmes postaux aux horaires et prix différents ralentit par ailleurs la communication commerciale qui s'effectue par lettre. Ces nombreux encombrements engendrent un déplacement du centre de gravité du commerce de transit européen à travers les cols alpins en direction de l'est du continent en défaveur de la Suisse. Ce sont avant tout les marchands de Suisse centrale et méridionale qui sont lésés par cette restructuration, car ils tirent d'importants revenus des flux de marchandises entre l'Atlantique et la Méditerranée qui empruntent les cols suisses. En 1820, la Diète fédérale met sur pied une commission consultative chargée d'étudier la question afin de fournir des solutions dans le but de maintenir ce commerce sur le territoire. Les membres de la commission reconnaissent qu'il devient en effet meilleur marché de contourner le pays, plutôt que de se confronter à la cherté et aux lenteurs des routes helvétiques :

«[...] einerseits des Umstandes, dass seit einiger Zeit und je länger je mehr dasjenige Transitgut, das sonst seinen Weg aus Deutschland nach Italien und umgekehrt, durch

22 Wartmann, Hermann, *Industrie und Handel des Kantons St. Gallen auf Ende 1866*, St. Gallen: Huber & Cie, 1875, p. 423.

23 Iselin, Isaak, Lüthy, Herbert, Schiess, Walter S., *Der Schweizerische Grosshandel in Geschichte und Gegenwart*, Basel: Selbstverlag der Delegation des Handels, 1943, pp. 96-98.

24 Rupli, Walther, *Zollreform und Bundesreform in der Schweiz 1815-1848*, Zürich: Europa Verlag, 1949, pp. 18-20.

die schweizerischen Alpenpässe nahm, sich nach dem Tyrol und dem Adlerberg hinziehet ; und anderseits der gänzlichen Abteilung des sonst so bedeutenden, von Marseille über Genf nach Deutschland gegangenen Waarentransits, der (statt wie er vormals die ganze Länge der westlichen Schweiz durchzog) nunmehr von Lyon aus, durch die Freygraffschaft Burgund nach Strasburg, oder höchstens über Basel dahin gehet, mithin den Schweizerboden entweder gar nicht, oder nur am äusserten Ende auf einer kleinen Strecke, durchziehet »[25].

Les différentes taxes cantonales représentent donc un obstacle de taille qui grèvent la fluidité des échanges commerciaux sur le territoire. En conséquence, c'est une partie non négligeable du commerce de transit européen qui échappe surtout aux transporteurs de la Suisse centrale et méridionale, qui ont investi des sommes conséquentes pour construire les cols alpins, car ils ne sont pas en mesure de rentabiliser leurs investissements[26]. Les négociants de la Suisse occidentale marchande qui pratiquent l'import-export et le commerce d'entrepôt sont aussi lésés par ce changement dans la structure du commerce de transit européen.

D'un point de vue monétaire, la situation internationale au sortir des guerres napoléoniennes est sensiblement différente de celle d'avant 1789[27]. Aux Etats-Unis, une décennie après la Déclaration d'indépendance de 1776, Thomas Jefferson se prononce en faveur de la suppression de la multitude de monnaies coloniales en circulation. Réalisée en 1786, l'unification monétaire américaine

---

25 Abschied der Tagsatzung, 1820, Litt. K, *Bericht an den Löblichen Vorort, op. cit.*, p. 6. La commission fédérale consultative nommée pour étudier les relations économiques extérieures du pays représente les intérêts des milieux dont les activités avec l'étranger prédominent. Elle se compose du commerçant lucernois (transports, commissions) Franz Bernard Meyer von Schauensee (1763-1848), président, du banquier zurichois Hans Konrad Finsler (1765-1839), du banquier bernois Albrecht Emanuel von Haller (1765-1831), du négociant glaronnais Niklaus Heer (1775-1822), du négociant bâlois (laine, drap) Emanuel La Roche (cf. note 176 p. 168), du banquier saint-gallois Johann Jacob Scherer (1756-1832) et du banquier genevois David Charles Odier (1765-1850).

26 Schiedt, Hans-Ulrich, « Chausseen und Kunststrassen : der Bau der Hauptstrassen zwischen 1740 und 1910 », *Revue Suisse d'histoire*, 56, 2006, pp. 13-21 (ici, pp. 15-16) ; Schiedt, Hans-Ulrich, « Die Entwicklung der Strasseninfrastruktur in der Schweiz zwischen 1740 und 1910 », *Jahrbuch für Wirtschaftsgeschichte*, 1, 48, 2007, pp. 39-54 (ici, pp. 42-43).

27 Il n'existe, à notre connaissance, aucune étude globale sur la situation monétaire européenne issue du Congrès de Vienne. Ce vide provient vraisemblablement du fait que les Grandes puissances n'abordent pas cette question.

repose sur l'adoption du système bimétalliste. L'unité créée est un dollar en argent basé sur les caractéristiques de la piastre espagnole[28]. En Amérique du Sud, l'unification des systèmes monétaires s'inscrit dans le processus d'indépendance des pays qui s'échelonne sur la première moitié du 19e siècle. Le plus souvent, l'adoption d'une monnaie unique prend comme base la piastre espagnole[29]. En France, le tournant du 18e au 19e siècle est particulièrement mouvementé. Créé en 1793 sur la base de la livre tournois, le FF devient l'unité monétaire du pays en 1795, puis est définitivement adopté en 1803. Organisée sur une base bimétalliste, l'unification monétaire française permet de gommer les mauvais souvenir de l'épisode révolutionnaire – assignats, inflation et perte de crédit de l'Etat[30]. L'Angleterre présente un cas de figure différent. La monnaie officielle, la livre sterling, a des origines très anciennes. Dans le courant du 18e siècle, l'Angleterre passe progressivement à l'étalon-or, qui est officiellement adopté en 1816[31]. Sur le continent européen, la situation est complexe. Le maintien d'une multitude de petits Etats souverains – le Congrès de Vienne reconnaît par exemple 35 Etats et 4 villes libres sur le territoire allemand qui veillent jalousement sur leur souveraineté – s'accompagne d'autant de systèmes monétaires. Il est très vraisemblable que ce morcellement politique, qui entraîne une pluralité de structures monétaires, ait pour fonction d'éviter un renforcement politico-économique qui eût pu mener à la guerre[32]. La circulation repose donc sur une diversité et une hétérogénéité de composantes monétaires aux caractéristiques des plus hétéroclites.

28 Piatt Andrew, A., « The End of the Mexican Dollar », *The Quarterly Journal of Economics*, 18, 3, 1904, pp. 321-356 (ici, pp. 326-328) ; Porteous, John, *Coins in History: A Survey of Coinage from the Reform of Diocletian to the Latin Monetary Union*, London: Weidenfeld and Nicolson, 1969, pp. 227-229.

29 Clément, Jean-Pierre, « De la monnaie et de l'indépendance. Quelques remarques sur les noms des monnaies en Amérique latine », [s.d.], 26 p.

30 Sedillot, René, *Histoire du Franc*, Paris : Ed. Sirey, 1979, pp. 65-74 ; Confavreux, Joseph, « Usages sociaux et politiques de la monnaie », *op. cit.*, 30 p. ; Demougin, Jacques, *Histoire du franc*, Paris : Trésor du patrimoine, 2003, pp. 64-70 ; Jambu, Jérôme, « Changer de système de compte ou de monnaie », *op. cit.*, pp. 141-152 (ici, pp. 148-151). Sur les origines plus lointaines du FF : Valance, Georges, *La légende du franc*, *op. cit.*, pp. 15-17 et Demougin, Jacques, *Histoire du franc*, *op. cit.*, pp. 7-13.

31 Feavearyear, Albert, *The Pound Sterling*, *op. cit.*, pp. 6-8 et 150-156.

32 Polanyi, Karl, *La grande transformation*, *op. cit.*, pp. 27-28.

2.1.2. Le mutisme du Pacte fédéral de 1815 : la restauration de la régale monétaire cantonale

En 1815, les Grandes puissances s'engagent à garantir l'indépendance et la neutralité suisse. Pour ce faire, il est impératif de soustraire l'espace helvétique à l'influence française pour pouvoir disposer d'un Etat-tampon au cœur du continent. Toutefois, des intérêts divergents et de forts antagonismes déchirent les cantons suisses qui n'arrivent pas à se mettre d'accord sur la manière d'organiser leur nouvel Etat[33]. Les Gouvernements conservateurs (Berne, Fribourg, Lucerne et Soleure), soutenus par plusieurs cantons de Suisse centrale (Schwytz, Unterwald, Uri et Zoug), veulent revenir à la situation prévalant durant l'Ancien Régime, ce qui se traduit par une large autonomie cantonale, une réduction maximale des prérogatives de l'Etat central et l'exclusion des membres admis pendant la période française. Les « nouveaux » cantons reconnus par l'Acte de médiation (Argovie, Grisons, Saint-Gall, Tessin, Thurgovie et Vaud), défendus par certains cantons libéraux (Bâle, Glaris et Zurich), entendent bien quant à eux conserver leur souveraineté et centraliser un certain nombre de

---

33 Sur la genèse du Pacte fédéral de 1815, cf. Muyden, Berthold van, *La Suisse sous le Pacte de 1815*, Tome I (1815-1830), Lausanne : F. Rouge ; Paris : Librairie Fischbacher, 1890, pp. 146-186 et 215-242 ; Dierauer, Johannes, *Histoire de la Confédération Suisse*, Reymond, Aug. (Trad.), Tome V (1798-1848), Volume 1, Lausanne : Payot & Cie, 1919, pp. 389-457 ; Rappard, William Emmanuel, *La Constitution fédérale de la Suisse. Ses origines, son élaboration, son évolution*, Neuchâtel : Ed. De la Baconnière, 1948, pp. 28-39 ; Widmer, Paul, « Charles Pictet de Rochemont : der Genfer Patrizier auf dem Wiener Kongress, 1755-1824 », in Widmer, Paul, *Schweizer Aussenpolitik und Diplomatie : von Pictet de Rochemont bis Edouard Brunner*, Zürich : Ammann, 2003, pp. 36-94 ; Walter, François, *Histoire de la Suisse*, Neuchâtel : Editions Alphil, 2013³ (1ᵉ édition : 2010), Volume 3, pp. 100-114 ; Jost, Hans Ulrich, « Das Schweizer Imbroglio », in Just, Thomas *et alii* (Eds.), *Der Wiener Kongress. Die Erfindung Europas*, Wien : Carl Gerold's Sohn Verlag, 2014, pp. 374-391 ; Holenstein, André, « Nach Napoleon. Die Grossmächte retten die Schweiz », in Kaestli, Tobias (Ed.), *Nach Napoleon. Die Restauration, der Wiener Kongress und die Zukunft der Schweiz 1813-1815*, Baden : Hier und Jetzt, 2016, pp. 11-44 ; Schulz, Matthias, « Zwischen Sicherheitsimperativ und innenpolitischem Equilibrium : Der Wiener Kongress und die Neuordnung der Schweiz, 1814/1815 », in Mazohl, Brigitte, schneider, Karin, werner, Eva Maria (Eds.), *Am Rande der grossen Politik. Italien und der Alpenraum beim Wiener Kongress*, Innsbruck : Innsbruck University Press, 2017, pp. 143-168 ; Herrmann, Irène, *12 septembre 1814, la Restauration : la Confédération réinventée*, Lausanne : Presses polytechniques et universitaires romandes, 2016, pp. 30-33 et 55-63.

compétences afin de renforcer l'unité du pays vis-à-vis de l'étranger[34]. Incapables de se mettre d'accord, les cantons s'exposent à une rupture des relations diplomatiques avec les Grandes puissances, malgré le soutien anglais et russe[35]. A ces dissensions internes s'ajoutent également des prétentions territoriales, tant intérieures – Berne veut récupérer ses anciens pays sujets, Vaud et l'Argovie –, qu'extérieures (annexion de Constance, de Bormio et de la Valteline) qui contribuent à renforcer le déchirement du pays. De leur côté, les Grandes puissances neutralisent le nord de la Savoie (les provinces du Chablais et du Faucigny) afin d'améliorer les capacités de défense de Genève et de renforcer la neutralité suisse[36]. Dans cette situation, seule l'intervention directe des puissances étrangères permet de débloquer la situation : les Gouvernements conservateurs sont contraints de reconnaître les nouveaux cantons, tandis que les libéraux sacrifient leurs exigences centralisatrices au profit de la reconnaissance de leur souveraineté[37]. Mis sous pression par les Grandes puissances, qui ne donnent aucune suite aux différentes revendications territoriales helvétiques, les cantons jurent fidélité le 7 août 1815 au Pacte fédéral, qui prend la forme d'un compromis qui a la caractéristique de ne satisfaire pleinement personne, mais de ne mécontenter totalement personne non plus[38]. Le demi-canton de Nidwald

34 Schulz, Matthias, « Zwischen Sicherheitsimperativ und innenpolitischem Equilibrium », *op. cit.*, pp. 143-168 (ici, pp. 147-148).

35 Sur le point de vue britannique, cf. Humair, Cédric, *La Suisse et les puissances européennes. Aux sources de l'indépendance (1813-1857),* Neuchâtel : Livreo-Alphil, 2018, pp. 21-28 ; sur le point de vue russe, consulter les contributions de Andreev, Andrei, « La question suisse et la diplomatie russe au Congrès de Vienne » (pp. 52-62) et de Smekalina, Valentina, « L'empereur Alexandre Ier, Jean Capo d'Istria et la mission diplomatique russe en Suisse » (pp. 63-74) in Meuwly, Olivier (Dir.), *Le Congrès de Vienne et le Canton de Vaud, 1813-1815,* Lausanne : Bibliothèque historique vaudoise, 2017. Cf. également Schulz, Matthias, « Zwischen Sicherheitsimperativ und innenpolitischem Equilibrium », *op. cit.*, pp. 143-168.

36 Schroeder, Paul W., *The Transformation of European Politics, 1763-1848*, Oxford : Clarendon Press, 1994, pp. 570-572.

37 Campanelli, Alessandro, « Le pouvoir central dans l'élaboration du Pacte fédéral de 1815 », in Monnier, Victor, Hafner, Felix, Kley, Andreas (Eds.), *Commentationes Historiae Iuris Helveticae*, Volume 16, Berne : Stämpfli, 2018, pp. 77-100 (ici, pp. 96-99) ; Rappard, William Emmanuel, *L'individu et l'État dans l'évolution constitutionnelle de la Suisse,* Zurich : Ed. Polygraphiques SA, 1936, pp. 126-129.

38 Dierauer, Johannes, *Histoire de la Confédération Suisse, op. cit.,* Volume 1, p. 454.

refuse la nouvelle Charte ; il n'intègre finalement la nouvelle Confédération que sous la contrainte armée des troupes fédérales[39].

En vertu du Pacte fédéral de 1815, les compétences de l'Etat central sont limitées à l'essentiel. Découlant de la « logique sécuritaire » de la nouvelle architecture européenne, les puissances alliées désirent doter la Suisse d'une armée forte capable de défendre sa neutralité et éviter toute ingérence extérieure[40]. Toutefois, les cantons ne parviennent qu'à se mettre d'accord sur la mise en place d'une structure centralisée minimale à même de renforcer les capacités de défense du pays. Elaboration d'un règlement en 1817, ouverture d'écoles militaires et mise sur pied d'un Etat-major sont les principales avancées dans ce domaine. L'organisation politique de la nouvelle Confédération se caractérise quant à elle par un ultra-fédéralisme. Au sein de la Diète fédérale, principale autorité de pouvoir du pays, chaque canton dispose d'une seule voix et y envoie deux représentants qui sont tenus de voter selon les instructions de leur Gouvernement ; les demi-cantons ont quant à eux une demi-voix et envoient un seul représentant[41]. Durant la Restauration, les 20 cantons et les 4 demi-cantons représentent ainsi 22 voix ; après la séparation du canton de Bâle en deux demi-cantons en 1833, la Confédération compte 19 cantons et 6 demi-cantons, soit un total qui reste à 22 voix.

Lorsque la Diète n'est pas assemblée, les trois cantons directeurs – Berne, Lucerne et Zurich – assument pendant deux ans à tour de rôle le pouvoir exécutif fédéral. Les décisions ayant trait aux compétences de l'Etat central requièrent une majorité simple de voix. Dans les autres domaines, qui ne sont pas du ressort de l'Etat, le Pacte fédéral est muet sur les possibilités d'intervention. Ce flou est la cause de divisions parmi les représentants cantonaux. Puisque le Pacte ne tranche pas clairement la question, certains députés estiment que l'Etat n'a pas le droit d'intervenir. D'autres considèrent qu'une majorité absolue est requise. En pratique, c'est toutefois le vote à l'unanimité qui est appliqué. Il découle de

---

39 *Ibid.*, pp. 455-456 ; HUMAIR, Cédric, *La Suisse et les puissances européennes, op. cit.*, p. 14.

40 SCHULZ, Matthias, « La question suisse et les grandes puissances : la reconfiguration de l'espace helvétique dans une nouvelle architecture européenne, 1813-1815 », in MEUWLY, Olivier (Dir.), *Le Congrès de Vienne, op. cit.*, pp. 34-51 (ici, pp. 34-35 et 48-49).

41 Sur le rôle et les compétences de la Diète fédérale, cf. BEAUD, Olivier, « La Diète suisse de 1815 à 1848 », in MONNIER, Victor, HAFNER, Felix, KLEY, Andreas (Eds.), *Commentationes Historiae Iuris Helveticae*, Volume 2, Berne : Stämpfli, 2007, pp. 82-105 (ici, pp. 89-104).

ce qui précède qu'il existe deux possibilités d'intervention dans les questions qui ne figurent pas dans le Pacte fédéral. La première est une décision prise à l'unanimité des membres pour tout changement à l'échelle du pays. La seconde possibilité, lorsqu'un vote unanime n'est pas atteint, c'est de s'entendre sous la forme du concordat intercantonal sur la base d'une participation volontaire. Les cantons signataires sont alors tenus d'appliquer les clauses de cet accord, bien qu'en pratique, ce ne soit pas toujours le cas et rarement sur la longue durée. Entre 1815 et 1848, une troisième voie est parfois utilisée pour les questions qui ne figurent pas dans le Pacte fédéral. Dans certaines circonstances qui ne sont pas très claires, les représentants cantonaux recourent au *Conclusum*. Il s'agit d'un arrêté pris par la Diète fédérale à la majorité absolue qui représente une sorte de passage en force lorsque la situation est complètement bloquée et qu'il est jugé nécessaire par un groupe de cantons de prendre une décision rapidement[42].

D'un point de vue économique, chaque canton reste pleinement souverain en matière douanière, monétaire, postale, des poids et des mesures. Malgré la liberté du commerce intérieure garantie par le Pacte fédéral, aucun marché national unifié n'est réalisé. La structure issue de 1815 se caractérise donc par son ultra-fédéralisme, ce qui signifie que le pouvoir politique demeure en grande partie dans les mains des Gouvernements cantonaux et que l'éventail des compétences de l'Etat central est extrêmement limité.

Dans le domaine monétaire, le Pacte fédéral de 1815 fait preuve d'un mutisme complet, justifiant, bien plus que dans tous les autres domaines, la notion de Restauration qui caractérise la période qui s'ouvre alors. Sans disposition explicite dans la Charte de 1815, la régale des monnaies revient tacitement aux cantons. Comment expliquer l'absence totale de dispositions sur le sujet dans le Pacte fédéral ? Les intérêts monétaires étaient-ils à ce point inconciliables pour ne pas réussir à s'entendre sur un minimum de cohésion ? Les réponses à ces questions sont à trouver du côté de certains Gouvernements cantonaux qui voient d'un mauvais œil le transfert de ces compétences à l'Etat central en 1815, car le maintien de la régale à leur échelle présente trois avantages majeurs qui sont développés ci-dessous : une pleine liberté d'action sur la structure monétaire

42 Le *Conclusum* le plus connu est celui pris par la Diète en juillet 1823 concernant la presse et les étrangers. Sur pression de l'Autriche, la Diète introduit la censure dans le pays, supprime des journaux et expulse certains réfugiés politiques. Ce *Conclusum* est abrogé six ans plus tard, en 1829.

cantonale, la possibilité de pouvoir recourir à des frappes et un ancrage dans les économies transnationales.

Le premier avantage, c'est que les groupes socio-économiques dominants au sein de chaque « monde de production » ont la possibilité de modeler des conditions monétaires pour qu'elles soient conformes à leurs activités, sans courir le risque d'une intervention du pouvoir central qui leur serait préjudiciable. La composition des tarifs cantonaux offre la possibilité d'exemplifier l'importance que revêt cet aspect. En maintenant la régale monétaire à l'échelle cantonale, il est possible d'accepter ou de refuser des espèces selon les différents besoins et sans aucune limitation. Le tarif grison de 1811 contient ainsi 35 monnaies d'or et 32 monnaies d'argent suisses et étrangères qui sont reçues auprès des Caisses publiques[43]. Elles proviennent des quatre coins de l'Europe : des espèces anglaises, portugaises, espagnoles, allemandes, françaises et des principales villes italiennes (Venise, Milan, Rome, Bologne, Modène ou encore Florence) sont utilisées légalement dans ce canton. A Genève, le tarif de 1816 fait état de 6 pièces d'or et de 9 pièces d'argent. A Saint-Gall, le tarif de 1807 contient 32 types de pièces, chiffre qui est réduit de moitié cinq ans plus tard[44]. Le contenu des tarifs varie donc d'un canton à l'autre et leur composition ne se recoupe pas forcément. Dans ces conditions, il est facile d'intervenir sur ces tarifs afin de favoriser ou de repousser une espèce selon les nécessités du moment. Cette pleine liberté d'action se manifeste également dans l'adoption de mesures communes à l'échelle régionale. En 1812, emmenés par les milieux agricoles de Suisse occidentale (Argovie, Berne, Fribourg, Soleure et Vaud), des représentants de Suisse centrale agricole (Lucerne, Unterwald et Uri) et de Suisse occidentale marchande (Bâle) s'entendent sur l'élaboration d'un tarif commun sur les espèces étrangères et sur la suspension de la frappe de billon[45]. En réaction, quatre cantons industriels de Suisse orientale (Appenzell, Schaffhouse, Saint-Gall et Thurgovie) prennent des mesures similaires afin d'assurer l'approvisionnement en numéraire allemand dans la région[46].

Le second avantage qui résulte de l'organisation monétaire du Pacte de 1815 consiste à pouvoir frapper de la monnaie qui soit conforme aux besoins des différents acteurs qui composent le tissu économique régional. Après 1815, la

43 Meier, Paul, *Der Währungswirrwarr*, *op. cit.*, pp. 85-86.

44 Girtanner-Salchli, Hermann, « Das Münzwesen im Kanton St. Gallen », *op. cit.*, pp. 110-112 et 123-124.

45 AF, C0#1000/2#210*, *Münzconcordat 1812*, 21.01.1812, 12 p.

46 Schlesinger, William, *Das Geldproblem*, *op. cit.*, p. 65.

majorité des cantons fabrique ainsi des pièces pour leur compte, soit quatorze cantons et un demi-canton[47]. Dans certains cantons de Suisse centrale et méridionale agricole (Valais, Nidwald, Obwald, Uri et Zoug) et de Suisse orientale industrielle (Appenzell Rhodes-Intérieures, Glaris, Schaffhouse et Thurgovie), cette pratique n'est pas nécessaire en raison de la présence d'une importante quantité de numéraire liée au trafic de transit sur le Gothard dans le premier cas et, dans le second cas, par la frappe de Saint-Gall et l'ancrage dans le réservoir monétaire allemand qui pourvoient aux nécessités régionales.

Tableau 5 : date de la dernière émission monétaire dans les cantons suisses[48]

Canton	Date	Canton	Date
Genève	1848	**Saint-Gall**	1822
Zurich	1848	**Neuchâtel**	1818
Fribourg	1846	**Appenzell Rhodes-Extérieures**	1816
Lucerne	1846	**Glaris**	1814
Schwytz	1846	**Obwald**	1812
Vaud	1845	**Nidwald**	1811
Grisons	1842	**Uri**	1811
Tessin	1841	**Schaffhouse**	1809
Berne	1837	**Thurgovie**	1809
Argovie	1831	**Zoug**	1805
Soleure	1830	**Valais**	1778
Bâle	1826	**Appenzell Rhodes-Intérieures**	1744

47 Meier, Paul, *Der Währungswirrwarr*, *op. cit.*, pp. 34-36.

48 Les dates inscrites dans le tableau représentent la dernière émission monétaire cantonale connue ; elles sont classées par ordre chronologique décroissant. Il est possible, mais peu vraisemblable, que des frappes ultérieures aient eu lieu dans certains cas. Après la division de 1833, le demi-canton de Bâle-Campagne ne frappe aucune pièce, ce qui explique que seul le canton de Bâle figure dans le tableau. Ces informations sont tirées du catalogue numismatique de référence sur la Suisse : Richter, Jürg, Kunzmann, Ruedi, *Neuer HMZ-Katalog. Band 2 : Die Münzen der Schweiz und Liechtensteins 15./16. Jahrhundert bis Gegenwart*, Regenstauf : Gietl Verlag, 2006^{6}, 604 p.

Si ces frappes ont pour principal objectif de pouvoir disposer de numéraire qui corresponde à la structure des activités menées par les milieux dominants, ainsi que sur les marchés de proximité, il faut souligner que le gain réalisé sur l'exercice de la régale est quant à lui négligeable. A notre connaissance, il n'existe aucune étude qui se soit intéressée au rôle de cette manne financière pour les cantons helvétiques. Quelques informations provenant de cette pratique durant la première moitié du 19e siècle dans les Etats allemands permettent toutefois d'évaluer son poids. Entre 1820 et 1830, plusieurs sources mentionnent que le taux de seigneuriage s'élève à Coburg (Bavière), Hildburghausen (Thuringe) et Nassau (Rhénanie) entre 21 et 87 % de la valeur nominale des espèces frappées[49]. L'exercice de la régale monétaire peut donc représenter une source de revenus appréciable. Mais à défaut d'études sur le sujet, il est extrêmement difficile de parvenir à formuler une estimation de son importance pour les cantons suisses avant 1848. Selon les calculs de l'économiste Meier, environ la moitié des pièces qui sont retirées en 1851-1852 dans le cadre de la réforme monétaire ont été frappées durant le demi-siècle qui précède, l'autre moitié datant d'avant 1798[50]. D'après les chiffres présentés dans le chapitre 6.2.3, cela signifierait qu'au moins 7.5 millions de FS ont été fabriqués durant la première moitié du 19e siècle. En admettant un taux de seigneuriage de 50 % et une population de 2 millions de personnes, ces frappes procureraient un gain s'élevant à environ 5 cts par habitant et par année, ce qui est très faible[51]. Ce montant ne reflète vraisemblablement pas la réalité et doit être considéré comme un ordre de grandeur minimal, car il ne prend pas en compte les retraits qui interviennent entre 1815 et 1850, tandis qu'il n'y a aucune distinction entre la frappe de grosses et de petites pièces. Cette faible source de revenus est confirmée par l'étude de Georg Schanz qui a analysé la structure des budgets cantonaux avant 1848. Dans les cantons de Zurich et de Lucerne, qui frappent tous deux des pièces de billon, d'argent et d'or durant la première moitié du 19e siècle, les gains provenant de la régale monétaire sont négligeables, en dépit de la fabrication de monnaies pour le compte d'autres cantons[52]. En 1836 et en 1843 dans le canton de Zurich, les

49 Holtfrerich, Carl-Ludwig, « The monetary unification process in 19th-century Germany », *op. cit.*, pp. 216-243 (ici, pp. 218-219).

50 Meier, Paul, *Der Währungswirrwarr*, *op. cit.*, p. 33.

51 A titre de comparaison, l'Etat fédéral qui naît en 1848 fabrique pour un peu moins de 17.5 millions de FS en 1851-1852, soit 7.- par habitant.

52 L'activité de l'Hôtel des Monnaies de Lucerne a été bien étudiée. Cf. Haas-Zumbühl, Franz, « Die Tätigkeit der Münzstätte in Luzern von 1803 bis 1848 », *op. cit.*, pp. 17-83 (ici, pp. 55-83) ; Haas-Zumbühl, Franz, « Beiträge zu einer

revenus cumulés liés aux monnaies et aux poudres s'élèvent à 0.1 % des recettes totales[53]. En 1831, les gains réalisés sur la frappe de pièces s'élèvent à 1 % des revenus totaux du canton de Lucerne[54]. Ainsi, ce ne sont ni les quantités frappées, ni les gains réalisés sur ces frappes qui sont déterminants pour saisir le rôle de cet aspect, mais la possibilité d'avoir recours à une émission ponctuelle en cas de nécessité. Par exemple, peu après la signature par les autorités politiques soleuroises du concordat monétaire de Suisse occidentale de 1825, qui prévoit notamment le retrait du surplus de billon, celles-ci profitent du métal récupéré pour frapper des petites pièces de meilleure qualité. Après l'échec de cette entente monétaire à la fin des années 1820, ce sont les autorités politiques du canton de Fribourg, qui participe également au concordat, qui procèdent à des émissions pour compenser le retrait qui a eu lieu et fournir des petites pièces sur les marchés de proximité.

Le troisième avantage qui découle de l'exercice décentralisé de la régale monétaire réside dans la possibilité d'un ancrage des régions helvétiques dans les économies transnationales[55]. D'un bout à l'autre du pays, les relations avec l'étranger sont souvent bien plus conséquentes qu'avec les autres cantons suisses. Répondant aux besoins de main-d'œuvre, d'importations de biens de première nécessité ou d'écoulement de la production sur les marchés de proximité, ces attaches économiques permettent aussi d'assurer un approvisionnement régulier en numéraire. Ainsi, le poids des rapports entretenus à l'échelle régionale avec des partenaires étrangers détermine la structure monétaire cantonale. En 1849, August von Gonzenbach, un important négociant saint-gallois confirme que

> *« [...] der Verkehr der östlichen Kantone mit den angrenzenden deutschen Staaten denjenigen, welchen sie mit dem übrigen Theil der Schweiz betreiben, in sehr bedeutendem Masse überwiegt, so dass in Folge dessen die in diesen Kantonen vorhandene*

---

luzernischen Münzgeschichte », *op. cit.*, pp. 5-166 (ici, pp. 112-116) et Weber, Félix, *Kleine Luzerner Münzgeschichte*, *op. cit.*, p. 17.

53 Pourcentage calculé à partir des montants des recettes du canton de Zurich en 1836 et en 1843 fournis par Schanz, Georg, *Die Steuern der Schweiz in ihrer Entwicklung seit Beginn des 19. Jahrhunderts*, Volume 2, Stuttgart : J. G. Gotta'schen Buchhandlung, 1890, p. 397. Les régales des monnaies et des poudres figurent dans le même poste dans le travail de Schanz.

54 Pourcentage calculé à partir des montants des recettes du canton de Lucerne pour 1831, fournis par *Ibid.*, Volume 3, p. 351.

55 Sur cette question : Blanc, Jérôme, « La complexité monétaire en France sous l'Ancien régime », *op. cit.*, p. 13.

Geldzirkulation, mit sehr wenigen Ausnahmen, nur aus deutschen Münzsorten besteht und fortan bestehen wird»[56].

Le maintien des systèmes monétaires cantonaux agit également comme facteur de protection pour les acteurs actifs sur les marchés locaux[57]. Les détenteurs de petites pièces sont en effet contraints de les dépenser dans un rayon relativement restreint, car elles ne sont que très rarement acceptées hors de leur zone d'émission. De cette façon, les milieux qui écoulent leurs produits sur les marchés de proximité disposent plus facilement d'une clientèle.

Dans ces conditions, il devient compréhensible que la proposition bernoise formulée en 1814 d'inclure au Pacte fédéral la centralisation des compétences monétaires ne trouve qu'un accueil mitigé. La commission nommée pour étudier la question estime que la complexité du sujet ne permettrait pas de trouver de solution satisfaisante à court terme et risquerait d'aggraver les tensions politiques qui morcèlent le pays, tout en retardant l'élaboration du Pacte fédéral[58]. Avec 14 voix contre 8, les délégués invitent la députation de Berne à renouveler sa proposition ultérieurement. La réponse laconique de la commission occulte toutefois les véritables enjeux qui pèsent sur le transfert de la régale à l'autorité centrale: la structure des activités économiques, l'orientation des affaires sur les marchés étrangers et les routes commerciales empruntées déterminent en effet des besoins différenciés en termes d'intervention monétaire. Dans ces circonstances, les milieux économiques dominants à l'échelle régionale craignent en premier lieu que les décisions fédérales ne correspondent pas à leurs intérêts et préfèrent maintenir la mainmise sur cette branche de l'administration plutôt que de voir une décision qui leur soit désavantageuse. C'est l'occasion d'entrer maintenant dans le détail des différents besoins et des exigences des acteurs du débat monétaire.

---

56 [Gonzenbach, August von], *Gutachten des Kaufmännischen Direktoriums in St. Gallen in Sachen des eidgenössichen Münzwesens, abgegeben zu Handen und auf Einladung des Kleinen Rathes des Kantons St. Gallen*, St. Gallen ; Bern: Huber & Cie, 1849, p. 10. Sur August von Gonzenbach, cf. note 87 p. 340.

57 Helleiner, Eric, *The Making of National Money*, *op. cit.*, p. 79.

58 Abschied der Tagsatzung, séance du 21.05.1814, Tome I, pp. 107-108. Le rapport complet de la commission et sa composition ne sont pas renseignés.

2.2. Intérêts et besoins monétaires divergents des cinq « mondes de production »

En 1814, la proposition bernoise d'inclure la centralisation des compétences monétaires au sein du Pacte fédéral échoue. Dès l'année suivante, les Gouvernements cantonaux profitent de l'absence de dispositions dans le Pacte fédéral pour mettre leur politique monétaire au service de leurs intérêts particuliers. Dans un contexte de fermeture des marchés extérieurs, de modification en profondeur des débouchés et de restructuration des tissus économiques, le libre exercice de la régale permet de modeler la structure monétaire afin qu'elle corresponde aux nécessités régionales. Pour se prémunir de l'invasion de billon "étranger", les Gouvernements des cantons multiplient les interdictions[59]. L'objectif principal est d'accroître la compétitivité des acteurs économiques cantonaux en limitant au maximum l'afflux de pièces de faible valeur qui encombrent la circulation et repoussent les espèces de bonne qualité, indispensables pour le commerce interrégional et international, ainsi que pour toutes les activités financières. Il en résulte une mosaïque de pratiques des plus hétérogènes qui représentent autant de barrières à la fluidité des échanges commerciaux. D'autres interdictions portent sur les écus français inférieurs à un certain poids qui prennent alors la route des cantons où ils bénéficient encore d'une tarification[60].

En 1816, les Bernois reviennent à la charge au sein de la Diète fédérale. Le Pacte ayant été accepté, une discussion de fond sur une modification de la structure monétaire du pays peut désormais être entreprise. A leurs yeux, le système en place montre d'évidentes limites. La multitude de tarifs sur les espèces

---

59 Est considéré comme "étranger", le billon qui provient d'un autre canton et dont il n'est souvent pas possible de garantir la qualité. En 1809, les cantons d'Argovie et de Zurich interdisent le billon de la Suisse orientale industrielle. En 1816, Zurich proscrit le billon de tous les autres cantons. Il est suivi en 1817 par tous les cantons agricoles de Suisse occidentale, puis par Bâle, les Grisons et Zoug, qui édictent des prescriptions similaires. A ce propos, se référer à [Greiff-Schmid, Joh. Konrad], *Ueber die Nachtheile des Uebermasses an Schweizerischen Scheidemünzen und die Möglichkeit ihrer Verminderung*, Bern : L. A. Haller, 1823, p. 5 et à Pestalozzi, Leonhard, *Beyträge zur Schweizerischen Münzgeschichte nebst Ansichten über Münzeinheit mit Beziehung auf den 21. Artikel der Bundesurkunde*, Zürich : Orell, Füssli & Cie, 1833, pp. 55-56.

60 Favarger, Philippe, *La noble et vertueuse Compagnie des Marchands de Neuchâtel. Contribution à l'histoire du commerce dans le pays de Neuchâtel*, Neuchâtel : Wolfrath & Sperlé, 1913, pp. 225-226.

étrangères a tendance à les drainer en direction des régions qui les acceptent au plus haut cours. Confrontés à des pénuries, les Gouvernements cantonaux augmentent les prix afin d'attirer ces pièces pour satisfaire aux besoins du grand commerce. Cette concurrence alimente la spirale des cours abusifs qui a un effet inflationniste sur le prix d'acquisition de ces espèces. Quant aux interdictions sur le billon "étranger", elles ont tendance à ralentir le flux des échanges à l'intérieur du pays. Rapidement, cette situation confine à l'absurde. Ainsi, les pièces grisonnes et thurgoviennes frappées dans l'Hôtel des Monnaies de Berne sous la surveillance d'un fonctionnaire d'Etat conformément au pied monétaire fédéral de 1803 sont interdites par le Gouvernement bernois[61]. Lors de l'ouverture de la Diète fédérale de 1816, son président débute la séance consacrée à la discussion monétaire en mettant en évidence les problèmes qui résultent du manque d'uniformité dans le pays :

> « *Gegenseitige Verrufungen, welche in den neuesten Zeiten vielfältig statt hatten, so dass die Münze eines Kantons in dem benachbarten verweigert wird, hemmen den innern Verkehr, ohne dem Uebel im Ganzen abzuhelfen. Durch eben so einseitige Verfügungen werden die groben fremden Münzen hier höher, dort niedriger gewürdigt, und nehmen in Folge dieses schwankenden Kurses bereits auf eine merkliche Weise in der Zirkulation ab. Der öffentliche Kredit leidet ; der Handel wird erschwert ; das allgemeine und Partikularvermögen verliert nach und nach, wie der wahre innere Gehalt des kursirenden Geldes sich verschlimmert, nicht nur in Hinsicht des bequemen Genusses, sondern auch in der Sicherheit seines Werthes* »[62].

Cette citation met bien en évidence que l'organisation monétaire issue de 1815 a des répercussions sur trois principaux aspects : le commerce est gêné, le crédit est entravé, tandis que la valeur des biens n'est pas garantie dans le temps. Si une partie des représentants cantonaux reconnait que la situation est insatisfaisante, les mesures à prendre pour y remédier ne font pas consensus. Dans un premier temps, les députés bernois réitèrent leur proposition de centraliser les compétences monétaires[63]. Soutenus uniquement par Fribourg, Soleure et Lucerne, ils doivent composer avec une très forte opposition. Les délégués de la Suisse orientale industrielle ne veulent pas entendre parler d'un transfert de leurs compétences. Emmenés par Saint-Gall et Glaris, ils veulent pouvoir

61 Interventions d'un député thurgovien et d'un député grison lors de la séance de la Diète fédérale du 08.08.1816, tirées de [s.a.], « Schweizerische Eidgenossenschaft », *Neue Zürcher Zeitung*, 20.08.1816, pp. 1-2 (ici, p. 1).

62 Abschied der Tagsatzung, séance du 08.08.1816, p. 147.

63 Sur ce débat : [s.a.], « Schweizerische Eidgenossenschaft », *Neue Zürcher Zeitung*, 20.08.1816, pp. 1-2.

frapper librement des espèces conformes à leurs besoins. Ils reçoivent un soutien de poids avec Zurich qui redoute les difficultés à s'entendre sur un pied monétaire commun. Les délégués bâlois sont également de cet avis. Quant aux cantons de Suisse centrale et méridionale, ils mobilisent eux aussi le mutisme dans le domaine monétaire de la Charte de 1815 pour défendre leur souveraineté. La centralisation des compétences monétaires est donc rejetée une nouvelle fois à une large majorité en 1816. Suite à leur échec, le zèle des Bernois sur la scène fédérale s'affaiblit. Les milieux marchands bâlois prennent dès lors le relais comme principaux promoteurs d'une modification des composantes de l'armature monétaire fédérale. Bénéficiant du soutien des acteurs agricoles de Suisse occidentale, les cantons favorables à une refonte des conditions monétaires se heurtent à une opposition tenace des milieux industriels de Suisse orientale, partiellement épaulés par les milieux agricoles de Suisse centrale. Entre ces deux blocs, la région zurichoise fait office de tampon et se prononce tantôt pour le maintien du *statu quo*, tantôt en faveur de changements.

En raison du refus de la centralisation, tout changement des composantes de la circulation doit prendre la forme d'une participation volontaire à un concordat. A l'unanimité, les délégués votent la mise sur pied d'une commission qui a pour tâche d'élaborer un projet dans ce sens. Composée de trois membres, elle représente les intérêts des principaux promoteurs d'une modification de l'armature monétaire fédérale : les milieux agricoles de Suisse occidentale (Berne), du grand commerce de Suisse occidentale (Bâle) et de l'industrie de la soie (Zurich). Il n'est dès lors pas étonnant que son programme satisfasse en premier lieu les revendications des acteurs intéressés à un rapprochement avec le marché français. Elle propose un train de mesures qui reposent sur quatre piliers : l'adoption d'une monnaie de compte commune à l'échelle fédérale, la suspension des frappes de billon pendant quinze ans, le retrait des monnaies fabriquées durant l'Helvétique et l'établissement d'un tarif commun pour les grosses espèces[64]. Entre 1816 et 1824, ces mesures sont discutées chaque année au sein de la Diète fédérale et des commissions mises sur pied pour les étudier[65]. Les débats qui ont lieu durant ces huit années sont l'occasion de saisir dans le

---

64 Abschied der Tagsatzung, séance du 28.08.1816, p. 149. Le rapport complet de la commission n'est pas renseigné.

65 La composition de toutes les commissions monétaires qui sont mentionnées dans ce travail figure dans l'Annexe 3.

détail les besoins et les exigences des acteurs de chaque « monde de production » en matière d'intervention de l'Etat dans les monnaies[66].

2.2.1. Les marchands-banquiers de Suisse occidentale : améliorer l'intégration au grand commerce international

Les marchands-banquiers de Suisse occidentale (Bâle, Genève et Neuchâtel), en particulier bâlois, sont les principaux promoteurs d'une modification des composantes de l'armature monétaire à l'échelle fédérale[67]. Au carrefour de plusieurs routes commerciales européennes de première importance (axes Marseille-Bâle-Francfort et Bâle-Lucerne-Gothard), ces marchands sont actifs dans le commerce spéculatif international. Pratiqué à grande échelle, il repose sur trois piliers[68]. Le premier est le commerce d'importation de matières premières (coton, soie, laine ou encore tabac) et de denrées coloniales (thé, sucre, café, épices, etc.) qui proviennent du monde entier[69]. Les matières premières sont destinées à alimenter les industries textiles suisses, alors que les denrées coloniales sont aussi bien orientées sur le marché intérieur que réexpédiées à l'étranger. Il s'agit du second pilier : le commerce d'entrepôt, aussi appelé commerce intermédiaire. Les biens importés sont en partie réexportés sous pavillon helvétique en direction des territoires italiens et allemands. Selon une estimation datant de 1848, environ 20 % des marchandises importées dans le pays

66 L'analyse des cinq parties qui suivent se base sur les délibérations qui ont lieu au sein de la Diète fédérale entre 1816 et 1833, sur les rapports que les commissions nommées durant ces mêmes années produisent, ainsi que sur les brochures publiées durant le premier tiers du 19e siècle, dont les références figurent en bibliographie.

67 Les cas de Genève et de Neuchâtel sont très particuliers dans les questions monétaires à l'échelle nationale jusqu'à la fondation de l'Etat fédéral en 1848. Dans le cas de Genève, sa position passablement en retrait s'explique par la structure de son système monétaire rétabli en 1816 qui ne trouve pas d'équivalent en Suisse. Sa forte intégration au marché français (commerce régional et international) contribue aussi à éclairer son repli dans ce sujet. Concernant Neuchâtel, qui reste une principauté prussienne après 1815 et son entrée dans la Confédération suisse, son organisation monétaire est influencée par son lien avec la Prusse.

68 Humair, Cédric, *Développement économique et Etat central, op. cit.*, pp. 99-100.

69 Geering, Traugott, *Christoph Merian, 1800-1858 : Gedenkschrift aus Anlass der 50-jährigen Wiederkehr seines Todestages (22. August 1858),* Basel : Kreis & Co, 1908, pp. 20-21 ; Hemardinquer, Jean-Jacques, « Capitalisme bâlois et histoire bancaire », *Annales. Economies, sociétés, civilisations*, 13, 3, 1958, pp. 564-572.

seraient réexpédiées à l'étranger à cette date[70]. Le troisième pilier du grand commerce pratiqué par les marchands de Suisse occidentale repose sur l'exportation de produits suisses (soieries, cotonnades, articles de paille, fromages, vins ou encore tabac) en direction de l'étranger. Dès le 18e siècle, ils alimentent ainsi le commerce triangulaire avec les indiennes produites sur le territoire helvétique[71]. Si ce type de commerce porte sur des produits de toute la Suisse, c'est surtout l'expédition de produits fabriqués à l'échelle locale dont s'occupent les marchands.

Suite à la période française et à la levée du blocus continental, le tissu industriel de ces trois cantons se modifie. A Bâle, les indiennes disparaissent, tandis que la fabrication de rubans de soie sort peu affectée par la période napoléonienne et continue à dominer le tissu industriel[72]. Elle occupe environ 10'000 travailleurs durant la première moitié du 19e siècle[73]. La production est exportée sur les marchés étrangers, en particulier en direction du marché américain[74]. A Genève, la structure de l'industrie locale se modifie en profondeur au début du 19e siècle. La branche des indiennes, florissante au 18e siècle, est anéantie. L'horlogerie et la bijouterie de luxe sont les principaux piliers du tissu industriel après 1815, employant plus de 15 % de la population[75]. Destinées aux marchés

---

70 Franscini, Stefano, *Neue Statistik der Schweiz, op. cit.*, Volume 1, p. 197.

71 Sur la participation des villes marchandes de Bâle et de Neuchâtel au commerce triangulaire, cf. Etemad, Bouda, « "Point de bonne traite sans indiennes" : réseaux d'affaires suisses et marchandises de traite », in Bott, Sandra *et alii* (Eds.), *Suisse-Afrique (18e-20e siècles) : De la traite des Noirs à la fin du régime de l'apartheid*, Münster : LIT, 2005, pp. 13-24.

72 Steiger, Anne von, *Les rubans bâlois (XVIIIè-XXè siècles) : composition de l'offre et mobilité de la demande*, Thèse de doctorat de l'Université de Genève, 2012, pp. 158-199.

73 Sarasin, Philipp, *La ville des bourgeois. Elites et société urbaine à Bâle dans la deuxième moitié du XIXe siècle*, Geudelin, Estelle M. (Trad.), Paris ; Montréal : L'Harmattan, 1998 (éd. originale : 1997), p. 47. Selon Bodmer, 3'000 métiers sont actifs sur le territoire cantonal vers 1800. Cf. Bodmer, Walter, *Die Entwicklung der schweizerischen Textilwirtschaft im Rahmen der übrigen Industrien und Wirtschaftszweige*, Zürich : Verl. Berichthaus, 1960, p. 308. Selon Menzel, ce secteur emploie en 1836 entre 12'000 et 15'000 personnes. Cf. Menzel, Ulrich, *Der Entwicklung der Schweiz (1780-1850). Ein Beitrag zum Konzept autozentrierter Entwicklung*, rapport de recherches, Université de Brême, 1979, p. 61.

74 Steiger, Anne von, *Les rubans bâlois, op. cit.*, p. 258. Cf. aussi Bodmer, Walter, *Die Entwicklung der schweizerischen Textilwirtschaft, op. cit.*, p. 309.

75 Mottet, Louis H., *Regards sur l'histoire des banques et banquiers genevois*, Genève : Tribune Editions, 1982, p. 150.

étrangers, la production s'écoule jusqu'aux confins de l'Orient. A Neuchâtel, la branche des indiennes se maintient après 1815. Le roi de Prusse, son souverain, lui accorde certains privilèges qui permettent de faire des marchés allemands un débouché important[76]. L'horlogerie neuchâteloise est quant à elle basée sur une production bon marché et emploie quelque 5'000 personnes durant les années 1820. A Genève et Neuchâtel, ce secteur subit de plein fouet les effets de la fermeture des marchés pendant les guerres napoléoniennes et connait une période de stagnation, avant une reprise de l'activité durant les années 1820[77]. Les produits d'horlogerie neuchâtelois s'écoulent sur les marchés lointains, les Etats-Unis étant un des principaux débouchés.

Adossé aux secteurs commercial et industriel, d'où il tire ses racines, le secteur bancaire pèse aussi d'un poids important dans le tissu économique. Durant le blocus continental, plusieurs maisons bâloises sont actives dans le commerce de contrebande qui consiste à importer sur le continent, depuis des succursales étrangères comme Lisbonne, des produits anglais prohibés[78]. Mettant à profit un réseau de correspondants très développé à l'étranger, elles réalisent durant cette période des profits conséquents qui favorisent la transition entre affaires commerciales et affaires bancaires. Entre 1815 et 1830, une vingtaine de banquiers privés, issus pour leur grande majorité du *daig* bâlois, se partage le marché[79]. Selon un modèle de répartition des prêts entre dix à vingt créditeurs (*Partialanleihen*), elles parviennent à récolter des quantités de fonds très élevées qu'elles aiguillent vers le financement de différents types d'activités et

---

76 Favarger, Philippe, *La noble et vertueuse Compagnie des Marchands de Neuchâtel, op. cit.*, pp. 205-209 ; Hauser, Albert, *Schweizerische Wirtschafts- und Sozialgeschichte, op. cit.*, p 202.

77 Donzé, Pierre-Yves, *L'invention du luxe : histoire de l'industrie horlogère à Genève de 1815 à nos jours*, Neuchâtel : Editions Alphil, 2017, pp. 16-22.

78 Sur ce sujet, le cas des frères Merian a été bien étudié : cf. Geering, Traugott, *Christoph Merian, op. cit.*, pp. 13-53 ; Wanner, Gustaf Adolf, *Christoph Merian 1800-1858. Zur hundersten Wiederkehr seines Todestages im Auftrag der Chr. Merian'schen Stiftung*, Basel : Benno Schwabe, 1958, pp. 31-79 et, plus récemment, Labhardt, Robert, *Kapital und Moral : Chrisoph Merian – Eine Biografie*, [Basel] : Christoph Merian Verlag, 2011, pp. 46-63.

79 Ces chiffres proviennent d'un décompte réalisé sur la base de Aeb, Handel und Gewerbe, K 4.1, Ragionenbuch, n° 1. Le Ragionenbuch contient les annonces juridiques concernant les entreprises de Bâle-Ville (raison sociale, dates de fondation, de modification et de liquidation, noms des associés et des fondés de procuration).

d'emprunts, en Suisse comme à l'étranger[80]. Les activités industrielles et commerciales pratiquées par les Bâlois exigent l'immobilisation de fonds, parfois sur le très long terme, que les commerçants et producteurs ne peuvent le plus souvent se procurer que par l'intermédiaire de relais bancaires. Le grand commerce international en particulier nécessite des capitaux qui ne peuvent être récupérés qu'après plusieurs dizaines de mois. Dès le 18e siècle, le développement du textile alsacien repose lui aussi sur des fonds d'origine bâloise. A partir de 1810, les entrepreneurs alsaciens parviennent à s'autofinancer, ce qui libère une masse considérable de capitaux qui sont en partie réorientés en direction du marché helvétique[81]. Cette disponibilité trouve alors un emploi dans la demande croissante de financements pour répondre aux défis de la diversification des débouchés vers l'outre-mer, ainsi qu'aux mutations du secteur textile helvétique

80 Sur l'exportation de capitaux bâlois à partir des années 1820 dans les autres cantons suisses, cf. Geering, Traugott, *Die Basler Bankfirma Ehinger & Cie, 1810-1910*, Basel: Werner-Riehm, 1910, pp. 33-38 et 41-52 ; Troxler, Werner P., *Johann Rudolf Forcart-Weiss & Söhne. Ein Beitrag zur Unternehmergeschischte*, Bern, etc.: Peter Lang, 1973, pp. 93-96 ; Burckhardt-Sarasin, Carl, « Die geschäftliche Tätigkeit von Johann Rudolf Forcart-Weiss 1749-1834 », *Basler Jahrbuch*, 1950, pp. 102-141 (ici, pp. 123-128) ; Veyrassat, Béatrice, *Négociants et fabricants*, *op. cit.*, pp. 221-222 ; Veyrassat, Béatrice, « Les investissements suisses en France à la fin du XVIIIe siècle et au début du XIXe siècle », in Lévy-Leboyer, Maurice (Dir.), *La position internationale de la France. Aspects économiques et financiers, XIXe-XXe siècles*, Paris: Ecole des hautes études en sciences sociales, 1977, pp. 145-159 (ici, pp. 156-157). L'exportation de capitaux avant 1815 a été étudiée par August Huber, « Die Anleihen der französischen Könige bei Basel », *Basler Jahrbuch*, 1896, pp. 33-53 (surtout les pp. 49-53).

81 Bodmer, Walter, « Die Einführung der Maschine in der Zürcher Florettseidenindustrie », *Swiss Journal of Economics and Statistics*, 86, 1950, pp. 512-526 (ici, pp. 517-518) ; Geering, Traugott, *Christoph Merian*, *op. cit.*, pp. 48-49 ; Hemardinquer, Jean-Jacques, « Capitalisme bâlois et histoire bancaire », *op. cit.*, pp. 564-572 (ici, pp. 571-572) ; Sarasin, Philipp, *La ville des bourgeois*, *op. cit.*, pp. 57-58 ; Veyrassat, Béatrice, *Négociants et fabricants*, *op. cit.*, pp. 117-119 ; Veyrassat, Béatrice, « Les investissements suisses en France », in Lévy-Leboyer, Maurice (Dir.), *La position internationale de la France*, *op. cit.*, pp. 145-159 (ici, pp. 149 et 157) ; Stintzi, Paul, « Der Anteil der Schweiz an der Begründung der oberelsässischen Industrie », *Basler Stadtbuch*, 1971, pp. 83-94 (ici, p. 87) ; Lévy-Leboyer, Maurice, *Les banques européennes et l'industrialisation internationale dans la première moitié du XIXe siècle*, Paris: Presses universitaires de France, 1964, pp. 450-470.

du début du 19e siècle[82]. Les capitalistes bâlois s'intéressent notamment à l'effort industriel de la région zurichoise (mécanisation de la schappe, filature, grand commerce) et de la Suisse orientale[83]. Il faut aussi relever que tout comme les maisons de banque, le Gouvernement finance les emprunts d'autres cantons. Les milieux bâlois disposent donc d'une force financière de poids. En raison de ces éléments, Bâle peut très probablement être considérée comme le principal centre économique helvétique durant la première moitié du 19e siècle[84].

A Genève, une quarantaine de banquiers privés sont actifs durant les années 1820[85]. Au contraire des Bâlois, les Genevois ne semblent pas investir sur le marché intérieur de manière significative. Au contraire, ils se tournent vers le financement d'emprunts publics étrangers et en particulier français[86]. En lien avec la présence d'étrangers, une importante activité de gestion de fortune se développe dès l'époque moderne et prend son envol au 19e siècle. A Neuchâtel, les banquiers exportent leurs capitaux sur les principales places de commerce

82 Kneschaurek, Francesco, « Wandlungen der schweizerischen Industriestruktur seit 1800 », *Revue suisse d'Economie politique et de Statistique*, 100, 1964, pp. 133-166 (ici, pp. 142-144).

83 Peyer, Hans Conrad, « Basel in der Zürcher Wirtschaftsgeschichte », *Basler Zeitschrift für Geschichte und Altertumskunde*, 69, 1969, pp. 223-237 (ici, pp. 235-237) ; Dudzik, Peter, *Innovation und Investition. Technische Entwicklung und Unternehmerentscheide in der schweizerischen Baumwollspinnerei, 1800 bis 1916*, Zürich : Chronos, 1987, pp. 178-182.

84 Bennewitz, Susanne, *Ein Aussenseiter handelt. Der Kaufmann Isaac Dreyfus (1785-1845) in Basel*, Göttingen : Wallstein-Verlag, 2014, pp. 125-126.

85 Ce chiffre est le résultat d'un décompte effectué sur les actes de sociétés du Tribunal de commerce de Genève – Aeg, Jur. Civ. Ccm, 1-33. Comme le Ragionenbuch mentionné dans une note plus haut, il s'agit des annonces juridiques portant sur la structure des entreprises.

86 Perroux, Olivier, *Tradition, vocation et progrès : les élites bourgeoises de Genève (1814-1914)*, Genève : Slatkine, 2006, pp. 178-202 ; Cayez, Pierre, « Les capitaux suisses à Lyon sous le Premier Empire », in Publications de la Faculté des sciences économiques et sociales de l'Université de Genève (Ed.), *Colloque franco-suisse d'histoire économique et sociale : Genève, 5-6 mai 1967*, Genève : Librairie de l'Université ; Georg & Cie, 1969, pp. 129-134 (ici, p. 134) ; Ugolini, Stefano, « The origins of Swiss wealth management ? Genevan private banking, 1800-1840 », *Financial History Review*, 2018, 22 p. (ici, pp. 17-19). Sur la période antérieure : Lüthy, Herbert, « La République de Calvin et l'essor de la Banque protestante en France, de la révocation de l'Edit de Nantes à la Révolution », *Etudes suisses d'histoire générale*, 11, 1953, pp. 73-107.

étrangères. Ils s'intéressent également aux questions d'approvisionnement en métaux précieux nécessaires aux activités de l'horlogerie[87].

Le principal objectif des milieux marchands de Suisse occidentale est d'améliorer leur intégration monétaire aux marchés du monde, ce qui passe par une amélioration des conditions d'acquisition des monnaies du commerce international. Se rapprocher des ports français, relais de leurs activités avec l'outre-mer, et de la place parisienne, centre continental du règlement de leurs affaires, contribuerait à fluidifier leurs activités. Avec la réaffectation d'une partie de leurs fonds sur le marché intérieur, les milieux bâlois cherchent aussi à améliorer la structure du marché du capital afin de pouvoir étendre leurs investissements sur le territoire helvétique et sécuriser leur valeur. Leur principale revendication est d'optimiser les conditions d'accès aux grosses espèces étrangères, en premier lieu françaises[88]. Pour y parvenir, ils préconisent la suppression des tarifs cantonaux qui entretiennent l'agiotage et la hausse progressive du prix de ces pièces. L'adoption d'un tarif commun permettrait de réduire le risque de change et de diminuer le prix d'acquisition des espèces, ce qui améliorerait la compétitivité de ces acteurs économiques[89].

La seconde mesure que les marchands de Suisse occidentale défendent est l'adoption d'une monnaie de compte commune à même de supprimer les pertes de change qui résultent d'une mauvaise équivalence dans la tarification des espèces françaises. Au-delà des pertes dans les affaires commerciales, le maintien d'une unité de compte lourde défavorise tous les détenteurs de biens et de capitaux, qui sont toujours exprimés en monnaies étrangères. Avec les nombreuses modifications qui interviennent entre 1798 et 1810 sur la valeur du FSa, un même bien exprimé en FF perd près de 2 % de sa valeur en un peu plus d'une décennie. L'objectif est donc aussi bien de réduire les coûts d'acquisition que de revaloriser tous les biens exprimés en monnaies étrangères sur le marché intérieur. Pour les milieux actifs sur les marchés du monde, il faut donc améliorer les rapports entre les différentes espèces étrangères. Pour certains, l'objectif poursuivi est de réussir à faire des espèces françaises les principales pièces en

87 JEQUIER, François, « Industriels, négociants et banquiers neuchâtelois », in MOTTET, Louis H. (Dir.), *Les grandes heures des banquiers suisses. Vers une histoire de la banque helvétique du XVe siècle à nos jours*, Neuchâtel ; Paris : Delachaux & Niestlé SA, 1986, pp. 125-140 (ici, pp. 139-140).

88 [GLUTZ], *Ueber das Münzwesen*, *op. cit.*, pp. 15-16.

89 ODIER, Jacques-Louis, *Du système monétaire actuel du canton de Genève*, Genève : J. J. Paschoud, 1825, pp. 16-17.

circulation dans l'ensemble du pays[90]. Pour d'autres, il faudrait étendre la tarification à une gamme plus vaste. De cette manière, tous les négociants actifs sur les marchés européens pourraient se procurer les liquidités nécessaires à leurs activités à des conditions semblables : « *Pourquoi des négocians qui font des affaires à Londres et à Naples ne seroient-ils pas traités avec la même faveur que ceux qui font leurs affaires à Paris, à Vienne, à Munich, à Madrid, ou à Turin ?* »[91] se demande l'économiste genevois Jacques Louis Odier-Odier[92]. Pour ces milieux, les principaux efforts doivent donc être mis au service d'une amélioration de l'intégration de l'économie helvétique aux marchés internationaux. L'ajustement de la valeur de la monnaie de compte fédérale permettrait ainsi d'assurer à tout le pays un approvisionnement stable et régulier.

La troisième mesure défendue par les milieux marchands de Suisse occidentale est la suppression de la surabondance de billon de la circulation. Ils préconisent de réguler sa circulation afin qu'il ne constitue pas un frein à l'acquisition de grosses espèces. Afin de régler les achats réalisés à l'étranger, les négociants helvétiques doivent au préalable encaisser une certaine quantité de grosses espèces. Or, le surplus de petites monnaies de mauvaise qualité fait hausser leur prix d'acquisition, car les détenteurs de billon sont prêts à en débourser plus pour pouvoir s'en défaire et acquérir des bonnes espèces en contrepartie. Au contraire, ceux qui possèdent les bonnes espèces sont réticents à s'en séparer, car ils craignent de recevoir des pièces de mauvaise qualité ; ils préfèrent donc les garder ou les utiliser avec les partenaires étrangers. En conséquence, les bonnes pièces bénéficient d'un agio, c'est-à-dire que les gens intéressés à les acquérir sont prêts à payer plus cher pour se les procurer. Afin de limiter cette prime, les milieux marchands de Suisse occidentale estiment que les pièces de moins bonne qualité doivent être retirées de la circulation. Ils sont donc favorables à la suspension de la frappe des monnaies divisionnaires

---

90 [S.A.], « Ob Ordnung und Einheit in unserem Münzwesen durch eine Abänderung des Münzfusses zu erreichen wäre ? », *Schweizerische Archiv für Statistik und Nationalökonomie*, 5, 1, 1830, pp. 1-20 (ici, pp. 8 et 18).

91 ODIER, Jacques-Louis, *Du système monétaire actuel du canton de Genève, op. cit.*, pp. 23-24. Il propose de tarifer les souverains d'or anglais à Genève, les seuls qui n'aient connus aucune altération de leur titre et de leur poids depuis plusieurs siècles (pp. 18-22).

92 Jacques Louis Odier-Odier (1782-1843), GE, fils de Louis (1748-1817), médecin ; beau-fils de David Charles Odier (1765-1850), magistrat. Economiste, président du Tribunal de commerce. Est lié aux grandes familles de banquiers genevois, tels les Hentsch et les Darier.

à l'échelle nationale. S'ils se prononcent pour la libre circulation du billon, ils exigent que sa quantité et que sa qualité soient régulées.

Enfin, bien que peu intéressés à la constitution d'un marché monétaire intérieur unifié pour leurs activités commerciales, les milieux bâlois cherchent à améliorer les conditions structurelles du marché du crédit. Les détenteurs de capitaux intéressés à placer leurs fonds sur le marché intérieur font en effet preuve de retenue. Si les placements se font en valeurs étrangères, ce qui garantit leur valeur dans le temps, il n'en demeure pas moins que les inquiétudes liées à la variation des tarifs cantonaux et à l'instabilité des unités monétaires cantonales participent à l'insécurité des investissements. Quant aux débiteurs qui doivent honorer le remboursement des prêts et le paiement des intérêts, ils doivent acquérir des grosses espèces en déboursant toujours plus de billon, ce qui a tendance à renchérir le coût des emprunts et, en conséquence, à réduire leur propension à emprunter.

2.2.2. Les milieux agricoles de Suisse occidentale : développer le marché intérieur

Les milieux agricoles de Suisse occidentale (Argovie, Berne, Fribourg, Soleure et Vaud) sont eux aussi favorables à une modification de l'armature monétaire fédérale issue du Pacte de 1815. Ils mettent toutefois moins d'empressement que les marchands-banquiers à revendiquer un changement en profondeur des composantes de la circulation monétaire.

La structure économique de ces cantons repose sur une agriculture de plaine[93]. La culture de céréales qui prédomine dans les cantons d'Argovie, de Berne et de Soleure est destinée à être écoulée sur le marché intérieur, principalement en direction des cantons suisses limitrophes. Une partie est aussi vendue dans les régions françaises frontalières (Jura et Doubs), ainsi que dans le Grand-Duché de Bade dans le cas de l'Argovie. Dans le canton de Vaud, la culture du vin, qui constitue la principale activité, est aussi destinée au marché intérieur. La production de fromages dans les régions de montagne des cantons bernois et fribourgeois prend quant à elle la route des marchés du monde. Exportés sur les marchés français, ils subissent de plein fouet les effets du protectionnisme que l'Hexagone instaure au sortir des guerres napoléoniennes. La taxe sur les fromages instaurée en 1820 représente 20 % de sa valeur, ce qui freine drastiquement les ventes. Par ailleurs, dès la fin des années 1820, des fromageries sont aussi installées dans les plaines de ces deux cantons afin de

93 Humair, Cédric, *Développement économique et Etat central*, *op. cit.*, pp. 88-90.

développer l'industrie laitière. Enfin, le bétail élevé dans le canton de Berne est exporté sur les marchés français et italiens. Tout comme pour le fromage, la vente du bétail sur le marché français est remise en question en 1822 par une taxe de 25 % sur sa valeur.

En parallèle du secteur agricole, les industries connaissent une profonde restructuration durant le premier tiers du 19e siècle. Le tissage des toiles de coton produites dans le canton de Berne doit aussi composer avec le protectionnisme français[94]. Dans le sud-ouest du canton d'Argovie, la production de toiles de coton destinées aux indienneurs bâlois périclite dès le début du siècle[95]. Entre 1789 et 1816, c'est plus de 80 % de la production qui disparait. Dans le Fricktal, au nord-ouest du canton, les fabricants de rubans de soie poursuivent leurs activités, notamment en travaillant pour les maisons bâloises[96]. En Argovie et à Fribourg, la perte de l'industrie du lin est en partie compensée par le développement rapide de l'industrie de la paille. Très affectée par le protectionnisme européen qui se met en place après 1815, l'industrie de la paille argovienne se spécialise dans les bordures et réoriente ses ventes vers les marchés d'outre-mer, surtout américains. Le tissage de rubans de soie est aussi une composante importante du tissu industriel argovien, dont les produits finis sont exportés sur les marchés allemands et américains.

Conjointement aux secteurs agricole et industriel, les activités bancaires se développent dans deux pôles. A Berne, une longue tradition de financement des emprunts européens est une activité très profitable[97]. Ainsi, un peu plus d'un quart des revenus du Gouvernement de Berne provient-il avant 1789 des intérêts sur les fonds investis à l'étranger[98]. En parallèle, plusieurs membres du patriciat sont à la tête de banques privées dont les affaires reposent sur des

---

94 Cérenville, Bernard de, *Le système continental et la Suisse, op. cit.*, pp. 229-231.

95 Rey, Adolf, *Die Entwicklung der Industrie im Kanton Aargau*, Aarau : Eugen Keller, 1937, pp. 58-68 ; Staehelin, Heinrich, *Geschichte des Kantons Aargau 1830-1885*, Baden : Baden Verlag AG, 1978, pp. 290-318.

96 Rey, Adolf, *Die Entwicklung der Industrie im Kanton Aargau, op. cit.*, p. 55 ; Bodmer, Walter, *Die Entwicklung der schweizerischen Textilwirtschaft, op. cit.*, p. 310.

97 Schaufelberger, Albert, *Die Geschichte des bernischen Bankwesens*, Thun : Ott Verlag, 1948, pp. 10-12.

98 Mazbouri, Malik, « La banque privée comme métaphore : « vieille banque » et « banque nouvelle » en Suisse (1800-1930) », *Revue suisse d'histoire*, 70, 1, 2020, pp. 93-115 et 70, 2, 2020, pp. 286-306 (ici, p. 96) et Landmann, Julius, « Der schweizerische Kapitalexport », *Journal de Statistique et Revue économique suisse*, 52, 1916, pp. 389-415 (ici, p. 392).

placements à l'étranger, ainsi que sur la gestion de fortune de riches particuliers, tant suisses qu'étrangers[99]. A Lausanne, la banque privée se développe sur la base du financement du commerce de transit européen qui passe par le col du Simplon, ainsi qu'en lien avec la pratique du notariat sous le régime bernois. Le développement du tourisme et l'arrivée de riches individus étrangers durant la première moitié du 19e siècle contribuent à une réorientation progressive des activités vers la gestion de fortune.

Une dernière source de revenus, enfin, provient du service mercenaire pratiqué par certains suisses, surtout issus des cantons de Berne et de Fribourg, pour le compte d'Etats étrangers. Les autorités politiques de ces cantons passent les contrats avec les souverains étrangers et chargent les propriétaires d'unités de fournir les hommes, encaissant au passage une partie des gains. Le règlement des sommes liées à ces capitulations représente une rentrée régulière d'argent payée en grosses espèces.

Contrairement aux marchands-banquiers, la principale revendication des milieux agricoles de Suisse occidentale est la suppression du surplus de billon en circulation, car il pose plusieurs problèmes à la bonne marche des activités. Ecoulant une partie de leurs produits sur le marché intérieur, ils cherchent à supprimer les entraves pour élargir leur rayon de distribution. Se rapprocher de la France est aussi un enjeu d'importance à leurs yeux. Disponible en abondance, le billon constitue une monnaie improductive qui encombre la circulation et grève fortement les conditions monétaires des échanges commerciaux à l'échelle régionale[100]. Pour les milieux dominants, la surabondance de billon a un effet inflationniste sur le prix des grosses espèces, car il en faut toujours plus pour acquérir une bonne pièce. Or, elles sont indispensables pour tous les échanges d'une certaine ampleur à l'intérieur du pays et pour les affaires menées avec les partenaires étrangers. L'exportation de fromages, de produits de paille et de bétail se règle en effet le plus souvent avec des grosses pièces étrangères. Or, leur prix varie entre les cantons et il n'est dès lors donc pas assuré de pouvoir réutiliser la même pièce à la même valeur à laquelle elle a été reçue.

Les acteurs économiques locaux actifs sur les marchés de proximité, comme les artisans et les commerçants, sont aussi lésés par ce moyen de paiement. Les petits échanges quotidiens pâtissent en effet d'un moyen d'échange qui n'est jamais reçu au pair compte tenu de sa qualité. Ecoulé sous forme de paquet,

---

99 WALTHARD, Samuel Rodolphe, « Les banquiers actuels de Berne : 1841 », *Neues Berner Taschenbuch*, 32, 1926, pp. 175-191.

100 Sur ce qui suit, se référer à MEIER, Paul, *Der Währungswirrwarr*, *op. cit.*, pp. 118-130.

il n'est pas possible d'évaluer sa valeur réelle. Un contrôle minutieux impliquerait aussi bien une perte de temps qu'une connaissance approfondie de la diversité de ces pièces, chose impossible pour la très grande majorité de la population. De plus, outre le temps perdu à empaqueter ce billon, l'envoi de ces paquets entraîne un accroissement des taxes postales, qui reposent sur le poids et non sur la valeur. En raison de la diversité de ces pièces et de leur qualité médiocre, les transactions donnent lieu à d'incessantes négociations sur les marchés. Afin de garder leur clientèle, de nombreux vendeurs sont contraints d'accepter ces pièces qui ne sont ensuite écoulées qu'à grande peine et contre perte ou ils haussent leurs prix pour se prémunir de cette éventualité[101]. Ainsi, il n'existe aucune certitude de parvenir à utiliser le billon au même taux auquel il a été accepté. En conséquence, il se dégage de cette surabondance une fracture sur les marchés de proximité. Alors que les détenteurs de billon cherchent à s'en débarrasser au maximum, il n'est accepté qu'avec très grande méfiance. La baisse de qualité de ces pièces entraine par ailleurs une diminution du pouvoir d'achat avec le temps : alors que les transactions quotidiennes reposent sur des batz, le revenu des travailleurs est le plus souvent versé quotidiennement avec ces petites pièces de billon. Le vendeur comme le salarié n'ont ni la possibilité de refuser d'être payé de la sorte, ni les moyens de reconnaître les pièces qu'ils reçoivent.

Pour remédier à cette situation, les milieux dirigeants de ces cantons sont favorables à retirer les différentes composantes monétaires de mauvaise qualité qui circulent ou, à défaut, à interdire les billons "étrangers" sur leur territoire. Ils s'opposent aussi très fortement à la présence des petites espèces allemandes qui ne correspondent pas à la structure de leurs activités et se prononcent en faveur de leur retrait ou de leur interdiction. Face au peu d'effets qu'ont ce type de mesures, ces acteurs figurent parmi les principaux partisans de la suspension de la frappe de monnaies divisionnaires à l'échelle du pays.

La seconde revendication, qui découle de la précédente, est de disposer de petites espèces de qualité en quantité suffisante afin d'assurer les échanges quotidiens. Ils défendent le retrait de l'ensemble des pièces en circulation afin d'obtenir le métal nécessaire pour fabriquer de nouvelles espèces conformes au système décimal français. Cette solution permettrait de garantir l'indépendance monétaire helvétique, tout en disposant de pièces en quantités suffisantes pour tous les acteurs économiques. En effet, l'adoption d'une unité qui soit à la fois monnaie de compte et monnaie réelle conduirait à supprimer tous les

101 Pestalozzi, Leonhard, *Beyträge zur Schweizerischen Münzgeschichte*, *op. cit.*, p. 65.

calculs d'équivalences qui freinent les transactions journalières. De surcroît, une telle solution élargirait le champ d'action des petits commerçants qui pourraient écouler leurs marchandises sur un rayon plus large.

La troisième revendication des milieux agricoles de Suisse occidentale est la stabilisation du prix des grosses espèces françaises. Comme les milieux marchands, ils sont favorables à la mise sur pied d'un tarif fédéral et à l'adoption d'une monnaie de compte commune qui améliore l'équivalence avec les espèces françaises et qui réduise les pertes de change. Une autre raison d'importance milite en faveur d'un changement dans la structure monétaire fédérale. Avec la fin de l'Ancien Régime, les acteurs du monde agricole procèdent au rachat des charges féodales. Contrairement à la dîme payable en nature qui prévalait jusqu'alors, la dette est désormais remboursable en monnaie de bon aloi, qu'il faut acquérir. Or, avec le système des tarifs cantonaux, leur valeur augmente progressivement. De plus, les Gouvernements de Berne et de Fribourg et certains citoyens reçoivent le paiement régulier de sommes liées aux capitulations militaires avec des Etats étrangers. Il est donc indispensable que le prix auquel une espèce est reçue puisse être utilisée à une valeur identique. Pour y parvenir, il est nécessaire d'adopter un tarif et une monnaie uniques pour limiter l'instabilité des cours de change et les risques de dévaluation qui pèsent sur les monnaies de compte cantonales.

2.2.3. Les milieux agricoles de Suisse centrale et méridionale : partisans du *statu quo*

Les cantons agricoles de Suisse centrale et méridionale (Grisons, Lucerne, Nidwald, Obwald, Schwytz, Tessin, Uri, Valais et Zoug) occupent une place particulière dans le paysage monétaire helvétique de la première moitié du 19e siècle. En raison de leur opposition systématique à toute mesure fédérale, ils prennent très peu part aux débats. Il est en conséquence plus difficile de bien saisir leur positionnement. Contrairement à leurs homologues de Suisse occidentale, ils s'opposent à toute intervention de l'Etat dans leurs affaires et défendent leur souveraineté monétaire avec fermeté.

Après 1815, ces cantons souffrent relativement peu du protectionnisme français. Produisant bétails et fromages, ils écoulent leur production sur les marchés italiens qui restent ouverts. Le commerce de transit, qui constitue une source de revenus importante, reprend quant à lui après les guerres. Certes, le trafic de marchandises est quelque peu freiné par les mesures douanières prises à l'échelle du continent, mais il reste dynamique. Il faut toutefois préciser qu'à la sortie de la période napoléonienne, la carte des routes commerciales empruntées pour franchir les Alpes est bien différente de celle d'avant 1789. La construction de la route du Simplon au début du 19e siècle concurrence sérieusement les axes du Gothard et du Splügen[102]. Entre 1815 et 1830, la construction de chaussées sur ces deux derniers cols, ainsi que sur celui du San Bernardino, modifient à nouveau les voies d'accès en Suisse[103]. Portes d'entrée de ces axes dans le pays, ce sont tantôt les cantons de Suisse centrale, tantôt ceux de Suisse méridionale qui bénéficient de leur vitalité. Or, à partir de 1822, la Prusse, le Royaume des Pays-Bas et le Royaume de Sardaigne cherchent à soustraire tout ou partie du commerce de transit européen à la France en développant une nouvelle voie de commerce continue qui relierait les ports de la Méditerranée (Royaume de Sardaigne) à ceux de la Manche et du Nord (Prusse, Pays-Bas)[104]. En raison de la multitude de routes à leur disposition pour traverser le continent, les négociants européens, qui sont confrontés à un grand nombre d'entraves pour traverser la Suisse, ont soit tendance à la contourner, soit à privilégier des axes commerciaux secondaires plutôt que de devoir assumer les lenteurs et la cherté de certaines routes suisses. Malgré quelques mesures visant à améliorer les conditions de transit sur le territoire intérieur, rien n'y fait[105]. En 1825, le commerce autrichien et sarde abandonne la route commerciale de Lumino (Tessin) qui, depuis la Lombardie-Vénétie et par Lugano, aboutit au col du Gothard. Ils empruntent désormais la voie par Magadino (Tessin) et se dirigent sur le col du Bernardin (Grisons). Cette restructuration péjore fortement les régions économiques situées sur la route du Gothard qui perdent une grande partie du commerce qui transitait par le centre de la Suisse[106].

A côté de l'exportation de produits de l'agriculture et du commerce de transit, l'industrie textile, bien moins développée que dans d'autres parties du pays, ne sort pas indemne de la période napoléonienne. La filature manuelle du coton, qui occupe les habitants des cantons de Suisse centrale, ne survit pas à la levée du blocus continental. Par contre, le filage de la soie, souvent pratiqué pour les maisons bâloises, subit peu la concurrence des machines anglaises et parvient à

102 Cérenville, Bernard de, *Le système continental et la Suisse*, *op. cit.*, p. 188.

103 Schiedt, Hans-Ulrich, «Chausseen und Kunststrassen», *op. cit.*, pp. 13-21 (ici, pp. 15-16).

104 *Ibid.*, p. 20 ; Muyden, Berthold van, *La Suisse sous le Pacte de 1815*, Tome I (1815-1830), *op. cit.*, pp. 364 et 367.

105 En 1821, l'Argovie diminue par exemple les taxes à Rheinfelden et Laufenburg pour l'exportation et le transit de marchandises. Cf. Abschied der Tagsatzung, séance du 16.07.1821, p. 54.

106 Abschied der Tagsatzung, séance du 01.08.1825, p. 79.

se maintenir[107]. Certains acteurs des cantons situés sur l'axe du Gothard tirent également un revenu des touristes qui se rendent en Italie ou en reviennent. Aubergistes, voituriers, guides et artisans profitent de la présence d'étrangers qui amènent avec eux une grande diversité de pièces étrangères. Enfin, le mercenariat représente une source élevée de revenus pour certains habitants des cantons de Lucerne, de Schwytz, des Grisons et du Valais.

Dans les questions monétaires, l'attitude des cantons agricoles de Suisse centrale et méridionale peut se rapprocher de celles des milieux industriels de Suisse orientale, bien que les motivations sous-jacentes soient totalement différentes. Ils ne sont pas intéressés à la création d'un marché intérieur monétaire unifié, en raison de la structure de leurs activités sur les marchés étrangers. Ils cherchent en premier lieu à améliorer leur intégration aux flux du commerce international. Dans cette perspective, leur principale revendication est de pouvoir accepter un large éventail de pièces étrangères sans intervention extérieure. Au contraire des milieux marchands de Suisse occidentale, le commerce de transit et l'exportation de produits sur les marchés italiens génèrent une circulation très importante de numéraire qui se compose d'une grande diversité d'espèces[108]. Les Gouvernements cantonaux élaborent donc des tarifs étoffés répondant à ces besoins. L'adoption d'un tarif commun, défendu par les acteurs de Suisse occidentale, est combattu avec véhémence, car il fait peser de gros risques sur leurs activités économiques. Un tarif fédéral reposerait en effet sur les principales espèces qui circulent dans le pays, soit les pièces françaises, allemandes et éventuellement italiennes. Or, une partie du commerce de transit se règle encore au début du 19e siècle avec des piastres espagnoles, qui seraient selon toute vraisemblance exclues du tarif fédéral. L'aristocratie terrienne au pouvoir en Suisse centrale et méridionale ne veut pas courir ce risque. Par ailleurs, en fonction des flux de marchandises, c'est tantôt un type d'espèce, tantôt un autre qui prédomine. Il faut donc pouvoir intervenir librement pour moduler les conditions de réception de ces pièces. Un accord à l'échelle fédérale dans ce domaine ne permettrait pas une telle marge de manœuvre.

En matière de billon, la situation est plus complexe. Les trois cantons de Suisse méridionale utilisent les petites espèces italiennes ou autrichiennes et ne sentent donc pas concernés par la suspension de la frappe. En revanche, ils exigent que le billon puisse circuler, puisqu'ils n'en fabriquent pas et qu'ils

107 Cérenville, Bernard de, *Le système continental et la Suisse*, *op. cit.*, pp. 204 et 255.
108 Horat, Erwin, *Kleine Schwyzer Münz- und Geldgeschichte*, Schwyz: Schwyzer Hefte, 1993, p. 14.

dépendent de l'approvisionnement des cantons et des pays limitrophes. Situés au cœur du pays, les cantons de Suisse centrale partagent cet avis, car ils se reposent sur une grande diversité de petites pièces qui proviennent des régions alentours. Ils veulent pouvoir s'approvisionner librement et contestent toute forme d'interdiction. Par contre, en vertu d'une sacro-sainte défense de la souveraineté cantonale, ils refusent la suspension de la frappe des monnaies divisionnaires. Ils estiment être dans leur droit, conformément au Pacte de 1815, et opposent un refus très net dans cette question, car elle signifierait une fermeture du robinet d'approvisionnement. En conséquence, ces cantons devraient commencer à frapper pour subvenir à leurs besoins, ce qu'ils contestent en raison des coûts que cela engendrerait. De la même manière, tout retrait impliquerait des charges financières qu'ils ne veulent pas assumer. Ils ne reconnaissent donc pas le droit de l'Etat central d'intervenir dans leurs affaires, à les priver d'outils monétaires qui leur donnent satisfaction et de leur imposer en prime une charge financière.

2.2.4. Les industriels de Suisse orientale : maintenir l'osmose économique avec les Etats allemands

Les milieux industriels de Suisse orientale (Appenzell Rhodes-Extérieures, Appenzell Rhodes-Intérieures, Glaris, Saint-Gall, Thurgovie et Schaffhouse) sont, comme les acteurs agricoles de Suisse centrale et méridionale, fortement opposés à l'immixtion de l'Etat dans leurs affaires, mais pour des raisons différentes. Durant toute la première moitié du 19e siècle, ils présentent un front uni et parviennent à faire bloc pour empêcher toute mesure monétaire qui serait contraire à leurs intérêts.

Au sortir de la période napoléonienne, le tissu économique des cantons industriels de Suisse orientale est en piteux état[109]. Profitant de la sécurité du blocus continental, la mécanisation de la filature du coton connaît des résultats encourageants. Avec la suppression de cette protection et l'arrivée en masse de filés anglais à prix réduits, la filature mécanique ne peut rivaliser et entre en déclin, avant d'être relancée par la suite. Ainsi, à Saint-Gall, un tiers des filatures disparaissent entre 1815 et 1820[110]. L'industrie de la toile, présente dans les cantons de Saint-Gall et de Thurgovie, est progressivement décimée, tandis que la production de broderie et de mousselines en Appenzell et à Saint-Gall

109 Humair, Cédric, *Développement économique et Etat central*, *op. cit.*, pp. 93-94.
110 Dudzik, Peter, *Innovation und Investition*, *op. cit.*, pp. 64-68.

sort fortement affaiblie de la période française[111]. La branche des indiennes survit à Glaris et continue à se développer. Les grands négociants, qui dominent l'élément industriel, s'investissent alors dans la production d'articles de qualité, pour lesquels les salaires représentent une part importante du coût de revient[112]. Organisant la production sur la base du « Verlagssystem » et profitant d'une main-d'œuvre disponible en quantité et à moindre frais, ils parviennent à restructurer le tissu économique en se spécialisant dans les produits de luxe. A Glaris, l'impression de cotonnades emploie les ouvriers qui ne trouvent plus à s'occuper dans le filage. A Saint-Gall et en Appenzell, les broderies et les mousselines deviennent une des principales activités.

Fortement touchés par la fermeture du marché français, qui absorbait au 18e siècle la plus grande partie de la production régionale, les grands négociants sont contraints de diversifier leurs débouchés[113]. Les Etats allemands s'imposent alors comme la porte de sortie privilégiée des produits manufacturés de Suisse orientale. Les foires de Leipzig et de Francfort officient comme intermédiaires pour l'exportation vers le nord et l'est de l'Europe. Mais ce sont surtout les ports de la mer du Nord – Amsterdam, Rotterdam, Hambourg et Brême – qui deviennent les relais vers les marchés lointains de l'outre-mer.

Au-delà de la restructuration du tissu économique et de la diversification des débouchés, il faut encore souligner le rôle que revêtent les trois Etats du sud de l'Allemagne pour l'économie de la Suisse orientale et en particulier pour les biens de première nécessité. Ne parvenant pas à couvrir leurs besoins avec leur propre production, ces cantons dépendent très fortement de l'importation de céréales pour leur consommation. Les trois Etats allemands fonctionnent alors comme grenier à blé pour les régions limitrophes et se positionnent comme une véritable plaque tournante entre le nord et le sud de l'Europe[114]. En

---

111 VEYRASSAT, Béatrice, *Négociants et fabricants*, *op. cit.*, pp. 216-235.

112 *Ibid.*, pp. 168-175.

113 WARTMANN, Hermann, *Industrie und Handel*, *op. cit.*, pp. 421-427 et 605-628.

114 DIETSCHI, Erich, *Die Schweiz und Deutschland*, *op. cit.*, p. 14. Suite à la famine de 1816/1817 qui touche très durement Saint-Gall et Glaris, les cantons suisses diversifient leurs sources d'approvisionnement et importent de grandes quantités de blés de la mer Baltique et de la mer Noire qui transitent par les Etats italiens et arrivent en Suisse par les cantons d'Uri et des Grisons, avant d'être écoulés dans le pays. Ainsi, en 1819, un député de Bavière, cité par HAUSER, Albert, « Die wirtschaftlichen Beziehungen der Schweiz » *op. cit.*, pp. 355-382 (ici, p. 381), relève que les cantons helvétiques ont fortement diminué leur dépendance envers les Etats allemands. Par ailleurs, la décision bavaroise d'imposer l'exportation de blés en 1816 a probablement influencé la décision de diversifier les sources d'approvisionnements.

1827/1828, 81 % des céréales produites dans le Wurtemberg sont dirigées vers les trois villes de Friedrichshafen, Wangen et Krauchenwies, situées le long du lac de Constance, afin d'être écoulées en Suisse[115]. Pour les Etats allemands, les cantons suisses du nord-est endossent donc durant cette période un rôle primordial, car en période de bonnes récoltes, l'écoulement de la production céréalière vers un débouché sûr permet de limiter les effets d'une crise agricole de surproduction[116]. Avant la découverte de mines sur le territoire suisse au début des années 1840, le sel, qui provient pour la plus grande partie du sud de l'Allemagne et de l'Autriche, joue également un rôle significatif dans les relations extérieures des cantons industriels de Suisse orientale[117]. Selon l'historien fribourgeois Josef Inauen, onze cantons helvétiques importent du sel de Bavière pour une valeur totale de plus de 21 millions de FF répartis entre 1806 et 1829[118]. D'autres produits agricoles (tabac, bois, chanvre, chicorée, houblon, animaux d'élevage) et industriels (draps, tapis, fer, papier, verre) proviennent également des Etats du sud de l'Allemagne, essentiellement du Grand-Duché de Bade, premier partenaire commercial devant le Wurtemberg et la Bavière. Cette forte osmose économique est renforcée par le rôle central que joue la ville d'Augsbourg dans le commerce extérieur des cantons industriels de Suisse orientale. Principale place financière du sud de l'Allemagne, la ville bavaroise officie en effet comme le « réservoir monétaire » de Saint-Gall[119]. Lors des foires

---

Sur la famine de 1816/1817 et le rôle des blés qui arrivent sur territoire suisse depuis le sud de l'Europe, se référer à Pieth, Friedrich, *Die Mission Justus von Gruners in der Schweiz 1816-1819*, Chur : Hitz'schen Buchhandlung, 1899, pp. 55-56, ainsi qu'à Henrioud, Marc, « L'année de la misère en Suisse et plus particulièrement dans le canton de Vaud : 1816-1817 », *Revue historique vaudoise*, 25, 1917, pp. 114-124 et 133-142 (ici, pp. 133-134). Cf. aussi Regemorter, Jean-Louis van, « Les blés de la mer Noire et les origines du protectionnisme agricole en France (1819-1861) », *Revue russe*, 6, 1994, pp. 35-44.

115 Walter, Rolf, *Die Kommerzialisierung von Landwirtschaft und Gewerbe in Württemberg (1750-1850)*, St. Katharinen : Scripta Mercaturae, 1990, p. 321.

116 Botzenhart, Manfred, *Reform, Restauration, Krise. Deutschland 1789-1847*, Frankfurt am Main : Suhrkamp, 1985, p. 97.

117 Bergier, Jean-François, *Une histoire du sel*, Fribourg : Office du Livre SA, 1982, pp. 182-190.

118 Inauen, Josef, *Brennpunkt Schweiz*, *op. cit.*, pp. 182-186. Dans les années 1820, la mise à jour de mines de sel dans le Wurtemberg et à Baden contribue à diminuer la dépendance unilatérale envers la Bavière.

119 Gygax, Paul, « Augsburg, das einstige Geldreservoir des Platzes St. Gallen : 1835-1850. Eine finanzgeschichtliche Studie », in Schmoller, Gustav (Ed.), *Jahrbuch*

biannuelles de Francfort et de Leipzig, les négociants suisses vendent leurs marchandises contre des lettres de change tirées sur Augsbourg. Cette opération leur permet de s'approvisionner en liquidités afin d'effectuer leurs achats de matières premières, d'acquérir toutes sortes de bien provenant de l'étranger et de payer les salaires des fabricants, ainsi que des ouvriers s'ils s'occupent aussi de production[120]. Le rôle d'Augsbourg pour les cantons industriels de Suisse orientale est d'autant plus important qu'avec les mutations de l'industrie textile qui s'opèrent au début du 19e siècle et avec l'écoulement de la production sur des marchés toujours plus lointains, les capitaux sont immobilisés sur un temps toujours plus long. Mais aucun institut de crédit n'est en mesure de fournir ces fonds sur de longues périodes à l'échelle régionale[121]. Durant le premier tiers du 19e siècle, seule une petite dizaine de marchands-banquiers est présente à Saint-Gall. Les banques augsbourgeoises suppléent donc à cette insuffisance et obvient à la pénurie d'argent. La fréquence des échanges à l'échelle régionale avec les marchés allemands assure ainsi une circulation monétaire régulière à même d'entretenir la poursuite du développement économique. Il faut aussi relever que l'existence d'une longue tradition d'exportation de capitaux helvétiques en direction des Etats allemands, qui se maintient au début du 19e siècle, tend à renforcer cette osmose économique[122].

Au sortir de la période napoléonienne, les milieux industriels de Suisse orientale sont donc confrontés à des mutations structurelles profondes. Dans ces conditions, ils veulent réussir à maintenir intacts les liens très forts entretenus

---

für Gesetzgebung, Verwaltung und Volkswirtschaft im Deutschen Reich, 31, 4, 1907, pp. 297-313 (ici, pp. 297-302).

120 Wartmann, Hermann, *Industrie und Handel, op. cit.*, pp. 1-2.

121 Oswald, Roland, *Die Entwicklung und Bedeutung des st. gallischen Bankwesens*, Winterthur: Verlag Hans Schellenberg, 1971, pp. 41-43 ; Scheitlin, Carl, « Ein Gang durch die Geschichte der Bank, mit einem Ausblick », in Ersparnisanstalt der Stadt Sankt Gallen (Ed.), *Hundertfünfundsiebzig Jahre Ersparnisanstalt der Stadt St. Gallen, mit einer kleinen Münzgeschichte*, St. Gallen : Ersparnisanstalt der Stadt St. Gallen, 1986, pp. 11-47 (ici, pp. 13-15) ; Walder, Emil, *Die Geschichte des Handelsbankwesens in St. Gallen*, St. Gallen : Fehr-sche Buchhandlung, 1913, pp. 22-32.

122 Elle remonte au 17e siècle, lorsque des duchés, principautés et royaumes allemands se tournent vers des particuliers, des banques et des Gouvernements cantonaux helvétiques pour obtenir des financements. Sur cette question : Landmann, Julius, « Der schweizerische Kapitalexport », *op. cit.*, pp. 389-415 (ici, pp. 391-392) ; Bächtold, Hermann, *Die schweizerische Volkswirtschaft in ihren Beziehungen zu Deutschland*, Frauenfeld ; Leipzig : Huber & Co, 1927, p. 37.

avec les Etats allemands. Ils s'opposent ainsi à toute mesure fédérale en matière monétaire qui pourrait venir bousculer cet équilibre. En vertu du Pacte fédéral de 1815, ils ont les mains libres et comptent bien les garder. L'adoption d'un tarif commun à tout le pays réclamé par les milieux marchands et agricoles de Suisse occidentale est en particulier fortement combattue. En effet, depuis le début du siècle, les cantons d'Appenzell, Schaffhouse, Saint-Gall et Thurgovie adoptent un tarif commun sur les espèces allemandes qui a aussi bien pour fonction d'assurer l'approvisionnement en numéraire que d'éviter qu'un marché de spéculation profite d'une différence sur les tarifs régionaux[123]. Suite à plusieurs décrets pris par les Etats allemands du sud qui ponctuent le premier tiers du 19e siècle, les cantons du nord-est adaptent leur accord commun pour s'assurer de rester raccordés au réservoir monétaire allemand. En raison de la structure de leurs débouchés et de l'importance du commerce régional avec ces partenaires, les milieux industriels ne veulent pas entendre parler d'un tarif commun sur lequel ils n'auraient pas prise. Ils craignent en particulier que les espèces allemandes soient mal tarifées ou qu'elles ne soient pas du tout incluses. Ils ont conscience que leur structure monétaire basée sur le FLa est minoritaire en Suisse et qu'il est peu probable qu'elle soit adoptée à l'échelle fédérale. Ils préfèrent donc rester en retrait et ne courir aucun risque.

En ce qui concerne la libre circulation du billon, ces régions se reposent sur leur billon et interdisent celui des autres cantons[124]. Ils ne veulent pas que leur abondance renchérisse le prix des grosses espèces et les prix des biens de consommation sur leur territoire. Puisque les salaires représentent la plus grande part des coûts de revient de la production de textiles de haute qualité, toute augmentation du coût de la vie se répercuterait immédiatement sur les prix de production. Or, maintenir des bas salaires relève d'une question de compétitivité économique. Les milieux industriels de Suisse orientale s'opposent également avec fermeté à la suspension de la frappe, réclamée par certains milieux économiques de Suisse occidentale. Les Gouvernements de Suisse orientale profitent en effet de l'absence de dispositions dans le Pacte fédéral de 1815 pour frapper des batz en quantité, sur lesquelles ils réalisent des profits substantiels en réduisant la teneur métallique des pièces. Ils les mettent en circulation au même prix que des batz de Suisse occidentale, alors que ces derniers contiennent en moyenne 3 % de métal précieux en plus[125]. Après la suspension

123 Girtanner-Salchli, Hermann, « Das Münzwesen im Kanton St. Gallen », *op. cit.*, pp. 121-122 et 131-133.

124 [Greiff-Schmid, Joh. Konrad], *Ueber die Nachtheile, op. cit.*, p. 13.

125 Meier, Paul, *Der Währungswirrwarr, op. cit.*, pp. 113-115.

de la frappe en 1822 dans le canton de Saint-Gall, une autre pratique prend le relais et permet de maintenir les gains provenant de cette industrie monétaire. Les banquiers et les grands négociants saint-gallois pratiquent dès lors un très lucratif commerce d'importation de petites pièces des Etats allemands. Ils importent d'Allemagne les kreuzers allemands qu'ils mettent en circulation à la même valeur que les petites pièces de Suisse occidentale, encaissant au passage un bénéfice confortable qui correspond à la différence de contenu métallique entre le billon suisse et le billon allemand, soit un peu plus que 3 %[126]. De cette manière, ils parviennent à réduire les coûts salariaux de quelques pourcents, ce qui est déterminant pour rester compétitif face à la concurrence étrangère[127]. L'industrie monétaire pratiquée par les banquiers et les grands négociants représente donc un rouage central de la structure monétaire des cantons industriels de Suisse orientale et constitue une composante essentielle du tissu économique[128]. Toute tentative de modifier cette armature est confrontée à une fin de non-recevoir.

2.2.5. Négociants et industriels de la région zurichoise : la recherche de compromis

La région zurichoise constitue un cas extrêmement complexe dans les questions monétaires de la première moitié du 19e siècle. En raison de son poids politique et économique, elle exerce une grande influence sur les mesures prises à l'échelle fédérale. Sa position géographique entre les milieux agricoles et marchands de Suisse occidentale qui réclament des changements et la Suisse

---

126 11 FLa, représentant 660 kreuzers, valent 16 FS, soit 160 batz ou 640 kreuzers. La différence de 20 kreuzers représente 3.125 %. Cette estimation provient de Pestalozzi, Leonhard, *Beyträge zur Schweizerischen Münzgeschichte*, *op. cit.*, p. 52 et de Section du commerce de la classe d'industrie et de commerce de la Société des Arts de Genève, *Réforme monétaire. Notes et faits. Section du commerce de la classe d'industrie et de commerce de la Société des Arts de Genève*, Genève : Ch. Gruaz, 1850, p. 16. Felix Wild (cf. note 356 p. 291) estime que le gain réalisé sur chaque batz importé se monte à 3.3 % de leur valeur : Wild, Felix, *Rede über die Zürcherischen Münzverhältnisse, gehalten im Grossen Rathe des Kantons Zürich am 23. Dezember 1846*, Zürich : Fr. Schulthess, 1847, p. 5. Cf. également [Greiff-Schmid, Joh. Konrad], *Ueber die Nachtheile*, *op. cit.*, p. 12.

127 Gygax, Paul, *Bank in St. Gallen 1837-1907 : die Geschichte einer schweizerischen Notenbank*, St. Gallen : Zollikofer & Cie, 1907, pp. 8-12.

128 Schlesinger, William, *Das Geldproblem*, *op. cit.*, pp. 63-70.

orientale industrielle qui s'oppose à toute modification de l'organisation monétaire renforce encore la portée de ses prises de position.

Berceau de la révolution industrielle, le tissu économique de la région zurichoise repose sur deux secteurs industriels aux intérêts opposés. La soie représente le premier pilier du tissu économique. L'importation de la matière première est en main de grands négociants installés dans la ville de Zurich, les seuls étant en mesure de mobiliser les capitaux nécessaires à son achat. Importée depuis les Etats italiens, la soie grège transite par le Gothard, puis est envoyée dans les campagnes pour y être filée et tissée, sur les bases du « Verlagssystem ». En possession des produits finis – fils et étoffes –, les négociants exportent la production sur les marchés étrangers. Au 18e siècle, les places françaises et allemandes servent de relais pour les ventes en direction de l'outre-mer[129]. Au début du siècle suivant, la structure des débouchés se modifie suite à la mise en place du protectionnisme français. Les foires allemandes de Leipzig et de Francfort s'imposent comme les principaux intermédiaires de l'écoulement des produits finis en direction des marchés des deux Amériques, ainsi que du nord et de l'est du continent européen[130]. L'importance de ce secteur économique peut se mesurer par le nombre de personnes qu'il emploie. Au début des années 1820, ce sont environ 11'000 personnes qui trouvent une occupation dans la soie, soit 5 % de la population[131]. Le nombre de métiers à tisser double quant à lui entre la fin du 18e siècle et 1824 pour s'établir à 5'500, signe de la bonne conjoncture de la branche[132].

Le second pilier du tissu économique repose sur le coton. Tout comme dans la soie, des grands négociants installés dans les villes de Zurich et de Winterthour assurent l'approvisionnement en matières premières. En provenance des

129 Peyer, Hans Conrad, *Von Handel und Bank im alten Zürich*, Zürich : Verlag Berichthaus, 1968, pp. 175-178 ; Weisz, Leo, *Die Zürcherische Exportindustrie. Ihre Entstehung und Entwicklung*, Zürich : NZZ, 1936, pp. 175-182.

130 Bodmer, Walter, *Die Entwicklung der schweizerischen Textilwirtschaft*, *op. cit.*, p. 307 ; Bürkli-Meyer, Adolf, *Geschichte der zürcherischen Seidenindustrie vom Schlusse des XIII. Jahrhunderts an bis in die neuere Zeit*, Zürich : Orell, Füssli & Cie, 1884, pp. 185-187 et 200.

131 Dudzik, Peter, *Innovation und Investition*, *op. cit.*, p. 66.

132 Peyer, Hans Conrad, *Von Handel und Bank im alten Zürich*, *op. cit.*, p. 58 ; Bodmer, Walter, *Die Entwicklung der schweizerischen Textilwirtschaft*, *op. cit.*, p. 305. Wittmann, Walter, « Die Take-Off Periode der schweizerischen Volkswirtschaft », *Zeitschrift für die gesamte Staatswissenschaft*, 119, 1963, pp. 592-615 (ici, p. 608) donne 7'000 métiers à tisser en 1814.

Etats-Unis ou du Levant *via* les ports français et italiens, le coton brut est pour moitié livré en Suisse orientale et en Allemagne et pour moitié consommé dans le canton[133]. Au contraire de l'industrie soyeuse qui reste largement manuelle au début du 19e siècle, les entrepreneurs zurichois se lancent dans la mécanisation de la filature du coton, qui supplante rapidement la filature à la main et qui permet de surmonter les effets de la levée du blocus continental[134]. Entre 1814 et 1826, le nombre de fabriques mécanisées double pour s'établir à 126, alors que le nombre de broches est multiplié par 2.5 sur la même période[135]. Vers 1820, 4'000 personnes sont actives dans la filature du coton dans le canton de Zurich, alors que 13'000 autres trouvent une occupation dans le tissage du coton, représentant au total 8 % de la population du canton[136]. Les filés produits sont en partie envoyés dans les cantons industriels de Suisse orientale, en partie disséminés dans les campagnes pour y être tissés[137]. Des teintureries et des ateliers d'impressions transforment ensuite ces étoffes dans les villes de Zurich et surtout de Winterthour. Les produits finis sont destinés au marché allemand.

Un troisième secteur économique qui gagne en importance durant la première moitié du 19e siècle est celui de l'industrie des machines. Elle émerge dans le sillage de la filature mécanisée pour monter les machines, puis fonctionne rapidement aussi comme atelier de réparation ou comme fournisseur de pièces détachées. D'abord actif dans la fabrication de petites pièces et de métiers (à filer, à tisser, à carder) en lien avec la filature mécanique, ce secteur se spécialise dès les années 1830 dans la production de plus grosses machines (bateaux, roues) qui sont exportées sur les marchés étrangers. Cette industrie prend véritablement son essor dès la moitié du siècle.

Un dernier secteur économique mérite d'être mentionné pour compléter cette présentation. Durant cette période, la place bancaire zurichoise pèse d'un poids moindre par rapport à celles de Genève et de Bâle et a un rayonnement essentiellement local dans le système international des paiements[138]. Proche des milieux parisiens dans le courant du 18e siècle, les banques zurichoises

133 Veyrassat, Béatrice, *Négociants et fabricants*, *op. cit.*, pp. 239-242.

134 Dudzik, Peter, *Innovation und Investition*, *op. cit.*, p. 66.

135 Wittmann, Walter, « Die Take-Off Periode », *op. cit.*, pp. 592-615 (ici, pp. 605-606) ; Bodmer, Walter, *Die Entwicklung der schweizerischen Textilwirtschaft*, *op. cit.*, p. 281.

136 Dudzik, Peter, *Innovation und Investition*, *op. cit.*, p. 66.

137 Menzel, Ulrich, *Der Entwicklung der Schweiz*, *op. cit.*, pp. 65-76.

138 Denzel, Markus A., « Die Integration der Schweizer Finanzplätze », *op. cit.*, pp. 177-235 (ici, p. 214).

pratiquent l'exportation de capitaux sur les principales places de commerce européennes et s'intègrent dans les courants d'échanges continentaux[139]. La Révolution française et la période napoléonienne portent un coup dur à leurs activités à l'étranger. Avec les mutations industrielles et commerciales du début du 19e siècle – mécanisation de la filature du coton et diversification des débouchés extérieurs –, les détenteurs de capitaux zurichois réorientent leurs investissements à l'échelle régionale[140]. Situés entre la place bâloise et les places allemandes d'Augsbourg et de Francfort, les banquiers zurichois sont actifs dans le financement du grand commerce (importation de matières premières, exportation de produits finis et transit) et de l'industrie textile cantonale[141]. Durant les années 1820, cinq banquiers se partageraient le marché zurichois[142].

En regard de la structure du tissu économique, les intérêts monétaires des acteurs de la région zurichoise sont loin d'être homogènes. Comme dans les autres cantons, le système monétaire est basé sur une monnaie de compte – le FLz – dont la valeur est fixée à la fin du 18e siècle et n'est pas modifiée par la suite[143]. La spécificité du pied monétaire zurichois est d'être particulièrement lourd, ce qui a pour fonction de réduire le prix d'achat des grosses espèces étrangères. Avec un pied lourd, il faut en effet moins de batz pour acquérir une grosse espèce qu'avec un pied léger. La contrepartie est l'arrivée régulière de

---

139 Weisz, Leo, « Der organisierte Kredit in Zürich von der Reformation bis zum Jahre 1835 », in Direktorium der Schweizerischen Nationalbank (Ed.), *Geld- und Kreditsystem der Schweiz. Festgabe für Gottlieb Bachmann zum 20. Juli 1944, dem siebzigsten Geburtstag*, Zürich : Schulthess & Co, 1944, pp. 135-156 (ici, pp. 147-150) ; Wehrli, B., « Banques et banquiers zurichois », in Mottet, Louis H. (Dir.), *Les grandes heures des banquiers suisses, op. cit.*, pp. 213-234 (ici, pp. 213-216) ; Ritzmann, Franz, *Die Schweizer Banken : Geschichte-Theorie-Statistik*, Bern ; Stuttgart : Paul Haupt, 1973, pp. 18 et 22.

140 Veyrassat, Béatrice, *Négociants et fabricants, op. cit.*, pp. 117-119.

141 Bodmer, Max, *Zur Tätigkeit und Stellung der Privatbankiers in der Schweiz*, Zürich : Schulthess, 1934, pp. 20-22.

142 Weisz, Leo, *Die Zürcherische Exportindustrie, op. cit.*, p. 206. Selon Wehrli, B., « Banques et banquiers zurichois », in Mottet, Louis H. (Dir.), *Les grandes heures des banquiers suisses, op. cit.*, pp. 213-234 (ici, p. 217), ils seraient au nombre de sept en 1837.

143 Sur la structure monétaire du canton de Zurich : Denzel, Markus A., « Vom "Schweizerfranken" zum "schweizer Franken" (1798-1860) », in Schneider, Jürgen *et alii* (Eds.), *Währungen der Welt 1. Europäische und nordamerikanische Devisenkurse, 1777-1914. Teilband I*, Stuttgart : F. Steiner, 1991, pp. 72-81 (ici, pp. 78-79).

billon de toute la Suisse, car leur détenteur peut se procurer de bonnes espèces à moindre coûts. La région zurichoise agit en conséquence comme un entonnoir dans lequel les monnaies divisionnaires de la Suisse orientale, centrale et occidentale viennent se déverser. C'est pour cette raison que dès 1816 le Gouvernement cantonal émet des interdictions à l'égard des billons "étrangers", afin d'éviter d'être envahie par ces petites pièces, dont la surabondance fait pression à la hausse sur le prix des grosses espèces. La situation est particulièrement compliquée avec les cantons du nord-est, car ils frappent massivement des batz de mauvaise qualité qu'ils mettent dans la circulation à un cours surévalué, afin d'attirer les FLa des autres cantons[144]. Les batz trouvent alors refuge dans la région zurichoise[145].

Tout comme les milieux marchands de Suisse occidentale, les acteurs de la soie zurichois réclament une série de mesures pour freiner cet afflux: dévaluation du pied monétaire, interdictions sur le billon "étranger" et retrait des monnaies divisionnaires à l'échelle nationale sont alors périodiquement exigés. Leur objectif est d'enrayer la hausse du prix des bonnes espèces et de supprimer tout risque de change, car l'achat de la soie grège sur les marchés italiens et la vente des tissés se font avec ce type de numéraire. Ces exigences sont partagées par les négociants actifs dans le coton qui s'occupent de l'importation de matières premières et de l'exportation de produits finis. En contact avec l'étranger, ils ont tout intérêt à stabiliser le prix d'achat des grosses espèces en limitant la circulation du billon. Ces milieux sont donc favorables à toutes les mesures (interdiction, retrait, suspension de la frappe) visant à régler la surabondance de billon. Comme en Suisse occidentale, les acteurs économiques locaux défendent eux aussi le retrait du surplus de petites espèces pour éviter une augmentation des prix et lutter contre les négociations entourant chaque transaction.

Les filateurs du coton ne voient pas les choses de la même manière. Actifs à l'échelle régionale, ils veulent pouvoir disposer de petites espèces qui sont aussi bien utilisées chez leurs principaux clients, les industriels de Suisse orientale, que pour le versement des salaires. Bien que ce dernier élément figure en

144 D'après le pied monétaire fédéral de 1819, 4 FSa devraient correspondre à 2 florins et 45 kreuzers (ou 165 kreuzers). Or, 4 FSa sont reçus, dans ces cantons, à 160 kreuzers, différence qui correspond à une diminution d'un peu plus de 3 % de la valeur. Pour une critique de ce processus de la part de contemporains, se référer à [Greiff-Schmid, Joh. Konrad], *Ueber die Nachtheile, op. cit.*, p. 12 et à Pestalozzi, Leonhard, *Beyträge zur Schweizerischen Münzgeschichte, op. cit.*, pp. 51-53.

145 Meier, *Der Währungswirrwarr, op. cit.*, pp. 113-115 et 126.

seconde ligne dans le coût de production total[146], il n'en demeure pas moins qu'avec des milliers de personnes employées dans ce secteur, les salaires atteignent plusieurs millions de FF par année. Tout changement dans les pièces utilisées aurait donc des répercussions sur le coût de revient des produits et donc sur la compétitivité des filateurs. La situation se complexifie encore avec la question de l'endettement auquel doivent faire face les industriels du coton. La mécanisation de la filature se repose en grande partie sur les capitaux bâlois[147]. Or, le remboursement des intérêts se fait généralement en FF, espèces qu'il faut acquérir sur le marché. De cette pesée d'intérêts entre l'écoulement de la production et le versement des salaires, qui doivent être maintenus en l'état pour rester concurrentiel, et le paiement des créanciers, soutiens indispensables durant la première moitié du 19e siècle pour assurer la poursuite des affaires, dépend donc le positionnement des milieux industriels cotonniers.

Cette divergence d'intérêts se retrouve dans la question de l'adoption d'un tarif commun sur les grosses espèces. Tout comme les marchands-banquiers de Suisse occidentale, les milieux soyeux et les négociants du coton zurichois sont favorables à stabiliser le prix d'approvisionnement des bonnes espèces. L'adoption d'un tarif fédéral permettrait de privilégier les espèces françaises qui connaissent une large diffusion et de supprimer toutes les autres pièces qui ne les intéressent pas. Les filateurs de coton sont de l'avis opposé. Ils ne veulent pas entendre parler d'une monnaie universelle qui ne correspondrait pas à leurs besoins. Ils exigent de pouvoir disposer de numéraire allemand et en particulier de petites espèces. De manière très schématique et un peu simplificatrice, car la situation est bien plus complexe, on peut dire que les intérêts et les revendications monétaires des acteurs de la soie, du négoce et des machines sont comparables à ceux des milieux marchands de Suisse occidentale, tandis que ceux des filateurs de coton sont similaires aux exigences des milieux industriels de Suisse orientale. La position des banquiers est quant à elle à l'image de la complexité du tissu économique cantonal. Selon qu'ils soient actifs dans le financement de l'approvisionnement en matières premières, dans le processus de production ou de la vente, et selon qu'ils s'occupent de coton ou de soie, ils défendent tantôt les intérêts d'un secteur, tantôt de l'autre.

Enfin, les acteurs de la soie, des machines et du négoce ne sont pas vraiment intéressés à la création d'un marché monétaire intérieur unifié, mais ils

---

146 Dudzik, Peter, *Innovation und Investition*, *op. cit.*, pp. 51-52.

147 Peyer, Hans Conrad, « Basel in der Zürcher Wirtschaftsgeschichte », *op. cit.*, pp. 223-237 (ici, pp. 235-236).

défendent néanmoins une uniformisation des composantes de la circulation. De leur côté, les filateurs de coton se prononcent pour la création d'un marché monétaire unifié. Il leur serait bénéfique car il leur permettrait d'étendre leur rayon d'activité, tout en simplifiant les relations financières avec les créanciers bâlois.

Du fait de ces fortes divergences, les acteurs zurichois cherchent une solution qui satisfasse l'ensemble des régions helvétiques, tout en sauvegardant leurs propres intérêts. Dans les années 1820, le banquier zurichois Leonhard Pestalozzi illustre bien cette tendance. Il propose de scinder l'espace économique helvétique en deux zones monétaires afin que les différents milieux économiques puissent choisir à leur convenance l'espèce qui convient le mieux à leurs affaires :

> « *Es ist hier nicht der Ort zu erwägen, ob der Handelsverkehr der Schweiz mit Frankreich oder mit Deutschland der Wichtigere sey. [...] Es dürfte also aus beyden Rücksichten der Grundsatz auszusprechen seyn, es bedürfe die westliche Schweiz des Deutschen gleich wie des Französischen Geldes und es seye also ihrem Interesse angemessen, strenge Neutralität bey der Werthung beyder Geldsorten zu beobachten, d. h. beyde nach ihrem Metallwerthe genau möglichst zu würdigen* »[148].

Diviser l'espace économique helvétique en deux grandes zones présenterait l'avantage de préserver l'osmose économique existant entre les cantons industriels de Suisse orientale et les Etats du sud de l'Allemagne, tout en assurant les échanges avec la France pour les milieux agricoles et marchands de Suisse occidentale[149].

2.3. Parcours des mesures d'uniformisation monétaire aux échelles fédérale et régionale (1816-1833)

En raison des intérêts hétérogènes des différents milieux économiques suisses présentés ci-dessus, réussir à s'entendre sur des mesures communes relève de la gageure. Rappelons que la commission nommée en 1816 pour élaborer un projet de concordat propose une série de quatre mesures. A ses yeux, l'adoption d'une

---

148 [Pestalozzi, Leonhard], *Ueber das Schweizerische Münzwesen*. Zürich : [s.n.], [1829-1830] (aus der *Schweizerische Monaths-Chronik*, 1829-1830), p. 13. Sur Leonhard Pestalozzi, cf. note 155 p. 233.

149 *Ibid.*, p. 17. Pestalozzi ne propose pas uniquement de tarifer les grosses espèces, mais également les monnaies divisionnaires étrangères, afin que les milieux du coton zurichois et de Suisse orientale puissent disposer des pièces nécessaires au paiement des salaires.

monnaie de compte commune qui améliore l'équivalence avec les espèces françaises, l'établissement d'un tarif commun pour les grosses espèces, le retrait des monnaies fabriquées durant l'Helvétique et la suspension des frappes de billon pendant quinze ans devraient constituer la marche à suivre pour assainir la circulation monétaire helvétique. Ce projet de concordat reçoit un accueil plutôt favorable au sein de la Diète fédérale[150]. Les cantons marchands de Suisse occidentale poursuivent l'objectif d'adopter un tarif commun afin de stabiliser le prix des grosses espèces. Bâle et Neuchâtel se prononcent donc en faveur de la ratification de cet accord. Les cantons agricoles de Suisse occidentale soutiennent quant à eux à l'unanimité les conclusions de la commission. Ils sont particulièrement intéressés à régler la question du surplus du billon qui gêne les transactions quotidiennes. Les cantons agricoles de Suisse centrale et méridionale sont plus partagés sur la portée de ce concordat. Emmenés par Lucerne, les cantons de Nidwald, d'Obwald, du Valais et de Zoug estiment eux aussi que cette entente pourrait contribuer à réduire la quantité de monnaie divisionnaire en circulation. Par contre, les autres cantons de Suisse centrale et méridionale adressent un refus très net à cette ouverture. Ils ne veulent ni retirer les petites espèces, ni adopter un tarif commun, mesures qui seraient préjudiciables à leurs affaires. Les cantons industriels de Suisse orientale partagent leur avis. Ils ne voient pas l'utilité de ce concordat et se prononcent contre, à l'exception de Glaris. Ils veulent pouvoir utiliser librement leur régale et s'opposent surtout à un tarif commun qui ferait la part belle aux espèces françaises. Enfin, le canton de Zurich représenté à la Diète fédérale par des acteurs de la soie soutient aussi le mouvement. A une petite majorité de 13 voix, le principe d'un concordat est donc accepté. Puisque l'unanimité n'est pas atteinte, toute mesure doit reposer sur la participation volontaire des cantons. Les parties suivantes ont pour objectif de montrer qu'en raison de leurs intérêts divergents, les représentants cantonaux peinent à s'entendre sur des mesures communes, à quelques rares exceptions.

2.3.1. Revendications multiformes et oppositions hétérogènes à la Diète fédérale (1816-1824)

La première étape formulée par la commission de 1816 consiste à adopter une nouvelle monnaie de compte commune pour tout le pays. Avec la fermeture

150 Abschied der Tagsatzung, séance du 28.08.1816, pp. 147-150 ; [s.a.], « Schweizerische Eidgenossenschaft », *Neue Zürcher Zeitung*, 06.09.1816, pp. 1-2 et [s.a.], « Schweizerische Eidgenossenschaft », *Neue Zürcher Zeitung*, 18.10.1816, pp. 1-2.

du marché français aux exportations helvétiques, les milieux marchands de Suisse occidentale cherchent à réduire les obstacles dans leurs relations avec le voisin de l'ouest. Une modification est d'autant plus nécessaire que le tarif douanier français de 1817 touche aux intérêts du commerce d'exportation (taxes sur les fils de lin et de chanvre). Pouvant se reposer sur l'expertise du pharmacien-chimiste soleurois Josef Anton Pfluger[151], les milieux marchands proposent de dévaluer la valeur du FS adopté pendant la période de la Médiation. L'objectif est d'améliorer sa concordance avec le pied français[152]. Le chimiste soleurois l'exprime ainsi :

> «*Zu allem diesem kömmt noch hinzu, dass, wenn auch der erhöhte Münzfuss beibehalten wird, die neu französischen Geldsorten immer nur in Brüchen im Verhältniss zu den schweizerischen gewürdigt werden können, daher auch der einzige Vortheil, welchen der bisherige eidgenössische Münzfuss der westlichen Schweiz gewähren könnte, nämlich die Erleichterung der möglichsten Anziehung französischer Geldsorten, sehr eschwert ist*»[153].

Pfluger propose d'adopter un des pieds monétaires bâlois, un FS de 6.65 grammes au titre de 900 ‰, un pourcent et demi plus léger que celui de 1803. En réduisant légèrement la valeur du pied fédéral, un FSa correspondrait alors parfaitement à 1.5 écu neuf («Neuthaler»), ce qui favoriserait leur arrivée et supprimerait les pertes liées au change. La volonté d'adopter un tarif qui privilégie les écus neufs plutôt que les francs provient du fait que le nouveau FF, définitivement adopté en 1803, a de la peine à s'imposer dans la circulation face aux écus solidement implantés. Par ailleurs, le commerce helvétique de bestiaux se règle jusque dans les années 1830 presque exclusivement avec des écus.

Pour les défenseurs de la dévaluation, cette mesure, couplée avec le retrait d'une partie du billon et la suspension de la frappe qu'ils exigent aussi, présenterait l'avantage de contribuer à désengorger la circulation intérieure du surplus

---

151 Josef Anton Pfluger-Kully (1779-1858), SO, fils de Viktor Josef, notaire. Etudes de pharmacie et de chimie à l'Université de Iéna. Pharmacien à Soleure (1802-1840). Dernier monnayeur du canton de Soleure (1805-1834). Membre fondateur de la "Ersparniskasse der Stadt Olten" (1829). Député libéral au GC de SO (1831-1840 et 1842-1850). Proche de Josef Munzinger (cf. note 29 p. 323).

152 Dans les échanges avec toutes les espèces françaises, le cours est systématiquement en défaveur du FSa. Ainsi, 40 FF s'échangent-ils contre 27 FSa au lieu de 26.6, ce qui signifie une perte d'environ 1.3 % sur chaque transaction.

153 [Pfluger, Josef Anton], *Denkschrift der Regierung von Solothurn über das vorgeschlagene Münzkonkordat*, in Abschied der Tagsatzung, 1817, Litt. J, 5 p. (ici, p. 2).

de billon, puisque plus le pied monétaire suisse est léger, plus il faut de billon pour se procurer une bonne espèce étrangère[154]. La compétitivité des produits helvétiques sur les marchés étrangers serait également améliorée, car ils coûteraient moins chers aux consommateurs, ce qui intéresse en premier lieu des secteurs du commerce d'exportation. Les marchands actifs dans l'import-export sont plus divisés sur la question. Une dévaluation diminuerait certes le prix des produits suisses à l'étranger, mais en contrepartie, elle ferait augmenter le coût des importations, ce qui n'est pas non plus favorable aux acteurs s'occupant uniquement de l'importation de matières premières et de denrées coloniales.

Les détenteurs de capitaux bâlois sont par contre très intéressés par cette mesure, car elle revaloriserait tous les biens exprimés en monnaies étrangères sur le marché intérieur. A titre d'exemple, la valeur d'une obligation de 1'000.- FF achetée en 1803 avec des monnaies helvétiques gagnerait 1.5 % avec l'adoption du pied proposé par Pfluger[155]. En raison de l'importance qu'acquière le marché helvétique pour les banquiers bâlois après 1815, ils soutiennent cette mesure. L'exemple de la maison "Ehinger & Cie" illustre bien cette dynamique. Délaissant progressivement le commerce de marchandises et de denrées exotiques pour se spécialiser dans les activités de commission et de banque, elle devient rapidement une des principales banques bâloises[156]. Bailleuse de fonds de sociétés industrielles sur tout le continent ("Jean-Baptiste Migeon" à Morvillars en Bourgogne et "Forges de Willer" en Alsace), elle a de nombreuses activités sur le territoire helvétique, en finançant notamment la "Gesellschaft der Ludwig von Roll'schen Eisenwerke" à Soleure, des indienneurs à Glaris, des maisons de soie à Zurich ou encore des marchands de vins à Vevey. Elle participe également au financement de nombreux emprunts publics sur sol suisse

154 Par exemple, avec un FS de 6.65 grammes d'argent fin, il faut 33.75 batz pour acheter une pièce de 5 FF. Avec un FS à 6.50 grammes d'argent fin, la même pièce coûte 34.5 batz.

155 Exemple tiré de [Pfluger, Josef Anton], *Denkschrift der Regierung von Solothurn über das vorgeschlagene Münzkonkordat*, p. 2 in Abschied der Tagsatzung, 1817, Litt. J.

156 Fondée en 1785 par Christoph Ehinger (1755-1833) et Félix Battier (1724-1794) sous la raison "Félix Battier & Ehinger" (commerce de denrées coloniales, d'expédition et de commission, activités de banque), elle prend le nom de "Christoph de Mathias Ehinger" en 1790 suite au retrait de Battier. En 1810, elle devient "Ehinger & Cie" avec l'entrée du fils adoptif d'Ehinger, Johann Ludwig Burckhardt (1789-1838) et de Johann Daniel Schönauer (1783-1845). Sur cette maison: Geering, Traugott, *Die Basler Bankfirma Ehinger & Cie, op. cit.*, 81 p.

et étranger[157]. Les détenteurs de capitaux bâlois seraient gagnants avec la dévaluation du pied monétaire. Les fonds qu'ils ont investis dans l'industrie alsacienne et qu'ils retirent progressivement à partir des années 1820 gagneraient en valeur. Par ailleurs, ces mêmes capitaux étant en partie réorientés en direction du financement d'activités industrielles et commerciales sur le territoire helvétique, les prêts bâlois gagneraient en attractivité, puisqu'ils présenteraient une meilleure concordance avec certaines espèces françaises.

La commission nommée par la Diète fédérale pour étudier cette proposition soutient à l'unanimité cette proposition[158]. Composée de représentants des milieux agricoles et marchands de Suisse occidentale, ainsi que d'un zurichois proche des milieux politiques et économiques français, elle voit dans cette mesure la possibilité de supprimer les pertes de change afin d'améliorer la compétitivité des commerçants et des industriels. Discutée lors de la session de la Diète fédérale de 1818, la proposition bâloise et le rapport de la commission soulèvent une vague d'opposition parmi les représentants de la Suisse orientale industrielle. Ceux-ci n'ont en effet aucun intérêt à soutenir cette dévaluation, car elle améliore les rapports avec la France, mais pas avec les Etats allemands. Et pour cause : la valeur du nouveau FS proposée par les Bâlois compliquerait sérieusement les paiements faits aux Caisses fédérales, car elle introduirait une relation compliquée entre la monnaie helvétique et la monnaie allemande (77 FSa = 54 FLa)[159]. Afin de témoigner leur désaccord, les deux délégués saint-gallois se retirent de la discussion, enterrant par là-même tout espoir de parvenir à adopter une nouvelle monnaie de compte commune à tous les cantons[160]. Les députés grisons soulignent quant à eux l'importance des monnaies autrichiennes et italiennes dans leur circulation pour s'opposer à la mesure projetée. Ils refusent de participer à un accord qui prenne pour base des espèces françaises[161]. A l'exception de ces deux cantons, tous les autres délégués adoptent en juillet 1819 par voie de concordat ce nouveau FSa[162]. Par ce vote, les Bâlois

157 *Ibid.*, pp. 41-48.

158 Abschied der Tagsatzung, 1817, Litt. K, *Bericht der von der Hohen Tagsatzung unterm 23. August letzthin niedergesetzten Kommission über das eidgenössische Münzwesen*, 3 p.

159 Les Caisses fédérales désignent les Caisses de la Diète fédérale. Elles sont notamment constituées par les Caisses militaires. C'est le canton directeur qui assume le rôle du Vorort (Berne, Lucerne ou Zurich) qui en a la charge.

160 Abschied der Tagsatzung, séance du 14.07.1818, p. 68.

161 Abschied der Tagsatzung, séance du 14.07.1819, p. 114.

162 Abschied der Tagsatzung, séances du 17.07.1818, pp. 157-158, du 14.07.1819, pp. 113-114 et du 04.09.1819, p. 116.

réussissent à élargir aux comptes de la Diète fédérale une partie de leur structure monétaire.

La nouvelle unité de compte fédérale détermine la valeur de tous les paiements effectués auprès et par les Caisses fédérales. Bien que cette décision représente le premier élément d'amélioration de l'armature du système monétaire fédéral et témoigne bel et bien de la volonté d'améliorer les conditions monétaires helvétiques, il ne s'agit dans les faits que d'un vote sans grande portée. En effet, cette nouvelle unité ne concerne que les transactions avec les Caisses fédérales et les opérations militaires, tandis que les cantons maintiennent en place leur pied monétaire. De surcroît, ce nouvel étalon de valeur se trouve bien trop lourd à l'usage pour de nombreux cantons[163]. Il convient particulièrement bien aux régions marchandes et agricoles de Suisse occidentale qui sont actives sur les marchés français. Par contre, il se révèle être moins adapté aux cantons industriels de Suisse orientale et à certains cantons agricoles de Suisse centrale et méridionale, en raison du type de monnaies qui circulent et de la structure de leurs débouchés. En conséquence, si une des unités bâloises devient la nouvelle monnaie de compte fédérale, ce changement n'a que très peu d'influence.

Encouragé par cette première victoire, les acteurs bâlois sont bien décidés à poursuivre leur opération de modification des composantes de l'armature monétaire fédérale. Ils s'attaquent à la question de l'adoption d'un tarif fédéral uniforme pour les grosses espèces qui constitue sans conteste le principal enjeu des questions monétaires durant la première moitié du 19e siècle. Il vaut la peine de rappeler que le tarif détermine le prix d'approvisionnement des grosses pièces d'or et d'argent. Puisque chaque Gouvernement cantonal adopte un tarif conforme à ses intérêts, les tarifs varient donc d'un canton à l'autre. Une tarification adéquate est d'autant plus importante que la balance commerciale helvétique est systématiquement déficitaire avec la France à partir de 1815. Selon une estimation produite durant les années 1830, le déficit commercial avec l'Hexagone se monte à quelque 16 millions de FF par année durant la Restauration. Cela signifie que dans le commerce général, l'ensemble des importations est largement supérieur au total des exportations[164]. Il s'agit d'un enjeu décisif

163 Une critique de ce pied monétaire figure dans Moser, Jean Rodolphe, *Objections contre une changement du pied monétaire du canton de Berne, suivies de quelques idées d'amélioration de l'Etat monétaire dans la Suisse occidentale,* Bâle: [s.n.], 1830, pp. 8-9.

164 Acv, J 268, *Lettre adressée par un Suisse Citoyen du Canton de Vaud à Mr… à Paris, sur les relations commerciales avec la France,* 25.10.1837, 14 p. (ici, p. 2). Il s'agit d'une estimation minimale qui se situe, selon l'auteur, bien en-deçà de la réalité.

pour le commerce extérieur helvétique[165]. Certes, d'autres postes permettent d'équilibrer la balance des paiements, comme les intérêts des capitaux investis à l'étranger, les produits des entreprises installées dans les pays extérieurs, le tourisme ou encore les revenus liés au mercenariat. Cependant, une balance commerciale négative implique une sortie de numéraire correspondant au montant du déficit. Or, il est nécessaire de se procurer ces espèces, qui consistent uniquement en espèces d'or et d'argent frappées par les Etats européens, ainsi que, dans une petite mesure, de grosses pièces suisses fabriquées notamment durant la période de l'Helvétique. Mais à défaut d'une tarification unifiée à l'échelle fédérale, une inflation rampante pèse sur le prix d'acquisition de ces espèces, en raison de la concurrence sur les tarifs qui existe entre les Gouvernements cantonaux[166]. Il en découle une fragmentation de l'espace monétaire helvétique. Avec la possibilité de pouvoir intervenir directement sur les tarifs, deux zones se créent en Suisse, chacune reposant sur une unité différente, le FF à l'ouest et les FLa à l'est. Chacune de ces deux zones perçoit une prime sur l'autre espèce, ce qui tend à les renchérir[167].

Elle repose sur les montants déclarés auprès des douanes françaises entre 1821 et 1834. Il est toutefois nécessaire de souligner son caractère approximatif, car en raison du système protectionniste français, le commerce de contrebande helvétique en direction de l'Hexagone peut atteindre des sommes très importantes. Selon les reconstructions de Gern, Philippe, Arlettaz, Silvia, *Relations franco-suisses au XIXe siècle, op. cit.*, annexes 6 et 8, pp. 330 et 338, la moyenne annuelle du déficit du commerce général suisse avec la France sur la période 1827-1836 s'élève à 19 millions de FF. Il n'existe pas, à notre connaissance, d'estimations semblables de la balance commerciale entre les cantons helvétiques et les Etats du sud de l'Allemagne avant le milieu des années 1830.

165 Selon Paul Bairoch, les exportations annuelles par habitant de la Suisse se montent à 12 dollars courants vers 1830, ce qui la place en première place des pays européens. Cf. Bairoch, Paul, « European Foreign Trade in the XIX Century: The Development of the Value and Volume of Exports (Preliminary Results) », *Journal of European Economic History*, 2, 1, 1973, pp. 5-36 (ici, pp. 17-18).

166 Abschied der Tagsatzung, 1819, Litt. EE, *Standesinstruktionen über die kursirenden Gold- und Silbersorten*, 4 p. (ici, p. 2). En augmentant la quantité de batz que les Gouvernements cantonaux offrent en échange d'une grosse pièce, dans le but de favoriser leur rentrée, la quantité de petites monnaies s'accroît en proportion dans la circulation, faisant à leur tour augmenter le prix d'acquisition des grosses espèces sur les marchés.

167 Abschied der Tagsatzung, 1819, Litt. FF, *Commissionalbericht über das Münzwesen (27.08.1819)*, 5 p. (ici, p. 3).

Les milieux marchands de Suisse occidentale veulent homogénéiser ces pratiques afin de stabiliser le prix des grosses espèces. A leurs yeux, un tarif fédéral permettrait de donner le ton en la matière. A la Diète fédérale, la revendication bâloise trouve un accueil favorable au sein de la commission chargée d'étudier la question. Composée de représentants du grand négoce (Bâle, Glaris, Zurich) et de l'agriculture de la Suisse occidentale (Argovie et Vaud), elle se prononce pour l'adoption d'un tarif qui privilégie l'implantation des espèces françaises: « *Alles dieses sollte uns bewegen ein unbequem gewordenes Werkzeug wo möglich loszuwerden und durch ein besseres zu ersetzen, wozu sich uns das 5 Frankenstück ganz erwünscht darbot* »[168]. Elle est toutefois parfaitement consciente qu'en raison du peu de grosses espèces frappées en Suisse, la question revêt une importance décisive pour tous les milieux économiques. N'estimant pas possible de trouver un terrain d'entente commun, elle propose de laisser tomber cette question. Les Bâlois suivent l'avis de la commission. Ils refusent de s'engager dans un concordat avec seulement quelques participants, car ils estiment que seule une mesure menée à l'échelle du pays pourrait avoir des effets dans ce domaine. Ils ne poursuivent donc pas leurs efforts sur ce sujet. Nullement découragés, ils décident de s'attaquer à l'épineuse question du surplus de billon.

La gestion du billon est le second enjeu le plus important des questions monétaires durant la première moitié du 19e siècle. Il existe très peu d'estimations chiffrées au niveau fédéral qui permettent d'estimer la masse de cette composante monétaire. En 1823, le marchand zurichois Greiff-Schmid l'évalue à quelque 12-15 millions de FF, constituée par 160-170 millions de pièces. Rapporté à une population d'environ 1.8 million d'habitants, cela représente entre 6.7 et 8.4 FF de petites pièces par personne[169]. Or, selon les experts monétaires de cette époque, la couverture des besoins totaux – petites et grosses espèces confondues – nécessite 5 FF par tête[170]. La qualité de ces pièces est aussi très problématique. Leur contenu métallique ne cesse par ailleurs de diminuer depuis le début du siècle: au début des années 1820, leur valeur métallique s'élève en moyenne à environ 55-60 % de leur valeur nominale. Enfin, les batz suisses

---

168 *Ibid.*, p. 5.

169 [Greiff-Schmid, Joh. Konrad], *Ueber die Nachtheile, op. cit.*, pp. 6-7. Trois décennies plus tard, l'expert monétaire Johann Jakob Speiser donne le chiffre de 8.5 millions de FF. Cf. Speiser, Johann Jakob, « Rapport d'expert », *op. cit.*, 54, pp. 1-28 (ici, p. 6). La population est tirée de Siegenthaler, Hansjörg (Dir.), *Statistique historique de la Suisse, op. cit.*, tableau B.1a. Population résidante, par canton, de 1671 à 1844, pp. 94-95.

170 [Pestalozzi, Leonhard], *Ueber das Schweizerische Münzwesen, op. cit.*, p. 22.

ne sont reçus qu'avec une prime dans les cantons de Suisse orientale et dans certaines parties des régions agricoles de Suisse centrale et méridionale, ce qui contribue à freiner les échanges sur les marchés intérieurs[171].

La commission nommée au sein de la Diète fédérale en 1819 propose deux mesures : la libre circulation du billon et la suspension de sa frappe pour 20 ans[172]. Elle ne se fait toutefois aucune illusion. En raison des divergences d'intérêts et d'opinions sur la question, réussir à prendre une décision qui satisfasse les besoins de tout le monde est une mission quasiment impossible. D'autant plus qu'en raison de la multitude de systèmes monétaires en vigueur, la situation est extrêmement complexe. Lors de la discussion à la Diète fédérale sur les propositions de la commission, les députés ne peuvent que se résoudre à reporter toute décision sur la libre circulation du billon et à encourager des concordats à l'échelle régionale entre régions aux intérêts communs[173]. Quant à la suspension des frappes, la majorité des délégués fait dépendre son assentiment du résultat de la discussion portant sur la libre circulation du billon ; ces deux mesures se soldent donc également par un échec pour les milieux marchands de Suisse occidentale.

Au début des années 1820, la situation monétaire helvétique est dans une impasse. Tous les efforts entrepris depuis 1815 pour modifier un à un les éléments constitutifs de l'armature fédérale se soldent par des échecs, à l'exception de l'adoption d'une nouvelle monnaie de compte qui ne satisfait, en dernier ressort, que très peu de milieux économiques. Avant d'abandonner définitivement toute discussion, les délégués à la Diète fédérale décident en 1823, par 14 voix sur 21, de nommer une commission fédérale consultative chargée de fournir des solutions pratiques aux différentes exigences monétaires[174]. Les membres de cette commission, qui se recrutent hors du cercle des délégués de la Diète

---

171 Un bien quelconque provenant de Saint-Gall coûtant 20 kreuzers devrait valoir 5 batz ; payé à l'aide de batz suisses, son prix s'élève 20.625 kreuzers, la différence de 0.625 étant supportée par l'acheteur, ce qui revient à un renchérissement du prix d'achat de 3 %. Cf. [Greiff-Schmid, Joh. Konrad], *Ueber die Nachtheile, op. cit.*, pp. 13-14.

172 Abschied der Tagsatzung, 1819, Litt. FF, *Commissionalbericht, op. cit.*, 5 p. (ici, pp. 1-2). Sur la position de chaque canton à la Diète fédérale dans cette question, se reporter à Abschied der Tagsatzung, 1819, Litt. EE, *Standesinstruktionen, op. cit.*, 4 p.

173 Abschied der Tagsatzung, séances du 14.07 et du 01.09.1819, pp. 114-115.

174 Abschied der Tagsatzung, séance du 12.07.1823, p. 87. La nomination de la commission est soutenue par les cantons agricoles de Suisse occidentale (Argovie, Berne, Fribourg et Soleure), centrale et méridionale (Lucerne, Unterwald, Grisons, Valais et Zoug) et par les milieux marchands de Suisse occidentale (Bâle, Genève

fédérale, représentent les intérêts des milieux marchands et agricoles de Suisse occidentale qui se battent depuis une décennie pour améliorer les composantes de l'architecture monétaire fédérale. Elle se compose de trois membres: Gottlieb von Jenner, commerçant en vin bernois[175], Emanuel la Roche, négociant bâlois en laines et en draps[176], et Samuel De Molin, banquier privé lausannois[177]. La composition de la commission n'est pas anodine et révèle le rapport de force qui prévaut à l'échelle fédérale. D'une part, elle témoigne d'une volonté claire de dépasser les débats infructueux à la Diète fédérale menés pour l'essentiel par des magistrats. Le recours à des acteurs influents, fortement intégrés au tissu économique régional et au commerce international, montre bien l'intention de poursuivre le processus d'unification à l'échelle nationale en se reposant sur les milieux marchands et agricoles de Suisse occidentale. D'autre part, la composition de la commission exclut, *de facto*, les intérêts des régions qui font obstacle à toute proposition de réforme. Cela révèle précisément les intentions de la majorité de la Diète fédérale: modeler les décisions fédérales d'après les exigences des milieux économiques de Suisse occidentale proches de la France.

La commission, qui se réunit du 12 au 23 janvier 1824, produit un rapport qui se structure autour de trois propositions principales. La première est l'abandon définitif de toute discussion à l'échelle fédérale qui vise à une unification monétaire[178]. Conscients que les intérêts des différents milieux économiques

---

et Neuchâtel). Les deux cantons de Glaris et de Schaffhouse figurent aussi parmi les cantons favorables.

175 Gottlieb von Jenner-von Jenner (1765-1834), BE, fils de Franz Ludwig (1725-1804), bailli de Nidau et banneret ; beau-fils de Niklaus von Jenner (1740-1809), bailli. Issu d'une vieille famille bourgeoise bernoise. A la tête d'un commerce de vins dès 1783. Habile diplomate, il réussit à déplacer avec son cousin, le banquier bernois Ludwig Zeerleder (1772-1840), une partie du trésor de Berne à l'étranger et à le soustraire aux mains des Français et de la République helvétique.

176 Emanuel La Roche-Merian (1771-1849), BS, fils d'Emanuel (1737-1807), fondateur de l'entreprise de négoce qui porte son nom ; beau-fils de Philipp Merian (1743-1805), négociant. Formation commerciale en France (Montbéliard et Bordeaux), associé dès 1797 dans l'entreprise paternelle, qu'il reprend avec son frère German (1776-1863) en 1807.

177 Samuel De Molin-Huber (1769-1851), VD, fils de Henri (1729-1811), officier au service de la Hollande ; beau-fils de François Huber (1750-1831), naturaliste. Séjours de formation à Hambourg (1784-1795), puis ouvre sa banque à Lausanne (comptes courants, traites, remises, vente d'immeubles, ventes de vins en gros). Fait faillite en 1833 et s'exile à Paris suite à cette déroute financière.

178 Rapport de la commission cité in ABSCHIED DER TAGSATZUNG, séance du 09.07.1824, p. 64.

sont pour le moment inconciliables, les membres de la commission encouragent les cantons aux intérêts communs à s'entendre sous forme de concordat. Pour la seule fois dans l'histoire monétaire helvétique de la première moitié du 19e siècle, les cantons suivent l'avis de la commission et votent à l'unanimité pour abandonner toute tentative ultérieure d'unification monétaire. Ainsi, selon la formule consacrée: « *Weitere Versuche zu Erzielung eines allgemeinen Münzverbands für einmal aufzugeben und diesen Artikel von nun an aus Abschied und Instruktionszirkular wegfallen zu lassen* »[179]. Cette décision peut, à première vue, surprendre. Si la position des milieux industriels de Suisse orientale et d'une partie de ceux agricoles de Suisse centrale et méridionale se conçoit facilement, l'adhésion des cantons agricoles et marchands de Suisse occidentale, qui représentent le fer de lance du processus d'uniformisation, est plus difficilement compréhensible. Deux éléments peuvent apporter un éclairage. Le premier est l'échec, depuis une décennie, de toutes les tentatives entreprises au sein de la Diète fédérale. Sans abandon clair de toute discussion, les délibérations reprendraient sur les mêmes éléments et déboucheraient, de manière répétée, sur des déconvenues. Le retrait des discussions de Saint-Gall en 1818, combiné à l'opposition opiniâtre de certains cantons qui refusent toute concession aux autorités centrales, mènerait année après année à d'infructueuses délibérations. Même la voie des concordats à l'échelle fédérale ne représenterait, dans le domaine monétaire, qu'un pis-aller, puisque leur force contraignante est très faible. D'autant plus que les relations monétaires, par nature complexes et ne se limitant que très rarement à l'échelle cantonale, compliquent l'efficacité d'accords ne comprenant pas tous les cantons. En conséquence, les milieux marchands de Suisse occidentale préfèrent s'engager dans un processus de réforme au niveau régional. Le second élément de compréhension a trait à l'évolution du contexte commercial européen. Au moment même où se discutent les affaires monétaires helvétiques, le royaume de Sardaigne s'engage dans la voie du protectionnisme, ce qui limite drastiquement l'exportation de produits agricoles (fromages, bestiaux). La fermeture de ce marché, qui avait permis à partir de 1816 aux cantons agricoles de Suisse occidentale, centrale et méridionale de compenser la perte du débouché français, est un autre coup dur pour le commerce extérieur helvétique. Dans ces conditions, les efforts doivent porter sur les négociations commerciales qui viseraient à diminuer les taxes sardes[180],

179 *Ibid.*, p. 65.

180 Abschied der Tagsatzung, 1825, Litt. P, *Kommissionsbericht über die Handelsverhältnisse der Schweiz mit den Königlich-Sardinischen Staaten*, 4 p.

plutôt que sur d'interminables discussions qui risqueraient, selon toute vraisemblance, de déboucher sur une défaite supplémentaire dans les questions monétaires. En définitive, les milieux marchands de Suisse occidentale préfèrent jouer la carte du report, plutôt que de réitérer un cycle de déconvenues.

La seconde proposition a trait à la suspension des frappes de billon pour une période de 20 ans[181]. Cette question donne lieu à une importante discussion qui est l'occasion pour les représentants des milieux industriels de Suisse orientale de rappeler leur position au sein de l'espace helvétique. Moteur le plus dynamique de l'opposition à toute atteinte à la souveraineté monétaire cantonale, les délégués saint-gallois soulignent en effet que leur billon ne circule pas dans les autres régions suisses et que les billons "étrangers" ne sont pas acceptés chez eux. Manquant de petites monnaies, ils prévoient de frapper d'après le pied monétaire des Etats du sud de l'Allemagne pour satisfaire leurs besoins. Ils sont soutenus par les cantons de Genève, des Grisons et du Tessin, soulignant eux aussi que leur situation particulière n'est pas préjudiciable pour le reste du pays et qu'ils refusent d'abandonner leur droit d'exercer leur régale monétaire[182]. Malgré la ferme opposition de Saint-Gall, Thurgovie, Glaris, Grisons, Tessin et de Genève, les autres cantons parviennent à un accord. Avec 16 voix, ils décident de suspendre la frappe de billon pour une durée de 20 ans[183]. Malgré la ferme volonté et le grand empressement à signer ce concordat, plusieurs signataires ne respectent pas leur engagement et se remettent à frapper dès l'année suivante. En conséquence, ce concordat se disloque rapidement et est abandonné quatre ans plus tard, en 1828[184].

La troisième et dernière proposition de la commission concerne le retrait de la monnaie de la République helvétique et la répartition des charges entre les Gouvernements cantonaux. Elle sera développée en détail un peu plus bas.

A partir du début des années 1820, las des délibérations infructueuses qui occupent la Diète fédérale, les milieux marchands bâlois sont convaincus qu'aucun projet ne permettra de satisfaire les intérêts monétaires des différentes

---

181 A ce moment, la moitié des cantons ne fabrique plus de monnaies. Cf. le détail dans le Tableau 5 p. 127.

182 Abschied der Tagsatzung, séance du 09.07.1824, pp. 68-69.

183 Abschied der Tagsatzung, séances du 12.07.1824, p. 68 et du 15.07.1825, p. 51. A l'issue du vote, la Thurgovie se rallie à la majorité : 17 cantons s'engagent à suspendre la frappe des monnaies dont la valeur est inférieure à 1 FSa (Genève, Glaris, Grisons, Saint-Gall et le Tessin maintiennent leur refus).

184 Platel, Edmund, *Das Münzwesen der Schweiz*, Bern : Jent & Reinert, 1888, p. 7 ; Blaum, Kurt, *Das Geldwesen der Schweiz seit 1798, op. cit.*, p. 11.

régions économiques helvétiques. Ce blocage monétaire à l'échelle fédérale fait écho à l'échec du concordat douanier de rétorsion engagé contre la France en 1822[185]. Signé par treize cantons et un demi-canton, il vise à forcer l'Hexagone à renoncer à son système prohibitif. Faute d'intérêts communs, il se désintègre rapidement et est abandonné après moins de deux ans, courant 1824[186]. Ces deux échecs dans les questions monétaires et douanières s'inscrivent dans une situation commerciale particulièrement tendue, puisque le commerce avec la France atteint des plus bas entre 1823 et 1827[187]. A défaut de parvenir à unifier les composantes monétaires à l'échelle fédérale, les milieux marchands de Suisse occidentale décident de modifier leur stratégie. Ils prennent alors la tête d'un processus d'unification à l'échelle régionale qui aboutit à la signature en 1825 du concordat monétaire de Suisse occidentale.

2.3.2. L'échec du concordat monétaire de Suisse occidentale (1825-1830)

Dès le début des années 1820, le Gouvernement bâlois, constatant l'incapacité des milieux économiques suisses à s'entendre sur une base commune, décide d'initier un mouvement qui vise à unifier les conditions de circulation monétaire à l'échelle régionale. Dans cette perspective, il propose de débuter le processus d'unification en Suisse occidentale et de laisser les Gouvernements cantonaux se joindre à eux à leur convenance. Leur principal objectif est de stabiliser le prix des grosses espèces étrangères, afin de favoriser les échanges commerciaux avec les Etats étrangers ayant adopté le FF (France et Sardaigne) et qui représentent, par ailleurs, des artères commerciales importantes pour rejoindre les ports de mer européens. Pour y parvenir, les milieux économiques bâlois préconisent deux mesures: l'adoption d'un tarif commun et le retrait d'une certaine quantité de billon[188]. Les cantons agricoles de Suisse occidentale emmenés par Berne partagent ces revendications, en particulier en ce qui concerne le surplus de monnaies divisionnaires. Soutenus par Lucerne, leurs objectifs ne sont toutefois pas semblables à ceux des Bâlois. A leurs yeux, la finalité de cette entente monétaire est de parvenir à étendre le rayon de distribution

185 Rupli, Walther, *Zollreform und Bundesreform*, *op. cit.*, pp. 34-64.

186 Humair, Cédric, *Développement économique et Etat central*, *op. cit.*, pp. 114-118.

187 Gern, Philippe, Arlettaz, Silvia, *Relations franco-suisses au XIXe siècle*, *op. cit.*, p. 22.

188 Les motivations bâloises sont exprimées dans Abschied der Tagsatzung, séance du 08.08.1822, pp. 80-82.

de leur production agricole[189] : les Vaudois y voient l'occasion d'avoir un accès facilité aux marchés des cantons voisins pour leurs vins, tandis que les Lucernois, importants producteurs de céréales, cherchent à prendre pied dans les cantons limitrophes de l'ouest pour écouler leur production. Ils se rejoignent donc sur la nécessité d'adopter des mesures communes répondant toutefois à des buts différents. Après un premier échec lors des négociations entre les intéressés en 1822, la décision fédérale de 1824 d'abandonner toute discussion ultérieure entérine définitivement la nécessité de s'entendre au niveau régional. En avril 1825, les cinq cantons agricoles de Suisse occidentale (Argovie, Berne, Fribourg, Soleure et Vaud) emmenés par Bâle signent le concordat monétaire de Suisse occidentale, Lucerne se retirant après avoir signé une première version du concordat[190].

Le préambule aux dispositions du concordat énonce clairement les objectifs de cet accord : il vise à *« obvier au dommage considérable qui est résulté pour la patrie commune de la trop grande disproportion du billon avec les grosses espèces d'argent et de l'évaluation défectueuse de ces dernières »*[191]. Deux éléments constituent la clé de voute de cette entente monétaire régionale[192]. Premièrement, le franc suisse fédéral de 1819 sert de base pour la tarification commune des grosses pièces en or et argent, suisses et étrangères. Une mesure très stricte

---

189 [S.A.], « Berne », *Nouvelliste vaudois*, 21.06.1825, p. 1.

190 Après de longs débats au GC lucernois, les députés refusent (à 39 voix contre 33) en décembre 1825 d'exclure de leur circulation le billon des cantons non-concordataires, ce qui entraîne leur retrait du concordat. En février 1827, Lucerne tente sans succès de rejoindre les Etats concordataires afin de profiter de la dynamique pour retirer son excédent de billon. En raison de leur structure monétaire très particulière, les deux cantons de Genève et de Neuchâtel refusent de participer à ce concordat.

191 Le texte complet original du concordat est retranscrit dans l'ouvrage de Rodolphe Blanchet, *Mémoire sur les monnaies des pays voisins du Léman*, Lausanne : Georges Bridel, 1854, pp. 168-173 et 175-181.

192 Sur ce concordat, se référer en premier lieu à Roesle, Alphonse E., *Das Münzrecht im Kanton Aargau, op. cit.*, pp. 85-107 et à Lugrin, Ernest, « La monnaie en Suisse », *Revue historique vaudoise*, 31, 1923, pp. 172-181 et 206-217 (ici, pp. 211-212). Quelques informations figurent aussi dans Demole, Eugène, *Histoire monétaire de Genève, op. cit.*, p. 52 ; Blaum, Kurt, *Das Geldwesen der Schweiz seit 1798, op. cit.*, p. 11 ; Wielandt, Friedrich, *Schaffhauser Münz- und Geldgeschichte, op. cit.*, p. 135 et Girtanner-Salchli, Hermann, « Das Münzwesen im Kanton St. Gallen », *op. cit.*, pp. 292-293.

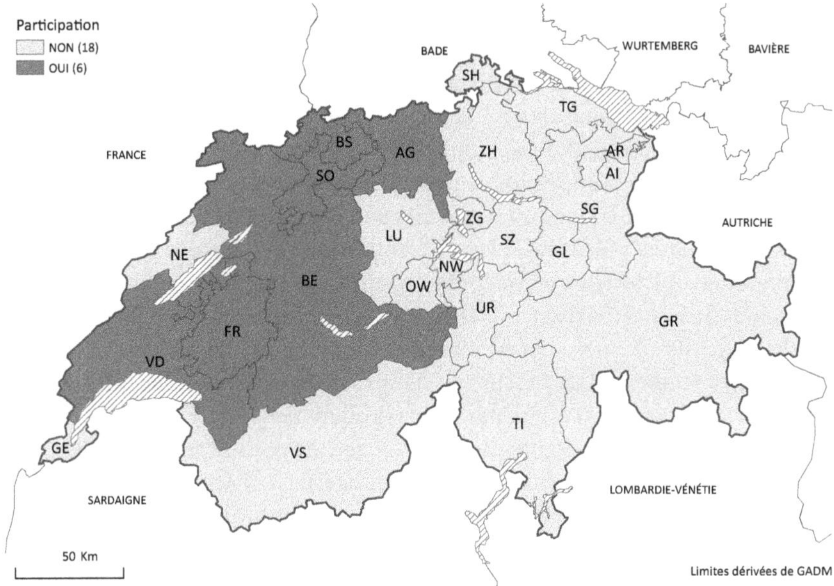

Carte 2 : cantons participant au concordat monétaire de Suisse occidentale (1825)

donne du corps à cet objectif. L'alinéa d) du 1er article stipule en effet que « *tous les payemens de capitaux et de lettres de change devront se faire en grosses espèces d'or et d'argent d'après la même évaluation légale, sous la condition que, dans de pareils payements, on pourra donner tout au plus cinq pour cent de billon* ». La limite imposée sur la quantité de petites pièces acceptées dans les gros paiements a comme principale fonction d'éviter que les Caisses publiques remettent le billon qu'elles possèdent dans la circulation. L'objectif est donc de stabiliser le prix des grosses espèces en réduisant le billon à disposition[193]. Le second élément a justement trait à la gestion du billon. Alors que 17 cantons s'engagent en 1824 à suspendre sa frappe pour deux décennies, cette mesure n'est pas mise en application par tous les cantons concordataires. Dans ces conditions, les signataires du concordat monétaire de Suisse occidentale prennent une décision

193 [s.a.], *Ueber das Schweizerische Münzwesen in Beziehung auf das im April 1825 unter mehrern Eidgenössischen Ständen abgeschlossene Münz-Concordat*, Bern : Chr. Albr. Jenni, 1825, p. 12 ; [Pestalozzi, Leonhard], *Ueber das Schweizerische Münzwesen*, *op. cit.*, pp. 7-11.

ferme. Ils retirent pour plus de 1'200'000.- FF (400'000.- FF de billon helvétique et 825'000.- FF de billon cantonal), laissant en circulation quelque 5.5 millions de FF en petites monnaies devant être estampillé d'une empreinte commune. Ce sont toutefois les mesures à l'égard du billon "étranger" qui sont les plus drastiques[194]. Les milieux marchands bâlois veulent l'interdire complètement du concordat. Face à l'opposition des milieux agricoles qui craignent que le commerce avec les régions environnantes soit entravé, il est finalement accepté auprès des Caisses publiques à la seule condition qu'il ne soit pas remis dans la circulation du territoire concordataire. Charge donc aux Gouvernements cantonaux de s'en débarrasser. Cette mesure est importante car elle constitue une barrière significative contre l'encombrement de la circulation par le billon d'autres cantons. Si les acteurs actifs sur les marchés de proximité peuvent continuer à s'en servir, il est en parallèle régulièrement retiré.

Les deux décisions relatives au billon – retrait et limitation – provoquent une onde de choc dans le reste du pays. A Lucerne, Schaffhouse et Zurich, on craint sérieusement que ces mesures entrainent un afflux massif des pièces interdites sur leur territoire. Dans le courant de l'année 1826, ces trois Gouvernements édictent des interdictions similaires dans le but de protéger leur circulation[195]. Les cantons industriels de Suisse orientale organisent quant à eux une conférence visant à réaffirmer l'entente de 1812. Ces Gouvernements cantonaux interdisent toutes les pièces qui ne sont pas émises par un de leur membre et confirment la tarification commune des espèces allemandes[196]. En raison de ces différentes mesures, les autorités du Grand-Duché de Bade interdisent toutes les monnaies suisses sur son territoire, à l'exception de celles portant la marque d'un canton limitrophe (Bâle, Argovie, Zurich, Schaffhouse et Thurgovie)[197].

---

194 Trachsel, Charles-François, « Notice numismatique sur le concordat monétaire suisse de 1825 », tiré à part de *Revue belge de numismatique*, Bruxelles : J. Goemaere, 1898, p. 1.

195 La position particulière de Neuchâtel, entourée par trois cantons concordataires, l'engage à adopter des interdictions semblables aux dispositions du concordat de 1825 à l'égard des billons cantonaux. Sur les réactions dans les autres cantons, se référer aux différentes ordonnances monétaires contenues dans le fonds aux AF sous la cote D0#1000/3#1053*.

196 [s.a.], [s.n.], *Nouvelliste vaudois*, 17.10.1826, p. 4 ; [s.a.], « St. Gall », *Nouvelliste vaudois*, 24.10.1826, p. 4.

197 [s.a.], « Affaires monétaires », *Nouvelliste vaudois*, 01.12.1826, p. 3.

Les effets réels des mesures du concordat sur la circulation monétaire sont particulièrement durs à évaluer. Les contemporains reconnaissent unanimement le résultat salutaire de la suppression du billon qui permet de nettoyer une grande partie la circulation monétaire[198]. Il faudrait, pour en juger, analyser en détail la situation de chacun des six cantons concordants, tâche tortueuse et particulièrement complexe dont les résultats ne seraient très probablement pas à la hauteur du travail fourni. D'autant plus que ce concordat a une durée de vie très courte. La tarification commune des espèces étrangères en est la principale raison[199]. L'accord stipule que les cantons sont libres d'adapter leur tarif à la condition qu'il ne soit pas fixé à un taux plus élevé que le tarif commun. De cette manière, les signataires pensent garantir aux cantons une certaine marge de manœuvre, tout en limitant le risque d'une hausse trop importante des prix des bonnes espèces. Cette latitude n'a pas manqué de produire l'effet inverse à celui recherché. Afin de bien comprendre les raisons de cette situation, il est nécessaire de prendre en compte l'influence du contexte monétaire international sur la situation helvétique. La crise économique qui touche une partie de l'Europe à partir de 1825 révèle très nettement les carences de ce concordat et la forte dépendance de l'espace économique helvétique envers l'approvisionnement en numéraire étranger[200]. Faisant suite à la forte spéculation sur le secteur des mines anglaises et les titres émis par les pays d'Amérique latine ayant récemment accédé à l'indépendance, la panique boursière de Londres en décembre 1825 se transforme en crise économique et s'étend aux Etats-Unis d'Amérique et à la France[201]. Elle est aggravée par de mauvaises récoltes de pommes de terre, de céréales et de coton. La crise touche en particulier les secteurs du textile et de la sidérurgie et engendre de nombreuses faillites dans les secteurs bancaires et industriels. Elle a comme conséquence un repli important du crédit qui entraîne une diminution la vitesse de circulation des monnaies. La pénurie des moyens de paiement se répercute sur les régions

---

198 [Pestalozzi, Leonhard], *Ueber das Schweizerische Münzwesen*, *op. cit.*, p. 5 ; Moser, Jean Rodolphe, *Objections contre une changement du pied monétaire, op. cit.*, p. 7.

199 Pestalozzi, Leonhard, *Beyträge zur Schweizerischen Münzgeschichte*, *op. cit.*, p. 61.

200 Meier, Paul, *Der Währungswirrwarr, op. cit.*, p. 47.

201 Lévy-Leboyer, Maurice, *Les banques européennes*, *op. cit.*, pp. 466-480 ; Gille, Bertrand, *La banque et le crédit en France de 1815 à 1848*, Paris : Presses universitaires de France, 1959, pp. 301-324 ; Gonnet, Paul, « Esquisse de la crise économique en France de 1827 à 1832 », *Revue d'histoire économique et sociale*, 33, 3, 1955, pp. 249-292.

helvétiques utilisant majoritairement des espèces françaises. Les milieux bâlois ne subissent pas trop les conséquences de cette crise, car ils retirent une partie de leurs fonds placés en Alsace, ce qui leur assure de disposer de suffisamment de numéraire[202]. En revanche, les cantons agricoles concordataires voient une disparition rapide des grosses espèces de la circulation. Afin de les y maintenir, ils élèvent le prix auquel elles sont reçues par les Caisses publiques, ce qui est contraire à une clause du Concordat. Ainsi, fin 1826, une année après le début de cet accord, le canton Vaud augmente-t-il le prix de la pièce de 5 FF de 2.2 %, bientôt suivi par Fribourg. En conséquence, les liens entre les membres se distendent rapidement. En 1829, la pièce de 5 FF est ainsi reçue à quatre valeurs différentes au sein du concordat, Bâle la payant jusqu'à 3.5 % moins cher que sur le reste du territoire concordataire. Cette situation témoigne, au demeurant, de la domination de la place commerciale et bancaire bâloise sur les autres régions économiquement moins développées qui participent à cet accord[203]. En 1830, ne parvenant pas à sécuriser un approvisionnement suffisant en pièces de qualité, deux cantons concordataires décident de contremarquer les écus français de 6 livres et leur donnent une tarification officielle[204]. Sans être officiellement dénoncé, le concordat monétaire de 1825 se désagrège suite à cette pratique et les cantons cessent d'appliquer ses dispositions.

Malgré la durée de vie limitée de cet accord monétaire et son échec dans l'application d'un tarif commun, il a toutefois des effets bénéfiques sur la circulation monétaire des cantons concordataires. Le retrait de grandes quantités de ces petites monnaies et l'interdiction du billon "étranger" permet de revaloriser le billon restant : puisqu'il est disponible en moins grande quantité, sa valeur augmente. Les pertes sur les paiements en billon se réduisent ainsi de 4 à 2 % en l'espace de quelques années[205].

---

202 Lévy-Leboyer, Maurice, *Les banques européennes*, *op. cit.*, pp. 466-467.

203 A ce sujet, consulter [Pestalozzi, Leonhard], *Ueber das Schweizerische Münzwesen*, *op. cit.*, pp. 6-7 et [s.a.], « Ob Ordnung und Einheit in unserem Münzwesen durch eine Abänderung des Münzfusses zu erreichen wäre ? », *op. cit.*, pp. 1-20 (ici, p. 6).

204 Lavanchy, Charles, « Ecus français de 6 livres contremarqués par les cantons de Berne et de Vaud », *Gazette numismatique suisse*, 7-9 (1957-1960), pp. 68-70 ; Martin, Colin, « La formation de l'unité monétaire suisse », *Bulletin mensuel, Banque Cantonale Vaudoise*, 9, 1957, pp. 2-4 (ici, p. 4).

205 [Pestalozzi, Leonhard], *Ueber das Schweizerische Münzwesen*, *op. cit.*, p. 15.

2.3.3. Le retrait du billon helvétique : une victoire d'endurance (1828-1833)

Avant de passer aux années 1830, il convient de s'intéresser au retrait du billon helvétique. Bien que cette thématique représente un enjeu de seconde importance durant la Restauration, elle mérite qu'on s'y attarde car elle met bien en évidence les enjeux qui pèsent sur la souveraineté monétaire cantonale, en particulier la sensibilité qu'ont certains Gouvernements cantonaux lorsque l'Etat central s'immisce dans leurs domaines de compétences. Par ailleurs, la liquidation complète du billon helvétique, qui s'étale sur presque cinq ans, est une des deux seules opérations menées avec succès à l'échelle fédérale durant la première moitié du 19e siècle[206]. Le retrait effectif de cette composante de la masse monétaire au début des années 1830 permet en effet d'assainir la circulation sur le territoire suisse et représente un pas dans le sens d'une amélioration des conditions monétaires en Suisse. Cette entreprise se déroule en deux phases. La première (1828-1831) consiste à récolter les données sur les retraits antérieurs, à rappeler le billon helvétique encore en circulation et à le fondre. Dans un second temps (1831-1833), l'élaboration d'une clef de répartition des charges entre les cantons donne lieu à une véritable lutte.

Durant la République helvétique (1798-1803), les autorités centrales frappent en l'espace de cinq ans pour plus d'un million de FSa, dont plus de la moitié de billon[207]. Avec le retour complet de la souveraineté monétaire en mains cantonales après 1815, la question de la responsabilité de ces monnaies helvétiques se pose : est-ce aux cantons souverains ou à la Diète fédérale de les gérer ? Suite à un cuisant échec en 1816 lors du vote sur le retrait de ces pièces à la Diète fédérale – seuls cinq cantons sont favorables (Berne, Fribourg, Soleure, Lucerne et Bâle) –, l'étude approfondie de la question est renvoyée à une commission en 1818[208]. Sa tâche est ardue car la question est complexe. D'un côté, les monnaies helvétiques circulent depuis presque deux décennies et sont largement utilisées dans l'ensemble du territoire, sans que personne ne se plaigne de leur accumulation. D'ailleurs, les pièces d'or et d'argent helvétiques sont particulièrement

206 Denzel, Markus A., « Vom "Schweizerfranken" zum "schweizer Franken" », *op. cit.*, pp. 72-81 (ici, p. 38).

207 Cf. pp. 38 et suivantes ci-dessus pour le détail.

208 Sur le vote de 1816 initié par Berne, se référer à Abschied der Tagsatzung, séance du 28.08.1816, p. 150. La composition de la commission de 1818 n'est pas renseignée, tandis que le rapport est partiellement intégré au texte. Se référer à Abschied der Tagsatzung, séances du 20 et du 26.08.1818, pp. 160-162.

recherchées et ont la faveur de certains négociants, surtout dans le centre et le sud du pays. D'un autre côté, les membres de la commission estiment que ces pièces ayant été frappées avant le Pacte de 1815, elles représentent une charge commune, dont la gestion doit reposer sur l'ensemble des cantons qui en sont solidairement responsables, à l'exception des cantons de Genève, Grisons et Neuchâtel entrés dans la Confédération helvétique après 1803. Cette attribution présente toutefois de grosses difficultés en cas de retrait, car si certains Gouvernements cantonaux refusent de participer, les pièces non retirées risqueraient fortement d'y affluer ; de la même manière, des interdictions cantonales à leur encontre engendreraient un reflux de ces espèces dans les autres cantons, ce qui donnerait lieu à des plaintes. Pour parer à ces éventualités, la commission considère que toutes les décisions dans ce domaine doivent être prises sous la forme d'un décret obligatoire (*Conclusum*), c'est-à-dire qui requerrait une majorité absolue de voix, et non par la voie du concordat qui reposerait sur une participation volontaire. Compte tenu de ces éléments, les membres de la commission de 1818 s'opposent fermement à un retrait de ces pièces. Ils estiment qu'il serait prioritaire de cesser de frapper avant de retirer ces pièces, qui ne représentent qu'une infime part de la circulation totale :

> « *Alle diese Betrachtungen haben die Kommission zu der Ueberzeugung gebracht, eine sogleich vorzunehmende Einziehung seie nicht durchaus nothwendig ; diese Maasregel würde erst dann reellen Nutzen gewähren, wenn über die Verminderung der Münz-Masse, vorzüglich auch über unbedingte Einstellung neuer Austellung neuer Ausprägung von Scheidemünzen etwas, wenn nicht unter allen, doch unter mehreren Ständen, Gemeinsames erzielt werden könnte. Bei den jetztigen Umständen aber sei eine allgemeine, aber auch unbeschränkte Duldung das Angemessenste ; der Gesammtheit vorbehaltend, in der Folge und unter veränderten Umständen das Zweckgemässe zu verfügen* »[209].

Suivant l'avis de la commission, les représentants cantonaux décident par voie de concordat en juillet 1819 à 15 voix contre 5 (Berne, Fribourg, Zurich, Grisons et les deux demi-cantons de Nidwald et d'Obwald), Genève et Neuchâtel ne prenant pas part au vote, que le billon helvétique (0.5, 1 et 5 batz) doit circuler librement dans tous les cantons et que toutes les interdictions à leur égard doivent être supprimées[210]. En dépit de cette décision que les signataires sont censés respecter, plusieurs d'entre eux poursuivent les interdictions à l'égard de ces

---

209 Rapport de la commission cité in *Idem*.

210 Abschied der Tagsatzung, séances du 28.08.1818, p. 162 et du 14.07.1819, pp. 116-117.

pièces, ce qui donne lieu à des plaintes régulières auprès de la Diète fédérale[211]. En 1824, une proposition de retirer ces pièces se solde par un nouvel échec, de nombreux cantons s'opposant au retrait, tandis que d'autres refusent de devoir en assumer les frais. La situation change en 1825, sous l'impulsion des cantons signataires du concordat monétaire de Suisse occidentale qui prennent l'initiative de retirer leur part du billon helvétique de la circulation, puis d'interdire sa circulation. Malgré la décision fédérale de 1819, ces pièces restent frappées d'interdit dans plusieurs cantons et affluent donc en masse en Suisse occidentale et centrale où elles sont régulièrement utilisées dans les transactions quotidiennes, en particulier dans les échanges agricoles. Ainsi, à la fin des années 1820, plus de 75 % de la masse totale du billon helvétique est retirée par les cantons concordataires (cf. le Tableau 6 ci-dessous)[212]. Si cette présence ne gêne pas réellement la circulation, elle contribue cependant à l'encombrer et à repousser les grosses espèces suisses et étrangères. L'annonce des cantons concordataires du rappel de 400'000.- FF, ce qui représente 140'000.- FF de plus que leur quota attribué par la répartition fédérale[213], fournit un signal fort à l'ensemble des délégués cantonaux et représente un élément décisif : les milieux économiques de Suisse occidentale sont décidés à poursuivre le processus d'assainissement à l'échelle régionale, avec ou sans le soutien du reste du pays. Il convainc les cantons de Lucerne et de Zurich de se joindre au mouvement. Dès lors, ce noyau dur des huit promoteurs du retrait – cantons du concordat de 1825 (Argovie, Berne, Fribourg, Soleure, Vaud et Bâle), Lucerne et Zurich – va se battre pour liquider définitivement cette affaire. Malgré une opposition persistante de certains représentants, une majorité de 12 voix se dégage en 1827 pour nommer une commission qui est chargée d'étudier en détail la proposition du retrait[214].

211 Sur la position de chaque canton dans cette question, qui évolue fortement durant les années 1820, se référer à Abschied der Tagsatzung, séances du 18.07.1826, pp. 78-81 et du 12.07.1827, pp. 77-79.

212 Il est fort probable que l'annonce du retrait ait fait affluer une certaine quantité d'espèces helvétiques en direction des cantons concordataires, ce qui fausse partiellement le résultat. Nonobstant, il est indéniable que la majorité de ces pièces se trouvait déjà en Suisse occidentale.

213 Hofer, Paul-Friedrich, « Die Münzprägungen der Helvetischen Republik », *op. cit.*, pp. 147-164 (ici, p. 157).

214 Les 12 voix favorables représentent un spectre très large : elles proviennent de la Suisse occidentale agricole (Argovie, Berne, Fribourg, Soleure et Vaud), de la Suisse centrale et méridionale agricole (Lucerne, Valais et Zoug), de la Suisse orientale industrielle (Glaris et Schaffhouse), de Zurich et de Bâle. Abschied der Tagsatzung, 1827, Litt. M, *Kommissionsbericht über die gänzliche Zurückziehung der*

Afin de limiter toute contestation face à l'intervention des autorisés centrales dans les affaires cantonales, les membres de la commission proposent que le retrait soit organisé par les Ministres des finances cantonaux, sous la supervision générale du Vorort, et fournissent à cet effet une marche à suivre détaillée.

Lors des discussions sur le rapport de la commission durant la session de 1828, un délégué, dont l'origine n'est pas précisée, rappelle que l'opération du retrait,

> *« ohne das dadurch die souveräne Befugnis der einzelnen Kantone in eigenen Münzsachen im Mindesten beschränkt werde, indem es hier keineswegs um das Münzregal irgend eines einzelnen Standes zu thun sey, sondern lediglich um Regulierung der Verhältnisse eines, in gemeinsamem Namen aller in der Helvetischen Republik inbegriffener Stände ausgeübten Münzrechts, so wie um Entledigung von einer Last, die, auf Allen gleichmässig haftend, nur gemeinsam getilgt werden kann »*[215].

Cette mise au point est nécessaire pour rassurer certains Gouvernements cantonaux en leur rappelant qu'il ne s'agit pas d'une atteinte à leur souveraineté, mais uniquement de régler une question antérieure qui relevait à l'époque des compétences de l'Etat central. Elle permet de rallier plusieurs cantons (Appenzell Rhodes-Extérieures, Soleure et Valais) au camp du retrait. Ces trois voix supplémentaires permettent de voter le décret du retrait qui est approuvée à une petite majorité de 12 voix sur 20[216]. Dans la foulée, ces mêmes cantons – à l'exception d'Appenzell Rhodes-Extérieures – réalisent un tour de force : considérant le billon helvétique comme un bien commun, la décision du retrait est applicable à tous les cantons. Profitant de la pause hivernale, le canton de Berne, qui assume alors la charge du Vorort, annonce par voie de circulaire en mars 1829 la marche à suivre pour le retrait. Les représentants de la Suisse orientale industrielle font bloc et s'insurgent contre cette pratique. Soutenus par Unterwald et Schwytz, ils s'opposent à l'ingérence de la Diète fédérale dans leurs affaires en recourant à l'absence de disposition dans le Pacte fédérale de 1815 pour réfuter

helvetischen Münze (21.07 & 02.08.1827), 4 p. La commission se compose de l'avocat argovien Rudolf Feer (1788-1840) qui fait office de rapporteur, du négociant glaronais Kosmus Heer (1790-1837), du juriste bâlois Johann Heinrich Wieland (1758-1838), du juriste bernois Gottlieb Albrecht Steiger (1771-1847), et du commerçant (soie) zurichois Hans Conrad von Muralt (1779-1869).

215 Abschied der Tagsatzung, séance du 24.07.1828, p. 74.

216 *Ibid.*, pp. 75-76. Votent contre des députés de la Suisse orientale industrielle (Appenzell Rhodes-Intérieures, Saint-Gall, Schaffhouse et Thurgovie) et de la Suisse centrale et méridionale agricole (Schwytz, Unterwald, Uri et Tessin).

toute compétence des autorités centrales en la matière. Ils mobilisent la décision fédérale de 1819 qui donnait libre cours aux monnaies helvétiques et refusent de se soumettre à toute décision qui ne reposerait pas sur une base volontaire. Toutefois, l'intervention d'un député zurichois, soutenu par la délégation tessinoise et uranaise, parmi les plus fervents opposants au retrait de ces monnaies, permet de calmer la situation et d'élargir l'adhésion au principe du retrait. Seuls les cantons d'Appenzell Rhodes-Intérieures et de Schwytz maintiennent leur refus de participer, tandis qu'Obwald accepte d'assumer les frais lui incombant, mais pas de procéder au retrait[217]. Cette opposition s'explique par le refus de l'empiètement des autorités centrales dans un domaine de compétences qui relève des cantons, ainsi que par la charge financière imposée par l'intervention de la Diète fédérale pour supprimer une composante de la circulation monétaire qui n'est pas utilisée.

Le tableau ci-dessous illustre la répartition du billon helvétique sur le territoire helvétique et fournit l'occasion de mieux saisir les motivations du noyau dur qui défend le retrait (Bâle, Argovie, Berne, Fribourg, Soleure, Vaud, Lucerne et Zurich). Entre eux huit, ils retirent 93 % du billon. Ils sont donc les plus concernés par ces petites monnaies qui ne donnent plus satisfaction. Parmi eux, les pourcentages de Lucerne et de Zurich sont en particulier à relever. Avec 8 % du total qui circule sur chacun de leur territoire, on comprend mieux leur volonté de se débarrasser de cette composante monétaire.

217 Quatre décrets (*Conclusa*) répartis entre 1828 et 1829 sont nécessaires pour réussir à mener à bien le retrait du billon helvétique. Le premier (juillet 1828) décide du retrait ; le trois autres (juillet 1829) engagent le Vorort 1) à exécuter le premier décret, 2) à fournir un rapport exact de l'état du retrait afin de finir la liquidation et 3) à essayer de convaincre les opposants. Ils sont tous votés par un noyau dur structuré autour des cantons agricoles de Suisse occidentale (Argovie, Berne, Fribourg, Soleure et Vaud), centrale et méridionale (Lucerne, Valais et Zoug) et de Bâle qui obtient au cas par cas des voix supplémentaires (auprès d'Appenzell Rhodes-Extérieures, Glaris, Tessin et Zurich) permettant d'atteindre la majorité absolue. A ce propos, se référer à Abschied der Tagsatzung, séances du 24.07.1828, pp. 74-76, du 24.07.1829, du 28.07.1829 et du 03.08.1829, pp. 75-81.

Tableau 6 : aperçu du retrait du billon helvétique fin 1834[218]

	Retrait argent (5 batz)	**Retrait cuivre (0.5 et 1 batz)**	**Retrait total**
Cantons participant au Concordat monétaire de la Suisse occidentale (1825)			
BS	43'484	54'966	98'450
AG	17'669	39'941	57'610
BE	68'177	81'058	149'235
FR	26'616	21'877	48'493
SO	9'789	16'135	25'924
VD	94'932	43'523	138'455
Sous-total 1	**260'667**	**257'501**	**518'168**
En % du Total	**81 %**	**76 %**	**77 %**
Reste de la Suisse			
AR	292	352	644
AI	-	-	-
GL	-	-	84
SG	1'178	1'963	3'140
SH	918	603	1'522
TG	-	-	2'166
LU	23'197	31'123	54'320
NW	-	-	274

218 Les montants figurant dans ces colonnes représentent tous les retraits effectués sans distinction entre 1815 et 1834 ; ils sont exprimés en FS de 1850. Tableau retravaillé à partir de Abschied der Tagsatzung, 1830, Litt. I, « Tabelle N° 1 : Übersicht der von den Hohen Eidgenössischen Ständen gemachten Einziehungen an helvetischen Münzen, der selben Vernichtung, und Würdigung ihres Metallwerths », 1 p. in *Bericht an die Hohe Tagsatzung über die Zurückziehung und Liquidation der helvetischen Münzen (27.07.1830)*, 4 p. ; les chiffres pour Nidwald et la Thurgovie (1831) proviennent de Abschied der Tagsatzung, 1831, Litt. Y, *Kommissionsbericht an die Hohe eidgenössische Tagsatzung über die Angelegenheit der helvetischen Scheidemünzen (12.09.1831)*, 7 p. (ici, pp. 1-2) ; le montant pour Schwytz (1832) est fourni par Abschied der Tagsatzung, séance du 14.08.1832, p. 284 et celui pour Glaris (1834) provient de l'« Aperçu général de la liquidation des monnaies de billon helvétique » dans le *Recueil officiel des pièces concernant le droit public de la Suisse, des décrets et arrêtés de la Diète et des concordats en vigueur, ainsi que des traités conclus entre la Confédération suisse et d'autres États*, Tome II, Lausanne : Imprimerie des Frères Blanchard, 1839, p. 741. A noter que le montant annoncé par la députation de Schwytz n'est pas pris en compte dans la valeur totale du retrait, puisque sa déclaration intervient après la répartition et la fixation de la quote-part afférente à chaque canton.

Tableau 6: Suite

	Retrait argent (5 batz)	Retrait cuivre (0.5 et 1 batz)	Retrait total
OW	-	-	-
SZ	-	-	4'401
UR	275	396	671
ZG	1'038	1'865	2'903
TI	41	197	238
VS	13'097	11'791	24'888
ZH	20'310	34'141	54'450
Caisses fédérales	611	541	1'152
Sous-total 2	**60'956**	**82'972**	**150'853**
Total (St 1+2)	**321'623**	**340'473**	**669'020**

En 1831, la première étape de la liquidation du billon helvétique est terminée. Les pièces retirées sont envoyées à l'Hôtel des Monnaies de Berne (celles de Glaris, Nidwald, Schwytz et Thurgovie sont livrées entre 1831 et 1834). L'opération de refonte se déroule sous la supervision du banquier bernois Emanuel Schnell[219]. Actif depuis plusieurs décennies, il est également député au Grand conseil (GC) du canton de Berne et au Conseil de Ville avant la révolution de 1830 ; il est en outre membre de la commission des finances de l'administration de la ville de Berne durant les années 1820. En 1830, il présente son rapport sur la fonte du billon helvétique à la Diète fédérale. Le retrait des pièces de 5 batz (argent) représente l'équivalent de 321'623.- FS. Transformé en lingots, l'argent est vendu par l'intermédiaire des banquiers bernois Schnell et Hollard à la bourse de Paris pour 284'623.- FF, accusant une perte de 11.5 %. Les petites pièces en cuivre – correspondant à 340'473.- FF – sont envoyées aux Hôtels des Monnaies de sud de l'Allemagne, spécialisés dans la fonte de ce métal. Le montant récupéré s'élève à 183'855.- FF, soit une perte de 46 %. Sur l'ensemble de

219 Emanuel Schnell-Jeanin (1777-1835), BE, fils de David, boucher. Débute sa carrière aux côtés du Vaudois Albert Jules Hollard (1773-1832) au sein de la maison bernoise "Ziegler le jeune & Cie" (qui fait suite, à une date inconnue, à "Ziegler & Rollier"), active dans le commerce de denrées coloniales et les affaires de banque, qu'ils reprennent à leur compte par la suite sous la raison "Hollard & Schnell". Suite au décès de Hollard en 1832, Schnell s'associe à son fils Emanuel (1800-1877) ; ils se vouent dorénavant uniquement aux affaires de banque et principalement à l'escompte de longue durée. Le commerce de denrées coloniales est repris par les deux frères Irlet de Twann, anciens employés.

l'opération de refonte, le déficit s'élève à 195'563.- FF ou 29 % du montant total du retrait de 669'020.- FF[220].

La lutte pour la répartition des frais débute alors[221]. Elle donne lieu à d'interminables discussions qui s'étendent sur presque quatre ans (1830-1833). Il ne s'agit pas ici d'entrer dans leur détail, mais uniquement de dresser les grandes lignes des délibérations et de mettre en lumière les principaux freins à la liquidation de l'opération. Après s'être entendus sur la responsabilité territoriale des cantons[222], les délégués refusent en 1831 à une petite majorité la proposition d'Emanuel Schnell de répartir la perte selon l'échelle fédérale. Les huit promoteurs du retrait doivent en effet conjuguer avec deux groupes de cantons qui font barrage à la liquidation. Le premier est constitué par tous les représentants de la Suisse orientale industrielle et de quelques délégués de la Suisse centrale (Schwytz, Unterwald et Uri). Ils ne reconnaissent pas le droit à l'Etat d'intervenir dans les monnaies et refusent de devoir assumer des charges financières pour cette opération. Un deuxième groupe de députés des cantons agricoles de Suisse méridionale appuyés par Zoug ne trouvent pas satisfaction dans la proposition de répartition. Afin de liquider cette opération, les promoteurs de la liquidation sont alors contraints de faire une concession financière pour rallier un maximum de membres à leur cause. Ils s'engagent à se répartir entre eux huit la moitié des frais incombant aux opposants. L'étude de cette proposition et des moyens à mettre en œuvre pour liquider définitivement cette opération et répartir les charges est à nouveau renvoyée à une commission[223]. Sa composition témoigne clairement de la volonté de prendre en considération l'ensemble des intérêts discordants, deux défenseurs du projet siégeant aux côtés

220 Le rapport de Schnell est partiellement reproduit dans Abschied der Tagsatzung, 1830, Litt. I, *Bericht an die Hohe Tagsatzung, op. cit.*, pp. 3-4.

221 Meier, Paul, *Der Währungswirrwarr, op. cit.*, p. 136.

222 Les territoires cantonaux ont connu plusieurs modifications après la chute de la République helvétique. Argovie et Bâle refusent ainsi d'assumer les frais liés aux territoires acquis après 1803 (respectivement les districts de Laufenburg et de Rheinfelden pour l'Argovie et le baillage de Birseck pour Bâle). Afin d'assurer l'avancée des discussions, le canton de Berne s'engage quant à lui à assumer les frais liés à ses nouveaux territoires (constitués essentiellement par l'ancien Évêché de Bâle).

223 Elle se compose de l'avocat saint-gallois Gallus Jakob Baumgartner (cf. note 35 p. 326) qui fonctionne comme rapporteur, du magistrat bernois Niklaus Bernhard von Diesbach (1779-1842), du négociant bâlois (draps et laines) German La Roche, du négociant glaronais Kosmus Heer et de l'avocat uranais Josef Maria Zgraggen (1772-1844).

de trois opposants. L'objectif est d'éviter d'imposer une décision qui soit source de tensions, au moment où le pays est traversé par les forces de la Régénération qui se traduisent par de nombreuses révisions constitutionnelles dans un sens libéral à l'échelle cantonale et par le processus de révision du Pacte fédéral de 1815[224]. Après de longues discussions au sein de la commission, dix-sept cantons et demi se rallient au plan de répartition proposé par les promoteurs du retrait qui est adopté lors de la séance du 19 juillet 1833[225]. Au terme de cinq ans de négociations, les cantons peuvent enfin déclarer close la question du billon helvétique[226]. Le graphique ci-dessous illustre la répartition des charges.

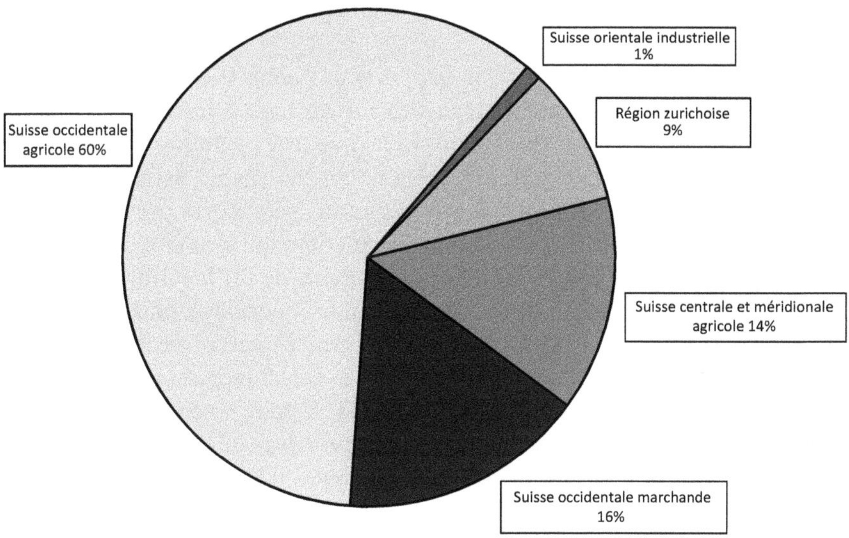

Graphique 1. Répartition des charges du billon helvétique par « monde de production »[227]

224 Dix jours après la nomination de cette commission, la Diète fédérale met sur pied une commission pour la révision du Pacte fédéral de 1815. Elle est présidée par Gallus Jakob Baumgartner.

225 Appenzell Rhodes-Intérieures refuse catégoriquement de participer et de payer le moindre centime. La députation de Schwytz n'accepte de prendre en compte que les frais strictement liés à son territoire (602.- FS) et non pas ceux résultant de la répartition fédérale (498.- FS). Le montant en suspens de 798.- FF – provenant d'Appenzell Rhodes-Intérieures (300.- FF) et de Schwytz (498.- FF) – est pris en charge par la Caisse fédérale.

226 Abschied der Tagsatzung, séance du 19.07.1833, p. 259.

227 Source du graphique : annexe 2. La répartition est exprimée en % du total.

Les huit promoteurs du retrait (Bâle, Argovie, Berne, Fribourg, Soleure, Vaud, Lucerne et Zurich) parviennent à clore cette opération en prenant à leur charge 18'334.- FF incombant initialement aux opposants. Cette concession financière est de poids, car à eux huit, ils assument 94 % de tous les frais. Ce sont surtout les cantons agricoles de Suisse occidentale qui délient leur bourse, assumant 60 % des frais totaux. Parmi eux, le canton de Berne figure en première position du pays avec 23 % du total ; le canton marchand de Bâle prend à sa charge 16 %, comme Vaud. Au contraire, les opposants s'en sortent bien. Avec seulement 6 % des frais qui leur incombent, les montants à supporter sont acceptables : seulement 11'771.- FF répartis entre onze cantons. Ils parviennent donc à limiter les frais pour cette opération qui, pour beaucoup, ne les intéresse que de manière marginale.

Il n'aura fallu pas moins de trois rapports de commissions, quatre décrets et des discussions interminables réparties sur cinq ans pour mener à bien le retrait du billon helvétique. Quel bilan tirer d'une telle opération ? Le rappel de 669'020.- FF est un progrès, dans la mesure où il contribue à nettoyer la circulation d'une de ses composantes jugées les moins nécessaires par les contemporains. Rapporté au total du billon en circulation, qui s'élève rappelons-le à une valeur totale comprise entre 12 et 15 millions de FF, le retrait des pièces de la République helvétique est toutefois de faible importance, puisqu'elles n'en constituent qu'environ 5 %. Or, les frais à assumer pour parvenir à ce résultat sont très élevés. En effet, les 195'563.- FF de déficit représentent 127 % des dépenses de la Diète fédérale pour l'année 1834[228]. En revanche, pour les autorités bernoises, qui assument la plus grosse part avec 23 % de cette somme (45'127.- FF), cette perte ne s'élève qu'à 1.6 % des dépenses cantonales pour l'année 1833[229]. Ainsi, les coûts de l'opération sont supportables car ils sont répartis entre les cantons, surtout huit d'entre eux, mais ils auraient constitué une charge extrêmement lourde à supporter par la Diète fédérale.

Dès la fin des années 1820, les principaux partisans d'une modification des composantes de l'armature monétaire fédérale ne sont pas satisfaits des efforts démesurés qui débouchent sur de si maigres résultats. Certes, le retrait du billon helvétique permet de nettoyer la circulation d'une de ses composantes les moins

228 Les dépenses totales de la Diète fédérale, qui s'élèvent à 154'310.- FF en 1834, sont tirées de ABSCHIED DER TAGSATZUNG, séances du 13.08.1834 et du 02.09.1834, pp. 187-190.

229 Les dépenses bernoises pour 1833 se montent à 2'826'323.- FF. Elles sont tirées du budget cantonal qui se trouve dans *Gesetze, Dekrete und Verordnungen der Republik Bern*, 1833, Bern : [s.n.], pp. 38-72 (ici, p. 71).

essentielles. Mais ce n'est qu'au prix d'une longue lutte de cinq ans qui nécessite de recourir à la solution juridique particulière du *Conclusum* et en assumant la quasi-totalité des frais qu'ils parviennent à leurs fins. Quant à l'adoption d'une nouvelle monnaie de compte conforme aux intérêts des milieux marchands bâlois pour la comptabilité de la Diète fédérale, elle n'a que des effets très limités. Ces deux éléments qui contribuent à améliorer la structure monétaire du pays se révèlent donc bien maigres en regard des échecs essuyés dans toutes les autres démarches entreprises (adoption d'un tarif commun, suspension de la frappe du billon et concordat monétaire de Suisse occidentale). La période de la Régénération dévoile ainsi au grand jour aux défenseurs d'une modification de la structure monétaire fédérale qu'ils doivent composer avec une très forte opposition des cantons industriels de Suisse orientale et agricoles de Suisse centrale qui refusent toute atteinte à leur souveraineté et qu'ils comptent bien la défendre avec fermeté.

La tentative de révision du Pacte fédéral amorcée en 1832 suite à l'arrivée au pouvoir des libéraux représente un moment de bascule déterminant pour les promoteurs d'une réforme monétaire. Elle est en effet l'occasion de procéder à un changement d'échelle dans les revendications. Il n'est dès lors plus question de modifier les composantes de la circulation l'une après l'autre, mais d'exiger la centralisation des compétences et l'adoption du pied monétaire français pour tout le pays. Toutefois, ce projet ne fait pas l'unanimité dans le pays. D'autres milieux sont favorables au choix de la monnaie allemande et vont batailler ferme pour que leurs intérêts soient pris en compte. C'est l'objet de la prochaine partie.

3. Pressions économiques à l'unification monétaire : luttes et désaccords sur le choix du pied monétaire (1833-1847)

Les années 1830 et 1840 sont une période de changements structurels importants sur les plans politique, économique et monétaire en Europe qui exercent une influence considérable sur l'espace helvétique. L'arrivée des chemins de fer et le développement du réseau télégraphique sur le continent révolutionnent les conditions du commerce international et contribuent à remodeler les routes commerciales. En France, le nouveau souverain qui arrive sur le trône suite à la révolution de 1830 entame une période de détente commerciale avec la Suisse. Exclus du marché français depuis 1816, les négociants helvétiques retrouvent dès 1832 des conditions favorables pour le commerce de transit à travers l'Hexagone. La plateforme commerciale du Havre s'impose en peu de temps comme le relais privilégié avec les marchés nord-américains, qui absorbent une part croissante des produits manufacturés helvétiques. Le rôle central qu'acquiert le port normand à partir des années 1830 relègue les autres ports du Royaume (Marseille, Bordeaux, La Rochelle et Nantes) au second plan. De l'autre côté du Rhin, les Etats allemands fondent le « Zollverein », union qui vise à protéger leur marché intérieur en érigeant un cordon douanier à teinte protectionniste aux frontières. Ce mur qui se dresse effraie de larges pans des milieux économiques suisses. La présence d'une nouvelle entrave au commerce extérieur suisse est d'autant plus importante qu'elle remet sérieusement en cause l'osmose économique que les cantons industriels de Suisse orientale entretiennent avec les territoires agricoles limitrophes allemands. Au nord, Hambourg, qui ne fait pas partie du « Zollverein », maintient son rôle de pivot avec les marchés du nord de l'Europe, de l'Asie et de l'Amérique du Sud, dont une partie passe très probablement par Londres ou Liverpool. A mi-chemin entre le port hanséatique et le Havre, la place d'Amsterdam s'impose comme le principal port de redistribution des denrées coloniales à l'échelle européenne et représente une autre plateforme importante pour le commerce international helvétique. Au sud du continent, les négociants suisses délaissent Gênes et orientent leurs affaires en direction de Trieste, qui fournit les meilleures conditions structurelles de tous les échanges dans le bassin méditerranéen. La concurrence qui règne entre ces plateformes pour attirer le flux des échanges internationaux profite largement aux négociants suisses, qui parviennent à poser leurs pions sur les différentes cases de l'échiquier commercial européen à même de satisfaire la diversité de leurs besoins. Quatre plaques tournantes principales s'offrent ainsi au commerce extérieur helvétique avec l'outre-mer durant les années 1830 et 1840 : le Havre, Hambourg, Amsterdam et Trieste.

Présent aux quatre coins du globe et développant une activité croissante sur le marché intérieur, le grand commerce de Suisse occidentale veut optimiser son intégration à l'économie internationale. Au contraire des années 1820, ses représentants ne se satisfont plus d'une intervention cloisonnée sur les composantes de la circulation monétaire, mais exigent une réforme en profondeur qui prenne pour base le système français. Les milieux agricoles de Suisse occidentale partagent partiellement ces revendications. Confrontés au protectionnisme européen depuis deux décennies, ils cherchent à développer leurs affaires sur les marchés régionaux. A leurs yeux, des mesures entreprises à l'échelle fédérale seraient suffisantes, sans qu'il soit besoin de remodeler l'ensemble de l'organisation monétaire du pays. Si ces milieux économiques se rejoignent sur la nécessité de prendre comme base de tout changement la monnaie française, ils sont confrontés à une forte opposition en provenance des cantons industriels de Suisse orientale. La création du « Zollverein » et son lot de mesures les encouragent à essayer de renforcer leurs liens avec les Etats allemands. Il ne peut donc être question de se rapprocher de la France sur le plan monétaire : selon ces cantons, la Suisse doit se reposer, au moins partiellement, sur les monnaies allemandes. Les acteurs de la région zurichoise partagent en partie ce point de vue. Cherchant à faire œuvre de conciliation, ils promeuvent l'adoption d'un système monétaire à même de garantir les intérêts de toutes les régions du pays. Cette manière de procéder permet de rallier les cantons agricoles de Suisse centrale et méridionale. Non qu'ils soient favorables à un quelconque changement, mais conscients qu'ils ne pourront l'arrêter, ils se rallient au projet qui les influencerait le moins.

Tout comme durant les années 1820, les intérêts monétaires des régions helvétiques ne parviennent pas à se conjuguer au sein d'un projet commun. Complètement bloquée à l'échelle fédérale, la situation est dans l'impasse. Dans ce contexte, la réforme monétaire que les Etats allemands entreprennent dans le cadre du « Zollverein » tend à renforcer les rangs des partisans d'un ancrage au sein du réservoir monétaire des voisins du nord. Au même moment, la réforme monétaire genevoise produit le même effet sur les défenseurs de la monnaie française. Dès lors, les deux blocs campent sur leurs positions et sont de moins en moins enclins à faire des concessions. L'abandon des discussions au sein de la Diète fédérale en 1840 sonne le glas de tout espoir de trouver une solution commune.

Cet échec n'arrête toutefois par les promoteurs d'une réforme. Les revendications se poursuivent aux échelles cantonales et régionales, avec des résultats tout aussi décevants. A cet égard, la réforme monétaire entreprise à Zurich est représentative des difficultés à concilier les intérêts divergents des acteurs du coton et de la soie. Seule la fondation de l'Etat fédéral en 1848 permet de couper le nœud gordien et d'envisager une réforme en profondeur des systèmes monétaires cantonaux.

3.1. Mutations du commerce international helvétique et revendications monétaires à l'échelle fédérale durant les années 1830

Les années 1830 et 1840 sont marquées par de profonds bouleversements des conditions du commerce international. La révolution des transports modifie la manière de transporter les marchandises et les personnes[1]. L'application de la machine à vapeur aux transports représente, de ce point de vue, la plus grande mutation de la première moitié du 19e siècle. A l'échelle du globe, l'apparition du chemin de fer et la construction du réseau ferré contribuent à remodeler en profondeur les artères de transport[2]. Le nouveau moyen de transport possède en effet des avantages indéniables : diminution du prix d'acheminement, gains de temps et régularité des liaisons sont autant d'améliorations pour les échanges. Le raccord au rail devient un paramètre déterminant pour les villes et les ports qui cherchent à maintenir leur attractivité. Avec les itinéraires

---

1 Sur ce sujet : Bairoch, Paul, *Victoires et déboires II*, *op. cit.*, pp. 18-27 et 120-123 ; Osterhammel, Jürgen, *La transformation du monde*, *op. cit.*, pp. 963-973 ; Livet, Georges, *Histoire des routes et des transports en Europe. Des chemins de Saint-Jacques à l'âge d'or des diligences*, Strasbourg : Presses universitaires de Strasbourg, 2003, pp. 462-507 ; Bagwell, Philip Sidney, *The Transport Revolution from 1770*, London : B. T. Batsford Ltd, 1974, pp. 64-77 ; Studeny, Christophe, « La révolution des transports et l'accélération de la France (1770-1870) », in Guigueno, Vincent, Flonneau, Mathieu, *De l'histoire des transports à l'histoire de la mobilité ?*, Rennes : Presses universitaires de Rennes, 2009, pp. 117-133 ; Studeny, Christophe, *L'invention de la vitesse. France, XVIIIe-XXe siècle*, Paris : Editions Gallimard, 1995, pp. 216-252. De nombreuses données chiffrées sur le cas français se trouvent dans Toutain, Jean-Claude, « Les transports en France de 1830 à 1965 », *Economies et sociétés*, septembre-octobre 1967, 306 p.

2 Un tableau dans Bairoch, Paul, *Victoires et déboires II*, *op. cit.*, pp. 20-22, fournit les dates d'ouverture des premières lignes de chemins de fer dans chaque pays entre 1825 et 1900.

ferrés, de nouveaux marchés s'ouvrent, les anciens se développent, tandis que des marchés restés en périphérie deviennent désormais accessibles. En dépit de certaines oppositions et d'hésitations techniques, la plupart des pays "industrialisés" ont débuté la construction de leur réseau vers 1850.

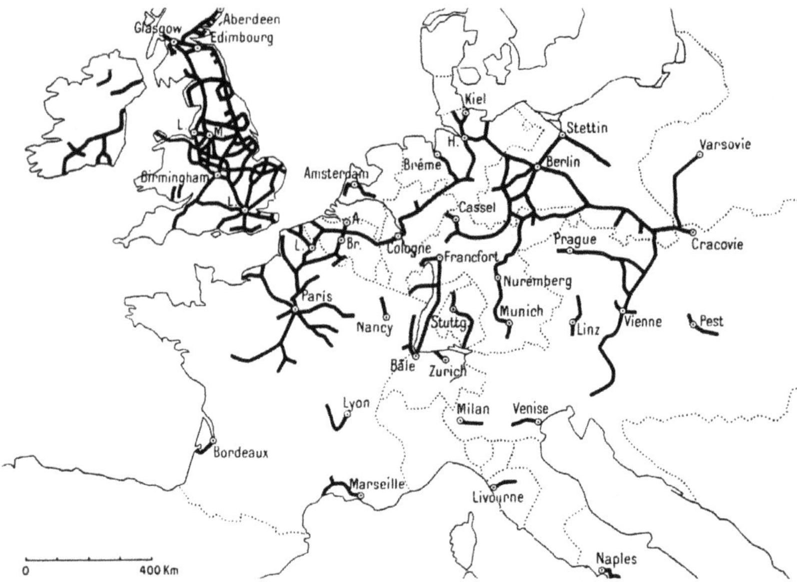

Carte 3: réseau des chemins de fer en Europe vers 1850[3]

La physionomie du continent européen se transforme alors rapidement sous l'effet de la mondialisation des transports: les centres de gravité du commerce international et des flux de marchandises se déplacent en conséquence. En effet, durant les années 1830 et 1840, les Etats européens se livrent une forte concurrence pour attirer les flux du commerce international. Les plateformes portuaires des côtes de l'Atlantique et de la Méditerranée se spécialisent afin d'accroître leur attractivité et s'approprier le commerce avec l'outre-mer, que ce soient les marchés américains, asiatiques ou encore de

3 Carte tirée de Lesourd, Jean-Alain, Gérard, Claude, *Nouvelle histoire économique*, Tome I: le XIXe siècle, Paris: Armand Colin, 1992, p. 88 reproduite dans Humair, Cédric, *1848. Naissance de la Suisse moderne*, *op. cit.*, p. 25.

l'Orient. Afin d'y parvenir, disposer d'un bon réseau de transport terrestre pour rejoindre les ports et faciliter l'acheminement des marchandises (régularité des trajets, rapidité des chargements et des déchargements ou encore réduction des frais de pesage et de magasinage) deviennent des avantages décisifs. Le développement d'infrastructures nécessaires au grand commerce international (allongement des quais, multiplication des bassins ou encore ouverture d'entrepôts) et l'organisation de liaisons intercontinentales régulières constituent également des atouts indispensables pour s'imposer comme plateforme commerciale compétitive à l'échelle du continent. Les dispositions législatives en vigueur dans les Etats européens jouent aussi un rôle important dans l'attractivité des ports.

Conjointement à cette révolution sur la terre ferme, le moteur à vapeur bouleverse l'organisation des relations maritimes et fluviales. Mis au point dès le début du 19e siècle, les navires à voiles (*clippers*) demeurent importants pour le transport de certaines marchandises jusqu'au début du siècle suivant, mais dépendent du vent. Ce n'est pas le cas des bateaux à vapeur qui représentent un saut qualitatif notoire dans la structure et l'organisation des transports. Il devient dès lors possible d'établir et de respecter des horaires fixes, de régulariser les liaisons et de remplacer la force animale ou humaine (halage) par la vapeur. A une échelle plus large, la vapeur a aussi comme conséquence de rapprocher les continents. La première liaison intercontinentale régulière basée sur des paquebots à vapeur est mise en service entre Boston et Liverpool en 1840, ce qui permet de réduire le temps nécessaire pour traverser l'Atlantique. Le trajet entre Liverpool et New York passe ainsi de 21 jours au début du 19e siècle à 14.5 jours en 1840[4]. Dès la fin des années 1830, l'application de l'hélice à la navigation à vapeur en lieu et place de la roue à aubes améliore encore les trajets au long cours.

Ce nouveau moyen de transport provoque également le réaménagement des principaux fleuves du continent européen et le développement rapide du réseau de canaux. Durant la décennie 1830, pas moins de 1'700 km de canaux sont creusés en France[5]. Des travaux conséquents de régularisation du Rhin entrepris durant les années 1830 en font l'artère nourricière des ports de Hollande et de Belgique, mais aussi de toutes les villes helvétiques et allemandes qu'il

4 Bairoch, Paul, *Victoires et déboires II*, *op. cit.*, p. 123.

5 *Ibid.*, p. 18 ; Toutain, Jean-Claude, «Les transports en France de 1830 à 1965», *op. cit.*, p. 74.

traverse[6]. Le maillage fluvial des territoires renforce chaque année un peu plus les relations commerciales et accélère les échanges : de ce point de vue, le bateau à vapeur devient l'outil par excellence de l'élargissement du système capitaliste et du commerce aux régions périphériques[7]. Le processus de concurrence/complémentarité qui se met en place entre ces nouveaux moyens de transport engendre une chute des prix du transport des marchandises[8]. Selon les calculs de Paul Bairoch, ils diminuent de 10 à 2 sur terre et de 10 à 4 sur mer entre 1830 et 1870[9].

Au-delà du transport de marchandises, les années 1830 et 1840 se caractérisent aussi par une meilleure organisation du transport de personnes, qui bénéficie de nouvelles techniques de construction des routes, comme le macadam. Les chemins de fer constituent également une rupture importante, surtout en ce qui concerne le temps de trajet. Grâce à une augmentation de la vitesse, la durée des transports se réduit progressivement. La liaison Paris-Marseille, qui demande 112 heures en 1814 est réduite à 80 heures deux décennies plus tard, tandis que la vitesse terrestre moyenne sur sol français passe de 4.3 km/h en 1814 à 9.5 km/h en 1848[10]. Durant cette période, l'espace-temps se réduit donc considérablement.

En parallèle de la révolution des transports, les années 1830 et 1840 sont marquées par une révolution des outils de communication[11]. Le développement

---

6 Descombes, René, « L'aménagement du cours du Rhin », in Ayçoberry, Pierre et Ferro, Marc, *Une histoire du Rhin, op. cit.*, pp. 351-374 (ici, pp. 353-355) ; Weber, Erich, *Untiefen, Flut und Flauten. Der Güterverkehr auf dem Rhein zwischen 1750 und 1850. Die Modernisierung der vorindustriellen Rheinschifffahrt aus einer wirtschafts-, sozial- und umweltgeschichtlichen Perspektive betrachtet*, Thèse de doctorat de l'Université de Berne, 2005, pp. 186-188 et 224-257.

7 Osterhammel, Jürgen, *La transformation du monde, op. cit.*, p. 965.

8 Sur cette question de concurrence/complémentarité entre les moyens de transport : *Ibid.*, p. 973 ; Livet, Georges, *Histoire des routes et des transports en Europe, op. cit.*, p. 488 et 493-494 ; Bagwell, Philip Sidney, *The Transport Revolution from 1770, op. cit.*, pp. 76-77 ; Studeny, Christophe, *L'invention de la vitesse, op. cit.*, pp. 218-219.

9 Bairoch, Paul, *Victoires et déboires II, op. cit.*, pp. 26-27. Cf. aussi Studeny, Christophe, « La révolution des transports », *op. cit.*, pp. 117-133 (ici, p. 129).

10 Studeny, Christophe, *L'invention de la vitesse, op. cit.*, pp. 217, 229 et 235 ; Studeny, Christophe, « La révolution des transports », *op. cit.*, pp. 117-133 (ici, pp. 126 et 130-131) ; Toutain, Jean-Claude, « Les transports en France de 1830 à 1965 », *op. cit.*, p. 15.

11 Bairoch, Paul, *Victoires et déboires II, op. cit.*, pp. 34-36 ; sur la Suisse : Calvo, Spartaco, Balbi, Gabriele, Fari, Simone, Richeri, Giuseppe, « La voie suisse aux

du télégraphe optique, puis à partir de 1837 du télégraphe électromagnétique, qui permet la transmission d'informations de manière électrique, chamboulent complètement la manière de communiquer et de faire des affaires[12]. L'information circule désormais rapidement et à moindre coût. Il faut toutefois attendre les premières connexions internationales pour assister à une baisse marquée dans la durée de transmission de l'information. Ainsi, le temps pour l'envoi d'une dépêche de Londres à la côte française de la Méditerranée diminue de 60 % entre 1820 et 1850[13]. En 1843, 50 dépêches peuvent parcourir 450 km en une minute sur le territoire anglais pour le prix d'un schilling chacune, alors qu'il aurait fallu plusieurs jours aux postes pour le même service, en raison de la mauvaise qualité de certaines routes et d'arrêts fréquents pour s'occuper des chevaux[14]. L'installation rapide de réseaux télégraphiques dans les pays dits "développés" durant les années 1840 contribue ainsi à rétrécir l'espace-temps : à la fin de cette décennie, 12'000 km de lignes télégraphiques sont en service sur les territoires allemands, alors que les principales villes du continent sont reliées entre elles[15]. Le développement de ce nouvel outil de communication reste limité à des itinéraires terrestres dans un premier temps ; il faut attendre le début des années 1850 pour voir les premières liaisons maritimes et intercontinentales.

---

télécommunications : politique, économie, technologie et société (1850-1915) », *Revue suisse d'histoire*, 61, 2011, pp. 435-453.

12 Wenzelhuemer, Roland, *Connecting the Nineteenth-Century World. The Telegraph and Globalization*, Cambridge : Cambridge University Press, 2013, pp. 62-76 ; Bertho, Catherine, *Télégraphes et téléphones de Valmy au microprocesseur*, Paris : Librairie Générale Française, 1991, pp. 9-75 ; Wobring, Michael, *Die Globalisierung der Telekommunikation im 19. Jahrhundert. Pläne, Projekte und Kapazitätsausbauten zwischen Wirtschaft und Politik*, Frankfurt : Peter Lang, 2004, pp. 29-80.

13 Kaukiainen, Yrjö, « Shrinking the world : Improvements in the speed of information transmission, c. 1820-1870 », *European Review of Economic History*, 5, 1, 2001, pp. 1-28 (ici, pp. 4-6).

14 Museum für Kommunikation (Ed.), *In 28 Minuten von London nach Kalkutta. Aufsätze zur Telegrafiegeschichte aus der Sammlung Dr. Hans Pieper im Museum für Kommunikation, Bern*, Zürich : Chronos, 2000, p. 43.

15 *Ibid.*, p. 54 ; Direction Générale des PTT, *Un siècle de télécommunications en Suisse, 1852-1952. Tome I : Télégraphe*, Berne : [s.n.], 1952, p. 115.

Carte 4 : réseau de télégraphie optique en Europe vers 1850[16]

Les deux cartes ci-dessus le montrent clairement : au milieu de cette Europe en mouvement, la Suisse est un îlot de lenteur. En dépit de la volonté de certains milieux économiques, la Suisse reste en marge du développement ferré durant les années 1830 et 1840 : en 1847, seuls quelque 25 kilomètres de lignes de chemins de fer sont en service sur le territoire helvétique, entre Zurich et Baden[17]. En raison de l'absence d'un réseau de canaux développé, le transport

16 Carte tirée de Wobring, Michael, *Globalisierung der Telekommunikation im 19. Jahrhundert*, *op. cit.*, p. 32 reproduite dans Humair, Cédric, *1848. Naissance de la Suisse moderne*, *op. cit.*, p. 24.

17 Sur cette question : Bairoch, Paul, « Les spécificités des chemins de fer suisses des origines à nos jours », *Revue suisse d'histoire*, 39, 1989, pp. 35-57 ; Humair,

de marchandises et de personnes s'effectue donc essentiellement par la route, la part des lacs et des fleuves étant minime[18]. Dans ces conditions, l'accès à un réseau routier de qualité est déterminant pour le développement de l'économie. Les autorités politiques cantonales et les milieux économiques en ont parfaitement conscience. Dans le canton de Zurich, ce ne sont pas moins de 2.5 millions de FF qui sont investis entre 1832 et 1848 pour construire des routes et rendre les anciennes carrossables[19]. Dans le canton limitrophe de Zoug, l'amélioration des infrastructures routières représente en moyenne un tiers des dépenses du canton sur la même période[20].

En matière de transport de personnes, le réseau postal de diligences montre d'importantes limites, puisque le territoire est fragmenté entre dix-sept régies cantonales qui peinent à collaborer, ce qui a comme conséquence de ralentir et de renchérir les trajets. Certes, l'introduction du bateau à vapeur à partir de 1823 contribue à améliorer la vitesse des transports[21], mais ses effets demeurent limités aux régions lacustres. D'autant plus que cette nouvelle technologie est encore mal maîtrisée et se diffuse donc lentement dans le pays.

La Suisse n'est pas uniquement en retard en termes de transport de marchandises et de personnes. Elle est aussi à la traine en matière de communications. Les postes, qui sont en charge du transport de l'information et des paquets, sont lentes et chères[22]. Or, un accès rapide et de qualité à l'information est déterminant pour les acteurs économiques actifs à l'échelle internationale. Tout retard sur l'état d'une récolte ou le prix d'une matière première à l'étranger peut avoir des conséquences sur la compétitivité des négociants, banquiers et industriels

---

Cédric, *Développement économique et Etat central*, *op. cit.*, pp. 147-151 ; Humair, Cédric, « Industrialisation, chemin de fer et Etat central : retard et démarrage du réseau ferroviaire helvétique (1836-1852) », *Traverse : Revue d'histoire*, 15, 1, 2008, pp. 15-29 ; Duc, Gérard, « Projet de tunnel ferroviaire du Simplon et genèse du réseau de chemins de fer de Suisse occidentale (1836-1909) : rivalités cantonales, négociations internationales et trajectoires des compagnies privées », *Vallesia*, 2001, pp. 495-617 (ici, pp. 502-512) ; Gubler, Ferdinand, *Die Anfänge der schweizerischen Eisenbahnpolitik*, *op. cit.*, pp. 247-362.

18 Humair, Cédric, *1848. Naissance de la Suisse moderne*, *op. cit.*, p. 21.

19 Chiffre tiré de Schanz, Georg, *Die Steuern der Schweiz*, *op. cit.*, Volume 2, p. 387.

20 Proportion calculée à partir des dépenses de l'Etat de Zoug et de la part consacrée aux routes durant la période de la Régénération fournis par *Ibid.*, Volume 3, p. 120.

21 Schiedt, Hans-Ulrich, « Reisezeiten im 19. Jahrhundert », *ViaStoria*, 2, 2008, pp. 4-10 (ici, p. 5).

22 Sur ce qui suit, cf. Humair, Cédric, *1848. Naissance de la Suisse moderne*, *op. cit.*, pp. 21-22.

suisses. Or, les Etats européens ont un coup d'avance en matière de communications. Alors que la construction du réseau de télégraphes se développe rapidement sur le continent, il n'en est qu'à ses balbutiements sur le territoire helvétique. La Suisse est d'ailleurs le dernier pays industrialisé à entreprendre la construction de lignes[23].

Dès les années 1830, le développement des nouvelles technologies que représentent le chemin de fer et les télégraphes contribuent à remodeler les routes commerciales des échanges internationaux et la manière de faire des affaires. Ces deux outils de la mondialisation font pression sur la Suisse qui est fortement en retard dans ces domaines. Il devient donc nécessaire de modifier les conditions-cadres de l'économie pour relier l'espace économique helvétique aux réseaux de chemins de fer et de télégraphie européens. C'est d'autant plus nécessaire que la perspective atlantique développée durant les années 1820 se renforce et requiert de disposer d'outils à même d'assurer l'intégration de l'économie suisse à l'échelle internationale.

3.1.1. Déplacement du centre de gravité du commerce international helvétique en direction des ports de l'Atlantique

Durant la Régénération, période qui s'étend en Suisse de 1830 à 1848 et qui voit l'arrivée au pouvoir des libéraux à l'échelle cantonale d'abord, puis à l'échelle fédérale ensuite, la structure du commerce extérieur helvétique se modifie en profondeur en raison de l'évolution du contexte économique et politique international.

Entre 1815 et 1830, l'écoulement de la production helvétique est confronté au protectionnisme européen. Les pays du continent se ferment les uns après les autres aux exportations suisses. Seuls quelques marchés allemands demeurent accessibles et acquièrent ainsi une importance croissante pour le commerce extérieur de la Suisse, car ils permettent de compenser partiellement la fermeture des autres débouchés. Le développement de la perspective atlantique représente alors une bouffée d'oxygène pour les exportateurs helvétiques. Dès les années 1820, le continent américain peut ainsi être considéré comme un des principaux marchés pour l'écoulement de la production industrielle helvétique.

---

23 Calvo, Spartaco, Balbi, Gabriele, Fari, Simone, Richeri, Giuseppe, « La voie suisse aux télécommunications », *op. cit.*, pp. 435-453 (ici, pp. 436-437) ; Balbi, Gabriele, Fari, Simone, Richeri, Giuseppe, Calvo, Spartaco, *Network Neutrality. Switzerland's role in the genesis of the Telegraph Union, 1855-1875*, Bern, etc. : Peter Lang, 2014, pp. 20-25.

En 1832, un député de la Diète fédérale dont l'origine n'est pas précisée s'exprime ainsi à propos du débouché mexicain : « *Je mehr der Absatz der schweizerischen Industrie in den angränzenden Ländern gehemmt und verkümmert werde, desto angelegener soll man für die Erleichterung der Ausfuhr nach Amerika Sorge tragen. Der Verkehr mit Mexiko habe bedeutend zugenommen [...]* »[24]. Cette perspective atlantique développée pour faire face au protectionnisme européen après la période napoléonienne se renforce entre 1830 et 1850[25]. En France, le nouveau roi qui arrive sur le trône suite à la révolution de 1830 inaugure une période de détente commerciale avec la Suisse. Faisant preuve de plus de bienveillance envers les Confédérés que son prédécesseur, il réduit sensiblement les obstacles au transit de marchandises à travers le royaume, car il craint en premier lieu que les Etats allemands étendent leur influence sur le commerce européen et attirent dans leur orbite les cantons helvétiques[26]. En 1832, les prohibitions sur le transit sont supprimées. Par la suite, les droits sur le passage de marchandises sont progressivement abaissés, avant leur suppression définitive en 1845[27]. Si les exportations à destination du marché intérieur français restent frappées de nombreux interdits, la réouverture progressive du transit à travers l'Hexagone a comme conséquence de modifier en profondeur

---

24 Abschied der Tagsatzung, séance du 18.07.1832, p. 303. Sur l'importance des marchés sud-américains, se référer en premier lieu à Veyrassat, Béatrice, *Réseaux d'affaires internationaux*, *op. cit.* et à Veyrassat, Béatrice, « Les Suisses et la Suisse au Brésil (1817-1930). Le renouvellement des communautés d'affaires ou le recul de l'influence économique de la Suisse française », *Etudes et Sources*, 21, 1995, pp. 11-44.

25 Veyrassat, Béatrice, *Réseaux d'affaires internationaux*, *op. cit.*, note 50 p. 97 et pp. 105-107 ; Veyrassat, Béatrice, « La Suisse sur les marchés du monde », *op. cit.*, pp. 287-316 (ici, pp. 297-300) ; Humair, Cédric, « Economic Complementarity and Political Solidarity: Concerning the Sources of the first Treaty of 1850 between Switzerland and the United States », *Swiss American Historical Review*, 42, 2006, pp. 3-72 (ici, pp. 13-15).

26 Gern, Philippe, Arlettaz, Silvia, « Les échanges entre la France et la Suisse au XIXe siècle. Libéralisme ou protectionnisme », in Bairoch, Paul, Körner, Martin (Eds.), *La Suisse dans l'économie mondiale*, *op. cit.*, pp. 207-226 (ici, p. 208) ; Gern, Philippe, Arlettaz, Silvia, *Relations franco-suisses au XIXe siècle*, *op. cit.*, pp. 26-28.

27 Gern, Philippe, Arlettaz, Silvia, *Relations franco-suisses au XIXe siècle*, *op. cit.*, pp. 29-39 ; Veyrassat, Béatrice, *Réseaux d'affaires internationaux*, *op. cit.*, pp. 89-99. La loi du 09.02.1832 lève les prohibitions sur le transit ; des ordonnances ultérieures (1834, 1835, 1836 et 1841) allègent considérablement les taxes. Ces mesures législatives se trouvent dans Gonzenbach, August von, *Exposé*

les flux commerciaux helvétiques qui trouvent des conditions favorables pour traverser le royaume et rejoindre les ports français.

L'euphorie cesse toutefois à la fin des années 1830. La panique boursière de New York en 1837 entraîne en effet la fermeture partielle des marchés américains aux manufacturés suisses. Ces secousses commerciales font prendre conscience à une partie des milieux économiques suisses de la nécessité de limiter l'écoulement de leurs produits sur des débouchés lointains trop diversifiés[28]. Le rapport d'une commission d'experts nommée par la Diète fédérale durant les années 1840 reconnaît les risques qui pèsent sur les marchés d'outre-mer :

> *« Les bénéfices considérables que quelques fabricants ont réalisés dans diverses parties de l'Amérique, ont fait prendre pendant un certain temps au commerce suisse une direction trop exclusive vers ce marché, jusqu'à ce que d'amères déceptions sont venues rectifier les idées exagérées que l'on s'en était faites »*[29].

Il devient dès lors nécessaire de rediriger une partie des exportations en direction des marchés européens. Mais entre la réouverture du transit en France à partir de 1832 et la crise financière américaine de 1837, les Etats allemands ont unifié leurs législations douanières afin de développer leurs industries à l'abri de la concurrence. Cette union, connue sous le nom de « Zollverein », remet sérieusement en cause l'osmose économique que les cantons industriels de Suisse orientale entretiennent avec les Etats du sud de l'Allemagne[30]. Malgré quelques allègements douaniers qui portent sur l'exportation de produits agricoles et sur certains produits manufacturés comme l'horlogerie[31], la tendance générale se caractérise par une augmentation des taxes. La création de l'union douanière allemande représente ainsi un nouvel obstacle qui se dresse sur la route des exportateurs helvétiques qui redirigent une partie de leurs ventes sur les marchés américains[32]. La situation est d'autant plus préoccupante que pour renforcer les effets de la suppression des douanes intérieures et de l'établissement d'un

---

du mouvement commercial entre la Suisse et la France pendant l'année 1840, Berne : Chr. Fischer, 1842, note 1 p. 86 et p. 122.

28 Humair, Cédric, *Développement économique et Etat central*, *op. cit.*, p. 135. Les industries de la soie et du coton zurichois sont particulièrement touchées par l'évolution de la politique américaine.

29 *Rapport de la Commission fédérale d'experts en matière de commerce sur les relations commerciales de la Suisse avec l'étranger*, [s.l.] : [s.n.], 1844, p. 100.

30 Humair, Cédric, *Développement économique et Etat central*, *op. cit.*, pp. 130-134.

31 Gonzenbach, August von, *Exposé du mouvement commercial entre la Suisse et la France pendant l'année 1840*, *op. cit.*, note 2 p. 126.

32 Veyrassat, Béatrice, *Réseaux d'affaires internationaux*, *op. cit.*, p. 96.

cordon douanier aux frontières, les Etats signataires du « Zollverein » s'engagent à unifier la diversité des systèmes monétaires régnant sur leurs territoires. Ce processus, qui vise en premier lieu à stimuler les échanges à l'intérieur de l'union, effraie les milieux économiques helvétiques qui entretiennent des relations d'affaires avec les Etats limitrophes allemands. Et pour cause : initiée par la Prusse, la création du « Zollverein » risque d'accroître son influence en direction des régions du sud, entrainant par là-même un affaiblissement supplémentaire de l'osmose économique que les cantons helvétiques entretiennent avec les Etats allemands frontaliers.

Il est particulièrement malaisé de réussir à quantifier l'évolution des flux commerciaux helvétiques durant la Régénération, en raison de l'absence de statistiques fiables. Durant les années 1840, le débat portant sur la forme à donner aux douanes suisses engage plusieurs acteurs à étudier le commerce extérieur avec les principaux partenaires du pays et en particulier la structure des exportations helvétiques[33]. A leurs yeux, ce sont elles qui sont décisives pour la santé économique du pays et ce sont donc sur les ventes suisses à l'étranger qu'ils portent leur attention. Il en ressort une série de données qui offrent l'occasion d'appréhender les grandes lignes des exportations, complétées par des études ultérieures[34]. Par contre, nous en sommes réduits à des explorations parcellaires pour tâcher de saisir la structure des importations, qui attirent moins l'attention des contemporains, mais qui sont pourtant tout autant importantes que

33 Beyel, Christian, *Ueber die Handels- und Gewerbs-Verhältnisse der Schweiz, die sie bedrohenden Gefahren und die möglichen Mittel zur Abhülfe*, Zürich ; Frauenfeld : Ch. Beyel, 1840, 53 p. ; Jaquet, Louis, *Du commerce suisse et des douanes françaises*, Paris ; Genève : Ab. Cherbuliez & Cie ; Lausanne : B. Corbaz, 1837, 47 p. ; Gonzenbach, August von, *Exposé du mouvement commercial entre la Suisse et la France pendant l'année 1840*, *op. cit.*, 153 p ; Gonzenbach, August von, *Ueber die Handelsverhältnisse zwischen der Schweiz und den deutschen Zollvereinsstaaten während des Jahres 1840*, Luzern : Meyer'schen, 1845, 236 p. ; Gonzenbach, August von, *Exposé du mouvement commercial entre la Suisse et l'Autriche pendant les années 1840 et 1845*, Berne : Chr. Fischer, 1847, 212 p. ; Schmuts, David, *Dissertation sur l'état actuel et les moyens d'améliorations de l'agriculture, de l'industrie, du commerce & des péages de la Suisse*, Fribourg : Imprimerie L.-J. Schmid, 1843, 19 p. Cf. aussi Kolb, G[eorg] Fr[iedrich], *Beiträge zur Statistik der Industrie und des Handels der Schweiz*, Zürich : von Meyer, 1859, 46 p.

34 Veyrassat, Béatrice, « La Suisse sur les marchés du monde », *op. cit.*, pp. 287-316 ; Menzel, Ulrich, *Der Entwicklung der Schweiz*, *op. cit.*, pp. 89-98 ; Gern, Philippe, Arlettaz, Silvia, *Relations franco-suisses au XIXe siècle*, *op. cit.*, annexes 1 à 4 pp. 308-325.

les exportations pour analyser les questions monétaires. Pour les achats et les ventes à l'étranger, il est également difficile d'évaluer le rôle et le poids précis de plateformes portuaires plus lointaines, tels qu'Amsterdam ou Trieste. A cet égard, les rapports des consuls de commerce suisses installés dans les principales places européennes fournissent des renseignements de première main d'autant plus appréciables en raison de leur rareté.

Afin de faciliter l'analyse, l'étude de la structure du commerce extérieur suisse durant la Régénération est divisée en deux parties. Dans un premier temps, le transit de marchandises destinées aux marchés de l'outre-mer qui passe par les pays limitrophes est abordé. Dans un second temps, le commerce destiné aux marchés intérieurs français et allemands est traité.

Tableau 7 : structure et montants (en millions de francs français) du commerce général suisse avec la France et le « Zollverein » pour l'année 1840[35]

	Importations en Suisse de	**Exportations de Suisse vers**	**Commerce spécial**	**Importations en transit par**	**Exportations en transit par**	**Commerce de transit**	**Commerce général**
France	36	21	57	55	49	104	161
Zollverein	60	18	78	31	53	84	162

En 1840, le transit à l'importation et à l'exportation à travers la France s'élève à 104 millions de FF, représentant 65 % de tous les échanges avec l'Hexagone. Ce chiffre cache toutefois une évolution marquée. Entre 1825 et 1846, le commerce de transit passe de 16 millions de FF à 130 millions de FF, bénéficiant largement de la levée progressive des taxes françaises[36]. Du côté du « Zollverein », les données font défaut pour saisir l'évolution de ce commerce[37]. En 1840, le transit à l'importation et à l'exportation à travers les territoires allemands s'élève 84 millions de FF, 19 % de moins que celui par la France. Alors que les exportations

35 Chiffres tirés de Gonzenbach, August von, *Exposé du mouvement commercial entre la Suisse et la France pendant l'année 1840, op. cit.*, pp. 55-56 et pp. 61-62, et de Gonzenbach, August von, *Ueber die Handelsverhältnisse zwischen der Schweiz und den deutschen Zollvereinsstaaten während des Jahres 1840, op. cit.*, pp. 45-46.

36 Veyrassat, Béatrice, *Réseaux d'affaires internationaux, op. cit.*, pp. 98-101.

37 Il n'existe aucune donnée, à notre connaissance, portant sur le commerce de transit avec les Etats sardes et avec l'Autriche pour 1840. Pour des précisions à ce sujet, cf. note 113 p. 346.

en transit par la France et le « Zollverein » sont relativement similaires en 1840 (environ 50 millions de FF), la valeur des marchandises qui passent par le territoire de l'Hexagone pour rejoindre la Suisse est par contre 77 % plus élevée que celles qui empruntent le territoire des Etats allemands (55 millions de FF contre 31) ; il est possible que cette forte différence provienne de la valeur officielle française qui est déterminée en 1826 pour évaluer les échanges franco-suisses et qui n'est pas modifiée avant 1846. C'est d'autant plus vraisemblable que les conditions de transit à travers la France sont moins bonnes qu'au sein du « Zollverein ». Sur le territoire de l'Hexagone, de nombreux obstacles administratifs limitent la fluidité des échanges commerciaux : inspection des caisses, rigueur des règlements, obligation de défaire chaque ballot pour peser au net et nécessité de fournir des échantillons sont autant de freins qui contribuent à limiter l'attrait du transit par l'Hexagone[38]. Au contraire, la traversée des territoires allemands, autrichiens et sardes ne présentent pas de telles difficultés. C'est en partie pour cette raison que certains négociants helvétiques privilégient le passage par ces Etats[39].

Quelles que soient les routes empruntées, transiter à travers les territoires limitrophes pour rejoindre les ports de mer qui s'ouvrent sur les espaces atlantique ou méditerranéen est déterminant pour les acteurs économiques suisses. Et pour cause : durant la Régénération, environ deux tiers des exportations helvétiques sont destinées aux marchés d'outre-mer[40].

38 Gonzenbach, August von, *Exposé du mouvement commercial entre la Suisse et la France pendant l'année 1840, op. cit.*, pp. 86-87.

39 Acv, J 268, Gonzenbach, August von, *Mémoire (sur les rapports commerciaux entre la Suisse et la France)*, 30.11.1835, pp. 10-11 et 15-19 (surtout p. 17).

40 Veyrassat, Béatrice, « La Suisse sur les marchés du monde », *op. cit.*, pp. 287-316 (ici, pp. 300-302 et 310).

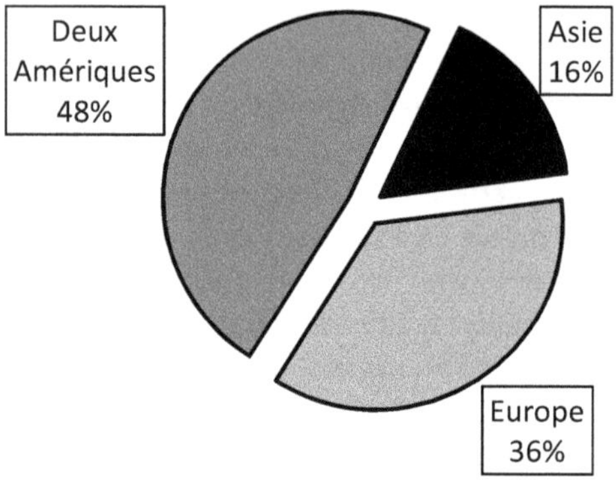

Graphique 2: répartition géographique des exportations helvétiques dans le monde en 1845[41]

Durant les années 1830 et 1840, les flux du commerce extérieur de la Suisse se concentrent en direction des ports atlantiques, comme l'illustre le tableau ci-dessous, alors que les plateformes portuaires du monde méditerranéen perdent en importance par rapport aux deux décennies précédentes. Deux éléments contribuent à expliquer ce changement. Le premier, c'est que disposer de relais portuaires qui proposent des trajets réguliers au long-cours en direction des marchés de l'outre-mer est déterminant. D'autre part, les conditions d'accès à ces plateformes maritimes jouent un rôle décisif. De ce point de vue, de gros efforts sont entrepris dans le nord du continent sur les axes fluviaux, ainsi que sur la terre ferme pour relier les ports. Au contraire, les trois ports européens de la côte méditerranéenne traditionnellement utilisés par les Suisses (Marseille, Gênes et Trieste) demeurent encore, durant les années 1830 et 1840, en retrait des principaux axes de transport de marchandises. C'est le raccord au réseau de chemins de fer, qui ne débute dans ces régions que durant la seconde moitié des années 1840, qui changera la donne durant la décennie suivante.

41 Source du graphique: *idem*.

Tableau 8 : rôle des ports de l'Europe continentale pour le commerce extérieur helvétique durant les années 1830 et 1840

Nom du port	Rayon d'activité	Type de produits importés	Evolution de l'importance du port pour le commerce helvétique
		Ports de l'Atlantique	
Le Havre	Amérique du Nord	Coton, matières premières	Croissante
Amsterdam	Indes orientales néerlandaises, Amériques	Denrées coloniales	Croissante
Hambourg	Amérique du Sud, aire baltique, Angleterre	Denrées coloniales	Croissante (jusqu'en 1842)
Anvers	-	-	Décroissante
Bordeaux	Amérique du Sud, Indes, Chine	-	Décroissante
		Ports de la Méditerranée	
Trieste	Levant	Coton, matières premières, denrées coloniales	Croissante
Marseille	Levant, Nord de l'Afrique	Matières premières, denrées coloniales	Faible croissance
Gênes	Levant	-	Décroissante

Tâchons maintenant de saisir plus précisément le rôle des ports européens pour le commerce helvétique en commençant par la façade de l'Atlantique. Durant les années 1830 et 1840, la France acquière un rôle central pour les échanges extérieurs de la Suisse, en officiant comme relais vers les marchés anglais et d'outre-mer[42]. Ce changement s'accompagne d'une reconfiguration en profondeur dans la structure des activités portuaires françaises. Dans cette

42 Jusqu'à la suppression du système protectionniste anglais en 1842, le commerce suisse importe plus d'Angleterre qu'il n'y exporte ; des données statistiques fiables font toutefois défaut pour réussir à appréhender précisément le contenu des flux commerciaux. Cf. Imlah, Ann Gordon, *Britain and Switzerland*, *op. cit.*, pp. 100-101 ; Waldvogel, William, *Les relations économiques*, *op. cit.*, pp. 69-77.

perspective, Le Havre est sans conteste le port qui gagne le plus en importance durant cette période pour l'économie française et s'impose en l'espace de quelques années comme le port continental du coton[43]. Sa reconversion du commerce traditionnel (importation de denrées coloniales essentiellement) au commerce de pivot entre le continent européen et les marchés d'outre-mer lui confère un rôle central pour le négoce helvétique (importation de matières premières, tels que cotons, cuirs, farines, cafés, sucres, drogues, teintureries ; exportation de produits manufacturés suisses des branches du textile, de l'horlogerie, de la bijouterie, de l'agriculture)[44]. Il se profile également comme un lieu central de l'émigration européenne vers le continent nord-américain, ce qui contribue à vitaliser les activités: les bateaux chargés de coton ou de denrées coloniales sont en effet assurés de pouvoir repartir avec des personnes. Le Havre se spécialise donc dans le commerce avec les Etats-Unis et en particulier dans l'importation de coton. Il représente également, en sens inverse, une des principales portes de sortie continentale de la production helvétique à destination du marché nord-américain[45]. C'est que l'axe Bâle-Paris-Le Havre offre des avantages considérables sur tous les autres axes commerciaux européens[46]. Les routes entre Paris et Le Havre gagnent en qualité, alors que des travaux sur la Seine, qui relie la capitale au port normand, sont entrepris. Les conditions de transport de marchandises sur cet axe se distinguent dès le début des années 1830 par leur rapidité, leur régularité et une baisse des coûts. Le lien commercial entre la capitale française et Le Havre se renforce avec la construction d'un entrepôt de commerce à Paris dans la seconde moitié des années 1830 et

---

43 Delobette, Edouard, *Ces Messieurs du Havre. Négociants, commissionnaires et armateurs de 1680 à 1830*, Thèse de doctorat de l'Université de Caen, 2005, pp. 1039-1055 ; Lévy-Leboyer, Maurice, *Les banques européennes*, *op. cit.*, pp. 271-289.

44 Veyrassat, Béatrice, *Réseaux d'affaires internationaux*, *op. cit.*, pp. 96-99 et note 62 pp. 101-102. Selon Lévy-Leboyer, Maurice, *Les banques européennes*, *op. cit.*, p. 289, la totalité du coton américain qui arrive dans le port normand serait dirigé vers la Suisse.

45 Les Etats-Unis sont le premier partenaire de la France (importations + exportations) durant les années 1830, devant l'Angleterre. Entre 1835 et 1840, la valeur moyenne du commerce général entre les deux pays est de 295 millions de FF, contre 256 millions de FF avec l'Angleterre. Moyennes calculées à partir des chiffres du commerce extérieur de la France fournis par Gonzenbach, August von, *Exposé du mouvement commercial entre la Suisse et la France pendant l'année 1840*, *op. cit.*, p. 64.

46 Lévy-Leboyer, Maurice, *Les banques européennes*, *op. cit.*, pp. 268-272 et 289.

l'établissement d'une voie ferrée qui double la navigation intérieure à la fin des années 1840. La mise en place de liaisons maritimes au départ du Havre chaque année plus régulières avec l'Amérique du Nord renforce l'attrait du port normand[47]. La présence précoce d'un entrepôt – qui permet aux commissionnaires de stocker, déballer et exposer à la vente leurs marchandises –, ainsi que l'installation de nombreuses compagnies d'assurances qui couvrent les risques maritimes sont autant d'atouts supplémentaires pour l'attrait de cette plateforme[48]. En dépit du rôle central du Havre pour le commerce helvétique, les douanes françaises refusent de communiquer au consul suisse des informations sur la valeur des marchandises en provenance et à destination de la Suisse[49].

En raison de l'importance de ce port, une colonie de négociants et de banquiers helvétiques s'installe au Havre[50]. D'abord issus des villes marchandes de Genève et de Bâle, des ressortissants de tout le pays s'installent également de manière permanente dans le port normand dès le début du 19e siècle. Actifs dans le commerce de commission et le financement de l'importation de coton, ils possèdent aussi des relais familiaux et professionnels sur la côte est des Etats-Unis, à l'image des membres de la famille originaire d'Yverdon de Rham, ayant un pied dans la banque à New York et un pied dans le négoce au Havre. Des représentants de la famille Odier sont aussi actifs dans le port normand, dans la finance et l'industrie parisiennes, ainsi que dans la banque à Genève.

A côté du Havre, les axes qui débouchent sur la place d'Amsterdam et le port hanséatique de Hambourg gagnent aussi en importance durant les années 1830 et 1840. Les rapports commerciaux du consul suisse établi à Amsterdam, Georg Ochsner, nous renseignent sur le rôle que joue le port hollandais pour le commerce helvétique[51]. A partir des frontières suisses, les négociants utilisent principalement la voie fluviale du Rhin, ainsi que les voies terrestres à travers le

---

47 AF, D0#1000/3#1190*, lettre du consul suisse du Havre au Vorort, 22.04.1840, 4 p. (ici, pp. 2-3).

48 AF, D0#1000/3#1190*, rapport annuel pour 1847 du consul suisse du Havre au Vorort, 14.01.1848, 6 p. (ici, p. 5).

49 AF, D0#1000/3#1190*, lettre du consul suisse du Havre au Vorort, 27.01.1845, 3 p. (ici, p. 3).

50 DELOBETTE, Edouard, *Ces Messieurs du Havre*, *op. cit.*, pp. 1818-1821 ; VEYRASSAT, Béatrice, *Réseaux d'affaires internationaux*, *op. cit.*, p. 15 ; LÉVY-LEBOYER, Maurice, *Les banques européennes*, *op. cit.*, pp. 436-437.

51 Georg Ochsner, originaire de Kloten (Zurich), négociant (denrées coloniales) établi à Amsterdam, vice-consul en 1832, consul en 1833-1847.

« Zollverein » ou l'Alsace[52]. Suite aux travaux entrepris dès le début du siècle, mais surtout à partir des années 1830, ce fleuve offre une voie d'accès au nord du continent qui gagne en qualité et en rapidité. La suppression de plusieurs taxes dès 1831 et la concurrence entre bateaux à vapeur et à voile contribuent aussi à une baisse des prix, qui diminuent d'un tiers entre 1830 et 1837[53]. La plateforme portuaire d'Amsterdam permet de rejoindre les marchés des colonies hollandaises, en particulier les Indes orientales néerlandaises (qui correspondent à l'Indonésie actuelle, soit Java, Sumatra et Bornéo, ainsi qu'à la Nouvelle-Guinée), et des deux Amériques. Selon le consul helvétique, les fromages constituent la principale exportation, devant les produits de l'industrie textile[54]. Le représentant consulaire estime qu'en 1842, le montant total des marchandises helvétiques exportées par le port d'Amsterdam se monte à un peu plus de 9 millions de FF[55]. A côté de son rôle dans le commerce d'exportation, le port d'Amsterdam s'impose dès la fin des années 1830 comme la principale plateforme de redistribution des denrées exotiques à l'échelle continentale. Récupérant progressivement ce domaine d'activité du Havre qui se spécialise dans le commerce de coton américain, il concentre la plus grande partie du commerce de denrées coloniales pour l'espace helvétique[56]. En provenance des colonies des Indes

---

52 Sur le rôle du Rhin : Lévy-Leboyer, Maurice, *Les banques européennes*, *op. cit.*, pp. 275-278.

53 Weber, Erich, *Untiefen, Flut und Flauten*, *op. cit.*, pp. 265-267, 352-353, 398-400 et 421.

54 D'après les estimations du consul suisse, les principales marchandises helvétiques envoyées à Amsterdam au début des années 1840 sont les fromages (4'218'000.- FF), les produits textiles de Saint-Gall (mousselines unies et brodées, broderies fines et en lots, pèlerines, festons, nanguinets blancs et bleus rayés, cotons imprimés et mouchoirs colorés) pour un montant annuel de 1'269'000.- FF, les indiennes et l'horlogerie neuchâteloises pour 1'218'000.- FF, les produits colorés à l'andrinople de Zurich (mouchoirs colorés et imprimés, indiennes, calicots imprimés, nanguinets rayés, soies façonnées) pour 631'000.- FF et les rubans de soies de Bâle pour la même somme. Cf. Af, D0#1000/3#1202*, lettres du consul suisse d'Amsterdam au Vorort, 28.04.1843, 8 p. (ici, pp. 1-6) et du 28.02.1846, 5 p. (ici, p. 4).

55 Af, D0#1000/3#1202*, lettre du consul suisse d'Amsterdam au Vorort, 28.04.1843, 8 p. (ici, p. 6). Ce chiffre doit être considéré comme un ordre de grandeur, car les places allemandes sur le Rhin (Cologne, Mayence et Mannheim) ne distinguent pas le pays d'origine des marchandises expédiées à Amsterdam. Cf. Af, D0#1000/3#1202*, lettre du consul suisse d'Amsterdam au Vorort, 25.12.1844, 3 p. (ici, pp. 1-2).

56 Gonzenbach, August von, *Exposé du mouvement commercial entre la Suisse et la France pendant l'année 1840*, *op. cit.*, note 1 p. 129.

orientales néerlandaises – sucre, indigo de Java, café –, mais également depuis les Amériques – café de la Havane, du Brésil, du Suriname, de St-Domingue et Porto-Rico, tabac et riz des Etats-Unis, mélisse, sucre et sucre candy –, ces produits sont acheminés depuis Amsterdam en direction de la Suisse par la voie fluviale du Rhin jusqu'à Bâle, d'où ils sont ensuite distribués dans le pays. Pour les seuls produits en provenance de colonies hollandaises acheminées en Suisse, il s'agirait d'un montant annuel de quelque 4.5 millions de FF durant les années 1840 selon le consul suisse[57]. Le port de Rotterdam joue quant à lui un rôle de second plan pour le commerce extérieur helvétique. L'ouverture tardive du consulat (1847) en est l'élément le plus révélateur. Selon Ferdinand Koch, consul en fonction entre 1847 et 1893, les rares produits manufacturés importés en Suisse proviennent des Indes orientales néerlandaises ; il ne précise toutefois pas de quels produits il s'agit. Comme pour Amsterdam, tous les produits à destination de l'espace helvétique empruntent la voie du Rhin pour rejoindre Bâle[58].

Sur la côte Atlantique, le port de Hambourg joue aussi un rôle de poids pour le commerce extérieur helvétique. Avec la montée du protectionnisme en Europe après 1815, il devient un relais pour rejoindre les marchés de l'outre-mer. Son rôle se renforce encore dès le début des années 1830. La plateforme maritime d'Hambourg développe surtout ses activités en direction de l'Asie, des Indes *via* l'Angleterre et des Etats d'Amérique du Sud, avec lesquels il a le quasi-monopole sur le continent européen jusqu'aux années 1870[59]. Il entretient également des

57 AF, D0#1000/3#1202*, lettre du consul suisse d'Amsterdam au Vorort, 25.12.1844, 3 p. (ici, pp. 2-3).

58 A ce propos, se référer à AF, D0#1000/3#1202*, rapport et statistiques sur le commerce du Royaume des Pays-Bas en mai 1848 du consul de Rotterdam au Vorort, 01.06.1848, 8 p. (ici, p. 2). Cf. aussi AF, D0#1000/3#1203*, lettre du consul suisse de Bruxelles au Vorort, 18.10.1841, 3 p. (ici, pp. 2-3).

59 KELLENBENZ, Hermann, « German Trade Relations with the Indian Ocean from the End of the Eighteen Century to 1870 », *Journal of Southeast Asian Studies*, 13, 1, 1982, pp. 133-152 (ici, pp. 133-146) ; PIETSCHMANN, Horst, « Hamburg und Lateinamerika in der ersten Hälfte des 19. Jahrhunderts », in BECKER, Felix *et alii* (Eds.), *Iberische Welten. Festschrift zum 65. Geburtstag von Günter Kahle*, Köln ; Weimar ; Wien: Böhlau, 1994, pp. 381-407 (ici, pp. 389-401) ; VOGT, Annette Christine, *Ein Hamburger Beitrag zur Entwicklung des Welthandels im 19. Jahrhundert. Die Kaufmannsreederei Wappäus im internationalen Handel Venezuelas und der dänischen sowie niederländischen Antillen*, Stuttgart: Franz Steiner Verlag, 2003, pp. 41-43, 52-53 et 63-70 ; ZEUSKE, Michael, « Preussen und Westindien. Die vergessenen Anfänge der Handels- und Konsularbeziehungen Deutschlands mit der Karibik und Lateinamerika 1800-1870 », in CARRERAS, Sandra, MAIHOLD,

liens très étroits avec l'aire commerciale baltique et la ville de Londres[60]. A partir des années 1820, Hambourg devance le Havre pour le commerce d'importation de denrées coloniales américaines et devient un entrepôt de premier ordre pour le café et le sucre, en concurrence directe avec Amsterdam[61]. L'ouverture d'une liaison maritime régulière entre Hambourg et New York en 1836 contribue d'ailleurs à rapprocher les deux continents, sans que le port allemand ne développe particulièrement ses activités avec les marchés nord-américains[62]. A la fin des années 1830, un tiers des importations européennes en provenance de l'Amérique latine aboutissent à Hambourg, contre 40 % pour l'ensemble de la France[63].

En revanche, vers 1840, seuls 10 % des exportations européennes en direction des deux Amériques passent par Hambourg[64]. Mais c'est surtout le poids des relations avec l'aire commerciale baltique qui confère un rôle de premier plan au port hanséatique : en 1836, il concentre quelque 42 % du total des exportations européennes en direction de la Scandinavie et s'impose comme la principale plateforme de réexportation en direction de tout le nord du continent[65]. Le grand incendie qui touche la ville en 1842 porte un coup d'arrêt au développement de son commerce.

Günther (Eds.), *Preussen und Lateinamerika. Im Spannungsfeld von Kommerz, Macht und Kultur*, Münster : LIT, 2004, pp. 145-215 et dans le même ouvrage, BERNECKER, Walther, « Preussisch-mexikanische Wirtschaftsbeziehungen in der ersten Hälfte des 19. Jahrhunderts », pp. 217-257.

60 Hambourg occupe une place à part dans le paysage politique et monétaire allemand. La ville n'adhère en effet ni au « Zollverein », ni aux conventions monétaires de Munich et de Dresde qui seront abordées plus loin dans ce travail. Son système monétaire basé sur l'or la rapproche des marchés anglais avec qui elle entretient, d'ailleurs, des rapports commerciaux très intenses basés sur l'exportation de céréales et des produits agricoles et l'importation de produits manufacturés. Sur cette question : KRAWEHL, Otto-Ernst, *Hamburgs Schiffs- und Warenverkehr mit England und den englischen Kolonie, 1814-1860*, Köln ; Wien : Böhlau, 1977, 536 p.

61 LÉVY-LEBOYER, Maurice, *Les banques européennes*, *op. cit.*, pp. 253-254.

62 BAASCH, Ernst, *Beiträge zur Geschichte der Handelsbeziehungen zwischen Hamburg und Amerika*, Hamburg : L. Friederischen & Cie, 1892, pp. 105, 123-124 et 200-201.

63 Pourcentages calculés à partir des montants des échanges extérieurs des ports européens (1836 et 1838) fournis par LÉVY-LEBOYER, Maurice, *Les banques européennes*, *op. cit.*, p. 284. Cf. aussi DELOBETTE, Edouard, *Ces Messieurs du Havre*, *op. cit.*, p. 1039 et VOGT, Annette Christine, *Ein Hamburger Beitrag*, *op. cit.*, pp. 99-107.

64 VEYRASSAT, Béatrice, *Réseaux d'affaires internationaux*, *op. cit.*, note 50 p. 97 et note 51 pp. 97-98.

65 LÉVY-LEBOYER, Maurice, *Les banques européennes*, *op. cit.*, p. 284.

Le rôle de Hambourg est difficile à saisir pour le commerce helvétique. N'ayant pas accès aux registres douaniers, le consul suisse en poste n'est pas en mesure de fournir d'évaluation chiffrée du poids du commerce helvétique pratiqué *via* Hambourg, mais souligne toutefois que les cotonnades et les soieries sont à ses yeux les produits les plus exportés sur les marchés du nord de l'Europe et de l'Amérique du Sud[66].

Il est encore nécessaire d'aborder la Belgique, qui accède à l'indépendance politique en 1832. Durant la Régénération, le port d'Anvers ne joue qu'un rôle de second plan pour le commerce extérieur helvétique. Suite à la libéralisation du transit sur le territoire français à partir de 1832, les négociants helvétiques se détournent progressivement de la plateforme belge[67]. Selon le consul neuchâtelois en poste François Borel, ce sont essentiellement les manufacturés des secteurs du coton et de la soie, ainsi que l'horlogerie, qui représentent les principales pièces d'exportation[68]. Entre 1843 et 1845, le montant total des exportations s'élèverait à une moyenne annuelle de 5 millions de FF[69]. En sens inverse, la Belgique ne fournit que quelques produits de l'industrie locale (draps de Verviers, des toiles de Flandre et des cigares), mais ne joue, selon le consul, aucun rôle dans l'approvisionnement helvétique en denrées coloniales ou en matières premières[70].

66 AF, D0#1000/3#1201*, lettre du consul suisse de Hambourg au Vorort, 28.02.1844, 9 p. (ici, p. 1). Cf. aussi *Rapport de la Commission fédérale d'experts en matière de commerce, op. cit.*, pp. 48 et 61.

67 Cf. LÉVY-LEBOYER, Maurice, *Les banques européennes, op. cit.*, note 23 p. 289.

68 François Borel-Ronstorff (1785-1861), NE, fils de Béat François (1746-1826), fabricant d'indiennes ; beau-fils de Jean Englebert Ronstorff. Négociant établi à Bruxelles (importation d'indiennes et de rubans suisses). Consul suisse en poste à Bruxelles entre 1834 et 1861. Administrateur de la "Manufacture Royale de tapis de Tournay" durant les années 1840. Joue un rôle significatif dans la réforme monétaire suisse en produisant un rapport en faveur du FF ; principal relais de Johann Jakob Speiser (cf. note 45 p. 328) dans ses démarches pour faire frapper une partie des premiers FS en Belgique.

69 Les mouchoirs de Saint-Gall, la rubanerie bâloise, les indiennes neuchâteloises et les soieries zurichoises entreraient pour 2.8 à 5 millions de FF par année dans les exportations par la Belgique durant les années 1840 ; pour l'horlogerie, ce serait 1 million de FF annuel. Cf. AF, D0#1000/3#1203*, lettres du consul suisse de Bruxelles au Vorort, 31.03.1841, 4 p. (ici, p. 2), 10.01.1844, 4 p. (ici, p. 1), 21.02.1845, 5 p. (ici, p. 3), 06.01.1846, 3 p. (ici, p. 2).

70 AF, D0#1000/3#1203*, lettre du consul suisse de Bruxelles au Vorort, 16.01.1841, 2 p. (ici, p. 2).

Enfin, pour terminer ce tour d'horizon du rôle des ports du nord de l'Europe pour le commerce extérieur helvétique, les plateformes portuaires anglaises doivent être prises en compte. Témoin de leur importance, le premier consulat suisse ouvert après la période napoléonienne se trouve à Londres (1817). En dépit de cette ouverture précoce, le consul genevois Alexandre-Louis Prevost-Martin n'est pas en mesure de fournir des données d'ensemble qui permettent d'évaluer la valeur du transit en provenance ou à destination de l'espace helvétique, car les statistiques anglaises n'indiquent que les ports de provenance et d'expédition, mais pas l'origine des marchandises[71]. A cette première difficulté s'en ajoute une seconde : les flux commerciaux anglo-helvétiques passent aussi bien par les plateformes d'Amsterdam, de Hambourg que du Havre, tant à l'importation qu'à l'exportation. Il semblerait toutefois que Liverpool expédie par Amsterdam et le Rhin le coton d'Amérique à destination de l'espace helvétique[72]. Par ailleurs, il faut mentionner que l'accès au marché anglais et à ses colonies est protégé depuis le 17e siècle par les « Navigation Acts »[73]. Jusqu'à leur suppression en 1849, les bateaux anglais ont le monopole de l'importation en Angleterre de marchandises en provenance de l'outre-mer, tandis que l'importation de marchandises européennes à destination de l'Angleterre est réservée aux bateaux anglais ou à ceux du pays d'où proviennent ces marchandises. Les exportations vers les colonies anglaises ne peuvent quant à elles être effectuées qu'avec des navires anglais ou des navires du pays de production des marchandises. En conséquence, il est indispensable pour les milieux du grand commerce helvétique d'être présents dans les différents ports du continent européen pour utiliser les bateaux étrangers et ainsi pouvoir accéder à l'Angleterre, qui officie pour le commerce suisse comme entrepôt vers ses colonies, les Amériques et la Chine.

Selon des reconstructions statistiques, le commerce général helvétique avec l'Angleterre s'élèverait à 40 millions de FF pour 1848 (20 millions de FF d'exportations et 20 millions de FF d'importations), aucune donnée n'étant disponible pour la période antérieure. Sur ce montant, seulement 4 millions de FF entreraient dans la consommation intérieure anglaise, surtout des produits

---

71 AF, D0#1000/3#1203*, lettre du consul suisse de Londres au Vorort, 24.03.1842, 3 p. (ici, pp. 1-2). Sur Alexandre-Louis Prevost-Martin, cf. note 231 p. 254.

72 JULLIANY, Jules, *Essai sur le commerce de Marseille,* Marseille : Jules Barile ; Paris : Renaud ; Guillaumin, 1842, Tome II, p. 15.

73 Sur ce qui suit, cf. HALLER, Lea, *Transithandel. Geld- und Warenströme im globalen Kapitalismus*, Berlin : Suhrkamp, 2019, pp. 98-101.

de l'horlogerie et de l'industrie textile[74], ce qui confirme les estimations des contemporains[75]. Le montant de 40 millions de FF doit être considéré comme un ordre de grandeur, car il semblerait que la réforme du tarif anglais de 1842 ait fortement stimulé les échanges entre les deux pays et qu'ils étaient bien moins élevés vers 1840[76].

Passons maintenant au rôle des plateformes maritimes de la façade méditerranéenne pour le commerce helvétique. Face à la suprématie qu'acquiert Le Havre, les autres places françaises s'adaptent pour éviter de perdre tout ou partie de leurs activités. Les ports traditionnels du 18e siècle sur la côte Atlantique (Bordeaux, La Rochelle et Nantes) sont les plus touchés par cette restructuration et s'affaiblissent fortement durant la première moitié du 19e siècle[77]. C'est principalement le cas de Bordeaux qui perd tout le commerce textile helvétique. D'après le consul en poste entre 1833 et 1849, Henri Cart, l'ensemble des manufacturés textiles passe dorénavant par Paris avant d'être dirigé en direction du Havre: «*Paris accapare presque toutes les demandes qui arrivent en France, de sorte que beaucoup de marchandises passant autrefois aux Colonies par Bordeaux, sont expédiées par Le Havre*»[78]. Pour le port girondin, il ne reste plus que l'exportation de la bijouterie et de l'horlogerie helvétique à destination des

---

74 Chiffres tirés de Imlah, Ann Gordon, *Britain and Switzerland, op. cit.*, p. 118. Cf. aussi Veyrassat, Béatrice, *Réseaux d'affaires internationaux, op. cit.*, note 67 p. 104 ; Veyrassat, Béatrice, «La Suisse sur les marchés du monde», *op. cit.*, pp. 287-316 (ici, note 27 p. 299) ; Wartmann, Hermann, *Industrie und Handel, op. cit.*, p. 617.

75 Af, D0#1000/3#1202*, lettre du consul suisse d'Amsterdam au Vorort, 28.02.1846, 5 p. (ici, p. 4) ; Emminghaus, Arwed Karl Bernhard, *Die Schweizerische Volkswirtschaft*, Volume 2, Leipzig: Gustav Meyer, 1861, pp. 173-174 ; Gonzenbach, August von, *De la réforme du tarif anglais et de ses conséquences probables pour le commerce suisse*, Zurich: Orell, Füssli et Cie, 1846, p. 22.

76 Imlah, Ann Gordon, *Britain and Switzerland, op. cit.*, p. 101. Selon Waldvogel, William, *Les relations économiques, op. cit.*, p. 70, la valeur des importations de marchandises anglaises à Genève vers 1835 s'élèverait à environ 5 millions de FF par année. Il en déduit que pour l'ensemble de la Suisse, les importations anglaises se monteraient à 70 millions de FF par an, montant qui semble fortement exagéré.

77 Delobette, Edouard, *Ces Messieurs du Havre, op. cit.*, pp. 1046-1049.

78 Af, D0#1000/3#1189*, lettre du consul suisse de Bordeaux au Vorort, 16.01.1844, 5 p. (ici, p. 3). Henri Cart, originaire de Morges (Vaud), négociant commissionnaire associé au sein de "Mestrezat & Cie" à Bordeaux, maison active dans le négoce international de vins. Le banquier bâlois Johann Jakob Speiser (cf. note 45 p. 328) y travaille quelque temps durant les années 1830.

Etats d'Amérique du Sud (Chili, Pérou et Uruguay), de la Chine et de l'Inde[79]. L'éloignement de la place bordelaise des deux villes helvétiques de Bâle et de Genève, couplé avec de mauvaises liaisons fluviale et ferroviaire, relègue le port bordelais au second plan[80].

Sur l'ensemble du territoire français, seul le port de Marseille parvient à maintenir ses activités pour les négociants helvétiques. Durant les années 1830 et 1840, la cité phocéenne est fortement concurrencée par Le Havre, qui concentre le commerce de coton avec l'Amérique du Nord, et par Amsterdam, qui achemine sur le continent les denrées coloniales, deux types de marchandises qui passaient en partie par Marseille durant les années 1820[81]. Contrairement aux ports de la côte Atlantique, le port français de la Méditerranée est fortement intégré au commerce méditerranéen, en particulier avec le Levant[82]. Les importations à destination de l'espace économique helvétique reposent essentiellement sur des matières premières (cotons, laines, soies grèges) et quelques denrées coloniales, surtout du sucre brut. Quant aux exportations de produits helvétiques, qui consistent surtout en produits textiles (draps de laine, toiles de coton blanc et imprimées), aucune donnée chiffrée permettant d'évaluer leur valeur n'a été trouvée. Marseille se profile donc comme place de transit pour le commerce helvétique dans le pourtour de la Méditerranée, mais opère comme un port de second plan durant cette période[83]. En 1843, le consul suisse François Roulet confirme cette perte d'importance: *« Marseille ne fournit plus de denrées coloniales qu'à une faible portion de la Suisse occidentale, tandis que la Hollande alimente et pourvoit à la consommation presque générale de la Suisse »*[84]. Le déclin de Marseille pour le commerce helvétique s'explique par

---

79 *Ibid.*, pp. 3-4. En 1843, les fromages à destination des colonies représentent un poids de 23'200 kg. Le consul évalue l'exportation de l'horlogerie à quelque 100'000.- FF.

80 Emminghaus, Arwed Karl Bernhard, *Die Schweizerische Volkswirtschaft*, *op. cit.*, p. 171.

81 Bartolotti, Fabien, *Les milieux d'affaires marseillais et la route de Suez de la fin du XVIIIe siècle à 1858*, Mémoire de master de l'Université Aix-Marseille, 2011-2012, p. 13 ; Lévy-Leboyer, Maurice, *Les banques européennes*, *op. cit.*, note 17 p. 288.

82 Julliany, Jules, *Essai sur le commerce de Marseille, op. cit.*, Tome I, pp. 159-160, 192 et 203 et Tome II, p. 353.

83 Lévy-Leboyer, Maurice, *Les banques européennes*, *op. cit.*, p. 281 et note 23 p. 289 ; Bartolotti, Fabien, *Les milieux d'affaires marseillais*, *op. cit.*, pp. 78-79.

84 AF, D0#1000/3#1187*, rapport du consul suisse de Marseille au Vorort, 23.02.1843, 4 p. (ici, pp. 1-2). Le consul suisse à Marseille est le négociant neuchâtelois François Roulet (1768-1845). Il est lié par son épouse à Bernard de Mandrot (1778-1848),

l'absence de liaisons régulières par voies de mer[85]. Il s'agit, aux yeux du consul suisse, d'un critère déterminant :

> « *Peut-on nier qu'il y a peu d'années encore la Suisse venait à Marseille s'approvisionner de soie et de plusieurs autres marchandises du Levant. Comment pourrait-elle le faire aujourd'hui, puisque faute de Bateaux à vapeur nous n'avons point encore ici, en libre pratique, la graine jaune de Perse [utilisées en teinturerie, JC] que le consommateur de Bâle a, nous assure-t-on, à sa disposition depuis plusieurs semaines !* »[86].

L'absence de liaisons maritimes régulières de la cité phocéenne profite largement au port concurrent de Trieste[87]. En effet, en 1837, seuls 20 % du coton égyptien à destination de la Suisse passe par Marseille, contre 61 % par Trieste[88]. Le principal avantage du port autrichien réside dans la fréquence et la régularité de ses liaisons maritimes à heures fixes (quasiment quotidiennes dès le début des années 1840) avec le Levant[89]. Le consul suisse à Marseille s'exprime ainsi à ce propos :

> « *[...] une ligne de bateaux dont l'accroissement successif atteste le succès a non seulement consolidé les avantages des relations de Trieste et de l'Orient ; mais encore, en offrant à la Suisse, à la Belgique et à l'Allemagne l'attrait de communications rapides et régulières, elle a accru les rapports de ces contrées avec la Turquie et enlevé à la France un transit dont la plus grande partie lui appartenait jadis* »[90].

Cette amélioration des transports sur mer se combine avec des efforts conséquents de l'Autriche pour relier le port de Trieste avec les marchés du centre de l'Europe et soustraire le commerce de transit à la France[91]. Il en résulte une

---

consul suisse au Havre (1816-1837), poste repris par son fils Auguste de Mandrot (1806-1879) entre 1837 et 1847.

85 Lévy-Leboyer, Maurice, *Les banques européennes, op. cit.*, pp. 278-281.

86 Af, D0#1000/3#1187*, lettre du consul suisse de Marseille au Vorort, [s.d. : vers 1840-1845], 4 p. (ici, pp. 1-2).

87 Bartolotti, Fabien, *Les milieux d'affaires marseillais, op. cit.*, pp. 77-80.

88 Lévy-Leboyer, Maurice, *Les banques européennes, op. cit.*, p. 281.

89 Af, D0#1000/3#1187*, rapport du consul suisse de Marseille au Vorort, 23.02.1843, 4 p. (ici, p. 2). Cet élément est aussi souligné par Julliany, Jules, *Essai sur le commerce de Marseille, op. cit.*, Tome I, pp. 200-201 et Tome II, pp. 97 et 101. Entre 1833 et 1838, le nombre de bateaux en partance de Trieste pour le Levant est multiplié par trois.

90 Af, D0#1000/3#1187*, lettre du consul suisse de Marseille au Vorort, [s.d. : vers 1840-1845], 4 p. (ici, pp. 1-2).

91 Abbé Delajoux, *Les ponts de Pougny et de Chancy, moyens faciles de maintenir et d'accroître le commerce de transit sur le territoire français entre Marseille, Lyon et Genève, soit par la voie de terre, soit par la navigation du Haut-Rhône*, Lyon : C.

diminution des coûts qui viennent renforcer l'attrait du port autrichien. Selon une estimation d'un négociant marseillais en 1842, un tiers de tout le coton consommé en Suisse est acheminé par Trieste[92]. La plateforme autrichienne fournit également des denrées coloniales (cafés du Brésil, drogues et teintures, sangsues), des matières premières (soie et coton du Levant) et agricoles (blés et maïs en provenance des provinces du Danube et de la mer Noire, céréales de froment, fruits secs, huiles communes, suif)[93]. A partir des années 1830, ce port s'impose aussi comme un relais important pour l'exportation de produits manufacturés des cantons industriels de Suisse orientale et de la région zurichoise dans le pourtour méditerranéen. Durant les années 1830-1840, Trieste concentre une bonne partie des exportations qui transitent par le sud du continent, devant Marseille. En 1845, le Levant drainerait quelque 12 à 16 % des exportations helvétiques[94].

Ainsi, le port de Trieste peut être considéré comme le principal relais portuaire du sud de l'Europe pour le négoce helvétique. Spécialisé dans l'importation de matières premières en provenance du Levant, en particulier du coton, il représente aussi une porte de sortie pour l'exportation de produits helvétiques.

Entre Marseille et Trieste, le port de Gênes perd en importance pour le commerce extérieur helvétique. Alors qu'il jouait un certain rôle durant les années 1820, en raison du protectionnisme européen, il est relégué au second plan à partir des années 1830[95]. Les négociants helvétiques ne trouvent plus

---

Rey Jeune et Cie, 1844, p. 5 ; Wild, Johannes, *Andeutungen über eine zeitgemässe Handelsstrasse von Basel nach Mailand*, Zürich : Orell, Füssli & Cie, 1841, pp. 5-6.

92 Il s'agit du coton du Levant ; les deux autres tiers de la consommation helvétique proviennent du Havre ainsi que de Liverpool. Les frais de transport demeurent moins chers depuis la cité phocéenne que par Trieste pour rejoindre l'espace helvétique. Le transport de 50 balles de coton d'Egypte est ainsi 4.5 % moins cher sur le trajet Marseille-Zurich que sur celui de Trieste à Zurich. Mais les frais d'importation sont moins élevés du côté du port autrichien, ce qui tend à équilibrer la balance. Cf. Julliany, Jules, *Essai sur le commerce de Marseille, op. cit.*, Tome II, p. 15 et Tome III, pp. 468-470.

93 Af, D0#1000/3#1199*, rapport du consul suisse de Trieste au Vorort, 28.04.1842, 6 p. (ici, pp. 4-6) et lettre du 05.01.1845, 4 p. (ici, p. 3). Le consul suisse à Trieste (1838-1863) est le Bâlois Franz Falkner (1789-1864), issu d'une famille qui pratique le négoce et la banque, liée aux Alioth actifs dans la fabrication de schappe.

94 Veyrassat, Béatrice, *Réseaux d'affaires internationaux*, *op. cit.*, p. 107 ; Veyrassat, Béatrice, « La Suisse sur les marchés du monde », *op. cit.*, pp. 287-316 (ici, p. 301).

95 Veyrassat, Béatrice, « La Suisse sur les marchés du monde », *op. cit.*, pp. 287-316 (ici, p. 301).

dans la plateforme commerciale sarde des conditions favorables à leurs activités, car les autres ports sont plus adaptés aux besoins du négoce helvétique[96]. Les produits textiles de la Suisse orientale industrielle doivent y faire face à la concurrence des produits anglais (tissus de coton) et irlandais (toiles de lin), ainsi qu'au développement de l'industrie indigène à partir des années 1830[97]. Par ailleurs, la plateforme maritime de Gênes ne possède aucune connexion au réseau ferré, ce qui tend à diminuer son attrait, malgré la présence d'entrepôts de commerce et de l'absence d'obstacles administratifs. Au début des années 1840, sur les 116 millions de FF de marchandises qui sont importées à Gênes, seulement 2.5 millions de FF sont destinées au territoire helvétique. Ces faibles quantités se retrouvent dans les exportations suisses qui transitent par le port génois. Sur un montant total de 67 millions de FF, la part des produits en provenance de la Suisse s'élève à 1.5 millions de FF[98].

Ce tour d'horizon du rôle des ports européens pour le commerce helvétique montre bien le rôle des marchés de l'outre-mer et en particulier de la perspective atlantique. Son poids pour le commerce helvétique est confirmé par les chiffres du commerce spécial, qui représente les marchandises qui sont consommées à l'intérieur du pays (cf. les chiffres dans le Tableau 7 p. 202). Du côté de l'Hexagone, la valeur totale du commerce spécial (importations + exportations) s'élève à 35 % de l'ensemble des échanges (57 millions de FF), ce qui signifie que les deux tiers du commerce ne font que transiter par le territoire. Du côté allemand, il s'agit de 48 % (78 millions de FF). Pour l'écoulement de la production

---

96 Au contraire des négociants, les banquiers genevois restent fortement implantés à Gênes durant toute la première moitié du 19e siècle. Ils s'investissent notamment dans le développement des réseaux de gaz et de chemins de fer. Cf. Aubert, Charles, « Relations de jadis entre Gênes et Genève », in Kahn-Laginestra (Dir.), *Genève et l'Italie*, Genève : Société genevoise d'études italiennes, 1994, pp. 39-46 (surtout les pp. 42-43).

97 Af, D0#1000/3#1193*, lettres du consul suisse de Gênes au Vorort du 12.06.1845, 3 p. (ici, pp. 1-2), du 10.05.1844, 3 p. (ici, pp. 1-2) et du 25.03.1842, 3 p. (ici, p. 2). Le consul (1830-1850) est le Zurichois Heinrich Notz qui succède à ce poste à son beau-père Matthias Schläpfer (1763-1830), gérant de la succursale de Gênes de la très importante maison de commerce de toiles de l'Appenzellois Jacob Zellweger.

98 Ces chiffres sont tirés de Julliany, Jules, *Essai sur le commerce de Marseille, op. cit.*, Tome II, p. 118. Parmi les exportations, ce sont les tissus de coton de Saint-Gall et de Glaris (total de 1.2 millions de FF) qui occupent la première place. Quelques produits de l'horlogerie et de la bijouterie transitent aussi par ce port. Seules des denrées coloniales (cafés, sucres, teintures) et agricoles (huiles, soies) constituent l'importation à destination de l'espace helvétique.

helvétique, les marchés français et allemands pèsent d'un poids relativement similaire. Si la levée de certains obstacles bénéficie au commerce de transit sur le territoire français, l'accès au marché intérieur demeure confronté à des taxes élevées. Ainsi, les exportations helvétiques destinées à la consommation française s'élèvent en 1840 à 21 millions de FF. Il s'agit essentiellement de produits d'horlogerie et d'orfèvrerie, de bois, ainsi que de soieries[99]. Durant la décennie qui suit, le commerce spécial ne progresse que faiblement, se situant à environ 30 millions de FF à la fin des années 1840[100]. Du côté allemand, malgré la hausse générale des taxes douanières suite à la fondation du «Zollverein» au début des années 1830, les produits suisses entrent dans la consommation intérieure pour un montant de 18 millions de FF en 1840. Cinq ans plus tard, 34 millions de FF de marchandises helvétiques composeraient le commerce spécial selon la reconstruction de Veyrassat[101]. Ce sont surtout les rubans de soie de la région zurichoise et les cotonnades de Suisse orientale qui sont écoulés dans les Etats allemands[102].

Concernant les importations en provenance de France et d'Allemagne qui entrent dans la consommation intérieure suisse, elles se montent respectivement à 36 et 60 millions de FF. Du côté français, ce sont des tissus de laine, de coton et de soie, ainsi que des vins qui composent le commerce spécial[103]. Du côté allemand, les tissus de laine et le tabac représentent à eux deux près de la moitié des importations (45 %)[104]. Dans ces échanges, les céréales pèsent

---

99 Cf. Gern, Philippe, Arlettaz, Silvia, *Relations franco-suisses au XIXe siècle, op. cit.*, tableau 3 en annexe p. 318. La composition des échanges pour la période 1837-1846 a été privilégiée à celle de 1827-1836.

100 *Ibid.*, pp. 318-319. Les chiffres des exportations dans le commerce spécial français calculés par Veyrassat, Béatrice, «La Suisse sur les marchés du monde», *op. cit.*, pp. 287-316 (ici, p. 312) confirment cette faible croissance.

101 Veyrassat, Béatrice, «La Suisse sur les marchés du monde», *op. cit.*, pp. 287-316 (ici, p. 312).

102 Cf. le détail des exportations en direction des trois Etats du sud de l'Allemagne dans Gonzenbach, August von, *Ueber die Handelsverhältnisse zwischen der Schweiz und den deutschen Zollvereinsstaaten während des Jahres 1840, op. cit.*, pp. 10, 21 et 33.

103 Gern, Philippe, Arlettaz, Silvia, *Relations franco-suisses au XIXe siècle, op. cit.*, tableau 1 en annexe p. 308.

104 Ce pourcentage est calculé à partir des chiffres à l'importation en provenance des trois Etats du sud de l'Allemagne, tirés de Gonzenbach, August von, *Ueber die Handelsverhältnisse zwischen der Schweiz und den deutschen Zollvereinsstaaten während des Jahres 1840, op. cit.*, pp. 9, 20 et 32.

d'un poids particulier, représentant 20 % du total des échanges avec les trois Etats allemands pour une somme de 12 millions de FF en 1840[105]. De Bavière, 34 % des marchandises qui arrivent en Suisse sont des céréales[106]. En raison de ce poste, les partenaires du nord jouent un rôle central puisque la Suisse, rappelons-le, n'est pas autonome en céréales et dépend donc fortement de ces importations[107]. Le sel joue aussi un rôle important dans ces échanges, jusqu'à la découverte de mines sur le territoire suisse à Schweizerhalle en 1836, qui diminue fortement la dépendance helvétique[108].

Durant la Régénération, la perspective atlantique développée dès les années 1820 se renforce. Ce commerce à l'envergure universelle fait dire à l'expert commercial August von Gonzenbach qu'

> *« Il ne faut pas oublier d'ailleurs que la Suisse peut expédier les produits de son industrie pour tous les ports de mer de l'Italie, de la Belgique, de la Hollande, de l'Allemagne, de la Prusse et de la Russie sans éprouver aucune difficulté. Elle a des routes ouvertes pour ses exportations en Asie, en Afrique et en Amérique »*[109].

En raison de la diversité des débouchés et de l'importance de la perspective atlantique, les marchands-banquiers de Suisse occidentale actifs dans le grand commerce revendiquent une réforme monétaire en Suisse qui soit mise au service de ce type d'activités. Actifs sur les marchés du monde, ils veulent disposer d'une monnaie universelle qui constitue un outil d'intégration aux flux commerciaux mondiaux. Au contraire, les milieux industriels de Suisse orientale veulent maintenir leurs liens monétaires avec les Etats du sud de l'Allemagne, qui leur fournissent des biens de première nécessité et représentent les portes de

---

105 *Idem*. En 1848, Franscini, Stefano, *Neue Statistik der Schweiz, op. cit.*, Volume 1, p. 194 donne aussi une somme de 12 millions de FF importés en céréales depuis les trois Etats du sud de l'Allemagne en Suisse pour l'année 1840.

106 Gonzenbach, August von, *Ueber die Handelsverhältnisse zwischen der Schweiz und den deutschen Zollvereinsstaaten während des Jahres 1840, op. cit.*, p. 9. Le poids des céréales importés est de 499'000 malter, soit 750'000 litres.

107 Walter, Rolf, *Die Kommerzialisierung von Landwirtschaft, op. cit.*, pp. 452-454.

108 Inauen, Josef, *Brennpunkt Schweiz, op. cit.*, pp. 182-183 ; Inauen, Josef, *Vom "Schurkenstaat" zur Vertrauenswürdigen Republik. Die Beziehungen zwischen Baden, Württemberg und Bayern und der Schweiz im Vormärz 1840-1848 und der Wandel in der Wahrnehmung der Eidgenossenschaft durch die süddeutschen Staaten bis 1871*, Freiburg: [s.n.], 2013, pp. 401-405.

109 Acv, J 268, Gonzenbach, August von, *Mémoire, op. cit.*, p. 18. Cf. aussi Gonzenbach, August von, *Exposé du mouvement commercial entre la Suisse et la France pendant l'année 1840, op. cit.*, p. 135.

sortie de l'exportation de produits manufacturés. C'est dans ce contexte que les débats monétaires qui agitent la Suisse durant les années 1830 prennent place.

3.1.2. Echec de la révision du Pacte fédéral et polarisation des positions dans le débat monétaire

Au début des années 1830, la Suisse connaît une période de profonds bouleversements politiques qui inaugure une période connue sous le nom de Régénération (1830/1831-1848). Sous l'impulsion des milieux libéraux, qui exigent l'égalité de droits entre les citoyens et la souveraineté populaire, la séparation des pouvoirs et une extension des libertés individuelles (commerce, industrie, pétition ou encore presse), de nombreux cantons helvétiques révisent leur constitution dans un sens démocratique[110]. Suite à ces succès, les libéraux cherchent à étendre les acquis cantonaux à l'échelle fédérale. La question de la révision du Pacte fédéral de 1815 se pose alors[111]. L'amélioration des conditions nécessaires

---

110 Dierauer, Johannes, *Histoire de la Confédération Suisse, op. cit.*, Volume 1, pp. 599-654 consacre un long chapitre aux revendications à l'échelle cantonale. Se référer également à Rappard, William Emmanuel, *L'individu et l'État, op. cit.*, pp. 165-178 et 222-239 ; Rappard, William Emmanuel, *La Constitution fédérale de la Suisse, op. cit.*, pp. 63-86 ; Walter, François, *Histoire de la Suisse, op. cit.*, Volume 3, pp. 140-149, et Volume 4, pp. 18-23 ; Kölz, Alfred, *Histoire constitutionnelle, op. cit.*, pp. 227-448 ; Herrmann, Irène, « Zwischen Angst und Hoffnung. Eine Nation entsteht (1798-1848) », in Kreis, Georg (Ed.), *Die Geschichte der Schweiz*, Basel : Schwabe, 2014, pp. 370-421 (ici, pp. 386-403) ; His, Eduard, « Die Bedeutung der schweizerischen Regeneration von 1830/31 », *Revue suisse d'histoire*, 11, 1931, pp. 73-96 (ici, pp. 85-93) ; Tanner, Albert, « "Alles für das Volk". Die liberalen Bewegungen von 1830/1831 », in Hildbrand, Thomas, Tanner, Albert (Eds.), *Im Zeichen der Revolution, op. cit.*, pp. 51-74 ; Arlettaz, Gérald, « La Démocratie au temps des Républiques. Idéologies et mentalités politiques dans la société suisse, 1815-1848 », *Etudes et Sources*, 9, 1983, pp. 5-34 (ici, pp. 16-23) ; Meuwly, Olivier, *La Régénération. Le libéralisme suisse à l'épreuve du pouvoir (1830-1847)*, Lausanne : Presses polytechniques et universitaires romandes, 2022, pp. 22-63 ; Meuwly, Olivier, *Une brève histoire, op. cit.*, pp. 32-38.

111 Cf. le « Memorandum Rossi » du 05.07.1833 écrit par Pellegrino Rossi, le rapporteur de la commission de révision du pacte de 1815, cité in Vögeli, Rudolf Heinrich, *Die Schweizerische Regeneration von 1830-1840 in der Beleuchtung englischer Gesandtschaftsberichte*, Weida in Thüringen : Thoma & Hubert, 1924, pp. 248-269. Un commentaire de ce mémoire figure dans Dufour, Alfred, *Hommage à Pellegrino Rossi (1787-1848), Genevois et Suisse à vocation européenne*, Bâle : Helbing & Lichtenhahn, 1998, pp. 90-120. Cf. aussi Dufour, Alfred, « Un « Mémoire inofficiel » peu connu de Pellegrino Rossi sur la situation politique intérieure de la

à la poursuite du développement économique, qui passe par la centralisation de certaines compétences, est au cœur des revendications[112]. A la Diète fédérale, treize voix et demi se prononcent en faveur de la nomination d'une commission pour élaborer le projet d'un nouveau Pacte fédéral[113]. Alors que celui de 1815 se caractérise par son contenu minimal (15 articles) et par un ultra-fédéralisme, le projet de 1832 est très étoffé (120 articles) et consacre le transfert de toute une série de domaines à l'Etat central, répondant ainsi à certains besoins du pays.

Dans les questions monétaires, le processus de révision du Pacte fédéral constitue un changement d'échelle important, car il est l'occasion d'envisager une réforme globale, en opposition avec les mesures antérieures portant sur une seule composante. La commission mise sur pied voit dans le transfert d'une régale unifiée à l'Etat central le seul moyen de remédier à la diversité des systèmes cantonaux, qui représentent autant d'obstacles aux activités économiques :

> *« Il serait difficile d'imaginer un état de choses plus irrationnel [dans le domaine monétaire, JC], plus nuisible à la facilité des rapports commerciaux, plus choquant pour les nombreux étrangers qui visitent la Suisse, et plus favorable à un agiotage et à des spéculations que le législateur ne doit nullement encourager »*[114].

Les membres de la commission nommée en 1832 pour réviser le Pacte fédéral de 1815 préconisent l'adoption d'une livre suisse centralisée (monnaie de compte) de même titre de fin et poids que le FF. Comment se fait-il qu'ils proposent d'aligner l'organisation monétaire helvétique sur la base de la monnaie française ? Deux éléments doivent être pris en compte pour comprendre cette proposition. D'une part, elle fait écho aux exigences que les milieux marchands de Suisse

---

Suisse au début de la Régénération », in SCHOTT, Claudieter, PETRIG SCHULER, Eva (Eds.), *Festschrift für Claudio Soliva zum 65. Geburtstag*, Zürich : Schulthess Polygraphischer Verlag, 1994, pp. 81-107 (ici, pp. 95-101).

112 KÖLZ, Alfred, *Histoire constitutionnelle*, *op. cit.*, pp. 411-412. Cf. aussi RAPPARD, William Emmanuel, « Trois économistes genevois et la révision du Pacte fédéral de 1815 », in SCHWEIZERISCHEN GESELLSCHAFT FÜR STATISTIK UND VOLKSWIRTSCHAFT (Ed.), *Schweizerische Wirtschaftsfragen. Festgabe für Fritz Mangold*, Basel : Helbing & Lichtenhahn, 1941, pp. 179-216.

113 MUYDEN, Berthold van, *La Suisse sous le Pacte de 1815*, Tome II (1830-1838), *op. cit.*, p. 221. Les cantons agricoles de Suisse centrale refusent de participer au vote et d'envoyer un de leur représentant dans la commission.

114 *Rapport de la Commission de la Diète aux vingt-deux cantons suisses sur le projet d'Acte fédéral par elle délibéré à Lucerne le 15 décembre 1832*, Genève : Charles Gruaz, 1832, p. 48.

occidentale et les commerçants zurichois formulent dès la fin des années 1820[115]. Aux yeux de la commission, le FF constitue un outil d'intégration de l'espace économique helvétique au commerce international :

> « *[…] nous avons cédé au désir de doter la Suisse d'une monnaie qui mettra son commerce dans des rapports plus faciles avec les pays étrangers. Le système français est très connu en Europe ; il a même été copié dans plusieurs états, tels que le royaume des Belges, le Piémont, le duché de Parme* »[116].

D'autre part, la Belgique adopte le système monétaire français en juin 1832, c'est-à-dire un mois avant la nomination de la commission en Suisse, signe que ses avantages sont reconnus hors des frontières françaises[117]. Cette décision a très vraisemblablement dû influencer le travail de rédaction du projet de révision helvétique. En effet, c'est suite à la restructuration politique du pays qui prend place dans le cadre de son indépendance que la Belgique s'engage dans une réforme monétaire. Par ailleurs, les deux pays présentent un profil économique similaire et entretiennent tous deux d'intenses relations commerciales avec la France ; nous aurons l'occasion d'y revenir dans le chapitre 5.

Aux yeux de la commission, une des principales fonctions du système monétaire fédéral projeté est donc d'améliorer l'intégration commerciale du pays aux marchés extérieurs. Au demeurant, cette conception de l'économie est issue des acteurs libéraux, majoritaires au sein de la Diète fédérale. Toutefois, les membres de la commission préfèrent privilégier une unité qui maintienne un caractère national : il n'est donc pas question de suivre la même voie que la Belgique et d'adopter un système étranger dans son ensemble. Il s'agit uniquement de modeler l'armature monétaire fédérale sur la base du FF avec des

---

115 [s.a.], « Ob Ordnung und Einheit in unserem Münzwesen durch eine Abänderung des Münzfusses zu erreichen wäre ? », *op. cit.*, pp. 1-20 (ici, p. 7) ; [Glutz], *Ueber das Münzwesen*, *op. cit.*, p. 40 ; Moser, Jean Rodolphe, *Objections contre une changement du pied monétaire*, *op. cit.*, pp. 16-17 ; [s.a.], « Einiges über unsere Münzverhältnisse », *Baslerische Mittheilungen*, 05.09.1829, pp. 2-9.

116 *Rapport de la Commission de la Diète aux vingt-deux cantons suisses sur le projet d'Acte fédéral*, *op. cit.*, p. 49. Les monnaies constituent le 27e article du projet d'Acte fédéral de 1832.

117 Durant la réforme monétaire belge, plusieurs propositions sont formulées pour le nouveau pied monétaire : une livre belge, un florin belge ou encore un franc belge. Cette dernière solution est finalement retenue. Sur ce sujet, cf. Thiemeyer, Guido, *Internationalismus und Diplomatie*, *op. cit.*, p. 23 ; Koch-Mehrin, Silvana, *Historische Währungsunion*, *op. cit.*, p. 29 ; Valance, Georges, *La légende du franc*, *op. cit.*, pp. 206-208.

dénominations helvétiques. Afin de réaliser le processus de centralisation et d'unification des monnaies, un article en huit points du projet d'Acte fédéral prévoit l'adoption d'un tarif unifié, le retrait de tous les billons cantonaux et leur renouvèlement par des frappes fédérales.

Lors de la discussion sur ce projet au sein de la Diète fédérale, les milieux marchands de Suisse occidentale lui apportent un soutien unanime[118]. Au-delà de la base monétaire française, ils sont particulièrement intéressés à l'adoption d'un tarif fédéral obligatoire pour les grosses espèces, qu'ils défendent depuis plus d'une décennie. La frappe d'espèces sous la supervision de l'Etat central contribue aussi à l'attrait du projet, car ce serait l'occasion de disposer de pièces de bonne qualité, ce qui est un critère important pour les acteurs du grand commerce. A leurs côtés, les milieux agricoles de Suisse occidentale sont aussi favorables à cet article. Ils insistent sur la nécessité de retirer le mauvais billon et d'adopter un tarif fédéral obligatoire. Si ces deux groupes d'acteurs présentent un front uni pour défendre le projet, les milieux industriels de Suisse orientale s'opposent fermement à tout changement qui prenne pour base le FF. Craignant très sérieusement que l'extension de la Prusse en direction du sud vienne chambouler la structure de la circulation monétaire à l'échelle régionale, ils ne veulent adopter aucune mesure qui puisse venir altérer l'osmose économique et la communauté monétaire qu'ils entretiennent avec les trois Etats du sud de l'Allemagne[119]. S'ils sont favorables à la centralisation des compétences monétaires, le cœur du système doit reposer à leurs yeux sur les espèces allemandes, c'est-à-dire que le pied monétaire doit favoriser une bonne équivalence avec les pièces des voisins du nord et non avec les françaises. Par ailleurs, ils s'opposent à l'idée d'une frappe fédérale qui remplacerait les espèces en circulation. Au contraire, ils exigent que cette prérogative reste en mains cantonales, afin d'être en mesure d'intervenir sur les composantes de la circulation de numéraire à l'échelle régionale. La vive opposition des cantons industriels de Suisse orientale au projet de la commission est soutenue par le canton agricole des Grisons qui refuse en bloc la centralisation. Un député grison, dont le nom n'est pas précisé, souligne qu'il ne peut être question de soutenir la rigidité d'un tarif légal :

> *« Für den Kanton Graubünden entstehen Nachtheile aus einer allgemeinen Tariffirung, da in dem häufigen Verkehr zwischen Bünden und Italien beide Münzsorten, sowohl*

118 La position des cantons est présentée dans Abschied der Tagsatzung, 1833, II, séance du 26.03.1833, pp. 78-82.

119 Cf. les déclarations des députés saint-gallois et thurgoviens lors des séances du 09.07.1833 et du 19.07.1833, in Abschied der Tagsatzung, 1833, I, pp. 272-274.

die Gold- als Silbermünzen, den Italienern zu einem ihren innern Gehalt bedeutend übersteigenden Nennwerth abgenommen werden müssen »[120].

Ce même député annonce même que quels que soient la forme et le contenu retenus, la délégation grisonne mènera l'offensive pour faire échouer le projet. Elle est soutenue par les autres cantons agricoles de Suisse centrale et méridionale qui refusent cet article du projet. Ils veulent maintenir intacte leur souveraineté et s'opposent à tout transfert de compétences.

Située entre ces deux blocs, les représentants de la région zurichoise sont très divisés sur la question. D'un côté, les représentants des intérêts des milieux du coton rejettent en bloc la base monétaire française. Comme pour les représentants de Suisse orientale, le FLa du sud de l'Allemagne doit à leurs yeux être au cœur du projet fédéral. Il faut donc uniquement améliorer les conditions de circulation des monnaies étrangères et en premier lieu allemandes. La frappe de petites pièces par l'Etat permettrait par ailleurs de donner corps à la monnaie de compte. D'un autre côté, les députés zurichois à la Diète fédérale sont favorables à l'ensemble du projet, mais refusent de baser uniquement le système monétaire suisse sur la base du FF. Au contraire des milieux du coton, ils veulent pour leur part que le TB constitue la base de la monnaie de compte fédérale, car le système monétaire zurichois repose sur cette monnaie. Faisant suite à leurs propositions formulées durant la décennie précédente, ils proposent d'adopter un FS de médiation entre le FF et le TB, qui présenterait à leurs yeux l'avantage de satisfaire toutes les parties du pays et qui aurait surtout l'intérêt de ne pas modifier en profondeur la structure de leur système monétaire[121]. L'objectif est de diversifier les sources d'approvisionnement en grosses espèces et éviter une dépendance unilatérale envers un seul pays[122]. Les besoins seraient alors couverts par le recours à plusieurs réservoirs monétaires étrangers. Il serait par ailleurs plus approprié que le FS de 1819 qui, rappelons-le, privilégie la tarification des écus neufs français, mais introduit une équivalence compliquée avec les

120 Intervention d'un député grison lors de la séance du 26.03.1833, citée in Abschied der Tagsatzung, 1833, II, p. 82.

121 Le FS aurait un poids de 121 grains (6.41 grammes d'argent fin). La pièce de 5 FF serait tarifée à 3.5 FS et le TB à 4 FS. De cette manière, toutes les sous-divisions du franc et des thalers pourraient être parfaitement tarifées, 2 FF à 14 batz, 1 FF à 7 batz et 0.5 TB à 20 batz, 0.25 TB à 10 batz. Un commentaire de ce projet figure dans Pestalozzi, Leonhard, *Beyträge zur Schweizerischen Münzgeschichte, op. cit.*, pp. 83-99 et dans Pestalozzi, Leonhard, *Die Münzwirren der westlichen Schweiz nebst dem Versuche ihrer Lösung*, Zürich: Orell, Füssli & Cie, 1839, pp. 31-35.

122 Weisskopf, Erich, *Das schweizerische Münzwesen*, *op. cit.*, p. 62.

espèces allemandes. Si cette proposition permet de rallier une partie des députés des cantons industriels de Suisse orientale, la Suisse occidentale marchande et agricole met à son tour son veto.

Suite à la discussion sur le projet d'Acte en mai 1833, la seconde mouture du projet consiste en un remaniement réactionnaire qui fait la part belle aux intérêts cantonaux[123]. L'article monétaire est quant à lui passablement remanié dans le sens de la proposition zurichoise[124] et n'est même pas voté par les députés[125]. S'il y a peu de différences sur la forme – création d'une monnaie de compte centralisée, tarification d'espèces étrangères, retraits des billons et émissions de petites pièces –, un important remaniement est opéré sur le fond : le pied monétaire basé sur la législation française est remplacé par un FS médian dont la valeur permet de tarifer les espèces allemandes et françaises[126]. Quel que soit le pied retenu, l'enjeu central de ces deux projets est de déterminer sur la circulation de quel pays se reposer[127]. Autrement dit, il s'agit de décider de quel réservoir la Suisse va tirer les grosses pièces nécessaires à sa propre circulation. Si un consensus se dessine quant à la nécessité de se reposer exclusivement sur la circulation d'espèces étrangères en raison des coûts qu'entrainerait l'achat de métaux précieux nécessaires à la frappe, déterminer s'il faut se baser exclusivement sur le système français ou créer un système national laisse apparaître de fortes divergences d'opinions sur le sujet.

---

123 La révision écarte le transfert de la plupart des compétences économiques à l'Etat central. A ce propos, cf. Kölz, Alfred, *Histoire constitutionnelle*, *op. cit.*, pp. 422-423 ; Dierauer, Johannes, *Histoire de la Confédération Suisse*, *op. cit.*, Volume 1, pp. 674-675.

124 La seconde version du pacte se trouve dans Abschied der Tagsatzung, 1833, II, Litt. F, *Entwurf einer revidirten Bundesurkunde*, 55 p. La base de l'article monétaire du second projet (art. 21) provient d'une expertise émanant du Département des finances du Gouvernement de Zurich, dans laquelle siège Leonhard Pestalozzi (cf. note 155 p. 233).

125 Rappard, William Emmanuel, *La Constitution fédérale de la Suisse*, *op. cit.*, p. 84.

126 Schollenberger, Johann Jakob, *Die Schweiz seit 1848. Ein staatsmännisches und diplomatisches Handbuch*, Berlin : O. Häring, 1908, p. 145.

127 Ces deux projets ont donné lieu à peu d'analyses et sont, comme souvent, uniquement mentionnés dans la littérature secondaire sans approfondissements. Quelques exceptions sont tout de même à relever : Blaum, Kurt, *Das Geldwesen der Schweiz seit 1798*, *op. cit.*, pp. 13-16 ; Girtanner-Salchli, Hermann, « Das Münzwesen im Kanton St. Gallen », *op. cit.*, pp. 223-226 ; Schlesinger, William, *Das Geldproblem*, *op. cit.*, pp. 3-4 et 35-37.

Accepté par plusieurs cantons, le projet d'Acte fédéral est refusé début juillet 1833 en votation populaire à Lucerne, où il était prévu d'installer les nouvelles institutions du pays. Ce refus sonne le glas de la tentative de révision amorcée l'année précédente. La structure monétaire du pays reste donc identique à celle des années 1820: toute tentative de changement doit passer par la voie des concordats volontaires. Cet échec exerce néanmoins une influence déterminante sur la structure des discussions en opérant un changement d'échelle. De ce point de vue, le principal achèvement de la période de la Régénération est d'avoir levé l'opposition à la centralisation des compétences monétaire parmi la plupart des milieux économiques suisses, à l'exception des représentants agricoles de Suisse centrale[128]. Dans cette perspective, la question du choix du pied monétaire devient décisive, car elle chapeaute l'ensemble du système. C'est sur cet élément que les milieux économiques vont se déchirer jusqu'au début des années 1840.

L'échec de 1833 n'arrête pas les défenseurs d'une réforme en profondeur du système monétaire suisse. Dès janvier 1834, c'est Zurich qui prend les devants en proposant d'élaborer les grandes lignes d'un concordat commun sur la base des discussions qui ont eu lieu en 1832-1833[129]. Le rapport d'une commission nommée au sein de la Diète fédérale en 1834 pour faire suite à cette proposition est unanime à reconnaître qu'une unité commune doit avant tout assurer l'intégration de la Suisse aux échanges internationaux. A ses yeux, la circulation de grosses espèces étrangères étant inévitable sur le territoire helvétique, il faut modeler les meilleures conditions pour les accepter:

> *« Die Schweiz, zwischen mehrern grossen Staaten in der Mitte liegend, steht in vielfältigem Verkehr mit allen diesen Nachbarn. Nach allen Seiten tauscht sie die Erzeugnisse ihres Landes und ihres Gewerbfleisses gegen diejenigen Dinge aus, die sie für ihren Verbrauch und ihre verschiedenartigen Bedürfnisse nöthig hat. Dieser Austausch zwischen Völkern, wie zwischen eingelnen Menschen, wäre aber, wie jedermann einleuchtet, unendlich beschränkt, wenn nicht die edeln Metalle, und zwar in einer Form, welche ihren Werth leicht erkennbar macht, als Tauschwerkzeug dienen würden. Dadurch kommt aber ein zwischen grossen Staaten liegendes Land, wie die Schweiz, das noch dazu bei geringem Flächenraum ausgedehnte Gränze hat, beständig in den Fall, das Geld seiner Nachbarn zu empfangen, ihnen wieder zurückzugeben und in seinem Innern umlaufen zu sehen. Das deutsch wie das französische Geld ist für sie unvermeidlich,*

128 Blaum, Kurt, *Das Geldwesen der Schweiz seit 1798, op. cit.*, p. 21.

129 Circulaire de la députation zurichoise du 25.01.1834 abordée dans la séance du 24.07.1834, in Abschied der Tagsatzung, 1834, p. 184.

und man kann sagen, diese grossen Nachbarstaaten bilden gewissermassen die Kassen, aus welchen die Schweiz die ihr nöthigen Gold- und Silbermünzen bezieht»[130].

Entre 1834 et 1836, rapports de commissions, expertises, projets et contre-projets se succèdent sans déboucher sur aucun résultat. Au contraire, les députés cantonaux à la Diète fédérale campent sur leur position et sont de moins en moins enclins à faire des concessions. Ces discussions sont l'occasion de bien saisir quels acteurs défendent quelle position[131].

3.1.3. Le franc français pour renforcer l'intégration au commerce international contre le franc suisse pour sauvegarder le débouché allemand

Pour les milieux marchands de Suisse occidentale emmenés par Bâle, l'adoption complète du système monétaire français devient nécessaire en raison de l'évolution du contexte économique international[132]. A leurs yeux, il est indispensable d'uniformiser les pratiques afin de disposer d'un outil capable de

---

130 Abschied der Tagsatzung, 1834, Litt. DD, *Kommissionsbericht an die Hohe eidgenössische Tagsatzung, betreffend die Zentralisirung des schweizerischen Münzwesens, und die Einführung eines gleichförmigen Münzfusses in der Schweiz (23.08.1834)*, 7 p. (ici, p. 1). La composition de la commission témoigne de la volonté de prendre en considération les exigences des différents secteurs économiques. La Suisse occidentale marchande est représentée par le marchand-banquier genevois Alexandre-Louis Prevost-Martin (cf. note 231 p. 254), actif à Londres au début du 19e siècle, qui fait office de rapporteur, et par le juriste bâlois Carl Burckhardt (1795-1850). L'avocat saint-gallois Christian Friedrich Fels (cf. note 151 p. 232) défend les intérêts des cantons industriels de Suisse orientale. L'avocat tessinois Corrado Molo (1792-1864), ainsi que l'avocat et industriel grison Jakob Ulrich Sprecher von Bernegg sont les voix des cantons agricoles de Suisse méridionale. La région zurichoise est représentée de manière informelle par deux experts extérieurs qui représentent les intérêts complexes du canton : le commerçant en soie zurichois Hans Conrad von Muralt et le banquier Leonhard Pestalozzi (cf. note 155 p. 233) qui défend l'industrie du coton.

131 Les exigences de chaque canton sont présentées de manière détaillée dans Abschied der Tagsatzung, 1836, Litt. Q, *Protokoll der zum Zweck der Regulirung des schweizerischen Münzwesens während der Dauer der ordentlichen eidgenössischen Tagsatzung zu Bern, Donnerstag, den 4. August 1836 Statt gehabten Konferenz von Standes-Abgeordneten*, 04.08.1836, 5 p.

132 Au-delà de la Belgique qui adopte le FF en 1832, il convient de mentionner que le Pacha d'Egypte donne cours légal aux FF sur l'ensemble de ses possessions territoriales en 1837.

renforcer l'intégration de la Suisse à l'économie mondiale. Ils veulent profiter du dynamisme commercial français et en particulier du rôle croissant du Havre, relais vers les Amériques pour le commerce extérieur helvétique[133]. La nature de leurs activités nécessite une unité de valeur qui réduise au maximum les risques de change et qui favorise la fluidité des transactions avec l'étranger. De plus, les relations que ces milieux entretiennent avec Paris, qui s'impose comme la principale place financière du continent, renforcent leur volonté de s'aligner sur la France. Puisque les paiements qu'ils doivent régler dans la capitale française se font en FF, adopter cette monnaie en Suisse permettrait de réduire leur frais d'acquisition. A l'intérieur, la création d'un marché unifié contribuerait à recentrer les trois villes de Bâle, Genève et Neuchâtel au cœur des principaux axes de transit européens qui ont tendance à contourner l'espace économique helvétique en raison des nombreux obstacles présents sur le territoire[134]. Ce serait alors l'occasion de concentrer l'importation de matières premières et l'exportation de produits finis dans leur direction, car les flux en direction des ports de Hambourg et de Trieste leur échappent encore.

Un autre objectif poursuivi par les milieux bâlois est de renforcer leur poids au sein de l'économie nationale. Car c'est un des enjeux centraux pour le capitalisme bâlois : asseoir son rôle de principal centre financier du pays. Durant toute la première moitié du 19e siècle, Bâle est incontestablement le réservoir de capitaux de toute la Suisse. A partir des années 1820 et surtout des années 1830, une masse de capitaux placés en Alsace sont retirés et réorientés en direction du marché intérieur et du sud de l'Allemagne[135]. Les banquiers bâlois participent largement au financement de l'industrie textile (mécanisation de la schappe et filature du coton) dans les régions d'Argovie, de Glaris et de Zurich. Selon l'historien Hans Conrad Peyer, « *Es gibt in der Tat kaum eine grössere Spinnerei im Kanton Zürich, die in den 1830er und 1840er Jahren ohne eine baslerische Partialanleihe errichtet oder vergrössert worden wäre* »[136]. Les détenteurs de

133 Meier, Heinz K., *The United States and Switzerland in the Nineteenth Century*, The Hague : Mouton & Co, 1963, p. 18.

134 En 1842, le commerce de transit représente 62 % du commerce total de marchandises de la ville de Bâle. Cf. Huber, Paul, *Die Schweizerische Centralbahn. Ausgangsbedingungen-Gründung-Finanzierung der ersten Baujahre*, mémoire de licence de l'Université de Bâle, 1979, p. 19.

135 Les références bibliographiques sur l'exportation de capitaux bâlois se trouvent dans la note 80 p. 137.

136 Peyer, Hans Conrad, « Basel in der Zürcher Wirtschaftsgeschichte », *op. cit.*, pp. 223-237 (ici, p. 236). Il faut également ajouter un processus de délocalisation des industriels bâlois (filature et tissage mécaniques) dans le Grand-Duché de Bade

capitaux bâlois jouent également un rôle central dans le financement du grand commerce de la soie zurichoise et des premiers pas de l'industrie hôtelière. En 1838, un consortium de 18 Bâlois participe à près de 40 % du financement du premier grand hôtel de luxe zurichois, le "Savoy Hotel Baur en Ville", pour le montant de 145'000 FF[137]. Afin d'étendre leurs affaires plus à l'est – surtout en direction de Saint-Gall –, il est indispensable de disposer d'une monnaie unifiée qui soit la plus universelle possible afin de supprimer le risque de change qui pourrait peser sur le débiteur au moment d'acquérir les grosses espèces pour le remboursement. Selon les déclarations d'un député bâlois à la Diète fédérale de 1834, l'adoption d'un autre pied monétaire que le français engendrerait une perte minimum de 0.5 % pour tous les détenteurs de capitaux de Suisse occidentale, car leurs investissements et leurs affaires sont libellés avec la monnaie française[138]. En raison des difficultés de l'équivalence entre le FF et un pied monétaire suisse, la transition engendrerait des pertes sur toutes les valeurs. Décidés à défendre la centralisation des compétences monétaires sur la base du FF, les milieux marchands de Suisse occidentale s'opposent désormais à participer à toute forme de concordat, en raison de leurs effets limités. En 1836, les représentants des cantons de Bâle-Ville et de Genève déclarent à la Diète fédérale se retirer de toute discussion qui n'aurait pas pour but d'adopter le système français.

Les cantons agricoles de Suisse occidentale sont plus partagés sur la question. Actifs sur les marchés de proximité, ils souffrent de la diversité des pièces en circulation qui compromettent la fluidité de leurs activités. Au contraire des milieux marchands, ils n'exigent pas l'adoption du système français dans son ensemble[139]. Leurs revendications portent sur le retrait du billon et l'adoption du FF comme monnaie de compte à l'échelle fédérale afin de disposer d'une unité qui tarifie la valeur nominale des grosses pièces suisses et étrangères selon leur valeur réelle. Ils doivent en effet supporter les pertes de change lors

---

et le Royaume du Wurtemberg. A ce propos, cf. HUMAIR, Cédric, *Développement économique et Etat central*, *op. cit.*, note 19 p. 134 et WALTER, Rolf, *Die Kommerzialisierung von Landwirtschaft*, *op. cit.*, pp. 456-461.

137 La liste des souscripteurs se trouve dans SCHULTHESS, Hans, *Savoy Hotel Baur en Ville Zürich, 1838-1938*, Zürich : Buchdr. Schulthess, 1938, p. 10.

138 Intervention d'un député bâlois lors de la séance du 24.07.1834, citée in ABSCHIED DER TAGSATZUNG, 1834, p. 185.

139 « Verhandlungen über das Münzwesen », séances des 3, 4, 9 et 10.04.1832 du GC bernois, n° 23, 24, 25 et 26, *Anzeiger der Regierungs-Verhandlungen der Republik Bern*, [s.l.] : [s.n.], 1832, pp. 90-94 et 98-101.

de chaque transaction portant sur des valeurs non équivalentes au FF[140]. En conséquence, l'écoulement de leurs produits en direction de la Suisse centrale est partiellement grevé par les barrières monétaires intérieures. Ils exportent en outre une partie de leur production sur les marchés français, piémontais et savoyards (vins vaudois, fromages fribourgeois, bétails). Pour ces milieux, l'alignement suisse sur l'organisation monétaire française ne fait aucun doute. Au sein de la Diète fédérale, la députation bernoise annonce en 1834 ne voter que pour le système français et s'opposer à toute autre proposition[141]. Ce n'est pas l'avis d'un député argovien, dont le nom n'est pas précisé, pour qui la question monétaire est

> *« [...] eine wahrhafte Nationalfrage, deren beförderliche und zweckmässige Lösung um so wünschbarer sey, als der schweizerische Handel und die kommerzielle Entwicklung der Schweiz überhaupt erst dannzumal mit den diessfallsigen Verhältnissen der Nachbarländer gleichen Schritt werden halten können »*[142].

L'adoption de mesures monétaires communes contribuerait donc à renforcer les relations extérieures et à développer les activités sur le marché intérieur. Au début des années 1830, les produits agricoles helvétiques restent frappés de nombreux interdits sur les marchés étrangers. La possibilité de compenser la perte des débouchés extérieurs par une réorientation des ventes à l'intérieur du pays demeure de première importance pour les milieux agricoles de Suisse occidentale. Les représentants argoviens et vaudois sont même prêts à se ranger dans le camp du FS médian qui figure dans la seconde mouture du Pacte de 1833 s'il pouvait lever les obstacles intérieurs[143].

Les deux cantons de Suisse centrale et méridionale de Lucerne et du Valais figurent aussi dans le camp des défenseurs du FF. Dans le premier cas, c'est la position géographique et l'importance de l'écoulement de la production de céréales dans les cantons limitrophes d'Argovie, de Vaud et surtout de Berne qui enjoint les milieux économiques à se rallier au pied monétaire français. Ils cherchent en effet à élargir le rayon de distribution de leur production en direction des cantons helvétiques frontaliers, ce qui serait notamment facilité

---

140 [Jenner, Ludwig von], *Votrag des Finanzdepartementes an den Grossen Rath über das Münzwesen*, Bern : L. A. Haller, 1832, pp. 4-5.

141 [s.a.], « Berne », *Gazette de Lausanne*, 20.06.1834, p. 3.

142 Intervention d'un député argovien lors de la séance du 26.07.1836, citée in Abschied der Tagsatzung, 1836, p. 203.

143 Cf. l'intervention d'un député vaudois lors de la séance du 26.07.1836, citée in *Ibid.*, pp. 203-204.

par l'adoption d'une monnaie commune. Par ailleurs, avec le développement du tourisme en direction de la Suisse centrale (autour du lac de Lucerne) et de la Vallée de Chamonix, le nombre de touristes augmente[144]. La croissance de ce secteur économique intéresse en premier lieu les banquiers privés et les hôteliers[145], qui veulent disposer d'une monnaie universelle. Dans le cas du Valais, la défense du FF s'explique par les relations commerciales avec la Sardaigne qui reposent sur la monnaie française. Au demeurant, pour les milieux économiques lucernois et valaisans, l'alternative au FF, le FLa, ne correspond pas à la structure de leurs activités. La monnaie allemande aurait en effet tendance à compliquer la fluidité de leurs affaires menées sur les marchés italiens et français. Au contraire, le FF est reçu parmi les partenaires étrangers, les touristes et les milieux agricoles de Suisse occidentale, tout en étant utilisé pour régler la solde des mercenaires.

Les défenseurs du système français reprochent au FS médian proposé par Zurich et qui figure dans la seconde version du Pacte de 1833 son approximation, puisque le tarif légal projeté sur le FF et le TB diffère légèrement de leur valeur métallique, introduisant, de fait, un cours abusif dans la loi[146]. De surcroît, l'instabilité monétaire au sein du « Zollverein » constitue un risque supplémentaire. Tarifer les espèces allemandes à la veille d'une réforme est pour le moins périlleux[147]. Aux yeux de ses détracteurs, le projet que Pestalozzi a réussi à inclure dans la révision du Pacte en 1833 ne fait donc que confirmer la tentative désespérée de lutter à tout prix contre le FF et éviter les frais de frappe sur

---

144 Heafford, Michael, « Between Grand Tour and Tourism. British travellers to Switzerland in a period of transition, 1814-1860 », *The Journal of Transport History*, 27, 1, 2006, pp. 25-47 (ici, p. 28).

145 Körner, Martin, *Banken und Versicherungen im Kanton Luzern vom ausgehenden Ancien Régime bis zum Ersten Weltkrieg*, Luzern ; Stuttgart: Rex-Verlag, 1987, pp. 37 et 58.

146 Selon le poids du FS proposé, le contenu métallique de 5 FF devrait valoir 35.01 batz et celui de 1 TB 40.03 batz, mais ces pièces seraient respectivement tarifés à 35 et 40 batz. Par ailleurs, ce projet ne prend ni en compte les dévaluations successives sur le TB, ni leur degré d'usure. Il adopte comme base le contenu métallique théorique de ces pièces, alors que leur poids réel varie de près de 0.5 %, valeur qui serait intégrée au tarif fédéral et qui ne ferait donc que perpétuer une tarification inadéquate. Sur cette question : Abschied der Tagsatzung, 1834, Litt. DD, *Kommissionsbericht, op. cit.*, 7 p. (ici, p. 6).

147 *Ibid.*, p. 2.

les grosses espèces[148]. Aux yeux des partisans du FF, il ne s'agirait, en somme, que de maintenir le *statu quo* en bricolant une tarification branlante qui satisfasse approximativement l'approvisionnement du pays.

Afin de faire face au nombre croissant de partisans du FF, les milieux industriels de Suisse orientale et certains acteurs de la région zurichoise mettent tout en œuvre pour sauvegarder leurs intérêts. C'est que leur situation commerciale souffre de la création du « Zollverein ». Fondé en 1833, il vise à protéger le marché intérieur par l'érection d'un système à teinte protectionniste qui ébranle l'osmose économique régnant entre les Etats du sud de l'Allemagne et les cantons du nord-est. Malgré quelques abaissements consentis par le Grand-Duché de Bade et les royaumes de Bavière et du Wurtemberg, les secteurs de l'agriculture (bétail, vin, fromage), des arts et métiers et les petits fabricants (cuir, coton, lin) actifs sur les marchés régionaux perdent une partie de leurs débouchés extérieurs[149]. Les acteurs du grand commerce du coton et de la soie zurichois craignent également de ne plus pouvoir traverser les territoires allemands pour rejoindre les ports du nord[150]. Dans ces conditions, il est tout simplement inconcevable de modifier l'armature monétaire régionale qui est une composante essentielle garantissant de bons rapports économiques avec les Etats du sud de l'Allemagne. Ce point de vue est formulé par l'avocat saint-gallois Christian Friedrich Fels dans un commission monétaire nommée au sein de la Diète fédérale en 1834[151] : « *[…] denn niemals steht zu erwarten, dass die östlichen Kantone*

---

148 Ce point de vue est à plusieurs reprises mentionné lors des délibérations à la Diète fédérale, notamment dans *Ibid.*, p. 5 et dans Abschied der Tagsatzung, 1837, Litt. FF, *Gutachten der Expertenkommission in Sachen des schweizerischen Münzwesens an den hohe eidgenössischen Vorort*, 9 p. (ici, p. 8).

149 Humair, Cédric, *Développement économique et Etat central*, *op. cit.*, pp. 130-134.

150 Ces craintes sont exprimées dans une commission de la Diète fédérale en 1834 : Abschied der Tagsatzung, 1834, Litt. FF, *Bericht über die schweizerischen Handelsverhältnisse zu den verschiedenen Staaten des Auslandes, erstattet an den eidgenössischen Vorort von der in Angelegenheiten des schweizerischen Handels im Christmonat 1833 einberufenen eidgenössischen Expertenkommission*, 8 p. Ces marchandises transitent en grande partie par les foires de Leipzig et de Francfort. Selon Humair, Cédric, *Développement économique et Etat central*, *op. cit.*, p. 135, environ 70 % de la production cotonnière zurichoise et 50 % des produits de la soie partent à cette période en direction du Nouveau Monde.

151 Christian Friedrich Fels-Friedrich (1794-1862), SG, fils de Johann Michael, pasteur et professeur de théologie ; beau-fils d'Othmar Friedrich, négociant. Avocat exerçant à Saint-Gall. Député au GC de SG (1829-1861) et CdE de tendance radicale modérée (1839-1861, landamman à quatre reprises).

das ihnen in Werthung und Benennung fremde, den Verkehr mit Deutschland erschwerende französische Dezimalmünzsystem annehmen wollten»[152]. Les milieux industriels de Suisse orientale sont donc décidés à maintenir intacte la circulation de leurs monnaies. La situation se double d'une difficulté supplémentaire: leur position pourrait très fortement se modifier selon les résultats des conférences monétaires allemandes prévues pour 1837. Face à ces conséquences incertaines, ils estiment plus judicieux d'attendre, ce qui fournit par ailleurs un argument de poids pour s'opposer à toute décision commune. En 1836, un député schaffhousois, dont le nom n'est pas précisé, le formule ainsi devant ses collègues à la Diète fédérale:

> «*[...] dass der Entscheid der Frage, ob dieses oder jenes Münzsystem einem Lande zusage, jedesmal von dem Umstand abhange, ob dasselbe mit dem Münzsystem desjenigen andern Staates, mit welchem der grösste Verkehr bestehe, in ein leichtes und vortheilhaftes Verhältnis gebracht werden könne; demnach wäre es vielleicht angemessen, zuzuwarten, bis die deutsche Zollunion, mit welcher die östlichen Kantone der Schweiz in so vielfachen Verkehrsbeziehungen stehen, das von ihr beabsichtigte neue deutsche Münzsystem wirklich aufgestellt haben werde*»[153].

Afin de renforcer sa position et éviter toute entente qui serait contraire à ses intérêts, la députation de Saint-Gall se retire des délibérations menées à l'échelle fédérale en 1836 ; elle est suivie par les députés d'Appenzell et de Thurgovie. Les Saint-Gallois vont même jusqu'à mettre en garde les délégués cantonaux contre les méfaits d'une centralisation qui ne prendrait pas pour base le système médian[154].

Les milieux industriels de Suisse orientale trouvent un soutien de poids auprès du banquier zurichois Leonhard Pestalozzi, alors principal expert du pays dans les questions monétaires[155]. L'objectif poursuivi par le Zurichois est

---

152 Propos du Saint-Gallois Christian Friedrich Fels cités in Abschied der Tagsatzung, 1834, Litt. DD, *Kommissionsbericht*, *op. cit.*, 7 p. (ici, p. 7).

153 Intervention d'un député schaffhousois lors de la séance du 26.07.1836, citée in Abschied der Tagsatzung, 1836, pp. 202-203.

154 *Ibid.*, p. 203. Au contraire, la députation glaronnaise se rallie au système français en raison des importantes exportations de l'industrie cantonale sur les marchés du monde: Abschied der Tagsatzung, 1836, Litt. Q, *Protokoll*, *op. cit.*, 5 p. (ici, p. 3).

155 Leonhard Pestalozzi-Römer (1786-1864), ZH, fils de Salomon (1753-1840), fondateur de la banque "Salomon Pestalozzi zum Steinbock" active dans le négoce de soie et le change; beau-fils de Melchior Römer, commerçant (casques et cuirasses). Entre dans la banque paternelle qu'il reprend à son compte suite au décès de son père. Abandonne les activités dans la soie au profit du financement d'activités industrielles dans le coton zurichois et saint-gallois, tout en ayant une importante

d'améliorer l'écoulement de la production de filés de coton à l'échelle régionale et en particulier en direction des cantons de Suisse occidentale (Argovie) et centrale (Zoug). Pour y parvenir, il préconise la création de deux zones monétaires sur le territoire helvétique, l'ouest rattaché au FF et l'est au FLa. Afin de faire la jonction entre ces deux aires, il prévoit plusieurs mesures communes : un FS médian centralisé, un tarif fédéral minimal sur les principales espèces étrangères qui circulent dans le pays et la frappe de pièces par l'Etat central[156]. Au contraire des revendications des milieux marchands de Suisse occidentale, le projet du Zurichois repose sur un degré minimal de centralisation des compétences, afin de laisser une marge de manœuvre suffisamment large aux cantons pour modeler la structure de leur circulation monétaire selon leurs besoins[157]. Ce projet présente l'avantage de ne pas dépendre d'une seule source d'approvisionnement en numéraire : toute modification législative à l'étranger n'aurait en conséquence qu'une influence limitée sur la circulation helvétique. A renfort d'arguments de nature historique, Pestalozzi met en avant que les Confédérés n'ont jamais réussi à s'entendre dans les questions monétaires, signe qu'ils ne seraient donc pas faits pour partager des institutions communes[158]. L'objectif du banquier zurichois est donc bien de sécuriser l'approvisionnement à moindres

activité sur le change des monnaies. Membre de la "Münzaufsichtscommission" de Zurich dès 1829 ; membre de la "Zürcher Handelskammer" (1835-1857), membre de la direction de la "Bank in Zürich" (1836-1864). Actionnaire de compagnies de chemins de fer régionales – "Schweizerische Südostbahn", "Sanktgallisch-Appenzellische Eisenbahngesellschaft", "Schweizerische Nordostbahn" – et de navigation sur le lac de Zurich ("Dampfschifffahrtsgesellschaft vom Zürich- und Wallensee"). Participe aux emprunts fédéraux dès 1848. Principal expert monétaire suisse durant toute la période de la Régénération ; nombreuses publications relatives aux questions monétaires dès la fin des années 1820 ; partisan de l'adoption du FLa en Suisse.

156 Sur la proposition du FS à 121 grains, qui figure dans la seconde mouture du projet de révision du Pacte en 1833, cf. Pestalozzi, Leonhard, *Beyträge zur Schweizerischen Münzgeschichte, op. cit.*, pp. 77-80 et Pestalozzi, Leonhard, *Die Münzwirren der westlichen Schweiz, op. cit.*, pp. 39-41. A ce moment, le TB et la pièce de 5 FF sont reçus à trois prix différents dans les cantons limitrophes de Zurich, ce qui engendre des pertes sur chaque transaction effectuée au niveau régional et un commerce de spéculation sur ces espèces.

157 En raison de ses échanges orientés sur les marchés italiens, le canton du Tessin pourrait par exemple selon le projet de Pestalozzi tarifer la livre de Milan. D'autres exceptions sont formulées pour les cantons industriels de Suisse orientale.

158 Son ouvrage – Pestalozzi, Leonhard, *Beyträge zur Schweizerischen Münzgeschichte, op. cit.* – remonte au Moyen-Âge et mobilise l'histoire comme faire

coûts, sans empiéter sur la régale cantonale. Ce projet, qui vise uniquement à satisfaire les intérêts des milieux économiques zurichois et de Suisse orientale, reçoit l'appui des acteurs de Suisse centrale. Non pas que ces cantons soient intéressés à modifier d'une quelconque manière l'armature fédérale, mais parce que cette solution garantirait leur souveraineté[159]. Toutefois, le projet de Pestalozzi ne reçoit qu'un accueil mitigé parmi les acteurs de la région zurichoise. En 1836, la députation zurichoise à la Diète fédérale, composée par des représentants du secteur de la soie, se rallie en effet à l'adoption du FF[160].

Las des projets et contre-projets qui ne débouchent sur aucun résultat, les premières propositions d'abandonner la poursuite des discussions sont formulées dès 1835 par un quart des délégués cantonaux, représentant tous les « mondes de production »[161]. En 1836, les délégués à la Diète fédérale suspendent, sur l'initiative de la députation vaudoise, toute discussion jusqu'à la tenue d'une conférence prévue pour 1838[162].

3.2. Genève, le « Zollverein » et la Suisse : l'influence de deux réformes monétaires sur la situation fédérale

Entre la décision fédérale de 1836 de suspendre les discussions et la tenue de la conférence de Lucerne en 1838, deux événements viennent considérablement influencer la marche des affaires monétaires helvétiques. Les milieux bancaires genevois, convaincus que toute solution commune est illusoire suite à l'échec de la révision du Pacte en 1833, entreprennent de réformer de fond en comble l'architecture du système monétaire cantonal. En l'espace de quatre ans, le système restauré après la période napoléonienne est remplacé par le *franc de Genève*, qui est une copie du FF. Au sein du « Zollverein », les participants entreprennent un processus d'uniformisation de leurs systèmes monétaires. Prévue par l'accord

---

valoir de l'indépendance des cantons suisses et comme justification pour limiter le processus de centralisation.

159 Les députés de Suisse centrale ne prennent part à aucun débat à la Diète fédérale, si ce n'est pour signifier leur refus de collaborer ou de participer à toute conférence ou concordat. Leurs rares interventions se font systématiquement dans le sens d'une défense acharnée de leur régale monétaire et d'une opposition à toute atteinte à leur souveraineté. Cf. par exemple l'intervention des députés de Schwytz et d'Uri lors de la séance du 26.07.1836, in Abschied der Tagsatzung, 1836, p. 203.

160 Abschied der Tagsatzung, 1836, Litt. Q, *Protokoll*, *op. cit.*, 5 p. (ici, p. 2).

161 Abschied der Tagsatzung, séance du 17.08.1835, p. 263. Il s'agit des représentants de Neuchâtel, Berne, Tessin, Uri, Appenzell et Saint-Gall.

162 Abschied der Tagsatzung, séance du 06.09.1836, pp. 204-205.

douanier de 1833, une réforme de grande ampleur débute en 1837. En l'espace d'à peine deux ans, tous les Etats membres de l'union douanière se retrouvent intégrés au sein de deux zones monétaires unifiées, couvrant la plus grande partie des territoires allemands. L'adoption d'une monnaie basée sur le FF dans le canton de Genève et l'unification réalisée sur la base du FLa au sein des Etats limitrophes allemands renforcent les partisans de chaque système en Suisse, compliquant très sérieusement une entente sur le plan monétaire entre les différents milieux économiques helvétiques.

3.2.1. Faire face à la lenteur proverbiale des délibérations fédérales : la naissance du *franc de Genève* (1835-1839)

Suite à l'entrée du canton de Genève dans la Confédération helvétique en 1814, les autorités politiques restaurent l'ancien système monétaire duodécimal, basé sur la livre courante (monnaie de compte) et la frappe de billons de faible valeur[163]. Afin de satisfaire les besoins du commerce en pièces de qualité, les principales espèces européennes obtiennent cours légal dans le canton, ce qui permet aussi bien de faire des économies sur les frappes, que d'assurer l'intégration monétaire de l'économie genevoise aux marchés extérieurs[164]. Toutefois, si la restauration du système monétaire satisfait à court terme les habitudes genevoises et assure l'approvisionnement en numéraire, le développement des activités économiques sur le plus long terme souffre de cette cocarde monétaire bigarrée qui se compose d'au moins cinq valeurs principales (le florin, la livre

---

163 Durant la période française, le système décimal français devient l'unité monétaire de Genève. La loi du 21.03.1816 rétablit le système d'avant 1792 basé sur une livre courante (7.26 grammes d'argent fin) qui correspond à 3.5 florins genevois. D'après le numismate genevois Eugène Demole, le florin et la livre sont populaires parmi la population, tandis que les banquiers donnent leur préférence aux FF. Au sortir de l'occupation, les autorités et les citoyens cherchent toutefois à gommer tout souvenir de la période française et luttent contre le maintien du FF. Cf. Demole, Eugène, *Histoire monétaire de Genève, op. cit.*, pp. 49-51 et 82-83.

164 Les principales espèces continentales sont tarifées à Genève : piastres d'Espagne, francs et livres de France, thalers de Brabant, écus de Bavière ou encore écus du Piémont. Le tarif est donné dans la « Loi sur la base de l'argent courant, le cours des monnoies, et le billon qui peut entrer dans les paiemens du 21 mars 1816 », in *Recueil authentique des lois et actes du gouvernement de la République et Canton de Genève*, Tome II, 1816, pp. 115-119. La liste de toutes les pièces ayant cours figure aussi dans Odier, Jacques-Louis, *Du système monétaire actuel du canton de Genève, op. cit.*, pp. 2-3.

courante, le franc de France, la livre de Suisse et l'écu du Piémont) qu'il est impossible de faire concorder exactement au sein du même tarif, en raison des décimales dans les équivalences[165]. Avec l'accroissement des affaires, plusieurs milieux économiques exigent de disposer d'une unité monétaire unifiée qui soit à même de simplifier les relations commerciales intérieures et extérieures[166]. Avant d'entrer plus en détail dans la réforme monétaire genevoise, il est nécessaire de prendre en compte les composantes du tissu économique pour bien comprendre les besoins et les revendications des différents acteurs.

Durant le premier tiers du 19e siècle, la structure économique genevoise se modifie en profondeur : les industries motrices du siècle précédent périclitent ou sortent fortement affaiblies de la période napoléonienne et de ses conséquences[167]. L'industrie des indiennes ne supporte pas la concurrence des produits anglais qui inondent le continent après 1815 : elle disparaît complètement au début des années 1830[168]. La draperie et la tannerie sont quant à elles confrontées au protectionnisme européen qui se développe dès 1816 et ne trouvent une planche de salut qu'au prix d'une réorientation de leurs affaires sur le marché intérieur[169]. Quant à l'horlogerie, elle connaît une longue période de stagnation jusqu'à la fin des années 1820[170]. En raison de ces changements, la structure

---

165 L'organisation duodécimale (calculs en livres, sous et deniers) interdit un rapport clair avec les cts. A ce propos, se référer à Lombard, Jean-Eloi, *Du système monétaire à Genève et en Suisse. Mémoire lu à la Société d'utilité publique dans sa séance du 3 février 1843*, Genève : Imprimerie Ch. Gruaz, 1843, pp. 6-8.

166 Une première version de l'analyse de la réforme monétaire genevoise est parue en 2018 : Chiarelli, Jan, « L'adoption du *franc de Genève* (1825-1838) : enjeux économiques et réseaux d'acteurs », *Bulletin de la SHAG*, 45, 2016-2018, pp. 24-33.

167 Babel, Antony, « Genève et la révolution industrielle, XVIIIe-XIXe siècles », in *Mélanges d'études économiques et sociales offerts à Claudius-P. Terrier*, Genève : Georg, 1968, pp. 1-22 (ici, pp. 3-13) ; Wuarin, Louis, *Le mouvement économique, 1814-1914*, Genève : A. Jullien, 1914, pp. 22-28.

168 Babel, Antony, *La Caisse hypothécaire et le développement économique du canton de Genève*, Genève : Librairie de l'Université, 1947, pp. 77-78 ; Deonna, Henry, « Une industrie genevoise de jadis : les indiennes », *Genava*, 8, 1930, pp. 185-240 (ici, pp. 198 et 239) ; Piuz, Anne-Marie, « Note sur l'industrie des indiennes à Genève au XVIIIe siècle », in Piuz, Anne-Marie, *A Genève et autour de Genève aux XVIIe et XVIIIe siècles : études d'histoire économique*, Lausanne : Payot, 1985, pp. 232-243 (ici, pp. 234 et 239).

169 Dunant, David, *Coup d'œil historique sur l'industrie genevoise*, Genève : D. Dunant, 1828, p. 139.

170 Donzé, Pierre-Yves, *L'invention du luxe*, *op. cit.*, pp. 12-19.

économique genevoise repose, durant la première moitié du 19e siècle, sur quatre piliers qui ont en commun d'être très fortement internationalisés: l'horlogerie, le tourisme, l'import-export et la banque[171]. A ces secteurs s'ajoute le commerce de proximité qui écoule ses produits sur les marchés régionaux et en particulier dans les Zones franches savoyardes et du Pays de Gex qui entourent le canton. La composante étrangère représente ainsi un élément central du tissu économique genevois. Le développement rapide des affaires dès le début des années 1830 couplé à la modification structurelle du commerce international européen – réouverture du transit en France, concentration des flux commerciaux en direction du Havre et création du «Zollverein» – provoquent un rapprochement important avec les marchés français et italiens. Cette évolution pousse les acteurs des différents secteurs économiques genevois à chercher une meilleure intégration à l'économie européenne et à améliorer leur compétitivité. Parmi leurs revendications, la modernisation de l'armature monétaire permettrait non seulement de briser de nombreux obstacles qui ralentissent les activités à l'échelle régionale, mais aussi d'optimiser les conditions d'échange avec les partenaires étrangers.

Dans le secteur de l'horlogerie, le marasme économique s'atténue à la fin des années 1820, grâce notamment à toute une série de modifications structurelles (mécanisation, standardisation, nouveaux produits ou encore formation)[172]. Vers 1830, ce secteur fait vivre entre 15 % et 20 % de la population de la ville[173]. Les exportations reprennent dès les années 1830 les chemins du monde: de la Chine aux deux Amériques en passant par la Russie, le nord de l'Afrique et le Levant, les montres genevoises s'implantent sur tous les marchés du globe. En se basant sur les estimations des consuls suisses établis dans les principales places de commerce européennes, le secteur horloger suisse exporterait pour quelque

---

171 Babel, Antony, *La Caisse hypothécaire, op. cit.*, pp. 35-46 et 73 ; Guichonnet, Paul, Waeber, Paul, «Révolutions et restauration (1782-1846)», in Guichonnet, Paul, (Dir.), *Histoire de Genève*, Toulouse: Privat ; Lausanne: Payot, 1986³ (1e édition: 1974), pp. 255-298 (ici, pp. 287-291).

172 Donzé, Pierre-Yves, *L'invention du luxe, op. cit.*, pp. 21-22 ; Babel, Antony, *La fabrique genevoise*, Neuchâtel ; Paris: Ed. Victor Attinger, 1938, pp. 74-80. Cf. aussi Sougy, Nadège, «Liberté, légalité, qualité: le luxe des produits d'or et d'argent à Genève au XIXe siècle», *Entreprises et histoire*, 46, 1, 2007, pp. 71-84 (surtout les pp. 72-79) et Sougy, Nadège, «Les montres de Genève au XIXe siècle. La fabrique des qualités», *Revue d'histoire moderne & contemporaine*, 65, 1, 2018, pp. 7-28 (ici, pp. 16-19).

173 Babel, Antony, *La fabrique genevoise, op. cit.*, p. 76.

3 millions de FF au début des années 1840, sans qu'il ne soit possible de déterminer la part genevoise[174]. Très sensibles à la conjoncture internationale, les marchands-horlogers cherchent à améliorer leur compétitivité afin d'être plus concurrentiels dans leur recherche de nouveaux débouchés à l'échelle internationale. Dans cette perspective, ils veulent s'assurer de disposer d'une monnaie qui soit la plus répandue et la plus stable possible. En prise directe avec une très grande diversité de marchés, ils recherchent l'utilisation d'une valeur universelle qui contribuerait à diminuer les pertes de change et les nombreux calculs d'équivalence qui découlent inévitablement de la présence d'une monnaie de compte à l'échelle cantonale. Ils se trouvent toutefois dans une situation compliquée, car ils fondent de grosses quantités de pièces d'or et d'argent étrangères pour obtenir la matière première nécessaire à leurs activités. Ils doivent donc être en mesure d'assurer leur approvisionnement régulier par une tarification aussi large que possible. De ce point de vue, la piastre espagnole joue un rôle de premier plan : lorsqu'ils sont payés avec cette monnaie, les horlogers genevois la reçoivent en moyenne 2 % plus cher que les maisons de change. Connue sous le nom de « différence de piastre », cette pratique a pour fonction de s'alimenter en matière première en haussant légèrement le prix d'achat d'acquisition de la pièce. De la sorte, il devient plus profitable pour l'horloger de la fondre pour récupérer l'argent que de l'écouler dans le commerce et de perdre 2 % de sa valeur. Au demeurant, ce canal d'approvisionnement reviendrait 0.75 % moins cher que d'acheter du métal sur le marché[175].

174 Les rapports des consuls ne distinguent pas systématiquement l'origine des pièces d'horlogerie exportées. Ce montant de 3 millions de FF doit être considéré comme une évaluation des exportations qui fournit néanmoins un ordre de grandeur pour tâcher d'évaluer le poids de ce secteur économique sur les marchés étrangers. Ce chiffre se base sur les informations contenues dans : AF, D0#1000/3#1203*, lettres du consul suisse de Bruxelles au Vorort, 10.01.1844, 4 p. (ici, p. 1) et 21.02.1845, 5 p. (ici, p. 3), AF, D0#1000/3#1202*, lettre du consul suisse d'Amsterdam au Vorort, 28.04.1843, 8 p. (ici, p. 6), AF, D0#1000/3#1204*, lettres du consul suisse de St-Pétersbourg au Vorort, 01.02.1841, 2 p. (ici, p. 1) et du 24.02.1844, 8 p. (ici, p. 3), AF, D0#1000/3#1200*, lettre du consul suisse de Londres au Vorort, 30.01.1844, 6 p. (ici, p. 1), AF, D0#1000/3#1191*, lettre du consul suisse d'Alger au Vorort, 25.01.1845, 7 p. (ici, p. 1), AF, D0#1000/3#1193*, lettre du consul suisse de Gênes au Vorort, 12.06.1845, 3 p. (ici, p. 2), AF, D0#1000/3#1200*, lettre du consul suisse d'Odessa au Vorort, 1843, 2 p. (ici, p. 2), AF, D0#1000/3#1189*, lettres du consul suisse de Bordeaux au Vorort du 16.01.1844, 5 p. (ici, p. 1) et du 23.12.1847, 3 p. (ici, p. 1).

175 Sur cette pratique : AEG, C 1, Monnaies, Rapport de la commission de la Chambre des Comptes, 13.12.1836, 23 p. (ici, p. 3). L'horloger Jean-André Térond évalue que

Afin de concilier ces intérêts, les milieux horlogers revendiquent d'adapter le système en vigueur afin d'éviter une réforme coûteuse. Ils veulent le compléter en introduisant un tarif sur les espèces étrangères qui prenne pour base la valeur du FF. L'interdiction de tout le billon "étranger" assurerait par ailleurs le maintien dans la circulation des bonnes espèces[176]. L'horloger Daniel-Aimé Bordier présente ainsi son projet[177] :

> «*Notre monnaie actuelle n'ayant aucune base, nous étant inutile, même préjudiciable dans les moments de rareté, étant désagréable à tous les étrangers et à beaucoup de Genevois, son changement devient nécessaire, et chacun sentira l'importance d'adopter un système en harmonie avec celui de nos voisins, ce qui nous attirera assez d'espèces ayant cours pour suffire aux dépenses quotidiennes de la place [...]*»[178].

Amélioration de l'intégration monétaire aux marchés étrangers et garanties de l'approvisionnement aussi bien en métal qu'en numéraire constituent donc les principales revendications des acteurs de ce secteur économique.

Le second pilier du tissu économique genevois repose sur le développement du tourisme qui devient rapidement un des plus dynamiques du canton. De lieu de transit et d'étape sur le Grand Tour, la Cité de Calvin se mue en ville d'accueil et attire pèlerins, marchands, étudiants, alpinistes, naturalistes ou encore riches aristocrates anglais[179]. Au sortir des guerres napoléoniennes, une quantité croissante de visiteurs, dont la provenance sociale se diversifie, arrivent en Suisse. Selon une étude parue en 2006, 17'303 personnes entrent à Genève sur une période de douze mois répartis sur les années 1832 et 1833. Parmi ceux-ci,

---

les économies liées à cette pratique s'élèvent entre 20'000.- et 24'000.- FF annuel pour les acteurs de ce secteur.

176 Bordier, Daniel-Aimé, *Sur notre système monétaire*, [s.n.] : [1837 ?], pp. 2-4.

177 Daniel-Aimé Bordier-Gaudy (1760-1840), GE, fils d'Ami (1722-1801), négociant ; beau-fils d'Aimé François Gaudy (1709-1789), marchand. Horloger actif à Genève ("Bordier Frères"), puis dirige la fabrique de lampes d'Ami Argand à Versoix. Exporte sa production sur les marchés français et italiens. Exerce plusieurs charges politiques avant l'annexion française de 1798.

178 Bordier, Daniel-Aimé, *Système monétaire*, [Genève] : Ch. Gruaz, [1837], p. 2.

179 Humair, Cédric, «Introduction. Le tourisme comme moteur du développement socioéconomique et vecteur du rayonnement international de la Suisse (XIXe-XXe siècles)», in Humair, Cédric, Tissot, Laurent (Dir.), *Le tourisme suisse et son rayonnement international*, Lausanne: Ed. Antipodes, 2011, pp. 9-54 (ici, p. 39) ; Hiler, David, Lescaze, Bernard, *Révolution inachevée, révolution oubliée: 1842. Les promesses de la Genève moderne*, Genève: Ed. Suzanne Hurtner, 1992, pp. 63-64 et 70.

l'130 possèdent un passeport anglais, soit 6.5 % du total, le reste étant essentiellement composé de ressortissants helvétiques[180]. Cette évaluation quantitative fournit l'occasion de confirmer l'importance économique de ce secteur, ce dont ont déjà conscience les contemporains[181]. Ainsi, l'éditeur genevois David Dunant estime au début des années 1830 que le tourisme est devenu une véritable poule aux œufs d'or :

> *« Depuis 1814, les Genevois avaient vu affluer annuellement un nombre prodigieux d'étrangers dans les murs, principalement d'Anglais ; et quoiqu'ils se montrassent en général parcimonieux, le nombre suppléait à la qualité : il n'est pas douteux que, dans ce siècle, c'est la véritable mine d'or du pays »*[182].

Afin de répondre à cette demande grandissante, l'offre d'hébergement et de transport se développe. Premier hôtel de luxe et premiers bateaux à vapeur du pays viennent contenter les exigences des étrangers[183]. En l'espace de quelques décennies, les acteurs genevois s'investissent de manière importante dans l'édification d'une offre touristique à même d'attirer une clientèle très aisée[184]. C'est

---

180 HEAFFORD, Michael, « Between Grand Tour and Tourism », *op. cit.*, pp. 25-47 (ici, p. 33 et note 47 p. 47).

181 Selon DE LA RIVE-RILLIET, François, *Sur notre système monétaire*, Genève ; Paris : Barbezat et Delarue, 1828, note 1 p. 10, la Chambre des Étrangers de Genève vise dans le courant des années 1820 entre 16'000 et 18'000 passeports et livrets par année, soit environ le double de passagers. D'après FRANSCINI, Stefano, *Statistik der Schweiz, bearbeitet von G. Hagnauer*, Aarau : Heinrich Remigius Sauerländer, 1829, p. 177, ce seraient 10'000 livrets qui seraient visés en 1825 à Genève.

182 DUNANT, David, *Appendice au coup d'œil historique sur l'industrie genevoise*, [Genève] : [s.n.], 1833, pp. 151-190 (ici, p. 155). L'amélioration des conditions de transport en Europe, notamment l'ouverture du col carrossable du Simplon en 1806, renforce le flux de voyageurs. La croissance du nombre de touristes n'est ralentie que par quelques éléments conjoncturels défavorables, particulièrement par la révolution française de 1830.

183 TISSOT, Laurent, « L'hôtellerie de luxe à Genève (1830-2000). De ses espaces à ses usages », *Entreprises et Histoire*, 1, 46, 2007, pp. 17-33 (surtout les pp. 25-27) ; GIGASE, Marc, *Le développement du rail et la construction du système touristique dans l'Arc lémanique (1852-1914)*, Thèse de doctorat de l'Université de Lausanne, 2014, pp. 59-65 ; GIGASE, Marc, « Navigation à vapeur et essor touristique aux XIXe siècle dans l'Arc lémanique », *Revue historique vaudoise*, 114, 2006, pp. 149-161 (ici, pp. 151-152).

184 HUMAIR, Cédric, GIGASE, Marc, LAPOINTE GUIGOZ, Julie, SULMONI, Stefano, *Système touristique et culture technique dans l'Arc lémanique : analyse d'une success story et de ses effets sur l'économie régionale (1852-1914)*, Neuchâtel : Alphil, 2014, pp. 11-17.

que la venue de riches étrangers a de nombreux effets d'entrainement sur le reste de l'économie : consommation de produits locaux, fréquentation d'instituts de formation, investissements immobiliers et placement de fortune sont autant d'éléments qui sont difficilement quantifiables, mais qui participent à l'évidence à la nécessité d'attirer, puis d'entretenir cette clientèle[185]. Afin d'améliorer l'attractivité de la place genevoise et de retenir ces riches touristes, les autorités politiques décident en 1816 d'exempter d'impôts les résidents étrangers, pour autant qu'ils ne pratiquent aucune activité lucrative dans le canton[186].

Dans les questions monétaires, les acteurs du secteur touristique sont très intéressés par l'adoption d'un système clair et compréhensible. A leurs yeux, le maintien de l'organisation duodécimale de 1816 représente un gros obstacle à la réputation genevoise et risque de repousser les étrangers. A cet égard, les propos tenus par le négociant François De La Rive-Rilliet révèlent que les visiteurs sont complètement démunis face à la complexité de l'organisation monétaire genevoise[187]. Il prend l'exemple d'un ami étranger installé en villégiature à Genève et qui désire disposer des outils nécessaires à la bonne compréhension de l'organisation monétaire :

> *« Veuillez m'expliquer votre système monétaire : je ne puis le comprendre. Arrivé ici avec des lettres de crédit dont je m'étais pourvu à Paris, je me suis adressé à l'un de vos banquiers, qui m'a présenté en échange d'une lettre de deux mille francs, une note dite en livres courantes ; il m'en a remis le montant, partie en écus d'empire, partie en piastres, et pour appoint deux rouleaux de pièces dite monnaie genevoise, qui ne se sont trouvées que de petites plaques d'argent, sans marque ni titre quelconque. Revenu chez moi, j'ai voulu faire mon compte, mais impossible. L'échange de mes francs contre ces diverses monnaies devenait un travail dont je ne pouvais me tirer.*
> *Le même jour, ma femme et mes filles ayant parcouru vos rues marchandes, sont entrées dans un magasin pourvu de tout ce qui est à l'usage des femmes [...]. La marchande, en*

185 Il est particulièrement difficile de quantifier l'importance économique des touristes. D'après Franscini, Stefano, *Statistik der Schweiz, op. cit.*, p. 178, ils dépensent en moyenne entre 3.- et 9.- FF par jour.

186 Guex, Sébastien, « The Emergence of the Swiss Tax Haven, 1816-1914 », *Business History Review*, 96, 2, 2022, pp. 353-372 (ici, p. 360).

187 François De La Rive-Rilliet (1745-1829), GE, fils de Guillaume (1713-1773), avocat et agent de change ; beau-fils de Jacques Rilliet (1731-1805), négociant (tissus et denrées coloniales) établi à Londres à la tête d'une des plus importantes maisons genevoises active dans le commerce avec les Indes. Négociant à Genève. CdE conservateur de GE dès 1814. Les familles De La Rive et Rilliet ont également un pied dans la banque à Lyon ("De La Rive, Rilliet et De La Rive") et à Paris ("Rilliet & Cie").

notant ce que cela coûtait, leur en a demandé le paiement en florins ; ma femme ne comprenant pas leur valeur, et ne pouvant l'appliquer au détail de ce qu'elle achetait, s'est vue obligée d'ouvrir sa bourse, et de prier cette Dame de se payer elle-même, ce qu'elle a fait, l'assurant qu'elle n'avait pris que ce qui lui revenait. [...] nous ne sommes pas moins étonnés et embarrassés de la divergence de vos calculs monétaires, tant entre eux qu'avec l'étranger. Devant passer un certain temps dans votre ville, nous avons besoin de lumières à cet égard [...] »[188].

Que ce soient les visiteurs très fortunés qui peuvent se reposer sur un vaste réseau international d'instituts qui fournissent des liquidités contre les lettres de crédit ou les voyageurs qui emportent les liquidités nécessaires avec eux[189], ils sont tous confrontés à l'incompréhension de l'organisation monétaire genevoise. Sa complexité représente un frein certain à la fluidité des déplacements touristiques. A terme, le maintien de ce système risque d'altérer le rôle de Genève de porte d'entrée privilégiée des voyageurs en Suisse[190]. En 1825, l'économiste Jacques Louis Odier met en lumière les risques encourus par le maintien du système monétaire sur la poursuite des activités sur la place genevoise :

« *J'ai souvent ouï dire par nos voisins, qu'ici à Genève un étranger qui échangeroit de grosses pièces d'argent contre de la monnoie, puis cette monnoie contre des pièces d'argent, s'il avoit le bonheur de rencontrer dans tous les magasins d'un quartier, des gens assez complaisans pour lui faire cette conversion au cours légal et sans y rien gagner, il pourroit ne plus rien lui rester du tout avant qu'il fût au bout de la rue ; c'est malheureusement vrai [...]* »[191].

Au contraire des milieux de l'horlogerie qui veulent maintenir le système en place pour assurer l'approvisionnement régional, les acteurs du tourisme veulent disposer d'une monnaie à caractère universel et appellent à une réforme en profondeur. L'organisation monétaire doit être claire et facilement compréhensible pour éviter tout malentendu. Ils se prononcent donc pour l'adoption du système français qui offrirait ces garanties et permettrait d'intégrer Genève

---

188 De La Rive-Rilliet, François, *Sur notre système monétaire*, *op. cit.*, pp. 5-6.

189 Tissot, Laurent, *Naissance d'une industrie touristique. Les Anglais et la Suisse au XIXe siècle*, Lausanne : Payot, 2000, p. 192.

190 Sur la concurrence de Bâle comme premier point d'accès dans le pays : Heafford, Michael, « Between Grand Tour and Tourism », *op. cit.*, pp. 25-47 (ici, pp. 32-34).

191 Odier, Jacques-Louis, *Du système monétaire actuel du canton de Genève*, Genève : J. J. Paschoud, 1825, p. 5. L'auteur démontre, calculs à l'appui, que la présence d'une monnaie de compte couplée avec une multitude de pièces européennes en circulation engendre des « *mesquins bénéfices, lesquels découlent de la défectuosité de notre système monétaire* » (pp. 6-7).

dans une vaste zone basée sur les FF qui va du nord de la France aux Etats italiens.

Le troisième pilier du tissu économique genevois repose sur les affaires d'import-export et de transit auxquelles se consacrent certains marchands-banquiers et négociants. Ces acteurs font également office d'intermédiaires pour le financement et l'exportation de la production locale et nationale sur les marchés suisses et étrangers (France, Savoie, Piémont). Par nature difficilement quantifiables, ces activités n'en demeurent pas moins centrales pour l'économie genevoise. Fortement stimulé par l'amélioration des conditions routières durant la période française, le commerce de transit se contracte quelque peu suite à la levée du blocus continental et connait une période d'essor durant les décennies suivantes[192]. L'arrivée des bateaux à vapeur sur les cours d'eau français stimule également les flux de transit européens et contribue à opérer un rapprochement entre Genève et le port de Marseille. D'après le négociant John Caillat, renforcer les liens commerciaux avec la cité phocéenne serait une étape pour consolider le rôle de Genève comme lieu de transit vers les cantons de la Suisse occidentale[193]. Les acteurs du négoce genevois entretiennent également des liens étroits avec les places maritimes de Gênes et du Havre[194]. En raison de la nature de leurs affaires, ils utilisent les FF et se prononcent donc en faveur de son adoption à Genève, afin d'améliorer leur intégration à l'économie française. Le négociant François De La Rive-Rilliet l'exprime parfaitement :

> *« Si nous étions d'accord sur les valeurs des pièces frappées par ceux qui nous entourent, il semble que cette valeur étant la même, rien n'en gênerait la circulation, qu'elle serait reçue par eux comme la leur le serait chez nous, avantage précieux par la*

---

192 Un bref commentaire sur le début du 19e siècle se trouve dans DUNANT, David, *Coup d'œil historique, op. cit.*, p. 138.

193 CAILLAT, John, *Du commerce de Genève, du transit et d'un Bâtiment d'Entrepôt*, Genève : Ferdinand Ramboz, 1840, pp. 6-7. Le négociant Jean-Edouard Naville tient des propos similaires quant au développement du commerce méditerranéen et le rôle que joue Genève dans l'écoulement des produits qui en proviennent. L'ancien industriel Marc-Antoine Fazy-Pasteur est par contre plus réservé et estime, au contraire, que Genève tend à perdre en importance sur l'axe Marseille-Berne. Cf. NAVILLE, Jean-Edouard, *Considérations relatives au commerce de transit de la Suisse, présentées au Conseil Représentatif du Canton de Genève, dans sa séance du 24 février 1840*, [Genève] : [s.n.], 1840, pp. 3-4 et FAZY-PASTEUR, Marc-Antoine, *Rapport fait à la Chambre de commerce en octobre 1840, sur le transit de marchandises à Genève, et sur l'établissement d'un entrepôt*, Genève : Ch. Gruaz, 1841, pp. 16 et 32.

194 CAILLAT, John, *Du commerce de Genève, op. cit.*, p. 6.

multiplication des objets réciproques de vente et d'achat qui nous mettent en communication habituelle »[195].

L'objectif est aussi de créer les conditions économiques adéquates pour lutter contre les routes concurrentielles des Verrières (Neuchâtel) et de Bâle qui accaparent une part croissante des flux de transit continentaux à destination de l'espace helvétique[196]. En 1840 et en 1841, Genève importe en effet sur le territoire suisse entre 35 % et 40 % de ce qu'importe Bâle[197]. A défaut de pouvoir accroître le volume de transit en provenance de Marseille, faute de conditions de navigation adéquates sur le Rhône, il faut améliorer l'attractivité de la ville. Recentrer Genève au cœur des axes européens contribuerait à en faire la principale porte d'entrée du commerce du sud de la France en Suisse : ramener le passage de marchandises pour Berne signifie en effet récupérer tout le transit pour Lucerne et Zurich, Fribourg et Neuchâtel. Sans être décisive, l'unification monétaire jouerait un rôle dans ce processus[198].

Le quatrième et dernier pilier du tissu économique genevois de la première moitié du 19e siècle repose sur les banques. Elles constituent un secteur moteur de l'économie genevoise durant cette période[199]. Après 1815, de nouveaux

---

195 De La Rive-Rilliet, François, *Sur notre système monétaire, op. cit.*, p. 19.

196 Caillat, John, *Du commerce de Genève, op. cit.*, pp. 9-11 ; Fazy-Pasteur, Marc-Antoine, *Rapport fait à la Chambre de commerce, op. cit.*, pp. 9, 16 et 18. Les deux négociants exigent la suppression des droits de transit cantonaux, ainsi que la construction d'un vaste entrepôt de stockage afin de repositionner Genève au centre des flux commerciaux en provenance du sud de l'Europe.

197 Pourcentages calculés à partir des chiffres de l'importation totale de marchandises en Suisse en 1840 et 1841 fournis par Beyel, Christian, *Commissionalbericht über die schweizerischen Verkehrs-Verhältnisse zu handen der Zürcherischen Industriegesellschaft*, Zürich ; Frauenfeld : Ch. Beyel, 1843, pp. 135-138.

198 Abbé Delajoux, *Les ponts de Pougny et de Chancy, op. cit.*, p. 6.

199 De manière générale, sur l'historiographie de la place bancaire suisse au 19e siècle, se référer en premier lieu à Guex, Sébastien, Mazbouri, Malik, « L'historiographie des banques et de la place financière suisse », *Traverse : Revue d'histoire*, 17, 1, 2010, pp. 203-228 (surtout p. 212). Les références des principales publications sur la place genevoise sont fournies par Mazbouri, Malik, « La banque privée comme métaphore », *op. cit.*, pp. 93-115 (ici, notes 18 et 19 p. 99). Les études spécifiques portant sur Genève sont rares : Christeller, Laurent, « Les Pictet : activités bancaires et financières d'une famille patricienne genevoise (1707-1926) », *Revue vaudoise de généalogie et d'histoire des familles*, 2017, pp. 87-106 (surtout les pp. 92-99) ; Perroux, Olivier, *Tradition, vocation et progrès, op. cit.*, pp. 142-202 ; Ugolini, Stefano, « The origins of Swiss wealth management ? Genevan private banking, 1800-1840 », *op. cit.*, 22 p. (ici, pp. 1-5 et 17-20). Quelques informations se trouvent

instituts se créent et rejoignent les anciennes maisons qui ont survécu aux troubles de la période française[200]. Historiquement proches de la France, qui draine une grande partie des capitaux genevois, les banquiers privés genevois mènent l'essentiel de leurs affaires sur les marchés étrangers[201]. Structurés autour des financements publics et des expéditions maritimes au 18e siècle, les investissements se diversifient durant la première moitié du siècle suivant en direction de l'industrie et des nouveaux moyens de transport. Des relais familiaux et des maisons-sœurs installées à Paris assurent une cohérence très forte à ce secteur économique. En 1825, un critique qui se pare de l'amusant surnom de « Prime-Ronde » décrit ainsi les activités des banquiers privés genevois :

> *« [...] proposez à nos Génevois [sic] de commanditer un manufacturier, de prêter à un artisan, d'aider un agriculteur, ils sourient d'un air de pitié ; pourquoi ? c'est que le capital engagé dans de pareils placemens [sic] n'a pas d'agio ; mais proposez de prêter aux souverains pour habiller des hommes en blanc, en jaune, et les envoyer les uns contre les autres se tirer des coups de fusils, tous se précipitent, c'est l'agio qui les pousse »*[202].

également dans Burckhardt, C. F. W., *Zur Geschichte der Privatbankiers in der Schweiz*, Zürich: Orell Füssli, 1914, pp. 9-10 ; Jöhr, Adolf, *Die schweizerischen Notenbanken*, *op. cit.*, pp. 12-14 ; Mottet, Louis H., *Regards sur l'histoire des banques et banquiers genevois*, *op. cit.*, pp. 140-166 ; Mottet, Louis H., « Les banquiers genevois », in Mottet, Louis H. (Dir.), *Les grandes heures des banquiers suisses*, *op. cit.*, pp. 41-90 (ici, pp. 77-80) ; Odier, James, *Les maisons de banque privées de Genève*, manuscrit dactylographié déposé à la Bibliothèque nationale suisse à Berne, [1913], 20 p. (ici, pp. 1-5).

200 Perroux, Olivier, *Tradition, vocation et progrès*, *op. cit.*, pp. 142-152.

201 Sur les liens entre Genève et la France : Veyrassat, Béatrice, *Négociants et fabricants*, *op. cit.*, pp. 116-118 ; Cayez, Pierre, « Les capitaux suisses à Lyon », *op. cit.*, pp. 129-134 ; Lüthy, Herbert, « La République de Calvin », *op. cit.*, pp. 73-107 (ici, pp. 92-105) ; Bergeron, Louis, *Banquiers, négociants et manufacturiers parisiens du Directoire à l'Empire*, Paris : Ecole des hautes études en sciences sociales ; La Haye : Mouton, 1978, pp. 65-69. Sur les liens avec l'Angleterre, cf. Cassis, Youssef, « Morris, Prevost & Co et les réseaux de la banque privée genevoise à Londres au XIXe siècle », in Head-König, Anne-Lise, Lorenzetti, Luigi, Veyrassat, Béatrice (Eds.), *Famille, parenté et réseaux en Occident (XVIIe-XXe siècles). Mélanges offerts à Alfred Perrenoud*, Genève : Société d'histoire et d'archéologie de Genève, 2001, pp. 153-162.

202 *Lettre de M. Prime-Ronde banquier à Messieurs les directeurs et administrateurs du Pont de la Lune*, Genève : chez les principaux libraires, 1825, p. 4. Ce texte est attribué au politicien radical genevois James Fazy (1794-1878) par Blanchard, Marcel, « Financiers français et chemins de fer suisses sous le Second Empire », *Revue d'Economie Politique*, 51, 1937, pp. 1591-1606 (ici, p. 1592).

Les liens sont donc très forts avec l'étranger et en particulier la France. Certains banquiers s'intéressent toutefois aux activités régionales, principalement en ce qui concerne le très dynamique secteur touristique de Genève et d'Evian[203]. Les premières compagnies de navigation à vapeur sur le lac Léman comptent également parmi leurs rangs des banquiers privés de la place[204]. En parallèle de ces activités, ils se spécialisent dans l'activité de la gestion de fortune, qui se développe en lien avec l'arrivée de riches touristes étrangers. Ce segment consiste à gérer sur le long terme le patrimoine financier de clients fortunés : investissements dans des titres, perception des revenus y relatifs, représentation dans les conseils d'administration, surveillance régulière de ces placements, fournitures en numéraire ou encore activités de change. A Genève, la naissance de cette activité s'accompagne dès le début de toute une offre de services et d'activités à même de fidéliser la clientèle : réceptions bourgeoises, actions philanthropiques et organisation de loisirs[205].

Dans les questions monétaires, les banquiers privés sont partagés sur la nécessité d'une réforme. Si certains d'entre eux profitent de la complexité de l'organisation monétaire, en raison de leurs activités sur le marché des changes, c'est tout le commerce de la ville qui s'expose à des soupçons d'avidité[206]. Or, leurs activités reposent sur un lien de confiance avec la clientèle : outre l'incompréhension

---

203 Lors de la fondation de la "Société des Bergues" en 1827 (capital de 800'000.- FF), le principal actionnaire (41.25 %) n'est autre que Louis Pictet-Calandrini (1790-1858), qui récupère la maison de banque de son beau-père en 1814. Il figure aussi comme un des huit propriétaires (1835-1858) de la société qui exploite l'"Hôtel des Bains" à Evian. Cf. l'« Arrêté du Conseil d'État qui approuve les modifications aux statuts primitifs de la Société des Bergues du 13 mai 1829 », in *Recueil authentique des lois et actes du gouvernement de la République et Canton de Genève*, tome XV, 1829, pp. 77-86.

204 Consulter par exemple la composition du Conseil d'administration de la "Société de l'Helvétie" fondée en 1839 qui figure dans la base de données Biolemano qui comporte des informations sur près de 1800 acteurs impliqués dans le système touristique de l'Arc lémanique entre 1852 et 1914. Cf. https://www.unil.ch/hist/Biolemano.

205 Cuendet, Georges-André, « L'histoire bicentenaire de Darier Hentsch & Cie à travers les hommes qui l'ont faite », in *Le 200e, 1796-1996 : journal du bicentenaire de la banque Darier Hentsch & Cie*, n° 4 ; Hentsch, Robert, *Hentsch : banquiers à Genève et à Paris au XIXe siècle*, Neuilly sur Seine : R. Hentsch, 1996, pp. 65-70.

206 De La Rive-Rilliet, François, *Sur notre système monétaire*, *op. cit.*, pp. 7, 9-10 et 15 ; Odier, Jacques-Louis, *Du système monétaire actuel du canton de Genève*, *op. cit.*, p. 7.

et les pertes sur les transactions, il en va de la réputation de la place genevoise. D'ailleurs, Genève est connue dans l'ensemble du pays pour la complexité de son organisation monétaire. Selon le négociant bâlois Rudolf Moser, *« Genève est le canton Suisse où le désordre monétaire se trouve au plus haut degré »*[207]. Ceci est d'autant plus problématique que les banquiers se retrouvent au cœur des accusations : il leur est en effet reproché d'entretenir cette situation, de spéculer sur la complexité des tarifs et d'en tirer des bénéfices au détriment du reste de la population. Il devient ainsi indispensable de disposer d'une organisation monétaire qui ne représente ni un frein aux activités des clients, ni un élément de mauvaise renommée. Témoin de cette nécessité, la banque "Hentsch & Cie", qui vit principalement du commerce des étrangers, publie en 1830 un *Guide genevois à l'usage des étrangers* qui précise que *« comme il est facile de confondre toutes les différentes manières de compter usitées à Genève, voilà un tableau comparatif [...] qui pourra faire comprendre plus facilement le rapport que ces différents modes ont entr'eux »*[208]. Cette publication témoigne du rôle central que jouent les étrangers à Genève et de la nécessité de les rassurer face à un système monétaire incompréhensible. Outre la volonté d'améliorer leur réputation, une grande partie des banquiers privés cherche à se rapprocher de la bourse de Paris, destination principale des placements genevois durant la première moitié du 19e siècle[209]. Pour ces milieux, il s'agirait moins de réformer

---

207 Moser, Jean Rodolphe, *Objections contre une changement du pied monétaire, op. cit.*, p. 17. Sur Rudolf Moser, cf. note 60 p. 332.

208 De son nom complet *Guide genevois à l'usage des étrangers : contenant l'indication des monnaies, les curiosités de la ville, les établissemens publics, les promenades à faire dans les environs, les règlemens de police, les départs des diligences, messageries, la hauteur des montagnes environnant le lac de Genève, en un mot tout ce qui peut offrir quelqu'intérêt à un voyageur*, Genève : Lador, 1830, p. 17. La maison "Hentsch & Cie" est alors dirigée par Isaac Hentsch-de Chastel (1785-1868) et Charles Hentsch-Chevrier (1790-1854). Ils sont les deux fils de Henri Hentsch (1761-1835), fondateur de la banque "H. Hentsch & Cie" à Genève en 1800, qui s'installe à Paris en 1812 où il fonde "H. Hentsch, Blanc & Cie" avec Jacques Antoine Blanc, puis "Hentsch, Lecointe, des Arts & Cie" en 1826 avec son neveu Georges Lecointe (1788-1855) et Gédéon des Arts (1804-1858), tous deux genevois (maison qui devient, suite à son décès en 1835, "Lecointe, des Arts & Cie" avec une commandite genevoise de 500'000.- FF). Suite à la révolution de 1842 et à l'arrivée de nouvelles perspectives commerciales, la banque Hentsch cesse d'organiser des activités de loisirs pour les étrangers et se voue uniquement à la gestion de fortune.

209 En 1846, 35 % des investissements genevois se font en France, essentiellement dans les fonds publics, proportion qui s'établit à 50 % en 1859. A ce propos, se référer à Perroux, Olivier, *Tradition, vocation et progrès, op. cit.*, pp. 182-184 et 202. Un

le système que d'étendre leur pratique à l'ensemble de la place genevoise. La grande majorité des banquiers tient en effet depuis la période française tous ses comptes en FF et voit d'un mauvais œil la présence d'une monnaie de compte qui complique les opérations avec les acteurs locaux et les relations d'équivalences entres les différentes espèces étrangères. La nécessité d'adopter le système français ne fait aucun doute pour une majorité d'acteurs de ce secteur. A leurs yeux, cette modification structurelle contribuerait à renforcer les liens avec l'économie française, tout en assurant un approvisionnement régulier en espèces d'or et d'argent. Ce changement présenterait en outre l'avantage de couper court aux accusations de spéculation dont ils sont régulièrement la cible.

A ces quatre secteurs moteurs, il faut encore ajouter qu'à l'échelle régionale, le commerce de détail se développe de manière fulgurante durant le premier tiers du 19e siècle. En 1831, ce sont plus de 1'400 ateliers, boutiques et petites échoppes qui sont actifs sur les marchés de proximité[210]. Dans cette optique, les Zones franches gessienne et sarde sont un débouché particulièrement important pour l'écoulement de la production locale et des produits du grand commerce (principalement les textiles et les denrées coloniales)[211]. Ces ventes assurent un approvisionnement régulier en petites espèces nécessaires à l'achat de produits agricoles consommés dans le canton (céréales, farines, beurre, œufs, paille, etc.) qui proviennent de ces Zones, qui constituent le réservoir agricole de Genève[212]. Si les détaillants sont peu intéressés par l'adoption d'une monnaie universelle qui soit acceptée sur tous les marchés européens, ils veulent par contre s'assurer

---

autre élément confirme l'importance de l'Hexagone pour les Genevois : en 1852, la publication de la première cote des agents de change réunis (30 titres cotés) comporte une moitié de valeurs qui provient de France. La cote se trouve à la Bibliothèque de Genève, *Cote des agents de change réunis*, Genève, 05.04.1852-30.12.1852.

210 Décompte établi à partir de Niqueler, Etienne, *Statistique commerciale et mercantile de Genève, dédiée aux industriels*, Genève : Ab. Cherbuliez, 1831, pp. 56-113. A partir de la même source, Babel, Antony, *La Caisse hypothécaire, op. cit.*, p. 80, avance le nombre de 1932 petits commerçants en 1831.

211 Lors du rattachement de Genève à la Confédération suisse en 1815, il est nécessaire de désenclaver le canton en construisant une unité territoriale afin de se prémunir d'une invasion française. Les traités de Paris (1815) et de Turin (1816) créent deux Zones dites franches autour du canton : la Zone du Pays de Gex (Fernex, Gex) s'étend à l'ouest, la Zone sarde au sud et à l'est (Annemasse, St-Julien).

212 Les relations entre Genève et le chablais savoyard au 18e siècle sont abordées par Nicolas, Jean, *La Savoie au XVIIIe siècle. Noblesse et bourgeoisie*, Montmélian : La Fontaine de Siloé, 2003[2] (éd. originale : 1978), pp. 940-941.

la clientèle de ces deux Zones. Le négociant François De La Rive-Rilliet exprime bien cette nécessité :

> *« Si l'on prête une sérieuse attention à la position de notre Ville et Canton, on verra qu'enclavés, et pour ainsi dire enchâssés entre des provinces appartenant à deux Puissances différentes qui, toutes deux, ont le système décimal, elles nous fournissent ce qui nous est nécessaire pour les besoins de la vie journalière en tout genre, depuis le bois et le charbon, jusqu'aux blés, bestiaux, légumes, fruits, et généralement toute production alimentaire. Nous ne pouvons être d'accord avec elles en exacte régularité qu'en prenant leur système monétaire, système qui d'ailleurs ne nous est point étranger, puisque nous y avons été soumis pendant quatorze ans. L'on doit y être d'autant plus porté, que par lui le calcul est plus facile, la comptabilité plus claire, et qu'aujourd'hui, pour nous, le seul point serait d'y ranger notre monnaie actuelle »*[213].

Le principal objectif des détaillants est de limiter autant que possible les pertes d'équivalence qui surviennent dans tous les échanges en raison de la multitude de petites monnaies régionales. Ils exigent donc l'adoption d'une monnaie qui satisfasse aussi bien les relations avec la clientèle locale que gessienne et sarde[214]. Dans cette perspective, l'adoption des FF comme monnaie genevoise s'imposerait comme la solution la plus adéquate, puisqu'elle seule permettrait de fournir un dénominateur commun aux différentes espèces en circulation à l'échelle régionale.

L'ensemble des besoins monétaires des différents secteurs économiques ne sont pas contradictoires et convergent sur la nécessité d'adopter une valeur commune qui renforce les liens avec les principaux partenaires économiques du canton, tout en supprimant les équivalences et les risques de change. Dans cette perspective, le choix du FF s'impose rapidement comme la monnaie qui satisferait l'ensemble des milieux économiques genevois. D'ailleurs, la démonétisation de l'écu neuf français au début des années 1830 accroît la diffusion des FF

---

213 De La Rive-Rilliet, François, *Sur notre système monétaire*, *op. cit.*, p. 16. A ses yeux, le canton de Genève ne produit qu'un quart de sa consommation en produits agricoles durant le premier quart du 19e siècle.

214 Durant la période française, le FF est introduit par Napoléon Ier dans le Royaume de Sardaigne. En 1815, le roi Victor-Emmanuel Ier (1759-1824) tente, en vain, de rétablir l'ancien système monétaire. L'année suivante, il instaure la « livre sarde » qui correspond parfaitement au FF. Malgré cette uniformisation, de nombreuses petites espèces étrangères continuent à circuler dans l'ensemble du royaume. Au nord, les pièces françaises, genevoises et piémontaises sont fréquemment utilisées sur les marchés de proximité. Sur les relations monétaires avec la Savoie au 18e siècle, se référer à Nicolas, Jean, *La Savoie au XVIIIe siècle*, *op. cit.*, pp. 711 et 1127.

qui supplantent rapidement la piastre d'Espagne sur l'ensemble du continent et renforce la volonté genevoise de se raccorder au réservoir monétaire français[215].

Malgré des exigences croissantes de la part de nombreuses franges des milieux économiques, les autorités politiques conservatrices font la sourde oreille à ces revendications durant les années 1820 et se refusent à donner suite à toute forme de demande d'unification de l'organisation monétaire[216]. Elles estiment qu'il est préférable d'attendre les délibérations qui ont lieu à l'échelle fédérale et éviter de faire cavalier seul, au risque de se retrouver isolées dans le cas d'une entente intercantonale[217]. Au-delà de cet aspect, les autorités craignent les coûts très importants d'une réforme[218].

Dans ce contexte où les exigences des milieux économiques sont confrontées à un immobilisme politique, la cristallisation du rapport de force dans les questions monétaires à l'échelle fédérale au début des années 1830 fournit le déclic nécessaire pour débloquer la situation genevoise. Désormais convaincus qu'un consensus n'est plus possible entre les différentes régions économiques du pays, des représentants des milieux bancaires décident de changer de tactique. Emmenés par les banquiers privés Albert Hentsch[219] et Jean-Eloi

---

215 Lombard, Jean-Eloi, *Du système monétaire à Genève, op. cit.*, p. 9.

216 Le détail des débats politiques figure dans Chiarelli, Jan, « L'adoption du *franc de Genève* (1825-1838) », *op. cit.*, pp. 24-33.

217 Aeg, Commerce A11, Registre de la Chambre du Commerce, 15.11.1826, pp. 21-22, Aeg, R.C. 344, Registre du Conseil d'Etat, 20.11.1829, p. 545 et Aeg, Finances A 36, Registre de la Chambre des Comptes, 06.11.1827, pp. 131-132. La Chambre du Commerce se compose de magistrats, de juges et de négociants nommés par le Conseil d'Etat. Elle a pour fonction de s'intéresser à tout ce qui peut concourir au développement économique genevois et à faire des propositions dans ce sens au Conseil d'Etat. La Chambre des Comptes est l'équivalent du Département des Finances.

218 Ce processus impliquerait d'acquérir et d'entretenir du matériel à l'Hôtel des Monnaies, de créer des d'emplois, de retirer de la circulation une masse importante de billon de très mauvaise qualité qui ne fournirait pas les métaux nécessaires aux nouvelles frappes, de se procurer de l'or et de l'argent ou encore d'organiser l'introduction des nouvelles pièces.

219 Albert Hentsch (1804-1855), GE, fils de Henri (1761-1835), fondateur de la maison de banque qui porte son nom ; frère des banquiers Isaac (1785-1868) et Charles (1790-1854) ; beau-fils de Jean-Louis Viollier (1778-1840), important marchand-banquier installé à Genève et Livourne actif dans le commerce international de tissus. Formation en Angleterre et à Paris, puis associé au sein de la banque paternelle qu'il reprend en 1835 avec son frère Charles et le fils de celui-ci, Henry (1818-1905).

Lombard[220], les principales maisons de commerce de la place prennent l'initiative de supprimer la monnaie de compte (la livre courante) de l'ensemble de leurs opérations avec effet au 1er janvier 1836[221]. L'initiative de ces deux acteurs, qui sont à la tête de deux des plus importantes maisons de banque de la place, permet de mobiliser, par l'entremise des réseaux professionnels et familiaux, des membres des grandes familles genevoises, ce qui assure un large soutien et garantit la réussite de l'opération[222]. Il faut aussi relever que l'entrée d'Alexandre-Etienne Lombard au sein de "Lombard, Odier & Cie" comme fondé de procuration en 1834 coïncide avec une réorientation progressive d'une partie des investissements sur les marchés nord-américains[223]. Ce changement contribue très certainement à renforcer la volonté des banquiers d'adopter une monnaie à caractère universel[224]. Les initiateurs annoncent par voie de presse que la suppression de la livre courante est la suite d'une:

---

220 Jean-Eloi Lombard (1801-1872), GE, fils de Jean-Gédéon (1763-1848), fondateur de la maison de banque qui porte son nom ; beau-fils de François Antoine Forel (1780-1865), juge. D'abord associé à son père et à Paul-Frédéric Bonna (1795-1872) sous la raison "Lombard, Bonna & Cie", il fonde avec Charles Odier-Céard (1804-1881) "Lombard, Odier & Cie" (1830), qui est active dans les affaires de banque, le commerce de commissions et le commerce de marchandises (métaux, soie).

221 Chaponnière Meyer, Corinne (Ed.), *Nos deux cents premières années: Lombard Odier & Cie*, Genève: Lombard Odier, 1998, pp. 96-97 ; Girard, Pierre, *Annales de la maison de banque Hentsch & Cie, Genève, 1796-1946*, [s.l.] : [s.n.], 1946, p. 43.

222 Au-delà du lien de cousinage entre Henri Hentsch et Jean-Gédéon Lombard, les deux fondateurs des établissements qui portent leur nom, les Lombard possèdent des liens familiaux avec les Forel, Morin, Rieu, Ruelle et professionnels avec les Bonna, Odier et les Lullin. Les liens familiaux – Binet, Cardoini, Chevrier, Coindet, Droin, Dumond, Forel, Viollier – et professionnels – Blanc, Des Arts, Lecointe, Picot, Sarasin – des banquiers Hentsch permettent d'obtenir des relais importants parmi de larges couches de la bourgeoisie genevoise.

223 Alexandre-Etienne Lombard-Rieu (1810-1887), GE, fils de Jean-Gédéon (1763-1848), banquier, et frère de Jean-Eloi (cf. note 220 ci-dessus) ; beau-fils de Jean-Louis Rieu (1788-1868), militaire et CdE de GE. Formation dans la banque paternelle, puis à Liverpool auprès de "Melly, Prévost & Cie" (négoce en gros et affaires de banque), relais de première importance avec les USA. Associé dans la banque familiale (1836-1861). Durant les années 1840, Lombard publie une série de quatre brochures sur les fonds américains. Il se retire en 1861 et se consacre à l'Eglise évangélique genevoise, en particulier à la cause du dimanche. A son décès en 1887, son portefeuille se compose pour moitié de titres américains.

224 Selon les calculs de Perroux, un peu moins de 10 % du total des placements étrangers des Genevois se trouvent aux Etats-Unis en 1846. Cf. Perroux, Olivier, *Tradition, vocation et progrès, op. cit.*, p. 182.

> *« […] sorte de concordat entre les maisons qui voient dans cette mesure une grande simplification, une économie de temps et de peines, et un moyen de couper court à ces accusations sans doute peu fondées, mais si souvent adressées au négociant genevois, de spéculer sur la complication du tarif des monnaies »*[225].

Face au succès de leur annonce, ils publient trois semaines plus tard le texte complet de leur convention :

> *« Les soussignés, reconnaissant qu'il serait plus simple pour leurs écritures, plus clair pour les opérations financières et cambistes de la place, de substituer le régime des* francs de France *à celui des* livres courantes *actuellement en usage, arrêtent entre eux ce qui suit. A dater du 1e janvier 1836, les négociations qui se feront entre eux, soit directement, soit par l'entremise de MM. les agens [sic] de change, seront traitées en* francs, *et les paiements ou assignations résultant des dites opérations, seront effectuées et stipulés en* francs. *Ils prendront pour base la réduction des divers changes, une cote en* francs, *dont le modèle est arrêté entre eux. […] Les soussignés, ne faisant ce changement que pour la commodité de leurs livres, la clarté de leurs écritures et la simplification de leurs opérations entre eux, entendent simplement ne pas se servir de la* livre courante, *mais ne demandent pas son abolition, puisqu'au contraire elle doit leur servir de base dans toutes les occasions où ils auraient à faire quelques réductions d'espèces non tarifées en francs, pour se conformer au tarif légal du gouvernement »*[226].

La décision de ne pas revendiquer la suppression de la monnaie de compte s'explique par la nécessité d'assurer l'approvisionnement du canton. Il n'est en effet pas concevable de se passer de certaines pièces étrangères qui constituent une part importante de la circulation monétaire de Genève.

L'annonce des banquiers fin 1835 marque le début de la réforme monétaire genevoise. L'enjeu qui se profile derrière cette action est de simplifier autant que possible l'ensemble des opérations des acteurs qui entretiennent des liens économiques étroits avec les marchés français en adoptant une valeur qui soit à la fois unité de compte et monnaie réelle[227]. Cette mesure reçoit un large soutien, notamment parmi les milieux radicaux qui voient là une bonne occasion d'attaquer l'immobilisme politique des autorités conservatrices[228]. La situation

---

225 [s.a.], [s.n.], *Le fédéral, journal genevois*, 10.11.1835, p. 2.

226 [s.a.], [s.n.], *Le fédéral, journal genevois*, 01.12.1835, p. 1. En italique dans le texte original. L'annonce précise que 73 maisons de commerce ont déjà signé la convention ; il n'a pas été possible de retrouver le nom de ces signataires.

227 Lescaze, Bernard, *Genève, sa vie et ses monnaies aux siècles passés*, Genève : Crédit Suisse, 1981, p. 92.

228 C'est notamment le cas du radical James Fazy qui rachète en 1826 le *Journal de Genève* et fonde en 1833 *L'Europe Centrale*. Cf. ses propos dans [s.n.], *L'Europe Centrale*, 12.11.1835, p. 2.

confuse qui risque d'en résulter inquiète toutefois certains acteurs économiques. C'est notamment le cas du banquier Jacob-Michel-François de Candolle qui demande au Conseil d'Etat de prendre position[229]. Mais rien n'y fait, les autorités politiques maintiennent le cap et refusent de s'engager dans une réforme complète. Elles répondent que :

> « *[…] cette mesure est la suite d'une convention particulière ; que ceux qui l'ont signée l'ont fait à raison de convenances réciproques, qu'en le faisant ils n'entendaient contraindre personne à adopter ce système contre leur gré, [et] estime[nt] que le gouvernement ne doit pas s'en occuper, d'autant plus que s'il en résultait des inconvénients, ils retomberaient sur ceux qui ont adhéré à ladite convention et non sur le public* »[230].

Cependant, les autorités doivent faire face à un nombre croissant de demandes de réforme qui affluent suite à l'initiative des banquiers. Alexandre-Louis Prevost-Martin, ancien marchand-banquier installé à Londres, apporte un soutien de poids à cette démarche[231]. Il estime que la décision de supprimer la livre courante représente l'opportunité d'adopter dans les plus brefs délais le système

---

229 Jacob-Michel-François de Candolle-Baraban (1778-1841), GE, fils d'Augustin (1736-1820), banquier ; beau-fils de Jacques-André Baraban (1753-1837), négociant. Banquier privé à Genève dès 1805, successivement associé à Jacques Henri Mallet (1779-1807) et à Charles Turrettini (1782-1857). Durant les années 1830, la banque "de Candolle, Turrettini & Cie" est très probablement une des plus importantes maisons de banque genevoises et qui entretient, par ailleurs, des liens très étroits avec les conservateurs au pouvoir.

230 Rapport de la Chambre du Commerce, cité dans AEG, R.C. 356, Registre du Conseil d'Etat, 23.11.1835, pp. 532-533 et 04.12.1835, pp. 610-611. Le refus des membres de cette Chambre de soutenir la mesure s'explique par son caractère partiel. Ils défendent en effet depuis une décennie une réforme complète et ne se satisfont pas d'une action qui ne concerne qu'une partie des négociants de la ville. Ce point de vue est également exprimé par le marchand-horloger Daniel-Aimé Bordier (cf. note 177 p. 240) qui estime qu'il s'agit d'une « demi-mesure », car elle ne change rien pour le tarif des autres espèces étrangères que les FF. Cf. BORDIER, Daniel-Aimé, *Sur notre système monétaire*, [s.n.] : [1837 ?], p. 8.

231 Alexandre-Louis Prevost-Martin (1788-1876), GE, fils de Pierre (1751-1839), avocat et professeur ; beau-fils de Jacob Martin (1757-1828), négociant et CdE conservateur de GE. Apprentissage de commerce chez "Viollier & Cie" à Genève en 1806, puis banquier installé à Londres (d'abord au sein de "Haldimand & Sons", banque, change, achat et vente de textiles, puis fonde son propre établissement "Prevost, Morris & Co"). Sa banque se situe au cœur des relations entre Genève et Londres et représente un pilier central pour tout Genevois ayant des intérêts financiers en Angleterre. Il est le premier à occuper le poste de consul général suisse à Londres (1817-1830). Ses connaissances approfondies du commerce et des affaires bancaires

décimal français dans son ensemble, attendu que les délibérations à l'échelle fédérale risquent bien de ne déboucher sur aucun résultat :

> *« Faut-il attendre que les délibérations fédérales aboutissent ? Je ne le pense pas. 1° Parce que leur lenteur est proverbiale. [...] le moment est-il vraiment bien choisi ? Oui ; parce que si dès longtemps l'opinion publique réclame un changement, si une proposition qui a été faite et répétée en Conseil représentatif (en 1825, 1828, 1832), a reçu dans ce corps un accueil très favorable, ce n'est toutefois que cette année qu'on a vu le Commerce prendre les devants, mettre à néant la livre Courante, adopter le franc et réussir dans cet essai »*[232].

Mis sous pression par la Chambre des Comptes qui considère que le commerce réclame cette réforme, le Conseil d'Etat se résout à nommer une commission chargée d'étudier la question[233]. Sa composition révèle le poids central des banquiers privés et témoigne qu'il s'agit désormais d'accélérer la réforme en mobilisant l'expertise d'acteurs influents qui représentent les intérêts des principaux secteurs économiques du canton[234]. Malgré plusieurs oppositions de principe – essentiellement liées au caractère étranger du nouveau système qui bouscule les traditions genevoises –, la grande majorité de la commission se prononce en faveur de la réforme sur la base du FF[235]. Afin de bien comprendre

---

en font un expert influent incontournable dans toutes les questions économiques en Suisse.

232 Intervention d'Alexandre-Louis Prevost-Martin durant la séance du 26.11.1836 de la Chambre des Comptes, citée in AEG, Finances A 45, Registre de la Chambre des Comptes, 26.11.1836, pp. 425-426. Cf. aussi AEG, C 1 Monnaies, *Lettre de Fazy-Pasteur au premier syndic*, 11.12.1836, 4 p.

233 AEG, Finances A 45, Registre de la Chambre des Comptes, 28.11.1836, p. 432 et AEG, R.C. 358, Registre du Conseil d'Etat, 30.11.1836, pp. 638-640, 05.12.1836, pp. 671-672 et 07.12.1836, pp. 676-677.

234 La commission se compose de trois membres du Conseil d'Etat, Guillaume Fatio (1775-1840), Charles-Léonard Lullin (1781-1847) et Jean-François Barde-Jolivet (1771-1842). Ils désignent pour siéger à leur côté les banquiers Philippe Roget (1793-1872), Jean-Henri Ferrier (1798-1872), Albert-Gédéon Picot (1779-1848), Alexandre-Louis Prevost-Martin (cf. note 231 p. 254), l'agent de change Théophile Gaudy (1774-1862), le caissier de la Caisse d'Epargne Antoine Bastard (?-?), l'horloger Jean-André Térond (1795-1881), les industriels Marc-Antoine Fazy-Pasteur (1778-1856) et Jacques-Etienne Brocher-Veret (1802-1880), ainsi que l'économiste Jacques Louis Odier-Odier (cf. note 92 p. 140).

235 Les principales oppositions proviennent des Conseillers d'Etat (CdE) conservateurs qui regrettent de voir disparaître la livre courante, solidement ancrée dans les habitudes genevoises.

le changement de cap des autorités politiques, il est nécessaire de prendre en compte la crise économique qui touche Genève en 1836-1837[236]. D'origine américaine, elle touche en premier lieu les milieux qui exportent des articles de luxe, surtout les horlogers : entre début 1836 et mi-1837, une petite vingtaine de faillites sont déclarées[237]. La crise entraine aussi un ralentissement de la circulation du numéraire, ce qui aggrave encore la position des acteurs de la Fabrique. Dans ces conditions, assurer la régularité de l'approvisionnement en espèces devient nécessaire pour éviter que les effets de la crise ne s'accentuent. Par ailleurs, l'intervention massive de la Banque de France – qui débourse 450 millions de FF entre juin et novembre 1836 pour soutenir le commerce, sans toucher au taux d'escompte –, officie comme garantie de la solidité du système monétaire français[238]. Une fois le projet de réforme ayant passé la rampe du Conseil d'Etat, il faut rédiger une loi à soumettre à l'autorité législative cantonale.

Les membres de la Chambre des Comptes mobilisent alors plusieurs experts représentant les différentes strates du tissu économique afin de s'assurer que le projet de loi obtienne un assentiment le plus large possible[239]. Le projet de loi définitif est livré dans le courant du mois d'octobre 1837 et contient la première mention du *franc de Genève*, de même titre de fin et poids que le FF. Défendant le projet face à la tribune du Conseil représentatif (autorité législative cantonale), le CdE et négociant (horlogerie et bijouterie) Gédéon Girod-Moricand relève les inconvénients de l'organisation duodécimale. Il souligne que les FF sont déjà largement utilisés par de larges couches de la population et des acteurs économiques. Il conclut finalement qu'il s'agit *« moins pour nous d'innover, que de rendre légales des habitudes contractées »*[240].

---

236 Sougy, Nadège, « Les montres de Genève au XIXe siècle », *op. cit.*, pp. 7-28 (ici, p. 9).

237 Lévy-Leboyer, Maurice, *Les banques européennes, op. cit.*, pp. 562-563.

238 *Ibid.*, p. 557

239 Aeg, A 46, Registre de la Chambre des Comptes, 18.02.1837, p. 77. Il s'agit de Philippe Roget associé au sein de "David Marc Paccard et Roget" (escomptes d'effets de change, négociation de métaux précieux, commerce de monnaies, prêts aux petits Etats), Jean-Louis Viollier-Vermet (1778-1840), associé au sein de "Viollier, Brolliet, Latard & Cie" (commerce de draperies, toileries et autres marchandises, affaires de banque), des deux frères André (1793-1874) et Jacques (1795-?) Galopin, anciens horlogers reconvertis dans les affaires de change et de métaux précieux ; l'industriel Marc-Antoine Fazy-Pasteur et l'économiste Jacques Louis Odier-Odier (cf. note 92 p. 140) complètent le panel de l'expertise.

240 Intervention de Gédéon Girod-Moricand durant la séance du 20.12.1837 du CR, in *Mémorial des séances du Conseil Représentatif*, 20.12.1837, pp. 824-825.

La nécessité de moderniser l'ensemble de l'armature monétaire, qui repose sur un large consensus des milieux économiques, couplé à la consultation de nombreux experts tout au long du processus décisionnel, assure un très fort soutien au projet de loi qui ne rencontre aucune opposition sur le fond. Seuls quelques éléments techniques – date d'entrée en vigueur de la loi, types de pièces à frapper et proportion du billon accepté dans les paiements – donnent lieu à des discussions. Après avoir obtenu l'accord de la commission du Conseil représentatif qui représente, là encore, les intérêts des milieux bancaires et d'exportation, la loi du 7 février 1838 consacre l'introduction du *franc de Genève* au 1er janvier 1839.

Il est particulièrement délicat d'évaluer les effets d'une réforme monétaire. Dans le cas de Genève, les historiens disposent d'une source particulièrement intéressante qui provient de la plume d'un des principaux protagonistes du processus d'unification. Cette brochure, dont la nature doit tout de même inciter à une certaine distance critique, fournit des éléments centraux pour tenter d'appréhender les effets de la naissance du *franc de Genève*. En 1843, à l'occasion de la réunion annuelle de la Société suisse d'utilité publique, le banquier Jean-Eloi Lombard, initiateur de la suppression de la livre courante en 1835, formule un bilan de la réforme. Le principal avantage réside dans la simplification de l'ensemble des opérations :

> *« Il y a gain de temps, et gain considérable, par l'extrême simplification des calculs et des paiements ; je dis considérable ; il doit l'être, dans une ville où le mouvement d'affaires en finances, banque, commerce, industrie, est aussi important ; or, qui dit gain de temps, dit gain du capital le plus précieux de tous »*[241].

Au-delà de l'amélioration des rapports monétaires quotidiens, le choix de la même monnaie que les principaux partenaires du canton fournit surtout une condition essentielle au développement des affaires de banque. Selon Lombard, la réforme monétaire est la principale cause d'un accroissement des montants déposés à la "Caisse de Dépôts et de Virements" qui augmentent de près de 50 % entre 1835 et 1841[242]. De plus, le nouveau système monétaire opère comme

241 Lombard, Jean-Eloi, *Du système monétaire à Genève, op. cit.*, p. 14.

242 *Ibid.*, p. 15. Il précise que si d'autres éléments ont pu jouer un rôle dans ce développement, ils sont marginaux. La "Caisse Mare" est un institut privé de paiements et de virements fondé au début du 19e siècle par Abraham Mare (1769-1856). Elle a pour fonction de centraliser toutes les opérations nécessaires à la fourniture en valeurs des banquiers privés (devises, or et argent, escomptes ou encore lettes de change). Suite à sa faillite en 1825, elle devient la "Caisse de Dépôts et Virements de Revilliod et Mare", association entre Mare et Jean-François, dit John Revilliod

un garant de la valeur des capitaux, puisque tous les investissements reposent désormais sur la même unité. Auparavant, la présence d'une monnaie de compte permettait aux débiteurs de recourir à la monnaie du tarif genevois de leur choix, sauf lorsque les prêts étaient libellés dans une monnaie spécifique. Il en résultait un risque pour les créanciers de recevoir en remboursement des pièces de mauvaise qualité ou ne convenant pas à leurs affaires. Enfin, l'adoption d'une valeur stable sur la base du système français engage les détenteurs de capitaux suisses et étrangers à placer une partie de leurs investissements sur le territoire cantonal, car ils ne craignent plus un changement de valeur du pied monétaire. Lombard conclut finalement que «*le nouveau système, substitué à l'ancien, équivaut assez, ce me semble, au railway et à la rapide à vapeur, remplaçant le* veturino *ou la diligence. Autrefois, on faisait au plus une à deux lieux à l'heure, aujourd'hui on en fait 8 à 12*»[243].

L'optimisme du banquier genevois mériterait sans doute d'être quelque peu nuancé, certains contemporains genevois portant un regard rétrospectif un peu plus critique sur cette réforme:

> «*La transformation de notre système monétaire est aujourd'hui complète, mais on a eu de la peine à déraciner l'ancienne habitude et il n'a fallu rien moins comme nous vous le disions que le retrait de l'ancien billon qui a coûté beaucoup trop comparativement à l'avantage très contestable qu'on en a retiré*»[244].

En dépit des coûts élevés du renouvèlement de l'ensemble de la masse monétaire, il n'en demeure pas moins qu'en l'espace de cinq ans, les milieux économiques modernisent l'ensemble du système et dotent le canton d'une unité de valeur compatible avec la plus grande partie des villes et Etats européens. Dans

(1798-1873). En 1845, la surface de ses activités est jugée insuffisante pour répondre aux besoins économiques de la ville. Les banquiers privés lui substituent alors la "Banque du commerce de Genève", dont la direction est assumée par Revilliod ; cet institut a aussi pour fonction d'anticiper la fondation de la "Banque de Genève", annoncée par James Fazy, mais qui n'ouvre finalement ses portes qu'en 1848. Sur ce sujet, se référer à Bordier, Ami, *Notice sur la Société des agents de change de Genève*, Genève: Impr. Romet, 1904, pp. 6-8 ; Mayor, André, *Le développement des bourses en valeurs mobilières de la Suisse française*, Bâle: G. Krebs, 1914, p. 21 ; Perroux, Olivier, *Tradition, vocation et progrès, op. cit.*, pp. 157-158 ; Jöhr, Adolf, *Die schweizerischen Notenbanken, op. cit.*, pp. 12-14.

243 Lombard, Jean-Eloi, *Du système monétaire à Genève, op. cit.*, p. 16. En italique dans le texte original.

244 Bsg, VNL 60, A23, 21, lettre d'un correspondant inconnu à Hungerbühler, [s.d.: début 1850], 1 p. Souligné dans le texte original.

cette perspective, l'adoption du *franc de Genève* contribue très certainement à resserrer les liens bancaires, commerciaux et industriels avec l'étranger, tout en facilitant les investissements à l'intérieur du canton.

3.2.2. La réforme monétaire allemande (1837-1838) : influences et renforcement des liens économiques en Suisse orientale

En parallèle de la réforme monétaire genevoise, le processus d'uniformisation monétaire qui se produit au sein des Etats allemands durant les années 1830 exerce également une influence très importante sur l'espace économique helvétique. La fondation du « Zollverein » en 1833 comporte en effet un volet monétaire qui, conjointement à l'unification douanière, prévoit d'unifier la diversité des composantes de la circulation des monnaies sur le territoire des adhérents[245]. C'est que la Confédération germanique issue du Congrès de Vienne de 1815 se compose d'une grande variété d'Etats (34 principautés et 4 villes libres) qui restent pleinement souverains en matière monétaire. Tout comme en Suisse, il existe une multitude de pieds monétaires, une grande variété de pièces circulent et les pratiques divergent d'un Etat à l'autre. Afin de consolider l'unification douanière et de stimuler les échanges au sein de l'union en supprimant les entraves intérieures, ses promoteurs ont pour objectif d'introduire des unités de valeur communes entre les participants[246].

Lors du Congrès général des Etats du « Zollverein » en 1836, l'application de l'article monétaire révèle de très fortes dissensions entre les membres. Les territoires du sud en particulier craignent de voir le Royaume de Prusse prendre la direction du processus d'uniformisation, ce qui signifierait une accélération de la diffusion du thaler prussien, qui s'est d'ailleurs déjà répandu depuis trois ans sur les territoires des membres du « Zollverein »[247]. Outre l'attachement à leur monnaie séculaire, les Etats du sud redoutent surtout que le changement d'unité monétaire créé une forte inflation, sans compter les frais liés à une

245 L'article 14 du « Zollverein » de 1833 stipule que les contractants doivent introduire un système uniforme de monnaies, de poids et de mesures.

246 Samuelson, Alain, *Le mark : histoire de la Monnaie allemande*, Paris ; Bruxelles ; Montréal : Didier, 1971, p. 16. Sur toutes les mesures visant à modifier cette situation jusqu'aux années 1830, se référer en premier lieu à Otto, Frank, *Die Entstehung eines nationalen Geldes, op. cit.*, pp. 56-100 et 118-138.

247 Schultz, Bruno, *Kleine deutsche Geldgeschichte, op. cit.*, p. 16 ; Otto, Frank, *Die Entstehung eines nationalen Geldes, op. cit.*, pp. 125-126.

réforme complète et l'atteinte à leur souveraineté[248]. Pour parer à cette éventualité et contrecarrer le poids croissant du nord de la Confédération germanique, le Royaume de Bavière convoque à Munich les Etats de l'Allemagne méridionale en août 1837. L'objectif est de créer une communauté monétaire suffisamment homogène pour négocier d'égal à égal avec les provinces du nord. Redoutant que cette entente s'élargisse à toute une série d'Etats du centre de la Confédération, le Gouvernement de Prusse propose, par note diplomatique, la création de deux zones monétaires sur l'ensemble du territoire du « Zollverein » : au nord circulerait le thaler, au sud le FLa. Mais avant d'accepter un tel projet, les Conférenciers de Munich sont résolus à s'organiser au sein d'une union sur une base solide et uniforme. Dans cette perspective, la volonté d'éviter une trop forte extension de l'influence prussienne fournit une motivation commune. La conférence connaît en conséquence un grand succès : elle débouche sur la signature de la convention de Munich qui adopte officiellement le FLa pour tous les membres signataires[249]. En réaffirmant l'attachement à leur monnaie par un accord commun, les adhérents créent une vaste communauté monétaire unifiée articulée autour du FLa qui couvre toute la partie sud-ouest de la Confédération germanique, l'Autriche n'y participant pas[250]. L'adoption du même poids de référence que le nord (le marc de Cologne) permet également de négocier sur une base équitable avec la Prusse et ainsi éviter de ne pas réussir à s'entendre sous prétexte d'incompatibilité de poids.

En réaction à l'accord de Munich de 1837, le Royaume de Saxe, l'Etat le plus industrialisé de l'Allemagne, convoque la conférence monétaire de Dresde en

---

248 Bissing-Berlin, Wilhelm Moritz von, « Der Deutsche Zollverein », *op. cit.*, pp. 199-214 (ici, p. 211).

249 La taille du FLa est de 24.5 au marc de Cologne, ce qui donne un FLa de 9.54 grammes d'argent fin au titre de 900 ‰. Sur cet accord, cf. Sprenger, Bernd, *Das Geld der deutschen*, *op. cit.*, pp. 163-164 et Otto, Frank, *Die Entstehung eines nationalen Geldes*, *op. cit.*, pp. 138-145. Ses composantes techniques sont analysées en détail par Janssen, Albert Edouard, *Les conventions monétaires*, *op. cit.*, pp. 10-19 (le texte de la convention se trouve aux pp. 473-479).

250 L'accord (ou traité) de Munich fonde le « Süddeutschen Münzverein » qui est signé en 1837 par les Royaumes de Bavière et du Wurtemberg, les Grand-Duchés de Bade et de Hesse, le Duché de Nassau et la ville libre de Francfort ; en 1838-1839, le Duché de Saxe-Meinigen, les Principautés de Schwarzbourg-Rudolstadt, Hohenzollern-Sigmaringen et Hohenzollern-Hechingen, ainsi que le Landgrav de Hessen-Homburg, rejoignent cette entente monétaire. A ce propos, cf. Schultz, Bruno, *Kleine deutsche Geldgeschichte*, *op. cit.*, p. 17 et Sprenger, Bernd, *Das Geld der deutschen*, *op. cit.*, p. 164.

juillet 1838. Les Etats du sud participent également. L'objectif de cette réunion est double. Il s'agit, d'une part, de fonder le pendant nord de l'accord de Munich par l'édification d'une vaste zone monétaire structurée autour du thaler : c'est l'accord de Dresde[251]. Bien que convoquée par la Saxe, c'est la Prusse qui domine cette conférence. Elle a pleinement conscience qu'il est nécessaire d'unifier les systèmes monétaires afin de fluidifier les relations commerciales. En prenant la tête de ce processus, elle peut également asseoir son rôle politique sur les territoires allemands et ainsi contrecarrer l'influence que l'Autriche tente d'exercer sur les territoires du sud. D'autre part, le second objectif de cette réunion vise à conclure un accord qui chapeaute les relations entre les deux zones monétaires unifiées. La proposition prussienne de scinder le territoire du « Zollverein » en deux zones est finalement retenue : tous les Etats membres de l'union douanière doivent choisir de s'aligner sur l'un ou l'autre étalon[252]. Le rapport monétaire entre les deux zones est à la fois la force et la faiblesse de cet accord. D'un côté, un taux de change fixe est décrété entre les deux monnaies de référence : un thaler représente 1.75 FLa et 1 FLa vaut 0.57 thaler. Ce rapport de valeur en faveur des pièces du nord témoigne du poids politique et économique prussien prépondérant au sein de la Confédération germanique[253]. En effet, en raison de cette équivalence malaisée, un cours abusif ne peut manquer d'être à terme introduit sur le FLa dans la partie nord du « Zollverein », menant à son exclusion progressive de la circulation. D'un autre côté, chacune des deux zones ne donne pas cours légal à l'autre monnaie ; elle n'est donc reçue le plus souvent que contre prime, ce qui limite les effets recherchés par ce processus d'unification[254]. Dans

---

251 Sur cet accord : Schultz, Bruno, *Kleine deutsche Geldgeschichte, op. cit.*, pp. 16-18 ; Sprenger, Bernd, *Das Geld der deutschen, op. cit.*, pp. 164-165 ; Otto, Frank, *Die Entstehung eines nationalen Geldes, op. cit.*, pp. 145-155. Le texte de la convention se trouve dans Janssen, Albert Edouard, *Les conventions monétaires, op. cit.*, pp. 483-484.

252 Après 1838, une grande partie des Etats de la Confédération germanique non-signataires du « Zollverein » rejoignent la convention de Dresde. Les participants s'engagent à limiter la circulation de petites monnaies et à frapper d'après des règles communes. Cf. Schultz, Bruno, *Kleine deutsche Geldgeschichte, op. cit.*, pp. 18-19; Sprenger, Bernd, *Das Geld der deutschen, op. cit.*, pp. 164-165.

253 L'adoption d'un change fixe a pour but d'interdire aux Etats d'entreprendre une dévaluation pour des raisons fiscales. Cf. Janssen, Albert Edouard, *Les conventions monétaires, op. cit.*, p. 26.

254 En dépit d'une forte opposition des Etats du sud, une pièce commune, la « Vereinsmünze », permet de faire la jonction entre le nord et le sud. D'une valeur de 2 thalers ou 3.5 FLa, elle obtient cours légal sur l'ensemble du territoire et est censée être

la pratique, le thaler se répand progressivement en direction du sud et s'impose en peu de temps comme la pièce de référence du « Zollverein », tandis que le FLa circule essentiellement dans le sud, en raison notamment de son équivalence malaisée avec le thaler prussien[255].

Malgré certaines limites de ces accords, les Etats membres du « Zollverein » parviennent en l'espace de deux ans à adopter des valeurs communes unifiées sur l'ensemble de leur territoire et à réduire considérablement le nombre de systèmes en vigueur[256]. La rapidité de ce processus engendre des effets bénéfiques très rapides qui n'échappent pas aux contemporains suisses[257]. Cette restructuration du paysage monétaire allemand exerce en outre une influence considérable sur l'espace économique helvétique[258]. Tâchons d'en saisir les trois principaux effets. Premièrement, elle joue un rôle capital sur la circulation des espèces entre les territoires agricoles du sud de l'Allemagne et les cantons industriels de Suisse orientale. Les Etats contractants s'engagent en effet à procéder à un renouvèlement conséquent de leur stock monétaire. En vertu d'un

---

frappée par tous les contractants au *prorata* de leur population, ce qui n'est pas appliqué : vers 1850, les Etats du sud frappent environ 90 % de FLa et quelque 10 % de « Vereinsmünze ». Le poids excessivement lourd (37.1 grammes au titre de 900 ‰) limite fortement l'utilisation de cette pièce qui reçoit le sobriquet de « Champagnerthaler », puisqu'elle ne peut être utilisée que par les grands négociants. Les milieux commerçants lui préfèrent les billets de banque, moins lourds et plus pratiques à transporter. Sur ces questions : Holtfrerich, Carl-Ludwig, « The monetary unification process in 19th-century Germany », *op. cit.*, pp. 216-243 (ici, pp. 221 et 224) ; Schultz, Bruno, *Kleine deutsche Geldgeschichte, op. cit.*, p. 18. Le texte de la convention se trouve dans Janssen, Albert Edouard, *Les conventions monétaires, op. cit.*, pp. 485-491.

255 Hefeker, Carsten, « Interest Groups, Coalitions », *op. cit.*, pp. 489-536 (ici, p. 501) ; Holtfrerich, Carl-Ludwig, « Did monetary unification precede or follow political unification of Germany in the 19th century ? », *op. cit.*, pp. 518-524 (ici, p. 522) ; Olszak, Norbert, *Histoire des unions monétaires*, Paris : Presses universitaires de France, 1996, p. 27 ; Schultz, Bruno, *Kleine deutsche Geldgeschichte, op. cit.*, p. 19.

256 Helferich, Johann Alfons Renatus von, « Die Einheit im deutschen Münzwesen », *Zeitschrift für die gesamte Staatswissenschaft*, 6, 2/3, 1850, pp. 385-437 (surtout les pp. 387-388 et 413-414).

257 Par exemple, Pestalozzi, Leonhard, *Die Münzwirren der westlichen Schweiz., op. cit.*, pp. 27-30.

258 Aucune étude, à notre connaissance, n'a analysé le rôle exercé par la réforme monétaire allemande sur l'espace helvétique. Seul Jakob Schüepp, *Beiträge zur Schweizerischen Münzgeschichte, op. cit.*, pp. 26-27 relève les effets positifs qu'en retirent les cantons industriels de Suisse orientale.

article de l'accord de Munich, ils sont tenus de frapper un minimum de 4 millions de FLa (8.5 millions de FF) avant fin 1838, en utilisant le métal fourni par le retrait d'une partie des pièces en circulation[259]. En l'espace de douze ans, près de 100 millions de FLa (210 millions de FF) sont frappés ; en portant en ligne de compte les pièces non retirées, le réservoir monétaire s'élève en 1850 à plus de 118 millions de FLa (250 millions de FF), soit l'équivalent de 25.- FF par habitant[260]. D'un point de vue strictement monétaire, l'accord de Munich représente une césure décisive: l'instauration de contrôles réguliers, le renouvèlement du stock monétaire, ainsi que l'interdiction de démonétiser et de réduire la valeur des pièces sans en avoir préalablement averti les autres participants sont autant de garde-fous qui assurent la valeur et la qualité des pièces en circulation dans le temps[261]. Le canton de Saint-Gall profite de cette dynamique pour refondre une partie de ses monnaies dans les Hôtels de Munich et de Stuttgart[262]. Il faut aussi ajouter que suite à l'adhésion de nouveaux membres, un traité additionnel est adopté en 1845, imposant notamment le retrait de toutes les espèces antérieures à 1837. L'assainissement de la masse de monnaies métalliques des Etats du sud de l'Allemagne, qui passe par son renouvèlement presque complet, permet aux cantons industriels de Suisse orientale de se reposer sur un réservoir monétaire de pièces de bonne qualité disponibles en quantité[263].

Le second effet de l'accord de Munich de 1837 sur l'espace helvétique est de renforcer la collaboration monétaire entre la Suisse du nord-est et les Etats du sud de l'Allemagne. Dès que la tenue de la conférence allemande est annoncée, les cantons industriels de Suisse orientale – à l'exception de Glaris – renouvèlent

---

259 Les frappes des dernières pièces de qualité datent de la seconde moitié du 18e siècle. Cf. Janssen, Albert Edouard, *Les conventions monétaires*, *op. cit.*, pp. 12 et 14-15.

260 Ces chiffres sont tirés de Speiser, Johann Jakob, « Der süddeutsche Münzfuss », *Neue Zürcher Zeitung*, 05.03.1850, pp. 1-2. Leonhard Pestalozzi arrive au même résultat: Pestalozzi, Leonhard, *Die französische und deutsche Silber scheidemünze*, rapport adressé à Hungerbühler, [s.d.: vers mars 1850], 5 p. (ici, p. 3), in Bsg, VNL 60, A23, 13.

261 Janssen, Albert Edouard, *Les conventions monétaires*, *op. cit.*, p. 15.

262 Jaeger, Kurt, Lavanchy, Charles, *Catalogue des monnaies suisses: essai d'un catalogue de toutes les frappes monétaires suisses classées d'après leur type, Tome III: « Die Münzprägungen des Kantons Appenzell-Ausserrhoden und der « neuen Kantone » der Schweiz seit 1803 »*, Berne: Société suisse de numismatique, 1963, p. 18.

263 Sager, Josef, « Vom Reichsgulden zum Schweizerfranken: zum hundertjährigen Jubiläum des Frankens », *Thurgauische Beiträge zur vaterländische Geschichte*, 89, 1952, pp. 47-59 (ici, pp. 52-53).

leur concordat monétaire structuré, rappelons-le, autour d'un tarif commun portant sur les principales pièces allemandes : ils annoncent, à cette occasion, leur volonté de rester intégrés au réservoir monétaire du sud de l'Allemagne[264]. Leur vivacité n'a d'égal, dans ce domaine, que leur besoin de maintenir des liens étroits avec les voisins du nord : leur décision est antérieure à la signature de l'accord de Munich. Après celui-ci, ils adoptent le nouveau pied de 24.5 FLa des Etats du sud de l'Allemagne, qui représente une dévaluation de plus de 2 % par rapport au pied de 24 FLa en vigueur jusqu'alors[265]. L'année suivante, en 1838, ils s'alignent sur les décisions des Etats allemands et démonétisent les mêmes pièces qu'eux[266]. L'adoption de mesures parfaitement similaires témoigne bien de la nécessité de maintenir intacte l'intégration monétaire, composante essentielle des conditions d'échange qui contribue à fluidifier les relations commerciales et à maintenir l'osmose économique régionale[267]. Certes, la réforme allemande créé un embarras temporaire, notamment pour le canton de Saint-Gall qui se voit contraint d'acheter dans le courant de l'année 1842 du numéraire, afin de suppléer au retrait des anciennes petites espèces allemandes[268]. Mais ce n'est que pour améliorer le rapprochement avec les partenaires du nord. L'empressement des cantons industriels de Suisse industrielle peut notamment s'expliquer par la balance commerciale négative avec les Etats allemands. En 1840, ils doivent en effet leur régler 19 millions de FF. Dans ces conditions, il est indispensable de maintenir de bons rapports et d'assurer l'ouverture de ce débouché pour l'écoulement de la production industrielle. Sortir du réservoir des trois voisins du nord aurait de grosses conséquences financières, car il faudrait acquérir par d'autres canaux le numéraire nécessaire à régler les échanges.

---

264 Wielandt, Friedrich, *Schaffhauser Münz- und Geldgeschichte, op. cit.*, pp. 131-137 ; Girtanner-Salchli, Hermann, « Das Münzwesen im Kanton St. Gallen », *op. cit.*, pp. 109, 121, 293 et 297.

265 Les propriétaires et les détenteurs de capitaux sont les premiers lésés par ce changement de pied monétaire, car ni les tarifs cantonaux, ni les contrats ne sont ajustés. Un personnage qui acquière un bien de 1000 FLa en 1837 – équivalent à 9739.59 grammes d'argent fin – et qui le revend en 1844 d'après le nouveau pied monétaire, récupérera 9540.82 grammes d'argent fin, soit 2.1 % de perte.

266 Girtanner-Salchli, Hermann, « Das Münzwesen im Kanton St. Gallen », *op. cit.*, p. 296.

267 Schüepp, Jakob, *Beiträge zur Schweizerischen Münzgeschichte, op. cit.*, pp. 26-27 ; Wielandt, Friedrich, *Schaffhauser Münz- und Geldgeschichte, op. cit.*, pp. 135-136.

268 Weissenrieder, Franz Xaver, *"Vom alten Schrot und Korn". Ein Querschnitt durch die Geschichte des alten st. gallischen Münzwesens,* Bazenheid : Kalenderverlag Thur ; E. Kalberer, 1942, p. 66.

Une prime, aussi minime soit-elle, sur l'approvisionnement en moyens de paiement pourrait rapidement atteindre des sommes importantes.

Le troisième effet de la réforme monétaire allemande concerne le paiement des salaires des ouvriers de l'industrie textile de Suisse orientale. Jusque dans les années 1830, ils sont payés avec des espèces allemandes, mais en raison de leur qualité médiocre ou pour suppléer à des ruptures d'approvisionnement, il arrive régulièrement que des pièces suisses, voire françaises dans certains très rares cas, soient utilisées comme appoint. Avec la fabrication de grandes quantités de pièces de bonne qualité à partir de 1837, les négociants de Suisse orientale peuvent se reposer exclusivement sur le numéraire allemand. En 1850, Johann Jakob Trog, un avocat soleurois que nous retrouverons par la suite, souligne les avantages qui résultent de cette situation pour les employeurs :

> « *Es war noch viel bequemer, statt die Arbeitslöhne in schweizerischen und französischen Sorten auszuzahlen, sich Gulden und zur Abwechslung auch verrufene Sechskreuzerstücke zu verschreiben und 1-1.5% und oft noch viel mehr in Sacke zu behalten. Daher lässt sich auch das fortwährende Liebäugeln in einigen höhern industriellen Regionen mit dem Guldenstück leicht erklären* »[269].

Ce renouvèlement de la masse monétaire des Etats du sud de l'Allemagne renforce le commerce d'espèces que les milieux du grand négoce et de la banque de Suisse orientale font avec leurs partenaires du nord pour l'approvisionnement en numéraire de la région. Il leur assure de pouvoir maintenir un gain sur le paiement de la masse salariale, puisqu'ils importent, rappelons-le, des petites pièces allemandes qui contiennent en moyenne 3 % de métal précieux en moins que celles qui circulent en Suisse. Ils en exportent aussi une partie en direction de la Suisse occidentale au même prix que leur billon, réalisant au passage un gain qui équivaut à la différence de valeur du métal précieux contenu entre les pièces suisses et allemandes.

Un dernier élément qu'il faut prendre en compte, bien qu'il ne découle pas de la réforme monétaire allemande, c'est la fondation de la "Bank in St. Gallen" en 1837, car elle renforce l'osmose économique à l'échelle régionale. Elle pose par ailleurs le premier jalon du système bancaire cantonal[270]. Jusqu'au milieu

269 Trog, Johann Jakob, *Die Betheiligung des Mittelstandes bei der Münzfrage (aus der Neuen Zürcher-Zeitung besonders abgedrückt)*, Solothurn : J. Gassmann Sohn, 1850, p. 5. Sur Johann Jakob Trog, cf. note 228 p. 478.

270 Gygax, Paul, *Bank in St. Gallen, op. cit.*, p. 23 ; Jöhr, Adolf, *Die schweizerischen Notenbanken, op. cit.*, pp. 10-11; Oswald, Roland, *Die Entwicklung, op. cit.*, pp. 49-50 ; Walder, Emil, *Die Geschichte des Handelsbankwesens, op. cit.*, pp. 39-46 ; Wartmann, Hermann, *Industrie und Handel, op. cit.*, pp. 5-14. La

des années 1830, le crédit commercial est rare à Saint-Gall et il ne s'opère que sur du court terme. Les négociants de Suisse orientale dépendent entièrement des banques d'Augsbourg, le « réservoir d'argent de Saint-Gall »[271], pour l'escompte de leurs effets commerciaux et leur fourniture en numéraire[272]. La vente de leurs marchandises est réglée à l'aide de papiers tirés sur la place allemande qui y sont échangés contre des pièces qui sont ensuite introduites dans la circulation de Suisse orientale. Avec les mutations de l'industrie textile – mécanisation de la filature, spécialisation dans le type de tissus produits –, la diversification des débouchés après 1815 et la part croissante des ventes vers les marchés d'outre-mer, les besoins en capitaux explosent et sont immobilisés sur une période pouvant s'étaler sur plusieurs mois, ce qui a tendance à ralentir l'approvisionnement en numéraire des négociants. La "Bank in St. Gallen" officie dès lors comme banque d'escompte d'effets de commerce, c'est-à-dire qu'elle paie aux créanciers le montant des papiers et devient en échange créancière des effets, ce qui assure aux négociants de récupérer rapidement le produit de leurs ventes. Ainsi, le nouvel institut bancaire centralise les effets de commerce

---

"Bank in St. Gallen" est fondée en 1837 par le "Kaufmännische Direktorium St. Gallen" sur l'initiative de Christoph Hülsenbeck, premier président du CA (1837-1844). L'institut repose sur un capital-actions de 2.125 millions de FF, divisé en 2'000 actions réparties à raison de 680 dans le canton de Saint-Gall, 74 en Appenzell, 54 dans les Grisons, 90 à Zurich, 61 sur Vaud, 90 à Genève et 806 à l'étranger – dont 142 à Augsbourg et 187 à Paris (la répartition des 53 dernières n'est pas mentionnée). Selon Jöhr, les opérations de prêts surpassent largement l'escompte de papiers-valeurs. Quant aux affaires sur compte-courant, elles pèsent d'un poids secondaire durant la première décennie d'activité et ne se développent réellement qu'à partir des années 1850. La répartition du capital-actions est donnée dans [s.a.], [s.n.], *St. Galler Zeitung*, 15.02.1837, pp. 1-2.

271 L'étude de référence est Gygax, Paul, « Augsburg, das einstige Geldreservoir », *op. cit.*, pp. 297-313. Cf. également Veyrassat, Béatrice, *Négociants et fabricants*, *op. cit.*, pp. 237-239 et Denzel, Markus A., « Die Integration der Schweizer Finanzplätze », *op. cit.*, pp. 177-235 (ici, pp. 191-193). Les études portant sur les banques régionales abordent aussi cette question : Oswald, Roland, *Die Entwicklung, op. cit.*, pp. 41-43 ; Gygax, Paul, *Bank in St. Gallen, op. cit.*, pp. 23-31 et 36-47 ; Walder, Emil, *Die Geschichte des Handelsbankwesens, op. cit.*, pp. 45-46.

272 Sur le tissu économique d'Augsbourg, cf. Fassl, Peter, *Konfession, Wirtschaft und Politik. Von der Reichsstadt zur Industriestadt, Augsburg, 1750-1850*, Sigmaringen : Thorbecke, 1988, pp. 213-262. Cette place, qui peut se prévaloir d'une tradition pluriséculaire dans les affaires de banque, connaît une phase de déclin relative durant la première moitié du 19e siècle au profit de Francfort qui s'impose par la suite comme la première place financière du sud de l'Allemagne.

des négociants de Suisse orientale et devient l'intermédiaire qui est en charge de les encaisser auprès des banques d'Augsbourg sur lesquelles les effets ont été tirés. En raison de ce rôle de pivot, la "Bank in St. Gallen" devient rapidement un rouage essentiel de la circulation monétaire à l'échelle régionale, car elle assume une part importante du circuit d'approvisionnement en numéraire et permet d'améliorer la fluidité des échanges. Pour y parvenir, la banque doit entretenir des liens étroits et très réguliers avec les banques de la place d'Augsbourg, ce qui a tendance à renforcer la dépendance envers la place allemande[273]. En outre, afin d'accroître les forces pécuniaires et d'accélérer la circulation des moyens de paiement à l'échelle régionale, l'institut bancaire assume dès sa fondation un rôle d'émetteur de billets[274].

Au-delà de ces effets, la réforme allemande exerce une forte influence sur la conception des processus d'unification qui prévaut parmi certains contemporains helvétiques[275]. Dans ce sens, elle confirme par une application pratique la validité théorique de la partition d'un territoire en deux zones comme étape intermédiaire à l'unification des monnaies. Le choix des Etats allemands de fonder deux unions distinctes, chapeautées par un accord général, constitue désormais dans les réflexions du 19e siècle une des phases potentielles de l'uniformisation des systèmes monétaires. En Suisse, l'expérience allemande renforce les revendications du banquier zurichois Leonhard Pestalozzi qui y voit la solution la plus adéquate pour concilier les intérêts monétaires divergents. L'expérience allemande donne en effet une légitimité importante à son projet. Elle permet de passer d'une pensée théorique aux conséquences imprévisibles à une application pratique aux bienfaits reconnus. Jusqu'à la réforme monétaire suisse qui débute en 1849, le banquier zurichois n'a de cesse de mobiliser l'expérience allemande dans le but de démontrer la valeur de son projet.

---

273 Walder, Emil, *Die Geschichte des Handelsbankwesens*, *op. cit.*, pp. 45-46.

274 Initialement prévus pour alléger le transport de numéraire métallique, les billets libellés en FLa (coupures de 10, 50 et 100 florins) reçoivent bon accueil auprès du public et sont rapidement utilisés pour des besoins courants. Le montant des billets en circulation passe de 130'000.- FLa (276'000.- FF) en 1837/1838 à 950'000.- FLa (2'019'000.- FF) en 1850/1851, soit une multiplication par plus de sept en un peu plus de dix ans. Ces chiffres sont tirés de Wartmann, Hermann, *Industrie und Handel*, *op. cit.*, p. 13.

275 Par exemple Speiser, Johann Jakob, « Rapport d'expert », *op. cit.*, 55, pp. 31-61 (ici, p. 36).

3.2.3. L'échec des conférences monétaires fédérales (1838-1840) : l'abandon définitif des délibérations

En 1836, les députés de la Diète fédérale suspendent la poursuite de toute discussion en attendant les conclusions d'une commission et la tenue d'une conférence monétaire prévue pour 1838. Entre-temps, les deux événements abordés ci-dessus exercent une très grande influence sur la situation fédérale et contribuent à souder chacun des deux blocs derrière son projet. D'un côté, les cantons industriels de Suisse orientale s'engouffrent dans la brèche ouverte par la réforme allemande pour réaffirmer leur volonté de se reposer sur la circulation monétaire des Etats du sud de l'Allemagne. Ce nouvel élément consolide leur décision de s'opposer à toute mesure fédérale qui ne soit pas uniquement basée sur les monnaies du partenaire du nord. De l'autre côté, la réforme genevoise renforce les partisans de l'adoption du système français. Réalisée à l'échelle cantonale, une telle réforme devrait être étendue à tout le pays. Milieux marchands et agricoles de Suisse occidentale refusent désormais tout compromis : il faut changer la structure monétaire fédérale sur la base du FF.

Contrairement à l'usage en vigueur durant le premier tiers du 19e siècle, la commission nommée en 1836 se compose uniquement de personnalités de premier plan issus de cantons agricoles de Suisse occidentale et centrale[276]. L'objectif poursuivi est de réussir à trouver un consensus qui émanerait des régions qui se trouvent à la croisée des deux grandes aires monétaires qui couvrent le territoire helvétique. Au vu des prises de position des acteurs industriels de Suisse orientale et des milieux marchands de Suisse occidentale durant les délibérations de 1836, il est en effet certain qu'un accord entre eux est illusoire. Afin de prendre en compte la complexité et la diversité des intérêts, deux projets de concordat sont élaborés par la commission. La majorité se prononce pour la création d'une nouvelle monnaie de compte, un FS qui aurait pour objectif de

276 Abschied der Tagsatzung, 1837, Litt. FF, *Gutachten der Expertenkommission, op. cit.*, 9 p. Elle se compose du Bernois Beat Ferdinand Ludwig von Jenner (1762-1837), propriétaire foncier, de l'Argovien Johannes Herzog von Effingen (1773-1840), industriel actif dans la filature du coton qui est le premier fabricant du canton à mécaniser sa production (1810) et du Lucernois Josef Ineichen (1792-1881), professeur de mathématiques et de physique à l'Ecole cantonale de Lucerne (1823-1870), auteur de plusieurs manuels d'algèbre et d'introduction au système des poids et mesures. Le banquier zurichois Leonhard Pestalozzi (cf. note 155 p. 233), le négociant bâlois German La Roche et l'économiste genevois Jacques Louis Odier-Odier (cf. note 92 p. 140) participent en qualité d'experts aux travaux de la commission.

tarifer la plus grande diversité possible d'espèces étrangères, à l'exception, il faut le relever, des espèces d'argent françaises.

Les effets encore incertains de la réforme allemande, ainsi que les coûts qui seraient engendrés par l'introduction du FF (retrait de toutes les pièces et frappes pour les remplacer) militent en faveur de cette proposition[277]. Il s'agit donc de privilégier les espèces allemandes, sans toutefois baser l'ensemble du projet sur leur circulation. La minorité est quant à elle favorable à introduire le système français dans son ensemble[278].

L'enjeu principal derrière ce choix est d'assurer la poursuite du développement économique quel que soit, d'ailleurs, le pied monétaire retenu. Malgré les décisions successives prises au sein de la Diète fédérale de cesser la frappe de billon, plusieurs Gouvernements cantonaux refusent d'appliquer cette mesure. Or, la surabondance de petites monnaies a un impact particulièrement négatif sur l'ensemble des travailleurs (journaliers, en fabrique, artisans) qui sont les premiers à en souffrir au quotidien. En raison de la qualité du billon qui se détériore, le pouvoir d'achat de cette catégorie d'acteurs diminue. Le processus inflationniste induit par les pratiques cantonales de surémission risque d'altérer, à court terme, la santé économique du pays. Afin de maintenir de bas salaires et rester compétitif sur les marchés étrangers, il est indispensable de stabiliser la valeur du billon[279]. La hausse des cours des grosses espèces contribue également à une dépréciation du billon, puisqu'il en faut toujours plus pour acheter la même grosse pièce. Cette organisation a également des conséquences sur les détenteurs de capitaux qui privilégient les investissements à l'étranger pour garantir la valeur de leurs placements[280]. Le spécialiste de l'économie suisse, le Saint-Gallois August von Gonzenbach le formule en ces termes à propos de la difficulté à convaincre les capitalistes à financer la construction du réseau ferré suisse[281] : « *les capitalistes préféreront placer leurs fonds sur les chemins de*

---

277 Abschied der Tagsatzung, 1837, A, *Entwurf eines Konkordats für die Einführung eines neuen schweizerischen Münzfusses*, 4 p. in Litt. FF, *Gutachten der Expertenkommission*, *op. cit.*

278 Abschied der Tagsatzung, 1837, B, *Entwurf eines Konkordats für die Einführung des französischen Münzfusses in der Schweiz*, 4 p. in Litt. FF, *Gutachten der Expertenkommission*, *op. cit.*

279 Abschied der Tagsatzung, 1837, Litt. FF, *Gutachten der Expertenkommission*, *op. cit.*, 9 p. (ici, p. 2).

280 Sur ce qui suit : *Ibid.*, pp. 3-4.

281 August von Gonzenbach-Schönauer (1808-1887), SG, fils d'August (1779-1851), important négociant (cf. note 87 p. 340) ; beau-fils de Johann Heinrich Schönauer (1782-1823), négociant bâlois qui est le frère de Johann Daniel Schönauer

fer à l'étranger, qui leur offrent plus de sécurité que les entreprises de la Suisse, il serait facile de prouver que tel est le cas »[282]. En effet, aucune garantie n'existe de récupérer une somme identique lors d'un remboursement, puisque des dévaluations sont pratiquées par les Gouvernements cantonaux. Même avec des prêts libellés en bonnes espèces, un créancier n'est pas à l'abri d'une hausse des tarifs qui mettrait le débiteur en difficulté de réussir à réunir les pièces nécessaires au remboursement. Pourtant, il existe un marché intérieur des capitaux, mais à défaut de conditions offrant un minimum de sécurité aux investisseurs, leur exportation se fait au détriment du financement de trois secteurs économiques principaux. Le premier concerne le commerce. La très forte intégration du commerce helvétique à l'échelle internationale nécessiterait de mobiliser des fonds afin de financer les activités sur le long terme. Et les besoins vont croissants. Durant les années 1820-1830, le développement des affaires sur les marchés d'outre-mer exige des capitaux toujours plus conséquents. Le second secteur économique concerné par la problématique des capitaux est l'industrie. D'une part, la mécanisation de la production du tissage de coton suisse prend du retard en Suisse et ne se développe que lentement durant les années 1840. Ce processus requiert en effet des investissements importants que les détenteurs de capitaux sont frileux à financer, en raison notamment des risques qui pèsent sur la rentabilité de tels placements, ainsi que sur les mauvaises perspectives de débouchés des produits de cette industrie mécanisée[283]. Pourtant, la catégorie des grands industriels qui naît de ce mouvement vers la mécanisation du tissage

(1783-1845), banquier privé au sein de "Ehinger & Cie". Formation en droit à Bâle et Iéna (1826-1831). Procureur général à Saint-Gall (1831-1833), puis chancelier de la Confédération (1833-1847). Se retire à Muri en 1853. Député au GC de SG (1833-1847), puis de BE (1850-1874). Second député à la Diète fédérale (1833), Cn de tendance conservatrice (1852-1860 et 1866-1875). Chef de file des conservateurs bernois, fédéraliste opposé à la création de l'Etat fédéral. Directeur de la "Berner Handelsbank" (1864-1887), membre CA de la "Papierfabrik Biberist" (1862-1887) et du "Jura-Bern-Luzern-Bahn" (1871-1884). Spécialiste de l'économie suisse.

282 Gonzenbach, August von, *Exposé du mouvement commercial entre la Suisse et la France pendant l'année 1840, op. cit.*, note 2 p. 129, cité par Humair, Cédric, *Développement économique et Etat central, op. cit.*, p. 152.

283 Dudzik, Peter, *Innovation und Investition, op. cit.*, pp. 225-227 ; Ritzmann, Franz, « Die Entwicklung des schweizerischen Geld- und Kreditsystems », *op. cit.*, pp. 235-272 (ici, p. 238) ; Born, Karl Erich, *Geld und Banken im 19. und 20. Jahrhundert*, Stuttgart : Alfred Kröner, 1977, p. 36 ; Humair, Cédric, *Développement économique et Etat central, op. cit.*, pp. 143-144 ; Menzel, Ulrich, *Der Entwicklung der Schweiz, op. cit.*, pp. 48-50.

de coton dépend de ce financement pour le développement de ses activités et exige d'améliorer les conditions du marché intérieur des capitaux. D'autre part, la structure de la distribution de la production se modifie en profondeur durant les années 1830 : un nombre croissant de fabricants entreprend la commercialisation de ses produits en se passant des intermédiaires[284], ce qui nécessite de pouvoir se reposer sur des fonds propres, dont la valeur soit garantie dans le temps, ou sur des emprunts, qui ne doivent pas être source de pertes lors du remboursement. Le troisième et dernier secteur économique qui a besoin de capitaux pour se développer est l'hôtellerie de luxe. Nous l'avons déjà mentionné plus haut, le premier établissement de cette catégorie à ouvrir ses portes dans le pays se trouve à Genève. En 1827, la constitution de la "Société des Bergues" repose sur un capital de 800'000.- FF. A Zurich, le "Savoy Hotel Baur en Ville" est fondé en 1838 avec un capital-actions de plus de 370'000.- FF[285].

Pour faire face à ces importants besoins en capitaux, les membres de la commission estiment indispensable d'adopter un pied monétaire centralisé et unifié, ainsi que de retirer les billons cantonaux. A leurs yeux, il s'agit des conditions nécessaires pour sécuriser les investissements et faciliter la mobilisation de capitaux pour financer les secteurs économiques nationaux.

Lors de la réunion de la Diète fédérale de 1838, 17 cantons décident de participer à la tenue d'une conférence qui a pour but de discuter des deux projets de concordat et de trouver une solution commune[286]. Mais après de longs débats, leur nombre se réduit à 13 voix : le retrait de tous les cantons industriels de Suisse orientale (sauf Schaffhouse), qui sont décidés à bénéficier des effets de la réforme monétaire allemande et qui ne veulent plus entendre parler du FF,

---

284 Sur ce processus : Veyrassat, Béatrice, « Les Suisses et la Suisse au Brésil (1817-1930) », *op. cit.*, pp. 11-44 (ici, pp. 17-18 et 22-23) ; Veyrassat, Béatrice, « De Sainte-Croix à Rio de Janeiro : fromages et absinthe, dentelles et musiques contre café (1820-1840). Entreprise, région et marché mondial », in Mottu-Weber, Liliane, Zumkeller, Dominique (études réunies par), *Mélanges d'histoire économique offerts au professeur Anne-Marie Piuz*, Genève : Université de Genève ISTEC, 1989, pp. 267-280 (ici, pp. 278-280) ; Dejung, Christof, « Unbekannte Intermediäre : schweizerische Handelsfirmen im 19. und 20. Jahrhundert », *Traverse : Revue d'histoire*, 17, 1, 2010, pp. 139-155 (ici, pp. 141-144) ; Lévy-Leboyer, Maurice, *Les banques européennes*, *op. cit.*, pp. 512-513 ; Burkhard, Paul, *Exportfinanzierung und Exportbankfrage in der Schweiz*, Zürich : Ernst Lang, 1943, pp. 16-19.

285 Schulthess, Hans, *Savoy Hotel Baur en Ville Zürich*, *op. cit.*, p. 11.

286 Abschied der Tagsatzung, séance du 31.07.1838, p. 366. Seuls refusent de participer les trois cantons agricoles de Suisse centrale – Uri, Schwytz et Unterwald –, Berne et le Tessin. Le refus de Berne est difficilement explicable.

explique ce changement[287]. Dans ces conditions, la réunion qui s'ouvre le mois suivant à Lucerne se transforme en tribune en faveur de l'adoption du FF[288]. Pour les cantons qui y participent, la décision est prise. Pouvant se reposer sur un projet de concordat élaboré par la commission l'année précédente, il s'agit désormais de définir précisément les termes techniques prévalant à l'introduction du FF comme monnaie de compte fédérale. Les décisions de cette conférence reçoivent un accueil très favorable : deux semaines après, douze Etats invitent le Vorort à convoquer une nouvelle réunion afin de mettre au point le règlement d'application du concordat[289]. Convoqués en février 1839, les Conférenciers réunis à Zurich confirment leur volonté de se réunir au sein d'une entente commune, à l'exception de Schaffhouse qui se retire : la carte ci-dessous illustre les onze Etats qui acceptent la rédaction du concordat en faveur du FF, sans toutefois s'engager à le ratifier[290].

Malgré cet accord qui semble en bonne voie pour être ratifié, le bateau prend immédiatement l'eau, faute de concessions nécessaires de la part des Gouvernements cantonaux. Certains lui reprochent de maintenir la tarification d'espèces allemandes ; d'autres de donner libre circulation à tous les billons cantonaux[291].

287 Girtanner-Salchli, Hermann, « Das Münzwesen im Kanton St. Gallen », *op. cit.*, pp. 235-237.

288 Abschied der Tagsatzung, 1838, Litt. LL, *Protokoll der zum Zweck der Regulirung des schweizerischen Münzwesens während der Dauer der ordentlichen eidgenössischen Tagsatzung zu Luzern, Sonnabends den 18. August 1838, Statt gehabten Konferenz von Standesabgeordneten*, 6 p.

289 D'après Blaum, Kurt, *Das Geldwesen der Schweiz seit 1798, op. cit.*, p. 20, sur les douze participants, onze d'entre eux – représentant environ les 2/3 de la population suisse, soit quelque 1.5 million d'habitants – sont déjà habitués au système français.

290 Abschied der Tagsatzung, 1839, Litt. PP, *Protokoll der zum Zweck der Regulierung des schweizerischen Münzwesens von dem Vororte Zürich einberufenen Konferenz von Standesabgeordneten*, 14 p. et Litt. QQ, *Revidirter Entwurf eines Konkordates für die Einführung des französischen Münzfusses in der Schweiz*, 12.02.1839, 4 p.

291 Des projets un peu farfelus sont mis au point durant ces années afin d'essayer de concilier tous les intérêts. Parmi ceux-ci, celui d'un négociant bâlois mérite d'être mentionné. La création d'une livre suisse de 500 grammes au titre de 900 ‰ (monnaie de compte au nom de cent-ass), basée sur le FF qui prendrait le nom de thaler et une division en cent stubers, permettrait de tarifer toutes les grosses monnaies européennes. Au-delà de son caractère anecdotique – personne n'accorde d'importance à ce projet –, cette proposition demeure néanmoins représentative des efforts fournis pour tâcher de trouver une solution commune. Cf. AF, D0#1000/3#1057*,

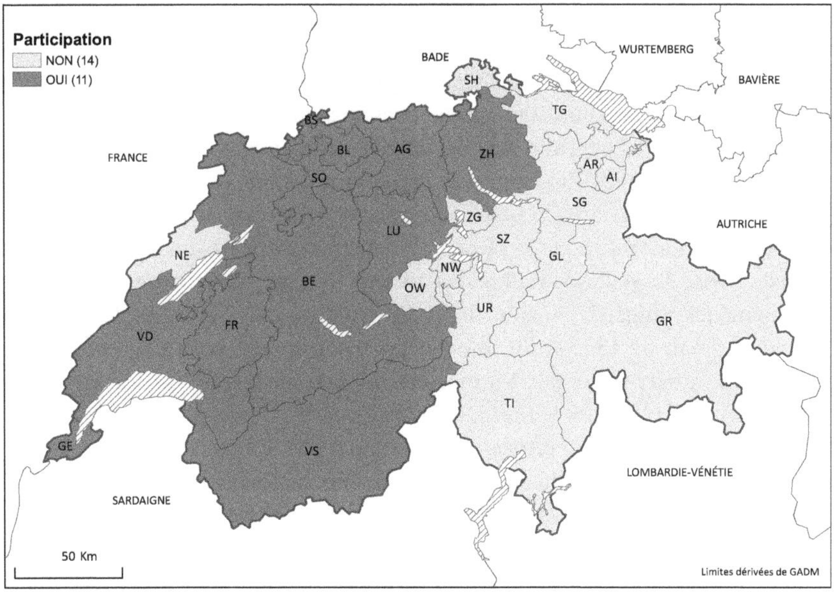

Carte 5 : cantons favorables à un concordat monétaire sur la base du pied monétaire français (1839)

En somme, il ne satisfait pleinement personne, puisque personne n'est prêt à céder sur ses propres exigences[292]. Finalement, seuls quatre cantons (Argovie, Lucerne, Soleure et Vaud) décident de poursuivre leurs efforts pour mettre en application ce concordat. Il est très probable que la crise économique qui touche les différents secteurs industriels et le commerce international à partir de 1839 agisse comme un frein dans l'adoption de mesures communes. Partout sur le continent européen le numéraire se fait plus rare, le crédit se contracte et le taux d'escompte augmente[293]. Dans ces conditions, les Gouvernements cantonaux préfèrent maintenir leur marge de manœuvre pour pouvoir intervenir

Moser, Rodolphe, *Etude d'une législation monétaire pour les cantons de la Suisse*, 1839, 12 p.

292 Les critiques du projet de concordat sur le FF se trouvent dans Abschied der Tagsatzung, 1839, séance du 23.07.1839, pp. 308-313. Cf. également Pestalozzi, Leonhard, *Die Münzwirren der westlichen Schweiz*, *op. cit.*, pp. 35-39.

293 Lévy-Leboyer, Maurice, *Les banques européennes*, *op. cit.*, pp. 570-594 ; Gille, Bertrand, *La banque et le crédit*, *op. cit.*, pp. 332-346.

directement sur les composantes de la circulation, ce qui ne serait plus possible avec la signature d'un concordat intercantonal. En 1840, constatant qu'ils sont incapables de se mettre d'accord, les délégués décident de cesser toute délibération ultérieure sur les questions monétaires au sein de la Diète fédérale[294].

Contrairement à ce qu'affirme l'économiste allemand Kurt Blaum, les conférences de Lucerne et de Zurich qui se déroulent en 1838-1839 ne voient pas une diminution des partisans du système français[295]. Ils n'arrivent pas à s'entendre sur l'organisation technique, certes, mais cela ne signifie pas qu'ils ne défendent plus cette voie. La seconde moitié des années 1830 accuse au contraire un renforcement des rangs. En raison de la réouverture du transit sur le territoire français à partir de 1832 et du rôle des ports européens pour l'écoulement de la production helvétique sur les marchés d'outre-mer, le FF gagne en attractivité auprès de plusieurs milieux économiques helvétiques. Bien que la création du « Zollverein » et la réforme allemande tendent à consolider les rapports monétaires avec les Etats du sud de l'Allemagne, cette dynamique ne concerne néanmoins que les cantons industriels de Suisse orientale et, dans une moindre mesure, les acteurs de la région zurichoise. Dans le reste du pays, le caractère universel de la monnaie française est largement préféré à la dimension régionale du FLa. Au demeurant, la réforme genevoise témoigne qu'il est parfaitement possible de baser un système monétaire sur le FF.

Toutefois, si les partisans du FF sortent renforcés des années 1830, c'est le désaccord sur la conception globale du projet qui divise ses promoteurs et empêche une mise en application. En effet, au sein de la Diète fédérale, il n'est à aucun moment question de centraliser la régale monétaire sur la base de la législation française, comme l'a fait la Belgique en 1832. Or, c'est précisément ce qu'exigent les milieux marchands de Suisse occidentale. En 1839, ils se prononcent pour l'adoption complète du système français en demandant que leurs propres monnaies cantonales soient mises hors de cours[296]. De leur côté, les milieux agricoles de Suisse occidentale défendent la même position que durant les années 1820. Ils ne veulent pas s'engager dans une réforme complète. Ils estiment que des ajustements suffiraient à améliorer la circulation monétaire. Ils se contentent donc de réclamer l'introduction d'un tarif basé sur le FF et de retirer les billons de plus mauvaise qualité. Quant aux quelques cantons de Suisse centrale et méridionale agricole favorables au système français, ils sont

---

294 Abschied der Tagsatzung, séance du 18.08.1840, p. 286.

295 Blaum, Kurt, *Das Geldwesen der Schweiz seit 1798, op. cit.*, p. 20.

296 Abschied der Tagsatzung, 1839, Litt. PP, *Protokoll, op. cit.*, 14 p. (ici, p. 8).

prêts à privilégier l'approvisionnement en FF, mais ont tout de même besoin de disposer d'autres espèces étrangères. Un tarif général est revendiqué, tandis qu'en raison de leur situation géographique, ils peuvent facilement se reposer sur plusieurs billons "étrangers" et ne demandent donc pas leur retrait. C'est dans cet antagonisme sur l'ampleur de la réforme demandée que les causes du manque de cohésion des défenseurs du FF doivent être recherchées. Car si de nombreuses voix s'élèvent du côté des milieux économiques pour réclamer l'unification monétaire[297], peu de Gouvernements cantonaux sont prêts à faire les concessions nécessaires à sa réalisation.

3.3. Revendications croissantes et échecs persistants durant la crise économique des années 1840

Les années 1840 sont considérées dans la littérature secondaire comme une décennie durant laquelle les questions monétaires sont reléguées au second plan et ne donnent plus lieu à aucune discussion[298]. Cette perception peut être attribuée à la décision de la Diète fédérale de 1840 de cesser toute délibération, faute de réussir à s'entendre. Mais si les discussions s'arrêtent effectivement au niveau des autorités politiques fédérales, elles se poursuivent au sein des associations économiques et à l'échelle des Gouvernements cantonaux. A cet égard, il est nécessaire de procéder à une réévaluation du rôle des années 1840 dans le long processus qui mène à l'unification monétaire. C'est particulièrement le cas pour les années 1842 et 1843 qui représentent une rupture importante. A Zurich, milieux populaires et industriels réclament un changement dans l'organisation monétaire du canton. A Berne, ce sont les acteurs de la campagne qui demandent au Conseil d'Etat l'adoption du pied monétaire français. L'axe Zurich-Berne qui se prononce en faveur de changements n'est de loin pas tout seul à se mobiliser. De Genève, le banquier privé Jean-Eloi Lombard appelle à étendre la réforme genevoise aux autres cantons. Dans le canton de Vaud, le GC est aussi muni de demandes en faveur de l'adoption de la monnaie française. Enfin, dans les Grisons, des réclamations parviennent régulièrement au Gouvernement. Les revendications pour une amélioration des conditions monétaires gagnent donc en importance durant les années 1840 et proviennent d'une base qui s'élargit en raison de la crise économique. Ainsi, en 1843, les membres

297 Roesle, Alphonse E., *Das Münzrecht im Kanton Aargau*, *op. cit.*, pp. 120-121.

298 Le travail de Schlesinger fait exception : Schlesinger, William, *Das Geldproblem*, *op. cit.*, pp. 12-13, 37-38 et 119-120.

du "Schweizerischer Gewerbsverein" intègrent les monnaies à leur vaste programme de revendication d'unification des conditions économiques.

Les discussions, qui se déroulaient jusqu'alors presque exclusivement au sein de la Diète fédérale, sortent donc du cadre de l'arène politique durant les années 1840. Milieux économiques, associations et citoyens s'investissent désormais de manière bien plus importante dans le débat : pour de larges franges de la société, la situation monétaire n'est plus tenable et constitue un frein au développement des affaires. Comme durant la décennie précédente, le choix du pied monétaire divise fortement les promoteurs d'une réforme. Si le principe de la centralisation est désormais largement accepté dans le pays, si ce n'est au sein de certains cantons conservateurs, la structure à donner au nouveau système constitue un obstacle sérieux à toute réalisation. Malgré des pressions croissantes, celles-ci ne débouchent toutefois sur aucun résultat. Il faut attendre la révision du Pacte de 1815 entamée en 1847 et la naissance de l'Etat fédéral pour assister à une réforme complète des systèmes monétaires cantonaux.

3.3.1. Intensification des revendications, convergences et divergences sur la nécessité d'une réforme monétaire

En 1839, une crise économique et financière d'ampleur internationale éclate. Elle est suivie d'une longue période de dépression qui dure jusqu'en 1844. L'industrie cotonnière suisse subit de plein fouet ses effets et entre alors dans une phase de profonde restructuration[299]. Les tisserands doivent composer avec l'importation de tissus meilleurs marchés fabriqués par les industries mécanisées françaises et anglaises, produits qui sont favorisés par les indienneurs suisses. Afin de rester concurrentiels et d'assurer l'écoulement de leurs produits, les grands industriels du tissage du coton entreprennent de mécaniser le processus de production. Les premiers pas dans cette direction ont lieu au début des années 1830, mais l'incendie d'une fabrique à Uster en 1832 par des ouvriers en colère ralentit ce mouvement, surtout dans le canton de Zurich. Nous avons déjà aussi mentionné que les grands industriels peinent à mobiliser les capitaux nécessaires à moderniser l'appareil de production. Ainsi, en 1843, un peu plus de 2'000 métiers à tisser mécaniques sont en activité sur le territoire suisse, contre environ 50'000 métiers manuels[300].

---

299 HUMAIR, Cédric, *Développement économique et Etat central*, *op. cit.*, pp. 140-141.

300 DUDZIK, Peter, *Innovation und Investition*, *op. cit.*, pp. 187-188, 197-198, 424 et 501 ; SALZMANN, Martin, *Die Wirtschaftskrise im Kanton Zürich 1845 bis 1848. Ihre Stellung und Wertung im Rahmen der wirtschaftlich-sozialen Entwicklung in*

A cette mutation structurelle de l'industrie cotonnière s'ajoute une crise des débouchés extérieurs pour l'ensemble du secteur textile. Les tissus bon marché en coton ne s'écoulent plus sur les marchés allemands après la fondation du « Zollverein ». Avec la crise économique, le marché américain se rétrécit aussi pour les tissés helvétiques[301]. L'industrie de la soie zurichoise fait elle aussi face à des difficultés[302]. Suite à de mauvaises récoltes, la qualité de la matière première n'est pas adéquate, menant à une augmentation de son prix de 10 %. Les Etats-Unis, principal client des soyeux zurichois avec environ 50 % des exportations, augmentent par ailleurs la taxe d'entrée sur ces produits[303]. Les Etats du « Zollverein » limitent également l'importation, tandis que les ventes régressent notamment à Leipzig.

Ces deux crises structurelle et commerciale de l'industrie textile s'inscrivent dans un contexte politique instable. En Argovie, la fermeture des couvents en 1841 accroît les tensions entre catholiques-conservateurs et libéraux-radicaux. A Zurich, un putsch conservateur renverse les libéraux en 1839 ; ils prennent aussi le pouvoir à Lucerne en 1841, puis à Saint-Gall deux ans plus tard[304].

C'est dans ce contexte délicat que les milieux économiques de la région zurichoise exigent une centralisation des compétences douanières afin de renforcer les capacités d'intervention de l'Etat en matière commerciale ; se raccorder au réseau de chemins de fer européen devient aussi nécessaire[305]. Afin de donner corps à ces revendications, plusieurs poids lourds de l'économie cantonale fondent début 1842 le "Zürcher Industrieverein"[306]. Toutefois, la réforme des monnaies ne figure pas au programme, en raison des fortes dissensions qui traversent le canton et en dépit des revendications des milieux populaires, sur lesquelles nous reviendrons plus tard[307].

---

der ersten Hälfte des 19. Jahrhunderts, Bern, etc. : Peter Lang, 1978, pp. 133-134 et 146-150 ; Bodmer, Walter, *Die Entwicklung der schweizerischen Textilwirtschaft*, *op. cit.*, pp. 292-299. Ce n'est qu'à partir de 1842 que le nombre de métiers manuels commence à diminuer dans le canton de Zurich.

301 Humair, Cédric, *Développement économique et Etat central*, *op. cit.*, p. 141.

302 Salzmann, Martin, *Die Wirtschaftskrise im Kanton Zürich*, *op. cit.*, pp. 167-170.

303 [s.a.], *Uebersicht der industriellen Verhältnisse des Kantons Zürich*, Zürich : J. J. Ulrich, 1843, p. 27.

304 Humair, Cédric, *1848. Naissance de la Suisse moderne*, *op. cit.*, pp. 60-61.

305 Humair, Cédric, *Développement économique et Etat central*, *op. cit.*, pp. 166-168.

306 Les fondateurs figurent dans *Ibid.*, p. 168.

307 Les buts de l'association et son organisation interne sont donnés dans [s.a.], « Zürich (Eingesandt.) », *Neue Zürcher Zeitung*, 21.01.1842, p. 2.

L'amélioration des conditions économiques est aussi réclamée par les milieux économiques bernois. Au début des années 1840, le canton de Berne réforme l'ensemble de sa politique douanière en supprimant toutes les taxes intérieures[308]. Le pendant à ce processus d'unification est l'adoption d'une monnaie unique. Tout comme pour les douanes, l'objectif est d'éliminer les obstacles afin d'améliorer la fluidité des échanges sur les marchés régionaux. En décembre 1842, le GC bernois demande au Conseil d'Etat un rapport pour introduire le système monétaire français dans le canton[309]. La volonté de supprimer la diversité des cours sur les grosses espèces et le surplus de billon sont les principaux moteurs de cette requête qui émane des députés de la campagne[310]. L'objectif des milieux agricoles bernois est d'entrainer Zurich dans le processus, sur la même base que leur entente douanière. Un tel accord entre les poids lourds agricole (Berne) et industriel (Zurich) aurait une influence décisive et engagerait les autres cantons de Suisse occidentale marchande et agricole (Bâle, Argovie, Fribourg, Soleure et Vaud) de se joindre à un concordat monétaire[311]. C'est d'autant plus plausible que des demandes d'adoption du pied français parviennent aussi au Gouvernement vaudois dès le début des années 1840[312]. Les revendications des milieux agricoles de Suisse occidentale et des acteurs industriels de la région zurichoise convergent donc autour de la nécessité d'améliorer les

---

308 Humair, Cédric, *Développement économique et Etat central*, *op. cit.*, pp. 172-174.

309 Schaufelberger, Albert, *Die Geschichte des bernischen Bankwesens*, *op. cit.*, pp. 27-28.

310 *Verhandlungen des Grossen Rathes der Republik Bern*, [s.l.] : [s.n.], 1842, n° 34, séance du 01.12.1842, p. 2 et 1843, n° 30, séance du 01.11.1843, pp. 2-3 ; [s.a.], [s.n.], *Neue Zürcher Zeitung*, 02.01.1843, p. 4 ; [s.a.], [s.n.], *Nouvelliste vaudois*, 10.01.1843, p. 3 ; [s.a.], « Berne », *Nouvelliste vaudois*, 21.03.1843, p. 3 ; [s.a.], « Einige Bemerkungen über ein neues Münzsystem », *Intelligenzblatt für die Stadt Bern*, 15.04.1843, pp. 6-7. Il n'a pas été possible d'identifier plus précisément qui sont les acteurs à l'origine de ces demandes.

311 Cf. les lettres sans précision de l'auteur du 31.01.1843 de Lausanne et du 01.02.1843 de Berne adressées à Jean-Eloi Lombard, reproduites dans Lombard, Jean-Eloi, *Du système monétaire à Genève, op. cit.*, p. 28.

312 Les membres d'une commission chargée d'étudier la création d'une banque cantonale en 1841, dont fait partie le tanneur lausannois Jean-Jacques Mercier (1789-1868), sont favorables à l'unanimité à introduire le système monétaire français dans le canton. L'année suivante, le substitut du préfet de Nyon Jacques Elisée Veret (1805-1871) demande aussi l'adoption du FF. Cf. *Bulletin des séances du Grand conseil du canton de Vaud*, Lausanne: Imprimerie d'Emmanuel Vincent Fils, séances du 10.06.1841, pp. 590-594, et du 20.05.1842, pp. 68-69.

conditions-cadres monétaires. Toutefois, le Gouvernement cantonal bernois est passablement frileux et craint de s'engager plus en avant dans cette question. Pourtant favorable à une réforme à l'échelle cantonale, le Département des Finances bernois finit par reculer devant les coûts trop importants à assumer pour une réforme complète, surtout en ce qui concerne le risque très élevé de pertes sur la fonte des anciennes pièces, mettant un terme définitif à cet embryon de réforme monétaire[313].

Les milieux agricoles grisons partagent les revendications des classes moyennes zurichoises et des acteurs agricoles bernois quant à la nécessité de procéder à une réforme monétaire. Entre 1841 et 1846, au moins trois demandes de changement de pied monétaire, d'adaptation du tarif cantonal et de retrait des petites monnaies sont adressées au Gouvernement cantonal[314] ; elles ne semblent toutefois pas aboutir.

L'axe Zurich-Berne qui réclame des changements n'est pas soutenu que par les milieux agricoles vaudois et grisons. En Suisse occidentale, les milieux marchands exigent eux aussi la constitution d'un marché monétaire unifié. En février 1843, le banquier genevois Jean-Eloi Lombard estime que l'unification sur la base du FF représente l'unique issue pour assurer la poursuite du développement économique de la Suisse[315]. D'une part, l'augmentation du prix d'acquisition des grosses espèces altère la compétitivité des milieux du grand commerce et de certains grands industriels[316]. D'autre part, ces bonnes espèces nécessaires aux activités commerciales interrégionales et internationales disparaissent progressivement de la circulation sous l'effet du surplus de billon en circulation. Ainsi, l'organisation monétaire décentralisée issue de 1815 a des conséquences sur deux plans. A l'intérieur du pays d'abord, l'absence d'une

313 Cf. l'intervention du CdE représentant le Jura bernois Auguste Langel (1796-1844) en charge des Finances et de l'avocat Abraham Jakob Kernen (1808-1874), rapporteur de la commission d'économie publique, durant la séance du 28.11.1843 du GC bernois, in *Verhandlungen des Grossen Rathes der Republik Bern*, [s.l.] : [s.n.], 1843, n° 31, séance du 28.11.1843, pp. 3-4 (ici, p. 3).

314 [s.a.], « Münzwesen, » *Neue Zürcher Zeitung*, 14.04.1841, pp. 2-3 ; [s.a.], « Grossrathsverhandlungen », *Der Morgenstern*, 26.07.1842, p. 2 et [s.a.], « Graubünden », *Der Bündner Landbote*, 04.04.1846, p. 1.

315 Lombard, Jean-Eloi, *Du système monétaire à Genève, op. cit.*, pp. 17-20. Sur Jean-Eloi Lombard, cf. note 220 p. 252.

316 Dans le canton de Vaud, le prix de la pièce de 5 FF est passé de 33.75 batz à 35 batz entre 1803 et 1843, soit une augmentation de plus de 3.5 %.

unité de valeur stable et uniforme agit comme un sérieux frein au développement des affaires. Le banquier genevois Lombard le formule en ces termes :

> « *Voyons, en attendant, quelles sont pour la Suisse les conséquences d'un tel système monétaire : Pertes sur les anciennes créances dans quelques cantons, capitaux et fortune du pays reposant sur un sol tremblant et mobile ; perte aussi pour le pauvre de partie de son modeste avoir ; gêne continuelle dans les rapports d'affaires de villes à villes, de canton à canton ; circulation incessamment entravée par l'hésitation qu'apporte le taux abusif fréquemment en présence du taux légal ; crainte d'être payé en monnaie dont on ne se défera qu'avec sacrifice ; facilité offerte à l'habile de duper le faible ; malentendus, protêts en résultant, procès qui en sont la conséquence naturelle ; préventions, enfin, contre le négociant et le marchand suisse, etc. etc.* »[317].

Trois problèmes principaux peuvent être soulignés. Premièrement, la valeur des capitaux et des biens n'est assurée ni dans le temps ni dans l'espace. Leurs détenteurs font alors preuve de retenue et préfèrent investir leurs fonds à l'étranger. Deuxièmement, le commerce interrégional est entravé en raison de la mauvaise qualité des outils monétaires à disposition. Les acteurs économiques actifs à l'intérieur du pays qui veulent étendre le rayon de leurs activités hors du cadre régional augmentent leurs prix pour se protéger de la mauvaise qualité des pièces qui servent aux échanges. Troisièmement, le marchand suisse souffre d'une mauvaise réputation sur les marchés étrangers, en particulier sur les marchés transfrontaliers. Durant les années 1840, plusieurs régions étrangères limitrophes frappent les petites pièces suisses d'interdit, ce qui tend à entraver les échanges de certains marchands suisses avec l'étranger[318].

Ces problèmes ne concernent toutefois pas uniquement le marché intérieur. Elle a aussi des conséquences négatives sur les rapports commerciaux et financiers avec l'étranger. Selon le banquier genevois, les négociants étrangers font preuve de retenue, tandis que les détenteurs de capitaux évitent d'investir en Suisse :

> « *Comme l'étranger* négociant *ne peut voir clair dans un pareil système de numération, que ses ventes sont acquittées à un taux abusif qui lui présente une différence sensible sur le tarif légal, ou bien il s'abstient, ou il prend sa revanche en surchargeant les prix ; l'étranger* capitaliste, *aussi, s'abstient également, parce qu'il n'incline guère à traiter avec un pays où les tarifs varient, où de mauvaises monnaies sont tarifées, et où tant*

---

317 LOMBARD, Jean-Eloi, *Du système monétaire à Genève, op. cit.*, pp. 22-23.

318 Cf. la circulaire du préfet de l'Ain citée in [S.A.], [s.n.], *Nouvelliste vaudois*, 04.07.1843, p. 2.

pour cent de son capital peut être compromis par la différence d'un tarif futur pourra présenter au remboursement sur le tarif actuel»[319].

Le déploiement des affaires est donc sérieusement entravé par la structure monétaire issue de 1815 qui ne convient plus aux milieux marchands de Suisse occidentale. Afin de remédier à cette situation, ils appellent à une unification autour du pied monétaire français. Depuis la fin des années 1830, le FF se répand en Suisse et s'impose comme la monnaie de référence, étant accepté dans presque toutes les Caisses publiques cantonales. Dans le commerce avec les Amériques, il a remplacé la piastre et constitue désormais la monnaie utilisée par les voyageurs sur le continent européen. A défaut de parvenir à créer une unité politique en Suisse, le banquier genevois estime qu'il faut en priorité unifier les monnaies :

> «*Si, dis-je, l'uniformité en ce genre [des mœurs et des constitutions, JC] est une chimère à poursuivre, une utopie que nos individualités cantonales ne permettront jamais, repousseront toujours, au moins serait-il heureux de voir notre pays s'harmoniser sur les trois points où la chose serait, si ce n'est facile, au moins possible:* Système monétaire, poids et mesures»[320].

Ainsi, les pressions à une réforme monétaire se font donc de plus en plus fortes à l'échelle du pays et proviennent d'une base toujours plus large. Milieux industriels, agricoles et marchands, des villes et des campagnes, réclament des changements. En raison de la crise économique, les monnaies s'insèrent désormais dans un programme plus large de revendications qui exigent de réformer plusieurs conditions-cadres de l'économie à l'échelle fédérale.

Toutefois, la question monétaire n'est plus à l'ordre du jour à la Diète fédérale depuis l'abandon des délibérations en 1840. Néanmoins, à l'occasion de l'ouverture en 1842 d'une enquête économique sur la situation commerciale et industrielle du pays demandé par la députation zurichoise à la Diète[321], le "Zürcher Industrieverein" se mobilise par l'intermédiaire de son secrétaire, le Thurgovien Christian Beyel, pour réclamer une série de réformes qui ont pour

---

319 Lombard, Jean-Eloi, *Du système monétaire à Genève, op. cit.*, p. 23. En italique dans le texte original.

320 *Ibid.*, p. 24. En italique dans le texte original.

321 Les conclusions de la commission ne contiennent rien sur la question monétaire: *Rapport de la Commission fédérale d'experts en matière de commerce, op. cit.*, 224 p. Les revendications que le banquier fribourgeois Schmuts formule durant ces années sont aussi muettes sur cette question : Schmuts, David, *Dissertation sur l'état actuel, op. cit.*, 19 p.

objectif de mener à l'unité commerciale du pays, ainsi qu'à la construction des chemins de fer[322]. Parmi ses revendications, l'unification douanière – suppression des taxes intérieures et adoption d'un protectionnisme modéré – figure en tête de liste. L'harmonisation des conditions monétaires joue aussi un rôle, mais de seconde importance. Elle doit surtout favoriser un rapprochement avec la France. La balance commerciale avec ce partenaire économique étant négative, il s'ensuit une sortie régulière du numéraire suisse. Beyel craint qu'en l'espace de deux décennies, les moyens de paiement disparaissent complètement du pays. Les conséquences seraient désastreuses : nécessité d'emprunter à la France pour poursuivre l'activité économique, paralysie du marché intérieur et diminution de la valeur des biens suisses en sont les principales[323]. Afin de parer à cette éventualité, le Thurgovien préconise deux mesures[324]. La première est de créer un marché monétaire intérieur par la suppression de la multitude des monnaies divisionnaires aux titres et poids différents. Garantir la qualité des espèces en circulation permettrait d'assurer la valeur des biens et des capitaux sur le territoire. La seconde mesure est l'adoption d'un pied monétaire unique pour tout le pays. Suite à la démonétisation française de l'écu neuf en 1829 et sa mise hors de cours en Suisse en 1834, le FF s'est imposé comme la principale monnaie à travers le pays et a cours jusqu'en Suisse orientale. De leur côté, les FLa investissent la circulation suisse suite à la réforme allemande de 1837/8, mais ne connaissent qu'une diffusion limitée hors de la Suisse orientale. Deux zones monétaires aux caractéristiques distinctes et difficilement conciliables se dessinent donc à l'échelle du pays. Afin de briser cette organisation contraire à ses exigences d'unification, Beyel préconise l'adoption d'une seule unité monétaire, mais se garde toutefois de spécifier laquelle. Le Thurgovien est en effet dans une situation délicate. Favorable au pied monétaire français, il est parfaitement conscient qu'une telle proposition rencontrerait de très fortes résistances, principalement

---

322 Christian Beyel-Haill (1808-1858), TG/ZH, fils de Johann Konrad, pasteur ; lié par son mariage à une famille catholique allemande. A la tête d'une maison d'édition et de l'imprimerie "Fehrsche Buchdruckerei". Rédacteur dès 1832 et éditeur (1835-1855) de la "Thurgauer Zeitung", journal libéral modéré. Membre fondateur et secrétaire du "Zürcher Industrieverein" dès la fondation en 1842. Membre du comité restreint du "Schweizerischer Gewerbsvereins" dès la fondation en 1843 et rédacteur de son journal, le *Monatblatt*. En retrait sur le sujet durant les années 1840, il se prononce en faveur de l'adoption du pied monétaire français en 1849.

323 Beyel, Christian, *Ueber die Handels- und Gewerbs-Verhältnisse der Schweiz*, *op. cit.*, p. 43.

324 Beyel, Christian, *Commissionalbericht*, *op. cit.*, pp. 97-99.

parmi les milieux industriels de Suisse orientale, et mènerait au rejet de son projet. Les milieux économiques de la région zurichoise se déchirent aussi sur cette question. Dans ces conditions, Beyel propose un programme consensuel en matière monétaire : il cherche un accord de principe sur l'unification, sans entrer dans les détails de son application. Cette manière de procéder constitue aussi bien la force que la faiblesse de son projet : si l'idée d'adopter une monnaie unique présente l'avantage de mobiliser un nombre élevé de partisans, ne pas se positionner en faveur d'un pied monétaire spécifique revient à défendre le *statu quo*, ce que le Thurgovien aimerait justement dépasser.

En septembre 1843, les représentants du commerce d'exportation, de la grande industrie et de la finance de plusieurs cantons (Argovie, Berne, Glaris, Soleure, Schaffhouse, Saint-Gall, Thurgovie et Zurich) fondent le "Schweizerischer Gewerbsverein"[325]. L'objectif poursuivi par ses promoteurs est l'unification du système douanier et la construction de chemins de fer[326]. Les monnaies ne jouent là aussi qu'un rôle d'ordre secondaire, voire marginal. Certes, l'unification des monnaies contribuerait au développement général, mais ne constitue de loin pas le cœur des préoccupations. Si les membres du "Schweizerischer Gewerbsverein" reconnaissent la nécessité de réformer entièrement la structure monétaire du pays, la manière d'y parvenir les divise fortement. Cette difficulté s'explique par la composition du comité central de l'association. Fondée par les

---

325 Sur la fondation du "Schweizerischer Gewerbsverein", cf. Humair, Cédric, *Développement économique et Etat central, op. cit.*, pp. 174-180 ; Blösch, Hans, « Der schweizerische Gewerbsverein und seine Bestrebungen für eine schweizersiche Zolleinheit », *Zeitschrift für schweizerische Statistik*, 64, 1928, pp. 397-409 (ici, pp. 399-407) et Rupli, Walther, *Zollreform und Bundesreform, op. cit.*, pp. 164-168.

326 Pour certains auteurs, cette union douanière a comme finalité de faciliter l'unification politique : Halbeisen, Patrick, Müller, Margrit, « Ökonomische Motive und Erwartungen – ihr Einfluss auf die Bundesstaatsgründung », in Ernst, Andreas, Tanner, Albert, Weishaupt, Matthias (Eds.), *Revolution und Innovation : die konfliktreiche Entstehung des schweizerischen Bundesstaates von 1848*, Zürich : Chronos, 1998, pp. 117-136 (ici, p. 128) ; Müller, Margrit, « Nationale Einigung aus wirtschaftlicher Notwendigkeit ? », in Hildbrand, Thomas, Tanner, Albert (Eds.), *Im Zeichen der Revolution, op. cit.*, pp. 91-112 (ici, pp. 104-105) ; Veyrassat, Béatrice, « Intégration économique, intégration politique : les enjeux de la construction de l'Etat national. L'exemple de la Suisse et de l'Allemagne, 1815-1874 », in Barrelet, Jean-Marc, Henry, Philippe (Dir.), *Neuchâtel, la Suisse, l'Europe : 1848-1998. Actes du colloque international de Neuchâtel-La Chaux-de-Fonds, 26-28 février 1998*, Fribourg : Editions Universitaires, 2000, pp. 119-142 (ici, p. 129).

représentants de trois « mondes de production », l'association est on ne peut plus représentative des divergences d'opinions sur le sujet et des difficultés à s'entendre. Les cantons agricoles de Suisse occidentale (Argovie, Berne, et Soleure) défendent le pied français. Les milieux industriels de Suisse orientale (Glaris, Schaffhouse, Saint-Gall et Thurgovie) sont membres d'un concordat monétaire en vigueur depuis 1812 qui a comme base la monnaie allemande. Pris en tenaille entre ces deux blocs, la région zurichoise est traversée par de très fortes divisions sur la politique à mener en matière monétaire. Dans ces conditions, réussir à s'entendre sur une base commune est un pari perdu d'avance. Témoin de cette difficulté, la question est systématiquement repoussée lors des séances du comité central[327]. Dissout en juin 1845, le "Schweizerischer Gewerbsverein" ne parvient donc pas à élaborer un projet fédérateur de réforme monétaire. Remise sur pied en septembre 1847, l'association n'accorde pas une plus grande importance aux monnaies que quelques années plus tôt[328].

Dès le début des années 1840, la question monétaire entre dans une nouvelle phase. En dépit de l'incapacité à s'entendre au sein de la Diète fédérale, les acteurs économiques intéressés à un changement poursuivent leurs efforts à l'échelle cantonale et régionale. Néanmoins, malgré des exigences croissantes et un soutien de plus en plus large en raison des effets de la crise économique, les revendications pour une réforme des conditions monétaires ne rencontrent aucun succès.

3.3.2. Naissance et mort du projet de réforme monétaire zurichoise (1843-1846)

Au début des années 1840, la question monétaire est au point mort. Il devient pourtant urgent d'intervenir pour des franges de plus en plus larges des milieux économiques zurichois. En raison de sa situation géographique de pivot entre les deux grands domaines monétaires qui couvre l'espace helvétique, le canton se positionne comme le réceptacle de toutes les mauvaises monnaies du pays, processus qui s'accentue dès la fin des années 1830[329]. L'intense trafic de

---

327 [s.a.], « Schweiz », *Neue Zürcher Zeitung*, 09.05.1844, p. 1 ; [s.a.], [s.n.], *Der Beobachter aus der östlichen Schweiz*, 05.11.1844, p. 2.

328 [s.a.], « Ueber die materielle Seite der Bundesreform. Schlusswort », *Monatblatt*, décembre 1847, pp. 6-7.

329 Pestalozzi, Leonhard, *Beyträge zur Schweizerischen Münzgeschichte*, *op. cit.*, pp. 52-53 et 80-85 ; Pestalozzi, Leonhard, *Ueber die Landplage der fremden Scheidemünze im Kanton Zürich, und welches das einzig wirksame Mittel sei, sich davon zu befreien*, Zürich : Orell, Füssli & Cie, 1838, pp. 1-7.

frontière avec le Grand-Duché de Bade, et en particulier les échanges agricoles des districts du nord du canton, contribue également à alimenter le réservoir zurichois en petites monnaies. Avant de poursuivre, rappelons quelle est l'influence du FLz sur la circulation.

Durant les années 1840, le prix de la pièce de 5 FF s'élève à 34 batz à Zurich, tandis qu'elle est reçue à 35 batz dans l'ensemble des cantons limitrophes, soit une différence de 3 %: les batz trouvent alors refuge à Zurich, puisqu'ils permettent d'acquérir des grosses espèces à meilleur marché que chez les voisins[330]. Il s'ensuit une sortie régulière du territoire des bonnes pièces. Avec la forte concurrence sur le marché des filés, les industriels zurichois préfèrent se conformer aux tarifs en vigueur chez leurs partenaires et recevoir des pièces de mauvaise qualité à un cours trop élevé que de ne pas effectuer de ventes[331]. Afin de reporter ces pertes, ils écoulent ces batz sur les marchés de proximité et surtout dans le paiement des salaires des petits fabricants situés à la campagne, ainsi qu'aux *ferggers*[332]. Le banquier zurichois Pestalozzi évalue que cette pratique permet aux industriels d'éviter une perte comprise entre 1 et 1.5 % de l'ensemble de la masse salariale qu'ils devraient assumer s'ils se procuraient des monnaies de meilleure qualité pour le paiement des salaires[333]. En bout de chaine, les petits fabricants et les *ferggers* se retrouvent donc les grands perdants de cette organisation. Au moment de rembourser une dette, ils doivent s'en acquitter à l'aide de grosses espèces qu'ils achètent à perte, puisque les monnaies ne sont pas reçues à la même valeur qu'elles sont données. Les détenteurs de capitaux sont aussi victimes de cette structure monétaire et en particulier de l'augmentation du prix des grosses espèces[334]. Afin d'éviter de subir ces pertes et de les reporter sur les débiteurs, les créanciers libellent généralement les prêts en grosses espèces[335]. Dans ce cas, ce sont les acteurs endettés (certains industriels, *ferggers*, petits fabricants ou encore paysans) qui sont lésés.

---

330 [s.a.], « Die Münzangelegenheit (Schluss) », *Neue Zürcher Zeitung*, 22.11.1844, pp. 2-3.

331 Pestalozzi, Leonhard, *Ueber die Landplage*, *op. cit.*, p. 1.

332 Wild, Felix, *Rede über die Zürcherischen Münzverhältnisse*, *op. cit.*, pp. 8-9. Il faut relever que les industriels de la soie utilisent les pièces françaises pour le paiement des salaires.

333 Pestalozzi, Leonhard, *Ueber die Landplage*, *op. cit.*, pp. 2-3.

334 Un prêt de 40'000 batz représente 1020.4 TB sur le marché (1 TB = 39.2 batz). Lors du remboursement ultérieur, lorsque le prix du TB est à 40 batz, la même somme de 40'000 batz vaut 1000 TB, soit une perte de 2 % supportée par le créancier. Exemple tiré de *Ibid.*, p. 7.

335 *Ibid.*, pp. 8-9.

A partir du milieu des années 1830, des pétitions réclamant une amélioration des conditions monétaires sont adressées au Gouvernement[336]. Les tensions de la fin de la décennie qui culminent avec le « Züriputsch » en 1839, qui voit un renversement des libéraux au sein des autorités politiques cantonales par les conservateurs, renforcent cette exigence et lui donne une forme très concrète : l'adoption d'un pied monétaire commun pour le canton figure notamment parmi les revendications de nature économique des milieux populaires[337]. A défaut d'une histoire monétaire de Zurich qu'il faudrait encore entreprendre, il n'est pas possible de déterminer en l'état actuel de la recherche quelle est la réception au sein du Gouvernement de ces exigences. Quelques années plus tard, la question revient sur le tapis. En décembre 1843, 33 communes du canton déposent une pétition au GC demandant que le Conseil d'Etat adopte le même tarif sur les deux principales espèces qui circulent dans le canton – le FF et le TB – que les cantons d'Argovie, Lucerne, Schwytz, Unterwald et Uri[338]. Les objectifs poursuivis par cette demande sont de deux ordres. Premièrement, une telle mesure permettrait de stabiliser le prix des grosses espèces en supprimant la perte de 3 % que doivent supporter les Zurichois dans les échanges régionaux. Deuxièmement, le but est de cesser d'être inondé par les monnaies divisionnaires de tout le pays. Les autorités politiques sont méfiantes à l'égard d'une modification de l'organisation monétaire du canton. Si le Gouvernement bernois adopte le FF, il risque d'entraîner une partie des cantons agricoles de Suisse occidentale, centrale et méridionale dans la foulée. Dans ce cas, la région zurichoise serait encerclée à l'ouest et au sud par un bloc franc et à l'est par un front basé sur le FLa. La situation est d'autant plus délicate que de leur côté, les milieux industriels de Suisse orientale ne transigeront pas sur le maintien de la monnaie allemande dans la circulation. Toute modification dans la structure du canton de Zurich risquerait donc de l'isoler. Il s'exposerait à devenir le terrain d'affrontement entre deux domaines monétaires, ce qui aurait pour conséquence une aggravation certaine de sa position. La commission monétaire du

336 *Ibid.*, p. 27.

337 Kölz, Alfred, *Histoire constitutionnelle*, *op. cit.*, p. 454.

338 Aez, MM 24.26 KRP 1844/0045, Protocole du GC de ZH, 19.06.1844, pp. 261-262. Selon [s.a.], « Wädensweil, 28 Febr. », *Der Beobachter aus der östlichen Schweiz*, 03.03.1843, p. 3, le mouvement pétitionnaire est initié par des négociants, fabricants et artisans de Wädenswil, sur la rive gauche du lac de Zurich, centre de l'industrie soyeuse. Par la suite, des pétitions en provenance d'autres communes autour du lac – Hottingen et Wettschweil notamment – sont adressées au Gouvernement.

Département des Finances du Conseil d'Etat en est parfaitement consciente. Elle ne veut pas courir ce risque :

> « *Das Münzdepartement halte dafür, dass so lange nicht der Anschluss an einen grössern und sichern Münzfuss des Auslandes im Einverständnisse mit den Nachbarkantonen erfolgen könne, das Festhalten an dem bestehenden, wenn auch isolirten Münzfusse dem Anschlusse an denjenigen der Nachbarkantone, der jeden soliden Grundlage entbehre, immer noch vorzuziehen sei* »[339].

Malgré ces réserves, le Conseil d'Etat charge en septembre 1844 le Département des Finances de présenter un rapport et une proposition sur la possibilité de mener une réforme dans le canton. Dès lors, une vaste discussion s'ouvre dans l'espace public. Trois groupes d'acteurs soutenant respectivement le FLa, le FF et le *statu quo* s'affrontent.

La défense de la monnaie allemande est assurée par un mélange hétérogène d'acteurs. Il se compose de représentants de l'industrie mécanisée du coton qui ont tout intérêt à maintenir les FLa dans la circulation en raison de leur utilisation dans les paiements des salaires. La vente des filés à l'échelle régionale, en particulier en direction des cantons industriels de Suisse orientale, justifie aussi la nécessité de continuer à utiliser ces pièces. Les artisans et détaillants actifs sur les marchés de proximité figurent aussi dans ce groupe. Ils ne veulent pas courir le risque d'une hausse des prix avec un changement de monnaie ; ils redoutent également de devoir assumer le change entre les FLa reçus et les paiements en FF aux Caisses publiques. Les paysans, qui se trouvent surtout au nord du canton, craignent quant à eux une détérioration de leurs relations avec le Grand-Duché de Bade si le FLa n'était plus accepté. Le banquier Pestalozzi défend également le FLa, en raison de ses affaires dans le secteur du coton et de ses activités sur le marché des changes[340]. Cette coalition nombreuse pèse d'autant plus lourd qu'elle peut se reposer sur plusieurs relais au sein du GC et du Conseil d'Etat[341]. Ces différents acteurs craignent qu'avec une dépréciation du FLz, le prix des biens importés poursuivent leur hausse : durant les années 1830, 10 FLz s'échangent contre 11 FLa, cours qui a baissé à 10.8 FLa au début de la décennie suivante. Le système allemand présenterait également l'avantage

339 Aez, MM 2.85 RRB 1844/1469, Protocole du Conseil d'Etat de ZH, 14.09.1844, p. 556.

340 Pestalozzi, Leonhard, *Ueber die Landplage*, *op. cit.*, pp. 12-20.

341 [s.a.], « Ueber die Münzverhältnisse im Kanton Zürich (Eingesandt.) », *Neue Zürcher Zeitung*, 26.10.1844, pp. 1-2 ; [s.a.], « Erwiederung des Münzartikels in Nr. 44 der Zürch. Freitags-Zeitung », *Neue Zürcher Zeitung*, 08.11.1844, pp. 2-3.

d'expulser les batz des autres cantons, qui ne seraient pas inclus dans le tarif, et de les remplacer par les espèces allemandes de bonne qualité, disponibles en quantité suffisante pour couvrir les besoins régionaux. Entre 1837 et 1844, 30 millions de pièces de 0.5 et 1 FLa sont en effet frappées par les trois Etats du sud de l'Allemagne[342]. Ces acteurs économiques s'opposent aussi à un changement de tarification des FF et TB qui aurait pour conséquence une diminution de la valeur de l'ensemble des actifs du canton[343].

Les partisans du FF, qui gravitent autour de l'éditeur Friedrich Bürkli, représentent les intérêts du secteur de la soie[344]. Ils cherchent à maintenir les espèces françaises dans la circulation en raison des échanges internationaux qui se font en direction de l'Italie (importation de matières premières) et de la France (exportation de produits finis)[345]. Un Thurgovien estime même qu'il est temps que Zurich prenne la tête d'un concordat basé sur l'adoption du pied français à l'échelle du pays[346]. Les défenseurs de la monnaie française reçoivent le soutien d'un poids lourd en la personne d'Ernst Emil Hoffmann, négociant en gros originaire de Hesse, précurseur du « Zollverein » et promoteur de la

342 Chiffre tiré de [s.a.], « Erwiederung des Münzartikels in Nr. 44 der Zürch. Freitags-Zeitung », *Neue Zürcher Zeitung*, 08.11.1844, pp. 2-3 (ici, p. 2).

343 Evalués à 200 millions de FF par Wild, Felix, *Rede über die Zürcherischen Münzverhältnisse, op. cit.*, p. 11, les actifs perdraient 6 millions de FF (3 %) avec une modification du tarif de 34 à 35 batz (3 %), si les propriétaires convertissaient leurs biens en FF. Cf. aussi Pestalozzi, Leonhard, *Die Münzwirren der westlichen Schweiz, op. cit.*, pp. 46-48.

344 Friedrich Bürkli (1818-1896), ZH, fils de Johann Heinrich, éditeur. Issu d'une ancienne famille de Meilen. Rédacteur dès 1837, rédacteur en chef (1848-1877 et 1889-1890) et éditeur (1847-1890) du "Züricher Freitags-Zeitung" qui prend le nom en 1853 de "Zürcherische Freitagszeitung", journal conservateur en mains familiales depuis 1724 surnommé le "Bürklizeitung". Orientaliste réputé. Plusieurs membres de la famille Bürkli sont actifs dans l'industrie de la soie. Ami très proche de la fille d'Alfred Escher (cf. note 303 p. 401) et de Friedrich Gustav Ehrhardt (cf. note 404 p. 304). Contrairement à ce qu'affirme Mangold, Fritz, « Bankdirektor Johann Jakob Speiser », *op. cit.*, pp. 135-320 (ici, p. 214), Bürkli n'est pas *« aus althergebrachter Antipathie gegen alles, was französisch heisst »*. Se référer à ce propos à ce qu'en dit Leonhard Pestalozzi, in Correspondance Alfred Escher, lettre de Pestalozzi à Escher, 09.04.1850, 3 p. (ici, p. 1).

345 [s.a.], [s.n.], *Züricher Freitags-Zeitung*, 01.11.1844, p. 3 ; [s.a.], « Ueber den 24.5-Gulden- und den französischen Münzfuss », *Züricher Freitags-Zeitung*, 15.11.1844, pp. 2-3.

346 D., « Ueber das Münzwesen », *Neue Zürcher Zeitung*, 18.11.1844, pp. 1-2.

construction des chemins de fer allemands[347]. Son intervention dans les affaires helvétiques est assez curieuse, car il ne semble pas entretenir de liens familiaux avec des Zurichois ; peut-être espère-t-il accroître les échanges commerciaux de Zurich avec le « Zollverein » et ainsi augmenter la rentabilité des chemins de fer allemands. Quoi qu'il en soit, il s'agit, à notre connaissance, de la première immixtion d'un acteur étranger dans les questions monétaires suisses. Comme Beyel, il propose un vaste programme de réformes structuré autour des douanes, des postes et des monnaies. Au contraire de l'éditeur thurgovien qui ne s'était prononcé pour aucun système monétaire spécifique, le négociant allemand préconise l'adoption du pied français pour la Suisse, car

> « *[…] hierbei mögte ihr wohl das französische am genehmsten sein, zu mal das französische Mass und Gewicht bereits in vielen deutschen Ländern eingeführt ist, das französische Geld (mit Ausnahme der Kupfermünzen) aber in fast ganz Deutschland in demselben Werth, wie in Frankreich coursirt. Die allmählige Einführung des neuen Münzfusses wäre auf nachbemerkte Art leicht und ohne bemerkbaren Verlust einzuführen* »[348].

Combiné au retrait de toutes les anciennes monnaies et à l'ouverture d'un Hôtel des Monnaies permettant la frappe de ses propres pièces, le canton disposerait d'un système monétaire complet.

Une troisième catégorie d'acteurs composée d'acteurs issus des professions libérales, avant tout de juristes, fait bloc et s'oppose à une refonte complète de la structure monétaire. Ils soutiennent les pétitionnaires et veulent uniquement trouver une solution pour garantir la valeur des biens en adoptant le tarif des cantons voisins[349]. D'autres acteurs estiment enfin que cette mesure serait trop compliquée à mettre en œuvre. Ils enjoignent les fabricants de coton à cesser de payer les ouvriers avec des petites pièces de mauvaise qualité, afin de court-circuiter leur arrivée dans le canton[350].

---

347 Ernst Emil Hoffmann-Leusler (1785-1847), fils de Hans Wilhelm (1754-1813), rédacteur ; beau-fils de Philipp Gottfried Christoph Leusler (1755-1807), juriste. Formation commerciale à Mannheim et Hambourg. Négociant en gros (denrées coloniales), spéculateur et fournisseur de matériel militaire. Fait fortune durant les guerres napoléoniennes. Propriétaire du "Hessische Volksblatt". Député libéral en Hesse (1829-1835).

348 Hoffmann, Ernst Emil, *An den hochverehrlichen Auschuss des Industrie-Vereins zu Zürich*, [s.l.] : [s.n.], 1843, p. 15.

349 [s.a.], « Zürich », *Neue Zürcher Zeitung*, 22.01.1843, pp. 2-3 et ….r., [s.n.], *Neue Zürcher Zeitung*, 12.11.1844, p. 2.

350 [s.a.], « Zürcherisches Münzwesen (Eingesandt.) », *Neue Zürcher Zeitung*, 17.11.1844, pp. 1-2.

En raison de ces intérêts complexes, le Département des Finances tarde à livrer le rapport demandé par le Conseil d'Etat en septembre 1844. Pendant près de deux ans, il fait la sourde oreille aux demandes du GC ; l'arrivée de nouvelles pétitions n'y change rien[351]. Le retour des libéraux à la tête du Gouvernement courant 1845 permet de fournir l'impulsion nécessaire à la production d'une expertise. En juin 1846, las de cette attente, le GC passe à l'action : à l'unanimité, il décide que le Conseil d'Etat doit produire un rapport et une proposition de réforme d'ici la fin de l'année[352]. Mis sous pression, il s'exécute. Reconnaissant l'urgence de la réforme, le Gouvernement libéral est toutefois confronté à des problèmes similaires que son prédécesseur. Il utilise ainsi le même argumentaire d'un risque d'isolement du canton pour justifier son immobilisme :

> « *Eine Durchgreifende Aenderung unsers gegenwärtigen isolirten Münzsystems scheint unerlässlich, sei es nun, dass man sich für den sogenannten Reichsfuss nach Gulden mehrerer östlicher Cantone, oder den Münzfuss nach Franken und Batzen der westlichen Cantone entscheide (des französischen Münzfusses ist hiebei nur beiläufig zu erwähnen, da er sich am wenigsten für die Richtung unsers Verkehrs eignen, am schwierigsten für den Uebergang und am theuersten bei einer allfälligen Umprägung sein müsste). Der Regierungsrath hält es aber für überflüssig, jetzt schon in eine Erörterung der Vorzüge des einen oder des andern Systems einzutreten, da ihm ein entscheidender Grund gegen die Erlassung eines Gesetzes in dem einen oder dem andern Sinne zu sprechen scheint. Das Uebel nehmlich liegt nicht sowohl in der Fehlerhaftigkeit unsers bis jetzt festgehaltenen Münzsystems, als in dem Umstand, dass wir mit demselben ganz allein stehen* »[353].

Le Conseil d'Etat fait donc du sur place. Afin de ne pas prendre trop de risques, il estime que le canton doit prendre l'initiative d'un concordat intercantonal poursuivant l'adoption d'un pied monétaire commun et l'uniformisation de la frappe de monnaies divisionnaires. Il ne s'agit donc que de réactualiser les concordats votés au sein de la Diète fédérale durant les années 1820 portant sur ces deux thématiques. En somme, l'attitude du Gouvernement consiste à reporter toute mesure et à miser sur la participation d'autres cantons à une entente

351 AEZ, MM 2.90 RRB 1845/1471, Protocole du Conseil d'Etat de ZH, 04.10.1845, p. 15 ; MM 24.27 KRP 1845/0167 et MM 24.28 KRP 1846/0060, Protocole du GC de ZH, 17.12.1845, p. 346 et 24.06.1846, p. 71.

352 AEZ, MM 24.28 KRP 1846/0077, Protocole du GC de ZH, 25.06.1846, pp. 81-82 ; MM 2.92 RRB 1846/1036, Protocole du Conseil d'Etat de ZH, 27.06.1846, p. 447.

353 Rapport du Conseil d'Etat de ZH, 19.12.1846, pp. 341-348 (ici, p. 343), cité in AEZ, MM 2.94 RRB 1846/1920, Protocole du Conseil d'Etat de ZH, 19.12.1846. Nous soulignons.

commune. Cette décision engendre une levée de boucliers au sein du GC[354]. Deux groupes s'affrontent. D'une part, les députés qui soutiennent la décision du Conseil d'Etat. Le CdE Eduard Sulzer estime ainsi que « *in der gegenwärtigen Zeit der Noth der Moment schlecht gewählt wäre, an eine sofortige Umänderung unsers Münzfusses zu denken, obwohl die Uebelstände desselben sich gar nicht verkennen lassen* »[355]. Le pays se déchire autour de tensions politiques et religieuses, ce n'est pas le moment de réformer pour ces acteurs. D'autre part, les députés emmenés par l'ancien CdE en charge des Finances Felix Wild sont bien décidés à adopter le FLa[356]. Représentant des intérêts de l'industrie mécanisée du coton de la région zurichoise, Wild estime que les Etats allemands sont le premier partenaire commercial du canton et qu'il faut se rapprocher d'eux en adoptant leur monnaie :

> « *Vor allem muss ich Sie hier auf unsere Verkehrsverhältnisse aufmerksam machen, denn eine Hauptaufgabe der Münzreform soll immer Erleichterung und Hebung des Verkehrs sein. Werfen wir einen Blick auf unsere Nachbarstaaten, so finden wir, dass die Erzeugnisse unserer Industrie hauptsächlich in Deutschland, theilweise in Sardinien und, wenigstens mit Bezug auf Garne, in den österreichischen Staaten ihren Absatz finden, nach Frankreich dagegen ist Alles verboten. Obwohl auch in Sardinien der französische Münzfuss besteht, so erhalten wir dennoch für Alles, was dorthin verkehrt wird, Rimessen nach Augsburg, ein gleiches ist der Fall bei unsern Geschäften nach dem übrigen Italien und nach dem Norden Deutschlands, von woher uns als Zahlung in der Regel Rimessen auf süddeutsche Plätze gemacht werden* »[357].

L'adoption du pied monétaire allemand préconisée n'est toutefois pas une mesure suffisante à ses yeux. Son cheval de bataille est la lutte contre les cours pratiqués par les cantons limitrophes, car « *Man nimmt dort, so zu sagen, Alles zur Zahlung an, wenn's nur rund ist* »[358]. Seul l'abandon complet du recours aux espèces françaises serait à même de remédier à ce problème. Au terme d'une

354 Aez, MM 24.28 KRP 1846/0142, Protocole du GC de ZH, 23.12.1846, pp. 191-192.
355 Intervention du CdE Eduard Sulzer lors de la séance du GC de ZH du 23.12.1846, citée in [s.a.], « Zürich – Verhandlungen des Grossen Rathes », *Eidgenössische Zeitung*, 24.12.1846, pp. 1-2 (ici, p. 1).
356 Felix Wild (1809-1889), ZH, fils de Hans Jakob, commerçant. Employé dans l'entreprise paternelle (commerce de coton), CdE de ZH (1839-1845 et 1849-1869), député au GC de ZH (1839-1869). Membre CA (1857-1869) et président CA (1857-1864 et 1866-1869) de la "Schweizerische Lebensversicherungs- und Rentenanstalt", membre CA de la "Schweizerische Nordostbahn" dès 1860.
357 Wild, Felix, *Rede über die Zürcherischen Münzverhältnisse*, *op. cit.*, p. 14.
358 *Ibid.*, p. 7.

longue discussion, les députés mettent sur pied une commission de 13 membres qui a pour objectif d'étudier en détail la possibilité d'adopter le pied monétaire allemand dans le canton de Zurich[359]. Alors que les troubles politiques des années 1847-1848 retardent le début de son activité, la fondation de l'Etat fédéral en 1848 rend son existence caduque.

Les revendications des milieux économiques zurichois ne débouchent donc sur aucun résultat. Tiraillés par les intérêts contradictoires des secteurs de la soie et du coton, les zurichois ne parviennent pas à s'entendre sur la manière de procéder. Pris en tenaille entre la Suisse orientale, où le FLa domine, et la Suisse occidentale, où le FF prévaut, ils risquent, quelles que soient les mesures adoptées, de se retrouver isolés. Le Gouvernement, conscient de la nécessité de procéder à une réforme, ne veut toutefois pas prendre ce risque et adopte en conséquence une attitude méfiante à l'égard de ces revendications, les faisant par là-même échouer.

3.3.3. Vers la fondation de l'Etat fédéral

En 2021, Roman Bonderer a proposé un intéressant bilan historiographique sur l'importance de la création de l'Etat fédéral comme césure dans l'histoire suisse[360]. A la suite de plusieurs auteurs, l'historien bernois estime que les motivations économiques ne jouent qu'un rôle de second plan dans ce processus, thèse que la recherche aurait, selon ses dires, adoptée depuis longtemps[361].

---

359 Elle se compose d'acteurs radicaux issus de monde du droit et de l'administration qui représentent les intérêts des industriels du coton et des classes moyennes – Jonas Furrer, CdE et avocat (cf. note 24 p. 322), Johann Jakob Rüttimann, CdE et juriste (cf. note 9 p. 410), Johann Jakob Müller, préfet de Winterthour (cf. note 113 p. 444), Johann Kaspar Bluntschli (1808-1881), notaire et professeur de droit à l'Université de Zurich, Heinrich von Orelli (1783-1860), juriste, Johann Jakob Bühler (1806-1866), juge –, de deux filateurs de coton – Johann Jakob Wieland (1783-1848), qui est aussi CdE en charge des Finances (1845-1847), et Hans Heinrich Hürlimann (1806-1875) –, de deux politiciens – Felix Wild (cf. note 356 p. 291) et Eduard Sulzer (1789-1857), tous deux CdE –, d'Ulrich Meister (1801-1874), maître forestier, et d'Heinrich Gysi (1803-1878), orfèvre. Il faut relever que les acteurs de l'industrie de la soie, qui se situent dans les rangs conservateurs sur l'échiquier politique, sont particulièrement absents de cette commission.

360 Bonderer, Roman, *Willensnation wider Willen. Die medialen Konflikte in der Entstehungszeit des Schweizer Nationalstaats (1830-1857)*, Basel: Schwabe, 2021, pp. 144-148 (surtout les pp. 144-146).

361 *Ibid.*, p. 350. Sur cette perception, outre les deux articles d'Halbeisen et Müller discutés ci-dessous, cf. aussi Siegenthaler, Hansjörg, « Supernationalität, Nationalismus und regionale Autonomie: Erfahrungen des schweizerischen

Pourtant, depuis les travaux d'Eduard Fueter durant les années 1920, les causes économiques sont prédominantes dans l'historiographie pour expliquer la fondation de l'Etat fédéral[362]. Le champ de l'histoire monétaire ne fait pas exception. Jusqu'à la fin du 20e siècle, un consensus très large existe parmi les auteurs pour reconnaître le rôle déterminant de la création de l'Etat fédéral dans l'unification monétaire et dans l'amélioration de cette composante fondamentale du fonctionnement de l'économie[363]. Toutefois, en 1998, lors du 150e anniversaire de l'Etat fédéral, deux historiens zurichois remettent en cause ce paradigme : selon eux, les monnaies ne représenteraient pas un enjeu important en 1848[364]. A leurs yeux, une amélioration des conditions monétaires dès la fin des années 1830 expliquerait le désintérêt que les milieux économiques et la Diète fédérale portent à cette question. Il nous paraît nécessaire de discuter l'argumentation qui justifie cette interprétation. Les deux historiens zurichois

---

Bundesstaates – Perspektiven der europäischen Gemeinschaft», *Traverse : Revue d'histoire*, 1, 3, 1994, pp. 117-142 (ici, pp. 124-126) et SIEGENTHALER, Hansjörg, «Weg der Vernunft in die Modernität. Vom Kampf um die Quellen der Wahrheit zur Gründung des Bundesstaates», in TANNER, Albert, *Geschichte(n) für die Zukunft ? Vom Umgang mit Geschichte(n) im Jubiläumsjahr 1998*, Basel : Schwabe, 1999, pp. 18-24 (surtout p. 22).

362 FUETER, Eduard, *Die Schweiz seit 1848 : Geschichte, Politik, Wirtschaft*, Zürich ; Leipzig : Orell, Füssli & Cie, 1928, 305 p. ; NABHOLZ, Hans, «Die Entstehung des Bundesstaates wirtschaftsgeschichtlich betrachtet», in *Mélanges d'histoire et de littérature offerts à Monsieur Charles Gilliard*, Lausanne : F. Rouge, 1944, pp. 574-590 ; RUPLI, Walther, *Zollreform und Bundesreform, op. cit.*, pp. 197-207 ; JOST, Hans Ulrich, «L'Etat fédéral de 1848 dans le contexte du "long" XIXe siècle», *op. cit.*, pp. 343-356 ; HUMAIR, Cédric, *Développement économique et Etat central, op. cit.*, 870 p.

363 Très tôt, les auteurs reconnaissent cette importance : cf. par exemple EMMINGHAUS, Arwed Karl Bernhard, *Die Schweizerische Volkswirtschaft, op. cit.*, pp. 102-108. Cette analyse est largement reprise depuis : SCHÜEPP, Jakob, *Beiträge zur Schweizerischen Münzgeschichte, op. cit.*, pp. 25-26 ; BLAUM, Kurt, *Das Geldwesen der Schweiz seit 1798, op. cit.*, pp. 24-25 ; PAILLARD, Georges, *La Suisse et l'Union monétaire latine, op. cit.*, pp. 7-8 ; SCHLESINGER, William, *Das Geldproblem, op. cit.*, pp. 34-38 et 119-121 ; WEISSKOPF, Erich, *Das schweizerische Münzwesen, op. cit.*, pp. 65-66 ; LESCAZE, Bernard, «Entre politique et économie, les nécessités de l'union monétaire au XIXe siècle», in LESCAZE, Bernard, RIVAZ, Michel de, CAMPAGNOLO, Matteo, *Une monnaie pour la Suisse, op. cit.*, pp. 19-28 (ici, p. 26).

364 HALBEISEN, Patrick, MÜLLER, Margrit, «Ökonomische Motive und Erwartungen », *op. cit.*, pp. 117-136 (ici, p. 117) ; HALBEISEN, Patrick, MÜLLER, Margrit, «Die schrittweise Nationalisierung des Geldes », *op. cit.*, pp. 63-86 (ici, pp. 65 et 68-69).

relèvent trois éléments qui, selon eux, concourraient à expliquer l'absence de débat sur la question : l'afflux de pièces allemandes suite à la réforme monétaire allemande de 1837/1838, l'émergence et la diffusion progressive du billet de banque et la présence d'une unité commune répandue sur le territoire, les batz. Ces trois éléments sont abordés en détail ci-dessous.

La disponibilité d'espèces allemands contribue à améliorer la circulation monétaire helvétique, mais elles ne pourraient suffire à elles seules à assurer l'approvisionnement du pays et à satisfaire aux besoins de tous les acteurs de l'économie suisse. Le chapitre 3.2.2 ci-dessus a montré que suite aux accords de Munich et de Dresde en 1837 et 1838, des monnaies neuves de très bonne qualité se répandent dans le nord et le nord-est de la Suisse. Durant la crise économique de 1848, sur laquelle nous reviendrons plus en détail par la suite, les espèces allemandes se propagent jusqu'en Suisse occidentale et prennent partiellement la place des pièces de 5 FF qui disparaissent de la circulation pendant quelques mois. Une fois la crise surmontée, les FLa reprennent le chemin de la Suisse orientale où elles bénéficient d'un cours légal. Les espèces allemandes jouent donc le rôle de soupape de sécurité pour assurer l'approvisionnement monétaire du pays, surtout en cas de perturbation, et acquièrent en conséquence une importance certaine. Il faut toutefois les considérer comme un complément à l'alimentation en numéraire de la Suisse, car elles ne suffiraient pas, d'un point de vue quantitatif, à couvrir la totalité des besoins helvétiques. Au demeurant, elles ne correspondent pas aux activités de nombreux milieux économiques actifs sur les marchés français et sardes, qui ne s'en servent qu'en dernier ressort.

L'émergence et la diffusion progressive du billet de banque sur les principales places helvétiques ne constituent pas un élément déterminant d'amélioration de la circulation des moyens de paiement au moment de la fondation de l'Etat fédéral. En se basant sur les chiffres fournis par Adolf Jöhr en 1915, le montant total des billets en circulation passe de quelque 1'858'000.- FF en 1840 à 7'787'000.- FF en 1850, soit une multiplication par plus de quatre en une décennie[365]. Cette progression importante ne doit pas faire illusion. Les billets sont

365 Chiffres calculés à partir Jöhr, Adolf, *Die schweizerischen Notenbanken, op. cit.*, annexe 2, pp. 424-439 (les données figurent aux pp. 425-435), qui correspondent également à l'évaluation de Bouchmil, Ovschia-Eschil, *Origines et création de la Banque nationale suisse (1834-1905)*, Montpellier : Impr. Gustave Firmon, Montane et Sicardi, 1906, p. 12 et à celle de Siegenthaler, Hansjörg (Dir.), *Statistique historique de la Suisse, op. cit.*, tableau O.2a, Circulation des billets des anciennes banques d'émission, de 1826 à 1910, p. 804. En revanche,

avant tout destinés aux milieux de la banque et du grand commerce, mais pas – ou très peu – au grand public[366]. Une étude récente, qui se base sur les archives de la banque "Lombard, Odier & Cie", a montré que le réseau de correspondants des banquiers privés qui acceptent leurs billets s'étend à toute l'Europe avec très peu de partenaires à l'échelle régionale, confirmant une utilisation principalement internationale[367]. Certes, plusieurs banques cantonales émettent à partir des années 1840 des petites coupures, mais la demande et la diffusion restent faibles, d'autant plus que le public est très réticent à l'idée d'utiliser le papier-monnaie[368]. Rapporté à l'ensemble des moyens de paiements, les billets ne représentent qu'environ 7 % de la circulation totale[369]. Au même moment, ils constituent plus de 75 % de la masse monétaire anglaise[370]. Les billets gagnent donc en importance en Suisse, mais jouent un rôle secondaire jusqu'à la guerre franco-prussienne de 1870/1[371].

Enfin, les batz ne peuvent être considérés comme une unité commune à tous les cantons. Certes, la littérature secondaire a insisté sur la présence des batz suisses aux quatre coins du pays, qui représenteraient environ 80 % de la valeur

---

Zimmermann, Rolf, *Volksbank oder Aktienbank ? Parlamentsdebatten, Referendum und zunehmende Verbandsmacht beim Streit um die Nationalbankgründung, 1891-1905*, Zürich : Chronos, 1987, p. 24, donne 11.4 millions de FF en 1850.

366 A titre d'exemple, un billet de 500 anciens francs suisses correspond à environ 3.3 kg d'argent.

367 Chaponnière, Olivier, *Bons au porteur. Billets de banque. Genève, 1830-1906. Catalogue et archives inédites*, Genève : Société Antoine Bovy, 2024, pp. 20-44 (surtout les pp. 30-33). Cf. aussi Nedwed, Harald, *Notenbankenfreiheit*, *op. cit.*, pp. 62-63 et 66-67.

368 Bleuler, Werner, *Bank in Zürich, 1836-1906*, Zürich : Schweizerischen Kreditanstalt, 1913, p. 127 ; Bordo, Michael D., « Currency Competition in Switzerland », *Aussenwirtschaft*, 68, 1, 2017, pp. 101-108 (ici, p. 103).

369 Il est extrêmement compliqué, pour ne pas dire impossible, d'évaluer la masse monétaire en circulation avant l'avènement de l'Etat fédéral et les premiers chiffres officiels sur le sujet. En se basant sur les données de Siegenthaler, Hansjörg (Dir.), *Statistique historique de la Suisse*, *op. cit.*, tableau O.3, Masse monétaire en Suisse de 1851 à 1910, p. 805, le montant des billets en circulation en 1851 se monte à 8.4 millions de FS, ce qui représente 6.7 % de la masse monétaire M1 (soit agrégat des monnaies, billets et dépôts à vue), évaluée à 125 millions de FS.

370 Ritzmann, Franz, *Die Schweizer Banken*, *op. cit.*, pp. 39-40.

371 Halbeisen, Patrick, Müller, Margrit, « Die schrittweise Nationalisierung des Geldes », *op. cit.*, pp. 63-86 (ici, p. 78) ; Baltensperger, Ernst, Kugler, Peter, *Swiss Monetary History since the Early 19th Century*, Cambridge : Cambridge University Press, 2017, pp. 23-25 et 33-34.

des pièces émises par des souverains suisses qui circulent en 1848[372]. Mais cette monnaie au nom identique englobe des réalités extrêmement variées qui diffèrent de poids, de titre de fin et de valeur. Elle correspond en effet à une unité difficilement saisissable qui ne peut aucunement être considérée comme commune. Qu'on en juge: le plus vieux batz retiré en 1851 date de 1518 et le plus récent de 1846, leur contenu métallique en argent varie entre 45 % et 60 % de leur poids total, les batz de Saint-Gall sont en moyenne 3.3 % plus léger que ceux de Suisse occidentale et la majorité de toutes ces pièces est complètement effacée[373]. Dans ces conditions, il n'est pas possible de parler d'une unité de valeur qui constituerait une base commune à l'ensemble des cantons et qui rendrait inutile d'en adopter une nouvelle[374]. Bien que ces pièces circulent effectivement sur tout le territoire et constituent un moyen de paiement central, leur instabilité et leur diversité ne peuvent prétendre à l'élever au rang d'une unité monétaire.

---

372 C'est surtout le cas de MEIER, Paul, *Der Währungswirrwarr*, *op. cit.*, pp. 80-81. Ce pourcentage pose un gros problème méthodologique, car il se base sur la valeur totale du retrait dans le cadre de la réforme. Or, lors de cette opération, les grosses espèces étrangères, qui représentent la majorité de la valeur du numéraire à disposition, restent dans la circulation ; il n'est d'ailleurs pas possible d'évaluer leur quantité. De plus, la valeur des petites et des grosses espèces retirées avant 1848 n'est pas prise en compte dans ce pourcentage ; seules des études à l'échelle cantonale permettraient d'en fournir une estimation.
Selon nos calculs, qui se basent sur les chiffres de l'annexe 2 « Tableau des anciennes monnaies suisses fondues, dressé d'après les Cantons qui ont frappé » du *Rapport final de la Commission monétaire suisse sur l'exécution de la réforme monétaire*, in « Rapport présenté à la haute Assemblée fédérale par le Conseil fédéral suisse sur sa gestion pendant l'année 1852 », *Feuille fédérale*, Vol. 2, 22, 09.05.1853, pp. 92-137, la valeur de l'ensemble des batz retirés dans le cadre de la réforme s'élève à 13'026'605.- FS, ne représentant 88 % que de la valeur des monnaies qui sont retirées, donc sans prendre en compte les grosses espèces étrangères.

373 MEYER VON KNONAU, Gerold, « Die schweizerischen Münzen von den ältesten Zeiten bis auf die Gegenwart », *Archiv für schweizerische Geschichte*, 8, 1851, pp. 375-402 (ici, p. 376) ; PESTALOZZI, Leonhard, *Der Schweizerfranken als eidgenössische Münzeinheit. Gutachten laut Auftrag der Zürcherischen Handelskammer*, Zürich: Orell, Füssli & Cie, 1849, p. 34 ; WILD, Felix, *Rede über die Zürcherischen Münzverhältnisse*, *op. cit.*, p. 5 ; DUPASQUIER, Henri, « De la réforme monétaire (Fin) », *Le Neuchâtelois*, 11.10.1849, reproduit dans le *Courrier Suisse*, 15.10.1849, pp. 2-3 (ici, p. 2).

374 Cet argumentaire était déjà mobilisé par les opposants au FF lors de la réforme monétaire de 1849/1850. Cf. par exemple [AEPLI, Arnold Otto], *Welchem Münzfuss soll das schweizerische Volk den Vorzug geben, dem französischen oder dem schweizerischen ?*, St. Gallen: Zollikofer'schen Officizin, 1850, pp. 20-21.

Au vu de ce qui précède, il n'est pas possible de parler d'une amélioration décisive des moyens de paiements durant la décennie qui précède la fondation de l'Etat fédéral et qui expliquerait un désintérêt des milieux économiques et des autorités politiques de la question monétaire. La disponibilité des espèces allemandes et le développement des billets de banque contribuent, il est vrai, à renouveler partiellement une certaine partie des moyens de paiement en circulation et à les compléter. Quant à la large diffusion des batz suisses, ils ne peuvent être considérés comme une unité de valeur pérenne. La thèse des deux historiens zurichois n'est donc pas corroborée par ces éléments.

La question de la nécessité d'une réforme monétaire demeure donc entière et mérite d'être analysée en détail. Les deux parties précédentes traitant des années 1840 ont apporté de nouveaux éléments qui conduisent à mettre en évidence deux aspects. D'une part, les milieux économiques intéressés au commerce extérieur revendiquent une amélioration des conditions monétaires à l'échelle fédérale, notamment par l'intermédiaire d'associations économiques. Bien que ne débouchant sur aucun résultat, ces exigences témoignent néanmoins d'un mécontentement croissant quant à la structure monétaire du pays. D'autre part, des mobilisations d'une certaine ampleur émergent au niveau des cantons. Que ce soit en provenance des régions agricoles de Suisse occidentale (Berne et Vaud) et de Suisse méridionale (Grisons) ou de la région zurichoise, des revendications émanent de bases de plus en plus larges. Répétons qu'en décembre 1846, le Conseil d'Etat zurichois reconnaît la nécessité d'une réforme urgente de son système monétaire. Or, si le besoin d'unifier les monnaies est partagé par un nombre croissant d'acteurs économiques, la structure politique issue de 1815 en empêche la réalisation. Avant 1848, le banquier bâlois Johann Jakob Speiser estime déjà qu'une réforme est nécessaire. Cependant, en vertu des conditions politiques, seule la partition du pays en deux blocs pourrait contribuer à améliorer la circulation des monnaies :

> *« Meine Ansicht über die zweckmässigste Art zu einer Ordnung im schweizerischen Münzwesen zu kommen, geht nun dahin, dass sich die östlichen Kantone einerseits für den Reichsfuss, die westlichen für den französischen Fuss verbünden und konkordatsweise auf Einschmelzung der eigenen, Herabwertung und Verruf der andern kantonalen Teil- und Scheidemünzen hinarbeiten. Ich glaube, dies ist der gegebene und einzig mögliche Weg unter den bestehenden politischen und übrigen Verhältnissen der Schweiz »*[375].

375 Lettre de Speiser à Iselin-Forcart, 19.02.1847, citée par SCHLESINGER, William, *Das Geldproblem*, *op. cit.*, p. 39. Nous soulignons.

Avec la centralisation des compétences monétaires en 1848, les conditions structurelles se modifient, transformant en profondeur les possibilités d'intervention. Le mot d'ordre de Speiser est désormais l'unité: «*Das Fundamental-Prinzip der Ordnung im Münzwesen heisst Einheit ; diese Einheit zu erlangen muss vor Allem der Zweck unserer Reform seyn*»[376]. Changement important de perspective donc, permis par la réorganisation des conditions politiques. Le point de vue du banquier bâlois ne suffit toutefois pas à étayer notre propos. Afin de verser quelques nouveaux éléments au dossier, trois aspects doivent être pris en compte. Premièrement, les milieux économiques estiment-ils que le moment soit opportun pour procéder à une réforme ou que, comme le sous-entendent les deux historiens zurichois, la situation aurait pu perdurer en l'état ? Deuxièmement, quelle est l'importance de la réforme des systèmes monétaires cantonaux – s'agit-il, pour utiliser une notion répandue à l'époque, d'une question vitale pour la Suisse ? Troisièmement, l'adoption d'une monnaie unique est-elle réellement réclamée ou la partition du pays en deux zones monétaires aurait-elle été satisfaisante aux yeux des acteurs de l'époque?

Le premier élément à prendre en compte est celui de l'opportunité du moment pour procéder à une réforme en profondeur des systèmes monétaires cantonaux. Les travaux consacrés à la naissance du franc suisse ont largement passé sous silence un élément absolument déterminant qui marque de son empreinte l'ensemble des débats monétaires qui ont lieu entre 1848 et 1850, aussi bien au sein des instances politiques que sur la scène publique. En toile de fond de la naissance de l'Etat fédéral, une crise économique, commerciale et monétaire ébranle l'Europe[377]. Elle trouve ses racines dans la spéculation sur les chemins de fer (*Railway mania*) et dans la grave crise agricole qui sévit dès 1845 sur le continent suite aux mauvaises récoltes de pommes de terre. A cette crise, il faut encore ajouter la révolution qui se déroule à Paris en février 1848. Durant cette période, les pays étrangers se portent acquéreurs en masse des produits et du papier français à bas prix. Il en résulte une forte demande de change sur l'Hexagone : le FF devient une marchandise, ce qui mène à une augmentation

---

376 Speiser, Johann Jakob, «Die Münzfrage. IV», *Wochenblatt*, n° 9, 01.03.1850, pp. 2-4 (ici, p. 2). Cf. également Speiser, Johann Jakob, «Ueber das Münzwesen. VII», *Wochenblatt*, n° 30, 28.07.1849, pp. 2-4 et Speiser, Johann Jakob, «Ueber das Münzwesen. XII», *Wochenblatt*, n° 35, 01.09.1849, pp. 2-4.

377 Rowley, Anthony, «Deux crises économiques modernes : 1846 et 1848 ?», *1848. Révolutions et mutations au XIXe siècle*, 2, 1986, pp. 81-90 (ici, pp. 82-87).

de son prix afin de payer les achats faits en France[378]. De son côté, l'Etat français se procure des produits agricoles à l'étranger, ce qui a pour effet d'accroître ses besoins en numéraire pour payer ces achats. Suite à la suspension des paiements des Caisses d'Epargne et des banques privées, de la suspension de l'escompte de la Banque de France et du cours forcé sur les billets, les FF prennent le chemin de la France[379]. Il faut encore ajouter que la Hollande passe à l'étalon-argent unique en 1847 et démonétise ses pièces d'or. Une partie des pièces d'argent qui circulent sur le continent sont envoyées en direction de la Monnaie hollandaise[380]. Ainsi, la demande en argent sur le continent est très forte durant le premier semestre de 1848, avant de se stabiliser dès le début de l'été.

La conjonction de tous ces éléments affecte la situation monétaire helvétique. La crise ne touche toutefois la Suisse que durant le second semestre de l'année 1848[381]. Auparavant, les particuliers thésaurisent les pièces métalliques, craignant que la crise ne s'aggrave. A Genève, le banquier Alexandre Lombard écrit le 20 mars 1848:

> *« Mais cela [thésauriser les FF, JC] suffit-il aux demandes qui pleuvent de toutes parts ! Et en retrouvera-t-on [des FF, JC] si l'Italie se ferme, si la guerre éclate en Lombardie, si l'Allemagne est en révolution, si la France interdit, comme c'est le cas, la sortie en espèce ? Quelle position ! »*[382].

A la "Banque du Commerce" de Genève, le montant des réserves de numéraire français explose: il passe de 620'000.- FF début mars 1848 à 6'273'000.- FF

378 Zellweger, Ulrich, « Ein Beitrag zur Beurtheilung der Münzfrage », *Wochenblatt*, n° 48, 01.12.1849, pp. 2-4 ; BsG, VNL 60, A23, 18, lettre de Pestalozzi à Hungerbühler, 20.03.1850, 4 p. (ici, pp. 1-3).

379 Le cours forcé sur les billets signifie que les établissements qui les émettent ne sont plus tenus de les rembourser avec des pièces métalliques. Sur ces mesures, cf. Bigo, R., « Note sur le cours forcé en 1848 », *Revue d'économie politique*, 55, 1945, pp. 81-88 ; Jacoud, Gilles, « Crises et apprentissage : la Banque de France en 1848 », *Entreprises et histoire*, 69, 4, 2012, pp. 27-37 (ici, pp. 33-36).

380 Blaum, Kurt, *Das Geldwesen der Schweiz seit 1798, op. cit.*, p. 61.

381 Schlesinger, William, *Das Geldproblem, op. cit.*, pp. 86-88 ; Bleuler, Werner, *Bank in Zürich, op. cit.*, pp. 60-62 ; Gygax, Paul, *Bank in St. Gallen, op. cit.*, pp. 32-33 ; Salzmann, Martin, *Die Wirtschaftskrise im Kanton Zürich, op. cit.*, pp. 179-182.

382 Annotation d'Alexandre Lombard dans son journal intime le 20.03.1848, citée par Duc, Gérard, *Alexandre Lombard: banquier et philanthrope (1810-1887)*, Genève : Lombard-Odier, 2011, p. 51. Sur Alexandre Lombard, cf. note 223 p. 252.

fin juillet, soit une multiplication par dix[383]. A Bâle, lors de la fondation du "Kredit-Verein" en avril 1848, l'emprunt contracté de 700'000.- FF est versé en intégralité en pièces de 5 FF[384]. Mais dès la fin de l'été, les effets de la crise se font ressentir en Suisse. Elle se traduit par une perturbation sérieuse de l'approvisionnement en numéraire aux quatre coins du pays. L'agio sur les pièces françaises atteint 1 % durant le second semestre de 1848[385] ; le billet de 100 TB de la "Bank in Zürich" perd 1 % de sa valeur entre fin août 1848 et mi-mars 1849, car le public craint le cours forcé sur les billets et privilégie l'utilisation des pièces métalliques[386]. Le numéraire devient si rare que pour faire face à cette interruption de l'alimentation monétaire, plusieurs Gouvernements cantonaux sont contraints de tarifer les FLa dans leurs Caisses publiques. C'est notamment le cas de Bâle-Ville, Lucerne et Vaud. Mais la circulation des espèces allemandes se contracte à son tour et les besoins des places suisses ne sont pas toujours suffisamment couverts[387]. Loin de n'être qu'un simple élément de contexte reléguable au second plan, cette crise agit comme un catalyseur et fait prendre conscience de la nécessité d'assurer l'approvisionnement du pays. Dès lors, plusieurs voix s'élèvent en Suisse occidentale pour interdire les FLa. A leurs yeux, les monnaies allemandes encombrent la circulation et empêchent le retour de numéraire français. Ainsi, le "Schweizerische Volksthümliche Vaterlandsverein", mouvement germanophobe fondé à Berne en 1846 pour lutter contre l'immigration allemande, exige que les autorités fédérales prennent des mesures fortes contre le FLa[388]. Les autorités politiques argoviennes font parvenir une demande similaire au CF[389]. Ils reçoivent le soutien du Cf Josef Munzinger qui se prononce dans le même sens.

---

383 Speiser, Johann Jakob, « Die Münzfrage. II », *Wochenblatt*, n° 7, 15.02.1850, pp. 1-3 (ici, p. 3).

384 Sur la fondation de cet établissement : Speiser, William, « Der Kredit-Verein in Basel vom Jahre 1848 », *Zeitschrift für schweizerische Statistik*, 41, 1905, pp. 6-17.

385 Bsg, VNL 60, A23, 18, lettre de Pestalozzi à Hungerbühler, 20.03.1850, 4 p. (ici, p. 1).

386 Weber, Ernst Juerg, « Currency Competition in Switzerland, 1826-1850 », *op. cit.*, pp. 459-478 (ici, p. 473).

387 Speiser, Johann Jakob, « Eine Erläuterung in Münzsachen », *Neue Zürcher Zeitung*, 19.04.1850, p. 1.

388 Af, E12#1000-36#65*, Schreiben des Schweizerische Volksthümlicher Vaterlandsvereins an den Nationalrath, 01.08.1849, 2 p.

389 Lettre du Conseil d'Etat argovien au CF, 18.05.1849, citée par Graf, Barbara, *Die Schweiz und die lateinische Münzunion*, *op. cit.*, note 6 p. 26.

Premières victimes de cette crise, les classes moyennes et les artisans exigent de remodeler l'organisation monétaire du pays. Elles veulent unifier la perception des taxes publiques à l'échelle fédérale. Les salaires versés par les Collectivités publiques (par exemple la paie des soldats) doivent eux aussi être uniformisés. Fondé à Zurich en février 1849, le "Schweizerischer Handwerks- und Gewerbeverein" se fait le porte-parole de ces revendications[390]. Par l'intermédiaire de leur organe, le *Zeitung für schweizerische Handwerker- und Gewerbe-Vereine*, ils appellent à une réforme rapide et en profondeur des monnaies qui doit impérativement être réalisée avant les douanes et les postes[391]. Les acteurs de Suisse occidentale actifs sur le marché intérieur se mobilisent dans le même sens. Pour le marchand de fer bernois Friedrich Fueter[392], l'organisation monétaire présente trop de désavantages et il est temps de la réformer :

> «*Einer Rechtfertigung bedarf es da nicht, wo die Klagen aus fast allen Gauen unseres Vaterlandes mit jedem Tage sich steigern ; wo die Nachtheile, welche aus den allgemein anerkannten Uebelständen für die Verkehrsverhältnisse, sowohl der Administration im allgemeinen, als der Partikularen und im Handel insbesondere entstehen, dem Geiste der zeit und unsern neuen Institutionen so offenbar widerstreiten. Die verschiedenen Münzfüsse in den Kantonen, die vielen Abweichungen in der Tarifierung fremder und einheimischer Geldsorten, die gesetzwidrigen Abusivcurse, der schlechte Zustand der eigenen Schweizermünzen, deren Gepräge wegen allzulangen Gebrauchs grösstentheils gänzlich abgenutzt sind – wer wollte diese Uebelstände abläugnen !*»[393].

Ces exigences font écho aux revendications du "Schweizerischer Industrieverein", association éphémère fondée fin 1848 sur les bases du "Schweizerischer Gewerbsverein"[394]. Représentant les intérêts des milieux marchands de Suisse

---

390 Humair, Cédric, *Développement économique et Etat central*, *op. cit.*, pp. 210-211.

391 [s.a.], «Die Münzverhältnisse der Schweiz», *Zeitung für schweizerische Handwerker- und Gewerbe-Vereine*, 14.04.1849, pp. 3-4 et 20.04.1849, p. 4. Le journal est édité par Johann Jakob Sulzberger-Sulzberger (1802-1855), TG, fils de Jakob (1762-1841), boulanger ; beau-fils de Johann Melchior Sulzberger (1760-1841), pasteur. Issu d'une vieille famille thurgovienne. Formation militaire. Cartographe, ingénieur, inventeur du moulin à cylindres, pionnier des chemins de fer. Membre fondateur de la "Schweizerischer Handwerks- und Gewerbeverein" et premier président de la section cantonale ("Thurgauer Handwerker- und Gewerbeverein").

392 Sur Friedrich Fueter, cf. note 226 p. 376.

393 Fueter, Friedrich, *Die Münzreform. Beiträge zur Aufklärung der schweizerischen Münzverhältnisse mit besonderer Berücksichtigung des Expertenbefindes und der Anträge des Herrn Bankdirektors Speiser*, Bern : Stämpflischen Buchdruckerei, 1849, p. 4.

394 Humair, Cédric, *Développement économique et Etat central*, *op. cit.*, pp. 215-216.

occidentale, des milieux industriels de Suisse orientale et de la région zurichoise, l'association s'investit très rapidement dans la question monétaire, bien qu'elle ne figure pas dans son programme initial[395]. Les acteurs bâlois parviennent dès le début à monopoliser son organe de presse, la *Wochenblatt des Schweizerischen Industrievereins*, par l'intermédiaire de son rédacteur bâlois Wilhelm Schmidlin et surtout de Johann Jakob Speiser, directeur de la "Bank in Basel"[396]. A leurs yeux, la fondation de l'Etat fédéral représente la bonne occasion pour réorganiser de fond en comble la structure monétaire du pays. En juin 1849, Speiser estime que la situation n'est plus tenable :

> «*In den Währungen sowie in der Cirkulation herrscht bei uns eine masslose Verwirrung, deren Nachtheile allen Klassen des Volks mehr oder minder sich fühlbar machen. Nicht nur schlechte einheimische, sondern beinahe jedwede fremde Münze "alles was rund ist" läuft in der Schweiz um zu abusiven Kursen ; jeder an unsern Grenzen neu auftauchende Münzfuss erwirbt sich das Bürgerrecht und je schlechter er ist, um so schneller verdrängt er naturgemäss den bessern. Eine der wichtigsten, aber auch eine der schwierigsten Aufgaben unserer neuen Bundesbehörden wird es daher seyn, Ordnung in dieses Chaos zu bringen und ein Münzsystem aufzubauen welches Sicherheit gewähre und Dauer besitze*»[397].

Cette revendication est largement répandue dans l'ensemble du pays. Au sein de la région zurichoise, il ne fait aucun doute pour le banquier Leonhard Pestalozzi, qui est, rappelons-le, le principal expert monétaire du pays depuis les années 1830 et un partisan convaincu de l'adoption du pied monétaire allemand, que le moment est particulièrement favorable : «*Jamais le besoin de l'unité monétaire suisse ne fut plus pressant et plus généralement senti et jamais le moment de la réaliser ne fut plus favorable que le présent*»[398]. Les milieux industriels de Suisse orientale estiment eux aussi qu'il est temps de réformer[399].

---

395 Le programme figure dans [s.a.], [s.n.], *Wochenblatt*, n° 1, 06.01.1849, pp. 1-2.

396 Sur Johann Jakob Speiser, cf. note 45 p. 328.

397 Speiser, Johann Jakob, « Ueber das Münzwesen. I », *Wochenblatt*, n° 24, 16.06.1849, pp. 3-4 (ici, p. 3). Cf aussi Speiser, Johann Jakob, « Ueber das Münzwesen. XI », *Wochenblatt*, n° 34, 25.08.1849, pp. 2-4.

398 Pestalozzi, Leonhard, *Sur la possibilité de rétablir l'ordre et l'unité monétaire en Suisse sans réforme couteuse*, Zürich : Orell, Füssli & Cie, 1849, p. 15. Sur Leonhard Pestalozzi, cf. note 155 p. 233.

399 [s.a.], [s.n.], *Der Erzähler*, 21.09.1849, p. 3 ; [s.a.], « Münzwesen », *Thurgauer Zeitung*, 19.10.1849, pp. 1-2 ; Bsg, VNL 60, A23, 54, lettre d'Anderegg à Hungerbühler, 15.02.1850, 2 p. (ici, p. 2).

Ce n'est qu'après le début de la réforme et la publication du rapport de Speiser en faveur du FF que certains acteurs, estimant que leurs intérêts sont lésés, font marche arrière. Unification et centralisation certes, mais pour autant qu'elle soit conforme à ses propres intérêts. Représentatif de ce revirement, un correspondant saint-gallois de la *Neue Zürcher Zeitung* remet en cause l'opportunité du moment peu de temps avant la discussion de la loi monétaire aux Chambres fédérales. Il demeure toutefois favorable à une réforme à l'échelle du pays :

> *« Es ist allerdings wünschbar, dass den schweizerischen Münzwirren einmal ein Ende gemacht werde und seiner Zeit auch Art. 36 der Bundesverfassung in's Leben trete. Gar sehr muss ich dagegen bezweifeln, ob gerade jetzt der geeignete Zeitpunkt hierfür vorhanden sei. Man wird sich wohl noch erinnern, welch ein Widerstand der Einführung einer neuen Bundesverfassung entgegengesetzt wurde ; man wird auch nicht leugnen wollen, dass noch jetzt vieler Orten grosse Abneigung gegen sie herrsche und dass es überhaupt kein so ganz leichtes Geschäft war, des Volkes Misstrauen dagegen zu überwinden und es zur Annahme derselben zu bestimmen. [...] In nicht allzu ferner Zeit wird die öffentliche Meinung sich aufgeklärt haben und manches Vorurtheil gegen die neuen Einrichtungen verschwunden sein. Dann dürfte es eher als jetzt am Platze sein, an der Einführung eines neuen Münzfusses zu arbeiten »*[400].

Les besoins d'une réforme sont donc largement reconnus parmi les milieux économiques suisses au moment de la fondation de l'Etat fédéral en 1848, mais pour autant qu'elle soit conforme à ses propres besoins, sans quoi il vaudrait mieux attendre. Plusieurs partisans d'une réforme sur la base de la monnaie allemande se rangent dans ce camp dès qu'ils prennent conscience qu'ils ne parviendront pas à faire triompher leurs exigences.

Le second élément à analyser relève de l'importance de la réforme des monnaies, question peu abordée dans la littérature secondaire[401]. Plusieurs études ont souligné que pour certains acteurs de l'époque, la construction de chemins de fer était une question vitale, tout comme la construction d'un réseau télégraphique[402] ; le rôle de l'unification monétaire n'a quant à lui pas encore été

---

400 [s.a.], « St. Gallen (Korr.) », *Neue Zürcher Zeitung*, 08.11.1849, p. 2. Cf. aussi les propos similaires tenus par l'industriel du fer schaffhousois Johann Conrad Fischer (cf. note 268 p. 492) à un Cf non identifié reproduits dans "Der Schweizerische Courier", 07.12.1849, p. 473 cités par Schib, Karl, Gnade, Rudolf, *Johann Conrad Fischer, 1773-1854*, Schaffhausen : G. Fischer AG, 1954, pp. 187-188.

401 Schlesinger, William, *Das Geldproblem, op. cit.*, pp. 40-41, fournit quelques éléments intéressants sur ce sujet.

402 Cf. les propos tenus concernant les chemins de fer par le Zurichois Pestalozzi-Hirzel, cités dans Humair, Cédric, *Développement économique et Etat central, op. cit.*, note 131 p. 168 – et par Escher, Alfred, « Discours tenu par M. le Bourgmestre

analysé. Il est assez curieux de relever que les plus farouches partisans d'une réforme monétaire minimisent son importance, en opposition avec d'autres milieux économiques. Aux yeux du Bâlois Speiser, en effet, la question monétaire cristallise les oppositions, mais ne peut être considérée comme un facteur déterminant pour le développement économique du pays. Ses propos doivent toutefois être relativisés, car ils sont tenus à la veille du débat au CN, alors que les partisans du FLa font parvenir des dizaines de milliers de signatures à l'Assemblée fédérale (AsF). Speiser cherche alors vraisemblablement à décrédibiliser le mouvement pétitionnaire en faveur de la monnaie allemande et à récolter des voix du côtés des Conseillers nationaux (Cn) en minimisant l'importance de la question monétaire :

> *« An und für sich selbst, betrachten wir die Münzfrage keineswegs als eine Lebensfrage für die Schweiz. Handel und Industrie haben unter der gegenwärtigen Unordnung sich entwickelt und konnten gedeihen, sie würden auch ferner sich zu behelfen wissen. Allein durch die erhobene Agitation hat man der Münzfrage eine Bedeutung gemacht, die weit hinaus reicht über ihre eigene Tragweite. Sie ist zum Kampfplatz ausersehn worden, auf welchem der erste Zusammenstoss statt finden soll, zwischen dem Prinzip des Neuen und dem nur äusserlich überwundenen Prinzip des Alten »*[403].

Au contraire, pour les acteurs qui gravitent autour du poids lourd de l'économie suisse Alfred Escher, la réforme monétaire est d'une importance capitale. Cela se comprend par la complexité de la circulation du numéraire à l'échelle du canton. Ainsi, aux yeux de l'avocat Friedrich Gustav Ehrhardt[404] : *« Für die Schweiz wiegt diese Frage hundertmal wichtiger als Alles was von materiellen*

Dr. Escher, président du Conseil national à la réouverture de la session de ce Conseil, le 12 Novembre 1849 », *Feuille fédérale*, Vol. 3, 60, 22.11.1849, pp. 147-159 (ici, p. 157). Concernant les télégraphes, se référer à la pétition du "Kaufmännische Direktorium St. Gallen" adressée au CF le 22.04.1851, citée in MUSEUM FÜR KOMMUNIKATION (Ed.), *In 28 Minuten von London nach Kalkutta*, *op. cit.*, p. 53.

403 SPEISER, Johann Jakob, « Die Münzfrage. VI », *Wochenblatt*, n° 13, 29.03.1850, pp. 1-3 (ici, p. 3). Cf. aussi son article « Münz-Agitation und "Hausbackene Politik" », in *Neue Zürcher Zeitung*, 17.02.1850, p. 1.

404 Friedrich Gustav Ehrhardt (1812-1896), ZH, fils d'un pasteur. Formation de théologie, puis de droit en Allemagne (Leipzig et Greifswald). Auditeur au tribunal de district (1834), avocat associé à Jonas Furrer (cf. note 24 p. 322), dont il reprend le bureau après son élection au CF. Procureur cantonal (1838), avocat cantonal. Conseiller juridique et avocat de la "Schweizerische Nordostbahn". Proche ami d'Alfred Escher (cf. note 303 p. 401) et de Friedrich Bürkli (cf. note 344 p. 288).

Fragen behandelt wurde»[405]. Cette perception est largement répandue en Suisse orientale. Une pétition adressée à l'AsF fin 1849 par des industriels et des négociants glaronnais ne laisse planer aucun doute sur l'importance que revêt cette question: «*Es ist Thatsache, dass die schweizerische Münzfrage, als eine der wichtigsten Lebensfragen, auch in unserm kleinen Kanton das Interesse des Publikums fortwährend aufs Lebhafte in Anspruch nimmt*»[406]. L'importance accordée à la réforme des monnaies est ainsi en grande partie déterminée par l'état de la circulation monétaire à l'échelle cantonale. A Zurich, où les exigences de réforme se multiplient durant les années 1840, la question revêt une importance bien plus grande qu'à Genève, qui a remodelé son système monétaire durant les années 1830. Tel est aussi le cas à Bâle, peu impactée par la crise monétaire de 1848 et dont les fondements de l'organisation monétaire sont très stables. Il est ainsi difficile de juger dans sa globalité l'importance de la question monétaire sans tomber dans une forme de déterminisme historique qui consisterait à surévaluer son poids. Néanmoins, pour les acteurs de l'époque, l'unification des monnaies pèse d'un poids certain en participant à l'amélioration générale des conditions économiques. A côté de l'unification douanière, de l'introduction d'un système postal fédéral, de la construction de réseaux ferroviaire et télégraphique, la réforme monétaire contribue aussi bien à la compétitivité de l'économie suisse qu'à son intégration dans le jeu des relations commerciales internationales[407].

---

405 Correspondance Escher, lettre d'Ehrhardt à Escher, 11.12.1849, 4 p. (ici, p. 3). Cf. également les propos similaires du glaronnais Johann Jakob Blumer dans la même correspondance: lettre de Blumer à Escher, 06.01.1850, 3 p. (ici, p. 2). La *Neue Zürcher Zeitung* partage cet avis: [S.A.], «Schweiz», *Neue Zürcher Zeitung*, 07.04.1850, pp. 1-2 (ici, p. 1).

406 AF, E12#1000/36#179*, Pétition de négociants de Glaris au CF, 29.11.1849, 4 p. (ici, p. 1). Cf. aussi [GONZENBACH, August von], *Gutachten des Kaufmännischen Direktoriums in St. Gallen*, *op. cit.*, p. 11.

407 Sur les douanes et les chemins de fer: HUMAIR, Cédric, *Développement économique et Etat central*, *op. cit.*, pp. 146-153 et 210-221 ; sur les télégraphes: DIRECTION GÉNÉRALE DES PTT, *Un siècle de télécommunications en Suisse*, *op. cit.*, pp. 111-127 ; GROSSI, Verdiana, «Technologie et diplomatie suisse au XIXe siècle: le cas des télégraphes», *Relations internationales*, 39, 1, 1984, pp. 287-307 (ici, pp. 288-292) ; MUSEUM FÜR KOMMUNIKATION (Ed.), *In 28 Minuten von London nach Kalkutta*, *op. cit.*, pp. 52-66 ; GIACOMETTI, Enrico, *Die Einführung des Telegraphen in der Schweiz, mit besonderer Berücksichtigung von Graubünden*, Chur: Desertina, 2006, pp. 16-25 ; CALVO, Spartaco, BALBI, Gabriele, FARI, Simone, RICHERI, Giuseppe, «La voie suisse aux télécommunications», *op. cit.*, pp. 435-453 (ici, pp. 437-447) ; BUSCHAUER, Regine, *Mobile Räume. Medien- und diskursgeschichtliche Studien zur*

Le troisième élément à prendre en compte est celui de la nécessité d'adopter un pied monétaire unique pour tout le pays. Cette question est très délicate, car les acteurs favorables à l'unification savent que le débat autour du choix du pied prendra la même forme que durant les années 1830, à savoir une lutte entre les systèmes français et allemand. Les partisans de cette dernière solution, conscients d'être minoritaires, émettent donc de sérieuses réserves sur la réalisation d'une unité monétaire :

> «*Dass es wünschbar wäre dass die ganze Schweiz den gleichen Münzfuss hätte lasse ich gelten, aber man wird doch diesen Münzeinheit zu lieb nicht wesentliche Interessen eines bedeutenden Landestheils Opfern & einen Münzfuss einführen wollen den in demselben ein Fuss fassen war & wird. [...] Lassen sich die Interressen der östlichen & der westlichen Kantone nicht mit einander vereinigen, nun so dekretire man zwei Münzfüsse, den einen für den Osten & den andere für den Westen. Sollten Sie überhaupt seyn dass die westlichen Kantone auf den franz[ösischen] Münzfuss oder auf einen darauf basirten Schweizerfrankenfuss nicht verzichten können, so erklären Sie sich lieber für zwei Münzsystemen, denn der Osten befindet sich genau in dieser Lage im Beziehung auf den Reichsfuss [...]*»[408].

Tenus par un important représentant des milieux industriels de Suisse orientale, le directeur de la "Bank in St. Gallen" Edmund Fehr, ces propos sont représentatifs de l'argumentaire des partisans du FLa : à défaut de pouvoir satisfaire leurs intérêts, le processus d'uniformisation monétaire doit se reposer sur deux unités[409]. Par contre, si le FLa constituait la base de la nouvelle monnaie, ils

---

Tele-Kommunikation, Bielefeld : transcript, 2010, pp. 95-107 ; sur les postes : Bonjour, Ernest, *Histoire des postes suisses, 1849-1949. Les postes fédérales*, Volume 1, Berne : Direction Générale des PTT, 1949, pp. 16-29, Walliser, Thomas, *Zwei Vereinheitlichungsprozesse im neuen schweizerischen Bundesstaat : Das Zollwesen und das Postwesen 1848-1850. Die Kräfteverhältnisse zwischen Bund und Gliedstaaten am Beispiel der Kantone Bern und Waadt*, Mémoire de licence de l'Université de Bâle non publié (Dir. Martin Schaffner), 1997, pp. 62-92 et Mottet, Blaise, *La centralisation postale de 1848 et les cantons romands. Enjeux économiques, politiques ou culturels ?*, Mémoire de licence de l'Université de Fribourg, 139 p.

408 Aeb, PA 116, A 85, lettre de Fehr à Speiser, 21.09.1849, 5 p. (ici, p. 4). Sur Edmund Fehr, cf. note 246 p. 382.

409 Par exemple : [Gonzenbach, August von], *Gutachten des Kaufmännischen Direktoriums in St. Gallen, op. cit.*, p. 30 ; [Weydmann, Johann Philipp], *Bericht und Anträge an den Kleinen Rath des Kant. St. Gallen von Seite der von demselben zu Begutachtung der eidgenössischen Münzfrage niedergesetzten Kommission (im. Nov. 1849)*, St. Gallen ; Bern : Huber & Cie, 1849, p. 12 ; [Fehr, Edmund], « Ueber die Münzfrage (Eingesandt.) », *Thurgauer Zeitung*, 07.03.1850, p. 3.

seraient favorables à l'étendre à tout le pays. Les milieux marchands de Suisse occidentale qui défendent l'option du système français ne partagent pas cette manière de voir qu'ils estiment contraire à l'esprit de la Constitution de 1848[410]. Seule l'adoption d'un seul pied monétaire pour l'ensemble du pays serait à même de créer un marché unifié. Speiser l'exprime clairement :

> *« Eine noch grössere, jedenfalls viel schädlichere Versündigung gegen das Prinzip der Einheit im Münzwesen als die vorerwähnte [adoption du bimétallisme, JC], ist das Nebeneinanderbestehen verschiedener Münzfüsse. Die unvermeidliche Folge hievon ist diejenige Münzverwirrung unter deren gegenwärtig die Schweiz leidet, und die fast einzig aus jenem Uebelstand entspringt. [...] Am nachtheiligsten ist es aber, wenn durch gleichmässiges Valviren aller möglichen fremden Münzsorten, ausländlische Münzfüsse als gleichberechtigt neben dem einheimischen zugelassen und aufgenommen worden, wodann, naturgemäss jeder nachfolgende leichtere Münzfuss den vorhergegangenen schwerern verdrängt. [...] Die unumgängliche Bedingung zur Herstellung eines geordneten Zustandes besteht in grundsätzlicher Anerkennung der Einheit des Münzfusses, sei es eines eigenen oder eines fremden »*[411].

Les milieux industriels de la région zurichoise estiment eux aussi qu'il est temps de réaliser l'unification monétaire du pays,[412]. En présence de deux unités, les négociants et les fabricants parviennent toujours à mettre en circulation des pièces étrangères à une valeur légèrement supérieure à celle qu'ils peuvent se procurer eux-mêmes, entretenant la spirale des cours abusifs et le maintien d'une monnaie sur/sous-évaluée. Seule une base commune à tout le pays permettrait de sortir de la situation qui prévaut.

Depuis les années 1830, trois systèmes s'offrent à la Suisse : soit l'adoption complète d'un système étranger – le franc français ou le florin allemand –, soit la création de son propre système. Dans le pays, tous les milieux économiques s'opposent à cette dernière possibilité pour deux raisons[413]. D'une part,

---

410 Speiser, Johann Jakob, « Die Münzreform », *Wochenblatt*, n° 37, 15.09.1849, pp. 1-2 et Speiser, Johann Jakob, « Die Münzfrage. IV », *Wochenblatt*, n° 9, 01.03.1850, pp. 2-4.

411 Speiser, Johann Jakob, « Ueber das Münzwesen. VII », *Wochenblatt*, n° 30, 28.07.1849, pp. 2-4 (ici, p. 4). Cf. aussi Speiser, Johann Jakob, « Die Münzreform », *Wochenblatt*, n° 37, 15.09.1849, pp. 1-2.

412 Escher, Alfred, « Discours tenu par M. le Bourgmestre Dr. Escher », *op. cit.*, pp. 147-159 (ici, p. 156) ; Escher, Alfred, *Discours tenu à l'ouverture du Conseil national par son président, le 5 avril 1850*, [s.l.] : [s.n.], 1850, pp. 8-9.

413 Speiser, Johann Jakob, « Ueber das Münzwesen. XI », *Wochenblatt*, n° 34, 25.08.1849, pp. 2-4 ; Pestalozzi, Leonhard, *Beyträge zur Schweizerischen Münzgeschichte, op. cit.*, p. 84.

la création d'une monnaie entièrement suisse ne donne aucune garantie qu'elle soit reconnue chez les principaux partenaires commerciaux, courant ainsi le risque de se retrouver exclu des échanges internationaux. Si un Etat étranger décidait de refuser les espèces suisses, les échanges pourraient être bloqués. D'autre part, en 1848 les ressources financières de l'Etat fédéral sont maigres et les coûts liés à l'érection d'un Hôtel des Monnaies et à l'entretien de sa propre circulation seraient bien trop élevés. Il faudrait également acquérir des masses considérables de métaux précieux pour frapper l'ensemble des pièces. Par ailleurs, cette monnaie suisse ne serait placée à l'étranger qu'à perte et serait rapidement refondue, nécessitant des frappes régulières pour alimenter le réservoir monétaire. Les milieux économiques suisses sont donc unanimes à vouloir adopter un système étranger qui garantisse l'intégration commerciale hors des frontières et assure l'approvisionnement monétaire du pays. Le débat qui s'ouvre en 1849 dans le cadre de la réforme monétaire fédérale se structure ainsi autour du choix de l'adoption du franc français ou du florin allemand.

Les éléments présentés montrent qu'il n'est pas possible de balayer d'un revers de main les motivations économiques qui sous-tendent à la fondation de l'Etat fédéral en 1848. Dès le début des années 1830, un consensus relativement large se dessine à l'échelle du pays en faveur de la centralisation monétaire, la question de l'unité à adopter bloquant toutefois toute concrétisation. Durant les années 1840, les revendications pour une amélioration des conditions monétaires se font de plus en plus pressantes au sein d'associations économiques et à l'échelle cantonale. En 1848, la nécessité d'une réforme est bien réelle et est même jugée vitale pour leur compétitivité par certains acteurs économiques qui estiment que la situation n'est plus tenable. Sur la base des sources consultées, il ressort en effet que les différents milieux économiques sont unanimement favorables à un changement de structure monétaire et à l'adoption d'une monnaie unique. Par ailleurs, la crise monétaire de 1848 révèle un problème structurel majeur : l'organisation décentralisée des monnaies ne permet pas de garantir l'approvisionnement pérenne en numéraire du pays lors d'une perturbation à l'étranger. De plus, seulement dix Gouvernements cantonaux frappent des pièces durant la Régénération. Certes, la souveraineté monétaire est fondement de prestige et d'influence politique – *« la monnaie du roi a fait le roi »* a écrit Braudel[414] –, tout en restant une source potentielle de revenus[415]. Mais

414 Braudel, Fernand, *L'identité de la France*, Tome III, *Les hommes et les choses*, *op. cit.*, p. 36.

415 Hefeker, Carsten, « Interest Groups, Coalitions », *op. cit.*, pp. 489-536 (ici, pp. 504-505).

dès la fin des années 1830, l'exercice de la régale représente une charge pour certains cantons, comme en témoignent les frais liés au retrait de la monnaie helvétique, analysé dans le chapitre 2.3.3. Cet élément joue un rôle important en 1848, car au contraire des douanes ou des postes, les implications financières du transfert des compétences monétaires à l'Etat central sont de moindre importance. Une fois la réforme terminée et ses coûts répartis entre les cantons, ces derniers seraient débarrassés d'une branche qui, pour la plupart d'entre-eux, n'est plus ni rentable, ni utilisée. Ainsi, si une réforme est impossible à mener dans le cadre des institutions de 1815 et du contexte politique des années 1840, le changement de structure politique en 1848 la rend réalisable. Tous ces éléments expliquent que la centralisation des monnaies ne soulève pas d'oppositions particulières lors de l'élaboration de la Constitution[416]. Il est maintenant temps de s'y intéresser de plus près.

416 Blaum, Kurt, *Das Geldwesen der Schweiz seit 1798, op. cit.*, p. 21, repris par Halbeisen, Patrick, Müller, Margrit, « Die schrittweise Nationalisierung des Geldes », *op. cit.*, pp. 63-86 (ici, pp. 64-65 et 69) ; Weisskopf, Erich, *Das schweizerische Münzwesen, op. cit.*, p. 64 et Weissenrieder, Franz Xaver, *100 Jahre schweizerisches Münzwesen, op. cit.*, p. 10. Cf. aussi Schlesinger, William, *Das Geldproblem, op. cit.*, pp. 37-38.

Deuxième partie : la naissance du franc suisse (1848-1853)

4. La première étape de la réforme monétaire (1848-1849) : intérêts, enjeux et stratégies des acteurs en présence

La naissance de l'Etat fédéral en 1848 représente un événement décisif de l'histoire monétaire suisse. L'adoption de la Constitution consacre le transfert des compétences de la régale des monnaies à un seul souverain. En vertu de la nouvelle organisation politique du pays, le CF est chargé de présenter un projet de loi monétaire à l'AsF. Contrairement aux autres domaines dont le législateur discute de la centralisation (postes, douanes ou encore chemins de fer), pour lesquels des commissions de plusieurs membres représentant les intérêts des différentes régions du pays sont mises sur pied, le Cf en charge du DFF, le Soleurois Josef Munzinger, fait appel à un seul expert pour mener à bien la réforme monétaire, le directeur de banque bâlois Johann Jakob Speiser. Il devient, de fait, l'unique expert du processus d'unification des monnaies. Décidés à modeler le nouveau système monétaire sur la base du FF, qui représente à leurs yeux un outil d'intégration important de l'économie suisse aux marchés étrangers, les deux hommes travaillent en étroite collaboration pour mener à bien leur projet. D'un bout à l'autre du pays, des acteurs du grand commerce, de l'industrie et de la banque se mobilisent derrière ce projet. Mais c'est sans compter l'opposition très ferme des milieux industriels de Suisse orientale qui veulent adopter en Suisse une monnaie sur la base du FLa. Rester intégrés aux marchés des trois Etats du sud de l'Allemagne relève pour ces acteurs d'une question de compétitivité économique. Ils vont donc lutter contre le pied monétaire français et défendre leurs intérêts avec ténacité. Toutefois, au contraire des partisans du FF, le réseau de défenseurs du FLa demeure largement circonscrit à la Suisse orientale et à la région zurichoise, avec relativement peu d'appuis hors de ces régions.

Durant la première étape de la réforme, qui s'étale sur les années 1848 et 1849 avant le débat aux Chambres fédérales, chaque camp développe sa propre stratégie afin de promouvoir son projet et rallier des soutiens. Car toute une constellation d'acteurs demeure en retrait et se mobilise peu durant cette phase. Il devient donc nécessaire de rassembler un maximum de voix pour peser de tout son poids. Le recours à la presse, la publication de revendications ou encore la mobilisation d'associations économiques et de sociétés sont les principaux outils utilisés par les deux camps pour tâcher d'influencer les acteurs et l'opinion publique. Dans ces conditions, l'issue de la question à la veille du débat aux Chambres fédérales reste pour le moins incertaine.

L'étude de la réforme monétaire (1848-1853) constitue le cœur de ce travail. Elle est divisée en trois chapitres (4, 5 et 6). En raison de l'importance du processus qui mène à l'adoption de la loi du 7 mai 1850 et de l'ampleur du matériel consulté, cette période qui court de 1848 à 1850 est divisée en deux chapitres (4 et 5). Le chapitre 4 aborde dans un premier temps la centralisation des compétences monétaires à l'Etat fédéral et l'élaboration de la loi monétaire par le CF. Dans un second temps, les intérêts des acteurs impliqués dans le débat monétaire, ainsi que la stratégie qu'ils mettent au point pour promouvoir leur projet, sont analysés en détail. Le chapitre 5 traite quant à lui des débats aux Chambres fédérales. Le chapitre 6 s'intéresse pour sa part à la mise en application de la réforme qui dure de 1850 à 1853. Après avoir élaboré les conditions législatives de l'unification monétaire, il faut retirer les anciennes pièces, les fondre, en frapper de nouvelles et procéder au bilan financier de cette vaste opération qui se clôt cinq ans après l'adoption de la Constitution fédérale.

4.1. L'offensive des milieux marchands de Suisse occidentale : le choix du franc français comme outil d'intégration de la Suisse à l'économie mondiale

La commission chargée de réviser le Pacte de 1815 est nommée le 16 août 1847[1]. Les libéraux-radicaux y sont majoritaires, puisque la Diète fédérale décrète qu'il lui incombe à elle ou à son président d'en choisir les membres[2]. Contrairement aux délibérations qui se déroulent au sein de la Diète fédérale durant la première moitié du 19e siècle, les membres de la commission ne possèdent aucune instruction de la part de leurs Gouvernements respectifs[3]. La guerre

---

1 Sur les travaux de la commission : Rappard, William Emmanuel, *La Constitution fédérale de la Suisse*, *op. cit.*, pp. 108-122 ; Kölz, Alfred, *Histoire constitutionnelle*, *op. cit.*, pp. 605-619 ; Meuwly, Olivier, *La Constitution de 1848. L'acte fondateur de la Suisse moderne*, Gollion : Infolio, 2023, pp. 21-47.

2 La composition de la commission se trouve dans Rappard, William Emmanuel, *La Constitution fédérale de la Suisse*, *op. cit.*, p. 109.

3 Rappard, William Emmanuel, « Considérations historiques sur la Constitution fédérale de 1848 », in Institut suisse de recherches et de relations internationales (Ed.), *Varia politica : publiés ou réimprimés à l'occasion du soixante-dixième anniversaire de William E. Rappard*, Zurich : Ed. Polygraphiques SA, 1953, pp. 217-235 (ici, p. 224) ; Rappard, William Emmanuel, *L'individu et l'État*, *op. cit.*, p. 271.

du Sonderbund qui se déroule fin 1847 retarde toutefois le début de son activité[4]. Le 17 février 1848, la commission peut entamer ses travaux, qui durent jusqu'au 8 avril 1848. Les vainqueurs réussissent à rallier la majorité des cantons perdants de la guerre civile au principe de la révision ; ils sont intégrés à la commission. Ainsi, chaque canton et chaque demi-canton favorable à la révision y envoie un représentant, soit 23 membres au total[5]. En l'espace de 31 séances, la commission rédige un projet de Constitution fédérale qui comporte 107 articles. La rapidité dans la rédaction a pour but de tirer avantage de la victoire de la guerre civile et d'éviter qu'une opposition ne se créée suite à des discussions dans l'espace public. Elle permet également de mettre les puissances étrangères, qui ne sont pas favorables à la révision du Pacte, devant le fait accompli[6]. Un article paru début mars 1848 dans la *Neue Zürcher Zeitung* illustre bien cet aspect :

> « *Der letzte französische Revolutionssturm hat auch in der Schweiz ein Heer von Bedenklichkeiten hinweggefegt. Indem er die diplomatischen Gewitterwolken, die schwer über unserm Vaterlande hiengen, verjage und nach Norden hintrieb, hat er den Himmel ob uns aufgeheitert und freier als je athmet jede Schweizerbrust. Nie haben wir vom Ausland anderes verlangt, als nasses uns in unsern Bewegungen nicht hemmen, dass es die Schweiz sich selbst überlassen solle. Doch auch dieser bescheidene Wunsch blieb unbeachtet. […] Nun ist es anders geworden und die Schweiz kann jetzt frei und ungehindert ihr eigenes Interesse allein im Auge haben* »[7].

---

4 Sur la guerre du Sonderbund : Du Bois, Pierre, *La guerre du Sonderbund. La Suisse de 1847*, Neuchâtel : Alphil, 2018, 158 p. Des éléments du point de vue français sur ce conflit se trouvent dans Wahl, Alfred, « Politique et/ou confession : le Sonderbund vu de France », in Poidevin, Raymond, Roulet, Louis-Edouard (Dir.), *Aspects des rapports entre la France et la Suisse de 1843 à 1939. Actes du Colloque de Neuchâtel*, Neuchâtel : Ed. de la Baconnière, 1982, pp. 1-12.

5 Le canton de Neuchâtel et le demi-canton d'Appenzell Rhodes-Intérieures ne sont pas représentés. Cf. *Rapport de la Commission qui a élaboré le projet de Constitution fédérale du 8 avril 1848*, Lausanne : Imprimerie Pache, 1848, p. 4.

6 Une bonne présentation de la position et de la stratégie des Grandes puissances vis-à-vis de la situation helvétique figure dans Bessler, Hans, *La France et la Suisse de 1848 à 1852*, Paris : Victor Attinger, 1930, pp. 1-24. Cf. également Bonjour, Edgar, « Die Gründung des schweizerischen Bundesstaates », *Schweizer Monatshefte : Zeitschrift für Politik, Wirtschaft, Kultur*, 28, 2, 1948-1949, pp. 73-84 (ici, pp. 82-83) ; Kölz, Alfred, *Histoire constitutionnelle*, *op. cit.*, pp. 600-601 et 605-606 ; Rappard, William Emmanuel, « Considérations historiques sur la Constitution fédérale de 1848 », *op. cit.*, pp. 217-235 (ici, p. 225) ; Rappard, William Emmanuel, *La Constitution fédérale de la Suisse*, *op. cit.*, pp. 117-118.

7 [s.a.], « Die Bundesreform », *Neue Zürcher Zeitung*, 12.03.1848, pp. 1-3 (ici, p. 1).

D'ailleurs, au contraire des mouvements révolutionnaires qui touchent les pays d'Europe en 1848, les événements qui se déroulent en Suisse sont les seuls qui débouchent sur une transformation durable et une restructuration en profondeur de l'organisation étatique.

4.1.1. L'adoption de l'article constitutionnel sur les monnaies et la redéfinition des lieux de pouvoir à l'échelle fédérale

Lors de la 11e séance de la commission, qui se tient le 2 mars 1848, les 21 membres présents discutent de la question monétaire[8]. Bien que tenues à huit clos, les délibérations nous sont en partie parvenues par les retranscriptions effectuées par deux des membres qui siègent dans la commission[9]. Malgré l'ampleur de la tâche, un seul article constitutionnel est consacré aux monnaies. Deux éléments en structurent la rédaction[10]. D'une part, le transfert des compétences monétaires des Gouvernements cantonaux à l'Etat fédéral. Afin d'éviter de susciter des désaccords et des oppositions, les membres de la commission commencent par s'accorder sur le principe même de la centralisation de la régale monétaire, sans en fixer les modalités. Cette manière de procéder permet de rallier un maximum de suffrages : une large majorité de 18 voix se prononce en faveur de la centralisation, les trois opposants n'étant pas spécifiés. D'autre part, l'adoption d'un pied monétaire unifié. Cette question engendre plus de difficultés. Dans un premier temps, 15 voix sont favorables à fixer la nouvelle unité monétaire dans la Constitution, mais la discussion au sein de la commission débouche sur de fortes oppositions. D'un côté, le représentant genevois Louis Rilliet-Constant emmène les membres favorables au FF ; de l'autre côté, le Saint-Gallois Wilhelm Matthias Näff et le Thurgovien Johann Konrad Kern

8 Les représentants de Schwytz et du Valais sont absents, tandis que Neuchâtel et Appenzell Rhodes-Intérieures ne participent pas à la commission.

9 Il s'agit du zurichois Jonas Furrer (cf. note 24 p. 322) et de l'argovien Friedrich Frey-Herozé (cf. note 26 p. 322), qui sont tous deux nommés au sein du premier CF. Ces deux « Privat-Protokoll über die Verhandlungen der Bundes-Revisions-Commission » ont été édités en 2018 par Holenstein, Rolf, *Stunde Null : die Neuerfindung der Schweiz im Jahr 1848. Die Privatprotokolle und Geheimberichte der Erfinder*, Basel : Echtzeit, 2018, pp. 473-904.

10 Sur ce qui suit : *Ibid.*, pp. 610-612 et *Protocole des délibérations de la Commission chargée le 16 août 1847 par la Haute Diète Fédérale de la révision du Pacte fédéral du 7 août 1815*, [Berne] : [s.n.], 1847, pp. 66-67.

déclarent ne donner que leur voix au FLa[11]. Ces derniers mettent en garde que l'adoption d'un autre pied monétaire que l'allemand risque de faire échouer l'ensemble du projet de révision. L'intervention du Bernois Ulrich Ochsenbein, qui préside la commission, va dans le même sens[12] :

> *« Ochsenbein ersucht auch dringend, von dem Beschluss zurück zu kommen [de fixer le pied monétaire dans la Constitution, JC]. Die Zeiten könnten leicht kommen, wo man den Münzfuss ändern wollte. Auch hat die Sache nicht die Bedeutung, dass man die Bundesverfassung daran riskieren sollte »*[13].

Bien que selon la *Neue Zürcher Zeitung*, une faible majorité se dessinerait en faveur du pied français[14], il paraît bien trop risqué de prendre une décision qui risquerait de briser l'équilibre et le consensus sur cet article constitutionnel. En conséquence, les membres votent à 15 voix que la législation fédérale fixera ultérieurement le pied monétaire. Malgré plusieurs remaniements du projet de constitution, l'article monétaire n'est pas modifié. Sa rédaction se limite au minimum et vise avant tout à satisfaire le plus grand nombre[15]. Il faut également relever que cet article n'a pas de visée fiscale : contrairement à la pratique en vigueur dans certains cantons durant la première moitié du siècle, l'exercice centralisé de la frappe de monnaies n'a pas pour but de financer le nouvel Etat fédéral[16].

En mai et en juin 1848, la Diète fédérale délibère sur l'ensemble du projet de Constitution. Le 23 juin 1848, les 25 députés acceptent à l'unanimité la centralisation et l'unification des monnaies[17]. Trois amendements sont toutefois demandés. Le premier provient d'un député tessinois, dont le nom n'est pas

---

11 Sur Wilhelm Matthias Näff, cf. note 25 p. 322. Sur Johann Konrad Kern, cf. note 97 p. 745.

12 Sur Ulrich Ochsenbein, cf. note 27 p. 323.

13 Intervention du président de la commission Ulrich Ochsenbein lors de la séance du 02.03.1848 de la commission chargée de réviser le Pacte fédéral, retranscrite par Jonas Furrer et citée in Holenstein, Rolf, *Stunde Null*, *op. cit.*, p. 611.

14 [s.a.], « Schweiz », *Neue Zürcher Zeitung*, 10.03.1848, pp. 1-2.

15 *Rapport de la Commission qui a élaboré le projet de Constitution fédérale du 8 avril 1848*, *op. cit.*, p. 40.

16 Sur le financement de l'Etat fédéral : Humair, Cédric, *Développement économique et Etat central*, *op. cit.*, pp. 221-238.

17 Sur ce vote : Abschied der Tagsatzung, 1847, IV, séance du 23.06.1848, pp. 237-238 ; [s.a.] ; « Bern. Eidgenössische Tagsatzung », *Neue Zürcher Zeitung*, 25.06.1848, pp. 1-2 ; Speiser, Johann Jakob, « Rapport d'expert », *op. cit.*, 54, pp. 1-28 (ici, pp. 24-26).

précisé, qui propose que le pied monétaire soit établi sur la base du système décimal français. Soutenu par les milieux marchands de Suisse occidentale (Genève et Neuchâtel), les acteurs agricoles de Suisse occidentale (Fribourg, Soleure et Vaud) et méridionale (Tessin et Valais), cette demande ne récolte que 7 voix et est donc refusée. Consciente que la référence au système français dans la Constitution mécontente les députés de Suisse orientale, la députation genevoise propose de limiter la référence au strict système décimal. Mais cette stratégie ne fonctionne pas non plus. Cette proposition ne rallie que 11 voix et n'atteint pas la majorité. Les deux autres amendements proviennent d'un Zurichois, dont l'identité n'a pu être retrouvée. Il demande d'abord la suppression du 3e alinéa de l'article constitutionnel qui fait référence à l'adoption d'un seul pied monétaire dans le pays. Il propose, par un autre amendement, de privilégier une formulation qui offre par la suite la possibilité d'admettre deux unités monétaires dans le pays. Ces deux amendements restent en minorité (respectivement une voix – Zurich – et quatre voix – Bâle-Campagne, Soleure, Thurgovie et Zurich).

Après avoir été adoptée par la Diète fédérale, la nouvelle Constitution contenant 114 articles est discutée au sein des cantons. Le 12 septembre 1848, elle est acceptée par 15 cantons et un demi-canton, représentant la majorité de la population[18]. L'article 36 de la Constitution fédérale consacre le transfert de toutes les compétences monétaires à l'Etat central :

> *« Art. 36. La Confédération exerce tous les droits compris dans la régale des monnaies. Les cantons cessent de battre monnaie ; le numéraire est frappé par la Confédération seule. Une loi fédérale fixera le pied monétaire ainsi que le tarif des espèces en circulation ; elle statuera aussi les dispositions ultérieures sur l'obligation où sont les cantons de refondre ou de refrapper une partie des monnaies qu'ils ont émises ».*

Cet article constitutionnel représente le socle qui ouvre la voie à une réforme monétaire. Il permet de couper le nœud gordien et de créer l'espace nécessaire à une modification en profondeur des structures monétaires cantonales.

---

18 Les cantons qui rejettent sont : AI, NW, OW, SZ, TI, VS et ZG. Sur cette votation : Rappard, William Emmanuel, « Considérations historiques sur la Constitution fédérale de 1848 », *op. cit.*, pp. 217-235 (ici, pp. 225-226) ; Bonjour, Edgar, « Die Gründung des schweizerischen Bundesstaates », *op. cit.*, pp. 73-84 (ici, pp. 82-83) ; Dierauer, Johannes, *Histoire de la Confédération Suisse, op. cit.*, Volume 2, pp. 948-950 ; Kölz, Alfred, *Histoire constitutionnelle, op. cit.*, pp. 668-671 ; Rappard, William Emmanuel, *La Constitution fédérale de la Suisse, op. cit.*, pp. 121-128 ; Meuwly, Olivier, *La Constitution de 1848, op. cit.*, pp. 49-52.

C'est, selon une image mobilisée à l'époque, l'occasion de nettoyer les écuries d'Augias[19].

L'adoption de la Constitution qui donne naissance à l'Etat fédéral en 1848 représente une rupture décisive dans l'histoire helvétique[20]. La nouvelle Constitution fédérale jette les bases fondamentales de la nouvelle structure économique et politique du pays. Parmi les objectifs poursuivis par les artisans du nouvel Etat, la promotion de la prospérité générale revêt une grande importance[21]. Elle passe par l'unification économique du pays. Sur les 114 articles

---

19 [s.a.], «Zur Taktik in der Münzfrage», *Zugerische Kantons-Blatt*, 23.03.1850, pp. 1-2 (ici, p. 2). L'expression est reprise dans la littérature secondaire : Mangold, Fritz, «Bankdirektor Johann Jakob Speiser», *op. cit.*, pp. 135-320 (ici, p. 193) ; Schneider, Hans, *Geschichte des Schweizerischen Bundesstaates 1848-1918*, *op. cit.*, p. 121.

20 Voici, dans l'ordre chronologique de leur production, les principales études sur le sujet : Schneider, Hans, *Geschichte des Schweizerischen Bundesstaates 1848-1918*, *op. cit.*, pp. 43-145 ; Rappard, William Emmanuel, *L'individu et l'État*, *op. cit.*, pp. 270-301 ; Nabholz, Hans, «Die Entstehung des Bundesstaates wirtschaftsgeschichtlich betrachtet», *op. cit.*, pp. 574-590 ; Rappard, William Emmanuel, *La Constitution fédérale de la Suisse*, *op. cit.*, pp. 94-269 ; Bonjour, Edgar, «Die Gründung des schweizerischen Bundesstaates», *op. cit.*, pp. 73-84 ; Biaudet, Jean-Charles, «Les origines de la Constitution fédérale de 1848», *Publications de l'Université de Lausanne*, 5, 1949, pp. 7-33 ; Ruffieux, Roland, «La Suisse des radicaux (1848-1914)», *op. cit.*, pp. 7-90 (ici, pp. 8-18) ; Ernst, Andreas, Tanner, Albert, Weishaupt, Matthias (Eds.), *Revolution und Innovation*, *op. cit.*, 317 p. ; Studer, Brigitte (Ed.), *Etappen des Bundesstaates : Staats- und Nationsbildung der Schweiz, 1848-1998*, Zürich : Chronos, 1998, 293 p. ; Maissen, Thomas, «The 1848 Conflicts and their Significance in Swiss Historiography», in Butler, Michael, Pender, Malcolm, Charnley, Joy (Eds.), *The Making of Modern Switzerland, 1848-1998*, Basingstoke : Macmillan ; New York : St. Martin's Press, 2000, pp. 3-34 (ici, pp. 16-27) ; Humair, Cédric, *Développement économique et Etat central*, *op. cit.*, pp. 194-206 ; Kölz, Alfred, *Histoire constitutionnelle*, *op. cit.*, pp. 597-671 ; Humair, Cédric, *1848. Naissance de la Suisse moderne*, *op. cit.*, 167 p. ; Maissen, Thomas, *Histoire de la Suisse*, Mudry, Yvan, Steinauer, Jean, Viredaz, Christian (Trad.), Villeneuve d'Ascq : Presses universitaires du Septentrion, 2019 (éd. originale allemande : 2010), pp. 199-210 ; Walter, François, *Histoire de la Suisse*, *op. cit.*, Volume 4, pp. 44-47 ; Herrmann, Irène, «Zwischen Angst und Hoffnung. Eine Nation entsteht (1798-1848) », in Kreis, Georg (Ed.), *Die Geschichte der Schweiz*, *op. cit.*, pp. 370-421 (ici, pp. 414-417) ; Meuwly, Olivier, *Une brève histoire*, *op. cit.*, pp. 52-56 ; Meuwly, Olivier, *La Constitution de 1848*, *op. cit.*, 61 p.

21 Les buts de la nouvelle Confédération sont d'assurer l'indépendance du pays vis-à-vis de l'étranger, de maintenir l'ordre et la paix à l'intérieur du pays, de garantir

que contient la nouvelle charte fondamentale, 20 articles (articles 21 à 40) sont spécifiquement dévolus aux questions économiques – ou matérielles, selon la dénomination de l'époque. Aux côtés des douanes, des postes, des infrastructures, des poids et mesures ou encore de l'instruction supérieure, figurent la surveillance des voies de communication, la régale de la poudre à canon et le droit d'expropriation. D'un point de vue politique, la création de l'Etat fédéral engendre une restructuration complète de l'organisation du pays et des lieux de pouvoir. Durant toute la première moitié du 19e siècle, le pouvoir de décision réside dans les mains des Gouvernements cantonaux. Si la Diète fédérale constitue le lieu où les politiques cantonales se coordonnent et s'affrontent, les compétences restreintes de l'organe confédéral ne lui permettent pas d'imposer des mesures communes, sauf en cas d'unanimité des représentants cantonaux, une occurrence très rare. En 1848, la création de l'Etat fédéral met un terme à cette organisation. La refonte du processus de délibération et de décision politique à l'échelle fédérale donne naissance à deux instances. L'autorité exécutive, le Conseil fédéral (CF), est divisé en sept départements, chacun ayant à sa tête un Conseiller fédéral (Cf). Elle prépare et soumet des projets de loi à l'Assemblée fédérale (AsF), l'autorité législative, qui repose sur une organisation bicamérale. Elle se compose du Conseil national (CN), la Chambre du peuple où chaque canton est représenté proportionnellement à son poids démographique, et du Conseil des Etats (CE), la Chambre des cantons au sein de laquelle chaque canton dispose de deux députés, réduit à un seul pour les demi-cantons. Les deux Chambres discutent les projets de loi qui lui sont soumis par le CF et nomment en leur sein des commissions parlementaires pour les étudier, qui peuvent se diviser en une majorité et une minorité en cas de désaccord. Afin d'influencer les décisions fédérales pour qu'elles correspondent à leurs intérêts, les différents milieux économiques du pays investissent directement ces nouvelles instances politiques. Au contraire de ce qui se passe au sein de la Diète fédérale avant 1848, les députés de l'AsF ne votent plus selon les instructions de leurs Gouvernements respectifs, mais ont les mains libres. Il devient donc nécessaire pour les acteurs économiques de se placer à chaque échelon du processus législatif afin de s'assurer d'être entendu et de défendre leurs intérêts.

La redéfinition des lieux de pouvoir à l'échelle fédérale produit plusieurs différences d'importance entre le CF et le Vorort de la Diète fédérale. A une

---

les droits et les libertés individuels, ainsi que d'accroître la prospérité commune. Cf: *Rapport de la Commission qui a élaboré le projet de Constitution fédérale du 8 avril 1848*, *op. cit.*, pp. 12-13.

organisation basée sur la présidence d'un canton-directeur assumée en alternance par tranche de deux ans par Berne, Lucerne et Zurich succède un collège de sept membres nommés par l'AsF et qui siège de manière permanente à Berne, la nouvelle capitale du pays. Alors que le rôle du Vorort consistait essentiellement à traiter les affaires courantes entre les sessions de la Diète fédérale, le CF a en charge les domaines centralisés répartis entre ses sept Départements. La faiblesse administrative de l'ancienne structure politique perdure néanmoins : en 1848, seuls 52 fonctionnaires sont employés par l'Etat fédéral, tandis que chaque Cf n'est secondé que par un seul secrétaire[22]. Afin de faire face à l'ampleur des tâches à accomplir, par manque de compétences spécifiques ou pour pallier les faibles ressources administratives, le CF s'entoure régulièrement d'experts externes pour préparer les projets de loi.

Le premier CF est élu en novembre 1848, deux mois après l'adoption de la nouvelle Constitution. Une forte homogénéité sociale caractérise ses premiers membres. Ils ont pour la plupart effectué des études supérieures, appartiennent au mouvement libéral-radical et possèdent tous une expérience politique au sein d'un exécutif cantonal et de la Diète fédérale ; à l'exception du Tessinois Stefano Franscini, ils ont également tous siégé dans la commission de révision du Pacte de 1815 qui a élaboré la nouvelle Constitution fédérale. Un mélange subtil sur les plans confessionnels et linguistiques assure une bonne représentation des minorités ; les cantons qui ne sont pas représentés au CF disposent pour la plupart d'un juge au Tribunal fédéral.

Le choix des sept premiers Cf témoigne de l'influence des milieux marchands et industriels sur la composition de l'exécutif fédéral. Plusieurs études ont en effet montré le rôle déterminant des milieux économiques actifs sur les marchés extérieurs dans la construction du nouvel Etat[23]. Jonas Furrer (Zurich),

---

22 Walter, François, *Histoire de la Suisse*, *op. cit.*, Volume 4, p. 47.

23 Neidhart, Leonhard, « Repräsentationsformen in der direkten Demokratie. Aspekte des schweizerischen Staatsbildungsprozess », in Junker, Beat, Gilg, Peter, Reich, Richard (Eds.), *Geschichte und politische Wissenschaft. Festschrift für Erich Gruner zum 60. Geburtstag*, Bern : Francke Verlag, 1975, pp. 299-328 ; Siegenthaler, Hansjörg, « Die Bedeutung des Aussenhandels für die Ausbildung einer schweizerischen Wachstumgesellschaft im 18. und 19. Jahrhundert », in Bernard, Nicolai, Reichen, Quirinus (Eds.), *Gesellschaft und Gesellschaften. Festschrift zum 65. Geburtstag von Professor Dr. Ulrich Im Hof*, Bern : Wyss, 1982, pp. 325-340 ; Humair, Cédric, *Développement économique et Etat central*, *op. cit.*, pp. 218-219 ; Zala, Sacha, « Souveränität, Neutralität, Aussenhandel : Zweck und Ziele der Schweizer Aussenpolitik seit 1848 », in Bernauer, Thomas *et alii* (Eds.),

Wilhelm Matthias Näff (Saint-Gall) et Friedrich Frey-Herosé (Argovie) sont des libéraux modérés qui représentent les intérêts de l'industrie et du commerce de Suisse orientale et de la région zurichoise. Le premier président de la Confédération, l'avocat Jonas Furrer, est lié par son épouse à la famille Sulzer, active dans l'indiennerie et le commerce international de denrées coloniales[24]. Wilhelm Matthias Näff est également avocat ; il est le fils d'un commerçant aisé de toiles de lin[25]. Quant à Friedrich Frey-Herosé, chimiste de formation, il est issu d'une famille d'industriels (produits chimiques et tissage de coton)[26].

Ulrich Ochsenbein (Berne) et Henri Druey (Vaud) défendent les intérêts de l'agriculture de Suisse occidentale. Ils sont tous deux avocats et appartiennent à

Eine Aussenpolitik für die Schweiz im 21. Jahrhundert, Basel: NZZ Libro, 2021, pp. 39-56 (ici, pp. 42-44).

24 Jonas Furrer-Sulzer (1805-1861), ZH, fils de Jonas, maître serrurier ; beau-fils de Johann Heinrich Sulzer (1765-1823), libraire-éditeur, lui-même frère de Jacob (1773-1840), industriel (indiennes) et négociant (denrées coloniales). Études de droit à Zurich, Heidelberg et Göttingen. Avocat à Winterthour (1832-1838) et ZH (1838-1845), CdE de ZH (1845-1848), Cf libéral-radical modéré (1848-1861), premier président de la Confédération. Député au GC de ZH (1834-1839 et 1842-1848), député à la Diète fédérale (1845 et 1847, président en 1845) ; rôle de premier plan dans l'élaboration de la Constitution fédérale de 1848 ; membre de la commission de révision du Pacte. Président CA du "Schweizerische Republikaner" (1839-1845), collaborateur de la "Neue Zürcher Zeitung". Proche ami d'Alfred Escher (cf. note 303 p. 401).

25 Wilhelm Matthias Näff (1802-1881), SG, fils de Johann Matthias (1773-1853), commerçant (toiles de lin) ; frère d'Adolf (1809-1899), ingénieur. Vieille famille établie à Altstätten. Études de droit à Heidelberg. Avocat à Altstätten. CdE de SG (1830-1848), Cf libéral-radical modéré (1848-1875). Député au GC de SG (1828-1848), député à la Diète fédérale (1844, 1845 et 1847). Fournit la voix décisive lors du vote sur la dissolution du Sonderbund ; modérateur entre les libéraux et les radicaux ; membre de la commission de révision du Pacte. Président du "Eisenbahnverein St. Gallen" (1846-1848). Ami de Johann Matthias Hungerbühler (cf. note 16 p. 412) et de Johann Baptist Weder (cf. note 280 p. 393).

26 Friedrich Frey-Herosé (-Langel) (1801-1873), AG, fils de Daniel, fabricant ; beau-fils de Johann Jakob Herosé (1771-1837), fabricant (indiennes), puis d'Auguste Langel (1796-1844), CdE de BE. Études de chimie à Paris. Directeur de la fabrique paternelle de produits chimiques (1821-1837) et de tissage de coton (1836-1837) avec son frère August (1811-1880). CdE d'AG (1837-1848), Cf libéral-radical modéré (1848-1866). Député au GC d'AG (1834-1848), député à la Diète fédérale (1845-1847) ; membre de la commission de révision du Pacte. Membre CA de la "Schweizerische Nordostbahn". Colonel fédéral ; chef de l'Etat-major lors de la guerre du Sonderbund en 1847.

l'aile gauche du radicalisme. Ochsenbein est fils d'un paysan, aubergiste et marchand de chevaux[27] ; Druey est également fils d'aubergiste, lié par son mariage à la famille Burnand, grande propriétaire terrienne dans la Broye vaudoise[28].

Enfin, Josef Munzinger (Soleure) et Stefano Franscini (Tessin) représentent les intérêts du grand commerce international. Tous deux issus de cantons catholiques qui n'ont pas adhéré au Sonderbund, ils n'ont pas fait d'études supérieures et appartiennent à la frange des libéraux modérés. Munzinger est négociant et fils de négociant (fer, épices) ; ses deux frères sont actifs dans le négoce et l'industrie. Il est lié par son premier mariage à la famille soleuroise Brunner, active dans la tannerie et la banque ; il entretient par ailleurs des relations très étroites avec les milieux économiques bâlois[29]. Franscini est quant à lui le fils

---

27 Ulrich Ochsenbein-Sury (1811-1890), BE, fils de Caspar, agriculteur, aubergiste et marchand de chevaux ; beau-fils de Johann Sury, médecin. Études de droit à Berne. Secrétaire de la justice bernoise (1832-1834), avocat à Nidau (1835-1846), CdE de BE (1846-1848), Cf radical (1848-1854), militaire au service de la France (1855-1857 et 1870-1871), propriétaire terrien à Nidau (1857). Député au GC de BE (1845-1846), député à la Diète fédérale (1847-1848, président en 1848). Président de la commission de révision du Pacte. Commandant de réservistes pendant la guerre du Sonderbund.

28 Henri Druey-Burnand (1799-1855), VD, fils de Jean-Daniel, cabaretier ; beau-fils de Charles-Henri Burnand, propriétaire terrien à Moudon. Études de droit à Lausanne, en Allemagne, en France et en Angleterre. Avocat à Moudon dès 1828, CdE de VD (1831-1848), Cf radical (1848-1855). Député au GC de VD (1828-1848), député à la Diète fédérale (1832, 1839-1841 et 1845-1847). Membre et secrétaire de langue française de la commission de révision du Pacte. Directeur du "Nouvelliste vaudois" dès 1836, fondateur du parti radical vaudois, un des principaux meneurs de la révolution radicale vaudoise de 1845.

29 Josef Munzinger-Brunner (-Lüthi) (1791-1855), SO, fils de Konrad (1759-1835), négociant en gros (importation de fer et d'épices), tréfileur et propriétaire agricole ; frère d'Ulrich (1787-1876), négociant, et de Conrad (1803-1867), fabricant (filature de laine) et architecte ; beau-fils de Josef Brunner (1760-1840), tanneur, puis de Josef Lüthi, boulanger. Issu d'une vieille famille bourgeoise d'Olten. Formation commerciale à Bologne, puis négociant dans l'entreprise paternelle à Olten dès 1813. Exilé à Côme en 1814 suite à l'échec du renversement du gouvernement soleurois. Secrétaire communal à Olten (1817-1825), CdE de SO (1831-1848), Cf libéral-radical modéré (1848-1855). Député au GC de SO (1831-1848) ; premier député soleurois à la Diète fédérale (1831-1848). Membre de la commission de révision du Pacte en 1832 et 1848. Membre CA de la "Schweizerische Centralbahn Gesellschaft". Commandant de troupes fédérales au Tessin en 1848.

d'un petit paysan. Enseignant et statisticien, il est proche de la famille Pioda, active dans le commerce d'expédition[30].

A côté du CF, la réorganisation de la structure politique du pays suite à la fondation de l'Etat fédéral en 1848 donne naissance à l'AsF, l'autorité législative à l'échelle du pays, qui se divise en deux Chambres. Les lignes de force du CN, qui représente les citoyens, et du CE, qui défend les intérêts des cantons, ne sont pas tout à fait semblables. Il convient d'en dire un mot avant de poursuivre. Le CN se compose en 1850 de 111 députés[31], chaque canton élisant un député pour 20'000 citoyens. Les grands cantons dominent donc numériquement cette Chambre. Parmi les députés de la Chambre du peuple, 32 % sont des politiciens professionnels, 31 % sont issus des professions libérales, 22 % sont des grands industriels, des grands commerçants et des banquiers, 5 % des agriculteurs et des propriétaires fonciers, 4 % des fonctionnaires d'Etat (inclus les professeurs d'université) et 4 % des artisans, des petits industriels et des petits commerçants[32]. Parmi les 44 députés du CE, 30 % des députés sont des politiciens professionnels, 27 % sont issus de professions libérales, 14 % sont des grands commerçants, des grands industriels et des banquiers, 11 % des artisans, des petits industriels et des petits commerçants, 9 % des agriculteurs et des propriétaires fonciers et 9 % des fonctionnaires d'Etat (inclus les professeurs d'université).

Les milieux économiques actifs dans l'industrie et le grand commerce jouissent ainsi d'une plus grande influence au CN qu'au CE. Au contraire, les

30 Stefano Franscini-Massari (1796-1857), TI, fils de Giacomo, agriculteur modeste. Études diverses à Milan. Instituteur à Milan (1818-1824), puis à Bodio (1824-1826), fondateur et directeur d'une école à Lugano dès 1826, secrétaire d'Etat (1830-1837 et 1845-1847), CdE du TI (1837-1845 et 1847-1848), Cf libéral-radical modéré (1848-1857). Député à la Diète fédérale (1841, 1843, 1845 et 1846). Auteur de plusieurs Statistiques de la Suisse dès 1827 et promoteur de l'Office fédéral de statistique (1860). Ami de Giovanni Battista Pioda (cf. note 13 p. 411).

31 Durant les premières années de l'Etat fédéral, un très fort absentéisme caractérise les députés du CN. Lors de l'ouverture de la session de printemps le 5 avril 1850, il faut attendre plus de deux heures pour que le nombre de Cn atteigne le minimum légal pour débuter – 56 députés, soit plus de la moitié des 111 Cn. Cf. [s.a.], « Conseil national », *Courrier du Valais*, 10.04.1850, pp. 2-3 (ici, p. 2).

32 L'activité professionnelle n'est pas connue pour 2 % des cas. Ces pourcentages et ceux qui suivent ont été calculés à partir de Gruner, Erich, *Die schweizerische Bundesversammlung = L'Assemblée fédérale suisse*, Volume 2, Berne : Francke, 1966, pp. 204 et 214. Cf. aussi Humair, Cédric, *Développement économique et Etat central*, *op. cit.*, p. 220.

deux catégories des agriculteurs et des petits artisans sont mieux représentées au CE qu'au CN, respectivement 20 % et 9 % de l'ensemble des députés.

4.1.2. La nomination de Johann Jakob Speiser comme expert monétaire unique

Le CF représente sans aucun doute le principal moteur de la réforme monétaire, en particulier le DFF dirigé par Josef Munzinger. Homme fort du Gouvernement soleurois pendant toute la période de la Régénération, il possède une solide expérience politique et des affaires commerciales. Il est par ailleurs le seul Cf à avoir siégé dans les deux commissions de révision du Pacte en 1832 et en 1848. Les tâches à accomplir par Munzinger sont de grande envergure : il s'agit entre autres de mettre de l'ordre dans les finances fédérales, d'organiser la comptabilité, de remplir les caisses vidées par la guerre civile et d'unifier les monnaies. Pourtant, Munzinger ne possède pas d'expériences particulières dans les questions financières. Il sait qu'il devra s'entourer d'hommes compétents en la matière pour mener à bien les tâches qui lui incombent. Les propos que de son ex-cousin par alliance, le banquier soleurois Franz Brunner[33], tient à l'occasion de son élection au CF en témoignent :

> *« Ich bin hocherfreut. Unser Vetter und Freund verdient vollauf die Ehre und ist auch befähigt zu der Stellung. Der Gedanke, ausgerechnet das Finanzdepartement übernehmen zu müssen, bereitet ihm allerdings schwere Sorge. Ich musste ihm versprechen, ihn in allen schwierigen Fragen zu beraten. Wohl ist er in Finanzgeschäften noch unerfahren, was ihm jedoch nicht als Schuld angerechnet werden darf. Er hat zu seiner Ausbildung wahrlich genug gearbeitet und wird sich mit der Zeit in alle Angelegenheiten einfinden. Der zähe Arbeitswille und die Freude, seinem Lande dienen zu können, hilft ihm über die anfänglichen Schwierigkeiten hinweg »*[34].

---

33 Franz Brunner-Frölicher (1807-1868), SO, fils de Jakob, aubergiste ; beau fils de Franz Josef Frölicher, aubergiste. Apprentissage de banque auprès de Louis Zeerleder à Berne, puis séjours de formation à l'étranger (Paris et Milan). Banquier à Soleure dès le début des années 1830, député au GC de SO (1835-1868), membre fondateur (1837), membre CA et caissier de la "Kantonal-Ersparniskasse Solothurn" (1838-1855), membre CA (1848-1868) et président CA (1865-1868) de la "Gesellschaft der Ludwig von Roll'schen Eisenwerke". Premier président du "Solothurner Gewerbevereins" (1842-1851), membre du comité restreint du "Schweizerischer Gewerbsverein" dès la fondation (1843). Partisan de la construction de la ligne de chemins de fer Soleure-Granges. Le Cf Josef Munzinger a épousé en premières noces sa cousine Magdalena. Les deux hommes entretiennent des liens très étroits jusqu'au décès de Munzinger en 1855.

34 Lettre de Franz Brunner à son frère, sans date, citée in HUGGENBURG, Frieda Maria, « Aus dem Leben des Hauptmanns und Künstlers Johann Brunner (1800-1866) »,

Josef Munzinger a toutefois un peu de répit. Suite à l'adoption de la Constitution fédérale, les questions douanières et postales sont traitées en priorité par les membres de l'AsF. De l'avis de contemporains, le peu d'implications financières liées à la centralisation de la régale monétaire, ainsi que la complexité et les difficultés du sujet expliquent qu'il soit abordé dans un second temps. A cet égard, les propos rétrospectifs tenus par le Saint-Gallois Gallus Jakob Baumgartner sont révélateurs[35]: « *Wichtiger Berathungsstoff, theils administrativer, theils politischer Natur, harrte der Bundesversammlung. Die meisten Schwierigkeiten boten wie früher die Zentralisationsmassnahmen ; an ihrer Spitze stand diessmal das Münzwesen obenan* »[36].

La réforme monétaire débute en février 1849, lorsque le CF demande au DFF d'élaborer un projet de loi sur les monnaies. Il adresse alors une circulaire à tous les cantons leur demandant de fournir un maximum d'informations sur l'état de leur circulation[37]. Le matériel reçu est toutefois d'inégale valeur et ne permet pas de se faire une idée précise de la situation générale ; malgré deux rappels

Jahrbuch für solothurnische Geschichte, 31, 1958, pp. 95-199 (ici, p. 115). Cf également Haefliger, Hans, *Bundesrat Josef Munzinger, op. cit.*, pp. 280 et 296.

35 Gallus Jakob Baumgartner-Sinz (-Reithard) (1797-1869), SG, fils de Johannes, tailleur ; beau-fils d'un médecin. Etudes de droit (Fribourg-en-Brisgau et Vienne). Précepteur (1814-1819), archiviste cantonal (1820-1825) chancelier du canton de SG (1826-1831), CdE de SG (1831-1841, 1843-1847 et 1859-1864, landamman à douze reprises), avocat dès 1848, rédacteur de "Der Erzähler" (1831-1842), des "Schweizer Zeitungen" (1842-1843) et de "Die neue Schweiz" (1848-1850). Député au GC de SG (1825-1869), député à la Diète fédérale (1827-1846), CaE conservateur (1857-1861). Très impliqué dans le développement des chemins de fer. Membre fondateur (1835) et membre CA de la "Vereinigten Dampfschiff-Gesellschaft für den Zürich- und Walensee", membre CA de la "Sanktgallisch-Appenzellische Eisenbahngesellschaft" jusqu'en 1853, président CA du "Schweizerische Südostbahn" (1853) et membre CA des "Vereinigte Schweizerbahnen" dès 1857. Homme fort du canton de SG durant la Régénération. Chef du parti libéral (1831-1841), puis conservateur.

36 Baumgartner, Gallus Jakob, *Die Schweiz in ihren Kämpfen und Umgestaltungen von 1830 bis 1850*, Volume 4, Zürich: Friedrich Schulthess, 1866, p. 434. Propos identiques dans les mémoires de Peyer Im Hof, Johann Friedrich, *Aus den Anfängen des neuen Bundes: Erinnerungen eines Achtzigjährigen*, Fraufenfeld: J. Huber, 1900, p. 35.

37 Af, E12#1000/36#69*, lettre de Munzinger au CF, 22.02.1849, 2 p. et Circulaire du président de la Confédération Jonas Furrer aux Gouvernements cantonaux, 26.02.1849, 2 p. La circulaire est relayée par voie de presse: [s.a.], [s.n.], *Neue Zürcher Zeitung*, 02.03.1849, p. 3.

adressés en juillet et en août de la même année, plusieurs cantons n'adressent aucune réponse[38]. Fin juin 1849, lors des discussions sur les lois douanière et postale[39], l'AsF a le plus grand mal à s'entendre sur l'élaboration de tarifs généraux en raison de la diversité des unités monétaires en vigueur[40]. En attendant une loi sur les monnaies, le CF propose de tarifer les espèces étrangères d'après leur valeur intrinsèque pour les paiements aux Caisses fédérales des postes, péages et poudres[41]. Cette proposition reçoit un large soutien des acteurs actifs sur les marchés étrangers (les banquiers grison Bavier et bâlois Bischoff, l'ancien industriel argovien Frey-Herosé, les négociants soleurois Munzinger et neuchâtelois Lambelet), soutenus par des avocats de plusieurs régions du pays (le Zurichois Rüttimann, le Soleurois Trog et le Saint-Gallois Hoffmann). Ils y voient un premier pas dans le passage vers l'unité monétaire et l'occasion de favoriser l'arrivée de grosses espèces. Pour certains, l'objectif de cette mesure est d'éviter que le pays ne soit inondé par les petites monnaies allemandes, car elles ont cours au-dessus de leur valeur intrinsèque en Suisse orientale ; pour d'autres, c'est l'occasion d'élaborer les bases d'un tarif fédéral, qui constituerait le socle de la future réforme.

La proposition du CF suscite cependant une levée de boucliers au sein des commissions des deux Chambres. Les députés favorables au maintien des petites pièces dans la circulation reçoivent le soutien des milieux industriels de Saint-Gall (le Cf Wilhelm Matthias Näff) et des opposants à un tarif fédéral. Après de longs débats, l'AsF vote contre le projet du CF : toutes les espèces ayant cours dans les cantons continuent à être acceptées par les Caisses publiques

38 « Rapport du Conseil fédéral à l'Assemblée fédérale, sur la mise à exécution de la réforme monétaire suisse », *Feuille fédérale*, Vol. 3, 61, 24.11.1849, pp. 163-173 (ici, pp. 163-164).

39 Humair, Cédric, *Développement économique et Etat central*, *op. cit.*, pp. 244-257.

40 Af, E1004.1#1000/9#1239*, Protocole du CF, 25.06.1849, n° 1564.

41 Sur ce débat : [s.a.], [s.n.], *Der Erzähler*, 03.07.1849, p. 3 ; [s.a.], « Nationalrath », *Neue Zürcher Zeitung*, 03.07.1849, pp. 1-2 ; [s.a.], « Schweizerische Eidgenossenschaft », *Eidgenössische Zeitung*, 02.07.1849, pp. 1-2 et [s.a.], « Schweizerische Eidgenossenschaft », *Eidgenössische Zeitung*, 03.07.1849, p. 1. Une précision méthodologique s'impose ici. Les protocoles du CE et du CN déposés aux Af sont des protocoles de décision, c'est-à-dire qu'ils enregistrent la décision finale. Ils ne contiennent que rarement les grandes lignes des délibérations. Pour l'ensemble des débats des deux Chambres fédérales sur les questions monétaires, les discussions ont pu en partie être reconstituées à partir de la consultation de plusieurs titres de presse qui sont toujours indiqués en note.

fédérales à leur valeur nominale[42]. Si les députés de l'AsF bottent en touche cette question pour le moment, ils prennent tout de même conscience de la complexité de la question et des difficultés qui les attendent.

A l'occasion de cette discussion, les députés exigent du Cf Munzinger l'élaboration d'un projet de loi monétaire. Ce dernier n'estime pourtant pas possible de fournir un tel travail rapidement. Faisant fi de ces réserves, les deux Chambres décrètent, sur proposition du CaE radical grison Johann Rudolf Brosi[43], défenseur du renforcement des compétences économiques de la Confédération, qu'un projet de loi monétaire doit leur être adressé pour le début de la session d'automne s'ouvrant en novembre 1849, soit cinq mois plus tard. Durant l'été, plusieurs revendications font écho à la décision de l'AsF. Elles proviennent d'une base qui s'élargit et se font de plus en plus pressantes[44].

Mis sous pression, le CF décide le 14 août 1849, sur proposition de Munzinger, de nommer comme expert monétaire unique le banquier bâlois Johann Jakob Speiser[45] avec le mandat de rédiger un rapport en faveur du système français.

---

42 « Décret fédéral concernant le tarif auquel les diverses monnaies cantonales seront acceptées aux caisses des diverses branches de l'administration fédérale (du 30 juin 1849) », in *Recueil officiel des pièces concernant le droit public de la Suisse, des lois fédérales, traités, décrets et arrêtés depuis l'introduction de la nouvelle Constitution fédérale du 12 septembre 1848*, Berne: Imprimerie A. Fischer, 1864, pp. 172-173.

43 Johann Rudolf Brosi-Roffler (1801-1877), GR, fils de Florian Ambrosius, paysan fortuné; beau-fils de Nauli Roffler, landamman fortuné. Etudes de droit et de sciences politiques à Berlin. Avocat à Klosters, puis à Schiers. CdE des GR (1833-1834, 1836-1837, 1841-1842 et 1844-1848). Juge fédéral (1848-1859). Député au GC des GR (1848-1851, 1854-1863 et 1865-1869), plusieurs fois délégué à la Diète fédérale (1830-1846), CaE radical (1848-1849 et 1856-1857), Cn (1849-1851). Commissaire fédéral dans le Tessin (1851). A la tête des radicaux dans son canton pendant la période de la Régénération.

44 AF, E12#1000/36#64*, Pétition Gougger au CN, 31.07.1849, 3 p. Cf. aussi la pétition du "Schweizerische Volksthümliche Vaterlandsverein" au CN, déjà mentionnée, 01.08.1849, 2 p. in AF, E12#1000/36#65*.

45 Johann Jakob Speiser-Hauser (1813-1856), BS, fils de Johann Jakob (1777-1856), drapier et marchand (draps, mousselines, laines, tapisserie, indiennes, porcelaines) originaire de Wintersingen (Bâle-Campagne), citoyen bâlois en 1816 ; beau-fils de Daniel-Kaspar Hauser-Faesch (1779-1840), aubergiste. Formation commerciale à Lausanne (1828-1831), puis séjour de sept ans à l'étranger où il se familiarise avec l'industrie, le commerce, les calculs, le français, le rôle des chemins de fer et des bateaux à vapeur – à Mulhouse (fabrique et commerce d'indiennes de Charles Schlumberger-Zuber), à Marseille (commerce avec le Levant auprès de son oncle Johann Georg Speiser), à Bordeaux (négoce international

Ce choix a de quoi surprendre[46]. Pourquoi avoir choisi un expert unique ? Pourquoi ne pas avoir nommé une commission d'experts représentant les intérêts des différents milieux économiques du pays, comme dans les douanes, les chemins de fer, les postes, le militaire ou le judiciaire ?

Les réponses à ces questions sont décisives, puisqu'elles déterminent le cadre structurel de la réforme monétaire. Deux éléments permettent de bien comprendre pourquoi Munzinger s'engage dans la voie d'un expert unique. Premièrement, le peu de temps à disposition est un facteur déterminant. Le chef du DFF a trois mois pour préparer un projet de loi, alors qu'il ne possède pas les connaissances nécessaires à sa réalisation[47]. La difficulté est d'autant plus

de vins chez "Mestrezat & Cie") et à Liverpool (commerce en gros de matières premières et denrées coloniales auprès d'Emanuel Zwilchenbart) ; travaille un temps chez "Suse & Sibeth" à Londres (négoce de denrées coloniales). Marchand (agent de maisons françaises et anglaises) à Bâle (1839-1843), cofondateur et directeur de la "Giro und Depositengeschäfte" (1844-1845) qui devient la "Bank in Basel" qu'il dirige aussi (1845-1855). Promoteur, cofondateur (1852), directeur financier (1853-1856) et président CA (1853-1856) de la "Schweizerische Centralbahn Gesellschaft". Refuse un poste de directeur des Chemins de fer autrichiens proposé par les frères Pereire en 1855. Cofondateur et membre du comité du "Kreditverein" (1848), cofondateur et conseiller de la "Basellandschatlichen Hypothekenbank" (1849). Refuse son élection au GC de BS en 1849 ; accepte en 1852. Appelle à une réforme monétaire dans l'organe de la "Schweizerischer Industrieverein" dès juin 1849 ; unique expert monétaire fédéral (1849-1852) ; introduit la nouvelle comptabilité fédérale (1849-1850).

46 Sur le choix d'un expert unique, Cf. Bauer, Hans, « Johann Jakob Speiser (1813-1856) », in Bürgin, Alfred *et alii*, *Schweizer Pioniere der Wirtschaft und Technik. Vier basler Pioniere. Achilles Bischoff. Benedikt La Roche. Carl Geigy. J. J. Speiser*, Zürich : Verein für wirtschaftshistorische Studien, 1967, pp. 103-131 (ici, p. 109) ; Mangold, Fritz, « Bankdirektor Johann Jakob Speiser », *op. cit.*, pp. 135-320 (ici, pp. 196-199) ; Haefliger, Hans, *Bundesrat Josef Munzinger*, *op. cit.*, pp. 296-299 ; Geering, Traugott, « Die schweizerische Münzreform », *op. cit.*, pp. 181-193 (ici, pp. 183-185).

47 La question du manque de connaissances techniques des premiers Cf est soulevée tant par les contemporains – Moser, Jean Rodolphe, « Der Streit über die schweizerische Münzprägung », in *Schweizerische National-Zeitung*, 02.10.1849, cité in Moser, Jean Rodolphe *Ueber die Münzprägung*, [s.l.] : [s.n.], 1850, pp. 2-4 (ici, p. 2) ; Moser, Rudolf, *Ueber die eidgenössischen Münzgesetze vom 7. Mai 1850 und die Nothwendigkeit einer Revision derselben (aus den « Verhandlungen der St. Gallisch-Appenzellischen gemeinnützigen Gesellschaft » (Herbst-Heft 1850) besonders abgedruckt)*, St. Gallen ; Bern : Huber & Cie, 1850, p. 8 – que par les historiens – Schneider, Hans, *Geschichte des Schweizerischen Bundesstaates 1848-1918*, *op.*

grande que les tâches du nouvel Etat fédéral sont nombreuses et les ressources, tant financières que matérielles, limitées. Le recours à une expertise externe au CF devient, dans ces conditions, inévitable. Deuxièmement, Munzinger n'aime pas les commissions, ce qu'il ne cache pas auprès de son entourage[48]. Fort de son expérience sur la scène fédérale depuis le début des années 1830 – et en particulier lors de la tentative de révision du Pacte en 1832 –, il sait que les travaux des commissions tirent en longueur et ne donnent aucun résultat probant dans les questions monétaires. Réussir à élaborer un projet de loi complet au sein d'une commission en si peu de temps relève de la gageure. L'avantage de l'expert unique réside également dans la possibilité de lui attribuer un mandat bien défini et de ne pas se perdre dans les méandres de discussions infructueuses. LeCf soleurois le reconnaîtra d'ailleurs ouvertement lors du débat au CE en décembre 1849 : « *Nein der Bundesrath war entschieden, ehrlich und offen entschieden, deswegen hätte er kein Regiment von Experten gewollt, sondern Jemanden der seiner Idee als Fachmann Worte geben sollte ; und mehr als ein Gutachten vom Bundesrath hätte man nicht verlangt* »[49]. Munzinger est donc décidé à ne pas avoir recours à une commission. Après avoir lu dans la *Wochenblatt* une série d'articles qui appelle à une réforme des monnaies, il s'adresse à son ami bâlois Achilles Bischoff pour connaître l'identité de l'auteur[50] :

---

cit., p. 138 ; Haefliger, Hans, *Bundesrat Josef Munzinger*, *op. cit.*, p. 310 ; Greyerz, Hans von, « Der Bundesstaat seit 1848 », *op. cit.*, pp. 1019-1246 (ici, pp. 1027-1028).

48 Haefliger, Hans, *Bundesrat Josef Munzinger*, *op. cit.*, p. 291.

49 Intervention du Cf Munzinger lors de la séance du CE du 12.12.1849, citée in [s.a.], [s.n.], *Intelligenzblatt für die Stadt Bern*, 13.12.1849, pp. 7-8 (ici, p. 7).

50 Achilles Bischoff-Sopransi (-Balabio) (1795-1867), BS, issu d'une vieille famille bourgeoise marchande bâloise ; fils d'Achilles (1758-1838), commerçant (draps) ; beau-fils par son second mariage de Carlo Balabio (1759-1838), riche banquier et général. Fabricant (draps) en Italie (Côme, Livourne, Milan, Bergame) (1815-1840), puis banquier à Bâle dès 1840, CdE de BS (1847-1850). Député au GC de BS (1840-1850), Cn libéral (1848-1853). Membre CA et actionnaire de la société de navigation "Adler am Oberrhein" (1840-1843), cofondateur et membre du comité (1844-1845) de la "Giro und Depositengeschäfte" qui devient la "Bank in Basel", dont il siège aussi au comité (1845-1850, vice-président du comité en 1845-1848), membre fondateur et vice-président CA (1852) de la "Schweizerische Centralbahn Gesellschaft". Promoteur des chemins de fer et du raccord de la Suisse au réseau européen. Expert fédéral dans les questions douanières ; négocie le premier traité commercial du nouvel Etat fédéral avec la Sardaigne (1851). Relai politique du banquier Johann Jakob Speiser (cf. note 45 p. 328) auprès de son ami, le Cf Josef Munzinger (cf. note 29 p. 323). Cousin issu de germain du banquier Hieronymus Bischoff (cf. note 324 p. 612).

« Noch ein Experte ! Noch eine Bitte an Sie ! Die klare umfassende Darstellung des Münzwesens im Wochenblatt des Schweizerischen Industrievereins hat mir so wohl gefallen, dass es mir scheinen will, es dürfte dieses der rechte Mann sein, um als Experte in dieser Angelegenheit aufzutreten.
Ich beabsichtige nämlich nicht ein Collegium von Experten (Professoren) beizuziehen, sondern einen Kaufmann, von dem ich aber von vornehinein wissen möchte, dass er dem französischen Sistem anhange, indem ich jedes anderes Sistem in der Schweiz als unmöglich erachte.
Da nun aber der Wochenblatt noch nicht so weit vorgerückt ist, um diese zu erkennen, so möchte ich fragen, ob der Verfasser und sein Sistem nicht entdeckt werden könnte und ob Sie nicht die Gefälligkeit hätten, dieses durch einen Bekannten zu erfragen ? »[51].

Bischoff, qui est alors à Berne pour discuter des douanes, fournit à Munzinger le nom de Speiser, l'auteur de ces articles. Le soir même, le CF nomme officiellement Speiser comme expert monétaire unique[52]. C'est le début d'une longue et étroite collaboration entre les deux hommes : Munzinger officie comme maître d'œuvre du nouveau système monétaire et Speiser comme architecte de sa réalisation[53]. Cette relation d'exclusivité entre un Cf et un expert unique fait grincer des dents les opposants au système français. Un article paru dans le journal saint-gallois *Der Erzähler* décrit ainsi l'osmose qui les unit: « *Der Hr. Bankdirektor Speiser in Basel ist offenbar der spiritus familiaris des schweizerisches Finanzdepartements* »[54]. L'origine bâloise de Speiser joue très certainement un rôle déterminant dans sa nomination. En effet, à l'aube d'entamer une réforme complète des monnaies, le chef du DFF doit pouvoir compter sur un allié de poids pour son financement. Munzinger ayant déjà collaboré avec le Bâlois

---

51 AEB, PA 116, BI 1a, lettre de Munzinger à Bischoff, 14.08.1849, 1 p. Souligné dans le texte original.

52 Speiser est également chargé d'organiser la comptabilité de l'Etat fédéral, tâche qu'il réalise en l'espace de moins d'une année. Cf: HAEFLIGER, Hans, *Bundesrat Josef Munzinger, op. cit.*, pp. 280-294 ; GEERING, Traugott, « Die schweizerische Münzreform », *op. cit.*, pp. 181-193 (ici, p. 184) ; MANGOLD, Fritz, « Bankdirektor Johann Jakob Speiser », *op. cit.*, pp. 135-320 (ici, pp. 264-270).

53 Quelques informations sur les liens qui lient les deux hommes figurent dans HAEFLIGER, Hans, *Bundesrat Josef Munzinger, op. cit.*, p. 297 ; MANGOLD, Fritz, « Bankdirektor Johann Jakob Speiser », *op. cit.*, pp. 135-320 (ici, p. 208) ; RAUBER, Sebastian, *Die Vereinheitlichung des schweizerischen Münzwesens nach 1848, op. cit.*, p. 66. La collaboration entre un Cf et un expert extérieur ne débouche pas toujours sur des rapports harmonieux. Ainsi, le directeur général des postes, le Bâlois Benedikt La Roche, démissionne-t-il après six mois d'activités en raison de désaccords avec le Cf saint-gallois Wilhelm Matthias Näff (cf. note 25 p. 322).

54 [S.A.], [s.n.], *Der Erzähler*, 19.10.1849, p. 2.

début 1849 à l'occasion du placement du premier emprunt militaire fédéral de 400'000.- FF auprès de la "Bank in Basel", il a conscience de l'importance et du poids de ce relais bancaire. Et ce n'est pas le seul. Parmi les milieux industriels de Suisse orientale, le lien entre le CF et Speiser s'explique notamment par le poids économique de Bâle, dépeinte comme la «*Millionenstadt*» par le Glaronnais Blumer[55]. Cette question sera traitée plus en détail plus loin. Ce qui importe donc en priorité à Munzinger est la possibilité de donner un mandat bien précis à cet expert et que les milieux économiques de Suisse orientale ne se mêlent pas de la question. Bischoff en est d'ailleurs parfaitement conscient lorsqu'il écrit à Speiser pour l'informer de sa nomination:

> *«[...] wie Sie nur der Inlage ersehen werden wünscht Herr Bundesrath Munzinger sich über das Münzwesen mit Ihre zu besprechen, und scheint gar nicht geneigt weiter Fachmänner aus der östlichen Schweiz hirher zu berufen da er die Überzeugung hat, dass Sie die Verhältnisse desselben hinreichend zu beurtheilen im Stande seien, und er sich bloss von der Möglichkeit der Einführung des französischen Systems überzeugen möchte»*[56].

Cette citation pose deux questions importantes: pour quelles raisons le Cf soleurois se tourne-t-il du côté de Speiser ? Et pourquoi est-il favorable au FF ? Les réponses à ces deux questions sont formulées ci-dessous successivement. Commençons par la nomination de Speiser. En 1849, le Bâlois n'est pas un expert reconnu des questions monétaires[57]. Au contraire, c'est le banquier privé zurichois Leonhard Pestalozzi qui fait autorité dans ce domaine[58]. Or, il est un fervent défenseur du FLa depuis le début des années 1830 et ne ferait aucune concession à ce sujet[59]. Un autre personnage propose spontanément son expertise au DFF dès le mois de juin 1849, le négociant bâlois Rudolf Moser[60]. Il s'adresse en ces termes à Munzinger:

---

55 Bsg, VNL 38, B12, lettre de Blumer à Aepli, 01.11.1849, 3 p. (ici, p. 3).

56 Aeb, PA 116, BI 1a, lettre de Bischoff à Speiser, 14.08.1849, 2 p. (ici, p. 1).

57 Mangold, Fritz, «Bankdirektor Johann Jakob Speiser», *op. cit.*, pp. 135-320 (ici, p. 196 et note 26 p. 316).

58 Sur Leonhard Pestalozzi, cf. note 155 p. 233.

59 Malgré l'appel de Speiser dans «Ueber das Münzwesen. I», *Wochenblatt*, n° 24, 16.06.1849, pp. 3-4 à une collaboration avec Pestalozzi, les deux hommes n'échangent que deux lettres empreintes d'une certaine tension en septembre et octobre 1849, puis cessent toute correspondance jusqu'en 1851. Cf. Aeb, PA 116, A 222.

60 Rudolf Moser (?-?), originaire de BS ; se rencontre aussi avec Rodolphe ou Jean comme prénom. Actif à Bâle, puis à Berne comme négociant, se fixe ensuite à Montbéliard (Doubs, France). Fabricant (mouvements de pendules) en 1832-1841,

> «*Gründliche Kenntniss des Münzwesens erlaubte mir im Jahr 1843 auf die Berathungen den damaligen französischen Depuetirten-Kammer ueber die Scheidemünze einige Einfluss auszuueben, und im Jahr 1848 die Aufmerksamkeit der neuen französischen Münzverwaltung auf nothwendige Reform zu erregen.*
> *Ich wünsche an den schweizerischen Münzreform als Experte Theil zu nehmen, und bin daher so frei Sie zu bitten, mir zu melden welche Einleitungen ich deshalb treffen soll, etwa: Empfehlung von Seite der Regierung meiner Heimath, Basel-Stadt; Empfehlung den Vorsteher des Finanz-Departements der Kantone Bern und Zürich; Empfehlung der schweizerischen Gesandtschaft in Paris; oder welche andere Vorwehren*»[61].

Personnage aussi curieux que prolifique[62], il critique ouvertement, dès le début des années 1830, tous les projets formulés au sein de la Diète fédérale qu'il considère comme des demi-mesures. A partir de 1849, il entre en conflit ouvert avec Speiser qu'il attaque personnellement dans la presse et dans ses brochures[63]. Il condamne également avec force l'attitude du CF. En dépit de plusieurs demandes de participer d'une manière ou d'une autre à la réforme, Munzinger refuse de prendre en compte ses avis[64]. Jusqu'en 1852, il s'adresse à de nombreux partisans du FF, qui ne le prennent pas plus au sérieux que Munzinger et Speiser[65]. Ceci est peu étonnant, car Moser propose un système monétaire de son invention qui permettrait de tarifer les principales espèces européennes. Face au refus du chef du DFF, Moser passe dans le camp des défenseurs du

associé à Samuel Matri (1811-1869) et à un Boilloux ; agent d'affaires durant les années 1850 (une autre source le donne comme banquier, proche et informateur d'Eugène Rouher (1814-1884), Ministre d'Etat de Napoléon III). Publications dès le début des années 1830 sur les questions monétaires helvétiques. Possède de très solides connaissances techniques. Entre 1830 et 1865, le CF ne prend aucun de ses avis en compte et refuse également toutes ses demandes de participer aux projets de réforme et à la délégation suisse pour les négociations de l'UML en 1865. Opposé à l'adoption du FF qu'il combat avec véhémence pour des raisons techniques.

61 AF, E12#1000/36#66*, lettre de Moser à Munzinger, 30.06.1849, 1 p.

62 Plusieurs dizaines de lettres sont adressées par Moser à Speiser et à Munzinger, à quoi il faut ajouter une activité intense dans la presse suisse et la publication de plusieurs brochures. Les lettres de Moser se trouvent dans plusieurs fonds aux AF, E12#1000/36#66*, E12#1000/36#67*, E12#1000/36#86* et E12#1000/36#179*.

63 Cf. par exemple Moser, Rudolf, *Ueber die eidgenössischen Münzgesetze vom 7. Mai 1850*, *op. cit.*, p. 71.

64 AF, E12#1000/36#179*, lettre de la Chancellerie fédérale à Moser, 27.11.1849, 1 p.

65 AEB, PA 116, A 225, lettre de Peyer Im Hof à Speiser, [s.d.: probablement début avril 1850], 3 p. (ici, p. 3) ; AF, E12#1000/36#86*, lettre de Borel à Speiser, 04.10.1850, 3 p. (ici, pp. 2-3).

FLa[66]. Tout comme pour Pestalozzi, sa position est donc incompatible avec les vues de Munzinger qui est décidé à adopter le FF.

Continuons avec la nomination de Speiser comme expert monétaire unique. Tête pensante des milieux libre-échangistes bâlois, il est un des principaux rédacteurs de la *Wochenblatt des schweizerischen Industrievereins*, organe de la "Schweizerischer Industrieverein". Speiser y publie dès juin 1849 deux séries d'articles relatifs aux monnaies[67]. Bien que ses écrits aient une faible diffusion[68], ils suffisent à attirer l'attention de Munzinger.

La pensée de Speiser dans le champ des idées monétaires évolue énormément entre 1847 et son décès en 1856, ce qui a tendance à compliquer son analyse. L'unité dans ce domaine est très difficile à réaliser à ses yeux. Bien que l'adoption complète du FF soit le but à atteindre, le Bâlois estime qu'une réforme complète des monnaies rencontrerait encore trop de résistances en Suisse. Avant sa nomination comme expert fédéral unique, il préconise de maintenir les systèmes cantonaux en place et d'adopter le FF comme monnaie de compte à l'échelle fédérale. Cette manière de procéder permettrait d'éviter des changements trop brusques et donc une opposition trop forte, tout en favorisant l'arrivée du numéraire français sur le territoire helvétique :

> « *Die nemlichen Gründe, welche für die Vorzüglichkeit des französischen Münzsystems an und für sich selbst sprechen, empfehlen auch, dasselbe zur Basis anzunehmen, wenn*

---

66 Il n'y rencontre là aussi qu'un accueil très froid. Leonhard Pestalozzi craint que Moser crée des lignes de fractures dans le bloc des défenseurs de la monnaie allemande. Il lui demande expressément de ne pas intervenir sur la scène publique et ne pas venir présenter son projet auprès des députés à Berne. Les membres des fractions minoritaires des commissions du CE et du CN qui défendent le FLa refusent de lui accorder une entrevue. Cf. Bsg, VNL 60, A22, 45 et 48, lettres de Moser à Hungerbühler du 15.12.1849, 1 p. et du 23.12.1849, 1 p, ainsi que A23, 25 et 50, lettres de Pestalozzi à Hungerbühler du 09.02.1850, 2 p. (ici, p. 1) et du 18.03.1850, 2 p. (ici, p. 1).

67 Les deux séries – la première de 8 articles « Ueber das Münzwesen » publiés entre le 16.06.1849 et le 01.09.1849 et la seconde de 6 articles « Die Münzfrage » publiés entre le 08.02.1850 et le 29.03.1850 – sont tirées à part : Speiser, Johann Jakob, *Ueber das Münzwesen. Mit Beziehung auf die bevorstehende schweizerische Münzreform (besonders abdegruckt aus dem Wochenblatt des Schweizerischen Industrievereins)*, Basel : Schweighauser'sche Buchdruckerei, 1849, 94 p. et Speiser, Johann Jakob, *Sechs Aufsätze über die Münzfrage (besonders abdegruckt aus dem Wochenblatt des Schweizerischen Industrie-Vereins)*, Basel : Schweighauser'sche Buchdruckerei, 1850, 38 p.

68 Aeb, PA 116, A 73, lettre de DuPasquier à Speiser, 07.07.1849, 2 p. (ici, p. 1).

die Schweiz ein eigenes System behalten, dieses aber auf ein ausländisches begründen und an ein solches anpassen will. Wir gelangen daher zu der Frage, welcher der beiden obererwähnten Vorschläge der empfehlenswerthere sey, ob nemlich die Schweiz besser thue, einfach das französische Münzsystem einzuführen, oder ob es ratsamer und zweckmässiger scheine, die Grundlagen unseres gegenwärtigen Münzwesens beizuhalten und dieses Letztere blos zu reformiren und mit dem französischen in Uebereinstimmung zu bringen. Das Mass des Wünschbaren ist nicht immer das Mass des Zweckmässigen und noch weniger dasjenige des Ausführbaren ; desshalb, so sehr wir von den den Vorzügen des französischen Münzsystems überzeugt sind, und dasselbe fast unbedenklich einfüren würden, wenn es durch einen blossen Machtspruch geschehen könnte, müssen wir erkennen, dass die Letztere, minder weit gehende Meinung gewichtigere Gründe für sich hat. [...] Wir möchten also ein System empfehlen das ohne gewaltsame, sehr störende Aenderungen, Ordnung und eine feste Basis unserm Münzwesen verliehe, welches zugleich mit dem französischen Münzfuss in einem so absolut genauen Verhältniss stünde, dass alle französischen Silbersorten als gesetzliche Cirkulationsmittel dienen könnten, dass wir, mit einem Wort, das französische Münzsystem in schweizerischer Form erhielten»[69].

Ce projet satisfait en priorité aux intérêts du grand commerce international de Suisse occidentale actif sur les marchés étrangers et en particulier la France. Il vise à favoriser l'afflux d'espèces françaises et à limiter le recours aux espèces allemandes et autrichiennes, qui ont une utilisation très limitée dans les échanges internationaux[70]. Par ailleurs, il présente l'avantage d'éviter l'ensemble des frais liés à une réforme profonde (retrait, refonte et frappe) et ainsi de réduire au maximum les dépenses du nouvel Etat fédéral, leitmotiv des milieux libéraux bâlois et de Speiser en particulier[71]. La proposition de Speiser rencontre une forte résistance de la part des marchands-banquiers de Genève et de Neuchâtel. Certes, un pied monétaire basé sur le FF leur serait avantageux, mais le maintien du FLa dans la circulation intérieure ne permettrait pas d'assurer, à terme, la prédominance des espèces françaises. L'unité monétaire ne

69 Speiser, Johann Jakob, « Ueber das Münzwesen. XI », *Wochenblatt*, n° 34, 25.08.1849, pp. 2-4 (ici, p. 3). Cf. également Speiser, Johann Jakob, « Ueber das Münzwesen. X », *Wochenblatt*, n° 33, 18.08.1849, pp. 2-4. Il s'agit en fait du projet de 1832 avec la conversion des 121 grains en 6.43 grammes d'argent fin (1 gramme = 18.82 grains). 5 FF vaudraient 35 batz, 2 FF = 14 batz et 1 FF = 7 batz.

70 Speiser, Johann Jakob, « Ueber das Münzwesen. VII », *Wochenblatt*, n° 30, 28.07.1849, pp. 2-4 ; Speiser, Johann Jakob, « Ueber das Münzwesen. XII », *Wochenblatt*, n° 35, 01.09.1849, pp. 2-4.

71 Speiser, Johann Jakob, « Ueber das Münzwesen. VI », *Wochenblatt*, n° 29, 21.07.1849, pp. 2-4 et Speiser, Johann Jakob, « Ueber das Münzwesen. XI », *Wochenblatt*, n° 34, 25.08.1849, pp. 2-4.

serait pas non plus atteinte de cette manière. Par ailleurs, la question décisive du surplus de billon ne serait pas réglée. Ils critiquent donc le caractère partiel de la mesure projetée qui ne serait pas une véritable réforme[72].

Au terme de sa première série de huit articles, qui coïncide avec sa nomination comme expert monétaire unique, Speiser fait volte-face, confirmant que le projet d'introduire le pied monétaire français est bien un mandat du DFF. En effet, il justifie sa première proposition d'un système médian comme l'occasion d'ouvrir une discussion, mais l'adoption pure et simple du système français s'impose comme la meilleure solution : « *Ein gutes, durchgreifendes Mittel scheint uns nur in der vollständigen Annahme des französischen Münzfusses zu bestehen* »[73]. Dès lors, il n'aura de cesse de défendre ce point de vue. Ce changement de position rallie les milieux marchands neuchâtelois et genevois[74].

La deuxième question que nous avons formulée ci-dessus concerne les raisons pour lesquelles le Cf soleurois Munzinger se prononce d'emblée en faveur du FF. Son ancienne activité de négociant l'a persuadé que le système français serait bien plus adapté à la structure extravertie de l'économie suisse qui écoule ses produits sur les marchés du monde : une monnaie à caractère universel serait un atout de taille. Lors de sa formation commerciale à Bologne, il a pu se familiariser avec le système monétaire français qui y est en vigueur jusqu'en 1814. Stable, répandu et facile d'utilisation, le FF est à ses yeux celui qui correspond le mieux à l'esprit de la Constitution de 1848[75]. D'ailleurs, au sein de la commission de révision du Pacte chargée d'élaborer la Constitution fédérale, il ne cache pas ses préférences pour le FF, assuré qu'il est que deux tiers des voix iront en sa faveur[76]. Tout comme Speiser, le mot d'ordre de Munzinger est en effet l'unité. Lors du débat au CN en avril 1850, il termine son intervention en précisant bien son point de vue : « *Lieber ein beliebiges anderes System [que le système français, JC], lieber das schlechteste System als eine östliche und eine westliche Schweiz* »[77].

---

72 [s.a.], [s.n.], *Courrier Suisse*, 03.09.1849, p. 3 ; DuPasquier, Henri, « De la réforme monétaire », *Le Neuchâtelois*, 09.10.1849, pp. 1-2 et DuPasquier, Henri, « De la réforme monétaire (suite et fin) », *Le Neuchâtelois*, 11.10.1849, pp. 1-2.

73 [s.a.], « Die Münzreform », *Wochenblatt*, n° 37, 15.09.1849, pp. 1-2 (ici, p. 2).

74 Aeb, PA 116, A 73, lettre de DuPasquier à Speiser, 10.10.1849, 3 p. (ici, p. 1) ; [s.a.], « Confédération suisse », *Courrier Suisse*, 19.10.1849, pp. 1-2.

75 Haefliger, Hans, *Bundesrat Josef Munzinger*, *op. cit.*, pp. 295-297.

76 Intervention de Josef Munzinger lors de la séance du 02.03.1848 de la commission chargée de réviser le Pacte fédéral, retranscrite par Jonas Furrer et par Friedrich Frey-Herosé et citée in Holenstein, Rolf, *Stunde Null*, *op. cit.*, p. 611.

77 Intervention du Cf Josef Munzinger lors de la séance du CN du 25.04.1848, citée par Haefliger, Hans, *Bundesrat Josef Munzinger*, *op. cit.*, p. 306.

Munzinger est donc décidé à unifier les systèmes monétaires sur la base du pied monétaire français qui lui apparaît comme présentant le plus d'avantages. Pour y parvenir, il trouve un allié en la personne de Speiser, tandis que les autres experts reconnus, notamment Leonhard Pestalozzi et Rudolf Moser, expriment au contraire leur préférence pour le FLa.

En août 1849, la nomination d'un expert unique n'est pas rendue public[78]. Il est vraisemblable que cette manœuvre ait pour but d'éviter que les acteurs de Suisse orientale s'investissent trop rapidement dans la question monétaire et publient leurs revendications avant que le CF n'ait eu le temps de le faire. En procédant de la sorte, ces milieux économiques seraient mis devant le fait accompli et auraient en conséquence un coup de retard. Quoiqu'il en soit, dès que le projet de Speiser est publié dans la *Feuille fédérale*, dont le contenu sera traité ci-dessous, le public s'empare de la question et formule de nombreuses critiques. A cet égard, un article paru dans le journal radical saint-gallois *Der Erzähler* est révélateur du malaise :

> « *Wir vernehmen überall her, wo der deutsche Reichsmünzfuss besteht, aber auch von andere Seite ernste Missbilligung darüber, dass der Bundesrath durch das offizielle Bundesblatt den Bericht nur eines Experten sammt Gesetzesentwurf über das Münzwesen dem Publikum mittheilt und ihm dadurch grosse Verbreitung gewährt. Es fällt dieses Verfahren um so mehr auf, als der Bundesrath in weniger heikeln Fragen vorberathende Kommissionen aus verschiedenen Landestheilen niedergesetzt hat, und als derselbe erst, wenn er selbst Gesetzesentwürfe durchberathen, sie dem Druck übergab. Man scheint in vorliegenden Falle den Berichterstatter für eine fixe Ansicht wie einen Fürsprech sich ausersehen zu haben. Man kannte den Mann und sein System, und so wollte man ihn haben. Es wird nun freilich gesagt werden wollen: es sei das Vorgelegte ein simples Gutachten, das der öffentlichen Diskussion zur Fütterung übergeben werde ; mit eben dem Rechte aber dürfte man in diesem Falle verlangen, dass der Bundesrath sich einen Mann auswähle, von dem er wisse, dass er für den deutschen Reichsfuss, und einen solchen, von dem er überzeugt sei, dass er für den Schweizerfrankenfuss schreiben werde, und dass er um der Erbauung und Gerechtigkeit willen deren simple Gutachten deutsch und französisch auf dem gleichen Wege des Amtsblattes dem Publikum zur Erbauung und Verdauung vorlege. [...] Wir haben persönlich nichts gegen Hrn. Speiser, nichts für seinen Beizug zu einer Expertenkommission – als Expertenmonarchen anerken wir weder einen Basler noch einen St. Galler* »[79].

---

78 En témoigne notamment un article de début octobre 1849 du *Courrier Suisse* qui ignore aussi bien le contenu du projet du CF que la nomination d'un expert : [s.a.], [s.n.], *Courrier Suisse*, 01.10.1849, p. 2.

79 [s.a.], « Schweizerische Eidgenossenschaft », *Der Erzähler*, 26.10.1849, pp. 1-2 (ici, pp. 1-2).

Cette citation met bien en évidence le problème de fond que soulève la nomination d'un expert unique et qui a déjà été mentionnée précédemment : l'absence de toute procédure démocratique et de prise en considération d'opinions contraires à celle du DFF. En effet, partisan du FF, Munzinger s'entoure uniquement des acteurs qui entrent dans ses vues et n'intègre à aucun moment des avis divergents. L'article du journal saint-gallois révèle également un autre problème, celui du manque de recours à d'autres acteurs possédant des compétences monétaires. Cette critique est largement répandue dans tous les milieux défavorables au FF[80]. Les propos de l'expert recalé Rudolf Moser sont à ce propos éclairants :

> *« M. Munzinger avait vu un obstacle à mon admission : parce que vous auriez déjà nommé un expert, en la personne de M. Speiser, directeur de la banque de Bâle. [...] Mon expérience peut vous servir à la création d'un pied monétaire, dont vous, Messieurs, ou votre département des finances, ne paraissez pas avoir saisi toute l'importance, ou toutes les difficultés, en pensant que la nomination d'un expert devait vous dispenser d'accepter la collaboration du petit nombre des autres personnes connaissant la matière »*[81].

Malgré ces critiques, le CF ne veut pas courir le risque de conséquences dilatoires qu'aurait la mise sur pied d'une commission et qui retarderait la livraison d'un projet de loi[82]. Néanmoins, le CF demande à Munzinger de justifier son choix durant sa séance du 7 novembre 1849. Le chef du DFF sait qu'il peut se reposer sur une majorité au sein du collège de l'exécutif fédéral. Il est en effet

---

80 Par exemple : Pestalozzi, Leonhard, *Vortrag in der Versammlung des zürcherischen Industrievereins bei Berathung einer Bittschrift an die hohe Bundesversammlung für Einführung des Schweizerfranken als eidgenössische Münzeinheit*, Zürich : Orell, Füssli & Cie, [1850], pp. 2-4 ; « Rapport de la minorité de la Commission nommée par le Conseil des Etats suisse touchant le projet de loi pour le système monétaire suisse et celui de la mise à exécution de la réforme monétaire en Suisse », *Feuille fédérale*, Vol. 3, 65, 15.12.1849, pp. 237-296 (ici, p. 242) ; « Rapport et propositions de la fraction de la Commission du Conseil national qui recommande l'adoption du système du franc de Suisse basé sur le marc de Cologne (5 avril 1850) », *op. cit.*, pp. 1-142 (ici, pp. 6-9).

81 Af, E12#1000/36#179*, lettre de Moser à Munzinger, 15.10.1849, 8 p. (ici, pp. 1-2). Souligné dans le texte original. Cf. également sa lettre dans le même fonds du 06.10.1849, 2 p. adressée à Munzinger dans laquelle il l'encourage à ne pas se limiter à la consultation d'un seul expert, mais à en mobiliser plusieurs pour faire face aux difficultés de la réforme.

82 « Rapport du Conseil fédéral à l'Assemblée fédérale, sur la mise à exécution de la réforme monétaire suisse », *op. cit.*, pp. 163-173 (ici, p. 165).

soutenu par Franscini, Ochsenbein et Druey. Bien qu'il craigne que les autres Cf parviennent à s'opposer à sa stratégie[83], leur tentative de bloquer l'expertise de Speiser reste sans effet : la demande de nommer une commission n'est soutenue que par Näff et Frey-Herosé. Quant au Zurichois Furrer, il reste en retrait. Dans les questions économiques, il recherche avant tout le compromis[84]. Il l'explique dans une lettre adressée à Alfred Escher :

> «*Mit der Münzgeschichte weiss ich mich bis jetzt nicht zurecht zu finden. Es fehlt mir durchaus an dem klaren Verständniss, dessen man sich bey einer gründlichen Auffassung bewusst ist ; ich stosse an allen Ecken an u[nd] kann bis jetzt zu keinem auf fester Überzeugung beruhenden Urtheile gelangen. Die Sache hat auf allen Seiten ihre bedeutenden Schwierigkeiten u[nd] ich habe desshalb schon in der Revisions-Commission immer eine Redaction durchsetzen wollen, welche es dem Gesetze wenigstens möglich gemacht hätte, zwey Systeme aufzustellen*»[85].

Suite à cela, le CF reconnaît publiquement que le but de la manœuvre était bien de se prononcer d'emblée pour le FF. En présentant la réalité pour qu'elle soit conforme aux objectifs poursuivis par la majorité de ses membres, le CF parvient à sauvegarder la collégialité de l'exécutif fédéral :

> «*Si le Conseil fédéral lui-même avait été indécis relativement au pied monétaire, il aurait bien agi en s'entourant d'hommes experts d'opinions les plus divergentes. Or tel n'était pas le cas ; pour lui se trouvaient clos, à cet égard, les actes qui réunis dans les recès fédéraux étaient placés sous ses yeux ; il n'a pas voulu reprendre l'ancienne lutte, peu l'édifiante [sic], au point où elle avait été laissée ; son choix était fixé, il chercha et trouva un homme expert, dévoué au système déjà choisi, pour faire un exposé vivant et de l'élaborer*»[86].

---

83 Aeb, PA 116, A 210, lettre de Munzinger à Speiser, 05.11.1849, 2 p. (ici, p. 1).

84 Sur ce sujet, cf. Dejung, Emanuel, Stähli, Alfred, Ganz, Werner, *Jonas Furrer von Winterthur 1805-1861 : erster schweizerischer Bundespräsident – ein Lebensbild*, Winterthur : Gemsberg-Verlag, 1948, pp. 403-408 (surtout p. 408). Se référer également à Haefliger, Hans, *Bundesrat Josef Munzinger*, *op. cit.*, p. 299 ; Schneider, Hans, *Geschichte des Schweizerischen Bundesstaates 1848-1918*, *op. cit.*, p. 122 ; Mangold, Fritz, «Bankdirektor Johann Jakob Speiser», *op. cit.*, pp. 135-320 (ici, p. 196).

85 Correspondance Alfred Escher, lettre de Furrer à Escher, 22.10.1849, 4 p. (ici, p. 2). Les propos tenus par Furrer dans cette lettre sont confirmés par son intervention lors de la séance du 02.03.1848 de la commission chargée de réviser le Pacte fédéral, retranscrite par Friedrich Frey-Herosé et citée in Holenstein, Rolf, *Stunde Null*, *op. cit.*, p. 610. Sur son manque de connaissances, consulter aussi sa lettre à Escher du 21.08.1850, 2 p. (ici, p. 2) dans la Correspondance Alfred Escher.

86 «Rapport du Conseil fédéral à l'Assemblée fédérale, sur la mise à exécution de la réforme monétaire suisse», *op. cit.*, pp. 163-173 (ici, pp. 164-165).

Les milieux industriels de Suisse orientale ne se satisfont pas de cette explication. Emmenées par le président du "Kaufmännische Direktorium St. Gallen" et père de l'expert commercial qui porte le même nom, August von Gonzenbach[87], cinquante maisons de la ville de Saint-Gall exigent par voie de pétition la nomination d'une commission d'experts qui prennent en compte leurs intérêts[88]. Elle est paraphée par les poids lourds du grand commerce et de la banque, alors que seuls quelques industriels inscrivent leur nom[89]. Une pétition identique provient de douze négociants de Rheineck (SG), principal lieu de transit (approvisionnement en matières premières destinées à la production textile et en céréales, exportation des produits finis) entre les cantons de Suisse orientale et les Etats allemands[90]. Aucune suite n'est donnée à cette revendication.

87 August von Gonzenbach-Vonwiller (1779-1851), SG, fils de David, négociant ; beau-fils de Laurenz Vonwiller, négociant. Associé au sein de "Gebrüder Gonzenbach" (commerce international de produits manufacturés de Saint-Gall et commerce de fils de coton), grand promoteur de la broderie. Chargé des affaires commerciales avec les Etats du Sud de l'Allemagne jusqu'en 1833. Député au GC de SG (1815-1845), député à la Diète fédérale (1830). Juge cantonal de Saint-Gall (1838-1849). Président du "Kaufmännische Direktorium St. Gallen" (1829-1830 et 1836-1851). Père d'August von Gonzenbach-Schönauer (1808-1887), chancelier de la Confédération (1833-1847) et spécialiste de l'économie suisse (cf. note 281 p. 269).

88 AF, E12#1000/36#179*, lettre et pétition du "Kaufmännische Direktorium St. Gallen" à l'AsF, 26.11.1849, 3 p.

89 Du côté du commerce d'exportation de produits manufacturés de coton, on retrouve notamment "J. C. Fehr", "Gonzenbach Gebrüder", "H. Samuel Heer Sohn", "Kaspar von J. J. Weyermann", "Fridol. Jenny", "Carl August Schobinger", "Caspar Schlatter & Cie", "Bruderer-Graf", "Sulzberger & Cie", "Ulrich von Caspar Vonwiller", "D. Scherrer-Tobler", "N. Bourry d'Ivernois", "Wild, Ruosch & Cie" ou encore "Joh. Paul Schirmer" ; les maisons de commerce "B. Rittmeyer & Cie", "Holderegger & Cie" et "J. J. Bänziger" ont aussi une activité de fabricants dans la broderie ; seul "Georg Sand" semble être uniquement actif comme fabricant de broderie. Toutes les banques de la place apposent également leur signature : "G. Köberli", "Steinmann & Recknagel", "Caspar Zyli", "Arnold Halder", "Engler-Kirchhofer", "Jakob Brunner" et "J. J. Mayer Sohn".

90 AF, E12#1000/36#179*, lettre et pétition de négociants de Rheineck à l'AsF, 27.11.1849, 3 p. Elle est notamment signée par le banquier Georg Ferdinand Roth (associé de "Custer & Cie") et par les négociants Wilhelm Custer (commission et expédition), Conrad Lutz-Näff (commerce d'expédition vers l'Italie), Josef Zardetti (denrées coloniales) et Georg Friedrich Krauss.

Les intentions du CF – et en particulier du DFF – sont claires : il s'agit d'unifier les systèmes monétaires cantonaux sur la base du FF qui correspond aux intérêts des milieux marchands et bancaires de Suisse occidentale. Le rapport que Speiser produit est, dans cette perspective, déterminant.

4.1.3. Le rôle du rapport d'expertise de Speiser et le poids de la France dans les relations commerciales extérieures de la Suisse

Johann Jakob Speiser est nommé comme expert unique le 14 août 1849. Il a trois mois pour produire un rapport et un projet de loi en vue de l'ouverture de la session d'automne de l'AsF. Afin de parvenir à respecter ce délai très court, il s'entoure de plusieurs collaborateurs aux savoir-faire et aux compétences spécifiques indispensables à la réalisation d'une telle expertise.

Speiser rédige son travail en se basant sur les recès de la Diète fédérale de la première moitié du siècle, ainsi que sur le matériel envoyé par les cantons. Il fait appel au négociant en draps bâlois Eduard Bernoulli qui s'occupe de synthétiser les données chiffrées et de réaliser tous les tableaux[91]. Pour cette tâche, il est payé la somme très importante de 215.- FS[92]. Speiser bénéficie également du soutien de son ami Achilles Bischoff[93], qui se charge de la relecture et de certaines corrections. La traduction en français est confiée à l'administration fédérale. Toutefois, sa qualité semble être médiocre, du moins ne satisfait-elle ni Speiser, ni Munzinger[94]. Il est pourtant très important de fournir un rapport

91 Eduard Bernoulli-Burckhardt (-Riggenbach) (1819-1899), BS, fils de Leonhard (1786-1852), négociant (draps) ; beau-fils de Jakob Burckhardt (1785-1858), pasteur, puis de Johann Riggenbach (1790-1859), fabricant (draps) et banquier ("Ehinger & Cie" 1816-1840, "J. Riggenbach" 1841-1859). Actif dans la maison paternelle (1834-1852), secrétaire de la direction financière de la "Schweizerische Centralbahn Gesellschaft" (1854-1860), banquier à Bâle ("J. Riggenbach" 1860-1893, "Riggenbach & Cie" 1893-1896). Cofondateur (1863), vice-président CA (1863-1899) de la "Basler Lebensversicherungsgesellschaft", membre du comité de la "Basler Handelskammer" (1876-1889), membre du comité de la "Bank in Basel" (1865-1899) et membre de la cour d'appel de Bâle (1867-1894).

92 AF, E12#1000/36#67*, lettre de Speiser à Munzinger, 15.01.1850, 1 p. A titre de comparaison, un ouvrier dans le textile zurichois touche 16 batz (ou 1.6 FSa = 2.28 FSn) par semaine en 1844. Cette somme de 215.- FSn représente donc 94 semaines de travail pour un ouvrier, soit un peu moins de deux ans.

93 Sur Achilles Bischoff, cf. note 50 p. 330.

94 AF, E12#1000/36#73*, lettre de Speiser à Munzinger, 13.10.1849, 1 p. Cette crainte d'une mauvaise traduction est également largement répandue dans les milieux

compréhensible qui puisse être diffusé en Suisse romande. Le travail est alors confié au professeur d'université Charles-François Girard[95], pour lequel il reçoit également la somme de 215.-[96].

En l'espace de sept semaines, Speiser est en mesure de livrer son rapport accompagné d'un projet de loi qui sont remis au DFF le 6 octobre 1849[97]. Il reste un mois avant l'ouverture de la session d'automne de l'AsF. Munzinger compte bien publier en l'état les travaux de Speiser et éviter ainsi toute contre-expertise en jouant sur la nécessité de respecter le délai imposé par l'AsF. L'objectif poursuivi est de modeler l'opinion publique à l'aide d'une vaste promotion du rapport de l'expert bâlois. Munzinger l'explique clairement à Speiser : « *Die Hauptsache wird übrigens nur die sein, zur Feststellung der öffentlichen Meinung mit aller Beförderung zu veröffentlichen* »[98]. Sachant qu'il est soutenu par la majorité du CF, il n'hésite pas à mobiliser cet argumentaire devant ses collègues pour parvenir à ses fins : « *Auf den Antrag des Finanzdepartements wurde dasselbe mit Rücksicht auf den Umstand, dass die Zeit bis zur nächsten Bundesversammlung bereits vorgerückt ist, ermächtigt, dem Bericht des Herrn Bankdirektors Speiser, [...], abdrucken zu lassen [...]* »[99]. Le CF suit la proposition de Munzinger et décide de publier les travaux de Speiser en l'état, alors même que ni les travaux de correction, ni la traduction ne sont terminés[100]. Cette célérité est impressionnante : en l'espace d'une séance, le CF adopte tous les articles

---

francophones : cf. par exemple Aeb, PA 116, A 73, lettre de DuPasquier à Speiser, 30.11.1849, 3 p. (ici, p. 1).

95 Charles-François Girard-Blumer (1811-1875), NE, fils du directeur de l'orphelinat cantonal de Neuchâtel ; beau-fils d'un médecin de Glaris. Etudes de théologie, enseignant à Lausanne, puis au Pädagogium de Bâle. Chaire de français et de littérature à l'Université de Bâle (1841-1879), en remplacement d'Alexandre Vinet (1797-1847). Enseigne aussi à l'École industrielle de Bâle (1853-1879).

96 Af, E12#1000/36#67*, lettres de Speiser à Munzinger du 31.10.1849, 3 p. (ici, pp. 2-3), du 03.11.1849, 3 p. (ici, pp. 1 et 3) et du 30.04.1850, 2 p.

97 Sur la production du rapport : Schüepp, Jakob, *Beiträge zur Schweizerischen Münzgeschichte, op. cit.*, p. 31 ; Mangold, Fritz, « Bankdirektor Johann Jakob Speiser », *op. cit.*, pp. 135-320 (ici, p. 199).

98 Aeb, PA 116, A 210, lettre de Munzinger à Speiser, 08.10.1849, 2 p. (ici, pp. 1-2).

99 Af, E1004.1#1000/9#1317*, Protocole du CF, 08.10.1849, n° 2956.

100 Aeb, PA 116, A 210, lettres de Munzinger à Speiser du 10.10.1849, 1 p., du 13.10.1849, 1 p. et du 18.10.1849, 2 p. Le rapport est publié au fur et à mesure de sa livraison, sans qu'il soit entièrement terminé : le 1e cahier paraît en allemand dans la *Feuille fédérale*, alors que la traduction française n'est pas finie et que les corrections pour le 2e cahier ne sont pas commencées.

du projet de loi. Il est à ce propos très important de souligner que les discussions sur les modifications à apporter au travail de Speiser ont lieu une semaine après sa publication en intégralité dans la *Feuille fédérale*[101]. D'ailleurs, il ne s'agit que de changements formels, sans toucher au cœur du contenu[102]. Ainsi, l'impression dans la *Feuille fédérale* avec la signature du CF avant que celui-ci n'ait révisé le rapport de Speiser confère aux conclusions de l'expert bâlois un caractère public qui devient, par là-même, le point de vue officiel du CF[103].

Le rapport de Speiser se structure en trois grandes parties[104]. La première contient une présentation historique des rapports monétaires en Suisse depuis le début du 19e siècle et des différentes tentatives de réforme qui ont eu lieu. La seconde présente les principes fondamentaux qui doivent guider la réforme. La troisième fournit la méthode à suivre pour l'exécution de la réforme et la suppression de l'ancien système. Le projet de loi se divise en deux: une loi organique d'une part, la loi de transition d'autre part.

Il vaut la peine de s'arrêter un moment sur le rapport et le projet de loi de Speiser qui représentent respectivement le fond et la forme de la loi monétaire suisse adoptée en 1850. Le travail de l'expert bâlois représente, conformément au mandat de Munzinger, un véritable plaidoyer en faveur de l'adoption du système monétaire français. Il ne laisse en effet planer aucun doute sur les intentions du banquier bâlois. Les objectifs poursuivis par les milieux du grand commerce, qui sont développés ci-dessous, sont de trois ordres: garantir l'intégration de l'économie helvétique au commerce international, assurer

101 AF, E1004.1#1000/9#1337*, Protocole du CF, 09.11.1849, n° 3323.

102 Les modifications du CF figurent dans: « Rapport du Conseil fédéral à l'Assemblée fédérale, sur la mise à exécution de la réforme monétaire suisse », *op. cit.*, pp. 163-173 (ici, pp. 166-171).

103 Le rapport est publié en quatre parties entre le 17 octobre et le 2 novembre 1849: Speiser, Johann Jakob, « Rapport d'expert », *op. cit.*, 54-57, 1849, pp. 1-28, 31-61, 65-88 et 97-126.

104 Parmi les nombreux commentaires sur le rapport de Speiser, on se référera en priorité à Mangold, Fritz, « Bankdirektor Johann Jakob Speiser », *op. cit.*, pp. 135-320 (ici, pp. 199-206), Haefliger, Hans, *Bundesrat Josef Munzinger*, *op. cit.*, pp. 298-299, Schüepp, Jakob, *Beiträge zur Schweizerischen Münzgeschichte, op. cit.*, pp. 31-33 et à Blaum, Kurt, *Das Geldwesen der Schweiz seit 1798, op. cit.*, pp. 27-29. Cf également Halbeisen, Patrick, Müller, Margrit, « Die schrittweise Nationalisierung des Geldes », *op. cit.*, pp. 63-86 (ici, pp. 70-71), Weissenrieder, Franz Xaver, *100 Jahre schweizerisches Münzwesen*, *op. cit.*, pp. 10-11 et Weisskopf, Erich, *Das schweizerische Münzwesen*, *op. cit.*, pp. 68-71.

l'approvisionnement en grosses espèces du pays et adopter une unité monétaire qui contribue à la création d'un espace économique unifié.

L'objectif principal défendu par Speiser est d'assurer l'intégration de la Suisse au commerce international. Pour y parvenir, il veut doter les milieux du grand commerce international de Suisse occidentale d'un système monétaire stable et unifié qui soit en concordance avec leur principal partenaire économique[105]. La France occupe, de ce point de vue, le premier rang :

> «*Nous tirons de France une partie considérable de nos articles de consommation de toute espèce, ou nous les faisons passer par la France ; parmi les places de change étrangères, Paris est sans contredit celle où il se fait les plus grandes affaires en argent pour la Suisse. [...] En portant en ligne de compte le Piémont, qui a également adopté le système monétaire français, notre commerce avec l'Allemagne ne figurera encore qu'en seconde ligne*»[106].

L'analyse du tissu économique des trois pôles de la Suisse occidentale marchande confirme le rôle central que joue la France pour leurs affaires. Les milieux du grand commerce réalisent sur les marchés du monde leurs activités[107]. A Bâle, les rubans de soie sont exportés à plus de 90 % vers les marchés d'outre-mer et en particulier les Etats-Unis, représentant un montant compris entre 12 et 14 millions de FF en 1846[108] ; la France représente leur principal lieu de transit. Les productions industrielles de Genève et Neuchâtel (horlogerie, bijouterie, indiennes) prennent aussi la route de débouchés lointains, pour lesquels la France joue le rôle d'intermédiaire[109]. Les milieux bancaires bâlois ont quant à eux un rayon d'activité très large qui s'étend de la France à l'Italie en passant par les Etats allemands et les cantons suisses, tandis que les banquiers genevois

105 Speiser, Johann Jakob, «Ueber das Münzwesen. XI», *Wochenblatt*, n° 34, 25.08.1849, pp. 2-4.

106 Speiser, Johann Jakob, «Rapport d'expert», *op. cit.*, 55, pp. 31-61 (ici, p. 42).

107 D'après Franscini, Stefano, *Neue Statistik der Schweiz*, *op. cit.*, Volume 1, p. 296, le commerce annuel total des seuls Bâlois s'élèverait à quelque 200 millions de FF. Probablement surévaluée, sans qu'il soit toutefois possible de le montrer, cette estimation fournit un ordre de grandeur qui témoigne de l'importance et du poids des affaires des milieux marchands de Suisse occidentale.

108 Steiger, Anne von, *Les rubans bâlois*, *op. cit.*, pp. 250-280.

109 Sur Neuchâtel : Dreyer, Alice, *Les toiles peintes en pays neuchâtelois*, Neuchâtel ; Paris : Ed. Delachaux & Niestlé SA, 1924, pp. 132-150 et 159-161 ; Veyrassat, Béatrice, *Réseaux d'affaires internationaux*, *op. cit.*, note 15 pp. 85-86. Sur Genève : Donzé, Pierre-Yves, *L'invention du luxe*, *op. cit.*, pp. 25-30.

et neuchâtelois réalisent l'essentiel de leurs activités sur le marché français[110]. Pour ces milieux économiques, l'adoption de la monnaie française représente l'occasion de supprimer les risques de change et de diminuer les coûts de transaction dans les échanges entre les deux pays : en possédant la même monnaie, le prix d'achat des espèces que les négociants, les marchands et les industriels utilisent pour leurs activités est considérablement réduit, ce qui améliore leur compétitivité à l'échelle internationale[111]. Les espèces françaises sont également recherchées sur les places allemandes où elles bénéficient d'un agio de 0.2 à 0.4 % : toute transaction avec l'Allemagne bénéficiera de cette prime. L'importance du FF sur les marchés internationaux permet donc de se procurer des florins allemands avec un gain de change non négligeable. Au contraire, le FLa est peu répandu dans le commerce international et n'est accepté qu'avec une perte de 1 % en France et dans toute la partie nord de l'Allemagne ; tout achat de valeurs françaises se soldant avec des florins implique donc cette perte.

Durant la réforme monétaire, la question de déterminer qui est le principal partenaire économique du pays est sujette à une grosse controverse et constitue un champ de bataille sur lequel les données chiffrées représentent les principales armes utilisées. Chaque camp tâche de démontrer la supériorité de la France ou des Etats allemands dans le commerce extérieur du pays en interprétant – souvent en manipulant à dessein – les rares statistiques disponibles. Il n'est pas aisé de mettre de l'ordre là-dedans, d'autant plus que les données existantes sur le sujet sont lacunaires. Le tableau ci-dessous présente les différentes estimations chiffrées du trafic de marchandises avec les quatre partenaires commerciaux limitrophes de la Suisse – France, « Zollverein », Autriche et Etats sardes – durant les années 1840.

---

110 Sur la structure des activités bâloises, cf. Sarasin, Philipp, *La ville des bourgeois, op. cit.*, pp. 45-60. Sur Genève : Perroux, Olivier, *Tradition, vocation et progrès, op. cit.*, pp. 178-202. Sur Neuchâtel : Jequier, François, « Industriels, négociants et banquiers neuchâtelois », in Mottet, Louis H. (Dir.), *Les grandes heures des banquiers suisses, op. cit.*, pp. 125-140.

111 La question des coûts de transaction dans le commerce international a donné lieu à peu d'études : North, Douglass Cecil, « Transaction Costs in History », *op. cit.*, pp. 557-576 (surtout les pp. 565-567) ; Helleiner, Eric, *The Making of National Money, op. cit.*, chapitre 3, pp. 61-79.

Tableau 9 : estimations chiffrées en millions de francs français du trafic de marchandises avec les quatre partenaires commerciaux limitrophes de la Suisse entre 1840 et 1849[112]

		Importations en Suisse de :											
		France			Etats Sardes			Autriche			Zollverein		
		Imp.	T.	Total	Imp.	T.	Total	Imp.	T.	Total	Imp.	T.	Total
Gonzenbach	1840	36	55	91				15	31	46			91
Gern	1837/1846	42	52	94									
DFI	1840-1844			96			13			72			89
		Exportations de Suisse vers :											
		France			Etats Sardes			Autriche			Zollverein		
		Exp.	T.	Total	Exp.	T.	Total	Exp.	T.	Total	Exp.	T.	Total
Gonzenbach	1840	21	49	70					26	5			71
Veyrassat	1845	27	77	104	7	10	17	12	25	37	34	61	95
Gern	1837/1846	23	57	80									
DFI	1844			68			17			37			73
		Total (importations + exportations + transit)											
		France			Etats Sardes			Autriche			Zollverein		
Gonzenbach	1840			161						51			162
Gern	1837/1846			174									
DFI	1840-1844			164			30			109			162
Speiser	1849			180						107 (inclus Lombardie-Vénétie)			161
Allgemeine Zeitung	1849			175			85			30			170

Les estimations chiffrées de Gonzenbach et celles du Département fédéral de l'Intérieur produites en 1858, qui sont certainement les plus fiables puisqu'elles se basent sur les statistiques douanières, laissent entrevoir qu'en 1840 la France et les Etats allemands occupent une place similaire dans le commerce extérieur helvétique[113]. La situation semble changer assez

112 Les sources pour le tableau figurent dans la note suivante.

113 Abréviations pour le tableau : Imp. = importations (commerce spécial) ; Exp. = exportations (commerce spécial) ; T. = transit. Le total correspond au commerce général.
Les données pour le commerce avec la France en 1840 sont tirées de Gonzenbach, August von, *Exposé du mouvement commercial entre la Suisse et la France pendant l'année 1840, op. cit.*, pp. 55-56 ; celles avec le « Zollverein » en 1840 viennent de Gonzenbach, August von, *Ueber die Handelsverhältnisse zwischen der Schweiz und den deutschen Zollvereinsstaaten während des Jahres 1840, op. cit.*, pp. 45-46 ; celles avec l'Autriche en 1840 proviennent de Gonzenbach, August von, *Exposé du mouvement commercial entre la Suisse et l'Autriche pendant les années 1840 et 1845, op. cit.*, pp. 2-3 et 67-68 ; le montant de 5 millions d'exportations totales vers l'Autriche de Gonzenbach n'inclut pas la Lombardie-Vénétie. La reconstruction de Veyrassat (1845) repose sur des statistiques étrangères : cf. Veyrassat, Béatrice, « La Suisse sur les marchés du monde », *op. cit.*, pp. 287-316 (ici, pp. 312-313). Les chiffres de Gern, Philippe, Arlettaz, Silvia, *Relations franco-suisses au XIXe siècle, op. cit.*, tableaux en annexe, pp. 308, 318, 330 et 338, qui prennent comme base les statistiques françaises, sont une moyenne portant sur les années 1837/1846. Concernant les données

rapidement ensuite, mais des données d'ensemble fiables font défaut pour le démontrer avec certitude. Selon l'estimation de Speiser, qui a accès par son statut d'expert monétaire aux données des flux commerciaux, le commerce avec la France et la Sardaigne, qui se règle en FF, dépasserait de quelque 20 millions de FF les échanges avec le « Zollverein » en 1849. Selon l'estimation de l'*Allgemeine Zeitung*, les rapports avec la France et la Sardaigne seraient bien supérieurs à ceux avec l'Allemagne. Ces données doivent toutefois être considérées avec prudence, car leur base n'est pas connue[114]. Par ailleurs, un commerce massif de contrebande est pratiqué dans les échanges avec les quatre Etats limitrophes, ce qui a également tendance à fausser la précision des estimations présentées ci-dessus[115].

Du côté des importations dans le commerce général, une estimation produite au début des années 1860 portant sur la période 1840-1849 nous renseigne sur le rôle respectif des frontières des Etats limitrophes dans l'entrée de marchandises en Suisse. Le graphique ci-dessous en donne une illustration.

du Département fédéral de l'Intérieur (DFI), les dates pour le « Zollverein » sont 1840, 1842 pour la France et 1844 pour l'Autriche et la Sardaigne : cf. Eidgenössische Departement des Innern, *Beiträge der schweizerischen Eidgenossenschaft*, *op. cit.*, p. 298. Le total du commerce de Gonzenbach pour 1840 a été calculé par nos soins en additionnant les valeurs d'importation et d'exportation figurant dans le haut du tableau. Les données de Speiser sont tirées de Af, J1.67#1000/1363#28*, Chemise Münzfrage, Speiser, Johann Jakob, *Rand-Bemerkungen zu dem Bericht der Herrn Hüngerbühler*, [s.d. : vers mi-avril 1850], 7 p. (ici, pp. 5-6). L'estimation du journal allemand *Allgemeine Zeitung* provient de [s.a.], « Die schweizerische Münzfrage », *Allgemeine Zeitung*, 27.05.1850, p. 12.

114 Il existe d'autres estimations qu'il est tout aussi difficile d'exploiter en raison de leur base de calcul peu sûre. C'est notamment le cas du banquier genevois Jean-Eloi Lombard, qui se base sur une marge de progression de 22 % entre 1835 et 1840 qu'il a calculée à partir des chiffres de Gonzenbach. Il applique cette marge pour établir une projection en 1849 qui se monte à 210 millions de FF pour le trafic franco-suisse (importations + exportations), à quoi il faut ajouter 60 millions de commerce de transit avec la France et 70 millions avec le Piémont, la Savoie, la Belgique et l'Algérie, pour un montant total de 340 millions de FF. Cf. [Lombard, Jean-Eloi], « De la question monétaire (Fin) », *Courrier Suisse*, 30.11.1849, pp. 2-3 (ici, p. 2).

115 Humair, Cédric, *Développement économique et Etat central*, *op. cit.*, pp. 29-30 et Veyrassat, Béatrice, « La Suisse sur les marchés du monde », *op. cit.*, pp. 287-316 (ici, p. 296).

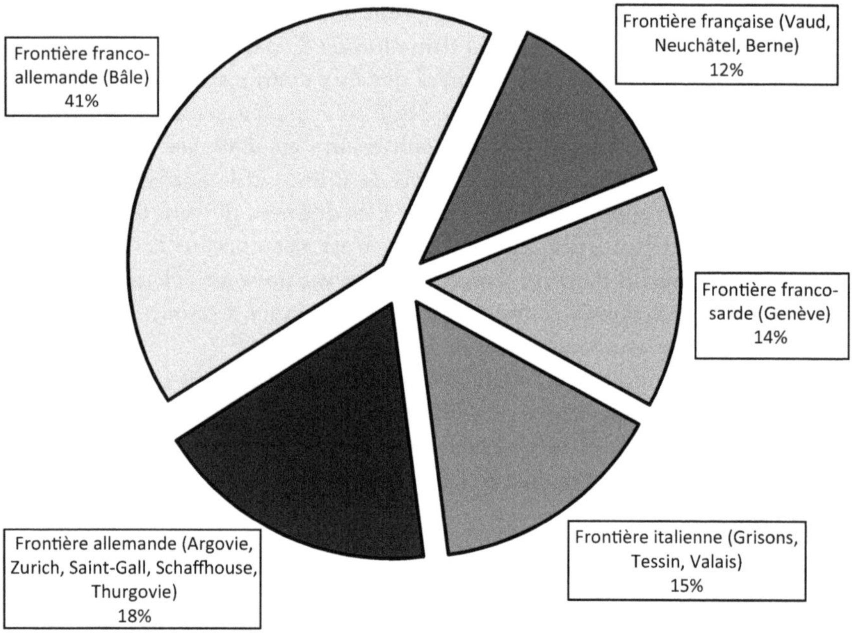

Graphique 3: part respective des frontières des Etats limitrophes dans l'importation de marchandises dans le commerce général de la Suisse durant les années 1840[116]

La répartition des importations dans le commerce général de la Suisse ne permet pas de déterminer avec certitude la part de chaque Etat limitrophe. L'importation de marchandises qui proviennent de France et de Sardaigne représente un minimum de 26 % du total (addition des frontières française et franco-sarde). Les achats en provenance des Etats allemands qui entrent en Suisse par la frontière allemande s'élèvent à 18 % du total des importations. Du côté de la frontière italienne (15 % du total), elles proviennent de la Lombardie-Vénétie et de la Sardaigne, sans que l'on puisse établir leur part respective. Le même problème se pose avec la frontière franco-allemande bâloise: il n'est pas possible de déterminer la proportion des importations qui proviennent de

116 Source du graphique: Emminghaus, Arwed Karl Bernhard, *Die Schweizerische Volkswirtschaft*, *op. cit.*, pp. 127-128. La distinction entre les cinq frontières provient d'Emminghaus. Il s'agit d'une moyenne de l'importation totale de marchandises dans le pays (qui s'élève à 109'390 tonnes selon cet auteur) portant sur les années 1840-1849. Sur ce chiffre, la première place revient au vin (16 %), suivi par le sucre (10 %), le café (8 %), le coton (7 %) et le métal (3 %).

France et celles qui arrivent des Etats allemands. En resserrant la focale sur les deux seules villes marchandes de Bâle et de Genève, on constate qu'elles officient comme les principales portes d'entrée dans le pays, puisqu'elles sont responsables de 55 % de toutes les importations dans le pays, Bâle se taillant la part du lion avec 41 % du total (45'000 tonnes)[117]. Une autre évaluation publiée au milieu des années 1840 indique des pourcentages parfaitement identiques pour la période 1839-1843[118]. Sur ces cinq années, les importations par la frontière française, exprimées en tonnes, progressent de 19 %, de 8 % par la frontière allemande et de 12 % sur la frontière italienne. S'il n'est pas possible, sur la base de ces chiffres, de déterminer quel pays limitrophe exporte le plus de marchandises dans le commerce général de la Suisse, il semblerait néanmoins que la France soit le partenaire le plus dynamique, celui dont l'activité évolue le plus rapidement.

L'importance du partenaire français se retrouve aussi dans la structure des exportations helvétiques calculée par Béatrice Veyrassat[119]. En 1845, la Suisse exporte 104 millions de FF dans le commerce général de l'Hexagone – dont 74 % en transit –, montant qui s'élève à 134 millions de FF en 1851. Sur la même période, les importations de Suisse qui entrent dans le commerce général du «Zollverein» passent de 95 millions de FF (dont 64 % en transit) à 106 millions de FF. Au milieu du 19e siècle, la France serait donc le principal partenaire commercial de la Suisse, en raison notamment de l'importance du transit en direction du Havre, porte de sortie vers le marché américain qui absorbe un peu moins de la moitié de la valeur des marchandises qui quittent la Suisse en 1845[120]. Par ailleurs, au début des années 1850, la France est une des voies d'accès pour rejoindre l'Angleterre, à côté d'Amsterdam et de Hambourg, relais vers les marchés d'outre-mer. Les marchandises helvétiques entrent ainsi pour 15 à 20 % de l'ensemble du commerce de transit anglais en 1855,

---

117 Le poids de Bâle est confirmé par les données de la "Kaufhauskommission", citées par HUBER, Paul, *Die Schweizerische Centralbahn*, *op. cit.*, p. 19. Selon ces chiffres, le commerce total de la ville (importations et exportations) se monte à 78'000 tonnes en 1842 et à 123'000 tonnes en 1852, soit une progression de 63 % en dix ans.

118 [S.A.], «Die Einfuhr in die Schweiz. 1839-1843», *Monatblatt*, août 1844, pp. 1-3.

119 Les chiffres qui suivent sont tirés de VEYRASSAT, Béatrice, «La Suisse sur les marchés du monde», *op. cit.*, pp. 287-316 (ici, p. 313).

120 VEYRASSAT, Béatrice, *Réseaux d'affaires internationaux*, *op. cit.*, pp. 97-107 et 291. Sur la structure du commerce extérieur français durant cette période, cf. aussi BRODER, André, «Le commerce extérieur: l'échec de la conquête d'une position internationale», in BRAUDEL, Fernand, LABROUSSE, Ernest, *Histoire économique et sociale de la France*, Tome III, Paris: Presses universitaires de France, 1976, pp. 305-346 (ici, pp. 321 et 343-346).

soit quelque 60 millions de FF. De manière plus générale, l'ensemble des rapports commerciaux (importations + exportations) est très dynamique entre la Suisse et l'Angleterre : il s'élève à 40 millions de FF en 1848, montant qui a déjà doublé (80 millions de FF) deux ans plus tard[121]. Au contraire, les Etats allemands jouent un rôle de seconde importance dans l'écoulement des produits helvétiques. Selon Speiser, « *Süddeutschland, mit Ausnahme Frankfurts, ist der schlechteste Abnehmer unserer Industrie-Erzeugnisse ; ein viel schlechterer als das prohibitive Frankreich. Unsere Kunden sind : Leipzig, Hannover, Berlin und Hamburg, wo man keine Gulden kennt und keine herbezieht* »[122]. Pour l'expert bâlois, l'ensemble des échanges avec les trois Etats du sud de l'Allemagne s'élèverait à moins de 50 millions de FF par année[123]. Quant à l'Autriche – dont le commerce annuel se monterait à 107 millions de FF selon Speiser en 1849 –, il consiste essentiellement en matières premières en provenance des Etats italiens et de vente de bétail suisse dans cette même direction qui se règlent avec des espèces d'or et d'argent françaises ; le FLa joue un rôle négligeable dans ces flux commerciaux[124].

Durant les années 1840, la valeur du commerce général franco-suisse progresse fortement, suite notamment à la suppression des taxes de transit en France. Avec cette évolution, la balance commerciale déficitaire entre la Suisse et la France se creuse : les importations sont en moyenne supérieures aux exportations de 14 millions de FF en 1837/1846 et en moyenne de 40 millions de FF en 1847/1856[125]. Ce déficit implique une sortie de numéraire équivalente pour payer ces achats. Entre 1803 et 1840, plus de 600 millions de FF seraient ainsi réglés à la France par les milieux du commerce helvétique[126]. C'est précisément l'enjeu principal pour ces acteurs économiques : disposer d'une monnaie équivalente à celle de la France réduirait le prix d'acquisition de ce numéraire. S'ils ne peuvent être complètement supprimés en raison des coûts de transaction, les

121 Ces chiffres du commerce avec l'Angleterre sont tirés de Imlah, Ann Gordon, *Britain and Switzerland*, *op. cit.*, pp. 118-123.

122 Af, J1.67#1000/1363#28*, Chemise Münzfrage, Speiser, Johann Jakob, *Rand-Bemerkungen*, *op. cit.*, 7 p. (ici, p. 4). Souligné dans l'original.

123 *Ibid.*, p. 5.

124 *Ibid.*, p. 6.

125 Chiffres calculés à partir de la moyenne des montants du commerce général en 1837/1846 et en 1847/1856 fournis par Gern, Philippe, Arlettaz, Silvia, *Relations franco-suisses au XIXe siècle*, *op. cit.*, tableaux en annexe, pp. 313-314 et 322-323. Cf. aussi Kolb, G[eorg] Fr[iedrich], *Beiträge zur Statistik*, *op. cit.*, p. 30.

126 Gonzenbach, August von, *Exposé du mouvement commercial entre la Suisse et la France pendant l'année 1840*, *op. cit.*, p. 57.

frais pourraient être considérablement abaissés en éliminant la différence de change[127]. Au moment de la fondation de l'Etat fédéral, les échanges extérieurs seraient réglés pour un montant compris entre 180 et 340 millions de FF avec des monnaies françaises[128]. Toute variation, aussi minime soit-elle, dans le prix d'acquisition de ces espèces peut donc avoir de grosses conséquences. Et c'est précisément ce qui se passe durant la période de la Régénération : entre 1830 et 1850, le prix d'achat du numéraire français augmente en moyenne de 3 % sur le territoire helvétique, ce qui renchérit le coût des échanges pratiqués avec des FF et réduit donc la compétitivité des acteurs économiques suisses. Certes, le commerce international se règle en grande partie en lettres de change, mais libellées en monnaie universelle, elles ont plus de chance d'être acceptées et négociées sur les places étrangères. Elles trouveraient en effet plus facilement preneur, car le risque de devoir supporter un intérêt élevé lié à l'acquisition d'une monnaie difficile à se procurer serait amoindri[129].

Tout aussi important que l'échange de marchandises, le trafic de numéraire (billets et pièces métalliques), qui ne s'effectue pas par le commerce de marchandises, doit également être pris en ligne de compte. Afin de fournir la documentation nécessaire à la réalisation du rapport de Speiser, le CF récolte en 1849 toute une série de données chiffrées portant sur l'importation de numéraire en Suisse durant les années 1846-1848. Le graphique ci-dessous en illustre la répartition.

---

127 Quelques informations sur cette question figurent dans Einaudi, Luca, *Money and Politics*, *op. cit.*, p. 67. Nous n'avons pas trouvé de données qui nous permettraient d'évaluer ces frais pour la Suisse. Une estimation de ce qu'ils représentent sur le marché international des métaux précieux entre les places de Londres et de Paris durant les années 1860 se trouve dans Flandreau, Marc, *L'or du monde : la France et la stabilité du système monétaire international, 1848-1873*, Paris : L'Harmattan, 1995, pp. 102-105.

128 Se basant sur les chiffres du commerce extérieur de la Suisse, plusieurs contemporains évaluent la part qui est réglée en monnaies françaises. Pour Speiser, il s'agit de 180 millions de FF ; pour Lombard de 340 millions de FF. Cf. AF, J1.67#1000/1363#28*, Chemise Münzfrage, Speiser, Johann Jakob, *Rand-Bemerkungen*, *op. cit.*, 7 p. (ici, pp. 5-6) ; [Lombard, Jean-Eloi], « De la question monétaire (Fin) », *Courrier Suisse*, 30.11.1849, pp. 2-3 (ici, p. 2).

129 Buser-van Dyck, Rudolf, *Zur Geschichte des Bankhauses Marcuard u. Co*, Bern : [s.n.], 1913, pp. 3-4.

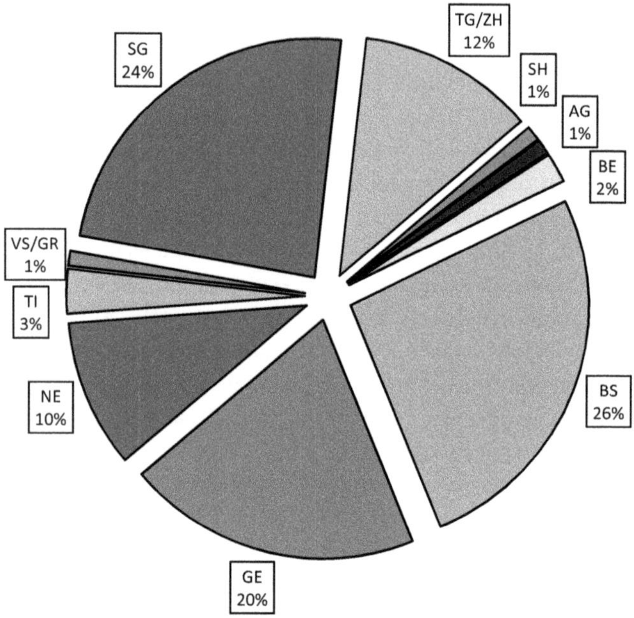

Graphique 4: répartition de l'importation moyenne de numéraire de certains cantons suisses possédant une frontière avec l'étranger à la fin des années 1840[130]

Ces pourcentages doivent impérativement être considérés comme des ordres de grandeur et non comme une représentation fidèle de la réalité[131]. En dépit

130 Il s'agit d'une moyenne portant sur les années 1846 à 1848 qui est exprimée en pourcent du montant total de 43'470'000.- FF. Ces pourcentages ont été calculés à partir des chiffres fournis par le « Rapport à la Haute Assemblée fédérale sur la gestion du Conseil fédéral suisse dès le 21 novembre 1848 au 31 décembre 1849 », *Feuille fédérale*, Vol. 3, 46, 12.10.1850, 139 p. (ici, p. 63).

131 Les données sont en effet largement incomplètes et posent de gros problèmes méthodologiques pour être utilisées. Pour Schaffhouse et Saint-Gall, il ne s'agit que de l'importation par le roulage. Concernant Zurich, le montant ne prend en compte que le trafic effectué par la poste. Les raisons pour lesquelles les montants de Thurgovie et de Zurich sont amalgamés ne sont pas précisées. Il manque surtout tout le trafic individuel qui ne passe ni par le roulage, ni par la poste. Aucun élément n'indique pour quelles raisons le canton de Vaud n'est pas pris en compte. Sur ces limites, cf. « Rapport de la minorité de la Commission nommée par le Conseil des Etats suisse touchant le projet de loi pour le système monétaire suisse et celui

de leurs limites, ils permettent néanmoins de se faire une idée générale de la tendance de fond qui prévaut au moment de la fondation de l'Etat fédéral. Les trois pôles de la Suisse occidentale marchande (Bâle, Genève et Neuchâtel) importent à eux trois plus de la moitié du numéraire dans le pays (56 %) et jouent donc un rôle moteur[132]. Ceci s'explique par l'importance des places bancaires de Genève et de Bâle, ainsi que par les besoins de l'horlogerie genevoise et neuchâteloise qui importe et fond les grosses espèces étrangères pour se procurer la matière d'or et d'argent nécessaire à ses activités. En ajoutant le Tessin et Berne, les cantons qui défendent le FF seraient à l'origine de plus de 60 % de l'importation de numéraire en Suisse[133]. Les cantons de Suisse orientale industrielle (Saint-Gall, Schaffhouse et Thurgovie) importent quant à eux pour un peu plus d'un tiers (37 %) du numéraire dans le pays ; il est très probable qu'en soustrayant la part de Zurich (qui est amalgamée avec la Thurgovie), ce pourcentage pourrait être revu à la baisse[134]. La "Bank in St. Gallen" joue un rôle central en étant responsable de la quasi-totalité de cette part. En 1849, elle déclare avoir fait venir d'Augsbourg pour 9.5 millions de FF sur l'année comptable 1848-1849, soit plus de 90 % des 10.4 millions de FF annoncés au DFF pour le seul canton de Saint-Gall (moyenne sur les années 1846-1848)[135]. Les cantons frontières agricoles de la Suisse méridionale et occidentale (Argovie, Berne, Grisons, Valais et Tessin) n'ont pour leur part qu'une activité négligeable dans l'importation de numéraire à l'échelle du pays (7 %). Enfin, il convient de

---

de la mise à exécution de la réforme monétaire en Suisse », *op. cit.*, pp. 237-296 (ici, pp. 267-268).

132 AF, E12#1000/36#67*, lettre de Speiser à Munzinger, 31.10.1849, 4 p. (ici, pp. 2-3).

133 [S.A.], « Die Geld-Einfuhr der Schweiz », *Wochenblatt*, n° 14, 06.04.1850, p. 2 ; AF, J1.67#1000/1363#28*, Chemise Münzfrage, SPEISER, Johann Jakob, *Rand-Bemerkungen*, *op. cit.*, 7 p. (ici, p. 6).

134 Plusieurs Zurichois et Saint-Gallois réfutent la validité des chiffres du CF, estimant qu'ils sont sous-estimés d'au moins 12 % et vraisemblablement de 50 %, en raison des effets de la crise économique de 1846-1848. Cf. BSG, VNL 60, A22, 41, lettre de Fehr à Hungerbühler, 02.12.1849, 4 p. (ici, pp. 1-3) et A23, 8, lettre de Fischer à Hungerbühler, 23.02.1850, 3 p. (ici, p. 3).

135 Pour l'année précédente (1847-1848), le montant du numéraire importé par la banque s'élève à 5.5 millions de FF, valeur qui n'a quasiment pas varié depuis sa fondation en 1837. Cf. BANQUE DE ST. GALL, *Mémoire de la Banque de St. Gall, adressé au Département fédéral des finances, concernant la réforme monétaire à introduire en Suisse*, St. Gall ; Berne : Huber & Cie, 1849, pp. 4-5. Une lettre de Munzinger à Speiser – AEB, PA 116, A 210, lettre de Munzinger à Speiser, 21.11.1849, 2 p. (ici, p. 1) – confirme ces chiffres.

souligner l'explosion quantitative du commerce de numéraire durant la décennie qui précède la fondation de l'Etat fédéral. En 1840, Gonzenbach estime qu'il est importé de France pour 6.5 millions de FF de numéraire et exporté pour 6 millions de FF[136] ; cet auteur ne fournit pas de données comparables pour les Etats allemands. A la fin des années 1840, la part de la France doit probablement couvrir une grande partie du numéraire importé par les pôles marchands de Suisse occidentale (Bâle, Genève et Neuchâtel), soit quelque 24 millions de FF. En admettant ces chiffres, on assiste donc durant cette décennie à une croissance très marquée du commerce de numéraire entre les deux pays : les importations helvétiques en numéraire en provenance de la France progresseraient ainsi de 270 % en moins de dix ans.

Vers 1848, l'ensemble du commerce de marchandises et de numéraire effectué à l'aide d'espèces françaises prévaut donc largement sur celui opéré avec le florin des Etats du sud de l'Allemagne. Les différents chiffres présentés ci-dessus permettent d'avancer que la France représente vraisemblablement le principal partenaire économique de la Suisse au moment de la fondation de l'Etat fédéral. Puisque la structure du commerce extérieur détermine la monnaie à utiliser, la prédominance de la France justifie aux yeux des milieux du grand commerce international l'adoption de son système monétaire. Le Cf tessinois Stefano Franscini l'exprime très bien :

> *« [...] tous les intérêts de la Suisse convergent vers la France, la Belgique, la Sardaigne, l'Italie et les pays d'Outre-Mer ; elle doit donc se donner un système monétaire qui ait cours dans ces pays. Nous avons plusieurs maisons importantes établies dans les principales villes de France ; elles se servent de la marine française pour le transport de leurs marchandises, par conséquent nous ne devons hésiter aucun instant à admettre le système monétaire français »*[137].

Valable sur les marchés du monde, le FF présente des avantages commerciaux indéniables, ce qui n'est pas le cas du FLa. Un correspond anonyme de la *Solothurner Blatt*, titre de presse qui est, rappelons-le, proche de Munzinger, le souligne :

> *« Aber bezieht die östliche Schweiz nicht eine Menge von Rohstoffen aus Frankreich und Italien (Marseille und Havre könnten da bedeutende Auffschlüsse geben), Zürich allein*

136 Gonzenbach, August von, *Exposé du mouvement commercial entre la Suisse et la France pendant l'année 1840*, *op. cit.*, pp. 58-59.

137 Intervention de Stefano Franscini lors de la séance du CE du 13.12.1849, citée in [s.a.], « Conseil des Etats », *Journal de Genève*, 01.01.1850, pp. 3-4 (ici, p. 4).

kauft in Italien für Millionen ein, und werden dessen Ankäufe in Frankreich und Italien, oft auch in der Levante mit Gulden bezahlt ? Gewiss nicht»[138].

Le FF est donc, aux yeux des milieux du grand commerce actifs à l'échelle internationale, la monnaie la plus adaptée à leurs besoins. Dans son message aux Chambres, le CF le formule très bien en ces termes :

> *« La monnaie est un moyen de faciliter le mouvement commercial et remplira ce but dans une mesure d'autant plus grande, qu'un plus grand nombre de peuples fera usage de la même monnaie. [...] Pour chaque pays, mais surtout pour un pays de petite étendue, il importe donc de se rallier à un système monétaire et notamment à celui qui est le plus étendu [...]. Le Conseil fédéral croit avoir trouvé ces conditions dans le système français dont la monnaie peut sans exagération être appelée monnaie universelle »*[139].

Reprenons le fil du rapport de Speiser. Le second élément qui est défendu par les milieux marchands de Suisse occidentale est d'assurer l'approvisionnement en grosses espèces du pays[140]. L'expert bâlois prévoit de se reposer sur la circulation des monnaies françaises et étrangères conformes au système décimal français et de leur donner cours légal. Cette manière de procéder présente deux avantages majeurs. D'une part, elle assure l'intégration monétaire du pays au commerce international sur le long terme. En utilisant les monnaies de la principale puissance économique du continent européen, la Suisse réduit considérablement le risque de se retrouver exclue du flux des échanges de marchandises et de numéraire. D'autre part, elle limite au maximum les frais de la réforme et, partant, les dépenses de l'Etat fédéral. L'objectif central reste néanmoins de favoriser les échanges avec l'étranger :

> *« [...] le pays qui ne frappe pas une monnaie nationale pour les transactions en grand, mais qui est obligé d'acheter de l'étranger sa consommation d'argent, prendra des mesures à l'effet de s'assurer pour sa circulation les espèces monétaires qu'il pourra employer avec le plus d'avantage pour son commerce à l'extérieur »*[141].

Adopter une monnaie à caractère universel et à large diffusion constitue également une protection contre les risques liés à une contraction des moyens de paiement dans les échanges internationaux. A peine sortis de la crise monétaire qui a touché le pays durant le second semestre de 1848, les milieux du grand

---

138 [S.A.], « Das Münzwesen », *Solothurner Blatt*, 31.10.1849, pp. 1-3 (ici, p. 1).

139 « Rapport du Conseil fédéral à l'Assemblée fédérale, sur la mise à exécution de la réforme monétaire suisse », *op. cit.*, pp. 163-173 (ici, p. 172).

140 SPEISER, Johann Jakob, « Rapport d'expert », *op. cit.*, 56, pp. 65-88 (ici, pp. 78-87).

141 *Ibid.*, 55, pp. 31-61 (ici, p. 40).

commerce et de la banque sont conscients qu'ils doivent assurer la stabilité de l'alimentation en numéraire pour assurer la poursuite de leurs activités[142].

La nécessité de disposer d'un approvisionnement régulier répond également à des enjeux industriels. Les horlogers et les bijoutiers installés entre Genève et l'Arc jurassien utilisent massivement les espèces françaises pour leurs activités de production. Bien que les estimations soient rares et sujettes à caution, tâchons de se faire une idée de l'importance que revêtent les espèces étrangères pour ce secteur économique[143]. Pour le médecin genevois Jean-Henri Duchosal, l'horlogerie et la bijouterie genevoises fonderaient pour plus de 7 millions de FF en pièces d'or par année[144]. Il s'agit très probablement d'un mélange de pièces d'or françaises et anglaises, ainsi que suisses en quantités minimes. Selon une autre source, ce serait pour plus de 8 millions de FF de métaux précieux (or et argent confondus) qui seraient utilisés chaque année à Genève[145]. D'après Leonhard Pestalozzi, les Neuchâtelois seraient les plus gros consommateurs d'argent du pays : ils fonderaient entre 600'000.- et 1.2 millions de FF par an, uniquement pour l'argent[146]. Une dernière estimation, enfin, évalue la consommation annuelle des horlogers de Genève et de l'Arc jurassien à 32 millions de FF (or et argent confondus), dont deux tiers de pièces françaises[147]. Au vu de ces estimations, l'usage non monétaire des métaux précieux doit vraisemblablement se trouver quelque part entre 7 et 32 millions de FF par an. L'importance de l'utilisation industrielle des métaux est d'ailleurs confirmée par une statistique de 1909 : entre 1841 et 1850 à l'échelle mondiale, un tiers de la demande d'or

---

142 Bsg, VNL 60, A23, 18, lettre de Pestalozzi à Hungerbühler, 20.03.1850, 4 p. (ici, pp. 2-3) et 45, lettre de Gonzenbach à Hungerbühler, [s.d. : vers début avril 1850], 3 p. (ici, p. 3).

143 Des données fiables sont disponibles dès les années 1880 sur ce sujet, mais font défaut auparavant. Cf. Haupt, Ottomar, *L'histoire monétaire de notre temps*, Paris : J.-H. Truchy ; Berlin : Walther et Appolant, 1886, pp. 382-384.

144 Intervention du Genevois Jean-Henri Duchosal lors de la séance du CE du 14.12.1849, citée in [s.a.], « Conseil des Etats », *Courrier Suisse*, 17.12.1849, pp. 2-3 (ici, p. 3).

145 Wolowski, « Extraits du rapport de M. Wolowsky sur l'exposition de Zurich », in Ministère de l'agriculture et du commerce (Ed.), *Faits commerciaux n° 2*, [s.l.] : [s.n.], 1847, pp. 27-61 (ici, p. 60).

146 Pestalozzi, Leonhard, *Der Schweizerfranken als eidgenössische Münzeinheit*, *op. cit.*, p. 34. Les horlogers neuchâtelois ne fondent pas les TB pour des raisons de qualité et de quantité à disposition : cf. Favarger, Philippe, *La noble et vertueuse Compagnie des Marchands de Neuchâtel*, *op. cit.*, pp. 235-236.

147 [s.a.], « Das Münzwesen », *Solothurner Blatt*, 31.10.1849, pp. 1-3 (ici, p. 2).

et d'argent est absorbée par l'industrie[148]. Quel que soit le montant retenu, la question de l'approvisionnement dépasse donc largement le strict cadre de la circulation des monnaies et des échanges commerciaux, mais englobe un pan très important de la production industrielle de Suisse occidentale. De ce point de vue, seul le système français offre des garanties de sécurité et de stabilité de l'approvisionnement, car les quantités de FLa disponibles ne suffiraient pas à satisfaire les besoins monétaires et industriels de la Suisse, tandis que la monnaie des Etats du sud de l'Allemagne risquerait de se faire évincer par le thaler prussien en cas d'unification des Etats allemands. Nous verrons également dans un prochain chapitre que le choix de frapper les premiers FS à l'étranger répond aussi à cet enjeu industriel.

Le troisième élément qui est défendu par les marchands-banquiers de Suisse occidentale réside dans la volonté de créer un espace économique unifié. A côté de la suppression des douanes intérieures, de l'établissement d'un système postal fédéral, de l'unification du marché du travail et du libre établissement des citoyens sur l'ensemble du territoire, l'adoption d'une monnaie unique participe à la mise en place des conditions-cadres indispensables à la création d'un marché commun. L'importance que revêt l'unification monétaire est soulignée par l'expert bâlois :

> *« Im Übrigen soll der Grenzverkehr in den Hintergrund treten bei der Münzsystem-Frage, der innere Verkehr muss hauptsächlich massgebend sein, denn dieser beträgt bei 1200 Millionen jährlich, während der auswärtige Baarverkehr keine 50 Millionen ausmacht. Der innere Verkehr aber bedarf der Einheit im Münzwesen und diese findet es nicht bei einer Doppel-Währung, wie das Tarifirungssystem bietet »*[149].

La construction d'un marché monétaire unifié repose sur deux autres dimensions : le marché des capitaux et le transport de personnes. La réputation du pays est également à prendre en compte. Ces éléments sont analysés en détail ci-dessous.

La première dimension concerne le marché des capitaux. L'organisation monétaire qui prévaut jusqu'en 1848 implique la circulation de nombreuses grosses espèces. En fonction d'une multitude de facteurs – état du commerce

148 Proportion calculée à partir des chiffres de la demande monétaire et non-monétaire en métaux précieux entre 1831 et 1880 à l'échelle mondiale calculés par MULHALL, Michael G., *The Dictionary of Statistics*, et cités par FLANDREAU, Marc, *L'or du monde*, *op. cit.*, p. 38.

149 AF, J1.67#1000/1363#28*, Chemise Münzfrage, SPEISER, Johann Jakob, *Rand-Bemerkungen*, *op. cit.*, 7 p. (ici, p. 6).

extérieur, localisation des partenaires économiques ou encore modifications dans la législation monétaire à l'étranger –, c'est tantôt une monnaie, tantôt une autre qui prédomine sur le marché intérieur helvétique. Il en résulte une tension constante entre créditeurs et débiteurs sur le marché. Pour les premiers, l'assurance de récupérer la valeur prêtée n'est pas garantie. Pour les seconds, le risque de devoir payer une prime pour acquérir les espèces à rembourser est bien réel. Défendant les intérêts des créanciers, Speiser souligne les problèmes que cette situation engendre :

> *« La facilité de s'acquitter d'une dette en choisissant entre diverses monnaies d'une valeur intrinsèque différente celle qui présente momentanément le plus d'avantage, entraîne infailliblement à sa suite l'agiotage, rend la valeur des créances moins certaine, nuit enfin à l'uniformité qu'on doit désirer dans le signe représentatif des échanges pour le grand et pour le petit commerce »*[150].

Un exemple permet de bien comprendre les enjeux qui reposent sur cette question[151]. Un personnage qui doit s'acquitter d'un montant de 105 FSa auprès des Caisses publiques peut, en présence de plusieurs espèces légales, choisir l'espèce qui l'avantage. Pour obtenir cette somme, il peut soit utiliser des FLa, soit des FF dans un canton qui tarifie les deux espèces[152]. Une différence d'environ 1 % existe entre un paiement en monnaie allemande et française ; elle bénéficie au débiteur, car il peut choisir l'espèce dans laquelle régler sa dette, et se trouve donc en défaveur du créancier. Mais cette logique ne concerne pas uniquement quelques cantons, elle s'étend à tout le pays. En 1848, un Bâlois qui doit rembourser une dette de 1000 FLz à un Zurichois peut soit acquérir des FF ou des TB sur la place de Bâle, soit sur celle de Zurich, ces deux espèces ayant cours à ZH. Or, le prix de ces espèces varie d'une ville à l'autre. En achetant des TB pour honorer sa dette, le débiteur bâlois économise plus de 1 %, perte alors supportée par le créancier zurichois[153].

Sur le marché privé, la situation est différente. Les milieux bancaires se protègent généralement de cette éventualité en libellant leurs prêts en grosses espèces ou en définissant précisément la valeur du FS utilisé. Ils exigent aussi le

---

150 Speiser, Johann Jakob, « Rapport d'expert », *op. cit.*, 54, pp. 1-28 (ici, p. 23).

151 Ces exemples sont tirés de Speiser, Johann Jakob, « Eine Erläuterung in Münzsachen », *Neue Zürcher Zeitung*, 19.04.1850, p. 1.

152 105 FSa donnent 70 florins à 15 batz chacun (donc 667.8 grammes d'argent fin, car 1 florin = 9.54 grammes d'argent fin) ou 30 pièces de 5 FF à 35 batz chacune (donc 675 grammes d'argent fin, car 5 FF = 22.5 grammes d'argent fin).

153 Exprimés en FF, 1000 FLz représentent 2327.85 FF (payés en TB) ou 2352.95 FF (payés en FF), soit 1.06 % de différence.

remboursement dans la même monnaie que le prêt. De cette manière, la perte éventuelle liée à l'acquisition de la monnaie à rembourser repose sur le débiteur. Dans le cas d'une demande de ce dernier d'effectuer le remboursement dans une autre monnaie, les négociations deviennent très compliquées et agissent comme un frein aux affaires. Les discussions entre le chef du DFF Munzinger et le directeur de la "Bank in Basel" Speiser qui entourent le remboursement du premier emprunt militaire fédéral de 400'000.- FF fournissent un éclairage nouveau sur cette complexité. L'article 4 du contrat signé début juillet 1849 est ainsi formulé :

> «*Die gegenseitige Rechnung soll in französische Währung geführt und die beidseitigen Zahlungen resp. Rückzahlungen in effektiven französischen Fünffranken Thalern geleistet werden. Indessen bleibt es besonderen jedesmaligen Verständigung vorbehalten, auch in andere Geldsorten Zahlungen geschehen zu lassen*»[154].

Une semaine plus tard, Munzinger demande à Speiser le remboursement d'une partie du prêt en TB[155]. Débute alors un calcul extrêmement compliqué pour faire correspondre la valeur du TB coté à 39.2 batz sur la place de Bâle avec le FF tarifé à 34 batz. Finalement, Speiser accepte la demande : ce changement engendre une perte de 0.25 % sur le passage d'une monnaie à l'autre, perte supportée par le débiteur, en l'occurrence les Caisses fédérales. Au lieu de rembourser 400'000.- FF, Munzinger doit s'acquitter de l'équivalent de 401'002.50 FF par le seul passage d'une monnaie à l'autre.

A ce premier problème, celui de la présence de plusieurs grosses espèces, il faut en ajouter un second. Jusqu'en 1848, leur prix évolue dans le temps et dans l'espace au gré de leur disponibilité et de leurs besoins sur une place donnée. Ces variations ne permettent pas d'assurer la valeur des biens et des capitaux de manière pérenne. Admettons un client qui demande un prêt de 1'000.- FF, représentant 6'800 batz lorsque 5 FF valent 34 batz. Au moment du remboursement quelques années plus tard, lorsque le prix de la pièce de 5 FF est passé à 36 batz, le client devra payer l'équivalent de 7'200 batz, le créancier empochant au passage un bénéfice supplémentaire confortable. Mais lorsque l'évolution du prix des grosses espèces va dans le sens inverse, le bât blesse pour le créancier, car c'est à lui de supporter cette perte. Speiser souligne que dans ce cas, la situation est intolérable :

154 AF, E9#1000/1173#1043*, Kredit-Vertrag, 08.07.1849, 3 p. (ici, p. 2).
155 AF, E9#1000/1173#1043*, lettre de Speiser à Munzinger, 14.07.1849, 2 p.

> *« Wer Geld ausgeliehen hat, der findet sich keineswegs damit befriedigt, eine gleiche Anzahl Gulden oder Franken zurückzuerhalten, sondern er glaubt sich berechtigt zu fordern, dass ihm Münze von gleichem Gehalt, mit andern Worten, dass ihm das gleiche Quantum Silber wieder erstattet werde, welches sein Debitor von ihm empfing »*[156].

A ces considérations, il faut ajouter qu'en présence de plusieurs unités monétaires, la loi dite de Gresham déploie ses effets: la mauvaise monnaie tend à chasser la bonne. Le Ministre français en poste en Suisse, le comte Charles Frédéric Albert de Reinhard, explique bien la situation qui en découle pour la Suisse[157] :

> *« L'habitude déjà ancienne [en Suisse, JC] de ne frapper presque exclusivement que de la monnaie de billon y avait créé une gêne dans la circulation des espèces métalliques qui avait eu pour conséquence de faire introduire en Suisse une quantité considérable d'écus de France et d'Allemagne. De là sont résultés deux inconvénients. Comme les écus français contiennent une plus grande valeur d'argent que les pièces de monnaie non françaises dont on les paie, les détenteurs évitent généralement de s'en défaire. Le commerce, entravé par ces hésitations, se trouve donc contraint d'employer de préférence des pièces allemandes d'une finesse de métal beaucoup inférieure. Or, la spéculation s'est emparée de cette circonstance, et a fait arriver d'immenses quantités d'écus de Brabant (pièces allemandes de 2 florins 42 kreutzer) et de florins badois, bavarois et wurtembourgeois [sic], que le public Suisse a dû, en réalité, payer plus cher qu'ils ne valent »*[158].

Désireux de posséder des monnaies dont le métal assure la valeur, les détenteurs de FF ont tendance à les thésauriser. Leur vitesse de circulation diminue jusqu'à disparaître complètement de la circulation. Les milieux commerçants et

---

156 Speiser, Johann Jakob, « Münz-Verhältnisse », *Neue Zürcher Zeitung*, 27.10.1849, p. 1. Cf. aussi d'autres exemples dans: [s.a.], « Ueber die schweizerische Münzreform. IV », *Der Schweizer-Bote*, 21.02.1850, p. 1 ; [Hoffmann, Joseph Marzell], *Gespräche des Wirthes Luchs und seines Gastes Spitz über die eidgenössische Münzfrage*, Zürich: [s.n.], 1850, pp. 19-20 ; Pestalozzi, Leonhard, *Ueber die Landplage*, *op. cit.*, pp. 7-9 ; Moser, Jean Rodolphe, *Objections contre une changement du pied monétaire*, *op. cit.*, p. 12.

157 Charles Frédéric Albert de Reinhard-von Lerchenfeld (1802-1873), fils du comte Charles-Frédéric Reinhard (1761-1837), homme politique et diplomate ; beau-fils de Maximilian Emanuel von Lerchenfeld (1778-1843), Ministre des finances de Bavière. Etudes à Strasbourg, puis à Göttingen. Premier secrétaire dès 1837, puis Ministre (1849-1851) de l'ambassade française à Berne.

158 Ad, Correspondance consulaire et commerciale, 41 CCC, 2, lettre de de Reinhard au Ministre des Affaires Etrangères, Alexis de Tocqueville, 25.10.1849, 2 p. (ici, pp. 1-2).

marchands se rabattent donc sur les seules espèces disponibles, soit les espèces allemandes qui remplacent progressivement les FF. Plus ces derniers sont rares, plus ils sont recherchés. Ils gagnent donc encore en valeur et sont d'autant plus mis de côté comme valeur refuge. Cette dynamique engendre une forte instabilité qui pèse sur la circulation des grosses espèces, car c'est tantôt une monnaie, tantôt une autre qui est disponible selon l'évolution du contexte monétaire étranger. Pour les promoteurs de la réforme, un marché national unifié doit reposer sur une seule monnaie de référence.

Il est également nécessaire de prendre en compte le marché des hypothèques. Vers 1850, l'avocat soleurois Johann Jakob Trog évalue qu'il représenterait une valeur de quelque 450 millions de FF rien qu'en Suisse occidentale[159]. Placée à 4.5 %, cette somme rapporte environ 20 millions de FF par année. On se figure les conséquences pour les débiteurs et les créanciers d'une variation du prix des grosses espèces sur le remboursement de tels montants. Assurer la valeur des capitaux est aussi une des conditions essentielles de l'extension de l'usage du crédit, insuffisamment développé à leurs yeux en Suisse[160]. Par ailleurs, la multitude de monnaies en circulation limite les effets du premier concordat de retrait mutuel des billets conclu en août 1848 entre la "Bank in Zürich" et la "Bank in Basel"[161]. Bien qu'ils impliquent des coûts importants pour les banques (frais de production, immobilisation de réserves monétaires ou encore présence de personnel au comptoir)[162], les billets constituent une sécurité contre les variations des valeurs métalliques et sont utilisés de manière croissante par le grand commerce[163]. Les seuls chiffres à disposition concernant le trafic entre ces deux établissements laissent voir que dans les quatre mois qui suivent l'accord de 1848,

159 Trog, Johann Jakob, *Die Betheiligung des Mittelstandes*, *op. cit.*, pp. 7-8. Sur Johann Jakob Trog, cf. note 228 p. 478.

160 Speiser, Johann Jakob, « Ueber das Münzwesen. IV », *Wochenblatt*, n° 27, 07.07.1849, pp. 2-4.

161 Mangold, Fritz, *Die Bank in Basel 1844-1907, und die Entwicklung des Konkordats der schweizerischen Emissionsbanken*, Basel : Kreis & Co, 1909, pp. 288-294. Un premier embryon d'accord est conclu entre la "Bank in Zürich" et la "Bank in St. Gallen" en 1844 portant sur le prêt mutuel de fonds en cas de pénurie, mais pas sur l'acceptation des billets. Cf. Oswald, Roland, *Die Entwicklung, op. cit.*, p. 50 ; Bleuler, Werner, *Bank in Zürich*, *op. cit.*, p. 266.

162 Gerlach, Stefan, Kugler, Peter, « Money demand under free banking 1851-1906 », *op. cit.*, p. 2.

163 Prevost-Martin, Alexandre-Louis, *Des banques*, Genève : Ferdinand Ramboz, 1847, pp. 10-11 et 27-31.

Bâle retire pour 135'000.- FF et Zurich pour 76'800.- FF de billets[164]. L'adoption d'une seule unité de valeur à l'échelle du pays permettrait d'accroître ce mouvement d'affaires et surtout de limiter les pertes de change sur le retrait des billets des autres places[165].

Ce sont avant tout les milieux bâlois que la construction d'un marché unifié des capitaux intéresse. Nous l'avons déjà dit dans les deux précédents chapitres, mais le répétons, car il s'agit d'un élément important pour comprendre les intérêts des banquiers de Bâle. A partir des années 1820, ils cessent progressivement de financer les industries alsaciennes et investissent leurs capitaux sur le marché intérieur helvétique[166]. Selon l'historien Hans Conrad Peyer, il ne fait aucun doute que Bâle s'impose durant cette période comme le principal réservoir de capitaux pour l'ensemble de la Suisse et le sud de l'Allemagne[167]. Dès la fin des années 1830, les perspectives du développement touristique engagent les banquiers bâlois à investir dans ce secteur jusqu'à Schaffhouse[168].

Le besoin d'une unification des conditions monétaires croît à mesure que les opérations de financement sur le marché intérieur gagnent en importance. Un très bon exemple permet de bien saisir dans quelle mesure la diversité des monnaies représente un frein aux affaires interrégionales et, en conséquence, à la constitution d'un marché unifié des capitaux. Devant s'acquitter d'un intérêt de 560.- FF, un hôtelier schaffhousois règle sa dette aux Frères Merian de Bâle en envoyant un mélange de grosses espèces d'or et d'argent allemandes et françaises. L'accusé de réception des Bâlois illustre la complexité du calcul qui en résulte :

> *« Ich gelange soeben in den Besitz Ihrer werten Zeilen vom 30. August pto., mit welchem Sie mehrere Gold- und Silber-Sorten begleiten, die nach Ihrer Berechnung f. 560.- oder den mit heute fälligen Jahreszins ausgleichen sollen. Ich muss aber, wie früher schon geschehen ist, Ihnen hierüber eine andere Berechnung aufgeben, und zwar wie folgt: 8 Stück Fried[richs] d'or à f. 19.8 kr[euzers] (anstatt 19.30) 153.40 ; 8 Stück Nap[oléons] d'or à f. 19.7 (Agio inbegr[iffen]) 152.56 ; 24 Stück Nap[oléons] d'or à 9. 33 (Agio inbegr[iffen]) 229.12 ; 4 Stück Nap[oléons] d'or f. 4.53 (anstatt 5) 19.32 ; 3/2 Br[a]b[an]th[a]l[e]r[n] 4.00. Zusammen f. 558.44. Es fehlen also f. 1 16 kr[euzer], die Sie mir einsenden wollen »*[169].

---

164 Mangold, Fritz, *Die Bank in Basel*, *op. cit.*, p. 290.

165 Speiser, Johann Jakob, « Rapport d'expert », *op. cit.*, 56, pp. 65-88 (ici, p. 75).

166 Les références bibliographiques sur l'exportation de capitaux bâlois en direction des autres cantons suisses dès les années 1820 figurent dans la note 80 p. 137.

167 Peyer, Hans Conrad, « Basel in der Zürcher Wirtschaftsgeschichte », *op. cit.*, pp. 223-237 (ici, p. 235).

168 Labhardt, Robert, *Kapital und Moral*, *op. cit.*, p. 173.

169 Lettre des Frères Merian à Joseph Riedmatter, 01.09.1840, citée in *Idem*.

Comme l'expéditeur de la lettre le souligne, les erreurs de ce type, qui portent le plus souvent sur des petits montants, sont courantes. Elles motivent les détenteurs de capitaux à faire preuve de retenue lorsque les affaires sortent du cadre régional, tandis que les clients peinent à mobiliser des fonds au-delà des réseaux locaux[170].

Avec leur projet de réforme structuré autour du FF, les milieux bâlois cherchent à renforcer leur position et à étendre le rayon de leurs activités sur le territoire intérieur. A partir des années 1830, mais surtout durant la décennie qui suit, une part croissante de négociants et d'industriels zurichois font appel aux détenteurs de capitaux saint-gallois pour le financement de leurs activités[171]. Afin de contrecarrer l'expansion saint-galloise vers la région zurichoise, les milieux bancaires bâlois cherchent à court-circuiter l'approvisionnement en numéraire depuis les places allemandes et à renforcer leur statut de principal fournisseur de capitaux et de numéraire. Avec l'adoption du FF, les détenteurs de fonds saint-gallois seraient en effet fortement affaiblis, car ils seraient contraints de réorienter une partie de leur approvisionnement monétaire en direction de Bâle, qui serait alors en mesure de s'assurer de cette part de marché. Cette dimension n'échappe d'ailleurs pas aux contemporains. Le journal saint-gallois en est parfaitement conscient :

> *« Die östliche Schweiz würde in ihrem Verkehre namhaft geschädigt und beschränkt, wenn sie sich den französischen Münzfuss gefallen lassen müsste, während Basel, das in Folge dessen Münzplatz eines grossen Theiles der Schweiz, der bisher sein Geld aus Augsburg bezog, werden müsste – sehr gewinnen würde »*[172].

Au-delà du marché intérieur, l'unification monétaire a aussi des implications au niveau du marché international des capitaux. Plusieurs études ont montré que la France absorbe une grande partie de l'exportation des capitaux suisses[173]. Selon une estimation parue en 1849, il s'agirait de 200 à 300 millions de FF

---

170 *Ibid.*, pp. 174-176.

171 Peyer, Hans Conrad, « Basel in der Zürcher Wirtschaftsgeschichte », *op. cit.*, pp. 223-237 (ici, p. 237).

172 [s.a.], « Einige flüchtige Münzgedanken ! », *Der Erzähler*, 02.11.1849, pp. 2-3 (ici, p. 2).

173 Landmann, Julius, « Der schweizerische Kapitalexport », *op. cit.*, pp. 389-415 (ici, p. 393) ; Veyrassat, Béatrice, « Les investissements suisses en France », in Lévy-Leboyer, Maurice (Dir.), *La position internationale de la France*, *op. cit.*, pp. 145-159 (ici, pp. 153-154) ; Mazbouri, Malik, « La banque privée comme métaphore », *op. cit.*, pp. 93-115 (ici, pp. 105-106) ; Perroux, Olivier, *Tradition, vocation et progrès*, *op. cit.*, pp. 181-186 et 201-202.

qui seraient placés chez le voisin français (titres, affaires industrielles et commerciales ou encore placements dans les fonds publics)[174]. Dans ces conditions, l'adoption du FLa en Suisse aurait des conséquences très fâcheuses pour les investisseurs helvétiques, car le remboursement et le paiement des intérêts se font en FF. En possession de ces montants, leurs détenteurs devraient les échanger contre des espèces allemandes pour pouvoir les utiliser sur le territoire suisse. Or, le FLa s'achète à 1 % de perte sur le marché parisien. Il faudrait donc se tourner vers les places allemandes pour échanger les FF contre du numéraire allemand.

La seconde dimension qui intervient dans la création d'un marché monétaire unifié est celle du transport de personnes[175]. Cette dimension intéresse en premier lieu les milieux touristiques de Suisse occidentale, centrale et zurichois. Le journal *Zeitung für Schweizerische Handwerker- und Gewerbe-Vereine* diffuse leurs revendications en soulignant les désavantages d'utiliser plusieurs monnaies pour qui se déplace à l'intérieur du pays :

> « *Z. B. ein Reisender reist von Baden, Kanton Aargau nach X mit der eidgenössischen Post, und hat für seinen Platz 28 Schweizer-Franken zu entrichten, welche er nach dem Aargauer-Kours mit acht französischen Fünffrankenthalern bezahlt. Ein zweiter Reisender sitzt um eine Station später in den nämlichen eidgenössischen Postwagen in Dietikon Kanton Zürich, und reist ebenfalls nach X, sein Platz kostet laut Posttarif nur noch Schweizer-Franken 27.50 R[ap]p[en], dafür muss er aber nach der Zürcher-Kours, da er kein Frankengeld, sondern nichts als französische Fünffrankenthaler bei sich hat, acht Stück solcher und drei Batzen bezahlen ; der um eine Station weniger weit fährt, müsste also 3 Batzen mehr bezahlen, als der in Baden eingestiegene !* »[176].

A cette incohérence dans la structure du prix du transport se superpose une incompréhension de l'organisation monétaire pour les voyageurs étrangers[177]. Les guides européens ne se gênent d'ailleurs pas pour les mettre en garde. Ainsi, un guide de 1844 donne-t-il ce conseil qui témoigne des inconvénients et des risques de pertes qui pèsent sur les touristes :

---

174 [s.a.], « Die Münzverhältnisse der Schweiz », *Zeitung für schweizerische Handwerker- und Gewerbe-Vereine*, 14.04.1849, pp. 3-4.

175 Schlesinger, William, *Das Geldproblem*, *op. cit.*, p. 77.

176 [s.a.], « Die Münzverhältnisse der Schweiz », *Zeitung für schweizerische Handwerker- und Gewerbe-Vereine*, 20.04.1849, p. 4.

177 Cet élément est aussi mobilisé dès la seconde moitié des années 1860 pour exiger une unification des monnaies à l'échelle internationale. Cf. Einaudi, Luca, *Money and Politics*, *op. cit.*, pp. 64-65.

> *« Il existe peu de pays en Europe dont le système monétaire soit aussi compliqué que celui de la Suisse ; presque chaque canton a sa monnaie particulière, et celle qui a cours dans l'un ne passe pas dans l'autre. Le voyageur doit donc avoir soin de ne conserver aucune monnaie du canton qu'il va quitter »*[178].

Source d'arnaques fréquentes, la multitude de cours contribue à forger une mauvaise réputation aux différents acteurs qui interagissent avec les étrangers[179] et entre en contradiction avec l'excellence des établissements hôteliers du pays, reconnue par les guides européens[180]. Or, le tourisme constitue une manne financière très importante. Une évaluation de 1840 estime que les 6'000 touristes qui visitent le pays en été dépensent quelque 6 millions de FF par année[181]. Afin de bien saisir le poids de ce secteur économique, il vaut la peine de dire qu'au début des années 1840, la production annuelle de l'industrie de la soie zurichoise s'élève à 22.5 millions de FF[182]. Le secteur touristique pèse donc d'un poids important dans l'économie helvétique du milieu du 19e siècle. Les milieux du tourisme sont largement favorables à unifier les systèmes monétaires. Ils se prononcent pour le système français, car il constitue déjà la base des paiements pour les touristes étrangers[183]. De Genève à Zurich en passant par Lucerne et Uri, les napoléons d'or et les écus de 5 FF en argent sont les deux pièces de référence[184]. Un guide anglais paru en 1838 illustre parfaitement le rôle et l'importance des espèces françaises pour les voyageurs :

---

178 Quetin, *Manuel du voyageur en Suisse, et dans les Alpes de la Savoie et du Piémont*, Traduit du Hand Book de Murray, Paris : L. Maison, 1844, pp. I-II. Des propos semblables figurent dans tous les guides français, allemands et anglais les plus diffusés qui sont édités depuis le début du siècle : Heidegger, *Manuel du voyageur en Suisse*, traduit de l'allemand, Zurich : Orell, Fussli & Cie, 1819, p. 94 ; Ebel, J. G., *Manuel du voyageur en Suisse*, Paris : Audin, 1826, pp. XCVJ et XCVIJ ; Coghlan, Francis, *Guide through Switzerland and Chamonix*, London : A. H. Baily, 1838, pp. 21-22.

179 Un excellent exemple se trouve dans [s.a.], « Les conducteurs suisses », *Nouvelliste vaudois*, 10.03.1837, p. 2. Sur cette question: Tissot, Laurent, *Naissance d'une industrie touristique*, *op. cit.*, pp. 71-76.

180 Cars, Jean des, *Mémoires d'un Palace : Baur au Lac*, Paris : Flammarion, 2002, p. 28.

181 Beyel, Christian, *Ueber die Handels- und Gewerbs-Verhältnisse der Schweiz*, *op. cit.*, p. 40.

182 Beyel, Christian, *Commissionalbericht*, *op. cit.*, p. 27.

183 Quelques informations sur l'utilisation du numéraire par les touristes étrangers figurent dans Tissot, Laurent, *Naissance d'une industrie touristique*, *op. cit.*, pp. 192-193.

184 Emminghaus, Arwed Karl Bernhard, *Die Schweizerische Volkswirtschaft*, *op. cit.*, p. 105 ; [Hoffmann, Joseph Marzell], *Gespräche des Wirthes*, *op. cit.*, p. 3 ; Leuthy,

« [...] and although the people of one canton will not take the coin of their neighbour, yet I never found anyone person through out my whole tour but whose eyes glistened at the sight of a five-franc piece. Indeed, the accounts are kept and bills made out in French francs. If you get money from a banker, he will give it in five-franc pieces, or his own notes at fifty or a hundred francs each ; in short, as far as money is concerned, you could fancy yourself in France: travellers taking cash with them, instead of circular notes, should always prefer Napoleons to sovereigns. One of my compagnons de voyage *was so in love with everything English, that he would take nothing in the shape of money but English sovereigns ; the consequence was that, except in the large towns, the people did not know the difference between a Napoleon and a sovereign, and invariably offered him twenty francs for them ; he was therefore frequently obliged to exchange his sovereigns for Napoleons before he ventured upon his excursions. The latter being better known is more easily exchanged »*[185].

Monnaie de base unanimement acceptée parmi les aubergistes et les hôteliers sur le territoire, le FF possède également l'avantage d'être reçu en Italie, destination finale des touristes anglais durant leur Grand-Tour[186]. L'adoption de cette unité monétaire permettrait donc d'inclure la Suisse dans cette vaste zone monétaire qui s'étend de la Manche à la Méditerranée.

De manière plus générale, l'unification des monnaies fournirait un élément décisif à la construction d'un marché monétaire unifié, celui de la confiance pour les investisseurs, tant suisses qu'étrangers, en participant à la bonne réputation du pays. En l'absence d'une unité commune qui assure la valeur des engagements financiers sur le long terme, les détenteurs de capitaux font preuve de retenue et préfèrent éviter d'investir leurs fonds en Suisse. Speiser est conscient que la confiance est un ingrédient très important pour le développement des activités sur le marché intérieur :

«Die daraus hervorgehende Unsicherheit [de l'absence d'une unité monétaire, JC] untergräbt alles Zutrauen zum Leihen und Entlehnen, bringt Störung in den Verkehr und verstopft die Quellen der Arbeit und des Verdienstes. Man leiht nicht gerne wo man Gefahr läuft weniger zurückzubekommen als man gegeben hat – sagt J. B. Say -,

---

Johann Jakob, *Nachträge und Berichtigungen zu dem geographisch-statistischen Handlexikon des Schweizerlandes*, Zürich : J. J. Leuthy's Verlagsbureau, 1846, p. 8.

185 Coghlan, Francis, *Guide through Switzerland and Chamonix*, *op. cit.*, pp. 21-22. En italique dans le texte original.

186 Heafford, Michael, « Between Grand Tour and Tourism », *op. cit.*, pp. 25-47 (ici, p. 27).

ebensowenig mag man entlehnen unter Umständen wo die Besorgniss Raum findet, mehr zurückgeben zu müssen als empfangen wurde »[187].

Au milieu du 19e siècle, plusieurs acteurs économiques ont besoin d'une masse considérable de capitaux pour l'industrialisation (comme la mécanisation du tissage du coton) et la mise en place de réseaux techniques (construction des chemins de fer et des télégraphes, alimentation en eau et en gaz). Entre 1850 et 1860, l'ensemble des investissements dans le pays s'élève à une moyenne annuelle de 141 millions de FS, soit 16 fois le montant des dépenses de l'Etat fédéral pour 1860[188]. Il est donc indispensable de pouvoir avoir accès à la place de Paris, qui représente un des principaux réservoirs de capitaux européens à cette période, pour financer ces investissements. A ce propos, nous n'avons trouvé aucun lien clair dans les sources consultées entre l'adoption du pied monétaire français et la construction du réseau ferré, hypothèse que plusieurs études ont avancée et qui a guidé une partie de nos recherches. Certes, l'adoption du FF et la stabilité monétaire du pays ne sont pas les seuls éléments qui entrent en ligne de compte pour emprunter en France. Néanmoins, ils rassureraient les investisseurs, favoriseraient un rapprochement sur le plan symbolique avec la France et renforceraient la crédibilité de l'Etat et des sociétés qui voudraient placer un emprunt sur le marché parisien[189].

Pour les banquiers et les industriels de la Suisse occidentale marchande, le système monétaire français satisfait à l'ensemble de ces besoins tout en étant celui qui offre le plus de garanties. Premièrement, les espèces françaises sont disponibles en très grande quantité. La circulation cumulée de la France, de la Belgique et du Piémont représente un réservoir de quelque 4'000 millions de FF, contre 250 millions de FF en espèces du sud de l'Allemagne[190]. Le raccord à

---

187 Speiser, Johann Jakob, « Ueber das Münzwesen. I », *Wochenblatt*, n° 24, 16.06.1849, pp. 3-4 (ici, p. 3). Cf. aussi Lombard, Jean-Eloi, *Du système monétaire à Genève, op. cit.*, p. 23.

188 Chiffre calculé à partir de Siegenthaler, Hansjörg (Dir.), *Statistique historique de la Suisse, op. cit.*, tableau R.1. Dépenses en capital, investissements productifs bruts et investissements en biens d'équipement de 1850 à 1914, pp. 886-887. Le détail des investissements en Suisse et leur évolution durant la seconde moitié du 19e siècle figurent dans Schwarz, Jutta, *Bruttoanlageinvestitionen in der Schweiz von 1850 bis 1914. Eine empirische Untersuchung zur Kapitalbildung*, Bern ; Stuttgart : Paul Haupt, 1981, pp. 35-55.

189 Sur cette dimension, cf. Flandreau, Marc, « Was the Latin Monetary Union a Franc Zone ? », *op. cit.*, pp. 71-89 (ici, pp. 76-78).

190 Les chiffres avancés par Speiser lors de la réforme, entre 3.8 et 4 milliards d'espèces conformes au FF – Speiser, Johann Jakob, « Ueber das Münzwesen. XI »,

cette masse considérable protègerait mieux la Suisse contre l'éventualité d'une crise des moyens de paiements à l'étranger qu'un ancrage au réservoir allemand et satisferait largement aux besoins en numéraire du pays. Selon les calculs de l'expert bâlois, il est nécessaire de disposer de 50.- par personne, soit une circulation totale de 115 millions de FF[191], ce que les espèces des Etats du sud de l'Allemagne ne permettraient pas de couvrir. De plus, le FF a détrôné la piastre espagnole à l'échelle mondiale et constitue au milieu du 19e siècle la monnaie internationale de référence, la monnaie reine. Il est accepté dans les deux Amériques, le Levant et plusieurs pays d'Asie.

Deuxièmement, il présente une stabilité dans la durée, puisqu'il n'a pas été modifié depuis sa création à la fin du 18e siècle. La Belgique, le Piémont et Parme l'ont adopté, tandis qu'il a de nombreux partisans en Allemagne et en Autriche. La garantie de sa stabilité réside par ailleurs dans sa base décimale, qui inclut le mètre, qui est lui-même lié à la dix-millionième partie du méridien terrestre. Le franc s'inscrit donc dans un ensemble plus vaste lié à des mesures naturelles, ce qui contribue à assurer de manière pérenne son contenu métallique, et donc sa valeur. Au contraire, les perspectives d'avenir du FLa sont pour le moins incertaines. Les territoires allemands se divisent vers 1850 en deux zones monétaires

---

Wochenblatt, n° 34, 25.08.1849, pp. 2-4 (ici, p. 4) ; Speiser, Johann Jakob, « Die Münzfrage. IV », *Wochenblatt*, n° 9, 01.03.1850, pp. 2-4 (ici, p. 3) ; Speiser, Johann Jakob, « Rapport d'expert », *op. cit.*, 54, 1849, pp. 1-28 (ici, pp. 15-16) et Af, J1.67#1000/1363#28*, Chemise Münzfrage, Speiser, Johann Jakob, *Rand-Bemerkungen*, *op. cit.*, 7 p. (ici, pp. 4-5) – sont confirmés par les études historiques. Lévy-Leboyer, Maurice, « La balance des paiements et l'exportation des capitaux français », in Lévy-Leboyer, Maurice (Dir.), *La position internationale de la France*, *op. cit.*, pp. 75-142 (ici, p. 91) et Cameron, Rondo, « France, 1800-1870 », in Cameron, Rondo (Dir.), *Banking in the Early Stages of Industrialization. A Study in comparative economic history*, New York ; London ; Toronto : Oxford University Press, 1967, pp. 101-128 (ici, p. 116) s'accordent sur un montant de 3.5 milliards de FF disponibles rien qu'en France fin 1840. Marc Flandreau a révisé à la baisse cette estimation à moins de 3 milliards de FF pour la France. Cf. Flandreau, Marc, « Coin Memories : Estimates of the French Metallic Currency 1840-1878 », *Journal of European Economic History*, 24, 2, 1995, pp. 271-310 (ici, p. 301) et Flandreau, Marc, *L'or du monde*, *op. cit.*, pp. 148-152 et 337.

191 Speiser, Johann Jakob, « Rapport d'expert », *op. cit.*, 56, 1849, pp. 65-88 (ici, pp. 76-77). Selon le professeur bâlois Christoph Bernoulli (1782-1863), cité par Franscini, Stefano, *Neue Statistik der Schweiz*, *op. cit.*, Volume 1, pp. 281-282, les besoins monétaires, toutes espèces confondues, se montent en 1848 à 40.- par personne. A cette même date, la France dispose de 90.- par habitant.

couvrant sept grands domaines monétaires qui reposent chacun sur un pied différent[192]. Le mouvement d'unification des Etats allemands risque bien de privilégier le thaler prussien, voire même le florin autrichien, qui connaissent une plus grande diffusion.

Troisièmement, le système décimal est bien plus pratique à utiliser dans le commerce que le système duodécimal qui prévaut en Allemagne ou en Angleterre. Faciliter les transactions quotidiennes à l'aide d'un système de compte simple d'utilisation engendre un gain de temps et réduit le risque d'erreurs et de changes. Le système décimal est d'ailleurs déjà en vigueur dans une bonne partie du pays.

Selon les projections de Speiser, les pertes liées à l'unification de l'ensemble des systèmes monétaires cantonaux s'élèveraient à quelque 2.8 millions de FF. Attendu que les données chiffrées à sa disposition sur l'état réel de la circulation ne lui permettent pas d'effectuer une projection fiable, il estime que ce montant pourrait s'avérer être plus bas[193]. Cet élément très important de la réforme sera analysé plus en détail dans le chapitre 6.

Le projet de l'expert bâlois, qui est revêtu de la signature du CF, est conforme aux intérêts de la Suisse occidentale marchande. Les qualités de son rapport sont largement reconnues, y compris parmi les partisans du FLa. Considéré comme un *« vrai chef-d'œuvre »* par les Genevois et comme un travail herculéen par la *Neue Zürcher Zeitung*, il représente sans aucun doute la pierre angulaire de la réforme[194]. Le candidat malheureux Rudolf Moser, qui avait proposé sans succès ses services au DFF en juin 1849, ne partage pas cette opinion. Engagé dans une guerre de plume dans la presse contre Speiser, il déclare à propos de son rapport :

---

192 Helferich, Johann Alfons Renatus von, « Die Einheit im deutschen Münzwesen », *op. cit.*, pp. 385-437 (ici, pp. 389-391).

193 Speiser, Johann Jakob, « Rapport d'expert », *op. cit.*, 56, pp. 65-88 (ici, pp. 71-74).

194 Section du commerce de la classe d'industrie et de commerce de la Société des Arts de Genève, *Réforme monétaire*, *op. cit.*, p. 5 ; commentaire du rédacteur en chef Peter Felber en note de l'article de Speiser, Johann Jakob, « Münz-Verhältnisse », *Neue Zürcher Zeitung*, 27.10.1849, p. 1. Cf. également « Rapport et propositions de la fraction de la Commission du Conseil national qui recommande l'adoption du système du franc de Suisse basé sur le marc de Cologne (5 avril 1850) », *op. cit.*, pp. 1-142 (ici, p. 10) ; « Rapport de la minorité de la Commission nommée par le Conseil des Etats suisse touchant le projet de loi pour le système monétaire suisse et celui de la mise à exécution de la réforme monétaire en Suisse », *op. cit.*, pp. 237-296 (ici, p. 242) ; Aeb, PA 116, A 73, lettre de DuPasquier à Speiser, 19.11.1849, 2 p. (ici, p. 1).

« […] ein trauriges Monument technischer Urkunde, beschränkter Wissenschaft, oberflächlicher Behandlung eines staatswirtschaftlich wichtigen Gegenstandes, verbunden mit Missachtung vaterländischer Industrie und einer Anmassung, die wohl den Gläubigen imponieren kann, allein Niemanden, der mit Münzkunft und Münzwissenschaft auch nur mittelmässig bekannt ist »[195].

Quelles que soient les qualités du travail de l'expert bâlois, il crée une ligne de démarcation très nette dans l'espace public qui oblige les acteurs intéressés à la question à se positionner pour ou contre le système français. Le chanoine valaisan Berchtold, partisan du FLa, le relève en ces termes :

« Die Münzfrage in der Schweiz ist seit der Erscheinung des Speiser'schen Gesetzesvorschlages ein glühendes Eisen geworden, das man nicht vorsichtig genug berühren kann, – eine brennende Frage, an der so viele Menschen aus allen Ständen, aus allen Gauen den wärmsten Antheil nehmen, und sie als eine politische Lebensfrage betrachten »[196].

La publication du rapport de Speiser représente en effet le premier acte de la réforme : elle est le point de départ de ce que les contemporains appellent le « Münzschlacht » ou « Münzkrieg »[197]. C'est le début d'un bras de fer opposant partisans du pied monétaire français et défenseurs du pied monétaire allemand.

4.1.4. La stratégie des partisans du franc : publier en masse et élargir les réseaux de soutien

Le projet de l'expert bâlois étant publié dans la *Feuille fédérale* avec la signature du CF, il faut désormais, selon les propres mots de Speiser, divertir le public en attendant les débats aux Chambres : *« So mir wäre nun der erste Akt der Münz-Reform vollendet und bis dem Vorhang wieder aufgeht, muss der Publikum durch kleinen Zwischenspiele unterhalten und bearbeitet werden »*[198]. Conscients du peu de temps qu'il reste avant l'ouverture de la session de l'AsF, Speiser et Munzinger sont bien décidés à exploiter à leur profit ce délai très court. Il est donc temps de mettre en œuvre leur stratégie de défense qui se décline en deux

---

195 Moser, Rodolphe, « Die Münzprägung », *Schweizerische National-Zeitung*, 26.10.1849, cité in Moser, Jean Rodolphe *Ueber die Münzprägung*, *op. cit.*, pp. 5-8 (ici, p. 8).

196 [Berchtold, Josef Anton], *Noch ein Wort über die eidgenössische Münzfrage von einem Westschweizer*, St. Gallen : Scheitlin & Zollikofer, 1850, p. 5. Sur Josef Anton Berchtold, cf. note 74 p. 430.

197 Rauber, Sebastian, *Die Vereinheitlichung des schweizerischen Münzwesens nach 1848*, *op. cit.*, p. 5.

198 Af, E12#1000/36#67*, lettre de Speiser à Munzinger, 31.10.1849, 4 p. (ici, pp. 1-2).

volets. Il s’agit, d’une part, d’inonder l’espace public par une publication massive. D’autre part, il convient de mobiliser les réseaux de connaissances afin de rallier un maximum de partisans. Ces deux pans sont abordés ci-dessous.

Le premier volet de la stratégie consiste donc à publier autant que possible pour ne pas laisser le temps au public de réagir. Cette stratégie est bien rôdée puisqu’elle est mise au point en amont de la publication du rapport de Speiser. Voici ce qu’en dit ce dernier à Munzinger :

> « *Was die Art und Weise der Publikation anbetrifft, so halte ich unmassgeblich dafür, dass es am zweckmässigsten wäre, wenn dasselbe Heft um Heft, successiven, in Zwischenräumen oder einigen Tagen erfolgte. Die ganze Schrift wird nach meiner Berechnung, 80 bis 100 Druckseiten im Bundesblatt-Format füllen und wie so dickleibiger Dokument dürfte der einen oder der andere der Herrn National- und Ständeräthe von der Lektüre dasselben abschrecken. Zu lange Zwischenräumen wären indessen auch nachtheilig, weil man von acht zu acht Tagen z.b. leicht der Faden verlieren und überdies die Veröffentlichung der Anträge selbst, zu weit hinausgeschoben würden* »[199].

Dans un premier temps, Speiser espère que l’ampleur de son travail pourrait en décourager la lecture, ce qui aurait comme effet de limiter la réaction des opposants. Dans un second temps, l’offensive menée par les milieux marchands de Suisse occidentale prend pied dans la presse locale et régionale : le fabricant neuchâtelois Henri DuPasquier[200] mobilise les colonnes du *Neuchâtelois* pour discuter et réfuter les arguments des opposants[201] ; Speiser ouvre les colonnes de la *Wochenblatt* à la présentation d’autres projets et y discute en détail les arguments avancés[202] ; le banquier genevois Jean-Eloi Lombard réfute les arguments

---

199 Af, E12#1000/36#73*, lettre de Speiser à Munzinger, 10.10.1849, 4 p. (ici, pp. 1-2). Souligné dans le texte original.

200 Henri DuPasquier-Baux (1815-1875), NE, fils de Frédéric (1783-1838), directeur de la Fabrique-Neuve de Cortaillod (indiennes) ; beau-fils de Jules Baux, négociant. Formation de chimiste à Strasbourg. Succède à son père à la direction de la Fabrique-Neuve de Cortaillod en 1838, qu’il transforme en 1854 en fabrique d’ébauches de montres (“Vaucher, DuPasquier & Cie”). Député au GC de NE (1852-1874). Relais de Speiser (cf. note 45 p. 328) à Neuchâtel. Exerce une forte influence sur le journal *Le Neuchâtelois*, qui défend les intérêts industriels et du grand commerce du canton. Président de l’“Association industrielle neuchâteloise” en 1848-1850 au moins ; rédige un mémoire en faveur du FF.

201 DuPasquier, Henri, « De la réforme monétaire » et « De la réforme monétaire (Fin) », *Le Neuchâtelois*, 09.10.1849, pp. 1-2 et 11.10.1849, pp. 1-2.

202 Dans tous les numéros de la *Wochenblatt* publiés chaque semaine entre le 15 septembre et le 1 décembre 1849, au moins un article est consacré à la question monétaire.

des industriels Saint-Gallois dans le *Courrier Suisse*[203]. Cette activité se limite toutefois dans un premier temps à l'échelle régionale. Les partisans du FF sont pourtant conscients qu'il faudrait étendre au maximum leurs écrits du côté de la Suisse alémanique. Selon un correspond anonyme du *Courrier Suisse*,

> *« [...] ce sont les presses de Berne, de Bâle, de Soleure et d'Aarau qu'il faudrait employer à cet effet. Il faudrait porter l'attaque sur le terrain de l'adversaire et populariser dans les cantons allemands les arguments décisifs de M. Speiser et des excellents articles de M. Dupasquier [sic] »*[204].

Il est en effet primordial pour eux d'élargir leur champ d'action et d'être présents sur le terrain même des opposants, d'autant plus que le *Basler Zeitung* – tirage en langue allemande avec une large diffusion régionale – ne s'intéresse que très peu aux questions monétaires[205]. A cet effet, les partisans du FF disposent d'un allié de poids en la personne du rédacteur en chef de la *Neue Zürcher Zeitung*, Peter Felber, qui va jouer un rôle important[206]. Ancien compagnon de lutte de Munzinger, il a siégé à ses côtés au Conseil d'Etat soleurois et a défendu sa politique dans les colonnes de la *Solothurner Blatt* qu'il dirige durant la période de la Régénération[207]. Munzinger est décidé à mettre à profit les rapports amicaux qu'il entretient avec lui. Il en informe Speiser :

---

203 [Lombard, Jean-Eloi], « Un dernier mot à nos confédérés sur la réforme monétaire. I », *Courrier Suisse*, 26.11.1849, p. 2 ; [Lombard, Jean-Eloi], « De la question monétaire. II », *Courrier Suisse*, 28.11.1849, pp. 1-2 et [Lombard, Jean-Eloi], « De la question monétaire (Fin) », *Courrier Suisse*, 30.11.1849, pp. 2-3. Sur Jean-Eloi Lombard, cf. note 220 p. 252.

204 [s.a.], « Confédération suisse », *Courrier Suisse*, 19.10.1849, pp. 1-2 (ici, p. 2). Propos similaires dans Aeb, PA 116, A 73, lettre de DuPasquier à Speiser, 10.10.1849, 3 p. (ici, p. 3).

205 Rauber, Sebastian, *Die Vereinheitlichung des schweizerischen Münzwesens nach 1848*, *op. cit.*, p. 12.

206 Felber répète à plusieurs reprises être favorable à ouvrir ses colonnes à la présentation de toutes les opinions, mais se prononce tout de même ouvertement en faveur du pied monétaire français. Cf. son commentaire en note de l'article de Speiser, Johann Jakob, « Münz-Verhältnisse », *Neue Zürcher Zeitung*, 27.10.1849, p. 1 et [Felber, Peter], « Entwurf zu Münz-Gesetzesvorschlägen », *Neue Zürcher Zeitung*, 29.10.1849, pp. 1-2.

207 Peter Felber-Herport (1805-1872), SO, fils de Johann, tailleur ; beau-fils d'un aubergiste de Bâle-Campagne. Précepteur à Soleure, études de médecine entre 1824 et 1827 en Allemagne (Göttingen, Dresde et Wurtzbourg). Chirurgien à Naples (1827-1832), puis médecin à Schönenwerd, CdE de SO (1841-1848), rédacteur du "Schweizer Bilderkalender", de la "Solothurner Blatt" (1834-1848) et rédacteur en chef de la "Neue Zürcher Zeitung" (1848-1868). Député libéral au

« Es wäre nun in dem gegenwärtigen Stadium des Geschäftes sehr zu wünschen, durch die Neue Zürcher Zeitung in der östlichen Schweiz beschreiben eben in Zürich selbst etwas Propaganda treiben zu lassen. Herr Felber dem ich die Hefte 1 & 2 zugetheilt habe, würde Artikel von Ihren sachkundigen Feder mit Vergnügen aufnehmen & das 1te Heft hat er, wie ich soeben sehr, in den n° 292 bereits skizzirt »[208].

Toutefois, Speiser veut éviter de mettre le feu aux poudres. Les colonnes de la *Neue Zürcher Zeitung* doivent être utilisées pour riposter et non pour attaquer :

« Dass die neue Zürcher-Zeitung der Verteidigung des französischen Münzfusses ihre Spalten leihen will, ist ein grosser Gewinn, und ich werde dafür sorgen, hiervon möglichsten Vorteil zu ziehen. Es wird aber wahrscheinlich besser sein, Angriffe aus der östlichen Schweiz abzuwarten, die nicht fehlen können, als sein Pulver gleich zu verschiessen »[209].

Les attaques ne tardent effectivement pas. En réaction à un article publié dans le journal zurichois le 14 octobre 1849, Speiser débute une série d'articles pour réfuter les arguments des opposants au système français[210]. Par la suite, il fournit régulièrement de la matière, qu'il nomme de la « *Munition* », à Felber afin qu'il puisse réagir plus rapidement[211]. Ce relais est déterminant, car parmi tous les titres de presse consultés, la *Neue Zürcher Zeitung* est celui qui diffuse le plus d'informations sur la monnaie[212]. Les milieux favorables au FF l'utilisent en conséquence comme socle pour se battre sur le terrain proche de la Suisse orientale industrielle. Le recours à la presse ne s'arrête toutefois pas là. La stratégie des milieux marchands de Suisse occidentale repose également sur la traduction et la reproduction de tous les articles publiés qui sont favorables au système français. Dans cette perspective, le fabricant neuchâtelois Henri DuPasquier joue un rôle central en organisant cette diffusion :

GC de SO dès 1837. Favorable à la révision du Pacte et à l'unification économique sur une base centralisatrice. Proche de Josef Munzinger (cf. note 29 p. 323) ; entretient une correspondance avec Speiser au moins dès janvier 1849. Un des principaux relais des défenseurs du FF dans le canton de Zurich.

208 AEB, PA 116, A 210, lettre de Munzinger à Speiser, 20.10.1849, 1 p.

209 AF, E12#1000/36#73*, lettre de Speiser à Munzinger, 22.10.1849, 3 p. (ici, pp. 2-3).

210 Notamment : SPEISER, Johann Jakob, « Münz-Verhältnisse », *Neue Zürcher Zeitung*, 27.10.1849, p. 1 et SPEISER, Johann Jakob, « Der Centime oder "Cent." », *Neue Zürcher Zeitung*, 02.11.1849, p. 1.

211 AF, E12#1000/36#67*, lettre de Speiser à Munzinger, 23.11.1849, 4 p. (ici, p. 3).

212 Selon le décompte de RAUBER, Sebastian, *Die Vereinheitlichung des schweizerischen Münzwesens nach 1848*, *op. cit.*, p. 52, 66 articles sur la question monétaire sont publiés entre octobre 1849 et avril 1850 dans la *Neue Zürcher Zeitung*.

> *«Déjà lors de notre réunion à Berne en mai dernier, nous étions convenus avec MM. Odier, B[illisible], Erpf et Anderegg que chaque article qui paraîtrait dans un de nos journaux respectifs serait envoyé dans les autres cantons afin de pouvoir être traduit et reproduit. Nous pensions que c'était là le meilleur moyen de donner une grande publicité aux débats sur les questions matérielles qui nous intéressent tous et qu'ainsi nous ferions plus de prosélytes que par la gazette industrielle, malheureusement trop peu répandue»*[213].

Les défenseurs du FF prennent également le parti de publier leurs travaux. Le rapport de Speiser paru dans la *Feuille fédérale* est tiré à part à 5'000 exemplaires (3'000 en allemand et 2'000 en français). Il est dans un premier temps largement distribué aux membres de l'AsF[214]. Pour tenter de contrer les publications des milieux industriels de Suisse orientale, l'expert bâlois étend ensuite son rayon de distribution. Il est à ses yeux indispensable de le faire rapidement et de quadriller l'ensemble du territoire, comme en témoignent ses propos à Munzinger :

> *«An eine 2te Auflage derselben bin ich weit entfernt zu denken. Ich meinte vielmehr von den paar hundert besondere Abdrücken, die die Bundeskanzlei wohl zum kleinere Theil brauchen wird, eine Anzahl der Buchhandel zu übergeben, sodass jede grössen Stadt 10 bis 15, jede kleinere 6 bis 8 Exemplar erhielte. Zürich und Basel sowie Genf könnten vielleicht 20 Exemplare zu getheilt werden. 100 deutsche und 50 französische Exemplare dürften sicher genügen. Auf diesem Weg wurde die Schrift am sichersten in die Hände solchen Personen gelangen welche dafür sich interessieren, während nach sechs Monaten die ganze Arbeit wenig Werth mehr hat und nichts anders als Makulatur seyn wird»*[215].

La série d'articles rédigés par Speiser dans la *Wochenblatt* mentionnée plus haut est également publiée sous forme de brochures[216]. De son côté, Henri DuPasquier adresse un mémoire à l'AsF, qui n'apporte aucun élément supplémentaire au rapport de Speiser[217]. Son objectif est d'épuiser le sujet et s'assurer que les députés aient connaissance de leurs arguments. Il en informe Speiser en ces termes :

---

213 AEB, PA 116, A 73, lettre de DuPasquier à Speiser, 10.10.1849, 3 p. (ici, pp. 2-3). La gazette industrielle fait référence à la *Wochenblatt des schweizerischen Industrievereins.*

214 AEB, PA 116, A 210, lettres de Munzinger à Speiser du 03.10.1849, 1 p., du 08.10.1849, 2 p. (ici, p. 1) et du 19.11.1849, 2 p. (ici, p. 1).

215 AF, E12#1000/36#67*, lettre de Speiser à Munzinger, 18.11.1849, 2 p. (ici, pp. 1-2).

216 Les références de ces publications sont données dans la note 67 p. 334.

217 ASSOCIATION INDUSTRIELLE NEUCHÂTELOISE, *Parallèle entre le système monétaire français et le système monétaire du midi de l'Allemagne adressé à la haute Assemblée fédérale*, Neuchâtel : J. Attinger, 1849, 16 p.

« Vous n'y trouverez [qu', JC] une seule considération peut-être nouvelle, c'est celle où nous avançons que l'introduction du système allemand pourrait bien ne pas avoir de résultat pratique, en tant qu'une grande partie de la Suisse n'en tiendrait aucun compte. Quant aux autres argumens [sic], ils sont tous anciens et je n'ai fait que les réunir pour forcer pour ainsi dire les députés à les connaître. En trouver de nouveaux m'est paru fort difficile, pour ne pas dire impossible, ceux-là résumant à ce que je crois toute la question »[218].

Le second volet de la stratégie des milieux marchands de Suisse occidentale consiste à mobiliser les réseaux de connaissances afin de disposer de partisans dans tout le pays. L'objectif principal est avant tout de rallier les milieux économiques qui ne se manifestent pas durant cette période. Speiser a en effet pleinement conscience que s'il présente un projet qui est solide en soi, il manque encore un ingrédient indispensable à sa réussite, un fort réseau de soutien. Il le partage avec Munzinger : *« Leider haben wir gar wenig Hülfstruppen und wenn die Sache nicht in sich selbst so gut wäre, so könnte man Besorgnisse haben. Ich habe aber die beste Hoffnung vom Ausgang und zweifle auch nichts, man werde im diesseitigen Lagen allseits fast bleiben »*[219]. Il devient dès lors nécessaire de faire jouer ses relations. Une fois encore, Henri DuPasquier se profile comme le relais de Speiser en Romandie : *« [...] toutefois je vais me conformer à votre désir en écrivant à Genève, à Lausanne et à Berne. Je n'ai pas de relations dans les autres cantons, mais je pense que mes correspondans [sic] de Lausanne en auront avec le Valais et ceux de Berne, avec Fribourg »*[220].

A ce stade, les marchands-banquiers de Suisse occidentale ne possèdent en effet que des soutiens épars parmi les autres milieux économiques helvétiques. Certes, la majorité du CF suit leur projet. De nombreux journaux soutiennent également l'adoption du FF. Mais cela reste insuffisant, dans la mesure où seuls Speiser, DuPasquier et Lombard ont publiquement exprimé leur point de vue[221]. Il devient donc nécessaire de redoubler d'efforts pour trouver des soutiens qui se mobilisent sur la scène publique. DuPasquier enjoint ainsi Speiser à stimuler les Bernois : *« Du reste je n'ai pas de nouvelles de Lausanne et Berne me parait un peu froid. Vous pourriez peut-être chauffer un peu Monsieur Marcuard & Cie pour qu'ils engagent la Commerce Bernois à une démonstration »*[222]. Le choix de

218 AEB, PA 116, A 73, lettre de DuPasquier à Speiser, 30.11.1849, 3 p. (ici, p. 2).
219 AF, E12#1000/36#67*, lettre de Speiser à Munzinger, 31.10.1849, 4 p. (ici, p. 2).
220 AEB, PA 116, A 73, lettre de DuPasquier à Speiser, 19.11.1849, 2 p. (ici, p. 2).
221 Il convient de préciser que la lecture de la correspondance entrante de Speiser ne laisse entrevoir aucun rapports avec les Genevois. Il semble donc bien que ce soit le Neuchâtelois DuPasquier qui fasse le lien entre les acteurs bâlois et genevois.
222 AEB, PA 116, A 73, lettre de DuPasquier à Speiser, 30.11.1849, 3 p. (ici, p. 3).

la maison Marcuard comme point d'ancrage dans le canton de Berne n'est pas dû au hasard. Banque attitrée du Gouvernement bernois au 18e siècle, elle figure parmi les principaux établissements du canton et possède une surface économique très importante. Les deux dirigeants Eugène Marcuard et Frédéric Marcuard redirigent leurs placements à l'étranger en direction du marché intérieur dès les années 1820 : la gestion des affaires des étrangers de passage ou résidant à Berne (diplomates, touristes, aristocrates) devient leur principale activité[223]. L'objectif poursuivi par DuPasquier et Speiser consiste donc à essayer d'élargir leurs soutiens en direction des milieux bancaires et commerciaux bernois, historiquement proches du marché français[224].

Cette stratégie fonctionne relativement bien, car les milieux marchands de Suisse occidentale reçoivent le concours du marchand de fer bernois Friedrich Fueter[225]. Issu d'une longue lignée d'orfèvres actifs aux Etats-Unis et à Berne et fils du dernier maître de la Monnaie actif sur le territoire helvétique, il bénéfice d'une aura très importante dans les questions monétaires[226]. Tout comme son père, il préconise l'adoption du système français[227]. Alors que Speiser défend

---

223 Eugène Marcuard (1800-1876) et son cousin Frédéric Marcuard (1802-1858) deviennent associés de la banque familiale en 1826. Ils s'intéressent notamment au développement des premières compagnies de chemins de fer suisses, à l'hôtellerie de luxe et à l'introduction de l'éclairage au gaz à Berne. Cf. Buser-Van Dyck, Rudolf, *Zur Geschichte des Bankhauses Marcuard*, *op. cit.*, pp. 16-17 ; Walthard, Samuel Rodolphe, « Les banquiers actuels de Berne », *op. cit.*, pp. 175-191 (ici, pp. 176-179) ; Marcuard, Bernard, *Marcuard : période bernoise, 1745-1982*, Muri : B. Marcuard, 1983, pp. 8-10 et 18-25.

224 Mazbouri, Malik, « La banque privée comme métaphore », *op. cit.*, pp. 93-115 (ici, p. 96).

225 Il semblerait toutefois que, sur la base de la correspondance consultée, Speiser et Fueter n'entretiennent que peu de liens : le Bernois n'adresse qu'une seule lettre au Bâlois avant l'adoption de la loi monétaire de mai 1850. Peut-être que DuPasquier opère-t-il aussi comme le principal intermédiaire entre les deux personnages.

226 Friedrich Fueter-Ziegler (1802-1858), BE, fils de Christian (1752-1844), orfèvre et maître de la Monnaie de Berne (1791-1838) ; beau-fils de Johann Jakob Ziegler, lieutenant-colonel. Issu d'une veille famille de l'aristocratie bernoise. Formation commerciale. Marchand de fer à Berne, CdE de BE en charge des Finances (1850-1858). Député au GC de BE (1846-1850), Cn conservateur (1848-1857). Président de la Commission monétaire fédérale instituée en juillet 1850 pour seconder Speiser (cf. note 45 p. 328) dans l'introduction du nouveau système monétaire suisse. Commandant de bataillon durant la guerre du Sonderbund ; major.

227 Fueter, Christian, *Gedanken zu einem Münz-System für den Canton Bern : nach dem neuen französischen Systeme*, Bern : L. A. Haller, 1823, 12 p.

en priorité une meilleure intégration de l'économie helvétique au commerce international, le cheval de bataille de Fueter, qui est actif sur le marché intérieur, est de réunir les conditions de création d'un marché national unifié, dont font partie les monnaies[228]. Nous avons vu que les deux exigences ne sont pas contradictoires et peuvent être satisfaites avec l'adoption du système français. Pour Fueter, ce choix permet également aux banques d'accroître leurs affaires et au tourisme de se développer :

> *« Eines unserer ersten Bankäuser versicherte uns noch unlängst, es seien Fremde von allen Nationen und den entferntesten Welttheilen mit Kreditbriefen an ihre Bank adressirt gewesen. Armenier, Russen, Schweden, Amerikaner, Engländer, Türken und Perser ; aber noch nie, gar nie hätte je einer seine Rechnung anders als in französischen Franken verlangt und von einem deutschen Gulden auch nur von ferne etwas wissen wollen. Alle haben gegen jede Rechnungsweise protestirt, die nicht in französischem Gelde gestellt worden wäre, wohl ein schlagender Beweis, welch eine höchst sekundäre Stelle in dem Begriffe aller Völker das deutsche Geld gegenüber dem französischen einnimmt »*[229].

Les milieux agricoles de Suisse occidentale se trouvent dans une situation semblable. Ils usent des espèces françaises pour leurs affaires et veulent, comme pour le marchand de fer bernois Fueter, éviter l'arrivée de FLa dans la circulation, car ces espèces ne sont pas adaptées à leurs besoins[230]. Au contraire de leur entrain durant la première moitié du siècle, les représentants des milieux agricoles de Suisse occidentale n'interviennent que très peu dans l'espace public, ce qui est difficilement explicable[231].

---

228 Fueter, Friedrich, *Die Münzreform*, *op. cit.*, pp. 6, 11-12 et 16.

229 *Ibid.*, p. 19.

230 Sur leur position, se référer à [s.a.], [s.n.], *Nouvelliste vaudois*, 27.11.1849, p. 1.

231 Il est possible que la présence du président du Conseil d'Etat vaudois François Briatte (cf. note 6 p. 409), largement favorable au FF, au sein de la commission monétaire du CE soit jugée suffisante par les milieux agricoles pour défendre leurs intérêts. D'autant plus que l'expertise demandée par le Conseil d'Etat vaudois au début du mois de novembre 1849 à la "Commission de l'agriculture, de l'industrie et du commerce", présidée par Jacques Elisée Veret (cf. note 312 p. 278), lui aussi partisan du système monétaire français depuis une décennie, se prononce en faveur de l'adoption du pied monétaire français en Suisse. Le Conseil d'Etat suit à l'unanimité les conclusions de la commission et transmet ce rapport aux députés vaudois aux Chambres fédérales afin qu'il y soit distribué aux autres membres de l'AsF. Cf. Acv, K XII Z 2/1, Procès-verbaux de la Commission de l'agriculture, de l'industrie et du commerce, séance du 02.11.1849, 2 p. (ici, p. 2) et Acv, K III 10/2/1849, Minute du protocole des séances du Conseil d'Etat

Nous avons vu dans la première partie de ce travail que les acteurs de Suisse centrale s'opposent à toute ingérence des autorités fédérales dans leurs affaires monétaires. Avec le début de la réforme, la situation se modifie légèrement. Ainsi, le banquier schwytzois Josef Anton Schuler, qui pratique également l'exportation de produits agricoles de Suisse occidentale (vins, fromages et céréales) et l'importation de denrées alimentaires, se mobilise-t-il en faveur de l'adoption du FF[232]. Tout comme Fueter, il estime indispensable que le marché intérieur repose sur une seule unité monétaire pour améliorer la fluidité des échanges[233].

De son côté, le Ministre français en poste en Suisse se réjouit du rapport de Speiser. Il partage à son Ministre de tutelle les avantages qu'auraient l'adoption du FF en Suisse : avec le même système, les monnaies seraient parfaitement identiques et pourraient plus facilement circuler entre les deux pays[234]. Sur la base des sources consultées, il ne semble pas, malgré cet enthousiasme, que les autorités politiques françaises aient essayé d'influencer le déroulement de la réforme monétaire en Suisse.

Entre la publication du rapport de Speiser en octobre et novembre 1849 et l'ouverture du débat monétaire aux Chambres fédérales un mois plus tard, les milieux marchands de Suisse occidentale redoublent d'efforts pour étendre leur influence et rallier un maximum de partisans. Les résultats de ces activités sont encourageants, mais restent maigres. Si le commerce et la banque bernois se prononcent publiquement en faveur du système français, peu d'autres milieux économiques se manifestent à leur côté. Il est pourtant indispensable de ne pas se reposer tant que la partie n'est pas gagnée, comme le souligne Speiser : *« So*

(1849), séance du 07.11.1849, n° 52. Cf. aussi [s.a.], [s.n.], *Nouvelliste vaudois*, 08.11.1849, p. 3.

232 Josef Anton Schuler-Castell (1775-1850), SW, fils de Josef Martin Anton (1747-1799), militaire ; beau-fils de Johann Jakob Castell (1761-1822), fondateur de la maison de banque et d'import-export reprise par ses beaux-fils Josef Anton et Theodor. Très actif dans les activités de change liées au commerce international passant par le Gothard. Exporte la production agricole helvétique sur les marchés italiens et, dans une moindre mesure, français. Importe d'Italie des denrées alimentaires et coloniales (riz, vin, miel, chocolat, etc.) qu'il écoule en Suisse et dans le nord de l'Europe.

233 Schuler, [Josef Anton], *Das schweizerische Münzwesen und das Verhältniss desselben zu älteren Kapitalien, frühern Schuldtiteln, Obligationen, Verträgen, usw.*, Zug : Beat Joseph Blunschi, 1849, pp. 8-10.

234 Ad, Correspondance consulaire et commerciale, 41 CCC, 2, lettre de de Reinhard au Ministre des Affaires Etrangères, Jean Ernest du Cos, 26.11.1849, 5 p. (ici, pp. 1-2).

gut die Aussichten seyn mögen, soll man nicht einschlafen bis der Ziel erreicht ist »[235]. C'est d'autant plus nécessaire que les opposants au système français s'organisent et contre-attaquent rapidement, comptant bien eux aussi batailler fermement pour défendre leurs intérêts.

4.2. Maintenir l'osmose économique avec les Etats du sud de l'Allemagne : la contre-offensive des milieux industriels de Suisse orientale

Les milieux favorables à l'adoption du FLa n'attendent pas la publication du rapport de Speiser dans la *Feuille fédérale* pour organiser leur contre-offensive. Dès la parution des articles du Bâlois en faveur du FF dans la *Wochenblatt* courant août, ils se mobilisent pour défendre leurs intérêts. Deux projets sont élaborés. Le premier provient du banquier privé zurichois Leonhard Pestalozzi, actif dans le change de monnaies, qui est proche des milieux industriels saint-gallois et des fabricants de la branche du coton[236]. Il estime, comme Speiser, que la réforme du système monétaire helvétique doit être mise au service d'une meilleure intégration du commerce suisse aux marchés étrangers. Leur analyse du principal partenaire économique du pays n'est toutefois pas la même :

> « *Mais si cette mesure [adopter un pied monétaire unique, JC] peut convenir à un grand état qui a son système de monnaies particulier, il ne peut point du tout convenir à un petit pays comme la Suisse qui ne frappe point de grosses espèces et doit se servir de celles des grands états avoisinants. Elle doit donc tarifer l'argent étranger de la manière la plus convenable pour son commerce. Personne ne contestera que le commerce de la Suisse avec l'Allemagne ne soit beaucoup plus important qu'avec la France, tant sous le rapport de l'écoulement de ses produits industriels qu'à l'égard des denrées qu'elle en tire et particulièrement des blés. Mettre l'argent d'Allemagne hors de cours légal ou le taxer trop bas, ne serait donc autre chose que déprécier nos produits industriels que nous vendons en Allemagne et entraver l'achat des blés d'Allemagne, ce qui certes serait tout à fait contre nos intérêts* »[237].

---

235 AF, E12#1000/36#67*, lettre de Speiser à Munzinger, 18.11.1849, 2 p. (ici, p. 2).

236 AEB, PA 116, A 221, lettre de Hans Jakob Pestalozzi à Speiser, 31.03.1850, 5 p. (ici, p. 4) et BSG, VNL 60, A22, 48, lettre de Moser à Hungerbühler, 23.12.1849, 1 p.

237 PESTALOZZI, Leonhard, *Sur la possibilité de rétablir l'ordre*, *op. cit.*, pp. 8-9. La version originale allemande est : PESTALOZZI, Leonhard, *Ueber schweizerische Münzeinheit. Betrachtungen im Jahr 1849*, Zürich : Orell, Füssli & Cie, 1849, 23 p. (ici, p. 8).

En plus d'être un partenaire de seconde importance, la France dispose, aux yeux du Zurichois, d'un système monétaire imparfait reposant sur des monnaies de mauvaise qualité[238]. Le FLa constitue quant à lui une des meilleures monnaies, d'un point de vue technique, qui circule sur le continent européen au milieu du 19e siècle. Le chimiste français Jean-Baptiste Dumas affirme en 1843 que « *La monnaie française est au-dessous de la monnaie allemande et au-dessous de la monnaie anglaise elle-même, qui est moins parfaite que celle de l'Allemagne. C'est en conséquence aujourd'hui la monnaie de l'Europe qui est la moins bien frappée* »[239]. Par ailleurs, la circulation des FLa sur le territoire helvétique augmente fortement suite à la réforme monétaire allemande de 1837. Leur position se renforce avec la crise monétaire de 1848 au point tel que durant quelques mois il constitue la base des échanges dans plusieurs régions du pays. En raison de l'importance de ces pièces dans le nord-est du pays, le banquier zurichois défend l'adoption déguisée du pied monétaire des Etats du sud de l'Allemagne sous une forme suisse, soit un FS de 6.36 grammes d'argent fin[240].

Ce projet propose de maintenir les systèmes cantonaux en vigueur et d'adopter le FLa comme monnaie de compte fédérale. Cela signifie qu'un tarif fédéral basé sur la monnaie allemande engloberait une grande quantité d'espèces étrangères. En somme, il s'agit de défendre le *statu quo* en modifiant uniquement l'unité de référence pour les paiements faits aux Caisses fédérales. Cette manière de procéder présente de très gros avantages pour le banquier zurichois. Elle n'engendre aucun changement dans les comptabilités cantonales, car le tarif ne s'applique qu'aux Caisses de l'Etat central, tandis que les cantons gardent leur marge de manœuvre pour tarifer les espèces dont ils ont besoin. Les relations économiques extérieures des différentes régions du pays sont ainsi

---

238 Pestalozzi, Leonhard, *Ueber schweizerische Münzeinheit*, *op. cit.*, pp. 6-7.

239 Propos de Jean-Baptiste Dumas (1800-1884), cités par Pestalozzi, Leonhard, *Der Schweizerfranken als eidgenössische Münzeinheit*, *op. cit.*, p. 10. Speiser, Johann Jakob, « Rapport d'expert », *op. cit.*, 55, pp. 31-61 (ici, p. 36) reconnaît les qualités techniques du FLa. Une critique de l'état des FF en circulation figure dans [s.a.], « Der französische Münzfuss laut dem Moniteur », *Neue Zürcher Zeitung*, 20.11.1849, pp. 1-2.

240 Rappelons que le pied monétaire des Etats du sud de l'Allemagne représente la 24.5e partie du marc de Cologne (233.75 grammes d'argent fin), donc le poids d'une pièce d'un FLa est de 9.54 grammes d'argent fin. Pestalozzi propose d'adopter un FS qui représente la 36.75e partie du marc de Cologne, soit 6.36 grammes d'argent fin. Ainsi, 1 FS vaudrait 1.5 FLa. Sur cette question : Schüepp, Jakob, *Beiträge zur Schweizerischen Münzgeschichte*, *op. cit.*, pp. 29-30 et Schlesinger, William, *Das Geldproblem*, *op. cit.*, pp. 60-62.

préservées et les frais de la réforme sont évités. La manœuvre est habile, car il ne s'agit ni plus ni moins que de maintenir les habitudes en conservant les anciennes dénominations (batz et rappen) dans la circulation, s'assurant par là-même un large soutien populaire[241].

Le deuxième projet mis au point est porté par le très exclusif organe de défense des intérêts du commerce extérieur de Suisse orientale, le "Kaufmännische Direktorium St. Gallen"[242], présidé par le négociant August von Gonzenbach[243]. Il propose l'adoption pure et simple du FLa en Suisse. Comme pour Speiser et Pestalozzi, l'unification monétaire doit avoir comme principal objectif d'améliorer l'intégration de l'économie suisse aux échanges étrangers. Il ne fait aucun doute que les Etats allemands sont le principal partenaire économique de la Suisse orientale industrielle :

> «*Dass bei einer Münzreformfrage, deren Hauptzweck die möglichste Verkehrserleichterung sein soll, unsere, mit dem Auslande wirklich bestehenden Verkehrsverhältnisse die erste Berücksichtigung erheischen, unterliegt wohl keinem Zweifel. Was nun diesen Punkt belangt, so begegnen wir einerseits dem Prohibitivsystem Frankreichs, welches den Absatz unserer Landes- und Industrieprodukte nach dort so viel immer möglich beschränkt und jedem Austausch hindernd entgegentritt, wodurch naturgemäss auch dem Wechsel- und Geldverkehr mit diesem Lande gewisse Grenzen gezogen sind. Anderseits dagegen erblicken wir in unserm Verhältniss zu den benachbarten deutschen Staaten einen gegenseitigen bedeutenden Austausch von Landes- und Industrieprodukten und einen namhaften Zwischenhandel, welch beide schon an und für sich eine ausgebreitete Zirkulation deutscher Münzsorten innerhalt unsers Landes zur Folge haben. Bedenkt man überdiess, dass unsere Exportationsgeschäfte nach ganz Norddeutschland, Holland, ganz Italien, und selbst auch diejenigen von überseeischen Plätzen, in Frankfurt a. M. und Augsburg, von woher zugleich die uns nöthige Baarschaft am billigsten bezogen werden kann, in letzter Instanz grösstentheils reglirt werden, so wird man sich überzeugen müssen, dass in diesen Umständen zusammen genommen, abgesehen von allen noch weiter sich ergebenden Motiven, allein schon sehr wirksame Beweggründe liegen zum Anschluss an den deutschen Reichsmünzfuss,*

241 Pestalozzi, Leonhard, *Ueber schweizerische Münzeinheit*, *op. cit.*, pp. 15-18 ; [s.a.], « Münzwesen », *Neue Zürcher Zeitung*, 03.10.1849, p. 1 et H. N., « Münzwesen », *Neue Zürcher Zeitung*, 14.10.1849, p. 1.

242 Le "Kaufmännische Direktorium St. Gallen" n'est ouvert qu'aux bourgeois de la ville de Saint-Gall actifs dans le négoce en gros ou le change ; des grands fabricants sont admis dès 1838. Cf. Leuenberger, Hans Rudolf, *500 Jahre Kaufmännische Corporation St. Gallen (1466-1966)*, St. Gallen : Kaufmännische Directorium, 1966, p. 60.

243 Sur August von Gonzenbach, cf. note 87 p. 340.

zumal die Einführung eines andern Münzfusses für die östliche Schweiz eine reine Unmöglichkeit wäre»[244].

La publication de deux projets aux exigences différentes révèle un manque de cohésion parmi les opposants au FF. Il importe au contraire de faire front commun et de ne pas se disperser. Les milieux industriels saint-gallois abandonnent rapidement leur projet et s'alignent sur la proposition de Pestalozzi qu'ils avaient également émise comme seconde possibilité. Cette décision structure définitivement le cours de la réforme monétaire : puisqu'il n'est pas possible de faire cohabiter les unités allemandes et les unités françaises au sein d'un même système sans que l'une ou l'autre ne soit tarifée à un cours abusif, il faudra choisir entre l'une ou l'autre[245]. Dès lors, les partisans du FLa vont faire bloc derrière la défense du projet de Pestalozzi.

4.2.1. La défense du florin allemand entre compétitivité économique, approvisionnement en liquidités et nécessité de préserver le commerce frontalier

Les milieux industriels de Suisse orientale sont bien décidés à maintenir les espèces allemandes dans la circulation, quel que soit le système retenu. Le directeur de la "Bank in St. Gallen" Edmund Fehr l'exprime très clairement à Speiser[246] :

«Mögen unsere Bundesbehörden über die Münzfrage beschliessen was sie wollen, so wird in den östlichen Kantonen (dessen können Sie ganz versichert seyn) kein[en] anderen Münzfuss Platz greifen als der süddeutsche. Allen Dekrete & allfälligen

---

244 [Gonzenbach, August von], *Gutachten des Kaufmännischen Direktoriums in St. Gallen, op. cit.*, pp. 9-10.

245 15 batz représentent 9.64 grammes d'argent fin en FF et 9.54 grammes d'argent fin en FLa, soit une différence de 1 %. Le rapport est de 101 FLa pour 100 FF.

246 Edmund Fehr-Klauser (1809-1889), SG, fils de Johann Konrad (1777-1829), commerçant ; beau-fils de Hans Kaspar Klauser (1794-1867), avocat zurichois. Formation commerciale à Philadelphie (Etats-Unis), membre de la direction (1837-1843) et directeur de la "Bank in St. Gallen" (1844-1849). Après un accident cardiovasculaire début 1850, se retire des affaires bancaires. Termine sa carrière comme négociant (exportation de broderies). Membre fondateur du "Schweizerische Gewerbsverein" (1843), président du "Kaufmännische Direktorium St. Gallen" (1840-1844) avec August von Gonzenbach (cf. note 87 p. 340), président de la "St. Gallisch-Apprenzellischen gemeinnützigen Gesellschaft". Propriétaire dès 1848 du couvent d'Ittingen qu'il revend pour 400'000.- FS en 1867. Ardent défenseur de l'adoption du pied monétaire allemand en Suisse.

Strafeinleitungen ungeachtet, wird jederman bei uns nur nach diesem letztern rechnen & bezahlen ; es ist dieses das nicht zu ändernde Gesetz der Nothwendigkeit. Die Bundesbehörden können die Verhältnisse nicht ändern & was diese gebieten wird weit ohne gefallen als die Gebote der Regierungen. Wollte man in der östlichen Schweiz die Einführung des franz[ösischen] Münzfusses oder eines darauf basierten schweizerischen Münzsystems durch Strafeinleitungen u.s.w. ergänzen, so entstünde daraus nicht nur die grösste Unzufriedenheit sondern eine Art von Revolution. Mich dünkt der Bundesrath sollte etwas derartige nicht risquiren wollen, in einem Landestheil der bisher fest, treu und loyal (weit loyaler als die revolutions- und propagandasüchtigen Welschen) zu ihm & zur Eidgenossenschaft gehalten hat »[247].

Ces propos ont le mérite d'être très clairs. Les milieux industriels de Suisse orientale vont défendre coûte que coûte le maintien des espèces allemandes dans la circulation et ne feront aucune concession. Pour quelles raisons le FLa est-il si important pour leurs affaires ? Quels avantages retirent-ils à utiliser les monnaies allemandes ? Afin de répondre à ces questions, trois éléments doivent être pris en compte: la nécessité d'assurer l'approvisionnement en liquidités depuis la place d'Augsbourg, le besoin d'entretenir le commerce de frontières avec les Etats du sud de l'Allemagne et la volonté de maintenir de bas salaires dans l'industrie.

En préambule, il est nécessaire de distinguer les intérêts des négociants et des banquiers d'une part, de ceux des industriels, petits fabricants, propriétaires et travailleurs d'autre part. En effet, suivant le positionnement des acteurs au sein du système de production, leurs intérêts vis-à-vis de la question monétaire ne sont pas similaires. Béatrice Veyrassat a bien montré que les activités du commerce dominent l'élément industriel en Suisse orientale[248]. Les négociants installés en ville, qui peuvent également avoir une activité de fabricants, se chargent de prendre commande auprès de la clientèle, puis fournissent les matières premières aux fabricants disséminés dans la campagne, dont ils tirent les produits finis. Ils assument ensuite l'ensemble du processus d'exportation. Ce sont donc les grands négociants qui règnent sur le tissu économique régional. Traduits en termes monétaires, ce circuit peut se schématiser ainsi: les négociants, qui disposent de larges capitaux, acquièrent la matière première qu'ils revendent aux fabricants, matière parfois payée comptant, mais le plus souvent

---

247 Aeb, PA 116, A 85, lettre de Fehr à Speiser, 21.09.1849, 5 p. (ici, pp. 2-3). Propos similaires dans ses lettres du 03.09.1849, 4 p. (ici, pp. 1-3) et du 08.10.1849, 4 p. (ici, p. 1).

248 Veyrassat, Béatrice, *Négociants et fabricants*, *op. cit.*, pp. 168-176 et 210. Cf. aussi Dudzik, Peter, *Innovation und Investition*, *op. cit.*, pp. 172-173.

travaillée à crédit ; ils règlent ensuite leurs achats de produits finis auprès de ces mêmes fabricants qui dépendent d'eux pour l'approvisionnement en monnaies ; ils récupèrent le produit de leurs exportations par des remises qui sont tirées sur Augsbourg. Le numéraire est ensuite utilisé à des fins de paiement des fournisseurs et des fabricants, ainsi qu'au paiement de leurs ouvriers s'ils s'occupent également de fabrication. La production et l'exportation fonctionnant sur une base saisonnière, les négociants doivent disposer de quantités importantes d'espèces à des moments précis de l'année. Puisqu'ils paient les fabricants des campagnes en même temps que leur matière première, leurs besoins explosent durant quelques mois. Mais le numéraire à disposition dans la région est insuffisant pour répondre à cette demande et les négociants doivent en faire venir d'Augsbourg pour satisfaire ces paiements. Ainsi, les intérêts des différents acteurs qui composent le tissu économique divergent selon la place qu'ils occupent au sein du processus de production et déterminent par ailleurs leur degré d'implication dans le camp des défenseurs du FLa. Ces précisions étant faites, il est maintenant temps de passer aux raisons qui expliquent pourquoi les milieux du négoce et de la banque se mobilisent en faveur du FLa en Suisse orientale.

Le premier facteur qui contribue à expliquer la défense du FLa en Suisse orientale réside dans la volonté d'assurer l'approvisionnement en numéraire allemand du pays. Importé depuis la place d'Augsbourg, il alimente toute la Suisse orientale industrielle, comme nous l'avons déjà vu dans un chapitre précédent. La "Bank in St. Gallen" fait office de pivot dans ce trafic et joue donc un rôle central dans la fluidité des échanges monétaires à l'échelle régionale, en permettant notamment d'effectuer les opérations d'escompte. La banque a toutefois un champ d'action limité et dépend fortement de la place allemande : en 1847, 80 % de ses actifs se composent d'effets de change sur Augsbourg, proportion qui se monte à 65 % en 1848, 47 % en 1849 et 67 % en 1850[249]. Selon un mémoire de cette banque, elle importerait pour 2.8 millions de FLa par année (moyenne portant sur les années 1838 à 1849), soit un peu moins de 6 millions de FF[250]. En revanche, elle n'exporterait qu'entre 1.7 millions et 2.2 millions de FF par année contre des lettres de change reçues des places de Zurich et de Bâle[251]. Cependant, ces chiffres, souvent mobilisés par les travaux pour montrer

249 Pourcentages tirés de Gygax, Paul, *Bank in St. Gallen*, *op. cit.*, p. 23.

250 Banque de St. Gall, *Mémoire de la Banque de St. Gall*, *op. cit.*, p. 4. Selon [s.a.], « Das Münzwesen », *Solothurner Blatt*, 31.10.1849, pp. 1-3 (ici, p. 1), la "Bank in Zürich" importe le même montant annuel.

251 Chiffres tirés de [s.a.], [s.n.], *Der Erzähler*, 10.10.1849, p. 4.

la dépendance de Saint-Gall envers sa partenaire allemande, semblent devoir être relativisés. Selon le banquier genevois Jean-Eloi Lombard, ces importations n'ont pas pour objectif de satisfaire les besoins réels en numéraire de l'économie, mais de spéculer sur la différence de valeur des espèces importées entre le taux légal et le taux abusif auquel elles sont écoulées[252]. Avec le projet de réforme du CF, les négociants et les banquiers saint-gallois devraient se procurer les espèces françaises contre leurs lettres de change sur l'Allemagne auprès de Bâle, de Zurich ou des places françaises, ce qui, avec les frais et le port, augmenterait le prix d'acquisition des espèces françaises de 1.5 % à 2 %.

Le deuxième facteur qui explique la volonté de maintenir le FLa dans la circulation a trait au rôle déterminant du commerce de frontière que les cantons de la Suisse orientale industrielle entretiennent avec les trois Etats du sud de l'Allemagne. En plus du rôle d'Augsbourg qui relie les négociants au système international de paiements et qui pourvoit aux besoins en numéraire de la région, l'approvisionnement en céréales joue un rôle déterminant, car il influence le coût de la vie et donc le niveau des salaires. Les mauvaises récoltes de pommes de terre des années 1845-1846 engendrent une crise agricole sur tout le continent. Les prix explosent : en Suisse, le prix du pain augmente de 45 % entre 1845 et 1847, celui du froment de plus de 65 % aux mêmes dates[253]. Selon une estimation de 2001, deux tiers à trois quarts des frais d'un ménage des classes pauvres en Europe sont dévolus à la nourriture au milieu du 19e siècle, c'est dire l'impact que peut avoir une telle augmentation de prix sur la vie quotidienne[254]. Ce renchérissement se double d'une crise d'approvisionnement. Plusieurs cantons suisses adoptent des mesures pour limiter l'exportation de

---

252 [Lombard, Jean-Eloi], « De la question monétaire. II », *Courrier Suisse*, 28.11.1849, pp. 1-2. Cf. aussi Section du commerce de la classe d'industrie et de commerce de la Société des Arts de Genève, *Réforme monétaire*, *op. cit.*, pp. 18-19.

253 Pourcentages calculés à partir de Siegenthaler, Hansjörg (Dir.), *Statistique historique de la Suisse*, *op. cit.*, tableau H.1, Indice des prix du pain, de 1783 à 1946, et indices des prix à la production et prix des produits d'origine végétale, de 1783 à 1983, pp. 480-481. La crise agricole a été étudiée pour le canton de Vaud par Chevalley, Gérald, *La crise alimentaire de 1846-1847 dans le canton de Vaud*, Mémoire de licence de l'Université de Lausanne, 1976, pp. 12-38.

254 Berger, Helge, Spoerer, Mark, « Economic Crises and the European Revolutions of 1848 », *The Journal of Economic History*, 61, 2, 2001, pp. 293-326 (ici, p. 296). Cf. aussi Siegenthaler, Jörg, « Zum Lebensstandard schweizerischer Arbeiter im 19. Jahrhundert », *Swiss Journal of Economics and Statistics*, 101, 1965, pp. 423-444 (ici, pp. 428-429).

denrées alimentaires[255]. En 1846, les trois Etats du sud de l'Allemagne, considérés comme le grenier à blé de la Suisse orientale, imposent une taxe de 25 % sur le prix du blé exporté qui dure plus d'un an et demi[256], suivis par l'Autriche durant plus d'une année, ainsi que par plusieurs Etats italiens[257]. Or, ces cantons sont fortement dépendants du blé allemand. Selon une estimation réalisée en 1857, les cantons de Suisse orientale importent entre 50 % (dans les deux demi-cantons d'Appenzell) et 64 % (Glaris et Saint-Gall) de leur consommation de céréales[258], ce qui représente un paiement annuel minimum de quelque 13 millions de FF aux trois Etats allemands vers 1848[259].

---

255 Les mesures prises par les cantons suisses figurent dans SALZMANN, Martin, *Die Wirtschaftskrise im Kanton Zürich*, *op. cit.*, pp. 52-70.

256 INAUEN, Josef, *Vom "Schurkenstaat" zur Vertrauenswürdigen Republik*, *op. cit.*, pp. 392-401 ; HUMAIR, Cédric, *Développement économique et Etat central*, *op. cit.*, p. 138 ; RUPLI, Walther, *Zollreform und Bundesreform*, *op. cit.*, pp. 144-146.

257 [S.A.], « Schweiz », *Der Bayerische Landbote*, 11.04.1847, p. 1 ; [S.A.], « Schweiz », *Aschaffenburger Zeitung*, 17.04.1847, p. 3 ; [S.A.], « Schweiz », *Regensburger Zeitung*, 01.03.1847, pp. 2-3.

258 SEUFFERT, Georg Karl, *Statistik des Getreide- und Viktualien-Handels im Königreiche Bayern mit Berücksichtigung des Auslandes*, München : J. G. Weiss, 1857, p. 369. L'article [S.A.], « Ueber den Getreideverkehr zwischen Deutschland und der Schweiz und den Bedarf der einzelnen Kantone », *Monatblatt*, janvier 1847, pp. 10-15, avance des pourcentages bien plus élevés, en raison de la crise : 80 % pour Appenzell et Glaris, 75 % pour Saint-Gall et Zoug et 66 % pour Schwytz. A l'échelle du pays, les estimations des contemporains concordent sur une couverture des besoins d'environ 80 % : cf. FRANSCINI, Stefano, *Neue Statistik der Schweiz*, *op. cit.*, Volume 1, pp. 119 et 193-195 et EMMINGHAUS, Arwed Karl Bernhard, *Die Schweizerische Volkswirtschaft*, *op. cit.*, p. 127. Les études plus récentes révisent ce chiffre à la baisse : BÄCHTOLD, Hermann, *Die schweizerische Volkswirtschaft*, *op. cit.*, pp. 34 et 65 ; WITTMANN, Walter, « Die Take-Off Periode », *op. cit.*, pp. 592-615 (ici, p. 602) ; HAUSER, Albert, *Schweizerische Wirtschafts- und Sozialgeschichte*, *op. cit.*, p. 273.

259 [HOFFMANN, Joseph Marzell], *Gespräche des Wirthes*, *op. cit.*, p. 12. Selon une autre source qui coïncide avec ce chiffre, l'importation de céréales en provenance du « Zollverein » est de 12 millions de FF en 1840/1841, tandis que celle de céréales et de bétail s'élève à 14.75 millions de FF en 1849 : « Rapport de la minorité de la Commission nommée par le Conseil des Etats suisse touchant le projet de loi pour le système monétaire suisse et celui de la mise à exécution de la réforme monétaire en Suisse », *op. cit.*, pp. 237-296 (ici, pp. 266 et 268). Selon [S.A.], « Ueber den Getreideverkehr zwischen Deutschland und der Schweiz und den Bedarf der einzelnen Kantone », *Monatblatt*, janvier 1847, pp. 10-15 (ici, p. 15), le prix payé à l'ensemble des Etats allemands pour l'importation de céréales s'élève à un

Contrairement au grand commerce, qui se règle en partie avec des lettres de change, le paiement des céréales s'acquitte inévitablement en numéraire. Bien que les mesures vexatoires sur l'exportation de blé étranger aient été levées en 1849, elles restent en mémoire et mettent en lumière le fort degré de dépendance céréalière qui pèse sur la consommation intérieure. Les partisans du FLa redoutent que l'adoption du FF n'entrave et ne renchérisse l'approvisionnement en céréales de la région, engendrant une augmentation de prix et donc du coût de la vie, se répercutant en fin de compte sur les salaires et la compétitivité des industriels[260]. Ces craintes sont encore renforcées dès 1847 avec l'ouverture d'une voie de chemins de fer qui relie le lac de Constance (Friedrichshafen) à Ulm, au centre du Wurtemberg. Dans ces conditions, il devient plus facile pour les commerçants allemands qui se situent dans le sud de réorienter leurs ventes de céréales en direction du nord. La peur de se retrouver coupé du grenier à blé allemand est bien réelle et nécessite de garder des relations intactes avec les trois Etats du sud de l'Allemagne[261].

Le troisième facteur qui contribue à expliquer la défense du FLa réside dans la volonté des négociants de maintenir des bas salaires dans l'industrie afin de rester compétitifs face à la concurrence étrangère[262]. La structure de la production textile de Suisse orientale repose en effet sur des produits de haute qualité, dont les salaires représentent une part majoritaire des coûts de revient. Selon Levy-Leboyer, «*en Allemagne et en Suisse, les fabricants bénéficient d'un avantage décisif, les salaires qu'ils versent aux ouvriers sont les plus bas du monde*

---

montant annuel compris entre 21 et 25 millions de FF durant les années 1840. D'après l'étude plus récente de Salzmann, Martin, *Die Wirtschaftskrise im Kanton Zürich*, *op. cit.*, pp. 62-63, les cantons suisses importent de l'ensemble du «Zollverein» pour 17 à 21 millions de FF de céréales vers 1850.

260 Bsg, VNL 60, A23, 7, lettre de Fischer à un destinaire inconnu, 22.02.1850, 7 p. (ici, pp. 1-2).

261 Cette crainte est clairement formulée dans: [s.a.], «Die Eröffnung der Versammlung über die schweizerische Münzfrage», *St. Galler-Bote*, Beilage n° 14, 03.11.1849, 2 p. Au contraire, Inauen, Josef, *Vom "Schurkenstaat" zur Vertrauenswürdigen Republik*, *op. cit.*, p. 394, estime que les paysans allemands dépendent des Suisses pour l'écoulement de leur production agricole, en raison notamment de la localisation des magasins dans le sud, ce qui compliquerait une réorientation des ventes.

262 Discours d'August von Gonzenbach à la 1e Assemblée Générale de la "Bank in St. Gallen", 09.02.1837, cité in Gygax, Paul, *Bank in St. Gallen*, *op. cit.*, pp. 8-12 (ici, p. 9).

occidental»[263]. Toute variation des coûts de la vie se répercute immédiatement sur les salaires : il est donc très important de limiter autant que possible tout renchérissement des prix, en particulier pour la consommation courante. Au-delà de l'approvisionnement en céréales, l'importation de numéraire allemand bon marché pour le paiement des salaires joue un rôle central. Les milieux du négoce et de la banque s'approvisionnent en petites espèces allemandes (florins et kreuzers) sur les places des Etats du sud de l'Allemagne. Ils les achètent au cours de 1 FLa pour 1.454 FSa, qu'ils écoulent auprès des fabricants, qui n'ont d'autres choix que de les accepter, au prix de 1 FLa pour 1.5 FSa, réalisant au passage un gain de plus de 3 %[264]. L'enjeu central pour eux est de réussir à maintenir ce gain avec la réforme monétaire fédérale[265]. En bout de chaîne, les fabricants, qui travaillent pour les négociants, sont donc perdants, car toutes leurs dettes sont exprimées en grosses espèces : la valeur d'usage est ainsi inférieure de 3 % à la valeur réelle au moment de devoir rembourser les créanciers. Les salariés des négociants se retrouvent dans une situation similaire, car ils ne peuvent utiliser sur les marchés de proximité les pièces à la même valeur qu'ils les reçoivent. Les petits fabricants et les salariés n'ont donc aucun intérêt à défendre le FLa, contrairement aux négociants qui parviennent à maintenir des salaires très bas et réalisent des gains sur le trafic de numéraire. Cette organisation n'échappe pas aux défenseurs du FF, qui la mettent volontiers en lumière pour essayer de diviser les rangs de leurs adversaires. Ainsi, Speiser écrit-il dans la *Neue Zürcher Zeitung*:

> *«Der vorgebliche Verlust, den die St. Galler behaupten, er würde ihrem Handel aus der Annahme des französischen Münzsystems erwachsen, ist nichts anderes, als das Aufhören des Gewinns, den sie jetzt machen, wenn sie der Westschweiz den leichten Gulden für 15 schwere Schweizerbatzen geben. Auch die Fabrikanten von St. Gallen und Aargau würden nur den Gewinn sich entzogen sehen, denn sie jetzt auf ihren Arbeitslöhnen machen, indem sie solche statt in Schweizerwährung mit deutschem Geld auszahlen. Allein dieser Mindergewinn käme nur den Arbeitern wieder zu gut, es wäre also keineswegs ein Verlust für das Land»*[266].

En raison du rôle des salaires dans le processus de production et de l'importance de la masse salariale, les milieux bancaires et du grand négoce de la Suisse

---

263 Lévy-Leboyer, Maurice, *Les banques européennes*, *op. cit.*, pp. 155-156. Cf. aussi Humair, Cédric, *Développement économique et Etat central*, *op. cit.*, pp. 122-123.

264 Les références sur cette question figurent dans la note 126 p. 153.

265 Schlesinger, William, *Das Geldproblem*, *op. cit.*, pp. 63-64.

266 Speiser, Johann Jakob, «Eine praktische Anschauung der Münzfrage», *Neue Zürcher Zeitung*, 01.04.1850, p. 1.

orientale industrielle savent que l'adoption du FF leur ferait perdre les avantages qu'ils possèdent à s'approvisionner en numéraire en Allemagne et risquerait, en particulier, de faire pression à la hausse sur le coût des salaires.

Les intérêts des négociants et des banquiers de Suisse orientale reposent donc sur deux dimensions centrales qui déterminent leur compétitivité économique et leur permettent de rester concurrentiels. D'une part, il est indispensable d'assurer l'importation de céréales afin de limiter une hausse du prix de la vie. D'autre part, il faut maintenir de bas salaires en recourant à l'approvisionnement en numéraire allemand bon marché. Le contre-projet des milieux favorables au FLa vise à maintenir des relations intactes avec les Etats du sud de l'Allemagne et surtout à conserver en l'état une alimentation régulière en espèces allemandes et en céréales. Le projet de Pestalozzi représente ainsi la volonté d'institutionnaliser cette structure à l'échelle du pays, tout en introduisant un cours abusif sur le numéraire français. Cette manière de procéder aurait pour conséquence une disparition, à terme, des FF de la circulation et donc l'adoption déguisée du FLa comme monnaie nationale[267]. Il est par ailleurs nécessaire de souligner que les avantages que ces milieux économiques retirent de cette osmose avec leurs partenaires du nord priment largement sur les gains qu'ils obtiendraient d'une meilleure intégration au commerce international pour l'exportation de leur production sur les marchés du monde. Selon un bon connaisseur contemporain de la structure économique régionale, les ports français constituent à cette période les principaux intermédiaires pour l'écoulement de leurs produits industriels en direction de l'outre-mer, tandis que les ports d'Hambourg et de Brême jouent un rôle de seconde importance[268]. Pour

267 Le 1 FS à 6.36 grammes d'argent fin proposé par Pestalozzi fait la part belle au FLa qui vaut exactement 1.5 FS. Le TB, l'autre espèce allemande qui circule principalement à Zurich, serait tarifé à 40.5 batz, alors que son contenu métallique équivaut à 40 batz, privilégiant ainsi son implantation puisqu'il serait reçu à un prix plus élevé que la valeur de son contenu métallique. Au contraire, la pièce de 5 FF recevrait le cours de 35 batz, alors que son contenu en argent équivaut à 35.4 batz. Dans ces conditions, le FF serait rapidement évincé de la circulation, ses détenteurs préférant le vendre là où il serait accepté à sa juste valeur.

268 Wartmann, Hermann, *Industrie und Handel*, *op. cit.*, pp. 422-429 et 605-628 (surtout p. 607). Cf. aussi Emminghaus, Arwed Karl Bernhard, *Die Schweizerische Volkswirtschaft*, *op. cit.*, p. 156. Cette dimension est confirmée par le CaE Bernhard Friedrich Fischer (cf. note 10 p. 410) à Alfred Escher (cf. note 303 p. 401) dans Bsg, VNL 60, A23, 6, lettre de Fischer à Escher, 21.02.1850, 3 p. (ici, p. 3).

leur part, les Etats du sud de l'Allemagne ne représentent pas un marché décisif pour l'exportation de la production industrielle, où elle ne fait que transiter.

A ces éléments, il faut encore ajouter qu'il est vraisemblable que la volonté de maintenir la monnaie allemande dans la circulation relève d'une question de stabilité politique. Le canton de Saint-Gall est en effet traversé par de très fortes dissensions qui touchent principalement aux domaines politique, entre libéraux-radicaux et conservateurs, et religieux, entre protestants et catholiques[269]. La défense d'un projet monétaire commun pourrait alors prétendre à atténuer les intérêts divergents des différents acteurs du système de production dans le but de dépasser ces clivages et d'éviter de rajouter une cause de tensions.

Afin de donner corps à leurs revendications, les partisans de la monnaie allemande ont recours à deux arguments principaux. Le premier consiste à considérer la monnaie comme une marchandise. S'inscrivant dans la plus pure tradition libérale issue du 18e siècle, ils peuvent se reposer sur les propos de l'économiste français Jean-Baptiste Say qui estime que puisque la monnaie est composée de métaux, sa valeur est donc variable, ce qui interdit d'en fixer un prix déterminé[270]. A ce titre, les principes du libre-échange doivent s'appliquer à la circulation des espèces, ce qui se traduit par la suppression de toutes les entraves, dont ferait partie une loi qui imposerait un seul pied monétaire au pays. Le seul élément qui doit être invariable, c'est l'unité de compte qui permette de tarifer toutes les monnaies[271]. Par ailleurs, plusieurs traités d'économie

---

269 HOLENSTEIN, Thomas, *Geschichte der Konservativen Volkspartei des Kantons St. Gallen, 1834-1934*, St. Gallen: Verlag der Buchdruckerei Ostschweiz, 1934, pp. 140-160 ; LEMMENMEIER, Max, « Die Anfänge einer bürgerlich-industriellen Gesellschaft », in WISSENSCHAFTLICHE KOMMISSION DER SANKT-GALLER KANTONSGESCHICHTE (Ed.), *Sankt-Galler Geschichte 2003. Band 5 : Die Zeit des Kantons 1798-1861*, St. Gallen : Amt für Kultur des Kantons St. Gallen, 2003, pp. 11-98 (ici, pp. 47-50 et 66-76).

270 SAY, Jean-Baptiste, *Traité d'économie politique ou simple exposition de la manière dont se forment, se distribuent ou se consomment les richesses*, Paris : Calmann-Lévy, 1972 (éd. originale : 1803), p. 222. De manière générale sur la question des monnaies : chapitres XXI-XIV, pp. 186-205 et XXVII-XXIX, pp. 219-233.

271 Sur cet argument largement mobilisé, cf. par exemple : HUNGERBÜHLER, Johann Matthias, *Ein Wort über die schweizerische Zoll- und Handelsfrage. Eröffnungsrede des Präsidenten der St. Gallisch-Appenzellischen gemeinnützigen Gesellschaft, Herrn Regierungsrath Hungerbühler, bei der Hauptversammlung in St. Gallen, den 27. Mai 1847*, St. Gallen : Kälin'sche Offizin, 1847, pp. 14-15 ; [WEYDMANN, Johann Philipp], *Bericht und Anträge an den Kleinen Rath des Kant. St. Gallen*, *op. cit.*, p. 8 ; ESCHER, Hans Heinrich, *Der Schweizerfranken*, Zürich : Zürcher &

politique considèrent à cette période que les petits Etats doivent tarifer les monnaies étrangères et ne pas avoir leur propre système, car ils ne possèdent pas les moyens financiers pour l'entretenir[272]. Le second argument relève des habitudes comme freins à tout changement dans les pratiques monétaires. Modifier la manière de compter entraine en effet une perte de repères importante[273]. Or, avec les nombreux changements induits par la création de l'Etat fédéral, il est nécessaire de préserver une certaine stabilité pour assurer la transition entre l'ancien et le nouveau système. Afin d'éviter de trop bousculer les citoyens, les défenseurs du FLa préconisent de limiter autant que possible les changements, ce qui se traduit par le maintien du système en place[274]. Dans cette perspective, ils jouent sur la nécessité de reporter toute discussion, afin d'attendre de voir dans quelle voie l'Autriche, qui est en passe de procéder à une réforme de ses monnaies, s'engage. Un changement dans sa structure monétaire pourrait en effet exercer une certaine influence sur la situation monétaire du « Zollverein »[275].

4.2.2. Réseaux d'acteurs et stratégie de défense du florin : l'alliance entre la banque, le grand négoce et les autorités politiques

Après la publication du rapport de Speiser dans la *Feuille fédérale* en octobre et novembre 1849, il reste peu de temps avant le débat aux Chambres fédérales. Les partisans de l'adoption du FLa mobilisent alors un vaste réseau de soutien pour

Furrer, 1850, pp. 6-7 ; « Rapport et propositions de la fraction de la Commission du Conseil national qui recommande l'adoption du système du franc de Suisse basé sur le marc de Cologne (5 avril 1850) », *op. cit.*, pp. 1-142 (ici, pp. 7-8). Le point de vue de Speiser sur la question figure dans Speiser, Johann Jakob, « Die Münzfrage. I », *Wochenblatt*, n° 6, 08.02.1850, pp. 1-2 et dans Speiser, Johann Jakob, « Die Münzfrage. III », *Wochenblatt*, n° 8, 22.02.1850, pp. 1-4.

272 Schlesinger, William, *Das Geldproblem*, *op. cit.*, p. 57 ; Tucci, Ugo, « Le rapport or/argent dans l'économie monétaire européenne du XVIIIe siècle », in Day, John (Ed.), *Études d'histoire monétaire*, *op. cit.*, pp. 335-351 (ici, p. 338).

273 Confavreux, Joseph, « Usages sociaux et politiques de la monnaie », *op. cit.*, p. 18 ; Rauber, Sebastian, *Die Vereinheitlichung des schweizerischen Münzwesens nach 1848*, *op. cit.*, pp. 83-84.

274 « Rapport et propositions de la fraction de la Commission du Conseil national qui recommande l'adoption du système du franc de Suisse basé sur le marc de Cologne (5 avril 1850) », *op. cit.*, pp. 1-142 (ici, p. 101).

275 Schlesinger, William, *Das Geldproblem*, *op. cit.*, pp. 56-57.

défendre leurs intérêts. L'économiste William Schlesinger a déjà relevé leur très bonne organisation, mais sans l'analyser plus en détail[276]. L'étude des brochures publiées, des pétitions et de la presse permet de bien saisir quels milieux économiques de quelles régions se mobilisent.

La contre-offensive est menée par un noyau dur qui se compose de trois instances : les grands négociants saint-gallois représentés par le "Kaufmännische Direktorium St. Gallen", les milieux bancaires qui gravitent autour de la "Bank in St. Gallen" et le Gouvernement cantonal saint-gallois[277], incarné par le CdE Basil Ferdinand Curti[278]. Le schéma ci-dessous illustre le noyau dur et ses différentes ramifications qui prend en charge la défense des intérêts monétaires des milieux de la banque et du grand négoce de la Suisse orientale.

276 *Ibid.*, pp. 14-15.

277 [GONZENBACH, August von], *Gutachten des Kaufmännischen Direktoriums in St. Gallen*, *op. cit.* 31 p. ; BANK IN ST. GALLEN, *Eingabe der Bank in St. Gallen an das Finanzdepartement der schweizerischen Eidgenossenschaft, die in der Schweiz einzuführende Münzreform betreffend*, St. Gallen ; Bern : Huber & Cie, 1849, 11 p. ; *Vorstellung und Anträge des Kleinen Rathes vom Kanton St. Gallen an die Schweizersiche Bundesversammlung, die Münzfrage betreffend*, St. Gallen : Kälin'sche Offizin, 1849, 26 p.

278 Basil Ferdinand Curti-Finger (-Hérosé) (1804-1888), SG, fils de Johann Baptist Nepomu ; beau-fils d'un commerçant de Francfort, puis d'un fabricant de Constance. Études non terminées en Allemagne. Avocat à Saint-Gall et Lichtensteig (1826-1866), CdE de SG (1839-1859 ; cinq fois landamman). Député au GC de SG (1835-1859 et 1861-1866), Cn radical (1859-1866). Membre du comité élargi du "Schweizerische Südostbahn" (1853). Opposé à la création de l'Etat fédéral. Partisan de l'adoption du FLa.

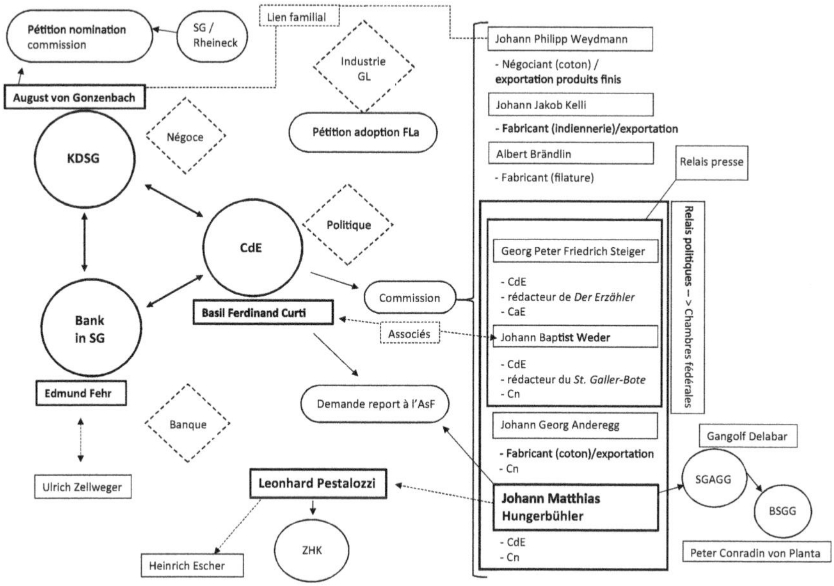

Schéma 4: réseau d'acteurs qui défend l'adoption du pied monétaire allemand comme base de la monnaie suisse[279]

Fin octobre 1849, le Petit Conseil saint-gallois (exécutif cantonal) met sur pied une commission chargée de mettre au point la stratégie de défense des intérêts régionaux[280]. Les acteurs issus de la grande industrie et du négoce

279 Le noyau dur et les principaux relais sont en gras. La définition des acronymes est la suivante: ZHK = "Zürcher Handelskammer", SGAGG = "St. Gallisch-Appenzellische Gemeinnützige Gesellschaft" et BSGG = "Bündnerischen Sektion der Gemeinnützigen Gesellschaft". Les flèches « normales » illustrent les actions. Les doubles flèches montrent les interactions entre les trois sphères (négoce, banque et politique) et leurs acteurs qui constituent le noyau dur. Les flèches en traitillés représentent les liens personnels entre les acteurs.

280 La commission, reconstituée avec [s.a.], « St. Gallen », *Eidgenössische Zeitung*, 27.10.1849, p. 3 et [s.a.], [s.n.], *St. Galler-Bote*, 03.11.1849, p. 2, se compose de Georg Peter Friedrich Steiger – cf. note 8 p. 410 ; de Johann Baptist Weder-Looser (1800-1872), avocat (associé à Basil Ferdinand Curti – cf. note 278 p. 392), rédacteur des journaux libéraux "St. Galler Zeitung" (1841-1843) et "St. Galler-Bote" (1846-1851), CdE de SG (1847-1851 et 1861-1863), Cn libéral-radical (1848-1851, 1858-1860 et 1861-1872) et CaE (1855-1857) ; de l'avocat Johann Matthias

occupent une place privilégiée avec la moitié des sièges. Parmi eux, le seul acteur qui semble être exclusivement fabricant et ne s'occuper d'aucune activité de négoce – Albert Brändlin – est à la tête d'un des principaux groupes de l'industrie cotonnière du pays ("Gebrüder Brändlin"). Au niveau des relais politiques des défenseurs du FLa à l'échelle fédérale, le CdE Georg Peter Friedrich Steiger dispose d'un mandat au CE, tandis que l'avocat Johann Matthias Hungerbühler et le négociant Johann Georg Anderegg siègent au CN. La mobilisation de la presse régionale est assurée par Steiger, rédacteur de *Der Erzähler* (1842-1851). Ce noyau dur reçoit le soutien de plusieurs sociétés. C'est surtout le cas de la "St. Gallisch-Appenzellische Gemeinnützige Gesellschaft", présidée par Johann Mathias Hungerbühler, au sein de laquelle l'enseignant Gangolf Delabar rédige un mémoire à l'attention de l'AsF[281]. Cette société, structurée autour du canton de Saint-Gall, dispose d'un poids politique important. En 1850, elle compte 292 membres, dont 253 viennent de Saint-Gall, le reste d'Appenzell Rhodes-Intérieures et Extérieures. Sur ces 253 membres saint-gallois, un tiers exerce une fonction politique législative, moins de 10 % sont actifs dans la banque, le négoce ou l'industrie[282]. La mobilisation de cette société a pour objectif d'élargir la base des soutiens aux revendications monétaires des négociants et surtout de disposer de relais politiques au niveau du canton[283].

Hungerbühler-Staub – cf. note 16 p. 412 ; de Johann Jakob Kelli-Wild (1793-1868), industriel (indiennes) à Gossau ; de Johann Philipp Weydmann-von Gonzenbach (1801-1854) – beau-fils d'August von Gonzenbach (cf. note 87 p. 340) – négociant associé au sein de "Kaspar von J. J. Weyermann" (commerce de fils de coton et exportation de produits manufacturés de coton) ; de Johann Georg Anderegg-Schiess (1792-1856), fabricant (coton) à Wattwil, Cn libéral (1848-1856), et d'Albert Brändlin-Staub (1814-1851), industriel au sein de "Gebrüder Brändlin" à Iona et Uznach (filature de coton, 33'500 broches entre les deux établissements en 1857).

281 Gangolf Delabar-Herzog (1819-1884), SG, originaire de Schelingen (Allemagne). Formation d'enseignant à Ettingen (BL) et Karlsruhe (Allemagne). Enseignant à Fribourg-en-Brisgau (1842), à l'École industrielle de Saint-Gall (1842-1856), puis à l'École cantonale dès 1856, qu'il dirige aussi. Membre de la "St. Gallisch-Appenzellische Gemeinnützige Gesellschaft" dès 1849. Rédige le *Denkschrift der St. Gallischen-Appenzellischen gemeinnützigen Gesellschaft an die hohe Bundesversammlung in Bern, die schweizerische Münzreform bettrefend*, St. Gallen ; Bern : Huber & Cie, 1849, 24 p.

282 Lemmenmeier, Max, « Die Anfänge einer bürgerlich-industriellen Gesellschaft », *op. cit.*, pp. 11-98 (ici, p. 85).

283 [Delabar, Gangolf], *Denkschrift der St. Gallischen-Appenzellischen gemeinnützigen Gesellschaft, op. cit.*, 24 p. Avant sa parution, cette brochure est au préalable

Au niveau bancaire, ce noyau dur reçoit un soutien de poids avec l'intervention d'Ulrich Zellweger, un important banquier appenzellois actif à Paris[284]. Bien que proche des milieux bâlois, il rallie le camp des défenseurs du FLa pour des raisons de sécurité d'approvisionnement en numéraire. La crise monétaire de 1848 a montré que les espèces françaises sont insuffisantes à couvrir les besoins helvétiques, bien qu'elles étaient dominantes dans la circulation jusqu'en 1847[285]. Il se prononce pour le projet du FLa, car ce système permettrait de maintenir les espèces allemandes dans la circulation comme soupape de sécurité ; cette diversification des sources d'approvisionnement assurerait ainsi une disponibilité constante en numéraire.

Les milieux du grand commerce et de la banque de Suisse orientale présentent un front uni et très dense derrière la défense du FLa. Les petits fabricants saint-gallois sont les grands absents, puisqu'ils ne sont représentés ni par le "Kaufmännische Direktorium St. Gallen", ni par la commission du Conseil d'Etat. Le monde agricole et les artisans ne figurent pas non plus au sein de ce réseau. Malgré leur absence, les milieux favorables au FLa parviennent à maintenir une forte cohésion avec les représentants politiques saint-gallois pendant toute la durée de la réforme. Si quelques lignes de fractures apparaissent, elles sont de moindre importance. La plus curieuse d'entre elles provient de l'avocat associé au CdE Curti, Johann Baptist Weder, qui dispose d'un mandat au CN

---

corrigée et retravaillée par Leonhard Pestalozzi (cf. note 155 p. 233) et par Johann Matthias Hungerbühler (cf. note 16 p. 412). Cf. BSG, VNL 60, A22, 31, lettre de Pestalozzi à Hungerbühler, 17.11.1849, 3 p. (ici, p. 1).

284 Ulrich Zellweger-Potts (-Ryhiner) (1804-1871), AR, fils de Jacob (1770-1821), un des plus importants commerçants de toiles du pays ("Zellweger & Cie") ; beau-fils de Christophe Ryhiner (1784-1857), d'une vieille famille de Bâle, propriétaire d'une filature de schappe ("Ryhiner & Cie"). Formation commerciale à Marseille (1819-1823), négociant (produits manufacturés) à Londres en 1823-1830 ("Orelli & Zellweger") et à La Havane ("Charles Drake & Cie" 1835-1839, "Drake Brothers & Co" 1839-1842). Retiré comme rentier à Trogen entre 1842 et 1848. Banquier à Paris en 1848-1857 ("Ulrich Zellweger & Cie"), puis laisse la direction de la banque à son neveu Otto-Frédéric Krauss (?-1903), tout en restant intéressé depuis sa résidence de Bâle (1857-1871). Membre fondateur (1859) et premier président CA (1859-1864) de la "Basler Missions-Handlungs-Gesellschaft", membre fondateur (1866) et premier président CA de la "Bank für Appenzell Ausserrhoden" (1866-1871). Ami proche du commerçant (coton) Caspar Ott-Trümpler (cf. note 201 p. 704)

285 ZELLWEGER, Ulrich, « Ein Beitrag zur Beurtheilung der Münzfrage », *Wochenblatt*, n° 48, 01.12.1849, pp. 2-4.

et qui se prononce à plusieurs reprises par le biais de son journal libéral, le *St. Galler-Bote*, en faveur du FF. Défenseur d'un Etat très centralisé en 1848, il considère que la monnaie française est plus adaptée aux besoins de l'économie helvétique en général, et non pas seulement à celle de son canton[286]. En Thurgovie, le journal libéral modéré *Thurgauer Zeitung*, édité par Christian Beyel, se mobilise dans le même sens[287]. Malgré ces quelques petites dissidences, les milieux économiques de la Suisse orientale industrielle parviennent à maintenir ce bloc soudé.

Il faut aussi relever que sur la base de nos recherches effectuées dans la presse du sud de l'Allemagne, peu de voix dans ces Etats semblent apporter leur soutien à la défense du FLa de la Suisse orientale[288]. Certes, quelques journaux proches des milieux bancaires d'Augsbourg mettent en évidence les avantages à maintenir une unité monétaire commune, mais pas, semble-t-il, au point de s'immiscer dans les affaires monétaires helvétiques[289]. Une des raisons qui explique ce retrait provient certainement des demandes croissantes de tarifer le FF dans plusieurs Etats du sud de l'Allemagne. La monnaie française se répand en effet jusque dans ces régions, notamment parmi les milieux du grand commerce. En 1845, des négociants demandent de frapper une pièce de valeur égale à celle de 5 FF dans le Grand-Duché de Bade, ainsi que dans le Royaume de Wurtemberg, afin d'améliorer leur intégration commerciale à l'échelle continentale[290]. Bien que repoussée, cette demande fournit néanmoins un indicateur fort de la présence de FF dans la circulation à l'échelle régionale.

Les milieux industriels de Glaris se mobilisent également pour défendre le FLa. Le tissu économique repose sur le textile, secteur de pointe du canton, qui emploie environ 40 % de la population[291]. La production d'articles finis de très grande qualité (les toiles imprimées) se vend sur tous les marchés du monde. L'exportation de bétail en direction de l'Italie et des Etats allemands contre des

286 [s.a.], [s.n.], *St. Galler-Bote*, 27.10.1849, p. 1 ; [s.a.], « Münzliches » et [s.a.], [s.n.], *St. Galler-Bote*, 08.12.1849, pp. 2 et 3.

287 [s.a.], « Münzwesen », *Thurgauer Zeitung*, 19.10.1849, pp. 1-2 et [s.a.], « Eidgenossenschaft », *Thurgauer Zeitung*, 28.10.1849, p. 2.

288 La presse numérisée est disponible à cette adresse : https://digipress.digitale-amlungen.de/search/simple.

289 Par exemple : [s.a.], « Basel », *Allgemeine Zeitung*, 13.12.1849, p. 8 ; [s.a.], « Schweiz », *Augsburger Postzeitung*, Beilage n° 76, 25.04.1850, 2 p. (ici, p. 2).

290 Janssen, Albert Edouard, *Les conventions monétaires*, *op. cit.*, p. 21.

291 Sur la structure du tissu économique de Glaris : Veyrassat, Béatrice, *Négociants et fabricants*, *op. cit.*, pp. 182-206.

biens de première nécessité (en particulier des céréales) revêt également un rôle important. De nombreuses monnaies étrangères, répondant à ces divers besoins, circulent et sont tarifées à l'échelle cantonale.

Début novembre, la presse relaye la tenue d'une réunion d'industriels glaronnais, durant laquelle une majorité se serait prononcée en faveur de l'adoption du pied français, traduisant, selon ces journaux, la position des milieux industriels du canton[292]. La réaction ne se fait pas attendre. Des démentis sont immédiatement publiés dans différents titres de presse pour infirmer cette nouvelle[293]. A cette occasion, les industriels adressent à l'AsF une pétition en faveur de l'adoption du FLa paraphée de soixante-cinq signatures[294]. L'analyse des noms permet de constater que la mobilisation se structure autour de deux grands groupes. D'une part, les grandes filatures et les indienneries. On y trouve les poids lourds de l'industrie glaronnaise: les filatures mécaniques "Enderlin & Jenny" (30'000 broches), "J & F Paravicini" (15'000 broches), "Gebrüder Jenny" (11'000 broches), "Gebrüder Casp. & Fréd. Becker" (6'500 broches) ou encore "Müller & Hauser" (2'700 broches) ; les indienneurs "Caspar Jenny jünger", "Schindler & Gallatin", "Rudolf Becker & Cie", "P. Blumer & Jenny", "Joh. Heer", "Gebrüder J. & J. Rud. Streiff" ou encore "Egid. Trumpi". D'autre part, des négociants actifs sur les marchés d'outre-mer, notamment "J. C. Tschudi", "Jenni & Cie", "Gabriel Trumpi", "Mathias Ortly", "Gebrüder Streiff" et "Luchsinger & Streiff".

Alors que la défense du FLa à Saint-Gall est avant tout assurée par les négociants et les banquiers qui dominent la production et pour qui le maintien de bas salaires est déterminant, à Glaris, ce sont les industriels qui sont employeurs et qui ont donc eux aussi tout intérêt à maintenir les petites espèces allemandes dans la circulation pour le paiement de leurs ouvriers. Tout comme les Saint-Gallois, ils tirent leur consommation de numéraire d'Augsbourg et, dans une moindre mesure, de Zurich. Ils craignent d'importantes pertes de change et un approvisionnement en espèces limité s'ils devaient passer par les places françaises.

292 [S.A.], [s.n.], *Neue Zürcher Zeitung*, 06.11.1849, p. 1 ; [S.A.], « Glarus », *Eidgenössische Zeitung*, 10.11.1849, p. 2 ; [S.A.], « Glarus (Münzfrage) », *Der liberale Alpenbote*, 10.11.1849, p. 2.

293 [S.A.], « Aus dem Glarnerlande », *Neue Zürcher Zeitung*, 15.11.1849, pp. 1-2 ; [S.A.], « Glarus », *Der Erzähler*, 11.12.1849, p. 3.

294 AF, E12#1000/36#179*, Pétition de négociants de Glaris au CF, 29.11.1849, 4 p.

Par l'intermédiaire de son réseau de connaissances, le Saint-Gallois Hungerbühler parvient à mobiliser les milieux agricoles grisons. C'est l'avocat et juriste Peter Conradin von Planta, à la tête de la "Bündnerischen Sektion der Gemeinnützigen Gesellschaft", qui se prononce en faveur du FLa[295]. C'est en particulier la nécessité d'assurer l'approvisionnement en numéraire qui est mise en avant. La situation du canton des Grisons n'est toutefois pas la même que dans les cantons industriels de Suisse orientale. Il est en effet traversé par une forte division sur la question monétaire qui répond à la structure des échanges extérieurs. Au nord, les produits agricoles sont échangés contre les produits industriels qui proviennent de Suisse orientale. Dans le centre et le sud du canton, ce sont les relations avec les marchés italiens qui sont décisives. En réaction à la prise de position de la "Bündnerischen Sektion der Gemeinnützigen Gesellschaft", des fabricants établis dans le centre et le sud du pays se mobilisent pour exiger l'adoption du pied monétaire français. Pour parvenir à se faire entendre, ils mobilisent le journal *Der liberale Alpenbote* qui relaye leurs revendications. Selon les propos d'un fabricant grison, ce sont les espèces françaises qui sont majoritairement utilisées dans le commerce de frontière :

> *« Für die Bevölkerung des ganzen innern Landes kommt nämlich die Haupteinnahme vom Viehhandel nach Italien und von den Niederlassungen in Italien und Frankreich, und der Abzug des Geldes hauptsächlich für Wein, Reis, Kastanien, theilweise auch Getreide und Kolonialwaaren, also für die wichtigsten Artikel des innern Verbrauchs findet nach Italien statt. Hier wird meistens französisches und italienisches Gold, welches letztere entweder selbst dem französisches Frankenfuss entspricht, das piemontesische*

295 Peter Conradin von Planta-Bauer (1815-1902), GR, fils de Johann Baptista, mercenaire au service de la France et du Piémont, châtelain de Wildenberg et important propriétaire foncier ; beau-fils d'Ulrich Bauer, bourgmestre de Coire. Formation de droit à Leipzig et Heidelberg (1836-1838). Avocat à Zernez (1838-1843 et à nouveau dès 1874), secrétaire (1844-1847) et juge de Coire (1847-1849), CdE des GR (1850 et 1853), rédacteur du "Der liberale Alpenbote" (1851-1856) et du "Bündner Wochenzeitung" (1860-1864). Membre de plusieurs tribunaux ; rédacteur des codes civils et pénaux des Grisons. Député au GC des GR (1841, 1849, 1854-1859 et 1861). CaE radical (1852, 1856, 1862-1863 et 1864-1872) et Cn (1856-1857). Membre CA de la "Bank in Graubünden" (1866-1881) et des "Vereinigte Schweizerbahnen" (1865-1901). Membre de la "Bündnerischen Sektion der Gemeinnützigen Gesellschaft". Bien que fédéraliste, est favorable à la révision du Pacte de 1815 en 1848 et au renforcement des compétences de l'Etat fédéral. Rédacteur du *Gutachten der Bündnerischen Sektion der Gemeinnützigen Gesellschaft über die Münzfrage*, Chur : [s.n.], 1849, 11 p.

nämlich, oder mittelst der Lira Milanese in einem bequemen Rechnungsverhältnisse zum französischen Fünffrankenthaler steht, eingenommen und ausgegeben »[296].

Le canton est donc partagé sur la question monétaire. En dépit de la mobilisation de la "Bündnerischen Sektion der Gemeinnützigen Gesellschaft", les milieux économiques grisons ne peuvent donc pas être considérés comme des alliés sûrs des acteurs industriels de Suisse orientale. Canton à forte dominante agricole intégré à l'économie italienne, il est très vraisemblable qu'il bascule dans le camp des partisans du FF.

Ce tour d'horizon montre que le noyau dur saint-gallois qui défend le FLa peut se reposer sur une organisation interne et des relais solides. Tout comme les milieux marchands de Suisse occidentale, ils ont une stratégie très active pour défendre leurs intérêts. Ils publient en effet beaucoup et rapidement dans le but de contrer la distribution des travaux des tenants du FF. Durant le seul mois de novembre, ce sont six brochures qui sont éditées, qui s'ajoutent aux quatre déjà écrites. Leurs écrits, qui sont également traduits pour être diffusés en Suisse romande, se répandent d'autant mieux qu'ils sont distribués gratuitement, ce qui ne manque pas d'inquiéter Speiser[297]. Ils sont notamment massivement distribués aux membres de l'AsF[298]. Les partisans de la monnaie allemande ne se limitent toutefois pas à ce type de publications. Ils rédigent également de nombreux articles de presse qui paraissent aussi bien dans des journaux régionaux, qu'en Suisse centrale ou occidentale, dans le but de rallier des soutiens[299]. Malgré cette activité, le fabricant et député saint-gallois Georg Leonhard Steinlin estime que les autorités politiques n'en font pas assez. Il dépose une motion visant à ce que le GC saint-gallois intervienne directement auprès des Chambres fédérales en faveur de l'adoption de la monnaie allemande. La requête est rejetée en bloc par ses collègues, considérant que de telles prérogatives ne sont plus du ressort des cantons avec la nouvelle organisation politique fédérale[300]. Elle pourrait également signifier que tous les députés de Saint-Gall ne sont pas tant impliqués dans la question monétaire. Les représentants des parties agricoles

296 [S.A.], « Graubünden », *Der liberale Alpenbote*, 21.11.1849, p. 2 ; cf. également [S.A.], « Eidgenossenschaft », *Der liberale Alpenbote*, 01.12.1849, pp. 1-2 (ici, p. 1).

297 AF, E12#1000/36#67*, lettre de Speiser à Munzinger, 16.11.1849, 2 p. (ici, p. 1).

298 BSG, VNL 60, A22, 36 et 38, lettres de Fehr à Hungerbühler du 22.11.1849, 2 p. (ici, pp. 1-2) et du 25.11.1849, 4 p. (ici, p. 3).

299 BSG, VNL 60, A22, 30 et 31, lettres d'Adolph Pestalozzi à Hungerbühler du 16.11.1849, 2 p. (ici, p. 2) et du 10.11.1849, 2 p. (ici, p. 1).

300 [S.A.], « Grossraths-Notizen », *Der Wahrheitsfreund*, 17.11.1849, pp. 1-2 (ici, p. 2) ; [S.A.], « Antwort aus dem Toggenburg », *Neue Zürcher Zeitung*, 18.11.1849, p. 1.

du canton en particulier seraient peut-être peu intéressés à défendre les intérêts des grands négociants et des banquiers des centres urbains.

4.2.3. Les acteurs de la banque et de l'industrie de la région zurichoise divisés sur le choix du pied monétaire

Si les milieux du négoce, de la banque et de l'industrie Suisse orientale présentent un front uni, les acteurs économiques des régions limitrophes sont plus partagés sur le choix du pied monétaire. C'est particulièrement le cas dans la région zurichoise, qui pourrait tantôt faire pencher la balance en faveur du FF, tantôt en faveur du FLa. Le banquier genevois Jean-Eloi Lombard exprime bien l'influence qu'elle pourrait avoir sur l'issue du débat :

> *« [En reconnaissant le FF, JC], elle entraînerait aisément la plupart des cantons qui hésitent encore, et assurerait au système décimal une majorité tellement imposante que les résistances s'évanouiraient absolument. Zurich n'ignore pas son influence ; [...] peut-être qu'une opposition systématique de Zurich réussirait à prolonger quelques temps un statu quo dont Zurich souffre plus que personne, ou du moins à empêcher que la réforme ne s'accomplît sans des résistances et des tiraillements fâcheux au point de vue politique comme au point de vue commercial »*[301].

Il est toutefois très difficile de saisir le positionnement des différents milieux économiques zurichois, car ils n'interviennent quasiment pas sur cette question dans l'espace public. Ils font en effet preuve d'une certaine indifférence durant la réforme monétaire fédérale. Nous avons vu au chapitre précédent que les acteurs de l'économie zurichoise sont divisés sur les questions monétaires, ce qui explique vraisemblablement leur retrait durant cette première phase de la réforme fédérale. En raison de cette situation, les études sur le sujet ont largement assimilé, et de manière très fâcheuse, les prises de position de Leonhard Pestalozzi, d'Alfred Escher et de quelques autres Conseillers de l'AsF à l'ensemble des milieux économiques du canton[302]. La correspondance de Speiser

---

301 [Lombard, Jean-Eloi], « De la question monétaire. II », *Courrier Suisse*, 28.11.1849, pp. 1-2 (ici, p. 1). Le poids de Zurich dans les questions monétaires est largement reconnu par tous les acteurs de l'époque : Baumgartner, Gallus Jakob, *Schweizerspiegel. Drei Jahre unter der Bundesverfassung von 1848*, Zürich : Orell, Füssli & Cie, 1851, pp. 96-97 ; Wild, Felix, *Rede über die Zürcherischen Münzverhältnisse*, *op. cit.*, p. 8.

302 Quelques exceptions qui nuancent cette vision sont tout de même à relever : Schüepp, Jakob, *Beiträge zur Schweizerischen Münzgeschichte*, *op. cit.*, p. 30 ; Mangold, Fritz, « Bankdirektor Johann Jakob Speiser », *op. cit.*, pp. 135-320 (ici,

et d'Alfred Escher[303] permet de réviser cette interprétation et de mieux saisir la division qui règne au sein de la région zurichoise. A cet égard, une lettre que le directeur de la "Bank in Zürich" Georg Finsler adresse à Speiser est très révélatrice de la complexité de la situation[304] :

> *«Der Vorschlag dieser Herren [adoption du FLa par Leonhard Pestalozzi et son fils Adolf, JC], den Sie aus der Eidg[enössischen] Zeitung kennen, und den Sie in Ihren vortreffliche Arbeit über das Münzwesen mit allem Recht den Vorwurf gemacht haben, dass es dem Reichsgulden zu sehr begunstigen, – findet aus diesem Grunde, namentlich unter den Kapitalisten, grossen Widerstand, – aber ebensowenig kann uns hier das Projekt der Einführung des französische Münzfusses in dieser oder jener Form befriedigen, – denn was haben wir von der Eidgenössischen Werthung, wenn die Sorte gänzlich mangelt und keine Mittel vorhanden sind, sie herbeizuschaffen ?»*[305].

L'enjeu central pour les milieux économiques zurichois est ici clairement énoncé : il faut assurer l'approvisionnement en numéraire du canton. La région zurichoise est en effet très probablement celle qui subit le plus fortement la

---

pp. 204-205, 214 et 222) ; Veyrassat, Béatrice, *Négociants et fabricants*, *op. cit.*, pp. 242 et 275.

303 Alfred Escher (vom Glas)-Übel (1819-1882), ZH, fils d'Heinrich (1776-1853), banquier chez Hottinguer à Paris et négociant (produits coloniaux) ; beau-fils de Bruno Übel (1806-1840), militaire. Issu d'une des familles les plus influentes de Zurich. Formation de droit à Zurich et en Allemagne (Bonn et Berlin) en 1837-1842. Privat-docent à l'Université de Zurich (1844-1847), premier Chancelier du canton (1847-1848), CdE de ZH (1848-1855). Cofondateur, directeur (1853-1872) et président CA (1872-1882) de la "Schweizerische Nordostbahn", membre CA de la "Gotthardbahngesellschaft" (1870-1878), membre fondateur (1856) et président CA (1856-1877 et 1880-1882) du "Crédit Suisse", membre du conseil de surveillance de la "Schweizerische Lebensversicherungs- und Rentenanstalt" (1857-1874). Député au GC de ZH (1844-1882), député à la Diète fédérale (1845-1846 et 1848), Cn libéral-radical (1848-1882). Homme fort du canton dès 1848, tête pensante des milieux économiques zurichois, grand promoteur des chemins de fer. Favorable à la création de l'Etat fédéral et à l'unification des monnaies ; attitude ambiguë sur le choix du pied monétaire.

304 Georg Finsler-Hess (1798-1879), ZH, fils de Hans Jakob (1765-1839), directeur d'une fabrique de soieries avec son frère et banquier ("Gebrüder Finsler & Cie") ; beau-fils de David Hess (1770-1843), mercenaire et artiste. Employé au Département des Finances du canton de ZH (1821-1825), directeur de la Caisse d'Etat de ZH (1825-1831), secrétaire du GC de ZH (1832-1836), premier directeur de la "Bank in Zürich" (1836-1872).

305 Aeb, PA 116, A 88, lettre de Finsler à Speiser, 08.09.1849, 4 p. (ici, p. 3). Souligné dans le texte original.

crise monétaire qui touche le pays dès les derniers mois de 1848[306]. Rappelons que les deux principales espèces utilisées dans le canton sont le FF et le TB qui sont tarifées d'après la monnaie de compte cantonale, le FLz. Dès le début des années 1840, les espèces françaises s'imposent dans la circulation. A partir de la seconde moitié de 1848, les FF disparaissent complètement et sont remplacés par les FLa, tandis que les TB continent à circuler[307]. Toutefois, les FLa ne donnent pas satisfaction aux milieux de la soie, intégrés au grand commerce international, car ils sont reçus à perte en France et en Italie. Un correspondant zurichois anonyme de Speiser en fait état :

> « *Wann ich nun aber mein Projekt eines isolirten Münzsystem aufgebe, was ich wohl werde thun müssen, indem ich wahrscheinlich in der ganzen Schweiz der einzige wäre, der derselbe verfechten würde, so gebe ich jedenfalls dem französischen den Vorzug vor dem süddeutschen ; einerseits aus Grunden die aus bisher Gesetzen hervorgehen, anderseits weil franz[ösisches] Geld auch in Deutschland Kurs hat, deutsches dagegen nicht in Frankreich, wie somit bei deutschen Münzfuss wohl an Deutschland nicht aber an Frankreich Baarzahlungen machen könnten, wenn man solche Baarsendungen ins Ausland nun doch einmahl haben will oder muss, ferner weil das franz[ösische] Münzsystem grösstere Daune verspricht als der Deutsche, was doch wohl niemand bestreiten wird* »[308].

Au contraire des milieux soyeux, les industriels du coton actifs à l'échelle régionale se satisfont entièrement de la circulation du FLa. C'est leurs intérêts que le banquier privé Leonhard Pestalozzi défend. Ses nombreuses publications – quatre brochures en 1849-1850 auxquelles il faut ajouter ses travaux des années 1830 – ne doivent pas faire illusion[309]. S'il est soutenu par le président et plusieurs membres de la chambre de commerce[310], le Gouvernement cantonal est plus frileux sur la question. Il s'oppose ainsi à la demande d'industriels du coton qui siègent dans la chambre de commerce de nommer une commission

306 Sur les effets de cette crise à Zurich : Salzmann, Martin, *Die Wirtschaftskrise im Kanton Zürich*, *op. cit.*, pp. 174-182 ; Bleuler, Werner, *Bank in Zürich*, *op. cit.*, p. 60.

307 Aeb, PA 116, A 88, lettres de Finsler à Speiser du 20.03.1849, 2 p. (ici, p. 1) et du 24.03.1849, 2 p. (ici, p. 1).

308 Aeb, PA 116, BI 1a, lettre d'un H. de Zurich à Speiser, mars 1850, 3 p. (ici, p. 2).

309 Les associés de la maison d'édition "Orell, Füssli & Cie", parmi lesquels se trouve un neveu de Leonhard Pestalozzi, figurent parmi les défenseurs de la monnaie allemande. Cf. Bsg, VNL 60, A23, 26, lettre de Pestalozzi à Hungerbühler, 24.03.1850, 2 p. (ici, p. 1).

310 Pestalozzi, Leonhard, *Der Schweizerfranken als eidgenössische Münzeinheit*, *op. cit.*, 55 p.

pour répondre en son nom au rapport de Speiser et d'intervenir auprès du CF pour demander la publication dans la *Feuille fédérale* d'une contre-expertise[311]. Pestalozzi reste donc passablement isolé et ne reçoit que quelques rares soutiens, notamment du juriste Hans Heinrich Escher[312], mais ne parvient pas à entraîner le CdE Felix Wild dans la bataille[313], qui était pourtant un des principaux défenseurs du FLa lors de la tentative de réforme monétaire zurichoise au début des années 1840. A cet égard, la demande que Pestalozzi adresse à Alfred Escher sur la stratégie à suivre est révélatrice de sa position[314]. Durant cette première phase de la réforme, Escher ne prend pas directement part à la question monétaire. Il ne s'y intéressera réellement que lors de sa nomination au sein de la commission du CN ; nous aurons l'occasion d'y revenir. A l'exception de Pestalozzi, la grande majorité des milieux libéraux proches d'Escher se prononce en faveur du système français. L'avocat Friedrich Gustav Ehrhardt en témoigne[315] :

> «*Jüngst habe ich mit 2 guten Autoritäten, noch meine Auffassung der Münzfrage, alt Regierungsrath Krauer u[nd] Cantonsrath Arbenz in Andelf gesprochen u[nd] sie sind so ziemlich meiner Ansicht: französ[ische] Münzfuss ; allein damit 2 Massregeln nothwendig verbunden: 1) Erschaffung des erforderlichen entsprechenden Münzbedarfes (das ist gut möglich an u[nd] für sich) 2) Abhaltung der Nachbarmünzen zu dem jetzigen infamen Course (das wird sehr schwierig möglich zu machen sein ; denn gesetzliche Werthung hilft hier nichts, wie wir im Canton Zürich ja schon längst wissen). Wir haben Fabricanten die das Reichsgeld natürlich im Grosshandel zu dessen wahren Werthe beziehen u[nd] an ihre Arbeiter den Gulden zu 15 Batzen, somit mit 10 Prozent Gewinn ausgeben*»[316].

---

311 AEZ, MM 2.106 RRB 1849/2287, Protocole du Conseil d'Etat de ZH, 06.11.1849, pp. 309-311.

312 Hans Heinrich Escher (vom Glas) (1823-1887), ZH, fils de Hans Conrad (1777-1856), négociant. Issu d'une des familles les plus influentes de Zurich, dont cette branche est active dans le négoce. Juriste à Zurich. Nombreuses publications dans le domaine du droit, des monnaies et des mathématiques, notamment : *Die Gesetze des Verkehrs und ihre Consequenzen für die Geldverhältnisse der Schweiz*, Zürich : von Meyer und Zeller, 1849, 16 p.

313 BSG, VNL 60, A22, 30, lettre d'Adolph Pestalozzi à Hungerbühler, 16.11.1849, 2 p. (ici, p. 2).

314 Correspondance Alfred Escher, lettre de Pestalozzi à Escher, 24.09.1849, 2 p. (ici, pp. 1-2).

315 Sur Friedrich Gustav Ehrhardt, cf. note 404 p. 304.

316 Correspondance Alfred Escher, lettre de Friedrich Gustav Ehrhardt à Escher, 11.12.1849, 4 p. (ici, pp. 3-4). Les deux personnages mentionnés sont Hartmann

Tout comme à Saint-Gall, certains industriels actifs dans la branche du coton réalisent des bénéfices confortables sur le trafic de numéraire allemand. Ils se monteraient selon les propos de l'avocat zurichois à 10 % de leur valeur, soit environ le triple qu'à Saint-Gall.

A l'image de la division qui règne entre les deux principaux secteurs industriels du canton, le monde bancaire est partagé sur la question du choix du pied monétaire[317]. Selon Werner Bleuler, le comité de direction de la "Bank in Zürich" est en majorité en faveur du FF[318]. En revanche, d'après le directeur de l'époque de cette banque, les partisans du FLa seraient plutôt majoritaires :

> « *Wir hingegen befinden uns so zu sagen, in der Mitte ; unser bisheriges System – wenn man es so heissen will, – wird in Folge des allmäligen Verschwindens der in der Tiegel Wandernde Brabanterthaler jedenfalls zusammenstürzen, was dann aber in Zukunft für uns passen werde, darüber sind die Ansichten selbst unten unsere hervorragendsten Geldmänner so verschieden, dass es sehr schwer hält sich darüber ein bestimmter Urteil zu bilden. In der Bankvorsteherschaft, zum Beispiel, sind die Anhänger des französischen Münzfusses beinahe ebenso zahlreich als die Gegner desselben, obschon auch die erstere sich kaum getrauen wurden, zu einer Emission von Banknoten im französische Fusse zu stimmen, bevor die Erfahrung gezeigt haben wird dass man hiebei unter keinen Umständen etwas zu riskieren haben* »[319].

L'analyse de la composition du comité de direction de la "Bank in Zürich" en 1849 permet de mieux comprendre cette situation[320]. Ses seize membres représentent quatre groupes socio-professionnels d'acteurs. Le premier est composé de négociants et d'industriels actifs dans la soie (6 membres sur 16). Cinq membres sur les seize ont une activité dans la branche du coton, soit en tant que négociants, soit comme fabricants (filature et tissage), les deux activités étant souvent pratiquées en parallèle. Le troisième groupe est représenté

Krauer (1803-1858), aubergiste, préfet de Regensberg (1831-1838), CdE de ZH (1838-1839) ; le second est probablement le député au GC de ZH Conrad Arbenz d'Andelfingen. La division qui règne au sein du canton est aussi soulignée par le médecin Ulrich Zehnder (1798-1877) : cf. Correspondance Alfred Escher, lettre de Zehnder à Escher, [s.d. : vers fin novembre 1849], 3 p. (ici, p. 2).

317 Une brève présentation des opérations de change et des activités d'escompte que pratiquent les banquiers privés zurichois sur les places allemandes et françaises figure dans BSG, VNL 60, A23, 27, lettre de Pestalozzi à Hungerbühler, 15.03.1850, 3 p. (ici, pp. 1-2).

318 BLEULER, Werner, *Bank in Zürich*, *op. cit.*, pp. 62-63.

319 AEB, PA 116, A 88, lettre de Finsler à Speiser, 24.12.1849, 4 p. (ici, pp. 2-3). Souligné dans le texte original.

320 Le comité se trouve dans BLEULER, Werner, *Bank in Zürich*, *op. cit.*, pp. 330-332.

par trois banquiers privés. Enfin, deux commissionnaires complètent la composition du comité de direction. Ces quatre groupes ont des intérêts divergents dans la question monétaire. Il n'est dès lors pas étonnant qu'ils se divisent sur le pied à adopter. Selon la *Neue Zürcher Zeitung*, fabricants de soie et grands négociants veulent supprimer les gains que certains industriels réalisent sur le change des monnaies afin de disposer d'une unité monétaire qui garantisse la valeur du numéraire en circulation et donc de tous les biens :

> « *[...] damit Geld Geld sei, für Jedermann gleich, eine Wahrheit sei für Arbeiter und Arbeitgeber, Herren und Bauern, auf dass nicht länger der Arme, wenn er hundert Franken verdient hat, noch einige Tage saufern Schweisses darauf legen muss, um sie den hundert Franken gleich zu machen, die ihm für eine Schuld abgefordert werden* »[321].

La division qui règne dans la question monétaire ne concerne pas que la ville de Zurich. Elle se retrouve aussi à Winterthour. Lors d'une réunion tenue en janvier 1847, les grands négociants donnent leur préférence au FF[322], car le FLa ne correspond pas à leurs besoins[323]. Un négociant l'affirme clairement dans le journal local : « *Bei einer solchen Umänderung wären wir dann auch der Ansicht der Redaktion, dass es der erste Nagel in den Sarg unserer Regierung wäre, wenn sie den Reichsfuss mit erwähnter Taxirung unserer Münzen annähme* »[324]. Afin de rallier ces milieux économiques à son projet, Leonhard Pestalozzi publie dès le mois de novembre 1849 une série d'articles à leur attention dans un autre journal local[325].

Ainsi, il n'est pas possible d'établir un positionnement commun aux différents milieux économiques de la région zurichoise dans les questions monétaires. Les grands négociants et les acteurs de la branche de la soie sont favorables à se rallier au système français. Pour leur part, les industriels du secteur du coton

321 [s.a.], [s.n.], *Neue Zürcher Zeitung*, 06.11.1849, p. 1.

322 Lettre de J. Näf à Wild, 22.01.1847, citée in Schlesinger, William, *Das Geldproblem*, *op. cit.*, p. 78. Cf. également sur cette réunion et la position des milieux du grand commerce: [s.a.], « Winterthur », *Neue Zürcher Zeitung*, 19.01.1847, p. 1.

323 En 1847, avant la fondation de l'Etat fédéral et la centralisation des compétences monétaires, les acteurs du grand commerce de Winterthour s'opposent à l'adoption du FLa, car il engendrerait une augmentation des salaires de 3.5 % en raison de sa mauvaise équivalence avec le pied monétaire zurichois. Leur position figure dans [s.a.], [s.n.], *Winterthurer-Zeitung*, 01.02.1847 p. 3 et [s.a.], « Ueber unser Münzwesen », *Winterthurer-Zeitung*, 04.02.1847, p. 2.

324 [s.a.], « Ueber unser Münzwesen », *Winterthurer-Zeitung*, 04.02.1847, p. 2.

325 Les articles de Pestalozzi qui paraissent dans *Der Landbote* sont mentionnés dans Bsg, VNL 60, A22, 41, lettre de Fehr à Hungerbühler, 02.12.1849, 4 p. (ici, p. 2).

(filature, tissage et fabrication de produits finis) écoulent leurs produits sur les marchés régionaux et sont en contact direct avec les Etats allemands ainsi qu'avec les industriels de Suisse orientale. Ils utilisent depuis longtemps le FLa et s'en satisfont. Quant au monde bancaire, il est, à l'image du tissu industriel, très divisé sur la question.

Durant la première étape de la réforme monétaire, partisans du FF et défenseurs du FLa s'activent à défendre leurs intérêts. A renfort de publications et de mobilisation de leurs réseaux, chaque camp cherche des soutiens pour donner du poids à son projet. Les milieux marchands de Suisse occidentale qui mènent la réforme et qui représentent le noyau dur qui porte le projet du FF sont soutenus par le CF, par de nombreux titres de presse et par certains acteurs en provenance des régions agricoles de la Suisse occidentale, centrale et méridionale, ainsi que de la région zurichoise. De leur côté, les milieux industriels de Suisse orientale qui prennent parti pour le FLa ont plus de peine à mobiliser des soutiens hors de leur région, qui se limitent à quelques voix en provenance de la région zurichoise et du canton agricole des Grisons. C'est dans ces conditions que s'ouvre le débat monétaire aux Chambres fédérales.

5. La deuxième étape de la réforme monétaire (1849-1850) : les débats aux Chambres fédérales

Lors de l'ouverture de la session de l'AsF en novembre 1849, les deux Chambres nomment des commissions et décident que le débat se déroulera en intégralité avant Noël. Début décembre, les représentants des cantons qui siègent au CE votent à leur majorité pour l'adoption du pied monétaire français. Cependant, en raison du nombre élevé d'objets à traiter durant cette session, le CN ne parvient pas à s'occuper de la question monétaire: le débat est alors renvoyé au mois d'avril. Ce délai est particulièrement bienvenu pour les partisans du FLa. Après avoir digéré leur défaite au CE, ils réorganisent la stratégie de défense de leurs intérêts et se lancent dans la démonstration de masse. Une pétition recouverte de dizaines de milliers de signatures est déposée à l'AsF courant avril. En parallèle, l'entrée en scène de poids lourds de l'économie suisse dans le camp de la monnaie allemande donne du poids à leur projet. Pour leur part, les partisans du FF ne restent pas les bras croisés. Ils sont toutefois divisés sur la manière de réagir au mouvement pétitionnaire en faveur du FLa. Plutôt que de récolter des milliers de signatures, ils privilégient de mobiliser un nombre restreint de pétitionnaires, mais qui possèdent un poids économique important. Les chambres de commerce des trois pôles de la Suisse occidentale marchande (Bâle, Genève et Neuchâtel) se mobilisent ainsi pour défendre leurs intérêts. En parallèle, les défenseurs du pied monétaire français poursuivent la publication d'écrits et se tournent vers l'étranger pour obtenir des soutiens.

Le report de la discussion fin 1849 a des effets bénéfiques sur les partisans du FLa qui parviennent à affaiblir la cohésion du camp du FF et à rallier plusieurs soutiens de poids. Cette activité et cette mobilisation ne suffisent toutefois pas à faire triompher leur projet. Après trois jours de débats et plusieurs tentatives de reporter la discussion monétaire, deux tiers des Cn donnent leur voix au pied monétaire français. C'est la naissance du FS.

5.1. Réactions divergentes des promoteurs du pied français et des défenseurs du pied allemand suite au vote au Conseil des Etats

La session de l'AsF s'ouvre le 12 novembre 1849. Au début de chaque session parlementaire, le président de chacune des deux Chambres consulte son homologue pour se répartir les objets à discuter. Jürg Düblin a montré que durant les premières années de l'Etat fédéral, le CN a la priorité dans deux tiers des cas sur les questions jugées importantes ; le CE a quant à lui l'initiative sur les affaires administratives et fait office d'« antichambre » du CN[1]. Le vote de la Chambre du peuple – au poids numérique plus important et qui possède une meilleure réputation parmi les acteurs de l'époque – est donc déterminant puisqu'il représenterait plus fidèlement le point de vue des citoyens. Dans ces conditions, les députés de la Chambre des cantons ne pourraient que suivre le vote de leurs homologues, à moins de prendre le risque de se prononcer contre l'avis des députés représentant les citoyens. La question monétaire fait exception à la règle. Le 19 novembre, le président du CE, le Vaudois François Briatte, s'adresse au Zurichois Alfred Escher, président du CN, pour lui demander l'initiative dans la question monétaire :

> *« Plusieurs membres du Conseil des Etats et q[uelques] uns du Conseil National pensent que le Conseil des Etats n'ayant rien à faire à présent devrait prendre l'initiative de la loi sur le système monétaire ; je pense, aussi, que cette marche amélior[er]ait les affaires, car je crains que nous ne puissions pas nous occuper de la loi militaire immédiatement après que le Conseil National en aura terminé la discussion, nous serons, ainsi, pendant environ 15 jours encore sans occupation, car la discussion des comptes militaires de 1848 et le budget, ne nous occuperons pas plus d'une séance ou deux »*[2].

Escher rejette l'argument du manque d'activité pour justifier cette demande. Devant ses collègues, il estime que c'est au CN de prendre l'initiative, car c'est une question délicate. Il est soutenu par trois Cn saint-gallois – Erpf, Anderegg et Hoffmann – qui mettent en avant que les citoyens suisses sont mieux représentés au CN et que l'initiative lui revient donc de droit[3]. Plusieurs Cn de tout le pays (notamment l'Argovien Samuel Friedrich Siegfried, l'Appenzellois Johann Heinrich Heim et le Vaudois Louis Blanchenay) contestent cette manière de voir et soutiennent la demande de Briatte. Après un vote très serré, l'initiative est laissée au CE à une voix près (34 voix contre 33). Les députés des deux Chambres décident par ailleurs que le débat monétaire aura lieu en intégralité durant cette session de l'AsF.

---

1 Düblin, Jürg, *Die Anfänge der Schweizerischen Bundesversammlung. Untersuchungen zur politischen Praxis der eidgenössischen Räte in den zwei ersten Legislaturperioden (1848-1854)*, Bern : Francke, 1978, pp. 52-72. Cf. aussi Neidhart, Leonhard, « Repräsentationsformen in der direkten Demokratie », *op. cit.*, pp. 299-328 (ici, pp. 312-313).

2 Correspondance Alfred Escher, lettre de Briatte à Escher, 19.11.1849, 1 p.

3 [s.a.], « Conseil national », *Nouvelliste vaudois*, 22.11.1849, p. 2.

Une fois la répartition des objets effectuées entre les deux Chambres, une commission est nommée dans chacune d'entre elles pour étudier le projet de loi monétaire du CF. Composée de sept membres au CE, elle se divise en deux fractions. La majorité de quatre membres, qui suit le projet du CF, représente les intérêts des acteurs du grand commerce (le Neuchâtelois Charles Louis Jeanrenaud[4] et le Glaronnais Joseph Weber[5]) et des grands agriculteurs aisés de Suisse occidentale (le Vaudois François Briatte[6] et le Bâlois Stephan Gutzwiller[7]). La minorité

---

4 Charles Louis Jeanrenaud-Besson (1798-1868), NE, fils de Charles; beau-fils de David Besson, commerçant (dentelles). Directeur du commerce de son beau-père ("Jeanrenaud-Besson") en charge du marché italien. CdE de NE (1848-1859). Député au Corps législatif (1833-1848), puis au GC de NE (1848-1858). Député à la Diète fédérale (1848), CaE de tendance radicale (1848-1854). Rapporteur de la commission.

5 Joseph Weber-Trümpy (1805-1890), GL, fils de Caspar, commerçant (bois) et transporteur ("Aebly-Weber & Cie"); beau-fils d'Egidius Trümpy (1768-1839), fabricant d'indiennes ("Egidius Trümpy & Cie"). Plusieurs membres de la famille actifs dans le commerce sont installés dans les grandes villes européennes. Formation commerciale. Reprend les affaires paternelles. Membre de la Commission d'Etat (1839-1860), trésorier (1848-1860) et vice-landamman (1860-1884); délégué à la Diète fédérale (1848), CaE libéral (1849-1884). Membre CA des "Vereinigte Schweizerbahnen" (1860-1890), siège au CA de la "Bank in Glarus" (1863-1883) comme représentant du canton.

6 François Briatte-Milliet (1805-1877), VD, fils de Jean-Baptiste, d'origine française, important propriétaire foncier; beau-fils de François Milliet, juge et propriétaire. Formation dans le domaine agricole en Allemagne et en France. Inspecteur forestier dès 1828, CdE de VD (1845-1862). Député au GC de VD (1837-1861 et 1862-1866), député à la Diète fédérale (1839, 1844-1845 et 1848), CaE radical (1848-1853, 1856-1862 et 1864-1867). Président du Conseil de surveillance de la "Caisse hypothécaire d'amortissement du canton de Vaud" (1860), président des Conseils supérieurs (1860-1861), du conseil de surveillance et du Conseil général (1868-1870) de la "Banque cantonale vaudoise". Considéré comme un des lieutenants de Druey (cf. note 28 p. 323), prend une part active à la révolution vaudoise de 1845. Membre de la "Société industrielle et commerciale du canton de Vaud" (1872 et 1875).

7 Stephan Gutzwiller-Ziegler (1802-1875), BL, fils de Josef, maréchal-ferrant d'origine française; beau-fils de Balthasar Ziegler (1797-1864), médecin issu d'une vieille famille patricienne de Soleure, notamment active dans l'industrie du papier dans laquelle sont actifs le père et le frère de Balthasar. Etudes de droit à Bâle et en Allemagne. Avocat et notaire à Bâle (1828-1832), membre du Gouvernement (1832-1833), puis avocat à Liestal (1833-1841), juge cantonal (1842-1860). Député au GC de BS (1827-1831), puis de BL (1833-1841), délégué à la Diète fédérale (1833-1834, 1836 et 1841), CaE radical (1848-1851) et Cn (1851-1872). Chargé

de trois membres, qui défend l'adoption d'une monnaie suisse sur la base du FLa, représente quant à elle les milieux industriels de Suisse orientale (le Saint-Gallois Georg Peter Friedrich Steiger[8]), de la région zurichoise (Johann Jakob Rüttimann[9]) et de la Suisse occidentale (l'Argovien Bernhard Friedrich Fischer[10], rapporteur de cette fraction), ces deux derniers cantons étant fortement divisés sur la question.

La commission de neuf membres nommés par le CN pour étudier la question monétaire se divise elle aussi en deux fractions. La majorité de cinq membres se prononce en faveur de l'adoption du système français. Comme la majorité de la commission du CE, elle représente les intérêts du grand commerce (le négociant en draps Schaffhousois Friedrich Peyer Im Hof[11], qui officie comme rapporteur,

---

de la gestion des salines de Schweizerhalle. Membre CA de la "Hypothekarbank Baselland" (1849-1871) et de la "Schweizerische Centralbahn Gesellschaft" (1860-1864 et 1867-1872).

8 Georg Peter Friedrich Steiger-Zünd (1804-1868), SG, fils de Jonas, pasteur ; beau-fils de Johannes Zünd. Pasteur (1830-1838), premier chancelier d'Etat de Saint-Gall (1838-1849), CdE de SG (1849-1861, landamman à six reprises). Rédacteur de "Der Erzähler" (1842-1851). Député au GC de SG (1830-1861), député à la Diète fédérale (1836-1845 et 1847), CaE libéral (1848-1850 et 1853).

9 Johann Jakob Rüttimann-Bächlin (1813-1876), ZH, fils de Josua, notaire ; beau-fils d'Alexander Bächlin. Greffier (1831-1834), procureur (1834-1838), avocat dès 1838, CdE de ZH (1844-1856), privat-docent (1844-1854), puis professeur ordinaire de droit à l'Université de Zurich (1854-1872) et à l'Ecole polytechnique de Zurich (1857-1876). Exerce également la fonction de juge au Tribunal fédéral (1848-1854) et à la cour de cassation de Zurich (1875-1876). Député au GC de ZH (1844-1872), député à la Diète fédérale (1845-1847), CaE libéral de la tendance Escher (1848-1854 et 1862-1869). Membre fondateur du "Zürich-Bodensee-Bahn" (1853), membre CA du "Schweizerische Nordostbahn" (1858-1875), membre fondateur (1856) et membre du Conseil de banque (1856-1876) du "Crédit Suisse", membre CA de la "Schweizerische Lebensversicherungs- und Rentenanstalt" (1858-1874). Proche de Jonas Furrer (cf. note 24 p. 322) et d'Alfred Escher (cf. note 303 p. 401), ami du glaronnais Johann Jakob Blumer (cf. note 66 p. 427).

10 Bernhard Friedrich Fischer-Herzog (1807-1862), AG, fils de Bernhard, commerçant ; beau-fils de Johann Herzog-Herosé, fabricant (textiles). Directeur commercial de la maison "Heinrich Meyer" à Brugg, active dans le commerce de coton brut et la fabrication de coton (16'000 broches à filer et 60 métiers à tisser exploitées dans le Grand-Duché de Bade en 1857). Député au GC d'AG (1851-1852), CaE de tendance gauche modérée (1849-1851). A la tête d'une des plus importantes fortunes du canton. Membre CA du "Crédit Suisse" (1856-1862).

11 Friedrich Peyer Im Hof-Neher (1817-1900), SH, fils de Johann Friedrich, commerçant (draps) ; beau-fils de Johann Georg Neher, propriétaire des fonderies de

le banquier bâlois Achilles Bischoff[12] et le Tessinois Giovanni Battista Pioda[13]) et des grands agriculteurs aisés de Suisse occidentale (le Bernois Jakob Stämpfli[14] et le Vaudois Louis Blanchenay[15]). La minorité de quatre membres, qui

---

Laufen. Issu d'une vieille famille de Schaffhouse active dans le négoce. Formation commerciale à Genève (1832-1836), puis employé dans des usines de draps allemandes (1836-1838); négociant en draps dès 1838 avec son beau-frère Johann-Konrad Neher-Stockar (1818-1877). Cofondateur et directeur de la "Schweizerische Waggons-fabrik Neuhausen" (1853-1872), directeur de la "Schweizerische Nordostbahn" (1857-1877). Fait faillite en 1880. Député au GC de SH (1843-1845, 1851-1869 et 1871-1875); Cn libéral (1848-1854 et 1857-1875; président en 1860). Cofondateur de la "Schweizerische Dampfbootgesellschaft AG für Rhein und Untersee" (1850), cofondateur et président CA du "Rheinfallbahn" (1853-1857), membre CA de la "Ersparniskasse Schaffhausen" (1842-1861), du "Crédit Suisse" (1856-1868), de la "Schweizerische Lebensversicherungs- und Rentenanstalt" (1858-1867), cofondateur et membre CA de la "Bank in Schauffhausen" (1862-1872). Membre (1844-1879) et membre du comité (1844-1847) du Directoire commercial de Schaffhouse. «Bundesbarone» proche d'Alfred Escher (cf. note 303 p. 401) et de Johann Jakob Speiser (cf. note 45 p. 328). Tête pensante des questions économiques et ferroviaires dans son canton.

12 Achilles Bischoff (cf. note 50 p. 330) ne prend part à aucune séance de la commission pour cause de maladie.

13 Giovanni Battista Pioda-Sozzi (1808-1882), TI, fils de Giovan Battista (1786-1845), officier au service de Hollande. Formation de droit. Avocat et notaire à Locarno (1834-1839), secrétaire (1839-1842 et 1847-1855) et membre (1842-1847 et 1855-1857) du CdE du TI, Cf radical (1857-1864) en remplacement de son ami Stefano Franscini (cf. note 30 p. 324); termine sa carrière comme Ministre suisse dans différentes villes italiennes (1864-1882). Député à la Diète fédérale (1833, 1844 et 1848), Cn radical (1848-1854 et 1855-1857).

14 Jakob Stämpfli-Snell (1820-1879), BE, fils de Hans, agriculteur; beau-fils de Wilhelm Snell (1789-1851), professeur de droit. Formation de droit. Avocat (1844-1854) et rédacteur du "Berner Zeitung" (1845 et 1850-1854) en alternance avec son poste de CdE de BE (1846-1850 et 1854). Remplit les fonctions de juge fédéral (1851-1854) à temps partiel. Cf radical (1854-1863). Député au GC de BE (1863-1878), délégué à la Diète fédérale (1847), Cn (1848-1854, 1863-1879). Membre fondateur (1863) et président CA (1864-1878) de l'"Eidgenössische Bank". Leader des radicaux dans le canton de Berne et à l'échelle fédérale. Favorable à une centralisation forte contre l'avis de son prédécesseur Ulrich Ochsenbein (cf. note 27 p. 323). Possède plusieurs postes d'administrateur dans l'industrie et les chemins de fer.

15 Louis Blanchenay (1801-1881), VD, fils d'Antoine (1766-1841), mercenaire et important propriétaire foncier dans le canton de Vaud. Avocat à la Cour d'appel (1828), inspecteur forestier (1837-1839), CdE de VD (1839-1861), directeur des

défend le FLa, représente quant à elle les intérêts industriels de la Suisse orientale (Johann Matthias Hungerbühler[16], qui remplit la fonction de rapporteur) de la région zurichoise (Alfred Escher[17]) et de la Suisse occidentale (l'Argovien Johann Peter Bruggisser[18]), ainsi que de la banque de Suisse méridionale (le Grison Johann Baptist Bavier[19]).

La composition des deux commissions du CE et du CN présente cinq caractéristiques qu'il vaut la peine de souligner. Premièrement, les acteurs qui pratiquent le grand commerce international (5 membres sur 16) défendent l'adoption du pied monétaire français et ceci indépendamment de leur

---

douanes à Lausanne (1861-1873), rentier. Député au GC de VD (1839-1841, 1845-1848 et 1854-1876) et Cn de tendance radicale (1848-1860). Considéré comme un des lieutenants de Druey (cf. note 28 p. 323), prend une part importante à la révolution radicale vaudoise de 1845. Membre fondateur (1845), président du Conseil supérieur (1846), du Conseil général (1849 et 1856) et du comité de surveillance (1856) de la "Banque cantonale vaudoise", président CA des "Mines et Salines de Bex" (1840-1845).

16 Johann Matthias Hungerbühler-Staub (1805-1884), SG, fils de Mauriz Ludwig (1771-1866), médecin et psychiatre; beau-fils de Fidel Staub (1782-1836), membre du Conseil des Finances de Soleure. Formation en théologie, philosophie et en droit à Fribourg-en-Brisgau dès 1825, puis à Genève (1829), avant de voyager en France et en Italie. Avocat à Saint-Gall dès 1831, chancelier cantonal (1835-1838), CdE de SG (1838-1859, 1862-1864 et 1873-1878, landamman à dix reprises), avocat (1859-1861) et président du tribunal cantonal (1864-1873). Député au GC de SG (1835-1870 et 1873-1878), député à la Diète fédérale (1848), Cn de tendance radicale (1848-1875). Président du comité du "Schweizerische Kreditanstalt St. Gallen" (1854-1871), membre CA de "La Suisse, Société d'assurances sur la vie" (1863-1884), activité importante dans les chemins de fer. Rédacteur du "St. Galler Zeitung" (1839-1841) et correspondant au "Toggenburger Boten". Président de la "St. Gallisch-Appenzellische Gemeinnützigen Gesellschaft" (1845-1867).

17 Sur Alfred Escher, cf. note 303 p. 401.

18 Johann Peter Bruggisser-Isler (-Isler) (1806-1870), AG, fils de Johann Martin (1773-1862), industriel (paille); beau-fils de Jacob Isler (1758-1837), industriel de la paille à Wohlen ("Jacob Isler & Cie"), puis de Jacob Anton Isler. Etudes de droit en Allemagne. Activité de notaire (1830) et d'avocat (1831); reprend en parallèle les affaires paternelles avec ses frères en 1830 ("Martin Bruggisser & Cie"). Exporte principalement en direction des Etats-Unis. Exerce la fonction de juge cantonal (1849-1851 et 1858-1867). Député au GC d'AG (1831-1858), délégué à la Diète fédérale (1845), Cn de tendance radicale (1848-1866).

19 Johann Baptist Bavier-Roffler (1795-1856), GR, fils de Siméon, marchand; beau-fils de Valentin Roffler, landamman. Formation commerciale en Suisse

implantation géographique. Ainsi, un Glaronnais et un Schaffhousois figurent dans le camp des défenseurs du projet du CF. Deuxièmement, les milieux agricoles de Suisse occidentale possèdent une bonne représentation dans ces deux commissions (4 membres sur 16). L'intégration de ces acteurs a pour fonction de s'assurer de leur soutien au projet du CF, puisque rappelons-le, ils se mobilisent peu dans l'espace public durant la première phase de la réforme. A cet égard, il faut relever qu'aucun représentant de la Suisse centrale ne siège dans ces deux commissions. Cette absence s'explique par leur opposition à la création de l'Etat fédéral et par leur retrait des débats monétaires depuis le début de la réforme. Troisièmement, des représentants des deux cantons les plus divisés sur la question monétaire (Argovie et Zurich) figurent dans la minorité des deux commissions. Cette présence n'est pas anodine. Elle a pour fonction de rallier des voix en faveur du FLa dans ces cantons. Quatrièmement, les industriels sont en supériorité numérique (6 membres sur 16) et défendent tous le FLa, quelle que soit leur implantation géographique. Ainsi, le fabricant de produits de paille argovien Bruggisser est-il en faveur de la monnaie allemande. Cinquièmement, la catégorie des artisans, des petits industriels et des petits commerçants n'est pas du tout représentée dans ces deux commissions. D'ailleurs, les acteurs qui pratiquent leurs activités sur le marché intérieur sont en infériorité numérique (5 membres sur 16). Les milieux actifs sur les marchés étrangers sont donc dominants (11 membres sur 16).

5.1.1. La victoire du pied monétaire français au Conseil des Etats

Lors de la discussion qui suit la nomination de la commission du CN[20], le principal relais des défenseurs du FLa au CN, le CdE saint-gallois Johann Mathias

---

et à l'étranger. Banquier à Coire dès 1825 ("Siméon et Johann Baptist Bavier"). Membre du Petit Conseil (exécutif cantonal) en 1838-1839. Député au GC des GR (1826-1827, 1829-1832, 1834-1835, 1837 et 1847), membre de la Commission d'Etat (1832-1846), délégué à la Diète fédérale (1831-1835), Cn de tendance libérale (1848-1856). Membre du comité élargi du "Schweizerische Südostbahn" (1853). Membre de la justice cantonale (1846-1851). Ami d'Alfred Escher (cf. note 303 p. 401).

20 Sur la première discussion monétaire au CN: [s.a.], « Schweizerische Eidgenossenschaft. Nationalrath », *Eidgenössische Zeitung*, 21.11.1849, p. 3; [s.a.], « Schweizerische Eidgenossenschaft. Nationalrath », *Eidgenössische Zeitung*, 24.11.1849, p. 3; [s.a.], « Schweizerische Eidgenossenschaft. Nationalrath », *Eidgenössische Zeitung*, 25.11.1849, p. 1; [s.a.], « Schweizerische Eidgenossenschaft. Nationalrath », *Eidgenössische Zeitung*, 26.11.1849, p. 1; [s.a.],

Hungerbühler[21], demande le report de la discussion monétaire[22]. Le manque de temps à disposition entre la publication du rapport de Speiser et du message du CF et l'ouverture du débat aux Chambres pour étudier en profondeur la question justifie à ses yeux sa demande. Le message du CF, qui fait siennes les conclusions de l'expert bâlois, est en effet paru le jour précédent. Une requête analogue est adressée au CE par le landamman saint-gallois Basil Ferdinand Curti[23]. Cet argumentaire est régulièrement mobilisé durant toutes les étapes de la réforme pour décrédibiliser l'attitude du CF, sans succès[24]. Les manœuvres dilatoires entreprises par les partisans du FLa de reporter la discussion *ad vitam aeternam* dans le but d'atténuer les effets produits par le rapport de Speiser sur l'entrain des partisans du FF ne produisent aucun effet[25]. Les demandes de report dans les deux Chambres sont rejetées.

Ce refus crée de grosses tensions et pousse les Saint-Gallois dans leurs retranchements. Considérant que le projet du CF ne prend pas en compte leurs

---

«Bundesstadt. Nationalrath», *Neue Zürcher Zeitung*, 21.11.1849, pp. 3-4; [s.a.], «Bundesstadt. Nationalrath», *Neue Zürcher Zeitung*, 24.11.1849, pp. 3-4; [s.a.], «Bundesstadt. Nationalrath», *Neue Zürcher Zeitung*, 25.11.1849, p. 2; [s.a.], «Conseil national», *Journal de Genève*, 27.11.1849, p. 3; [s.a.], «Conseil national», *Nouvelliste vaudois*, 22.11.1849, p. 2 et [s.a.], «Conseil national», *Nouvelliste vaudois*, 27.11.1849, pp. 2-3.

21 Hungerbühler ne siège initialement pas dans la commission. Il est élu pour remplacer le Soleurois Johann Jakob Trog (cf. note 228 p. 478), démissionnaire. Hungerbühler refuse car il ne possède pas les compétences nécessaires, puis démissionne, ce qui n'est pas accepté par ses collègues. Cet événement fait dire à un rédacteur du *Courrier Suisse*, non sans une certaine dose d'ironie, que les partisans du FF, constatant leur supériorité numérique au sein de la commission, auraient laissé une de leur place à un opposant, «*par un sentiment d'équité et de courtoisie*», in [s.a.], [s.n.], *Courrier Suisse*, 26.11.1849, p. 2.

22 [s.a.], «Conseil national», *Nouvelliste vaudois*, 27.11.1849, pp. 2-3 (ici, p. 2).

23 Af, E12#1000/36#179*, lettre de Curti du canton de SG au CE, 21.11.1849, 3 p. Sur Basil Ferdinand Curti, cf. note 278 p. 392.

24 Par exemple: «Rapport de la minorité de la Commission nommée par le Conseil des Etats suisse touchant le projet de loi pour le système monétaire suisse et celui de la mise à exécution de la réforme monétaire en Suisse», *op. cit.*, pp. 237-296 (ici, pp. 242-243) et «Rapport et propositions de la fraction de la Commission du Conseil national qui recommande l'adoption du système du franc de Suisse basé sur le marc de Cologne (5 avril 1850)», *op. cit.*, pp. 1-142 (ici, pp. 8-10).

25 Ad, Correspondance consulaire et commerciale, 41 CCC, 2, lettre de de Reinhard au Ministre des Affaires Etrangères, Jean Ernest du Cos, 12.04.1850, 10 p. (ici, p. 8).

intérêts, ils modifient leur stratégie et passent à l'attaque frontale. Hungerbüler estime que la nouvelle Constitution fédérale prévoit l'unification monétaire, pas l'adoption du système français – système qui est représenté à la majorité dans les deux commissions du CN et du CE – sans quoi la Suisse orientale l'aurait refusée[26]. Il menace d'un embrasement du canton[27]. Son collègue saint-gallois, Joseph Marzell Hoffmann[28], le député le plus virulent qui défende l'adoption du FLa, qualifie quant à lui le projet du CF de « monstruosité » et considère que :

> *« [...] man durch das beabsichtigte papierne System der östlichen Schweiz ihre gute Münze entziehen und ihr dafür Geldsorten geben werde, die einem jenseits der Grenze werden in's Gesicht geschmissen werden, und mit denen man keinen Schuhputzer werde bezahlen können »*[29].

Le ton est donné, mais la violence des attaques ne produit toutefois pas l'effet escompté, au contraire. Toutes les demandes sont repoussées (délai de remise du rapport, report de la discussion, élaboration d'un nouveau tarif fédéral). La seule concession qui soit accordée aux défenseurs d'un report est l'ouverture des travaux des commissions des deux Chambres à l'ensemble des députés. La stratégie n'a donc pas porté ses fruits : la commission du CN devra rendre son rapport dans le courant de cette session.

A la veille du débat sur la question monétaire au CE, les partisans du FF sont particulièrement confiants. Et pour cause : une majorité semble se dessiner pour leur projet. Certes, une résistance très forte s'est développée en Suisse

---

26 Cet avis est partagé par l'industriel du fer schaffhousois Johann Conrad Fischer (cf. note 268 p. 492). Cf. BsG, VNL 60, A23, 57, lettre de Fischer à Hungerbühler, 23.02.1850, 2 p. (ici, p. 2).

27 [s.a.], « St. Gallen », *Neue Zürcher Zeitung*, 28.11.1849, p. 3.

28 Joseph Marzell Hoffmann-Huber (1809-1888), SG, fils de Karl Anton, marchand de toiles à Rorschach ; beau-fils de Johann Jakob Christian Huber, commerçant. Issu d'une vielle famille saint-galloise de négociants. Etudes de droit. Avocat. Secrétaire du Département de la justice de Saint-Gall (1834-1837), juge à la cour de cassation (1843-1849 et 1851), CdE de SG (1851-1859 et 1863-1870 ; landamman en 1857 et 1867). Député au GC de SG (1843-1870), délégué à la Diète fédérale (1848), Cn de tendance libérale-radicale (1848-1866). Membre CA de la "Sanktgallisch-Appenzellische Eisenbahngesellschaft" dès 1856. Auteur anonyme du *Gespräche des Wirthes Luchs und seines Gastes Spitz über die eidgenössische Münzfrage* (1850). Défenseur le plus acharné de l'adoption du FLa en Suisse.

29 Intervention du Saint-Gallois Joseph Marzell Hoffmann lors de la séance du CN du 23.11.1849, citée in [s.a.], « Bundesstadt. Nationalrath », *Neue Zürcher Zeitung*, 24.11.1849, pp. 3-4 (ici, pp. 3-4).

orientale, mais elle ne bénéfice que de rares soutiens dans la région zurichoise et parmi les milieux agricoles de Suisse méridionale. Les défenseurs du système français sont aussi majoritaires au sein des deux commissions de l'AsF. De plus, les principaux titres de presse du pays ont pris parti pour le FF[30]. Le débat semble donc s'ouvrir sous de bons auspices pour les défenseurs du FF, mais rien n'est encore gagné. Dans ces conditions, les spéculations vont bon train. Une lettre du Cf Munzinger adressée à Speiser est à cet égard révélatrice, tout en témoignant des incertitudes qui pèsent sur l'issue du vote :

> « *Unsere Angelegenheit geht sehr gut, man will die Majorität in beiden Räthen gesichert wissen; im Ständerath 24 bis 26; demungeachtet darf nichts vernachlässiget werden, und es wäre mir daher sehr lieb, wenn Sie bald hieher kommen könnten [...]. Heute wurde im Ständerath folgende Münzkommission erwählt: Jeanrenaud – französisch, Briatte – französisch, Rüttimann – zürcherisch, schwankend, etwas furchtsam, Fischer von Brugg – deutsch, wie ich hörte, Steiger SG – sehr deutsch, Stehlin – französisch, Weber GL – französisch* »[31].

Cet optimisme se retrouve du côté de l'industriel neuchâtelois Henri DuPasquier. Le champ lexical guerrier fait son apparition dans sa correspondance :

> « *M. Lambelet m'écrit de Berne que les députés St. Gallois eux-mêmes sont divisés et que nous pouvons compter sur Messieurs Erpf & Weder; il me semble que c'est là un symptôme des plus rassurans [sic] car nous, nous n'avons pas de division à redouter dans les représentants de Berne, Valais, Vaud, Genève, Neuchâtel, Soleure, Argovie, et Bâle. Il en existera peut-être dans les députés des autres cantons, mais nous avons un corps de bataille bien compact. M. Lambelet m'écrit qu'il envisage la majorité comme faite à l'avance mais qu'il recommande cependant à tous nos partisans de se tenir sur leurs gardes, afin ne pas être pris par surprise* »[32].

Si les milieux marchands et agricoles de Suisse occidentale parviennent à présenter un front uni, la position des zurichois, qui, rappelons-le, pourraient fortement influencer les prises de position des indécis, est sujette à discussion. La

30 Schlesinger, William, *Das Geldproblem*, *op. cit.*, p. 15.

31 Aeb, PA 116, A 210, lettre de Munzinger à Speiser, 19.11.1849, 2 p. (ici, pp. 1-2). Le Bâlois Johann Jakob Stehlin (cf. note 52 p. 423) est remplacé par Stephan Gutzwiller de Bâle-Campagne (cf. note 7 p. 409) le 21.11.1849 en raison du nombre élevé d'autres fonctions publiques qu'il exerce à ce moment. Ce changement ne change pas le pronostic de Munzinger.

32 Aeb, PA 116, A 73, lettre de DuPasquier à Speiser, 19.11.1849, 2 p. (ici, pp. 1-2). Le personnage mentionné est Fritz Lambelet-Rosselet (1817-1876), à la tête d'une importante maison de négoce (denrées coloniales) à Neuchâtel et Cn radical (1848-1854 et 1855-1857).

presse de Suisse romande spécule surtout sur la position d'Alfred Escher. Ainsi, le *Courrier suisse* écrit-il: « *[...] il est certain que le canton de Zurich est un de ceux où l'opinion est partagée; toutefois, soit qu'on en juge d'après le langage de la* Gazette de Zurich *[Neue Zürcher Zeitung, JC], soit qu'on admette les* on dit, *l'opinion de M. Escher serait aussi favorable au projet du Conseil fédéral* »[33]. Les propos du médecin zurichois Ulrich Zehnder résument le mieux la tendance qui prévaut dans le canton:

> « *Alle Welt ist begierig ob & wie die Frage des eidg[enössischen] Münzfusses in dieser Sitzung der Nationalversammlung ihre Lösung finden werde. Ich habe nicht daran gezweifelt, dass die Mehrheit Neigung für den französ[ischen] Münzfuss zeigen werde, ich selbst halte einen Entscheid in diesem Sinne für das beste – anerkenne aber die grossen Schwierigkeiten die damit verbunden sind* »[34].

De manière plus générale, la presse se fait l'écho des incertitudes qui règnent sur l'issue du débat monétaire. Il est à ce propos intéressant de relever que la position présumée des députés varie selon la provenance des journaux. Deux exemples suffisent à s'en convaincre. Voici ce qu'en dit un article d'un ardent défenseur anonyme du FLa paru dans le journal saint-gallois *Der Erzähler*:

> « *Die Münzfrage nimmt eine Wendung, die mit ziemlicher Wahrscheinlichkeit auf die Annahme des französischen Münzfusses schliessen lässt. Seinerseits ist der Bundesrath hierüber einig, andererseits dringt der Westen, die mittlere Schweiz, ja die sogenannte Urschweiz auf die Annahme desselben. Zürich ist getheilt, Winterthur mit Entschiedenheit dafür. Die Thurgauer sind zum grossen Theil für das französ[ische] System, eben so die Glarner. Die Aargauer theilen sich; auch sind nicht alle Schaffhauser fest auf dem deutschen Fusse* »[35].

A leurs yeux, une large majorité se dessinerait donc en faveur du FF. Ils laissent entendre que seuls les députés de Saint-Gall seraient unanimes à adopter le FLa. Ce n'est pas l'avis du *Courrier Suisse*:

> « *[...] les Saint-Gallois paraissent avoir entraîné dans leur opposition, non-seulement Schaffhouse, Thurgovie et Grisons, dont la position commerciale est analogue, mais aussi les* députés des petits cantons, *dont l'intérêt bien entendu serait tout-à-fait*

---

33 [s.a.], [s.n.], *Courrier Suisse*, 26.11.1849, p. 2. En italique dans le texte original.

34 Correspondance Alfred Escher, lettre de Zehnder à Escher, 20.11.1849, 3 p. (ici, p. 2).

35 [s.a.], « Bern », *Der Erzähler*, 23.11.1849, pp. 1-2 (ici, p. 2). Point de vue analogue dans [s.a.], « Schweizerische Eidgenossenschaft. Nationalrath », *Eidgenössische Zeitung*, 24.11.1849, p. 3.

conforme à celui du reste de la Suisse, et qui semblent céder plutôt à un instinct de conservatisme, ici quelque peu aveugle »[36].

L'objectif de ces articles est d'entretenir l'incertitude, afin d'encourager les partisans à redoubler d'efforts. Il faut en effet rappeler qu'au moment où paraissent ces lignes, les députés de l'AsF viennent de décider que le débat monétaire devait avoir lieu en intégralité durant cette session au sein des deux Chambres, c'est-à-dire durant le prochain mois. Il devient donc indispensable de mettre toutes ses forces dans la bataille.

Du côté des défenseurs du FLa, la situation n'est pas aussi réjouissante. Malgré un grand nombre de publications, de mémoires et d'articles de presse, ils ne parviennent que très difficilement à rallier des partisans. Le journal *Der Erzähler* le souligne avec amertume : « *Der französ[ische] Münzfanatismus lässt übrigens fürchten, dass die Sousfüssler die Kreuzenfüssler noch in den letzten Tagen des Jahres zu verspeisen trachten werden* »[37]. Pour le CaE glaronnais Blumer, la Suisse orientale est divisée, tandis que les partisans du FF parviendront sans doute à présenter un front uni : « *Die östliche Schweiz, welche gewiss alles Interesse hätte am Reichfusse festzuhalten, zersplittert sich wieder, während die westlichen Kanton wohl wie ein Mann für den französ[ischen] Fuss einstehen werden [...]* »[38]. Enfin, pour le Zurichois Leonhard Pestalozzi, il ne fait aucun doute que les Chambres sont favorables au système français : « *Die Mehrheit der jungen Nationalräte, welche vom Münzwesen nichts verstehen, seien für den französischen Münzfuss* »[39]. Dans ces conditions, le ton monte entre Pestalozzi et Speiser durant les quelques semaines qui précèdent le débat au CE. Attaqué personnellement, le Bâlois tâche de diviser ses adversaires. Dans une brochure publiée fin novembre 1849, il donne sa préférence à l'adoption complète du FLa en Suisse, plutôt que de voir le système du banquier zurichois triompher :

« *Was später unbegreiflich scheinen wird, das ist die unnatürliche Allianz zwischen den ostschweizerischen Anhängern des fl. 24.5-Fusses und den Tarifmännern aus der Schule von Herrn Pestalozzi. Das Münzparadies, in welchem St. Gallen bis dahin so glücklich – obwohl nicht ganz unschuldig – lebte, war ja gerade jene Einheit, welche durch die Tarifirung zerstört wird. Wir wiederholen es : unsererseits lieber*

36 [s.a.], [s.n.], *Courrier Suisse*, 26.11.1849, p. 2. En italique dans le texte original.

37 [s.a.], « Bern », *Der Erzähler*, 07.12.1849, p. 2.

38 BsG, VNL 38, B12, lettre de Blumer à Aepli, 01.11.1849, 3 p. (ici, p. 3). Souligné dans le texte original.

39 BsG, VNL 60, A22, 30, lettre de Pestalozzi à Edmund Fehr, 16.09.1849, citée par Schlesinger, William, *Das Geldproblem*, *op. cit.*, p. 133. La lettre originale est par contre datée du mois de novembre, pas de septembre.

den reinen fl. 24.5-Fuss, als jene hermaphroditische Kreatur des Pestalozzi'schen Schweizerfrankens»[40].

A la veille de l'ouverture du débat au CE, l'issue est donc incertaine. La commission du CE chargée d'étudier la question monétaire se divise en deux. La majorité, qui est favorable au FF, défend les intérêts du grand commerce et de l'agriculture de Suisse occidentale. Son rapport est une pièce assez curieuse du dossier, car ce ne sont pas tant les avantages du système français qui sont mis en avant – largement développés dans le rapport de Speiser –, que les critiques du projet de Pestalozzi[41]. La minorité, qui défend l'adoption du FLa comme base de la monnaie suisse, représente les intérêts industriels de la Suisse orientale et de la Suisse occidentale, ainsi que de la région zurichoise. Leur rapport est bien plus conséquent que celui de la majorité. Il se structure autour de quatre grandes considérations. La première réside dans la nécessité de sauvegarder la diversité des rapports du commerce extérieur en assurant la circulation de toutes les monnaies des pays limitrophes :

> «*Si donc nous jetons un coup d'œil sur la situation et les conditions de la Suisse nous trouvons qu'elle est un petit pays entouré de domaines monétaires puissants, lequel fait avec chacun d'eux un commerce important et échange un numéraire considérable ; il est clair que dans de pareilles conditions ce pays doit accepter les monnaies de ses voisins comme moyen de circulation, car le monnayage [la frappe de monnaies, JC] coûte de l'argent et les monnaies indigènes, qui comparativement à la circulation des grands domaines ne formeraient pourtant qu'un faible contingent, devraient se perdre dans la masse de l'argent étranger. […] Mais ce qui n'est pas moins positif, c'est que les monnaies de* tous *ces pays environnants circuleront et devront circuler chez nous en tout temps ; c'est une conséquence de la nature de nos rapports commerciaux. Ce serait une vaine tentative que de vouloir faire qu'il en soit autrement et qu'il ne circulât dans le pays qu'une seule espèce d'argent étranger*»[42].

40 [Speiser, Johann Jakob], *Noch ein Wort über die Münzfrage, als Erwiderung auf das Gutachten des Herrn Leonhard Pestalozzi*, Bern : Buchdruckerei der Berner-Zeitung, 1849, p. 22. Nous soulignons.

41 « Rapport de la majorité de la Commission du Conseil des Etats sur la question de la réforme monétaire suisse », *Feuille fédérale*, Vol. 3, 64, 08.12.1849, pp. 211-233 (surtout les pp. 214-219).

42 « Rapport de la minorité de la Commission nommée par le Conseil des Etats suisse touchant le projet de loi pour le système monétaire suisse et celui de la mise à exécution de la réforme monétaire en Suisse », *op. cit.*, pp. 237-296 (ici, p. 244). En italique dans le texte original.

Cet argument du maintien d'une diversité de sources d'approvisionnement, qui correspondrait à la nature extravertie de l'économie suisse, a pour principale fonction de s'assurer que l'approvisionnement en numéraire en provenance des Etats du sud de l'Allemagne reste intact, quoi qu'il se passe dans le reste du pays.

Le deuxième argument de la minorité est relatif aux pertes sur le retrait des anciennes monnaies, qui seront analysées plus en détail dans le prochain chapitre. Speiser l'évalue à 2.8 millions de FF. Selon le banquier zurichois Leonhard Pestalozzi, consulté par la commission, le déficit serait bien plus élevé et atteindrait la somme de 4 à 5 millions de FF[43]. Or, les dépenses du nouvel Etat fédéral sont nombreuses, tandis que ses revenus ont été revus à la baisse durant les débats douaniers[44]. La minorité cherche à rallier tous les opposants à un renforcement du poids de l'Etat central en appuyant sur les avantages financiers de leur projet : les frais seraient réduits au minimum et ne consisteraient qu'au retrait et la refonte des petites pièces de plus mauvaise qualité, tandis qu'il ne serait pas nécessaire de procéder à une transition des valeurs contenues dans tous les contrats, hypothèques, tarifs postaux et douaniers ou encore comptabilités privées et publiques. Aux yeux de la fraction minoritaire, l'adoption de ce système n'empêcherait pas, dans un second temps, d'adopter le système français, si le pied monétaire des Etats du sud de l'Allemagne venait à être supplanté par celui du nord.

Le troisième argument du rapport de la minorité a trait à la crainte de perte d'indépendance du pays dans le cas de l'adoption complète du système monétaire français. Ils redoutent en particulier de se retrouver à la merci de la Banque de France. Seule la création d'une monnaie nationale pourrait y obvier :

> « *D'ailleurs, elle [la Suisse, JC] agirait contre ses propres intérêts en ce qu'elle se placerait par-là dans des conditions de dépendance vis-à-vis de l'Etat dont elle adopterait le système sans restriction et elle renoncerait à l'avantage de se procurer le numéraire dont elle aurait besoin, là où elle pourrait le faire à meilleur compte.* Son système monétaire doit être organisé de telle manière que les espèces d'argent de tous les Etats dont elle est environnée puissent y trouver place, et ce système ne saurait être que celui qui a pour base le franc suisse »[45].

---

43 *Ibid.*, pp. 282-285.

44 Humair, Cédric, *Développement économique et Etat central*, *op. cit.*, p. 256.

45 « Rapport de la minorité de la Commission nommée par le Conseil des Etats suisse touchant le projet de loi pour le système monétaire suisse et celui de la mise à exécution de la réforme monétaire en Suisse », *op. cit.*, pp. 237-296 (ici, p. 246). En italique dans le texte original. L'argument de l'indépendance est aussi utilisé par Pestalozzi pour lutter contre le projet du CF (Pestalozzi, Leonhard, *Der*

La minorité de la commission insiste à dessein sur le rôle des monnaies pour l'indépendance du pays :

> «*La liberté, la prospérité de la Suisse reposent sur son indépendance – nous devons la sauvegarder envers amis et ennemis; nous ne devons pas permettre qu'il y soit porté la moindre atteinte, nous devons nous détourner de la voie qui mène à ce résultat. Aucune sympathie ne nous attire ni d'un côté ni de l'autre. Nous voulons rester Suisses, entièrement Suisses, et rien que Suisses*»[46].

Cet argument pèse d'un poids certain dans le débat. Au moment où les cantons transfèrent une partie de leur souveraineté à l'Etat fédéral, certains d'entre eux voient d'un mauvais œil que l'Etat central dépende d'un système étranger et ne soit donc pas en mesure de maîtriser entièrement ses nouvelles attributions[47]. D'autant plus que la situation politique française demeure instable depuis la Révolution de 1848.

Enfin, le dernier argument mobilisé concerne la crise monétaire qui a touché la Suisse dès la fin de l'année 1848. Elle est utilisée pour démontrer la nécessité de diversifier les sources d'approvisionnement afin de disposer en tout temps de liquidités suffisantes. La crise économique a en effet mis en lumière que malgré la quantité importante de FF à disposition, ces derniers pouvaient rapidement disparaître de la circulation[48]. Les partisans du FLa jouent sur cette peur afin de renforcer le poids de leurs revendications et gonfler leurs rangs.

La discussion sur la question monétaire au CE s'ouvre le 12 décembre 1849 et occupe toutes les séances jusqu'au 15[49]. Lors de l'ouverture des débats, le

---

Schweizerfranken als eidgenössische Münzeinheit, *op. cit.*, pp. 51-52), ainsi que par l'industriel du fer schaffhousois Johann Conrad Fischer (cf. note 268 p. 492) (Fischer, Johann Conrad, [s.n.], *Tage-Blatt für den Kanton Schaffhausen*, 05.02.1850, p. 117, cité par Schib, Karl, Gnade, Rudolf, *Johann Conrad Fischer*, *op. cit.*, p. 188).

46 «Rapport de la minorité de la Commission nommée par le Conseil des Etats suisse touchant le projet de loi pour le système monétaire suisse et celui de la mise à exécution de la réforme monétaire en Suisse», *op. cit.*, pp. 237-296 (ici, p. 292).

47 Bsg, VNL 60, A23, 6, lettre de Fischer à un destinataire inconnu, 22.02.1850, 7 p. (ici, p. 6).

48 *Ibid.*, p. 3.

49 Les débats ont été partiellement reconstitués à l'aide de : Af, E1401#1960/58#1*, Protocole du CE, novembre-décembre 1849, pp. 421-432 ; [s.a.], «Schweiz», *Allgemeine Zeitung*, 19.12.1849, p. 7 ; [s.a.], «Conseil des Etats», *Courrier Suisse*, 14.12.1849, pp. 3-4 ; [s.a.], «Conseil des Etats», *Courrier Suisse*, 17.12.1849, pp. 2-3 ; [s.a.], «Conseil des Etats», *Courrier Suisse*, 19.12.1849, p. 2 ; [s.a.], «Conseil des Etats», *Courrier Suisse*, 21.12.1849, p. 2 ; [s.a.], «Bern», *Der Erzähler*, 14.12.1849,

député saint-gallois Georg Peter Friedrich Steiger réitère la demande que ses homologues saint-gallois Basil Ferdinand Curti et Johann Matthias Hungerbühler avaient formulée quelques semaines plus tôt au sein des deux Chambres : le report de la discussion à la session de printemps de 1850. Les députés de la Suisse orientale industrielle (les deux demi-cantons d'Appenzell, Saint-Gall, Schaffhouse et Thurgovie) font bloc à l'unanimité pour défendre cette motion, arguant du manque de matériel et de temps à disposition pour étudier en profondeur la question. Le but de la manœuvre est de gagner du temps pour poursuivre la contre-offensive et tenter de rallier un maximum de partisans à leur cause. Selon les mots du CaE saint-gallois Aepli[50], *« le nœud des intérêts divers qui se rattachent à cette question ne doit pas être tranché, mais*

p. 4 ; [s.a.], [s.n.], *Der Erzähler*, 18.12.1849, p. 2 ; [s.a.], « Die Münzschlacht » et « Ständerath », *Die Neue Schweiz*, 19.12.1849, pp. 1 et 2-3 ; [s.a.], « Ständerath », *Eidgenössische Zeitung*, 14.12.1849, p. 2 ; [s.a.], « Ständerath », *Eidgenössische Zeitung*, 16.12.1849, pp. 2-3 ; [s.a.], « Ständerath », *Eidgenössische Zeitung*, 17.12.1849, p. 3 ; [s.a.], [s.n.], *Intelligenzblatt für die Stadt Bern*, 13.12.1849, pp. 7-8 ; [s.a.], [s.n.], *Intelligenzblatt für die Stadt Bern*, 14.12.1849, p. 7 ; [s.a.], [s.n.], *Intelligenzblatt für die Stadt Bern*, 15.12.1849, p. 9 ; [s.a.], « Berne », *Journal de Genève*, 25.12.1849, p. 3 ; [s.a.], « Conseil des Etats », *Journal de Genève*, 01.01.1850, pp. 3-4 ; [s.a.], « Conseil des Etats », *Journal de Genève*, 04.01.1850, pp. 3-4 ; [s.a.], « Ständerath », *Neue Zürcher Zeitung*, 14.12.1849, p. 4 ; [s.a.], « Ständerath », *Neue Zürcher Zeitung*, 16.12.1849, p. 3 ; [s.a.], « Conseil des Etats », *Nouvelliste vaudois*, 20.12.1849, p. 2 ; [s.a.], « Conseil des Etats », *Nouvelliste vaudois*, 25.12.1849, p. 3 ; [s.a.], « Bern, 12. Dezbr. (Korresp.) Ständerath », *Thurgauer Zeitung*, 14.12.1849, pp. 2-3 ; [s.a.], « Bern, 13. Dezbr. (Korresp.) Ständerath », *Thurgauer Zeitung*, 15.12.1849, pp. 2-3 ; [s.a.], « Bern, 13. Dezbr. (Korresp.) Ständerath » et [s.a.], « Bern, 14. Dezbr. (Korresp.) Ständerath », *Thurgauer Zeitung*, 16.12.1849, pp. 3 et 3-4 ; [s.a.], « Ständerath », *Thurgauer Zeitung*, 18.12.1849, pp. 1-2 ; [s.a.], « Ständerath, 19 Dez. », *Thurgauer Zeitung*, 22.12.1849, p. 1.

50 Arnold Otto Aepli-von Gonzenbach (1816-1897), SG, fils d'Alexander (1767-1832), docteur en médecine ; beau-fils d'August von Gonzenbach, négociant (cf. note 87 p. 340). Etudes de droit à Heidelberg, Berlin et Zurich (1836-1840). Carrière de magistrat, CdE de SG (1851-1873), puis Ministre à Vienne (1883-1893). Député au GC de SG (1847-1883), CaE libéral (1849, 1850-1851, 1851-1852, 1853, 1857-1864 et 1865-1872) et Cn (1872-1883). Cofondateur et correspondant du "Bund", rédacteur de "Der Erzähler" dès 1852. Président CA de la "Sanktgallisch-Appenzellische Eisenbahngesellschaft", membre CA (1857-1882) et vice-président CA (1867-1882) des "Vereinigte Schweizerbahnen". Ami d'Alfred Escher (cf. note 303 p. 401).

dénoué» durant cette session[51]. Le rapporteur de la minorité de la commission, l'Argovien Bernhard Friedrich Fischer, figure aussi dans ce groupe. Un deuxième groupe de cantons, constitué par les représentants de la Suisse centrale agricole (Nidwald, Schwytz et Uri), soutient la motion pour des raisons de solidarité confédérale. Ils estiment qu'aucune décision ne doit être imposée à des régions qui veulent encore étudier la question. Un troisième groupe soutient la motion, composé des deux députés Johann Jakob Rüttimann (Zurich) et Simon Lack (Soleure). Ces derniers ne sont pas tant opposés au système français, mais demandent, par esprit de conciliation, de retravailler le projet du CF en intégrant les espèces allemandes. Ils considèrent qu'elles représentent une soupape de sécurité indispensable en temps de crise et qu'il faut, en conséquence, les inclure à la loi. Le Bâlois Johann Jakob Stehlin peut également être inclus dans ce groupe[52] : à ses yeux, un report ne changera pas les qualités intrinsèques du système français qui le feront de toute façon triompher ; il ne s'oppose donc pas à la motion, qui permettrait peut-être de calmer les Saint-Gallois. Malgré ce soutien relativement large, la majorité n'est pas atteinte : seules 16 voix sur les 39 votent en faveur du report. La discussion peut alors débuter. La pierre d'achoppement de la loi, le choix du pied monétaire, occupe à elle seule trois jours de discussions.

Le projet du CF est soutenu par un premier groupe de cantons emmenés par le Zurichois Hans Jakob Pestalozzi[53] et le Neuchâtelois Charles Louis Jeanrenaud,

51 Intervention du Saint-Gallois Arnold Otto Aepli lors de la séance du CE du 12.12.1849, citée in [s.a.], « Conseil des Etats », *Courrier Suisse*, 14.12.1849, pp. 3-4 (ici, p. 4).

52 Johann Jakob Stehlin-Hagenbach (1803-1879), BS, fils de Johann Jakob, charpentier ; beau-fils de Karl Friedrich Hagenbach (1771-1849), médecin et professeur d'anatomie à l'Université de Bâle (1798-1818). Formation d'architecte dans différentes villes en Allemagne. Reprend et dirige l'entreprise paternelle de construction jusqu'en 1853, puis se voue aux affaires politiques. Membre du Petit conseil de BS (exécutif cantonal) entre 1847 et 1875. Député au GC de BS (1833-1872), député à la Diète fédérale en 1848, CE de tendance libérale (1848-1853), puis CN (1853-1875). Refuse une élection au CF en 1855. Membre fondateur de la "Basler Handelsbank" en 1863. Vice-président CA de la "Gotthardbahngesellschaft" (1871-1876).

53 Hans Jakob Pestalozzi, dit aussi Pestalutz (1801-1874), ZH, fils de Matthias (1777-1829), pasteur. Etudes de droit à ZH, doctorat à Göttingen (1824). Procureur cantonal (1825-1828), puis avocat à Winterthour (1828-1866). Député au GC de ZH (1843-1863), CE de tendance libérale (1849-1863). Un des meneurs du parti

représentants des industriels actifs sur les marchés étrangers. L'enjeu pour ces acteurs est de stabiliser le coût des grosses espèces, ce qui permettrait d'assurer l'approvisionnement en numéraire du pays, notamment pour le paiement des salaires des ouvriers. L'adoption du FF supprimerait les risques de change et réduirait les coûts de transaction, ce qui leur assurerait de demeurer compétitifs. Ils craignent en particulier une arrivée massive de FLa sur le territoire si le contre-projet était accepté, ce qui aurait pour conséquence le maintien de cours abusifs sur les espèces françaises, puis leur disparition, faisant courir le risque d'une pression à la hausse sur les salaires. L'avocat de Winterthour Hans Jakob Pestalozzi exprime cette nécessité :

> *« La Suisse éprouve un manque de grosses espèces pour ses transactions intérieures, car le chaos qui règne quant au tarifage des monnaies dans les différents cantons où ces espèces sont tarifées au-dessous de leur valeur intrinsèque fait qu'elles sortent de la Suisse, du moins ont-elles entièrement disparu du canton de Zurich. Un autre inconvénient pour nous, c'est la quantité de mauvaises monnaies de menue espèce qui viennent nous inonder de l'Allemagne. La conséquence de ce système défectueux est que l'état monétaire est intolérable à Zurich et que le peuple éprouve de grandes pertes »*[54].

Un deuxième groupe de cantons entraînés par le Bernois Paul Migy exige l'unification des systèmes monétaires et l'application de la Constitution. A leurs yeux, seules les caractéristiques du système français sont conformes au contenu de l'article constitutionnel. Il offre par ailleurs des garanties de stabilité et de durée, tout en satisfaisant aux besoins du pays. Les cantons de Suisse centrale qui avaient voté le report se rallient à ce camp.

Les partisans du FLa ne l'entendent pas de cette manière. Le même groupe qui avait demandé le report (les deux demi-cantons d'Appenzell, Saint-Gall, Schaffhouse et Thurgovie, ainsi qu'un député d'Argovie et un de Zurich) continue de faire bloc. Ils insistent sur la nécessité de diversifier les sources d'approvisionnement monétaire. La Belgique, qui a adopté le FF en 1830, a dû tarifer les florins hollandais en 1849 pour assurer de disposer de liquidités durant la crise économique, signe que le système français ne serait pas suffisant. Pour le député saint-gallois Steiger, il s'agit d'un coup de force inadmissible de la part du CF : *« L'état de la question a été singulièrement présenté en ce qui concerne*

---

libéral zurichois. Ami proche de Jonas Furrer (cf. note 24 p. 322) et d'Alfred Escher (cf. note 303 p. 401). Favorable à l'adoption du FF.

54 Intervention du Zurichois Hans Jakob Pestalozzi lors de la séance du CE du 13.12.1849, citée in [S.A.], « Conseil des Etats », *Journal de Genève*, 01.01.1850, pp. 3-4 (ici, p. 3).

les prescriptions de la Constitution. Ah ! l'on savait bien qu'en mettant le système français dans la Constitution, on la ferait jeter par les fenêtres; on s'en est bien gardé »[55]. Ils réfutent également la validité de l'argument de l'universalité du FF: ils n'ont que faire que ces espèces soient acceptées sur les marchés du monde, ils veulent pouvoir disposer d'une monnaie qui soit acceptée chez leurs voisins directs. Devant ses collègues, Aepli s'exclame: « *Le commerce de cette partie de la Suisse est dépendant de l'Allemagne, par conséquent on y verra circuler de l'argent allemand malgré toutes les lois prohibitives, à moins qu'on ne construise une muraille chinoise* »[56]. Son homologue Georg Peter Friedrich Steiger appuie quant à lui sur les risques de troubles politiques si le FF était adopté. Rapportant ses propos, le *Journal de Genève* écrit que selon Steiger, ce système

> *« ne pourra être mis à l'exécution sans provoquer des crises violentes, et il faudra probablement envoyer des gendarmes fédéraux pour repousser les pièces de six batz. Il [Steiger, JC] ne pense pas, comme on l'a dit, que le Conseil fédéral se soit entouré de toutes les lumières, il s'est plutôt entouré d'une seule lumière et le projet est sorti de son lumineux cerveau »*[57].

Après trois jours de discussions, les arguments en faveur de l'adoption du FLa ne parviennent pas à convaincre. Le choix du pied monétaire est sans appel: les députés du CE votent à 30 voix contre 9 pour le système français[58]. Les défenseurs du contre-projet ont fondu comme neige au soleil: seuls les députés de la Suisse orientale industrielle continuent à faire bloc (deux députés de Saint-Gall et de Schaffhouse, le député de chacun des deux demi-cantons d'Appenzell et un de Thurgovie), soutenus par l'industriel argovien Bernhard Friedrich Fischer et par l'avocat zurichois Johann Jakob Rüttimann. Ce dernier justifie sa position dans la *Neue Zürcher Zeitung*, arguant de la nécessité de diversifier l'approvisionnement monétaire du pays[59]; à son tour, le CaE de Winterthour,

---

55 Intervention du Saint-Gallois Georg Peter Friedrich Steiger lors de la séance du CE du 13.12.1849, citée in [s.a.], « Conseil des Etats », *Courrier Suisse*, 17.12.1849, pp. 2-3 (ici, p. 3).

56 Intervention du Saint-Gallois Arnold Otto Aepli lors de la séance du CE du 14.12.1849, citée in [s.a.], « Conseil des Etats », *Journal de Genève*, 04.01.1850, pp. 3-4 (ici, p. 3).

57 Intervention du Saint-Gallois Georg Peter Friedrich Steiger lors de la séance du CE du 13.12.1849, citée in [s.a.], « Conseil des Etats », *Journal de Genève*, 01.01.1850, pp. 3-4 (ici, p. 4).

58 Le vote nominal des CaE sur cette question figure dans l'annexe 4.1.

59 [s.a.], « Schweiz », *Neue Zürcher Zeitung*, 19.12.1849, pp. 1-2.

Hans Jakob Pestalozzi, avance des raisons identiques dans le même journal pour expliquer son vote en faveur du FF[60].

La carte ci-dessous illustre la répartition des votes par canton au CE et donne l'occasion de visualiser la très nette majorité en faveur du FF.

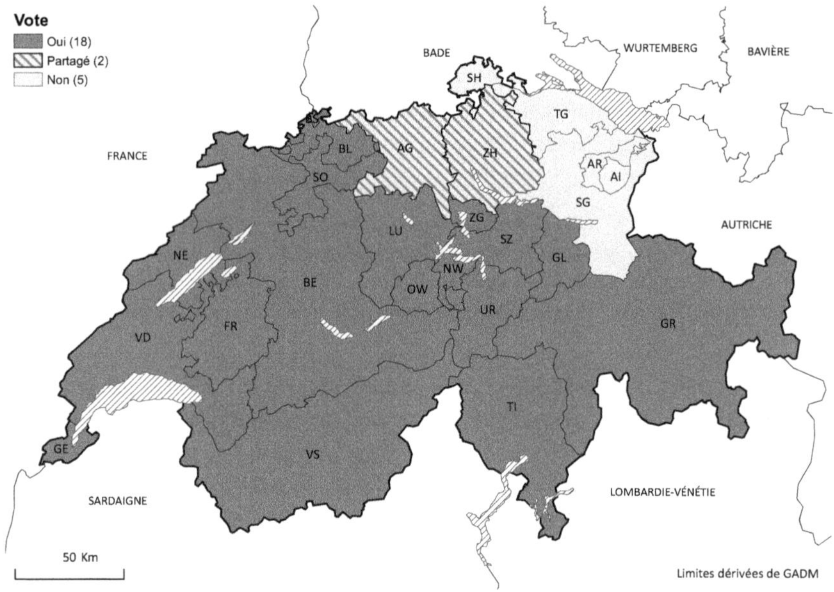

Carte 6: résultat du vote au Conseil des Etats sur le choix du pied monétaire français (décembre 1849)[61]

Cette carte permet de dresser trois constats. Premièrement, les cantons agricoles de Suisse centrale votent à l'unanimité pour le projet du CF, ce qui étonne

60 Pestalozzi, Hans Jakob, « Votum des zürcherischen Standesraths, Herrn Dr. Pestalutz, in der Münzfrage », *Neue Zürcher Zeitung*, 05.01.1850, pp. 3-5.

61 Les cantons « Oui » votent à l'unanimité pour le FF, les « Non » à l'unanimité pour le FLa. Dans les cantons « Partagé », chaque système monétaire reçoit une voix. Entre parenthèses, le nombre de voix exprimées respectivement pour ou contre le FF. Sont absents le jour du vote Johann Jakob Blumer (GL), André Castella (FR), Johann Baptist von Streng (TG) et Giuseppe a Marca (GR). La décision finale de ces cantons dépend donc du vote d'un seul député. C'est également le cas pour VD, car le président du CE Briatte ne prend pas part au vote.

beaucoup de monde. Ainsi, le journal zurichois conservateur de Friedrich Bürkli s'exprime-t-il[62] :

> « *Dieses bestärkt uns in unserer früher ausgesprochenen Ansicht, dass jene Kantone in den meisten Fällen gegen die Interessen der östlichen Schweiz mit dem Westen stimmen werden, dass sie überhaupt gar bald bessere Neubündler sein werden, als man von ihnen hätte erwarten können, insofern man von ihnen glauben wollte, dass sie mehr Anhänglichkeit für die alten Formen, als für ihre materiellen Interessen haben würden* »[63].

Selon le journal saint-gallois *Der Erzähler*, des ouvertures dans le sens d'une réduction de la dette du Sonderbund auraient joué un rôle dans le vote des cantons de Suisse centrale en faveur du FF[64]. Bien que Speiser soit effectivement favorable à une diminution de cette charge, aucun élément n'a été trouvé dans sa correspondance qui aille dans ce sens. Il semblerait surtout qu'il s'agisse d'un argumentaire qui est également utilisé à d'autres occasions lorsque les perdants du Sonderbund soutiennent les initiatives libérales-radicales[65].

Deuxièmement, dans deux des cantons (Glaris et les Grisons) d'où provenaient des mobilisations en faveur du FLa, le seul député présent se rallie au système français. Le CaE glaronnais Johann Jakob Blumer[66], favorable au maintien de la monnaie allemande, mais absent le jour du vote, peine à comprendre le vote de son collègue Heinrich Trümpy, à la tête d'une importante maison de

---

62 Sur Friedrich Bürkli, cf. note 344 p. 288.

63 [s.a.], « Schweiz. Die Annahme des französischen Münzfusses », *Züricher Freitags-Zeitung*, 21.12.1849, p. 2.

64 [s.a.], [s.n.], *Der Erzähler*, 18.12.1849, p. 2 et [s.a.], [s.n.], *Der Erzähler*, 26.12.1849, p. 2.

65 Pour un cas similaire dans les chemins de fer : Gubler, Ferdinand, *Die Anfänge der schweizerischen Eisenbahnpolitik*, *op. cit.*, note 22 p. 267.

66 Johann Jakob Blumer-Heer (1819-1875), GL, fils d'Adam, négociant ; beau-fils de Kosmus Heer (1790-1837), négociant. Formation de droit en Suisse (Lausanne et Zurich) et en Allemagne (Bonn et Berlin). Archiviste cantonal (1840-1865). Juge au tribunal civil (1841-1848), président de la cour d'appel (1848-1874), juge fédéral (1848-1874), CdE de GL (1864-1870). Rédacteur de la "Glarner Zeitung" (1851-1854). Député à la Diète fédérale (1847-1848), CaE libéral de la tendance Escher (1848-1872 et 1874). Membre fondateur du chemin de fer Rapperswil-Glaris, membre du comité élargi du "Schweizerische Südostbahn" (1853), membre CA (1855-1874) et président CA (1863-1874) de la "Bank in Glaris", membre CA de la "Schweizerische Lebensversicherungs- und Rentenanstalt" (1860-1872). Ami d'Alfred Escher (cf. note 303 p. 401), d'Arnold Otto Aepli (cf. note 50 p. 422), de Johann Jakob Rüttimann (cf. note 9 p. 410) et de Johann Konrad Kern (cf. note 97 p. 745).

commerce et d'une filature mécanique[67]. A ses yeux, si l'unification monétaire est nécessaire, elle ne doit toutefois pas engendrer trop de sacrifices :

> «*Die materiellen Reformen, mit denen wir uns dermalen befassen, sind durchaus nothwendige für die Schweiz, u[nd] wir können uns nur freuen der politischen Ruhe in unserm Innern, welche dieselben möglich machte. Aber was das Volk von uns verlangt, ist nicht die blosse Einheit der materiellen Verhältnisse, die eher nur von dem Gebildeten als unerlässlich erkannt wird, sondern es sind wirkliche Erleichterungen seiner Lage, u[nd] wir haben uns daher wohl zu hüten vor der nahe liegenden Versuchung, dem Staate u[nd] den Einzelnen grössere Opfer aufzubürden, als für den Zweck der Reformen durchaus erforderlich ist, oder auch nur in althergebrachte Gewohnheiten, die das Verkehrsleben berühren, gar zu tief einzuschneiden*»[68].

Le troisième constat concerne le vote en provenance des deux cantons d'Argovie et de Zurich qui apparaissent les plus divisés sur la question, puisque dans les deux cas, un vote est en faveur et un vote en défaveur du projet du CF. Leur position sera analysée plus en détail ci-dessous. Cette division concerne également le canton de Glaris, dont le vote final repose sur la présence d'un seul CaE, alors que le second, nous venons de le voir, aurait donné sa voix au FLa.

Les douze autres articles du projet de loi du CF sont adoptés sans grandes difficultés. Seuls deux changements d'importance sont apportés. Le premier réside dans le métal à utiliser pour frapper les différents types de pièces (article 3). Suite à la publication des travaux du Bernois Fueter, le Cf Munzinger se déclare favorable à recourir au billon plutôt qu'au cuivre, initialement prévu par Speiser, pour certaines espèces[69]. Le but est d'éviter les contrefaçons, de réduire les frais d'achat du métal et surtout d'améliorer la concordance du système monétaire suisse avec le français. Le second changement a trait à la proposition d'utiliser l'ensemble de la dénomination des pièces françaises, y compris les centimes.

---

67 Heinrich Trümpy-Oerti (1798-1866), GL, fils de Gabriel (1772-1834), commerçant et fabricant de tissus imprimés ; beau-fils de Mathäus Oertli (1769-1849), pharmacien et fabricant. Dirige la maison de commerce paternelle ("Gabriel Trümpy"), puis exploite une filature mécanique de soie ("Trümpy Jr. & Cie"). Juge à la cour d'appel (1837-1848 et 1851-1866). CaE radical (1848-1849). Président dès 1842 du "Handels- und Gewerbeverein Glarus". Membre fondateur, premier président CA (1852-1862) et membre CA (1862-1866) de la "Bank in Glarus".

68 Correspondance Alfred Escher, lettre de Blumer à Escher, 06.01.1850, 3 p. (ici, p. 2).

69 La décision porte sur les pièces en argent : 5, 2 et 1 francs ; en billon : 50, 20 et 10 cts ; en cuivre : 5, 2 et 1 cts. Le projet initial prévoyait en argent : 5, 2, 1 et 0.5 francs ; en billon : 25 cts ; en cuivre : 10, 5, 2 et 1 cts.

Afin d'éviter un trop grand changement dans les habitudes, il est concédé à la minorité de maintenir les anciennes dénominations en batz et rappen pour les nouvelles pièces suisses.

Le débat au CE dure bien plus longtemps que les députés ne l'avaient prévu. De leur côté, les Cn ne parviennent pas à trouver une solution sur la question du droit d'asile. Au vu du peu de temps qu'il reste avant la fin de la session, il n'est plus possible à la commission du CN de se réunir et de produire un rapport. Dans ces conditions, le débat de la Chambre du peuple sur la question monétaire est ajourné à la session de printemps. Ce délai inattendu est particulièrement bienvenu pour les défenseurs de la monnaie allemande qui disposent désormais du temps nécessaire pour réorganiser leur stratégie.

5.1.2. La réorganisation de la stratégie de défense du florin allemand : le lancement d'une pétition

La victoire du FF au CE fin 1849 n'arrête pas la détermination des partisans du FLa. Quelques jours plus tard, le négociant en gros schaffhousois (denrées coloniales et drogueries) Beat Hurter, actif sur les marchés allemands, dépose une pétition au CN en faveur de l'adoption du FLa[70]. Son objectif est de témoigner aux Cn que les promoteurs de la monnaie allemande sont décidés à continuer à se battre pour défendre leurs intérêts.

Après avoir digéré leur défaite durant le mois de janvier, les partisans du FLa décident de réorienter complètement leur stratégie : ils se lancent dans la démonstration populaire et la mobilisation en grand[71]. C'est le début d'un vaste mouvement d'agitation populaire qui ébranle le pays durant plus de deux mois. Bien que le travail de publication se poursuive, cette seconde période qui s'ouvre début 1850 est moins prolifique[72]. Il faut dire que le sujet s'épuise et que les arguments des deux camps sont désormais bien connus. Citant Lessing,

---

70 [s.a.], « Bundesstadt. Nationalrath », *Neue Zürcher Zeitung*, 19.12.1849, p. 3.

71 Baumgartner, Gallus Jakob, *Die Schweiz in ihren Kämpfen*, *op. cit.*, p. 481.

72 Le rapport de la fraction minoritaire du CE qui défend le FLa est distribué gratuitement et en grande quantité dans la région zurichoise et en Suisse orientale. Les partisans du pied allemand mobilisent également les colonnes du *Der Schweizer-Bote* et de l'*Eidgenössische Zeitung*. Sur cette dimension de la stratégie, cf. BSG, VNL 38, C17, lettre d'Edmund Fehr à Aepli, 08.02.1850, 2 p. (ici, p. 1), lettres de Leonhard Pestalozzi à Aepli du 01.03.1850, 1 p. et du 12.04.1850, 1 p., ainsi que la lettre d'Adolph Pestalozzi à Aepli, 05.03.1850, 2 p. (ici, p. 1) ; BSG, VNL 60, A23, 4 et 5, lettres de Fischer à Hungerbühler du 18.02.1850, 3 p. (ici, p. 2) et du 20.02.1850, 2 p. (ici, pp. 1-2).

Speiser résume bien les nouvelles publications en une phrase: *«Sie enthalten viel Gutes und viel Neues, allein das Gute ist nicht neu und das Neue ist nicht gut»*[73]. Cet essoufflement se retrouve dans le type de brochures qui prennent des formes de plus en plus techniques. Les partisans de la monnaie allemande jouent désormais sur les questions d'identité et d'indépendance du pays. Pour le chanoine valaisan Berchtold, adopter le système français revient à diluer les spécificités helvétiques dans un ensemble étranger[74]:

> *«Die Schweizertreue, die schweizerische Ehrlichkeit war seit Jahrhunderten der sicherste Pass durch die ganze civilisirte Welt. Mit Kanonen die Pforten der Städte zu öffnen, konnte uns nicht beifallen. Was sich mit Gewalt nie thun lässt, das will man jetzt mit List durchsetzen. Jeder Schweizerfränkler, genau wie ein Franzos nach allen Dimensionen gestaltet, und von tausenden derselben umgeben, begleitet, gedeckt, soll bis an die Gränzen der Erde als französischer Schweizer, oder als schweizerischer Franzos durchschlüpfen. Welch trauriges Geständniss der eigenen Werthlosigkeit, das zu solcher Vermummung sich entschliessen kann!»*[75].

Dans ce même ordre d'idée, les batz suisses s'érigent comme garants de l'identité suisse. Le Cn saint-gallois Hoffmann met en scène l'introduction d'une nouvelle monnaie dans une discussion entre un aubergiste et son client. La conclusion est sans appel: *«ohne kreuzer gibt es einmal keine Schweizer»*[76]. Le but est de jouer sur la crainte d'un changement qui impliquerait un bouleversement des habitudes quotidiennes. Le journal conservateur saint-gallois de

---

73 Speiser, Johann Jakob, «Zum Münzstreit. V», *Neue Zürcher Zeitung*, 06.12.1849, pp. 1-2 (ici, p. 1).

74 Josef Anton Berchtold (1780-1859), VS, fils de Peter, agriculteur. Curé de Loèche-les-Bains (1803-1816), puis de Sion (1816-1819). Chanoine (1809), vicaire capitulaire (1816), pénitencier (1816-1826). Responsable de la première triangulation du Valais (1829); collabore avec Guillaume-Henri Dufour (1787-1875) dès 1834 pour l'établissement de la Carte Dufour.

75 [Berchtold, Josef Anton], *Noch ein Wort*, *op. cit.*, p. 42. Cette brochure est commandée par Johann Matthias Hungerbühler (cf. note 16 p. 412) à Berchtold dans le but d'élargir le rayon de partisans du FLa en direction de la Suisse occidentale. Sa dimension très technique, en particulier une critique forte du système métrique, a pour objectif d'éviter de répéter ce qui a déjà été dit, tout en tâchant de rallier les spécialistes à leur projet en créant une ligne de fracture parmi les opposants. Sur cette dimension de la stratégie, cf. Bsg, VNL 60, A23, 53, lettres de Berchtold à Hungerbühler du 15.02.1850, 3 p. (ici, pp. 1-2) et du 21.03.1850, 3 p. (ici, p. 1).

76 [Hoffmann, Joseph Marzell], *Gespräche des Wirthes*, *op. cit.*, p. 35. Cf. aussi [Aepli, Arnold Otto], *Welchem Münzfuss*, *op. cit.*, p. 21.

Gallus Jakob Baumgartner, *Die Neue Schweiz*, estime quant à lui qu'il faut faire machine arrière et refuser la centralisation de la régale monétaire, seul moyen pour ne pas avoir à subir le FF[77].

Dès janvier 1850, les milieux industriels de Suisse orientale mettent toute leur énergie au lancement d'une pétition. Le 6 février 1850, une réunion est convoquée par le landamman saint-gallois Basil Ferdinand Curti, qui attaque frontalement le comportement du CF, qui, estime-t-il, ne prend pas en compte les intérêts de la Suisse orientale dans son projet. A ses yeux, la nouvelle monnaie nationale doit être un reflet de la structure commerciale du pays. Elle doit pouvoir essaimer dans toutes les directions sans rencontrer aucune barrière :

> «*Die Schweiz ist französisch, deutsch und italienisch, ja romanisch sogar, sie hat neben dem Westen auch einen Osten, sie hat Verkehr auch gegen Nord und Süden, sie hat wirklich einen Weltwerkehr: o lasst ihn unverkümmert auf allen Seiten, und lasst das Geld überall herein, wo es will ! Ja, lasst diesem Lebensblute vom äussern Sein des Volkes seinen Kreislauf ungehemmt; unterbindet und zerschneidet keine Schlagadern, versetzt auch nicht einen einzelnen Theil in einen Lähmungszustand !*»[78].

Devant un parterre composé de plusieurs centaines de personnes, des personnalités de premier plan défilent à la tribune et critiquent ouvertement le vote du CE. A l'issue de cette réunion, un comité de 15 personnes est mis sur pied pour lancer une pétition à travers tout le pays exigeant l'adoption du projet de Pestalozzi, c'est-à-dire d'un FS qui prenne comme base le FLa[79]. On se rappelle que le noyau dur qui défendait ce projet avant le vote au CE reposait sur une alliance entre le grand négoce de Suisse orientale ("Kaufmännische Direktorium St. Gallen"), la banque ("Bank in St. Gallen") et les autorités politiques (Conseil d'Etat de Saint-Gall), alliance au sein de laquelle les négociants étaient largement dominants. A un changement de stratégie correspond un changement dans la structure du comité pétitionnaire. Le schéma ci-dessous illustre sa composition.

77 [S.A.], «Die Münzschlacht», *Die Neue Schweiz*, 19.12.1849, p. 1.

78 [S.A.], «Die Eröffnung der Versammlung über die schweizerische Münzfrage», *St. Galler-Bote*, Beilage n° 14, 16.02.1850, 2 p. (ici, p. 1).

79 Le texte de la pétition figure dans AF, E12#1000/36#57*, *Bittschrift betreffend die Einführung eines schweizerischen Münzfusses*, mars 1850, 3 p.

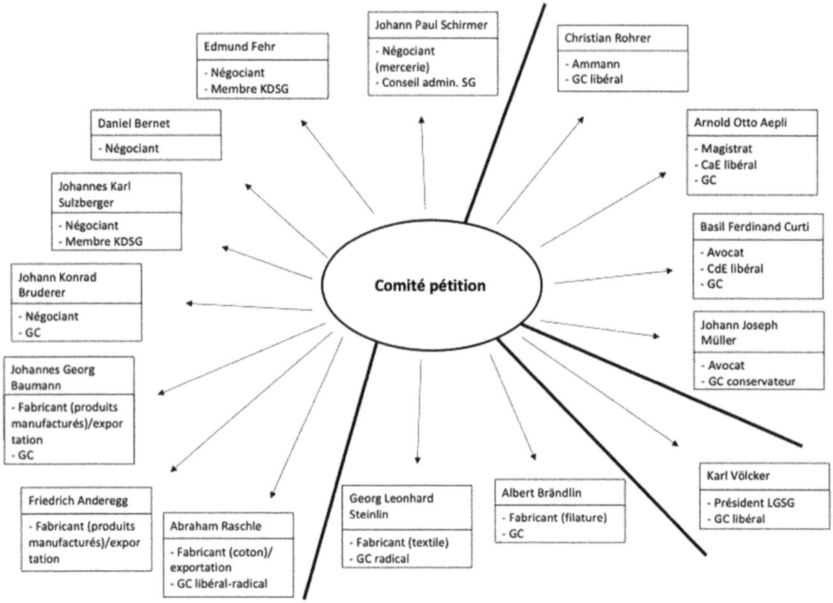

Schéma 5: *composition du comité pétitionnaire de Saint-Gall en faveur de l'adoption du florin allemand comme base de la monnaie suisse (février 1850)*[80]

Trois éléments peuvent être relevés quant à la composition de ce comité pétitionnaire. Premièrement, le négoce maintient sa mainmise sur le processus (huit membres sur quinze), avec la présence de plusieurs membres du "Kaufmännische Direktorium St. Gallen". Deux fabricants – qui ne semblent pas être actifs comme négociants ou exportateurs – sont intégrés au comité. Il ne s'agit toutefois pas de n'importe qui: Albert Brändlin, qui siégeait déjà dans la commission du Conseil d'Etat de Saint-Gall en automne 1849, est un des plus importants fabricants du pays; Georg Leonhard Steinlin est quant à lui fabricant de mousselines et à la tête d'une quincaillerie. Deuxièmement, les milieux agricoles, largement absent des débats jusqu'alors, sont représentés au sein du comité par le président de la "Landwirtschaftliche Gesellschaft des Kantons St. Gallen" Karl Völcker[81]. L'intégration d'un de leur représentant vise à élargir la

80 LGSG = "Landwirtschaftliche Gesellschaft des Kantons St. Gallen".

81 Karl Völcker-Jecklin (-Fluri) (1796-1884), SG, fils de Wilhelm Bernhard, châtelain; beau-fils de Peter Jecklin, prévôt. Etudes de droit à Iéna (1814-1818). Professeur de gymnastique à Hofwil (SG) (1819-1821) et à Coire (1821-1824); enseignant

base des signataires dans leur direction et s'assurer du soutien des régions agricoles à dominante catholique et plus conservatrices. Troisièmement, les relais politiques à l'échelle fédérale disparaissent presque complètement, puisque plus qu'un seul CaE (Arnold Otto Aepli) figure parmi les membres du comité. Ils sont remplacés par des acteurs qui possèdent un mandat au sein du GC, l'autorité législative cantonale, soit dix membres sur quinze[82]. A la veille de lancer une pétition de grande ampleur, c'est un moyen de s'assurer de relais qui s'étendent à l'ensemble du canton et non plus uniquement à la ville de Saint-Gall, comme c'était le cas avant Noël. Il ne faut toutefois pas surestimer le poids politique accordé au reste du canton: sur les dix mandats de député au GC, cinq proviennent de la ville de SG; les cinq autres sont issus de districts assez fortement industrialisés (Untertoggenburg, Neutoggenburg, See et Werdenberg – filage et tissage de coton et de soie à domicile) ou sur les principaux axes de commerce (Unterrheinthal – centre des *ferggers*). Il s'agit, à l'exception du district de See, de districts libéraux protestants; seul un conservateur figure dans le comité – l'avocat Johann Joseph Müller.

Lancée début février 1850, la pétition initiée par Saint-Gall se répand dans les autres cantons et connaît un rapide succès, malgré le scepticisme de plusieurs poids lourds de l'économie régionale sur ce type de démarches. Ils craignent en effet qu'une pétition crée de l'agitation parmi les milieux populaires et renforce ainsi l'instabilité politique dans certains cantons. Ils redoutent au demeurant qu'elle justifie le lancement d'une contre-pétition en faveur du FF, ce qui risquerait de réduire le nombre de signatures en faveur de leur projet et de le décrédibiliser. Ainsi, les magistrats glaronnais Johann Jakob Blumer et grison Peter Conradin von Planta, tout comme l'ingénieur thurgovien Johann Jakob Sulzberger, refusent-t-ils de propager le texte pétitionnaire dans leur canton[83].

D'après plusieurs sources de l'époque, il y aurait environ 95'000 signatures qui seraient adressées à l'AsF pour demander l'adoption d'un franc suisse sur la base du FLa. Or, ces données, qui proviennent du président de la commission

---

à Londres. Fondateur d'un internat pour garçons à Liverpool en 1827, qu'il transfère en 1839 à Heerbrugg (SG). A aussi une activité de journaliste. Président de la "Landwirtschaftliche Gesellschaft des Kantons St. Gallen" (1850-1857). Député libéral au GC de SG (1845-1862), président d'un tribunal de district (1849-1861).

82 Il est possible que parmi les cinq autres membres du comité, certains siègent également au GC saint-gallois, mais ils n'ont pas pu être identifiés.

83 BSG, VNL 38, B12, lettre de Blumer à Aepli, 21.02.1850, 5 p. (ici, p. 2); BSG, VNL 38, C17, lettre de Planta à Aepli, 16.02.1850, 3 p. (ici, p. 2) et lettre de Sulzberger à Aepli, 26.02.1850, 3 p. (ici, p. 2).

des pétitions, le Bâlois Achilles Bischoff, ne sont identiques ni entre les différents journaux, ni entre les documents consultés aux AF[84]. En conséquence, nous avons entrepris le décompte des milliers de pages de pétition afin de préciser la forme et la force de la mobilisation. Il existe ainsi deux types de pétitionnaires. D'une part, les signatures individuelles qui proviennent des citoyens qui apposent effectivement leur nom sur une pétition. D'autre part, les autorités politiques qui adressent en leur nom une pétition à l'AsF. Cette seconde catégorie est très délicate à analyser, car on ne sait pas qui ces autorités représentent exactement. En raison de cette incertitude, nous avons uniquement pris en compte pour notre analyse le nombre de personnes siégeant au sein des autorités politiques qui votent pour adresser une pétition à l'AsF et non l'ensemble des citoyens de la commune qui sont censés être représentés par ces autorités[85]. C'est pour cette raison que nous arrivons à 81'476 signatures au total, chiffre inférieur de plus de 13'000 signatures à ce qui figure dans les autres travaux sur le sujet[86]. Le tableau ci-dessous présente la synthèse du résultat, tandis que

---

84 Par exemple entre [s.a.], « Schweizerische Eidgenossenschaft. Nationalrath », *Eidgenössische Zeitung*, 24.04.1850, p. 3 et [s.a.], « Bundesstadt. Nationalrath », *Neue Zürcher Zeitung*, 27.04.1850, pp. 1-2 (ici, p. 2). Le résumé d'Achilles Bischoff – AF, E12#1000/36#87*, feuillet récapitulatif du nombre de pétitionnaires dans la question monétaire, avril 1850, 1 p. – ne concorde ni avec les chiffres fournis par la presse, ni avec les décomptes de signatures déposés aux AF.

85 Dans les Grisons, à Saint-Gall, à Schaffhouse, en Thurgovie et à Zurich, ce sont les autorités communales qui se mobilisent. En Argovie, ce sont des réunions de citoyens possédant le droit de bourgeoisie qui adressent une pétition à l'AsF. Dans l'un et l'autre cas, il n'est pas possible de déterminer qui ces autorités représentent exactement. Selon le banquier zurichois Leonhard Pestalozzi, qui lance la pétition dans son canton, lorsqu'une commune vote l'envoi d'une pétition, l'ensemble des citoyens de la commune sont comptés, mais à plusieurs reprises, la pétition contient tout de même la signature des citoyens et parfois, seulement une partie. Il semblerait que dans certains cas, ce soit uniquement les bourgeois, et dans d'autres cas, toute la population masculine adulte qui possède le droit de vote qui est représentée. Cf. Correspondance Alfred Escher, lettre de Pestalozzi à Escher, 09.04.1850, 3 p. (ici, p. 1). Il résulte de ce doute que l'on ne peut pas faire correspondre les 149 prises de position des autorités argoviennes (qui représenteraient, selon [s.a.], « Schweizerische Eidgenossenschaft. Nationalrath », *Eidgenössische Zeitung*, 24.04.1850, p. 3, entre 11'000 et 12'000 personnes) à un nombre précis de personnes.

86 Cf. par exemple Schüepp, Jakob, *Beiträge zur Schweizerischen Münzgeschichte*, *op. cit.*, p. 35 ; Mangold, Fritz, « Bankdirektor Johann Jakob Speiser », *op. cit.*,

l'annexe 5 donne le détail par commune pour chaque canton. Afin de pouvoir comparer le nombre de signatures individuelles entre les différents cantons, nous les avons exprimées en pourcentage de la population masculine totale. Le nombre de pétitions communales et le nombre de personnes qui votent l'envoi d'une pétition figurent aussi dans le tableau.

Avant de poursuivre, mentionnons au préalable que Sebastian Rauber a entrepris un travail similaire au nôtre, mais en se basant sur les chiffres relayés par la presse, qui sont donc différents des nôtres. Il a rapporté le nombre de signatures à la population masculine majeure, puisqu'en vertu de l'article 63 de la Constitution, n'ont le droit de vote que les citoyens masculins de 20 ans et plus[87]. En raison de cette méthodologie et des données de bases différentes, ses résultats diffèrent des nôtres d'environ 15 points de pourcent, surtout en ce qui concerne les cantons d'Argovie et de Zurich.

Tableau 10 : nombre et provenance des signatures en faveur de l'adoption d'un franc suisse sur la base du florin allemand[88]

Canton	Nombre de signatures individuelles	Signatures individuelles en % de la population masculine totale	Nombre de pétitions des autorités politiques communales et nombre de personnes qui les signent	
SG	23'623	29 %	3	1'493 personnes
AR	6'019	28 %	-	-
SH	2'699	16 %	3	32 personnes
TG	7'447	15 %	17	1'223 personnes
ZH	7'294	6 %	64	17'752 personnes
AG	5'838	6 %	149	4'859 personnes
GR	1'980	5 %	1	?
GL	1'277	4 %	-	-
TOTAL	**56'177**	**12 %**	**237**	**25'359 personnes**

pp. 135-320 (ici, pp. 213-214) ; Schlesinger, William, *Das Geldproblem*, *op. cit.*, p. 15 ; Haefliger, Hans, *Bundesrat Josef Munzinger*, *op. cit.*, p. 303.

87 L'estimation de Rauber, Sebastian, *Die Vereinheitlichung des schweizerischen Münzwesens nach 1848*, *op. cit.*, pp. 56-57 et annexe pp. II-III, repose sur le calcul de la proportion de la population masculine majeure (20 ans et plus) sur la population de 1860 qu'il a reportée sur l'année 1850.

88 Les données pour la construction de ce tableau figurent dans l'annexe 5.

En l'espace de trois mois – entre début février et fin avril 1850 – les pétitionnaires récoltent 56'177 signatures individuelles réparties entre huit cantons, ainsi que 237 pétitions communales signées par 25'359 personnes, soit au total un peu plus de 81'000 personnes.

Les cas des cantons de la Suisse orientale industrielle sont peu intéressants à analyser plus en détail, car leur position est constante depuis le début du processus de la réforme et ils se trouvent au cœur de l'opposition au projet du CF. Nous nous limiterons donc à dresser quelques constats généraux sur la structure de leur mobilisation et analyserons plus en avant les deux cas de Zurich et de l'Argovie qui présentent une situation bien plus complexe.

L'appel à pétitionner est particulièrement bien suivi dans l'ensemble du canton de Saint-Gall, où presque un tiers de la population masculine totale appose son nom (29 %). En ne prenant en compte que les hommes de plus de 20 ans, Rauber arrive à un pourcentage s'élevant à 47 %[89]. Trois éléments méritent d'être relevés dans ce cas. Le premier, c'est que la mobilisation est passablement homogène entre chaque district, avec un minimum de 20 % (Oberrheinthal, au nord-est, à la frontière avec l'Autriche) et un maximum de 38 % (Neutoggenburg, au centre, limitrophe d'Appenzell Rhodes-Extérieures), transcendant, semble-t-il, les fortes divisions politiques et religieuses que connaît alors le canton. Le second élément est l'excellente couverture du territoire. Ce n'est qu'en provenance de seulement deux communes qu'aucune signature n'est transmise à l'AsF : Oberutzwyl (district d'Untertoggenburg dans le nord), où se trouvent une industrie drapière ("Gebrüder Dierauer") et une fabrique de fils ("Heer & Cie"), et Oberriet (limitrophe de l'Autriche dans le district d'Oberrheinthal à l'est), commune agricole où de nombreux métiers de tissage sont disséminés. Le troisième élément à relever, c'est que les autorités politiques ne jouent qu'un rôle de second plan dans cette mobilisation, puisque seulement trois communes sur les 92 du canton (3 %) adressent à l'unanimité de leurs membres une pétition à l'AsF : Vilters et Mels dans le district de Sargans (au sud, limitrophe de Glaris et des Grisons), ainsi qu'Eschenbach (district de See, limitrophe du canton de Zurich).

Le mouvement est également très bien suivi en Appenzell Rhodes-Extérieures où près de 28 % de la population masculine pétitionne (36 % des hommes de plus de 20 ans). L'importance de l'industrie – fabrication d'étoffes de coton, en particulier les mousselines et la broderie –, ainsi que le poids des échanges

89 Les pourcentages de Rauber qui suivent sont tous tirés de Rauber, Sebastian, *Die Vereinheitlichung des schweizerischen Münzwesens nach 1848*, *op. cit.*, pp. 56-57.

économiques et en numéraire avec Saint-Gall en sont la principale raison. Cependant, il faut relever une très forte disparité entre les communes. Dans la capitale Herisau, seuls 4 % de la population masculine appose sa signature. Peut-être que les négociants urbains estiment que le FF serait plus adapté à leurs affaires. Les principaux centres de production textile se mobilisent par contre plus massivement. Ainsi, à Schönengrund (fabrication de tissus divers), Waldstadt (fabrication de mousselines) et à Bühler (fabrication de tissus à carreaux, rayés et satinés), la proportion se trouve au-dessus de 50 %. En revanche, le demi-canton d'Appenzell Rhodes-Intérieures n'adresse aucune pétition à l'AsF, ce qui s'explique assez difficilement. Peut-être qu'en raison de son opposition à la création de l'Etat fédéral et à la nouvelle Constitution ou pour des raisons de stabilité politique, les autorités s'opposent-elles à la diffusion d'une pétition.

En Thurgovie et à Schaffhouse, le pourcentage de signatures se situe respectivement à 15 % et à 16 % de la population masculine (ou 31 % et 22 % des hommes de plus de 20 ans). Ces résultats s'expliquent par le poids moins lourd des acteurs du grand commerce et de la banque dans ces deux cantons par rapport à Saint-Gall. Peut-être que les milieux agricoles, qui entretiennent des échanges très importants avec les Etats du sud de l'Allemagne, se sentent moins impactés par un éventuel changement de monnaie. Par ailleurs, deux poids lourds de l'économie se prononcent pour le FF dans chaque canton – Christian Beyel et Friedrich Peyer Im Hof[90]. Au contraire de Saint-Gall, les résultats sont moins homogènes en Thurgovie où il existe de plus grosses disparités d'un district à l'autre[91]. La mobilisation est ainsi de 9 % dans le district de Steckborn (au nord le long du lac de Constance), tandis qu'elle se monte à environ 18 % dans les trois districts limitrophes de Gottlieben, Frauenfeld et de Weinfelden. Une curiosité mérite par ailleurs d'être relevée : le district de Diessenhofen, qui est le seul possédant une frontière terrestre avec le Grand-Duché de Bade, n'envoie aucune signature à l'AsF. Le 10 mars 1850, une réunion tenue à Weinfelden ne rencontre qu'un succès mitigé. Si la pétition en faveur du FLa est largement

---

90 Le Thurgovien Christian Beyel (cf. note 322 p. 282) refuse ainsi la demande du directeur de la "Bank in St. Gallen" Edmund Fehr (cf. note 246 p. 382) de relayer la pétition en faveur du FLa dans son canton. Cf. BsG, VNL 38, C17, lettre de Beyel à Aepli, 20.02.1850, 2 p. (ici, p. 1). Il accepte néanmoins de la reproduire dans son journal, mais sans la commenter : [s.a.], « Eidgenossenschaft », *Thurgauer Zeitung*, 17.03.1850, pp. 1-2.

91 Quelques informations sur la mobilisation en Thurgovie figurent dans Schoop, Albert, *Johann Konrad Kern. Jurist, Politiker, Staatsmann*, Volume 1, Frauenfeld ; Stuttgart : Huber, 1968, p. 324.

acceptée, la proposition d'adresser une demande de report au CN est refusée[92]. Au contraire de Saint-Gall, les autorités politiques jouent un rôle dans le mouvement pétitionnaire. A l'échelle du canton, 17 communes sur les 213 du canton adressent une pétition à l'AsF (8 % du total), parmi lesquelles la moitié se trouve dans le district de Tobel, situé au sud entre les cantons de Saint-Gall et de Zurich. A Schaffhouse, le mouvement est relativement homogène, se situant entre 12 % et 20 % dans les six districts (moyenne de 16 % à l'échelle cantonale). En resserrant la focale au niveau des communes, la situation est plus hétérogène. Aucune signature ne provient ainsi de 14 communes sur les 36 du canton (39 % du total). A l'ouest, dans le district d'Unterkettgau, des signatures proviennent de toutes les communes. Comme en Thurgovie, les autorités politiques se mobilisent. Trois communes sur les 36 du canton (8 % du total) adressent une pétition à l'AsF : toutes trois partagent une frontière avec le Grand-Duché de Bade. Le rôle de Schaffhouse comme pivot du commerce de transit entre les cantons suisses et les Etats allemands peut fournir une clef de compréhension de la faible mobilisation dans le canton[93] : en raison de la multitude de partenaires commerciaux, tant en Suisse qu'à l'étranger, une monnaie à caractère universelle serait peut-être plus adaptée à ce type d'activité et prévaudrait sur les échanges agricoles qui se font en FLa.

A Glaris, le mouvement est moins bien suivi, se situant à 4 % de la population masculine, respectivement 15 % des hommes majeurs. La situation dans ce canton est délicate, car la division ne concerne pas uniquement les milieux économiques, mais se double d'une lutte de pouvoir politique au sein du Gouvernement[94]. Le 23 janvier 1850, le membre du Conseil de Glaris Peter Jenny, fabricant de textiles et signataire de la pétition adressée fin novembre 1849 à l'AsF, dépose une motion demandant que la Commission d'Etat (représentant les intérêts du canton à l'extérieur) intervienne directement auprès des Chambres fédérales

92 [s.a.], « Thurgau », *Thurgauer Zeitung*, 13.03.1850, pp. 1-2 et [s.a.], « Thurgau », *Thurgauer Zeitung*, 17.03.1850, pp. 1-2. Sont présents à cette réunion : l'avocat et procureur général Friedrich Ludwig, le major Rutishauser, le capitaine Leumann, un certain W. Ruess, le vice-préfet Kern et le juge Ziegler. Seuls ces deux derniers sont favorables au report.

93 Wipf, Hans Ulrich, Knoepfli, Adrian, « Wirtschaft : Strukturen und Konjunkturen ; Kapital und Arbeit », in Historischer Verein des Kantons Schaffhausen (Ed.), *Schaffhauser Kantonsgeschichte des 19. und 20. Jahrhunderts*, Volume 1, Schaffhausen : Historischer Verein des Kantons Schaffhausen, 2001, pp. 221-495 (ici, pp. 254-269 et 274-279).

94 Correspondance Alfred Escher, lettre de Blumer à Escher, 03.02.1850, 5 p. (ici, pp. 4-5).

pour l'introduction d'un FS basé sur le FLa[95]. En dépit de fortes réserves sur le caractère anticonstitutionnel de la motion, les députés votent à 26 voix contre 21 la mise sur pied d'une commission de cinq membres[96]. Cette motion fait grand bruit dans l'ensemble du pays, au point tel que la *Neue Zürcher Zeitung* ouvre son édition du 26 janvier 1850 en rappelant que « *Der Art. 79 der Bundesverfassung sagt: "Die Mitglieder beider Räthe stimmen ohne Instruktionen"* »[97]. Cette remise à l'ordre semble d'autant plus nécessaire que le Cn vaudois Jules Eytel avait déposé une motion semblable dans son canton quelques jours auparavant dans la question des réfugiés. Ce rappel produit son effet, puisque la motion Jenny est rapidement retirée.

A défaut de pouvoir passer par les voies du circuit politique, les défenseurs glaronnais du FLa se mobilisent courant mars 1850 par l'intermédiaire du comité de l'"Industrieverein"[98]. Le négociant Fridolin Trümpy mène le mouvement[99]. Il convoque une réunion d'industriels qui, composée d'une quarantaine de personnes, se prononce à l'unanimité contre le FF et décide de s'engager dans le mouvement pétitionnaire. Le recours aux petites espèces allemandes est déterminant pour eux, car il permet de réduire les coûts salariaux, comme le relève Speiser dans un article de presse :

> « *So glauben wir, dass in der Münz-Petition des Herrn Trümpy von Glarus der vorerwähnte Gewinn auf dem Arbeitslohn als ein Argument für den süddeutschen*

---

95 [S.A.], « Schweizerische Eidgenossenschaft. Glarus », *Eidgenössische Zeitung*, 28.01.1850, p. 3 ; [S.A.], « Glarus », *Der Erzähler*, 29.01.1850, p. 3.

96 Elle se compose de trois membres favorables au FLa, le président Johann Jakob Blumer (cf. note 66 p. 427), juriste et CaE, qui est opposé à la motion, Peter Jenny-Tschudi (1800-1874), fabricant de textiles ("Jenny & Blumer"), et Fridolin Trümpy, négociant (cf. note 99 ci-dessous), et de deux membres partisans du FF, Joseph Weber-Trümpy, négociant en bois et transporteur maritime (cf. note 5 p. 409), opposé à la motion, et Jost Brunner-Streiff, fabricant d'indiennes ("J. de H. Brunner"). Blumer s'oppose à la motion car il l'estime contraire à l'esprit de la Constitution fédérale de 1848 et met en danger le libre droit de vote des députés dans les deux Chambres. Sur sa position, cf. BSG, VNL 38, B12, lettre de Blumer à Aepli, 21.02.1850, 5 p. (ici, pp. 2-3).

97 [S.A.], [s.n.], *Neue Zürcher Zeitung*, 26.01.1850, p. 1.

98 [S.A.], « Glarus », *Neue Zürcher Zeitung*, 19.03.1850, p. 3.

99 Fridolin Trümpy-Dinner (-Blumer) (-König) (1799-1870), GL, fils de Fridolin, commerçant ; beau-fils de Fridolin Dinner, commerçant, d'Othmar Blumer, puis de l'orfèvre Johann Heinrich König. Négociant en gros au sein de "Jenny & Trümpy" dès 1817, d'abord en Pologne, puis à Odessa et à Glaris. Membre de la Commission d'Etat, juge à la Cour d'appel (1839-1845).

> *"Schweizerfranken" sich finden wird, obgleich vor wenig Tagen ein Glarner-Fabrikant freimüthig sich äusserte, dass in jenem Umstand der wesentliche Grund seines Widerwillens gegen die Einführung des französischen Münzfusses liege. Indessen sind seiner Zeit die Arbeitslöhne in schwerer Schweizer-Währung festgesetzt worden, jetzt bezahlt man sie in leichtem deutschen Geld und treibt die Ironie so weit, das "Volk" für die Erhaltung dieses abusiven Zustandes petitionieren zu machen. Gutes Volk ! Freilich greift die künstliche Bewegung nur auf dem Papier um sich und lässt die Gemüther sehr kalt*»[100].

Si ce sont les espèces allemandes qui intéressent en particulier certains milieux industriels glaronnais, ils ont également besoin de tarifer un large éventail d'espèces étrangères pour répondre à la structure du tissu économique cantonal, ce qui n'est possible qu'avec ce système du FLa[101]. En effet, le commerce de proximité se fait en grande partie avec les cantons limitrophes de Suisse centrale (Schwytz et Uri) et des Grisons, ainsi qu'avec les Etats italiens pour la couverture de leurs besoins en céréales.

Le lancement de la pétition ne rencontre toutefois qu'un succès mitigé, puisque seules 1'277 signatures sont récoltées, représentant un peu moins de 9 % de la population masculine totale. Selon le magistrat Johann Jakob Blumer, ce faible résultat s'explique en premier lieu par le fait que contrairement aux autres cantons de Suisse orientale, les industriels glaronnais n'ont pas diffusé la pétition parmi leurs ouvriers[102]. Toutefois, les signatures n'ont été classées ni par commune, ni par district, rendant leur analyse illusoire, d'autant plus que la plupart du temps la profession n'est pas indiquée. L'identité des pétitionnaires reste donc, pour le moment, un mystère, ce qui ne permet pas de confirmer les propos de Blumer.

Le cas des Grisons est assez étonnant, car s'il y a peu de signatures en chiffres absolus à l'échelle du canton (5 % de la population masculine ou 7 % des hommes majeurs), la mobilisation, lorsqu'elle a lieu, est extrêmement forte. Trois districts se situent au-delà de la moyenne cantonale (5 %) : Unterlandquart (10 %), à la frontière avec l'Autriche et avec Saint-Gall, Oberlandquart (7 %) qui borde également l'Autriche, et Heinzenberg (6 %), située au centre du canton, dont la prise de position est plus difficilement explicable. Dans huit communes, la mobilisation dépasse les 40 % de la population masculine, dont

---

100 Speiser, Johann Jakob, « Eine praktische Anschauung der Münzfrage », *Neue Zürcher Zeitung*, 01.04.1850, p. 1.

101 Af, E12#1000/36#179*, *Bittschrift für Einführung des Schweizer-Frankens als eidgenössische Münzeinheit*, Glaris, mars 1850, 2 p.

102 Bsg, VNL 38, B12, lettre de Blumer à Aepli, 14.04.1850, 5 p. (ici, p. 3).

quatre se situent même à 50 % et au-dessus. Pour ces derniers cas, il s'agit de communes qui se trouvent au nord, proches de Saint-Gall – Castiel et St-Peter (district de Plessus), Haldenstein (district d'Unterlandquart) – ou à la frontière avec Glaris et le Tessin – Valendas (district de Glenner). Pour ces localités, le commerce de frontière doit être suffisamment important pour se mobiliser en faveur du FLa. Au contraire de la Thurgovie et de Schaffhouse, les autorités politiques ne prennent pas part au mouvement pétitionnaire. Seule les membres de la commune de Versam, qui se trouve au centre du canton, adressent une demande à l'AsF.

Un premier constat général peut déjà être dressé. Le cœur de la mobilisation se trouve à Saint-Gall qui parvient, malgré les dissensions politiques et confessionnelles que connaît le canton, à faire bloc dans la question monétaire. Si elle est relativement bien suivie dans le reste de la Suisse orientale industrielle – en particulier en Appenzell Rhodes-Extérieures –, il faut tout de même relever un ralliement moins fort au projet pétitionnaire, ainsi qu'une plus grande hétérogénéité dans la provenance des signatures. A mesure que l'on s'éloigne de ce noyau dur (Saint-Gall, Appenzell Rhodes-Extérieures, Thurgovie et Schaffhouse), les effets de son attraction diminuent et le mouvement réunit moins d'adhérents : environ 5 % de la population masculine dans les cantons de Glaris et des Grisons. Fort de ce constat, l'image que les travaux ont dessinée d'une Suisse orientale unanime à défendre la monnaie allemande doit être nuancée : si la mobilisation existe bel et bien, elle n'a pas la force qu'on a bien voulu lui attribuer. Elle se limite à un bloc structuré autour de Saint-Gall avec relativement peu d'effets d'entraînement hors de la Suisse orientale industrielle. L'étude des pétitions individuelles en provenance des cantons de Zurich et d'Argovie confirment cette analyse.

5.1.3. Les intérêts hétérogènes du commerce international et régional. Analyse des pétitions en faveur du pied monétaire allemand à Zurich et en Argovie

Le vote au CE a permis d'observer que les deux cantons de Zurich et d'Argovie sont très divisés sur la question du choix du pied monétaire. L'analyse des pétitions adressées par ces deux cantons à l'AsF fournit un nouvel éclairage sur la forme de la mobilisation et des prises de position des acteurs favorables au FLa. Le cas de ces deux cantons sont successivement traités ci-dessous.

Nous avons vu plus haut qu'il n'est pas possible de déterminer un positionnement homogène des milieux économiques zurichois dans les questions monétaires. Si la tendance de fond semble être en faveur de la monnaie allemande, plusieurs groupes d'acteurs sont favorables à l'adoption du FF en Suisse. C'est particulièrement le cas d'une partie des milieux actifs dans la banque, le grand négoce, l'industrie de la soie et des milieux libéraux qui gravitent autour d'Alfred Escher. L'analyse des milliers de signatures de ce canton permet de renforcer cette analyse et de confirmer que les intérêts des différents secteurs qui composent le tissu économique zurichois sont fortement divergents.

L'infatigable Leonhard Pestalozzi représente le principal relais du comité pétitionnaire saint-gallois dans le canton de Zurich. Très rapidement, il prend les mesures nécessaires à étendre la pétition dans le canton. Il cherche en premier lieu à s'assurer du soutien des milieux industriels et du grand commerce. Il informe Alfred Escher de son intention d'impliquer dans le mouvement le président du "Zürcher Industrieverein", Hans Conrad Pestalozzi[103] :

> *« Die Petition die mit der heutigen St. Galler Zeitung hier ankam ist trefflich abgefasst. Ich werde nun aufs neue mit Herrn Dr Pestalozzi-Hofmeister Rüksprache nehmen damit von dem hiesigen Industrieverein aus, derren Präsident er ist, gleiche Petitionen eingeleitet werden. Er scheint dazu ganz geneigt »*[104].

Sur convocation du président de l'association, une assemblée est organisée le 5 mars 1850[105]. L'expert monétaire zurichois structure la défense de son projet autour de deux arguments principaux. D'une part, des considérations politiques se seraient immiscées dans le vote au CE qui ne correspondrait en conséquence ni à la réalité, ni à la volonté populaire. Il le formule en ces termes devant l'assemblée :

> *« Auch mochten bei dieser rein materiellen Frage, wie es leider oftmals der Fall ist, politische und andere Gründe sich einmischen. Wie liesse es sich sonst erklären, dass alle Repräsentanten der Urkantone, einer von Glarus und selbst einer des hiesigen*

103 Hans Conrad Pestalozzi-Hirzel (-Hofmeister) (1793-1860), ZH, fils de Hans Caspar (1770-1849), négociant en soie; beau-fils de Hans Jakob Hirzel (1770-1829), CdE de ZH, puis de Johann Salomon Hofmeister (1788-1822), négociant. Reprend les affaires paternelles de négoce de soie, puis s'oriente dans la banque. CdE conservateur de ZH (1844-1846). Membre de la "Zürcher Handelskammer" dès 1829, membre (1835) et président de son comité; membre fondateur (1842) et premier président du "Zürcher Industrieverein". Membre fondateur avec Hans Conrad von Muralt de la "Bank in Zürich" (1836), dont il est vice-président CA (1836-1860). Député au GC de ZH (1829-1858).

104 Correspondance Alfred Escher, lettre de Pestalozzi à Escher, 21.02.1850, 6 p. (ici, p. 1).

105 Correspondance Alfred Escher, lettre de Pestalozzi à Escher, 23.02.1850, 2 p. (ici, pp. 1-2).

> *Kantons, herr Dr. Pestaluz [le CaE Hans Jakob Pestalozzi, JC] sogar als Vorkämpfer des französischen Systems, für dieses stimmten und so dasselbe mit einem bedeutenden Mehr von dem Ständerat angenommen wurde. Ich kann hier nicht umhin als Belege, dass dieser Entscheid nicht als der Wille der grossen Mehrheit des Volkes gelten könne, folgendes anzuführen: Die Ständeräthe des Kantons Zug, H[er]r Landammann [Ferdinand] Kaiser und H[er]r R[egierungs]r[at] [Gustav Adolf] Keiser stimmten beide für den franz[ösischen] Münzfuss. Seit dieser Zeit geschahen die Erneuerungswahlen des Gr[ossen] Raths in jenem Kanton und keiner von beiden erhiehlt auch nicht eine einzige Stimme !* »[106].

Toutefois, les propos de Pestalozzi ne sont pas du goût de tout le monde. Le banquier grison Johann Baptista Bavier estime qu'il traite la question avec trop de passion : « *Herr Pestalozzi behandelt die Münzfrage etwas zu leidenschaftlich – die Bemerkung wegen den Zuger Ständeräthen z. b. ist ganz unrichtig & hätte jedenfalls wegbleiben sollen* »[107]. Il enjoint son ami Alfred Escher à le modérer sur ce type de propos.

D'autre part, le second argument mobilisé par Pestalozzi consiste à jouer sur la peur d'un tarif de transition entre l'ancien FLz et le nouveau FS basé sur le FF qui serait soit défavorable aux créanciers, soit aux débiteurs. Il estime qu'une classe de la population perdrait une fraction de son capital ou verrait le montant de sa dette s'accroître lors du passage à la nouvelle monnaie[108]. Selon ses projections, une perte de 1 % sur la valeur de l'ensemble des capitaux du canton est à prévoir. En mobilisant cet argument, l'objectif du banquier zurichois est de réussir à étendre la base des partisans du FLa en ralliant les classes moyennes à son projet, bien qu'il défende les intérêts des détenteurs de capitaux[109].

Suite à cette réunion, Pestalozzi s'engage dans un vaste mouvement de promotion de la pétition dans le but d'obtenir un maximum de signatures[110]. D'après lui, c'est un succès large et rapide dès son lancement : « *Nach meinen Wahrnehmungen gewinnt der Schweiz[erische] Münzfuss in unsrer Stadt &*

---

106 Pestalozzi, Leonhard, *Vortrag in der Versammlung*, *op. cit.*, p. 5.

107 Correspondance Alfred Escher, lettre de Bavier à Escher, 21.03.1850, 3 p. (ici, p. 2). Les propos concernant les deux CaE zougois sont infirmés par les notices biographiques figurant dans Gruner, Erich, *Die schweizerische Bundesversammlung = L'Assemblée fédérale suisse*, *op. cit.*, Volume 1, pp. 368-369.

108 Pestalozzi, Leonhard, *Vortrag in der Versammlung*, *op. cit.*, p. 7.

109 Cette stratégie de Pestalozzi figure dans Bsg, VNL 60, A23, 17, lettre de Pestalozzi à Hungerbühler, 22.03.1850, 4 p. (ici, pp. 1-3).

110 La pétition est relayée par voie de presse : Zürcherische Industrie-Verein, « Bittschrift für die Einführung des Schweizerfranken als Eidgenössische Münz-Einheit », *Neue Zürcher Zeitung*, Beilage, 06.03.1850, 2 p.

Kanton besonders mit den angesehnsten Fabrikanten am See mit jedem Tag mehr Anhänger & zweifle ich daher nicht an zahlreichen Unterzeichnungen der petition »[111]. Il faut toutefois relativiser ces propos, car ils visent en premier lieu à rassurer le destinaire Alfred Escher sur le bien-fondé de cette démarche. Celui-ci est en effet fortement opposé aux pétitions, car elles sont sources d'agitation politique[112]. Or, les milieux au pouvoir ont dû gérer durant les années précédentes plusieurs leaders socialistes et communistes usant des pétitions pour diffuser leurs idées. Les propos tenus à Escher par le préfet de Winterthour Johann Jakob Müller sont très clairs sur leur opposition à cet outil[113] :

> « *Ich bin mit Ihnen unbedingt einverstanden, dass Volksagitationen in der Münzfrage durchaus verwerflich seien, wissen ja die Einsichtigern & Gebildeteren sich kaum zu rathen & zu helfen. Man wollte auch in hier eine Petition in Umlauf setzen, ich sprach mich aber aus dem angegebenen Grunde entschieden dagegen aus & so glaube ich, dass die Sache unterbleiben werde. Dagegen ist nun eine Petition in Zürich beschlossen worden, welche gestern der N[eue] Z[ürcher] Zeitung beigelegt war. Ob sie grossen Anklang findet, steht dahin. Es kann wohl sein, denn es gibt Leute, welche Alles unterschreiben, was man Ihnen vorlegt* »[114].

Ainsi, Alfred Escher et Johann Jakob Müller préfèrent éviter tout tumulte et laisser la décision aux autorités politiques fédérales. Ils sont rejoints par un correspondant de la *Neue Zürcher Zeitung* qui critique ouvertement le processus de récolte de signatures :

> « *Die Art und Weise, wie für die Petition des Industrievereins in Zürich an die Bundesversammlung Unterschriften gesammelt werden, erregt bei Unbefangenen grosses Bedenken. Die Anhänger des französischen Münzsystems mögen zwar in dem Umstand einige Beruhigung finden, dass ihre Gegner offenbar an dem Sieg ihrer Sache verzweifeln, da sie sonst unmöglich eine Taktik befolgen könnten, durch die jede, also auch die von ihnen selbst vorgeschlagene Abänderung im Münzwesen in hohem Grade erschwert wird ! Es scheint, es konvenire dieser Partei besser, die gegenwärtig herrschende*

111 Correspondance Alfred Escher, lettre de Pestalozzi à Escher, 23.02.1850, 2 p. (ici, p. 2).

112 Sur cet aspect : Correspondance Alfred Escher, lettre de Pestalozzi à Escher, 26.03.1850, 2 p.

113 Johann Jakob Müller-Frei (1812-1872), ZH, fils de Jakob, verrier ; beau-fils de Johann Heinrich Frei, boulanger et aubergiste. Employé dans l'administration, préfet de Winterthour dès 1843, CdE de ZH (1851-1869, sort du Gouvernement suite à l'arrivée au pouvoir des démocrates), puis à la tête de la filature mécanique de Fischenthal. Député au GC de ZH (1845-1867), Cn de tendance libérale (1848-1851). Membre CA de la "Schweizerische Nordostbahn" (1856-1872).

114 Correspondance Alfred Escher, lettre de Müller à Escher, 07.03.1850, 4 p. (ici, p. 2).

Münzanarchie beizubehalten als eine Aenderung in anderm als ihrem Sinne zu gestatten. [...] Wir müssen uns freilich vorder Hand mit dem Troste begnügen, dass die Bundesversammlung die Unterschriften nicht nur zählen, sondern auch wägen werde»[115].

Cette opinion n'est pas partagée par Pestalozzi. A ses yeux, il aurait été possible de récolter plus de signatures si certaines autorités politiques à l'échelle communale n'avaient pas bloquer la diffusion des pétitions. Il l'exprime à Alfred Escher en ces termes :

> « *Hätte man sich statt an die Gemeindsbehörden an Privaten gewandt um Unterzeichnungen zu erhalten, so hätte man mit Leichtigkeit eine weit grössere Zahl erhalten. Denn an manchen Orten waren die Behörden der petition entgegen & behielten solche zurück od[er] betrieben die Sache höchst lau, wie z. B. in Horgen. Allein die Hauptsache scheint mir nicht die Zahl sondern die Qualität der Unterschriften, indem nur einige wenige in hiesiger Stadt fehlen & auch im Kanton mit einziger Ausnahme Horgens beinahe alle Kaufleute od[er] doch weit aus der grösste Theil & die angesehensten unterzeichnet haben* »[116].

En raison du succès de la pétition zurichoise, les tensions croissent entre les titres de presse du pays. La *Neue Zürcher Zeitung* est ainsi taxée de « *Münzfanatismus* » par le rédacteur de *Der Erzähler*, car le journal zurichois prend parti pour le FF et critique le mouvement pétitionnaire. Dans ces conditions, le rédacteur en chef du quotidien zurichois appelle au calme :

> « *Wir haben mehr als einmal um eine ruhige, sachgemässe Behandlung der Münzangelegenheit dringend gebeten, wir haben viele Monate lang der allseitigen Besprechung ein unverkümmertes Feld in unsern Spalten angeboten und haben uns nur die bescheidene Warnung erlaubt, nichts Fremdes in die delikate Berathung hineinzuziehen. Man hat es für besser erachtet, die Diskussion durch eine Agitation zu ersetzen, und macht uns nun ein Verbrechen daraus, dass wir uns dieser Agitation nicht anschliessen ?! Ja – man ruft "Pfui über ein solches Benehmen", wenn ein freies Schweizerblatt den redlichen Muth hat, gegenüber einer Armee von Bittschriften, auch die Gründe von Experten hören zu lassen !* »[117].

Malgré l'absence de soutien d'une partie des acteurs politiques et économiques zurichois et de la plupart des titres de presse du canton, le mouvement

---

115 [S.A.], « Zürich », *Neue Zürcher Zeitung*, 18.03.1850, p. 2.

116 Correspondance Alfred Escher, lettre de Pestalozzi à Escher, 09.04.1850, 3 p. (ici, p. 1).

117 FELBER, Peter, « Schweiz », *Neue Zürcher Zeitung*, 07.04.1850, pp. 1-2 (ici, p. 1). Les attaques de *Der Erzähler* se trouvent dans [S.A.], « Zur Münzfrage (Aus dem Toggenburg eingesandt) », *Der Erzähler*, 05.04.1850, pp. 2-3. Cf. aussi [S.A.], « St. Gallen (Aus dem Toggenburg) », *Der Erzähler*, 12.04.1850, p. 4.

pétitionnaire porte ses fruits. Leonhard Pestalozzi fait d'ailleurs régulièrement état dans la presse de la progression du nombre de signataires, dans le but d'encourager les communes à participer au mouvement[118]. Le CaE zurichois Hans Jakob Pestalozzi, qui avait donné sa voix au FF lors du vote au CE en décembre 1849, confirme la réussite de l'opération à Speiser :

> « *Die Münzagitation, wenn ich derselben diesen Namen geben soll, hat im Kanton Zürich einen guten Fortgang gehabt; die Gegner prahlen mit ungefähr 27000 Unterschriften. Eine Aufregung ist im Volke gar nicht vorhanden, sondern die Leute unterschreiben oder stimmten zu den Beschlüssen wie halb verrückt. Das Wort Schweizerfrankenfuss hat einen unendlichen Einfluss geübt, unserm Schweizerfranken wollen wir behalten sagten sehr viele* »[119].

En l'espace d'un mois, ce sont 7'294 signatures individuelles qui sont récoltées et 64 communes qui se positionnent à l'unanimité, représentant ensemble la signature de 25'046 personnes[120]. La carte ci-dessous illustre la répartition des signatures individuelles, ainsi que la mobilisation des communes dans le canton.

118 Bsg, VNL 60, A23, 18, lettre de Pestalozzi à Hungerbühler, 20.03.1850, 4 p. (ici, p. 4).

119 Aeb, PA 116, A 221, lettre de Hans Jakob Pestalozzi à Speiser, 31.03.1850, 5 p. (ici, p. 2).

120 Correspondance Alfred Escher, lettres de Pestalozzi à Escher du 26.03.1850, 2 p. (ici, pp. 1-2), du 08.04.1850, 1 p. et du 09.04.1850, 3 p. (ici, p. 1).

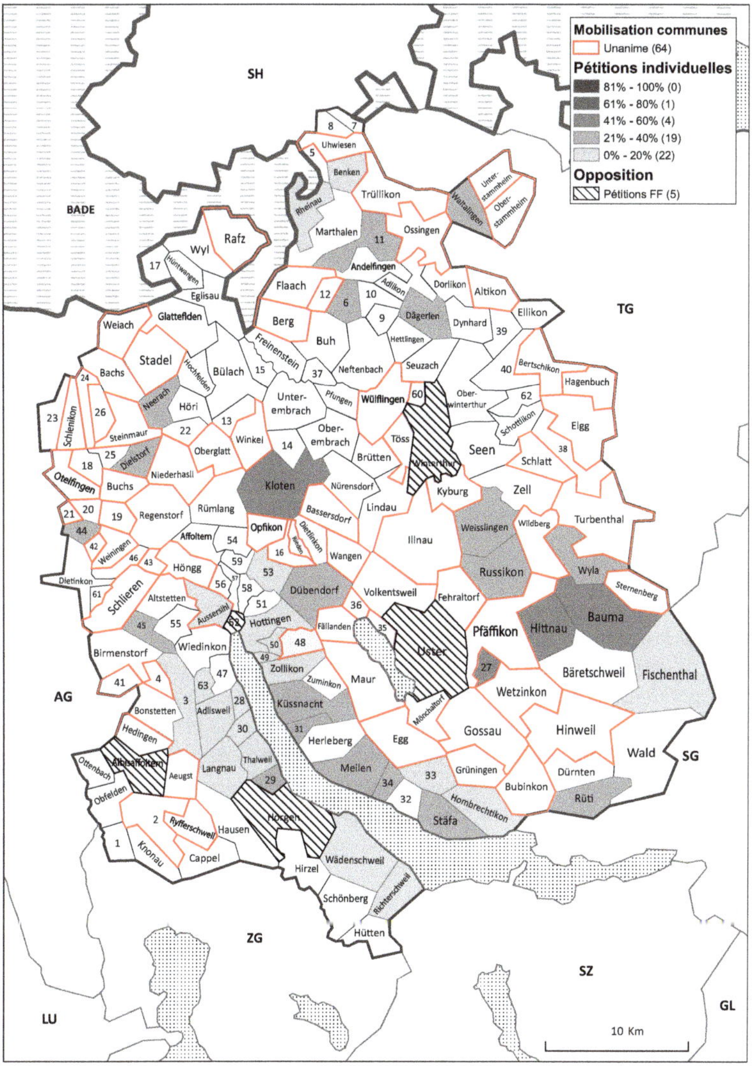

Carte 7: provenance des signatures et degré de mobilisation par commune en faveur de l'adoption du florin allemand comme base de la monnaie suisse dans le canton de Zurich (1850)[121]

121 Cette carte a été réalisée sur la base des données qui figurent dans l'annexe 5.7. La mobilisation des communes représente les 64 communes qui adressent en leur nom une pétition à l'AsF. Dans tous les cas, la décision de cet envoi repose

Deux constats principaux peuvent être dressés à partir de cette carte. Le premier, c'est la très forte hétérogénéité tant dans le nombre que dans la provenance des signatures individuelles. A l'échelle du canton, le nombre de signataires s'élève à 6 % de la population masculine totale, devant Glaris et les Grisons, mais loin derrière Saint-Gall (29 %), Appenzell Rhodes-Extérieures (28 %), Schaffhouse (16 %) et la Thurgovie (15 %). Sur les 196 communes du canton, des signatures individuelles proviennent de 44 d'entre elles (22 %). Parmi celles-ci, la mobilisation dépasse 25 % de la population masculine dans 17 communes. Une analyse plus détaillée révèle une image encore plus complexe. Dans le district de Zurich, qui affiche un pourcentage global de signatures de 5 % de la population masculine totale, des signatures ne proviennent que de 7 communes sur 31, dont 2 se trouvent à 20 % et plus. Au contraire, le pourcentage des signatures qui proviennent des 5 communes de Pfäffikon sur les 12 que compte le district s'élève dans chaque cas à plus de 25 % de la population masculine. Des 23 communes du district de Bülach, seuls les citoyens de la commune de

sur un vote à l'unanimité des Conseillers communaux. Concernant les pétitions individuelles, il s'agit du nombre de citoyens qui signent une pétition qui circule dans leur commune, exprimé en pourcent de la population masculine totale. Le degré de la mobilisation individuelle est divisé en cinq groupes qui vont d'une coloration du territoire communal du plus clair (faible mobilisation) au plus foncé (forte mobilisation). Le territoire des cinq communes d'où proviennent des pétitions en faveur de l'adoption du pied monétaire français est hachuré, indépendamment du nombre de signatures qu'elles contiennent. Pour ces trois types de mobilisation, le nombre de communes concernées est indiqué entre parenthèses dans la légende.
Clef de numérotation: 1. Maschwanden, 2. Mettmenstetten, 3. Stallikon, 4. Wettschweil, 5. Dachsen, 6. Dorf, 7. Feuerthalen, 8. Flurlingen, 9. Henggart, 10. Humlikon, 11. Klein-Andelfingen, 12. Volken, 13. Bachenbülach, 14. Lufingen, 15. Rorbas, 16. Wallisellen, 17. Wasterkingen, 18. Boppelsen, 19. Dällinkon, 20. Däninkon, 21. Hüttikon, 22. Niederglatt-Nöschikon, 23. Niederweningen, 24. Oberweningen, 25. Regensberg, 26. Schafflisdorf, 27. Seegräben, 28. Kilchberg, 29. Oberrieden, 30. Rüschlikon, 31. Erlenbach, 32. Männedorf, 33. Oetweil am See, 34. Uetikon, 35. Greifensee, 36. Schwerzenbach, 37. Dättlikon, 38. Hofftätten, 39. Rikenbach, 40. Wiesendangen, 41. Aesch, 42. Geroldschweil, 43. Oberengstringen, 44. Oetweil an der Limmat, 45. Uitikon, 46. Unterengstringen, 47. Wollishofen, 48. Wytikon, 49. Riesbach, 50. Hirslanden, 51. Fluntern, 52. Zürich, 53. Schwamendingen, 54. Seebach, 55. Albisrieden, 56. Wipkingen, 57. Unterstrass, 58. Oberstrass, 59. Oerlikon, 60. Veltheim, 61. Urdorf, 62. Elsau, 63. Enge.

Kloten pétitionnent (47 %). A l'échelle du canton, le record est détenu par les habitants de la commune d'Hittnau (district de Pfäffikon) qui pétitionnent à 54 % en faveur du FLa, tandis qu'aucune signature ne provient de la commune limitrophe de Pfäffikon et 41 % des habitants de l'autre commune limitrophe de Bauma se mobilisent. Il faut également relever que la proximité avec la frontière du Grand-Duché de Bade ne semble pas être déterminante, puisque le degré de mobilisation en faveur du FLa des communes du nord-ouest n'est pas très élevé : cela s'explique peut-être par la faible importance que les milieux agricoles accordent à la question monétaire. De la même manière, plusieurs communes limitrophes de Saint-Gall et de Thurgovie ne fournissent aucune signature. Il faut toutefois se garder d'en déduire qu'elles ne portent aucun intérêt aux choix de la nouvelle monnaie : peut-être que comme dans le cas de Winterthour, les préfets s'opposent-ils, pour des raisons de stabilité politique ou parce qu'elles sont favorables au FF, à la diffusion d'une pétition. Il faut aussi relever que la situation des communes situées autour du lac de ZH est complexe. Ainsi, des signatures proviennent des habitants de 70 % de toutes les communes des districts d'Horgen et de Meilen, mais ne représentent respectivement que 6 % et 18 % de la population masculine.

Les autorités politiques communales jouent également un rôle important dans la mobilisation : un tiers d'entre elles (64 communes sur les 196 que compte le canton), représentant 17'752 personnes, se déclarent unanimes à défendre l'adoption d'une monnaie sur la base du FLa. On ne peut comprendre un tel résultat sans se rappeler qu'en 1843, 33 communes avaient déposé une pétition demandant une révision du tarif des grosses espèces étrangères. Les initiants de la pétition de 1850 peuvent donc se reposer sur un sol fertile. D'une part, le recours à ce type d'outil dans les questions monétaires a un précédent qui facilite la récolte de signature. D'autre part, la tendance de fond depuis le milieu des années 1830 est à des revendications qui demandent une amélioration des conditions de circulation des espèces dans le canton. Les autorités sont ainsi plus enclines à parapher toute demande allant dans ce sens, indépendamment de son contenu. Par ailleurs, il convient de garder en tête que des personnalités locales, comme certains industriels qui sont de gros employeurs, pèsent d'un poids suffisamment lourd dans le tissu économique pour déterminer à eux seuls la signature d'une pétition ou la prise de position d'une commune.

Un second constat a trait à la division qui règne au sein du canton sur le choix du pied monétaire. Plusieurs signataires s'engagent en effet également par voie de pétition en faveur de l'adoption du système français. Le cœur de ce mouvement se trouve à Winterthour. L'initiative en revient au chancelier cantonal, le Winterthourois Johann Jakob Sulzer[122]. Relayée par la presse[123], elle n'est toutefois que très faiblement suivie : 112 signatures parviennent de Winterthour, 31 d'Uster, alors que l'unanimité est atteinte avec 20 voix au sein de la commune d'Albisaffoltern[124]. D'après le Cn schaffhousois Peyer Im Hof, la pétition de Winterthour est couverte *« mit den schönsten gewichtigsten Unterschriften; solche wiegen mehr auf, als tausende der Agitationsunterschriften »*[125]. Il s'agirait, selon la *Neue Zürcher Zeitung*, des principales maisons de commerce de la ville[126]. A Horgen, ce sont deux poids lourds du secteur de la soie qui lancent une pétition en faveur du FF, Heinrich Fierz[127] et Heinrich

---

122 Johann Jakob Sulzer-Ott (1821-1897), ZH, fils de Johann Jakob, enseignant ; beau-fils d'Heinrich Ott, négociant. D'une ancienne famille de Zurich. Etudes de sciences humaines et politiques en Suisse et en Allemagne (1840-1843). Deuxième secrétaire du GC de ZH (1846), vice-chancelier (1847) et chancelier (1848-1852) du canton de ZH, CdE de ZH (1852-1857, démissionne pour prendre la tête du mouvement démocratique), président de la ville de Winterthour (1858-1873), rentier. Député au GC de ZH (1850-1884), Cn libéral puis démocrate (1866-1869 et 1879-1890), CaE (1869-1878). Membre CA de la "Gasgesellschaft Winterthur" (1859-1872), membre fondateur et membre CA de la "Bank in Winterthur" (1862-1883), président CA de la "Hypothekarbank Winterthur" (1865-1879), membre CA du "Tösstalbahn" (1871-1878), président CA du "Winterthur-Singen-Kreuzlingen-Bahn" dès 1872. Auteur d'une pétition en faveur de l'adoption du FF.

123 [s.a.], « Entwurf einer Gegenvorstellung gegen die von dem Industrieverein in Zürich an die hohe Bundesversammlung gerichtete Petition für Dekretirung eines Schweizerfrankenfusses », *Neue Zürcher Zeitung*, Beilage, 19.03.1850, 2 p.

124 [s.a.], « Bundesstadt. Nationalrath », *Neue Zürcher Zeitung*, 07.04.1850, p. 3 ; [s.a.], « Bundesstadt. Nationalrath », *Neue Zürcher Zeitung*, 12.04.1850, p. 1 ; [s.a.], « Bundesstadt. Nationalrath », *Neue Zürcher Zeitung*, 27.04.1850, pp. 1-2 (ici, p. 2).

125 Aeb, PA 116, A 225, lettre de Peyer Im Hof à Speiser, 08.04.1850, 3 p. (ici, p. 2).

126 [s.a.], « Bundesstadt. Nationalrath », *Neue Zürcher Zeitung*, 14.04.1850, p. 2.

127 Heinrich Fierz-Locher (1813-1877), ZH, fils d'Heinrich, agriculteur ; beau-fils de Bartholomäus Locher, industriel (broderie) à Teufen (AR). Formation chez Johann Hürlimann, à la tête du deuxième plus grand groupe de filature mécanique de coton du pays en 1836 (39'840 broches). Associé dès 1842 à Heinrich Hüni (cf. note ci-dessous) dans une fabrique de produits de soie, puis est à la tête d'une entreprise d'import-export de coton dès 1850. Membre fondateur (1856), membre CA (1856-1857) et directeur du "Crédit Suisse" (1857-1859). Membre CA de la "Schweizerische Nordostbahn" (1853-1873), membre fondateur (1857) et membre CA de la "Schweizerische Exportgesellschaft". Membre fondateur (1873) et membre du comité (1873-1877) de la "Kaufmännische Gesellschaft Zürich". Député radical au GC de ZH (1858-1868), Cn de la tendance Escher (1855-1874),

Hüni[128], acteurs très influents proches d'Alfred Escher. Ils récoltent un certain nombre de signatures à Horgen, ainsi qu'à Zurich, mais il n'a pas été possible de retrouver l'identité de ces signataires[129]. Selon le Ministre français en Suisse, les signatures récoltées en faveur du pied monétaire français pèsent suffisamment sur le plan symbolique pour contrebalancer le poids quantitatif des pétitionnaires en faveur du FLa[130]. Elles suffisent à signifier aux défenseurs du FLa et aux autorités politiques fédérales que les prises de position au sein du canton ne sont de loin pas homogènes[131].

Comment expliquer une telle hétérogénéité dans le nombre et la provenance des signataires en faveur du FLa d'une part et dans la mobilisation pour le FF d'autre part ? Une analyse croisée de la structure du tissu économique et de la provenance des signatures permet d'éclairer cette situation. Au milieu du 19e siècle, le tissu économique zurichois repose sur trois piliers, qui sont la soie, le coton et l'industrie des machines[132]. L'implantation géographique des

---

«Bundesbarone» proche d'Alfred Escher (cf. note 303 p. 401). Un des experts du CF lors de la négociation du traité de commerce franco-suisse de 1864.

128 Heinrich Hüni-Stettler (1813-1876), ZH, fils de Hans Jakob, agriculteur; beau-fils de Samuel Stettler, notaire issu de l'aristocratie bernoise. Fonde en 1838 une fabrique de produits de soie à Oberrieden, qu'il déplace à Horgen en 1842. Associé à Heinrich Fierz (cf. note ci-dessus) entre 1842 et 1850, puis continue seul ("Hüni-Stettler"). CdE radical de ZH (1856-1857). A la tête de "Hüni & Zeuner" à Zurich dès 1862 (fabrique d'étoffes de soie épaisses et de taffetas colorés). Député au GC de ZH (1854-1858), Cn du cercle d'Escher (1854-1860). Promoteur de la création d'une banque cantonale. Membre fondateur (1856) et membre CA (1856-1876) du "Crédit Suisse", membre CA (1858-1876) et membre de la direction (1856-1858) de la "Schweizerische Nordostbahn", membre CA de la "Schweizerische Lebensversicherungs- und Rentenanstalt" (1868-1876), membre fondateur (1857) et membre CA (1857-1869) de la "Schweizerische Exportgesellschaft". Président de la "Zürcher Handelskammer".

129 Les coupures de presse ne font que mentionner cette pétition, sans donner plus de détails. Cf. par exemple : [s.a.], «Bundesstadt. Nationalrath», *Neue Zürcher Zeitung*, 07.04.1850, p. 3.

130 AD, Correspondance consulaire et commerciale, 41 CCC, 2, lettre de de Reinhard au Ministre des Affaires Etrangères, Jean Ernest du Cos, 22.03.1850, 2 p. (ici, p. 1).

131 MANGOLD, Fritz, «Bankdirektor Johann Jakob Speiser», *op. cit.*, pp. 135-320 (ici, p. 222).

132 Sur la structure économique du canton : BERNEGGER, Therese, *Seidenindustrielle auf der Zürcher Landschaft von 1830 bis 1930 : Zum Wandel von Unternehmerpositionen und -funktionen*, Travail de licence de l'Université de Zurich 1988, pp. 9-59 ; BODMER, Walter, «Die Einführung der Maschine», *op. cit.*, pp. 512-526 ; BODMER, Walter, *Die Entwicklung der schweizerischen Textilwirtschaft*, *op.*

industries et des branches du commerce peut être schématisée ainsi: les activités financières et du grand commerce sont essentiellement concentrées dans la ville de Zurich, et, dans une moindre mesure, à Winterthour; des industries des secteurs du coton et de la soie se trouvent aussi dans le district de Zurich. A l'est, le district de Winterthour connaît un développement multiforme basé sur les secteurs du coton et de la soie; l'industrie des machines et du métal s'y imposent dès la moitié du siècle. Dans le sud et le sud-ouest (districts d'Affoltern, Dietikon, Horgen et Meilen), la soie prédomine largement. Le nord du canton (districts d'Andelfingen, Bülach et Regensberg) repose sur une structure à forte dominante agricole. L'agriculture est également majoritaire dans les districts du sud-est (Pfäffikon, Uster et Hinweil), qui connaissent une industrialisation sur la base du tissage du coton. Entrons maintenant dans le détail de la structure interne de ces secteurs économiques.

Le premier pilier du tissu économique zurichois repose sur la soie. Le négoce de la soie est en mains de puissants marchands de la ville de Zurich: selon une statistique de 1844, les 14 négociants en soie que compte le canton sont tous installés dans la capitale cantonale[133]. Ils se chargent de l'importation de la matière première et de la commercialisation des produits finis. Ils seraient, selon une estimation de l'époque, à l'origine de 80 % de l'importation totale de la soie en

---

cit., pp. 280-333; DUDZIK, Peter, *Innovation und Investition*, *op. cit.*, pp. 65-80, 98-117, 145-148, 178-199 et 219-225; HUMAIR, Cédric, *Développement économique et Etat central*, *op. cit.*, pp. 106-109; PEYER, Hans Conrad, *Von Handel und Bank im alten Zürich*, *op. cit.*, pp. 169-206; SALZMANN, Martin, *Die Wirtschaftskrise im Kanton Zürich*, *op. cit.*, pp. 130-172, 199 et 204; VEYRASSAT, Béatrice, *Négociants et fabricants*, *op. cit.*, pp. 231, 239-242 et 244; WEISZ, Leo, *Die Zürcherische Exportindustrie*, *op. cit.*, pp. 175-186 et 189-200; BERNEGGER, Michael, RHONHEIMER, Hans Georg, «La soierie zurichoise, de la révolution industrielle à nos jours», in JELMINI, Jean-Pierre, CLERC-JUNIER, Caroline, KAEHR, Roland (Eds.), *La soie. Recueil d'articles sur l'art et l'histoire de la soie*, Neuchâtel: Musée d'Art et d'Histoire, 1986, pp. 141-161 (ici, pp. 141-145). Deux cartes de 1820 et 1870 qui figurent dans WARTMANN, Hermann, *Atlas über die Entwicklung von Industrie und Handel der Schweiz in dem Zeitraume vom Jahr 1770 bis zum Jahr 1870*, Winterthur: Topographisches Institut von Wurster Randegger, 1873, 8 p., fournissent une bonne illustration de la répartition géographique des différentes industries sur le territoire helvétique et notamment dans le canton de Zurich.

133 MEYER VON KNONAU, Gerold, *Der Canton Zürich, historisch, geographisch, statistisch geschildert von den ältesten Zeiten bis auf die Gegenwart*, St. Gallen; Bern: Huber & Cie, 1844, Tome I, p. 338.

Suisse, pour un montant total s'élevant à quelque 25 millions de FF annuel[134]. Ils se procurent cette matière première (soie grège) dans les Etats italiens. Une partie passe en transit en direction de Bâle, des Etats allemands, de la France et de la Russie. Une autre partie est redistribuée par l'intermédiaire des *ferggers* dans les campagnes pour y être filée et tissée, occupant environ 21'000 personnes en 1843[135]. La rive gauche du lac (district de Horgen), ainsi que les districts de Zurich (nord du lac) et d'Affoltern (sud-ouest) se profilent comme les centres du filage de la soie[136]. La perte de vitesse de cette activité durant la première moitié du 19e siècle – 5'000 travailleurs en 1814, 1'400 en 1843[137] – mène à une spécialisation dans le tissage. Vers 1850, 12'500 métiers à tisser sont répartis sur le territoire cantonal, auxquels il faut ajouter 600-700 métiers dans les cantons limitrophes de Zoug et de Schwytz[138]. Dès 1825, le tissage mécanique fait de gros progrès et les communes autour du lac s'imposent comme le centre du tissage de la soie[139]. La ville d'Horgen en devient le centre et est rapidement surnommée le «petit-Lyon», s'émancipant peu à peu des négociants de la ville de Zurich. Signe de ce dynamisme, le nombre d'entreprises actives dans la soie

---

134 Kindt, «Notes sur l'industrie et le commerce de la Suisse», in Ministère de l'agriculture et du commerce (Ed.), *Faits commerciaux n° 2*, [s.l.] : [s.n.], 1847, pp. 14-23 (ici, pp. 18 et 20). Le rôle central des Zurichois dans l'importation de la soie en Suisse est confirmé par l'étude de Bodmer, Walter, *Die Entwicklung der schweizerischen Textilwirtschaft*, *op. cit.*, pp. 305-307.

135 Siegenthaler, Hansjörg (Dir.), *Statistique historique de la Suisse*, *op. cit.*, tableau K.19a. Canton de Zurich : employés dans la filature et le tissage des industries du coton et de la soie, de 1787 à 1843, p. 634.

136 [s.a.], *Uebersicht der industriellen Verhältnisse des Kantons Zürich*, *op. cit.*, pp. 15-19. En 1848, 50 % des fabricants de soie se trouvent dans le district de Zurich, 29 % à Horgen et 15 % à Meilen : pourcentages calculés à partir de Salzmann, Martin, *Die Wirtschaftskrise im Kanton Zürich*, *op. cit.*, tableau 14, p. 163. Cette analyse est confirmée par le nombre d'employés actifs dans le secteur textile fournis par le même auteur, tableau 18, p. 199 : dans les districts de Zurich, Affoltern, Horgen, Meilen et Uster, la grande majorité des travailleurs sont actifs dans la soie.

137 Dudzik, Peter, *Innovation und Investition*, *op. cit.*, p. 66.

138 Bodmer, Walter, *Die Entwicklung der schweizerischen Textilwirtschaft*, *op. cit.*, p. 306 ; Wittmann, Walter, «Die Take-Off Periode», *op. cit.*, pp. 592-615 (ici, p. 608) ; Weisz, Leo, *Die Zürcherische Exportindustrie*, *op. cit.*, p. 191 ; Anrooy, Josephine Van, *Die Hausindustrie in der schweizerischen Seidenstoffweberei*, Zürich : Ed. Rascher's Erben, 1904, pp. 38-39.

139 Geiges, Lukas A., *Strukturwandlungen in der schweizerischen Textilindustrie*, Zürich : Juris-Verlag, 1964, pp. 24-26.

implantées dans cette commune double entre 1837 et 1848[140]. A titre d'exemple, les deux industriels d'Horgen Heinrich Pestalozzi et Burkhardt possèdent à eux deux près de la moitié des 400 métiers Jacquard du canton, tandis que la plus grosse industrie de Horgen emploie environ 400 travailleurs[141].

Le travail de la schappe se concentre lui aussi autour du lac de Zurich, surtout à Hombrechtikon et à Meilen, mais aussi à Thalwil et à Zurich. Initiée en 1827, la mécanisation de la filature repose sur des capitaux d'origine bâloise et progresse fortement durant les années 1840[142]. Vers 1855, le travail manuel a quasiment disparu[143]. Le nombre de travailleurs dans ce secteur passe ainsi de 1'340 en 1843 à 4'350 en 1855[144]. La matière première est importée d'Italie, puis est travaillée autour du lac. Le fil est ensuite essentiellement exporté en direction de Bâle et de la France, le marché du « Zollverein » ne représentant pas un débouché important[145].

Au milieu du 19e siècle, la production annuelle de l'ensemble du secteur de la soie zurichoise (soieries et schappe) peut être évaluée à 22.5 millions de FF[146]. Elle prend la direction des marchés du monde. Dès les années 1830, les Amériques, surtout du nord, sont le principal débouché de la soie zurichoise, qui s'écoule aussi jusqu'aux confins de l'Orient. Selon plusieurs estimations, qui concordent sur ce point, les marchés des Etats-Unis absorbent plus de la moitié de la production de soie zurichoise au milieu du 19e siècle[147].

---

140 Salzmann, Martin, *Die Wirtschaftskrise im Kanton Zürich*, *op. cit.*, p. 162.

141 Wolowski, « Extraits du rapport de M. Wolowsky sur l'exposition de Zurich », *op. cit.*, pp. 27-61 (ici, pp. 34-35) ; [s.a.], *Uebersicht der industriellen Verhältnisse des Kantons Zürich*, *op. cit.*, p. 15.

142 Peyer, Hans Conrad, « Basel in der Zürcher Wirtschaftsgeschichte », *op. cit.*, pp. 223-237 (ici, p. 236).

143 Bodmer, Walter, « Die Einführung der Maschine », *op. cit.*, pp. 512-526 (ici, pp. 521-523) ; Meyer von Knonau, Gerold, *Der Canton Zürich*, *op. cit.*, p. 310.

144 Dudzik, Peter, *Innovation und Investition*, *op. cit.*, p. 305.

145 Bodmer, Walter, « Die Einführung der Maschine », *op. cit.*, pp. 512-526 (ici, pp. 515 et 520) ; Beyel, Christian, *Commissionalbericht*, *op. cit.*, p. 30.

146 Beyel, Christian, *Commissionalbericht*, *op. cit.*, p. 27 ; Bürkli-Meyer, Adolf, *Geschichte der zürcherischen Seidenindustrie*, *op. cit.*, p. 229.

147 Les estimations des contemporains – Beyel, Christian, *Commissionalbericht*, *op. cit.*, pp. 27-28 ; Bürkli-Meyer, Adolf, *Geschichte der zürcherischen Seidenindustrie*, *op. cit.*, pp. 210 et 221 ; [s.a.], *Uebersicht der industriellen Verhältnisse des Kantons Zürich*, *op. cit.*, pp. 16-17 et Kindt, « Notes sur l'industrie et le commerce de la Suisse », *op. cit.*, pp. 14-23 (ici, p. 20) – sont confirmées par les études plus récentes : Weisz, Leo, *Die Zürcherische Exportindustrie*, *op. cit.*, p. 191 ;

Pour les industriels de la soie, le prix de la matière première est absolument déterminant dans le processus de production, représentant quelque 80 % du prix de revient, contre environ 15 % pour les salaires[148]. Toute variation dans le coût d'achat de cette matière se répercute donc immédiatement sur le prix final. En admettant le chiffre donné ci-dessus selon lequel les Zurichois importeraient vers 1848 pour 25 millions de FF de soie en Suisse, une hausse de 1 % sur le prix d'acquisition du numéraire nécessaire à régler ces achats représenterait une augmentation de 250'000.- FF par année. Fortement intégrés aux marchés internationaux – importations de soie italienne, exportation sur les marchés de l'outre-mer –, les acteurs de ce secteur sont donc particulièrement intéressés à stabiliser le prix des grosses espèces et à adopter une monnaie à caractère universel qui soit la plus largement reconnue par leurs partenaires commerciaux. Bien qu'une petite partie des fabricants ait recours aux pièces allemandes pour le paiement des salaires, les espèces françaises dominent largement leurs échanges monétaires. A ce titre, les coûts de la main-d'œuvre ne sont pas déterminants pour eux et ils seraient fortement désavantagés par l'adoption du FLa. En outre, la plupart des milieux bancaires zurichois qui financent les industriels de la soie réalisent leurs affaires sur la place parisienne et ils n'ont que peu d'attaches avec les marchés du sud de l'Allemagne.

L'implantation des différentes étapes du processus du travail de la soie – négoce en ville de Zurich, filage dans la partie sud du canton et en particulier autour du lac, centre du tissage à Horgen et de la schappe à Hombrechtikon – est très bien corrélée avec le peu de signatures en faveur du FLa de ces places : 10 % pour la ville et 5 % pour le district de Zurich, 0 % à Horgen et 6 % dans le district éponyme, tandis que moins de 1 % de signatures individuelles proviennent du district d'Affoltern. La rive droite du lac se mobilise également assez peu en faveur des espèces allemandes. Ce constat ne peut que partiellement être élargi au travail de la schappe : d'Hombrechtikon ne parviennent que 7 % de signataires, aucunes d'Uster, pourcentage qui s'élève toutefois à 35 % dans le cas de la commune de Meilen (et 18 % dans le district du même nom). Nous reviendrons plus bas sur ce dernier cas. La corrélation de l'implantation du travail de la soie avec les pétitions en faveur du FF va dans le même sens : les citoyens des communes d'Horgen, d'Uster et de Zurich se mobilisent en faveur du système français en paraphant la pétition lancée par le chancelier cantonal originaire de

Bernegger, Therese, *Seidenindustrielle auf der Zürcher Landschaft*, *op. cit.*, pp. 19-20 et 58-59.

148 Bernegger, Therese, *Seidenindustrielle auf der Zürcher Landschaft*, *op. cit.*, p. 47.

Winterthour Johann Jakob Sulzer ou celle initiée par les deux industriels de la soie de Horgen, Heinrich Hüni et Heinrich Fierz. Nous pouvons donc établir une relation très claire entre industrie de la soie et mobilisation en faveur du FF. Cette analyse est confirmée par les propos de Leonhard Pestalozzi, qui souligne à Alfred Escher l'implantation des partisans du FF sur la rive gauche du lac :

> *« Unsre Gemeinden vom See, namentlich vom linken Seeufer sind einzig mit den Petitionen im Rückstand obschon ich überzeugt bin dass auch dort weit aus die grosse Mehrheit des Volks für den R[eichs]f[uss] zu 15 Batzen stimmen würden. Allein die Herrn Mattadoren haben das französische Münzideal im Kopf & veröffentlichen daher die allen Gemeinden adressierten petitionen entweder gar nicht oder nur äusserst lau. Ich habe Beweise davon »*[149].

Quant à la prise de position unanime de la commune d'Albisaffoltern, qui peut paraître curieuse à première vue, elle s'explique relativement facilement[150]. Il s'agit d'un village à très large dominante agricole – élevage de bovins et de porcins, culture de la paille – qui compte une filature de coton ("Gebrüder Stocker", 7'740 broches en 1857) et une fabrique de soie ("Emil Schärer")[151]. Les agriculteurs exportent leurs animaux en Italie, en France et en Suisse occidentale (Bâle, Genève, Neuchâtel et Vaud)[152] ; avec les deux communes avoisinantes d'Ottenbach et de Maschwanden, elles fournissent également aux districts argoviens voisins de Bremgarten et de Muri la matière première destinée à l'industrie de la paille[153]. Comme nous le verrons ci-dessous avec l'analyse du cas argovien, la plupart des grands industriels de la paille présentent le même profil que les industriels zurichois de la soie et sont aussi partisans de l'adoption du FF

149 Correspondance Alfred Escher, lettre de Pestalozzi à Escher, 26.03.1850, 2 p. (ici, p. 2). Souligné dans le texte original. Sur la position d'Horgen, qui agace Pestalozzi : Correspondance Alfred Escher, lettre de Pestalozzi à Escher, 09.04.1850, 3 p. (ici, p. 1).

150 Dans le journal local, [s.a.], [s.n.], *Anzeiger aus dem Bezirk Affoltern*, 13.04.1850, p. 3, il est uniquement fait mention de la position des autorités politiques de la commune d'Albisaffoltern, sans donner plus d'explications.

151 Weber, Emil, *Schweizerische Handelsstatistik*, Zürich : Eigenthum und Verlag des literarischen Comptoirs, 1857, p. 99.

152 Meyer von Knonau, Gerold, *Der Canton Zürich*, *op. cit.*, pp. 279-280, 305 et 328-329.

153 [s.a.], *Uebersicht der industriellen Verhältnisse des Kantons Zürich*, *op. cit.*, p. 10. Dans un premier temps fortement intégrées à l'industrie de la paille argovienne, les industries de ces communes s'émancipent dès la moitié du siècle et deviennent un petit centre de la paille indépendant de l'Argovie : Bodmer, Walter, *Die Entwicklung der schweizerischen Textilwirtschaft*, *op. cit.*, p. 321.

en Suisse. Cette caractéristique constitue vraisemblablement le facteur explicatif déterminant dans cette prise de position.

Le deuxième pilier de l'économie cantonale, qui repose sur le coton, est également éclairant pour comprendre la mobilisation en faveur de la monnaie allemande. Les 15 grands négociants en coton du canton sont installés à Zurich (9) et Winterthour (6)[154] et jouent un rôle de première importance dans l'approvisionnement du pays[155]. Ils importent du coton d'Amérique du Nord, qui transite par la France, ou d'Egypte, qui passe par les places de Trieste et de Marseille. Cette matière première est pour moitié consommée sur place, pour moitié destinée à approvisionner toute la Suisse orientale et le nord de l'Allemagne[156]. Le poids des Zurichois dans l'industrie cotonnière helvétique ressort des chiffres suivants : en 1836, deux tiers des filatures mécaniques et 28 % des broches suisses sont en mains d'entrepreneurs zurichois ; durant les années 1840, cette première proportion s'abaisse à un peu moins de 50 %[157]. L'industriel d'Uster Heinrich Kunz (1793-1859), surnommé à l'époque le « roi des fileurs », possède à lui seul 120'000 à 150'000 broches dans ses 12 établissements, soit environ 10 % de l'ensemble des broches suisses[158]. En 1843, 69 filatures activant 330'000 broches sont dispersées sur le territoire zurichois[159].

Suite aux événements d'Uster en 1832, lorsque des ouvriers incendient une fabrique de tissage mécanique, la mécanisation de cette activité ralentit. Si deux tissages mécaniques subsistent dans le canton (120 métiers)[160], cette activité reste largement manuelle. Les quelque 26'000 travailleurs de ce secteur se trouvent en grande partie à l'est du canton (Oberland), surtout à Pfäffikon et

---

154 Meyer von Knonau, Gerold, *Der Canton Zürich*, *op. cit.*, p. 336.

155 Veyrassat, Béatrice, *Négociants et fabricants*, *op. cit.*, pp. 231 et 244.

156 *Ibid.*, pp. 239-242.

157 En 1843, sur les 742'000 broches réparties sur le territoire suisse, 330'000 se trouvent dans le canton de Zurich. En 1853, les chiffres respectifs sont de 920'000 et 422'000. Cf. Dudzik, Peter, *Innovation und Investition*, *op. cit.*, pp. 146, 148, 479 et 485-488.

158 Dudzik, Peter, *Innovation und Investition*, *op. cit.*, pp. 222-224 et 495.

159 Elles sont réparties de la manière suivante : 17 à Hinweil (63'594 broches), 16 à Winterthour (72'356), 10 à Meilen (14'228), 9 à Pfäffikon (23'110), 7 à Horgen (34'028), 5 à Uster (42'124) et les 5 dernières dans le reste du canton. Cf. Meyer von Knonau, Gerold, *Der Canton Zürich*, *op. cit.*, p. 340.

160 Selon Beyel, Christian, *Commissionalbericht*, *op. cit.*, p. 24, ils se situeraient à Zurich et à Winterthour. Selon Bodmer, Walter, *Die Entwicklung der schweizerischen Textilwirtschaft*, *op. cit.*, p. 296, les lieux d'implantation seraient Adliswil ("Staub, Landis & Cie") et Uster ("Trümpler & Gysi").

Hinweil[161], qui se trouvent être par ailleurs les deux bastions de la fabrication de produits finis de coton: en 1837, 53 fabricants à Pfäffikon et 46 à Hinweil[162]. En 1843, l'industrie du coton emploie 25'900 personnes dans le canton[163]; la production annuelle de l'ensemble de la branche (fils et produits finis) peut être estimée à environ 13 à 14 millions de FF[164].

Dans le secteur du coton, il faut distinguer les intérêts des grands négociants de ceux des filateurs. Les premiers s'approvisionnent en matière première sur les marchés étrangers et sont en charge de l'exportation des tissus de coton. Durant les années 1840, un tiers de ces produits sont écoulés sur les marchés européens, surtout italiens, et deux tiers sont vendus sur les marchés des deux Amériques, en passant par les foires allemandes et par Hambourg[165]. Les intérêts de ces acteurs sont donc similaires à ceux du secteur de la soie: ils cherchent à réduire les coûts d'acquisition du numéraire nécessaire à la pratique de leurs activités sur les marchés du monde et sont favorables à l'adoption du FF. C'est d'autant plus nécessaire que le prix du coton américain augmente de 27 % entre 1840 et 1850[166]. A cette dernière date, le poids total du coton importé en Suisse est de 8'000 tonnes[167]: au-delà de l'augmentation du prix d'achat de la matière

161 Dudzik, Peter, *Innovation und Investition*, *op. cit.*, p. 66; Salzmann, Martin, *Die Wirtschaftskrise im Kanton Zürich*, *op. cit.*, p. 146 et tableaux pp. 153-154. A Hinweil, 88 % des employés actifs dans le secteur textile travaillent le coton, pourcentage qui s'élève à 97 % dans le cas de Pfäffikon. Pourcentages calculés à partir de Salzmann, Martin, *Die Wirtschaftskrise im Kanton Zürich*, *op. cit.*, tableau 18, p. 199.

162 Bodmer, Walter, *Die Entwicklung der schweizerischen Textilwirtschaft*, *op. cit.*, p. 297. Meyer von Knonau, Gerold, *Der Canton Zürich*, *op. cit.*, pp. 339-340 donne des chiffres légèrement différents, mais qui confirment tout de même la prédominance de Pfäffikon et d'Hinweil.

163 Siegenthaler, Hansjörg (Dir.), *Statistique historique de la Suisse*, *op. cit.*, tableau K.19a. Canton de Zurich: employés dans la filature et le tissage des industries du coton et de la soie, de 1787 à 1843, p. 634.

164 Beyel, Christian, *Commissionalbericht*, *op. cit.*, p. 21.

165 Meyer von Knonau, Gerold, *Der Canton Zürich*, *op. cit.*, p. 328.

166 Le prix par kilogramme de coton passe de 1.50 FF en 1840 à 1.90 FF en 1850. Chiffres tirés de Siegenthaler, Hansjörg (Dir.), *Statistique historique de la Suisse*, *op. cit.*, tableau K.7. Indicateurs des bénéfices des filatures de coton, de 1818 à 1913: vente de filés, valeur de la production et de la production nette, p. 620.

167 *Ibid.*, tableau L.1. Volume des importations selon le genre de marchandise et indices du volume des importations, de 1851 à 1913, p. 664.

première, une hausse de 1 % sur le numéraire nécessaire à régler ces achats s'élèverait à 150'000.- FF par année[168].

Les filateurs écoulent leur production de filés, dont la valeur est estimée en 1847 à 1 million de FF[169], sur les marchés de la Suisse orientale et des Etats allemands[170]. Les filés zurichois qui ne sont pas exportés hors du canton sont tissés à la campagne puis sont exportés sur les marchés étrangers par les grands négociants[171]. Pour les filateurs, le prix de la main-d'œuvre est déterminant dans la structure des coûts de production. Si la mécanisation permet de réduire la masse salariale, le maintien de bas salaires est essentiel pour rester compétitif face à la concurrence étrangère. Dans ce secteur, les salaires représentent en effet la moitié des coûts de production et le paiement des intérêts sur le capital investi en constitue un quart, tandis que le prix de la matière première se trouve en second plan[172]. Or, puisque les filateurs travaillent un fil environ un tiers plus cher que les concurrents anglais vers 1850[173], il est indispensable de limiter le coût du travail afin de rester concurrentiels[174]. Selon Beyel, les salaires versés dans l'industrie du coton se montent à 3.6 millions de FF en 1843[175]. Une variation dans le prix d'approvisionnement du numéraire aurait ainsi de grosses conséquences sur ces coûts et risquerait d'accroître l'avantage compétitif des filateurs étrangers. Puisque les FLa sont utilisés pour le paiement des salaires, ainsi que dans les relations avec les *ferggers* et les milieux industriels de Suisse orientale, les filateurs sont largement favorables à maintenir les espèces allemandes en circulation. Ils n'auraient par ailleurs aucune

---

168 Il s'agit d'un ordre de grandeur qui ne concerne pas uniquement les Zurichois, mais qui porte sur l'ensemble du coton importé en Suisse. Le calcul repose sur une augmentation de 1 % du prix du FF sur l'importation de 8'000 tonnes à 1.90 FF le kg.

169 Wolowski, « Extraits du rapport de M. Wolowsky sur l'exposition de Zurich », *op. cit.*, pp. 27-61 (ici, p. 43).

170 Dudzik, Peter, *Innovation und Investition*, *op. cit.*, pp. 35 et 186-187.

171 Les maisons de Zurich et de Winterthour font également venir des calicots de Manchester pour les teindre (rouge d'Andrinople) et les réexportent sur les marchés du monde, généralement *via* l'Angleterre. En 1847, 17 établissements d'impression sur calicot et 12 teintureries en rouge sont réparties dans le canton ; les plus importants se situent à Winterthour. Cf. Wolowski, « Extraits du rapport de M. Wolowsky sur l'exposition de Zurich », *op. cit.*, pp. 27-61 (ici, pp. 50-51).

172 Dudzik, Peter, *Innovation und Investition*, *op. cit.*, pp. 51-52, 145 et note 8 p. 425.

173 *Ibid.*, p. 35.

174 Humair, Cédric, *Développement économique et Etat central*, *op. cit.*, p. 122.

175 Beyel, Christian, *Commissionalbericht*, *op. cit.*, p. 21.

utilité d'une monnaie acceptée sur tous les marchés du monde puisqu'ils sont actifs à l'échelle régionale.

La provenance des signatures en faveur du FLa confirme cette analyse. Les deux centres du coton Hinweil et Pfäffikon présentent un profil complexe, en dépit de leur tissu économique similaire. Du district d'Hinweil, des signatures individuelles ne sont adressées à l'AsF que depuis 3 communes sur les 11 (dans les trois cas à 20 % ou plus de la population masculine). En revanche, la moitié des communes du district est unanime pour défendre la monnaie allemande. Il est possible que certaines autorités politiques communales aient décidé de prendre en charge la mobilisation et aient interdit la récolte de signatures. Il n'y a donc aucune mobilisation dans seulement deux communes sur les 11 du district. Du district de Pfäffikon, des signatures individuelles proviennent de 5 communes sur 12 (18 % de la population masculine), tandis que 7 autres communes sont unanimes. A Wülflingen (district de Winterthour), la filature Hard – qui figure à la première place des plus grosses filatures en 1817 (15'552 broches) et compte toujours 15'632 broches en 1836[176] – pèse certainement dans la mobilisation unanime de la commune. Le cas d'Uster est plus complexe. Les industries de la soie et des machines sont situées en ville – d'où provient la pétition pour le FF –, tandis que la production de filés de coton prédomine hors de la capitale du district – six communes sur les dix que compte le district pétitionnent à l'unanimité. Il en résulte donc une corrélation assez claire entre les activités de l'industrie du coton (tissage et produits finis) et la défense de la monnaie allemande.

Le troisième pilier de l'économie zurichoise repose sur l'industrie des machines qui se développe dès les années 1830[177]. D'abord liées à la filature mécanique – fabrication de métiers à filer et à tisser, de machines à filer et à carder et de pièces détachées –, ces entreprises se spécialisent progressivement dans la production de roues hydrauliques, de bateaux ou encore de machines à broder. La principale maison "Escher, Wyss & Cie", installée dans la ville de Zurich, emploie 600 personnes en 1844, tandis que "J. J. Rieter & Cie" et "Gebrüder Sulzer" à Winterthour emploient à elles deux quelques centaines de personnes. D'autres maisons actives dans la production de filés de coton – la

---

176 Dudzik, Peter, *Innovation und Investition*, *op. cit.*, pp. 74 et 494.

177 Sur ce qui suit, se référer en premier lieu à Hofmann, Hannes, *Die Anfänge der Maschinenindustrie in der deutschen Schweiz 1800-1875*, Zürich: Fretz & Wasmuth Verlag, 1962, pp. 24-50, 97-109 et 130-154. Cf. aussi Menzel, Ulrich, *Der Entwicklung der Schweiz*, *op. cit.*, pp. 76-80.

filature Hard à Wülflingen, Heinrich Kunz à Uster – produisent également des machines destinées à l'exportation. Sur les rives du lac, de plus petits ateliers fabriquent des machines à carder et des pièces détachées à destination des tisserands de la soie (Horgen, Hombrechtikon)[178]. Les intérêts des grandes maisons – exportation de grosses pièces – et des petits ateliers – livraison de petites pièces détachées à l'intérieur – sont identiques. Dans le premier cas, elles recherchent une monnaie qui favorise leur intégration aux marchés internationaux qui absorbent leur production. Dans le second cas, les petits ateliers sont souvent liés aux tisserands de la soie qui sont aussi actifs sur les marchés du monde[179]. Ils n'ont donc aucun intérêt à adopter la monnaie allemande. L'implantation des entreprises actives dans l'industrie des machines est également bien corrélée avec l'absence de mobilisation pour le FLa ou en faveur du FF. Le cas de Winterthour est à cet égard représentatif, puisque des pétitions pour chacune des deux monnaies sont envoyées à l'AsF : les filatures du coton en faveur de la monnaie allemande d'une part, les négociants en coton et les industriels des machines en faveur de la monnaie française.

La situation zurichoise dans la question monétaire est donc extrêmement complexe. Contrairement à ce qu'affirme Mangold, ce ne sont pas les Cn zurichois qui sont à la tête du mouvement de défense du FLa dans le canton[180]. Ce sont en effet les filateurs qui se mobilisent le plus fortement en faveur de l'adoption de la monnaie allemande. Lorsque le coton cohabite à côté d'une branche de la soie, le poids de cette dernière semble être prépondérant et déterminer la prise de position en faveur du FF. Ceci s'explique vraisemblablement par le poids économique (valeur ajoutée et valeur de la production annuelle) plus important de la soie par rapport au coton. Ainsi, si 16 filatures de coton se trouvent à Winterthour (représentant 22 % du nombre de broches du canton[181]), l'importance du négoce du coton et de l'industrie des machines semble déterminante. C'est également le cas pour la ville d'Horgen, centre du filage et du tissage de la soie qui compte sept filatures de coton (34'028 broches, 10 % du canton), et de la

178 Meyer von Knonau, Gerold, *Der Canton Zürich*, *op. cit.*, p. 296.

179 Les petits ateliers qui produisent des pièces détachées pour l'industrie du coton se situent dans l'Oberland.

180 Mangold, Fritz, « Bankdirektor Johann Jakob Speiser », *op. cit.*, pp. 135-320 (ici, p. 214).

181 Ces pourcentages ont été calculés à partir des chiffres de la répartition des broches par communes fournis par Meyer von Knonau, Gerold, *Der Canton Zürich*, *op. cit.*, p. 340 et du nombre total de broches du canton tiré de Dudzik, Peter, *Innovation und Investition*, *op. cit.*, p. 479.

ville d'Uster, où la filature de la soie prédomine sur les cinq filatures de coton (42'124 broches, 13 % du canton). Ces considérations ne peuvent par contre pas être élargies au district de Meilen, sur la rive droite du lac, où l'importance du travail de la schappe ne prédomine pas sur la présence de 10 filatures de coton (4 % des broches du canton).

Passons maintenant au cas de l'Argovie qui semble, *a priori*, relativement facile à étudier, car deux pétitions distinctes parviennent à l'AsF, une en faveur du FLa et l'autre en faveur du FF. Cette situation en apparence aisée à analyser est en réalité bien plus complexe qu'il n'y paraît, car la structure économique du canton est très compliquée. Reposant sur des secteurs industriels et agricoles, le canton est tiraillé entre Berne et Zurich, tout en ressentant aussi l'influence de Bâle à l'ouest. Comme pour le cas de Zurich qui vient d'être traité, l'analyse porte, dans un premier temps, sur la provenance des pétitions en faveur du FLa qui parviennent à l'AsF. L'étude plus détaillé de deux échantillons de signataires pour le FLa et le FF nous permettra ensuite d'affiner notre propos.

Le 24 février 1850, deux semaines après le lancement de la pétition par les Saint-Gallois, le rapporteur de la minorité au CE, Bernhard Friedrich Fischer, convoque une réunion de l'"Aargauischen Handels- und Gewerbsvereins". Sur les 25 membres présents, ils se prononcent tous, à une voix près, en faveur de l'adoption du FLa. Comme en Suisse orientale, c'est l'importance du commerce de frontière qui constitue le principal argument pour défendre la monnaie allemande :

> « *Bei dem lebhaften Kleinverkehr und dem namhaften gegenseitigen Austausche landwirthschaftlicher Produkte zwischen dem deutschen Grenzlande und der Schweiz, und vor allem bei der unermesslichen und für uns unentbehrlichen Korneinfuhr ist vorzugsweise der nicht handelskundige Bürger, Wirth, Wetzger, Handwerker und Landmann betheiligt. Und dieser grosse Umtausch wird in Baarschaft ausgeglichen* »[182].

La principale crainte de ces acteurs économiques est un renchérissement des prix de consommation qui découlerait de l'introduction du FF et qui se répercuterait en premier lieu sur le paiement des salaires des industriels, ainsi qui sur les paysans et les artisans. Les partisans du FLa déploient alors une activité intense pour défendre leurs intérêts. Elle se traduit par un recours aux titres de presse, l'organisation de réunions et la mobilisation des relais au sein des communes. Comme en Suisse orientale industrielle et dans la région zurichoise,

---

182 Aargauische Handels- und Gewerbs-Verein, *Bittschrift betreffend die Aufrechterhaltung eines Schweizerischen Münzfusses. An die Hohe Bundesversammlung der Schweizerischen Eidgenossenschaft*, Aarau : [s.n.], 1850, p. 7.

la récolte des signatures en faveur du choix de la monnaie allemande débute rapidement. Si nous ne sommes pas aussi bien renseignés sur tout le processus que dans le cas de Zurich, nous pouvons constater que les efforts déployés ont un résultat pour le moins mitigé. La carte qui suit illustre la provenance des pétitions pour ce canton.

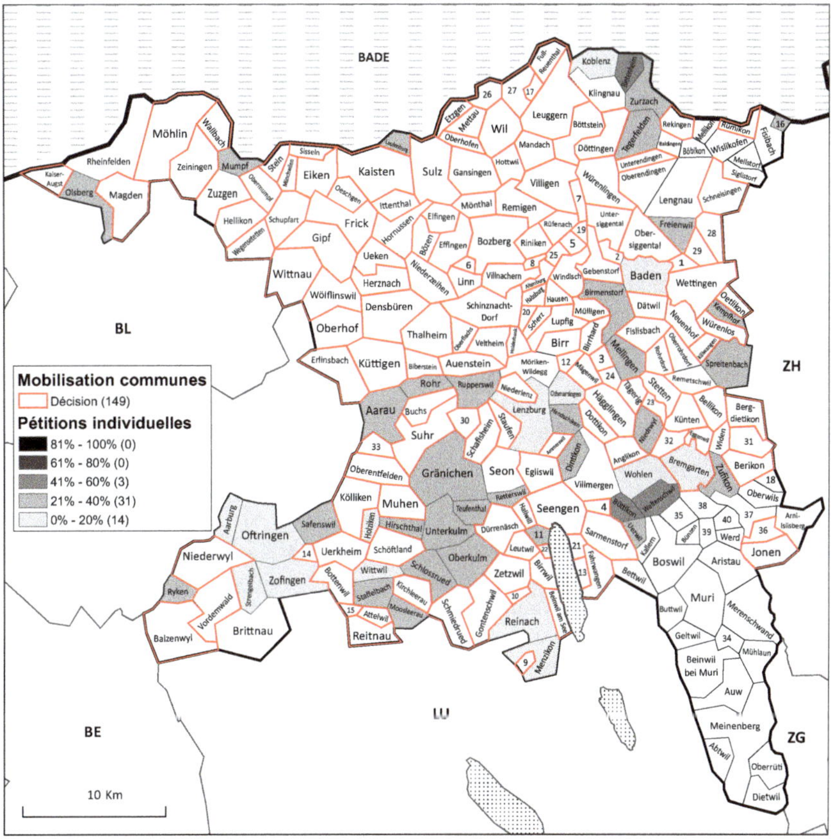

Carte 8: provenance des signatures et degré de mobilisation par commune en faveur de l'adoption du florin allemand comme base de la monnaie suisse dans le canton d'Argovie (1850)[183]

183 Cette carte a été réalisée sur la base des données qui figurent dans l'annexe 5.2. La mobilisation des communes représente les 149 autorités politiques communales qui décident l'envoi d'une pétition en leur nom à l'AsF. Toutes les autorités qui

Cette carte appelle deux constats principaux. Le premier tient au rôle des autorités communales qui jouent un rôle moteur dans le mouvement pétitionnaire : 149 communes se positionnent sur les 250 que compte le canton[184]. Cette mobilisation des autorités politiques communales est impressionnante, puisque cela signifie que 60 % d'entre elles prennent position, dont 40 % à l'unanimité en faveur du FLa (59 communes sur 250)[185]. Les prises de position de ces communes sont signées par 4'849 personnes. Rapporté à la population masculine totale, ce dernier chiffre représente une mobilisation de 5 %, légèrement au-dessous de la moyenne cantonale des signatures individuelles (6 %). Ainsi, s'il y a bien une mobilisation massive des autorités politiques, elles ne représentent qu'un faible pourcentage de la population. Comme à Zurich, il est tout à fait

pétitionnent ont été prises en compte, indépendamment du nombre de Conseillers qui votent en faveur de cette décision. Concernant les pétitions individuelles, il s'agit du nombre de citoyens qui signent une pétition qui circule dans leur commune, exprimé en pourcent de la population masculine totale. Le degré de mobilisation est divisé en cinq groupes qui vont d'une coloration du territoire communal du plus clair (faible mobilisation) au plus foncé (forte mobilisation). Pour ces deux types de mobilisation, le nombre de communes concernées est indiqué entre parenthèses dans la légende.
Clef de numérotation : 1. Ennetbaden, 2. Turgi, 3. Büblikon, 4. Hilfikon, 5. Lauffohr, 6. Gallenkirch, 7. Stilli, 8. Umiken, 9. Burg, 10. Leimbach, 11. Boniswil, 12. Brunegg, 13. Meisterschwanden, 14. Mühlethal, 15. Wiliberg, 16. Kaiserstuhl, 17. Oberleibstadt, 18. Lieli, 19. Rein, 20. Birrenlauf, 21. Tennwil, 22. Alliswil, 23. Nesselnbach, 24. Wohlenschwil, 25. Brugg, 26. Schwaderloch, 27. Unterleibstadt, 28. Unterehrendingen, 29. Oberehrendingen, 30. Hunzenschwil, 31. Rudolfstetten-Friedlisberg, 32. Fischbach-Göslikon, 33. Unterentfelden, 34. Benzenschwil, 35. Waldhäusern, 36. Oberlunkhofen, 37. Unterlunkhofen, 38. Hermetschwil-Staffeln, 39. Besenbüren, 40. Rottenschwil.

184 Les communes pétitionnaires reçoivent également le soutien de la "Gesellschaft für vaterländischer Cultur im Aargau".

185 Au contraire des communes zurichoises, où la décision des autorités politique est toujours prise à l'unanimité de leurs membres, le vote des communes argoviennes ne remporte pas toujours l'entier des suffrages. La décision est donc parfois prise à la majorité simple. Ainsi, parmi les 60 % de communes qui prennent position, il ne manque que quelques voix pour huit d'entre elles pour atteindre l'unanimité : à Stilli (district de Brugg), 53 voix sur 55 ; à Ittenthal et Oberhof (district de Laufenburg), respectivement 50 voix sur 56 et 132 sur 136 ; à Holderbank et Seengen (district de Lenzburg), respectivement 53 voix sur 56 et 212 sur 214 ; à Windish (district de Brugg) et Schöftland (district de Kulm), il manque respectivement 6 et 3 voix pour l'unanimité. Cf. annexe 5.2. pour le détail.

possible que les autorités politiques aient interdit la diffusion des pétitions individuelles ou qu'elles aient pris en charge la mobilisation. C'est ce qui pourrait expliquer qu'aucune signature ne provienne du district de Brugg, où les autorités politiques de 29 communes sur 34 adressent une pétition à l'AsF, et qu'une seule pétition individuelle soit adressée depuis le district de Laufenburg, alors que 23 communes sur 24 se mobilisent.

Le second constat qui peut être dressé de cette carte est la très forte hétérogénéité dans la provenance des signatures individuelles, qui s'élèvent à 6 % de la population masculine totale à l'échelle du canton. Elles atteignent environ 10 % de la population masculine totale dans trois districts (Aarau, Kulm et Zofingen), sont comprises entre 5 % et 8 % dans quatre districts et se trouvent entre 0 % et 2 % dans les quatre autres districts. La mobilisation s'élève à 25 % ou plus de la population masculine dans 27 communes du canton, tandis qu'aucune signature ne provient de 202 communes. Le record du canton est détenu par Büttikon (49 %), alors qu'aucune signature ne provient de deux communes limitrophes (Sarmensdorf et Villmergen) et le degré de mobilisation s'élève à 32 % dans une autre commune limitrophe (Uezwil). Il faut aussi relever que toute la partie nord à dominante agricole se mobilise bien moins (1 % à Laufenburg, 2 % à Rheinfelden et 6 % à Zurzach) que le centre et le sud-ouest où se déploie l'activité industrielle. Cet élément est assez curieux, car d'une part, nous pourrions nous attendre à ce que les districts jouxtant la frontière allemande se prononcent plus fortement en faveur du FLa et que, d'autre part, les districts proches de Soleure, de Berne et de Lucerne soient plus enclins à adopter la monnaie française. C'est pourtant le contraire qui se produit. Il faut aussi relever que le district à large majorité agricole de Muri, limitrophe des cantons de Lucerne, Zoug et Zurich, n'envoie aucune signature à l'AsF et qu'aucune autorité politique ne se mobilise non plus. Il bénéficie en effet de la vitalité du commerce de transit sur l'axe du Gothard, alors que les milieux agricoles écoulent leurs produits dans les régions frontalières suisses et surtout en Italie[186], n'ayant ainsi que très peu recours aux espèces allemandes pour leurs affaires. De manière plus générale, le Freiamt, la région du sud-est qui regroupe les districts de Muri et de Bremgarten, se mobilise moins que le reste du canton. Elle entretient en effet des liens économiques, familiaux et culturels très forts avec la Suisse

186 Bronner, Franz Xaver, *Der Kanton Aargau, historisch, geographisch, statistisch geschildert*, St. Gallen; Bern: Huber & Cie, 1844, Tome I, pp. 494 et 506-507.

centrale[187], ce qui pourrait fournir une clef d'explication supplémentaire de leur faible mobilisation.

Tout comme pour le cas du canton de Zurich, une analyse détaillée du tissu économique argovien permet d'éclairer l'hétérogénéité de la provenance des signatures. Au milieu du 19e siècle, la structure économique argovienne repose en partie sur l'agriculture, en partie sur l'industrie[188]. Jusque vers les années 1885, la majorité de la population est active dans le secteur primaire. L'élevage et l'engraissement de bétail à lait qui est acheté dans les autres cantons agricoles de Suisse occidentale se pratique dans les districts du sud du canton (Bremgarten, Muri et Zofingen) ; il est destiné à l'exportation en direction de l'Italie[189]. La production de vins de mauvaise qualité dans les districts du nord – Baden et Brugg – s'écoule dans la Forêt noire[190]. L'importance du débouché allemand pour ces deux districts explique que le taux de mobilisation de la population masculine soit égal à la moyenne cantonale à Baden (6 %) et que 24 communes sur 29 se mobilisent dans le district de Brugg. Le canton, considéré comme le grenier à blé de l'ancienne Confédération ne parvient plus à couvrir ses besoins et dépend, par suite de la forte pression démographique, des importations de blés allemands, italiens, hongrois et russes[191]. La diversité de ces lieux d'importations de céréales contribue à expliquer le positionnement complexe du canton dans la question monétaire, certains acteurs voulant entretenir de bons rapports avec les Etats allemands, d'autres cherchant plutôt à se rapprocher de partenaires plus lointains. Enfin, l'agriculture fournit la matière première pour les industries de la paille et du tabac.

Le tissu industriel repose quant à lui sur quatre secteurs moteurs qui sont la paille, le coton, la soie et le tabac[192]. Vers 1850, ils emploient à eux

---

187 Staehelin, Heinrich, *Carl Feer-Herzog 1820-1880. Persönliche und familiäre Verhältnisse. Politische Tätigkeit im Aargau*, Aarau : Sauerländer, 1975, p. 55.

188 Sur ce qui suit : Staehelin, Heinrich, *Geschichte des Kantons Aargau 1830-1885*, Baden : Baden Verlag AG, 1978, pp. 264-280.

189 *Ibid.*, p. 279.

190 Bronner, Franz Xaver, *Der Kanton Aargau*, *op. cit.*, pp. 506-507.

191 Staehelin, Heinrich, *Geschichte des Kantons Aargau*, *op. cit.*, p. 268.

192 Sur la structure économique du canton, se référer en premier lieu à Rey, Adolf, *Die Entwicklung der Industrie im Kanton Aargau*, *op. cit.*, pp. 13-17 et 53-92 ; Bodmer, Walter, *Die Entwicklung der schweizerischen Textilwirtschaft*, *op. cit.*, pp. 293-296, 306, 310 et 320 ; Zehnder, Patrick, « Konfession und Industrialisierung – drei unterschiedliche Entwicklungslinien im Kanton Aargau des 19. Jahrhunderts », *Schweizerische Zeitschrift für Religions- und Kulturgeschichte*, 102, 2008,

quatre 95 % de tous les ouvriers de fabrique et 99 % de tous les travailleurs à domicile[193].

L'industrie du tressage de la paille est sans aucun doute la plus importante et la plus dynamique du canton : dans ce secteur, l'Argovie occupe la première position à l'échelle suisse. En 1850, sur les cinq plus riches habitants du canton, quatre sont des industriels de la paille[194]. Le district de Bremgarten se profile comme le principal centre de cette industrie : il compte en 1857 la moitié des fabriques d'articles de paille du canton[195]. Au sein de ce district, c'est dans la commune de Wohlen que bat le cœur de ce secteur. Les industriels se fournissent en matières premières à l'échelle régionale : districts agricoles du canton (Baden, Bremgarten et Muri), district zurichois d'Affoltern, ainsi que canton de Fribourg. Ils importent également des tiges du Tessin et de Toscane. Cette matière est envoyée dans les campagnes pour y être tressée et colorée (districts d'Aarau, Kulm, Lenzburg et Zofingen), surtout pendant les mois d'hiver. Le très fort dynamisme de ce secteur durant toute la première moitié du 19e siècle nécessite une quantité de main-d'œuvre croissante, que le canton ne parvient pas à fournir. Les industriels de Wohlen s'étendent alors et emploient dans le canton de Zurich (dans le Rafzerfeld zurichois), à Wil (Saint-Gall), Steckborn (Thurgovie) ou encore à Lindenberg (Bavière). Il est particulièrement difficile de saisir l'importance quantitative de cette branche. Si en 1850, il n'y a que cinq

---

pp. 371-390 ; Hänggli, Adrian, « Die 2. Generation der Firma "Jacob Isler & Co." und ihre Kombinationsfähigkeit. Ein Beitrag zur Geschichte der Freiämter Strohindustrie im 19. Jahrhundert », *Historische Gesellschaft Freiamt*, 47, 1947, pp. 5-28 ; Dubler, Anne-Marie, Siegrist, Jean Jacques, « Wohlen : Geschichte von Recht, Wirtschaft und Bevölkerung einer frühindustrialisierten Gemeinde im Aargau », *Argovia*, 86, 1974, pp. 1-712 (surtout les pp. 411, 426, 449, 531 et 544-566) ; Bodmer, Walter, « Die Zurzacher Messen von 1530 bis 1856 », *Argovia : Jahresschrift der Historischen Gesellschaft des Kantons Aargau*, 74, 1962, pp. 3-130 (ici, pp. 115-122). Des informations intéressantes figurent aussi dans Seiler, Christophe, Steigmeier, Andreas, *Geschichte des Aargaus : illustrierter Überblick von der Urzeit bis zur Gegenwart*, Aarau : AT Verlag, 1991, pp. 124-131 ; Regierungrat des Kantons Aargau (Ed.), *150 Jahre Kanton Aarau im Lichte der Zahlen, 1803-1953*, Aarau : Verlag zur Neuen Aargauer Zeitung, 1954, pp. 434-437 et Staehelin, Heinrich, *Geschichte des Kantons Aargau*, *op. cit.*, pp. 264-305.

193 Seiler, Christophe, Steigmeier, Andreas, *Geschichte des Aargaus*, *op. cit.*, p. 127.

194 Staehelin, Heinrich, *Geschichte des Kantons Aargau*, *op. cit.*, p. 304 ; Dubler, Anne-Marie, Siegrist, Jean Jacques, « Wohlen : Geschichte », *op. cit.*, pp. 1-712 (ici, p. 411).

195 Staehelin, Heinrich, *Geschichte des Kantons Aargau*, *op. cit.*, p. 299.

fabriques en activité, la première statistique du canton qui date de 1857 indique que ce secteur emploierait plus de 28'000 personnes, dont 85 % à domicile[196]. Le produit fini est ensuite exporté sur les marchés du monde, mais son écoulement demeure extrêmement conjoncturel. Très affecté par la perte du débouché français après 1815, puis par la création du « Zollverein » en 1833, les industriels de la paille trouvent aux Etats-Unis leur principal marché dès les années 1830[197]. L'industrie de la paille argovienne se caractérise donc par une forte extraversion. Les milieux actifs dans ce secteur ne recourent quasiment pas aux espèces allemandes pour leurs activités. Au contraire, ils cherchent à disposer d'une monnaie qui soit la plus communément admise parmi leurs partenaires commerciaux. De la même manière que la soie zurichoise, l'implantation des industries de la paille argovienne est très bien corrélée avec la faible provenance des signatures en faveur du FLa. Au sein du district de Bremgarten, qui affiche un taux de mobilisation de 5 % de la population masculine totale, les deux centres de Bremgarten et de Wohlen se trouvent sous la moyenne cantonale, avec des taux de mobilisation respectifs de 1 % et de 5 %. Nous verrons également par la suite que Wohlen est le cœur de la mobilisation en faveur de l'adoption du FF. Le poids de la paille pour le district de Muri, qui fournit la matière première et trouve une activité accessoire durant les mois d'hiver dans le tressage, contribue également à expliquer son absence de mobilisation.

Le second secteur moteur de l'industrie argovienne repose sur le coton. En 1857, le canton compterait 111 entreprises actives dans ce secteur, employant quelque 18'000 travailleurs, dont 75 % à domicile[198]. La capitale cantonale Aarau se développe dès le début du 19e siècle comme la plaque tournante des activités des négociants. Le coton importé provient en grande partie des Etats-Unis et transite par la France, la Hollande ou Trieste. Dès 1810, Johannes Herzog von Effingen débute le processus de mécanisation du filage à Aarau. Cette transition s'effectue à l'aide de capitaux bâlois jusqu'à la fin des années 1820[199]. Les filatures mécanisées se développent alors essentiellement dans le

---

196 Rey, Adolf, *Die Entwicklung der Industrie im Kanton Aargau*, *op. cit.*, p. 16; Dubler, Anne-Marie, Siegrist, Jean Jacques, « Wohlen: Geschichte », *op. cit.*, pp. 1-712 (ici, p. 556).

197 Rey, Adolf, *Die Entwicklung der Industrie im Kanton Aargau*, *op. cit.*, pp. 91-92; Hänggli, Adrian, « Die 2. Generation der Firma "Jacob Isler & Co." », *op. cit.*, pp. 5-28 (ici, p. 22).

198 Rey, Adolf, *Die Entwicklung der Industrie im Kanton Aargau*, *op. cit.*, p. 16.

199 Herzog possède 6 actions de 10'000 livres sur 20, les 14 autres étant réparties entre des Bâlois: Johann Rudolf Gemuseus (6), H. Meyer et B. Fischer (6),

centre et l'ouest du canton (district de Lenzburg, Kulm, Aarau et Zofingen). Dès les années 1830, les industriels zurichois prennent le relais des Bâlois et s'implantent durablement en Argovie: les grosses filatures qui se développent sont presque toutes des filiales des fabricants du canton voisin[200]. En 1836, 61 % des broches argoviennes sont ainsi en mains zurichoises[201]. Deux exemples illustrent bien cette situation. Heinrich Bebié fils (1788-1860), à la tête d'une filature mécanique à Oberengstringen avec ses frères (district zurichois de Dietikon), fonde en 1828 la filature de Turgi (district argovien de Baden), puis une seconde filature en 1833 dans la même commune. En 1846, il étend ses activités et s'implante à Rupperswil (district argovien de Lenzburg). En 1853, il figure parmi les dix plus gros filateurs du pays avec un total cumulé de 47'000 broches répartis entre Turgi et Rupperswil[202]. Le «roi des fileurs» zurichois Heinrich Kunz s'implante également en Argovie en 1828. Il ouvre une filature mécanisée à Windisch (district de Brugg) qui compte 37'000 broches en 1853[203]. Durant toute la première moitié du 19e siècle, la mécanisation de la filature progresse énormément: en 1843, le canton compte 20 filatures actionnant 137'350 broches, soit près de 20 % de l'ensemble des broches suisses; en 1853, 17 filatures activent 159'000 broches, représentant 17 % des broches suisses[204]. La production des fils argoviens est en partie exportée dans les Etats allemands, en partie consommée par l'industrie du tissage régionale. Jusque dans les années 1860, le tissage reste à majorité une activité manuelle à domicile, employant quelque 11'000 personnes activant 10'000 métiers. La mécanisation se développe lentement dès les années 1830 sous l'impulsion de la maison "Frey & Cie". En 1843, les 6 fabriques de tissage mécanique possèdent 450 métiers à tisser, nombre qui passe à 9 en 1853 pour 722 métiers[205]. Les draps colorés en coton produits dans le canton sont destinés à l'exportation. Pour parer au protectionnisme européen qui ferme les principaux débouchés dès 1816 – France,

---

Christoph Merian (1) et Johann Jakob Merian (1). Les Bâlois se retirent en 1829. Cf. *Ibid.*, p. 72.

200 Staehelin, Heinrich, *Geschichte des Kantons Aargau*, *op. cit.*, p. 295.

201 Dudzik, Peter, *Innovation und Investition*, *op. cit.*, p. 148.

202 *Ibid.*, p. 495

203 *Idem.*

204 Staehelin, Heinrich, *Geschichte des Kantons Aargau*, *op. cit.*, p. 296; Dudzik, Peter, *Innovation und Investition*, *op. cit.*, pp. 478-479.

205 Rey, Adolf, *Die Entwicklung der Industrie im Kanton Aargau*, *op. cit.*, p. 79; Staehelin, Heinrich, *Geschichte des Kantons Aargau*, *op. cit.*, pp. 296-297; Dudzik, Peter, *Innovation und Investition*, *op. cit.*, p. 501.

Autriche, Sardaigne – les exportateurs redirigent leurs ventes en direction des Balkans et de l'Amérique du Sud[206].

Au contraire de l'industrie de la paille qui est presque exclusivement implantée dans le district de Bremgarten, tel n'est pas le cas de l'industrie du coton qui est disséminée sur le territoire[207]. Dans cette situation, établir un lien clair entre la présence de ce secteur économique et la mobilisation en faveur de la monnaie allemande est compliqué, d'autant plus que certains des principaux centres cotonniers connaissent également une importante industrie de la soie. Néanmoins, les quatre principaux districts où le coton est très développé – Aarau, Kulm, Lenzburg et Zofingen – affichent le plus haut pourcentage de signatures individuelles à l'échelle du canton : Aarau 11 %, Kulm 11 %, Lenzburg 8 %, Zofingen 10 %. Sur les 75 communes de ces quatre districts, les autorités politiques de 43 d'entre elles se mobilisent et des signatures individuelles proviennent de 29 autres. Il n'y a donc aucune mobilisation que pour trois d'entre elles. Une analyse plus fine des lieux d'implantation des principales filatures de coton tendrait à confirmer le lien entre la présence du coton et la défense de la monnaie allemande : à Turgi (commune de Gebenstorgen), où les frères Bebié sont installés, et à Windish, où Heinrich Kunz ouvre une filature, aucune signature individuelle n'est récoltée, mais les deux communes se mobilisent ; il est tout à fait possible que le rôle de créancier qu'endossent certains de ces grands industriels, qui financent plusieurs filatures dans les cantons d'Argovie et de Zurich, joue un rôle dans cette absence de mobilisation[208] ; en revanche, à Rupperswil, où la troisième filature de Heinrich Bebié est implantée, les signatures individuelles s'élèvent à 32 % de la population masculine ; enfin, sur la commune de Baden – présence du filateur zurichois Johann Wild –, il y a 15 % de la population masculine qui pétitionne. Ainsi, il semblerait que la présence du secteur du coton – filature et tissage – soit un critère important de mobilisation, comme cela a pu être analysé pour Zurich.

206 Rey, Adolf, *Die Entwicklung der Industrie im Kanton Aargau*, *op. cit.*, pp. 66-67.

207 En se basant sur les données de Bronner, Franz Xaver, *Der Kanton Aargau*, *op. cit.*, 1844, Seiler, Christophe et Steigmeier, Andreas, *Geschichte des Aargaus*, *op. cit.*, p. 127, ont dressé une carte de l'implantation des industries dans le canton. Aarau et Lenzburg sont désignés comme les principaux centres cotonniers, tandis que Kulm et Zofingen auraient une importance secondaire. Au contraire, Rey, Adolf, *Die Entwicklung der Industrie im Kanton Aargau*, *op. cit.*, pp. 69-70 estime que le cœur du secteur cotonnier se trouve à Kulm et à Lenzburg.

208 La liste des filatures de coton qu'Heinrich Kunz finance en 1859 se trouve dans Dudzik, Peter, *Innovation und Investition*, *op. cit.*, p. 182.

L'industrie de la soie représente le troisième pilier de l'industrie argovienne. Les négociants en soie, installés à Aarau et Zofingen, se fournissent auprès des Zurichois et des Bâlois (soie en provenance de Lombardie et du Piémont) et écoulent ensuite leur matière dans la campagne pour y être travaillée. Au début du siècle, Johann Rudolf Meyer à Aarau entreprend la mécanisation de la filature, qui se répand rapidement dans le canton (districts de Kulm, Lenzburg et Baden). En 1857, quelque 12'000 broches sont en activité sur le territoire, les plus grandes fabriques se trouvant à Aarau (total de 10'500 broches, soit 87.5 % du total cantonal)[209]. Les filés sont essentiellement destinés à être tissés à domicile dans les régions à dominante agricole, en particulier au nord, et dans la région du Fricktal (districts de Laufenburg et Rheinfelden). En 1843, le canton compte 819 métiers à tisser, chiffre qui se monte à 1'265 en 1857[210]. Suite à la fondation du « Zollverein » en 1833, qui absorbait une grande partie de la production des rubans de soie argoviens, les Etats-Unis s'imposent comme le principal débouché[211].

Il est particulièrement difficile d'établir un lien entre l'implantation des industries du secteur de la soie et la provenance des signatures en faveur du FLa. En effet, les deux principaux centres soyeux du canton, Aarau et Zofingen, comptabilisent respectivement 11 % et 12 % de signatures individuelles. Cette situation relève très vraisemblablement de la forte hétérogénéité du tissu économique de ces deux districts qui connaissent le développement parallèle des industries cotonnières et soyeuses. Cette remarque peut également être étendue aux districts de Kulm et de Laufenburg. Dans le district de Rheinfelden, haut-lieu du tissage manuel de la soie, la situation est complexe. Des signatures individuelles ne proviennent que de deux communes (2 % pour l'ensemble du district), tandis que dix communes sur quatorze se mobilisent. Cette situation compliquée s'explique sûrement par deux éléments. D'une part, des travailleurs de la soie de certaines communes de ce district sont employés par les soyeux bâlois[212]. D'autre part, le Grand-Duché de Bade limitrophe constitue un marché important pour l'écoulement de la production agricole.

Le quatrième et dernier secteur du canton repose sur l'industrie du tabac qui se développe dès les années 1830 en particulier dans le district de Lenzburg.

---

209 Staehelin, Heinrich, *Geschichte des Kantons Aargau*, *op. cit.*, p. 297.

210 Regierungrat des Kantons Aargau (Ed.), *150 Jahre Kanton Aarau im Lichte der Zahlen*, *op. cit.*, p. 436.

211 Staehelin, Heinrich, *Geschichte des Kantons Aargau*, *op. cit.*, p. 297.

212 *Ibid.*, p. 292.

Il s'étend ensuite au district voisin de Kulm, puis à celui de Rheinfelden. En 1857, 15 fabriques de tabac sont en activité dans le canton, dont 7 à Kulm et 3 à Rheinfelden[213]. Il n'est toutefois pas possible de lier de manière précise l'exercice de cette activité avec la provenance de signatures en faveur de l'un ou de l'autre pied monétaire, puisque ses deux principaux centres connaissent aussi une industrie textile importante.

Enfin, l'adhésion du Grand-Duché de Bade au « Zollverein » en 1836 porte un coup dur aux activités de la place de Zurzach. Dès 1840, la foire automnale est annulée. Cette perte de vitesse peut contribuer à expliquer la forte mobilisation en faveur du FLa de cette ville, qui se monte à 27 % de la population masculine totale. Peut-être peut-on y voir une tentative de maintenir les liens entre Zurzach et son voisin allemand.

L'analyse des pétitions fournit donc un résultat pour le moins mitigé. La dispersion des industries du coton, de la soie et du tabac sur plusieurs districts empêche en effet d'établir une corrélation claire entre l'implantation de ces différents secteurs économiques et la provenance des signatures. Le cas de la paille fait exception. Les hauts-lieux où se concentre cette activité (Bremgarten, Muri et Wohlen) se mobilisent moins que le reste du canton. Peut-être que les milieux agricoles, qui pèsent d'un certain poids dans le tissu économique, accordent-ils moins d'importance à la question monétaire et se mobilisent donc moins que les acteurs du commerce et de l'industrie. Face à ces résultats quelque peu décevants, nous avons cherché à mieux saisir qui se mobilise pour le FLa. Dans l'impossibilité d'analyser en détail les milliers de signatures individuelles, nous nous sommes concentrés sur ce que le journal *Der Schweizer-Bote* estime être les 78 signataires les plus importants[214]. Les limites de cet échantillon, en termes de représentativité, sont évidentes. Ce sont en effet les membres les plus influents qui sont mis en avant, laissant dans l'ombre la grande majorité des acteurs au poids économique de moindre importance. Ainsi, les districts de la partie nord du canton (Brugg, Laufenburg, Rheinfelden et Zurzach), où l'agriculture domine largement, sont à peine représentés dans cet échantillon ; c'est également le cas de l'ensemble des milieux commerçants actifs sur les marchés de proximité. Il est pourtant très probable qu'ils constituent la majorité des signataires. Seule une analyse détaillée de l'ensemble des signatures permettrait d'obtenir une image fidèle de la structure du mouvement pétitionnaire

---

213 *Ibid.*, pp. 301-302.

214 [S.A.], « Ein Schlusswort im Münzangelegenheit », *Der Schweizer-Bote*, 16.04.1850, pp. 1-2 (ici, p. 2).

argovien. En conscience de ces limites, l'analyse de cet échantillon a pour but d'identifier les principales forces qui mènent le mouvement en faveur du FLa en Argovie, de comprendre qui le dirige. Sur les 78 signataires, 60 ont pu être identifiés avec certitude. Ces acteurs peuvent être regroupés en six catégories : ceux issus des professions libérales, les grands fabricants, les membres de la sphère administrative et juridique, les détaillants et petits commerçants, une catégorie « Divers » et enfin les 18 personnages non identifiés (« Inconnus »)[215]. Le graphique ci-dessous illustre la répartition des signataires par catégorie.

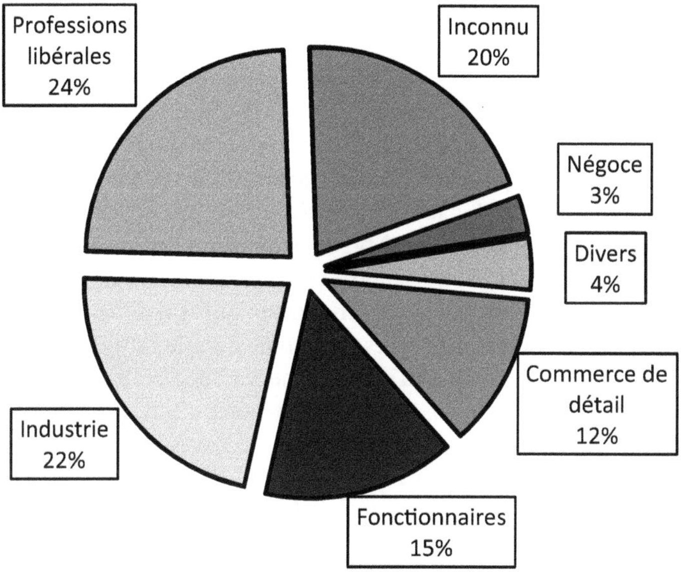

Graphique 5 : répartition par sphère socio-professionnelle de l'échantillon des 78 pétitionnaires argoviens en faveur de l'adoption d'un franc suisse basé sur le florin allemand (1850)

Les professions libérales figurent en tête du mouvement en représentant un quart de l'échantillon (24 %). Il s'agit essentiellement d'avocats et de médecins actifs dans les grands centres du canton. C'est très probablement la volonté de

215 Le tableau avec le nom, le type et le lieu de l'activité des signataires figure dans l'annexe 6.2. Le groupe des « Divers » est constitué d'un pelletier, d'un mécanicien et d'un poète.

maintenir le *statu quo* et de ne pas s'engager dans des changements dont on ne peut prévoir l'issue qui pousse ces acteurs à défendre l'adoption du FLa. Il est tout aussi possible qu'ils craignent le passage à la nouvelle monnaie, car elle entrainerait une modification des titres hypothécaires et de tous les contrats. Certains d'entre eux sont peut-être aussi liés à d'autres intérêts par des liens familiaux ou en raison de l'importance de certains de leurs clients. Ces considérations poussent probablement aussi les acteurs issus du monde juridique et de l'administration publique à se mobiliser (15 % de l'échantillon). Il faut en particulier souligner que la majorité des membres du Conseil d'Etat argovien appose sa signatures (4 Conseillers sur 7), apportant un soutien de poids aux partisans du FLa[216].

Les fabricants constituent la seconde force des acteurs identifiés avec 22 % du total de l'échantillon. Les milieux actifs dans le coton sont les plus favorables (59 % de ce groupe d'industriels) à l'adoption de la monnaie allemande. Les filateurs sont les plus représentés dans cet échantillon. On retrouve notamment la maison "Wild, Solivo & Cie", la quatrième plus grosse filature du pays en 1853 qui fait tourner plus de 40'000 broches réparties sur le territoire argovien (25'000 broches à Baden) et zurichois (15'700 entre Wald et Küsnacht)[217]. De manière générale, les filateurs de cet échantillon qui se mobilisent représentent environ un tiers de toutes les broches en activité dans le canton[218]; il s'agit d'un minimum et il est très probable qu'une analyse détaillée de l'ensemble des signataires renforcerait encore le poids de cette catégorie d'acteurs. Les fabriques de cotonnades ("Xaver & Jacob Weissenbach & Cie" à Bremgarten) et de draps colorés comptent aussi plusieurs représentants ("Merz & Cie" à Menziken). Le poids lourd du tissage mécanique, Gottlieb Ludwig Oboussier, appose également son nom, tout comme "Jb. Nussbaums Söhne" à Birrwyl. D'autres fabricants non moins importants sont présents, comme Herzog-Bally (bretelles) et "Gebrüder Weber" (papier). La signature du fabricant de rubans de soie "J. F. Schmuziger" est quant à elle difficilement explicable. Quant à la présence du fabricant de paille et Cn radical Johann Peter Bruggisser ("Martin Bruggisser & Cie" à Wohlen), qui exporte ses produits sur les marchés d'outre-mer et en

216 D'après le CaE Bernhard Friedrich Fischer (cf. note 10 p. 410), ce sont les nombreuses signatures récoltées qui ont rallié la majorité de la classe politique argovienne à ce projet. Cf. BsG, VNL 60, A23,65, lettre de Fischer à Hungerbühler, 31.03.1850, 1 p.

217 Dudzik, Peter, *Innovation und Investition*, *op. cit.*, p. 495.

218 Proportion calculée à partir des données fournies par *Ibid.*, p. 488.

particulier aux Etats-Unis, nous y reviendrons plus bas, car il siège également dans la minorité de la commission du CN qui défend l'adoption du FLa.

Les détaillants et les petits commerçants actifs sur les marchés de proximité forment une troisième catégorie de l'échantillon (12 %). Elle est constituée de pharmaciens (Pfleger, Wilhelm Suter-Fischer à Reinach et Nieriker zum Limmathof), de commerçants en draps (J. G Dürr aîné) et en lingerie (F. G. Halbmeyer, Andreas Geissmann). Ecoulant leurs produits à l'échelle locale, ces acteurs n'ont pas vraiment d'intérêt à modifier la structure monétaire de leur canton, puisque les petites espèces allemandes leur donnent entière satisfaction[219].

Afin de réagir à la pétition initiée par les défenseurs du FLa, les milieux argoviens favorables au FF adressent à leur tour une requête à l'AsF[220]. Une réforme sur la base des espèces allemandes n'est à leurs yeux pas possible à tenir sur le long terme et engendrera de grosses pertes pour tous les détenteurs de capitaux. Par ailleurs, ils estiment que les coûts d'une réforme (retrait, refonte et refrappe) sont minimes par rapport aux maux que le pied allemand et la tarification engendreront. Cette deuxième pétition n'est paraphée que par 56 noms, dont 49 ont pu être identifiés avec certitude[221]. Tout comme à Zurich, ils n'estiment pas devoir ratisser large pour donner du poids à leurs revendications. Ils tiennent toutefois à signifier aux autorités politiques fédérales que tous les milieux économiques du canton ne font pas bloc derrière le projet des pétitionnaires du FLa. L'analyse des signataires permet de bien comprendre où se situe exactement la ligne de démarcation entre défenseurs du système allemand et partisans du système français. Les pétitionnaires en faveur du FF sont regroupés en quatre catégories : les grands fabricants, les négociants, une catégorie « Divers » et une catégorie « Inconnus ». Le graphique ci-dessous illustre les résultats.

---

219 Les deux acteurs du négoce (3 % de l'échantillon) sont "D. Brentano & Söhne" qui pratique le commerce d'exportation et "Billo & Sohn" qui est actif dans le commerce de commission. Ils sont vraisemblablement liés à l'industrie du coton par leurs activités.

220 AF, E12#1000/36#179*, *Bittschrift von Aargauische Industriellen und Kauflteute (für Annahme der französischen Franken) und Gegenvorstellung gegen diejenige des Aargauischen Handels- und Gewerbsvereins*, 26.03.1850, 3 p.

221 Ils sont retranscrits dans FELBER, Peter, « Schweiz », *Neue Zürcher Zeitung*, 07.04.1850, pp. 1-2 (ici, p. 2). Le tableau de l'annexe 6.1. donne le nom, le type et le lieu de l'activité de chaque signataire. La catégorie « Divers » est composée d'un enseignant et d'un notaire.

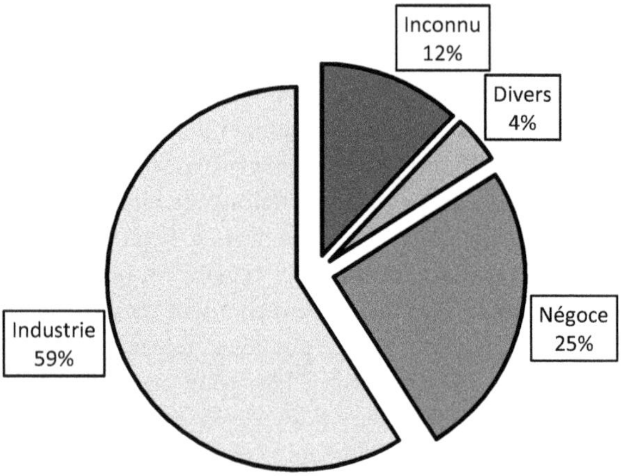

Graphique 6 : répartition par sphère socio-professionnelle des 56 signataires argoviens en faveur de l'adoption du pied monétaire français (1850)

Les grands fabricants constituent la principale force de ce mouvement avec 59 % du total de l'échantillon. Il s'agit des poids lourds de l'économie argovienne actifs dans l'industrie de la paille et du coton. Les neuf fabricants de produits de paille arrivent en tête, représentant 16 % de l'ensemble des signataires. Six d'entre eux sont installés à Wohlen (district de Bremgarten), principal centre de cette industrie. Il n'est dès lors pas étonnant de ne compter que 5 % de signatures sur la pétition en faveur du FLa provenant de cette commune. De la même manière, "Laué & Cie" et "Isler & Otto" sont actifs à Wildegg (district de Lenzburg), qui ne fournit aucune signature pour la monnaie allemande. Les huit fabricants de toiles de coton constituent aussi une force importante avec 14 % des signatures totales. Comme les grands négociants de Zurich, ils exportent leurs produits sur les marchés du monde, ce qui explique leur volonté de disposer d'une monnaie universelle. Leur poids est particulièrement élevé dans la commune de Zofingen, d'où ne proviennent que 60 signatures pour le FLa (4 % de la population masculine totale). Parmi les quatre fabricants de rubans de soie (7 %), qui sont tous installés dans la capitale Aarau, figure un des plus grands fabricants de ce secteur du pays en 1850, Carl Feer-Herzog[222]. Deux autres

222 Staehelin, Heinrich, *Carl Feer-Herzog*, *op. cit.*, p. 22. Sur Carl Feer-Herzog, cf. note 233 p. 713.

fabricants de soie – "J. F. & J. Frey" et "R. H. Hagnauer jünger" – possèdent par ailleurs chacun une succursale à Paris.

Les négociants en gros constituent la seconde force de ce mouvement, avec 25 % du total. Parmi eux, les marchands actifs dans le commerce de denrées coloniales sont les plus représentés (7 % du total de l'échantillon). Ils sont actifs à Lenzburg (district éponyme), centre textile et de production de tabac dès les années 1830. Dans ce cas, l'industrie du coton domine l'élément commercial, ce qui se retrouve dans le pourcentage de pétitions de cette commune pour le FLa (14 %). Les marchands de fer (5 % du total de l'échantillon) sont, comme les trois négociants en produits finis, actifs dans plusieurs localités, ce qui empêche d'établir un lien clair entre leur signature et une commune spécifique.

Ainsi, au contraire du cas de Zurich, il est plus difficile de corréler la provenance des signatures avec un secteur économique spécifique dans le cas argovien, la paille faisant exception puisqu'elle est presque exclusivement située dans la région du Freiamt. Toutefois, il semblerait que la structure de la mobilisation présente des caractéristiques relativement similaires à celle de Zurich, à savoir que les acteurs actifs dans les secteurs de la paille, de la soie et du tabac se prononcent en faveur du FF ; les fabricants de toiles de coton figurent eux aussi dans ce groupe. Comme à Zurich, ce sont les filateurs de coton qui sont le plus favorables à l'adoption d'une monnaie suisse sur la base du FLa. Il est enfin possible que les facteurs confessionnel et politique jouent un rôle dans la position de certains acteurs, surtout des fabricants de rubans de soie et de produits de paille qui défendent la monnaie allemande. Seule une analyse détaillée des 10'666 pétitionnaires permettrait d'infirmer ou de confirmer la validité de ces hypothèses.

5.1.4. La réaction des milieux marchands de Suisse occidentale et l'intervention du consul suisse en Belgique dans les affaires helvétiques pour défendre l'adoption du franc français

A partir de février 1850, les partisans du FLa déploient une activité intense afin de défendre leurs intérêts. Les défenseurs du FF de la Suisse occidentale marchande décident quant à eux de s'engager dans une autre voie. La seconde phase de la réforme monétaire s'ouvre en effet sous de bons auspices pour eux. Il est vrai qu'en janvier 1850, suite à leur succès au CE, la victoire leur semble assurée. A leurs yeux, il n'est donc pas nécessaire d'être autant actif qu'avant Noël. Néanmoins, le dynamisme des milieux industriels de Suisse orientale les force à réagir. Ils modifient en conséquence partiellement leur stratégie et poursuivent leurs efforts dans deux directions. D'une part, il est nécessaire de continuer à rallier des soutiens, tout en maintenant le processus de publication. D'autre part, ils décident de mobiliser les expériences étrangères pour renforcer le poids de leur projet. Ces deux versants sont abordés l'un après l'autre ci-dessous.

La mise au point de la stratégie de défense du FF est plus compliquée qu'il n'y parait, car beaucoup a déjà été dit sur le sujet et la crainte est grande de lasser le public. L'industriel neuchâtelois Henri DuPasquier en est parfaitement conscient et en informe Speiser en ces termes :

> *«Nous ne pouvons rentrer dans une discussion épuisée, sans nous répéter, sans ennuyer ceux auxquels nous nous adressons, sans avoir l'air de douter de la puissance des arguments émis en faveur du système que nous soutenons. Si nous agissons ainsi nous n'en ferons rien de bon et nous risquons de gâter notre position»*[223].

Dans un premier temps, Speiser estime superflu de reprendre la plume : le sujet a déjà été suffisamment traité et toute nouvelle publication risquerait d'être redondante[224]. Par ailleurs, le vote au CE a montré la solidité de leur projet. Mais cette réserve ne tient pas longtemps. Pour faire face à l'activité des défenseurs du FLa, il devient nécessaire de se mobiliser à nouveau[225]. Ainsi, par une coïncidence temporelle assez curieuse, Speiser débute-t-il une série d'articles dans la *Wochenblatt* le jour-même du lancement de la pétition à Saint-Gall[226]. Mais c'est surtout dans les colonnes de la *Neue Zürcher Zeitung*, qui présente le double avantage d'avoir une plus large diffusion que la *Wochenblatt* et de se trouver à Zurich, que les milieux économiques favorables au FF vont concentrer leurs efforts. L'objectif n'est plus tant de défendre le bien-fondé de leur projet, que de réfuter un à un les arguments des opposants et surtout de contrer la mobilisation massive des pétitionnaires[227]. Le Cn soleurois Johann Jakob Trog, en retrait jusque-là, se mobilise et rejoint les rangs des promoteurs de la monnaie française sur la scène publique[228]. A l'image de Pestalozzi à Zurich, il tâche

223 Aeb, PA 116, A 73, lettre de DuPasquier à Speiser, 22.03.1850, 2 p. (ici, p. 2).

224 Speiser, Johann Jakob, «Die Münzfrage. I», *Wochenblatt*, n° 6, 08.02.1850, pp. 1-2.

225 Af, E12#1000/36#67*, lettre de Speiser à Munzinger, 20.01.1850, 2 p. (ici, p. 1).

226 Les références sur cette deuxième série de publications figurent dans la note 67 p. 334.

227 Les articles de Speiser dans la *Neue Zürcher Zeitung* paraissent les 17.02.1850, 05.03.1850, 01.04.1850, 08.04.1850, 17.04.1850 et 19.04.1850. Ceux de Peyer Im Hof, les 03.03.1850 et 04.03.1850.

228 Johann Jakob Trog-Frei (1807-1867), SO, fils de Johann Georg, négociant en vins et aubergiste ; beau-fils d'Urs Josef Frei, marchand (draps). Avocat à Olten, président du tribunal d'Olten-Gösgen (1841-1853), membre de la direction de la

de rallier la classe des petits débiteurs, des artisans et des paysans endettés en appuyant sur les gains qu'ils retireraient à soutenir l'adoption du FF. Cette stratégie a pour objectif de récolter des voix à la veille du débat au CN :

> « *Verkauft der Bauer seine Früchte und seine Ochsen, so gibt man ihm Gulden zu 1.5 Franken; kommt er aber zum Kapitalisten, so rechnet ihm dieser vor, der Gulden sei eben weniger als 1.5 Franken und will sich jener die Bezahlung des Aufgeldes nicht gefallen lassen, so fordert man ihm nach dem Schuldvertrag Fünffrankenthaler. Und wo soll er die hernehmen ? Ganz gleich geht es dem Arbeiter mit seinen Arbeitslöhnen. Er muss sich mit leichtem Geld begnügen und mit schwerem seine Kapitalien verzinsen und abzahlen. Hingegen gestehen wir, dass sich dabei der grosse Herr herrlich befindet. Die Rechnung ist die einfachste von der Welt. Er gewinnt Alles, was der Mittelstand bei den Münzwirren verliert* »[229].

A ses yeux, il devient donc indispensable d'adopter une monnaie unique qui officie à la fois comme unité de compte et mesure de valeur, afin de créer un marché des capitaux unifié. En maintenant deux zones monétaires dans le pays, il craint que la Suisse continue à rester le lieu d'asile privilégié de toutes les monnaies du continent, rendant l'adoption d'une loi monétaire sans effets.

Pour sa part, Speiser enjoint Munzinger à mobiliser ses réseaux de connaissances du côté des régions agricoles de Suisse occidentale, centrale et méridionale[230], tandis que le Cf soleurois use, selon ses dires, de tous les moyens à sa disposition pour tenter d'influencer les Cn[231]. L'activation des réseaux débouche sur de bons résultats. De Berne, les banquiers de la maison Marcuard prennent ouvertement parti en faveur du FF. Ils soulignent les désavantages résultant du maintien de deux unités monétaires dans le pays :

> « *[...] si vous maintenez un franc de Suisse il y aura toujours l'inconvénient d'une valeur légale et d'une valeur illégale enfin un agiotage sur les espèces parce que l'on ne peut pas*

"Schweizerische Centralbahn Gesellschaft" (1853-1867) et membre de son CA (1860-1862), juge au Tribunal fédéral (1852-1856). Député au GC de SO (1831-1853), délégué à la Diète fédérale à plusieurs reprises, Cn libéral (1848-1857). Ami proche de Josef Munzinger (cf. note 29 p. 323) qu'il remplace à la tête des libéraux soleurois après son décès.

229 TROG, Johann Jakob, *Die Betheiligung des Mittelstandes*, *op. cit.*, pp. 5-6. Il s'agit d'un tiré à part d'articles parus dans la *Neue Zürcher Zeitung*, entre le 18 et le 23.03.1850. Plusieurs centaines de brochures sont distribuées aux membres de l'AsF : AEB, PA 116, A 41, lettre de Brunner à Speiser, [s.d. : vers début avril], 2 p. (ici, p. 2).

230 AF, E12#1000/36#67*, lettre de Speiser à Munzinger, 25.02.1850, 3 p. (ici, p. 1).

231 AEB, PA 116, A 210, lettre de Munzinger à Speiser, 19.03.1850, 2 p. (ici, p. 2).

tarifer l'argent français et l'argent d'Empire, comme vous savez, d'une manière juste et tout en restant dans une proportion ronde et commode pour le public; car en tarifant l'écu de 5 [FF] à 35.5 [batz] il faut toujours avoir le crayon à la main pour faire un paiement; c'est cet inconvénient qui a fait admettre la pièce de 5 [FF] comme argent courant à 35 b[at]z et le florin à 15 b[at]z. Ainsi le tarif de 35.5 b[at]z ne vous présentera aucune stabilité, nous disons cela dans l'intérêt général, car comme banquiers nous ne demanderions pas mieux que la continuation de deux systèmes monétaires qui donnent lieu à une infinité de petites opérations d'échanges et d'agiotage qui ne laissent pas que de faire un objet à la fin de l'année mais quand il s'agit d'un intérêt général il faut que chacun sache subordonner son intérêt privé [...]»[232].

Du côté du canton agricole de Zoug, un des plus importants industriels du coton, le landamman Gustav Adolf Keiser, se prononce publiquement pour l'alignement sur la monnaie française[233]. Il estime que seul le FF permettrait de supprimer la diversité des tarifs cantonaux et ainsi de stabiliser la valeur des capitaux. Sous sa plume, le FF est présenté comme la seule rédemption possible pour la Suisse:

« *Vor der Hand erwarten wir allerdings keinen Münzhimmel, sind aber froh, wenn wir nur nicht in die deutschen Gulden – Sechs- und Drei- kreuzer – Hölle gerathen und dagegen mit dem französischen Gelde in das Fegefeuer kommen, aus welchem, nach katholischem Glauben, doch Erlösung in einen bessern Zustand möglich, ja höchst warscheinlich ist* »[234].

---

232 AEB, PA 116, A 173, lettre de Marcuard à Speiser, 20.03.1850, 2 p. La lettre est publiée dans SPEISER, Johann Jakob, « Eine praktische Anschauung der Münzfrage », *Neue Zürcher Zeitung*, 01.04.1850, p. 1.

233 Gustav Adolf Keiser-Stadlin (-Luthiger) (-Glaser) (1816-1880), ZG, fils de Bukard, avocat; beau-fils de Jakob Anton Stadlin, marchand (étoffes) et aubergiste, de Franz Luthiger, orfèvre à Lucerne, puis de Carl Friedrich Glaser. Juriste de formation. Avocat à Zoug, puis à la tête de la plus importante fabrique de tissage de coton du canton dès 1850 (200 métiers à tisser en 1857), puis aussi d'une filature qui devient dans les années 1860 une des plus importantes de Suisse (62'140 broches en 1862). CdE de ZG (1848-1850). Rédacteur de la "Zugerisches Kantons-Blatt" dès sa fondation (1848-1851). Président d'un tribunal de district (1862-1880); exerce aussi une charge au sein de la justice fédérale (1848-1874). A la tête du mouvement libéral-radical dans le canton durant les années 1840, il y mène la révolution radicale de 1847. Député au Conseil cantonal (législatif) (1846-1847), puis au GC de ZG (1848-1851 et 1862-1871). Participe à l'élaboration et à la rédaction de la Constitution fédérale de 1848. CaE de tendance libérale (1848-1850).

234 [S.A.], « Zur Taktik in der Münzfrage », *Zugerisches Kantons-Blatt*, 23.03.1850, pp. 1-2 (ici, p. 1).

A Zurich, le travail de Speiser porte aussi ses fruits. Ainsi, le juriste zurichois Hans Heinrich Escher change de camp et se prononce désormais en faveur du FF[235].

Si l'activation des réseaux fonctionne bien et permet de rallier des soutiens dans la région zurichoise et en Suisse centrale, la stratégie à adopter pour répondre à la pétition initiée par Saint-Gall et qui se répand jusque dans la région zurichoise et en Argovie, divise fortement les milieux économiques de Suisse occidentale sur la manière de réagir. Les propos du banquier soleurois Franz Brunner adressés à Speiser sont représentatifs de l'incertitude quant à l'attitude à adopter : « *Glauben Sie nicht, dass man auch petionieren sollte ? Die Monstre Petitionen aus der östlichen Schweiz geben dem Guldenfusslers festen Stand – während unser Representanten keinen Appuis haben* »[236]. Les partisans se divisent en deux blocs sur la stratégie à mettre en place. Le premier camp est emmené par le comité de l'"Association industrielle neuchâteloise" qui estime qu'il ne faut rien entreprendre, car la capacité de mobiliser des signatures est, selon ses membres, assez faible en Suisse occidentale. Une pétition uniquement paraphée par quelques centaines de signatures tendrait à décrédibiliser le projet et renforcerait celui des opposants. L'industriel neuchâtelois Henri DuPasquier l'exprime très clairement à Speiser :

> « *Je me préoccupe depuis quelque temps déjà de l'agitation qui a lieu dans la Suisse Orientale, j'ai en outre reçu de Genève des lettres où on nous presse de faire une démonstration, mais après avoir mûrement réfléchi, je crois qu'il n'y a rien à faire et c'est aussi l'opinion que le Comité de notre Société a émise à l'unanimité, dans une séance provoquée il y a déjà une dizaine de jours par un projet reçu de Genève. Voici les motifs qui nous ont fait prendre cette résolution : tous les renseignements reçus des cantons voisins s'accordent à dire qu'une pétition en faveur du système français ne réunirait que fort peu de signatures chez les agriculteurs, si donc nous n'avons pour nous que le Commerce et l'industrie si peu considérables dans les Cantons de Vaud, Valais, Berne et Soleure, notre manifestation sera manquée et deviendra presque ridicule en présence de celle des cantons orientaux. […] En laissant pétitionner nos adversaires, nous avons espoir que leur manifestation n'aura aucune influence sur les députés des cantons qui soutiennent le système français et à en croire une lettre reçue dernièrement de M. Lambelet, ils sont aux autres comme 65:46. Par contre si nous lançons nous mêmes une pétition et qu'elle ne soit pas couverte de signatures, ces mêmes députés deviendront indécis, hésiteront et craignant de voter contre le vœu de la majorité et leurs commettans [sic], préféreront*

---

235 Escher, Hans Heinrich, *Der Schweizerfranken*, *op. cit.*, 16 p. Sur Hans Heinrich Escher, cf. note 312 p. 403.

236 Aeb, PA 116, A 41, lettre de Brunner à Speiser, 29.03.1850, 1 p. Cf. également ses lettres du 22.03.1850, 2 p. et du 27.03.1850, 2 p. qui vont dans le même sens.

temporiser en admettant le terme moyen, soit le franc Suisse basé sur le florin. Voilà, selon nous, quel serait le résultat probable d'une pétition, aussi en avons-nous repoussé l'idée, et avons-nous été jusqu'à engager Genève à y renoncer ou tout au moins à n'en faire qu'une affaire cantonale, destinée à prouver la facilité avec laquelle on récolte des signatures quand on demande le maintien d'anciennes habitudes économiques »[237].

Les propos du Neuchâtelois illustrent bien la difficulté à élaborer une stratégie de riposte commune. Ils témoignent également des lignes de fractures que la pétition en faveur de la monnaie allemande fait émerger parmi les défenseurs du FF. Henri DuPasquier n'est d'ailleurs pas le seul à douter. Il est rejoint par un correspondant de la *Wochenblatt* qui aimerait une décision rationnelle basée sur des arguments et non sur une démonstration de masse. Il souhaite que la Suisse occidentale ne s'engage pas dans la voie pétitionnaire :

« *Wir fürchten die "Monstre-Petitionen" gerade nicht. Die Stimmen werden auch in diesem Falle nicht nur gezählt, sondern gewogen. Und die Bundesversammlung wird nicht vergessen, die Unterzeichner aus Gefälligkeit oder aus Unkenntniss einigermassen in Abrechnung zu bringen. Ist es doch nicht der erste Versuch eines massenhaften Auftretens ! Es haben 40'000 Unterschriften die Petition für Schutzzölle begleitet ; die oberste Behörde hat sich nicht beirren lassen, und die übergrosse Mehrheit des Schweizervolkes freut sich darüber. Unzufrieden sind höchstens die Wenigen, die den Petitionssturm angefacht und unterhalten haben. [...] Die westliche Schweiz wird nun auch aufgerüttelt durch die St. Gallische Bewegung. Hoffentlich aber wird sie nicht die gleichen Waffen gebrauchen* »[238].

Les relais politiques au CN des partisans de l'adoption de la monnaie française sont du même avis. Selon le Cn bâlois Achilles Bischoff et le Cn soleurois Johann Jakob Trog, ces pétitions n'ont qu'une influence négligeable sur les membres des Chambres fédérales et il est inutile de se lancer dans ce type de démonstration[239].

Le deuxième camp est emmené par Speiser et les Genevois qui refusent de rester les bras croisés et de tout miser sur les qualités de leur projet et la victoire au CE. Les Genevois veulent agir et prennent l'initative dans ce sens, malgré l'opposition des Neuchâtelois[240]. La question qui se pose est alors de déterminer

237 Aeb, PA 116, A 73, lettre de DuPasquier à Speiser, 22.03.1850, 2 p. (ici, pp. 1-2). Souligné dans le texte original. Le rapport de 65:46 signifie que 65 Cn seraient favorables au FF et 46 Cn en faveur du FLa.

238 [s.a.], « Die Münzagitation », *Wochenblatt*, n° 12, 22.03.1850, p. 2.

239 Aeb, PA 116, A 20, lettre de Bischoff à Speiser, 12.04.1850, 2 p. (ici, p. 1).

240 Aeb, PA 116, A 73, lettre de DuPasquier à Speiser, 22.03.1850, 2 p. (ici, p. 1) et A 41, lettre de Brunner à Speiser, 29.03.1850, 1 p. Début mars, une commission monétaire est mise sur pied au sein de la chambre de commerce genevoise pour

comment procéder : soit, comme le suggère le *Courrier Suisse*, « *Peut-être y aurait-il lieu à opposer manifestation à manifestation* »[241], c'est-à-dire d'organiser une grosse pétition, soit miser sur un nombre restreint de pétitionnaires, mais au poids économique décisif. La deuxième solution est retenue. Le banquier soleurois Franz Brunner confirme à Speiser la nécessité de donner un poids symbolique à la mobilisation : « *Wir sind also einverstanden – es soll petitional werden aber mehr auf das Gewicht als auf der Zahl der Signaturen gesehen werden* »[242]. Il est d'autant plus important de réagir que les Zurichois sont les premiers à lancer une pétition en faveur du FF courant mars, suivis par les Argoviens. Il semblerait toutefois qu'ils prennent cette initiative sans consulter Speiser et Munzinger. Une mobilisation dans les pôles de la Suisse occidentale marchande (Bâle, Genève et Neuchâtel) permettrait ainsi de faire bloc autour de la défense du FF et de contrecarrer la progression de la pétition en faveur du FLa.

La décision des Genevois, de Brunner et de Speiser de pétitionner rallie les Neuchâtelois[243]. Ces derniers sont même les premiers à adresser une requête à l'AsF. En l'espace de trois semaines, ce sont six pétitions qui parviennent aux Chambres. Le tableau ci-dessous donne un aperçu synthétique de leur provenance et du nombre de signatures.

étudier la stratégie à adopter face à la pétition lancée par Saint-Gall. Le comité se joint aux conclusions de la commission et les envoie au CN. Elles sont publiées sous forme de brochure : SECTION DU COMMERCE DE LA CLASSE D'INDUSTRIE ET DE COMMERCE DE LA SOCIÉTÉ DES ARTS DE GENÈVE, *Réforme monétaire*, *op. cit.*, 27 p. Il faut relever que cette prise de position inquiète très sérieusement les défenseurs du FLa de Schaffhouse, de Saint-Gall et de Zurich qui cherchent alors à accroître le nombre de pétitionnaires en faveur de leur projet pour contrer la mobilisation genevoise. Cf. BSG, VNL 60, A23, 15, lettre de Pestalozzi à Hungerbühler, 17.04.1850, 7 p. (ici, pp. 4-5).

241 [S.A.], [s.n.], *Courrier Suisse*, 15.02.1850, p. 2.

242 AEB, PA 116, A 41, lettre de Brunner à Speiser, 22.03.1850, 2 p. (ici, p. 1).

243 AEB, PA 116, A 73, lettre de DuPasquier à Speiser, 01.04.1850, 1 p.

Tableau 11 : provenance, nombre et type des signatures en faveur de l'adoption du pied monétaire français (mars et avril 1850)[244]

Provenance	Nombre de signatures	Type de pétition
Argovie	56	Individuelles
Bienne (Berne)	20	Individuelles
Bâle-Ville	4	Comité
Genève	9	Comité
Neuchâtel	6	Comité
Porrentruy (Berne)	154	Individuelles
Soleure	25	Individuelles
Zurich	163	Individuelles
Total	**437**	-

Ces pétitions – à l'exception de celles d'Argovie et de Zurich – sont presque identiques, avec quelques variations mineures dans la formulation[245]. Puisque les pétitionnaires misent sur le poids des signataires plutôt que sur leur nombre, il convient de les analyser plus en détail. Dans les trois centres de la Suisse occidentale marchande – Bâle, Genève et Neuchâtel –, les chambres de commerce locales prennent les choses en main. La composition des trois comités dirigeants diverge en raison des spécificités du tissu économique local, mais ils représentent en majorité, dans les trois cas, les milieux de la banque, des industries et du négoce actifs sur les marchés étrangers. Le tableau ci-dessous en donne un aperçu.

244 Pour Zurich, il s'agit d'un nombre minimal, car le nombre de signatures en provenance des villes de Zurich et d'Horgen n'est pas connu.

245 Elles se trouvent aux AF dans le fonds E12#1000/36#179* : pétition du comité de l'Association industrielle de Neuchâtel au Conseil national, 28.03.1850, 2 p. ; pétition de Bienne au Conseil national, 13.04.1850, 2 p. ; pétition de Porrentruy au Conseil national, 17.04.1850, 4 p. ; pétition du Bureau de la Section du commerce et de l'industrie de Genève, 10.04.1850, 2 p. Les lettres de Bâle et de Soleure sont parfaitement identiques : Eingabe an die Hohe Bundesbehörde, 12.04.1850, 1 p. ; elles sont reproduites dans [S.A.], « Eingabe an die hohe Bundesbehörde », *Wochenblatt*, n° 15, 12.04.1850, pp. 2-3. Les références pour les pétitions d'Argovie se trouvent dans la note 220 p. 475, celles pour Zurich dans les notes 123 et suivantes p. 450.

Tableau 12 : composition des trois chambres de commerce (Bâle, Genève et Neuchâtel) qui se mobilisent par voie de pétition en faveur de l'adoption du pied monétaire français (mars et avril 1850)

Nom, prénom et dates de vie	Profession et raison sociale	Fonction au sein de la chambre de commerce
	Bâle	
Wilhelm Bischoff (1801-1874)	Fabricant de rubans de soie ("J de Bary & Bischoff")	
Rudolf Paravicini (1815-1888)	Fabricant de rubans de soie ("Dietrich Preiswerk & Cie")	
Karl Sarasin (1815-1886)	Fabricant de rubans de soie ("Sarasin & Cie")	
Johann Rudolf Liechtenhan-Hagenbach (1801-1866)	Expédition, commission, encaisse et spéculation	
	Genève	
Jean-Eloi Lombard (1801-1872)	Banquier privé ("Lombard, Odier & Cie")	
Charles Odier (1804-1881)	Banquier privé ("Lombard, Odier & Cie")	Président
Louis Roget (1822-1877)	Banquier privé ("Ph. Roget & fils")	
Gabriel Binet (1813-1873)	Agent de change	
Jules Labarthe (1817-1854)	Agent de change	
Jean Haltenhoff (1806-1871)	Agent de change et agent d'affaires	
Louis Du Roveray (1781-1850)	Négociant	Secrétaire adjoint
Jean Renevier (1815-1856)	Commissionnaire	Secrétaire
Jean Viguet (1797-1857)	Pharmacien	Vice-président
	Neuchâtel	
François-Louis Martin (1810-1871) Signe en son nom et en celui de son associé Louis-Ferdinand de Pury (1815-1897)	Banquier privé ("Martin & Pury")	
François de Montmollin (1802-1870)	Directeur de banque ("Caisse d'épargne de Neuchâtel")	Vice-président
Henri DuPasquier (1815-1875)	Fabricant d'indiennes ("Fabrique-Neuve de Cortaillod")	Président

(suite)

Tableau 12: Suite

Nom, prénom et dates de vie	Profession et raison sociale	Fonction au sein de la chambre de commerce
Frédéric Borel (1783-1860)	Négociant en gros ("Les fils d'Antoine Borel")	
Félix-Henri Jaquet (1793-1853)	Commissionnaire ("Jaquet & Bovet")	Secrétaire
Gustave Jeanjaquet (1813-1889)	Horloger ("Jeanjacquet frères")	

A Bâle, les fabricants de rubans sont largement dominants, occupant trois sièges sur quatre, ce qui s'explique par le poids de cette industrie dans le paysage économique bâlois[246]. A Genève, la composition du comité est plus variée, ce qui est en partie dû à un nombre plus élevé de membres. Ce sont les métiers de l'argent qui occupent toutefois le haut du pavé, avec six acteurs sur les neuf[247]. Il faut en particulier relever la présence de trois agents de change qui auraient beaucoup à perdre avec la suppression de la multitude de pièces cantonales en circulation. C'est surtout le cas de Jean Haltenhoff qui est spécialisé dans les opérations avec les monnaies allemandes[248]. La présence d'un pharmacien a quant à elle fonction de représentation des acteurs actifs à l'échelle locale. Le comité de Neuchâtel reflète lui aussi bien la structure du tissu économique cantonal. Tous les fabricants et négociants présents exportent leurs productions sur les marchés étrangers. La banque "Martin & Pury" est quant à elle spécialisée dans le commerce de métaux précieux et en particulier la fourniture de la matière première au monde horloger[249].

246 Steiger, Anne von, *Les rubans bâlois, op. cit.*, pp. 174-178, 199-202 et 241-280; Bodmer, Walter, *Die Entwicklung der schweizerischen Textilwirtschaft, op. cit.*, pp. 308-313; Sarasin, Philipp, *La ville des bourgeois, op. cit.*, pp. 45-60.

247 Hiler, David, Lescaze, Bernard, *Révolution inachevée, révolution oubliée, op. cit.*, pp. 81-94; Perroux, Olivier, *Tradition, vocation et progrès, op. cit.*, pp. 142-178; Bordier, Ami, *Notice sur la Société des agents de change de Genève, op. cit.*, pp. 6-17; Mottet, Louis H., *Regards sur l'histoire des banques et banquiers genevois, op. cit.*, pp. 145-166.

248 [s.a.], [s.n.], *Journal de Genève*, 13.01.1858, p. 4.

249 Boillat, Johann, « L'or des horlogers. L'industrie neuchâteloise des métaux précieux (1846-1998): acteurs et réseaux», *Revue historique neuchâteloise*, 1, 2016, pp. 23-45 (ici, pp. 23-33); Favarger, Philippe, *La noble et vertueuse Compagnie*

De Soleure, la pétition, initiée par le banquier Franz Brunner, est couverte de 25 signatures individuelles[250]. Parmi les 20 pétitionnaires identifiés, les acteurs actifs dans le négoce international sont largement dominants (18 sur 20). Les commissionnaires sont majoritaires (6 sur 18), suivis par les négociants en vins (4 sur 18) et en denrées coloniales (4 sur 18). Trois marchands en étoffe et un négociant en porcelaine paraphent aussi la pétition[251].

Les 20 signataires biennois (18 identifiés) présentent un profil identique à celui de Soleure. Les négociants sont majoritaires (11 sur 18), principalement actifs dans les denrées coloniales, le coton et la soie. Quatre fabricants (deux filateurs, un indienneur et un fabricant de cigares) apposent aussi leur nom.

Le cas de Porrentruy est plus compliqué à analyser, en raison de la difficulté à identifier les signataires à l'aide des annuaires à disposition ; nous le laissons donc volontairement de côté.

Pris dans leur ensemble, les signataires qui se mobilisent en faveur du FF représentent avant tout les milieux en prise directe avec l'étranger, soit la banque et le négoce. Les fabricants présents (soie, indienne et horlogerie) exportent eux aussi leur production, principalement dans les cas de Bâle et de Neuchâtel. Cette analyse vient ainsi compléter celles des deux cantons d'Argovie et de Zurich qui ont montré que ce sont les milieux de la soie (Zurich) et de la paille (Argovie) – qui exportent tous deux leurs produits en direction des Etats-Unis – qui mènent le mouvement de défense du FF.

Le second volet de la stratégie des défenseurs du FF consiste à mobiliser l'expérience étrangère afin de donner du poids à leur projet. A cet effet, Speiser et Munzinger se dirigent du côté belge. Pourquoi prendre cette direction ? Car depuis le début des débats en 1849, les opposants au pied monétaire français recourent largement au cas de la Belgique qui a adopté le système monétaire français en 1832 pour en démontrer les imperfections[252]. Les deux pays

---

des Marchands de Neuchâtel, *op. cit.*, pp. 204-220. Des informations sur les associés de cette banque figurent dans la note 278 p. 594.

250 AEB, PA 116, A 41, lettre de Brunner à Speiser, 22.03.1850, 2 p. (ici, p. 1).

251 Du côté des commissionnaires figurent "Bétrix & Golay", "Ls. Meyer & Cie", "J. Munzinger-Falkenstein", "J. F. Frölicher" et "Bettin" ; les négociants en denrées coloniales sont U. J. Scherer, Dom. Wiswald, F. A. Zetter et P. J. Muth ; les négociants en vins sont "Rossel-Kully & Cie", "Monteil frères", "Gebrüder Frey", "R. Soutter-Bron & Cie". L'entreprise "Wild, Dietsche & Cie" est active dans le négoce de porcelaine. "M. Burkard Söhne", "A. Munzinger-Hirt" et "J. Jaeggy Sohn" s'occupent de négoce d'étoffes.

252 Par exemple : Pestalozzi, Leonhard, *Vortrag in der Versammlung*, *op. cit.*, p. 6 ; [Aepli, Arnold Otto], *Welchem Münzfuss*, *op. cit.*, pp. 10-11 ; Zellweger, Ulrich,

présentent en effet des caractéristiques communes qui facilitent la comparaison. Tout comme la Suisse, la Belgique est entourée de plusieurs systèmes monétaires différents : le franc au sud (France), le thaler à l'est (Etats allemands) et le florin au nord (Pays-Bas). La structure de son économie est également fortement extravertie et repose sur un commerce international très dynamique. Selon les chiffres de Bairoch, elle figure, au milieu du 19e siècle, dans le peloton de tête des pays les plus industrialisés[253]. Lors de la crise de 1848, les autorités politiques belges donnent cours légal aux souverains anglais et aux florins hollandais pour pallier la sortie du numéraire français, preuve suffisante pour les partisans de la monnaie allemande de l'incapacité du système français à pourvoir aux besoins monétaires du pays. Afin de contrer cet argument de poids, Speiser et Munzinger s'attèlent à récolter des renseignements afin d'infirmer l'idée que l'adoption d'une monnaie étrangère entraine automatiquement une forte dépendance et agisse comme vecteur d'instabilité en période de crise économique.

Les deux hommes prennent deux initiatives distinctes. La première en revient à Speiser qui s'adresse à plusieurs maisons de commerce à Bruxelles et à Antwerp[254]. Une seule réponse a été retrouvée, celle de la maison de banque belge de Frédéric Brugmann[255]. A ses yeux, il n'existe aucun lien entre système monétaire et crise économique :

> *« Nous ne considérons pas notre système monétaire comme ayant eu une influence sur les crises qu'a traversés [sic] notre pays, les crises n'ont été que la conséquence de celles qui ont éclaté partout et presque simultanément; l'uniformité de notre système monétaire avec celui de nos voisins, nous a, il est vrai présenté des inconvénients, le manque, et par suite la chèreté [sic] du numéraire, car pour les valeurs qu'on avait à faire à Paris, on était, dans les moments de crise très circonspects dans l'admission de valeurs sur*

« Ein Beitrag zur Beurtheilung der Münzfrage », *Wochenblatt*, n° 48, 01.12.1849, pp. 2-4.

253 Bairoch, Paul, « La Suisse dans le contexte international aux XIXe et XXe siècles », in Bairoch, Paul, Körner, Martin (Eds.), *La Suisse dans l'économie mondiale*, *op. cit.*, pp. 103-140 (surtout les pp. 106 et 129). Cf. également Veraghtert, Karel, « Les participations françaises aux sociétés anonymes belges, 1830-1870 », in Lévy-Leboyer, Maurice (Dir.), *La position internationale de la France*, *op. cit.*, pp. 169-176.

254 Af, E12#1000/36#67*, lettre de Speiser à Munzinger, 22.01.1850, 2 p. (ici, p. 1).

255 Frédéric Brugmann (1779-1852), associé de Jacques Engler (1769-1846), industriels de la laine et fondateurs de la banque "Engler, Brugmann & Cie" au début du 19e siècle.

cette place et on préférait s'y diriger de loin [transcription incertaine], plutôt que d'acheter du papier que laissait toujours q[uel]q[ue]s inquiétudes»[256].

Malgré ses propos très clairs, le banquier belge insiste sur le caractère informel de sa réponse et refuse qu'elle soit utilisée dans l'espace publique. Il suggère de s'adresser au consul suisse à Bruxelles, François Borel, pour obtenir un rapport officiel qui puisse être publié. Il s'agit justement de la seconde initiative évoquée, qui avait déjà été entreprise quelques semaines auparavant par Speiser. Il demande au consul Borel, par l'intermédiaire de Munzinger et par la voie diplomatique officielle, un rapport permettant d'évaluer le lien entre le système monétaire français et la crise de 1848 en Belgique[257]. Le 10 février, Borel fait parvenir son rapport au CF[258]. Conscient de l'influence qu'il pourrait exercer sur l'opinion publique, Speiser encourage le chef du DFF à le publier dans la *Feuille fédérale*: «*Ich halte die Veröffentlichung dieser Aktenstück für sehr wichtig; sie wird eine Hauptwaffe der Gegner paralysieren*»[259].

Ce mémoire d'une dizaine de pages revêt en effet une importance particulière et ce pour deux raisons. D'une part, il s'agit de la première prise de position d'un acteur durablement établi à l'étranger dans la réforme monétaire suisse et qui porte, qui plus est, une marque officielle. D'autre part, il possède un poids symbolique particulièrement lourd, puisque Borel fut un ami proche de Dominique Vincent Ramel, Ministre des Finances sous Napoléon Ier et un des créateurs du système décimal français, ce qu'il n'hésite d'ailleurs pas à mettre en avant dans son rapport. Tout comme Brugmann, Borel bat en brèche le lien entre système monétaire et crise économique. Il se déclare largement favorable à l'adoption du FF en Suisse:

> «*[…] soyez bien certains que l'adoption du système monétaire français n'a jamais présenté en Belgique le moindre inconvénient; je ne puis que souhaiter ardemment de le voir adopter en Suisse; — c'est le plus beau, le plus rationnel et le plus commode qui existe. Je ne conçois rien à la répugnance des cantons orientaux, si ce n'est le bénéfice*

256 AEB, PA 116, A 40, lettre de Brugmann à Speiser, 31.01.1850, 3 p. (ici, pp. 1-2).

257 AF, E12#1000/36#68*, lettre du CF à Borel, 23.01.1850, 2 p. (ici, p. 1). La lettre originale est rédigée par Speiser, puis adressée par le canal officiel du CF à Borel. Sur François Borel, cf. note 68 p. 211.

258 AF, E12#1000/36#68*, lettre du CF à Borel, 19.02.1850, 1 p. et AEB, PA 116, A 210, lettre de Munzinger à Speiser, 22.02.1850, 2 p. (ici, p. 1).

259 AF, E12#1000/36#74*, lettre de Speiser à Munzinger, 20.03.1850, 2 p. (ici, p. 1).

abusif que font quelques banquiers par l'introduction des monnaies allemandes à un taux trop élevé»[260].

Dès sa parution dans la *Feuille fédérale* courant mars 1850, le rapport du consul belge est commenté dans la presse[261]. Les acteurs qui gravitent autour de Speiser sont tout à fait conscients qu'il constitue une de leurs principales armes de défense[262]. En réfutant l'idée, sur la base de l'expérience belge, que l'adoption du pied monétaire français placerait la Suisse dans une situation de dépendance et constituerait un vecteur d'instabilité en cas de crise économique, le rapport de Borel permet de casser un des principaux arguments des opposants au FF.

Quelques semaines plus tard, c'est au tour du marchand-banquier zurichois Hans Caspar Hirzel qui occupe le poste de consul suisse à Leipzig d'intervenir publiquement dans les affaires monétaires[263]. En première page de la *Neue Zürcher Zeitung*, le Zurichois estime que la stabilité et la simplicité du pied monétaire français en font un outil qui permettrait de développer le commerce international de la Suisse, notamment en direction de l'Allemagne: «*Alle hiesigen Kaufleute, die mit der Schweiz zu thun haben, und deren Zahl ist nicht unbedeutend, sind mit mir einer Meinung, dass der Schweiz keine Wahl übrig bleibt, dass sie auch nichts besseres thun kann als den französischen Münzfuss*

260 Borel, François, «Mémoire au Conseil fédéral sur la question monétaire suisse par M. F. Borel, Consul de la Confédération suisse, à Bruxelles», *Feuille fédérale*, Vol. 1, 13, 03.04.1850, pp. 149-159 (ici, pp. 156-157).

261 Par exemple: [s.a.], [s.n.], *Neue Zürcher Zeitung*, 26.03.1850, pp. 1-2.

262 Af, E12#1000/36#67*, lettre Speiser à Munzinger, 15.02.1850, 1 p.; Aeb, PA 116, A 41, lettres de Brunner à Speiser du 22.03.1850, 2 p. (ici, p. 2) et du 27.03.1850, 2 p. (ici, p. 2).

263 Hans Caspar Hirzel (-Lampe) (1798-1866), ZH, fils de Heinrich (1766-1833), théologien et professeur de philosophie à Zurich; beau-fils de Hans Caspar Lampe (1766-1817), négociant en gros. D'abord employé à Bordeaux (1816-1830) où il occupe quelques années le poste de vice-consul, il s'établit ensuite comme négociant en gros de denrées coloniales à Zurich (1830-1832). Après son mariage, s'installe à Leipzig comme marchand-banquier ("C. Hirzel & Cie") actif sur les marchés américain et asiatique. Participe à la fondation (1834) et dirige la ligne de chemins de fer Leipzig-Dresde. Consul suisse de Saxe (1835-1866). Représentant de la Confédération en matière de douanes et de commerce auprès du «Zollverein». Conseiller personnel d'Alfred Escher à partir de 1851. Membre fondateur de la "Schweizerische Nordbahn" (1846) et de la "Schweizerische Nordostbahn" (1853). Membre fondateur et membre du CA du "Crédit Suisse" (1856-1866), dont il serait un des initiateurs.

einzufüren »[264]. Deux jours plus tard, le Zurichois Pestalozzi tâche de décrédibiliser l'avis du consul Hirzel à Leipzig en souligant que son séjour à l'étranger ne lui permet pas d'être au fait des questions monétaires intérieures[265].

Ces deux nouvelles pièces versées au dossier durant le mois qui précède l'ouverture du débat au CN contribuent à renforcer les rangs des partisans de la monnaie française. En revanche, il s'agit, aux yeux des défenseurs du FLa, d'une manœuvre du CF qui a commandé ces rapports aux consuls dans le but de faire triompher son projet[266].

5.2. Vers le débat au Conseil national

La session de l'AsF s'ouvre le 4 avril 1850. Rappelons que la commission du CN se divise en deux fractions. La majorité de 5 membres (Bischoff, Blanchenay, Peyer Im Hof, Pioda et Stämpfli), qui se prononce en faveur de l'adoption du système français, défend les intérêts du grand commerce international, ainsi que des grands agriculteurs aisés de Suisse occidentale. La présence du Schaffhousois Peyer Im Hof comme rapporteur de cette fraction peut à première vue surprendre, car il provient d'un canton qui se positionne très clairement en faveur de la monnaie allemande dès le début de la réforme. On s'attendrait donc à le retrouver dans le camp des défenseurs du FLa. Ce n'est toutefois pas son origine géographique qui est déterminante, mais son activité de négociant en étoffes qui fournit la clef de compréhension de son positionnement. Actif sur les marchés internationaux, il n'entretient pas de rapports avec les marchés des Etats du sud de l'Allemagne et serait désavantagé par l'utilisation de leur monnaie. A ses yeux, les activités économiques de son canton seraient stimulées avec l'adoption du FF, car le commerce de transit sur l'axe Nord-Sud du continent pourrait prospérer sur une base plus stable. Quant au risque d'une perte de débouchés pour les produits agricoles en direction des Etats allemands, il estime qu'ils pourraient plus facilement être redirigés vers les cantons suisses[267]. Le positionnement du Schaffhousois agace au plus haut point de nombreux acteurs de l'économie et de la politique de Suisse orientale et de la région zurichoise.

---

264 [Hirzel, Hans Caspar], « Auszug aus einem Schreiben des Hrn. Konsul Hirzel in Leipzig, vom 12. April 1850 », *Neue Zürcher Zeitung*, 20.04.1850, p. 1.

265 [Pestalozzi, Leonhard], « Schweiz », *Neue Zürcher Zeitung*, 220.04.1850, p. 1.

266 BsG, VNL 60, A23, 31, lettre de Pestalozzi à Hungerbühler, 21.04.1850, 2 p. (ici, p. 1).

267 Peyer Im Hof, Friedrich, « Schweiz. I », *Neue Zürcher Zeitung*, 03.03.1850, pp. 1-2 et « Schweiz. II », *Neue Zürcher Zeitung*, 04.03.1850, pp. 1-2.

C'est particulièrement le cas du fabricant d'acier schaffhousois Johann Conrad Fischer[268]. A ses yeux, c'est le changement de la structure politique du pays qui explique que Peyer Im Hof soit désormais en mesure de défendre ses propres intérêts sur la scène fédérale, en dépit de son mandat de représentant du peuple schaffhousois au CN :

> *« Hier kennen wir allen einander en bloc. Aber auch ist in diesem einzelnen Fall wieder ein Beweis wie Theorie und Praxis von einander abweicht. Sonst wenn man jemand wählt und als Abgeordneter wohin schickt, so glaubte man in der Absicht es zu thun, dass er das Interesse seiner Wähler verfechte. Er ist hier gewählt worden. Mir ist die Schuld daher nicht beizumessen [transcription incertaine]; allein er ist nun Nationalrat, und aus diesem Grunde verschwindet der Kanton und dessen wahre Interessen, so wie überhaupt alles was nicht seine Meinung ist, und er übersieht, dass nicht bloss der Kanton Schaffhausen, der, wie es scheint, in seine Augen gar keine Berücksichtigung verdient, sondern wenn es abgezählt würde, und nicht nur die [mot illisible] die Oberhand hätten, wahrscheinlich mehr als die Hälfte der Nation, deren er mit seinem Rath unter die Arme greifen sollte oder es thun zu können wähnt, viel lieber noch den Status quo beyzubehalten, als der projectirte Münzgesetz und Ausführung gebracht zu sehen wünschen würde »*[269].

Leonhard Pestalozzi ne comprend pas non plus la prise de position de Peyer Im Hof. Dans une lettre adressée à Alfred Escher, il déclare vouloir l'influencer autant que possible en mobilisant son réseau de connaissances :

> *« Nach Schaffhausen schrieb ich schon gestern einem Freunde, wie unerklärlich mir das Benehmen Herrn Peyer (im höchsten Grade dem Interesse jenes Kantons entgegen) sei & lud ihn dringend ein wo möglich von dort aus auf denselben einzuwirken, was vielleicht am wirksamsten durch zahlreiche Petitionen nach dem Beispiel S[ankt] Gallens geschehen könnte »*[270].

---

268 Johann Conrad Fischer-von Waldkirch (1773-1854), SH, fils de Johann Conrad (1721-1811), fabricant de lances à incendie ; beau-fils de Beat Wilhelm von Waldkirch (1744-1816), politicien ; petit-cousin de Ferdinand von Waldkirch (cf. note 271 ci-dessous). Formation dans l'entreprise paternelle qu'il reprend en 1797 après un séjour de formation de plusieurs années à l'étranger. Fabricant d'acier, ainsi que producteur de cloches et de limes, il participe aussi à la mise sur pied d'une aciérie en France. Exporte ses produits dans toute l'Europe. Membre du Petit Conseil (exécutif cantonal) en 1797-1798, député libéral au GC de SH (1828-1846), délégué à la Diète fédérale en 1831.

269 BSG, VNL 60, A23, 58, lettre de Fischer à Hungerbühler, 23.02.1850, 2 p. (ici, p. 2).

270 Correspondance Alfred Escher, lettre de Pestalozzi à Escher, 21.02.1850, 6 p. (ici, p. 1). Pestalozzi multiplie les requêtes dans ce sens durant les mois de février et de mars 1850 : cf. BSG, VNL 60, A23, 25, lettre de Pestalozzi à Hungerbühler,

A Saint-Gall aussi, on cherche à contrer la mobilisation du Schaffhousois. Mais plutôt que d'essayer de l'influencer, comme le propose Pestalozzi, le Cn saint-gallois Johann Georg Anderegg aimerait plutôt lancer une pétition dans ce canton, dont le résultat permettrait de montrer que les intérêts schaffhousois ne sont pas représentés par Peyer Im Hof. Pour y parvenir, il est nécessaire de mobiliser les acteurs les plus influents de ce canton, comme le suggère Anderegg au CaE saint-gallois Arnold Otto Aepli. Les regards se tournent alors du côté du Bourgemestre Ferdinand von Waldkirch[271] :

> *« Meine innigsten Überzeugung nach sind von 100 Schaffhauser – 99 für den Reichsfuss – es kann ja [mot illisible] nicht anders seyn. Uns sollte man durch die Schaffhauser selbst dem H. Peyer ein démenti geben. Herr Bürgermeister Waldkirch ist laut einen Brief den an von einigen Zeit an H[err] R[egierungs]rath Steiger schrieb, sehr für Beybehaltung der jetztigen dort gesetzlichen Währung. Sind Sie nicht bekannt mit ihm ? Oder wären H. Gysel oder vielleicht H. Aman nicht geneigt, den H. Peyer oder vielmehr dem franz[ösischen] Fuss entgegenzuarbeiten. Und in Schaffhausen ein Petition ähnlich der St. Gallen in Umlauf zu bringen ? Wenn es Ihnen immer möglich ist – so dehnen Sie ihm Wirksamkeit auch auf die Schaffhausen Seite aus »*[272].

Mais toutes ces tentatives restent sans effets. « Bundesbarone » proche ami d'Escher, Peyer Im Hof est favorable à l'unification des conditions économiques, ce qui, à ses yeux, ne peut être réalisé qu'avec l'adoption du pied monétaire

---

18.03.1850, 2 p. (ici, p. 2). Le CaE argovien Bernhard Friedrich Fischer (cf. note 10 p. 410) entreprend des démarches similaires en écrivant à ses correspondants schaffhousois pour qu'ils interviennent auprès de Peyer Im Hof : cf. BSG, VNL 60, A23, 8, lettre de Fischer à Hungerbühler, 23.02.1850, 3 p. (ici, p. 1).

271 Ferdinand von Waldkirch-Frey (1798-1863), SH, fils de Johann Ulrich (1769-1838), médecin à Schaffhouse qui assume de nombreuses charges politiques ; beau-fils de Johann Jacob Frey, commerçant. Frère de Gustav (1802-1863), qui possède le moulin des chutes du Rhin. Petit-cousin du fabricant d'acier Johann Conrad Fischer (cf. note 268 ci-dessus). Négociant qui entretient des liens très étroits avec les marchés allemands et qui pratique aussi le commerce de speculation ; CdE libéral de SH (1843-1850), bourgmestre de SH (1846-1850). Député au GC de SH (1833-1835 et 1842-1861), délégué à la Diète fédérale à plusieurs reprises entre 1837 et 1848.

272 BSG, VNL 38, C17, lettre d'Anderegg à Aepli, 21.02.1850, 2 p. (ici, p. 1). Souligné dans le texte original. Johann Matthias Hungerbühler (cf. note 16 p. 412), qui occupe la fonction de rapporteur de la minorité de la commission du CN, s'adresse lui aussi à Ferdinand von Waldkirch afin qu'il prenne des mesures dans son canton pour contrer la mobilisation de Peyer Im Hof. Les deux autres personnages mentionnés dans le texte sont les CaE radicaux Zacharias Gysel (1818-1878) et Johann Heinrich Ammann (1820-1867).

français. Il est aussi en relations étroites avec les milieux économiques bâlois sur la question de la construction des chemins de fer.

La commission intègre aussi deux représentants de l'agriculture de Suisse occidentale, passablement absents des débats jusqu'alors. S'il ne fait aucun doute qu'ils sont favorables au pied monétaire français, leur intégration vise à s'assurer du soutien des milieux agricoles lors du vote au CN, surtout des Bernois. Avec Ochsenbein au CF et Stämpfli dans la commission du CN, le vote de l'ensemble de leur représentant à la Chambre du peuple en faveur du FF est quasiment assuré.

5.2.1. Les rapports des commissions et la position équivoque d'Alfred Escher

La majorité de la commission se met au travail en février 1850. Elle bénéficie du soutien actif de Speiser qui exerce une grosse influence sur la rédaction du rapport[273]. En un mois, il est terminé. Bischoff et Speiser s'occupent du travail de relecture, tandis que le professeur Girard se charge de la traduction en français, tâche pour laquelle il reçoit 215.- FS[274]. La question de la diffusion du rapport se pose alors. D'abord imprimé dans la *Feuille fédérale*, il est ensuite diffusé à plusieurs centaines d'exemplaires en Suisse orientale[275]. Mais Bischoff hésite sur la manière de procéder pour la suite et sur les quantités à diffuser: « *Z. B. wie viel Exemplare nach Zürich u[nd] an wer ? Wie viel Exemplare in Kant[on] Aargau u[nd] an wer ? Wie viele nach St. Gallen, wie viel nach Thurgau & Bundten ? Ich kann auch 1000 Exemplare abziehen lassen* »[276]. Il est finalement diffusé massivement auprès des Cn et dans les principales villes suisses.

Tout comme le rapport de la majorité du CE, celui de la majorité du CN constitue moins une défense de leur projet qu'une réfutation des arguments de leurs opposants. Ils appuient toutefois sur un élément central qui est essentiel à leurs yeux: la nécessité de doter la Suisse d'une unité monétaire à même d'assurer la stabilité du développement économique. Ils insistent sur le rôle que peut alors jouer la monnaie française:

---

273 AEB, PA 116, A 225, lettres de Peyer Im Hof à Speiser du 02.03.1850, 2 p. (ici, pp. 1-2) et du 23.03.1850, 4 p.; AF, E12#1000/36#67*, lettre de Speiser à Munzinger, 25.02.1850, 3 p. (ici, p. 1).

274 AEB, PA 116, A 20, lettre de Bischoff à Peyer Im Hof, 13.03.1850 1 p. et lettre de Bischoff à Speiser, 18.03.1850, 1 p.; AF, E12#1000/36#67*, lettre de Speiser à Munzinger, 30.04.1850, 2 p.

275 AEB, PA 116, A 20, lettre de Bischoff à Speiser, 20.03.1850, 1 p.

276 AEB, PA 116, A 20, lettre de Bischoff à Speiser, 25.03.1850, 1 p.

«[…] si nous ne nous attendons pas à fonder une situation qui ne laisse rien à désirer, la réforme que nous recommandons, sans apporter les inconvénients que l'on a craints, formera, et c'est là l'essentiel, la digue la plus solide contre ces vacillations, ce manque de sécurité et cette dépréciation continuelle du pied monétaire; la fixité et l'unité du système français sera, pour l'avenir aussi, le meilleur et le plus assuré fondement de l'établissement monétaire suisse»[277].

Les membres de cette fraction de la commission refusent d'entrer dans une guerre des chiffres visant à démontrer la supériorité de tel ou tel partenaire économique. Ils reconnaissent toutefois l'importance décisive de l'importation de blé pour la Suisse orientale. Afin d'essayer de concilier les Saint-Gallois, la majorité de la commission du CN s'engage dans la voie des concessions. La première porte sur un abaissement du droit d'entrée sur le blé à 1 batz, contre 1.5 auparavant, ce qui rejoint une revendication des Saint-Gallois depuis le début de 1849[278]. Il s'agit de proposer un compromis structuré autour d'un abaissement des droits de douane contre l'adoption du FF:

«Ces égards pour la Suisse orientale, qui a besoin du blé étranger, ces égards précisément sur le terrain où elle craint de perdre le plus par l'introduction du pied monétaire français; cette déférence pour un des vœux favoris, lui donnerait, surtout au Canton de Saint-Gall, la preuve que la Confédération sait apprécier le sacrifice des habitudes que cette partie de notre pays serait particulièrement appelée à faire. Le Canton de Saint-Gall, et, dans la même proportion, toute la Suisse orientale qui manque de blé, serait dans toutes les circonstances plus qu'amplement dédommagée de la perte qu'elle craint d'avoir à essuyer en employant la pièce de 5 francs pour ses paiements en Allemagne. Supposons en effet (ce que nous ne concédons absolument pas*), supposons que le Canton de Saint-Gall n'ait plus de florins pour payer son blé, et qu'il ne puisse y employer les pièces de 5 francs qu'à florins 2.21, il serait à supporter une perte annuelle de francs 10'700, en admettant encore que toute sa provision de blé fût exclusivement payée en cette monnaie; tandis que la diminution du droit d'entrée sur la même quantité de blé, ferait un peu plus de francs 16'000»*[279].

---

277 «Rapport de la partie de la Commission du Conseil national qui recommande l'adoption de la base du système monétaire français», *Supplément à la Feuille fédérale*, Vol. 1, 17, 30.04.1850, pp. 2-67 (ici, p. 58).

278 Sur l'élaboration du tarif douanier et sur sa révision suite à la réforme monétaire: Humair, Cédric, *Développement économique et Etat central*, *op. cit.*, pp. 239-243 et 257-261.

279 «Rapport de la partie de la Commission du Conseil national qui recommande l'adoption de la base du système monétaire français», *op. cit.*, pp. 2-67 (ici, pp. 51-52). En italique dans le texte original.

La deuxième concession formulée par les partisans du FF consiste à élaborer un tarif de transition entre l'ancien et le nouveau système monétaire qui fasse la part belle aux pièces allemandes au détriment des FF. Il s'agit d'introduire un cours abusif sur les espèces françaises pour s'assurer que les FLa soient correctement tarifés. Le but de la manœuvre est très clair :

> « *Nous ne nous cachons point que la valeur du florin à 15 batz et de l'écu de 5 francs à 35.5 ne se bornera point aux caisses fédérales, mais que, comme la chose a toujours lieu dans des circonstances pareilles, cette valeur descendra dans le domaine de la vie commune, et que par là le pied monétaire, surtout dans la Suisse occidentale mais aussi, quoique à un moindre degré, dans la Suisse orientale, se détériorera pour l'époque de transition.*
> *Cependant, Messieurs, la Suisse orientale ne se plaindra pas ici, vu que, si la pièce de cinq francs est momentanément taxée au-dessus de sa valeur, le florin, qui s'y trouve de fait en abondance, n'est pas déprécié. Quant à la Suisse occidentale, elle peut se tranquilliser en pensant que cette taxation n'est que passagère, sans conséquences préjudiciables, vu que, la réforme une fois achevée, la pièce de 5 francs ne représente plus un certain nombre d'anciens batz, mais 5 francs ; elle peut surtout considérer cette taxation comme un moyen de réconcilier la Suisse orientale avec la réforme monétaire. Il fallait craindre de blesser la population de cette partie de notre pays en dépréciant le florin pendant la période de transition où il est non-seulement convenable, mais absolument nécessaire de tenir compte du fait de la présence de telles ou telles monnaies, ce qu'une partie de votre Commission ne veut plus reconnaître comme règle dans la fixation du système monétaire* »[280].

Concession de poids, dans la mesure où la période de transition serait largement favorable à l'échange des pièces allemandes auprès des Caisses fédérales et assurerait à leurs détenteurs de ne pas avoir à supporter de pertes avec l'introduction de la nouvelle monnaie.

Une troisième et dernière concession d'importance consiste à laisser en mains cantonales l'élaboration des tarifs de retrait de toutes les petites espèces. De cette manière, les Gouvernements cantonaux seraient en mesure d'assurer une transition plus « douce » en proposant des tarifs conformes à la valeur nominale des pièces en circulation.

Le rapport de la majorité du CN, signé par le Schaffhousois Peyer Im Hof, reçoit un bon accueil parmi les défenseurs de la monnaie allemande. Le banquier grison Johann Baptist Bavier, qui siège dans la fraction minoritaire de

---

280 « Rapport de la Commission monétaire du Conseil national sur le projet d'une loi concernant la réforme monétaire en Suisse », *Supplément à la Feuille fédérale*, Vol. 1, 17, 30.04.1850, pp. 69-74 (ici, p. 71). Nous soulignons.

la commission du CN, reconnaît ses qualités, tout en exprimant certaines réserves :

> « *Dieser Tage erhielt ich den Bericht der französischen Section unserer Münz Comission & habe ihn mit vielem Interesse gelesen. Es ist wirklich eine vortreffliche Arbeit, welche dem Geist, der Darstellungsgabe unseres werthen Collega Peyer alle Ehre macht, doch scheint es mir, er habe in manchen Beziehungen die Verhältnisse nicht so aufgefasst, wie sie wirklich sind & die Sache zu theoretisch behandelt [...]* »[281].

Leonhard Pestalozzi fournit quant à lui une critique acerbe de ce rapport :

> « *Es erschrekt mich nicht, denn es übertrift jenes von Herrn Jeanrenaud wohl an Länge, ist aber nach meiner schwachen Ansicht eben so gehaltlos & einzig an Sophismen, hohlen Phrasen & schönen Worten reich, wird auch gewiss manchen Nationalrath langweilen* »[282].

Ce n'est que lorsque la majorité a terminé de rédiger son rapport que la minorité entreprend de travailler le sien[283]. Les quatre membres de la fraction minoritaire qui défend le FLa (Bavier, Bruggisser, Escher et Hungerbühler) représentent les intérêts des milieux industriels de Suisse orientale, de Suisse occidentale et de la région zurichoise, ainsi que de la banque de Suisse méridionale. L'intégration de députés des deux cantons les plus divisés sur la question monétaire – Argovie et Zurich – vise à rallier les voix de leurs Cn respectifs au FLa[284]. La présence de l'Argovien Johann Peter Bruggisser, important industriel de la paille actif sur les marchés du monde, est inattendue ; elle étonne d'ailleurs beaucoup Munzinger qui pensait pouvoir le compter dans le camp du FF[285]. Fervent défenseur du FF jusqu'en automne 1849, il retourne ensuite sa veste et devient une des plus importants partisans du FLa sur la scène fédérale[286]. Ce changement de position est difficilement explicable. Peut-être qu'un accord, dont la nature demeure

281 Correspondance Alfred Escher, lettre de Bavier à Escher, 21.03.1850, 3 p. (ici, pp. 1-2).

282 Correspondance Alfred Escher, lettre de Pestalozzi à Escher, 26.03.1850, 2 p. (ici, p. 1).

283 Sur cette question, se référer à Correspondance Alfred Escher, lettres d'Escher à Hungerbühler du 06.03.1850, 3 p. (ici, pp. 1-2), du 10.03.1850, 3 p. (ici, pp. 1-2), du 14.03.1850, 3 p. (ici, pp. 1-2), du 16.03.1850, 3 p. et du 18.03.1850, 4 p. (ici, p. 1).

284 AEB, PA 116, A 221, lettre de Hans Jakob Pestalozzi à Speiser, 15.03.1850, 6 p. (ici, p. 3).

285 AEB, PA 116, A 210, lettre de Munzinger à Speiser, 22.02.1850, 2 p, (ici, p. 2).

286 AEB, PA 116, A 221, lettre de Hans Jakob Pestalozzi à Speiser, 15.03.1850, 6 p. (ici, p. 3) ; BSG, VNL 60, A23, 5, lettre de Fischer à Hungerbühler, 20.02.1850, 2 p. (ici, p. 1).

mystérieuse pour nous, a été conclu avec lui dans la sphère politique, ce qui pourrait fournir une clef de compréhension de cette bascule. Quant à la présence du poids lourd de l'économie suisse Alfred Escher dans la commission, elle mérite d'être discutée plus en détail, d'autant plus que la littérature secondaire a largement fait l'impasse sur cet aspect pourtant très important[287]. Son origine zurichoise a été associée à la défense du FLa dans son canton. Or, comme nous l'avons vu plus haut, les milieux économiques zurichois sont divisés sur le sujet. La consultation de sa correspondance et de ses documents personnels déposés aux AF est l'occasion de mieux saisir son positionnement[288]. Ses notes sur le choix du pied monétaire offrent toutefois une image pour le moins ambiguë de ses opinions. Prenons le fil chronologique de son intervention dans la question monétaire pour essayer de mieux comprendre sa position. Dès la fin des années 1840, Alfred Escher est partisan de la centralisation de certaines compétences pour améliorer les conditions du développement économique. Les monnaies en font partie intégrante, attendu qu'elles opèrent comme mesure et comme garantes de la valeur des biens. Les propos qu'il tient à l'ouverture de la session d'hiver 1849 du CN témoignent qu'il est largement favorable à l'adoption d'une monnaie unique :

> «*Dans les affaires monétaires un système uniforme va bientôt remplacer le désordre babylonien qui a régné jusqu'à ce jour, abattre cette muraille de séparation élevée entre les différentes parties d'un même pays; la réforme monétaire mettra fin à un état de choses qui laisse dans un danger continuel les intérêts matériels les plus importants*

---

287 C'est surtout le cas des ouvrages les plus récents : Jung, Joseph, *Alfred Escher : 1819-1882. Aufstieg, Macht, Tragik*, Zürich : NZZ, 2009^4 (éd. originale : 2007), 504 p., Jung, Joseph, *Alfred Escher : 1819-1882. Der Aufbruch zur modernen Schweiz*, 4 Volumes, Zürich : NZZ, 2006, 1115 p. et Koch, Björn, *Alfred Eschers Netzwerke 1819-1857 : Aufbau, Entwicklung und Potentiale*, Freiburg : [s.n.], 2013, 404 p. ne mentionnent pas la question monétaire. Quelques pages de l'ouvrage de Gagliardi abordent le sujet, mais de manière très rapide : Gagliardi, Ernst, *Alfred Escher. Vier Jahrzehnte neuerer Schweizergeschichte*, Frauenfeld : Huber & Co, 1919, pp. 147-149 et 158. Il faut par contre relever le très bon commentaire qui accompagne l'édition de la correspondance d'Escher : Jung, Joseph (Ed.), *Alfred Eschers Briefwechsel (1848-1852) : Aufbau des jungen Bundesstaates, politische Flüchtlinge und Neutralität*, Zürich : NZZ, 2012, pp. 25-29.

288 Jung, Joseph (Ed.), *Digitale Briefedition Alfred Escher*, Zürich : Alfred Escher-Stiftung : https://www.briefedition.alfred-escher.ch ; Af, J1.67#1000/1363#28* et J1.67#1000/1363#30*.

de la nation et qui est la source d'avantages que les uns arrachent mutuellement aux autres»[289].

Pour Escher, l'unification des monnaies est bien plus importante que le choix du pied monétaire. Ce qu'il cherche avant tout, c'est assurer, d'une part, la poursuite du développement économique à l'intérieur et, d'autre part, maintenir à l'extérieur de bons rapports économiques avec les pays frontaliers[290]. Afin de doter le pays d'une unité stable, il estime indispensable de supprimer la multitude de cours en vigueur dans les différentes régions du pays: qu'il existe une différence de 6 % entre le prix qu'un Neuchâtelois et qu'un Zurichois paie une pièce de 5 FF est à ses yeux intolérable et doit cesser[291]. Jusqu'à la fin du mois de février 1850, Escher reste toutefois en retrait sur le sujet et n'intervient pas directement. Lorsque la fraction minoritaire du CN, dont il fait partie, commence à travailler son rapport, il prend les choses en main dans son canton et organise les réunions de la commission auxquelles participent à titre d'experts Leonard Pestalozzi et les deux CaE saint-gallois Arnold Otto Aepli et argovien Bernhard Friedrich Fischer[292]. Mais Escher ne consacre pas beaucoup de temps à cette activité, totalement absorbé qu'il est par l'élaboration de la loi sur l'expropriation qui doit aussi être discutée au CN dans le courant du mois d'avril. Il écrit ainsi à son ami le banquier Johann Baptist Bavier, qui siège à ses côtés dans la fraction minoritaire de la commission monétaire du CN:

> *«Das Expropriationsgesetz hat in den letzten zwei Wochen meine Zeit ganz in Anspruch genommen. Kern & ich haben den bundesräthlichen Entwurf ganz umgearbeitet & die weitere Commission hiess unsere Arbeit mit wenigen Abänderungen gut. Es wäre mir nicht möglich gewesen, während dieser beiden Wochen an einem Berichte in der Münzangelegenheit auch nur ein Paar Stunden lang zu arbeiten. Ich bin also*

289 ESCHER, Alfred, «Discours tenu par M. le Bourgmestre Dr. Escher», *op. cit.*, pp. 147-159 (ici, p. 156). Cf. également, dans le même ordre d'idée, son discours prononcé le 21.07.1848 au GC de ZH, cité in JUNG, Joseph, *Alfred Escher: 1819-1882. Aufstieg, Macht, Tragik*, *op. cit.*, p. 146, ainsi que ESCHER, Alfred, *Discours tenu à l'ouverture du Conseil national par son président, le 5 avril 1850*, *op. cit.*, pp. 8-9.

290 HAEFLIGER, Hans, *Bundesrat Josef Munzinger*, *op. cit.*, p. 304 et JUNG, Joseph (Ed.), *Alfred Eschers Briefwechsel*, *op. cit.*, p. 27.

291 Exemple tiré de son intervention lors de la séance du CN du 21.12.1849, citée in [S.A.], «Bundesstadt. Nationalrath», *Neue Zürcher Zeitung*, 22.12.1849, pp. 3-4.

292 Correspondance Alfred Escher, lettres de Pestalozzi à Escher du 21.02.1850, 6 p. (ici, p. 1) et du 23.02.1850, 2 p. (ici, p. 1).

im Interesse der Sache um so froher, dass die Commission mir die Berichterstattung abgenommen hat»[293].

Cet engagement minimal contribue à créer certaines tensions avec les membres de cette fraction de la commission. C'est particulièrement le cas avec le rapporteur, le Saint-Gallois Hungerbühler, qui se plaint amèrement d'occuper cette position, estimant ne pas posséder les compétences nécessaires à la réalisation de cette tâche[294]. Il le reproche à Escher qui est alors obligé de mettre les points sur les « i » :

«*Ihre verehrl[iche] Zeilen von 17t d[ieses Monat] veranlassen mich zu einer, ich hoffe, nun einmal abschliesslichen Bemerkung. Wenn Sie sagen, "ich sei Schuld, dass ein Sachunkundiger den Bericht abfassen müsse", so muss ich neuerdings dagegen protestiren. Hätte ich die Berichterstattung übernommen, so wäre ja auch ein "Sachunkundiger" Berichterstatter gewesen. Sodann wissen Sie wohl – & die seither Statt gehabten Arbeiten der Eisenbahncommission & ihrer Section haben noch vollends den Beweis*

293 Correspondance Alfred Escher, lettre d'Escher à Bavier, 09.03.1850, 4 p. (ici, p. 4). Initialement nommé rapporteur, cette fonction se révèle incompatible avec sa charge de président du CN.

294 C'est pour cette raison que de nombreuses personnes aident Hungerbühler (cf. note 16 p. 412) à produire son rapport. Le directeur de la "Bank in St. Gallen" Edmund Fehr (cf. note 246 p. 382), le CaE Bernhard Friedrich Fischer (cf. note 10 p. 410), le Cn Alfred Escher (cf. note 303 p. 401) ou encore le négociant August von Gonzenbach (cf. note 87 p. 340) lui transmettent du matériel (articles de presse, brochures ou encore rapports étrangers). Le Cn saint-gallois Johann Georg Anderegg (cf. note 280 p. 393) se charge pour sa part de synthétiser toutes les revendications qui parviennent des différents secteurs économiques du canton avant de les transmettre à Hungerbühler. C'est toutefois Leonhard Pestalozzi (cf. note 155 p. 233) qui exerce le plus d'influence en produisant des rapports complets à l'attention d'Hungerbühler, en retravaillant tous les tableaux et en corrigeant plusieurs parties du texte. Il faut aussi relever que le rapporteur de la majorité de la commission du CN, le Schaffhousois Friedrich Peyer Im Hof (cf. note 11 p. 410), lui envoie un matériel conséquent et l'encourage à produire son rapport sans trop tarder. Sur cette question, se référer aux lettres adressées à Hungerbühler, qui se trouvent dans le fonds BSG, VNL 60, A23, par Fischer du 23.02.1850, 3 p. (ici, p. 2), du 17.03.1850, 1 p. et du 22.03.1850, 3 p. (ici, p. 1) (lettres n° 8, 9 et 11) ; par Pestalozzi du 15.03.1850, 3 p. (ici, pp. 2-3), 18.03.1850, 2 p. (ici, p. 1), du 20.03.1850, 4 p. (ici, pp. 2 et 4), du 21.03.1850, 1 p., du 22.03.1850, 4 p. (ici, pp. 1-3) et du 06.04.1850, 4 p. (ici, pp. 1-4) (lettres n° 16 à 18, 20, 25 et 27) ; par Gonzenbach du 21.03.1850, 4 p. (ici, pp. 1-2) et [s.d. : vers début avril 1850], 3 p. (lettres n° 44-45) ; par Anderegg du 23.02.1850, 2 p. (lettre n° 56) ; par Peyer Im Hof du 10.03.1850, 2 p. (ici, pp. 1-2) (lettre n° 35).

geleistet, dass ich geradezu keine Zeit zu der Berichterstellung gehabt hätte; abgesehen von der besonders bei so wichtigen die Leidenschaften aufregenden Berathungen deutlich hervortretenden Unvereinbarkeit der Stellungen als Präsident & Berichterstatter im Nationalrathe. Endlich hat die Mehrheit der Münzcommission die Gründe, die ich für Ablehnung der Berichterstattung anführte und anführen musste, genehmigt & mir die Berichterstattung abgenommen: ich bin also nicht Schuld daran, dass Sie Berichterstatter sind, sondern die Verhältnisse & die Münzcommission. So viel wurde mir neuerdings durch Ihre Bemerkung abgedrungen. Und nun hoffe ich, es sei an dem gesagten einmal genug ! Noch einmal sehe ich mich & gerade auch durch Ihr letztes verehrl[iches] Schreiben veranlasst, Ihnen zuzurufen, sich zu Ihrer Arbeit die nöthige Zeit zu nehmen»[295].

Aux yeux d'Escher, se rapprocher du système monétaire des Etats du sud de l'Allemagne n'est pas judicieux pour deux raisons[296]. D'une part, il subsiste de sérieux doutes sur le devenir de leur pied monétaire. En cas d'unification des Etats allemands, il estime que le thaler prussien remplacerait le florin du sud. D'autre part, le Zurichois considère que les Etats du sud de l'Allemagne ne seraient pas en mesure d'assurer l'approvisionnement en numéraire de la Suisse. La réserve de FLa, qu'Escher évalue entre 300 et 400 millions de FF, représente en effet moins de 10 % des FF disponibles sur le continent. Au demeurant, le système proposé par la minorité repose sur la tarification des principales espèces étrangères, ce que le Zurichois refuse, car il est conscient qu'elle induit inévitablement des différences de cours, ce qu'il veut justement faire cesser. Le système français présente au contraire des avantages qui correspondent aux attentes d'Escher[297]. Reposant sur une base immuable, il propose une base de calcul simple qu'il est facile d'introduire en Suisse. Sa très large diffusion dans le monde et le réservoir d'espèces immense assurent une stabilité d'approvisionnement dans le temps.

La lecture de ces documents ne laisse planer que très peu de doutes sur la vision d'Escher : le système monétaire des Etats allemands ne présente pas suffisamment de garanties et ne permet pas d'unifier les monnaies sur une base homogène. Il convient donc de se questionner sur les raisons de sa présence dans la minorité de la commission qui défend le FLa. Cette position étonne une partie de son entourage, comme le formule très bien son ami Peyer Im

295 Correspondance Alfred Escher, lettre d'Escher à Hungerbühler, 18.03.1850, 4 p. (ici, pp. 1-3).

296 AF, J1.67#1000/1363#28*, *Einführung des Reichsguldenfusses, gegen*, 1 p. et *Einführung eines Schweiz. Münzfusses, gegen*, 1 p.

297 AF, J1.67#1000/1363#28*, *Einführung des Französische Münzfusses, für*, 4 p.

Hof : « *Herr Escher ist mir gegenüber über die Münzfrage ganz stumm geworden und fast macht er mir der Eindruck, als ohne sich nicht ganz in der rechten Stellung fühlte (Entre nous)* »[298]. Nous en sommes réduits ici à des conjectures pour essayer de comprendre le positionnement complexe du Zurichois. Trois hypothèses pourraient fournir une clef de compréhension. La première, c'est qu'Alfred Escher se positionne en faveur du FLa face au succès de la pétition dans son canton. En effet, fin février 1850, il n'a toujours pas pris position. Son ami glaronnais, le magistrat Johann Jakob Blumer, en témoigne dans une lettre qu'il adresse au Saint-Gallois Aepli :

> « *Noch vor wenigen Wochen schrieb er [Alfred Escher, JC] mir, dass er immer nach unentschieden sey; dass er sich in der letzten Zeit, wo er mit kantonalen Gesetzgebungsarbeiten so sehr beschäftigt war, sich nicht mit der Münzfrage abgeben konnte, ist begreiflich, – weniger, dass er nicht schon in Bern eine bestimmte Ansicht fasste, wo man doch beinahe genöthigt war, der einen oder andern der sich bekämpfenden Meinung sich anzuschliessen. Ich habe ihm seit Empfang daraus Briefes nicht mehr geschrieben, sonst würde ich nicht ermangelt haben, ihn auf die Solidarität der Interessen der östlichen Kantone aufmerksam zu machen* »[299].

En dépit de la présence d'Escher dans la fraction minoritaire de la commission monétaire du CN, les défenseurs du FLa ne parviennent pas à s'assurer pour le moment que le Zurichois soit de leur côté. Or, ils ont parfaitement conscience que la réussite de leur projet dépend en bonne partie de sa mobilisation, comme l'écrit très clairement le CaE argovien Bernhard Friedrich Fischer au rapporteur Hungerbühler : « *Bei meinem letzten Besucht war Herr Bürgermeister Escher noch unentschieden, schien aber eher auf unserer Seite zu neigen. Von ihm wird viel abhängen, dem, wenn Zürich für des franz[ösischen] Systems stimmt, so sind wir zu sehr isoliert* »[300]. Dans ces conditions, il est possible qu'Escher se rallie à l'opinion qui semble majoritaire dans la région zurichoise. C'est l'avis du Ministre français en Suisse. Selon lui, c'est la pétition en faveur du FLa qui aurait fait changer d'opinion Alfred Escher, initialement en faveur du

---

298 AEB, PA 116, A 225, lettre de Peyer Im Hof à Speiser, 08.04.1850, 3 p. (ici, p. 2). Souligné dans le texte original. Cf. aussi Correspondance Alfred Escher, lettre de Rudolf Eduard Ullmer à Escher, 28.02.1850, 4 p. (ici, p. 1) qui va dans le même sens.

299 BSG, VNL 38, B12, lettre de Blumer à Aepli, 21.02.1850, 5 p. (ici, p. 3).

300 BSG, VNL 60, A23, 4, lettre de Fischer à Hungerbühler, 18.02.1850, 3 p. (ici, pp. 2-3). Cf. aussi dans le même fonds la lettre n° 6 de Fischer à Escher, 21.02.1850, 3 p. (ici, p. 1).

FF, «*pour se conformer à celle de la majorité de son canton*»[301]. Cette éventualité semble assez peu vraisemblable, dans la mesure où il semblerait, sur la base de sa correspondance, que le Zurichois n'accorde pas une très grande légitimité au processus pétitionnaire, car il a conscience que la récolte de signatures est influencée par les acteurs locaux dominants et qu'elle ne constitue donc pas une représentation fidèle des attentes des citoyens. Cette possibilité demeure néanmoins plausible.

La seconde hypothèse concerne les chemins de fer. Il se pourrait que l'explication soit à trouver dans les objets qui sont délibérés lors de la session de printemps 1850 du CN. En effet, les commissions de trois thèmes importants (chemins de fer, expropriation et monnaies) se composent d'un même groupe de députés, les commissions sur l'expropriation et les chemins de fer étant même parfaitement identiques. Il est possible qu'Escher ait conclu un accord avec les Saint-Gallois dans la loi sur l'expropriation (adoptée le 1er mai 1850). La commission du CN chargée d'étudier ce projet se compose des cinq députés qui sont aussi dans la majorité de la commission monétaire favorable au FF (Bischoff, Blanchenay, Peyer Im Hof, Pioda et Stämpfli), de deux Saint-Gallois (Erpf et Steiger), d'un Argovien (Siegfried), d'un Zurichois (Escher) et d'un Thurgovien (Kern), ces cinq derniers étant partisans du FLa[302]. Peut-être qu'Escher a-t-il défendu la monnaie allemande en échange du soutien des Saint-Gallois et des Argoviens dans le vote sur l'expropriation ? Cette option semble toutefois peu vraisemblable, dans la mesure où cette loi ne semble pas engendrer de gros conflits entre les membres de la commission. Une autre possibilité concernerait le tracé de la transversale ferroviaire alpine. Il est plausible que le Zurichois Escher ait défendu la monnaie allemande afin de renforcer les rangs des partisans du Lukmanier, aussi défendu par les Saint-Gallois, dans le but de lutter contre la traversée par le Gothard, soutenue par les milieux bâlois[303]. C'est vraisemblable, car selon l'historien Gérard Duc,

---

301 AD, Correspondance consulaire et commerciale, 41 CCC, 2, lettre de de Reinhard au Ministre des Affaires Etrangères, Jean Ernest du Cos, 12.04.1850, 10 p. (ici, p. 8).

302 Le dernier membre est le Genevois Guillaume-Henri Dufour. Cf. «Rapport de commission accompagnant le projet de loi sur l'expropriation tel qu'il a été délibéré par la Commission nommée par le Conseil national», *Feuille fédérale*, Vol. 1, 14, 05.04.1850, pp. 169-180.

303 Une bonne présentation des intérêts cantonaux par rapport au Lukmanier figure dans: GUBLER, Ferdinand, *Die Anfänge der schweizerischen Eisenbahnpolitik*, *op. cit.*, pp. 136-160. Sur le point de vue d'Alfred Escher dans les chemins de fer

« Dès 1850, l'opposition la plus ferme à toute politique fédérale centralisatrice en matière de chemins de fer provient de Saint-Gall, de cette Suisse de l'est, déjà désavouée par la réforme monétaire de 1850 et qui voit avec crainte un seul des défenseurs du Lukmanier siéger à la commission du Conseil national »[304].

Il est vrai que les milieux industriels de Suisse orientale craignent que leurs intérêts ne soient pas pris en compte dans le choix du tracé de la transversale alpine et ils ont parfaitement conscience d'être en minorité dans la commission du CN[305]. Il est dès lors possible qu'un accord ait été conclu entre Escher et les acteurs industriels de l'est pour créer un bloc dans le but de faire échouer le projet du Gothard. Il est également envisageable qu'Escher ait cherché à se rapprocher des Saint-Gallois afin de faciliter son accès au marché des capitaux du sud de l'Allemagne dans la perspective du financement de la construction du réseau de chemins de fer. Il semblerait par contre que l'organisation privée ou publique de l'exploitation des chemins de fer ne doive pas être prise en compte, puisqu'Escher et les Saint-Gallois défendent l'option privée[306].

La troisième hypothèse serait une stratégie délibérée du Zurichois pour s'assurer du soutien des Saint-Gallois. Il est en effet possible qu'Escher fasse de la figuration. Favorable au FF et conscient que cette solution va l'emporter, il se positionne publiquement en faveur du FLa afin de rallier les voix des Saint-Gallois pour un autre projet qui est plus important à ses yeux sans qu'il soit possible, sur la base des sources consultées, de déterminer duquel il s'agit. Cette éventualité est très plausible, car sa prise de position dans la question monétaire va à l'encontre de son positionnement politique et économique, ainsi que de ses notes personnelles. Au-delà de son emploi du temps chargé et de sa fonction de président du CN, ces hypothèses pourraient participer à expliquer

---

au moment de la fondation de l'Etat fédéral : Jung, Joseph (Ed.), *Alfred Escher zwischen Lukmanier und Gotthard. Briefe zur schweizerischen Alpenbahnfrage 1850-1882*, Band 1, Teil 1, Zürich : NZZ, 2008, pp. 41-60.

304 Duc, Gérard, *Les tarifs marchandises*, *op. cit.*, p. 73. Cf. aussi Gubler, Ferdinand, *Die Anfänge der schweizerischen Eisenbahnpolitik*, *op. cit.*, p. 319 qui tient des propos similaires, et Tissot, Laurent, « Les chemins de fer en Suisse au XIXe siècle : état des lieux », *Revue d'histoire des chemins de fer*, 42-43, 2012, pp. 67-90 (ici, pp. 81-82).

305 Bsg, VNL 38, B12, lettre de Blumer à Aepli, 10.01.1850, 3 p. (ici, p. 2).

306 Sur cette question : Duc, Gérard, *Les tarifs marchandises*, *op. cit.*, pp. 391-393 ; Gubler, Ferdinand, *Die Anfänge der schweizerischen Eisenbahnpolitik*, *op. cit.*, pp. 340-362 ; Humair, Cédric, « Industrialisation, chemin de fer et Etat central », *op. cit.*, pp. 15-29 (ici, pp. 23-25).

ses réticences à endosser le rôle de rapporteur et de rédacteur pour la minorité de la commission du CN.

Passons maintenant à ce rapport de la minorité de la commission. La crainte d'un renchérissement du prix des biens de consommation en provenance d'Allemagne est au cœur des préoccupations de ses membres. Ayant une sensibilité très forte à l'augmentation du coût de la vie, car les coûts de production des cotonnades de haute qualité incorporent beaucoup de travail, les milieux industriels de Suisse orientale craignent que tout accroissement du prix des céréales se répercute inévitablement sur la masse salariale et donc sur leur compétitivité :

> « *[...] le marchand de blé allemand ne peut employer chez lui la pièce de cinq francs à sa valeur nominale ou au cours abusif, il lui sera impossible de l'accepter en Suisse aux mêmes conditions comme moyen de paiement. Que fera-t-il ? Il cherchera au moins, en haussant le prix de sa marchandise, à s'indemniser du taux par trop élevé du numéraire. [...] En vérité on ne peut pas attendre non plus autre chose du vendeur de blé allemand ; car lorsqu'on le paie avec une monnaie autre que celle qu'il peut employer partout dans son propre pays à sa valeur nominale, avec une monnaie qu'il est d'abord obligé de changer et pour le change de laquelle il doit payer une provision, il est pourtant de toute nécessité qu'il se récupère en haussant le prix de sa marchandise* »[307].

Portant sur l'ensemble des biens importés, la hausse des prix risque de ralentir considérablement le commerce de frontière. Dans ces conditions, les concessions de la majorité portant sur un abaissement des taxes douanières sur le blé ne reçoivent qu'un accueil mitigé[308]. Le gain en résultant ne pourrait pas équilibrer une hausse des prix de l'ensemble des importations concernées. Afin de protéger leurs relations avec les Etats du sud de l'Allemagne, ils mobilisent l'argument de la nécessité de sauvegarder la diversité des sources d'approvisionnement en numéraire :

> « *Nous voulons simplement et purement nous réserver l'emploi légal des monnaies des deux grands pays voisins, avec lesquels nous sommes en contact immédiat et journalier, savoir le domaine monétaire allemand et le domaine monétaire français, sans exclure*

---

307 « Rapport et propositions de la fraction de la Commission du Conseil national qui recommande l'adoption du système du franc de Suisse basé sur le marc de Cologne (5 avril 1850) », *op. cit.*, pp. 1-142 (ici, pp. 71-72).

308 Le CaE argovien Bernhard Friedrich Fischer (cf. note 10 p. 410) estime que cette concession, si elle était réellement appliquée, pourrait engager les Saint-Gallois à voter pour le FF. Il la juge tout de même insuffisante en regard de la perte sur le retrait des anciennes monnaies qui demeure encore inconnu et, surtout, du tour de force inadmissible du CF qui n'a eu recours qu'à un seul expert. Cf. Bsg, VNL 60, A23, 5, lettre de Fischer à Hungerbühler, 20.02.1850, 2 p. (ici, p. 2).

ni l'un ni l'autre à notre propre préjudice. Y a-t-il là quelque chose d'absurde ? Sommes-nous dans l'absurde alors que, consultant notre situation particulière, nous pourvoyons à ce que notre circulation de numéraire ne dépende pas de chaque révolution, de chaque émeute éclatant à Paris, à ce que nous n'ayons pas besoin de soupape de sûreté ? »[309].

L'objectif poursuivi par cette fraction de la commission est de pouvoir continuer à s'approvisionner en numéraire bon marché sur les marchés du sud de l'Allemagne en appuyant sur le risque de dépendance envers la France.

Le rapport des deux commissions ayant été présenté, passons maintenant au débat au CN.

5.2.2. La victoire du pied monétaire français au Conseil national : la loi du 7 mai 1850 et la naissance du franc suisse

A la veille du débat monétaire au CN, il vaut la peine de faire le point sur le positionnement des différents acteurs. Le report du débat fin 1849 suite au vote au CE a des effets bénéfiques pour les partisans du système allemand. La pause hivernale provoque en effet un essoufflement des partisans du FF, principalement dans les cantons fortement divisés sur la question, au sein desquels plusieurs acteurs se rallient désormais au FLa. Le préfet de Winterthour Johann Jakob Müller en fait partie : « *Überdiess finde ich je länger je mehr, dass wir unsern Interessen angemessener verfahren, wenn wir uns für den Schweizerfranken aussprechen. Und zu dieser Ansicht sind viele Kaufleute gekommen, welche früher, wie ich, den franz[ösischen] Fuss adoptirt hätten* »[310]. Selon Pestalozzi, les cantons de Suisse centrale sont aussi concernés, à l'instar de Lucerne : « *Auch von Luzern meldet mir heute ein vertrauter Freund folgendes "Wie es mir scheint so ist man höhern Orts in hier über Einführung des franz[ösischen] Münzfusses wankend geworden wenigstens werden sich die Stimmen im Nationalrath theilen"* »[311]. Le rapport de force se serait donc considérablement modifié depuis le vote au CE en faveur du FF en décembre 1849 selon les propos de ces acteurs. Le juriste zurichois Rudolf Eduard Ullmer résume parfaitement à Alfred Escher l'effet de ces quelques mois sur les prises de position :

309 « Rapport et propositions de la fraction de la Commission du Conseil national qui recommande l'adoption du système du franc de Suisse basé sur le marc de Cologne (5 avril 1850) », *op. cit.*, pp. 1-142 (ici, pp. 46-47).

310 Correspondance Alfred Escher, lettre de Müller à Escher, 07.03.1850, 4 p. (ici, p. 2). Souligné dans le texte original.

311 Correspondance Alfred Escher, lettre de Pestalozzi à Escher, 26.03.1850, 2 p. (ici, p. 2). Souligné dans le texte original.

> *«Ich glaube mich nicht zu irren, wenn ich sage, im November & D[ezember] v[origen] J[ahres] erwartete die weitaus grosse Mehrzahl unsers Schweizervolkes die Einführung des französischen Münzfusses & wäre damals im Nationalrathe abgestimmt worden, so zweifle ich keinen Augenblick daran, es würde mit überwiegender Mehrheit diese Erwartung erfüllt worden sein. Es kann aber gewiss auch nicht geläugnet werden, dass sich in den beiden letzten Monaten die Ansichten des Publicums, wenigstens desjenigen Theiles desselben, der sich um diese Frage interessirt, geändert & ich möchte sagen berichtigt hat»*[312].

De leur côté, les partisans de la monnaie française sont aussi conscients que la composition des rangs n'est plus identique qu'en hiver. Le Ministre français en poste en Suisse constate ainsi que l'enthousiasme des partisans du FF a fortement diminué. Début mars 1850, il écrit à son ministre de tutelle : *« Les chances en faveur de l'introduction du système monétaire français en Suisse me paraissent avoir beaucoup diminué depuis la fin de l'année dernière »*[313]. Il n'est pas possible d'évaluer quantitativement cette défection, mais elle semble toucher des franges assez larges. La cause principale est la diffusion des pétitions qui contiennent des dizaines de milliers de signatures, ainsi que l'entrée en scène d'acteurs au poids économique décisif, tel Alfred Escher, qui entrainent dans leur sillage une partie de leur entourage, ainsi que les indécis. Ainsi, l'industriel neuchâtelois Henri DuPasquier partage ses doutes à Speiser :

> *«En somme, Monsieur, je suis réellement assez inquiet du résultat, il me parait fort possible qu'il soit nul, car si le Conseil National se laisse intimider, je ne pense pas que le Conseil des Etats revienne en arrière en masse, ou du moins en majorité, ce serait par trop honteux, mais dans mon inquiétude, je ne sais quel parti proposer»*[314].

Le CaE zurichois Hans Jakob Pestalozzi confie aussi à Speiser qu'il n'a plus beaucoup d'espoirs que le FF l'emporte[315]. Mais si la modification du rapport de force à l'échelle fédérale est bien réelle, elle ne suffit pas à inquiéter tous les partisans du FF. Ainsi, bien qu'il s'active, dans les semaines qui précèdent l'ouverture du débat au CN, à la diffusion de ses écrits auprès des membres de l'AsF et qu'il redouble également d'efforts dans la presse, Speiser ne doute pas

312 Correspondance Alfred Escher, lettre de Rudolf Eduard Ullmer à Escher, 28.02.1850, 4 p. (ici, p. 1).

313 AD, Correspondance consulaire et commerciale, 41 CCC, 2, lettre de de Reinhard au Ministre des Affaires Etrangères, Jean Ernest du Cos, 08.03.1850, 6 p. (ici, p. 1).

314 AEB, PA 116, A 73, lettre de DuPasquier à Speiser, 22.03.1850, 2 p. (ici, p. 2).

315 AEB, PA 116, A 221, lettre de Hans Jakob Pestalozzi à Speiser, 31.03.1850, 5 p. (ici, p. 2).

des chances de réussite de son projet[316]. La confiance qui caractérisait les rangs des partisans du FF à la veille du débat au CE reste tout de même, sinon intacte, du moins peu ébranlée par le mouvement pétitionnaire en faveur de la monnaie allemande. A cet égard, la *Gazette de Lausanne* estime même que ses effets sont contre-productifs : « *Les partisans du système monétaire dit allemand ont fait et ont eu recours à tant de moyens extra-parlementaires, qu'ils ont fini par lasser jusqu'à l'indifférence de ceux qui attendaient tranquillement la solution de la question de la discussion éclairée de nos deux chambres* »[317]. Au cœur de la capitale, les proches de Speiser peuvent en témoigner. Des Cn argoviens déclarent à Munzinger ne pas avoir été impressionnés par les milliers de signatures en faveur du FLa dans leur canton et qu'ils continuent à donner leur voix au FF[318]. Plusieurs Cn lucernois confirment eux aussi au Cf Munzinger leur soutien[319]. Dans ces conditions, le Soleurois se prête au jeu des pronostics auprès de Speiser : « *Die Stimmung in der Münzsache macht sich recht ordentlich : die Luzerner halten fest ; mehrere Zürcher werden sich zum französischen Fuss bekennen ; die Aargauern beinahe alle. Die Petition der aargauer Fabrikanten macht eine vortreffliche Wirkung [...]* »[320]. Même son de cloche du côté du Cn bâlois Achilles Bischoff : « *Von Zürcher haben wir wahrscheinlich 4 für den französischen Münzfuss. Bundten – einen. Thurgau – einen. Aargau – ist Bruggisser ausgeblieben, wahrscheinlich weil er sich schämt* »[321]. Pour le rapporteur de la majorité de la commission, le Schaffhousois Peyer Im Hof, il ne fait absolument aucun doute que la majorité sera largement atteinte :

> « *Anderseits glaube ich mich nicht zu täuschen [...], dass die Sache im Nationalrat gut stehen. Von Bern und dem Resten spreche ich nicht, dagegen werden Sie mit*

---

316 Début avril 1850, 140 exemplaires de son rapport et 120 exemplaires de ses brochures sont adressés, par l'intermédiaire de Munzinger, à Peyer Im Hof et Bischoff qui les distribuent aux CaE et aux Cn : AF, E12#1000/36#67*, lettre de Speiser à Munzinger, 04.04.1850, 1 p. ; AF, E12#1000/36#69*, lettre de Speiser à Munzinger, 15.04.1850, 1 p. ; AEB, PA 116, A 210, lettre de Munzinger à Speiser, 09.04.1850, 1 p. Ses principaux articles dans la presse sont : SPEISER, Johann Jakob, « Die St. Gallische Ordnung im Münzwesen », *Neue Zürcher Zeitung*, 08.04.1850, p. 1 ; « Die St. Gallischen Münz-Mysterien », *Neue Zürcher Zeitung*, 17.04.1850, p. 1 ; « Eine Erläuterung in Münzsachen », *Neue Zürcher Zeitung*, 19.04.1850, p. 1.

317 [S.A.], « Confédération suisse », *Gazette de Lausanne*, 23.03.1850, p. 3.

318 AEB, PA 116, A 210, lettre de Munzinger à Speiser, 10.04.1850, 2 p. (ici, p. 2).

319 AEB, PA 116, A 210, lettre de Munzinger à Speiser, 19.03.1850, 2 p. (ici, p. 1).

320 AEB, PA 116, A 210, lettre de Munzinger à Speiser, 09.04.1850, 1 p.

321 AEB, PA 116, A 20, lettre de Bischoff à Speiser, 12.04.1850, 2 p. (ici, p. 2).

Vergnügen vernehmen, dass die Vertreter des Aargaus ihrer grossen Mehrheit noch, ferner wenigstens drei Zürcher, ein Thurgauer und wahrscheinlich zwei Bündner mit uns stimmen werden, ebenso sind Luzern und die Urkantone gut, so dass mit grosse Mehrheit kaum zweifelhaft scheint, dass zu Ihrer Beruhigung»[322].

Peu avant les débats au CN en avril 1850, le CF reçoit un encouragement important. Le Ministre français en Suisse, le comte de Reinhard, l'informe que la Commission des monnaies française «*a reconnu combien serait désirable l'adoption du système français dans toute l'étendue de la Confédération*»[323]. Soutien de poids certes, mais il s'agit surtout d'une intervention symbolique qui n'est accompagnée d'aucune autres ouvertures. Sur la base des sources consultées – rapports et correspondance du Ministre français en Suisse et registre des délibérations de la Commission des Monnaies et Médailles de Paris –, il semblerait que ni le Gouvernement français, ni la Commission des Monnaies ne se mobilisent réellement en faveur de l'adoption du pied monétaire français en Suisse à ce moment. Toutefois, ces propos informent le CF que la Commission des monnaies française serait encline à soutenir un projet de frappe de FS en France; nous aurons l'occasion d'y revenir dans le prochain chapitre.

Les partisans du FLa se prêtent également au jeu des pronostics. Malgré le succès des pétitions et une augmentation des soutiens, ils ont parfaitement conscience que leur projet a peu de chance d'aboutir[324]. Ainsi, le Cn saint-gallois Johann Georg Anderegg, investi depuis le mois d'octobre 1849 dans la défense du pied allemand, écrit-il à son homologue du CE Aepli à la veille de l'ouverture du débat au CN:

«*In Antwort auf Ihr sehr werthes von 20 Ct. muss ich leider die Berichte bestätigen – welches Ihnen zu [mot illisible] sind – wir werden verliehen vielleicht 30 Stimmen haben, eher weniger als mehr! [...] Von dem Aargauen behauptet man, wenden 1 oder 2 für uns stimmen; von dem Zürchern ein oder 2 vielleicht 3 gegen uns. Vom Bündten*

322 AEB, PA 116, A 225, lettre de Peyer Im Hof à Speiser, 08.04.1850, 3 p. (ici, pp. 1-2).

323 AEB, PA 116, B I 1b, lettre de de Reinhard au CF, 14.04.1850, 3 p. (ici, p. 1). Afin de conformer le système suisse à celui de son voisin, cette commission recommande de remplacer la pièce de 25 cts suisse par celle de 20 cts française et d'adopter la dénomination française de centime au lieu de rappe.

324 Bien que les nombreuses signatures récoltées à Zurich dans le courant du mois de mars redonnent temporairement confiance à Leonhard Pestalozzi, il ne se fait pas d'illusions sur ses chances de réussite. Cf. BSG, VNL 60, A23, 15, 17 et 31, lettres de Pestalozzi à Hungerbühler du 22.03.1850, 4 p. (ici, p. 4), du 17.04.1850, 7 p. (ici, p. 6) et du 21.04.1850, 2 p. (ici, p. 1).

einen gegen uns. Von Thurgau glaubt nun auch nicht allen Stimmen sicher zu seyn. In Luzern, die Mehrheit gegen uns»[325].

Les deux camps n'affichent donc pas la même confiance dans la réussite de leur projet. Il reste toutefois très difficile de prévoir l'issue du vote. Si les partisans du FF peuvent se reposer sur leur victoire au CE, les défenseurs du FLa ont rallié du monde avec leur pétition.

A la veille de l'ouverture de la session du CN, un certain Griot de Zurich adresse une demande de report et la nomination d'une commission extérieure à l'AsF. Avec une grande lucidité, il met en évidence la difficulté des députés à dépasser les intérêts cantonaux pour trouver une solution commune qui satisfasse les intérêts de tout le pays :

«La lûtte [sic] engagée sous ce rapport tient essentiellement aux intérêts respectifs des opinants ! Ces intérêts sont en général, diamêtralement [sic] opposés les uns aux autres et l'on oublie, dans ce conflit, la position toute spéciale de la Suisse, laquelle, géographiquement, financiellement et commerciellement parlant, a, c[est]-à-d[ire] "pour chaque Canton séparément", ses points de contact, et par là même des intérêts si différents et divergeants [sic] avec les Etats qui la cernent de toutes parts, qu'en même tems [sic] qu'il serait à désirer, il est difficile à comprendre, que les défenseurs des deux partis qui sont en lice, ne sachent avant tout se faire raison à ce sujet, dans le but avoué de se réunir sur un point de fusion seul capable de convenir à la commune patrie, plutôt que de caresser un système quelconque qui pourrait ne pas lui convenir et qui pourrait facilement être antipathique au peuple et tout aussi bien être exposé à tourner en utopie financière pour la Nation !»[326].

Cet appel ne trouve aucun accueil favorable[327]. D'autant plus qu'au même moment, le rapporteur de la minorité Hungerbühler rencontre de sérieuses difficultés à terminer son rapport et à le faire traduire, ce qui fait courir le risque

---

325 Bsg, VNL 38, C17, lettre d'Anderegg à Aepli, 22.04.1850, 1 p. Des propos similaires sont tenus par le CaE glaronnais Johann Jakob Blumer à Aepli : Bsg, VNL 38, B12, lettres de Blumer à Aepli du 14.04.1850, 5 p. (ici, p. 2) et du 24.04.1850, 7 p. (ici, p. 6). Deux mois plus tôt, peu après le lancement de la pétition, Anderegg était pourtant persuadé de l'emporter. Cf. Bsg, VNL 60, A23, 59, lettre d'Anderegg à Hungerbühler, 26.02.1850, 1 p.

326 Af, E12#1000/36#179*, lettre de A. Ph. Griot à l'AsF, 03.04.1850, 3 p. (ici, pp. 1-2). Il s'agit peut-être d'un fabricant et négociant de soieries actif dans la ville de Zurich sous la raison "Griot & Cie", mais sans certitude.

327 Aeb, PA 116, A 210, lettre de Munzinger à Speiser, 10.04.1850, 2 p. (ici, pp. 1-2).

d'une demande de report[328]. Pour Peyer Im Hof, il est clair qu'il s'agit d'une tactique dilatoire : « *Einerseits will es mir scheinen, man suche die Sache auf die lange Bank zuschieben, zwar nicht durch direkte Anträge auf Verschiebung, sondern dadurch, dass H[err] Hungerbühler seine Berichterstattung in die Länge zieht* »[329]. De leur côté, 23 Cn déposent une motion demandant que la question monétaire soit traitée immédiatement après la loi sur l'expropriation et, dans tous les cas, réglée durant cette session. Elle est paraphée par des représentants des milieux agricoles de Suisse occidentale, centrale et méridionale, ainsi que par des députés de la Suisse occidentale marchande[330]. L'objectif poursuivi n'est pas très clair[331]. Il est possible que la pétition initiée par les Saint-Gallois ait tout de même produit son effet et que le délitement d'une partie des rangs inquiète les défenseurs du FF. Il semblerait cependant que le but de cette motion soit de contrecarrer la volonté des Saint-Gallois d'ajourner la discussion et de faire

---

328 AEB, PA 116, A 20, lettre de Bischoff à Speiser, 12.04.1850, 2 p. (ici, p. 1). Le rapport de la minorité est finalement livré le jour précédent le début du débat monétaire ; la version française le deuxième jour de la discussion.

329 AEB, PA 116, A 225, lettre de Peyer Im Hof à Speiser, 08.04.1850, 3 p. (ici, p. 1).

330 A l'exception du Lucernois Kasimir Pfyffer, il s'agit uniquement d'acteurs favorables au FF. Cf. AEB, PA 116, BI 1a, *Motion*, 09.04.1850, 1 p. Les députés de la Suisse occidentale agricole qui signent la motion sont six députés Bernois (Friedrich Fueter, Jakob Stämpfli, Karl Karrer, Guillaume-Henri Dufour, Johann Rudolf Schneider et Johann Anton von Tillier), trois Vaudois (Benjamin Pittet, Louis Blanchenay et Vincent Kehrwand), deux Fribourgeois (Nicolas Glasson et Christophe Marro), deux Soleurois (Benjamin Brunner et Niklaus Pfluger) et deux députés de Bâle-Campagne (Emil Frey et Johann Heinrich Plattner). Du côté de la Suisse centrale et méridionale agricole, il s'agit de trois Tessinois (Giacomo Luvini, Giovanni Jauch et Carlo Battaglini), d'un Valaisan (Antoine de Riedmatten) et d'un Lucernois (Kasimir Pfyffer). Les députés de la Suisse occidentale marchande qui apposent leur signature sont le Bâlois Achilles Bischoff, le Genevois Jean-Jacques Castoldi et le Neuchâtelois Fritz Lambelet.

331 Sur cette motion : [S.A.], « Conseil national », *Confédéré de Fribourg*, 13.04.1850, p. 3 ; [S.A.], « Conseil national », *Courrier Suisse*, 12.04.1850, pp. 3-4 ; [S.A.], « Verhandlungen des Nationalraths », *Der liberale Alpenbote*, 13.04.1850, pp. 2-3 ; [S.A.], « Politische Nachrichten. Inland », *Intelligenzblatt für die Stadt Bern*, 11.04.1850, p. 10 ; [S.A.], « Bern », *St. Galler-Bote*, 13.04.1850, pp. 1-2 ; [S.A.], « Allgemein Schweizerisches. Schweizerische Bundesversammlung », *Neue Zuger-Zeitung*, 13.04.1850, p. 1 ; [S.A.], « Schweiz », *Neue Zürcher Zeitung*, 11.04.1850, p. 1 ; [S.A.], « Bundesstadt. Nationalrath », *Neue Zürcher Zeitung*, 12.04.1850, p. 1.

avancer les délibérations. Car les partisans du pied monétaire français sont conscients qu'un report à ce stade signifie repousser le débat monétaire aux calendes grecques[332]. Le président du CN Alfred Escher s'oppose fermement à la motion des 23 Cn, estimant que si les débats débutaient immédiatement après la loi sur l'expropriation, la moitié de la commission n'aurait pas rendu son rapport. Par ailleurs, il refuse catégoriquement les accusations de vouloir faire reporter la discussion en ne rendant pas le rapport. Il parvient à entrainer avec lui une majorité de Cn en prétextant de la nécessité de respecter le travail des commissions. Cette mobilisation suffit à faire échouer la motion. L'Argovien Franz Waller, qui n'est pas signataire de la motion, propose alors de n'en retenir que la seconde partie, à savoir que la discussion aurait lieu dans le courant de cette session, mais sans fixer de date précise. Cette proposition est largement acceptée (11 refus) : la question monétaire sera donc réglée dans les semaines à venir.

Le débat sur les monnaies s'ouvre le 23 avril et occupe quatre jours complets[333]. Les députés du CE assistent *in pleno* au débat. La pierre d'achoppement de la loi, le choix du pied monétaire, est discutée pendant trois jours. Voici ce qu'en dit un article de presse valaisan après deux jours de débats :

---

332 [s.a.], « Schweiz », *Neue Zürcher Zeitung*, 11.04.1850, p. 1 ; [s.a.], « Bundesstadt. Nationalrath », *Neue Zürcher Zeitung*, 12.04.1850, p. 1.

333 Le débat du CN a été partiellement reconstitué à l'aide de : Af, E1301#1960/51#3*, Protocole du CN, avril-mai 1850, pp. 116-134 ; [s.a.], « Conseil national », *Confédéré de Fribourg*, 27.04.1850, pp. 2-3 ; [s.a.], « Confédération suisse. Conseil national », *Courrier du Valais*, 27.04.1850, pp. 2-3 ; [s.a.], « Conseil national », *Courrier Suisse*, 26.04.1850, pp. 1-2 ; [s.a.], « Conseil national », *Courrier Suisse*, 29.04.1850, pp. 1-2 ; [s.a.], « Conseil des Etats », *Courrier Suisse*, 03.05.1850, p. 2 ; [s.a.], « Schweizerische Eidgenossenschaft » et « Nationalrath », *Der Erzähler*, 30.04.1850, pp. 2 et 2-3 ; [s.a.], « Conseil national », *Gazette de Lausanne*, 27.04.1850, p. 3 ; [s.a.], « Conseil national », *Gazette de Lausanne*, 30.04.1850, p. 3 ; [s.a.], « Conseil national », *Journal de Genève*, 26.04.1850, pp. 2-3 ; [s.a.], « Conseil national », *Journal de Genève*, 30.04.1850, p. 3 ; [s.a.], « Conseil national », *Nouvelliste vaudois*, 27.04.1850, pp. 2-3 ; [s.a.], « Bundesstadt. Nationalrath », *Neue Zürcher Zeitung*, 24.04.1850, p. 3 ; [s.a.], « Bundesstadt. Nationalrath », *Neue Zürcher Zeitung*, 25.04.1850, pp. 1-2 ; [s.a.], « Bundesstadt. Nationalrath », *Neue Zürcher Zeitung*, 26.04.1850, pp. 1-3 ; [s.a.], « Bundesstadt. Nationalrath », *Neue Zürcher Zeitung*, 27.04.1850, pp. 1-2 et 3-4 ; [s.a.], « Bundesstadt. Nationalrath », *Neue Zürcher Zeitung*, 28.04.1850, pp. 3-4 ; [s.a.], « Nationalrath », *Thurgauer Zeitung*, 26.04.1850, pp. 1-2 ; [s.a.], « Nationalrath », *Thurgauer Zeitung*, 27.04.1850, p. 2.

« La délibération sur le premier article de la loi monétaire a continué aujourd'hui pendant près de cinq heures, elle n'est pas encore close. Les colonnes gigantesques et épaisses du Times ne suffiraient pas à reproduire ce qui a été dit aujourd'hui, surtout en faveur du soi-disant franc suisse, car on l'a laissé s'essouffler et s'épuiser, ce pauvre franc, au point qu'il en était malade »[334].

A l'ouverture des débats, le comportement du président du CN Escher tend à confirmer qu'il est favorable au FF et qu'il ne compte pas batailler ferme en faveur du pied allemand. Il propose en effet une discussion de la loi article par article. Son objectif est de traiter en priorité l'article 1, qui détermine le pied monétaire, et de ne pas se perdre dans des considérations générales. Au contraire, le rapporteur de la minorité, le Saint-Gallois Hungerbühler, demande une discussion générale sur la loi dans le but de mettre en évidence les imperfections du système français. Mais le Zurichois est décidé à clore cet objet aussi vite que possible : il met donc sa demande en votation à côté de celle du Saint-Gallois, car il sait que les partisans du FF seront favorables à sa proposition. La *Neue Zürcher Zeitung* qui rapporte les propos d'Escher lors du vote écrit : *« Der Präsident bemerkt, man werde ihm, doch nicht zutrauen, dass er seinen eigenen Vorschlag hintansetzen wolle »*[335]. La stratégie d'Escher fonctionne bien, puisqu'il parvient à court-circuiter la tentative d'Hungerbühler : la proposition du Saint-Gallois est refusée à 57 voix contre 34, alors que celle du Zurichois est largement acceptée (75 voix contre 34). La discussion sur le premier article peut débuter. L'opposition au système français est emmenée par plusieurs députés de la Suisse orientale industrielle (les deux demi-cantons d'Appenzell, Saint-Gall, Schaffhouse et Thurgovie) qui attaquent frontalement le projet de loi du CF qui, estiment-ils, ne prend pas suffisamment en compte leurs intérêts. Le Saint-Gallois Hoffmann s'insurge et prend *« die Einführung des französischen Fusses für eine Kriegserklärung gegen die östliche Schweiz »*[336]. Au sortir de la guerre

---

334 [S.A.], « Confédération suisse. Conseil national », *Courrier du Valais*, 27.04.1850, pp. 2-3 (ici, p. 3). Très peu de députés prennent pourtant la parole. Les représentants agricoles de Suisse occidentale, centrale et méridionale n'interviennent quasiment pas, à part le Cf tessinois Franscini qui prend brièvement part à la discussion. La joute oratoire se dispute entre les représentants des trois autres « mondes de production ».

335 Propos d'Alfred Escher lors de la séance du CN du 23.04.1850 rapportés in [S.A.], « Bundesstadt. Nationalrath », *Neue Zürcher Zeitung*, 24.04.1850, p. 3.

336 Intervention du Saint-Gallois Joseph Marzell Hoffmann lors de la séance du CN du 24.04.1850, citée in [S.A.], « Bundesstadt. Nationalrath », *Neue Zürcher Zeitung*, 25.04.1850, pp. 1-2 (ici, p. 1).

civile du Sonderbund, ces paroles sont mal venues et engendrent un tumulte général dans l'assemblée qui couvre l'intervention du Neuchâtelois Fritz Lambelet qui ne parvient pas à se faire entendre. Le FLa étant satisfaisant, les Saint-Gallois refusent de le modifier. A l'aide de chiffres et de données statistiques, ils soutiennent que le partenaire allemand est prédominant. Quelle que soit la loi, le FLa continuera à circuler en raison de l'importance du commerce de frontière. Afin de calmer le jeu, le Saint-Gallois Johann Baptist Weder, partisan du FF, propose de scinder le territoire en deux zones distinctes – le FF à l'ouest et le FLa à l'est –, ce qui offrirait la possibilité de maintenir une partie de la structure monétaire de la Suisse orientale en place : « *Dem Kanton St. Gallen ist seiner besondere Umstände wegen, ausnahmsweise gestattet, für seine Kantonalverhältnisse den deutschen 24.5 Gulden-Fuss beizubehalten. Die gleiche Begünstigung wird auch andere Kantonen eingeräumt [...]* »[337]. Cette proposition produit l'effet contraire à celui recherché. A l'exception des Saint-Gallois, les autres députés de Suisse orientale veulent de l'unité et sont prêts à se soumettre à la majorité. Elle ne reçoit que quelques voix.

Un second groupe de députés provenant de cantons possédant une frontière avec l'étranger voit dans le système français la possibilité d'améliorer l'intégration commerciale de la Suisse sur les marchés étrangers et soutient le projet du CF (Argovie, Bâle, Genève, Neuchâtel, Schaffhouse, Soleure, Tessin et Zurich). Puisque le FLa n'est accepté que dans les Etats du sud de l'Allemagne, il ne satisferait qu'aux intérêts de Saint-Gall et ne permettrait pas de créer de l'unité. L'Argovien Franz Waller résume ainsi le projet basé sur le FLa : « *On a donné le nom de suisse à un système monétaire qui n'a rien de suisse ; une aimable tromperie dans laquelle il y a 9/10 de finesse st-galloise et 1/10 de grossièreté souabe* »[338]. Il est à cet égard amusant de mentionner la réponse des Saint-Gallois pour caractériser le projet du FF : « *9/20 baselsche Feinheit, 2/20 Doktrin, 5/20 schwere Frankenlust und 4/20 kulturschwangere Poesie vereinigten sich für den franz[ösische] Münzfuss* »[339].

---

337 Intervention du Saint-Gallois Johann Baptist Weder lors de la séance du CN du 26.04.1850, citée in AF, E1301#1960/51#3*, Protocole du CN, avril-mai 1850, pp. 116-134 (ici, p. 122). A partir du mois de février 1850, le fabricant de fer schaffhousois Johann Conrad Fischer (cf. note 268 p. 492) essaie de convaincre Johann Matthias Hungerbühler de proposer cette division du territoire en deux zones monétaires dans son rapport de minorité, sans succès. Cf. BSG, VNL 60, A23, 57, lettre de Fischer à Hungerbühler, 23.02.1850, 2 p. (ici, p. 1).

338 Intervention de l'Argovien Franz Waller lors de la séance du CN du 24.04.1850, citée in [S.A.], « Conseil national », *Courrier Suisse*, 26.04.1850, pp. 1-2 (ici, p. 2).

339 [S.A.], « Schweizerische Eidgenossenschaft », *Der Erzähler*, 30.04.1850, p. 2.

Un troisième groupe de députés en provenance de cantons agricoles de Suisse occidentale (Berne, Fribourg, Soleure et Vaud) défend également le système français. Leur principale revendication est d'améliorer les conditions d'échanges sur le marché intérieur, tout en se rapprochant de leur principal partenaire extérieur. Bien que la réforme serait financièrement très lourde à supporter pour une partie d'entre eux – en raison de la quantité et de la qualité des pièces à retirer –, ils soutiennent le projet du CF.

L'intervention du Zurichois Escher est la plus attendue. Elle est pour le moins singulière. D'une part, il tient l'introduction du FF comme impossible à tenir pour le pays sur le long terme. L'importance des FLa dans la circulation mènera immanquablement à la coexistence de deux pieds monétaires. D'autre part, un des objectifs de l'Etat fédéral est de doter le pays d'une seule monnaie, ce qui ne peut pas être atteint, à ses yeux, avec le projet de la minorité. La *Neue Zürcher Zeitung* qui rapporte ses propos écrit :

> *« Es sei zwar für ein Land ein Glück, wenn es nur eine Münze habe, allein das entscheide nicht, es sei auch ein Glück, wenn in einem grossen Lande die gleiche Sprache, Religion u[sw.] existire, allein wir seien ein kleines, vielfach getrenntes und an verschiedene Nationen gränzendes Land, das nothwendig seine Beziehungen zu diesen allen festhalten müsse. Schliesslich bemerkt der Redner, dass ihm die Eidgenossenschaft und ihre neuen Institutionen über einen neuen Münzfuss gehen »*[340].

Formulé en d'autres termes, cela signifie que l'unification prime sur le choix du pied monétaire. Il conclut son intervention en étant très clair sur le sujet : *« Je n'ai pas besoin de dire que, quant à moi, je connais les devoirs que la patrie m'impose, et que je ne les subordonnerai pas à un vote quelconque sur la question monétaire »*[341]. Après trois jours de débat sur le premier article, la demande de conclusion est acceptée à 52 voix contre 40. Le projet du CF en faveur du FF est adopté à une nette majorité de 64 voix contre 36[342]. La carte ci-dessous illustre la répartition des votes en faveur du pied monétaire français.

---

340 Intervention du Zurichois Alfred Escher lors de la séance du CN du 23.04.1850, citée in [S.A.], « Bundesstadt. Nationalrath », *Neue Zürcher Zeitung*, 25.04.1850, pp. 1-2 (ici, p. 2).

341 Intervention du Zurichois Alfred Escher lors de la séance du CN du 23.04.1850, citée in [S.A.], « Conseil national », *Nouvelliste vaudois*, 27.04.1850, pp. 2-3 (ici, p. 3).

342 Le vote nominal des Cn figure dans l'annexe 4.2. Le seul représentant de Nidwald, Melchior Wyrsch, ainsi que celui de Glaris, Kaspar Jenni, sont absents. Les Cn Gottlieb Jäger (AG), Friedrich Seiler (BE), Jacques Joseph Remy (FR), Jakob Kopp

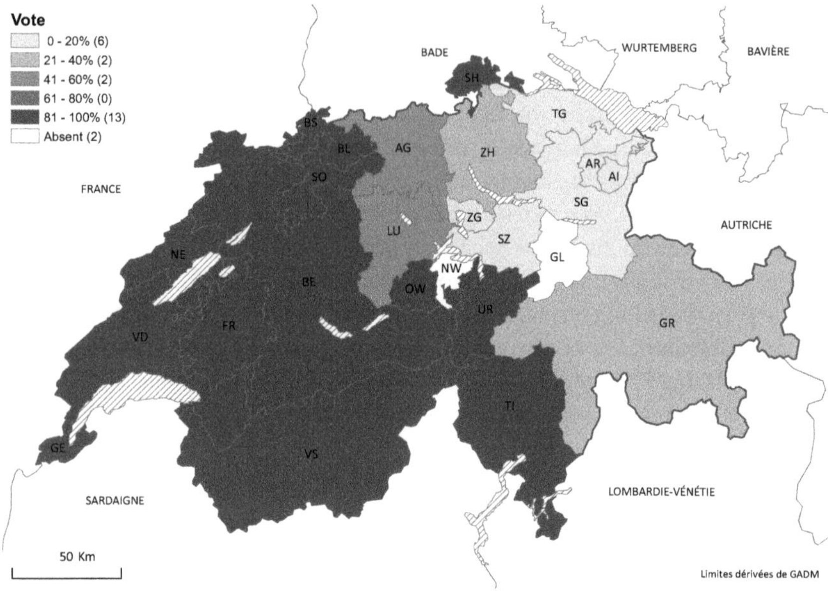

Carte 9: résultat du vote au Conseil national sur le choix du pied monétaire français (avril 1850)[343]

Trois constats principaux peuvent être dressés à partir de cette carte. Le premier, c'est le changement qui s'opère autour des cantons agricoles de Suisse centrale et méridionale par rapport au vote au CE[344]. Au contraire des grands cantons où, en raison d'un nombre de députés élevé – 20 à Berne et 12 à Zurich –,

(LU), Johann Georg Böschenstein (SH) et Giovanni Jauch (TI) sont aussi excusés le jour du vote. Par ailleurs, le président du CN Escher ne prend pas part au vote.

343 En raison d'un nombre variable de Cn qui est déterminé par la population de chaque canton, le vote des députés en faveur du FF est exprimé à l'aide de cinq catégories en pourcent du nombre total de Cn de chaque canton. Cette manière de procéder permet de mieux mettre en évidence les positions respectives et ainsi éviter de tomber dans une catégorisation binaire basée sur un oui/non qui eût masqué certaines divisions internes cantonales. Une catégorie «Absent» indique les deux cantons qui ne votent pas en raison de l'absence de leur représentant. Le nombre de cantons de chaque catégorie est indiqué entre parenthèses dans la légende.

344 La carte sur le vote au CE figure à la p. 298.

la voix d'un seul Cn a peu d'impact sur le pourcentage global, il suffit d'un seul vote pour modifier le pourcentage affiché pour les petits cantons. La position unanime des CaE lucernois, zougois et schwytzois pour le FF laisse place à un ralliement relativement important en faveur du pied allemand. A Lucerne, ce ne sont que 3 Cn sur les 5 qui suivent le projet du CF. Les deux Cn de Schwytz le seul Cn de Zoug se prononcent pour le FLa. Ce changement doit très vraisemblablement être attribué au travail entrepris par le Zurichois Leonhard Pestalozzi et peut-être aussi par l'influence d'Escher. Par contre, les seuls Cn d'Uri et d'Unterwald maintiennent la position de leur CaE respectif.

Le second constat a trait à la persistance de la division qui règne en Argovie et à Zurich. On se souvient qu'en décembre 1849, les CaE de ces deux cantons votent à moitié pour le FLa, à moitié pour le FF. Si la situation ne se modifie pas pour l'Argovie, 4 voix de part et d'autre, seuls 3 Cn sur les 11 de Zurich se prononcent pour le raccord au système français. Le lancement de la pétition par la "Zürcher Industrieverein" et la récolte de plusieurs milliers de signatures a donc porté ses fruits, ce qui n'a pas été le cas du côté de l'Argovie. Il est toutefois difficile de fournir une hypothèse convaincante qui puisse expliquer pour quelles raisons les pétitions ont eu un effet différent dans ces deux cantons.

Le troisième constat à dresser concerne le vote en faveur de la monnaie allemande. Cette carte illustre bien que le noyau dur qui promeut le FLa se trouve au sein des cantons industriels de Suisse orientale et que le rayon de sa défense décroît en proportion de son éloignement jusqu'à disparaître presque complètement au contact des cantons agricoles de Suisse occidentale et, dans une moindre mesure, centrale et méridionale. En apparence unis, les députés de Suisse orientale connaissent toutefois plusieurs défections, à l'image de Schaffhouse, dont le seul député présent (Friedrich Peyer Im Hof, rapporteur de la majorité de la commission du CN) vote pour le FF. Une défection assez curieuse du côté saint-gallois est aussi à relever, celle de l'avocat Johann Baptist Weder. Certes, nous avons vu plus haut que par l'intermédiaire de son journal libéral, le *St. Galler-Bote*, il se prononce en faveur du FF fin 1849. Mais c'est pourtant lui qui durant le débat au CN dépose une motion visant à scinder l'espace helvétique en deux zones monétaires distinctes afin de maintenir le FLa dans la circulation.

Les autres articles du projet de loi sont facilement adoptés, à deux exceptions près. La première a trait au nombre de petites pièces reçues pour les paiements (article 10). La majorité de la commission propose de limiter les montants à 5.- pour les pièces d'argent et de billon. La minorité est d'accord sur le principe, mais propose de rehausser ces *minima* et obtient gain de cause. La rédaction finale est ainsi formulée: «*ART. 10. Personne ne peut être tenu à recevoir en paiement une valeur de plus de vingt francs en pièces d'argent inférieures à celle de un franc, de plus de vingt francs en billon, et de plus de deux francs en monnaie de cuivre, quel que soit du reste le montant du paiement* ». De prime abord anodin, cet article est appelé à jouer un rôle important, dans la mesure où il assure à tous les travailleurs le paiement de leur salaire avec un nombre limité de pièces similaires, interdisant par là-même aux patrons, du moins légalement, de se reposer uniquement sur l'utilisation de petites monnaies de billon et de cuivre.

La seconde difficulté concerne l'acceptation des espèces étrangères auprès des Caisses fédérales (article 8). Dans une ultime tentative, les Cn saint-gallois et appenzellois proposent d'inclure les grosses espèces allemandes dans la gamme de pièces que le CF pourrait tarifer en cas de besoin. Ils justifient leur demande par la situation française encore instable qui pourrait nécessiter de recourir aux pièces allemandes si la crise recommençait. La demande est fortement repoussée de toutes parts, ce qui fournit une nouvelle occasion au Saint-Gallois Hoffmann de considérer l'ensemble de la loi comme une déclaration de guerre à la Suisse orientale qui va ruiner leur industrie[345]. Néanmoins, cet article contient une clause qui constitue tout de même une concession importante aux défenseurs du FLa : conformément aux promesses faites par la majorité de la commission, le soin est laissé aux Gouvernements cantonaux d'élaborer les tarifs de retrait des petites monnaies, ainsi que l'échelle de réduction pour les valeurs contenues dans les contrats élaborés avant 1850, sous réserve de validation de la part du CF.

La loi du 7 mai 1850 consacre l'adoption d'un pied monétaire unifié autour du FF à l'échelle du pays et donne naissance au FS. Elle ouvre, ce faisant, la voie au retrait des centaines d'espèces en circulation et à l'émission d'un seul type de monnaie qui se décline en neuf pièces. Avec le transfert complet de la régale monétaire contenue dans l'article 36 de la Constitution, l'Etat fédéral récupère une branche qui témoigne, historiquement, du pouvoir souverain. Avant de poursuivre, il vaut la peine de s'arrêter un moment sur la structure de cette loi et d'en relever quelques caractéristiques[346]. La loi monétaire suisse est un témoin relativement fidèle de son temps et des conditions de son élaboration : rédigée

345 Intervention du Saint-Gallois Joseph Marzell Hoffmann lors de la séance du CN du 26.04.1850, citée in [s.a.], « Bundesstadt. Nationalrath », *Neue Zürcher Zeitung*, 27.04.1850, pp. 3-4 (ici, p. 3).

346 « Loi sur les Monnaies fédérales (7 mai 1850) », *Feuille fédérale*, Vol. 2, 23, 17.05.1850, pp. 25-30.

en moins de deux mois par un expert unique, à peine modifiée par le CF, elle est représentative de la rapidité de l'ensemble de la réforme. Ce texte législatif peut en effet largement être considéré comme minimal, puisqu'il ne comporte que 13 articles. A titre de comparaison, la loi du 7 germinal an XI (28 mars 1803) qui crée le franc français en contient 22. Le texte suisse se limite à dresser les grandes lignes de l'organisation de la structure monétaire du pays et contient très peu de précisions sur les conditions techniques de frappe des nouvelles pièces. Cette manière de procéder est à double tranchant. D'un côté, elle laisse une marge de manœuvre très large au Cf en charge du DFF et à l'expert monétaire quant à la manière de procéder pour introduire le nouveau système. De l'autre côté, l'absence de prescriptions précises nécessite l'intervention régulière du CF pour valider les choix de Speiser et laisse également la porte ouverte aux malentendus lors des négociations avec les différents partenaires qui interviennent dans la mise à exécution de la réforme.

Concernant la structure de la loi, il faut relever que si le premier article portant sur le pied monétaire adopte la nomenclature française, il ne s'agit pas pour autant d'une copie conforme de la loi monétaire de l'Hexagone. Plusieurs différences distinguent ces deux textes. Un premier élément à souligner, c'est que les milieux économiques suisses – avant tout bâlois – se prononcent en faveur de l'étalon-argent, au contraire de la France qui vit sous le régime du double-étalon (or et argent). Nous verrons dans la prochaine partie que cette différence est appelée à jouer un rôle de premier plan dans les années qui suivent l'unification monétaire du pays. Une autre spécificité de la loi suisse concerne une clause contenue dans l'article 9 qui vise à assurer de disposer de suffisamment de moyens de paiement en cas de crise. Il introduit à cet effet une soupape de sécurité (« Sicherheitsklappe ») qui stipule que lorsque le change du FF par rapport au FS est de 0.5 % ou plus au-dessus du pair, le CF est autorisé à tarifer des espèces non conformes au système monétaire suisse[347]

347 Cette clause est utilisée une première fois en 1870 pour faire face à la pénurie de numéraire consécutive à la guerre franco-prussienne. Dans un premier temps (juillet et août 1870), les espèces d'or anglaises (souverains et demi-souverains) et les dollars américains reçoivent un cours officiel, c'est-à-dire que les Caisses publiques sont autorisées à les accepter. Dans un second temps, entre décembre 1870 et août 1871, ces pièces anglaises en or obtiennent cours légal en Suisse. Cette clause est réitérée en 1887 : les mêmes espèces anglaises, ainsi que les marks allemands en or, obtiennent un cours légal dans le pays. Cette fois, c'est la crainte que les tensions sur le continent africain du début 1887 (expédition anglaise à Zanzibar, intervention militaire italienne en Ethiopie et campagne française au Mali)

Il faut aussi souligner que l'article 8 contient deux dispositions d'importance. D'une part, il donne au CF le droit de donner cours légal à une espèce étrangère pour autant qu'elle soit conforme au système décimal français (soit les pièces françaises, belges, sardes et piémontaises). Le but est aussi bien de disposer d'un outil législatif qui permette d'intervenir rapidement en cas de disparition du numéraire en argent que de se reposer sur la circulation d'un état voisin, comme le prévoit Speiser dans son projet. D'autre part, tous les salaires doivent être payés en espèces légales. L'objectif est ici de faire cesser par une prescription légale, à court terme, l'importation de numéraire allemand à laquelle se livrent certains acteurs économiques de Suisse orientale et de la région zurichoise ; à long terme, elle vise à éviter qu'en cas de contraction des moyens de paiement, ces mêmes milieux se reposent sur le numéraire allemand.

De manière générale, la loi du 7 mai 1850 reçoit un bon accueil à travers le pays[348]. Certes, quelques poches conservatrices s'opposent au pied français, mais se soumettent tout de même à la décision de la majorité[349]. C'est notamment le cas de l'enseignant saint-gallois Gangolf Delabar. Le FF l'ayant emporté, il ne faut pas poursuivre la lutte. A ses yeux, les limites de ce système se manifesteront d'elles-mêmes lors de son introduction :

---

débouchent sur une guerre qui motivent le CF à anticiper une potentielle pénurie monétaire sur le continent européen en tarifant légalement une série d'espèces en or étrangères. A ce propos, se référer en premier lieu au « Message du Conseil fédéral à l'Assemblée fédérale concernant la modification de l'article 9 de la loi sur les monnaies du 7 mai 1850 (du 2 décembre 1870) », *Feuille fédérale*, Vol. 3, 54, 24.12.1870, pp. 973-978 et au « Message du Conseil fédéral à l'Assemblée fédérale concernant la tarification de monnaies d'or étrangères (du 12 avril 1887) », *Feuille fédérale*, Vol. 1, 18, 23.04.1887, pp. 827-831. Des informations sur ce sujet figurent dans : Paillard, Georges, *La Suisse et l'Union monétaire latine*, *op. cit.*, pp. 162-169 ; Denzel, Markus A., « Vom "Schweizerfranken" zum "schweizer Franken" », *op. cit.*, pp. 72-81 (ici, p. 76) ; Gariel, Georges, « Le système monétaire de la Confédération suisse », *Revue Economique Internationale (Bruxelles)*, 1910, II, pp. 525-545 (ici, p. 538) ; Schlesinger, William, *Das Geldproblem*, *op. cit.*, pp. 88-89 ; Schüepp, Jakob, *Beiträge zur Schweizerischen Münzgeschichte*, *op. cit.*, p. 36.

348 [s.a.], « Die Münzfrage », *Der liberale Alpenbote*, 01.05.1850, pp. 1-2 ; [s.a.], [s.n.], *Eidgenössische Zeitung*, 27.04.1850, p. 2 ; [s.a.], « Die Münzreform », *Zugerische Kantons-Blatt*, Beilage n° 20, 18.05.1850, pp. 5-6 ; [s.a.], « Bundesversammlung », *Züricher Freitags-Zeitung*, 03.05.1850, p. 2.

349 [s.a.], « Die Münzbeschluss », *Die Neue Schweiz*, 01.05.1850, p. 1 ; [s.a.], « Die Münzfrage in der Schweiz », *Allgemeine Zeitung*, 04.05.1850, p. 10.

« Der Würfel ist nun zwar zu Gunsten des französischen Münzfusses gefallen ; aber seien Sie versichert, die Arbeiten, die die Wahrung der Interessen der östlichen Schweiz zum Zwecke hatten und namentlich die ausgezeichnete Vertretung und Vertheidigung der letztere in den Kampftagen der Entscheidung wodurch Sie, Herr Landammann ! Sich in so hohem Mass-verdient gemacht haben, waren nicht umsonst; die Früchte davon [transcription incertaine] werden sich erst recht zeigen, wenn das neu angenommene System ausgeführt werden soll und sich von allen Seiten nicht zu überwindende Schwierigkeiten einstellen »[350].

Cet avis est partagé par un des principaux défenseurs du FLa, le banquier zurichois Leonhard Pestalozzi. Dans une lettre adressée à Alfred Escher, il résume bien l'attitude passive qu'adoptent les opposants au FF : *« Die Münzfrage ist nun entschieden, ich besorge mit Ihnen – nicht zum Heil der Schweiz. Allein wohl bleibt nun nichts mehr übrig als sich passiv zu verhalten. Die Zukunft wird lehren wer recht hatte »*[351]. A l'échelle du canton de Zurich, l'unification monétaire sur la base du FF ne déclenche pas de vagues de mécontentement. Le CdE en charge de la police Rudolf Bollier est le mieux placé pour en témoigner[352] : *« Der Entscheid über den Münzfuss hat bis jetzt in unserm Kanton noch nicht die geringste Aufregung oder Missstimmung hervorgerufen. Auch in der Stadt wird wenig darüber gesprochen. Anders wird es freilich kommen, wenn es an die Einführung des selben geht »*[353]. Le préfet du district de Winterthour Johann Jakob Müller abonde dans le même sens à propos de la commune d'Elgg, où les autorités politiques avaient voté à l'unanimité en mars 1850 l'envoi d'une pétition à l'AsF en faveur du FLa[354]. En-dehors de la région zurichoise et de la Suisse orientale industrielle, les opposants au système français s'engagent à collaborer à l'introduction de la nouvelle monnaie. Ainsi, le rapporteur de la minorité de

---

350 BSG, VNL 60, A23, 74, lettre de Delabar à Hungerbühler, 01.05.1850, 2 p. (ici, p. 1). Sur Delabar, cf. note 281 p. 394.

351 Correspondance Alfred Escher, lettre de Pestalozzi à Escher, 08.05.1850, 3 p. (ici, p. 1).

352 Rudolf Bollier-Meier (1815-1855), ZH, fils de Rudolf, cordonnier et aubergiste ; beau-fils de Johann Meier, aubergiste à Zurich. Juriste, CdE libéral de ZH (1846-1854), puis négociant en soie. Député au GC de ZH (1854-1855), Cn de tendance libérale (1848-1849). Proche ami d'Alfred Escher (cf. note 303 p. 401).

353 Correspondance Alfred Escher, lettre de Bollier à Escher, 30.04.1850, 4 p. (ici, p. 4).

354 Correspondance Alfred Escher, lettre de Müller à Escher, 05.05.1850, 3 p. (ici, p. 2). Cf. aussi sa lettre du 27.04.1850, 2 p. (ici, p. 2) dans laquelle il précise que la décision est moins désagréable dans le district qu'il ne l'avait pensé.

la commission du CE, l'argovien Bernhard Friedrich Fischer, informe-t-il Speiser qu'il pourra compter sur lui[355].

Les partisans de la monnaie allemande ne créent donc pas de vagues et acceptent le vote de la majorité. Cette attitude de soumission, qui s'accompagne dans certains cas d'une collaboration avec les vainqueurs, mérite d'être brièvement discutée. Deux hypothèses pourraient apporter un éclairage sur ces fortes résistances qui s'amenuisent très rapidement après la victoire des partisans du FF. La première, c'est qu'en raison des très faibles différences qui existent entre les monnaies cantonales en circulation en termes de poids et de titre de fin, l'adoption du pied français ne constitue en fin de compte pas un si gros changement dans la valeur des outils monétaires à disposition du public[356]. D'ailleurs, à l'exception de Zurich, tous les opposants au système français ont cessé de battre monnaie au moment de la fondation de l'Etat fédéral. Ils estiment donc peut-être que cette transition a finalement peu d'implications et qu'elle ne modifiera en profondeur que certaines manières de compter. La seconde hypothèse, c'est que toute l'ébullition des partisans du FLa autour de la question monétaire ait une fonction de paravent qui cache un autre aspect bien plus important sur lequel il est nécessaire d'obtenir gain de cause. En somme, il s'agirait de faire passer la défaite sur les monnaies pour une concession de poids alors qu'elle ne constitue en fait qu'une question secondaire. Le but serait de s'assurer de l'obtention de facilités dans un autre domaine. Il est tout à fait plausible, sans qu'il soit possible de le montrer sur la base des sources consultées, que l'objectif des milieux industriels de Suisse orientale de la région zurichoise soit de renoncer aux monnaies pour s'assurer, par exemple, que le tracé du réseau de chemins de fer à construire prenne en compte leurs intérêts ou qu'ils pèsent d'un poids plus lourd dans le choix de la transversale alpine. Quelles que soient les raisons de ce consentement, aucun risque de révolte n'est à craindre d'après le Ministre français en poste en Suisse :

> *« On avait cherché à intimider les membres du Conseil national favorables au système français en leur représentant les populations de St. Gall et d'Appenzell comme disposées*

---

355 Lettre de Fischer à Speiser, 14.08.1850 citée par Mangold, Fritz, « Bankdirektor Johann Jakob Speiser », *op. cit.*, pp. 135-320 (ici, pp. 227-228).

356 C'est ce que suggèrent certains propos des défenseurs de la monnaie allemande. Cf. par exemple BSG, VNL 60, A23, 7, lettre de Fischer à un destinataire inconnu, 22.02.1850, 7 p. (ici, p. 3).

à se soulever, si on voulait leur imposer le système français; ils ne se sont pas laissés effrayer et je crois qu'aucuns troubles ne sont à redouter»[357].

Sur l'ensemble du territoire, si la loi reçoit globalement un accueil favorable sur le fond, des critiques sont formulées sur la forme. Elles sont principalement dues à Rudolf Moser, candidat malheureux à l'expertise monétaire[358]. Il estime, d'une part, que tous les éléments techniques devraient figurer dans la loi, afin d'éviter des complications par la suite. Il demande, d'autre part, d'inclure les espèces allemandes et toutes les monnaies cantonales au tarif de transition qui figure dans la loi sur la mise à exécution. Ces demandes ne trouvent aucun accueil favorable auprès de Speiser et de Munzinger.

Avec l'adoption de la loi du 7 mai 1850, la première partie de la réforme monétaire – à la fois théorique et politique – est désormais terminée. Comme le relève très justement le numismate thurgovien Jakob Schüepp, ce texte législatif fournit plus de résultats en six mois que le demi-siècle qui précède[359]. La deuxième partie de la réforme, sa phase de mise à exécution – plus administrative et technique – peut alors débuter.

---

357 AD, Correspondance politique, Suisse, 125 CP N° 565, lettre de de Reinhard au Ministre des Affaires Etrangères, Jean Ernest du Cos, 26.04.1850, 3 p. (ici, p. 1).

358 La principale critique figure dans MOSER, Rudolf, *Ueber die eidgenössischen Münzgesetze vom 7. Mai 1850, op. cit.*, 72 p. D'autres éléments se trouvent dans MOSER, Rudolf, *Du tarifage des monnaies dans la Suisse occidentale, op. cit.*, pp. 2-3 et dans MOSER, Rudolf, *Ueber die Münzprägung, eine Erwiderung an Herrn Bankdirektor Speiser*, [Berne] : [Kätzer], 1850, p. 7. Cf. aussi AF, E12#1000/36#66*, lettre d'un Schaffhousois au CF, 25.05.1850, 3 p.

359 SCHÜEPP, Jakob, *Beiträge zur Schweizerischen Münzgeschichte, op. cit.*, p. 37.

6. La mise en application de la réforme monétaire (1850-1853) : causes et conséquences du « parasitisme monétaire » helvétique

La loi du 7 mai 1850 ouvre la voie à la mise à exécution de la réforme monétaire. Opération de grande ampleur, elle vise à supprimer les anciens systèmes monétaires et à introduire la nouvelle monnaie dans le pays. Elle se caractérise par deux éléments qui officient comme leitmotivs durant tout le processus : l'intention de réduire au maximum les coûts de l'unification d'une part et la volonté de procéder rapidement d'autre part. Décidé à doter le pays d'un système monétaire performant à moindre frais dans les plus brefs délais, l'expert monétaire bâlois Johann Jakob Speiser applique son programme présenté dans son rapport d'expertise de 1849. En mars 1853, la réforme est terminée, les comptes sont bouclés et les premiers FS circulent dans le pays.

Les tâches à accomplir pour parvenir à ce résultat sont multiples et pour certaines extrêmement complexes. La première étape consiste à organiser la frappe des premiers FS. Avant d'entreprendre ces démarches, il est nécessaire d'évaluer les besoins du pays. Décidé à limiter les dépenses, Speiser ne prévoit de faire frapper que 10 % des monnaies nécessaires aux activités économiques. Afin de couvrir l'ensemble des besoins et d'assurer l'approvisionnement en numéraire, le CF donne cours légal début 1852 aux espèces conformes au système décimal français : monnaies françaises, belges et des royaumes italiens deviennent l'équivalent du FS et prennent le chemin de la Suisse. Face au faible montant à fabriquer – 12 millions de FS –, l'expert bâlois n'estime pas nécessaire d'ouvrir un Hôtel des Monnaies sur le territoire, qui engendrerait des coûts importants pour une utilisation limitée. Malgré l'opposition de certains acteurs de la sphère culturelle et technique, il entreprend de traiter avec des Hôtels des Monnaies étrangers. Dans le but d'accélérer la période de transition et de réduire les risques, il prend le parti de répartir les frappes entre la France et la Belgique. Ses démarches ne rencontrent toutefois pas le succès désiré : suite à la rupture des négociations avec le directeur de la Monnaie belge, l'ensemble des opérations est dirigé sur les établissements de frappe français. Ces deux facettes – frappes minimales et recours aux espèces étrangères – sont les fondements du « parasitisme monétaire » que pratique le pays dès 1852.

La seconde étape de la mise à exécution de la réforme nécessite de retirer toutes les anciennes monnaies de la circulation. L'élaboration des tarifs de retrait pose toutefois d'énormes difficultés. Élaborer des tarifs englobant l'ensemble des espèces en circulation relève de la gageure, sans compter la nécessité de transformer toutes les anciennes valeurs sur la base du nouveau pied monétaire. Afin d'éviter des vagues de protestation, le CF se limite à édicter un tarif général minimal et laisse le soin aux Gouvernements cantonaux de mettre au point les tarifs pour les espèces à diffusion cantonale. Répartis sur un peu plus d'une année, le retrait et la fonte de toutes les anciennes monnaies fournissent une partie du métal nécessaire aux frappes des FS, qui sont progressivement introduits dans la circulation.

L'ensemble des opérations de frappe et de retrait terminées, le bilan financier de la réforme monétaire doit être dressé. Nettoyage en profondeur de toutes les composantes de la circulation monétaire et fabrication de pièces flambant neuves ont des coûts élevés, mais qui se situent toutefois en-deçà de toutes les prévisions. Pour une perte totale de 1.14 millions de FS répartie entre les 25 cantons, le pays se dote d'un système monétaire centralisé et unifié.

Après avoir analysé ces différents éléments, ce chapitre aimerait dresser un bilan général de l'ensemble de la réforme monétaire, structuré autour de deux aspects. Le premier est d'essayer de déterminer qui sont les gagnants et qui, par contre, est défavorisé par l'introduction du nouveau système. Le second aspect consiste à mettre en évidence l'apport de l'unification monétaire à la construction de l'Etat fédéral et ses effets sur la structure des conditions-cadres économiques issues de 1848.

6.1. Fabriquer les premiers francs suisses rapidement et à moindre coûts : direction les Hôtels des Monnaies étrangers

Suite à l'adoption de la loi monétaire du 7 mai 1850, le maître-mot qui caractérise la mise en application de la réforme pour l'expert monétaire fédéral Johann Jakob Speiser est la rapidité. Les objectifs du Bâlois sont en effet très clairs sur le sujet. Le lendemain de l'adoption de la loi, il partage son enthousiasme au Cf Munzinger : « *Das Münzgesetz ist jetzt also in Kraft und es handelt sich darum rasch und energisch an die Ausführung zu schreiten. Ich hoffe – im Vertrauen gesetzt – es möglich zu machen in weniger als Jahrfrist zum Ziele zu gelangen* »[1]. Particulièrement optimiste, Speiser espère pouvoir procéder à la

---

1 AF, E12#1000/36#67*, lettre de Speiser à Munzinger, 08.05.1850, 2 p. (ici, p. 1). Cf. également dans le même fonds sa lettre du 01.05.1850, 4 p. (ici, p. 1) qui contient des propos similaires.

frappe des nouveaux francs suisses et au retrait des anciennes monnaies en l'espace d'une année[2]. Pourquoi l'expert bâlois est-il si pressé de terminer ces opérations ? Trois raisons peuvent être avancées. La première est d'éviter toute remise en question de la réforme monétaire. La loi du 7 mai 1850 ne représente en effet que la première phase. Il reste encore toute la mise à exécution qui, bien qu'elle déchaîne moins les passions dans l'espace publique, demeure très complexe à mettre en pratique. Il faut donc éviter autant que possible qu'un aspect ou l'autre soit l'occasion de contester un pan de la réforme. La deuxième raison qui contribue à expliquer l'empressement de Speiser, qui découle en partie de la première, réside dans la nécessité de réduire la période de transition afin d'en limiter autant que possible les désagréments. L'introduction du nouveau système implique le retrait des anciennes pièces et avec elles la perte de certains repères. C'est justement lors de ce type d'opérations que de fortes résistances pourraient potentiellement émerger. La troisième raison a trait à la quantité et à la complexité des opérations de la mise à exécution de la réforme. L'élaboration des tarifs de transition, la frappe des nouvelles pièces et le retrait des anciennes doivent encore être organisés. Or, des retards dans un domaine peuvent avoir des répercussions sur l'ensemble du processus et ainsi prolonger la période de transition, ouvrant par là-même la porte à des contestations.

Les opérations liées à la mise à exécution de la réforme sont considérables, en dépit de la volonté de Speiser d'accélérer le processus. Il faut d'ailleurs rappeler que le Bâlois occupe le poste de directeur de l'importante "Bank in Basel" et qu'il ne se consacre donc pas uniquement à ses tâches d'expert fédéral. Afin de le seconder dans l'ensemble des opérations de mise à exécution de la réforme, Speiser demande début juin 1850 la création d'une commission monétaire permanente[3]. Nommée par le CF, elle se compose exclusivement d'acteurs bernois ou proches de ceux-ci[4]. Ses tâches consistent à organiser les opérations

---

2 Plusieurs titres de presse de Suisse occidentale se font l'écho de cette volonté de clore la réforme en une année. Cf. par exemple : [s.a.], [s.n.], *Gazette de Lausanne*, 13.06.1850, p. 2.

3 Mangold, Fritz, « Bankdirektor Johann Jakob Speiser », *op. cit.*, pp. 135-320 (ici, pp. 229-230).

4 Elle se compose de Friedrich Fueter (cf. note 226 p. 376), président, d'Auguste Génicoud (1814-1857), banquier au sein de "Marcuard & Cie" à Berne, en charge de la comptabilité, de Georg Adam Rehfues (1784-1858), orfèvre de réputation internationale établi sur les bords de l'Aare (Berne), responsable des fontes, et d'Hermann Custer (1823-1893), lié par son épouse à la branche des Fueter active dans le négoce en gros, pharmacien et chimiste, *Münzwardein*, premier directeur de la Monnaie fédérale (1855-1856), puis industriel à Aarau (fabrique de rubans,

de retrait des anciennes monnaies (réceptionner, trier, vérifier et compter les anciennes pièces), procéder à leur fonte (effectuer les essais, calculer le titre de fin et la valeur des lingots), envoyer le métal aux Hôtels étrangers (en vue de la fabrication des nouveaux FS), réceptionner les nouvelles monnaies (vérifier leur quantité et leur qualité) et enfin clore la réforme[5]. Pour sa part, Speiser gère les questions financières, se charge des négociations avec les différents partenaires (notamment avec les Hôtels étrangers, les compagnies de transport et les affineurs) et coordonne l'ensemble du processus. Il reste donc le pivot central durant cette seconde phase. Cette division des tâches que nécessite la mise à exécution de la réforme mérite d'être relevée : les Bâlois chapeautent les opérations législatives, financières et administratives, les Bernois sont en charge des aspects techniques, tandis que les Genevois s'occupent de la conception artistique des nouvelles pièces[6].

6.1.1. Le difficile équilibre entre réduction des frais et qualité des monnaies : les causes du « parasitisme monétaire » suisse

La première étape de la mise à exécution de la réforme monétaire consiste à frapper les nouveaux francs suisses. L'objectif principal est de parvenir à échanger les anciennes monnaies au fur et à mesure de leur retrait pour éviter que les cantons ne se retrouvent sans moyens de paiement, ce qui s'est justement passé à Genève en 1838 où les espèces ont manqué pendant une semaine[7]. Mais cet échange doit être rapide et ne pas traîner en longueur, au risque d'accroître les embarras du passage au nouveau système. Speiser est conscient de cette nécessité : « *Il faut que la nouvelle monnaie remplace promptement et immédiatement l'ancienne ; laisser circuler pendant longtemps les deux monnaies simultanément, ce serait augmenter à l'infini la confusion et les difficultés de la transition* »[8]. Il faut donc disposer d'espèces neuves avant de pouvoir songer à organiser le

puis aussi d'eau minérale). Cette composition est fortement critiquée par Rudolf Moser : Moser, Rudolf, *Ueber die Münzprägung, eine Erwiderung an Herrn Bankdirektor Speiser*, *op. cit.*, pp. 9-11.

5 Af, E9500.92#1000-1197#1*, *Instruction für die eidgenössische Münzkommission*, 24.06.1850, 2 p.

6 Les références bibliographiques sur la participation des Genevois figurent dans la note 92 p. 553.

7 Af, E12#1000/36#67*, lettre de Speiser à Munzinger, 29.12.1849, 5 p. (ici, pp. 2-3).

8 Speiser, Johann Jakob, « Rapport d'expert », *op. cit.*, 56, pp. 65-88 (ici, p. 74). Cf. aussi Speiser, Johann Jakob, « Mémoire au Conseil fédéral sur les fabrications de monnaie et leurs frais, ainsi que sur la perte présumée qui résulterait de la fonte des

retrait des anciennes monnaies[9]. Afin d'y parvenir, l'expert bâlois compte se procurer l'argent nécessaire sur la place de Paris à l'aide d'un emprunt fédéral. Une fois le remplacement débuté, le contenu des anciennes pièces viendrait alimenter les ateliers de frappe, ce qui limiterait l'achat de métaux. Ce programme ne rencontre toutefois pas que des adhérents. Au contraire, le peintre genevois Alexandre-Félix Alméras estime que le retrait du billon doit précéder la frappe[10]. En disposant du métal nécessaire aux premières frappes, il évalue l'économie à 250'000.- FS, puisqu'il ne serait pas nécessaire d'acheter de l'argent[11]. Mais Speiser s'oppose à cette manière de procéder, car il ne veut pas courir le risque d'un manque de liquidités sur le territoire, aussi court soit-il[12]. Décidé à mener l'exécution de la réforme selon sa manière de voir, il ne prend pas en compte les opinions divergentes sur cet aspect.

Avant de s'engager dans l'organisation des frappes, il est nécessaire d'évaluer précisément les besoins en numéraire du pays. Énoncées dans son rapport d'expert et retenues par la loi sur la mise à exécution[13], les propositions de l'expert bâlois révèlent une volonté très claire : procéder à une frappe minimale d'espèces suisses dans le but de réduire les coûts de la réforme. Le tableau ci-dessous fournit un aperçu de la couverture des besoins avec la fabrication de pièces suisses.

---

monnaies cantonales actuelles », *Feuille fédérale*, Vol. 1, 18, 20.04.1850, pp. 309-332 (ici, p. 311).

9 La position de Speiser dans cette question n'est pas constante et demeure difficile à saisir. Dans une lettre de début mai 1850 adressée à Munzinger, il propose de commencer par retirer le billon afin de disposer du métal nécessaire pour la fabrication des pièces. Nous ignorons pour quelles raisons il change d'avis. Cf. AF, E12#1000/36#67*, lettre de Speiser à Munzinger, 01.05.1850, 4 p. (ici, p. 1).

10 Alexandre-Félix Alméras-Counis (1811-1868), GE, fils d'Alfred, professeur de dessin ; beau-fils d'Adam Counis, guillocheur. Artiste peintre. Assume différentes charges au service de l'Etat de GE (1850-1861). Député au GC de GE (1844-1860), Cn radical (1848-1854) et CaE (1860-1862). Alméras joue un rôle décisif dans le choix d'Antoine Bovy (1795-1877) pour réaliser les dessins sur les premiers FS. Proche de James Fazy.

11 AF, E12#1000/36#66*, ALMÉRAS, Alexandre-Félix, *Observations sur le rapport d'Expert, concernant le système monétaire à créer pour la Suisse*, [s.d. : vers avril-mai 1850], 11 p. (ici, pp. 5-7).

12 AF, E12#1000/36#67*, lettre de Speiser à Munzinger, 17.02.1850, 4 p. (ici, p. 2).

13 « Loi sur la mise à exécution de la réforme monétaire suisse (7 mai 1850) », *op. cit.*, pp. 30-38 (ici, art. 2 p. 31).

Tableau 13 : évaluation des besoins en numéraire de la Suisse selon Speiser et prévisions de frappe en 1850[14]

	Types de pièces	Besoins par habitant (en FS)	Besoins totaux (en FS)	Prévisions de frappe (en FS)	Couverture des besoins (en %)
Monnaies d'argent	**5 FS**	42.0	96'500'000	2'500'000	2.6
	2 FS	6.0	14'000'000	1'500'000	35.7
	1 FS			2'500'000	
	50 cts			1'000'000	
Monnaies de billon	**20 cts**	0.9	2'000'000	2'000'000	100.0
	10 cts	1.1	2'500'000	1'250'000	100.0
	5 cts			1'000'000	
Monnaies de cuivre	**2 cts**			220'000	
	1 ct			30'000	
Total		**50.0**	**115'000'000**	**12'000'000**	**10.4**

Speiser évalue les besoins du pays à 50.- FS par habitant, correspondant à une circulation totale de 115 millions de FS. Il n'estime toutefois pas nécessaire de procéder à la frappe de nouvelles monnaies pour ce montant. Ses propositions satisfont en effet à quelque 10 % des besoins totaux du pays (12 millions de FS sur 115 millions de FS). Les pièces de 5 FS en particulier ne seraient fabriquées qu'à hauteur de 2.5 millions de FS, couvrant 2.6 % des besoins. Deux éléments contribuent à expliquer ce choix. Ces pièces sont les moins rentables à produire, car leur valeur nominale est garantie par leur valeur intrinsèque. Au prix du métal acheté qui se retrouve dans la pièce, il faut ajouter les frais de fabrication qui représentent, en conséquence, le prix de revient pour le souverain émetteur.

14 Tableau compilé à partir des données fournies par SPEISER, Johann Jakob, « Rapport d'expert », *op. cit.*, 56, pp. 65-88 (ici, pp. 76-83) et de l'article 2 de la « Loi sur la mise à exécution de la réforme monétaire suisse (7 mai 1850) », *op. cit.*, pp. 30-38 (ici, p. 31). Speiser inclut initialement les pièces de 25 cts en billon à son projet, et celles de 10 et de 5 cts sont prévues en cuivre. Sur proposition de FUETER, Friedrich, *Die Münzreform*, *op. cit.*, annexe 1, la répartition est partiellement modifiée : dans la catégorie du billon figurent les 20 cts qui remplacent les 25 cts, ainsi que les 10 et de 5 cts. Il faut aussi relever que le Cf Munzinger procède à plusieurs calculs techniques afin de maximiser les gains et de réduire les pertes ; ses propositions ne sont toutefois pas retenues par Speiser : AF, E12#1000/36#87*, lettre de Munzinger à la commission du CE, 23.11.1849, 3 p.

Si les frais de frappe ne sont pas importants – environ 1 % de la valeur –, le gain de seigneuriage ne l'est pas non plus. Au contraire, les espèces de billon et de cuivre coûtent plus cher à frapper – environ 2.5 % de leur valeur –, mais constituent des monnaies de crédit qui ne contiennent qu'une très faible proportion de métal précieux, offrant la possibilité de réaliser des gains de seigneuriage conséquents.

Une seconde raison pousse Speiser à limiter la frappe de grosses espèces. A ses yeux, le modèle à suivre dans ce domaine est l'Angleterre, dont la circulation repose en majorité sur les billets de banque, tandis que les espèces métalliques représentent moins d'un quart de la circulation totale[15]. En réduisant drastiquement l'accès aux pièces et en particulier aux grosses espèces d'argent, il escompte réussir à créer les conditions nécessaires au développement des billets de banque et, de manière plus large, du crédit[16]. Par ailleurs, l'expert bâlois estime que les principaux utilisateurs de ces pièces – banquiers, négociants, grands commerçants et certains industriels – peuvent se reposer sur d'autres instruments pour leurs activités. Les propositions de Speiser rencontrent un accueil très favorable dans le pays. Les milieux du grand commerce et de la banque sont particulièrement enclins à limiter la frappe de grosses espèces et à se reposer sur la circulation française. Plusieurs représentants de ces secteurs économiques – Alfred Escher, Johann Matthias Hungerbühler, Bernhard Friedrich Fischer ou encore Johann Baptist Bavier – proposent même de ne frapper aucune grosse pièce d'argent[17].

En ne couvrant que 10 % des besoins nécessaires aux activités économiques du pays par la frappe de FS, Speiser compte donc se reposer sur la circulation des espèces étrangères. Il l'exprime très clairement dans son rapport d'expertise: « *Il n'a jamais été proposé que nous fissions frapper nous-mêmes notre consommation en grosses espèces d'argent. Cela paraîtra d'autant moins nécessaire, si nous nous associons à un système monétaire, que représente une masse*

15 Ritzmann, Franz, *Die Schweizer Banken*, *op. cit.*, p. 40; Baltensperger, Ernst, Kugler, Peter, *Swiss Monetary History*, *op. cit.*, p. 25.

16 Speiser, Johann Jakob, « Ueber das Münzwesen. VIII », *Wochenblatt*, n° 31, 04.08.1849, pp. 1-4.

17 Af, E12#1000/36#87*, *Projet de loi pour la mise à exécution de la réforme monétaire en Suisse adopté par la Commission du Conseil national dans ses séances du 18 au 23 février 1850*, 3 p. (ici, p. 1); Bsg, VNL 60, A23, 11, lettre de Fischer à Hungerbühler, 22.03.1850, 3 p. (ici, pp. 1-2).

de circulation d'environ 4'000 millions»[18]. Avec l'adoption du système français, la Suisse a en effet la possibilité de se raccorder à l'énorme réservoir monétaire des francs qui circulent en Europe. Une clause de la loi, qui donne le droit au CF d'octroyer un cours légal aux espèces conformes au système décimal français (art. 8), permet d'assurer la couverture des besoins en numéraire du pays en cas de nécessité. Il faut par ailleurs souligner que les pièces françaises en circulation sont relativement neuves, ce qui protège les Suisses contre des espèces de mauvaise qualité qui viendraient encombrer le pays[19].

En somme, la faible émission de pièces de 5 FS leur confère une valeur plus symbolique que monétaire. Le peintre genevois Alméras le formule en ces termes:

> *« [...] la Confédération, en ne faisant frapper que 500'000 francs [de] pièces de 5 francs, n'a pas l'intention d'en faire une monnaie de circulation, qui puisse suffire aux besoins de la Confédération; ce ne sera donc qu'un Type pour compléter la série des pièces d'argent. Par cette raison, il est évident que cette pièce est destinée à tenir un milieu entre la monnaie et la pièce de remarque; en effet, un quart seulement de la population suisse pourra s'en procurer un exemplaire, presque tous serviront à peupler les différentes collections et à rester comme souvenir dans les familles »*[20].

La littérature secondaire a retenu cette pratique d'une couverture minimale des besoins par des frappes suisses sous le terme de «parasitisme monétaire»[21]. Elle consiste à se reposer en majorité sur le numéraire étranger, ce qui présente des avantages financiers indéniables: réduction de la quantité de métal

18 Speiser, Johann Jakob, «Rapport d'expert», *op. cit.*, 56, pp. 65-88 (ici, p. 78). Les 4'000 millions de FF correspondent à la circulation cumulée de la France, de la Belgique et du Piémont.

19 Selon Flandreau, Marc, *L'or du monde, op. cit.*, tableau J., p. 349, vers 1850, les pièces en argent françaises ont circulé en moyenne depuis 13 ans.

20 Af, E12#1000/36#150*, *Proposition et Rapport de minorité concernant les types de l'Ecu fédéral présenté au Conseil fédéral par M. Alméras, comme membre de la Commission du concours des monnaies*, [s.d.: juillet 1850], 10 p. (ici, pp. 1-2). Souligné dans le texte original. Je remercie Roger Durand de m'avoir transmis ce document.

21 Sur cette notion de «parasitisme monétaire»: Blaum, Kurt, *Das Geldwesen der Schweiz seit 1798, op. cit.*, pp. 41-46; Gariel, Georges, «Le système monétaire de la Confédération suisse», *op. cit.*, pp. 525-545 (ici, pp. 527 et 537); Schüepp, Jakob, *Beiträge zur Schweizerischen Münzgeschichte, op. cit.*, pp. 39-40; Weisskopf, Erich, *Das schweizerische Münzwesen, op. cit.*, pp. 80 et 84; Weissenrieder, Franz Xaver, *100 Jahre schweizerisches Münzwesen, op. cit.*, p. 36; Paillard, Georges, *La Suisse et l'Union monétaire latine, op. cit.*, p. 14.

à acheter et des coûts de fabrication, report sur d'autres Gouvernements des frais d'entretien de la circulation et absence de frais liés à l'érection et la gestion d'un Hôtel des Monnaies en sont les principaux. Les promoteurs de la réforme monétaire estiment en effet que l'introduction du nouveau système doit engendrer le moins de frais possibles[22]. C'est d'autant plus nécessaire que les milieux bâlois défendent l'option de la construction d'un réseau ferroviaire public, ce qui provoquerait un endettement très important de la Confédération. Il est donc nécessaire de limiter autant que possible les dépenses que l'Etat fédéral alloue à la construction du nouveau système monétaire. Or, celles-ci dépendent en majorité des revenus douaniers. Durant les débats sur les douanes en 1849, les milieux économiques dominants parviennent à réduire la surface financière du nouvel Etat afin d'éviter des hausses d'impôts et un trop fort renforcement de ses compétences. A leurs yeux, le rôle de l'Etat doit se borner à fournir des conditions-cadres minimales qui ont pour fonction d'assurer la poursuite du développement économique[23]. Maintenir un Etat faible permet également d'éviter qu'il impose des décisions contraires aux intérêts des acteurs dominants et qu'il devienne un acteur au poids trop important qui pourrait concurrencer le secteur privé.

Essayons maintenant d'estimer le montant des économies qui résultent de la pratique du « parasitisme monétaire ». Il n'existe aucune évaluation permettant de se faire une idée du prix qu'aurait coûté la fabrication de 115 millions de FS nécessaires à couvrir les besoins suisses. En prenant en compte les frais de fabrication, ainsi que toutes les dépenses annexes (transport, emballage et intérêts), il est possible de réaliser une projection approximative. En considérant que l'ensemble des frais pour la frappe des espèces suisses d'argent représentent environ 3.5 % de leur valeur, les coûts de fabrication de 110.5 millions de FS (qui correspondent aux monnaies d'argent de 5, 2, 1 et 0.5 FS) reviendraient

---

22 La conception du rôle de l'Etat de Speiser figure dans AEB, PA 116, A 225, lettre de Speiser à Peyer Im Hof, 27.08.1850, 6 p. (ici, pp. 3-4).

23 Sur la volonté de certains milieux économiques de maintenir un Etat aux ressources financières limitées : HUMAIR, Cédric, *Développement économique et Etat central, op. cit.*, pp. 224-229 ; GUEX, Sébastien, *La politique monétaire et financière de la Confédération suisse 1900-1920, op. cit.*, pp. 137-138. Les avantages de cette politique sont analysés dans GUEX, Sébastien, *L'argent de l'Etat. Parcours des finances publiques au XXe siècle*, Lausanne : Éditions Réalités sociales, 1998, pp. 85-97. Se référer à DÜBLIN, Jürg, *Die Anfänge der Schweizerischen Bundesversammlung, op. cit.*, pp. 90-94 pour une critique du renforcement de la bureaucratie de la part de certains acteurs de l'époque.

à 4 millions de FS[24]. Cette seule somme correspondrait à 57 % des dépenses fédérales pour l'année 1852 (7 millions de FS) ou 1 % du produit intérieur brut (PIB) de 1852[25]. A titre de comparaison, le rachat des chemins de fer à la fin du 20e siècle, qui donne naissance à une véritable dette publique de l'Etat fédéral, s'élève à plus d'un milliard de FS (un peu moins de 40 % du PIB)[26]. Le recours au numéraire étranger pour satisfaire aux besoins du pays permet donc de réaliser une économie importante, car les frais de fabrication des premières pièces fédérales représenteraient une somme difficile à supporter par le budget des cantons ou de l'Etat fédéral[27]; le financement de cette charge nécessiterait en outre la création d'une dette publique. Il est toutefois nécessaire d'insister sur ce que représente précisément cette économie: il s'agit uniquement des coûts qui relèvent de la mise en place du nouveau système. Ils n'englobent donc ni les frais courants d'entretien de la circulation, comme la frappe régulière de nouvelles pièces pour alimenter la circulation ou le retrait des monnaies usées, ni les intérêts de la dette.

La date d'émission qui figure sur les premières pièces helvétiques est un exemple très révélateur de la volonté de réduire les frais de la réforme et ce, quels qu'ils soient. Suite à une erreur du graveur français Jacques-Jean Barre, les coins, qui servent à frapper les pièces, qui sont livrés au directeur de la Monnaie de Paris en avril 1851, portent la date de 1850. Pour que des dépenses n'aient pas été faites dans le vide, le CF décide de procéder à la frappe et ainsi d'antidater une partie des pièces produites en 1851. Le chargé d'affaires suisse en poste à Paris, Joseph-Hyacinthe Barman, en donne confirmation:

---

24 En 1909, Georges Paillard estime, sans fournir la base de ses calculs, que l'économie réalisée entre 1850 et le début du 20e siècle par l'utilisation du numéraire étranger s'élève approximativement à un montant compris entre 1 et 1.5 million de FS. Cette évaluation se situe largement en deçà de la réalité, car elle sous-évalue notamment les frais liés à la frappe des premières pièces helvétiques au début des années 1850. Cf. Paillard, Georges, *La Suisse et l'Union monétaire latine*, *op. cit.*, note 1 p. 261.

25 Les dépenses de l'Etat fédéral sont tirées de Humair, Cédric, *Développement économique et Etat central*, *op. cit.*, annexe 1, pp. 745-748. Le PIB figure dans Siegenthaler, Hansjörg (Dir.), *Statistique historique de la Suisse*, *op. cit.*, tableau Q1a. Produit intérieur brut nominal et réel de 1851 à 1913, pp. 866-867.

26 Mazbouri, Malik, *L'émergence de la place financière suisse (1890-1913): itinéraire d'un grand banquier*, Lausanne: Antipodes, 2005, p. 78.

27 Sur cette question: Blaum, Kurt, *Das Geldwesen der Schweiz seit 1798*, *op. cit.*, pp. 41-45.

« Conformément aux instructions que vous m'avez fait l'honneur de me transmettre le 15 de ce mois, j'ai chargé M. Diérickx de frapper toutes nos monnaies de bronze et d'argent, moitiés au millésime de 1850, moitié à celui de 1851. […] de cette manière la Suisse n'aura aucune augmentation de dépense à supporter pour le changement dont il s'agit »[28].

Ainsi, pour des raisons d'économie, une partie des pièces de 5.- FS et de billon, ainsi que l'ensemble des pièces en argent (2.-, 1.- et 50 cts), fabriquées en 1851 portent la date de 1850[29].

Même en se reposant largement sur la circulation du numéraire étranger, il est nécessaire de frapper une partie des pièces. Mais comment réussir à introduire le nouveau système monétaire sans trop délier les cordons de la bourse ? Pour les promoteurs de la réforme, la frappe des nouveaux FS doit procurer un bénéfice suffisant pour réduire la perte sur le retrait des anciennes pièces. Nous avons dit plus haut que pour produire son rapport d'expertise, Speiser se base sur les données chiffrées reçues de la part des cantons. Il parvient ainsi à réaliser une estimation générale des frais que le retrait des 12.5 millions de FS en circulation représenterait. Sur la refonte des pièces d'argent et de billon, il calcule une perte s'élevant à 24.5 % de leur valeur nominale (2.8 millions de FS), correspondant à 40 % des dépenses de l'Etat fédéral pour 1852[30]. Speiser

---

28 AF, E12#1000/36#73*, lettre de Barman au CF, 19.05.1851, 3 p. (ici, p. 1).

29 AF, E12#1000/36#73*, lettre de la Commission des Monnaies et Médailles de Paris à Speiser, 28.05.1851, 1 p.; AEF, Série X, Ms 205, Délibérations de la Commission des Monnaies et Médailles de Paris, séances du 15.05.1851, folio 74 et du 26.05.1851, folio 79.

30 SPEISER, Johann Jakob, « Mémoire au Conseil fédéral sur les fabrications de monnaie », *op. cit.*, pp. 309-332 (ici, pp. 325, 327-328 et 330). Sur les 12.5 millions de FS, il faut déduire un peu plus de 1 million de FS de pièces d'or, qui n'engendrent aucun déficit sur leur fonte. La perte de 2.8 millions de FS porte donc sur une valeur nominale de 11.5 millions de FS. Il faut aussi relever que les 24.5 % concernent l'ensemble des espèces – pièces d'or exclues. En ne prenant en compte que les pièces de billon et le cuivre, la perte se monte à 27 % de leur valeur. De son côté, Leonhard Pestalozzi est plus pessimiste. L'état de la circulation n'étant pas précisément connu, il faut revoir la perte à la hausse selon lui : il l'évalue donc à plus de 5 millions de FS. Cf. PESTALOZZI, Leonhard, *Der Schweizerfranken als eidgenössische Münzeinheit*, *op. cit.*, pp. 34 et 54-55 et PESTALOZZI, Leonhard, *Einschmelzen der alten und Ausprägen der neuen Münzen*, rapport adressé à Hungerbühler, 19.03.1850, 6 p. (ici, pp. 1-3) in BSG, VNL 60, A23, 14. La base de calcul de Pestalozzi est la perte de 25.8 batz par habitant lors de la réforme monétaire genevoise, montant qu'il projette sur l'ensemble du pays. Sur cette question : [SPEISER, Johann Jakob], *Noch ein Wort über die Münzfrage*, *op. cit.*, pp. 14-21. Rudolf Moser remet également en cause les calculs de Speiser : MOSER, Jean Rodolphe, [s.n.],

cherche alors à compenser cette perte en maximisant les gains sur les nouvelles frappes.

Après la victoire des partisans du FF au CE en décembre 1849, le Bâlois entreprend de déterminer le prix de revient de la fabrication des nouvelles monnaies. A cet effet, il s'adresse dès février 1850 aux directeurs des Hôtels des Monnaies de France, de Belgique et d'Allemagne, auxquels il rend personnellement visite dans le courant du mois de mars. Publié le 20 avril 1850 dans la *Feuille fédérale*, le résultat de ses recherches à l'étranger ne laisse planer aucun doute sur sa stratégie : les frappes ont pour fonction de réduire les coûts de la réforme monétaire. Sur les 12 millions de FS qu'il prévoit de faire fabriquer, Speiser escompte un gain de près de 12 %, soit 1.4 million de FS, qui provient de la frappe de petites espèces de billon et de cuivre[31]. Ce bénéfice permettrait ainsi de diminuer de moitié la perte liée au retrait. Au-delà du profit réalisé sur cette opération, il demeure nécessaire de fabriquer ces petites monnaies, car les pièces françaises ne seraient pas adaptées, en raison de leur valeur intrinsèque très faible.

La question se pose alors de déterminer où frapper ces premiers FS. En 1850, l'Etat fédéral ne possède en effet pas d'Hôtel des Monnaies. Certes, peu après l'adoption de la loi du 7 mai, le CF entreprend des démarches auprès du Gouvernement bernois pour récupérer son Hôtel[32]. Toutefois, le temps nécessaire aux négociations, à l'acquisition de matériel adapté à la fabrication et à la formation du personnel est évalué à au moins une année par Speiser avant de pouvoir débuter les frappes[33]. En revanche, pour les milieux qui préconisent de produire les premiers FS dans le pays, il serait possible de s'adresser aux Hôtels des Monnaies cantonaux de Genève, Berne et Lucerne en attendant l'ouverture

---

Bernerzeitung, 23.08.1850, reproduit in Moser, Jean Rodolphe, *Le monnayage Suisse : résumé d'articles parus dans le « Bernerzeitung » des 23 août, 7, 8, 11, 12 et 13 septembre 1850 et lettre publiée dans la « Tribune suisse »*, Berne : Imprimerie Michel, 1850, pp. 2-3.

31 Speiser, Johann Jakob, « Mémoire au Conseil fédéral sur les fabrications de monnaie », *op. cit.*, pp. 309-332 (ici, pp. 317 et 322-324). La répartition pour la frappe de 12 millions de FS se fait ainsi : achat de métal et frais de fabrication 10'407'000.-, frais liés à la frappe (poinçons, emballages, transport, intérêts et provisions) 193'000.-, gain 1'400'000.-. Dans son rapport d'expertise de 1849, Speiser prévoyait déjà un gain de 1'430'000, sensiblement identique donc : cf. Speiser, Johann Jakob, « Rapport d'expert », *op. cit.*, 56, pp. 65-88 (ici, p. 86). Le Bernois Fueter parvient aux mêmes résultats : Fueter, Friedrich, *Die Münzreform*, *op. cit.*, pp. 29-30 et 45.

32 [s.a.], « Confédération suisse. Actes officiels », *Gazette de Lausanne*, 27.08.1850, p. 3.

33 Speiser, Johann Jakob, « Mémoire au Conseil fédéral sur les fabrications de monnaie », *op. cit.*, pp. 309-332 (ici, pp. 310-313).

d'un établissement fédéral[34]. Nous aurons l'occasion de revenir plus en détail sur cette question dans un chapitre ultérieur.

Dès ses premiers écrits en 1849, Speiser se prononce en faveur de la frappe à l'étranger[35]. Dans son rapport d'expertise, il ne tranche toutefois pas la question, en raison du manque de matériel à disposition pour se positionner définitivement[36]. Quelques jours avant l'ouverture du débat monétaire au CN en avril 1850, l'expert bâlois se déclare ouvertement en faveur de cette solution[37]. Cette prise de position ouvre un gros débat sur la scène publique[38]. D'un côté, les partisans de la frappe en Suisse proviennent essentiellement des milieux techniques et artistiques. De l'autre côté, les défenseurs de la frappe à l'étranger sont pour la plupart issus des sphères de la banque, du négoce et de l'industrie. Le débat qui a lieu sur cette question en Suisse entre avril et décembre 1850 repose sur quatre dimensions qui sont abordées ci-dessous : la souveraineté du pays, l'indépendance dans l'approvisionnement en numéraire, les frais liés à l'ouverture d'un Hôtel des Monnaies et le rôle du secteur industriel dans la question.

La frappe de ses propres pièces représente, pour les acteurs qui défendent l'ouverture d'un Hôtel fédéral des Monnaies, une composante essentielle de la souveraineté monétaire helvétique[39]. Ce pouvoir exclusif de maîtriser les composantes de la masse monétaire représente un droit historique inaliénable réservé au souverain qui offre aussi bien la possibilité de retirer des gains de l'exercice de la régale que d'affirmer son propre pouvoir. A l'extérieur, il constitue l'occasion de promouvoir le pouvoir des autorités politiques en se dotant d'un outil dont dispose tous les "grands Etats" et de créer, ce faisant, une barrière avec les Etats étrangers. A l'intérieur, la fabrication de ses monnaies est un instrument important pour imposer sa marque au public et constitue un des actes les plus visibles de la souveraineté du pouvoir politique. Elle leur fournit

---

34 Cf. par exemple [s.a.], [s.n.], *Journal de Genève*, 05.11.1850, pp. 1-2 (ici, p. 1).

35 Speiser, Johann Jakob, « Ueber das Münzwesen. VI », *Wochenblatt*, n° 29, 21.07.1849, pp. 2-4 (ici, p. 3).

36 Speiser, Johann Jakob, « Rapport d'expert », *op. cit.*, 57, pp. 97-128 (ici, pp. 114-115).

37 Speiser, Johann Jakob, « Mémoire au Conseil fédéral sur les fabrications de monnaie », *op. cit.*, pp. 309-332 (ici, pp. 312-313).

38 Un bon résumé des arguments de chaque camp figure dans une série de quatre articles parus à la fin de l'année 1850 : [s.a.], « Die Fabrikation der neuen schweizerischen Münzen », *Der Bund*, 12.12.1850, p. 1, 13.12.1850, p. 1, 14.12.1850, pp. 2-3 et 18.12.1850, p. 1.

39 Moser, Rudolf, *Ueber die eidgenössischen Münzgesetze vom 7. Mai 1850*, *op. cit.*, p. 56.

ainsi une légitimité forte, tout en renforçant la cohésion des citoyens sur le territoire.

D'un point de vue de la politique à mener en matière monétaire, l'ouverture d'un Hôtel offre la possibilité de moduler les conditions d'émissions de l'ensemble des moyens de paiement métalliques. Pour le notaire bernois Emanuel Zum Brunn[40], disposer de son propre établissement est indispensable pour jeter les bases d'une politique cohérente dans le domaine :

> « *Ein Geld- und Münzinstitut ist einer von den wichtigsten Zweigen des Staatshaushaltes. Wie könnte aber nun eine Nation, die gar nichts davon besitzt, deren Geld- und Münzumlauf nur ein Schattenspiel aus dem Weltverkehr ist, auch nur einen einzigen Punkt einer vernünftigen Münz-Politik befolgen und handhaben können ?* »[41].

En possession de son propre Hôtel, il est en effet possible d'intervenir directement et rapidement sur la structure de la circulation, sans craindre une interférence étrangère. La maîtrise de la valeur des monnaies est également facilitée. Or, puisque la Suisse compte pratiquer une forme de « parasitisme monétaire » en ne faisant frapper qu'une partie de ses grosses espèces, il est au moins nécessaire aux yeux des partisans de la frappe en Suisse de pouvoir fabriquer les petites pièces destinées à la circulation intérieure.

Au contraire, frapper hors des frontières ne constitue pas une perte de souveraineté pour les défenseurs de cette solution. Puisque la loi sur la mise à exécution de la réforme n'autorise la frappe que de 12 millions de FS[42], le recours aux Hôtels étrangers serait limité dans le temps. Il ne s'agit que d'une opération unique qui se terminerait une fois les pièces en circulation. En conséquence, le risque d'une intervention de l'étranger n'est à pas à craindre puisqu'il n'y aura pas de commandes régulières aux Hôtels étrangers. De plus, l'éventuelle perte temporaire de souveraineté s'amenuise fortement, car les pièces porteront l'effigie helvétique. Aux yeux de Speiser, il s'agit donc uniquement d'une opération industrielle réalisée par un partenaire hors des frontières sur une période limitée qui n'engage pas l'Etat fédéral sur le long terme.

---

40 Emanuel Zum Brunn (1793-1858), BE, originaire d'Erlenbach. Notaire à Berne dès les années 1820.

41 Zum Brunn, Emanuel, *Ueber Geld und Münze, die Sicherung und Beförderung ihres Umlaufes*, Bern : J. A. Weingart, 1850, pp. 85-86. Cf. aussi Moser, Rudolf, *Ueber die eidgenössischen Münzgesetze vom 7. Mai 1850*, *op. cit.*, p. 41.

42 « Loi sur la mise à exécution de la réforme monétaire suisse (7 mai 1850) », *op. cit.*, pp. 30-38 (ici, article 2 p. 31).

La deuxième dimension du débat, qui découle en partie de la précédente, concerne l'indépendance dans l'approvisionnement en numéraire du pays. Pour les partisans de la frappe en Suisse, l'ouverture d'un Hôtel des Monnaies est absolument indispensable pour fabriquer librement les pièces nécessaires à la couverture des besoins et ainsi assurer l'indépendance monétaire du pays. En raison de l'arrivée croissante d'or sur le continent européen dès la fin des années 1840, il est à craindre que les pièces d'argent disparaissent. Il serait alors nécessaire de pouvoir frapper soi-même et ne pas dépendre de l'étranger pour la livraison de numéraire. Un article paru dans le journal zurichois *Zürcherische Freitags-Zeitung*, qui défend pourtant le projet de Speiser d'adopter le pied monétaire français, résume bien cette position :

> «*Man sollte vielmehr meinen, es läge im höchsten Interesse der Schweiz, eine eigene Münzstätte zu haben, schon darum, damit, wie in Frankreich, in Belgien, in England, in Deutschland, es auch den Privaten möglich würde, Rohsilber in die Münze zu schicken, um Fünffrankenthaler daraus zu erhalten. Wenn obiges System [frappe à l'étranger, JC] eingeführt wird, so wird sich die Besorgnis nur zu sehr rechtfertigen, dass die neugeprägten Silberstücke vorweg wieder auswandern, nach Ost und nach West, nach Süd und nach Nord, wohin immer ihre Versendung einen kleinen Gewinn bringt. Und was bleibt uns dann, um in Schweizergeld zahlen zu können ?? Neusilber, Nikel und Bronze !! Herrlich, in der That ! […] Wir wiederholen die Behauptung: Es ist Unsinn, ohne eigene Münzstätte, die je nach dem Bedarf Tag und Nacht arbeitet, der Schweiz eine selbständige Münzreform geben zu wollen*»[43].

Un tel établissement constituerait en effet à leurs yeux une protection en cas de crise des moyens de paiement à l'étranger[44]. Puisque la Suisse compte se reposer à majorité sur la circulation française, une rupture d'approvisionnement de l'étranger signifierait que le pays se retrouverait sans numéraire. A cet égard, la crise de 1848 est mobilisée comme argument pour montrer que le risque de disparition est bien réel. Afin de se prémunir contre une éventuelle rupture d'approvisionnement, les partisans de la frappe en Suisse préconisent d'adopter le régime de la frappe libre en Suisse, c'est-à-dire que quiconque peut

---

43 [S.A.], « Schweiz », *Zürcherische Freitags-Zeitung*, 26.04.1850, p. 2.

44 AF, E9500.92#1000/1197#1*, SULZBERGER, Johann Jakob, « An Herrn Heinrich Druey, Präsidenten des hohen Bundesrathes », article tiré à part du *Zeitung für Schweizerische Handwerker- und Gewerbe-Vereine*, 25.06.1850, 8 p. (ici, p. 4) ; AEB, PA 116, BI 1a, lettre d'un H. de Zurich à Speiser, mars 1850, 3 p. (ici, p. 2) ; MOSER, Rudolf, *Du tarifage des monnaies dans la Suisse occidentale*, *op. cit.*, pp. 14-15 ; PESTALOZZI, Leonhard, *Einschmelzen der alten und Ausprägen der neuen Münzen*, rapport adressé à Hungerbühler, 19.03.1850, 6 p. (ici, p. 5) in BSG, VNL 60, A23, 14.

y apporter un lingot et, moyennant les frais de fabrication, le transformer en pièces[45]. Il ne serait ainsi plus nécessaire de se tourner vers l'étranger pour la fonte des lingots, tandis que les négociants pourraient aussi s'approvisionner plus rapidement en monnaies[46]. Seule l'ouverture d'un Hôtel des Monnaies serait en mesure de mettre le pays à l'abri d'une fermeture du réservoir français.

Aux yeux des partisans de la frappe à l'étranger, fabriquer ses monnaies en Suisse n'assurerait en rien l'approvisionnement du pays. Au contraire, les pièces helvétiques risqueraient d'être exportées ou fondues et il serait nécessaire d'en frapper régulièrement pour alimenter la circulation. L'expert bâlois veut justement éviter cette situation car elle engendrerait des coûts réguliers très importants qui grèveraient le budget de la Confédération. Pour Speiser, la qualité des pièces frappées dans des Hôtels étrangers est déterminante et surpasse largement la nécessité de fabriquer soi-même ces monnaies. En effet, même en possession du matériel et des compétences nécessaires à la fabrication des pièces suisses, rien ne garantit leur bonne qualité. Dans son mémoire publié en avril 1850, il insiste sur cet élément : « *Il n'y aura non plus qu'une voix pour demander la plus grande perfection dans la confection des monnaies au moyen de tous les secours que l'art peut apporter. La perfection des monnaies n'est pas un luxe, c'est l'économie la mieux calculée* »[47]. En procédant à la frappe à l'étranger, la Suisse s'assure de disposer d'espèces parfaitement conformes aux pièces françaises fabriquées sous le contrôle des agents du Gouvernement[48]. L'objectif poursuivi par le Bâlois est de fournir un gage de qualité irréprochable à la France : « *Dans ce cas les monnaies suisses obtiendraient tout naturellement la circulation en France* »[49]. Même sans être reconnues officiellement, elles seraient en effet plus facilement acceptées dans la circulation intérieure de l'Hexagone, tandis que

---

45 Contrairement à des pays comme la France, l'Angleterre ou les Etats-Unis, la législation monétaire suisse de 1850 n'inclut pas la frappe libre. Il semblerait qu'elle n'ait jamais été introduite en Suisse pour les monnaies d'argent. A propos de la frappe libre sur l'or, cf. note 99 p. 674.

46 Moser, Rudolf, *Ueber die eidgenössischen Münzgesetze vom 7. Mai 1850, op. cit.*, p. 55.

47 Speiser, Johann Jakob, « Mémoire au Conseil fédéral sur les fabrications de monnaie », *op. cit.*, pp. 309-332 (ici, p. 311).

48 Durant tout le processus de frappe en France, Speiser n'a de cesse d'augmenter ses exigences sur le contrôle de la fabrication ; il va même jusqu'à demander qu'un essayeur parisien soit spécialement délégué à Strasbourg afin de contrôler le titre des pièces helvétiques, ce qui est refusé par la Commission des Monnaies française. Cf. Aeb, PA 116, A 101, lettre de Barman à Speiser, 28.04.1851, 3 p. (ici, pp. 1-2).

49 Speiser, Johann Jakob, « Rapport d'expert », *op. cit.*, 56, pp. 65-88 (ici, p. 85).

les espèces françaises trouveraient plus facilement leur chemin vers la Suisse, puisqu'elles seraient absolument identiques aux FS. Cette manière de procéder permettrait de garantir un approvisionnement en numéraire régulier par le jeu des flux commerciaux. Du point de vue français, cet élément joue aussi un rôle central. Le Ministre de France en poste en Suisse, le comte de Reinhard, confirme que la frappe en France assurerait la qualité des pièces helvétiques:

> *« Je pense que si des ouvertures dans ce sens [demande suisse de frapper en France, JC] nous sont faites nous ne pouvons pas hésiter à rendre ce service à la Suisse, car il en résultera pour nous la meilleure garantie, que les nouvelles monnaies suisses, qui, pour que le système proposé puisse se réaliser, devront nécessairement être admises en France au même taux que les monnaies françaises correspondantes, ont réellement la valeur intrinsèque nécessaire pour être tarifées de la sorte »*[50].

Pour la France, l'adoption de sa monnaie dans un pays avec lequel elle est en relation commerciale étroite constitue également une garantie que ses exportations seront réglées avec du numéraire de qualité[51]. Dès le mois d'avril 1850, le Ministre français partage au CF que la Commission des Monnaies est favorable à la frappe en France[52]. Malgré ce soutien de principe, il ne semble pas, sur la base des sources consultées, que les autorités politiques ou monétaires françaises encouragent particulièrement les démarches helvétiques ou qu'elles lui offrent des avantages quelconques. La suite des événements semble plutôt indiquer une certaine indifférence; nous y reviendrons. Poursuivons sur la volonté de Speiser de frapper à l'étranger. Les Hôtels de Paris et de Bruxelles figurent parmi les établissements les plus réputés d'Europe et possèdent les connaissances spécifiques nécessaires à la frappe de francs[53]. L'importance de leurs

---

50 AD, Correspondance consulaire et commerciale, 41 CCC, 2, lettre de de Reinhard au Ministre des Affaires Etrangères, Jean Ernest du Cos, 26.11.1849, 5 p. (ici, pp. 2-3). La seule critique émise par de Reinhard (cf. note 157 p. 360) sur le projet de frappe suisse concerne la décision de maintenir le terme de « rappe » au lieu de centimes, ce qui risque de créer de la confusion car la même dénomination ferait référence à deux valeurs différentes. Le consul suisse en Belgique, François Borel (cf. note 68 p. 211), partage cet avis. Cf. AF, E12#1000/36#86*, lettre de Borel à Speiser, 22.02.1850, 4 p. (ici, p. 4).

51 Quelques informations sur cette question figurent dans EINAUDI, Luca, *Money and Politics*, *op. cit.*, p. 73.

52 AEB, PA 116, BI 1b, lettre de de Reinhard au CF, 14.04.1850, 3 p. (ici, pp. 2-3) et AEB, PA 116, BI 1a, lettre de Barman au CF, 07.04.1851, 2 p. (ici, p. 1).

53 En adoptant le FF, il ne peut être question de frapper à Hambourg. Quant à Londres, quatrième ville reconnue pour l'excellence de ses frappes en Europe, les

activités témoigne aussi du sérieux de leurs affaires : en 1849, la Monnaie de Paris produit pour 186 millions de FF en pièces d'argent, celle de Bruxelles pour 110 millions de FF[54], des montants annuels qui représentent entre 9 et 15 fois ce que la Suisse compte faire frapper.

La troisième dimension du débat concerne les coûts liés à l'érection d'un Hôtel fédéral des Monnaies. Selon les calculs du Bâlois, ils s'élèveraient à quelque 400'000.- FS[55], ce qui représenterait 6 % du budget de l'Etat fédéral en 1852. Speiser s'oppose fortement à l'augmentation des dépenses avec ce nouveau poste, sans compter son aversion pour le renforcement des fonctions administratives et de la bureaucratie[56]. Partisan d'une réduction des coûts de fonctionnement du nouvel Etat fédéral, il sait qu'un tel établissement n'est pas rentable et qu'il viendra grever le budget de la Confédération. Il écrit à l'ingénieur Sulzberger :

> « *Von vorneherein ist es klar; und als Geschäftserfahrener Mann werden Sie es nicht bezweifeln, dass betreffende Etablissements, deren erste Einrichtungskosten vom Staate bestritten worden sind, deren Dirigenten und Arbeiter eine langjährige Praxis besitzen, denen grossartige Affinir-Anstalten und alle sonstigen Hülfsmittel der Industrie zur Seite stehen, die sich überdies am Orte oder wenigstens ganz, in der Nähe der grossen Silbermärkte befinden, eine Menge wesentliche Vortheile besitzen, die eine neu zu errichtende schweizerische Münzstätte zum Theil nie, zum Theil nur spät und mit grossen Opfern erlangen könnte. Der Gewinn auf der Münzprägung ist ein so kleiner, dass vortheilhafter Betrieb dieses Geschäftes nur möglich, ist bei grosser ununterbrochener Beschäftigung* »[57].

Il resterait d'ailleurs dans tous les cas nécessaire de s'adresser à l'étranger pour l'achat de métaux précieux et pour l'affinage de certaines pièces. De plus, les faibles coûts de fabrication de l'étranger représentent un argument de taille[58], qu'un Hôtel suisse des Monnaies ne pourrait pas concurrencer[59].

---

frais de transport conséquents et la spécialisation dans la fabrication des livres sterling l'écartent des possibilités retenues par Speiser.

54 Speiser, Johann Jakob, « Mémoire au Conseil fédéral sur les fabrications de monnaie », *op. cit.*, pp. 309-332 (ici, p. 315).

55 Speiser, Johann Jakob, « Mémoire au Conseil fédéral sur les fabrications de monnaie », *op. cit.*, pp. 309-332 (ici, pp. 311-312).

56 Aeb, PA 116, A 225, lettre de Speiser à Peyer Im Hof, 27.08.1850, 6 p. (ici, pp. 1-2).

57 Af, E9500.92#1000/1197#1*, lettre de Speiser à Sulzberger, 08.05.1850, 3 p. (ici, p. 1).

58 Af, E12#1000/36#73*, lettre de Speiser à Borel, 07.04.1850, 2 p. (ici, p. 1).

59 En France, les frais de fabrication pour l'argent ont évolué de la manière suivante (en FF par kg) : 3.- en 1803, 2.- en 1835 et 1.50 en 1849. Cf. Custer, Hermann, *Die Tarifirung der französischen Goldmünzen in der Schweiz*, Bern : J. Dalp'sche, 1854,

Les partisans de la frappe en Suisse contestent le chiffre de 400'000.- FS pour l'ouverture d'un Hôtel donné par de Speiser. L'ingénieur thurgovien Johann Jakob Sulzberger avance le montant de 150'000 à 160'000.- FS pour un établissement flambant neuf[60]; Rudolf Moser estime quant à lui que 100'000.- FS suffiraient[61]. Au-delà de ces frais d'installation, ce sont toutes les économies qu'une telle institution permettrait d'éviter qui sont mises en avant (frais de transport, de surveillance et d'emballage). Évalués entre 150'000.- et 210'000.- FS, ils couvriraient les frais d'établissement initiaux d'un Hôtel suisse des Monnaies. Le Bâlois Rudolf Moser refuse de dépenser de telles sommes à l'étranger :

> *« Der Gedanke, im Auslande prägen zu wollen, und desswegen nur allein an Nebenkosten, welche mit der entfernten Prägung verbunden sind, zwei und vielleicht drei Mal so viel auszugeben, als die Einrichtung einer nationalen Münzstätte kosten würde, ist staatswirthschaftlich so monstruos als er unpatriotisch ist »*[62].

Au-delà des économies, le processus de frappe pourrait être mieux surveillé, les délais raccourcis pour la livraison et l'adaptation selon les besoins serait facilitée. Les frais payés aux entrepreneurs des Monnaies à l'étranger pourraient aussi venir augmenter les recettes de l'Etat. Les partisans de cette solution estiment que puisque le montant de la frappe prévu par Speiser (12 millions) est insuffisant, il faudra nécessairement poursuivre la fabrication d'espèces dans le futur[63]. L'érection d'un Hôtel des Monnaies ne serait donc pas utile que pour introduire le nouveau système, mais également sur le plus long terme.

La quatrième et dernière dimension du débat concerne le poids du secteur horloger dans la question. Nous avons déjà relevé que les horlogers genevois et de l'Arc jurassien consomment une très grande quantité de pièces pour leurs

---

p. 11 et AEF, Serie X, Ms 204, Délibérations de la Commission des Monnaies et Médailles de Paris, séances du 29.03.1849, folio 25 et du 30.05.1849, folio 20.

60 Sur Johann Jakob Sulzberger : cf. note 391 p. 301.

61 AF, E9500.92#1000/1197#1*, SULZBERGER, Johann Jakob, « An Herrn Heinrich Druey, Präsidenten des hohen Bundesrathes », article tiré à part du *Zeitung für Schweizerische Handwerker- und Gewerbe-Vereine*, 25.06.1850, 8 p. (ici, p. 6) ; MOSER, Jean Rodolphe, [s.n.], *Bernerzeitung*, 11.09.1850, reproduit in MOSER, Jean Rodolphe, *Le monnayage Suisse*, *op. cit.*, p. 9. Selon ces deux auteurs, les 400'000.- FS avancés par Speiser correspondraient au montant qui a permis de remettre à neuf la Monnaie de Paris durant les années 1840.

62 MOSER, Rudolf, *Ueber die eidgenössischen Münzgesetze vom 7. Mai 1850*, *op. cit.*, p. 56.

63 [S.A.], « Berne », *Gazette de Lausanne*, 29.08.1850, p. 2 ; [S.A.], « Schweiz », *Züricher Freitags-Zeitung*, 30.08.1850, p. 2.

activités. Rappelons que selon les rares estimations à disposition, ils fondraient entre 7 et 32 millions de FF en pièces de monnaie par an[64], c'est-à-dire au minimum deux tiers de ce que Speiser prévoit de frapper comme nouvelles pièces. Bien que les acteurs de ce secteur pourraient s'approvisionner en lingots sur le marché, il leur revient moins cher de faire fondre des pièces. Adressées à Rudolf Moser, ces lignes de l'expert bâlois confirment le rôle déterminant des besoins de ce secteur économique dans la question :

> «*Je maintiendrai cette opinion [la frappe à l'étranger, JC], aussi longtemps que les horlogers de la Suisse trouvent la source la plus économique de l'argent dont ils ont besoin, dans la fonte d'écus de 5 fr. Il est clair que le monnayage dans de telles conditions amènerait au pays de lourdes pertes inutiles, même si l'hôtel des monnaies ne coûterait* rien»[65].

En raison de l'importante consommation du secteur horloger, se reposer sur la circulation du numéraire étranger permet de reporter une partie des frais de fabrication des pièces sur d'autres Gouvernements. En effet, la frappe engendre des frais fixes qui sont à la charge des producteurs de pièces. Limiter la fabrication de pièces suisses revient donc à diminuer les coûts de renouvèlement des monnaies qui pèsent sur l'Etat fédéral. Et puisque les pièces coûtent moins cher à produire en France, il est plus rentable de les y faire fabriquer plutôt que d'assumer des frais qui seraient proportionnellement plus élevés en Suisse. De plus, la consommation horlogère de deux tiers au moins des espèces suisses frappées rendrait nécessaire de renouveler le stock de numéraire en proportion chaque année par de nouvelles frappes, engendrant des frais réguliers et conséquents[66].

Les partisans de la frappe en Suisse considèrent au contraire qu'un Hôtel des Monnaies serait l'occasion de stimuler les différents secteurs qui travaillent les métaux précieux, tels que les marchands, les affineurs, les graveurs ou encore les artistes. Ce sont en particulier les milieux genevois qui défendent ce point de vue, en raison de l'importance et de la réputation de leurs graveurs. Ils estiment ainsi qu'un Hôtel fédéral serait l'occasion de soutenir les artistes nationaux :

> «*Il faut que la Confédération ait une monnaie à elle; ne vaut-il pas mieux l'organiser dès à présent en recourant aux artistes suisses qui ont fait leurs preuves. [...] Il est à désirer que ses offres [du graveur genevois Bovet] soient sérieusement discutées par*

---

64 Cf. le chapitre 4.1.3 pour les estimations.

65 Speiser, Johann Jakob, [s.n.], *Bernerzeitung*, 12.09.1850, reproduit in Moser, Jean Rodolphe, *Le monnayage Suisse*, *op. cit.*, p. 11. En italique dans l'original.

66 Af, E9500.92#1000/1197#1*, lettre de Speiser à Sulzberger, 08.05.1850, 3 p. (ici, p. 2).

le Gouvernement de la Confédération, qui doit avoir à cœur d'employer des artistes suisses, préférablement à ceux des autres pays»[67].

De nombreuses voix s'élèvent en effet déjà en Suisse contre le CF et Speiser, car ce dernier confie la confection technique des pièces à des étrangers[68]. La frappe de toutes les pièces dans des Hôtels hors des frontières ajoute au mécontentement. Ce type de dépenses faites à l'étranger pourraient être utilisées pour soutenir les acteurs et les industries suisses actifs dans la confection de monnaies.

En dépit des arguments des partisans de la frappe en Suisse, Speiser est bien décidé à procéder à l'exécution rapide de la réforme monétaire, ce qui nécessite de frapper hors des frontières. Le banquier zurichois Leonhard Pestalozzi, le peintre genevois Alexandre-Félix Alméras, ainsi que le Bâlois Rudolf Moser et le Bernois Friedrich Fueter préconisent eux aussi la frappe de grosses espèces à l'étranger pour des raisons de coûts, mais défendent la fabrication des petites pièces en Suisse, afin d'assurer le suivi de leur qualité[69].

Le débat initié par la volonté de l'expert bâlois de faire fabriquer les premières pièces fédérales à l'étranger se transforme en attaques personnelles de la part de Moser à l'encontre de la personne de Speiser. Dès la parution du mémoire du Bâlois en avril 1850, mais surtout après la loi du 7 mai 1850, il met en garde les autorités politiques contre les nombreuses imperfections de l'organisation monétaire projetée. Il renouvèle alors sa demande de participer comme expert à la mise en application de la réforme afin de rectifier ces erreurs. Il essuie une

---

67 [s.a.], «Faits divers», *Journal de Genève*, 03.09.1850, pp. 3-4 (ici, p. 4).

68 Les coins sont réalisés par le Français Jacques-Jean Barre (cf. note 135 p. 562) et par le graveur munichois Karl Friedrich Voigt (1800-1874) qui est à la tête de la Monnaie de Munich entre 1829 et 1855. Cf. par exemple Moser, Jean Rodolphe, «Der Streit über die schweizerische Münzprägung», *Schweizerische National-Zeitung*, 02.10.1850, reproduit in Moser, Jean Rodolphe *Ueber die Münzprägung*, *op. cit.*, pp. 2-4 (ici, p. 3). Sur cet aspect, cf. Chaponnière, Olivier, *Antoine Bovy et le Franc suisse*, *op. cit.*, pp. 102-105.

69 Le point de vue de Pestalozzi, qui peut se reposer sur une expertise du directeur de la Monnaie de Bavière Franz Xaver von Haindl (1807-1884), est détaillé dans Bsg, VNL 60, A23, 15, lettre de Pestalozzi à Hungerbühler, 17.04.1850, 7 p. (ici, pp. 1-3). Cf. aussi Pestalozzi, Leonhard, *Sur la possibilité de rétablir l'ordre*, *op. cit.*, p. 21 ; Af, E12#1000/36#66*, Alméras, Alexandre-Félix, *Observations sur le rapport d'Expert*, *op. cit.*, 11 p. (ici, pp. 4-5) ; les articles de Moser, Jean Rodolphe, [s.n.] parus dans la *Tribune suisse* les 15.09.1850 et 17.09.1850, reproduits in Moser, Jean Rodolphe, *Le monnayage Suisse*, *op. cit.*, pp. 13-16 ; Aeb, PA 116, A 99, lettre de Fueter à Speiser, 13.11.1849, 2 p. (ici, p. 2).

fois encore les refus successifs du DFF et de Speiser[70]. Mis à nouveau sur la touche, Moser débute une série d'articles dans plusieurs journaux pour tâcher de rallier des soutiens. Speiser refuse toutefois d'entrer dans cette polémique[71]. Cependant, pour calmer les critiques et tenter d'apaiser les esprits, le Bâlois publie un second rapport sur la question en octobre 1851[72]. C'est l'occasion pour lui de préciser définitivement sa position : la réforme monétaire doit être rapide et coûter le moins cher possible. Les frais de fabrication à l'étranger se montent à 350'000.- FS ; en Suisse, ils s'élèveraient, en admettant la construction d'un Hôtel à 100'000.- FS, à 530'000.- FS[73]. Cette différence de prix et les nombreuses garanties fournies par les entrepreneurs étrangers justifient largement le recours à la frappe hors des frontières. Sa décision est donc prise. La livraison d'un nouveau rapport est d'autant plus nécessaire que le débat suisse a des répercussions à l'étranger. En effet, l'expert bâlois est alors, comme nous le verrons plus bas, en pleine négociation avec des directeurs des Monnaies à l'étranger pour la frappe des pièces suisses. Engagés dans une série de tests pour le compte du Gouvernement suisse, ils voient d'un très mauvais œil les répercussions que cette discussion pourrait avoir. Le directeur de la Monnaie de Strasbourg met en garde Speiser contre cette situation qui risque d'isoler la Suisse :

> *« Il me semble que la première question à résoudre aujourd'hui est précisément celle du principe même qui dirigera la Suisse dans ce travail, car avec l'arrière-pensée que chacun aura à l'avenir et que tous les essais et travaux tentés jusqu'à ce jour, à grands frais je vous assure, Monsieur, ne sont basés sur aucune chance possible de succès personne ne voudra plus continuer des essais, qui cependant sont fort utiles pour la bonne préparation du travail, avant que l'on ne sache si la Suisse créera elle-même une monnaie ou*

---

70 Le déroulement des tensions entre Speiser et Moser est exposé dans Moser, Jean Rodolphe, *Ueber die Münzprägung, op. cit.*, 8 p. et dans Moser, Rudolf, *Ueber die Münzprägung, eine Erwiderung an Herrn Bankdirektor Speiser, op. cit.*, 8 p.

71 Lettre de Speiser à la rédaction de l'"Eidgenössische Zeitung", reproduite dans Speiser, Johann Jakob, « Schweizerische Eidgenossenschaft », *Eidgenössische Zeitung*, 03.11.1850, p. 1.

72 Il n'a pas été retrouvé dans les archives. Il est commenté dans [s.a.], « Bundesstadt », *Neue Zürcher Zeitung*, 01.11.1850, pp. 3-4 ; [s.a.], [s.n.], *Eidgenössische Zeitung*, 02.11.1850, p. 2 ; [s.a.], « Aus der Bundesstadt », *Der Bund*, 02.11.1850, pp. 1-2 et dans le *Rapport final de la Commission monétaire suisse sur l'exécution de la réforme monétaire, op. cit.*, pp. 92-137 (ici, p. 95).

73 [s.a.], [s.n.], *Gazette de Lausanne*, 05.11.1850, pp. 1-2.

bien se décidera à faire un traité au dehors. A vrai dire je ne comprends pas trop le calcul des partisans de la création d'une Monnaie suisse »[74].

Les propos tenus par les directeurs étrangers renforcent la décision de Speiser, malgré les critiques qui fusent à l'intérieur du pays. Bénéficiant du soutien total du Cf Munzinger en charge des Finances et de certains autres Cf[75], ainsi que de la commission monétaire fédérale, il peut poursuivre ses démarches auprès des directeurs des Hôtels des Monnaies de Belgique et de France.

Avant d'entrer dans le détail des négociations avec les directeurs étrangers, il est nécessaire de présenter brièvement le processus de fabrication d'une pièce de monnaie (cf. le schéma ci-dessous). Il débute par deux phases qui sont menées en parallèle. D'un côté, la fabrication des flans, qui se présentent sous la forme de petites rondelles de métal vierges de toute inscription. D'un autre côté, la fabrication des coins qui sont des blocs d'acier qui contiennent le dessin de la pièce qui doit être frappée ; un coin contient l'avers, un autre coin le revers. Dans un second temps, la frappe de la monnaie consiste à comprimer le flan entre les deux coins à l'aide d'un balancier, qui est progressivement remplacé par des presses monétaires dès la moitié du 19e siècle ; la virole, qui se présente sous la forme d'une petite couronne d'acier, permet quant à elle de réduire l'écrasement du métal, tout en fournissant la tranche de la monnaie.

74 AF, E12#1000/36#86*, lettre de Renouard de Bussière à Speiser, 16.09.1850, 2 p. (ici, p. 1). Des propos identiques proviennent du consul suisse en Belgique, François Borel (cf. note 68 p. 211) : AF, E12#1000/36#86*, lettres de Borel à Speiser du 14.09.1850, 2 p. (ici, pp. 1-2) et du 23.09.1850, 2 p. (ici, p. 1).

75 En novembre 1849 déjà, le président de la Confédération Jonas Furrer (cf. note 24 p. 322) se prononçait en faveur de la frappe à l'étranger : cf. AD, Correspondance consulaire et commerciale, 41 CCC, 2, lettre de de Reinhard au Ministre des Affaires Etrangères, Jean Ernest du Cos, 26.11.1849, 5 p. (ici, p. 2).

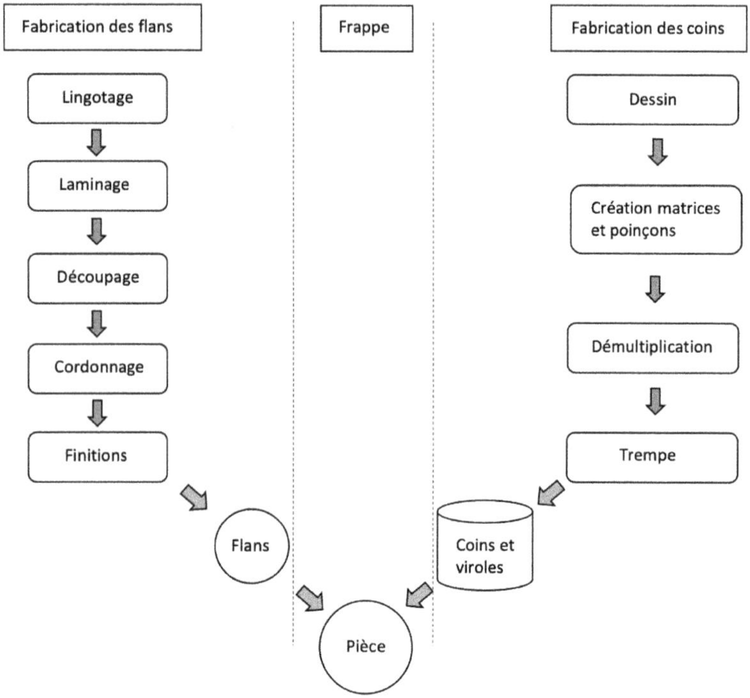

Schéma 6: étapes de la fabrication d'une pièce de monnaie[76]

Dans les chapitres qui suivent, il ne sera pas question d'entrer dans le détail technique du processus de fabrication des premiers FS, les études sur le sujet faisant d'ailleurs défaut. Il s'agira uniquement d'analyser le processus de négociation des contrats avec les partenaires étrangers concernant la fabrication des nouvelles pièces suisses.

6.1.2. Les exigences helvétiques confrontées à la réalité du terrain : l'échec des négociations avec la Monnaie de Belgique

A partir du mois de février 1850, alors que les partisans du FLa s'engagent dans un vaste mouvement pétitionnaire, Speiser s'adresse à plusieurs directeurs

76 Schéma tiré de Théret, Philippe, *Le franc, les monnaies, les archives*, Paris : Chevau-Légers, 2019, p. 18 et retravaillé par nos soins. Pour le détail des différentes phases décrites dans ce schéma, se référer aux pages 19 à 48 de cet ouvrage.

d'Hôtels des Monnaies étrangers, par l'intermédiaire des représentants du corps diplomatique[77]. Nous avons vu que l'objectif principal est de contrer les arguments des opposants quant au risque de dépendance en adoptant un système étranger. L'expert bâlois profite de ces démarches afin de débuter la récolte d'informations sur les conditions de frappe[78]. Ses efforts se dirigent dans deux directions : Bruxelles et Paris. Ces premiers contacts ont pour principal objectif d'établir un devis général des coûts en vue de la fabrication des premiers francs suisses[79]. Si l'expert bâlois espère pouvoir confier la fabrication de toutes les pièces suisses à un seul atelier, les offres qu'il reçoit le font rapidement changer d'avis, en raison des longs délais qu'il faut compter pour l'ensemble des opérations[80]. En effet, en confiant à un seul Hôtel toutes les frappes, le processus de fabrication durerait entre 15 et 17 mois. Par contre, en le répartissant sur plusieurs ateliers, les délais seraient réduits à 8 mois. Cette organisation présenterait aussi l'avantage de se prémunir d'un retard de livraison de la part d'un fournisseur unique, puisque la frappe de pièces pour le compte d'un Etat étranger est alors peu répandue en Europe et que des difficultés techniques sont prévisibles. En revanche, il ne semble pas que l'objectif initial de Speiser ait été d'essayer de limiter l'influence française en se tournant vers la Belgique, du moins la correspondance consultée ne contient-elle aucun élément allant dans ce sens.

---

77 A Paris, c'est le valaisan Joseph-Hyacinthe Barman-de Quartéry (1800-1885) qui, après avoir été tour à tour avocat, notaire, professeur à l'Académie de Lausanne et cadre de banque, est chargé d'affaires de la Confédération suisse. A Bruxelles, c'est François Borel (cf. note 68 p. 211) qui occupe le poste de consul.

78 Il est difficile de saisir le déroulement des négociations entre Speiser et les directeurs étrangers, car la correspondance et les traités sont répartis dans plusieurs fonds d'archives, en raison des multiples destinataires de part et d'autre : une partie se trouve dans le fonds Speiser aux AEB et une autre partie aux AF. A cette difficulté s'ajoute aussi le changement qui s'opère à la tête du DFF : lorsque Munzinger devient président de la Confédération en 1851, il est remplacé par le Vaudois Druey (cf. note 28 p. 323) aux Finances qui reçoit certains courriers. Une partie de la correspondance étrangère est également adressée à la Commission fédérale des Monnaies.

79 AEB, PA 116, A 210, lettres de Munzinger à Speiser du 11.02.1850, 1 p. et du 22.02.1850, 2 p. (ici, p. 1) ; AF, E12#1000/36#67*, lettre de Speiser à Munzinger, 25.03.1850, 2 p. (ici, p. 1).

80 AF, E9500.92#1000/1197#1*, lettre de Diérickx à Speiser, 20.03.1850, 4 p. ; AF, E12#1000/36#73*, lettre de Speiser à Borel, 07.04.1850, 2 p. ; AF, E12#1000/36#86*, lettre de Borel à Speiser, 04.05.1850, 4 p.

En possession de plusieurs offres, l'expert bâlois décide de confier la frappe des espèces en argent et en cuivre (5, 2, 1 et 0.5 FS; 2 et 1 cts) à Paris et le billon (20, 10 et 5 cts) à Bruxelles. Malgré des débuts encourageants, les négociations avec la Belgique sont rompues début 1851. Peu présent dans la littérature secondaire[81], cet épisode est pourtant révélateur de la complexité de la mise en application de la réforme et, de manière plus large, des difficultés à construire la souveraineté monétaire du pays. Il met en particulier en lumière que l'évolution du contexte monétaire international tend à compliquer les négociations. Suite à la découverte de mines d'or en Californie, de grandes quantités de métal jaune arrivent en Europe. L'argent, qui constitue la base des pièces suisses, prend de la valeur et se fait de plus en plus rare. Dans ces conditions, chaque parti tâche de limiter ses frais et de les reporter sur son partenaire. A cette occasion, Speiser se révèle être un négociateur très exigeant peu enclin aux compromis, comme l'ont déjà montré à plusieurs reprises ses refus de prendre en considération des opinions divergentes à sa conception. Etant décidé à frapper à l'étranger, il n'hésite pas à faire jouer les offres les unes contre les autres afin d'obtenir les meilleurs tarifs et ainsi d'atteindre ses objectifs d'un processus rapide et économe[82]. L'échec des négociations avec la Belgique joue un rôle important, car il contraint l'expert bâlois à se tourner vers la Monnaie de Strasbourg comme alternative. La conséquence est que l'ensemble des premières pièces suisses sont frappées en France, créant ainsi une forte dépendance envers ce pays pour l'approvisionnement en numéraire helvétique. Tâchons maintenant de comprendre pour quelles raisons les négociations avec la Monnaie belge échouent.

En février 1850, Speiser demande au consul suisse en poste en Belgique, François Borel, de récolter des informations auprès du directeur de la Monnaie de Bruxelles, Philippe Joseph Allard[83]. Les informations que l'expert bâlois reçoit sont encourageantes pour deux raisons, au-delà de la volonté de réduire le délai de livraison. La première a trait aux coûts de production. La Belgique propose des tarifs sur la frappe de billon 10 % meilleur marché à ceux de la France et de l'Allemagne, ainsi que des conditions plus favorables; le transport par le Rhin

81 A notre connaissance, seul Mangold, Fritz, « Bankdirektor Johann Jakob Speiser », *op. cit.*, pp. 135-320 (ici, pp. 232-233), mentionne les négociations avec la Belgique.

82 Af, E12#1000/36#73*, rapport de Speiser au CF sur son voyage à Bruxelles, Paris et Strasbourg concernant la fabrication des nouvelles pièces suisses, 11.02.1851, 12 p. (ici, p. 11).

83 Philippe Joseph Allard-Ipperseel (1805-1877), fils de Martin Joseph (1771-1844), cordonnier. Orfèvre actif à Bruxelles entre 1827 et 1851, banquier et

depuis Bruxelles jusqu'à Bâle est également moins cher que depuis Paris par diligence[84]. La seconde raison relève de l'expérience technique. Depuis l'adoption du système monétaire français en 1832, le Gouvernement belge frappe ses pièces en se basant sur le modèle français. Le personnel qualifié de l'Hôtel des Monnaies de Bruxelles a donc l'habitude de ce type d'opérations et possède les compétences à même de respecter les caractéristiques techniques de la frappe de francs. Le directeur Allard est aussi réputé en Europe pour ses fabrications de pièces de billon, dans lesquelles il est le premier à proposer d'incorporer du nickel. Fin février 1850, le Cf Munzinger obtient l'autorisation du CF de déléguer Speiser à Bruxelles, dans le but de négocier les termes d'un éventuel contrat[85]. La manœuvre est largement soutenue par les défenseurs du pied monétaire français et en particulier par le rapporteur de la commission du CN Peyer Im Hof[86].

Les premiers contacts entre Speiser et Allard sont prometteurs, puisque le Gouvernement belge accepte de frapper les pièces suisses aux mêmes conditions que les espèces nationales, incluant la supervision d'un commissaire officiel du Gouvernement[87]. Allard débute une série d'essais, mais les difficultés ne tardent pas à apparaître[88]. Borel tâche de faire pression sur le Bruxellois pour accélérer le travail, mais ses démarches sont sans succès. Il en informe Speiser : « *Malheureusement il [Allard, JC] n'est pas aussi avancé que nous l'aurions*

---

directeur (1846-1877) de la Monnaie de Bruxelles qui reste exploitée par la famille jusqu'en 1931.

84 AF, E12#1000/36#73*, rapport de Speiser au CF, 13.02.1851, 3 p. (ici, p. 1) et AF, E12#1000/36#67*, lettre de Speiser à Munzinger, 23.02.1850, 4 p. (ici, p. 3). Cf. aussi le détail des coûts dans la correspondance adressée par Borel à Speiser : AF, E12#1000/36#86*, lettres de Borel à Speiser du 25.02.1850, 3 p. (ici, p. 2), du 04.05.1850, 4 p. (ici, pp. 2-4), du 19.08.1850, 3 p. (ici, p. 2) et du 04.10.1850, 3 p. (ici, p. 3).

85 AF, E1004.1#1000/9#1400*, Protocole du CF, 25.02.1850, n° 589 ; AEB, PA 116, A 210, lettre de Munzinger à Speiser, 25.02.1850, 2 p. (ici, p. 1).

86 AEB, PA 116, A 225, lettre de Peyer Im Hof à Speiser, 08.04.1850, 3 p. (ici, p. 2) et AF, E12#1000/36#66*, lettre de Peyer Im Hof à Munzinger, 04.03.1850, 1 p. Speiser envoie à Peyer Im Hof quelques informations de seconde importance pour la rédaction de son rapport : AEB, PA 116, A 225, lettre de Speiser à Peyer Im Hof, 28.02.1850, 2 p. et lettres de Peyer Im Hof à Speiser du 02.03.1850, 2 p., du 15.03.1850, 1 p. et une lettre sans date [vers début avril 1850], 2 p.

87 AF, E12#1000/36#67*, lettre de Borel à Speiser, 03.04.1850, 2 p. (ici, p. 1).

88 AF, E12#1000/36#86*, *Note de Mr. Allard, directeur de la monnaie à Bruxelles remise par Mr. F. Borel, consul Suisse à Bruxelles*, 03.04.1850, 2 p. ; AEB, PA 116, A 28, lettre de Borel à Speiser, 22.03.1850, 2 p. (ici, pp. 1-2).

désiré, ne se doutant pas que l'affaire fut aussi pressée !»[89]. Malgré l'adoption de la loi monétaire suisse du 7 mai 1850 qui fixe légalement une partie des données techniques des pièces, les retards s'accumulent. Allard a en effet besoin du vieux billon suisse pour faire ses tests et surtout pour produire une estimation globale des coûts de l'ensemble de l'opération de refonte et de frappe. Il refuse de produire un devis tant qu'il ne connait ni l'alliage précis, ni la qualité des métaux que la Suisse s'apprête à lui fournir. Néanmoins, la perspective de frapper pour un Gouvernement étranger est alléchante pour deux raisons. D'une part, l'organisation de la Monnaie belge fonctionne à cette période sur une base privée, c'est-à-dire que les bénéfices sur la fabrication des pièces reviennent au directeur de la Monnaie et non au Gouvernement. Pour Allard, frapper pour la Suisse constitue donc une perspective de gains intéressante. En décrochant cette première commande, il peut au demeurant espérer être en charge de fabrications ultérieures. D'autre part, réaliser les frappes pour un pays étranger lui assure une bonne réputation auprès des spécialistes du champ. Allard multiplie donc les marques de bonne volonté à l'égard de Speiser. Borel s'en fait le porte-parole et fournit les garanties financières nécessaires à même de rassurer l'expert bâlois :

> *«Il [Allard, JC] y tient [à frapper pour le compte de la Suisse, JC] à cause de l'espèce de relief que cela donnerait à la Monnaye de Bruxelles et pour l'honneur qui lui reviendrait personnellement de vous avoir fait peut-être la plus jolie monnaye existante. [...] Comme le Ministre parait aussi tenir beaucoup à l'affaire pour l'honneur du pays, il est bien évident qu'il ne fera jamais payer que le travail de besogne aux membres de la Commission, et certes ce ne sera pas grand-chose et ce sera tout dans votre intérêt»*[90].

Malgré cet intérêt à maintes reprises renouvelé, plusieurs difficultés compliquent les rapports entre les deux parties. Du côté suisse, la loi fixe le titre de fin général des pièces, mais le contenu de l'alliage pour le billon n'a pas encore été déterminé[91], les dessins à graver ne sont pas définitifs et les coins pas encore

89 Af, E12#1000/36#86*, lettre de Borel à Speiser, 30.03.1850, 3 p. (ici, p. 1).

90 Af, E12#1000/36#86*, lettre de Borel à Speiser, 26.08.1850, 6 p. (ici, pp. 1 et 3).

91 Jusque mi-mai 1851, Speiser n'est pas en mesure de fournir cette information essentielle pour le début des frappes, malgré des demandes réitérées de la part des directeurs étrangers. Le CF ne détermine en effet l'alliage que dans le courant du mois d'avril 1851. Cf. [s.a.], [s.n.], *Gazette de Lausanne*, 28.04.1851, p. 2 ; Aeb, PA 116, A 101, lettres de Barman à Speiser du 05.05.1851, 2 p. (ici, p. 1) et du 10.05.1851, 2 p. (ici, p. 1).

prêts[92]. Du côté belge, les essais prennent beaucoup de temps et Allard tient à inclure du nickel à sa fabrication, proposition fortement repoussée par les graveurs genevois et parisiens avec qui Speiser est en contact, en raison des coûts supplémentaires que cet ajout engendrerait selon eux[93]. De plus, Allard ne fournit toujours aucune offre définitive et reste très vague dans ses propositions. Mis sous pression par Speiser, qui n'hésite pas à menacer de réaliser l'ensemble des opérations en France[94], Allard cède et informe tout faire pour s'aligner sur le prix des concurrents français[95]. Il maintient par contre des conditions générales désavantageuses (refus d'assumer la variation du prix des métaux, délais de livraison deux fois et demi plus longs, ensemble des frais (coins, transport, comptage, surveillance) à la charge du Gouvernement suisse)[96]. Malgré ces clauses, Speiser est persuadé que la qualité des pièces frappées en Belgique surpassera celles de France et maintient donc sa décision de traiter avec Allard. En décembre 1850, les négociations sont sur le point d'aboutir. Les deux hommes discutent d'un projet de traité pour la frappe des premières pièces suisses, après que le CF a adopté les propositions de Speiser. De Bâle, l'expert monétaire en informe le directeur bruxellois: «*La question de la fabrication des monnaies suisses est enfin arrivée au point où des négociations sérieuses et définitives*

92 Nous n'abordons pas, volontairement, la question des dessins qui figurent sur les premiers francs suisses, question qui a été très bien traitée par des numismates genevois. Relevons uniquement que suite à l'adoption de la loi du 7 mai 1850, un concours est lancé pour leur élaboration. Après plusieurs rebondissements, c'est le Genevois Antoine Bovy qui est retenu. Cf. Chaponnière, Olivier, *Antoine Bovy et le Franc suisse*, *op. cit.*, pp. 23-24 et 100-101; Campagnolo, Matteo, «Antoine Bovy et la monnaie unique suisse», in Lescaze, Bernard, Rivaz, Michel de, Campagnolo, Matteo, *Une monnaie pour la Suisse*, *op. cit.*, pp. 55-73 (ici, pp. 58-66).

93 Les avantages du nickel résident dans une meilleure solidité des pièces, un temps de vie plus long, une plus grosse difficulté à les contrefaire et à un aspect plus argenté que le cuivre. Ils sont présentés dans Speiser, Johann Jakob, «Mémoire au Conseil fédéral sur les fabrications de monnaie», *op. cit.*, pp. 309-332 (ici, pp. 319-320). Cf. également dans le fonds aux Af, E12#1000/36#86*, lettre de Borel à Speiser, 02.09.1850, 4 p., lettre d'Allard à Speiser, 08.08.1850, 5 p. (ici, pp. 1-2) et *Notes transmises par Auguste Darier chimiste et essayer du Commerce, concernant l'alliage décrété pour le billon des monnaies Suisses*, [s.d.], 2 p., ainsi que dans le fonds aux Af, E12#1000/36#150*, lettre de Louis Bovy à Munzinger, [s.d.], 4 p. (ici, pp. 1-2).

94 Af, E12#1000/36#86*, lettre de Borel à Speiser, 02.09.1850, 4 p. (ici, p. 1).

95 Af, E12#1000/36#86*, lettres de Borel à Speiser du 14.09.1850, 2 p. (ici, p. 1) et du 12.10.1850, 4 p. (ici, p. 1).

96 Af, E12#1000/36#73*, lettre de Speiser à Allard, 23.08.1850, 2 p.

peuvent être entamées»[97]. Mais deux grosses difficultés compliquent la ratification du traité. Elles sont énoncées par Allard :

> *« [...] je ne veux faire aucun bénéfice sur les métaux, je veux seulement ne pas perdre et pour cela je dois savoir à quoi je m'engage, ce que je ne saurai pas si j'admettais que le gouvernement suisse put à son choix ou demander ou ne pas me demander de métaux neufs. Les cours sont trop variables en ce moment. [...] Et quant à un délai fixe il m'est impossible de l'admettre; cette fabrication étant tout à fait nouvelle »*[98].

La première difficulté réside dans l'exigence de Speiser d'inclure au contrat un prix fixé d'avance sur l'achat de métaux précieux. Allard refuse catégoriquement cette clause, car les cours varient énormément fin 1850 (cf. le Graphique 7 p. 563) et il veut pouvoir faire reposer sur la Suisse les éventuelles hausses de prix. En effet, entre les premiers contacts en février 1850 et décembre 1850, le prix de l'argent sur la place de Paris augmente de 0.5 %. Si cette hausse n'est pas forte en valeur absolue, il faut prendre en compte que les opérations de frappe portent sur des dizaines de tonnes. Toute variation dans le prix d'acquisition du métal peut donc représenter des sommes importantes, sans compter qu'en raison de la rareté de l'argent, les coûts de transaction (assurance, transport ou encore intérêts) ont tendance à renchérir son prix. Face à l'incertitude qui pèse sur l'évolution des cours, aucun des deux partis ne veut prendre de risques. Dans cette perspective, Allard s'oppose à ce que le CF détermine de mois en mois les quantités à livrer. L'utilisation du nickel en étant encore à ses balbutiements, le directeur belge exige de connaître les quantités à travailler et ne peut s'engager sur des livraisons fluctuantes.

Le deuxième problème réside dans le prix de revient du billon annoncé par le directeur belge à 4.10 le kilogramme[99]. Or, le directeur de la Monnaie de Strasbourg l'offre à 2.60 le kilogramme, soit un tiers moins cher[100]. Allard réitère qu'il va faire son possible pour essayer de diminuer ses prix, ce que Speiser interprète, à tort, comme la confirmation d'un alignement sur le prix du concurrent français[101]. Il faut aussi ajouter que le directeur belge refuse la clause

97 AF, E12#1000/36#73*, lettre de Speiser à Allard, 18.12.1850, 1 p. Cf. aussi AEB, PA 116, A 28, lettre de Borel à Speiser, 28.12.1850, 2 p. (ici, p. 1) et AEB, PA 116, A 1, lettre d'Allard à Speiser, 26.12.1850, 4 p. (ici, pp. 1-3).

98 AEB, PA 116, A 1, lettre d'Allard à Speiser, 04.01.1851, 2 p. (ici, pp. 1-2).

99 AEB, PA 116, A 1, lettre d'Allard à Speiser, 23.01.1851, 2 p. (ici, p. 1).

100 AF, E12#1000/36#73*, lettre de Speiser à Druey, 19.03.1851, 5 p. (ici, p. 2); AEB, PA 116, A 1, lettre d'Allard à Speiser, 08.02.1851, 2 p. (ici, p. 1).

101 AEB, PA 116, A 1, lettre d'Allard à Speiser, 23.01.1851, 2 p. (ici, p. 1).

portant sur le versement de dommages-intérêts en cas de retard de paiements, fixés au taux énorme de 10 % par jour sur le montant prévu de la livraison[102]. Les termes de la négociation ne sont donc pas clairs, puisque Speiser ne semble pas comprendre qu'Allard refuse plusieurs clauses pourtant centrales pour le Bâlois. Début 1851, Speiser s'impatiente : les tests se poursuivent, les négociations trainent en longueur et aucune pièce n'a encore été frappée. Le rythme de la correspondance écrite ne permettant pas de s'entendre sur toute une série de questions techniques qui pourraient être réglées oralement, Speiser se rend à Bruxelles fin janvier 1851 afin de signer le traité[103]. Mais les choses ne se passent pas comme prévu. Allard persiste à refuser les termes de la livraison exigés par le CF – quantités déterminées de mois en mois – et maintient ses prix à 4.10 le kg pour la fourniture des pièces de billon. Pour l'expert bâlois, c'en est trop. Il estime que les négociations sont désormais rompues. Borel intervient et fait prendre conscience au directeur bruxellois qu'en maintenant ses clauses, le contrat serait définitivement perdu. Il insiste aussi sur les conditions très avantageuses offertes par la concurrence française : le seul moyen de remporter le marché est de faire des concessions de taille à Speiser. L'intervention de Borel porte ses fruits. Le soir même, Allard informe accepter toutes les conditions suisses. Dans un rapport ultérieur adressé au DFF, Speiser écrit : *« Ainsi en quelques heures il s'était décidé à un rabais de frs. 110'000.- sur une affaire de frs. 410'000.- et de plus à accepter une condition, que depuis huit mois il avait toujours déclarée inadmissible [les termes de la livraison, JC] »*[104]. Arrivé à Strasbourg le lendemain, Speiser laisse une dernière chance à Allard en lui fournissant les conditions de fabrication de Renouard de Bussière, directeur de la Monnaie de cette ville. De cette manière, il peut faire pression sur le directeur belge :

> *« Je vous déclare, Monsieur, que j'aurais traité avec vous sur des termes bien moins avantageux, si vous vous étiez montré abordable sur les questions de prix et de livraison, maintenant il est clair, que je ne puis plus aller, vis-à-vis de vous, au-dessous des conditions qu'on nous offre de par ailleurs »*[105].

---

102 Aeb, PA 116, A 1, lettre de Speiser à Allard, 11.02.1851, 3 p. (ici, p. 1) ; Af, E12#1000/36#73*, lettre d'Allard au CF, 06.06.1851, 7 p. (ici, p. 3).

103 Af, E12#1000/36#73*, lettre de Speiser à Druey, 09.01.1851, 2 p. (ici, p. 1).

104 Af, E12#1000/36#73*, lettre de Speiser à Druey, 19.03.1851, 5 p. (ici, p. 4). Souligné dans l'original.

105 Af, E12#1000/36#73*, lettre de Speiser à Allard, 04.02.1851, 3 p. (ici, p. 2).

Allard concède une baisse de prix supplémentaire de 40'000.- FS, soit un rabais en deux jours de 150'000.- FS depuis ses premières offres[106]. Dans le même rapport que Speiser adresse au DFF mentionné ci-dessus, l'expert bâlois ne mâche pas ses mots pour décrire cette situation:

> *«Certes, la conduite de M. Allard dans cette affaire ne peut être qualifiée de loyale. M. Allard est un homme beaucoup trop expérimenté dans son métier, pour que l'on puisse admettre de sa part une erreur de calcul de 40% sur son prix. En admettant au reste cette possibilité, il en résulterait que Mr. Allard serait un ignorant, avec lequel il aurait été tout aussi dangereux de traiter, qu'un homme illoyal»*[107].

Confiant dans ses chances de réussite, Allard estime l'affaire conclue et transmet les contrats définitifs signés à Speiser[108]. Mais ce dernier ne l'entend pas de cette manière. Il met en garde le directeur belge contre un excès de confiance, l'informant qu'il va produire un préavis négatif au CF, en raison de son changement soudain de prix qui engendre

> *«[...] une méfiance bien naturelle, que votre manière d'agir dans cette affaire devra éveiller. Veuillez vous rappeler, que tout en me certifiant à maintes reprises, qu'au prix de fr. 4.10 par kilogr[amme] il ne vous restait aucun profit et que dans cette fabrication vous ne cherchiez qu'une question d'honneur, vous venez maintenant de descendre à fr. 2.60, ce qui, ou vous constituerait en perte de fr. 150'000 sur le prix de façon seulement, ou nous prouverait que vous avez cherché à nous entraîner dans un marché à des conditions hors de toute proportion raisonnable & honnête. De ces deux hypothèses l'une doit être vraie, car vous ne prétendrez pas nous persuader, que d'un jour à l'autre vous avez fait une découverte ou une invention, qui vous permît d'abaisser vos prix de 37%. Vous comprendrez alors, qu'on craindra de s'engager dans une affaire avec vous, car nous savons fort bien, qu'un traité qui constitue en perte l'une des parties contractantes, dans la plupart des cas, est désavantageux pour les deux parties»*[109].

---

106 Allard justifie la diminution de ses prix ainsi: jusqu'en janvier 1851, les essais portent sur des tranches de 15 kg de métal, puis il réalise une série de tests sur 400 kg, ce qui lui permet de réduire massivement son prix de revient. De plus, en agrandissant les plaques sur lesquelles il coule le métal, il réussit à réduire de plus de moitié les déchets et à accélérer la cadence de fabrication. L'utilisation d'une grande proportion de nickel dans l'alliage explique par ailleurs le prix plus élevé par rapport aux concurrents. Cf. AF, E12#1000/36#73*, lettre d'Allard au CF, 03.03.1851, 3 p. (ici, p. 2).

107 AF, E12#1000/36#73*, lettre de Speiser à Druey, 19.03.1851, 5 p. (ici, p. 4).

108 AEB, PA 116, A 1, lettre d'Allard à Speiser, 08.02.1851, 2 p. (ici, pp. 1-2).

109 AEB, PA 116, A 1, lettre de Speiser à Allard, 11.02.1851, 3 p. (ici, pp. 1-2).

Les négociations sont définitivement rompues entre les deux hommes. Le consul suisse Borel fait office de médiateur et prend parti à demi-mot pour Allard dans un courrier adressé à Speiser:

> *«M. Allard m'a en effet communiqué les deux dernières lettres qu'il a reçues de vous pour lui annoncer la rupture de toute négociation avec vous au sujet de vos monnayages de billon, lettres qui paraissent l'avoir vraiment blessé, puisqu'il y est accusé d'avoir voulu tromper la confiance que la Suisse paraissait avoir en lui en prenant des bénéfices tout à fait exagérés sur cette fabrication et j'avoue que je ne puis pas lui donner tout à fait tort!»*[110].

Son intervention n'y change rien. Speiser reproche à Allard ses nombreux essais qui ont fait prendre un retard considérable: après une année de négociations, aucune pièce n'a encore été frappée. Le changement de prix soudain du Bruxellois ne joue pas non plus en sa faveur. Le Bâlois est donc décidé à confier la frappe du billon à la Monnaie de Strasbourg. De son côté, Allard retire son offre[111]. Mais l'affaire n'en reste pas là. Dans une lettre adressée au CF, il fournit sa version des faits qui diverge passablement de celle de Speiser. A ses yeux, il n'a jamais fait aucune concession, ni sur le prix, ni sur les délais de livraison. Ce n'est que sur l'assurance d'obtenir le contrat qu'il aurait bien voulu poursuivre ses essais:

> *«Mais par suite des instances pressantes de M. Speiser et sur sa promesse formelle que le Conseil [fédéral, JC] avait décidé que je devais avoir la préférence et qu'il m'écrivait à quel prix le Conseil m'accorderait la fabrication, je consentis à entreprendre une nouvelle série d'essais d'autant plus que j'avais déjà commandé un grand creuset de pierre dans ce but que je l'attendais de jour en jour»*[112].

Afin de tirer cette histoire au clair, le CF demande un rapport au Bâlois[113], mentionné plus haut. Malgré qu'Allard continue à réfuter les accusations de l'expert monétaire fédéral pendant plusieurs mois[114], ce dernier bénéficie du soutien total du chef du DFF[115]. Au moment de la rupture des négociations, un événement confirme par ailleurs la décision de Speiser: suite à des essais à la Monnaie de Paris, il s'avère que le titre de fin des pièces de 5 francs belges manque d'homogénéité; en conséquence, la Banque de France décide de les refuser dès

---

110 Aeb, PA 116, A 28, lettre de Borel à Speiser, 03.03.1851, 4 p. (ici, p. 1).
111 Aeb, PA 116, A 1, lettre d'Allard à Speiser, 03.03.1851, 1 p.
112 Af, E12#1000/36#73*, lettre d'Allard au CF, 03.03.1851, 3 p. (ici, p. 1).
113 Af, E1004.1#1000/9#1656*, Protocole du CF, 18.04.1851, n° 1436.
114 Af, E12#1000/36#73*, lettre d'Allard au CF, 06.06.1851, 7 p.
115 Af, E12#1000/36#73*, lettre de Druey à Speiser, 19.04.1851, 4 p. (ici, p. 2).

le mois d'avril 1851[116]. L'affaire entre Allard et Speiser en reste finalement là : la frappe d'une partie des premiers francs suisses n'aura pas lieu en Belgique, mais en entièreté dans les Hôtels des Monnaies parisien et strasbourgeois.

6.1.3. La frappe des premiers francs suisses en France : un processus efficace, mais insatisfaisant

En raison de l'échec des négociations avec Allard, la frappe de toutes les premières pièces helvétiques est dirigée vers la France. Malgré ce qu'aurait pu laisser penser l'affaire avec le directeur belge, les opérations menées avec les directeurs français révèlent que Speiser parvient à réaliser ses objectifs de faire frapper vite et à moindre coûts. En l'espace d'un peu plus d'une année, les nouveaux FS sont livrés et introduits dans la circulation helvétique. Toutefois, cette réussite ne doit pas faire illusion. Si les exigences sont globalement satisfaites, cet épisode se caractérise par des problèmes de qualité des pièces et de retards dans les livraisons qui résultent notamment de la multitude de partenaires impliqués dans les opérations, ainsi que de l'évolution du contexte monétaire international. Les négociations et les opérations menées avec Strasbourg, puis avec Paris sont abordées successivement ci-dessous.

Suite à l'échec des négociations avec la Monnaie de Belgique, Speiser confie la frappe des pièces de billon au poids lourd de l'économie alsacienne qui est à la tête de la Monnaie de Strasbourg, Alfred Renouard de Bussière[117]. Les deux

---

116 Af, E12#1000/36#150*, lettre de Speiser à Druey, 23.04.1851, 3 p. (ici, p. 1).

117 Alfred Renouard de Bussière-de Coehorn (1804-1887), fils de Paul (1776-1848), banquier ; petit-fils de Philippe-Jack Franck, banquier ; beau-fils du général Louis Jacques de Coehorn (1771-1813). Issu d'une famille de la grande bourgeoisie originaire d'Yverdon (Vaud) qui s'installe à Strasbourg à la fin du 18e siècle et y occupe rapidement une place très en vue. Récupère les affaires bancaires familiales dès 1827 ("Renouard de Bussière, successeur de Philippe-Jacques Franck"). Associé dès 1838 aux frères Oswald de St-Louis (aux portes de Bâle) au sein d'une compagnie de transport fluvial sur le Rhin qui assure la majeure partie du transport de marchandises entre Strasbourg et Bâle. Directeur de la Monnaie de Strasbourg (1834-1861), puis de Paris (1861-1879). S'investit dans le développement du textile alsacien – président CA de la Société de filature et de tissage mécaniques du Bas-Rhin dès 1827, membre CA dès la fondation de la filature de Huttenheim (1833), commanditaire pour 500'000.- FF de la Maison Vaucher (1837-1853) –, dans la métallurgie – propriétaire puis président CA (1848) de la Fabrique d'acier du Bas-Rhin, président CA des fonderies et forges de Montataire –, ainsi que dans les chemins de fer autour de Strasbourg – membre CA de la "Compagnie des chemins

hommes ne semblent pas se connaître lorsque débutent les négociations, mais le ton de leur correspondance indique une certaine proximité. Tous deux banquiers, ils occupent une place en vue dans leur ville respective et s'intéressent au développement des chemins de fer. Les rapports qu'ils entretiennent s'inscrivent sous le signe de l'efficacité. Alors qu'il aura fallu près d'une année de discussions avec le directeur de la Monnaie belge, les clauses du traité avec le Strasbourgeois sont discutées et acceptées en moins d'un mois[118]. Cette rapidité s'explique par la nécessité dans laquelle se trouve Speiser d'accélérer le processus de frappe pour enclencher le remplacement des anciennes pièces helvétiques. Essayons de reconstituer le fil des négociations entre le baron Renouard de Bussière et Speiser.

Lors de ses premières recherches en février 1850, l'expert monétaire fédéral ne retient pas l'éventualité de frapper à Strasbourg, puisque selon ses calculs et les informations à sa disposition, les prix en Belgique sont 10 % moins chers. Même en prenant en compte la différence des coûts de transport, il subsiste un avantage de 5 % en faveur de Bruxelles[119]. A partir de juillet 1850, les difficultés rencontrées dans les négociations avec le directeur belge Allard engagent Speiser à s'adresser à Renouard de Bussière. D'entrée de jeu, ce dernier fournit des conditions plus avantageuses qu'Allard et met en garde le Bâlois contre les prix élevés pratiqués par le Belge, qui s'expliquent par sa volonté d'incorporer une grande proportion de nickel à la fabrication du billon[120]. Le Strasbourgeois peut aussi se reposer sur une bonne réputation auprès des Suisses, les Genevois ayant songé à frapper leurs pièces auprès de lui en 1838 lors de leur réforme monétaire[121]. Les négociations semblent toutefois en rester là, puisque Speiser

de fer de l'Est". Est également membre CA de la succursale de la Banque de France à Strasbourg lors de son ouverture en 1846 et membre CA du Crédit Mobilier dès 1863. Possède aussi plusieurs mandats politiques. Baron et Officier de la Légion d'honneur.

118 L'exploitation des Hôtels des Monnaies français se fait sous le régime de l'entreprise. Des entrepreneurs privés obtiennent une concession de l'Etat (contre caution) qui fixe les conditions et les prix de la fabrication ; en contrepartie, les directeurs gardent les profits réalisés, tandis que leur production est contrôlée par la Commission des Monnaies et Médailles de Paris. Cf. Flandreau, Marc, *L'or du monde*, *op. cit.*, p. 202.

119 Af, E12#1000/36#73*, rapport de Speiser au CF, 13.02.1851, 3 p. (ici, p. 1).

120 Af, E12#1000/36#86*, lettre de Renouard de Bussière à Speiser, 24.07.1850, 3 p. (ici, pp. 2-3).

121 Af, E12#1000/36#86*, lettre de Renouard de Bussière à Speiser, 31.07.1850, 2 p. (ici, p. 2).

est décidé à traiter avec Allard. Ce n'est qu'en janvier 1851, lorsque les rapports avec le directeur de la Monnaie belge se détériorent sérieusement que Speiser se tourne à nouveau vers Renouard de Bussière qui lui fournit début février des conditions définitives. Il n'hésite pas à mettre en évidence l'instabilité des offres belges pour s'assurer de décrocher le contrat :

> *« J'ai évidemment de mon côté l'avantage d'avoir agi franchement avec vous, d'avoir posé de suite des bases résultant de calculs et d'essais, et de ne point avoir cherché à profiter d'une position qu'il supposait inattaquable, comme M. Allard l'a fait, pour vous faire payer un prix de façon que les offres postérieures permettent de taxer d'exorbitant »*[122].

Des essais répétés permettent à Renouard de Bussière de régler plusieurs problèmes techniques concernant l'alliage, sur lesquels buttait Allard[123]. Bien que le matériel nécessaire aux opérations ne soit pas encore prêt et qu'une série de tests techniques soient encore nécessaires – surtout en ce qui concerne l'alliage –, les garanties fournies par Renouard de Bussière suffisent à rassurer l'expert bâlois qui s'engage définitivement envers lui courant février 1851[124]. Speiser justifie ainsi le changement de partenaire auprès du DFF :

> *« Einen grossen Vortheil Strasburgs gegen Brüssel sieht der Unterzeichnete in der Leichtigkeit der Verbindung mit ersterer Stadt, welche erlaubt die so schwierige Billon-Fabrikation unablässig zu überwachen, Mängel zu rügen, Anstände zu beseitigen, kurz einen Antheil an der Leitung zu nehmen. [...] Der Entscheid zwischen den beiden Bewerbern ist kein Gegenstand der besondern Fachkenntnis, sondern hängt von Erwägungen ab, welche zum Theil moralischer Statur sind, zum Theil eine einfache Geldfrage betreffen. Jedenfalls ist das eine Resultat erzielt, dass Überforderungs-Pläne gescheitert sind »*[125].

Rédigé début février 1851, le traité est ratifié par le CF à la fin du mois[126]. Le Strasbourgeois accepte toutes les clauses suisses, y compris les plus contraignantes (délais de livraison et indemnités en cas de retard). Nous l'avons dit plus haut, Speiser accorde une très grande importance à la qualité des pièces. Renouard de Bussière l'exprime clairement à la Commission des Monnaies et

---

122 AEB, PA 116, A 209, lettre de Renouard de Bussière à Speiser, 20.02.1851, 3 p. (ici, p. 1). Cf. aussi dans le même fonds sa lettre du 12.02.1851, 1 p.

123 AF, E12#1000/36#73*, lettre de Speiser à Druey, 22.02.1851, 3 p. (ici, p. 2).

124 AEB, PA 116, A 209, lettre de Renouard de Bussière à Speiser, 12.02.1851, 2 p. (2e lettre du jour) ; AF, E12#1000/36#73*, lettre de Renouard de Bussière à Speiser, 12.02.1851, 2 p. (ici, p. 1 ; 3e lettre du jour).

125 AF, E12#1000/36#73*, rapport de Speiser au CF, 13.02.1851, 3 p. (ici, p. 3).

126 AF, E12#1000/36#73*, *Traité pour la fabrication des monnaies de billon suisse entre Speiser et Renouard de Bussière*, 06.02.1851, 8 p. ; AF, E1004.1#1000/9#1624*, Protocole du CF, 28.02.1851, n° 791.

Médailles de Paris lorsqu'il demande l'autorisation de frapper pour le compte de la Suisse :

> *« La Suisse désire faire exécuter le travail sous le contrôle, quant au poids des pièces et du titre de l'argent qu'elles doivent renfermer, de la Commission des Monnaies ; j'espère Monsieur le Président que cette haute marque de confiance d'un pays voisin avec lequel la France a toujours eu de bons rapports sera apprécié par le Gouvernement français [...] »*[127].

Les opérations peuvent alors débuter sous la supervision des agents du Gouvernement. Le directeur strasbourgeois ne perd pas un instant : à peine le traité est-il signé qu'il entreprend les démarches nécessaires à la frappe du billon suisse (20, 10 et 5 cts). Il faut commencer par organiser l'approvisionnement en métal. Puisque le retrait des anciennes pièces suisses n'a pas encore débuté, Renouard de Bussière doit l'acquérir par d'autres canaux. Pour pallier les faibles quantités des mines valaisannes, il conclut un contrat portant sur l'achat de 10 tonnes de nickel auprès de la maison "Frege & Cie" de Leipzig[128], active dans le grand commerce et la banque[129]. Le zinc provient de la "Société des Mines et Fonderies de zinc de la Vieille Montagne" située à Liège[130]. Ce n'est qu'à partir de courant mai 1851 que la Suisse est en mesure de livrer les premiers lingots, après avoir débuté le retrait des schillings zurichois[131]. En possession des métaux et du matériel nécessaires, les essais définitifs débutent courant mars 1851[132]. Mais la fabrication du billon à Strasbourg est empreinte de deux difficultés.

---

127 AEF, HMM-34, 455, lettre de Renouard de Bussière au président de la Commission des Monnaies et Médailles de Paris, 02.03.1851, 2 p. (ici, pp. 1-2).

128 AEB, PA 116, A 209, lettre de Renouard de Bussière à Speiser, 07.02.1851, 1 p. ; *Rapport final de la Commission monétaire suisse sur l'exécution de la réforme monétaire*, *op. cit.*, pp. 92-137 (ici, pp. 102-103). Renouard de Bussière retient l'idée d'Allard d'incorporer du nickel au billon, mais réduit les proportions.

129 Pour un aperçu des activités de cette maison sur une période antérieure, cf. WEBER, Danny, *Das Handels- und Bankhaus Frege & Co in Leipzig (1739-1816)*, Stuttgart : Franz Steiner Verlag, 2008, 430 p.

130 AEB, PA 116, A 209, lettre de Renouard de Bussière à Speiser, 09.02.1851, 1 p.

131 AEB, PA 116, A 209, lettre de Renouard de Bussière à Speiser, 12.05.1851, 2 p. (ici, p. 1). Depuis leurs premiers contacts en juillet 1850, Renouard de Bussière enjoint Speiser à débuter le retrait des anciennes pièces au plus vite, ce qui simplifierait les frappes et réduirait les coûts. Cf. AF, E12#1000/36#86*, lettres de Renouard de Bussière à Speiser du 05.08.1850, 2 p. (ici, p. 1) et du 12.08.1850, 2 p. (ici, p. 1).

132 AEB, PA 116, A 209, lettre de Renouard de Bussière à Speiser, 22.03.1851, 2 p.

La première relève de la commission des Monnaies de Paris qui tarde à donner son accord pour la frappe des pièces suisses. Bien que Renouard de Bussière assure depuis février qu'elle ne posera aucun problème, elle ne s'est toujours pas prononcée trois mois plus tard[133]. Ce retard semble venir du Ministre des Finances français qui ne ratifie le traité que début mai; les raisons de ce délai ne sont pas claires[134]. De plus, le graveur général Barre ne parvient pas à adapter les coins suisses au matériel technique de Strasbourg[135]. Perdant patience, Renouard de Bussière fait fabriquer les coins en Allemagne, malgré l'interdiction de la Commission des Monnaies[136]. Il faut attendre fin mai pour les premières livraisons du graveur français Barre[137]. Jusqu'en novembre, il peine à fournir régulièrement des coins de qualité, ce qui donne lieu à de nombreuses plaintes du Strasbourgeois[138].

La seconde difficulté est liée aux faibles quantités disponibles et à la cherté de l'argent[139]. Les lingots reçus de Suisse sont en effet de mauvaise qualité et il faut pallier le manque de métal, qui ne peut être acheté qu'à des prix très élevés sur la place parisienne, comme l'illustre le graphique ci-dessous. Entre janvier et avril 1851, le prix du kg d'argent y augmente de 0.15 %, se stabilise jusqu'en octobre, puis poursuit son ascension. Entre janvier et décembre 1851, son prix croît ainsi de 0.43 %. Dans ces conditions, il reviendrait moins cher de fondre des écus de

133 AEB, PA 116, A 209, lettres de Renouard de Bussière à Speiser du 01.05.1851, 3 p. (ici, p. 1) et du 10.05.1851, 3 p. (ici, p. 1).

134 AEF, Serie X, Ms 205, Délibérations de la Commission des Monnaies et Médailles de Paris, séance du 15.05.1851, folio 74.

135 Jacques-Jean Barre (1792/1793-1855) effectue une grande partie de sa carrière à la Monnaie de Paris, où il occupe successivement les postes d'employé, de Graveur général par intérim (1840-1842), puis de Graveur général (1842-1855). Il réalise également de nombreux travaux dans son atelier privé entre 1814 et 1840. Activité considérable dans la réalisation de gravures, dessins, monnaies et timbres.

136 AEB, PA 116, A 101, lettres de Barman à Speiser du 28.04.1851, 3 p. (ici, p. 2), du 05.05.1851, 2 p. (ici, p. 2) et du 10.05.1851, 2 p. (ici, pp. 1-2).

137 Un passif entre Renouard de Bussière et Barre complique la collaboration entre les deux hommes. Début 1850, le premier se plaint du retard de livraison de coins et des pertes en résultant; le second critique le mauvais état des installations techniques qui abiment les coins. Cf. AEF, Serie X, Ms 204, Délibérations de la Commission des Monnaies et Médailles de Paris, séance du 21.03.1850, folio 126.

138 AEB, PA 116, A 209, lettres de Renouard de Bussière à Speiser du 28.05.1851, 4 p. (ici, p. 1), du 03.05.1851, 1 p., du 12.05.1851, 2 p. (ici, p. 2), du 30.08.1851, 3 p. (ici, p. 1), du 12.11.1851, 3 p. (ici, p. 1) et du 15.11.1851, 3 p. (ici, p. 2).

139 AEB, PA 116, A 209, lettres de Renouard de Bussière à Speiser du 12.04.1851, 1 p. et du 01.05.1851, 3 p. (ici, p. 3).

5 FF ou des piastres espagnoles pour se procurer le métal. Au milieu de l'été, Renouard de Bussière écrit ces lignes à Speiser qui témoignent de la difficulté à trouver de l'argent à travailler: «*Je vous donne ma parole d'honneur que nous faisons plus que le possible pour vos monnaies. Nous n'avons qu'un but c'est de vous satisfaire à quelque prix d'argent ou d'efforts que ce soit; mais le métal…le métal !!!*»[140]. Durant tout l'été 1851, le Strasbourgeois peine à acheter de l'argent à des prix convenables[141].

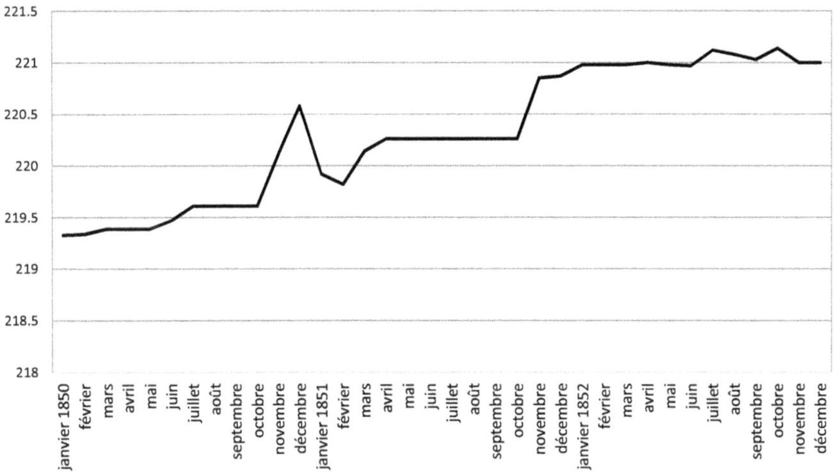

Graphique 7: évolution du prix du kg d'argent exprimé en francs français sur la place de Paris (1850-1852)[142]

Malgré ces difficultés et le prix à payer, les frappes débutent en juin[143]. De retour d'un séjour à Strasbourg, Speiser partage son optimisme au chef du DFF

140 AEB, PA 116, A 209, lettre de Renouard de Bussière à Speiser, 03.07.1851, 2 p. (ici, p. 2). Souligné dans l'original.

141 AEB, PA 116, A 209, lettres de Renouard de Bussière à Speiser du 05.07.1851, 3 p. (ici, p. 2), du 23.07.1851, 3 p. (ici, p. 1), du 08.08.1851, 2 p. (ici, p. 2) et du 30.08.1851, 3 p. (ici, p. 2).

142 Ce graphique est construit à partir du prix de l'argent (en FF par kg) sur la place de Paris entre 1815 et 1914 fourni par SCHNEIDER, Jürgen *et alii* (Eds.), *Währungen der Welt 1, Teilband I, op. cit.*, pp. 297-300 (ici, p. 298).

143 AEB, PA 116, A 209, lettre de Renouard de Bussière à Speiser, 26.06.1851, 2 p. (ici, p. 1).

Henri Druey: «*Dans dix à douze jours, il [Renouard de Bussière, JC] pourra commencer à frapper sur un petit pied; dans quatre à cinq semaines il marchera grand train, de manière à pouvoir livrer 250'000 pièces par jour*»[144]. Dès le mois d'août, les frappes prennent un bon rythme, entre 400'000 et 650'000 pièces par semaine[145]. La confiance de Speiser se transforme toutefois très vite en déception. A l'occasion des premières livraisons, les plaintes commencent. Elles concernent les délais que le Bâlois estime trop longs et aimerait réduire[146]. Elles portent également sur la qualité des pièces et en particulier sur leur aspect[147]. Après seulement un mois de frappe, Speiser demande au chargé d'affaires helvétique à Paris Barman d'intervenir pour régler le caractère défectueux des premiers FS. Il faut même l'intervention de la Commission des Monnaies de Paris pour remettre Renouard de Bussière à l'ordre et le contraindre à améliorer la qualité de son travail[148]. Les griefs suisses se poursuivent durant tout le processus de fabrication, qui s'étend de juillet 1851 à juin 1852[149]. Arrivé au terme de cette vaste affaire, le directeur de la Monnaie de Strasbourg en dresse un bilan pour le moins mitigé:

> «*Nous voici au moment de terminer cette grande opération, et comme je vous le disais je ne sais pas encore, Monsieur, si, financièrement, je n'ai pas fait une mauvaise affaire; mais j'aurai toujours eu, et c'est un grand résultat pour moi, la satisfaction d'avoir concouru par un effort à votre belle opération monétaire qui restera à jamais un titre à l'estime et à la reconnaissance de leurs concitoyens pour ceux qui comme vous, Monsieur, ont été les créateurs de l'affaire*»[150].

---

144 Af, E12#1000/36#73*, lettre de Speiser à Druey, 05.06.1851, 2 p. (ici, p. 1).

145 Af, E12#1000/36#73*, lettre de Speiser à Druey, 04.08.1851, 2 p. (ici, p. 2); Aeb, PA 116, A 209, lettre de Renouard de Bussière à Speiser, [s.d.: vers fin septembre 1851], 3 p. (ici, p. 3).

146 Aeb, PA 116, A 209, lettres de Renouard de Bussière à Speiser du 02.08.1851, 3 p. (ici, p. 2), du 12.08.1851, 4 p. (ici, p. 2), du 20.10.1851, 2 p. (ici, pp. 1-2) et du 05.12.1851, 2 p. (ici, p. 2).

147 Aeb, PA 116, A 209, lettres de Renouard de Bussière à Speiser du 04.07.1851, 1 p. et du 08.08.1851, 3 p. (ici, p. 1).

148 Aeb, PA 116, A 101, lettres de Barman à Speiser du 01.08.1851, 2 p. (ici, p. 1) et du 04.08.1851, 2 p. (ici, p. 2).

149 Mangold, Fritz, «Bankdirektor Johann Jakob Speiser», *op. cit.*, pp. 135-320 (ici, pp. 243-247).

150 Aeb, P 116, A 209, lettre de Renouard de Bussière à Speiser, 20.03.1852, 3 p. (ici, pp. 2-3).

En l'espace de 12 mois, Renouard de Bussière est en mesure de livrer pour un peu plus de 4.5 millions de FS en pièces de billon à la Suisse. Si l'opération n'est peut-être pas excellente pour le Strasbourgeois, nous verrons qu'elle constitue une réussite financière pour la Suisse.

En parallèle des opérations menées avec Renouard de Bussière à Strasbourg, Speiser s'occupe de l'organisation de la frappe des pièces d'argent (5, 2, 1 et 0.5 FS) et de cuivre (2 et 1 cts) avec le directeur de la Monnaie de Paris Charles Diérickx[151]. Contrairement aux discussions avec Allard et Renouard de Bussière, la correspondance avec le Parisien dont nous disposons est très maigre et ne permet pas de reconstituer toutes les phases du processus de négociation. En mars 1850, après un mois d'échange, Diérickx fournit ses conditions qui satisfont entièrement Speiser[152]. Au moment de ratifier le traité en février 1851, l'expert bâlois explique son choix au CF :

> «*Nicht dass kein anderen Unternehmer dafür sich angeboten hätte, oder dass die Bedingungen des Herrn Diérickx die vortheilhaftesten gewesen wären, sondern einzig aus dem Grunde, weil die Produkte den Pariser-Münzstätte bei weitem die vorzüglichsten in ihrer technischen Beschaffenheit sind und weil die dasselbst die herrschende Kontrolle die grösste Gewähr für Zuverlässigkeit bietet, was von allem bei den Silbermünzen wichtig heissen darf. […] Der Münz-Direktor in Paris ist der Vorzüglichkeit seiner Fabrikation sich gar wohl bewusst und fühlt sich deshalb stark genug seine Bedingungen – die übrigens einmals unbillig waren – aufrecht zu erhalten*»[153].

---

151 Charles Diérickx-Eycken (1798-1860), fils de Séraphin François Joseph, marchand-horloger. Chimiste de formation, entre à la Monnaie de Lille en qualité d'employé vers 1818-1820, fondé de pouvoir en 1823, puis directeur (1840-1846). Directeur de la Monnaie de Paris (1845-1860), financée pour moitié par les Rothschild (capital total de 300'000.-), avec qui il entretient des relations d'affaires très importantes. A son décès, Alfred Renouard de Bussière (cf. note 117 p. 558) le remplace à la Monnaie de Paris, qui échappe alors aux Rothschild. Actionnaire de la banque "Verley, Decroix & Cie" (Lille) et du "Crédit Mobilier".

152 Aeb, PA 116, A 210, lettres de Munzinger à Speiser du 11.02.1850, 1 p. et du 22.02.1850, 2 p. (ici, p. 1) ; Af, E9500.92#1000/1197#1*, lettre de Diérickx à Speiser, 20.03.1850, 4 p.

153 Af, E12#1000/36#73*, rapport de Speiser au CF sur son voyage à Bruxelles, Paris et Strasbourg concernant la fabrication des nouvelles pièces suisses, 11.02.1851, 12 p. (ici, p. 2). Nous ignorons pour quelles raisons les conditions désavantageuses de Diérickx mentionnées dans cette lettre deviennent attrayantes. Peut-être que le directeur parisien estime que la frappe de pièces helvétiques est une affaire financière intéressante ou peut-être est-ce pour le prestige de frapper pour un pays

Charles Diérickx a en effet une force de frappe impressionnante au sein de l'industrie monétaire française. Au milieu des années 1840, la Monnaie de Lille qu'il dirige est responsable de 70 % des frappes du pays. En 1846, après avoir été nommé directeur à la Monnaie de Paris, il concentre à lui seul 90 % de la production d'espèces sur le territoire, puis est en position de monopole (100 % des frappes) sur la fabrication des espèces d'or et d'argent dès 1851[154]. A l'inverse de la fabrication du billon et du cuivre qui nécessitent des essais et l'acquisition d'un matériel spécifique, la frappe des grosses pièces d'argent suisses peut se faire sur la même base que les espèces françaises. Diérickx estime ainsi être en mesure de produire tous les FS en argent en l'espace de deux mois[155], ce qui satisfait le DFF qui veut pourvoir au plus vite aux besoins de la circulation intérieure. Malgré les garanties du directeur parisien, le DFF tient à inclure au traité une clause spéciale. L'article 14 stipule ainsi que « *L'entrepreneur s'engage à mettre tout l'activité possible dans sa fabrication pour répondre aux désirs de la Suisse, sous le rapport des époques des livraisons* »[156]. Ratifié courant février, le traité avec Diérickx sur les espèces d'argent s'inscrit sous le signe de la rapidité[157]. Au contraire de Renouard de Bussière, Speiser n'estime pas nécessaire d'inclure des dommages-intérêts en cas de retard de livraison, confiant qu'il est dans l'efficacité du Parisien. Dans les mois qui suivent, lorsque le CF désire réduire les délais en allégeant le contrôle sur la qualité, Speiser s'oppose fermement à cette demande. Il continue à insister sur cet élément, à ses yeux déterminant, auprès des autorités politiques helvétiques :

> « *Je suis d'avis, que le contrôle de nos monnaies doit se faire absolument de la même manière et d'après les mêmes règlements que celui des monnaies françaises. Notre traité avec M. Diérickx exprime cela et nous ne rencontrerions que des difficultés, si nous*

étranger. Il est aussi possible que les autorités politiques ou monétaires françaises soient intervenues auprès de Diérickx.

154 Flandreau, Marc, *L'or du monde*, *op. cit.*, pp. 209 et 211. Cf. aussi Mastin, Jean-Luc, « La force d'une illusion. La Monnaie de Lille et l'autonomie de la place lilloise au premier XIXe siècle », *Revue du Nord*, mars 2014, pp. 631-669 (surtout la p. 652). Afin de bien saisir le poids de Diérickx, il vaut la peine de mentionner qu'entre 1845 et 1860, il frappe pour 4.5 milliards de FF en or, réalisant au passage un bénéfice estimé entre 4.5 et 6.75 millions de FF.

155 Af, E12#1000/36#86*, lettre de Diérickx à Speiser, 27.05.1850, 3 p. (ici, pp. 1-2).

156 Af, E12#1000/36#73*, rapport et préavis du DFF au CF, 17.02.1851, 4 p. (ici, p. 2) et *Traité pour la fabrication des monnaies d'argent suisses entre Speiser et Diérickx*, 31.01.1851, 5 p. (ici, p. 5).

157 Af, E1004.1#1000/9#1616*, Protocole du CF, 17.02.1851, n° 634.

voulions exiger des mesures particulières, dont je ne reconnais au reste ni l'utilité, ni l'opportunité »[158].

De son côté, Diérickx est entièrement d'accord avec le Bâlois. Lors de sa demande d'autorisation pour frapper les pièces suisses auprès de la Commission des Monnaies et Médailles de Paris, il insiste pour que les espèces des deux pays soient parfaitement conformes[159]. Peu de temps après cette démarche, c'est le Ministre des Finances français qui confirme à Barman que les contrôles sur la fabrication des pièces des deux pays seront parfaitement identiques :

« *Je crois devoir vous faire observer à ce sujet, Monsieur le chargé d'affaires, que les conditions du contrôle de la vérification et de la délivrance des pièces suisses, seront en tout point semblables à celles qui sont établies par les règlemens [sic] pour les monnaies françaises et que le mode de constatation du titre sera également le même pour les pièces d'argent* »[160].

Cette clause est par la suite élargie aux monnaies de cuivre (2 et 1 cts) et intégrée au traité sur leur fabrication (article 10), qui porte sur la frappe de 18 millions de pièces de la part du directeur parisien[161]. Pour cette fabrication, Speiser est confiant en Diérickx, « *de qui nous pouvons attendre la fabrication la plus rapide, la plus exacte et la plus parfaite. Avec lui aucune difficulté à craindre. Les difficultés techniques, qui l'arrêtaient, sont surmontées* »[162]. Une fois les accords obtenus, le directeur de la Monnaie de Paris est très efficace. Débutées en mai 1851, les premières pièces sont livrées un mois plus tard. Par contre, comme pour Renouard de Bussière, l'argent nécessaire à la frappe fait rapidement défaut, ce qui ralentit les opérations[163]. Les relations de Diérickx semblent par ailleurs orageuses avec l'affineur "Veuve Lyon Alemand & Fils" qui ne parvient

---

158 Rapport de Speiser, 01.04.1851, non retrouvé, cité in AF, E12#1000/36#73*, lettre du CF à Barman, 16.04.1851, 2 p. (ici, p. 1).

159 AEF, HMM-34, 455, lettre de Diérickx au président de la Commission des Monnaies et Médailles de Paris, 25.02.1851, 2 p. (ici, p. 1).

160 AF, E12#1000/36#150*, lettre du Ministre français des Finances à Barman, 07.03.1850, 1 p.

161 AEB, PA 116, BI 1b, *Traité pour la fabrication des monnaies de bronze suisses*, mars 1851, 3 p.

162 AF, E12#1000/36#73*, lettre de Speiser à Druey, 24.02.1851, 4 p. (ici, p. 3).

163 AF, E12#1000/36#73*, lettre de Barman au CF, 07.05.1851, 1 p. Sur l'évolution de la production et la livraison : AF, E12#1000/36#73*, lettre de Speiser à Druey, 27.05.1851, 1 p., lettres de Kern au DFF du 28.05.1851, 1 p. et du 09.06.1851, 1 p., ainsi que lettre de Barman à Druey, 09.06.1851, 3 p. (ici, pp. 2-3).

pas à tenir les rythmes de livraison du métal[164]. Quelques plaintes sont aussi formulées sur la qualité des emballages livrés par Diérickx et il faut l'intervention du chargé d'affaires Barman auprès du Parisien, ainsi que du Cf Druey auprès du Département des douanes pour procéder à la vérification des caisses en gare de Bâle afin de s'assurer de la bonne qualité des colis reçus[165]. Malgré cela, les opérations avec Diérickx semblent se dérouler sans trop d'accrocs. Conformément aux clauses du traité, il livre pour environ 13 millions de FS en l'espace d'une année.

6.1.4. Remédier à l'insuffisance du numéraire à disposition : augmentation des frappes, tarification des monnaies allemandes et cours légal aux monnaies étrangères

Malgré le respect des délais des directeurs français pour le début de la frappe, Speiser se rend rapidement compte que les quantités prévues dans la loi sont insuffisantes. En juillet 1851, il propose une première augmentation de 4.25 millions de FS portant essentiellement sur les grosses espèces d'argent. La commission monétaire n'est toutefois pas entièrement d'accord sur la clef de répartition proposée. Elle estime en particulier que les pièces de 50 cts, qui sont les plus chères à frapper et qui, en conséquence, rapportent le moins de bénéfices, doivent être exclues. Au contraire, il faut privilégier les pièces de 20 cts, qui contiennent une plus faible proportion d'argent et procurent ainsi un bénéfice plus grand. Le CF suit la proposition de la commission et propose à l'AsF un projet de loi dans ce sens : une augmentation de 4.5 millions de FS répartie à raison de 1.5 million en pièces de 2.-, 2.5 millions de 1.- et 0.5 million en pièces de 20 cts ; les pièces de 50 cts sont donc exclues[166].

Comment expliquer ce besoin de procéder à une augmentation des frappes, une année après l'adoption de la loi monétaire du 7 mai 1850 ? Dans son rapport de 1849, Speiser évaluait à 14 millions de FS les besoins en menues espèces

---

164 AEB, PA 116, A 101, lettres de Barman à Speiser du 06.02.1852, 2 p. (ici, p. 2) et du 17.02.1852, 2 p. (ici, p. 1).

165 AEB, PA 116, A 101, lettre de Barman à Speiser, 02.07.1851, 2 p. (ici, p. 1) ; AF, E12#1000/36#73*, lettre de Speiser à Druey, 01.07.1851, 3 p. (ici, p. 1).

166 « Message du Conseil fédéral à l'Assemblée fédérale, touchant l'augmentation de la frappe de pièces divisionnaires des nouvelles monnaies suisses (17 juillet 1851) » et « Projet de loi sur l'augmentation de la frappe des monnaies divisionnaires suisses, proposé à l'Assemblée fédérale par le Conseil fédéral », *Feuille fédérale*, Vol. 3, 54, 18.10.1851, pp. 167-170 et 171-172.

d'argent (2.-, 1 et 0.5 FS) pour la Suisse, mais ne propose d'en fabriquer que pour 5 millions de FS[167]. L'achat de FF auprès des Hôtels des Monnaies français aurait fourni la différence. Toutefois, la crise économique entraine un épisode de pénurie en numéraire français et la Suisse n'est plus en mesure de couvrir ses besoins avec ces achats. Il est dès lors nécessaire de s'approvisionner d'une autre manière, en faisant frapper ses propres pièces. En 1851, la fabrication de pièces à l'empreinte française revenant au même prix qu'avec l'empreinte suisse, cette dernière solution est retenue[168]. Soumis à l'AsF, le projet du CF rencontre une certaine résistance. Les commissions nommées par les deux Chambres ne suivent pas l'avis du CF et de la commission monétaire[169]. La commission du CE, tout en reconnaissant la nécessité d'augmenter les frappes, refuse la répartition proposée par le CF pour deux raisons[170]. La première a trait à une question de cohérence dans l'application de la réforme. Puisque la loi de 1850 contient la pièce de 50 cts, il faut pouvoir en fournir à la population, sous peine de discréditer l'ensemble de la réforme. La seconde raison relève du rôle pivot que joue cette pièce dans la chaîne des espèces suisses. Sans elle, la différence entre 1.- FS (100 cts) et 20 cts serait trop grande. Son absence ferait ainsi courir le risque d'une arrivée de petites pièces allemandes pour combler ce vide. A son tour, la commission du CN souligne qu'il est risqué d'acheter des pièces de 50 cts en France, car aucun contrôle ne peut être effectué sur leur qualité[171]. Elle décide elle aussi de les faire frapper et suit le CE. Le rapport des deux commissions est adopté aux Chambres sans discussion[172]. L'Arrêté du 7 août 1851 ouvre ainsi la

167 Speiser, Johann Jakob, « Rapport d'expert », *op. cit.*, 56, pp. 65-88 (ici, p. 79).

168 « Message du Conseil fédéral à l'Assemblée fédérale, touchant l'augmentation de la frappe de pièces divisionnaires des nouvelles monnaies suisses (17 juillet 1851) », *op. cit.*, pp. 167-170 (ici, pp. 167-168).

169 Il est intéressant de relever que tous les membres siégeant dans ces commissions sont des défenseurs du FF qui sont, pour la plupart, intervenus dans les débats en 1849-1850.

170 « Rapport de la Commission nommée par le Conseil des États suisse pour examiner le projet de loi présenté par le Conseil fédéral sur l'augmentation de la frappe de pièces divisionnaires de monnaies suisses (31 juillet 1851) », *Feuille fédérale*, Vol. 3, 54, 18.10.1851, pp. 172-177 (surtout pp. 174-175).

171 « Rapport de la Commission nommée par le Conseil national suisse pour examiner le projet de loi sur l'augmentation de la frappe de pièces divisionnaires de monnaies suisses (6 août 1851) », *Feuille fédérale*, Vol. 3, 54, 18.10.1851, pp. 178-181.

172 [s.a.], « Ständerath », *Der Bund*, 01.08.1851, p. 4 ; [s.a.], « Ständerath », *Eidgenössische Zeitung*, 01.08.1851, pp. 3-4 (ici, p. 3) ; [s.a.], « Nationalrath », *Eidgenössische Zeitung*, 09.08.1851, p. 1.

voie à une augmentation des frappes, précisément quinze mois après l'adoption de la loi monétaire du 7 mai 1850. Les deux commissions augmentent par ailleurs de plus d'un million de FS la valeur des frappes proposées par Speiser. Le tableau ci-dessous illustre les quatre propositions pour la répartition de l'augmentation des fabrications de pièces. Il faut en particulier relever l'ampleur des montants retenus : il est en effet décidé de doubler les sommes comprises dans la loi de 1850 pour les menues espèces d'argent (2, 1 et 0.5 FS).

Tableau 14 : propositions d'augmentation de frappe de monnaies suisses en 1851[173]

Types	Speiser	Commission monétaire	CF	CE/CN
2.-	1.5	1.5	1.5	1.5
1.-	2	2.5	2.5	2.5
0.5	0.5	0	0	1
0.2	0.25	0.5	0.5	0.5
Total	**4.25**	**4.5**	**4.5**	**5.5**

Les deux directeurs français s'engagent, sans frais supplémentaires, à inclure dans le délai de livraison de 8 mois cette augmentation[174]. Fin décembre 1851, l'AsF procède à une nouvelle augmentation de frappes de pièces de 1 centime,

173 Montants exprimés en millions de FS. Sources du tableau : « Message du Conseil fédéral à l'Assemblée fédérale, touchant l'augmentation de la frappe de pièces divisionnaires des nouvelles monnaies suisses (17 juillet 1851) », *op. cit.*, pp. 167-172 ; « Rapport de la Commission nommée par le Conseil des États suisse pour examiner le projet de loi présenté par le Conseil fédéral sur l'augmentation de la frappe de pièces divisionnaires de monnaies suisses (31 juillet 1851) », *op. cit.*, pp. 172-177 ; « Rapport de la Commission nommée par le Conseil national suisse pour examiner le projet de loi sur l'augmentation de la frappe de pièces divisionnaires de monnaies suisses (6 août 1851) », *op. cit.*, pp. 178-181 ; « Rapport présenté à la Haute Assemblée fédérale par le Conseil fédéral suisse sur sa gestion pendant l'année 1851 (Département des Finances) », *Feuille fédérale*, Vol. 1, 21, 15.05.1852, pp. 469-504 (ici, pp. 494-495).

174 AF, E1004.1#1000/9#1677*, Protocole du CF, 28.05.1851, n° 1938 ; AF, E12#1000/36#73*, lettre de Druey à Speiser, 29.05.1851, 2 p. (ici, p. 1) ; « Rapport présenté à la Haute Assemblée fédérale par le Conseil fédéral suisse sur sa gestion pendant l'année 1852 (Département des Finances) », *Feuille fédérale*, Vol. 2, 22, 09.05.1853, pp. 87-161 (ici, p. 115) ; AEB, PA 116, A 194, lettre de Diérickx à Speiser, 10.01.1852, 2 p.

en donnant le droit de procéder à 1 million de FS de frappe supplémentaire sur les 1.- et 2.-. Cette dernière possibilité n'est finalement pas utilisée[175].

La fabrication des nouvelles pièces de monnaie suisses réalisées dans les deux ateliers de Paris et de Strasbourg se déroule entre mai 1851 et juin 1852. Les deux directeurs se conforment au contenu de l'article 2 de la loi sur la mise à exécution de la réforme monétaire portant sur les quantités à frapper et sont en mesure de satisfaire à ces montants, ainsi qu'aux augmentations décidées par les Chambres fédérales. En l'espace de 14 mois, ils fournissent pour 17.4 millions de FS à la Suisse. Le tableau ci-dessous illustre la répartition de ces frappes.

Tableau 15 : valeur en francs suisses de la frappe des premières pièces helvétiques en France en 1851-1852[176]

Pièces	Loi 1850	Augmentation 1851 (juillet)	Augmentation 1851 (décembre)	Frappes effectives
5.-	2'500'000			2'498'600
2.-	1'500'000	1'500'000	(1'000'000)	2'998'640
1.-	2'500'000	2'500'000		4'998'176
50 cts	1'000'000	1'000'000		2'004'276
20 cts	2'000'000	500'00		2'310'463
10 cts	1'250'000			1'330'779
5 cts	1'000'000			1'000'764
2 cts	220'000			219'977
1 ct	30'000	(20'000)	20'000	49'995
Total	**12'000'000**	**5'500'000**	**20'000**	**17'411'670**

En procédant à la frappe à l'étranger, le Gouvernement suisse réalise une affaire financière intéressante. Sur les 17.4 millions de frappes effectives, il retire

175 « Rapport présenté à la Haute Assemblée fédérale par le Conseil fédéral suisse sur sa gestion pendant l'année 1851 (Département des Finances) », *op. cit.*, pp. 469-504 (ici, p. 497) ; « Rapport présenté à la Haute Assemblée fédérale par le Conseil fédéral suisse sur sa gestion pendant l'année 1852 (Département des Finances) », *op. cit.*, pp. 87-161 (ici, p. 91) ; *Rapport final de la Commission monétaire suisse sur l'exécution de la réforme monétaire, op. cit.*, pp. 92-137 (ici, pp. 116-117).

176 Sources du tableau: « Loi sur la mise à exécution de la réforme monétaire suisse (7 mai 1850) », *op. cit.*, pp. 30-38 (ici, art. 2, p. 31) et annexe 9. Entre parenthèses, les montants acceptés par l'AsF, mais non utilisés. Le détail des frappes de chaque type de pièce se trouve dans l'annexe 10.

1.6 million de FS de gains[177]. L'estimation d'un bénéfice de 1.4 million de FS réalisée par Speiser en avril 1850 est donc dépassée de près de 15 %. Mais s'il y a gain, le numéraire disponible est largement insuffisant à couvrir les besoins du pays. Rapporté à la population totale qui est de près de 2.4 millions d'habitants en 1850, il ne se monte qu'au faible chiffre de 7.- FS par habitant. Les 50.- par personne nécessaires à la couverture des besoins initialement calculés par Speiser sont donc très loin d'être atteints. Comparé aux montants disponibles en France et en Angleterre à la même période, la Suisse fait pâle figure, puisque ses moyens de circulation ne représentent, par habitant, que 7 % de ceux de la France[178]. Les effets de ce manque se font rapidement sentir. Avec l'afflux massif d'or sur le continent européen dès la fin des années 1840, le prix de l'or chute, alors que celui de l'argent s'envole. Les pièces d'argent sont fondues, thésaurisées ou exportées. Les premiers FS, frappés en argent, n'échappent pas à ce mouvement. Dès qu'ils sont livrés en Suisse, une partie repart à l'étranger, surtout en direction des Etats italiens et de la France[179]. Durant le second semestre de 1851, le numéraire se fait de plus en plus rare en Suisse et des mesures sont nécessaires pour y remédier.

Un épisode en particulier illustre bien les tensions que crée cette insuffisance, celui de la gestion des pièces allemandes. En parallèle de la fabrication des nouveaux FS en France, le retrait des anciennes pièces, qui sera abordé plus loin, débute. Progressivement repoussées dans le nord-est du pays, les espèces allemandes s'y accumulent[180]. Suite aux mauvaises récoltes de céréales des Etats du sud de l'Allemagne au début des années 1850, les cantons suisses se tournent du côté français pour couvrir leurs besoins, ce qui engendre une importante sortie de numéraire français et suisse, tandis que les FLa présents en Suisse

177 Chiffre calculé à partir de l'annexe 1 « Compte général et final de la réforme monétaire suisse » du *Rapport final de la Commission monétaire suisse sur l'exécution de la réforme monétaire, op. cit.*, pp. 92-137. Il faut préciser que les chiffres utilisés par la commission monétaire sont ceux de la loi et non les montants des frappes effectives. Cet arrondi ne change que de 4'000.- FS le montant total des opérations réalisées en France.

178 En 1844, 55.- FF de pièces métalliques sont disponibles par habitant en Angleterre et 65.- FF en France ; en 1855, il s'agit respectivement de 67.- FF et de 108.- FF. Cf. Flandreau, Marc, « Coin Memories », *op. cit.*, pp. 271-310 (ici, tableau 3 p. 304).

179 [s.a.], [s.n.], *Züricher Freitags-Zeitung*, 30.01.1852, p. 2.

180 Blaum, Kurt, *Das Geldwesen der Schweiz seit 1798, op. cit.*, p. 38. Cf. les propos tenus à ce sujet par l'industriel du fer schaffhousois Johann Conrad Fischer (cf. note 268 p. 492) cités par Schib, Karl, Gnade, Rudolf, *Johann Conrad Fischer, op. cit.*, pp. 188-189.

destinés à l'achat des céréales sur les marchés allemands ne sont pas utilisés et restent donc sur le territoire[181]. En raison de cette situation, le chef du DFF Druey estime que le numéraire allemand peut servir de soupape de sécurité durant la période de transition et assurerait à la population de disposer de suffisamment de numéraire. Il est donc favorable à le tarifer pour les Caisses publiques de tous les cantons qui n'ont pas encore procédé au retrait jusqu'à ce que celui-ci soit terminé. De son côté, Speiser est également favorable à une tarification des pièces allemandes, mais il estime au contraire que cette mesure doit avoir pour fonction de les retirer rapidement pour qu'elles ne demeurent pas dans la circulation à côté des nouvelles pièces. Au contraire de Druey, il ne veut donc inclure les espèces allemandes qu'au tarif des cantons qui sont entrain de procéder au retrait, mais pas aux autres. Il l'exprime en ces termes à la commission monétaire fédérale :

> *« Das einzige Mittel, ohne zu grossen Nachteil und Verwirrung des deutschen Geldes los zu werden, wäre eine temporäre Tarifierung auf dem Fusse von 2.10 Gulden gewesen, ein Vorschlag, den ich seit Monaten den Bundesbehörden vergebens genehm zu machen gesucht habe. Wenn ich seinerzeit gegen eine Tarifierung der deutschen Münzsorten durch das Bundesgesetz mich entschieden erklären zu sollen glaubte, so war mein Beweggrund dieser, dass auf solchem Wege die deutschen Münzsorten auf immer zu einem integrierenden Teile unseres Münzsystems gemacht worden wären, was nicht geschehen durfte »*[182].

Ainsi, si les deux hommes préconisent la même mesure, leurs objectifs et la manière d'y parvenir sont bien différents. Lorsqu'en décembre 1851, Druey décrète, sans consulter Speiser, la tarification des monnaies allemandes auprès des Caisses publiques pour la période transitoire dans les cantons qui n'ont pas encore procéder au retrait, les tensions entre les deux hommes montent d'un cran[183]. L'expert bâlois craint en effet qu'en tarifant les pièces allemandes à ce

---

181 MANGOLD, Fritz, « Bankdirektor Johann Jakob Speiser », *op. cit.*, pp. 135-320 (ici, p. 252).

182 Lettre de Speiser à la Commission monétaire fédérale, 31.12.1851, citée in *Ibid.*, pp. 252-253.

183 Suite à la révision du tarif douanier courant 1851, le CF décrète que les Caisses des douanes sont aussi autorisées, dans ces mêmes cantons, à accepter les espèces allemandes. Le FLa reçoit le cours de 2.10 FS, alors que sa valeur intrinsèque est de 2.12 FS. Cette dépréciation a pour but de repousser ces pièces en direction des territoires allemands, tout en minimisant les pertes que leurs détenteurs doivent supporter. Le tarif de 5.70 FS proposé par Druey sur les TB est surévalué de 0.5 %,

moment, c'est-à-dire à la veille de débuter le retrait en Suisse centrale, dans la région zurichoise et en Suisse orientale, cette mesure ne fasse affluer du numéraire d'Allemagne sur le territoire suisse. Par ailleurs, il redoute qu'avec cette mesure le CF fournisse un signal fort aux défenseurs du pied allemand que ces espèces soient nécessaires pour couvrir les besoins en numéraire de la Suisse.

La décision de Druey est celle de trop pour Speiser qui donne sa démission au CF au 31 décembre 1851[184]. Alors que les rapports sont cordiaux entre le Vaudois et le Bâlois jusque mi-1851, ils se détériorent rapidement par la suite[185]. Dans une lettre adressée au Cf Munzinger, Speiser écrit :

> « *On a jugé inutile de me consulter sur cette question [tarification des monnaies allemandes, JC] comme sur plusieurs autres mesures monétaires prises dans les derniers mois. Je le regrette, non pour mon amour-propre, mais dans l'intérêt de la chose, où une fausse mesure peut avoir des suites beaucoup plus fâcheuses qu'on ne pourrait le croire* »[186].

Les griefs à l'égard de Druey sont nombreux : lenteurs, incompréhensions des questions monétaires et absence de prise en considération de ses opinions[187]. Depuis sa nomination comme unique expert monétaire au mois d'août 1849, Speiser consacre un temps considérable pour mener à bien la réforme. Dès mi-1850, il prétend se réjouir de pouvoir terminer cette tâche chronophage. Adressées à Moser, ces lignes de l'expert bâlois méritent toutefois d'être nuancées, car elles ont notamment pour fonction de le décourager à vouloir participer aux opérations de la réforme :

> « *Uebrigens werde ich, ohne mich von irgend welcher Opposition irre machen zu lassen, den gutfindenden Weg gerade vorwärts gehen. Der Bundesrath mag alsdann über meine Anträge beschliessen was er für zweckmässig hält; mir wird das insofern wenigstens gleichgültig sein, als die Ausführung nicht meine Sache, sondern diejenige der vor einiger Zeit schon, auf meinen Antrag, in Bern aufgestellten eidgenössischen Münzkommission sein wird. Je eher es mir möglich sein wird von einer Stellung zurück*

---

ce qui agace Speiser qui avait demandé 5.67 FS pour les mêmes raisons que pour le FLa. Cf. AF, E1004.1#1000/9#1778*, Protocole du CF, 19.11.1851, n° 4171.

184 AF, E1004.1#1000/9#1812*, Protocole du CF, 07.01.1852, n° 74.

185 Mangold, Fritz, « Bankdirektor Johann Jakob Speiser », *op. cit.*, pp. 135-320 (ici, p. 251).

186 AF, E12#1000/36#78*, lettre de Speiser à Munzinger, 11.12.1851, 2 p. (ici, p. 2).

187 Mangold, Fritz, « Bankdirektor Johann Jakob Speiser », *op. cit.*, pp. 135-320 (ici, pp. 236-238, 240 et 253-254) ; Haefliger, Hans, *Bundesrat Josef Munzinger, op. cit.*, pp. 310-311 ; Schneider, Hans, *Geschichte des Schweizerischen Bundesstaates 1848-1918, op. cit.*, p. 138.

zu treten, die mir seit mehr als einem Jahre den grössten Theil meiner Zeit raubt, um so lieber wird es mir sein »[188].

Les propos de l'expert bâlois ne produisent aucun effet sur le candidat. A peine la démission de Speiser est-elle rendue publique fin 1851 que Moser, repoussé depuis deux ans et demi, tente à nouveau sa chance. Il demande au Bâlois de le recommander au CF, mais ses offres ne rencontrent toujours aucun succès[189]. Le retour de Munzinger aux Finances début 1852 permet de résoudre rapidement le départ de Speiser. Sur la demande du Cf soleurois, le Bâlois accepte de reprendre son poste et de terminer les opérations liées à la réforme monétaire[190].

Revenons à la mesure prise par Druey en décembre 1851. Les milieux économiques suisses sont très partagés sur cette décision qui relance le débat de fond sur la convenance à se reposer partiellement sur le numéraire allemand dans le pays. Largement salué au sein de la Suisse orientale industrielle[191], ce décret reçoit aussi le soutien des conservateurs de la Suisse centrale agricole. Son principal représentant, Philipp Anton von Segesser, peu au fait des questions monétaires de son propre aveu[192], veut saisir cette occasion pour battre en brèche l'influence des Bâlois sur l'organisation économique de l'Etat fédéral[193]. Il s'oppose en particulier à l'adoption du pied monétaire français, résultat des travaux de Speiser qu'il déteste au plus haut point. Dans une lettre de 1852, le Lucernois écrit que le Bâlois « *der offenbar kein geborner Basler ist, uns schon*

---

188 Lettre de Speiser à Moser, 26.09.1850, reproduite in Moser, Rudolf, *Ueber die Münzprägung, eine Erwiderung an Herrn Bankdirektor Speiser, op. cit.*, p. 5.

189 Aeb, PA 116, A 204, lettre de Moser à Speiser, 15.01.1852, 2 p. (ici, pp. 1-2).

190 Af, E1004.1#1000/9#1814*, Protocole du CF, 12.01.1852, n° 143.

191 [s.a.], « Die neuen Münzen. Ein Wort anlässlich des Rücktrittes der Herrn Speiser », *St. Galler Zeitung*, 08.01.1852, p. 1 et [s.a.], « Schweiz », *St. Galler Zeitung*, 03.02.1852, p. 1.

192 Il reconnaît avoir une connaissance très limitée dans ce domaine. Cf. lettre de Philipp Anton von Segesser à Andreas Heusler-Ryhiner, 17.02.1852, 1 p., in Conzemius, Victor (Ed.), *Briefwechsel Philipp Anton von Segesser (1817-1888). Band II (1849-1860)*, Zürich; Einsiedeln; Köln: Benziger, 1986, pp. 61-63.

193 Philipp Anton von Segesser-Göldlin von Tiefenau (1817-1888), LU, fils de Ludwig, archiviste; beau-fils de Johann Baptist Ludwig Göldlin von Tiefenau (1773-1855), militaire au service de différents Etats étrangers. Etudes de droit en Allemagne. Avocat à Lucerne; important propriétaire terrien; CdE de LU (1863-1867 et 1871-1888). A la tête des milieux conservateurs lucernois et suisses après la fondation de l'Etat fédéral. Député au GC de LU (1851-1871 avec des interruptions), Cn catholique-conservateur (1848-1888).

den fatalen französischen Münzfuss gebracht hat und gegen den ich als einen Bundesräthler reinsten Wassers eine unüberwindliche Antipathie habe, ohne ihn übrigens zu kennen»[194]. Aux yeux du conservateur lucernois, le décret du CF sur les monnaies allemandes constitue la bonne occasion de remettre en question la loi du 7 mai 1850 dans son ensemble:

> «*Hinsichtlich des Münzartikels gehen halt ich und Herr von der Mühl von ganz verschiedenen Tendenzen aus. Er will dem Bundesgesez Durchführung verschaffen, ich möchte es in die Westschweiz zurückdrängen und der mittlern und östlichen Schweiz den Verkehr mit dem Deutschen Gelde frei halten und gehe diessfalls mit der Neuen Zürcherzeitung einig. Er möchte die Gulden mit möglichst geringem Schaden los werden, ich möchte des französischen Fusses mit möglichst geringem Schaden los werden, der sich auf die Länge bei uns doch nicht halten wird*»[195].

Son point de vue très tranché s'explique en partie par le retrait qui a lieu dans le canton de Lucerne (janvier et février 1852) au moment où il écrit ces lignes. Voyant disparaître les anciennes monnaies, il constate le changement concret de l'organisation monétaire liée à l'introduction du nouveau système[196]. Aux yeux de ces acteurs, puisque les frappes suisses sont insuffisantes à couvrir les besoins, il est indispensable de se reposer sur le numéraire étranger. Fin 1851, il y aurait 80 millions d'espèces allemandes circulant dans le pays, signe qu'elles continuent à être utilisées[197]. Il faudrait donc intégrer leur tarif dans la loi de 1850.

Les banquiers bâlois, dont Speiser fait partie, soutiennent également cette mesure, mais pour d'autres raisons[198]. Si, nous l'avons dit, elle permet de retirer

---

194 Lettre de Philipp Anton von Segesser à Andreas Heusler-Ryhiner, 16.11.1852, 4 p., citée in Conzemius, Victor (Ed.), *Briefwechsel Philipp Anton von Segesser, op. cit.*, pp. 114-117. Dans cette même lettre, il critique la mainmise de Speiser sur la "Schweizerische Centralbahn Gesellschaft" et les liens qu'il entretient avec les radicaux lucernois.

195 Lettre de Philipp Anton von Segesser à Andreas Heusler-Ryhiner, 21.02.1852, 4 p., citée in *Ibid.*, pp. 64-67. Il mentionne Johann Georg von der Mühll-Burckhardt (1789-1853), négociant bâlois. Député conservateur à la Diète fédérale (1816-1847), expert dans les douanes fédérales (1834-1841). Il collabore aux tableaux de réduction monétaire en 1851.

196 Le conseil scolaire catholique saint-gallois s'oppose également au nouveau système monétaire en raison des difficultés qu'engendre l'enseignement décimal. Cf. par exemple [s.a.], «Der neue Münzfuss und die Volksschule», *Der Wahrheitsfreund*, Beilage n° 50, 12.12.1851, 2 p. (ici, p. 1).

197 Chiffre tiré de [s.a.], «Die Münz-Reform», *Neue Zürcher Zeitung*, 02.01.1852, p. 1.

198 Aeb, PA 116, A 73, lettre de DuPasquier à Speiser, 15.02.1852, 3 p. (ici, pp. 1-2).

les espèces allemandes de la circulation, elle constitue également une opportunité financière pour eux. Pivot dans le trafic entre la Suisse et l'Allemagne, les banquiers bâlois peuvent aisément écouler les espèces allemandes de l'autre côté de la frontière, réalisant au passage des gains de change intéressants.

Les milieux marchands de Genève et de Neuchâtel ne partagent pas cet avis. Moins bien intégrés que les Bâlois au commerce avec les Etats allemands, ils craignent de se retrouver inondés avec ces pièces et de revenir à la situation d'avant 1848. L'industriel neuchâtelois Henri DuPasquier estime qu'il en résulterait de la confusion, au moment même où le retrait a commencé à nettoyer la circulation intérieure[199]. Il préférerait rallonger la période de transition que de maintenir les FLa à l'intérieur du pays. Les industriels de la soie zurichoise sont aussi opposés à cette mesure[200]. L'adoption du FF constitue une opportunité de simplifier leur organisation monétaire. A la veille de procéder au retrait (prévu de mi-février à mi-avril 1852), ces acteurs ne veulent pas prendre le risque que les espèces allemandes envahissent le canton et entravent le processus d'introduction du nouveau système.

Les milieux économiques argoviens sont quant à eux très divisés sur la portée de cette mesure. Les grands industriels estiment que le retrait des anciennes pièces qui a débuté en décembre 1851 dans leur canton a permis de repousser de manière efficace les espèces allemandes de l'autre côté de la frontière. Satisfaits de cette situation, ils craignent que les FLa reprennent pied sur le territoire[201]. Les acteurs actifs à l'échelle régionale et en particulier en direction de Zurich et de la Suisse centrale exigent au contraire une tarification permanente des espèces allemandes[202]. Le journal libéral argovien *Der Schweizerbote* se fait le porte-parole de leurs revendications[203].

En dépit des réticences de plusieurs acteurs issus du monde de la banque, du grand commerce et de l'industrie, Speiser et Munzinger sont décidés à clore la réforme dans les plus brefs délais et estiment finalement qu'il serait plus rapide de retirer ces pièces par l'intermédiaire des Caisses publiques, plutôt que d'attendre qu'elles repartent d'elles-mêmes à l'étranger ou qu'elles s'entassent

199 AEB, PA 116, A 73, lettre de DuPasquier à Speiser, 02.03.1852, 3 p. (ici, pp. 1-2).

200 [S.A.], « Bern », *Neue Zürcher Zeitung*, 02.01.1852, pp. 1-2.

201 [S.A.], « Aargau », *Neue Zürcher Zeitung*, 03.01.1852, p. 2 ; [S.A.], « Ueber schweizerische Münzpolitik (Aus dem Aargaua », *Neue Zürcher Zeitung*, 26.01.1852, pp. 1-2.

202 AF, E1004.1#1000/9#1791*, Protocole du CF, 06.12.1851, n° 4418 ; *Rapport final de la Commission monétaire suisse sur l'exécution de la réforme monétaire*, *op. cit.*, pp. 92-137 (ici, p. 122).

203 [S.A.], [s.n.], *Der Schweizerbote*, 27.12.1851, p. 2.

en Suisse orientale. Munzinger maintient donc le décret de son prédécesseur jusqu'à la fin du retrait des anciennes pièces dans tous les cantons.

En janvier 1852, moins d'une semaine après son retour comme expert monétaire, Speiser prend les mesures nécessaires à régler la question du manque du numéraire en Suisse[204]. Il propose alors de mettre à profit l'article 8 de la loi monétaire du 7 mai 1850. En vertu du droit que lui confère cette disposition, le CF décrète le 16 janvier 1852 que les pièces d'argent de France, de Belgique, de Sardaigne, de Parme, de la République Cisalpine (1797-1802) et du Royaume d'Italie (1802-1814) obtiennent un cours légal obligatoire sur le territoire helvétique[205]. Cela signifie qu'elles sont mises sur un pied d'égalité avec les FS et que, légalement, personne ne peut les refuser en paiement. Selon les estimations de l'expert, environ 120 millions de FS de ces espèces circuleraient en Suisse[206]. Racine du « parasitisme monétaire », ce décret est la première étape d'internationalisation du système monétaire suisse par le raccord au large réservoir de monnaies conformes au système décimal français qui circulent sur le continent[207]. L'enjeu qui pèse sur cette mesure est d'assurer par une disposition législative la disponibilité constante en numéraire sur le territoire helvétique pour couvrir les besoins du pays, ce que la faible quantité de nouveaux FS n'est pas en mesure de faire. Le revers de la médaille est une perte partielle de l'indépendance monétaire du pays, car il n'est pas possible de maîtriser toutes les composantes de la circulation, tandis que la Suisse dépend désormais fortement de l'approvisionnement étranger. Les risques que font courir cette dépendance sont légèrement amoindris par l'incorporation au tarif de pièces de plusieurs souverains étrangers. Certes, les espèces françaises sont majoritaires, mais en cas de rupture d'une source, les autres réservoirs permettraient d'assurer

204 Hofer, Paul-Friedrich, *Das Münzwesen der Schweiz seit 1850*, Bern: G. Grunau, 1937, p. 9.

205 Il s'agit des pièces de 5, 2, 1 et 0.5 francs en argent. Cf. « Arrêté du Conseil fédéral suisse, concernant l'admission au cours légal de monnaies étrangères reconnues en concordance avec le système suisse », in *Recueil officiel des lois et ordonnances de la Confédération suisse*, Tome III, Berne : Imprimerie Staempfli, 1865, pp. 39-40. Contre l'avis de Speiser, le CF inclut dans le décret les pièces en argent de 20 et 25 cts de ces pays : Af, E1004.1#1000/9#1816*, Protocole du CF, 16.01.1852, n° 204. En mai 1852, les 25 cts sont exclues du tarif, suite à leur démonétisation en France.

206 Estimation citée par Blaum, Kurt, *Das Geldwesen der Schweiz seit 1798, op. cit.*, p. 42.

207 Herren, Madeleine, « "Money is the great instrument of association" », *op. cit.*, pp. 269-288 (ici, p. 277).

l'alimentation du pays. Malgré cette mesure importante, le numéraire disponible à court terme reste insuffisant. Afin d'encourager les milieux bancaires et du grand commerce à faire venir des espèces françaises et sardes, le CF publie un arrêté en avril 1852 qui réduit de moitié les taxes postales sur les importations de numéraire supérieures à 1'000.- FF[208].

A partir du début de l'année 1852, les grandes lignes de l'approvisionnement en numéraire du pays sont fixées. Afin de suppléer aux faibles frappes suisses, les pièces d'argent européennes conformes au système décimal français sont mises sur pied d'égalité avec les FS. La pratique du « parasitisme monétaire » devient une composante essentielle de la structure monétaire du pays. En mettant en relation les 17.4 millions de FS frappés avec les quelque 120 millions de FS de pièces étrangères qui circulent, cela signifie que la circulation suisse repose en 1852 sur environ 87.5 % d'espèces étrangères[209]. La proximité avec le système monétaire français qui trouve ses racines dans la loi du 7 mai 1850 se trouve renforcée par la frappe des FS en France et surtout par le cours légal obligatoire qui est donné aux espèces conformes au système décimal français. Bien qu'indépendante de la France sur le papier, la Suisse en dépend fortement pour son approvisionnement.

6.2. La mise en place du nouveau système monétaire suisse : le retrait des anciennes monnaies et leur remplacement par les nouveaux francs suisses

La seconde étape de la mise à exécution de la réforme monétaire consiste à retirer les anciennes monnaies et à les remplacer par les nouveaux FS frappés en France. Après avoir débuté le processus de frappe, la question de l'organisation du retrait se pose : faut-il retirer successivement les pièces par type (grosses espèces d'argent, menues espèces d'argent, billon et cuivre) sur l'ensemble du territoire ou alors procéder canton par canton ? La première solution, défendue par Speiser, a pour but de limiter les frais incombant aux collectivités publiques. Les grosses espèces d'argent seraient échangées contre des menues espèces – dont la frappe reposerait sur l'achat de métaux – et contre des pièces étrangères.

---

208 « Rapport présenté à la Haute Assemblée fédérale par le Conseil fédéral suisse sur sa gestion pendant l'année 1852 (Département des Finances) », *op. cit.*, pp. 87-161 (ici, p. 90).

209 Rauber, Sebastian, *Die Vereinheitlichung des schweizerischen Münzwesens nach 1848*, *op. cit.*, p. 17 donne aussi 87 % ; Weisskopf, Erich, *Das schweizerische Münzwesen*, *op. cit.*, p. 84 avance 80 %.

Elles fourniraient donc, dans un premier temps, le métal nécessaire à la fabrication des premiers FS en France. Ces derniers seraient introduits dans la circulation suisse dans un second temps lors de l'échange des menues espèces d'argent; ce processus se répéterait jusqu'au retrait des monnaies divisionnaires[210]. Afin de financer ces opérations, le Bâlois compte sur le remboursement anticipé des cantons pour couvrir les pertes sur les anciennes monnaies; un emprunt de 4 millions de FS fournirait les fonds nécessaires pour financer les avances de la Caisse fédérale.

Cette organisation est toutefois désavantageuse à plusieurs égards. Elle implique en effet que les citoyens échangent par trois fois leurs monnaies, tandis qu'un stock suffisant pour chaque type de pièces doit être disponible pour poursuivre le retrait, entrainant une perte d'intérêt conséquente pour l'Etat fédéral[211]. Malgré certaines critiques[212], les propositions de Speiser reçoivent bon accueil et sont retenues dans la loi sur la mise à exécution de la réforme monétaire suisse[213]. Cependant, l'expert bâlois change d'avis courant 1850 sous l'influence du directeur de la Monnaie de Bruxelles, Philippe Joseph Allard. Nous avons vu plus haut que les deux hommes sont en contact dès début février 1850. Fin mai, le Belge propose de modifier l'organisation du retrait des anciennes pièces afin de réduire au maximum les coûts. En effet, contrairement à Speiser qui veut commencer par retirer les grosses espèces d'argent, Allard est favorable au retrait de grosses quantités de pièces afin de pouvoir réutiliser le métal pour la frappe du nouveau billon qui, rappelons-le, est le plus cher, le plus compliqué et le plus long à frapper. Le consul suisse en poste à Bruxelles, qui agit comme intermédiaire entre les deux hommes, rapporte les propos d'Allard à Speiser:

> *« En fabricant les 2/3 de votre nouveau billon avant d'avoir l'ancien vous éprouverez m'a-t-il dit une perte énorme qui pourrait être considérablement allégée en retirant l'ancien en 5 ou 6 fois au lieu de 2. On pourrait lui semble-t-il en en retirant 1/8e ou 1/4 le payer avec du nouveau cuivre et des pièces de 50 cts et 1 franc »*[214].

---

210 Speiser, Johann Jakob, « Rapport d'expert », *op. cit.*, 56, pp. 65-88 (ici, p. 88) et 57, pp. 97-126 (ici, pp. 112-118). Cf. également « Rapport du Conseil fédéral à l'Assemblée fédérale, sur la mise à exécution de la réforme monétaire suisse », *op. cit.*, pp. 163-173 (ici, pp. 168-169).

211 Schollenberger, Johann Jakob, *Die Schweiz seit 1848*, *op. cit.*, p. 153.

212 Escher, Hans Heinrich, *Die Gesetze des Verkehrs*, *op. cit.*, pp. 15-16.

213 Fueter, Friedrich, *Die Münzreform*, *op. cit.*, pp. 47-48.

214 AF, E12#1000/36#86*, lettre de Borel à Speiser, 27.05.1850, 2 p. (ici, p. 1). Cf. aussi dans le même fonds sa lettre du 04.06.1850, 4 p. (ici, pp. 2-3).

De la sorte, l'achat de métaux (argent et cuivre) serait fortement réduit. Favorable à minimiser les coûts de la réforme, Speiser retient cette proposition et modifie son plan: le retrait aura lieu par groupe de cantons successifs[215]. La structure globale étant désormais fixée, l'épineuse question des tarifs de transition entre les anciens et le nouveau système monétaire peut être abordée.

6.2.1. L'élaboration des tarifs de transition: noyau du passage au nouveau système

Parmi les difficultés de la mise à exécution de la réforme monétaire suisse, l'élaboration des tarifs de transition entre les anciens et le nouveau système occupe sans aucun doute une des premières positions. Elle constitue un indicateur privilégié de la complexité à mettre en pratique la réforme monétaire. Un exemple permet d'emblée de l'illustrer. Le tarif d'échange contenu dans la loi sur la mise à exécution du 7 mai 1850 donne la contre-valeur des pièces à retirer en anciens francs suisses pour les pièces d'or et d'argent et en nouveaux francs suisses pour les monnaies de billon et de cuivre[216]. Erreur de faible importance, puisque le retrait ne débute que l'année suivante, mais qui révèle la complexité à englober l'ensemble des anciennes espèces dans un tout cohérent.

Avant d'entrer plus en détail dans cette question difficile, il est nécessaire de fournir quelques précisions afin de s'y retrouver dans la jungle des tarifs édictés entre 1850 et 1852. Il existe deux catégories de tarifs. La première sont les tarifs de retrait qui concernent les pièces de monnaies. Ils constituent le cœur de la transition entre l'ancien et le nouveau système. Le principal tarif est celui qui accompagne la loi du 7 mai 1850. Il est corrigé et complété à plusieurs reprises, en raison des réductions imprécises et des omissions qui figurent dans les versions antérieures[217]. Initialement non prévu, un tarif sur les pièces usées et les

---

215 *Rapport final de la Commission monétaire suisse sur l'exécution de la réforme monétaire*, *op. cit.*, pp. 92-137 (ici, p. 95).

216 « Règlement touchant le tarif pour l'échange ou le retrait des anciennes monnaies suisses (du 26 mars 1851) », *Feuille fédérale*, Vol. 1, 18, 12.04.1851, pp. 327-331 (ici, pp. 327-328) et « Loi sur la mise à exécution de la réforme monétaire suisse (7 mai 1850) », *op. cit.*, pp. 30-38 (ici, pp. 36-38).

217 « Supplément au tarif pour le retrait des monnaies suisses [du 7 août 1850] » et « Règlement touchant le tarif pour l'échange ou le retrait des anciennes monnaies suisses (du 26 mars 1851) », in *Recueil officiel*, *op. cit.*, Tome II, 1865, pp. 48-49 et pp. 277-281 ; « Arrêté du Conseil fédéral suisse concernant le tarifage supplémentaire d'anciennes monnaies suisses (du 21 janvier 1852) », in *Recueil officiel*, *op. cit.*, Tome III, 1865, pp. 41-43.

fausses monnaies est publié en mars 1852 et complète cette première série suite à des demandes pressantes des membres de l'AsF[218]. Derrière cette question en apparence anodine se dessine un enjeu de taille, celui de la garantie de la qualité de la circulation monétaire. En récupérant la régale monétaire, l'Etat fédéral devient en effet garant d'un approvisionnement d'espèces de bonne qualité. Bien que ces espèces ne constituent pas une somme importante – entre 20 et 35'000.- FS, sur lesquelles la perte s'élève à 10 %-15 % –, elles agissent comme un indicateur très fort du rôle de l'Etat comme souverain. Par ailleurs, le retrait qui se déroule de l'ouest vers l'est du pays repousse ces pièces en direction des régions les plus opposées à l'adoption du système français. Afin d'éviter d'attiser le mécontentement, il est nécessaire pour les autorités politiques de montrer qu'elles sont capables d'assumer cette nouvelle compétence, ce qui leur offre par ailleurs l'opportunité d'affirmer leur pouvoir. C'est aussi l'occasion de montrer que le nouveau système monétaire peut apporter de l'ordre[219]. Le CF s'engage donc à nettoyer toutes les composantes de la circulation.

La seconde catégorie sont les tarifs de conversion qui ont pour fonction d'assurer le passage des valeurs exprimées en anciens FS en nouveaux FS. Un tarif de réduction des valeurs contenues dans les contrats passés par l'administration fédérale avant 1850 est édicté en octobre 1850; un tarif de réduction des valeurs contenues dans les lois fédérales paraît quant à lui en août 1852. Parallèlement à l'élaboration de ces tarifs de réduction fédéraux, les Gouvernements cantonaux doivent aussi mettre au point des tarifs pour passer des anciennes aux nouvelles valeurs. Ces deux catégories de tarifs, de retrait et de conversion, sont analysées successivement ci-dessous.

---

218 Une motion déposée par le CaE grison Anton Philipp Ganzoni (1800-1881) le 10.12.1851 demande au CF de retirer ces monnaies. Malgré l'opposition du chef du DFF, Henri Druey (cf. note 28 p. 323), la motion est largement acceptée: les pièces dont la valeur nominale est détectable, mais pas le nom du souverain émetteur, doivent être retirées et fondues. Cf. le « Tarif de retrait pour les monnaies mises hors de cours (du 5 mars 1852) », in *Recueil officiel*, *op. cit.*, Tome III, 1865, pp. 77-78. Sur la motion, cf. [s.a.], « Die Motion Ganzoni's im Ständerath », *Der Bund*, 13.12.1851, pp. 1-2 ; [s.a.], « Ständerath », *Eidgenössische Zeitung*, 12.12.1851, p. 1 ; [s.a.], « Münzeinlösung », *Neue Zürcher Zeitung*, 06.11.1851, p. 1 ; [s.a.], « Ständerath », *Neue Zürcher Zeitung*, 12.12.1851, pp. 1-2 ; [s.a.], [s.n.], *St. Galler Zeitung*, 15.11.1851, p. 2.

219 [s.a.], « Die Motion Ganzoni's im Ständerath », *Der Bund*, 13.12.1851, pp. 1-2 (ici, p. 2).

Le premier tarif de retrait, élaboré par Speiser en 1849 et adopté par les Chambres fédérales en mai 1850, englobe les pièces suisses les plus répandues dans la circulation du pays. Afin d'assurer une transition en douceur, les principales espèces étrangères sont reçues auprès des Caisses publiques durant toute la période de transition, l'objectif étant de faciliter le remplacement progressif des anciennes pièces. Le cœur de cette tarification réside dans la valeur de la pièce de 5 FF, qui détermine le prix des autres espèces. Deux possibilités s'offrent au CF : soit elle est reçue à 35.5 batz et le FLa à 15 batz, soit à 35 batz et le FLa à 14.75 batz[220]. Exercice d'équilibrisme très délicat, puisque en admettant le premier cas de figure, un cours abusif de 2 florins 22 kreuzers est introduit sur la pièce de 5 FF, mais qui présente l'avantage de correspondre aux revendications des milieux industriels de Suisse orientale. Surévaluées, les espèces françaises sont quant à elle favorisées afin de les attirer. Dans le second cas, le FLa serait sous-évalué et risquerait donc de mener à un cours abusif ; le FF serait quant à lui correctement tarifé[221]. La première solution est retenue : mieux vaut un tarif provisoire qui apaise l'opposition des adversaires au FF, que d'ajouter une vague de mécontentement sur cette question[222]. D'ailleurs, nous l'avons dit, il s'agit d'une concession envers les partisans du FLa que les défenseurs du FF n'avaient pas hésité à mobiliser lors du débat au CN en avril 1850.

Conformément à la loi sur la mise à exécution de la réforme monétaire, le CF donne la possibilité aux Gouvernements cantonaux d'incorporer au tarif fédéral d'autres espèces helvétiques qui n'y figureraient pas[223]. Speiser et Munzinger ont conscience que puisque les frais de la réforme reposent sur les Gouvernements cantonaux, ces derniers voudront y inclure un maximum de pièces[224]. Ils sont favorables à l'élaboration d'un tarif étoffé, dans le but de nettoyer en profondeur la circulation monétaire du pays. Mais Druey ne l'entend pas de cette manière. A ses yeux, il faudrait se limiter aux grosses pièces d'or et d'argent et ne pas tarifer le billon[225]. Avec le soutien de la Commission monétaire, Speiser parvient toutefois à s'opposer au chef du DFF et à élaborer une nouvelle version

220 AF, E12#1000/36#67*, lettre de Speiser à Munzinger, 09.12.1849, 4 p. (ici, pp. 2-4).

221 Afin d'être complet, il faut encore ajouter la difficulté à tarifer les TB dont le poids est évalué à 1-1.3 % au-dessous de leur valeur nominale : AF, E12#1000/36#67*, lettre de Speiser à Munzinger, 16.12.1849, 3 p. (ici, p. 1).

222 AF, E12#1000/36#67*, lettre de Speiser à Munzinger, 20.12.1849, 6 p. (ici, pp. 2-3).

223 AF, E1009, 1000/24, Band 2, circulaire du CF aux Gouvernements cantonaux, 10.05.1850, 1 p.

224 AF, E12#1000/36#67*, lettre de Speiser à Munzinger, 16.12.1849, 3 p. (ici, p. 2).

225 AEB, PA 116, BI 1a, lettre de Druey à Speiser, 16.03.1851, 3 p. (ici, pp. 1-2).

du tarif, à la veille de débuter le retrait. Sa version définitive corrigée est publiée le 26 mars 1851, près d'une année après l'adoption de la loi. Bien plus complète, elle englobe 52 espèces contre 38 pour le premier tarif, dont la moitié représente des espèces de billon et de cuivre[226]. Ce tarif représente pour Speiser la pierre angulaire de tout le processus de retrait et revêt une importance centrale[227].

Le passage au nouveau système monétaire requiert également de transformer toutes les anciennes valeurs contenues dans les contrats et les lois fédérales d'avant 1850 en nouveaux FS: il s'agit de la deuxième catégorie de tarifs. La tâche est toutefois d'une difficulté inouïe et ce pour deux raisons. La première relève de la diversité des pieds monétaires utilisés par les différentes branches de l'Administration fédérale. Au sein du seul Département des postes, les produits versés aux cantons se font selon les pieds cantonaux, les intérêts sur le matériel se calculent sur la valeur du TB de 1821, la livraison de draps sur la base du FF à 35 batz et les autres livraisons selon le tarif provisoire de la loi du 7 mai 1850; les comptes de chaque département présentent une organisation similaire. A cette première difficulté s'ajoute une seconde, celle de la multiplicité des valeurs monétaires utilisées par la Diète fédérale. Les ordonnances fédérales successives ne sont pas systématiquement appliquées et varient dans le temps selon les cours du moment. Le FF d'une valeur intrinsèque de 33.75 batz (selon le FS fédéral de 1819) est ainsi reçu jusqu'à 34 batz selon les périodes et les départements concernés[228].

Speiser se charge de mettre de l'ordre dans cette structure nébuleuse. Son commentaire sur la question résume bien la situation:

« Il régnait donc, comme on le voit, dans les rapports des valeurs entre elles, aussi bien qu'à l'égard de la base sur laquelle elles étaient fondées, des contradictions inexplicables, qui ne permettent pas d'y prendre un point de départ. Aussi la seule base certaine ne peut se trouver que dans les rapports de fait ou matériels, et notre tâche est

226 Pour le retrait des pièces conformes à l'ancien système monétaire, le taux de conversion pour la pièce de 10 batz (ou 1 FSa) est fixé à 1.43 FS nouveau. Par contre, 10 pièces de 1 batz (qui valent 10 batz ou 1 FSa) sont retirées au taux de 1.41 FS nouveau.

227 Mangold, Fritz, « Bankdirektor Johann Jakob Speiser », *op. cit.*, pp. 135-320 (ici, pp. 236-237).

228 Il faut aussi dire que les trois cantons qui assument la charge du Vorort durant la première moitié du siècle tarifient la pièce de 5 FF à trois valeurs différentes – 34 batz à Zurich, 34.5 à Berne et 35 à Lucerne –, ce qui complique la tenue des comptes fédéraux.

de découvrir quel était le titre effectif de fin du franc fédéral dans ses rapports avec les monnaies en circulation »[229].

L'ancien FS est donc une unité relativement abstraite. Selon l'unité retenue, son poids et sa valeur varient de quelques points de pourcent. De sa définition dépendra donc la valeur de tous les anciens contrats passés par l'administration fédérale. Or, puisque l'ancien pied monétaire fédéral englobe des réalités variables, il s'agit de déterminer qui, des débiteurs ou des créanciers, le nouvel Etat fédéral veut ménager. Un canton qui aurait à percevoir 1'000.- FSa pour la location de ses bâtiments au Département des postes recevrait tantôt l'équivalent de 6'567.4 grammes d'argent fin, tantôt 6'617.6 grammes d'argent fin, selon qu'il soit payé en TB ou en FF, représentant une différence de 0.75 %. Sans grande surprise, Speiser se prononce en faveur de l'unité la plus légère – en l'occurrence le TB – dans son rapport adressé au CF en octobre 1850[230]. Au moment de procéder au rachat des postes et des péages, qui va engendrer un important paiement aux Gouvernements cantonaux, le Bâlois cherche à diminuer la charge financière pesant sur le nouvel Etat fédéral[231]. Dans l'ensemble des cas qui impliquent une valeur fédérale, qui peut être exprimée en FF, TB ou en FLa à des valeurs différentes selon le type de contrats dont il s'agit et de l'époque à laquelle ils ont été conclus, le choix porte toujours sur la valeur tarifée le plus bas, puisque le débiteur ne doit que celle-ci[232]. Concernant les unités monétaires cantonales qui existent dans les contrats passés avec l'administration fédérale, elles sont transformées en nouveaux FS selon le tarif de retrait des anciennes monnaies.

Parallèlement à l'élaboration des tarifs à l'échelle fédérale, les Gouvernements cantonaux élaborent des tarifs de réduction des anciennes valeurs cantonales en nouveau FS. Concession d'importance contenue dans l'article 22 de la

---

229 « Rapport et projet de loi concernant le pied de réduction pour les caisses fédérales », *Feuille fédérale*, Vol. 3, 48, 26.10.1850, pp. 3-16 (ici, p. 10).

230 Pour la réduction des contrats fédéraux, l'ancien FS vaut ainsi officiellement 1.4594 FS nouveau.

231 A propos de l'influence de la réforme monétaire sur la révision du tarif douanier et en particulier sur l'opposition de Speiser d'augmenter la charge douanière: Humair, Cédric, *Développement économique et Etat central*, *op. cit.*, pp. 257-270 (surtout les pp. 261-262).

232 « Loi fédérale concernant le pied de réduction d'après lequel les contrats pécuniaires des caisses fédérales, qui ont été passés avant la mise à exécution de la loi monétaire du 7 mai 1850 doivent être convertis dans les nouvelles valeurs (du 13 décembre 1850) », in *Recueil officiel*, *op. cit.*, Tome II, 1865, pp. 157-159.

loi sur la mise à exécution de la réforme, elle révèle la complexité des systèmes en vigueur jusqu'en 1848[233]. Sur l'initiative de l'Argovie, une conférence de délégués cantonaux se réunit à Berne en juillet 1850. Elle cherche à mettre au point un tarif commun afin d'éviter de créer les conditions favorables d'un commerce spéculatif d'espèces qui se reposerait sur les prix d'échange différenciés[234]; elle semble toutefois échouer[235]. Chaque canton soumet donc au CF son propre tarif. Dans ces conditions, il ne peut être question d'entrer dans le détail de chaque cas, les études faisant d'ailleurs défaut sur la question. Deux exemples permettent toutefois de bien illustrer les difficultés de cette période de transition[236].

Le premier exemple concerne les cantons industriels de Suisse orientale qui renouvèlent en décembre 1850 leur concordat monétaire portant sur un tarif commun des espèces allemandes en les faisant correspondre avec la valeur du nouveau FS[237]. En s'organisant de la sorte, ils cherchent à peser d'un poids plus important dans leurs revendications auprès du CF. D'autant plus que la question est d'importance. Avec le passage au nouveau système monétaire, l'industrie monétaire saint-galloise disparaît. Il faut dès lors tâcher de maintenir une partie des gains sur le commerce d'espèces avec le sud de l'Allemagne. Avec le tarif de réduction proposé par les quatre cantons concordataires, la pièce de 5 FF est tarifée à 2.21 FLa, alors qu'elle a cours à 2.22 FLa dans les Etats limitrophes allemands. Cette légère différence de cours a pour objectif de ne pas entraver le commerce de frontière. Un paysan qui livre son blé en Suisse peut ainsi échanger les espèces françaises reçues de façon avantageuse sur les places allemandes. De la même manière, un négociant qui tire ses remises libellées en FS sur Augsbourg gagne sur le change en Suisse. Ratifié par le CF début mars

233 En raison de la difficulté de la tâche, Munzinger s'oppose, sans succès, à l'élaboration de tarifs cantonaux, car ils risquent de compliquer la période de transition: Correspondance Alfred Escher, lettre de Furrer à Escher, 21.08.1850, 2 p. (ici, p. 1).

234 Aez, MM 2.108 RRB 1850/1194, Protocole du Conseil d'Etat de ZH, 25.05.1850, pp. 651-655.

235 Ad, Correspondance consulaire et commerciale, 41 CCC, 2, lettre de de Reinhard au Ministre des Affaires Etrangères, Jean Ernest du Cos, 20.07.1850, 9 p. (ici, p. 5).

236 Une bonne illustration de la complexité de cette tâche et de son influence sur les budgets cantonaux est fournie par [s.a.], « Der provisorische Münztarif für die eidgenössische Kassen und der Uebergang zu dem neuen Münzfusse », *Neue Zürcher Zeitung*, 22.03.1850, pp. 1-2 et 23.05.1850. pp. 1-2.

237 Zingg, Ulrich, « Das Münzwesen im Thurgau vom Mittelalter bis zur Wende des 19. Jahrhunderts », *Thurgauische Beiträge zur vaterländischen Geschichte*, 83, 1947, pp. 13-41 (ici, pp. 17-18).

1851, le tarif assure aux milieux industriels de Suisse orientale une réduction d'après la valeur intrinsèque du FLa, garantissant aussi bien la valeur des biens et des capitaux, que de ne pas se retrouver coupés des places du sud de l'Allemagne[238].

Le second exemple qui mérite d'être abordé est celui de Zurich. Nous avons dit à plusieurs reprises que sa structure monétaire est très vraisemblablement la plus compliquée du pays. La raison principale est que le pied monétaire zurichois, le FLz, est uniquement défini par les espèces frappées hors du territoire qui circulent dans le canton. A l'image de ce qui se passe à l'échelle fédérale, les autorités politiques cantonales s'attèlent à essayer de déterminer la valeur du FLz afin de convertir toutes les anciennes valeurs[239]. La première étape consiste à choisir, parmi les différentes valeurs du TB, du FLa et du FF qui ont été utilisées depuis le début du 19e siècle, celle qui constitue la base de l'unité monétaire cantonale[240]. Le but principal est de limiter la perte pesant sur les débiteurs lors du passage à la nouvelle monnaie, tout en ménageant les propriétaires et les créanciers[241]. La valeur du TB de 1796 étant retenu comme base, il convient ensuite de transformer les six unités monétaires en vigueur dans le canton en nouveau FS[242]. Au GC, la définition de la valeur du FLz soulève une vive opposition de la part des propriétaires, des créanciers et des détenteurs de capitaux

---

238 La réduction est de 70 FF pour 33 FLa.

239 [s.a.], « Zürich », *Neue Zürcher Zeitung*, 17.08.1850, pp. 3-4 ; [s.a.], « Ueber die Berrichtungen der zürcherischen Münzkommission vom 16. August », *Neue Zürcher Zeitung*, 24.08.1850, pp. 1-2.

240 « Weisung an den Grossen Rath zu dem Gesetzesentwurf betreffend den Reduktionsfuss für Umwandlung der im Kanton Zürich bestehenden Geldverträge in die neue eidgenossische Wahrungen », in Aez, MM 2.109 RRB 1850/1614, Protocole du Conseil d'Etat de ZH, 07.09.1850, pp. 446-452. Le rapporteur de la commission est Johann Jakob Rüttimann (cf. note 9 p. 410), défenseur de l'adoption du FLa en Suisse. Durant la période de transition à Zurich, il essaie de favoriser l'arrivée des FF et de repousser les FLa : Correspondance Alfred Escher, lettre de Wild à Escher, 30.06.1850, 2 p. (ici, p. 2).

241 Correspondance Alfred Escher, lettres de Pestalozzi à Escher du 08.05.1850, 3 p. et du 18.06.1850, 2 p.

242 « Gesetzesentwurf betreffend den Reduktionsfuss für Umwandlung der im Kanton Zürich bestehenden Geldverträge in die neue eidgenössische Währungen », in Aez, MM 2.109 RRB 1850/1613, Protocole du Conseil d'Etat de ZH, 07.09.1850, pp. 441-446. Le taux de réduction fixe la valeur d'un FLz pour 2.33 nouveaux FS et 10 FLz pour 11 FLa.

qui cherchent à augmenter son prix de 1 %[243]. Admettons un de ces personnages qui posséderait un bien de 1'000 FLz (créance ou immeuble). Avec un FLz à 2.33 FS, ce bien vaudrait 2'330.- FS; en augmentant la valeur du FLz de 1 %, ce même bien vaudrait 2'350.- FS. Au contraire, les industriels et certains commerçants, qui sont endettés pour développer leurs activités, sont pour leur part satisfaits[244]. En prenant le même exemple, un débiteur devrait débourser moins de bonnes espèces pour honorer sa dette avec un FLz de plus faible valeur. L'exemple du filateur de schappe Georg Heinrich Faesi est à cet égard représentatif de la complexité du positionnement des milieux économiques[245]. Dès le début des années 1830, ses affaires industrielles reposent sur les capitaux bâlois; une décennie plus tard, il est commanditaire, puis associé d'une filature mécanisée qui écoule une partie de ses fils en direction de Bâle[246]. En tant que propriétaire, il aurait tout intérêt à défendre une valeur du FLz plus élevée, tandis que comme débiteur des banquiers bâlois, il serait dans son avantage de privilégier un FLz de moindre valeur, afin de réduire le montant de ses remboursements. Toutefois, en choisissant la première solution qui augmente la valeur du FLz, il serait nécessaire d'élever en proportion le tarif du TB. Celui-ci serait alors surévalué par rapport au sud de l'Allemagne, faisant courir le risque d'une arrivée massive de ces espèces qui sont utilisées à perte pour le paiement des salaires en raison de la variabilité de leur contenu métallique[247]. Après huit mois de discussions, les milieux industriels et commerçants parviennent à

---

243 AEZ, MM 24.30 KRP 1850/0129, Protocole du GC de ZH, 08.10.1850, pp. 256-258 et 258-262.

244 [FAESI, Georg Heinrich], *Der Zürcherische Münzstreit*, Zürich: Orell, Füssli & Cie, 1850, p. 12; FAESI, Georg Heinrich, « Vorschlag zu sofortiger Einführung des französischen Münzfusses im Kanton Zürich durch Werthung der Zürcherischen Münzsorten unter dem Betrage eines Schweizerfrankens auf dem Fusse von 6 cents per 1 f. », in *Schweizerische Gewerbeblatt oder Mittheilungen über Volkswirtschaft, Handel und Industrie*, 16.08.1850, pp. 113-121.

245 Georg Heinrich Faesi (1799-1863), ZH, fils de Hans Jakob, commerçant (coton et fils). Reprend le commerce de son père, puis diversifie ses activités dans la schappe (filature d'Eichthal im Hombrechtikon, puis association avec Caspar Hotz en 1845).

246 BODMER, Walter, « Die Einführung der Maschine », *op. cit.*, pp. 512-526 (ici, pp. 516-519).

247 [FAESI, Georg Heinrich], *Der Zürcherische Münzstreit*, *op. cit.*, pp. 4-6; [S.A.], « Zürich », *Neue Zürcher Zeitung*, 03.07.1850, pp. 3-4.

maintenir la valeur initiale du FLz et ainsi éviter une arrivée trop conséquente d'espèces allemandes dans la circulation[248].

Le dernier tarif à mettre au point concerne la transition des valeurs exprimées dans les lois fédérales. Afin de simplifier la transition des textes législatifs antérieurs à la Constitution fédérale et des lois édictées entre 1848 et l'adoption du pied français en mai 1850, un tarif unique de 1 FS ancien = 1.5 FS nouveau est adopté[249].

Tableau 16 : valeur de l'ancien franc suisse dans les tarifs de transition

Type de tarif	Valeur de 1 FSa en FS nouveau
Pièces de monnaie	1.43
Textes législatifs	1.45
Contrats fédéraux	1.46

Ainsi, durant la période de transition, la valeur de l'ancien FS varie selon qu'il s'agisse d'espèces, de contrats ou de textes législatifs. Afin de s'y retrouver, ces différents tarifs, ainsi que les réductions des anciennes valeurs cantonales en nouveaux FS, sont publiés sous forme de brochures à l'attention de la population[250].

248 AEZ, MM 24.30 KRP 1851/0011, Protocole du GC de ZH, 28.01.1851, pp. 285-287.

249 Toutes les lois, ordonnances et autres arrêtés concernés par cette transition figurent dans « Loi fédérale réduisant en nouvelle monnaie suisse les valeurs exprimées en anciennes espèces dans diverses lois fédérales (du 11 août 1852) », in *Recueil officiel*, *op. cit.*, Tome III, 1865, pp. 182-185.

250 Cf. par exemple : SCHMIDLIN, Wilhelm, *Das neue Geld: eine Anweisung zur Erleichterung des Uebergangs-Schwierigkeiten für den Geldverkehr im Kleinen*, Basel : Bahnmaier, 1851, 25 p. ; *Tableaux indiquant en monnaie nouvelle et ancienne le prix des denrées et des marchandises, à la livre, à l'aune, au pot, au quarteron, etc.*, Morges : E. Buvelot, 1850, 8 p. ; DURHEIM, Carl Jakob, *Reductionstabellen der alten Franken und Rappen in neue Schweizerfranken und Centimen und umgekehrt*, Bern : Haller'sche Buchdruckerei, 1852, 47 p. et KÖNIG, Markus, *Handbuch für Kaufleute und Geschäftsmänner aller Klassen und Stände, enthaltend : alle in der Schweiz und im Handel vorkommenden Valuten nach dem neuen schweiz.-französische Münzfusse reduziert*, Zürich : Leuthy; Glarus : Schmid, 1850, 144 p.

6.2.2. Le retrait rapide et efficace des anciennes monnaies

La structure globale du passage de l'ancien au nouveau système monétaire étant décidée et les différents tarifs nécessaires élaborés, le retrait peut enfin débuter[251]. Il se déroule successivement par groupe de cantons qui ont chacun deux mois pour procéder à l'échange des anciennes pièces. L'ouverture des caisses d'échange, dont les cantons ont la charge sous la supervision de la commission monétaire fédérale, symbolise l'introduction du nouveau système monétaire; au terme de ce délai de deux mois, les anciennes monnaies sont mises hors de cours[252]. Le retrait commence, de manière assez curieuse, du côté de Zurich le 30 avril 1851 avec une partie des petites espèces divisionnaires[253]. Le choix de cette première étape n'est pas clair: l'objectif est-il de commencer par le canton à la structure monétaire la plus compliquée, en nettoyant partiellement sa circulation afin d'y faire affluer les espèces en circulation dans toute la Suisse orientale ? Ou s'agit-il uniquement de disposer du métal nécessaire pour débuter les frappes en France ? A défaut d'informations trouvées sur le sujet et de déclaration des acteurs de l'époque, la question reste ouverte. Quoi qu'il en soit, le véritable retrait débute à Genève et sur Vaud début août 1851, deux cantons où les espèces françaises circulent déjà largement et où il n'est donc pas à craindre une rupture dans la circulation. A Genève, seules les pièces non-genevoises sont retirées. L'objectif est de disposer du métal nécessaire pour poursuivre la frappe

251 L'opération du retrait est souvent mentionnée dans la littérature secondaire, mais rarement analysée. Les éléments les plus intéressants figurent dans: Meier, Paul, *Der Währungswirrwarr, op. cit.*, pp. 71-81 et 105-116, Niederer, Albert, «Der Münzumtausch von 1851/52 in der Schweiz», *Revue suisse de numismatique*, 44, 1965, pp. 41-50 (ici, pp. 47-48) et dans Platel, Edmund, *Das Münzwesen der Schweiz, op. cit.*, pp. 12-15. Quelques informations plus générales se trouvent dans Blaum, Kurt, *Das Geldwesen der Schweiz seit 1798, op. cit.*, pp. 39-41, Schüepp, Jakob, *Beiträge zur Schweizerischen Münzgeschichte, op. cit.*, pp. 21-22 et dans Weisskopf, Erich, *Das schweizerische Münzwesen, op. cit.*, pp. 79-81. Les deux travaux de référence ont été réalisés pendant la réforme par des acteurs directement impliqués: l'archiviste de Zurich, Meyer von Knonau, Gerold, «Die schweizerischen Münzen von den ältesten Zeiten bis auf die Gegenwart», *op. cit.*, pp. 375-402, et l'Essayeur de la Monnaie Hermann Custer, *Die Gewichte, Gehalte und Werthe der alten schweizerischen Münzen, op. cit.*, 127 p., qui avaient tous deux les pièces retirées sous les yeux.

252 «Règlements sur le retrait des monnaies suisses (du 11 mars 1851)», *Feuille fédérale*, Vol. 1, 14, 19.03.1851, pp. 271-276.

253 Schüepp, Jakob, *Beiträge zur Schweizerischen Münzgeschichte, op. cit.*, p. 38; Schollenberger, Johann Jakob, *Die Schweiz seit 1848, op. cit.*, pp. 150-151.

en France, tout en laissant les pièces issues de la réforme de 1838, parfaitement conformes au système décimal français[254]. Elles sont retirées douze mois plus tard, à la mi-août 1852, clôturant le processus du passage au nouveau système monétaire dans tous les cantons. Un dernier délai de deux semaines est accordé par le CF en août 1852 pour tout le pays. Il permet de récupérer encore quelque 70'000.- FS, dont plus de 22'000.- FS rien qu'à Zurich[255].

Tableau 17 : dates du retrait des anciennes pièces dans les cantons suisses en 1851-1852[256]

Cantons	Dates
ZH	Avril 1851
GE / VD	Août - septembre 1851
FR / VS	Septembre - octobre 1851
NE	Mi-septembre - mi-novembre 1851
BE / SO	Novembre 1851 - janvier 1852
AG / BL / BS	Décembre 1851 - janvier 1852
LU / NW / OW / SZ / UR	Janvier - février 1852
GL / ZG	Mi-février - mi-avril 1852
SH / ZH	Mi-mars - mi-mai 1852
AI / AR / SG / TG	Mi-mai - mi-juin 1852
GR / TI	Juin - juillet 1852
GE	Mi-juin - mi-août 1852

En l'espace de 13 mois, toutes les anciennes pièces sont retirées de la circulation et remplacées par les nouveaux FS[257]. Il n'est pas possible d'entrer dans le détail du retrait de chaque canton, les études faisant une fois encore défaut sur le sujet[258]. Contentons-nous de dresser les grandes lignes de cette vaste opération.

254 Schollenberger, Johann Jakob, *Die Schweiz seit 1848*, *op. cit.*, p. 154.

255 *Rapport final de la Commission monétaire suisse sur l'exécution de la réforme monétaire*, *op. cit.*, pp. 92-137 (ici, p. 122).

256 Tableau tiré de Niederer, Albert, « Der Münzumtausch von 1851/52 in der Schweiz », *op. cit.*, pp. 41-50 (ici, p. 42).

257 *Rapport final de la Commission monétaire suisse sur l'exécution de la réforme monétaire*, *op. cit.*, pp. 92-137 (ici, annexe 2 « Tableau des anciennes monnaies suisses fondues, dressé d'après les Cantons qui ont frappé »).

258 Voici, en bloc, les principales références identifiées qui contiennent des informations sur le sujet. De manière générale : Geering, Traugott, « Die schweizerische

Le processus se déroule globalement bien, malgré la rapidité de l'entreprise. Par suite de quelques retards français dans la livraison des nouveaux FS, le remplacement est ralenti à certains endroits[259]. D'ailleurs, Speiser est contrait d'acheter à plusieurs reprises des FF à la France pour s'assurer que les Caisses procédant au retrait aient en tout temps suffisamment de numéraire à disposition[260]. A Berne, les citoyens font preuve de retenue durant le premier mois. Fortement attachés à leurs anciennes pièces, ils peinent à s'en défaire. Le manque de monnaies neuves contribue également à retarder la transition vers le nouveau système[261]. Peut-être que le peu de bureaux d'échange entrave aussi la bonne marche des opérations[262]. Dans certaines communes valaisannes, des citoyens refusent de procéder à l'échange et veulent garder les anciennes pièces[263]. A Zurich, au contraire, les bureaux sont assiégés le premier jour. Un emprunt temporaire de 1 million de FS auprès de la "Bank in Zürich" et de la Caisse fédérale est nécessaire pour éviter une interruption du retrait[264]. Même situation à Bâle où plus de 50'000.- FS sont échangés les deux premiers jours : d'Alsace et du Grand-Duché de Bade arrivent des espèces en masse.

Münzreform », *op. cit.*, pp. 181-193 (ici, pp. 189-191) ; MANGOLD, Fritz, « Bankdirektor Johann Jakob Speiser », *op. cit.*, pp. 135-320 (ici, pp. 248-252) ; SCHOLLENBERGER, Johann Jakob, *Die Schweiz seit 1848*, *op. cit.*, pp. 153-154. Sur Bâle : GEERING, Traugott, *Die Basler Bankfirma Ehinger & Cie*, *op. cit.*, pp. 59-63 ; sur Neuchâtel : DEMOLE, Eugène, WAVRE, William, *Histoire monétaire de Neuchâtel*, *op. cit.*, pp. 172-174 ; sur Uri : PÜNTENER August, *Urner Münz- und Geldgeschichte*, *op. cit.*, pp. 79-81 ; sur Schwytz : WIELANDT, Friedrich, *Münz- und Geldgeschichte des Standes Schwyz*, *op. cit.*, pp. 76-77 ; sur Glaris : ARX, Rolf von, *Die Münzgeschichte des Landes Glarus*, *op. cit.*, pp. 77-91. Ce dernier travail est la référence pour toute étude ultérieure sur la question. Quelques informations figurent aussi dans certains tomes de la série SOCIÉTÉ SUISSE DE NUMISMATIQUE (Ed.), *Catalogue des monnaies suisses*, *op. cit.*

259 *Rapport final de la Commission monétaire suisse sur l'exécution de la réforme monétaire*, *op. cit.*, pp. 92-137 (ici, pp. 118-119).

260 AEB, PA 116, A 209, lettre de Renouard de Bussière à Speiser, 06.04.1851, 3 p. (ici, p. 1) ; AF, E12#1000/36#73*, lettre de Barman à Druey, 19.06.1851, 3 p. (ici, p. 1).

261 SCHOLLENBERGER, Johann Jakob, *Die Schweiz seit 1848*, *op. cit.*, pp. 150-151.

262 [S.A.], « Münzwesen (Mitgetheilt) », *Der Bund*, 19.11.1851, p. 3. Puisqu'il revient aux cantons de gérer les bureaux de retrait, l'organisation diffère d'un canton à l'autre : par exemple un bureau par district à Berne et un par commune à Zurich, tandis que les fonctionnaires se déplacent de commune en commune en Argovie.

263 [S.A.], « Confédération suisse. Berne », *Gazette de Lausanne*, 14.10.1851, p. 2.

264 *Rapport final de la Commission monétaire suisse sur l'exécution de la réforme monétaire*, *op. cit.*, pp. 92-137 (ici, p. 120).

Une fois retirées, les anciennes pièces sont envoyées à Berne, triées par canton – afin de calculer les frais qui reviennent à chacun d'entre eux –, puis fondues pour obtenir des lingots[265]. Le but de la refonte des anciennes monnaies est double. Elle vise, d'une part, à disposer du métal nécessaire à la frappe des premiers FS. D'autre part, elle permet d'éviter tout retour en arrière en cas de remise en question de la réforme: une fois fondues, les anciennes pièces ne pourraient plus revenir dans la circulation.

La fonte des anciennes pièces produit 155'161 kg de métaux destinés à la fabrication du nouveau billon. Pour passer de la matière première à la pièce, il est nécessaire au préalable de l'affiner, c'est-à-dire de séparer de l'argent tout élément indésirable qui s'y trouve, comme l'or et le cuivre. Comme pour les autres pans de la réforme, Speiser s'adresse à plusieurs partenaires afin de réaliser cette opération. Le directeur de la Monnaie de Munich refuse d'entreprendre un tel travail, en raison du manque de matériel technique[266]. Speiser conclut alors un traité d'affinage avec la maison "Veuve Lyon-Alemand & Fils" à Paris[267], qui perçoit l'or contenu dans ces lingots à titre de rémunération[268]. Après avoir été affiné, le métal est livré à la Monnaie de Paris au prix fixe de 220.80 FS le kg[269]. Cependant, la livraison au directeur Diérickx est empreinte d'irrégularités et de retard. En janvier 1852, il écrit à Speiser pour s'en plaindre[270]. La maison d'affinage parisienne confirme ne pas réussir à suivre la cadence et prend du retard[271]. Plusieurs tensions émergent aussi entre "Veuve Lyon Alemand & Fils"

265 « Règlement sur la refonte des monnaies suisses (du 11 mars 1851) », *Feuille fédérale*, Vol. 1, 14, 19.03.1851, pp. 277-280.

266 AF, E9500.92#1000/1197#1*, lettre du directeur de la Monnaie de Munich à Speiser, 03.02.1850, 2 p.; AF, E12#1000/36#67*, lettre de Speiser à Munzinger, 19.02.1850, 3 p. (ici, p. 2).

267 L'usine d'affinage créée en 1800 par Joseph-Abraham Lyon et Belotte-Joséphine Alemand prend le nom en 1834 de "Veuve Lyon-Alemand & Fils". Elle s'occupe d'affinage et de commerce de métaux (or et argent). Dès les années 1840, ce sont les fils des deux fondateurs, Charles-Alphonse et Léopold-Maurice, qui dirigent la maison.

268 Au total, elle récupère 50 kg pour une valeur de 170'000.- FS. Cf. MANGOLD, Fritz, « Bankdirektor Johann Jakob Speiser », *op. cit.*, pp. 135-320 (ici, note 54 p. 318).

269 AEB, PA 116, BI 1b, *Convention entre Speiser et Martin & Pury à Neuchâtel et Messieurs Veuve Lyon Alemand & fils à Paris*, 06.05.1851, 2 p.

270 AEB, PA 116, A 194, lettre de Diérickx à Speiser, 16.01.1852, 2 p. (ici, pp. 1-2).

271 AEB, PA 116, A 194, copie d'une lettre de Veuve Lyon Alemand & Fils à Diérickx, 15.01.1852, 1 p., jointe à celle de Diérickx à Speiser, 16.01.1852. Dès août 1851, la maison d'affinage parisienne se plaint du manque de métal livré par la Suisse : AEB, PA 116, A 171, lettre de Veuve Lyon Alemand & Fils à Speiser, 08.08.1851, 2 p.

et Speiser sur les termes du contrat[272]. Afin de se prémunir contre ces difficultés, l'expert bâlois conclut un second traité d'affinage avec Friedrich Ernst Rössler, qui est à la tête de la Monnaie de Francfort et d'une maison d'affinage[273], malgré la mise en garde de "Veuve Lyon Alemand & Fils" qui n'estime pas l'affineur allemand capable de réaliser correctement ce type d'opérations[274]. Les conditions de rémunération et de livraison sont identiques. Rössler cesse, pour une raison inconnue, son travail sur le métal helvétique, après avoir travaillé 30'000 kg – sur les 40'000 kg sur lesquels il s'était engagé. En raison du retard de "Veuve Lyon Alemand & fils" et du retrait de Rössler, Speiser décide de répartir l'affinage du métal entre plusieurs partenaires étrangers afin d'éviter tout délai supplémentaire. Finalement, la répartition des 155'161 kg est la suivante[275]: 48'100 kg à l'Hôtel des Monnaies de Strasbourg (Renouard de Bussière), 44'900 kg à "Veuve Lyon-Alemand & Fils" à Paris, 30'000 kg à la Monnaie de Francfort (Rössler), 17'000 kg à "Malleval & Cie" à Lyon et 14'600 kg à l'Hôtel des Monnaies de Paris; le destinataire des 561 derniers kg n'est pas précisé[276]. Une fois la matière affinée, l'argent est adressé aux Hôtels des Monnaies de Paris et de Strasbourg pour y fabriquer les nouveaux FS. L'argent affiné a une valeur finale de 12.7 millions de FS, soit 2.2 millions de FS de moins que la valeur des pièces retirées. Cette perte est ensuite répartie entre les cantons[277].

Afin d'assurer, d'une part, l'envoi des lingots vers les établissements français, et, d'autre part, la réception des nouvelles pièces en direction de la Suisse, des contrats sont conclus avec plusieurs entreprises de transport. La maison neuchâteloise "Martin & Pury" à Neuchâtel est en charge de livrer le métal à "Veuve Lyon-Alemand & Fils" à Paris[278]; selon la correspondance retrouvée, "Martin &

272 AEB, PA 116, A 171, lettres de Veuve Lyon Alemand & Fils à Speiser du 14.06.1851, 2 p., du 25.06.1851, 2 p. (ici, p. 1) et du 11.07.1851, 5 p. (ici, pp. 1-2).

273 AEB, PA 116, BI 1b, *Contrat entre Speiser et Rössler pour l'affinage des lingots suisses*, 10.03.1852, 2 p.

274 AEB, PA 116, A 171, lettre de Veuve Lyon Alemand & Fils à Speiser, 18.03.1852, 2 p. (ici, p. 1).

275 *Rapport final de la Commission monétaire suisse sur l'exécution de la réforme monétaire*, *op. cit.*, pp. 92-137 (ici, p. 130).

276 Dans le cas de "Malleval & Cie", qui travaille la matière auprès d'une maison d'affinage à Vienne (Dauphiné), la vente de l'argent se fait à 219.50 le Kg, 0.5 % moins cher que "Veuve Lyon-Alemand & Fils" et que Rössler.

277 Cf. annexe 8 pour le détail.

278 Fondée en 1846 par le Genevois François-Louis Martin (1810-1871) et le Neuchâtelois Louis-Ferdinand de Pury (1815-1897), la maison "Martin & Pury" s'occupe du commerce de métaux (or et argent) et des affaires bancaires qui en découlent;

Pury" propose spontanément ses services à Munzinger deux jours après l'adoption de la loi du 7 mai 1850[279]. Pour l'envoi de la matière à affiner à Lyon, c'est l'entreprise genevoise de roulage, messagerie et de diligences "Joly-Crottet, Jolimay & Cie" qui assure le transport. L'entreprise "Hirschmann" d'Haltingen (Grand-Duché de Bade) se charge pour sa part d'ammener les lingots à Francfort. Toutes les autres opérations sur le sol français sont confiées à la "Compagnie du Chemin de fer de Strasbourg à Bâle". Sur les lingots, elle perçoit 2.25 ‰ de leur valeur; les nouveaux FS sont expédiés de France en Suisse au prix de 2 ‰ de la valeur[280]. Enfin, la banque "Ehinger & Cie" assure tous les transports sur le sol suisse[281].

En l'espace de 13 mois, les anciennes monnaies sont retirées de la circulation et remplacées par les nouvelles pièces fabriquées en France. Le nouveau système monétaire basé sur le FS est désormais en vigueur dans tout le pays. Il est maintenant temps de passer à la dernière étape de la réforme, établir le bilan financier de l'ensemble des opérations.

6.2.3. Valeur du retrait, livraison des nouvelles monnaies et bilan financier de la réforme

Le retrait des anciennes monnaies qui se déroule dans les cantons en 1851-1852 constitue une vaste opération qui porte sur des millions de pièces. Le remplacement de l'ensemble des moyens de paiement métalliques fournit l'occasion d'évaluer la quantité, ainsi que la qualité de la circulation «endogène» avant 1848. Si, comme nous l'avons discuté, plusieurs éléments contribuent à améliorer l'approvisionnement en moyens de paiement (réforme monétaire allemande et émergence des billets de banque) avant la fondation de l'Etat fédéral, qu'en est-il de la qualité intrinsèque des pièces suisses ? D'après les premières estimations de Speiser, basées sur les informations transmises par les Gouvernements cantonaux en 1849, la circulation totale de pièces frappées par un souverain d'origine suisse s'élève à 12.6 millions de FS constituée de 19 % en grosses espèces d'argent,

---

ils entretiennent des liens très étroits avec le monde horloger local au travers de leur centre d'usinage et de préparation des métaux.

279 AF, E12#1000/36#150*, lettres de Martin & Pury à Munzinger du 09.05.1850, 1 p. et du 14.06.1850, 2 p. (ici, p. 1).

280 AEB, PA 116, BI 1b, *Traité avec la Compagnie du Chemin de fer de Strasbourg à Bâle, pour le transport des monnaies et lingots*, 18.04.1851, 2 p. et AF, E9500.02#1000/1197#3*, lettre de la Compagnie du Chemin de fer de Strasbourg à Bâle à la commission monétaire, 15.12.1851, 3 p. (ici, p. 1).

281 AEB, PA 116, BI 1b, *Speditions-Vertrag zwischen Herrn Speiser und Herren Ehinger & Cie*, 15.05.1851, 2 p.

25 % en petites espèces d'argent, 48 % de billon et 8 % en pièces de cuivre[282]. Le résultat final n'est pas tout à fait conforme aux prévisions. Environ 15 millions de FS sont en effet retirés, parmi lesquels les espèces d'argent représentent une large majorité avec 65 % du total (respectivement 24 % et 41 % pour les grosses et les menues espèces), le billon 34 % et le cuivre 1 %[283]. Ces montants ne peuvent toutefois pas être tenus comme représentatifs de la structure de la circulation d'avant 1850, puisque les espèces d'or et d'argent étrangères, qui constituent la majorité des « bonnes » monnaies, ne sont pas retirées[284].

Après le retrait des anciennes pièces, la commission monétaire fédérale les trie et établit leur répartition selon le souverain émetteur. En se basant sur ces données de production des monnaies qui circulent à l'échelle suisse, le graphique ci-dessous illustre la valeur du retrait par habitant au sein de chaque « monde de production ».

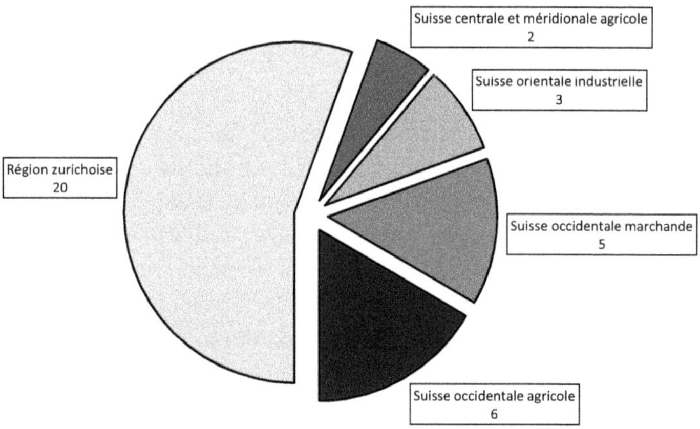

Graphique 8: valeur du retrait des anciennes monnaies dans chaque « monde de production » en francs suisses par habitant (1851-1852)[285]

282 *Rapport final de la Commission monétaire suisse sur l'exécution de la réforme monétaire*, *op. cit.*, pp. 92-137 (ici, p. 135).

283 *Idem.*

284 Selon MEIER, Paul, *Der Währungswirrwarr*, *op. cit.*, p. 106, les émissions cantonales représentent 36.25 % de la circulation, le reste se répartissant entre les espèces étrangères et les souverains profanes et religieux, ces dernières pièces étant aussi retirées.

285 Sources du graphique: annexe 7 et population totale, tirée du recensement fédéral de la population réalisé par l'Office fédéral de la statistique pour la période

Trois constats principaux peuvent être dressés à partir de ce graphique. Le premier, c'est le poids de la région zurichoise, qui retire 34 % de toutes les pièces du pays, correspondant à 20.- par habitant, ce qui la place en tête du pays. Il convient d'appuyer sur cet élément, car il démontre clairement que les autorités du canton émettent de grandes quantités de monnaies, surtout pour remédier à la fuite des bonnes pièces qui est due à l'afflux du billon d'autres cantons. Toutefois, cette pratique contribue à l'inflation et permet de mieux comprendre les revendications de certains acteurs dès les années 1830 qui exigent le retrait de cette grande quantité de pièces en circulation. En effet, une analyse plus détaillée révèle que 44 % de toutes les pièces d'argent retirées dans le pays portent la marque zurichoise, contre 18 % pour le billon et 10 % pour les pièces de cuivre. L'échec de la réforme zurichoise durant les années 1840, ainsi que la difficulté à établir un tarif de réduction découlent aussi en partie de cet élément.

Le second constat concerne la Suisse occidentale agricole qui est à l'origine de 40 % des émissions retirées, ce qui ne représente que 6.- par habitant et correspond au montant du retrait par habitant à l'échelle suisse. Les Bernois en sont les principaux responsables (23 % du total), ce qui s'explique notamment par une longue tradition de frappe liée à la présence d'un Hôtel des Monnaies, ainsi qu'à une forte population. Importante en valeur absolue, la part bernoise est toutefois moindre rapportée à la population : avant 1848, chaque citoyen dispose de 7.- qui portent l'empreinte cantonale. Additionnés à la région zurichoise, les montants de la Suisse occidentale agricole représentent les trois quarts des pièces suisses en circulation au moment de la fondation de l'Etat fédéral. Le dernier constat, qui découle des deux premiers, est la faible part des trois autres « mondes de production » (22 % du total). En Suisse orientale, Saint-Gall n'est responsable que de 3 % des pièces d'argent et de 4 % du billon suisses en circulation, soit 3.- par habitant. Renouvelées suite aux accords monétaires des Etats allemands de 1837-1838, les pièces en circulation sont de bonne qualité et suffisent à l'approvisionnement en numéraire de la région, sans qu'il soit nécessaire de procéder à des émissions supplémentaires. En Suisse centrale, c'est Zoug et Lucerne qui arrivent en première position, avec respectivement un retrait de 6.- et 4.- par habitant. L'importance du mouvement des espèces lié au trafic de transit sur l'axe du Gothard ne nécessite pas de grandes quantités de

1850-2015. Le retrait total s'élève à 14.9 millions de FS. Sur cette somme, 0.5 million de FS est assumé par les Caisses fédérales, montant qui n'est pas pris en compte dans le graphique.

frappes, ces cantons pouvant se reposer sur les espèces étrangères qui accompagnent le flux marchand et qui présentent l'avantage d'être conformes aux besoins de leurs activités. Quant au faible taux de la Suisse occidentale marchande (5.- par habitant), il s'explique par la présence des pièces françaises dans la circulation d'une part, et des moyens de paiements fiduciaires à disposition d'autre part.

En élargissant la focale à l'échelle suisse, environ la moitié des pièces retirées en 1851-1852 portent une date antérieure à 1798, ce qui fournit un bon indicateur de l'état de la circulation. Cet élément est confirmé par l'étude de Meier qui décompte des espèces en circulation appartenant à 79 souverains, dont seulement 18 frappent au 19e siècle[286]. Bien que les estimations varient, ce sont entre 320 et 860 espèces de monnaies qui sont retirées[287]; en prenant en compte la diversité des images présentes sur ces espèces, ce sont plus de 8'000 variétés de pièces différentes qui circulent avant 1848[288].

L'opération du retrait nous renseigne également sur la circulation des pièces sur le territoire avant 1848. A Bâle, le retrait est bien suivi: un tiers de la population se rend aux bureaux pour échanger 435'000.- FS[289]. Sur cette somme, seules 11 % (49'436.- FS) sont des monnaies bâloises, ce qui permet de tirer deux conclusions[290]. D'une part, la circulation cantonale repose en très large majorité sur des espèces "étrangères": les petites monnaies proviennent des autres cantons, tandis que les grosses espèces sont françaises[291]. Ceci est confirmé par le cas glaronnais où 53 % des pièces retirées proviennent d'autres cantons, avant tout de Saint-Gall, Lucerne et Zurich[292]. D'autre part, les espèces cantonales circulent à leur grande majorité hors de leurs frontières. Sur le montant total

---

286 Meier, Paul, *Der Währungswirrwarr, op. cit.*, pp. 33-36.

287 *Ibid.*, p. 73 donne entre 320 et 867 espèces. Weissenrieder, Franz Xaver, *100 Jahre schweizerisches Münzwesen, op. cit.*, p. 9 parle de 860 espèces et Coraggioni, Leodegar, *Münzgeschichte der Schweiz*, Genève: P. Stroehlin, 1896, p. 23 avance le chiffre de 707. Cf. aussi Lehr, Ernest, *Essai sur la numismatique suisse, op. cit.*, p. 10.

288 Weissenrieder, Franz Xaver, *100 Jahre schweizerisches Münzwesen, op. cit.*, p. 9. Meier, Paul, *Der Währungswirrwarr, op. cit.*, p. 105, en dénombre quant à lui plus de 10'000.

289 Aeb, AHA, J 5, *Memorabilien*, 13.02.1852, 1 p.

290 Aeb, AHA, J 5, *Tableau der in Basel eingelosten Basler-Münzen*, [s.d.: vers début 1852], 1 p.

291 Aeb, AHA, J 5, *General Bilanz der Münzeinlösung*, 13.02.1852, 2 p.

292 Arx, Rolf von, *Die Münzgeschichte des Landes Glarus, op. cit.*, pp. 83 et 91.

du retrait que doit assumer le canton de Bâle, seulement 10 % sont retirés sur le territoire, ce qui signifie que 90 % des monnaies bâloises sont utilisées dans les autres cantons. Même cas de figure à Glaris où trois quarts des espèces cantonales sont retirées par d'autres Gouvernements, principalement à Zurich, Berne et Lucerne[293]. A l'échelle suisse, 64 % des pièces cantonales sont retirées hors de leur lieu d'origine[294].

Les monnaies se baladent donc beaucoup dans le pays selon une logique assez claire : elles émigrent des cantons agricoles en direction des centres urbains[295]. Les pôles industriels et commerciaux du pays, qui ont un besoin plus important de pièces pour leurs activités que les régions agricoles, tendent en effet à accaparer les différentes composantes du numéraire du pays qui leur sont nécessaires et à exporter en contrepartie les pièces qui leur sont moins utiles. De ce point de vue, les deux principaux centres d'attraction sont Zurich pour toute la Suisse orientale et Berne pour la Suisse occidentale, ces deux centres constituant la base de l'axe central de la circulation Vaud-Berne-Zurich. Lucerne joue également un rôle important dans ce mouvement monétaire, en raison du commerce de numéraire qui passe par le Gothard.

Lors du retrait, les anciennes pièces sont remplacées par les nouveaux FS. Leur livraison nous renseigne sur la structure de la circulation après l'adoption d'une monnaie unique. Il est à ce propos nécessaire de rappeler qu'elles ne constituent qu'une faible part de la circulation totale, puisque les bonnes pièces étrangères continuent à circuler dans le pays.

---

293 Pourcentage calculé à partir de *Ibid.*, pp. 88-89.

294 Pourcentage calculé à partir des données fournies par Meier, Paul, *Der Währungswirrwarr*, *op. cit.*, p. 110.

295 Sur cette question, cf. *Ibid.*, pp. 108-115.

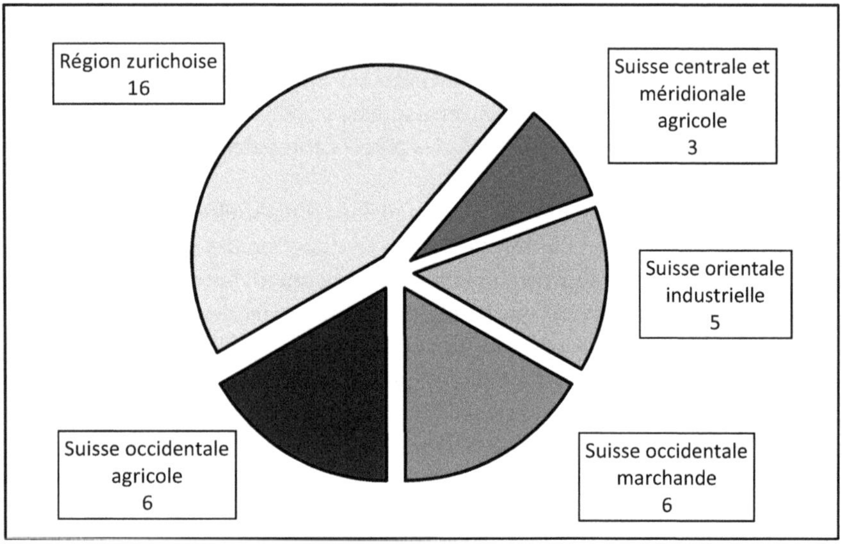

Graphique 9: répartition des nouveaux francs suisses dans chaque «monde de production» en francs suisses par habitant (1851-1852)[296]

Lors du retrait, 65'823'017 pièces, représentant un peu moins de 15 millions de FS, sont retirées[297]. Elles sont remplacées par 70'000'000 de pièces, soit 17.4 millions de nouveaux FS, ce qui représente, rappelons-le, une moyenne de 7.- FS par habitant. Il vaut la peine d'insister sur cet élément, car il signifie que dans le cadre de la réforme, la circulation n'est augmentée que de 2.4 millions de FS en nouvelles pièces[298]. Toutefois, si l'accroissement en valeur absolue n'est pas

296 Sur les 17.4 millions de FS fabriqués, 2.4 millions sont livrés aux Caisses fédérales. Ce montant n'est pas inclus dans la répartition du graphique. Les données pour ce graphique ont été calculées à partir de l'annexe 9 «Tableau de la répartition des nouvelles frappes», *Rapport final de la Commission monétaire suisse sur l'exécution de la réforme monétaire, op. cit.* et de la population totale, tirée du recensement fédéral de la population réalisé par l'Office fédéral de la statistique pour la période 1850-2015.

297 Ces chiffres sont tirés de l'annexe 2 «Tableau des anciennes monnaies suisses fondues, dressé d'après les Cantons qui ont frappé» et de l'annexe 9 «Tableau de la répartition des nouvelles frappes» du *Rapport final de la Commission monétaire suisse sur l'exécution de la réforme monétaire, op. cit.*

298 Escher, Hans Heinrich, *Die schweizerische Münzreform und ihr Schlussergebniss*, Zürich: Meyer und Zeller, 1854, p. .

très important, l'amélioration qualitative de la circulation monétaire est à souligner. La diversité des anciennes pièces est en effet remplacée par une monnaie unique représentée par des pièces neuves de qualité. Le renouvèlement complet des pièces métalliques est aussi l'occasion de modifier la proportion de chaque type de pièces dans la circulation totale. Ainsi, la part des pièces d'argent, qui représentent 64 % de la valeur de toutes les pièces en circulation avant 1848, s'élève à 72 %, tandis que la part du billon passe de 34 % à 27 % alors que celles de cuivre se maintient à 1 %; quant aux pièces d'or, dont la part s'élève à 1 % avant 1848, elles ne sont pas frappées par le nouvel Etat fédéral. La quantité de numéraire de qualité en argent à disposition s'améliore donc, tandis que la part des plus petites monnaies perd en importance.

Tableau 18 : répartition de la valeur des nouveaux francs suisses par habitant[299]

Canton	Valeur nominale par habitant	Canton	Valeur nominale par habitant
ZH	16	**GR**	4
BS	16	**GE**	4
BE	7	**GL**	4
SO	6	**AR**	4
ZG	6	**UR**	3
SH	6	**NW**	3
VD	5	**TI**	3
AG	5	**VS**	3
LU	5	**BL**	3
NE	5	**SZ**	2
SG	5	**OW**	2
TG	5	**AI**	2
FR	4		
Moyenne suisse	**7**	**Moyenne suisse**	7

A l'échelle suisse, les pièces « endogènes » qui circulent sur le territoire avant 1848 peuvent globalement être qualifiées de bonne qualité. Seule Zurich fait exception. Sur les 17.4 millions frappés, 23 % – toutes espèces confondues – sont introduits dans la région zurichoise. Ce pourcentage extrêmement élevé témoigne de la nécessité dans laquelle se trouve cette région de renouveler de fond en comble sa circulation monétaire. Rapporté à la population totale, la

299 Les sources de ce tableau sont les mêmes que celles du graphique ci-dessus. Les montants sont arrondis au franc près.

livraison de nouveaux FS représente 16.- FS par personne, contre 20.- FS retirés. Avec l'arrivée des nouvelles pièces, le canton se situe largement au-dessus de la moyenne suisse (7.- par habitant). Le détail, par espèce, est encore plus éloquent : les Zurichois captent 14 % des nouvelles pièces de 5.-, 19 % des 2.-, 33 % des 1.-, 32 % des 0.5 et entre 10 et 25 % des autres pièces. Au sein de la Suisse occidentale agricole par contre, l'échange ne modifie quasiment pas la valeur du numéraire à disposition : les 6.- retirés par personne sont remplacés contre 6.- par tête en nouveaux FS. La présence importante de pièces d'or en est la principale cause : 74 % du total de ce type de pièce qui sont retirées en provient. Chaque citoyen bernois ne reçoit que 7.-, moins de la moitié qu'à Zurich, ce qui est identique à la moyenne suisse. L'Argovie et Vaud figurent aussi en bonne place : les nouvelles pièces fournissent 5.- par habitant. La Suisse centrale et méridionale agricole présente un cas de figure similaire: les 2.- par personne retirés sont remplacés par 3.- par habitant. A l'exception de Zoug et de Lucerne, les autres cantons ne perçoivent qu'une part minime des nouveaux FS, confirmant le rôle central que jouent les monnaies étrangères et les pièces d'or (11 % du total retiré) dans leur circulation. Tel est aussi le cas en Suisse occidentale marchande, où la valeur du numéraire à disposition n'augmente que de 1.- par habitant. Enfin, c'est en Suisse orientale industrielle que les pièces semblent être de meilleure qualité : les 3.- par habitant retirés sont remplacés par 5.- par tête. Le retrait des pièces de plus mauvaise qualité suite à la réforme monétaire allemande et le recours au numéraire des voisins du nord expliquent ces montants.

Les principaux promoteurs de la réforme – les marchands-banquiers de Suisse occidentale – et leurs soutiens – les milieux agricoles de Suisse occidentale, centrale et méridionale –, disposent d'une circulation qui peut globalement être qualifiée de bonne qualité. Ils ne sont dès lors que très peu impactés par le remplacement de la masse monétaire : les nouvelles monnaies ont globalement la même valeur que les anciennes. Au contraire, le retrait qui s'opère dans les cantons industriels de Suisse orientale double la valeur des pièces en circulation. Ceci contribue à expliquer la forte opposition de ces acteurs à toute réforme des moyens de paiement en place : la fonte des anciennes pièces engendre des coûts importants. L'exemple de Saint-Gall le montre bien. En quatrième place derrière Vaud, Berne et Lucerne, il doit assumer plus de 177'000.- FS de pertes sur la fonte de ses pièces[300]. Cette somme représente 21 % du budget cantonal qui

300 Cf. les annexes 7 et 8.

accuse déjà un déficit de 118'000.- FS pour 1853[301]. Cette charge qui pèse fortement sur les finances cantonales peut fournir une clef de compréhension de l'opposition à la réforme de certains acteurs de Suisse orientale. La région zurichoise présente un cas de figure opposé. Le renouvèlement des espèces diminue d'un tiers la valeur des pièces en circulation. Contrairement à Saint-Gall, la perte à supporter par les Caisses cantonales est plus acceptable : s'élevant à 43'000.- FS, elle ne représente que 2 % du budget cantonal, alors que le déficit se monte déjà à 183'000.- pour 1853[302].

Suite au retrait des anciennes monnaies et à la livraison des nouveaux FS, la réforme monétaire est presque terminée. La commission monétaire fédérale doit encore procéder à l'établissement des comptes, qui sont présentés dans le tableau ci-dessous, avant de pouvoir clore définitivement ce chapitre[303].

Tableau 19 : bilan financier de la réforme monétaire suisse (1853)[304]

Actif		**Passif**	
Postes	**Montants**	**Postes**	**Montants**
Valeur des nouvelles pièces	17'414'765	Frais de fabrication des nouvelles pièces	15'793'303
Perte de la réforme	1'139'494	Coût du retrait	2'264'682
		Frais de la réforme	496'274
Total	**18'554'259**	**Total**	**18'554'259**

301 Pourcentage calculé à partir du budget cantonal, tiré de [S.A.], « Das St. Gallische Budget für 1853 », *St. Galler Zeitung*, 21.11.1852, p. 1.

302 Pourcentage calculé à partir du budget cantonal, tiré de [S.A.], « Zürich », *Eidgenössische Zeitung*, 14.12.1852, p. 1.

303 Sur cet aspect, cf. Blaum, Kurt, *Das Geldwesen der Schweiz seit 1798, op. cit.*, pp. 39-41 ; Schüepp, Jakob, *Beiträge zur Schweizerischen Münzgeschichte, op. cit.*, pp. 38-40 ; Mangold, Fritz, « Bankdirektor Johann Jakob Speiser », *op. cit.*, pp. 135-320 (ici, p. 259) ; Demole, Eugène, Wavre, William, *Histoire monétaire de Neuchâtel, op. cit.*, pp. 174-175.

304 Tiré de l'annexe 1 « Compte général et final sur la réforme monétaire suisse » du *Rapport final de la Commission monétaire suisse sur l'exécution de la réforme monétaire, op. cit.* L'explication de la différence de quelque 4'000.- FS entre le montant des nouvelles frappes figurant dans ce tableau et la valeur des frappes effectuées en France présentées dans l'annexe 10 est fournie dans la note 177 p. 572.

Nous nous rappellerons que durant le débat sur le choix du pied monétaire en 1849-1850, le montant des pertes à assumer sur le billon – représentant alors, selon les estimations, la moitié de la circulation – constituait un argument de poids en défaveur de l'adoption du FF. Le banquier zurichois Leonhard Pestalozzi avançait le chiffre de 4 à 5 millions de FS; de son côté, Speiser planchait sur 2.8 millions de FS. Après fonte et affinage, la perte globale sur l'ensemble des anciennes monnaies retirées se monte à 2'264'682.- FS, soit 20 % de moins que les prévisions. Elle est répartie entre les cantons selon le montant de leur retrait et la valeur de la refonte[305]. La perte sur la refonte est partiellement compensée par le bénéfice réalisé sur la frappe des nouvelles pièces, qui s'élève à 1.6 million de FS (différence entre le montant des nouvelles frappes, 17'414'765.-, et leur frais de fabrication, 15'793'303.-). Comme les pertes, le bénéfice réalisé sur la fabrication des nouvelles frappes est alloué aux cantons. L'objectif du CF est aussi bien de réduire la perte pour les Gouvernements cantonaux que d'éviter d'imposer une charge trop onéreuse qui risquerait de créer une vague de mécontentement[306].

Les frais généraux sont plus élevés que prévus et s'établissent à un peu moins de 500'000.- FS: les deux principaux postes concernent les intérêts et les provisions sur l'achat de métal (224'000.-) et les frais de transport et d'emballage (112'000.-). L'économie sur l'achat de nickel, dont la proportion dans le billon est massivement réduite suite à l'abandon du projet belge et à la frappe auprès de Renouard de Bussière à Strasbourg, contribue en grande partie à la baisse des frais de fabrication.

Le résultat final de la réforme monétaire s'élève à une perte nette de 1'139'494.- FS. Cette somme est relativement importante, représentant l'équivalent de 18 % des dépenses de l'Etat fédéral de 1853, ce qui fournit une clef de compréhension des enjeux financiers portant sur le débat monétaire[307]. En effet, après répartition des gains sur les nouvelles frappes et des pertes sur les anciennes pièces, la quote-part, respectivement de la perte ou du gain, est attribuée à chaque canton. Un tiers des cantons réalise une bonne affaire financière lors du passage au nouveau système monétaire. C'est principalement le cas de trois cantons de Suisse centrale et méridionale (Nidwald, Uri et Zoug) et de

305 Sur ce point et sur ce qui suit, cf. le détail dans les annexes 7 et 8.

306 « Rapport du Conseil fédéral à l'Assemblée fédérale, sur la mise à exécution de la réforme monétaire suisse », *op. cit.*, pp. 163-173 (ici, pp. 167-168).

307 A titre de comparaison, appliqué au budget de l'Etat fédéral de l'année 2021 (80 milliards de FS), ce pourcentage représente une somme de plus de 14 milliards de FS.

la Suisse orientale (Appenzell Rhodes-Intérieures, Schaffhouse et Thurgovie) ; cet élément peut peut-être contribuer à expliquer leur opposition moins forte à la réforme. Bâle et l'Argovie appartiennent aussi à ce groupe. Ils reçoivent un excédent allant de quelques centaines de FS à plus de 20'000.- FS (Thurgovie). Pour les autres cantons, la situation est très hétérogène. En Suisse orientale, Glaris assume 1'467.- de perte et Saint-Gall 177'000.-. En Suisse centrale et méridionale, les frais s'élèvent à près de 200'000.- pour Lucerne et à 4'939.- pour le Tessin. Les cantons de Suisse occidentale – sauf l'Argovie – figurent parmi les plus impactés : à eux seuls, ils règlent 49 % des pertes totales.

Rapporté à la population de 1850, le bilan financier de la réforme offre une image des plus disparates. A l'échelle nationale, la perte par habitant se monte à une moyenne de 48 cts. Les principaux promoteurs de la centralisation et l'unification monétaires, les milieux marchands de Suisse occidentale, figurent parmi les grands gagnants de la réforme. En accusant une charge de 10 cts par tête – vraisemblablement attribuable aux frappes de l'ancien Évêché de Bâle –, ils sont peu impactés par le volet financier du passage au nouveau système. La situation est différente pour les milieux agricoles de Suisse occidentale. Avec une perte par personne s'élevant à 65 cts, ils sont les plus touchés par l'introduction du FS. C'est particulièrement le cas dans le canton de Vaud, qui caracole en tête du pays avec 150 cts de perte par personne. Les autres grands perdants se trouvent en Suisse centrale et méridionale. Lucerne, Obwald et Schwytz accusent une perte s'élevant entre 130 et 150 cts par habitant, résultat de frappes antérieures à 1798. La région zurichoise s'en sort bien avec une perte de 17 cts par habitant. Enfin, les principaux opposants à l'adoption du FF ne sont pas impactés de la même manière par le volet financier de la réforme. Si les 9 cts à assumer par personne en Suisse orientale ne sont pas très élevés par rapport à la moyenne suisse, ce chiffre cache une réalité complexe. Schaffhouse, Thurgovie et Appenzell Rhodes-Intérieures ne doivent pas délier leur bourse, recevant respectivement 32 cts, 25 cts et 14 cts par habitant. En revanche, Glaris, Appenzell Rhodes-Intérieures et Saint-Gall doivent assumer respectivement 5 cts, 17 cts et 105 cts par personne. Il faut relever que la perte qui incombe aux Saint-Gallois s'explique en partie par la circulation de très anciennes pièces frappées par l'Abbaye de Saint-Gall[308]. Ainsi, si une partie des cantons de Suisse orientale

308 La plus ancienne pièce retirée dans le pays date de 1424 et provient de Saint-Gall. Cf. Meyer von Knonau, Gerold, « Die schweizerischen Münzen von den ältesten Zeiten bis auf die Gegenwart », *op. cit.*, pp. 375-402 (ici, p. 376).

limitent les charges financières liées à la réforme monétaire, Saint-Gall figure parmi le plus touché à l'échelle du pays.

6.3. La naissance du franc suisse : éléments pour un bilan de la réforme monétaire

En mars 1853, la réforme monétaire suisse qui voit naître le franc suisse est close. Dresser un bilan d'une si vaste opération n'est pas une tâche facile. Au contraire, l'exercice présente de grosses difficultés de nature méthodologique. La plus grande partie des travaux d'économistes et d'historiens souligne les gains d'une unification monétaire, mais aucune étude, à notre connaissance, n'est encore parvenue à démontrer de manière empirique les bénéfices réels de l'adoption d'une monnaie unique[309]. Il est en effet risqué de tomber dans une forme de déterminisme historique qui consisterait à surévaluer le poids de l'objet étudié. La difficulté est d'autant plus grande que les contemporains sont unanimes à reconnaître les bienfaits de la réforme. Les propos de la commission monétairc instituée en juin 1850 pour seconder l'expert monétaire fédéral sont à cet égard représentatifs :

> *« Il y a peu de pays qui puissent se vanter d'avoir mis à exécution une opération aussi grandiose (l'ensemble de la circulation des affaires s'élève à la somme énorme de fr. 300'000'000) en si peu de temps et à la satisfaction générale. Sans faire entendre les plaintes de quelque importance, le public se soumit aux petites pertes financières qui résultèrent du tarif d'échange ; contre toute attente, il se fit promptement et facilement au nouveau système, et à l'exception de quelques Cantons, on se félicite, maintenant que l'opération est terminée, des avantages et des facilités que ce système a apportés dans la comptabilité et les transactions. Il est vrai cependant que la réforme monétaire a exigé de lourds sacrifices de plusieurs Cantons ; mais ceux-ci se trouvent maintenant [...] un peu ou beaucoup au-dessous des pertes prévues »*[310].

Largement reprise dans la littérature secondaire, cette citation opèrerait comme une preuve irréfutable de la réussite de la réforme monétaire. Toutefois, la rapidité mentionnée dans cette citation mérite d'être nuancée. Entre l'adoption de la loi en mai 1850 et la clôture des opérations en mars 1853, 34 mois se sont écoulés. Or, la Belgique procède aux mêmes opérations en 18 mois,

---

309 Sur cette question, se référer en premier lieu à Hefeker, Carsten, *Interest Groups and Money Integration*, *op. cit.*, pp. 10-11.

310 *Rapport final de la Commission monétaire suisse sur l'exécution de la réforme monétaire*, *op. cit.*, pp. 92-137 (ici, pp. 134-135).

ce qui s'explique en grande partie par l'existence d'un Hôtel des Monnaies performant[311]. Quoi qu'il en soit, le succès de la réforme suisse est renforcé par les propos des acteurs impliqués dans le processus qui, avec le recul, émettent à l'unanimité un jugement positif sur la centralisation et l'unification monétaires. Du côté des défenseurs du FLa, le CaE glaronnais Johann Jakob Blumer reconnaît au début des années 1860 que « *die Centralisation des Münzwesens als eine der grössten Wohlthaten zu preisen, welche die Bundesverfassung uns gebracht hat* »[312]. Une déclaration similaire se retrouve sous la plume du Saint-Gallois Gallus Jakob Baumgartner, pourtant fervent opposant à la centralisation des compétences monétaires. Malgré certaines difficultés, l'adoption du FS est à ses yeux globalement satisfaisante :

> « *Das Volk gewöhnte sich leicht in die neuen Werthzeichen ; vom Bankier in Basel und Genf bis hinab zu den Gemüsefrauen von Thurgau und ihren weiblichen Kunden hatte sich bald die ganze Bevölkerung mit denselben vertraut gemacht und die Äusserungen der Zufriedenheit waren weit häufiger als das Gegentheil, obgleich eine etwelche Preiserhöhung in Folge der Münzreduktion in den kleinen Verkehrsverhältnissen unvermeidlich war ; selbst der früher so warm für das deutsche Münzwesen eingenommene Osten liess seine Klagen verstummen. Nur dem "Frauenzimmer" auf den neuen Silbermünzen konnte das Schweizervolk keinen Geschmack abgewinnen* »[313].

Avec du recul, les acteurs de l'époque, même les opposants, sont donc satisfaits. Mais ces déclarations sont toutefois insuffisantes pour procéder à une évaluation complète de la réforme monétaire. Afin d'y parvenir, nous allons tâcher, dans un premier temps, de déterminer quels acteurs bénéficient de la réforme monétaire et quels acteurs sont défavorisés par l'adoption du FS. Dans un second temps, il s'agira d'analyser quels sont les effets de l'unification monétaire sur la construction de l'Etat fédéral et sur les conditions-cadres économiques.

---

311 La loi qui adopte le franc belge date du 05.06.1832. Le délai du retrait des anciennes pièces est fixé au 31.12.1833. Entre-temps, de nouvelles pièces ont été mises en circulation. Cf. Pringels, Pierre, « Le Franc belge 1832-2011 », *op. cit.*, pp. 143-182 (ici, pp. 152-153).

312 Blumer, Johann Jakob, *Handbuch des Schweizerischen Bundesstaatsrechtes*, Volume 1, Schaffhausen : Hurter, 1863, p. 370. Le rapporteur de la majorité de la commission du CN en faveur du FF, le Schaffhousois Peyer Im Hof (cf. note 11 p. 410), abonde dans le même sens : Peyer Im Hof, Johann Friedrich, *Aus den Anfängen des neuen Bundes*, *op. cit.*, p. 35.

313 Baumgartner, Gallus Jakob, *Die Schweiz in ihren Kämpfen*, *op. cit.*, p. 485.

6.3.1. Une réforme monétaire bâloise ? Le rôle des acteurs bâlois dans le déroulement et le financement de la réforme

Les grands perdants de la réforme monétaire sont sans aucun doute les milieux industriels de Suisse orientale. Au-delà d'un changement dans le type de pièces à disposition et dans les manières de compter, l'introduction du FS basé sur le FF modifie en profondeur la structure de la circulation monétaire à l'échelle régionale. Le commerce d'espèces avec les places allemandes perd en particulier en importance. Les milieux du grand négoce et de la banque sont lésés par l'abandon du FLa qui réduit les gains réalisés sur l'importation de petites pièces allemandes destinées au paiement des salaires. La valeur de la masse salariale augmente, ce qui tend à réduire la compétitivité de ces activités économiques. Les liens séculaires entre Saint-Gall et Augsbourg ne sont certes pas brisés avec l'unification monétaire et restent forts pendant encore plusieurs décennies[314], mais l'approvisionnement en numéraire est redirigé auprès des places de change françaises, avant tout Mulhouse et, dans une moindre mesure, Paris[315]. En l'état actuel de la recherche, il n'est par contre pas possible de déterminer si l'adoption du pied monétaire français a des effets sur le commerce de frontière – en particulier sur l'importation de céréales et le recours à de la main-d'œuvre dans les Etats allemands – ou sur les exportations à destination des marchés lointains. A une échelle plus large, l'adoption d'une monnaie commune contribue à un rapprochement des milieux industriels de Suisse orientale avec les autres places bancaires suisses, afin de couvrir des besoins croissants en capitaux[316]. Au niveau régional, le passage à la nouvelle monnaie ne semble toutefois pas influencer de manière négative la circulation du numéraire. Déjà en juin 1853, le montant des billets de la "Bank in St. Gallen" libellés en FS est supérieur à ceux en FLa[317] : la transition semble donc s'opérer rapidement et sans trop de problèmes. En ne payant en moyenne qu'une somme de 9 cts par habitant, la Suisse orientale n'est toutefois que peu impactée par le volet financier de l'unification, à l'exception de Saint-Gall.

---

314 Walder, Emil, *Die Geschichte des Handelsbankwesens*, *op. cit.*, p. 46 ; Gygax, Paul, « Augsburg, das einstige Geldreservoir », *op. cit.*, pp. 297-313 (ici, p. 311) ; Oswald, Roland, *Die Entwicklung*, *op. cit.*, p. 50.

315 Af, E12#1000/36#129*, Rapport de la "Zürcher Handelskammer" au Conseil d'Etat zurichois, 28.01.1854, 4 p. (ici, p. 3).

316 Oswald, Roland, *Die Entwicklung*, *op. cit.*, p. 76.

317 Gygax, Paul, *Bank in St. Gallen*, *op. cit.*, pp. 51-52 et 61.

La région zurichoise figure, quant à elle, parmi les bénéficiaires de la réforme monétaire. Répondant à plus d'une décennie de revendications, celle-ci amène un renouvèlement complet du numéraire à disposition à raison d'une charge de 17 cts par habitant et permet surtout de supprimer toutes les anciennes pièces de faible valeur. L'adoption du FS sur la base du FF engendre de moins grands changements dans les habitudes, en raison de l'utilisation antérieure des pièces françaises au sein des secteurs de la soie et du grand négoce, ainsi que parmi certains acteurs du monde bancaire. Si ces milieux disposent désormais d'une monnaie qui améliore leur intégration commerciale au niveau international et qui réduit les risques de change, les filateurs de coton sont, comme en Suisse orientale, défavorisés par l'abandon du FLa qui sert au paiement des salaires. En contrepartie, ils bénéficient d'une unité monétaire commune qui contribue à fluidifier l'écoulement des produits à l'échelle régionale et surtout en direction de la Suisse occidentale. Au contraire de la Suisse orientale, la structure de l'approvisionnement ne se modifie que très peu, mais accuse un renforcement des liens avec la place de Paris. Avec l'unification monétaire, la région zurichoise se profile comme un intermédiaire à l'importance croissante pour la fourniture de numéraire à la Suisse orientale.

L'impact de la réforme monétaire n'est pas identique sur les deux régions à dominante agricole du pays. Un changement important apporté par la loi du 7 mai 1850 est de repousser définitivement les FLa qui ne correspondent pas à la structure des activités économiques. Une autre modification pour les milieux agricoles endettés est l'instauration d'une unité de valeur qui soit à la fois monnaie de compte et monnaie réelle, ce qui signifie qu'ils n'ont plus à craindre de variations dans la valeur des espèces nécessaires à l'acquittement de leurs dettes. En Suisse centrale et méridionale, l'adoption d'une monnaie à caractère universel correspond à la structure des activités et n'exerce donc vraisemblablement qu'une influence limitée. Il n'est toutefois pas possible d'évaluer l'impact de ce changement structurel sur la marche de leurs affaires. Avec le passage à la nouvelle unité, ils doivent débourser quelque 55 cts par habitant pour un système qui ne modifie que très peu leurs habitudes monétaires, mais qui limite par contre fortement leur marge de manœuvre.

La Suisse occidentale agricole présente un profil similaire. L'adoption du système français ne change en effet fondamentalement pas la structure de la circulation du numéraire, puisque les espèces françaises représentaient déjà, avant 1848, la majorité des grosses espèces à disposition. Le paiement de 65 cts par personne permet tout de même de nettoyer la circulation en supprimant les petites espèces de mauvaise qualité, qui avaient tendance à être repoussées par les départements français limitrophes. En revanche, l'adoption d'une monnaie commune et la suppression de la multitude de cours sur les petites et les grosses espèces élargissent le rayon de distribution sur les marchés de proximité.

Les grands gagnants de la réforme monétaire sont les milieux marchands de Suisse occidentale. Réclamée depuis les années 1830, l'unification monétaire est réalisée en 1850. L'adoption du FS sur la base de la monnaie française représente pour eux un outil important d'intégration commerciale à l'échelle internationale, favorisant notamment un rapprochement avec la France, leur principal partenaire extérieur. Si la nouvelle unité change assez peu leurs habitudes, elle a comme conséquence de stabiliser le prix d'acquisition des grosses espèces. La création d'un marché monétaire unifié leur permet également de développer leurs affaires bancaires à l'intérieur du territoire, tout en fournissant une garantie importante pour les investisseurs. Pour un montant de 10 cts par habitant, ces acteurs parviennent à se doter d'un système monétaire unifié et largement reconnu à l'échelle internationale sans trop délier leur bourse. Intéressons-nous maintenant de plus près au cas de Bâle.

Les parties précédentes ont montré que les acteurs bâlois jouent un rôle central dans les différentes étapes de la réforme monétaire. Nommé expert unique, le directeur de la "Bank in Basel" Johann Jakob Speiser élabore un projet conforme aux intérêts de la Suisse occidentale marchande et en particulier à ceux de Bâle. Le Cf Munzinger souligne à plusieurs reprises le rôle que l'expert bâlois joue dans la réforme et lui attribue volontiers les mérites de sa réussite : *« Dabei dürfen & wollen wir nicht vergessen, dass wir dieses Ergebniss in Münzsachen Ihnen, einzig Ihnen, unseren Vorkämpfer zu verdanken haben; alle Lästerungen sind nun eben soviele Triumpfe für Sie geworden »*[318]. S'il est difficile de démontrer l'influence de l'adoption du FS sur l'évolution des affaires extérieures, la place bancaire bâloise renforce sa position de pourvoyeur de numéraire à tout le pays. Avec l'alignement de la Suisse sur la France, les places du sud de l'Allemagne – Augsbourg et Francfort – perdent en importance pour toute la Suisse orientale qui réoriente son approvisionnement en liquidités et en effets de commerce en direction des places zurichoise et bâloise. Cette dernière devient alors en mesure de mettre la main sur l'essentiel du trafic de numéraire et se positionne ainsi comme intermédiaire indispensable à la fourniture de moyens de paiement à l'échelle du pays. Cette volonté de renforcer sa position n'échappe pas aux contemporains[319]. Dans une lettre adressée à Speiser,

318 AEB, PA 116, A 210, lettre de Munzinger à Speiser, 17.12.1849, 3 p. (ici, p. 1).

319 La stratégie des Bâlois est notamment critiquée dans [s.a.], « Einige flüchtige Münzgedanken ! » et [s.a.], [s.n.], *Der Erzähler*, 02.11.1849, pp. 2-3 et 3; [s.a.], [s.n.], *Der Erzähler*, 07.12.1849, p. 2; [s.a.], [s.n.], *Der Erzähler*, 08.01.1850, pp. 3-4;

le négociant en gros schaffhousois Beat Hurter ne mâche pas ses mots pour dénoncer les objectifs bâlois :

> *« Für die Aufstellung des französischen Münzsystems, welches Basel zum Hauptwechselplatz machen soll, werden Sie sich um Ihre Vaterstadt unsterbliche Tuhne erweisen; denn niemand versteht die Agiotage besser als Basel; der Kantone Bern u[sw] haben sich Ihnen angeschlossen, weil sie es nicht besser verstehen [...] »*[320].

Place commerciale et bancaire de première importance dans le paysage helvétique au moment de la fondation de l'Etat fédéral[321], Bâle profite à plusieurs niveaux de la réforme monétaire. Après avoir passé la rampe de l'Assemblée fédérale, le projet de l'expert unique nécessite toute une série d'acteurs pour sa mise à exécution. Les Bâlois sont fortement privilégiés dans ce processus, ce qui n'est pas étonnant puisque Speiser est en charge des négociations avec les partenaires. Nous avons vu que la maison de banque bâloise "Ehinger & Cie" est responsable du transport des lingots et des pièces sur le territoire[322]. Le financement de la réforme est lui aussi assuré par des banques bâloises. C'est l'occasion de s'y intéresser de plus près.

Les articles 8 et 9 de la loi sur la mise à exécution de la réforme des monnaies donnent le droit au CF de contracter un emprunt de 4 millions de FS afin de

---

Moser, Rudolf, *Du tarifage des monnaies dans la Suisse occidentale*, *op. cit.*, p. 14. Cf. aussi Bsg, VNL 60, A23, 11, lettre de Fischer à Hungerbühler, 22.03.1850, 3 p. (ici, p. 3).

320 Aeb, PA 116, A 135, lettre de Hurter à Speiser, 01.12.1849, 2 p. Souligné dans l'original. A relever que le rapporteur de la majorité de la commission du CN, le Schaffhousois Peyer Im Hof (cf. note 11 p. 410), ne partage pas ce point de vue. Cf. Peyer Im Hof, Friedrich, « Der Neue Bund und der Kanton Schaffhausen », publié initialement dans le "Schaffhauser-Zeitung" et reproduit dans la *Neue Zürcher Zeitung*, 03.03.1850, pp. 1-2.

321 Denzel, Markus A., « Die Integration der Schweizer Finanzplätze », *op. cit.*, pp. 177-235 (ici, pp. 206-209).

322 Sur le rôle de cette banque dans la réforme : Mangold, Fritz, « Bankdirektor Johann Jakob Speiser », *op. cit.*, pp. 135-320 (ici, pp. 238-239) et Geering, Traugott, *Die Basler Bankfirma Ehinger & Cie*, *op. cit.*, p. 59. Les acteurs bâlois ne semblent pas jouer un rôle important au sein de la "Compagnie du chemin de fer de Strasbourg à Bâle", qui est en charge du transport hors des frontières helvétiques, malgré l'origine bâloise du fondateur Nicolas Koechlin (1781-1852). Du moins, ne siègent-ils pas au CA. Les rapports de la compagnie sont disponibles en ligne sur le site des Archives nationales du monde du travail : https://recherche-anmt.culture.gouv.fr/ark:/60879/550316.1078299 (Etat au 26.01.2024).

financer les nouvelles frappes et les opérations de retrait[323]. Suite à la conclusion des contrats avec les entrepreneurs français pour la fabrication des nouveaux FS début 1851, le CF lance la souscription d'un emprunt de 1.5 million de FS, dont les conditions sont rédigées par Speiser. Les autorités exécutives fédérales se retrouvent sous le feu des critiques après que la banque bâloise "Bischoff zu St. Alban" ait annoncé sa soumission. Membre fondateur et actionnaire de la première version de la "Bank in Basel", Hieronymus Bischoff, à la tête de cette banque, est en effet très proche de Speiser et de son cousin Achilles Bischoff[324]. Afin de démentir les accusations de conflit d'intérêts, le CF se voit contraint de publier les conditions de souscription[325]. Le chef du DFF, Henri Druey, en informe Speiser :

> «*Je crois avec plaisir que vos Banquiers se mettent en mouvement pour soumissionner l'emprunt; la circulaire de M. Bischoff de St. Alban donne des espérances qui sans doute se réaliseront. [...]; l'on a prolongé au 10 avril le premier terme qui échoit au 31 mars parce que le Conseil fédéral, ayant décidé que la Circulaire et le projet de contrat seraient publiés dans la Feuille fédérale ainsi que dans quelques journaux, on a voulu éviter le reproche que le concours était illusoire; car déjà on avait répandu dans le public que l'emprunt était déjà adjugé in petto, etc. C'est donc pour couper court à ces calomnies que l'on a décidé l'entière publicité du concours et donné un terme un peu plus long qu'il n'était proposé*»[326].

---

323 Quelques informations sur ce qui suit figurent dans GEERING, Traugott, «Die schweizerische Münzreform», *op. cit.*, pp. 181-193 (ici, p. 188).

324 Hieronymus Bischoff-Respinger (1795-1870), BS, fils de Benedict (1769-1836), fabricant de rubans de soie qui fonde la maison de banque "Bischoff zu St. Alban" en 1806; beau-fils de Benedict Respinger (1770-1809), négociant. Entre dans la banque paternelle qu'il reprend à son compte en 1825. Membre fondateur et membre CA (1852) de la "Schweizerische Centralbahn Gesellschaft", dont il assume la présidence du CA à partir de 1861. Figure parmi les fondateurs du "Basler Bankverein" en 1854. Député au GC de BS (1829-1870). Cousin issu de germain du banquier Achilles Bischoff (cf. note 50 p. 330).

325 Le Ministre de France en Suisse confirme qu'avant que le délai de soumission ne soit clos, l'emprunt peut être considéré comme déjà placé: AF, Correspondance consulaire et commerciale, 41 CCC, 3, lettre de de Reinhard au Ministre des Affaires Etrangères, Louis Felix Etienne Turgot, 20.03.1851, 3 p. (ici, p. 3).

326 AEB, PA 116, BI 1a, lettre de Druey à Speiser, 16.03.1851, 3 p. (ici, p. 2). Souligné dans l'original. Les conditions de l'emprunt figurent dans la «Circulaire de la Commission fédérale des monnaies concernant l'émission d'un emprunt», *Feuille fédérale suisse*, Vol. 1, 13, 15.03.1851, pp. 261-264.

Trois propositions arrivent sur le bureau de la Commission monétaire. La première est déposée par un consortium de quatre banques – "Marcuard & Cie" (Berne), "Ehinger & Cie" (Bâle), "Lombard, Odier & Cie" (Genève) et la "Banque cantonale de Berne" – qui demande une commission de 2.5 ‰ ou 3'750.- FS pour toutes les dépenses. Les deux autres offres proviennent respectivement des banques privées bâloises "Bischoff zu St. Alban" – commission de 2.4 ‰ ou 3'600.- FS – et "Passavant & Cie" – 1 ‰ ou 1'500.- FS[327]. Ces trois soumissions confirment le poids financier considérable des maisons de banque bâloises, les seules capables d'assumer à elles seules un emprunt fédéral qui s'élève à 1.5 million de FS, un peu moins d'un quart des dépenses de l'Etat fédéral pour 1850. En face, la réunion de plusieurs poids lourds bancaires issus de plusieurs places suisses ne parvient pas à concurrencer les conditions très avantageuses offertes par les banques bâloises. La commission monétaire refuse toutefois de choisir parmi ces trois propositions, dans la mesure où deux de ses membres sont directement ou indirectement intéressés à l'affaire[328]. C'est donc le CF qui tranche la question. Au vu des conditions avantageuses offertes par "Passavant & Cie"[329], le CF lui adjuge l'emprunt, sans attendre que la prolongation du délai au 10 avril ne soit atteinte[330]. Le DFF délègue à Speiser le soin de négocier les conditions définitives de l'emprunt avec la banque bâloise. Dans un premier temps, il s'élève à 1.5 million de FS à 3.5 % d'intérêt avec une commission de 1 ‰ : les versements se font par trois tranches de 200'000.- et une dernière de 900'000.- réparties entre avril et juin 1851[331]. Le montant de l'emprunt est, dans un second temps, progressivement porté à 4 millions de FS – le maximum prévu dans la loi – suite aux retards pris dans la frappe de pièces à Strasbourg[332].

327 AEB, PA 116, BI 1a, lettre du président de la Commission monétaire Fueter à Speiser, 17.04.1851, 2 p. (ici, p. 1).

328 « Rapport présenté à la Haute Assemblée fédérale par le Conseil fédéral suisse sur sa gestion pendant l'année 1851 (Département des Finances) », *op. cit.*, pp. 469-504 (ici, p. 480). Auguste Génicoud est employé par "Marcuard & Cie". L'autre membre est probablement Friedrich Fueter qui siège vraisemblablement dans les instances dirigeantes de la "Banque cantonale de Berne" en tant que CdE en charge des Finances.

329 La banque "Passavant & Cie", gérée par les fils du fondateur Emanuel Passavant (1817-1879) et Alphons Passavant (1823-?), est un des plus importants établissements bancaires bâlois.

330 AF, E1004.1#1000/9#1645*, Protocole du CF, 31.03.1851, n° 1198.

331 AEB, PA 116, BI 1b, *Contrat d'emprunt pour la réforme monétaire*, 02.04.1851, 2 p.

332 AF, E1004.1#1000/9#1678*, Protocole du CF, 30.05.1851, n° 1970.

Parallèlement à cet emprunt, Speiser demande au DFF l'ouverture d'un crédit en compte-courant de 600'000.- FS pour faire face aux dépenses courantes de la réforme[333]. Deux maisons de banque bâloises offrent leur service à 2 % d'intérêt par an et contre une commission de 3.3 ‰. S'adressant au chef du DFF Henri Druey, l'expert monétaire est favorable à saisir cette occasion: « *Ce n'est pas seulement la modicité du taux d'intérêt et les avantages d'un crédit en compte-courant qui doivent être considérés, mais aussi la preuve de confiance qui en ressort. Quel est l'Etat aujourd'hui, qui emprunte à 2 % l'an ?* »[334]. L'argument de Speiser porte ses fruits, puisque les deux établissements sont retenus: il s'agit des maisons "Niklaus Legrand" et "J. Riggenbach" qui reçoivent une commission de 3.3 ‰, que le crédit soit utilisé ou non[335]. Placement d'emprunt et ouverture d'un crédit se font donc auprès de trois établissements bancaires bâlois.

Le mandat d'expert unique de Speiser, le transport des métaux et des pièces par la maison "Ehinger & Cie", le placement de l'emprunt auprès de "Passavant & Cie" et l'ouverture d'un crédit chez "Niklaus Legrand" et "J. Riggenbach" illustrent bien la mainmise des acteurs bâlois sur le déroulement de la réforme monétaire suisse. Leur participation met aussi en lumière le rôle central d'un autre acteur institutionnel dans la réforme et, plus largement, dans la naissance de l'Etat fédéral: la "Bank in Basel"[336]. Tous ces acteurs entretiennent en effet un lien direct avec cet établissement, qui sont illustrés dans le schéma ci-dessous. Ils sont tous financièrement impliqués dans cette banque, à l'exception d'Adolf Legrand qui possède en revanche un mandat au sein du comité de direction.

333 AF, E12#1000/36#73*, lettre de Speiser à Druey, 05.06.1851, 2 p. (ici, p. 2).

334 AF, E12#1000/36#73*, lettre de Speiser à Druey, 07.06.1851, 3 p. (ici, p. 2).

335 AEB, PA 116, BI 1b, *Kredit-Vertrag zwischen Speiser und den Handelshäusern Nikl. LeGrand und Joh. Riggenbach*, 16.06.1851, 2 p. En 1851, la maison "Niklaus Legrand" est en main d'Adolf Legrand (1802-1854), fils du fondateur Nicolaus (1771-1814). La banque "J. Riggenbach" est gérée par son fondateur Johann Riggenbach et son fils Friedrich (1821-1904).

336 Sur cet établissement: MANGOLD, Fritz, *Die Bank in Basel 1844-1907*, *op. cit.*, 365 p.

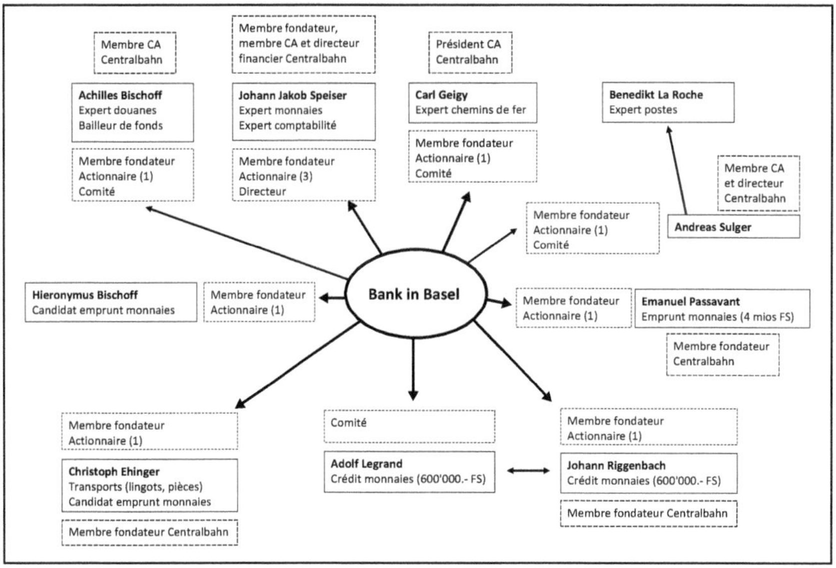

Schéma 7 : rôle et fonction des acteurs bâlois intervenant à l'échelle fédérale au sein de la "Bank in Basel" en 1850[337]

Il ne fait aucun doute que les acteurs qui gravitent autour de la "Bank in Basel" jouent un rôle de première importance dans le processus de la réforme monétaire et, de manière plus large, dans l'organisation de l'Etat fédéral en 1848. Peu discuté, à notre connaissance, dans la littérature secondaire, leur expertise et leur rôle sur le devant de la scène mériterait une attention particulière[338]. Les

337 Toutes les informations concernant la banque sont tirées de AEB, Handel und Gewerbe, K 4.1, Ragionenbuch, n° 1, f. 12, 440 et 442. Se référer également aux contributions dans BÜRGIN, Alfred *et alii*, *Schweizer Pioniere der Wirtschaft und Technik*, *op. cit.*, 133 p. et à MANGOLD, Fritz, *Die Bank in Basel 1844-1907, op. cit.*, pp. 280-287.

Dans le schéma, la fonction au sein de la banque est indiquée en traitillés ; entre parenthèses, le nombre d'actions de 10'000.- FSa lors de la fondation de la première version de la banque ("Giro- und Depositenbank") en 1843. Les fondateurs qui financent la banque en 1843 sont les mêmes qu'en 1850. Le rôle que les acteurs exercent à l'échelle fédérale est encadré. La fonction au sein de la "Schweizerische Centralbahn Gesellschaft" qui concerne l'année 1852 est encadrée en longs traitillés.

338 Les principaux travaux sur cette thématique sont l'œuvre de Bâlois qui, au début du 20e siècle, constatant la perte d'influence de leur ville sur la marche des affaires

contemporains ont d'ailleurs tout à fait conscience de la position dominante des acteurs bâlois, ce qui ne manque pas de soulever des attaques à leur encontre dans la presse[339]. Un article du journal saint-gallois *Der Erzähler* paru en 1849 illustre bien cette problématique :

> *« Uebrigens muss man gestehen, dass der Bundesrath, resp. seine Departemente die Baseler zu utilisiren wissen (La Roche-Stähelin seiner Zeit für das Postwesen, Bischoff für das Zollwesen, Speiser für das Finanzwesen). Wir tadeln den Bundesrath insofern nicht im Mindesten, als wir die betreffenden Herren, so weit wir sie zu kennen die Ehre haben, wegen ihrer Anstelligkeit und Geschicklichkeit schätzen. Auch wissen wir, das Einzelne sich mit Aufopferung daherigem Ruf unterzogen haben. Aber es dürfte hin und her selbst ein Solcher, der die materielle Kapazität dieser Herren kennt, fragen : ob die Schweiz in Basel aufgehen soll ? »*[340].

Formulée ici de manière ironique, la question est pourtant bien réelle. Décidés à modeler les conditions-cadres du nouvel Etat fédéral pour qu'elles soient conformes à leurs intérêts, les acteurs bâlois en investissent les différents niveaux[341]. La réforme monétaire en fournit une bonne illustration. Afin

---

fédérales depuis le milieu du siècle précédent, cherchent à en revaloriser le rôle avec des études à caractère hagiographique. Un bon exemple est fourni par les textes rassemblés dans Historischen und Antiquarischen Gesellschaft zu Basel (Ed.), *Festschrift zum vierhundertsten Jahrestage des ewigen Bundes zwischen Basel und den Eidgenossen 13. Juli 1901*, Basel : [s.n.], 1901, 215 p. L'ouvrage de Siegfried, Paul, *Basel im neuen Bund. I. Basel und der Ausbau der neuen Eidgenossenschaft. Der Anschluss Basels an die Eisenbahnen. Das Basler Gesundungswerk*, Basel : Komm. Helbing & Lichtenhahn, 1925, 95 p. s'inscrit dans cette même tendance. Sur ce processus historiographique : Ritzmann, Franz, *Die Schweizer Banken*, *op. cit.*, pp. 63-65 et 69. Cf. aussi les propos de Bernhard Wehrli sur le rôle des acteurs bâlois : Wehrli, Bernhard, *Die « Bundesbarone ». Betrachtungen zur Führungsschicht der Schweiz nach der Gründung des Bundesstaates*, Zürich : Kommissionsverlag Beer AG, 1983, pp. 7-8.

339 Mangold, Fritz, « Bankdirektor Johann Jakob Speiser », *op. cit.*, pp. 135-320 (ici, pp. 214-215) ; Rauber, Sebastian, *Die Vereinheitlichung des schweizerischen Münzwesens nach 1848*, *op. cit.*, pp. 71-72.

340 [s.a.], [s.n.], *Der Erzähler*, 19.10.1849, p. 2. D'autres critiques figurent dans [s.a.], « Die Waldshuter Bahn », *Eidgenössische Zeitung*, 11.01.1852, pp. 1-2 et [s.a.], « Die Waldshuter Bahn », *Eidgenössische Zeitung*, 10.02.1852, p. 1.

341 Le financement du réseau télégraphique suisse confirme la volonté des Bâlois de disposer d'outils qui améliorent l'intégration de l'économie suisse aux marchés mondiaux. Sur la souscription de l'emprunt télégraphique de 400'000.- FS ne portant pas intérêt lancée fin 1851, la seconde part est prise par le canton de Bâle-Ville (50'000.- FS, soit 12.5 % du total), derrière Saint-Gall (75'000.-), mais devant

d'apporter quelques nouveaux éléments à cette problématique, le rôle des Bâlois est analysé ci-dessous à l'aune de leur participation au financement du premier emprunt militaire fédéral d'une part, et de leurs expertises d'autre part.

En décembre 1848, le CF charge la "Banque cantonale de Berne" d'émettre le premier emprunt de l'Etat fédéral de 4'785'000.- FS servant à couvrir les frais de la campagne du Sonderbund. Sur le montant total, 30 % sont pris par le canton de Berne, tandis que celui de Bâle assume quelque 16 %[342]. Durant le premier semestre 1849, le DFF cherche à placer le premier emprunt militaire fédéral de 400'000.- FS destiné à couvrir les frais d'instruction. Les conditions offertes par les différents établissements bancaires du pays confirment le poids économique de première importance des Bâlois[343]. Pour la "Banque cantonale de Berne", un délai de six mois est nécessaire pour réunir cette somme. La "Bank in Zürich" ne peut prêter que la moitié demandée à 4.5 %, remboursable dans les trois mois. Du côté de la "Banque cantonale vaudoise" et de la "Bank in St. Gallen", les montants disponibles sont respectivement de 50'000.- et de 100'000.- FS à 4 %. Seuls deux établissements offrent de souscrire à l'entièreté de l'emprunt sans aucun délai : la maison bâloise "Ehinger & Cie" demande des titres de provision sur le canton de Fribourg et un intérêt de 4 % sur 6 mois, alors que la "Bank in Basel", qui offre 3 % d'intérêt pour un prêt sur 9 mois, a le soutien de la banque "Bischoff zu St. Alban" qui se porte garante de l'ensemble du montant. Présentant les conditions les plus avantageuses, cette dernière proposition est retenue par le CF[344].

Cet exemple confirme ce qui a été dit plus haut à propos du financement de la réforme monétaire, à savoir que les banquiers bâlois ont une force de frappe financière importante qui font d'eux les seuls qui offrent de pouvoir mobiliser rapidement plusieurs centaines de milliers de FS pour un seul emprunt, montant qui se monte à plusieurs millions de FS pour les monnaies.

Il semblerait que les milieux économiques bâlois parviennent d'autant mieux à imposer leur marque qu'ils ne rencontrent presque aucun adversaire sur leur

---

Zurich (41'250.-) et les Grisons (35'000.-). Cf. Giacometti, Enrico, *Die Einführung des Telegraphen in der Schweiz*, *op. cit.*, p. 37.

342 Ces pourcentages ont été calculés à partir des chiffres de la répartition du prêt fournis par [s.a.], [s.n.], *Eidgenössische Zeitung*, 15.12.1848, p. 1. L'ouvrage d'Egger, Walter, *La Banque cantonale de Berne, 1834-1934*, Degoumois, Léon (Trad.), [Berne] : [Kantonalbank von Bern], 1936, p. 30 mentionne cet emprunt.

343 Af, E9#1000/1173#147*, lettre de Munzinger au CF, 03.07.1849, 3 p.

344 Af, E9#1000/1173#1043*, lettre de Speiser à Munzinger, 08.07.1849, 3 p. et *Kredit-Vertrag*, 08.07.1849, 4 p.

route. Seuls concurrents sérieux, les milieux bancaires genevois sont, nous l'avons dit, peu intéressés par les affaires fédérales et réalisent l'essentiel de leurs affaires sur les marchés étrangers; ils ne semblent pas s'intéresser de très près au financement de l'Etat durant cette période. La "Banque cantonale de Berne" est pour sa part en mesure de lever suffisamment de fonds, mais demande un délai qui n'est pas compatible avec la volonté des promoteurs de la réforme qui veulent un processus rapide. Zurich, premier centre industriel du pays, pourrait aussi rivaliser. Mais au moment de la fondation de l'Etat fédéral, les Zurichois sont peu intéressés à intervenir sur la scène fédérale. Dans un discours tenu en 1847 devant le GC zurichois, le commerçant en coton Felix Wild témoigne de leur rôle de second plan: « *Ich bin gar kein Freund davon, mit dem Einflusse Zürichs auf die Eidgenossenschaft gross zu thun, ich glaube im Gegentheil, dass man dadurch, dass oftmals auf diesen Einfluss mit starken Farben hingewiesen wurde, den natürlichen Einfluss Zürichs eher geschwächt hat [...]* »[345]. En retrait, les Zurichois ne disposent par ailleurs pas d'une force financière à même de rivaliser avec celle de Bâle. Fin décembre 1849, le directeur de la "Bank in Zürich" Georg Finsler dresse un constat similaire à celui de Wild:

> « *So wie also Zürich – nach verdienen – in allen wichtigen Angelegenheiten der verjüngten Eidgenossenschaft eine sehr untergeordnete, um nicht zu sagen erbärmliche Rolle spielt, so wird es sich auch, in der Münzangelegenheit mit kalten Indifferentismus dem fügen, was in Bern beschlossen werden wird [sic] und ich glaube fast wir kommen auf diese Weise noch besser Weg, als wenn wir wollten unsere eigenen Ansicht zu Markt bringen* »[346].

Retrait donc, selon les dires de ces deux acteurs, des concurrents potentiels zurichois, ce qui laisse le champ libre aux banquiers bâlois qui assurent le financement de l'Etat fédéral pendant les quelques années décisives de la mise en place des nouvelles conditions-cadres économiques[347]. Certes, ces banquiers retirent des profits financiers de ces opérations, mais il faudrait se demander dans quelle mesure ces financements n'ont pas aussi pour but de faciliter la négociation et l'obtention de conditions-cadres économiques avantageuses. Il

345 WILD, Felix, *Rede über die Zürcherischen Münzverhältnisse*, *op. cit.*, p. 23. Sur Felix Wild, cf. note 356 p. 291.

346 AEB, PA 116, A 88, lettre de Finsler à Speiser, 24.12.1849, 4 p. (ici, p. 3). Sur Georg Finsler, cf. note 304 p. 401.

347 La prédominance des Bâlois s'estompe toutefois assez rapidement par la suite au profit des Zurichois qui s'imposent sur le devant de la scène fédérale pendant la seconde moitié du siècle. Sur cette question: RITZMANN, Franz, *Die Schweizer Banken*, *op. cit.*, pp. 63-65 et SARASIN, Philipp, *La ville des bourgeois*, *op. cit.*, p. 58.

est du moins vraisemblable que cette participation favorise l'intégration des Bâlois aux postes d'expert. C'est le second élément qui mérite d'être abordé.

Dans les principaux domaines dont on discute la centralisation à partir de 1848 – monnaies, postes, douanes et chemins de fer –, tous les experts sont d'origine bâloise et sont tous liés à la "Bank in Basel"[348]. Trois des quatre experts mobilisés par le CF – Achilles Bischoff pour les douanes, Carl Geigy pour les chemins de fer et Johann Jakob Speiser pour les monnaies – siègent dans les instances dirigeantes de la banque et en sont tous trois membres fondateurs et actionnaires. Dans le domaine des postes, les liens avec la "Bank in Basel" sont plus ténus : l'expert Benedikt La Roche est lié par son épouse au fabricant et négociant de tabac Andreas Sulger, membre fondateur, actionnaire et qui siège au comité de la banque. On relèvera également qu'à l'exception du négociant de colorants et de produits pharmaceutiques Carl Geigy, presque tous ces acteurs sont des banquiers privés, Speiser occupant pour sa part le poste de directeur de la "Bank in Basel". Un autre indicateur permet de bien mettre en évidence le rôle que joue cette banque dans la cohésion de ces acteurs bâlois, celui de la "Schweizerische Centralbahn Gesellschaft", compagnie de chemins de fer fondée à Bâle en 1852[349]. On retrouve en effet parmi ses fondateurs quatre personnages qui sont également membres fondateurs de la banque (Speiser, Ehinger, Passavant et Riggenbach), tandis que Carl Geigy assume la première charge de président du CA de la compagnie ferroviaire et que Speiser et Sulger dirigent cette compagnie[350]. Les acteurs bâlois présentent donc une très forte

348 Dans les chemins de fer, l'expertise provient du négociant bâlois (colorants, produits pharmaceutiques) Carl Geigy (1798-1861) et du commerçant (coton) de Winterthour Jakob Melchior Ziegler (1801-1883) ; le secrétaire de la commission est l'enseignant bâlois Wilhelm Schmidlin (1810-1872), membre fondateur de la "Schweizerischer Industrieverein" en 1848 et rédacteur de la *Wochenblatt des schweizerischen Industrievereins*. Cf. Geering, Traugott, « Basels Anteil an den Anfängen des Schweizerischen Eisenbahnwesens », in Historischen und Antiquarischen Gesellschaft zu Basel (Ed.), *Festschrift zum vierhundertsten, op. cit.*, pp. 193-205 (ici, pp. 200-203) ; Gubler, Ferdinand, *Die Anfänge der schweizerischen Eisenbahnpolitik, op. cit.*, pp. 283-301, 312 et 319.

349 Huber, Paul, *Die Schweizerische Centralbahn, op. cit.*, pp. 49-50 et 55-56.

350 Il convient encore de mentionner la fondation en 1854 du "Bankverein", consortium de banquiers privés qui unissent leurs forces afin de peser plus lourd dans le financement d'activités industrielles et ferroviaires. Ils placent ainsi le premier emprunt obligataire de la "Schweizerische Centralbahn Gesellschaft" en 1854-1855. Parmi les membres fondateurs de ce consortium, quatre acteurs gravitent autour de la "Bank in Basel" : Emanuel Passavant, Achilles Bischoff, Christoph

cohésion qui leur permet de modeler la structure de l'Etat fédéral afin qu'elle soit conforme à leurs intérêts. Dans cette perspective, la "Bank in Basel" officie comme bras financier qui fournit la force d'intervention nécessaire afin de s'assurer que leurs intérêts soient pris en compte. Mais les exigences portées par ces quatre experts ont-elles réellement été intégrées aux nouvelles conditions-cadres économiques de l'Etat fédéral ? La question mérite d'autant plus d'être posée que Bâle est numériquement très faible aux Chambres fédérales. En 1850, elle ne dispose que d'un seul Cn – Achilles Bischoff –, contre douze pour Zurich et vingt pour Berne. Leur expertise joue donc un rôle important pour influencer les décisions fédérales. Nous avons vu que les revendications bâloises sont prises en compte dans le domaine monétaire. Il s'agit toutefois là de leur seule véritable victoire. Car si la structure du système douanier votée en 1849 est bien libre-échangiste, option qui est notamment défendue par les milieux du grand commerce bâlois, une coalition de cantons industriels et agricoles parvient à imposer ses solutions aux Bâlois (indemnisation des cantons et structure du tarif)[351]. Dans le domaine des postes, l'organisation publique retenue par les autorités politiques fédérales est certes conforme aux exigences des acteurs issus du commerce et de l'industrie bâlois, mais les cantons agricoles parviennent tout de même à augmenter le nouveau tarif postal fédéral[352]. Les chemins de fer, enfin, sont laissés à l'exploitation privée, contre l'avis des acteurs bâlois[353]. Ainsi, les revendications des experts bâlois ne sont que partiellement intégrées aux nouvelles conditions-cadres de l'Etat fédéral. C'est que l'organisation des

Ehinger et Johann Riggenbach. Cf. Huber, Paul, *Die Schweizerische Centralbahn*, *op. cit.*, pp. 115-118.

351 Humair, Cédric, *Développement économique et Etat central*, *op. cit.*, pp. 210-221 et 239-257.

352 Geering, Traugott, « Benedikt Laroche-Stehlin, eidgenössischer Generalpostdirektor 1848-1849 », in Historischen und Antiquarischen Gesellschaft zu Basel (Ed.), *Festschrift zum vierhundertsten*, *op. cit.*, pp. 161-172 (surtout la p. 167) ; Mottet, Blaise, *La centralisation postale de 1848*, *op. cit.*, pp. 38-41.

353 Les acteurs bâlois sont favorables à la construction et à l'exploitation publiques des chemins de fer, qu'ils considèrent comme moins préjudiciables que l'industrie privée dans ce domaine. Le but est d'éviter de donner au privé un monopole et de se protéger de l'intervention de capitalistes étrangers. C'est aussi une manière d'assurer la valeur des capitaux investis. La conception du rôle de l'Etat en matière ferroviaire de Speiser est exposée dans deux lettres adressées au Schaffhousois Peyer Im Hof : Aeb, PA 116, A 255, lettres de Speiser à Peyer Im Hof du 27.08.1850, 6 p. et du 25.09.1850, 5 p. Cf. aussi Gubler, Ferdinand, *Die Anfänge der schweizerischen Eisenbahnpolitik*, *op. cit.*, pp. 289-297.

domaines d'intervention de l'Etat est le résultat de constellations d'acteurs spécifiques qui varient d'un secteur à l'autre[354]. Les alliances ne sont donc pas figées dans le temps et évoluent selon les intérêts des représentants de chaque « monde de production ».

6.3.2. Les apports de l'unification monétaire à la construction de l'Etat fédéral et ses effets sur le développement économique de la Suisse

En 1853, les nouvelles pièces de monnaie circulent dans tout le pays. Dans les travaux consacrés au sujet, la réforme monétaire est présentée comme le point de bascule mettant un terme définitif à une période de chaos : fin d'une époque peu glorieuse et naissance d'une monnaie au destin fabuleux seraient les deux faces des nouvelles pièces qui naissent en 1850. Éblouie par la longévité du FS, les études se sont peu intéressées à ses débuts. Plusieurs historiens anglophones ont pourtant montré que la naissance des Etats-nations au 19e siècle s'accompagne de l'adoption d'une monnaie unique selon la formule "one nation = one money". Si la Suisse s'inscrit dans cette tendance, il est extrêmement difficile de parvenir à attribuer tel ou tel effet à l'adoption d'une monnaie unique. Certes, les contemporains soulignent déjà que l'unification monétaire a des répercussions sur plusieurs domaines. Ainsi, un auteur anonyme saint-gallois écrit-il en 1851 :

> « *Wie dem nun auch sei, so heisse ich doch diesen Beschluss [adoption d'une monnaie unique, JC] darum herzlich willkommen, weil er den Schweizern die Möglichkeit gibt, von einem Kanton in den andern zu reisen, ohne sich vorher über das brauchbare Geld den Kopf zu zerbrechen; weil er den Handel und Verkehr unter allen Bewohnern schweizerischer Eidgenossenschaft wesentlich erleichtert; und weil nach ihm die Bewohner zwischen dem Rheine und der Rhone Glieder eines und desselben Vaterlandes sind* »[355].

354 Humair, Cédric, « L'Etat fédéral comme prestataire de services à l'industrie : faire face à la compétition économique internationale (1848-1914) », *Société suisse d'histoire économique et sociale*, 22, 2007, pp. 47-61 (ici, p. 54). Cf. aussi Meuwly, Olivier, *Une brève histoire*, *op. cit.*, pp. 57-58.

355 [s.a.], *Genaue Berechnung, wie nach den Beschlüssen der vier konkordirenden Kantone Schaffhausen, Appenzell A.Rh., St. Gallen und Thurgau bei allen Kapitalien, Zinsen und sonstigen Geldverträgen der östlichen Schweiz der Reichsgulden und seine Abtheilungen in neue Schweizer-Franken und Rappen umzuwandeln sind*, St. Gallen : Kälin'sche Offizin, 1851, p. 4.

Il faut toutefois faire preuve de prudence et se garder d'être mono-causal, car plusieurs autres domaines évoluent simultanément et exercent eux aussi une influence. Il n'est donc pas toujours possible de déterminer la part et le rôle de chacun d'entre eux. La naissance de l'Etat fédéral a en effet comme conséquence d'apporter une certaine stabilité politique et de créer un territoire unifié, fournissant ainsi des repères communs qui favorisent l'appartenance à une communauté. La restructuration politique qui accompagne la mise en place du nouvel Etat modifie également en profondeur plusieurs conditions-cadres de l'économie qui s'influencent mutuellement. A côté de l'adoption d'une monnaie unique, les douanes, les postes et les poids et mesures sont unifiés, tandis que les télégraphes et les chemins de fer arrivent sur le territoire. Réussir à identifier quelle est précisément l'influence de l'unification monétaire est d'autant plus compliqué que la conjoncture internationale s'améliore dès le début des années 1850, ce qui pourrait faire courir le risque d'attribuer aux changements induits par la création de l'Etat fédéral et aux réformes qui l'accompagnent ce qui relève en fait d'une meilleure santé de l'économie. En dépit de ces difficultés, ce chapitre aimerait essayer de dresser un bilan général de la réforme monétaire en mettant en évidence ses apports à la construction de l'Etat fédéral dans un premier temps et ses effets sur le développement économique que connaît la Suisse à partir des années 1850 dans un second temps.

A partir du début de l'année 1848, l'Europe est en pleine ébullition. Mouvements insurrectionnels, révolutions et guerres ont lieu dans les pays limitrophes. Très rapidement, la réaction conservatrice prend le contre-pied et s'impose sur le continent durant les années 1850. La nouvelle Confédération fait alors figure d'îlot libéral et démocratique au centre de l'Europe[356]. Dans ces conditions, le nouvel Etat, qui est passablement faible au moment de sa fondation, doit construire sa souveraineté en prenant en main certains domaines jusqu'alors du ressort des cantons[357]. La gestion de ces nouvelles compétences lui permet alors de s'affirmer, ce qui est aussi bien nécessaire pour faire face aux pressions étrangères que pour démontrer sa capacité à gouverner aux opposants à l'intérieur du pays. De la sorte, il lui est possible de gagner progressivement

356 Bonjour, Edgar, *La neutralité suisse. Synthèse de son histoire*, Oser, Charles (Trad.), Neuchâtel: Ed. de la Baconnière, 1979, pp. 60-65; Fueter, Eduard, *Die Schweiz seit 1848*, *op. cit.*, pp. 72-80; Ruffieux, Roland, « La Suisse des radicaux (1848-1914) », *op. cit.*, pp. 7-90 (ici, pp. 18-19); Humair, Cédric, *La Suisse et les puissances européennes*, *op. cit.*, pp. 104-112.

357 Sur cet aspect et ce qui suit, cf. Neidhart, Leonhard, *Reform des Bundesstaates. Analysen und Thesen*, Bern: Francke Verlag, 1970, pp. 66-67.

en crédibilité et en légitimité. La constitution d'un territoire délimité par des frontières, la centralisation de l'instruction militaire, l'introduction (en principe) du service militaire obligatoire pour les citoyens, la capacité à se financer par différents revenus (douanes, postes et poudres essentiellement) ou encore la compétence de signer des traités de commerce avec l'étranger sont autant de moyens à disposition des autorités politiques pour construire cette souveraineté. Parmi ces outils, l'exercice de la régale monétaire, droit historique exclusif du roi qui constitue un instrument fort de pouvoir, fournit une manifestation visible de la souveraineté du nouvel Etat. Il témoigne aussi de son indépendance, offrant la possibilité de mener une politique autonome en matière monétaire[358]. Cet attribut lui permet également d'imposer sa marque et son autorité aux Gouvernements cantonaux, ainsi qu'à l'ensemble du corps des citoyens. Dans cette perspective, l'adoption d'une unité commune agit comme mesure de valeur de la validité des nouvelles institutions issues de 1848. Cette dimension centrale n'échappe pas à Speiser qui écrit au Cf Munzinger :

> « *Es wird der Schweiz mit einer durchgreifende Münz-Reform ein grossen Dienst geleistet seyn, den sie erst nachher recht fühlen und schätzen wird. Es wird auch ein Massstab für den Werth unserer neuen Institution seyn, wenn es gelingt vermittelst derselben ein Werk zu Stand zu bringen, an dem die Bemühungen vorhergegangenen Jahrhundert gescheitert sind* »[359].

En parvenant à centraliser ce droit et à adopter une monnaie commune, le pouvoir politique réussit à se distancer de l'échec de la centralisation de 1798 et surtout du mutisme du Pacte de 1815. A cet égard, le Cn argovien Franz Waller résume parfaitement les attentes qui pèsent sur le rôle du nouvel Etat fédéral dans la question monétaire : « *On veut l'unité, l'ordre, au lieu du désordre et de la laideur de l'état actuel; on veut un témoignage de la force créatrice de la Confédération* »[360]. La réussite de la réforme devient ainsi un signe fort de légitimité

358 Aglietta, Michel, « L'ambivalence de l'argent », *op. cit.*, pp. 87-133 (ici, p. 113) ; Mundell, Robert A., « Money and the Sovereignty of the State », *Zagreb Journal of Economics*, 4, 5, 2000, pp. 3-54 (ici, pp. 6-8 et 13) ; Schuler, Kurt, « What use is Monetary Sovereignty ? », in Salvatore, Dominick, Dean, James W., Willett, Thomas D. (Eds.), *The Dollarization Debate*, Oxford : Oxford Scholarship, 2003, pp. 140-153 (ici, pp. 141-146) ; Thiveaud, Jean-Marie, « Le Roi, l'Etat, la finance », *op. cit.*, pp. 165-193 (ici, p. 189).

359 Af, E12#1000/36#67*, lettre de Speiser à Munzinger, 31.10.1849, 4 p. (ici, p. 2). Souligné dans l'original.

360 Intervention de l'Argovien Fritz Waller lors de la séance du CN du 24.04.1850, citée in [s.a.], « Conseil national », *Courrier Suisse*, 26.04.1850, pp. 1-2 (ici, p. 2). Cf. les

du pouvoir politique des nouvelles autorités fédérales. Alors que le contexte qui entoure la naissance de l'Etat fédéral se caractérise par une forte instabilité, le succès de l'adoption d'une monnaie unique peut contribuer à fournir un élément de stabilité et concourir, par là-même, à renforcer la crédibilité du pouvoir politique[361]. Les nouveaux FS qui arrivent dans tous les ménages du pays à partir du mois d'août 1851 sont d'ailleurs un des tout premiers signes tangibles de l'existence et de la réussite du nouvel Etat, à côté du timbre-poste introduit courant 1850[362].

Au-delà du rôle que l'adoption d'une monnaie commune joue dans la construction de la souveraineté du pays et du renforcement de la légitimité des autorités politiques, elle est également une composante de la création d'une identité nationale, du moins à un sentiment d'appartenance nationale[363]. Avec les libertés d'établissement, de culte (pour les chrétiens) et d'association garanties par la Constitution fédérale, la monnaie commune participe à créer un sentiment d'appartenance à une communauté. Le FS opère ainsi comme ciment fédérateur, à la fois signe et témoin d'un lien de confiance entre l'Etat fédéral et le corps social. Aux yeux du CaE neuchâtelois Charles Louis Jeanrenaud, l'adoption d'une monnaie commune est un outil important à même d'unir tous les citoyens derrière des intérêts prétendument communs :

---

propos similaires tenus par le rédacteur en chef de la *Neue Zürcher Zeitung*: Felber, Peter, « Schweiz », *Neue Zürcher Zeitung*, 07.04.1850, pp. 1-2.

361 Kreis, Georg, « La question de l'identité nationale », in Hugger, Paul (Dir.), *Les Suisses. Modes de vie, traditions, mentalités*, Tome II, Lausanne: Payot, 1992, pp. 781-800 (ici, pp. 784-787) ; Confavreux, Joseph, « Usages sociaux et politiques de la monnaie », *op. cit.*, pp. 3 et 7.

362 Lescaze, Bernard, « Entre politique et économie, les nécessités de l'union monétaire au XIXe siècle » et « La frappe des premières monnaies fédérales », in Lescaze, Bernard, Rivaz, Michel de, Campagnolo, Matteo, *Une monnaie pour la Suisse*, *op. cit.*, pp. 19-28 et 29-42 (ici, pp. 26 et 40). Le drapeau suisse, dont le fond et la forme sont fixés dans la « Loi fédérale sur l'habillement, l'armement et l'équipement de l'armée » du 27.08.1851 (art. 62) – c'est-à-dire plus en moins en même temps que la mise en circulation des premiers FS – contribue également à fournir un signe fort de l'existence de l'Etat aux quatre coins du pays. L'établissement du réseau télégraphique suisse après la fondation de l'Etat fédéral concourt également à légitimer les nouvelles autorités politiques, tout en renforçant l'unité territoriale du pays. Cf. Calvo, Spartaco, Balbi, Gabriele, Fari, Simone, Richeri, Giuseppe, « La voie suisse aux télécommunications », *op. cit.*, pp. 435-453 (ici, pp. 439-440).

363 La référence sur la question est l'article d'Helleiner, Eric, « National Currencies and National Identities », *op. cit.*, pp. 1409-1436.

« […] cette mesure [adoption du pied monétaire français, JC] est une de celles qui contribueront le plus à fortifier la Confédération en resserrant le lien fédéral entre tous les cantons. L'unité monétaire, en faisant crouler certains intérêts cantonaux plus ou moins mesquins pour unir la Suisse dans un seul et même intérêt, cimentera plus le lien fédéral que toute autre réforme. Le plus beau titre des Conseils à la reconnaissance du pays, ce sera de l'avoir doté du système monétaire décimal »[364].

La très large diffusion des monnaies, bien plus répandues que tout autre vecteur de communication, permet en effet de toucher toutes les couches sociales. Elles font alors office d'outil d'intégration et de cohésion en fournissant un rappel quotidien de l'appartenance à une même communauté[365]. Bien qu'environ 87 % des espèces qui circulent dans le pays proviennent de l'étranger, ce sont les 13 % qui sont frappées à l'effigie helvétique qui jouent un rôle dans la construction de la communauté, car elles permettent aux utilisateurs quotidiens, avant tout les salariés, les artisans et tous les acteurs actifs sur les marchés de proximité, d'avoir un contact régulier avec les nouveaux signes monétaires communs. Par ailleurs, l'article 10 de la loi du 7 mai 1850 qui fixe des limites dans le montant des paiements avec les mêmes pièces assure que les utilisateurs aient accès à la diversité des nouvelles pièces. Speiser est d'ailleurs conscient du rôle central que jouent les monnaies et des valeurs qu'elles véhiculent : *« Das Geld, welches in raschem ununterbrochenem Kreislaufe alle Schichten der Gesellschaften durchströmt, spricht, mehr als jeder andere Gegenstand des Gebrauchs, täglich fast zu jedermanns Augen […] »*[366]. Dans ce même ordre d'idée, l'adoption d'une monnaie unique peut contribuer à homogénéiser les antagonismes en nivelant les différences entre riches et pauvres et d'un bout à l'autre du pays[367]. Contrairement à l'usage qui prévaut jusqu'en 1848, la création d'une monnaie unique tend à estomper l'usage différencié des pièces selon la classe sociale : les grosses espèces d'or et d'argent pour les milieux aisés, du grand négoce et de la

364 Intervention du Neuchâtelois Jeanrenaud lors de la séance du CE du 13.12.1849, citée in [S.A.], « Conseil des Etats », *Journal de Genève*, 01.01.1850, pp. 3-4 (ici, p. 3).

365 HELLEINER, Eric, « National Currencies and National Identities », *op. cit.*, pp. 1409-1436 (ici, pp. 1412-1414) ; CONFAVREUX, Joseph, « Usages sociaux et politiques de la monnaie », *op. cit.*, p. 24 ; COHEN, Benjamin J., « Monetary Union : The Political Dimension », in SALVATORE, Dominick, DEAN, James W., WILLETT, Thomas D. (Eds.), *The Dollarization Debate*, *op. cit.*, pp. 221-237 (ici, pp. 225-226).

366 Rapport de Speiser au DFF, 22.08.1850, cité in KREIS, Georg, *Helvetia im Wandel der Zeiten, Die Geschichte einer nationalen Repräsentationsfigur*, Zürich : Verlag NZZ, 1991, pp. 175-176 (ici, p. 175). Kreis date à tort ce rapport du 28.08.1850.

367 AGLIETTA, Michel, ORLEAN, André, *La Violence de la monnaie*, *op. cit.*, pp. 40-42.

banque d'une part et les petites monnaies de mauvaise qualité pour les classes moyennes et défavorisées, les petits commerçants et les artisans d'autre part. Si une utilisation distincte des pièces perdure, tous les citoyens du pays disposent désormais des mêmes signes monétaires. Le FS fournit ainsi un repère commun qui puisse concourir à surmonter les tensions traditionnelles dans le domaine politique (entre les libéraux-radicaux et les catholique-conservateurs), confessionnel (entre les protestants et les catholiques) ou économique (entre les régions rurales et les centres économiquement développés) et agit comme facteur d'intégration, y compris pour les acteurs les plus réticents[368]. Dans ces conditions, la nouvelle monnaie commune constitue très vraisemblablement une condition nécessaire, quoique pas suffisante à elle seule, pour faire converger à l'échelle nationale les milieux dirigeants ancrés à l'échelle régionale. Il est en effet très probable qu'elle fournisse un outil d'identification indispensable qui officie comme point de jonction des milieux dominants sur la scène fédérale. Elle participe ainsi à la création d'un modèle de valeur général qui contribue à limiter les effets de la segmentation régionale liée au fédéralisme et à réunir ces acteurs dans un ensemble relativement homogène. Par ailleurs, une monnaie commune peut conférer, dans l'imaginaire collectif, des spécificités propres à chaque peuple, le distinguant ainsi de ses voisins par une barrière imaginaire, renforçant par là-même son sentiment d'appartenance à une communauté nationale[369]. A son tour, ce sentiment renvoie à l'idée de souveraineté populaire, qui peut consolider la légitimité de l'Etat en le distinguant des formes précédentes de gouvernance[370].

Dans ce processus, les monnaies fonctionnent également comme un véhicule privilégié de la représentation de l'identité nationale, progressivement fabriquée dans le courant du 19e siècle[371]. Considérées comme la forme la plus universelle

---

368 Sur cet aspect et ce qui suit, cf. JOST, Hans Ulrich, « Le système politique et électoral suisse sous l'angle de l'intégration et de la légitimité », in BUTIKOFER, Roland *et alii* (Eds.), *A tire d'ailes*, *op. cit.*, pp. 265-282 (ici, pp. 267-268) et NEIDHART, Leonhard, *Reform des Bundesstaates*, *op. cit.*, pp. 50-51.

369 COHEN, Benjamin J., *The Geography of Money*, *op. cit.*, pp. 35 et 44-46; COHEN, Benjamin J., « Monetary Union: The Political Dimension », in SALVATORE, Dominick, DEAN, James W., WILLETT, Thomas D. (Eds.), *The Dollarization Debate*, *op. cit.*, pp. 221-237 (ici, pp. 229-230).

370 SCHNEIDER, Hans, *Geschichte des Schweizerischen Bundesstaates 1848-1918*, *op. cit.*, p. 140.

371 Sur la Suisse, se référer aux contributions réunies dans MARCHAL, Guy P., MATTIOLI, Aram (Eds.), *Erfundene Schweiz: Konstruktionen nationaler Identität = La Suisse imaginée: bricolages d'une identité nationale*, Zurich: Chronos, 1992, 373 p.,

de l'imagerie collective par l'historien anglais Eric Hobsbawn[372], produites à des millions d'exemplaires pour des millions d'utilisateurs, elles sont aussi bien un médium de communication qu'un outil de propagande[373]. Si les premiers FS n'échappent pas à cette tendance, leur réalisation se charge toutefois d'une difficulté supplémentaire : comment représenter l'unité de la Confédération, alors que le pouvoir politique se partage entre Gouvernements cantonaux et Etat central et qu'il n'y a pas d'unité de langue, de religion et de culture ? Comment forger une image unifiée de la Suisse suite à la défaite du Sonderbund pour certains cantons et après des débats si virulents qui ont eu lieu sans froisser les conceptions fédéralistes de chacun ? Questions délicates qui soulèvent des enjeux de taille. La recherche d'une unité politique se double en effet de la nécessité de représenter l'image de la Suisse, aussi bien en Suisse qu'à l'étranger. Comme dans plusieurs autres pays, le recours aux symboles fournit la solution[374]. Selon la commission chargée de statuer sur les dessins à faire figurer sur les pièces, il faut choisir l'image la plus répandue dans le pays : *« L'idée qui a dominé la Commission c'est de donner à toutes les monnaies au moins un signe qui leur soit commun ; nous avons naturellement choisi la croix fédérale ; elle se retrouvera sur toutes les monnaies »*[375]. L'adoption du latin sur les premières

spécialement à l'article introductif, « Nationale Identität-allzu Bekannntes in neuem Licht » (pp. 11-20) rédigé par les deux éditeurs. D'autres éléments intéressants figurent dans Tissot, Laurent, « Une Suisse sans suisses. Les guides de voyage dans la construction d'une identité nationale (1840-1880) », *Revue d'Allemagne*, 30, 4, 1998, pp. 443-456, ainsi que dans Kaeser, Marc-Antoine, « Helvètes ou Lacustres ? La jeune Confédération suisse à la recherche d'ancêtres opérationnels », in Altermatt, Urs, Bosshart-Pfluger, Catherine, Tanner, Albert (Eds.), *Die Konstruktion einer Nation. Nation und Nationalisierung in der Schweiz, 18.-20. Jahrhundert*, Zürich : Chronos, 1998, pp. 75-86.

372 Hobsbawn, Eric, « Mass-Production traditions : Europe 1870-1914 », in Hobsbawn, Eric, Ranger, Terence, *The Invention of Tradition*, Cambridge : Cambridge University Press, 1983, pp. 263-307 (ici, p. 281).

373 Helleiner, Eric, *The Making of National Money*, *op. cit.*, pp. 100-120 (surtout la p. 107) ; Confavreux, Joseph, « Usages sociaux et politiques de la monnaie », *op. cit.*, p. 19.

374 Sur cette question : Kreis, Georg, *Helvetia im Wandel der Zeiten*, *op. cit.*, pp. 47-52 ; Stercken, Angela, *Enthüllung der Helvetia. Die Sprache der Staatspersonifikation im 19. Jahrhundert*, Berlin : Dietrich Reimer, 1998, pp. 72-74 et 77-80 ; Schaller, Marie-Louise, « Helvetia antiqua et nova. Antike Vorbild für eine Integrationsfigur der Schweiz », *helvetia archaeologica*, 26, 101/102, 1995, pp. 2-62 (ici, p. 18).

375 « Rapport de la Commission chargée d'évaluer les dessins », 13.07.1850, cité in Campagnolo, Matteo, « Antoine Bovy et la monnaie unique suisse », in Lescaze,

pièces permet aussi de surpasser la difficulté à adopter un signe unique sans courir le risque de privilégier une langue sur les autres[376]. Miroir de son époque, la monnaie et l'image qu'elle véhicule constituent donc un facteur de cohésion, ainsi qu'un vecteur du sentiment d'appartenance nationale, mis à mal par plusieurs épisodes d'ingérence extérieure dans les affaires helvétiques depuis la fin du 18e siècle[377]. La monnaie helvétique opère aussi comme figure d'intégration à l'intérieur et à l'extérieur du pays : l'Helvetia est la première ambassadrice du nouvel Etat à l'étranger et devance, sur le territoire, la création de la fête nationale et le choix d'un hymne national officiel.

La centralisation et l'unification monétaires de 1850 ont également des effets sur le développement économique de la Suisse. Elles figurent en effet comme des éléments constitutifs décisifs de la création d'un marché national unifié. A côté de la suppression des douanes intérieures, de la mise sur pied d'un système de postes fédérales, de la création du réseau de télégraphes, de l'unification du marché du travail par le droit d'établissement et de l'uniformisation des poids et mesures, l'adoption d'une monnaie unique concourt à la mise en place de conditions-cadres économiques indispensables à la structure d'un marché intérieur. En récupérant le monopole de la régale monétaire, qui figure dans la Constitution fédérale, l'Etat fournit deux garanties essentielles qui contribuent sans aucun doute à la stabilité politique qui accompagne la naissance de l'Etat fédéral. D'une part, les caractéristiques techniques des pièces sont inscrites dans la loi du 7 mai 1850. Cette disposition assure la qualité et le contenu métallique des monnaies et participe ainsi à la stabilité de la valeur des biens. Par ailleurs, l'article 11 de cette loi garantit à toute personne de pouvoir échanger les pièces de cuivre et de billon, dont la valeur nominale ne correspond pas à la valeur

---

Bernard, Rivaz, Michel de, Campagnolo, Matteo, *Une monnaie pour la Suisse*, *op. cit.*, pp. 55-73 (ici, p. 60). Cf. aussi Chaponnière, Olivier, *Antoine Bovy et le Franc suisse*, *op. cit.*, pp. 24-28 et 36-38.

376 Sur la question de la langue, quelques informations figurent dans Tanner, Albert, « Willensnation versus Kulturnation. Nationalbewusstsein und Nationalismus in der Schweiz », in Bosshart-Pfluger, Catherine, Jung, Joseph, Metzger, Franziska (Eds.), *Nation und Nationalismus in Europa. Kulturelle Konstruktion von Identitäten*, Frauenfeld ; Stuttgart ; Wien: Huber, 2002, pp. 179-203 (ici, pp. 196-198).

377 Andrey, Georges, « La quête d'un Etat national (1798-1848) », in *Nouvelle histoire de la Suisse et des Suisses*, *op. cit.*, Volume 2, pp. 171-272 (ici, pp. 238-240) ; Humair, Cédric, *La Suisse et les puissances européennes*, *op. cit.*, pp. 21-35.

métallique, auprès des Caisses publiques, tandis que l'article 13 assure le retrait des pièces usées. Selon les mots du CF, ces deux articles sont:

> *« [...] les bases morales et juridiques de notre édifice monétaire. On les a insérés dans la loi pour accréditer le nouveau système, le populariser et inspirer confiance au public ».* Leur suppression, toujours selon l'exécutif fédéral, *« ébranlerait notre système monétaire, détruirait la confiance du public, et porterait même atteinte au crédit de la Confédération en général; on considérerait cette suppression comme une révocation de la garantie donnée par la Confédération à ses monnaies »*[378].

En acceptant d'utiliser ces pièces, le public témoigne de sa confiance en l'Etat fédéral qui est, dès 1848, l'unique garant de la valeur des monnaies métalliques frappées avec l'écusson suisse. D'autre part, l'Etat dispose désormais d'un quasi-monopole des compétences monétaires, l'émission de billets restant du domaine privé et n'étant pas réglementée, et possède les moyens d'assurer l'approvisionnement en espèces du pays. Il peut ainsi intervenir rapidement pour prévenir tout épisode de pénurie monétaire, ce qu'il fait d'ailleurs en 1870 en tarifant les monnaies d'or anglaises et américaines. Ces garanties se traduisent par la mise en place d'un socle monétaire pérenne. En adoptant le pied monétaire français, la Suisse dispose d'un système stable qui est reconnu par l'ensemble des partenaires étrangers de manière quasi immédiate, ce qui eût été impossible à réaliser dans un cours laps de temps avec la création de son propre système[379].

Sur le marché intérieur, l'unification monétaire contribue à simplifier et à fluidifier tous les échanges commerciaux. La suppression des tarifs cantonaux sur les grosses espèces et leur remplacement par une unité commune a comme conséquence de supprimer les risques de pertes de change. L'exclusion d'une multitude de pièces étrangères de ces mêmes tarifs cumulé au retrait des anciennes monnaies diminuent aussi les coûts de transaction, tout en assurant aux détenteurs de pièces de pouvoir les échanger auprès des Caisses publiques[380]. Il en découle une amélioration de la compétitivité des acteurs économiques suisses qui peuvent désormais s'approvisionner en numéraire à une valeur stable. L'abandon des monnaies de compte et leur remplacement par une

---

378 « Message du Conseil fédéral suisse aux Conseils législatifs de la Confédération, concernant la suspension ou la modification de l'art. 11 de la loi sur les monnaies suisses (du 15 juillet 1854) », *Feuille fédérale*, Vol. 3, 45, 30.09.1854, pp. 328-332 (ici, p. 330).

379 Fueter, Eduard, *Die Schweiz seit 1848*, *op. cit.*, p. 41. Cf. aussi Cohen, Benjamin J., *The Geography of Money*, *op. cit.*, pp. 49-54.

380 Vescovi, Stefano, *Bimetallismus in der modernen Schweiz*, *op. cit.*, p. 34.

unité qui soit à la fois mesure de valeur et moyen de paiement élimine les calculs compliqués d'équivalence. Dans cette perspective, l'introduction du système décimal contribue à simplifier les transactions.

L'adoption d'une monnaie commune est une composante essentielle de la construction d'un marché suisse des capitaux[381]. La réduction des coûts de transaction permet de fluidifier le transfert de capitaux dans le pays[382]. La présence d'une seule unité monétaire agit en effet comme une garantie essentielle qui rassure les investisseurs. Il devient désormais plus facile de mobiliser des fonds hors du cercle régional. La stabilité politique qui résulte de la naissance de l'Etat fédéral figure également comme un critère important qui assure une certaine sécurité et améliore les perspectives de rentabilité. En 1854, le Département des Finances du canton de Genève estime que l'unification monétaire

> *« a fait affluer dans ce pays [la Suisse, JC] des capitaux qui s'en étaient tenus éloignés et qui y reviennent, amenés par la garantie que présentent pour les contrats à long terme, un seul type monétaire et l'assurance donnée aux créanciers d'être remboursés dans la monnaie avancée et non en une monnaie qui n'aurait plus au moment du remboursement la valeur qu'elle avait au moment où le prêt se serait effectué »*[383].

L'unification monétaire réalisée en 1850 joue ainsi un rôle important dans la réorientation des placement des détenteurs de capitaux suisses. Selon les chiffres calculés par l'historien Olivier Perroux, les investissements réalisés par les Genevois sur le territoire national sont négligeables jusque dans les années 1840, puis disparaissent complètement entre 1845 et 1852, en raison des troubles politiques. En 1859, la situation a changé. La Suisse représente 10 % de la destination des placements totaux[384]. L'adoption d'une monnaie unique agit également comme gage de qualité et de sécurité pour les investisseurs étrangers, plus enclins à placer leurs fonds en Suisse. A cet égard, les propos tenus par le banquier genevois Jean-Eloi Lombard après la réforme monétaire de Genève en 1838 peuvent-ils probablement être étendus à la situation suisse

---

381 Sur ce qui suit, cf. Denzel, Markus A., « Die Integration der Schweizer Finanzplätze », *op. cit.*, pp. 177-235 (ici, pp. 227-228).

382 Sur l'influence d'une monnaie commune sur le mouvement des capitaux : Schuler, Kurt, « What use is Monetary Sovereignty ? », in Salvatore, Dominick, Dean, James W., Willett, Thomas D. (Eds.), *The Dollarization Debate*, *op. cit.*, pp. 140-153 (ici, pp. 145-146).

383 Af, E12#1000/36#129*, rapport du département des Finances du Canton de Genève sur la proposition de tarifer les pièces d'or de France et du Piémont, 03.06.1854, 14 p. (ici, p. 7).

384 Perroux, Olivier, *Tradition, vocation et progrès*, *op. cit.*, pp. 182-183.

d'après 1850 : « *[…] si un système obscur et compliqué repousse et éloigne, un système simple et clair, comme le système décimal, en aplanissant les rapports, tend à appeler les capitaux étrangers* »[385]. La réorientation d'une partie des capitaux sur le marché intérieur permet ainsi de financer certains secteurs économiques (chemins de fer, hôtellerie ou encore mécanisation du tissage du coton) qui en dépendent pour leur développement.

Au-delà des acteurs privés, l'adoption d'une monnaie unique contribue à renforcer la stabilité de l'Etat et lui fournit certainement une crédibilité pour placer des emprunts. En l'état actuel de la recherche, il n'est toutefois pas possible de le démontrer avec certitude. Avant 1848, peu de cantons empruntent, car leurs besoins ne sont pas aussi élevés que dans certains pays étrangers, n'étant pas engagés dans des guerres et n'ayant pas de grosses infrastructures à financer. La Suisse de cette période se profile plutôt comme un des principaux réservoirs de capitaux à l'échelle européenne[386]. Mais avec la fondation de l'Etat fédéral, les besoins en financement augmentent. Il est dès lors très probable que l'unification monétaire fournisse une forme de garantie pour les acteurs intéressés à financer les activités de l'Etat, d'autant plus qu'il est faiblement endetté et qu'il possède des ressources fiscales suffisantes[387].

Un bon indicateur qui permet d'illustrer le décloisonnement du marché des capitaux après 1850 est fourni par la convergence relativement rapide des taux d'intérêt pratiqués par les quatre places de Genève, Bâle, Saint-Gall et Zurich[388]. Les fortes variations des années 1840, qui se traduisent par un taux d'intérêt deux fois plus élevé à Bâle (5 %) qu'à Genève (2.5 %), laissent place à des taux qui s'homogénéisent dès le milieu des années 1850 et qui s'écartent relativement peu de la tendance de fond jusqu'à la fin du 19e siècle.

---

385 Lombard, Jean-Eloi, *Du système monétaire à Genève*, *op. cit.*, pp. 15-16.

386 Veyrassat, Béatrice, *Négociants et fabricants*, *op. cit.*, pp. 79-80 ; Mazbouri, Malik, « La banque privée comme métaphore », *op. cit.*, pp. 93-115 et pp. 286-306 (ici, pp. 96 et 286).

387 Humair, Cédric, *Développement économique et Etat central*, *op. cit.*, pp. 270-271.

388 Baltensperger, Ernst, Kugler, Peter, « The historical origins of the safe haven status of the Swiss franc », *Aussenwirtschaft*, 67, 2, 2015, pp. 1-30 (ici, pp. 6-7).

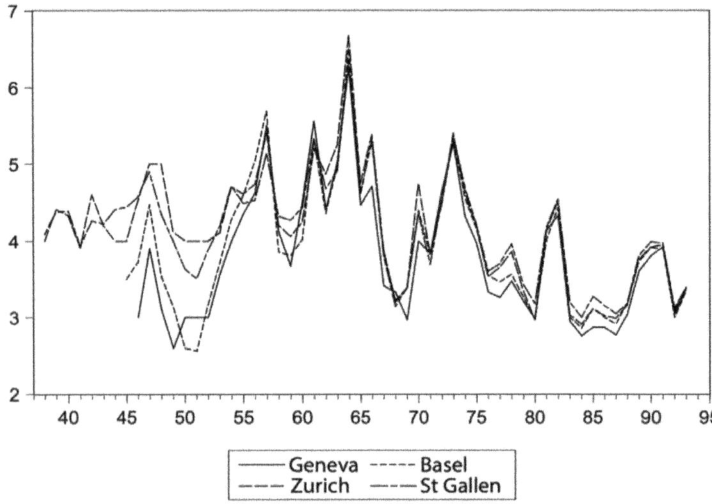

Graphique 10 : taux d'intérêt en % pratiqué sur les places de Genève, Bâle, Saint-Gall et Zurich entre 1837 et 1893[389]

Après 1850, on assiste également à une homogénéisation du change entre les différentes places suisses, comme l'illustre le graphique ci-dessous. Avant l'unification monétaire, la cotation zurichoise de 100 FSa sur les autres places helvétiques dévie sensiblement de la parité (100) et connaît même un écart de 1.5 point en 1844. Dès le début des années 1850, la tendance est à une stabilisation relativement rapide du change zurichois sur les places de Bâle, Genève et Saint-Gall, qui ne varie jamais de plus de 0.15 point par rapport à la parité, celle-ci étant d'ailleurs atteinte en 1860, lorsque la Suisse passe au bimétallisme. Il ne fait donc aucun doute que la réforme monétaire joue un rôle important en réduisant l'écart du change entre les places suisses, puisque la stabilisation débute précisément au moment de l'introduction de la nouvelle monnaie dans le pays.

389 Graphique tiré de *Ibid.*, p. 7.

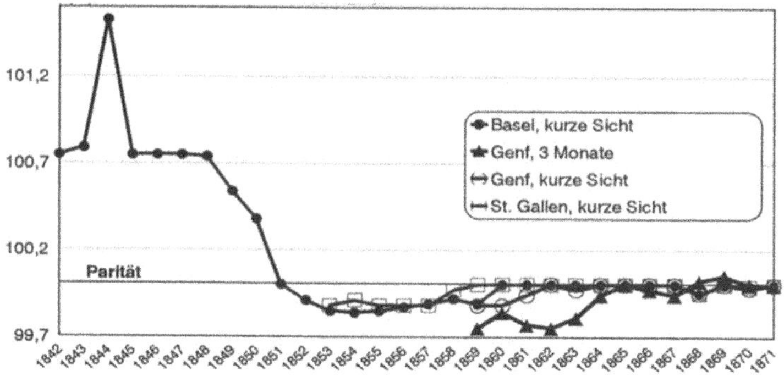

Graphique 11 : cotations zurichoises de 100 FS sur les places de Bâle, de Genève et de Saint-Gall entre 1842 et 1871[390]

L'unification monétaire a également des effets importants sur la circulation des moyens de paiement. Au-delà du renouvèlement de toutes les monnaies métalliques, tous les billets de banque du pays, qui représentent une somme d'environ 8 millions de FS, sont retirés et libellés en FS. La circulation de ce moyen de paiement est fortement stimulée suite à la suppression de la difficulté à évaluer les grosses espèces[391]. Les montants de la monnaie fiduciaire émis par les établissements bancaires témoignent de ce développement très rapide : ils passent de 7'787'000.- FS en 1850 à 15'156'000.- FS en 1860, soit une multiplication par près de deux en l'espace de seulement dix ans[392]. Avec une unité

390 Graphique tiré de Denzel, Markus A., « Die Integration der Schweizer Finanzplätze », *op. cit.*, pp. 177-235 (ici, p. 227).

391 Bordo, Michael D., « Currency Competition in Switzerland », *op. cit.*, pp. 101-108 (ici, p. 103) ; Weber, Ernst Juerg, « Free banking in Switzerland after the liberal revolutions in the nineteenth century », *op. cit.*, pp. 187-205 (ici, pp. 191-193).

392 Chiffres calculés à partir de Jöhr, Adolf, *Die schweizerischen Notenbanken*, *op. cit.*, annexe 2, pp. 425-435. En utilisant les données de Siegenthaler, Hansjörg (Dir.), *Statistique historique de la Suisse*, *op. cit.*, tableau O.3. Masse monétaire en Suisse de 1851 à 1910, p. 805, qui diffèrent légèrement, le résultat est globalement identique. A noter que Nedwed, Harald, *Notenbankenfreiheit*, *op. cit.*, p. 72, estime que l'unification monétaire n'a aucune influence sur la circulation des billets de banque, puisqu'à ses yeux, leur quantité croît moins fortement en 1850-1860 que durant la décennie précédente. Sur ce sujet, se référer également à Ritzmann, Franz, « Die Entwicklung des schweizerischen Geld- und Kreditsystems », *op. cit.*, pp. 235-272 (ici, p. 239). Sur la modification de la masse monétaire

commune, leur circulation s'étend progressivement, ce qui facilite au demeurant leur retrait entre banques émettrices[393]. A peine la loi du 7 mai 1850 est-elle adoptée que le directeur de la "Bank in Basel" Speiser conclut un accord avec la "Bank in Zürich" afin d'améliorer le retrait mutuel de leurs billets, accord qui est par la suite étendu aux autres établissements bancaires du pays[394]. La circulation des effets de commerce se développe aussi. Avant 1848, les lettres de change ne sont que très rarement tirées sur la Suisse depuis l'étranger. Bénéficiant d'une bonne confiance hors des frontières nationales, les maisons helvétiques pratiquant le commerce d'importation de marchandises obtiennent régulièrement des délais de paiement plus longs qu'ils règlent avec des effets de commerce sur les places étrangères. En l'absence d'une monnaie commune, l'incertitude qui pèse sur le cours des espèces en Suisse contribue à repousser les lettres de change[395]. Avec la réforme monétaire, la situation se modifie, mais il faut tout de même attendre encore deux décennies pour assister à la véritable constitution d'un marché suisse des effets de commerce[396]. L'unification monétaire contribue également à intensifier les affaires entre les banques helvétiques. Ainsi, les virements entre la "Bank in Basel" et la "Bank in Zürich" explosent: ils passent de 1'858'000.- FS à 4'055'000.- FS entre 1853 et 1858, soit une multiplication par plus de deux en seulement cinq ans[397].

Un autre effet de la réforme sur le développement économique du pays concerne l'image que la Suisse donne d'elle-même à l'étranger. Il est particulièrement difficile d'évaluer et encore plus compliqué de quantifier dans quelle mesure l'unification monétaire influence la réputation du pays. A cet égard, les guides de voyage étrangers sont un bon indicateur. Très critiques sur la complexité de l'organisation monétaire du pays jusqu'en 1850, ils informent

après l'unification de 1850: GERLACH, Stefan, KUGLER, Peter, «Money demand under free banking 1851-1906», *op. cit.*, pp. 1-2.

393 MANGOLD, Fritz, *Die Bank in Basel 1844-1907, op. cit.*, pp. 28, 39, 288-293; BLEULER, Werner, *Bank in Zürich, op. cit.*, pp. 268-270; JÖHR, Adolf, *Die schweizerischen Notenbanken, op. cit.*, p. 128.

394 MANGOLD, Fritz, «Bankdirektor Johann Jakob Speiser», *op. cit.*, pp. 135-320 (ici, pp. 153-154).

395 JÖHR, Adolf, *Die schweizerischen Notenbanken, op. cit.*, p. 35; MEIER, Paul, *Der Währungswirrwarr, op. cit.*, p. 104.

396 Au début des années 1860, le banquier genevois Ernest Pictet estime que les conditions font encore défaut pour la constitution d'un véritable marché des lettres de change en Suisse: cf. PICTET, Ernest, *Des banques de circulation en Suisse*, Genève: Imprimerie Ramboz et Schuchardt, 1863, pp. 18-22.

397 MANGOLD, Fritz, *Die Bank in Basel 1844-1907, op. cit.*, p. 294.

les touristes que l'adoption d'une monnaie unifiée sur la base française qui est désormais reçue d'un bout à l'autre du pays simplifie les paiements[398]. Avec la mise en place du service de voyageurs par les postes fédérales, le recours à une seule unité monétaire facilite le transport de personnes : il n'est dès lors plus nécessaire de posséder des grosses espèces étrangères dans sa bourse pour les voyages sur le territoire et un tarif unique à applicable à tout le monde[399]. La suppression de la diversité des systèmes monétaires contribue peut-être aussi, probablement de manière très modeste, à une diminution des coûts de transport de personnes sur le territoire[400]. Enfin, il est très vraisemblable que l'unification monétaire de 1850 améliore l'image que les banques qui pratiquent la gestion de fortune renvoient à leurs clients. Bien que nos recherches n'aient rien découvert dans ce sens, il est toutefois possible de relever que si certaines d'entre elles perdent sur les opérations de change qu'elles réalisent pour leur clientèle, elles gagnent en réputation.

L'unification monétaire de 1850 n'a pas que des effets à l'intérieur du pays, elle contribue également à renforcer l'intégration de la Suisse sur les marchés étrangers des capitaux et à l'inscrire dans le système international de trafic de paiements[401]. La Suisse retire en effet plusieurs avantages avec l'adoption du pied monétaire français. Elle s'installe dans le giron de la puissance française et profite du dynamisme de son économie, tout en se distançant des Etats du sud de l'Allemagne[402]. Cette intégration en direction de la France, qui devient durant la Second Empire la locomotive économique de l'Europe continentale,

398 Baedeker, Karl, *Die Schweiz. Handbuch für Reisende*, Coblenz : K. Baedeker, 1852, p. XIV ; Joanne, Adolphe, *Nouvel Ebel. Manuel du voyageur en Suisse et à Chamonix*, Paris : L. Hachette & Cie, 1859, p. 23.

399 Bonjour, Ernest, *Histoire des postes suisses, op. cit.*, Volume 1, p. 249 et Volume 2, p. 250.

400 Sur cette question : Frey, Thomas, Schiedt, Hans-Ulrich, « Wie viel Arbeitszeit kostet die Freizeitmobilität ? Monetäre Reisekosten in der Schweiz 1850-1910 », in Gilomen, Hans-Jörg, Schumacher, Beatrice, Tissot, Laurent (Eds.), *Freizeit und Vergnügen vom 14. bis zum 20. Jahrhundert = Temps libre et loisirs du 14e au 20e siècles*, Zürich : Chronos, 2005, pp. 157-171.

401 Denzel, Markus A., « Die Integration der Schweizer Finanzplätze », *op. cit.*, pp. 177-235 (ici, pp. 227-230).

402 Une étude d'économétrie parue en 2000 estime que le commerce entre deux partenaires qui possèdent la même monnaie est trois fois plus important qu'avec des monnaies différentes. Cf. Rose, Andrew K., Lockwood, Ben, Quah, Danny, « One Money, One Market : The Effect of Common Currencies on Trade », *Economic Policy*, 15, 30, 2000, pp. 7-45 (ici, pp. 17 et 31-32).

se renforce avec la signature du traité de commerce franco-suisse en 1864 et avec l'adhésion de la Suisse à l'UML l'année suivante, sur lesquels nous reviendrons. Ce rapprochement s'explique notamment par l'importance des marchés d'outre-mer pour le commerce extérieur helvétique, qui se règle en effets sur la place de Paris, qui s'impose dès le milieu du 19e siècle comme le principal centre international de paiements du continent européen. En 1860, le rapport de la majorité de la commission du CN qui se prononce en faveur de l'adoption du bimétallisme souligne bien que l'adoption du système monétaire français est un outil d'intégration commerciale :

> *« Les conquêtes faites en 1850 dans le domaine monétaire appartiennent encore aujourd'hui comme alors au nombre des plus précieuses de la nouvelle Confédération, et la concordance monétaire réalisée, ainsi que notre adhésion au grand système monétaire français, qui sert le mieux à nos relations commerciales, ne sont pas trop chèrement payées même au prix des difficultés actuelles »*[403].

Avec l'unification des douanes et la possibilité pour le CF de signer des traités de commerce, le commerce franco-suisse évolue rapidement durant la décennie qui suit la naissance de l'Etat fédéral. Les chiffres du commerce entre les deux pays sont à cet égard éloquents. Le montant des exportations helvétiques qui entrent dans le commerce général de la France double entre 1837/1846 et 1847/1856 ; elles progressent de 30 % sur la même période dans le commerce spécial[404]. Accroissement moins impressionnant dans l'autre sens, mais bien marqué aussi. Les exportations françaises qui entrent dans le commerce spécial suisse gagnent 36 points de pourcent et celles dans le commerce général 25 % sur la même période.

L'adoption du pied monétaire français joue aussi un rôle important pour le placement des emprunts d'origine helvétique sur la place de Paris qui obtiennent des conditions avantageuses[405]. Suite à l'adoption de la loi sur l'expropriation en 1850, puis de la loi ferroviaire en juillet 1852, la construction du réseau ferré suisse débute. En l'espace d'une décennie, ce sont plus de 1'000 kilomètres

---

403 « Rapport de la majorité de la Commission du Conseil national sur la question monétaire (du 14 janvier 1860) », *Feuille fédérale*, Vol. 1, 3, 04.02.1860, pp. 119-140 (ici, pp. 120-121). Les difficultés dont il est fait mention dans ce rapport seront développées dans le prochain chapitre.

404 Chiffres tirés et pourcentages calculés à partir des données fournies par Gern, Philippe, Arlettaz, Silvia, *Relations franco-suisses au XIXe siècle, op. cit.*, pp. 308-309, 313-314, 318-319 et 322-323.

405 Hagenbach, Paul, *Die Entwicklung zur Goldwährung in der Schweiz, op. cit.*, p. 36 ; Vescovi, Stefano, *Bimetallismus in der modernen Schweiz, op. cit.* p. 36.

qui sont construits[406]. La loi de 1852 laissant l'organisation de la construction des chemins de fer suisses en mains privées, les milieux intéressés s'adressent à l'étranger pour couvrir le financement des premières compagnies. Ainsi, Speiser, membre fondateur en août 1852 et directeur financier de la "Schweizerische Centralbahn Gesellschaft", se tourne-t-il du côté de Paris pour trouver des sources de financement. Par l'intermédiaire de ressortissants helvétiques installés à l'étranger, la compagnie parvient à placer à forfait un peu moins de la moitié du capital-actions (47 %) auprès de trois banques parisiennes, tandis que huit maisons de banques bâloises prennent à leur charge 14 %[407]. L'idée de diversifier les sources de financement en direction de l'Allemagne et de l'Italie est rapidement abandonnée au vu du poids des maisons parisiennes[408]. La "Compagnie de l'Ouest des chemins de fer suisses" fondée en 1852 présente un profil similaire. Ce sont toutefois les capitalistes anglais qui fondent et financent la société en se reposant sur plusieurs relais dans la capitale française, dont la banque "Hottinguer & Cie"[409]. Même cas de figure du côté de la "Schweizerische Nordostbahn" qui naît en 1853 de la fusion de deux compagnies, au sein de

406 Bairoch, Paul, « Les spécificités des chemins de fer suisses des origines à nos jours », *op. cit.*, pp. 35-57 (ici, pp. 39-40).

407 L'ancien employeur de Speiser, le négociant en gros bâlois Emanuel Zwilchenbart (1789-1865) installé à Liverpool qui y occupe le poste de consul suisse (1828-1863), officie comme relais auprès du fils de son ami d'enfance, le banquier parisien Baron Florentin-Achille Seillière ("F. A. Seillière"). Des liens familiaux des membres du CA facilitent le placement auprès d'"Hottinguer & Cie" et d'"Adolphe Marcuard & Cie". Dans ce dernier cas, c'est par l'intermédiaire de Frédéric Marcuard, qui s'était prononcé pour l'adoption du FF en 1850 et qui figure au CA de la compagnie, que la société a des contacts privilégiés avec la banque parisienne de son cousin. Sur le financement de la "Schweizerische Centralbahn Gesellschaft" : Huber, Paul, *Die Schweizerische Centralbahn*, *op. cit.*, pp. 80-91 ; Mangold, Fritz, « Bankdirektor Johann Jakob Speiser », *op. cit.*, pp. 135-320 (ici, pp. 280-284) ; His, Eduard, *Basler Handelsherren des 19. Jahrhunderts*, Basel: Schwabe & Co, 1929, p. 112 ; Bauer, Hans, « Johann Jakob Speiser (1813-1856) », in Bürgin, Alfred *et alii*, *Schweizer Pioniere der Wirtschaft und Technik*, *op. cit.*, pp. 103-131 (ici, p. 126).

408 Huber, Paul, *Die Schweizerische Centralbahn*, *op. cit.*, pp. 81-82. A propos des démarches auprès de Francfort : Correspondance Alfred Escher, lettre de Martin Escher-Hess à Alfred Escher, 26.08.1852, 1 p.

409 Gigase, Marc, *L'Ouest-Suisse (1852-1864) : Etude d'une compagnie ferroviaire, de son financement et de ses rapports avec l'Etat de Vaud*, mémoire de licence de l'Université de Lausanne, 2003, pp. 34-42.

laquelle les banquiers parisiens de la maison Rothschild assurent le financement de plusieurs millions de FS pour la phase de construction[410].

Si la centralisation et l'unification monétaires ont de nombreux effets positifs, il est toutefois nécessaire de prendre en compte le revers de la médaille. Durant les deux décennies qui suivent la fondation de l'Etat fédéral, la Suisse demeure fortement dépendante de la France en raison de son « parasitisme monétaire ». Cette pratique présente certes l'avantage de faire reposer sur d'autres Gouvernements les frais de fabrication des pièces en circulation et ainsi de réaliser d'importantes économies, qui s'élèvent à environ 4 millions de FS uniquement pour la mise en place du nouveau système. Mais la Suisse devient en contrepartie le « satellite monétaire » de la France. Cette dépendance à l'approvisionnement en numéraire étranger repose sur le cours légal octroyé aux monnaies d'argent conformes au FF en 1852 : elles représentent environ 87 % de la circulation totale. Suite à l'afflux d'or sur le continent durant les années 1850, une seconde mesure renforce la dépendance au réservoir de l'Hexagone : en 1860, les pièces d'or de France et de Sardaigne obtiennent à leur tour le statut de monnaies légales sur le territoire helvétique. Cet ancrage dans le réservoir monétaire français s'accroît avec la frappe des premiers FS dans les ateliers de Paris et de Strasbourg en 1851 et 1852. Néanmoins, et il est important de le souligner, les autorités helvétiques parviennent à « invisibiliser » la perte d'indépendance qui résulte du recours à l'étranger : en fabricant une certaine quantité de pièces qui portent un écusson helvétique, aussi maigre soit-elle, le souverain manifeste publiquement l'exercice de son droit régalien, préservant l'importante valeur symbolique de la frappe de monnaies.

En raison de ces éléments, la Suisse n'est pas entièrement indépendante en matière monétaire, puisqu'elle ne dispose ni de suffisamment de numéraire indigène pour couvrir ses besoins, ni de tous les outils nécessaires à assurer l'approvisionnement du pays. Sa marge de manœuvre est donc restreinte en matière monétaire, car elle n'est pas en mesure de maîtriser complètement la structure de sa circulation. A peine la réforme est-elle terminée en 1853 que cette position de « satellite monétaire » crée des tensions dans le pays. Certains milieux estiment en effet qu'il est dangereux de dépendre de l'étranger pour la circulation de ses moyens de paiement. C'est que les rivalités entre les grands Etats s'accélèrent ; la Guerre de Crimée qui débute en 1853 fait craindre une rupture d'approvisionnement qui aurait de très graves conséquences sur la santé économique du pays. Cet épisode met à jour les limites du « parasitisme

410 Kessler, Adolf, *Die Schweizerische Nordostbahn (1853-1901)*, Zürich : Hans A. Gutzwiller, 1929, pp. 64-66.

monétaire » suisse et les risques qui en découlent. Sans son propre Hôtel des Monnaies, le CF craint de se retrouver très rapidement à court de monnaies[411]. Aux yeux des milieux économiques et politiques suisses, il faut agir pour parer à une rupture d'approvisionnement. Ouvert en 1854, l'Hôtel fédéral des Monnaies constitue un outil important d'indépendance monétaire. En améliorant la marge de manœuvre des autorités politiques helvétiques, il contribue à atténuer la dépendance envers la France. Toutefois, comme nous le verrons dans un prochain chapitre, le but de cet institut est en priorité d'approvisionner le pays en petites monnaies pour les besoins courants. Et puisque selon ses concepteurs l'Hôtel doit être rentable, il n'est dans un premier temps pas question d'y frapper des grosses espèces, car elles nécessiteraient d'investir d'importantes sommes pour acquérir le matériel nécessaire à ce type d'opérations sans que le gain de seigneuriage ne soit suffisamment élevé pour rentabiliser les investissements. Ainsi, l'activité de l'Hôtel fédéral des Monnaies demeure très limitée durant les premières années d'exploitation et concerne essentiellement les petites pièces : entre 1853 et 1865, le montant total des frappes réalisées à Berne est inférieur à ce qui a été fabriqué en France en 1851 et 1852 ; il se monte à 11.4 millions de FS, dont 92 % ont lieu après 1860[412]. En dépit de ce nouvel outil, l'approvisionnement monétaire suisse continue donc à reposer essentiellement sur le réservoir français. La valeur des pièces produites en Suisse demeure en conséquence relativement faible : en 1865, 60 % des FS en circulation ont été frappés en France[413]. La mesure octroyée aux pièces d'or françaises en 1860 témoigne par ailleurs que la Suisse compte bien continuer à utiliser le numéraire étranger. Malgré l'ouverture d'un Hôtel des Monnaies, la Suisse demeure donc fortement dépendante du numéraire étranger, surtout en ce qui concerne les grosses espèces en argent, puis en or, tout en améliorant sa marge de manœuvre en matière monétaire. Il faut enfin souligner que l'entrée de la Suisse dans l'UML en 1865 accuse un renforcement de son ancrage dans les réservoirs monétaires étrangers, ainsi qu'une limitation de sa souveraineté monétaire. Si elle peut désormais se reposer sur la circulation de plusieurs pays de manière tout à fait légale, la Suisse n'est plus en mesure de prendre certaines décisions librement. Avant d'aborder cette question, intéressons-nous d'un peu plus près aux premières années d'existence du FS.

---

411 « Message du Conseil fédéral aux Conseils législatifs de la Confédération, concernant l'établissement d'un hôtel suisse des monnaies (du 6 janvier 1854) », *Feuille fédérale*, Vol. 1, 4, 21.01.1854, pp. 223-234 (ici, p. 226).

412 Pourcentage calculé à partir des données présentées dans les annexes 9 à 11.

413 Chiffre et pourcentage calculés à partir de *Idem*.

Troisième partie : les quinze premières années d'existence du franc suisse (1853-1865)

7. La difficile mise en place d'une politique fédérale en matière monétaire (1853-1860)

Entre 1853 et 1860, le système monétaire suisse change de visage. Après la naissance du FS en 1850 et la mise à exécution de la réforme au cours des années suivantes, la décennie est marquée par la mise en place d'une politique fédérale en matière monétaire[1]. Contrairement à la situation qui prévalait jusqu'en 1848, l'Etat central a désormais le monopole de l'exercice de la régale monétaire, ce qui constitue un exercice nouveau. Sa prise en main se révèle toutefois difficile en raison de l'évolution du contexte monétaire international qui se modifie en profondeur dès le début des années 1850. Suite à la découverte de plusieurs mines d'or autour du globe, la quantité de métal jaune disponible explose, influençant considérablement les rapports de valeur sur le marché des métaux précieux. Le «parasitisme monétaire» pratiqué par la Suisse, qui présente des avantages indéniables, montre dès lors ses limites. Les secousses qui affectent le réservoir français se répercutent en effet rapidement sur la structure du numéraire à disposition de la Suisse. De faible importance vers 1850, les pièces en or se généralisent et constituent environ 90 % de la circulation helvétique une décennie plus tard. Le corollaire en est une disparition presque complète des pièces d'argent, pourtant seul moyen de paiement légal en vertu de la loi de 1850.

En raison de cette nouvelle configuration, les conditions-cadres monétaires mises en place entre 1850 et 1853 se révèlent rapidement être insuffisantes pour satisfaire les besoins des milieux économiques fortement intégrés à l'économie internationale. Les acteurs du grand commerce et de la banque qui ont

1 En 1848, il n'est pas question de centraliser l'émission des billets de banque. Ce sont les Bâlois qui sont les plus fermement opposés à ce transfert de compétences, en raison du risque de cours forcé qui est alors pratiqué dans plusieurs pays européens, notamment en France et en Autriche, alors que les Caisses publiques italiennes refusent d'accepter les billets. Sur les premières propositions de centralisation des billets: Jöhr, Adolf, *Die schweizerischen Notenbanken*, *op. cit.*, pp. 50-55. Dans ces conditions, il ne peut être question de parler d'une «politique monétaire» avant la centralisation de l'émission des billets de banque et l'ouverture de la Banque nationale suisse en 1907. Sur ce sujet: Guex, Sébastien, *La politique monétaire et financière de la Confédération suisse 1900-1920*, *op. cit.*, pp. 19-58 et Zimmermann, Rolf, *Volksbank oder Aktienbank ?*, *op. cit.*, 301 p.

mené la réforme comptent donc bien amender le système de 1850 afin qu'il soit conforme à leurs activités. Cette stratégie repose sur deux éléments.

La première étape consiste à satisfaire à ses propres besoins en petites monnaies d'argent pour ne plus dépendre des livraisons françaises. Car à peine la réforme terminée, le manque de pièces se fait sentir. Pour y remédier, l'érection d'un Hôtel des Monnaies sur le territoire est perçue comme la meilleure solution. Toutefois, de larges franges des milieux économiques veulent limiter les dépenses de l'Etat fédéral. La frappe de nouvelles pièces ne doit donc pas venir grever le budget fédéral, mais doit être rentable. Voté par l'AsF début 1854, l'Hôtel ouvre ses portes l'année suivante.

La seconde étape est bien plus complexe. Elle concerne la convenance qu'il y aurait à adopter le régime du bimétallisme, c'est-à-dire à faire de l'or un moyen de paiement légal dans le pays à côté de l'argent[2]. Du fait de l'importance qu'acquière le numéraire en or sur le continent européen et pour faire face à l'exportation d'importantes quantités d'argent en direction de l'Asie, les milieux bâlois exigent des changements structurels pour ne pas se retrouver à l'écart du jeu des flux monétaires internationaux. Contrairement aux débats qui ont lieu en 1849 et en 1850, ils trouvent désormais des alliés de poids auprès des banquiers et négociants zurichois, leur assurant d'exercer une influence majeure sur les décisions fédérales. Toutefois, ces exigences entrent en contradiction avec les intérêts d'autres acteurs qui se satisfont de la situation. C'est en particulier le cas des milieux industriels de Suisse orientale, des acteurs de la sphère de l'horlogerie et des artisans qui parviennent à bloquer toute tentative de modifier la législation monétaire helvétique. Mais face à la disparition continue du numéraire en argent, la nécessité d'intervenir rallie un nombre croissant de partisans. Finalement, le bimétallisme est adopté en 1860. Il est accompagné de la réduction du contenu métallique des petites pièces en argent. Ces deux mesures constituent une rupture importante des conditions monétaires suisses. Alors que les pièces d'or françaises et sardes obtiennent un cours légal, la Suisse sort partiellement du réservoir monétaire français en abaissant le titre de ses petites monnaies.

---

2 En dépit de l'importance décisive du passage au bimétallisme, les travaux qui ne sont pas spécifiquement consacrés à l'histoire monétaire ont complètement fait l'impasse sur ce sujet. Basée sur la construction du réseau de chemins de fer, la création d'une haute école, la montée des conservateurs et le mouvement démocratique, les traités de commerce ou encore les affaires de Neuchâtel et de Savoie, la production historiographique ignore une fois encore la dimension monétaire de l'histoire suisse.

La décennie qui suit la naissance du FS constitue une période importante, car elle révèle les difficultés de la mise en place d'une politique en matière monétaire. Elle met surtout en lumière que le système instauré en 1850 présente un certain nombre de limites, que l'évolution du contexte monétaire international révèle au grand jour. Cette période accuse également un lent changement du rapport de force dans les questions monétaires à l'échelle fédérale. A la tête de la réforme au début de la décennie, les Bâlois sont progressivement remplacés sur le devant de la scène par d'autres acteurs, d'origine argovienne et zurichoise, qui font preuve de tout autant de dynamisme pour que les conditions monétaires soient adaptées à leurs besoins.

Ce chapitre se divise en deux parties, correspondant aux deux thématiques abordées ci-dessus. La première s'intéresse au contexte commercial et monétaire et traite de la création d'un Hôtel des Monnaies. La deuxième partie est consacrée au passage au bimétallisme. Après avoir présenté les revendications des milieux économiques et les enjeux qui sous-tendent cette question, elle aborde les principaux jalons chronologiques de cette transition vers l'adoption du double-étalon.

7.1. Commerce, métaux et monnaies : le contexte des années 1850 et 1860

Les années 1850 et 1860 se caractérisent par une longue phase de croissance économique. Durant cette période, le commerce international explose sous l'impulsion de plusieurs facteurs. Le passage progressif au libre-échange, initié et promu par les Anglais au milieu des années 1840, contribue tout d'abord à décloisonner et à ouvrir les marchés. Caractérisée par la signature de nombreux traités de commerce, ces deux décennies battent progressivement en brèche le protectionnisme de la première moitié du 19e siècle[3]. Le volume des échanges à l'échelle européenne progresse ainsi en moyenne de 4.5-5 % par an entre la fin des années 1840 et le début des années 1870[4]. Ensuite, la révolution des transports amorcée au cours de la première moitié du siècle déploie tous ses effets. Durant la seule décennie qui s'étend de 1850 à 1860, la longueur des lignes de chemins de fer construites est multipliée par près de trois au niveau mondial[5].

---

3 Kindleberger, Charles P., « The Rise of Free Trade in Western Europe, 1820-1875 », *The Journal of Economic History*, 35, 1, 1975, pp. 20-55 (ici, pp. 27-33).

4 Bairoch Paul, « European Foreign Trade in the XIX Century », *op. cit.*, pp. 5-36 (ici, p. 21).

5 Bairoch, Paul, *Victoires et déboires II*, *op. cit.*, p. 24.

Cumulé aux progrès de la machine à vapeur appliquée au transport maritime, le chemin de fer contracte l'espace et contribue à réduire considérablement les coûts de fret[6]. L'Europe peut désormais s'approvisionner en céréales sur les marchés américains, sans craindre une hausse des prix. Le quadrillage ferré des territoires s'accompagne d'une révolution dans le monde de la banque[7]. La modernisation de la structure bancaire est en effet rendue nécessaire pour satisfaire les énormes besoins en capitaux liés à la construction des réseaux de chemins de fer. Le modèle des dites "Banques universelles" fondées en France à partir de 1852 se répand dans de nombreux pays. En termes de communication, les progrès réalisés sur les liaisons télégraphiques réduisent le coût et le temps de la communication. Un premier câble télégraphique sous-marin est posé entre Douvres et Calais en 1851. En 1858, les deux côtés de l'Atlantique sont reliés par le télégraphe : le temps nécessaire à la transmission d'un message passe de 10 jours à quelques minutes[8]. Enfin, plusieurs perfectionnements technologiques dans le domaine de l'industrie minière, qui portent sur l'extraction de métaux et augmentent la productivité, contribuent à améliorer la qualité des outils monétaires métalliques à disposition.

7.1.1. La Suisse dans l'orbite commerciale et financière française

L'arrivée de Napoléon III au pouvoir au début des années 1850 marque le début d'une période de modernisation du pays qui passe par une amélioration des conditions d'échange à même de favoriser la relance de l'économie[9]. Le Second

---

6 Bairoch, Paul, « Geographical Structure and Trade Balance of European Foreign Trade from 1800 to 1970 », *Journal of European Economic History*, 3, 3, 1974, pp. 557-608 (ici, pp. 577-578) ; Bairoch, Paul, *Commerce extérieur et développement économique de l'Europe au XIXe siècle*, Mouton ; Paris ; La Haye : Ecole des hautes études en sciences sociales, 1976, pp. 34-36.

7 Landes, David Saul, « Vieille banque et banque nouvelle : la révolution financière du XIXe siècle », *Revue d'histoire moderne et contemporaine*, 3, 3, 1956, pp. 204-222 ; Stoskopf, Nicolas, « Alphonse Pinard et la révolution bancaire du Second Empire », *Histoire, économie et société*, 17, 2, 1998, pp. 299-317.

8 Clara, Kristine (Dir.), *1865 Paris : la naissance de l'Union*, Genève : [s.n.], 2015, p. 10 ; Bertho, Catherine, *Télégraphes et téléphones*, *op. cit.*, pp. 113-124.

9 Sur le Second Empire et en particulier son rôle dans le développement économique de la France : Cameron, Rondo, *La France et le développement économique de l'Europe (1800-1914)*, Berthod, Marianne (Trad.), Paris : Ed. du Seuil, 1971 (éd. originale anglaise : 1961), 430 p. ; Blanchard, Marcel, *Le Second Empire*, Paris : Armand Colin, 1950, pp. 52-77 ; Unger, Gérard, *Histoire du Second Empire*,

Empire se caractérise en effet par une politique de grands travaux qui se traduisent par la mise en place de nouvelles infrastructures, la construction du réseau de chemins de fer ou encore le développement du télégraphe électrique. Entre 1850 et 1865, ce sont un peu moins de 20'000 km de voies ferrées qui sont construites sur le territoire français[10]. Dès 1855, toutes les préfectures de l'Empire sont reliées à la capitale par liaison télégraphique. Dans le domaine bancaire, de nouveaux instituts voient le jour. Ils ont pour fonction de soutenir l'effort commercial et industriel du pays en améliorant la circulation de l'argent par le drainage de l'épargne. Jusqu'aux années 1850, la Haute Banque parisienne, qui se compose d'un petit groupe de banquiers privés, s'intéresse surtout aux placements sur les fonds d'Etat et finance des entreprises commerciales et industrielles[11]. La naissance de banques universelles permet de créer la communication monétaire nécessaire pour que l'épargne soit dirigée vers le financement des activités économiques à grande échelle. Ces établissements occupent donc une place de pivot dans le phénomène de monétarisation de la société en élargissant le rayon de diffusion des monnaies métalliques et fiduciaires jusque dans les provinces les plus reculées[12]. Accompagnant ce processus de modernisation bancaire, la place de Paris devient la première place financière du continent[13]. Entre janvier 1861 et juin 1865, sur 73 emprunts publics émis en Europe, 14 le sont à Paris, représentant 2'106 millions de FF, contre 42 placés sur la place de Londres pour un total de 2'217 millions de FF[14]. Signe de

---

Paris: Perrin, 2018, pp. 166-213; Yon, Jean-Claude, *Le Second Empire. Politique, société, culture*, Paris: Armand Colin, 2004, pp. 102-123.

10 Blanchard, Marcel, « La politique ferroviaire du Second Empire », *Annales d'histoire économique et sociale*, 6, 30, 1934, pp. 529-546 (ici, p. 532). Cf. aussi Lefevre, André, « Chemins de fer et politique sous le Second Empire », *1848. Revue des révolutions contemporaines*, 40, 183, 1949, pp. 21-44 (ici, pp. 21-24 et 34-39).

11 Stoskopf, Nicolas, « Qu'est-ce que la haute banque parisienne au XIXe siècle ! », *Journée d'études sur l'histoire de la haute banque*, 16 novembre 2000, 15 p. Cf. aussi Cousteix, P., « Les financiers sous le Second Empire », *1848. Revue des révolutions contemporaines*, 43, 186, 1950, pp. 105-135 et Chancelier, Isabelle, *Messieurs Mirabaud et Cie, d'Aigues-Vives à Paris, via Genève et Milan*, Saint-Pierre-de-Vassols: Ed. familiales, 2001, pp. 27-28 et 45-46.

12 Flandreau, Marc, *L'or du monde*, *op. cit.*, pp. 149-150.

13 Lévy-Leboyer, Maurice, « Le crédit et la monnaie: l'apprentissage du marché », in Braudel, Fernand, Labrousse, Ernest, *Histoire économique et sociale de la France*, *op. cit.*, pp. 391-429 (ici, pp. 393-404); Flandreau, Marc, « Was the Latin Monetary Union a Franc Zone ? », *op. cit.*, pp. 71-89 (ici, p. 80); Flandreau, Marc, « The Economics and Politics », *op. cit.*, pp. 25-43 (ici, p. 37).

14 Einaudi, Luca, *Money and Politics*, *op. cit.*, p. 45.

la force qu'acquière la place parisienne, le taux d'intérêt de la Banque de France passe sous celui de la Banque d'Angleterre en 1863[15]. La France s'impose donc comme un réservoir de capitaux de première importance. Les investisseurs français interviennent de manière croissante dans le financement des fonds publics, du commerce et de l'industrie de nombreux pays européens; l'exportation de capitaux français se dirige aussi vers des contrées extra-européennes (Afrique, Amérique latine et Proche-Orient)[16]. Les chiffres témoignent de cette tendance: le montant du capital français exporté passe d'une moyenne annuelle de 393 millions de FF en 1850-1859 à 707 millions de FF en 1860-1869[17]. En 1870, ce serait ainsi un tiers de l'épargne française qui serait placée à l'étranger[18].

En raison de ces évolutions, la France du Second Empire est la principale locomotive économique de l'Europe continentale durant les années 1850 et 1860[19]. Elle est, d'ailleurs, la seconde puissance économique à l'échelle internationale derrière l'Angleterre jusqu'à la fin des années 1870. En 1860, elle assume

---

15 *Ibid.*, pp. 45-46.

16 Sur l'exportation de capitaux français durant le Second Empire, se référer aux différentes contributions réunies dans Lévy-Leboyer, Maurice (Dir.), *La position internationale de la France, op. cit.*, 472 p., en particulier celle de Lévy-Leboyer, Maurice, « La balance des paiements et l'exportation des capitaux français », pp. 75-142 (surtout les pp. 119-120 et 128). Cf. aussi Cameron, Rondo, *La France et le développement économique de l'Europe, op. cit.*, pp. 86-97. Des informations concernant les investissements français en Allemagne se trouvent dans Poidevin, Raymond, « Les relations économiques entre la France et le Zollverein (1851-1866) », in Poidevin, Raymond, Sieburg, Heinz-Otto (Dir.), *Aspects des relations franco-allemandes à l'époque du Second Empire 1851-1866. Deutsch-französische Beziehungen im Zeitalter des Second Empire 1851-1866. Actes du Colloque d'Otzenhausen, 5-8 octobre 1981*, Metz: Centre de recherches relations internationales de l'Université de Metz, 1982, pp. 97-104 (surtout les pp. 103-104). Concernant les relations financières entre la France et l'Italie, cf. Gille, Bertrand, *Les investissements français en Italie (1815-1914)*, Torino: Industria libraria tipografica editrice, 1968, pp. 75-265.

17 Moyennes calculées à partir des chiffres de la balance de paiements fournis par Lévy-Leboyer, Maurice, « La balance des paiements et l'exportation des capitaux français », in Lévy-Leboyer, Maurice (Dir.), *La position internationale de la France, op. cit.*, pp. 75-142 (ici, tableau X pp. 119-121). Cf. aussi Cameron, Rondo, *La France et le développement économique de l'Europe, op. cit.*, pp. 96-97.

18 Trebilcock, C., *The Industrialization of the Continental Powers, 1780-1914*, London: Longman, 1981, p. 176, cité par Einaudi, Luca, *Money and Politics, op. cit.*, p. 11.

19 Sur cette position, se référer en premier lieu à Cameron, Rondo, *La France et le développement économique de l'Europe, op. cit.*, 430 p.

ainsi 13 % des exportations mondiales[20]. A l'image de ce qui se passe dans tous les pays "développés", le commerce extérieur croît de façon spectaculaire : atteignant 19 % du PIB français en 1850, il représente 41 % du PIB vingt ans plus tard[21]. C'est durant la décennie 1855-1864 que le taux de croissance des exportations françaises est le plus élevé entre 1815 et 1970[22].

A côté du développement des conditions économiques intérieures de l'Hexagone, le Second Empire est aussi marqué par une politique extérieure très active[23]. L'objectif poursuivi par l'Empereur Napoléon III est de redonner à la France la place qu'elle a perdue en 1815 et d'en faire la principale puissance européenne continentale. Il s'agit donc d'effacer les dispositions conservatrices du Congrès de Vienne en établissant une paix selon les conditions et la vision françaises, endossant au passage le rôle d'arbitre de l'Europe. A cet effet, le recours à la diplomatie, aux négociations commerciales et à la force armée sont les principaux outils mobilisés.

Durant les deux décennies qui séparent la fondation de l'Etat fédéral de la Guerre franco-allemande de 1870-1871, la Suisse évolue dans l'orbite commerciale et financière de la France[24]. Le chapitre 3 ci-dessus a montré qu'au moment de la fondation de l'Etat fédéral, la France peut vraisemblablement être considérée comme le principal partenaire économique de la Suisse en Europe. Ce rôle se renforce jusqu'à la fin des années 1860, la Suisse profitant largement du dynamisme de sa voisine[25]. Deux éléments permettent d'en prendre la mesure. Le premier concerne les échanges commerciaux entre les deux pays. Durant

---

20 Bairoch, Paul, « La place de la France sur les marchés internationaux », in Lévy-Leboyer, Maurice (Dir.), *La position internationale de la France, op. cit.*, pp. 37-52 (ici, p. 39).

21 Lévy-Leboyer, Maurice, « La croissance économique en France au XIXe siècle. Résultats préliminaires », *Annales. Économies, Sociétés, Civilisations*, 23, 4, 1968, pp. 788-807 (ici, p. 794).

22 Toutain, Jean-Claude, « Les structures du commerce extérieur de la France, 1789-1970 », in Lévy-Leboyer, Maurice (Dir.), *La position internationale de la France, op. cit.*, pp. 53-74 (ici, p. 61).

23 Sur la politique étrangère menée durant le Second Empire : Blanchard, Marcel, *Le Second Empire, op. cit.*, pp. 77-95 ; Unger, Gérard, *Histoire du Second Empire, op. cit.*, pp. 119-160 ; Yon, Jean-Claude, *Le Second Empire, op. cit.*, pp. 79-101.

24 Napolski, Friedrich von, *Der Weg zum ersten Handelsvertrag zwischen der Schweiz und Deutschland*, Heider : Bergisch Gladbah, 1961, p. 51.

25 Un bon aperçu des relations dans les domaines de la politique, de l'économie et de la diplomatie entre les deux pays se trouve dans Mittler, Max, *Der Weg zum Ersten Weltkrieg : Wie neutral war die Schweiz ? Kleinstaat und europäischer Imperialismus*, Zürich : NZZ, 2003, pp. 26-132.

les décennies 1850 et 1860, le commerce extérieur de la Suisse est en pleine croissance[26]. En 1860, les exportations helvétiques représentent 31 dollars courants par habitant, ce qui place le pays au premier rang mondial[27]. En 1865, le Bureau fédéral de Statistique créé cinq ans auparavant fournit les premières données chiffrées officielles du commerce extérieur de la Suisse en procédant à une reconstruction des échanges avec les quatre pays limitrophes[28]. En 1862, la seule année pour laquelle des informations complètes sont disponibles, plus de 40 % du volume total du commerce général suisse avec les pays limitrophes se dirige vers l'Hexagone.

Tableau 20 : volume du commerce général suisse en millions de francs français avec les quatre pays limitrophes en 1862[29]

	Importations en Suisse de :	**Exportations de Suisse vers :**	**Volume total avec :**
France	295	239	534
Zollverein	231	222	453
Italie	159	114	273
Autriche	4	5	9

Selon les chiffres du Bureau fédéral de Statistique, l'ensemble du commerce général helvétique avec la France (importations + exportations + transit) s'élève à 255 millions de FS en 1851, contre 186 avec le « Zollverein » à la même date[30]. Durant la décennie qui suit, la progression des échanges avec le « Zollverein »

26 Bairoch, Paul, « Le volume des exportations de la Suisse de 1851 à 1975 », *Revue suisse d'histoire*, 28, 1978, pp. 29-50 (ici, pp. 35-36).

27 Bairoch Paul, « European Foreign Trade in the XIX Century », *op. cit.*, pp. 5-36 (ici, pp. 17-18).

28 En raison des lacunes des statistiques suisses et étrangères, ces données demeurent largement incomplètes, principalement en ce qui concerne le « Zollverein » durant les années 1850. Pour un commentaire sur ce matériel, cf. Veyrassat, Béatrice, « La Suisse sur les marchés du monde », *op. cit.*, pp. 287-316 (ici, note 40 p. 305).

29 Source du tableau : Bureau de Statistique du Département Fédéral de l'Intérieur, *Statistique de la Suisse*, *op. cit.*, pp. 130-131. Les données pour l'Italie sont celles de 1861.

30 *Idem*. Selon des chiffres du CF cités par Humair, Cédric, *Développement économique et Etat central*, *op. cit.*, note 219 p. 280, en 1850 les importations en Suisse depuis le Zollverein se montent à 90 millions de FS et les exportations à 54 millions de FS, soit un total de 144 millions de FS.

est plus forte qu'avec la France: les rapports commerciaux avec l'Hexagone doublent sur cette période pour s'établir à 534 millions de FS, alors que ceux avec l'union douanière allemande triplent et atteignent 453 millions de FS. Cette situation s'explique par un régime français encore fortement protectionniste qui complique l'accès au marché intérieur, en dépit d'une monnaie similaire. Les relations avec le « Zollverein » sont toutefois tendues après la fondation de l'Etat fédéral. Les Etats allemands voient en effet d'un mauvais œil cet îlot libéral qui accueille des réfugiés révolutionnaires allemands sur son territoire. Les marchés allemands ne sont par ailleurs plus aussi déterminants pour le commerce suisse que durant la première moitié du siècle: la réouverture du marché français, la libéralisation des échanges des Etats sardes et le passage au libre-échange en Angleterre laissent augurer de bonnes perspectives commerciales. En outre, contrairement à la situation qui prévaut jusque dans les années 1840, la dépendance aux céréales allemandes diminue suite à la révolution des transports qui permet de diversifier les sources d'approvisionnement sans craindre un renchérissement de leur prix. Ainsi, ni d'un côté de la frontière, ni de l'autre, la nécessité de signer un traité de commerce qui améliorerait les rapports ne fait l'unanimité[31]. En ce qui concerne les échanges avec les Etats italiens et avec l'Autriche, les comparaisons dans le temps sont délicates en raison de la rupture territoriale consécutive à la Campagne d'Italie de 1859: l'Autriche est amputée de la Lombardie qui est incorporée au Royaume d'Italie, alors que la Savoie devient française. Ainsi, si la valeur des échanges avec les Etats italiens croît de manière importante pendant cette période – l'ensemble des marchandises échangées passe de 57 millions de FS en 1852 à 192 millions de FS dix ans plus tard –, c'est en partie en raison du changement de frontières; la signature du traité de commerce entre la Confédération suisse et la Sardaigne en 1851 contenant la clause de la nation la plus favorisée constitue néanmoins un jalon important dans cette évolution[32]. Au contraire, le commerce avec l'Autriche se caractérise par une courbe en chute libre. De près de 160 millions de FS en 1854, les échanges entre les deux pays ne s'élèvent plus qu'à 9 millions en 1862. Le régime protectionniste autrichien, le changement de frontière, ainsi que des

31 Sur cette question, bien plus complexe que telle qu'elle est présentée ici: Humair, Cédric, *Développement économique et Etat central*, *op. cit.*, pp. 278-284. Cf. aussi Napolski, Friedrich von, *Der Weg zum ersten Handelsvertrag*, *op. cit.*, pp. 42-51.

32 Humair, Cédric, *Développement économique et Etat central*, *op. cit.*, pp. 276-278. La clause de la nation la plus favorisée incluse dans certains traités de commerce assure aux exportateurs de ne pas être plus taxés que leurs concurrents.

tensions politiques et religieuses avec la Suisse durant cette période expliquent notamment cette forte baisse[33].

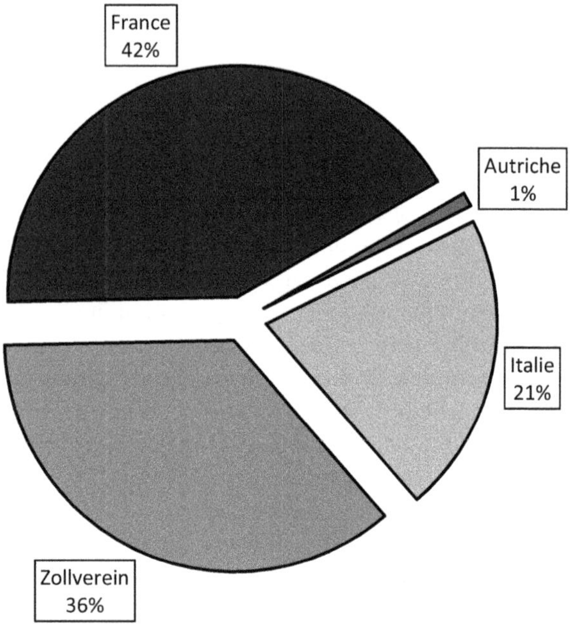

Graphique 12: part de chaque pays limitrophe dans le commerce général de la Suisse en 1862[34]

Au-delà du volume total des échanges helvétiques, la géographie des exportations doit également être prise en compte. Elle confirme en effet le rôle de transit qu'endosse la France pour le commerce extérieur de la Suisse. En 1860, un peu plus d'un tiers des exportations sont destinées aux marchés de l'outremer. Parmi ceux-ci, les Etats-Unis absorbent 75 millions (18 %) et les marchés asiatiques (Levant et Orient) 65 millions (15 %) des marchandises expédiées,

33 Aufdermauer, Claudia, *Die Bundesbarone und die Neutralität: der Einfluss der Wirtschaftsvertreter auf die schweizerische Aussenpolitik und Aussenhandelspolitik (1848-1872)*, Freiburg: [s.n.], 2016, pp. 68-75.

34 La source du graphique est la même que pour le tableau ci-dessus.

qui empruntent à leur majorité le territoire français[35]. Le commerce de transit représente en effet une part conséquente dans les échanges entre la France et la Suisse : parmi tous ses partenaires économiques, la Suisse occupe la première place en termes de valeur des exportations qui transitent à travers le territoire de l'Hexagone[36]. Il faut mentionner que la signature du traité de commerce entre la France et la Suisse en 1864, sur lequel nous reviendrons plus en détail par la suite, contribue à renforcer le rapprochement commercial des deux pays et fait entrer la Suisse dans l'orbite commerciale française.

Au-delà de la suppression de toutes les entraves au transit sur le territoire français en 1846 déjà mentionnée auparavant, l'amélioration des conditions de transport contribue à positionner les ports français au cœur du commerce international. Au sud, Marseille regagne de sa splendeur durant le Second Empire et s'impose comme le premier entrepôt méditerranéen du commerce européen avec le Proche et le Moyen-Orient[37]. La construction des tronçons ferrés dans le sud du pays qui sont repris en 1857 par la "Compagnie des chemins de fer de Paris à Lyon et à la Méditerranée" permettent de relier la côte atlantique à la côte méditerranéenne. Le percement du Canal de Suez, débuté en 1859 et opérationnel dix ans plus tard, renforce le rôle de la cité phocéenne comme principal port de la Méditerranée et en fait le pivot incontournable du commerce entre l'Europe et l'Asie. Des efforts conséquents sont également faits pour moderniser les conditions commerciales de Marseille : construction de docks sur le modèle anglais et de grands bassins, amélioration de correspondances maritimes et accroissement de la flotte sont autant d'attraits à même d'attirer les flux du commerce. Au nord de la France, le rôle du Havre comme principale plateforme portuaire de jonction avec les marchés anglais et américains se maintient durant les années 1850[38]. Le port normand représente le

35 Emminghaus, Arwed Karl Bernhard, *Die Schweizerische Volkswirtschaft*, *op. cit.*, pp. 157 et 170.

36 Gern, Philippe, Arlettaz, Silvia, *Relations franco-suisses au XIXe siècle, op. cit.*, p. 291.

37 Sur ce qui suit : Bartolotti, Fabien, *Les milieux d'affaires marseillais*, *op. cit.*, pp. 85-90 ; Blanchard, Marcel, « La politique ferroviaire du Second Empire », *op. cit.*, pp. 529-546 (ici, p. 541) ; Blanchard, Marcel, « Aux origines de nos chemins de fer : saint-simoniens et banquiers », *Annales d'histoire économique et sociale*, 10, 50, 1938, pp. 97-115 (ici, p. 101).

38 Veyrassat, Béatrice, « La Suisse sur les marchés du monde », *op. cit.*, pp. 287-316 (ici, pp. 306-307). A côté du commerce de marchandises, le Havre s'impose comme le principal point de départ de l'émigration suisse vers les Etats-Unis. Cf. Nicod, Françoise, Arlettaz, Gérald, « La France relais de l'émigration des suisses vers

relais central des exportateurs suisses pour rejoindre l'Angleterre[39]. Son rôle de pivot pour le commerce extérieur helvétique s'inscrit dans une explosion des échanges entre les deux pays durant les années 1850: le commerce total anglo-suisse passe de 79 millions de FS en 1851 à 270 millions en 1860, soit une multiplication par près de 3.5. En 1855, elle absorbe 80 % des exportations helvétiques qui transitent par la France: de 45 millions de FS en 1851, elles se montent à 105 millions de FS en 1860, soit plus du double[40]. Comme durant les années 1830 et 1840, l'Angleterre fait office de place d'entrepôt ou de transit vers les marchés extra-européens pour les exportations helvétiques, qui se composent essentiellement de produits textiles et horlogers. L'abolition des « Navigation Acts » en 1849 contribue à faciliter et à fluidifier le commerce de transit maritime en direction de l'Angleterre et de ses colonies. Outre son rôle dans les exportations, l'Angleterre occupe aussi une place importante dans les importations de la Suisse qui passent de 30 millions de FS en 1853 à 105 millions de FS en 1859; il s'agit, dans ce cas, principalement de coton brut et de métal. Là aussi, environ 80 % de ces marchandises transitent à travers la France. Il faut enfin relever que les ports de l'espace méditerranéen comme Gênes et Trieste, qui jouent un rôle important durant les années 1830 et 1840 pour se raccorder aux débouchés du Proche-Orient, perdent en importance au cours des années 1850, en raison notamment des fortes taxes de transit qui les rendent moins attractifs que Marseille[41].

Au début des années 1850, le commerce d'exportation de la Suisse est essentiellement orienté en direction des marchés d'outre-mer pour lesquels la France

---

les Etats-Unis. Le cas du Havre, 1848-1865 », in POIDEVIN, Raymond, ROULET, Louis-Edouard (Dir.), *Aspects des rapports entre la France et la Suisse de 1843 à 1939*, *op. cit.*, pp. 25-36.

39 Le rôle des marchés d'outre-mer pour le commerce extérieur helvétique est confirmé par la structure du commerce français: en 1847/1856, le premier partenaire extérieur de la France (commerce spécial) est l'Angleterre (avec 23 % du total), suivi par les Etats-Unis (16 %). Les chiffres du commerce général indiquent une tendance identique: 23 % des exportations françaises prennent le chemin de l'Angleterre, suivie par les Etats-Unis (18 %). Cf. GERN, Philippe, ARLETTAZ, Silvia, *Relations franco-suisses au XIXe siècle*, *op. cit.*, pp. 327 et 331.

40 Tous les chiffres du commerce anglo-suisse sont tirés d'IMLAH, Ann Gordon, *Britain and Switzerland*, *op. cit.*, pp. 115-120. Des données légèrement différentes mais qui confirment une tendance de fond similaire se trouvent dans WALDVOGEL, William, *Les relations économiques*, *op. cit.*, p. 115.

41 VEYRASSAT, Béatrice, « La Suisse sur les marchés du monde », *op. cit.*, pp. 287-316 (ici, pp. 306-307).

officie comme principal lieu de transit. En raison de cette structure et de certaines tensions politiques avec les pays limitrophes, les premiers traités de commerce de la Confédération helvétique, à l'exception de celui avec la Sardaigne (1851), sont signés avec les Etats-Unis et l'Angleterre en 1855[42].

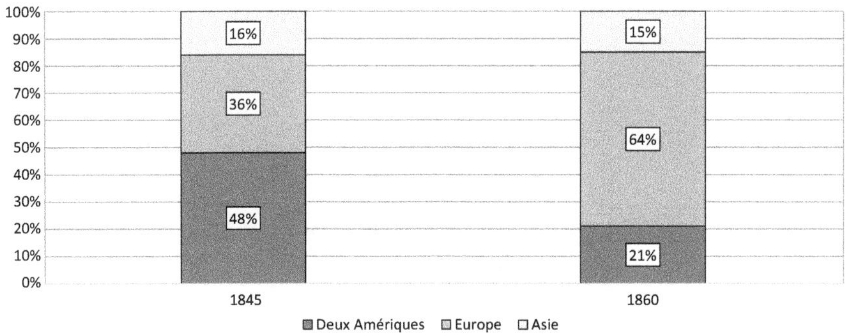

Graphique 13 : répartition géographique des exportations helvétiques dans le monde en 1845 et en 1860[43]

Planche de salut des exportateurs suisses dès les années 1820 pour faire face au protectionnisme européen, les marchés américains perdent progressivement de leur attrait à partir de la fin des années 1830. Si la moitié des exportations suisses lui est encore destinée en 1845, le Nouveau Monde n'en absorbe que 21 % en 1860. Le commerce américano-suisse atteint en effet un sommet en 1857, lorsqu'une crise économique vient brusquement ralentir cette période de croissance[44]. Le développement économique des Etats-Unis, l'adoption d'une politique commerciale plus protectionniste, ainsi que la Guerre de Sécession

42 Sur ces traités : IMLAH, Ann Gordon, *Britain and Switzerland, op. cit.*, pp. 111-115 ; WALDVOGEL, William, *Les relations économiques, op. cit.*, pp. 80-103 ; HUMAIR, Cédric, « Dans le sillage des Britanniques : le premier traité d'amitié, de commerce et d'établissement entre la Suisse et la Grande-Bretagne (1855) », in GARUFO, Francesco, MOREROD, Daniel (Eds.), *Laurent Tissot, une passion loin des sentiers battus*, Neuchâtel : Alphil, 2018, pp. 197-208 ; HUMAIR, Cédric, « Economic Complementarity and Political Solidarity », *op. cit.*, pp. 3-72 ; AUFDERMAUER, Claudia, *Die Bundesbarone und die Neutralität, op. cit.*, pp. 155-159.

43 Source du graphique : VEYRASSAT, Béatrice, « La Suisse sur les marchés du monde », *op. cit.*, pp. 287-316 (ici, pp. 300-302, 308 et 310).

44 WARTMANN, Hermann, *Industrie und Handel, op. cit.*, pp. 621-622.

qui débute en 1860 mettent un frein aux relations économiques entre l'ancien et le nouveau monde[45]. Si le débouché américain demeure important durant la seconde moitié du siècle pour le commerce extérieur helvétique, on assiste à une restructuration des débouchés des exportations helvétiques durant la décennie qui suit la fondation de l'Etat fédéral : absorbant 36 % des exportations suisses en 1845, les marchés européens en accueillent 64 % en 1860, comme l'illustre le graphique ci-dessus[46].

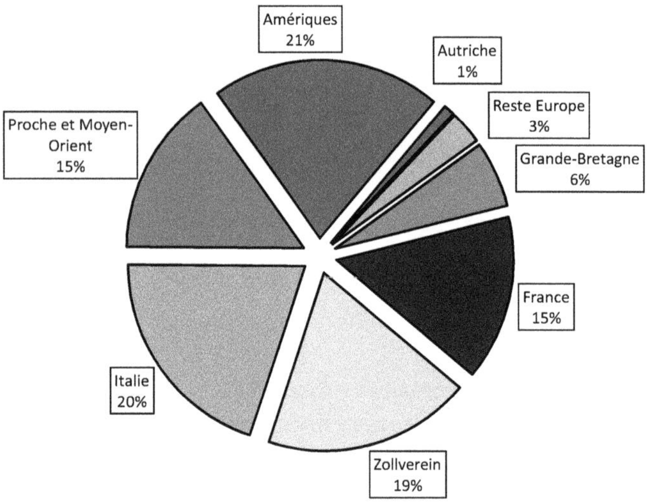

Graphique 14 : part des partenaires commerciaux à l'exportation suisse en 1860[47]

En raison d'un régime encore fortement protectionniste, le marché intérieur français n'absorbe que 15 % du total des exportations helvétiques durant les

45 HUMAIR, Cédric, « Economic Complementarity and Political Solidarity », *op. cit.*, pp. 3-72 (ici, pp. 69-71).

46 En 1885, les Etats-Unis absorbent encore 11 % des exportations helvétiques. Cf. HUMAIR, Cédric, *Développement économique et Etat central*, *op. cit.*, annexe 2, p. 749. Les marchés asiatiques gagnent également en importance durant le dernier tiers du 19e siècle : cf. HALLER, Lea, *Transithandel*, *op. cit.*, pp. 101-107 et BAIROCH, Paul, « Geographical Structure », *op. cit.*, pp. 557-608 (ici, pp. 560 et 565-567).

47 Source du graphique : VEYRASSAT, Béatrice, « La Suisse sur les marchés du monde », *op. cit.*, pp. 287-316 (ici, pp. 305-308).

années 1850[48]; la situation change suite à la signature du traité de commerce libre-échangiste franco-anglais en 1860. De leur côté, la part de l'Italie, récemment unifiée, se monte à 20 % en 1860, tandis qu'elle s'élève à 19 % pour le «Zollverein».

Le second élément qui illustre l'importance des rapports franco-suisse durant les années 1850 et 1860 a trait aux chemins de fer. Sur le continent, la France prend la tête du mouvement de leur promotion dès les années 1840, position qui se renforce au début des années 1850[49]. Nous l'avons déjà mentionné, la Suisse est très en retard dans ce domaine. En 1847, les quelque 25 kilomètres de lignes en service sur le territoire représentent 0.14 % du réseau de chemins de fer européen[50]. La naissance de l'Etat fédéral permet de fournir les conditions-cadres nécessaires à la construction du réseau: l'encadrement législatif (loi sur l'expropriation de 1850 et loi ferroviaire de 1852), l'unification douanière et la création d'un marché national sont autant de garanties indispensables à même de rassurer les investisseurs et qui donnent l'impulsion nécessaire pour entamer ce vaste chantier. Entre 1855 et 1860, la Suisse a déjà rattrapé une partie de son retard: ce ne sont pas moins de 1'000 km de voies ferrées qui sont construites et mises en service. L'indice du développement du réseau ferré helvétique calculé par Bairoch passe de 1 en 1850 à 29 une décennie plus tard, la Suisse se situant ainsi devant l'Allemagne (22) et la France (18), mais derrière l'Angleterre (44) et la Belgique (31)[51].

Cet engouement nécessite des investissements gigantesques: durant la première phase de construction du réseau ferré helvétique, l'ouverture des 1'000 premiers km nécessite un financement moyen annuel de 55 millions de FS[52]. Comme mentionné précédemment, les milieux d'affaires français s'intéressent dès leur fondation au financement des premières compagnies privées

---

48 Gern, Philippe, Arlettaz, Silvia, *Relations franco-suisses au XIXe siècle, op. cit.*, pp. 287-291; Brand, Urs, *Die schweizerisch-französischen Unterhandlungen über einen Handelsvertrag und der Abschluss des Vertragswerkes von 1864*, Bern: Herbert Lang & Cie, 1968, pp. 33-34.

49 Cameron, Rondo, *La France et le développement économique de l'Europe, op. cit.*, p. 191.

50 Humair, Cédric, *Développement économique et Etat central, op. cit.*, p. 147.

51 Bairoch, Paul, «Les spécificités des chemins de fer suisses des origines à nos jours», *op. cit.*, pp. 35-57 (ici, p. 42).

52 Humair, Cédric, *Développement économique et Etat central, op. cit.*, p. 268; Schwarz, Jutta, *Bruttoanlageinvestitionen in der Schweiz, op. cit.*, p. 79; Cameron, Rondo, *La France et le développement économique de l'Europe, op. cit.*, p. 246.

helvétiques. Entre 1852 et 1897, ce seraient quelque 400 millions de FF que les capitalistes françaises auraient investi dans les chemins de fer suisses[53]. Au-delà d'un intérêt purement financier, la maitrise des chemins de fer suisse relève d'un enjeu commercial de première importance, celui de la nécessité de conquérir le plateau suisse afin de s'assurer que les flux du commerce européen ne se déplacent pas à l'est du continent[54]. Or, l'Autriche a les mêmes vues sur le territoire helvétique. La Suisse devient ainsi le lieu de rencontre et d'affrontement de compagnies de chemins de fer, de banquiers et d'Etats étrangers cherchant à capter le commerce de transit européen : quelles routes commerciales emprunter pour relier les ports de l'Atlantique à la Méditerranée, là gît le véritable enjeu. Afin de s'assurer de parvenir à leurs fins, les milieux d'affaires français s'investissent massivement dans les compagnies suisses. Cette pénétration se renforce encore lorsque les Anglais, qui avaient participé aux premiers financements, se retirent suite à la Guerre de Crimée[55].

Durant les deux décennies qui suivent la fondation de l'Etat fédéral, la Suisse évolue dans l'orbite commerciale et financière de la France. Bénéficiant d'une amélioration des conditions de transport sur le territoire intérieur, les ports de l'Hexagone se positionnent au centre du commerce mondial. Pour les acteurs helvétiques qui pratiquent leurs activités à l'échelle internationale, la France représente le principal lieu de transit sur le continent européen pour rejoindre les marchés de l'outre-mer. Bien que le commerce extérieur suisse connaisse une mue importante durant ces années, les marchés extra-européens restent un débouché significatif pour les exportateurs suisses. Ainsi, la part de l'Europe passe de 36 % en 1845 à 64 % en 1860, tandis que celle de l'outre-mer s'établit à 36 % à cette dernière date. Sur le plan financier, Paris s'impose comme le centre du règlement des affaires internationales des négociants helvétiques. Les financiers français investissent quant à eux des sommes considérables pour la construction du réseau ferré suisse. Le rôle de la France en matière commerciale

---

53 Cameron, Rondo, *La France et le développement économique de l'Europe*, *op. cit.*, p. 249. Cf. aussi Blanchard, Marcel, « Financiers français et chemins de fer suisses sous le Second Empire », *op. cit.*, pp. 1591-1606 et Benz, Gérard, « Un aspect du financement des chemins de fer en Suisse par le capital étranger », *Revue suisse d'histoire*, 37, 1987, pp. 169-185.

54 Sur ce qui suit : Blanchard, Marcel, « La politique ferroviaire du Second Empire », *op. cit.*, pp. 529-546 (ici, pp. 535 et 542) ; Cameron, Rondo, *La France et le développement économique de l'Europe*, *op. cit.*, pp. 73-78, 191-195 et 200-205.

55 Cameron, Rondo, *La France et le développement économique de l'Europe*, *op. cit.*, p. 200.

et financière est renforcé par les liens monétaires qui unissent les deux pays[56]. Or, à peine la réforme fédérale qui voit naître le FS est-elle terminée que le contexte monétaire international se modifie en profondeur.

7.1.2. Les bouleversements du contexte monétaire international : l'afflux de l'or sur le continent européen et la disparition de l'argent

Dès le début des années 1850, la structure monétaire internationale change de visage[57]. La cause principale peut en être imputée à la découverte de mines d'or qui chamboule complètement les quantités du métal jaune disponible[58]. C'est en Californie que les premières découvertes ont lieu, en janvier 1848. Trois ans plus tard, en 1851, des filons d'or sont mis à jour en Australie, qui figure désormais parmi les principaux producteurs mondiaux de métal jaune. Elles encouragent d'autres prospections dans le monde et plusieurs « ruées vers l'or » ponctuent les années 1850 à 1870, sans commune mesure toutefois avec les découvertes américaines et australiennes. L'arrivée de plusieurs centaines de milliers de personnes attirées par l'espoir d'un gain sur les territoires aurifères couplée avec la mise au point de nouvelles techniques d'extraction qui améliorent la productivité engendrent un boom spectaculaire dans la production mondiale de l'or, tout en ayant de nombreux effets d'entrainement sur les investissements immobiliers, la construction de routes et de chemins de fer[59]. La production d'argent reste en revanche relativement stable jusqu'en 1859 et la découverte de filons sur le sol américain[60]. Si son expansion est moins spectaculaire, elle reste néanmoins importante : aux USA, la production du métal blanc passe d'une moyenne de 6 tonnes par année en 1856-1860 à 174 tonnes durant les

---

56 Zimmermann, Rolf, *Volksbank oder Aktienbank ?*, *op. cit.*, pp. 21-23.

57 Eichengreen, Barry, *Vom Goldstandard zum Euro. Die Geschichte des internationalen Währungssystems*, Berlin : Wagenbach, 2000, pp. 21-34.

58 Bairoch, Paul, *Commerce extérieur et développement économique*, *op. cit.*, pp. 36-38 ; North, Michael, *Das Geld und seine Geschichte*, *op. cit.*, pp. 145-148.

59 Pinner, Felix, *Die grossen Weltkrisen im Lichte des Strukturwandels der kapitalistischen Wirtschaft*, Zürich ; Leipzig: Max Niehans, 1937, pp. 85-87.

60 Vers 1900, un peu plus d'un tiers de l'argent produit dans le monde provient du Mexique, le reste étant réparti entre la Bolivie, le Pérou et les Etats-Unis. Cf. Andrew, Abram Piatt, « The End of the Mexican Dollar », *op. cit.*, pp. 321-356 (ici, pp. 322-324 et 354).

cinq années qui suivent[61]. Le graphique ci-dessous donne une illustration de l'évolution de la répartition de la production mondiale des deux métaux entre 1800 et 1870.

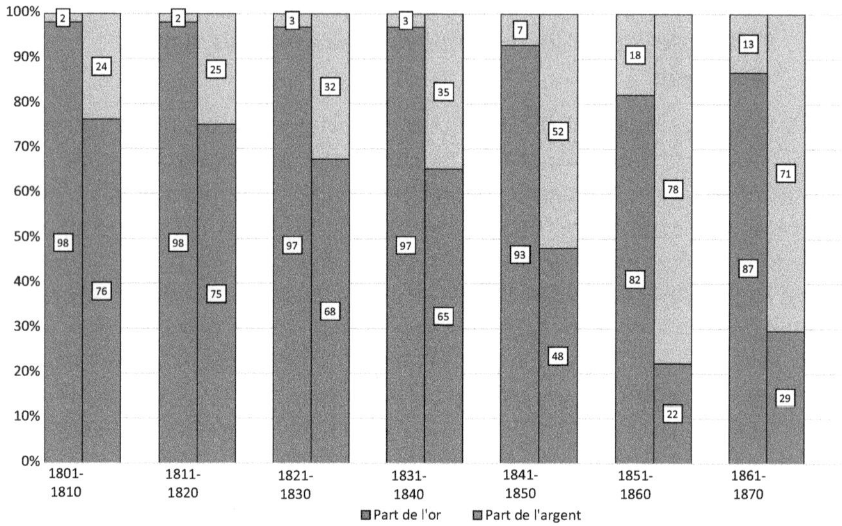

Graphique 15: évolution de la part respective de l'argent et de l'or dans la quantité (colonne de gauche) et la valeur (colonne de droite) de la production mondiale des deux métaux entre 1801 et 1870, en % du total[62]

Jusqu'aux années 1840, la production mondiale d'or est stable. Elle représente entre 2 % et 3 % de la quantité cumulée des deux métaux au niveau international pour une valeur totale comprise entre 24 % et 35 %. Le graphique illustre

61 Soetbeer, Adolf, *Edelmetall-Produktion und Werthverhältniss zwischen Gold und Silber seit der Entdeckung Amerika's bis zur Gegenwart*, Gotha: Justus Perthes, 1879, p. 112.

62 Source du graphique: *Ibid.*, pp. 110-112. D'autres données plus récentes existent qui diffèrent légèrement de celles-ci, notamment celles de Meyer, Albert, « Thatsachen des Währungswesens », *Schweizerisches Finanz-Jahrbuch*, 1900/1901, pp. 71-113 (ici, pp. 72-75) ou celles de Flandreau, Marc, *L'or du monde*, *op. cit.*, annexe B. Production mondiale d'or et d'argent. Séries d'Hector Hay (1849-1885), p. 338. Celles de Soetbeer ont l'avantage de remonter au début du siècle, ce qui n'est pas le cas des autres séries dont nous avons connaissance.

bien le changement qui s'opère dès la fin des années 1840. Le métal jaune atteint une moyenne de 18 % de la production mondiale de métaux entre 1851 et 1860, le plus haut pourcentage depuis la fin du 15e siècle et qui ne sera jamais plus atteint par la suite[63]. Dès les années 1840, la part de l'or dans la valeur de la production des deux métaux dépasse celle de l'argent : elle représente 78 % entre 1851 et 1860. Entre 1861 et 1870, le recul sur l'or se fait déjà sentir : la production diminue de 7 % par rapport à la décennie précédente, alors que celle de l'argent augmente de 36 %. Ces pourcentages occultent toutefois les valeurs absolues, qui sont éloquentes : la production mondiale d'or passe de 18 tonnes en 1800 à plus de 206 tonnes en 1860, soit une multiplication par onze. En resserrant la focale sur notre période, l'évolution est tout autant impressionnante : durant les années 1851-1870, il est produit dix fois plus d'or que durant les deux décennies précédentes. Sur la même période, la production mondiale d'argent progresse moins rapidement : elle passe de 886 tonnes à 1'339 tonnes. En raison de ces changements dans la production des deux métaux, le prix de l'or chute, alors que celui de l'argent augmente. Ce sont donc bien deux décennies de profonds bouleversements qui ont lieu sur le plan des métaux précieux.

Cette modification dans les quantités produites a des effets sur la circulation monétaire de la majorité des pays dès les premières années de la décennie 1850. Les réactions pour faire face à ces changements diffèrent cependant d'un pays à l'autre. Les Etats-Unis procèdent à la diminution du titre de certaines monnaies d'argent pour éviter qu'elles ne disparaissent de la circulation[64]. La Belgique et la Hollande démonétisent au début des années 1850 les pièces d'or pour s'en tenir à l'étalon-argent. De son côté, la France fabrique des quantités considérables de pièces d'or pour essayer d'absorber au fur et à mesure le métal jaune qui inonde le continent, ce qui a comme conséquence de modifier en profondeur la structure de la circulation monétaire.

---

63 Veit, Otto, *Grundriss der Währungspolitik*, Frankfurt : F. Knapp, 1961, pp. 348 et 358.

64 *Ibid.*, p. 373.

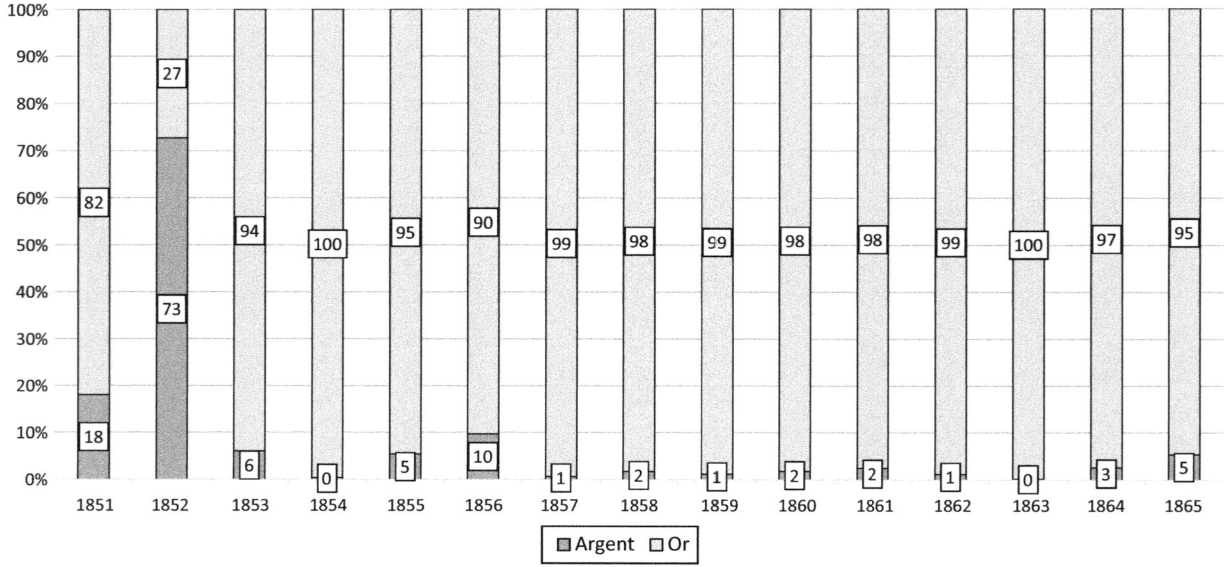

Graphique 16 : part respective de l'or et de l'argent dans la valeur totale des frappes françaises entre 1851 et 1865, en % du total[65]

65 Source du graphique : FLANDREAU, Marc, *L'or du monde*, *op. cit.*, annexe F. Frappes annuelles d'or et d'argent en France (1796-1878) pp. 342-343.

Alors que jusqu'en 1850, la frappe de pièces d'argent représente la majorité de la production d'espèces françaises, on assiste à un brusque retournement dans les proportions par la suite. A partir de 1853, la part de l'argent passe sous la barre des 10 % de la production totale de pièces métalliques et ne s'élève plus qu'à quelques pourcents entre 1857 et 1865. Entre 1851 et 1865, ce sont ainsi pour 5'243 millions de FF en pièces d'or qui sont frappées, contre 284 millions en FF en argent[66]. En l'espace de deux décennies (1850-1870), la France frappe à elle seule 40 % de la production mondiale du métal jaune[67].

Pour bien comprendre quels sont les effets de cet afflux d'or sur la France, il faut tout d'abord commencer par dire que la législation monétaire de 1803 introduit un rapport de valeur fixe entre l'or et l'argent qui est établi à 1/15.5. Cela signifie qu'un kg d'or a la même valeur que 15.5 kg d'argent. Précisons au passage que chaque pays bimétalliste fixe un rapport de valeur légal qui lui est propre : celui de 1/15.5 ne concerne que la France. Tant que la production mondiale d'or et d'argent reste stable, ce rapport légal demeure conforme à la réalité du marché (ratio commercial), c'est-à-dire au prix auquel ces deux métaux s'échangent sur le marché selon la loi de l'offre et de la demande. L'augmentation massive de la production mondiale de l'or vient rompre cet équilibre, sans pour autant engendrer une variation trop importante du prix des deux métaux sur les marchés[68]. Le pic est atteint durant le second semestre de 1857, lorsque la prime sur l'argent sur la place de Paris s'élève à 3.25 %[69]. Le graphique ci-dessous

---

66 Chiffres calculés à partir de *Idem*. Des estimations antérieures fournissent un ordre de grandeur similaire, quoique légèrement différent. Cf. par exemple celles de Feer-Herzog, Carl, *L'unification monétaire internationale, ses conditions et ses perspectives*, Genève : A. Cherbuliez & Cie, 1869, note 1 p. 51.

67 Cameron, Rondo, *La France et le développement économique de l'Europe*, *op. cit.*, p. 117.

68 Ceci s'explique, à la différence des autres biens, par la demande constante combinée des Etats et des banques centrales. Cf. Veit, Otto, *Grundriss der Währungspolitik*, *op. cit.*, pp. 358-350 et Plessis, Alain, *La politique de la Banque de France, 1851-1870*, Genève : Droz, 1985, pp. 118-120. Ces propos sont confirmés par les chiffres : le prix de l'or et de l'argent sur différentes places mondiales se trouve dans Schneider, Jürgen *et alii* (Eds.), *Währungen der Welt 1, Teilband I*, *op. cit.*, pp. 264-305. La cote de l'argent et de l'or sur la place de Paris figure dans Flandreau, Marc, *L'or du monde*, *op. cit.*, annexe L. Cote de l'or à Paris à la fin de chaque mois (1846-1875), pp. 351-353 et annexe M. Cote de l'argent à Paris à la fin de chaque mois (1846-1879), pp. 354-355.

69 Flandreau, Marc, *L'or du monde*, *op. cit.*, annexe M. Cote de l'argent à Paris à la fin de chaque mois (1846-1879), pp. 354-355.

fournit une illustration du changement qui s'opère dès la fin des années 1840 dans le rapport de valeur entre les deux métaux à l'échelle mondiale. Il permet de bien mettre en évidence que le rapport commercial ploie sous l'effet de cette masse d'or disponible : de 1/15.85 en 1848, il diminue à 1/15.19 en 1859, l'or perdant ainsi 3.5 % de sa valeur par rapport à l'argent[70]. Pour le dire autrement, l'argent fait prime sur l'or : devenu comparativement plus rare que l'or, sa valeur augmente.

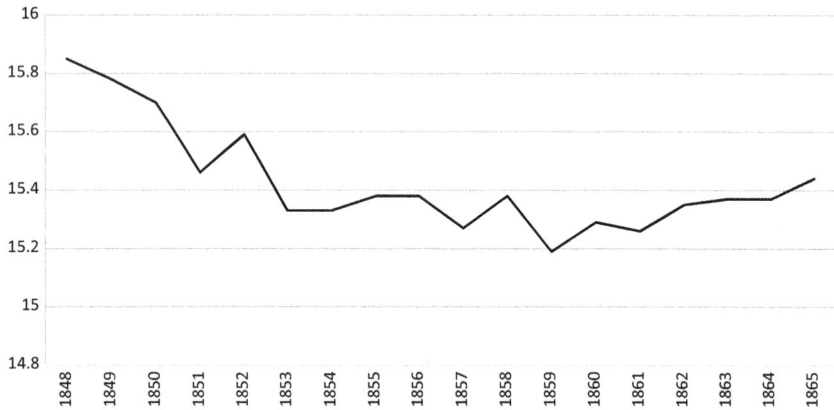

Graphique 17 : évolution du rapport du nombre de kg d'argent pour 1 kg d'or à l'échelle mondiale entre 1848 et 1865[71]

Dans les pays bimétallistes où deux monnaies ont une force libératoire égale, c'est-à-dire qu'elles peuvent toutes deux être légalement utilisées comme moyen de paiement, comme c'est le cas en France, seule la monnaie surévaluée reste dans la circulation selon la loi dite de Gresham. Arrêtons-nous un moment sur ce fonctionnement, car il est absolument déterminant de bien le comprendre pour saisir dans quelle situation se trouve la Suisse durant les quinze années qui suivent la fondation de l'Etat fédéral sur le plan monétaire. Avec l'afflux d'or, le rapport commercial passe sous le rapport légal fixé à 1/15.5. Il devient dès lors avantageux pour un détenteur de pièces d'argent de les faire fondre et de vendre les lingots sur le marché. Avec la somme récupérée, il lui est loisible d'acheter

70 Le rapport entre les deux métaux sur la longue durée est fourni par Soetbeer, Adolf, *Edelmetall-Produktion*, *op. cit.*, pp. 130-131.

71 Source du graphique : *Ibid.*, p. 131.

de l'or en lingots, de l'amener à l'Hôtel des Monnaies et d'en faire fabriquer des pièces. Ce personnage a donc, schématiquement, échangé ses pièces d'argent contre des pièces d'or, mais a réalisé au passage un profit d'arbitrage en exploitant la différence entre le ratio légal et le ratio commercial[72]. Ce bénéfice s'élève à la différence entre le prix d'achat et le pair officiel, déduction faite des frais liés au transport, à la frappe, aux primes d'assurances et aux intérêts sur les fonds engagés.

Ces possibilités de gain ne se limitent toutefois pas à l'intérieur des pays bimétallistes. Ils peuvent également se réaliser à l'échelle internationale entre deux pays qui auraient deux ratios légaux différents. Prenons cette fois-ci un exemple pour s'assurer de bien comprendre ce fonctionnement. Nous l'avons dit, le rapport légal entre les deux métaux est fixé dans la législation française à 1/15.5. En avril 1852, les Etats-Unis procèdent à une importante diminution de 7 % de ce même rapport, qui passe de 1/15.98 à 1/14.88. L'objectif est d'éviter que la circulation soit engorgée par l'or à la suite de la découverte de mines en Californie, en favorisant l'importation d'argent et l'exportation de l'or. Admettons donc un particulier français qui posséderait 1'000 pièces de 5 FF en argent, représentant un poids total de 22'500 grammes d'argent fin. Jusqu'en 1852, il a tout intérêt à les échanger contre de l'or en France plutôt qu'aux Etats-Unis, puisque le cours y est plus bas; il gagne l'équivalent de la différence en pourcents entre le rapport qui existe entre les deux pays (15.5 et 15.98), soit environ 3 %. Après 1852, la situation change. En procédant à l'exportation de son argent vers les Etats-Unis, ce particulier réalise un gain de 4 %, puisque le rapport entre les deux métaux y est désormais plus bas qu'en France[73]. Ainsi, plus le rapport baisse, plus ce personnage a intérêt à vendre ses pièces d'argent contre de l'or à l'étranger. C'est précisément ce qui se passe au début des années 1850 en Europe. En raison

72 Selon les calculs de l'économiste Angela Redish, dès que le cours passe sous la barre légale des 1/15.5 en France, il devient profitable d'exporter les nouvelles pièces d'argent françaises; sous le rapport de 1/15.04, les anciennes pièces d'argent gagnent aussi à être envoyées à l'étranger. Cf. Redish, Angela, «The Latin Monetary Union», *op. cit.*, pp. 68-85 (ici, p. 73). A ce propos, se référer également à Thuillier, Guy, «Pour une histoire monétaire en France», *op. cit.*, pp. 722-731 (ici, pp. 722-723).

73 Cet exemple pourrait s'appliquer à d'autre pays, en raison de la diversité des rapports qui existe entre les pays. Le rapport est ainsi de 1/15.79 en Belgique et de 1/15.00 au Portugal et en Russie. Cf. Haerne, Désiré Pierre Antoine de, *La question monétaire considérée en général et dans ses rapports avec l'Angleterre, la France, la Suisse et la Belgique*, Bruxelles: A. Decq; Paris: Guillaumin, 1860, p. 17.

des opportunités d'arbitrage offertes par le système bimétalliste français, l'or y afflue en quantités considérables, car le ratio commercial est plus bas que le ratio légal[74]. Les négociants, banquiers et autres spéculateurs profitent de ces conditions : il se met alors en place un très important commerce d'exportation des lingots et des écus d'argent européens à destination des Etats-Unis dans un premier temps, puis surtout de l'Asie. Quelques chiffres suffisent à en prendre la mesure. Entre 1851 et 1859, l'Angleterre exporte pour un total cumulé de plus de 1'674 millions de FF d'argent en Inde : de 43 millions de FF en 1851, la somme passe à 367 millions de FF en 1859, avec un pic à 420 millions de FF en 1857. Sur la même période, ce ne sont que 140 millions de FF d'or qui sont exportés dans la même direction[75]. Tout comme dans l'exemple pris ci-dessus, le rapport de valeur entre les deux métaux entre l'Europe et l'Asie contribue à un drainage important de l'argent dans cette direction, puisque le rapport y est de 1/15.00, soit 3.5 % de différence avec la France. Ainsi, tant que l'agio sur l'argent sur les places européennes n'atteint pas 3.5 %, il vaut la peine d'exporter.

Pourquoi de tels montants sont-ils exportés en direction des marchés asiatiques ? Car la demande en argent explose durant cette période[76]. Entre 1851 et 1865, l'Inde seule absorbe 81 % de la production mondiale d'argent[77]. Craignant que l'augmentation de la production d'or et son arrivée massive en Angleterre engendrent une dépréciation de la valeur du métal jaune, l'Inde démonétise toutes ses pièces d'or et adopte l'étalon-argent début 1853, ce qui fait exploser

---

74 Paillard, Georges, *La Suisse et l'Union monétaire latine*, *op. cit.*, pp. 13-14.

75 Ces chiffres sont tirés du « Rapport de la majorité de la Commission du Conseil national sur la question monétaire (du 14 janvier 1860) », *op. cit.*, pp. 119-140 (ici, annexe 1 p. 134). Flandreau, Marc, *L'or du monde*, *op. cit.*, p. 216, propose une illustration graphique de ces exportations. Plusieurs séries de données portant sur l'importation et l'exportation de métaux précieux d'Angleterre permettant de bien saisir le poids et le rôle de cette puissance dans ce domaine figurent dans Haerne, Désiré Pierre Antoine de, *La question monétaire*, *op. cit.*, pp. 23-29.

76 Denzel, Markus A., « Vom "Schweizerfranken" zum "schweizer Franken" », *op. cit.*, pp. 72-81 (ici, note 12 p. 77) ; Veit, Otto, *Grundriss der Währungspolitik*, *op. cit.*, pp. 360-361 ; Graf, Barbara, *Die Schweiz und die lateinische Münzunion*, *op. cit.*, pp. 55-56. Aux éléments énoncés dans le texte, il faut aussi ajouter le passage à l'étalon-argent de la Hollande en 1847 et l'importation en Europe de céréales américaines suite aux mauvaises récoltes de 1853.

77 Pourcentage calculé à partir des données de production mondiale d'argent et de consommation de l'Inde fournies par Helfferich, Karl, *Das Geld*, *op. cit.*, p. 130. Cf. aussi Meyer, Albert, « Thatsachen des Währungswesens », *op. cit.*, pp. 71-113 (ici, pp. 75-79).

la demande à la hausse, afin de couvrir les besoins en métal pour frapper les pièces. Plusieurs conflits militaires – la révolte de Taiping en Chine qui dure plus de dix ans et la révolte des cipayes en Inde en 1857 – nécessitent par ailleurs le paiement de la solde des troupes en monnaies d'argent. Ce sont toutefois les rapports commerciaux avec l'Asie qui jouent un rôle déterminant. Durant les années 1850, les importations européennes de produits asiatiques (thé, soie, coton, soie grège ou encore épices) explosent[78]. En raison de l'étalon-argent qui est en vigueur dans ces pays, tous les achats se règlent avec des espèces de ce métal. Or, les importations européennes ne sont pas couvertes par des exportations équivalentes de produits manufacturés[79]. Bien que la valeur des exportations anglaises envoyées en Inde double entre 1853 et 1858, elles ne suffisent pas à équilibrer la balance commerciale déficitaire entre les deux partenaires. Pour la seule année 1857, le déficit anglais s'élève à 140 millions de FF. Le commerce sino-anglais connaît un cas de figure identique.

Pour régler ce déficit, l'Angleterre, qui draine la majorité de l'or découvert en Australie durant les années 1850, exporte du métal jaune vers les pays européens en échange de quantités considérables d'argent, qu'elle redirige ensuite en direction de l'Asie. Elle va puiser dans la circulation française, le banquier argent de l'Europe, le métal nécessaire à régler ses affaires. En 1859, elle exporte ainsi 208 millions de FF d'or en France et en importe pour 5'160 millions de FF d'argent. Ce commerce a notamment pour conséquence d'alimenter la hausse du prix de l'argent : pour faire face à sa disparition, les gens thésaurisent l'argent, devenu réserve de valeur, et règlent leurs activités avec de l'or. Premières à quitter le territoire français dès le début des années 1850, les grosses pièces d'argent sont suivies, dès 1859, par les petites pièces. Plus l'or perd en valeur par rapport à l'argent, puis il devient profitable d'exporter, même des pièces au contenu métallique moindre.

Durant les années 1850, l'or s'impose donc progressivement comme la monnaie métallique de référence en France, d'abord à Paris, puis dans les provinces dans un second temps[80]. Sous la pression du contexte monétaire international, les nouvelles pièces fabriquées en argent ne parviennent pas à prendre durablement pied dans la circulation : les frappes françaises effectuées entre 1853

78 PAILLARD, Georges, *La Suisse et l'Union monétaire latine*, *op. cit.*, p. 12.

79 Les chiffres qui suivent sont tirés de HAERNE, Désiré Pierre Antoine de, *La question monétaire*, *op. cit.*, pp. 8, 11, 13 et 29.

80 THUILLIER, Guy, « Pour une histoire monétaire en France », *op. cit.*, pp. 722-731 (ici, pp. 724-731) ; FLANDREAU, Marc, *L'or du monde*, *op. cit.*, pp. 66-71.

et 1866 sont ainsi exportées à hauteur de 79 %[81]. En 1865, environ 75 % de la circulation de monnaies métalliques en argent a quitté la France[82]. Il faut enfin relever que selon certaines estimations de l'époque, l'afflux d'or sur le continent européen entraine une importante augmentation des prix : la hausse serait de 20 à 30 % dans le commerce de détail et de 4 à 5 % dans le commerce de gros[83].

La décennie qui suit la fondation de l'Etat fédéral se caractérise ainsi par de profonds bouleversements dans le rapport de valeur entre l'or et l'argent à l'échelle mondiale. Les premières années d'existence du FS en sont fortement marquées. La mise en place d'une politique fédérale dans le domaine monétaire doit alors composer avec cette nouvelle configuration. Les conditions-cadres monétaires minimales de 1850 se révèlent rapidement insuffisantes pour assurer l'approvisionnement en numéraire du pays de façon pérenne et garantir l'intégration commerciale de la Suisse à l'échelle internationale. Il devient dès lors très rapidement nécessaire de compléter les dispositions de la loi de 1850 pour éviter de se retrouver isolée. La première étape consiste à réduire les effets induits par la pratique du « parasitisme monétaire », ce qui passe par la mise en place d'un Hôtel des Monnaies, seule solution à même de réduire la dépendance envers la France pour son approvisionnement en monnaies. C'est à cette question que la prochaine partie est consacrée.

7.1.3. La création de l'Hôtel suisse des Monnaies : un outil potentiel d'indépendance monétaire qui doit être rentable

Durant la réforme monétaire fédérale, la question de la nécessité de créer un Hôtel des Monnaies en Suisse pour procéder à la frappe des premiers FS donne lieu à un important débat. L'expert monétaire Speiser s'était d'emblée prononcé en faveur de la frappe à l'étranger et contre l'érection d'un Hôtel des Monnaies en Suisse. Rappelons brièvement quelles étaient ses principales motivations[84]. La plus importante a trait aux frais qu'une frappe en Suisse engendrerait. Partisan d'une réduction des coûts de fonctionnement de l'Etat fédéral, l'expert bâlois ne veut pas grever son budget avec ce poste supplémentaire. Selon ses

---

81 FLANDREAU, Marc, *L'or du monde*, *op. cit.*, p. 144.

82 THIVEAUD, Jean-Marie, « L'Union latine », *op. cit.*, pp. 19-25 (ici, p. 20).

83 « Rapport du Conseil fédéral à la haute Assemblée fédérale concernant la question du tarifage de l'or (Du 25 Juin 1856) », *Feuille fédérale*, Vol. 2, 33, 05.07.1856, pp. 141-169 (ici, p. 165).

84 Se référer au chapitre 6.1.1 pour le détail.

calculs, ce seraient en effet 400'000.- FS qui seraient nécessaires pour mettre sur pied un Hôtel des Monnaies. Les frais d'exploitation courants seraient aussi à porter au budget chaque année. Ensuite, estimant que la frappe de pièces de 12 millions de FS serait suffisante, il ne veut pas s'engager à créer un tel établissement qui serait sans activité par la suite. Enfin, le temps nécessaire à ériger un Hôtel, estimé à une année, prolongerait inutilement la période de transition. Au contraire, la frappe à l'étranger procurait des avantages importants à ses yeux: garantie de la qualité, rapidité de frappe, faibles coûts de production et possibilité de se raccorder à un vaste réservoir monétaire qui satisfasse aussi bien la circulation intérieure que les besoins en matières premières des horlogers.

A peine la réforme est-elle clôturée que le contexte monétaire international, esquissé ci-dessus, influence considérablement la circulation des espèces sur le territoire helvétique. Il devient rapidement nécessaire d'alimenter le stock de numéraire à l'aide de nouvelles frappes: en 1853, la fabrication de 2 millions de pièces de 1 centime pose à nouveau la question de savoir s'il faut se tourner vers l'étranger ou s'il faut saisir cette occasion pour ériger un Hôtel des Monnaies en Suisse[85]. Speiser, qui continue jusqu'à son décès en 1856 à exercer une influence décisive sur la marche des questions monétaires helvétiques, change très vite son fusil d'épaule: à peine le retrait a-t-il débuté en août 1851 qu'il se prononce en faveur de la construction d'un Hôtel des Monnaies[86]. Plusieurs raisons expliquent ce changement d'avis[87]. La principale concerne l'insatisfaction du

85 Sur l'ouverture d'un Hôtel des Monnaies en Suisse, se référer à Bilfinger, Monica, Koch, Hanspeter, *La monnaie fédérale à Berne*, Berne: Société d'histoire de l'art en Suisse, 2006, 43 p. Quelques informations figurent aussi dans Schollenberger, Johann Jakob, *Die Schweiz seit 1848*, *op. cit.*, pp. 156-160, dans Mangold, Fritz, « Bankdirektor Johann Jakob Speiser », *op. cit.*, pp. 135-320 (ici, pp. 243-247) et dans Graf, Barbara, *Die Schweiz und die lateinische Münzunion*, *op. cit.*, pp. 67-70.

86 *Rapport final de la Commission monétaire suisse sur l'exécution de la réforme monétaire*, *op. cit.*, pp. 92-137 (ici, p. 134). Le « Message du Conseil fédéral aux Conseils législatifs de la Confédération, concernant l'établissement d'un hôtel suisse des monnaies (du 6 janvier 1854) », *op. cit.*, pp. 223-234 (ici, p. 224), mentionne deux rapports de Speiser – datés d'octobre 1851 et de juin 1852 –, qui n'ont pas été retrouvés, dans lesquels il fournit respectivement les raisons de cette nécessité et l'expertise nécessaire à cette construction.

87 « Message du Conseil fédéral aux Conseils législatifs de la Confédération, concernant l'établissement d'un hôtel suisse des monnaies (du 6 janvier 1854) », *op. cit.*, pp. 223-234 (ici, pp. 224-226).

travail effectué dans les Hôtels des Monnaies français[88]. La qualité de certaines pièces, surtout du billon, est parfois très mauvaise. La commission monétaire suisse estime ainsi qu'il faudrait retirer environ un demi-million de pièces fabriquées en France :

> « *Die Anzahl des fehlerhaften Stücke deren Zurückziehung gewiss sehr wünschene wäre, mag sich auf etwa ½ Million höchstens, belaufen ; genau diese Zahl anzugeben, ist nicht möglich, also auch nicht den Betrag der Umprägungskosten ; in Maximum der obigen Stückzahl dürften diese Kosten sich auf Fr. 3'000 belaufen. Wir sind übrigens der Ansicht, dass diese Umprägung erst später und gelegentlich vorzunehmen wäre* »[89].

Au-delà de la qualité, la surveillance exercée par les fonctionnaires français manque aussi à plusieurs reprises de rigueur. Les retards dans les livraisons figurent également parmi les éléments d'insatisfaction. Une seconde raison concerne les frais payés à l'étranger. Aux 112'000.- FS qui sont versés pour le transport de lingots et de pièces s'ajoutent quelque 30'000.- FS qui rémunèrent les ouvriers et fonctionnaires français ayant participé à la frappe de pièces suisses à titre de gratification. Les frais de fabrication sont également plus élevés que prévus. Ce sont donc plus de 150'000.- FS qui sont dépensés hors des frontières. Avec le recul, il s'avère que les avantages à se tourner vers la France en 1850 – principalement en ce qui concerne la qualité des frappes et la rapidité pour les obtenir – étaient indéniables dans la phase de construction du système monétaire suisse, mais qu'ils cessent d'être véritablement profitables pour l'entretien courant de la circulation. Le Bernois Friedrich Fueter le formule en ces termes :

> « *Si lors de la réforme générale des monnaies suisses, nous avions voulu faire la frappe nous-mêmes, cette grande opération se serait prolongée au point d'entraîner les plus graves inconvénients. Il importait d'abréger autant que possible la période de transition, afin de rendre supportable l'interrègne de l'ancien système au nouveau. [...] Les circonstances [en 1854, JC] sont tout autres. Il ne s'agit plus maintenant que de combler les lacunes là où le besoin s'en fait sentir* »[90].

Dès 1853, la disparition des premières pièces suisses de la circulation fait prendre conscience aux milieux économiques de la nécessité de disposer d'une

---

88 [s.a.], [s.n.], *Gazette de Lausanne*, 25.11.1851, p. 3.

89 Af, E12#1000/36#150*, lettre de la commission monétaire au DFF, 03.05.1852, 1 p.

90 « Rapport de la Commission du Conseil national concernant le projet de décret du Conseil fédéral pour l'établissement d'un hôtel suisse des monnaies (du 24 janvier 1854) », *Feuille fédérale*, Vol. 1, 14, 27.03.1854, pp. 625-637 (ici, p. 626). Sur Friedrich Fueter, cf. note 226 p. 376.

institution qui soit à même d'assurer le ravitaillement du pays[91], car la crainte d'une rupture de l'approvisionnement en numéraire est alors très répandue. Face au manque de métal blanc, les acteurs suisses appréhendent que les Hôtels français privilégient des frappes nationales ou qu'ils fassent payer un agio pour les fabrications étrangères[92]. La Guerre de Crimée qui débute en octobre 1853 fait aussi prendre conscience des risques de dépendance en cas de conflit : le grand réservoir français risque bien de se fermer ou de s'assécher, en raison du paiement de la solde des armées en pièces d'argent. La dépendance à ce service étranger n'est donc plus rentable pour la Suisse, les coûts à supporter ne correspondant plus aux bénéfices que le pays peut en tirer. Car il faut le dire, les milieux économiques suisses sont parfaitement conscients d'être dépendants de la France pour l'approvisionnement en numéraire. Parmi les nombreuses interventions sur le sujet, celle du politicien genevois James Fazy, extrêmement critique à l'égard du système introduit en 1850, mérite d'être citée : *« nous n'avons pas de monnaies en Suisse, car ces 12 millions de monnaie suisse ne sont qu'une mauvaise plaisanterie en comparaison de la masse de numéraire nécessaire à notre propre circulation, ce qui fait que nous dépendons de nos voisins »*[93].

Dans ces conditions, le CF, sur la base des rapports de Speiser, propose en janvier 1854 l'ouverture d'un Hôtel des Monnaies. Contrairement à 1850 où un

91 [s.a.], « Die eidgenössische Münzstätte », *Der Bund*, 12.01.1854, pp. 1-2 et [s.a.], « Die eidgenössische Münzstätte (Schluss) », *Der Bund*, 13.01.1854, pp. 2-3 ; [s.a.], [s.n.], *Journal de Genève*, 18.10.1853, p. 2.

92 [s.a.], « Eidgenössische Münzstätte », *St. Galler Zeitung*, 21.01.1854, p. 1 ; [s.a.], « Eidgenössische Münzstätte (Schluss) », *St. Galler Zeitung*, 22.01.1854, p. 1.

93 Intervention de James Fazy lors de la séance du CE du 17.07.1856, citée in [s.a.], « Assemblée fédérale », *Nouvelliste vaudois*, 18.07.1856, pp. 1-2 (ici, p. 2). Sur cette question de la dépendance à la France entre la réforme monétaire et l'ouverture de l'Hôtel suisse des Monnaies, on trouve le point de vue des Bâlois in AF, E12#1000/36#129*, lettre du bourgmestre de Bâle Johann Jakob Burckhardt au CF, 28.01.1854, 3 p. (ici, p. 2) et en particulier celui de Speiser dans le même fonds : lettre de Speiser au CF, 08.02.1854, 3 p. (ici, p. 1), ainsi que dans Bibliothèque nationale suisse, Speiser, Johann Jakob, *Vorschläge, betreffs Massregeln hinsichtlich der Goldfrage, in Basel [Vom 3 Oktober 1856]*, manuscrit, 1856, p. 2. Le point de vue des Zurichois figure in AF, E12#1000/36#129*, Rapport de la "Zürcher Handelskammer" au Conseil d'Etat zurichois, 28.01.1854, 4 p. (ici, p. 3) et celui des Bernois dans le même fonds, lettre de la "Banque cantonale de Berne" au DFF, 06.02.1854, 3 p. (ici, pp. 1-2). Les Saint-Gallois soulignent à l'envie cette dépendance, par exemple in AF, E12#1000/36#129*, rapport du président Wetter-Aepli du "Kaufmännische Direktorium St. Gallen" au Petit conseil, 06.02.1854, 4 p. (ici, p. 1).

tel établissement était considéré comme une charge qui grèverait durablement le budget fédéral pour une utilisation limitée, il est désormais perçu comme un investissement indispensable pour la pérennité du système monétaire. La nécessité de surveiller plus strictement les composantes métalliques de la circulation est importante pour éviter de retomber dans une situation similaire à celle d'avant 1848 où des grandes quantités de pièces de très mauvaise qualité circulaient. Des retraits périodiques doivent s'accompagner de frappes régulières à même d'alimenter le stock des espèces à disposition. Par ailleurs, le CF sait parfaitement que les estimations de Speiser lors de la réforme et les premières frappes qui ont suivi sont très loin de pouvoir couvrir les besoins : des frappes ultérieures seront sans aucun doute nécessaires[94].

Tout comme l'expert bâlois, le CF ne veut toutefois pas que l'ouverture d'un Hôtel constitue une charge financière. Pour parer à cette éventualité, il conçoit un projet qui limite au maximum toutes les charges. D'un côté, il compte récupérer l'Hôtel des Monnaies bernois et le moderniser, économisant au passage les frais de construction d'un bâtiment neuf. De l'autre côté, cet établissement doit être rentable, c'est-à-dire que l'exercice de la régale monétaire doit procurer un bénéfice suffisant à couvrir les frais courants d'exploitation. Pour y parvenir, le CF projette deux mesures. D'une part, il n'est pas question de fabriquer des grosses espèces qui, rappelons-le, ne procurent aucun gain. Au contraire, ne procéder qu'à des frappes de petites pièces fournirait un bénéfice appréciable. D'autre part, puisque la production de faibles quantités de pièces de monnaies risque d'être insuffisante à couvrir les frais d'exploitation, le CF est favorable à ajouter la fabrication de médailles et de pièces commémoratives (comme les pièces de tir). Les timbres de la poste suisse, qui sont fabriqués durant cette première période à Munich, entreraient aussi dans le rayon d'activités de l'Hôtel des Monnaies. Envisagé de cette manière, l'Hôtel n'engendrerait que les frais initiaux d'acquisition du matériel technique – évalués à 60'000.- FS[95] – et couvrirait ses propres dépenses par la suite.

Le projet du CF reçoit le soutien total de l'inspecteur fédéral des monnaies (*Münzwardein*), Hermann Custer. A ses yeux, un Hôtel des Monnaies doit

94 « Message du Conseil fédéral aux Conseils législatifs de la Confédération, concernant l'établissement d'un hôtel suisse des monnaies (du 6 janvier 1854) », *op. cit.*, pp. 223-234 (ici, p. 227).

95 Le CF se base sur une expertise de l'Allemand Rössler du 29.05.1852 pour le volet technique de l'organisation. Le détail des outils et des machines à acquérir se trouve dans *Ibid.*, annexe B.

toutefois reposer sur le régime de la frappe libre. Voici comment il formule son projet :

> « *Die meiste französische Baarschaft wird wohl in der Schweiz auf die Weise bezogen, dass Wechsel auf Paris, mit welchen schweizerische Fabrikate bezahlt werden, von den Besitzern gegen Fünffränkler an Basler Bankhäuser abgegeben werden, welche Letztere ihrerseits wieder diese Wechsel bei der Mühlhauser Bank scontiren, oder deren Gegenwerth direct von Paris beziehen. [...] Statt dass nun, wie bisher, die Basler Bankhäuser ihre Wechsel in Mühlhausen oder Paris gegen französische Münzen verwerthen, können sie in Zukunft gewiss eben so gut von Paris oder von London aus Barrensilber beziehen, das sodann in der eidgenössischen Münzstätte gegen Bezahlung möglichst niedrig zu stellender Fabricationskosten in Fünffrankenthaler verwandelt wird, und dann wieder nach Basel, oder direct an einen andern Bestimmungsort in der Schweiz wandert* »[96].

L'objectif de Custer est double. Il veut, d'une part, assurer l'approvisionnement en numéraire des négociants et des fabricants pour éviter qu'ils ne dépendent des pièces françaises, qui disparaissent justement de la circulation à ce moment[97]. Octroyer ce privilège au commerce permettrait de se protéger des secousses monétaires françaises et fournirait un outil supplémentaire pour garantir l'indépendance du pays dans ce domaine. D'autre part, ce régime de la frappe libre fournirait à l'Hôtel des Monnaies une source de gains supplémentaire. En donnant l'opportunité au public de pouvoir transformer directement ses lingots sans passer par un établissement bancaire, Custer estime que les bénéfices en résultant couvriraient aisément les frais d'acquisition du matériel nécessaire à ce type d'opérations.

Les deux commissions du CN et du CE chargées d'étudier la question sont unanimes à suivre le CF, mais ne retiennent pas la proposition de la frappe libre de Custer[98]. Au contraire de ce dernier, elles estiment qu'une telle pratique ne

---

96 CUSTER, Hermann, *Die Tarifirung der französischen Goldmünzen in der Schweiz*, *op. cit.*, p. 41. Sur Hermann Custer, cf. note 4 p. 527.

97 Le politicien genevois James Fazy, fondateur en 1853 et membre du CA (1853-1865) de la "Banque générale de crédit international mobilier et foncier", est aussi favorable à introduire le régime de la libre frappe en Suisse. Cf. son intervention lors de la séance du CE du 17.07.1856, citée in [S.A.], « Assemblée fédérale », *Nouvelliste vaudois*, 18.07.1856, pp. 1-2 (ici, p. 2). Certains acteurs zurichois soutiennent également cette mesure dès 1850 : cf. [S.A.], « Schweiz », *Zürcherische Freitags-Zeitung*, 26.04.1850, p. 2.

98 Le rapport du CE est retranscrit dans AF, E1401#1960/58#7*, Protocole du CE, séance du 18.01.1854, n° 514. Celui du CN est publié dans la *Feuille fédérale* : « Rapport de la Commission du Conseil national concernant le projet de décret du

serait pas rentable pour l'Hôtel des Monnaies[99]. Pour les membres des deux commissions, il est absolument déterminant de pouvoir disposer de petites pièces en toutes circonstances pour éviter une rupture sur les marchés de proximité. Puisque la quantité frappée en 1851/1852 est insuffisante à couvrir les besoins, il ne fait aucun doute à leurs yeux qu'il faudra procéder à des frappes régulières dans un avenir proche. La reconfiguration du marché international des métaux précieux durant ces années agit comme un facteur qui justifie la nécessité de pouvoir intervenir sur la circulation monétaire. De ce point de vue, un Hôtel des Monnaies pourrait remplir cette fonction, tout en limitant la dépendance envers la France. La commission du CN le formule en ces termes: *« [...] votre Commission estime que c'est une question d'honneur pour la Suisse de se rendre indépendante à cet égard [frappe de petites monnaies, JC] et de ne pas devoir subir les conditions qu'il plaît à l'étranger de nous imposer »*[100]. Cet établissement représenterait ainsi un outil important pour l'indépendance monétaire du pays. Lors de la discussion en plénum, les deux Chambres acceptent le projet du CF sans discussion[101]. Cette décision reflète assez fidèlement le soutien unanime des milieux économiques sur cette question. Certes, c'est l'occasion pour les Saint-Gallois de souligner les erreurs de Speiser, le *« schweizerische Münzgott oder Münzpapst »*, et d'attaquer une nouvelle fois son emprise sur la marche des affaires monétaires, mais ces critiques demeurent très isolées[102].

Conseil fédéral pour l'établissement d'un hôtel suisse des monnaies (du 24 janvier 1854) », *op. cit.*, pp. 625-637.

99 La frappe libre de pièces d'or pour les particuliers est introduite par un règlement fédéral en 1873 : « Règlement pour la frappe de monnaies d'or pour le compte des particuliers (du 15 janvier 1873) », *Feuille fédérale*, Vol. 1, 3, 18.01.1873, pp. 29-30. Le public ne paraît toutefois pas y recourir de manière importante : Chaponnière, Olivier, *Monnaies d'or de la Suisse 1851-2022*, Genève : Chaponnière & Firmenich, 2022, p. 26 et Paillard, Georges, *La Suisse et l'Union monétaire latine*, *op. cit.*, pp. 95-102.

100 « Rapport de la Commission du Conseil national concernant le projet de décret du Conseil fédéral pour l'établissement d'un hôtel suisse des monnaies (du 24 janvier 1854) », *op. cit.*, pp. 625-637 (ici, p. 627).

101 Sur le CE : [s.a.], « Conseil des Etats », *Nouvelliste vaudois*, 24.01.1854, p. 2 ; [s.a.], « Conseil des Etats », *Journal de Genève*, 20.01.1854, p. 1 ; [s.a.], « Conseil des Etats », *Journal de Genève*, 22.01.1854, pp. 2-3 ; [s.a.], [s.n.], *Neue Zürcher Zeitung*, Beilage n° 19, 19.01.1854, p. 2. Sur le CN : [s.a.], « Conseil national », *Journal de Genève*, 31.01.1854, p. 2 ; [s.a.], « Nationalrath », *Eidgenössische Zeitung*, 30.01.1854, p. 1 ; [s.a.], « Nationalrath », *Neue Zürcher Zeitung*, 30.01.1854, p. 1.

102 [s.a.], « Eidgenössische Münzstätte », *St. Galler Zeitung*, 21.01.1854, p. 1.

Une fois le projet accepté, la deuxième phase consiste à le mettre à exécution[103]. C'est à cette occasion que des difficultés inattendues apparaissent. Elles révèlent bien la complexité à organiser et à prendre en main la politique fédérale dans le domaine monétaire. Les négociations avec la ville de Berne pour récupérer son ancien Hôtel des Monnaies ne se déroulent en effet pas comme prévu[104]. La frappe de quelque 20'000.- FS en pièces de 1 centime dans l'Hôtel bernois en 1853 révèle l'inadéquation du matériel et des ateliers : il est donc nécessaire de moderniser cet institut[105]. Les autorités fédérales se reposent sur l'arrêté du 27.11.1848 concernant les prestations à fournir par le chef-lieu fédéral qui stipule qu'en tant que capitale, Berne doit mettre gratuitement à la disposition de l'Etat central son Hôtel des Monnaies et assumer les frais de modernisation du bâtiment. La ville de Berne ne l'entend pas de cette manière. A ses yeux, elle ne doit fournir qu'une partie des ateliers et n'a pas à assumer de charges financières. Il faut près de dix mois de tractations et la médiation du CdE bernois Jakob Stämpfli pour que les deux parties se mettent d'accord[106]. Mi-octobre 1854, un terrain d'entente est finalement trouvé : la ville de Berne cède l'usufruit de son Hôtel, alors que l'Etat fédéral s'engage à prendre à sa charge les frais de modernisation (estimés à 23'800.- FS) et à assumer toutes les charges d'entretien ultérieures. Les concessions des autorités politiques fédérales dans ce dossier s'expliquent dans l'urgence dans laquelle elles se trouvent de procéder à de nouvelles frappes, déjà retardées par ces longues négociations. Le manque de billon se fait sentir dans la circulation et se tourner vers l'étranger serait d'une part contraire au vote sur l'érection d'un Hôtel en Suisse et rallongerait, d'autre part, le processus.

En septembre 1855, l'Hôtel suisse des Monnaies débute son activité. Il est toutefois très peu utilisé durant les dix années qui suivent, comme en témoignent les chiffres présentés dans le tableau ci-dessous.

---

103 « Arrêté fédéral concernant l'établissement d'un Hôtel suisse des monnaies (du 28 janvier 1854) », in *Recueil officiel*, *op. cit.*, Tome IV, 1854, pp. 19-20.

104 « Message du Conseil fédéral à l'Assemblée fédérale, touchant la convention avec Berne et le crédit supplémentaire relatifs à l'Hôtel suisse des Monnaies (27 Novembre 1854) », *Feuille fédérale*, Vol. 3, 55, 02.12.1854, pp. 485-494.

105 Graf, Barbara, *Die Schweiz und die lateinische Münzunion*, *op. cit.*, p. 67.

106 Bilfinger, Monica, Koch, Hanspeter, *La monnaie fédérale à Berne*, *op. cit.*, p. 5. Sur Jakob Stämpfli, cf. note 14 p. 411.

Tableau 21 : nombre de pièces et valeur des francs suisses en argent frappés dans l'Hôtel suisse des Monnaies entre 1855 et 1865[107]

Type de pièces	Nombre de pièces	Valeur (en FS)
2.-	3'501'382	7'002'764
1.-	3'518'084	3'518'084
20 cts	4'323'825	864'765
2 cts	1'000'000	20'000
1 ct	6'589'397	65'894
Total	**16'930'869**	**11'471'508**

Durant cette première décennie d'activité, seuls 11.5 millions de FS sont fabriqués, représentant un peu moins de 17 millions de pièces. Cette somme est extrêmement faible. On se rappelle en effet que la valeur de toutes les frappes effectuées en France en 1851-1852 se monte à 17.4 millions de FS. Par ailleurs, il faut prendre en compte qu'entre 1861 et 1865, les autorités procèdent au retrait de plus de 2.2 millions de FS afin d'obtenir le métal nécessaire à des frappes à un titre différent[108]; nous aurons l'occasion d'y revenir. Il faut aussi souligner qu'aucune pièce d'or n'est frappée en Suisse durant cette période, malgré l'arrivée massive du métal jaune sur le continent. Ainsi, en 1865, le montant total de pièces disponibles portant la marque du souverain suisse s'élève à 26'648'228.- FS[109]. Considérant une population de quelque 2.5 millions d'habitants en 1860, cela signifie que chaque tête dispose de moins de 11.- FS. A titre de comparaison, les quantités disponibles en France sont quinze fois plus élevées : elles se montent à 165.- par personne à la même date[110]. La Suisse vit donc bel et bien sur le stock de numéraire étranger, en particulier français, durant la décennie et demie qui suit la naissance de l'Etat fédéral : le « parasitisme monétaire » pratiqué au début des années 1850 ne doit donc pas être considéré comme une nécessité qui serait liée au besoin de créer de toute pièce un système monétaire dans un bref délai, mais bien comme une de ses composantes essentielles. L'ouverture de l'Hôtel des Monnaies n'a en effet pas pour principale fonction de réduire la

107 Source du tableau : annexe 9.

108 Le détail des retraits figure dans l'annexe 11.

109 Ce chiffre est calculé à partir des montants de frappe et de retrait fournis dans les annexes 9 et 11.

110 Flandreau, Marc, *L'or du monde*, *op. cit.*, pp. 22-23. En Belgique, 152.- sont disponibles par habitant, 114.- en Angleterre, 51.- en Italie et 48.- en Allemagne.

dépendance de l'approvisionnement en grosses espèces, comme en témoignent les chiffres présentés ci-dessus. Non, l'objectif est d'assurer de disposer d'un outil capable de fournir dans des délais assez courts de la petite monnaie, tout en continuant à se reposer sur le réservoir français pour les grosses espèces[111]. Le résultat d'exploitation de l'Hôtel fédéral des Monnaies confirme cette intention et offre l'occasion de mesurer les implications financières du « parasitisme monétaire » durant les trois décennies qui suivent l'adoption de la monnaie unique en Suisse (cf. le graphique qui suit). De 3'389.- FS en 1857, les bénéfices sur la frappe de pièces sont multipliés par plus de cent en trois ans : ils s'élèvent en 1860 à 349'159.- FS. Entre 1864 et 1871, le résultat d'exploitation est négatif, ce qui s'explique, nous le verrons en détail plus loin, par le retrait de grosses quantités de monnaies suite au changement de titre décidé en 1860. Ces frais ne sont compensés que par de très maigres frappes[112]. Par la suite, l'exploitation de l'Hôtel des Monnaies permet de dégager un bénéfice confortable. Versés sur un fonds de réserve, dont les intérêts de 4 % par an alimentent aussi ce fonds, les gains cumulés se montent en 1865 à 979'447.- FS, soit 8 % des dépenses de l'Etat fédéral à cette date[113] ; en 1879, après vingt-cinq ans d'exploitation, ils s'élèvent à 1'677'380.- FS. L'exercice de la régale monétaire a donc bien comme objectif de réaliser un gain en reportant autant que possible les charges de fabrication de pièces et d'entretien courant de la circulation sur l'étranger. De cette manière, le recours au fonds de réserve mis sur pied en 1859 permet de couvrir les dépenses ordinaires et extraordinaires qui résultent des modifications législatives qui ont lieu durant la décennie suivante sans qu'elles aient un impact financier trop important sur le budget de la Confédération.

---

111 Fasnacht, Luca, *Der Weg der Schweiz*, *op. cit.*, pp. 27-28.

112 Il est important de souligner que les gains liés à la fabrication de timbres-poste sont négligeables selon les propos du directeur de la Monnaie. Cf. Af, E12#1000/36#109*, *Jahresbericht über das Münzwesen pro 1858*, 08.02.1859, 5 p. (ici, p. 5)

113 Ce fonds de réserve est mis sur pied en 1859. Il est alimenté par les gains réalisés par l'Hôtel des Monnaies sur la frappe de pièces. Il a pour fonction de couvrir les frais liés à l'exploitation de cet établissement, comme l'achat de matériel technique, le retrait des monnaies usées ou encore les nouvelles frappes. Nous ignorons pour quelles raisons les intérêts ne sont plus versé sur le fonds de réserve à partir de 1876.

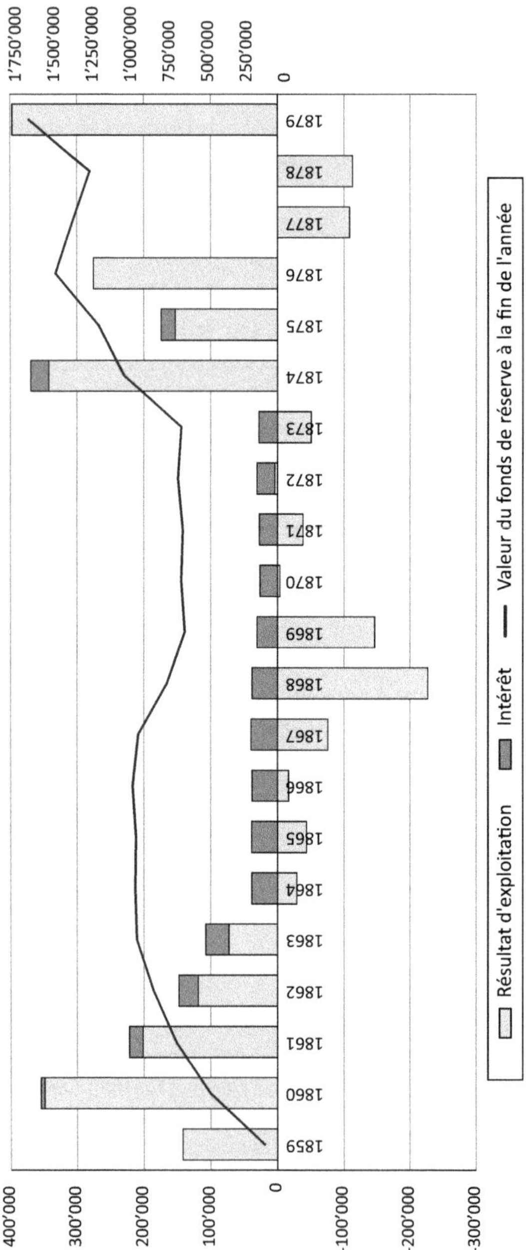

Graphique 18 : montants en francs suisses du résultat d'exploitation et de l'intérêt (axe de gauche) et valeur du fonds de réserve (axe de droite) de l'Hôtel suisse des Monnaies entre 1859 et 1879[114]

114 Les données et les sources du graphique figurent dans l'annexe 12.

La mise en place d'un Hôtel des Monnaies qui soit à même d'assurer la livraison de petites pièces constitue la première mesure visant à renforcer les conditions-cadres minimales de la loi de 1850. La seconde étape a trait à l'opportunité de modifier la caractéristique centrale du système monétaire suisse, celle de l'étalon-argent. En raison du fort ancrage dans le système français, toute modification dans sa circulation a des effets immédiats sur celle de la Suisse. C'est justement ce qui se produit à partir de 1853. A l'occasion de la discussion sur la création de l'Hôtel des Monnaies, les premières demandes sont adressées au CF pour prendre des mesures afin de régler la question de l'afflux de pièces d'or.

7.2. Le changement de la législation de 1850 et le passage au bimétallisme en 1860. Exigences et besoins hétérogènes des acteurs économiques helvétiques

Le système monétaire suisse institué par la loi du 7 mai 1850 repose uniquement sur l'étalon-argent. Contrairement à la législation française de 1803 qui fixe un rapport fixe de valeur entre l'or et l'argent, seules sont reconnues en Suisse comme moyens de paiement légaux les pièces d'argent[115]. Les pièces d'or ne sont en conséquence ni admises légalement dans la circulation, ni frappées par les autorités politiques. Pourquoi le législateur de 1850 n'a-t-il pas inclus l'or[116] ? Lors de la réforme monétaire, les milieux économiques sont unanimes à repousser le métal jaune comme étalon et ce pour deux raisons. D'une part, il est alors peu répandu sur le continent, l'afflux massif se produisant surtout à partir de 1851-1852. En raison de sa rareté et de son prix élevé, il ne peut être question ni de l'adopter, ni de l'inclure comme base du système monétaire. D'autre part,

---

115 L'article 1 définit le FS par sa teneur en argent. L'or n'est pas mentionné dans la loi. Cf « Loi sur les Monnaies fédérales (7 mai 1850) », *op. cit.*, pp. 25-30. C'est l'occasion de fournir quelques éléments de précision. L'étalon-argent, rencontré parfois sous le terme de monométallisme-argent, signifie que seul l'argent peut être utilisé comme moyen de paiement et qu'il a seul un pouvoir libératoire illimité dans la mesure où il libère un débiteur de sa dette. L'étalon-or repose sur une organisation symétrique, le métal jaune remplaçant le métal blanc dans le système. Le bimétallisme, troisième organisation monétaire possible, consiste à donner aux deux métaux la même force libératoire, c'est-à-dire qu'en vertu de la loi, ils peuvent tous deux être utilisés comme moyens de paiement. Un bon aperçu de ces systèmes est fourni par Veit, Otto, *Grundriss der Währungspolitik*, *op. cit.*, pp. 88-89.

116 Sur ce qui suit, cf. Graf, Barbara, *Die Schweiz und die lateinische Münzunion*, *op. cit.*, p. 48 et Vescovi, Stefano, *Bimetallismus in der modernen Schweiz*, *op. cit.*, p. 35.

l'or est peu adéquat pour les frappes de pièces de faible valeur, qui sont justement un des enjeux centraux de la réforme. Les milieux économiques veulent pouvoir disposer d'outils monétaires qui satisfassent les besoins sur les marchés de proximité et le paiement des salaires, ce qui est difficilement réalisable uniquement avec du métal jaune. Au demeurant, l'étalon-or unique est peu répandu en 1850 en Europe, seule l'Angleterre ayant une législation monétaire le prenant pour base. Alors pourquoi ne pas s'aligner sur la France et adopter comme elle un système bimétalliste qui reposerait sur les deux métaux ? Deux raisons expliquent ce choix. La première est qu'une telle pratique est contraire à l'esprit d'unité qui caractérise les promoteurs de la réforme au moment de la fondation de l'Etat fédéral. La pensée de Speiser en la matière est largement partagée par l'ensemble des milieux économiques suisses :

> *« Eine nothwendige Eigenschaft für jedes geregelte Masssystem – ob Länge- Umfang- Gewicht- oder Werthmass – ist Einheit. Die Vervielfältigung oder Verschiedenheit der Masse bringt unvermeidlich Verwirrung mit sich und wenn es auch Einzelnen gelingt hieraus Nutzen zu ziehen, so leidet darunter die Gesammtheit einen noch grössern Schaden. Beim Geld, als dem Werthmass, sind solche Verwirrung weitaus am nachtheiligsten, weil sie nicht nur auf einzelne Zweige des Verkehrs sondern auf alle Transaktionen sich erstrecken. Und doch wird gegen jenes Prinzip der Einheit auf doppelte Weise gesündigt; denn es widerspricht demselben eben so sehr wenn beide edle Metalle zugleich als Basis des Münzfusses anerkannt werden, als wenn in einem Lande zwei oder mehrere Münzfüsse neben einander bestehen »*[117].

Un système monétaire unifié doit donc, pour les concepteurs de 1850, reposer sur un seul étalon, condition essentielle pour assurer la stabilité des valeurs dans le temps[118]. La seconde raison qui explique l'opposition à la création d'un système bimétalliste a justement trait aux fluctuations de valeur entre les deux métaux sur les marchés[119] : la prime moyenne de l'or calculée sur les années 1846 et 1847 est de 1.3 % sur la place de Paris[120]. En présence de deux étalons, débiteurs et créditeurs s'arrangent pour régler leurs affaires dans le métal qui les

---

117 Speiser, Johann Jakob, « Ueber das Münzwesen. VII », *Wochenblatt*, n° 30, 28.07.1849, pp. 2-4 (ici, pp. 3-4). Alfred Escher partage notamment ce refus de tarifer les pièces d'or et d'en frapper en Suisse. Cf. Af, J1.67#1000/1363#28*, *Einführung des Französische Münzfusses, für*, 4 p. (ici, p. 4).

118 Le système bimétalliste est le système le plus critiqué durant cette période. Cf. Einaudi, Luca, *Money and Politics*, *op. cit.*, pp. 23-24.

119 Speiser, Johann Jakob, « Rapport d'expert », *op. cit.*, 54, pp. 1-28 (ici, p. 22).

120 Pourcentage calculé à partir des données de Flandreau, Marc, *L'or du monde*, *op. cit.*, annexe L. Cote de l'or à Paris à la fin de chaque mois (1846-1875), pp. 351-353.

arrange le plus, entraînant une perte pour l'autre partie. Pour y remédier, la seule solution serait de stipuler pour chaque contrat dans quelle monnaie métallique devrait se régler le remboursement, ce qui serait par ailleurs contraire à une législation bimétalliste. Cette situation ressemblerait donc énormément à celle d'avant 1848 – où la présence de plusieurs tarifs cantonaux permettaient de telles pratiques. Speiser veut rompre définitivement avec une telle organisation et n'envisage à aucun moment d'inclure l'or d'une quelconque manière que ce soit à la loi de 1850. La pensée de l'expert bâlois évolue toutefois très rapidement par la suite et n'est en conséquence pas toujours facile à saisir. Son hésitation sur les mesures à prendre pour faire face à l'arrivée d'or sur le continent européen est un bon indicateur des difficultés que rencontrent les milieux économiques suisses à s'adapter aux changements du contexte monétaire international et à mettre en place une politique en matière monétaire. Dans une lettre adressée en janvier 1854 au CF, le Bâlois estime que la tarification des pièces d'or françaises est la solution la plus adéquate: *« Ce qu'il y a à faire est extrêmement simple: il s'agit d'une loi de deux articles par laquelle les pièces d'or de 5 fr., 10 fr., 20 fr. et 40 fr. de France et de Piémont et de Belgique seront déclarées paiement légal »*[121]. Un mois plus tard, il tient un autre discours au même destinataire, en considérant cette fois la tarification comme une solution inadéquate. Il enjoint le CF à passer à l'étalon-or:

> *« […] le passage de l'étalon d'argent à celui d'or ne me parait point en soi-même un malheur. Le malheur serait dans un état de choses où les deux métaux, de valeur variable, circuleraient l'un à côté de l'autre et nous ramèneraient ce désordre et cette incertitude dans les transactions, dont nous nous sommes délivrés en 1850 avec tant de peine, ou dans un état tel que celui qui nous serait fait par un tarifage »*[122].

Sous la pression du contexte monétaire international, Speiser est finalement favorable à abandonner l'étalon-argent unique. Il ne s'agit plus de savoir ce qui est théoriquement concevable, mais comment s'adapter aux nouvelles conditions, sans risquer d'isoler la Suisse du jeu des échanges internationaux. Ainsi, à ses yeux, le système monétaire suisse doit être flexible: il faut passer à l'étalon-or unique et éviter un régime bimétalliste.

A l'image de ce qui se passe dans les autres pays, surtout en France[123], un débat de fonds s'engage à partir de 1854 en Suisse entre partisans de l'or et

121 Lettre de Speiser au CF, 15.01.1854, citée par Graf, Barbara, *Die Schweiz und die lateinische Münzunion*, *op. cit.*, p. 71.

122 Af, E12#1000/36#129*, lettre de Speiser au CF, 08.02.1854, 3 p. (ici, p. 3).

123 Willis, Henry Parker, *A History of the Latin Monetary Union*, *op. cit.*, pp. 7-14 et 19-25; Einaudi, Luca, *Money and Politics*, *op. cit.*, pp. 64 et 75-80; Silvant, Claire,

défenseurs de l'argent. Toutefois, contrairement à des pays comme la France, le débat helvétique n'est pas monopolisé par des économistes, mais voit plutôt la mobilisation de représentants de différents secteurs économiques qui possèdent, au demeurant, relativement peu d'attaches avec la sphère politique. Largement absent, à notre connaissance, de la littérature secondaire qui s'est intéressée à la décennie qui suit la fondation de l'Etat fédéral, cet épisode est pourtant un indicateur privilégié de la mainmise d'un petit cercle d'acteurs sur la marche des affaires fédérales qui parviennent à modeler les conditions-cadres économiques pour qu'elles soient conformes à leurs intérêts[124].

Durant la décennie qui suit la réforme monétaire fédérale, la convenance à compléter la législation monétaire en donnant cours légal aux espèces d'or françaises ou en passant complètement à l'étalon-or unique est discutée à trois reprises à l'AsF (1854, 1856 et 1860)[125]. Dans les deux parties qui suivent, les

---

« L'école libérale française et la question du bimétallisme (1860-1885). Enjeux économiques et politiques de la controverse », *Oeconomia. History, Methodology, Philosophy*, 2-3, 2012, pp. 305-326.

124 Sur le passage au bimétallisme, on se référera aux ouvrages d'histoire monétaire, les seuls qui abordent le sujet à notre connaissance : Schüepp, Jakob, *Beiträge zur Schweizerischen Münzgeschichte, op. cit.*, pp. 43-47 ; Hagenbach, Paul, *Die Entwicklung zur Goldwährung in der Schweiz, op. cit.*, pp. 14-16 ; Meyer, Hermann, *Das Schweizerische Geldwesen. Rückblick und Ausblick auf Praxis und Rechtsordnung*, tiré à part de *Wirtschaftliche Publikationen der Zürcher Handelskammer*, Heft 18, Zürich : Arnold Bopp & Co, 1929, pp. 5-8 ; Blaum, Kurt, *Das Geldwesen der Schweiz seit 1798, op. cit.*, pp. 57-81 ; Weisskopf, Erich, *Das schweizerische Münzwesen, op. cit.*, pp. 84-93 ; Graf, Barbara, *Die Schweiz und die lateinische Münzunion, op. cit.*, pp. 66-117.

125 Une précision terminologique s'impose avant de poursuivre. Puisque la Suisse vit sous le régime de l'étalon-argent, elle dispose de deux moyens pour donner un caractère légal à la circulation de pièces d'or. Le premier est de les admettre à leur valeur nominale en leur donnant cours légal, c'est-à-dire qu'elles possèdent le même statut que les FS et que les pièces d'argent décimales étrangères obtiennent en 1852 : une pièce de 20 francs en or vaut 20 francs auprès des Caisses publiques. La seconde possibilité diffère peu de la première, mais offre plus de souplesse aux autorités politiques. Elle consiste à tarifer les pièces d'or, soit à leur valeur nominale – ce qui revient au même que de leur octroyer un cours légal –, soit au-dessus, respectivement au-dessous. Cette solution présente ses avantages et ses désavantages. Avec une tarification, il est possible de modifier le prix auquel les pièces sont reçues, selon que l'on veuille attirer ou repousser ces espèces. Il est toutefois très difficile de fixer un cours officiel qui soit similaire à celui du marché. Lorsque les deux cours ne coïncident pas, un commerce de spéculation se met rapidement en

revendications des différents milieux économiques suisses sont abordées en détail, avant de s'intéresser aux étapes qui mènent au bimétallisme en 1860[126]. Quelques précisions s'imposent au préalable. Les différentes positions se modifient beaucoup entre 1854 et 1860, en raison de l'évolution du contexte monétaire abordé ci-dessus[127]. Ainsi, pour ne prendre qu'un exemple, les milieux bancaires et industriels saint-gallois se prononcent-ils en faveur de la tarification des espèces d'or en 1854, car ils espèrent que cette mesure justifierait leur demande de tarifer au passage les monnaies en argent allemandes. Face au refus des Chambres fédérales d'entrer dans leurs vues, ils changent de camp et figurent parmi les plus ardents défenseurs de l'étalon-argent à partir de 1856. Par ailleurs, les cinq « mondes de production » sont très loin d'être homogènes et des revendications parfois fortement contradictoires en émanent. Le meilleur exemple est fourni par les banquiers de la Suisse occidentale. Alors que les Bâlois figurent à la tête du mouvement de promotion de l'étalon-or aux côtés des Zurichois, les Genevois et les Neuchâtelois sont dans leur majorité favorables à maintenir l'étalon-argent unique[128]. En raison de la complexité de ces prises de position et pour faciliter l'analyse, les intérêts sont traités en bloc sur l'ensemble des années 1854-1860, en apportant la nuance nécessaire à bien saisir les enjeux qui se cachent derrière les revendications. Il faut enfin relever que contrairement à la France, où les représentants du monde bancaire figurent

---

place. Il est donc nécessaire pour les autorités politiques d'intervenir régulièrement pour adapter la valeur du tarif. Dans le cadre des débats suisses entre 1854 et 1860, la tarification sous la valeur nominale est proposée par le juriste zurichois Hans Heinrich Escher, ainsi que par le professeur genevois d'économie politique Antoine-Elisée Cherbuliez, mais ne reçoit que quelques soutiens épars et engendre par contre une forte opposition des milieux bancaires et du grand commerce. C'est pour cette raison que par la suite, nous mettons de côté cette notion et privilégions celle de cours légal.

126 L'analyse qui suit se base sur les 75 réponses et expertises transmises au CF lors des trois tours de consultation en 1854, 1856 et 1860, qui se trouvent dans les fonds suivants aux AF : E12#1000/36#92*, E12#1000/36#94* et E12#1000/36#129*. Elle est complétée par les prises de positions dans les brochures publiées durant cette période et par plusieurs articles de fonds qui paraissent dans les principaux titres de presse de l'époque.

127 Pour le détail des prises de position en 1854, 1856 et 1860, cf. Graf, Barbara, *Die Schweiz und die lateinische Münzunion*, *op. cit.*, pp. 72-101.

128 Sur la composition de ces deux blocs, quelques informations figurent dans Vescovi, Stefano, *Bimetallismus in der modernen Schweiz*, *op. cit.*, pp. 42-43.

dans le camp bimétalliste[129], en Suisse ces acteurs sont très divisés sur la question et se retrouvent aussi bien du côté des partisans de l'étalon-or que de celui de l'étalon-argent.

7.2.1. Assurer l'intégration de la Suisse aux marchés internationaux: des représentants du grand commerce et de la banque défendent le passage à l'étalon-or

Le mouvement en faveur de l'étalon-or en Suisse est emmené par les milieux bancaires de Bâle et de la région zurichoise. Contrairement à 1850, les acteurs zurichois de la sphère bancaire ne sont plus divisés dans les questions monétaires et figurent comme alliés de poids des capitalistes bâlois[130]. L'alliance de deux des principales places bancaires du pays créé un front qui pèse d'autant plus lourd dans le débat que des soutiens en provenance de Saint-Gall et de Lucerne renforcent les rangs. Plusieurs "grandes banques", des banquiers privés et des banques cantonales avancent en rangs serrés pour exiger l'utilisation légale des pièces d'or françaises[131]. Du côté de Bâle, on retrouve la "Bank in Basel", le "Bank-Verein" et la banque privée "Ehinger & Cie", trois acteurs qui possèdent une importante force de frappe. De Genève, la "Banque générale de crédit international mobilier et foncier" et la banque privée "P. F. Bonna & Cie" se mobilisent. Les banquiers genevois installés à Paris François Bartholony et à San Francisco, Henry Hentsch, figurent aussi dans ce camp. Au sein de la région zurichoise, la défense de l'étalon-or est emmenée par le "Crédit Suisse", la "Bank in Zürich" et Hans Conrad Orelli-Ziegler, associé de la maison "Pestalozzi im Thalhof". La "Deutsch-Schweizerische Kreditbank" de Saint-Gall et deux banques cantonales (Berne et Lucerne) soutiennent aussi cette mesure. Ce large panel est complété par la mobilisation de plusieurs banquiers privés de la Suisse occidentale, notamment "Ludwig Wagner & Cie" et "Marcuard & Cie"

129 Einaudi, Luca, *Money and Politics*, *op. cit.*, pp. 76-77 et 128-142.

130 La collaboration entre les acteurs bâlois et zurichois ne se limite pas aux monnaies durant ces années, mais se retrouve également dans les chemins de fer, surtout sur la question du Gothard.

131 La dénomination de "grandes banques" fait référence aux établissements privés qui naissent en Suisse à partir de 1852 sur le modèle du "Crédit mobilier" des frères Pereire en France. Fondées pour assurer le financement de la construction du réseau ferré, elles se distinguent des banques privées et des banques cantonales par leur taille, l'importance de leurs capitaux, la diversité et l'importance de leurs affaires. Cf. Mazbouri, Malik, *L'émergence de la place financière suisse*, *op. cit.*, pp. 164-168.

à Berne, ainsi que “Franz Brunner” à Soleure[132]. En raison de l’importance qu’acquière l’or durant les années 1850, ces acteurs sont favorables à un passage complet à l’étalon-or, puisque nous l’avons dit, l’existence de deux étalons monétaires est perçue comme intenable sur la durée. Toutefois, ils doivent composer avec le camp des défenseurs de l’étalon-argent. Dans ces conditions, ils estiment qu’un système bimétalliste vaut mieux que le maintien unique de l’argent.

La première raison qui pousse ces milieux bancaires à défendre l’or est d’ordre financière[133]. Ils sont essentiellement en prise directe avec l’étranger et entretiennent assez peu d’attaches avec le marché intérieur. En revanche, ils sont tous impliqués dans le développement des chemins de fer en Suisse. Reposant à très large majorité sur des capitaux étrangers, surtout français et anglais, ces sociétés privées de transport doivent régulièrement payer des intérêts, des dividendes et procéder au remboursement des emprunts. Ils endossent donc le statut de débiteur dans ce domaine et se soucient ainsi assez peu des conséquences qu’un changement de valeur dans le rapport entre l’or et l’argent pourrait avoir pour une banque créancière, c’est-à-dire qui aurait prêté des sommes et qui craindrait de ne pas recevoir la même valeur en remboursement. Puisque le financement de la construction du réseau ferré repose essentiellement sur des prêts français libellés en francs, les acteurs helvétiques reçoivent de l’or. Ils ont la possibilité d’honorer leurs obligations par des versements dans ce métal puisque le bimétallisme est en vigueur en France. Toutefois, à défaut d’un statut légal sur l’or en Suisse, il est plus compliqué pour les débiteurs suisses de

132 Pour chacun de ces acteurs, cf. leur expertise respective dans les fonds aux AF, E12#1000/36#92* et E12#1000/36#94*. Le point de vue des principaux promoteurs bâlois et zurichois peut être complété avec [S.A.], « Das Handelskollegium von Basel über die Goldfrage », *Der Bund*, 09.07.1856, pp. 1-2 et [S.A.], « Das Handelskollegium von Basel über die Goldfrage (Schluss) », *Der Bund*, 10.07.1856, pp. 1-2 ; [BURCKHARDT, Adolf], *Der Bericht des Bundesrathes über die Goldtarifirung mit Anmerkungen von einem Kaufmann*, Basel : Schweighauser’sche Buchhandlung, 1854, pp. 8-9 et 14-23 ; KELLER, Friedrich, *Die Gold- und Silberfrage. Ein Versuch*, St. Gallen : Scheitlin & Zollikofer, 1860, pp. 23-37 ; OTT-TRÜMPLER, Caspar, *La situation monétaire de la Suisse en septembre 1859*, MALOU, J. (Trad.), Bruxelles : Librairie polytechnique d’Aug. Decq, 1859, pp. 11-14 et 23-28 ; ESCHER, Hans Heinrich, *Die schweizerische Scheidemünzfrage nach zehn Jahren*, Zürich : Zürcher & Furrer, 1859, pp. 27-30.

133 Sur ce qui suit, cf. les propos de la “Basler Handelskammer”, cités in « Rapport du Conseil fédéral à la haute Assemblée fédérale concernant la question du tarifage de l’or (Du 25 Juin 1856) », *op. cit.*, pp. 141-169 (ici, p. 150).

rassembler ces montants. C'est pour cette raison que dès 1856, date qui coïncide avec les premiers gros remboursements auxquels doivent faire face les compagnies suisses, certains milieux bancaires prennent l'initiative d'imposer l'or dans leurs opérations. Cela leur permet ainsi d'éviter de payer un agio trop important sur l'acquisition de pièces d'argent nécessaire au remboursement, tout en favorisant l'afflux d'or dans leurs caisses. De ce point de vue, la défense de l'étalon-or a pour fonction d'assurer l'intégration des milieux bancaires helvétiques aux flux financiers internationaux en adoptant une valeur qui est reconnue par la première puissance du continent.

La seconde raison qui pousse certains milieux bancaires à se prononcer en faveur de l'étalon-or est d'ordre commerciale. Plusieurs grands négociants et des industriels figurent aussi dans ce camp. On retrouve notamment le "Kaufmännische Direktorium des Kantons Schaffhausen", le négociant schaffhousois Friedrich Peyer Im Hof (draps)[134], le négociant zurichois Caspar Ott-Trümpler (négoce de coton et tissage mécanique de coton)[135], les industriels argoviens Bernhard Friedrich Fischer (filature de coton et négoce)[136] et Carl Feer-Herzog (rubans de soie)[137], ainsi que l'industriel bâlois August Stähelin, à la tête de "F. Sarasin & Heusler" qui possède plusieurs filatures mécaniques de coton[138]. Il faut relever que Stähelin et Feer-Herzog sont tous deux aussi impliqués dans les chemins de fer en siégeant comme administrateurs de la "Schweizerische Centralbahn Gesellschaft".

Ces acteurs pratiquent leurs activités commerciales sur les marchés du monde, soit en participant au financement dans le cas de certaines banques et banquiers privés, soit par l'écoulement de leurs produits pour les négociants

---

134 Sur Friedrich Peyer Im Hof, cf. note 11 p. 410.

135 Sur Caspar Ott-Trümpler, cf. note 201 p. 704.

136 Sur Bernhard Friedrich Fischer, cf. note 10 p. 410.

137 Sur Carl Feer-Herzog, cf. note 233 p. 713.

138 August Stähelin-Vischer (-Brunner) (1812-1886), BS, fils de Christoph, épicier; beau-fils de Rudolf Vischer, puis de Karl Brunner (1796-1867), chimiste et professeur à l'Université de Berne (1834-1861). Formation d'ingénieur à l'Ecole Polytechnique de Paris (1831-1833). Directeur technique dès 1838 de la filature de coton "F. Sarasin & Heusler", il en devient le directeur général en 1862. Député au GC de BS (1844-1884), membre du Petit Conseil de BS (exécutif cantonal) (1849-1853), CaE de la tendance du juste-milieu (1855-1860 et 1861-1866). Membre CA de la "Schweizerische Centralbahn Gesellschaft" dès 1857, dont il assume la présidence du CA (1872-1886); membre CA de la "Gotthardbahngesellschaft" (1882-1886); membre CA de la "Basler Handelsbank" (1863-1875). Concessionnaire de la "Wiesental-Eisenbahngesellschaft" (1860).

et certains industriels. Ils sont payés par des remises qui sont tirées sur Paris. Puisque l'or s'impose dans la circulation, ces milieux économiques récupèrent le produit de leurs ventes contre des liquidités dans ce métal qui arrivent en Suisse par l'intermédiaire des places de Genève ou de Bâle[139]. En raison de cet afflux, le commerce international pratiqué par ces acteurs repose de fait sur l'or. Mais ces espèces qu'elles reçoivent ne peuvent, légalement, être utilisées pour leurs affaires à l'intérieur du pays[140]. La situation des banques est encore plus compliquée, puisqu'en vertu de la loi monétaire suisse de 1850, elles doivent donner de l'argent en échange des effets de commerce qui leur sont présentés[141]. En pratiquant l'escompte, elles sont donc confrontées à une sortie d'argent régulière. Pour ne prendre qu'un exemple qui illustre l'importance de ce type d'opérations, la "Bank in St. Gallen" escompte pour 9.7 millions de FS en 1860[142]. Tout agio, aussi minime soit-il, peut donc représenter des milliers, voire des dizaines de milliers de francs sur un tel montant. Il faut aussi mentionner que lors des retraits, les créanciers de la banque peuvent exiger d'être payés en monnaies d'argent, puisqu'elles constituent le seul moyen de paiement légal. Les banques sont donc une fois encore confrontées à une sortie de pièces en argent. Or, leurs réserves se constituent essentiellement de métal jaune. Elles doivent donc se procurer des devises en argent pour leurs affaires[143]. Et c'est justement là que réside le cœur du problème. Du fait de l'importance des paiements auxquels doivent faire face certains négociants sur les places étrangères et du besoin en approvisionnement de certains banquiers, ils doivent acquérir d'importantes

---

139 Feer-Herzog, Carl, *L'unification monétaire internationale*, *op. cit.*, pp. 4-5; Fischer, Bernhard Friedrich, *Gold und Silber. Eine Antwort auf die von Tit. Eidgenössischen Finanzdepartement aufgestellten Fragen, aus Auftrag des Verwaltungsrathes der schweizerischen Kreditanstalt in Zürich bearbeitet*, Zürich: Orell, Füssli & Cie, 1860, p. 6; [Burckhardt, Adolf], *Der Bericht des Bundesrathes*, *op. cit.*, p. 23.

140 A propos des industriels, il faut relever que certains d'entre eux retirent des gains en payant les ouvriers avec des monnaies d'or à leur valeur nominale, alors qu'ils se les procurent environ 1 % moins cher sur le marché.

141 Af, E12#1000/36#129*, Rapport de la "Zürcher Handelskammer" au Conseil d'Etat zurichois, 28.01.1854, 4 p. (ici, p. 3) et lettre du directeur de la "Bank in Zürich" Georg Finsler à Johann Jakob Sulzer, directeur des Finances du canton de Zurich, 19.12.1855, 3 p. (ici, p. 2).

142 Chiffre tiré de Wartmann, Hermann, *Industrie und Handel*, *op. cit.*, p. 12.

143 Af, E12#1000/36#94*, lettre du "Kaufmännische Direktorium des Kantons Schaffhausen" au DFF, 26.10.1859, 5 p. (ici, p. 2)

sommes de devises[144], ce qui a comme conséquence que le change entre le FS et le FF se déprécie en direction des points de sortie de l'or et de l'argent et s'éloigne du point d'entrée du numéraire : il est dès lors profitable d'exporter du numéraire plutôt que des effets de commerce pour équilibrer la balance de paiements[145]. Malgré l'absence de statistiques sur cette période, qui auraient permis d'évaluer précisément le taux de change entre le FS et le FF et ainsi montrer dans quelle mesure le FS s'éloigne de la parité avec la monnaie d'ancrage française, il semblerait selon une étude d'économétrie parue en 2016 que le FS ne s'écarte que légèrement de la parité avec le FF entre 1852 et 1870 (-0.073 % en moyenne sur ces années)[146]. D'un point de vue commercial, les établissements bancaires défendent donc l'étalon-or pour assurer leur approvisionnement en numéraire et éviter de devoir débourser des sommes trop importantes pour acquérir des liquidités nécessaires à leurs activités[147]. D'autant plus qu'à défaut d'un cours légal sur les pièces d'or, les sommes tirées de l'étranger ne le sont pas au même cours qu'en Suisse. Reçues à leur valeur nominale, elles sont utilisées en Suisse au prix du marché. Chaque opération engendre donc une perte : reçu à 20.- FF, le napoléon d'or est écoulé 1 % sous sa valeur. Par ailleurs, lorsqu'une dette est réglée par l'envoi de liquidités dans un pays à étalon-or ou bimétalliste, une perte sur chaque pièce d'or correspondant au minimum aux frais de fonte et de monnayage nécessaires à transformer ces pièces en monnaie nationale est à prévoir. Ainsi, un napoléon d'or de 20.- FF est fréquemment reçu à Londres 10 cts sous sa valeur[148]. Cette situation est d'autant plus problématique en raison de l'importance des échanges commerciaux entre la Suisse et l'Angleterre qui s'élèvent en 1860 à 270 millions de FS. Toute variation sur le prix du numéraire nécessaire à régler ces affaires peut atteindre des sommes très importantes. De

---

144 AF, E12#1000/36#129*, rapport du président du Conseil d'Etat zurichois au DFF, 04.03.1854, 16 p. (surtout p. 11).

145 La situation suisse a été étudiée pour la fin du 19e siècle et le début du 20e siècle par GUEX, Sébastien, *La politique monétaire et financière de la Confédération suisse 1900-1920*, *op. cit.*, pp. 23-24. Cf. FLANDREAU, Marc, *L'or du monde*, *op. cit.*, pp. 90-97 pour le fonctionnement de ces points de sortie de l'or et de l'argent.

146 BALTENSPERGER, Ernst, KUGLER, Peter, « Histoire de la force du franc », *La vie économique*, 22.09.2016. Cf. également leur étude, « The historical origins », *op. cit.*, pp. 1-30.

147 Octroyer un cours légal à leur valeur nominale aux espèces d'or est aussi l'occasion de mener de lucratives activités d'arbitrage. C'est ce qui explique vraisemblablement la présence de plusieurs banquiers privés dans le camp des promoteurs du bimétallisme.

148 FEER-HERZOG, Carl, *L'unification monétaire internationale*, *op. cit.*, pp. 4-5.

plus, la domination anglaise sur le commerce international doit aussi vraisemblablement jouer un rôle dans la position des partisans de l'étalon-or.

Les milieux agricoles de Suisse occidentale, centrale et méridionale sont dans le même cas de figure[149]. L'écoulement de leurs produits sur les marchés français et italiens se règle avec des monnaies d'or. Mais en raison de leur fort endettement, ils doivent au préalable les changer contre de l'argent pour régler leurs dettes sur territoire helvétique. Ils reçoivent donc une monnaie dévaluée qu'ils doivent échanger contre une monnaie surévaluée, se retrouvant doublement perdants. Le directeur de la "Banque cantonale vaudoise" exprime bien la nécessité de disposer d'outils monétaires qui doivent pouvoir circuler sans pertes :

> *« Il faut que les citoyens lorsqu'ils les [les pièces de monnaies, JC] reçoivent en paiements, soient assurés de pouvoir les remettre à leur tour, au taux où elles leur ont été données et qu'il y ait obligation de les recevoir; c'est la seule manière d'assurer la facilité et la sécurité des transactions, et d'empêcher qu'on ne modifie le cours de cette monnaie »*[150].

De nombreux Gouvernements cantonaux appuient les revendications des milieux économiques en raison de l'afflux de pièces d'or dans leurs caisses. Ils se retrouvent en effet dans une position délicate, car ils disposent d'une certaine quantité de pièces d'or, mais ils ne peuvent légalement les mettre en circulation, ce qu'ils font tout de même par l'intermédiaire du paiement de salaires des employés de la fonction publique dès les années 1856-1857[151]. Tout comme les banques, ils sont donc contraints d'acquérir des pièces d'argent contre un agio pour satisfaire la demande de la population.

Pour l'ensemble de ces acteurs, il paraît évident que la France ne risque pas de démonétiser ses pièces d'or. Ayant frappé pour quelque 4 milliards de FF en pièces d'or depuis le début de la décennie, retirer ces espèces et les remplacer par de l'argent aurait des coûts astronomiques. En conséquence, le réservoir

---

149 Sur leur position, cf. en premier lieu AF, E12#1000/36#129*, lettre de la "Banque cantonale de Berne" au DFF, 06.02.1854, 3 p. et dans le fonds AF, E12#1000/36#94*, les réponses du Conseil d'Etat vaudois au DFF, 21.11.1859, 11 p. et du Petit Conseil grison au DFF, 11.10.1859, 13 p. Dans ce même fonds, quelques informations figurent aussi dans les réponses du Conseil d'Etat argovien au DFF, 31.10.1859, 5 p., du Conseil d'Etat bernois au DFF, 02.12.1859, 7 p. et du Conseil d'Etat lucernois au DFF, 24.10.1859, 7 p.

150 AF, E12#1000/36#129*, lettre du directeur de la "Banque cantonale vaudoise" Warnéry au Conseil d'Etat vaudois, 02.04.1854, 2 p. (ici, p. 1).

151 Lettre du caissier de la Confédération au DFF, 25.10.1856, citée par FASNACHT, Luca, *Der Weg der Schweiz*, *op. cit.*, note 135 p. 42.

de numéraire que constitue la France pour la circulation suisse demeure suffisamment stable à condition d'accepter l'or en Suisse. Afin d'éviter une rupture d'approvisionnement qu'entrainerait le maintien de l'étalon-argent unique, ces acteurs sont favorables à adapter la législation monétaire helvétique pour qu'elle soit conforme à celle de son voisin. Malgré l'empressement de certains représentants des milieux bancaires et du grand commerce, en premier lieu ceux de Bâle et de Zurich, à passer à l'étalon-or unique, cette solution ne fait pas l'unanimité au sein des partisans du métal jaune. Elle présente en effet de gros risques dans le cas d'une modification du rapport de valeur en faveur de l'argent et au détriment de l'or. Ainsi, en dépit de l'opposition théorique largement répandue au double-étalon, ce parti resterait le moins dangereux compte tenu de l'instabilité qui règne entre les deux métaux depuis une décennie[152]. Pour les milieux intéressés au commerce international, cette manière de procéder leur assurerait de ne pas se retrouver isolés des flux des échanges mondiaux[153]. D'ailleurs, un spectre relativement large de partenaires économiques utilise des monnaies d'or (Angleterre, les deux Amériques ou encore la Russie) et plusieurs partisans suisses de l'étalon-or estiment que ce n'est qu'une question de temps avant qu'il ne s'impose à l'échelle mondiale[154]; un passage rapide à l'or, même partiel, constituerait ainsi une occasion de se rapprocher de l'Angleterre et des Etats-Unis sur le plan monétaire, dans le but notamment d'accroître l'importance de la Suisse sur la scène internationale[155]. Pour leur part, les milieux bancaires sont favorables à éviter tout risque de rupture d'approvisionnement selon l'idée qu'il ne faut pas mettre tous ses œufs dans le même panier. En diversifiant les outils monétaires à disposition, la poursuite des activités est garantie. En somme, lorsque la valeur intrinsèque de l'argent est au-dessus de sa valeur nominale, l'or seule reste en circulation; au contraire, lorsqu'il est au-dessous, l'argent revient. Dans les deux cas, la circulation en numéraire est assurée. Pour les milieux agricoles, le bimétallisme présente l'avantage de pouvoir réutiliser les pièces en or qui proviennent des échanges commerciaux avec l'extérieur auprès des banques et des Caisses publiques.

Afin de s'assurer du soutien des milieux actifs sur le marché intérieur, ces acteurs mettent en avant les avantages que les débiteurs retireraient du

---

152 Aux yeux des bimétallistes, les variations autour du ratio légal français de 1/15.5 demeurent très faibles depuis 1803, malgré les secousses des années 1850.

153 [Burckhardt, Adolf], *Der Bericht des Bundesrathes*, *op. cit.*, pp. 49-50.

154 Ott-Trümpler, Caspar, *La situation monétaire de la Suisse*, *op. cit.*, pp. 27-28.

155 Graf, Barbara, *Die Schweiz und die lateinische Münzunion*, *op. cit.*, pp. 86-87.

bimétallisme. Ils seraient en effet en mesure de rembourser leurs dettes dans la monnaie de leur choix, celle qui leur offre le plus d'avantages selon l'état de la circulation du moment, reportant par là-même les éventuels frais d'acquisition des pièces d'argent sur les créanciers[156].

7.2.2. Maintenir les activités sur le marché intérieur : union hétérogène d'acteurs de la banque, de l'artisanat et de l'horlogerie pour le maintien de l'étalon-argent

Face au puissant axe qui prône le passage à l'étalon-or, plusieurs milieux économiques sont au contraire favorables à maintenir intacte la structure monétaire de 1850, c'est-à-dire à défendre l'étalon-argent unique. Composé d'acteurs défendant des intérêts hétérogènes, ce groupe se retrouve sur la nécessité de soutenir le *statu quo*. A la tête de ce mouvement figurent les milieux industriels de Suisse orientale. Ils reçoivent un soutien de poids de plusieurs acteurs de la Suisse occidentale, en particulier des milieux de l'horlogerie et de certains banquiers privés de Genève et de Neuchâtel. D'autres banquiers privés de Lausanne et de la région zurichoise figurent aussi dans ce camp. Les milieux de l'artisanat s'opposent également fortement à l'introduction de l'or en Suisse. L'Essayeur fédéral des Monnaies Hermann Custer et l'ancien industriel Simon Grosjean-Berard figurent aussi dans ce camp.

Une première raison qui pousse ces acteurs à défendre le *statu quo* en matière monétaire a trait à l'importance des relations économiques avec les Etats allemands. Tout comme durant la réforme de 1850, les importations de céréales et de matières premières, ainsi que le commerce de frontière, expliquent la volonté de ne pas s'éloigner des partenaires du nord[157]. La défense des intérêts économiques de la Suisse orientale est assurée par une alliance entre la "Bank in St. Gallen", des banques privées ("J. J. Mayer") et les Gouvernements cantonaux (Appenzell, Glaris et Thurgovie). Les affaires avec les Etats allemands se règlent uniquement sur une base liquide en argent, puisque la structure monétaire des Etats allemands repose sur l'étalon-argent uniquement. Or, suite à la réforme de 1850, nous avons dit qu'une grande partie des effets de commerce destinés aux négociants de Suisse orientale ne sont plus tirés sur Augsbourg, mais sur les

---

156 Keller, Friedrich, *Die Gold- und Silberfrage*, *op. cit.*, pp. 34-35.

157 Af, E12#1000/36#94*, lettre de la "Bank in St. Gallen" au DFF, 17.11.1859, 2 p.; Af, E12#1000/36#129*, lettre de la "St. Gallish-Appenzellische Gemeinnützige Gesellschaft" à l'AsF, 30.06.1856, 3 p. et dans le même fonds, Mémoire du "Kaufmännische Direktorium St. Gallen" au DFF, 04.01.1856, 3 p.

places de Paris ou de Mulhouse. En somme, le circuit d'approvisionnement en liquidités ne passe plus par les villes allemandes, mais pas les villes françaises. Puisque le numéraire tiré de France se compose à majorité d'espèces d'or, les milieux industriels de Suisse orientale se retrouvent chargés de numéraire qu'ils ne peuvent pas écouler de l'autre côté de la frontière pour solder leurs achats ou que contre une perte de 0.5 %[158]. Ils sont donc contraints d'acquérir ces liquidités contre un agio. Un rapport de la "Bank in St. Gallen" adressé au Conseil d'Etat saint-gallois résume bien la situation dans laquelle se trouvent les milieux bancaires et du négoce face à l'arrivée d'or :

> «*Es liegt klar auf der Hand, dass unsern Schweiz auf diese Weise [sans plus de pièces d'argent à disposition, JC] eine reelle Einbusse machen wurde & eben so gewiss ist auch, dass unsere Silberwährung sehr bald unserer Schweiz entzogen würde wenn die Goldstücke aus Frankreich zu ihrem vollen respective Nominalwerthe - ohne Tabatt in unser Land hereingelassen werden sollten, von wowie sie um so weniger oder nur mit Verlust werden losbringen könnten, als namentlich unsere deutschen Nachbarn, mit deren die Ostschweiz täglich & so bedeutend im Verkeher steht, keine Goldwährung haben und dieselben die Goldstücke gegen ihr Silber nur mit Tabatt annehmen wurden*»[159].

Ainsi, au contraire des milieux bancaires bâlois et zurichois qui parviennent à s'accommoder de l'arrivée d'or en décidant de l'utiliser dans leurs opérations, une telle solution n'est pas envisageable pour les milieux industriels de Suisse orientale. A cela, il faut encore ajouter la question des salaires versés dans l'industrie qui complexifie la problématique. Si cet élément est moins gênant pour les industriels que le précédent, car il leur permet d'écouler le numéraire en or reçu de France, il pose un problème aux salariés qui reçoivent une monnaie qu'ils ne peuvent pas utiliser sur les marchés allemands. Donner cours légal aux monnaies d'or n'apporterait donc pas de solution à cette dimension. Certains industriels, négociants, salariés, ainsi que les artisans actifs à l'échelle interrégionale, ont au contraire besoin de disposer d'outils monétaires qui soient acceptés par les partenaires du nord.

Une seconde composante du mouvement en faveur du maintien de l'étalon-argent provient des milieux horlogers de Genève et de Neuchâtel[160].

---

158 [s.a.], «Ueber Tarifirung des Goldes», *St. Galler Zeitung*, 16.12.1854, p. 2.

159 Af, E12#1000/36#129*, rapport du président de la la direction de la "Bank in St. Gallen" Jakob Bänziger au Petit Conseil, 04.02.1854, 3 p. (ici, p. 2). Cf. dans ce même ordre d'idée dans le même fonds aux Af, le rapport du président Wetter-Aepli du "Kaufmännische Direktorium St. Gallen" au Petit conseil, 06.02.1854, 4 p. (surtout les pp. 3-4).

160 Af, E12#1000/36#94*, réponse de la "Banque cantonale neuchâteloise" aux questions posées par la circulaire du DFF, [s.d.: fin 1859], 7 p. (ici, pp. 3-5); lettre du

Dans ce cas, ce n'est pas l'écoulement de la production qui se fait majoritairement sur les marchés étrangers qui est déterminant, c'est l'accès aux matières premières nécessaires à la production. Nous l'avons déjà relevé, horlogers, bijoutiers et joailliers se reposent en partie sur la fonte des pièces étrangères pour s'approvisionner en métaux précieux. En 1859, le directeur de la Banque du Commerce de Genève Jean-François Revilliod, décrit ainsi cette pratique : « *[…] à Genève et Neuchâtel les fabricants de boites de montres en or et de bijouterie fondent tous les jours, dans une proportion considérable, les espèces en or […]* »[161]. Le seul chiffre que nous ayons trouvé à ce sujet fait état d'une fonte minimale d'au moins 4.6 millions de FS en pièces d'argent frappées par la Suisse sur les années 1857-1860[162] ; c'est donc sans compter le recours aux pièces d'or et d'argent étrangères.

Le principal enjeu pour les milieux de l'horlogerie est de réussir à acquérir cette matière première le moins cher possible. Or, l'introduction d'un cours légal aurait pour conséquence une augmentation des prix, car ces acteurs s'approvisionnent au prix du marché qui est, durant ces années, plus bas que la valeur nominale des espèces d'or. Par ailleurs, accepter l'or dans le pays reviendrait à leurs yeux à en exclure définitivement l'argent, puisque ce dernier ne rencontrerait plus des conditions favorables à y entrer[163]. Ce métal constitue toutefois une partie importante de leur matière première. Ils se satisfont donc de la situation qui prévaut durant les années 1850 où le prix de l'or se situe sous sa valeur nominale et où, en tant que seul moyen de paiement légal officiel, l'argent est maintenu dans la circulation en Suisse.

De leur côté, les banquiers privés genevois veulent maintenir un système clair qui assure la valeur des biens sur le long terme et ne pas retomber dans la situation d'avant 1848 où de nombreuses espèces circulaient côte à côte. A leurs yeux, il faut que les créanciers soient remboursés dans la même monnaie que celle prêtée et non en une monnaie qui aurait au moment du remboursement une valeur inférieure[164].

---

directeur de la "Banque de Genève" au DFF, 07.10.1859, 3 p. (ici, p. 2) ; lettre de de Pury au DFF, 06.10.1859, 4 p.

161 Af, E12#1000/36#94*, lettre de Revilliod au DFF, 25.11.1859, 4 p. (ici, p. 4).

162 Aef, K2/18, *Note de la Légation Suisse à Paris*, [s.d. : après 1872], 2 p. (ici, p. 2).

163 Af, E12#1000/36#129*, rapport du département des Finances du Canton de Genève sur la proposition de tarifer les pièces d'or de France et du Piémont, 03.06.1854, 14 p. (ici, pp. 4 et 8).

164 [s.a.], « Confédération Suisse », *Journal de Genève*, 26.01.1854, p. 1 ; Fazy-Pasteur, Marc-Antoine, « Confédération Suisse », *Journal de Genève*, 04.02.1854, pp. 1-2.

Le troisième groupe d'acteurs qui défend l'étalon-argent est constitué par les artisans et les salariés. Au contraire des milieux horlogers, ils auraient tout intérêt à défendre la tarification des pièces d'or. En effet, puisque le numéraire en argent a disparu, les salaires sont versés en pièces d'or à leur valeur nominale. Or, les employeurs les acquièrent au prix du marché, soit environ 1 % moins cher. Ils réalisent donc un bénéfice sur le paiement de la masse salariale. Les salariés reçoivent ainsi une monnaie dépréciée qui représente une perte pour toutes les transactions journalières. Ce cas de figure est également valable lors des remboursements de dettes. Contractées en argent, elles doivent être remboursées avec du numéraire du même métal. En possession de pièces d'or, celles-ci doivent au préalable être changées en argent, impliquant là aussi une perte. Néanmoins, pour les acteurs défendant leurs intérêts, la valeur de l'or va poursuivre sa baisse et ils craignent que les patrons continuent à verser les salaires avec des monnaies dépréciées[165]. Dans ces conditions, il faut donc s'en tenir à l'étalon-argent, comme le souligne un article paru dans le *Schweizerische Handels- und Gewerbe-Zeitung* en 1859 :

> «*Da jeder Handwerker und Krämer, jede Hausfrau und jede Magd aber bereits die Nachtheile des Silbermangels spüren, schon als Folge der ungesetzlichen Goldzirkulation, sollte es nicht schwer fallen, nachzuweisen, dass die Abhülfe nicht darin bestehen kann, ein System zum gesetzlichen zu machen, dessen Nachtheile durch die Erprobung ohne Gesetz ja theilweis wieder das Gesetz wir kennen gelernt haben, und das zwei Stoffe, Gold und Silber, auf einer gleichen Werthsproportion halten will, deren Produktion, Mengenverhältnisse und Verteilung wesentlich von einander verschieden sind*»[166].

Pour cet ensemble hétérogène de milieux économiques, plusieurs éléments concourent à défendre le *statu quo*. Tout d'abord, ils estiment que la situation monétaire qui prévaut depuis le début des années 1850 est une période transitoire dont il n'est pas possible de prévoir l'issue. Dans ces conditions, il faut attendre que la situation se stabilise pour choisir un seul étalon. Si plusieurs de ces acteurs considèrent que l'or s'imposera à terme comme le métal de référence, ils estiment qu'il ne faut pas anticiper ce moment. Les propos tenus par

165 AF, E12#1000/36#94*, lettre de De Pury au DFF, 06.10.1859, 4 p. (ici, p. 3); GROSJEAN-BÉRARD, Simon, *Le système monétaire de la Suisse et son application*, Genève: Ramboz & Schuchardt, 1860, p. 20; CHERBULIEZ, Antoine-Elisée, «La question monétaire en Suisse», *Journal des économistes*, Tome XXV, janvier-mars 1860, pp. 40-58 (ici, p. 42).

166 [s.a.], «Die Gold- und Münzfrage. I», *Schweizerische Handels- und Gewerbe-Zeitung. Mittheilungen über Volkswirtschaft und Eisenbahnen*, 03.12.1859, pp. 385-387 (ici, p. 386). Cf. aussi la suite de l'article, [s.a.], «Die Gold- und Münzfrage. II», 10.12.1859, pp. 395-396.

le banquier privé lausannois Charles-Juste Bugnion illustrent bien ce point de vue[167] :

> « *[…] l'époque actuelle étant, au point de vue monétaire, une époque de transition très difficile, qui n'aura d'issue que lorsque le double étalon aura été supprimé, et celui de l'or adopté universellement comme seul étalon, il est très important de demeurer, autant que faire se peut, dans le statu quo* »[168].

Pour ces acteurs, la production d'or surpassant largement sa demande, sa valeur va continuer à diminuer. Ils sont persuadés qu'en raison de l'inadéquation du bimétallisme à satisfaire les besoins des agents économiques, la France va rapidement démonétiser l'or, car il reviendrait trop cher de retirer toute la masse monétaire en argent[169]. Dès lors, toute mesure qui viserait à anticiper la décision française est perçue comme beaucoup trop risquée, certains allant jusqu'à la considérer comme risquant d'aboutir à *« un fiasco complet »*[170].

Une autre raison qui pousse ces milieux économiques à défendre le *statu quo* provient des exemples étrangers. La Hollande et la Belgique ont démonétisé l'or au début des années 1850 et ne sont pas inondées comme la Suisse. Il convient donc de prendre des mesures contre les banques qui acceptent les espèces d'or, seule solution pour retourner à un étalon d'argent stable[171]. Par ailleurs, le traité de Vienne signé en 1857, qui institue une vaste zone monétaire basée sur le métal blanc à l'est du continent, illustre bien la possibilité de réussir à se protéger de l'afflux d'or en adoptant un étalon unique.

---

167 Charles-Juste Bugnion-Chatelanat (-Haustedt) (1811-1897), VD, fils de Charles (1778-1834), fondateur de la banque qui porte son nom ; beau-fils de Louis Chatelanat, intendant des postes du canton de Vaud, puis de Christian Hansen Haustedt, négociant d'origine suédoise. Reprend la banque paternelle en 1834 suite au décès de son père, qu'il gère seul jusqu'en 1886. Ses affaires sont surtout orientées en direction de l'achat et la vente d'immeubles et des placements immobiliers en tout genre. Très impliqué dans la promotion et le financement des transports sur l'Arc lémanique.

168 AF, E12#1000/36#94*, lettre de Bugnion au DFF, 03.10.1859, 2 p. (ici, p. 2). Souligné dans le texte original. Cf. également dans ce même fonds la lettre du Conseil d'administration de la "Banque de Genève" au DFF, [s.d. : fin 1859], 4 p. (ici, p. 2).

169 [S.A.], « Zur Münzangelegenheit. I », *Schweizerische Handels- und Gewerbe-Zeitung. Mittheilungen über Volkswirtschaft und Eisenbahnen*, 01.10.1859, pp. 313-315 (ici, pp. 314-315).

170 AF, E12#1000/36#94*, lettre du directeur de la "Banque de Genève" au DFF, 07.10.1859, 3 p. (ici, p. 1).

171 GROSJEAN-BÉRARD, Simon, *Le système monétaire de la Suisse et son application*, *op. cit.*, p. 13.

7.2.3. Les étapes du passage au bimétallisme en Suisse (1854-1860)

Lors de la discussion sur l'ouverture d'un Hôtel des Monnaies en Suisse en janvier 1854, le CaE zurichois Johann Jakob Rüttimann[172] dépose une motion demandant que le CF examine la possibilité de donner cours légal aux pièces d'or françaises[173]. Cette demande peut paraître assez curieuse. Pourquoi arrive-t-elle à ce moment, alors que la situation monétaire est assez stable à l'échelle continentale – sur la place de Paris, la perte sur l'or diminue depuis plusieurs mois d'affilée, alors que la prime sur l'argent amorce une baisse par rapport aux moins précédents ? Le moteur de cette requête réside dans la décision de décembre 1853 de la Banque de France d'introduire dans l'ensemble de ses paiements un quota de pièces d'or, qui est fixé à 75 % du montant total[174]. Cette mesure inquiète suffisamment les banquiers helvétiques pour les encourager à prendre des mesures pour se prémunir contre les conséquences qu'une telle décision pourrait avoir. En effet, elle n'implique que peu de changements pour la France. Mais pour la Suisse, elle risque rapidement d'être inondée par les pièces d'or françaises. Or, puisque l'or n'est pas un moyen de paiement légal, les particuliers seraient en droit de le refuser, ce qui engendrerait son accumulation dans les caisses des banques et une sortie importante de numéraire en argent en contrepartie.

---

172 Sur Johann Jakob Rüttimann, cf. note 9 p. 410.

173 Une autre motion est déposée en même temps au CN par un député inconnu dans le but de freiner la sortie du numéraire en argent des Caisses publiques. Elle demande la suppression de l'article 11 de la loi monétaire qui assure aux détenteurs de pièces de billon et de cuivre de pouvoir les échanger auprès de ces Caisses pour un montant minimal de 50.- FS. Le CF refuse d'entrer en matière, craignant aussi bien de décrédibiliser l'ensemble du système monétaire qu'une panique auprès des utilisateurs de ces pièces. Cf. « Message du Conseil fédéral suisse aux Conseils législatifs de la Confédération, concernant la suspension ou la modification de l'art. 11 de la loi sur les monnaies suisses (du 15 juillet 1854) », *op. cit.*, pp. 328-332 (surtout les pp. 330-331).

174 L'information est relayée en Suisse par le Mulhousien Charles Schlumberger-Zuber (1798-1861), à la tête d'une fabrique de toiles peintes avec son frère Isaac en 1822-1846 ("Schlumberger, Koenig & Cie"). En 1840, il diversifie ses activités et fonde une banque privée à Mulhouse. Cf. AF, E12#1000/36#129*, lettre de Charles Schlumberger au directeur de la "Bank in Zürich", 09.01.1854, 2 p.

La motion déposée par Rüttimann au CE est acceptée à une large majorité par ses collègues, seulement cinq voix s'y opposant[175]. Au CN, la proposition du Zurichois reçoit le soutien des Cn saint-gallois et en particulier de Joseph Marzell Hoffmann qui était durant la réforme le plus fervent partisan de l'adoption du FLa en Suisse[176]. Ils voient là l'occasion de réitérer leur demande de tarifer les espèces d'argent allemandes. A leurs yeux, cette mesure est indispensable afin de disposer de suffisamment de numéraire en métal blanc pour régler l'importation de céréales allemandes. Emmenés par le Bernois Fueter, plusieurs membres s'opposent aussi bien à la demande du Zurichois qu'à celle des Saint-Gallois. Ils craignent que de tels tarifs soient la première étape vers un retour à la situation d'avant 1848[177]. Largement repoussée, la mesure projetée par les Cn saint-gallois ne parvient pas à obtenir une majorité de voix. En revanche, la motion de Rüttimann est acceptée : le CF est invité à fournir un rapport pour la prochaine session[178]. Le DFF propose alors de mettre sur pied une commission de cinq experts afin de préparer son message. Pour des raisons qui ne sont pas très claires, cette proposition est refusée au sein du Collège de l'exécutif. Le CF décide en effet de lancer un premier tour de consultation en s'adressant aux chambres de commerce, ainsi qu'à deux banques cantonales[179].

---

175 AF, E1401#1960/58#7*, Protocole du CE, séances du 19.01.1854 et du 20.01.1854, n° 522 et 529; [S.A.], « Conseil des Etats », *Gazette de Lausanne*, 24.01.1854, p. 6; [S.A.], « Conseil des Etats », *Journal de Genève*, 22.01.1854, pp. 2-3.

176 Sur Joseph Marzell Hoffmann, cf. note 28 p. 415.

177 Sur ces prises de position : [S.A.], « Nationalrath », *Der Bund*, 30.01.1854, p. 2; [S.A.], « Nationalrath », *Eidgenössische Zeitung*, 30.01.1854, p. 1; [S.A.], « Conseil national », *Gazette de Lausanne*, 02.02.1854, p. 2; [S.A.], « Goldtarifirung », *Neue Zürcher Zeitung*, 29.01.1854, p. 3; [S.A.], « Conseil national », *Nouvelliste vaudois*, 14.02.1854, p. 2.

178 « Arrêté fédéral concernant le tarifage de l'or (du 8 février 1854) », in *Recueil officiel*, *op. cit.*, Tome IV, 1854, pp. 57-58. Cf. aussi dans le fonds aux AF, E12#1000/36#129*, la *Proposition de projet de la minorité de la commission du conseil national au sujet de la tarification de l'or*, 07.02.1854, 1 p.

179 AF, E1004.1#1000/9#2215*, Protocole du CF, 26.01.1854, n° 398. Pour Bâle, Berne, Genève, Neuchâtel et Zurich, la réponse est adressée par leur Gouvernement cantonal respectif, vraisemblablement sur la base d'un rapport de la chambre de commerce cantonale, sauf dans le cas de Berne qui n'en possède pas; dans le canton de Vaud, l'expertise provient de la "Banque cantonale vaudoise", tandis qu'à Saint-Gall, ce sont la "Bank in St. Gallen" et le "Kaufmännische Direktorium St. Gallen" qui font parvenir leur point de vue. A Zurich, la "Zürcher Handelskammer" fournit aussi un rapport, en plus de celui du Conseil d'Etat. La position de

De son côté, le DFF se tourne également du côté de Speiser, ainsi que du chargé d'affaire en poste à Paris Joseph-Hyacinthe Barman pour sonder la situation française[180].

Il ressort un fort clivage de cette consultation du CF. En 1854, seuls les milieux du grand commerce et de la banque des places de Bâle et de Zurich, soutenus par certaines franges du commerce bernois, sont favorables à un passage à l'étalon-or unique. Les autres acteurs consultés sont, de manière générale, favorables à un tarif provisoire, sans toutefois supprimer l'argent comme base du système monétaire. La question centrale qui divise les acteurs est de réussir à déterminer quelle position la France va adopter, ce qui démontre bien la dépendance helvétique envers sa voisine : abandonnera-t-elle rapidement le double étalon pour adopter l'or comme mesure unique, comme le laisse penser ses frappes très importantes de pièces de métal jaune ? Ou alors va-t-elle maintenir son système bimétalliste, la grosse chute de valeur de l'or étant passée selon certains ? C'est sur les réponses à donner à ces questions que les divisions apparaissent. Quelles qu'elles soient au demeurant, les regards sont tournés vers la France. En raison de l'incertitude qui pèse aussi bien sur les potentielles variations de la valeur des métaux que sur la position de la France, le CF refuse de tarifer l'or, car cela impliquerait de passer de fait au double-étalon et, à terme, à l'étalon-or unique, rendant nécessaire de réformer le système monétaire suisse dans son ensemble[181].

Tout comme en 1850, la commission du CE nommée pour étudier la question représente les intérêts de l'industrie cotonnière zurichoise et de la Suisse orientale, ainsi que ceux du grand négoce et de l'agriculture de Suisse occidentale. Les acteurs de la Suisse centrale et méridionale agricole ne sont en revanche pas

---

ces différents acteurs est très brièvement résumée dans le « Message du Conseil fédéral suisse aux Conseils législatifs de la Confédération, concernant le tarifage de l'or (14 juillet 1854) », *Feuille fédérale*, Vol. 3, 44, 23.09.1854, pp. 201-228 (ici, pp. 203-212). L'ensemble des réponses adressées au CF se trouve dans le fonds des AF, E12#1000/36#129*.

180 AF, E12#1000/36#129*, *Projet de rapport et préavis du Conseil fédéral suisse à la Haute Assemblée fédérale touchant le tarifage des pièces d'or*, 01.02.1854, 14 p. Les lettres adressées à Barman et à Speiser, ainsi que leur réponse respective, se trouvent aussi dans ce fonds.

181 « Message du Conseil fédéral suisse aux Conseils législatifs de la Confédération, concernant le tarifage de l'or (14 juillet 1854) », *op. cit.*, pp. 201-228 (ici, pp. 225-226) ; lettre du CF à l'AsF, 01.02.1854, citée par Graf, Barbara, *Die Schweiz und die lateinische Münzunion*, *op. cit.*, p. 72.

représentés. Ses membres suivent à l'unanimité le CF[182]. A leurs yeux, la production mondiale d'or croît certes, mais pas dans des proportions inquiétantes qui justifieraient des mesures. Ils refusent d'anticiper une éventuelle disparition totale de l'argent et son remplacement par de l'or. La commission du CN, qui représente les intérêts des mêmes acteurs économiques, est aussi unanime à suivre le CF. Le danger d'une disparition prolongée du numéraire n'étant pas suffisamment présent, il convient d'attendre. Les membres de cette commission résument parfaitement la position des autorités politiques fédérales lors de cette première discussion : « *Ni l'un ni l'autre de ces dangers [disparition du numéraire suisse et français, JC] ne nous parait bien imminent. C'est pourquoi la meilleure mesure à prendre pour le moment est tout simplement le* laisser faire *et le* laisser passer »[183]. En plénum, la question ne donne lieu qu'à un petit échange de vues faisant suite à la proposition d'un membre du CE de tarifer les pièces d'or françaises à leur valeur nominale pour les Caisses fédérales, ce qui est refusé par le CN[184]. Les deux commissions étant unanimes à suivre le CF, l'affaire en reste donc là[185]. Il faut mentionner, pour bien comprendre pourquoi la question est si vite réglée aux Chambres, que cette discussion précède le débat sur la forme à donner à l'organisation de l'enseignement secondaire (Ecole polytechnique ou Université fédérale), qui divise bien plus les députés que les monnaies.

Une année plus tard, en décembre 1855, la question revient sur le tapis. C'est le président du Conseil d'Etat zurichois, le médecin Ulrich Zehnder, qui relance le CF sur l'opportunité qu'il y aurait à donner cours légal aux monnaies d'or françaises. Porte-parole des milieux libéraux proches d'Escher, Zehnder estime que les pièces d'argent ne vont pas tarder à manquer :

---

182 « Rapport de la Commission du Conseil des Etats touchant le tarifage des pièces d'or (du 6 décembre 1854) », *Feuille fédérale*, Vol. 1, 1, 06.01.1855, pp. 1-12.

183 « Rapport de la Commission du Conseil national sur la question du tarifage de l'or (du 14 décembre 1854) », *Feuille fédérale*, Vol. 1, 2, 09.01.1855, pp. 21-25 (ici, p. 24). En italique dans le texte original.

184 Sur la discussion au CE : Af, E1401#1960/58#9*, Protocole du CE, séance du 09.12.1854, n° 21 ; [s.a.], « Conseil des Etats », *Gazette de Lausanne*, 14.12.1854, p. 3 ; [s.a.], [s.n.], *Neue Zürcher Zeitung*, 11.12.1854, p. 3 ; [s.a.], [s.n.], *Nouvelliste vaudois*, 12.12.1854. p. 2 ; sur la discussion au CN : Af, E1301#1960/51#12*, Protocole du CN, séance du 15.12.1854, pp. 122-124 ; [s.a.], « Nationalrath », *Der Bund*, 18.12.1854, pp. 1-2 (ici, p. 2) ; [s.a.], « Nationalrath », *Eidgenössische Zeitung*, 17.12.1854, p. 1 ; [s.a.], « Assemblée fédérale », *Journal de Genève*, 17.12.1854, p. 2.

185 « Arrêté fédéral concernant le tarifage de l'or (du 18 décembre 1854) », in *Recueil officiel*, *op. cit.*, Tome V, 1857, pp. 14-15.

« Wir glauben nicht zu irren, wenn wie annehmen, dass beim fortbestehen der gegenwärtigen Verhältnisse je länger je mehr und in sehr rascher Progression die Goldsorten an die Stelle der Silbersorten treten werden, und es kann sodann der Uebelstand nicht ausbleiben, dass das Silber, das zur Zeit das einzig gesetzliche Zahlungsmittel ist, nicht mehr vorhanden ist, jedenfalls aus mit Verlust zu erhalten sein wird »[186].

C'est que la situation a beaucoup évolué depuis une année. Selon le bilan de fin d'année de la "Bank in Zürich", le numéraire entré dans les caisses de la banque durant la première semaine de novembre se compose à près de 60 % de pièces d'or françaises, tandis qu'en fin d'année, les espèces en métal jaune représentent un tiers de l'encaisse[187]. Pour satisfaire les différentes opérations réalisées en liquide auxquelles elle doit faire face (escomptes et retraits), la banque est contrainte d'acquérir, entre janvier et octobre 1855, plus de 900'000.- FS de pièces en argent contre un agio moyen de 0.25 %[188]. Il est d'ailleurs vrai que la prime sur l'argent sur la place de Paris atteint son plus haut en décembre 1855 (2 %) depuis 10 ans[189]. Les réserves de métal blanc fondent donc et sont progressivement remplacées par du métal jaune. Cette situation est jugée suffisamment inquiétante de la part des acteurs zurichois pour exiger des mesures fédérales.

Muni de cette demande, le CF décide de lancer un deuxième tour de consultation auprès des Gouvernements cantonaux, bien qu'il estime que la question ait été réglée l'année précédente[190]. Un rapport est par ailleurs demandé au consul suisse en poste en Belgique, puisque ce pays a récemment démonétisé

---

186 AF, E12#1000/36#129*, lettre du président du Conseil d'Etat zurichois au CF, 24.12.1855, 3 p. (ici, pp. 1-2).

187 AF, E12#1000/36#129*, lettre du directeur de la "Bank in Zürich" Georg Finsler à Johann Jakob Sulzer, directeur des Finances du canton de Zurich, 19.12.1855, 3 p. (ici, p. 1).

188 BLEULER, Werner, *Bank in Zürich*, *op. cit.*, p. 69.

189 FLANDREAU, Marc, *L'or du monde*, *op. cit.*, annexe M. Cote de l'argent à Paris à la fin de chaque mois (1846-1879), pp. 354-355.

190 AF, E1004.1#1000/9#2544*, Protocole du CF, 29.12.1855, n° 4964; AF, E12#1000/36#129*, circulaire du CF aux Gouvernements cantonaux, [s.d.: vers fin décembre 1855], 2 p. Les cantons consultés sont presque les mêmes que l'année précédente: Zurich ayant déjà fait parvenir ses revendications, elle est remplacée par Fribourg pour des raisons inconnues. Contrairement à 1854, ce sont surtout les banques qui adressent une réponse au CF (Bâle, Berne, Saint-Gall, Vaud et deux expertises provenant de Fribourg, ainsi que de Neuchâtel); les chambres de commerce envoient aussi une expertise dans les cas de Bâle, Neuchâtel, Saint-Gall et Zurich. Pour Berne, Fribourg, Saint-Gall et Vaud, le Conseil d'Etat fournit également un rapport au CF.

les pièces d'or et vit donc uniquement sous le règne de l'étalon-argent unique[191]. Le CF n'attend toutefois de loin pas d'être muni de toutes les réponses pour repousser la discussion à la session d'été. Il prend au contraire la décision de ne pas intervenir. Ceci s'explique par deux raisons. La première, c'est que les inquiétudes formulées par les milieux zurichois ne semblent pas, sur la base des réponses et des chiffres que le CF a déjà reçus, être partagées par les autres milieux économiques. Certes, de Bâle, Berne et Genève, les autorités politiques soutiennent cette demande, mais elles demeurent isolées. Certains représentants de la banque et du commerce de ces places n'estiment pas que la situation soit suffisamment inquiétante pour prendre des mesures. Le directeur de la "Bank in Basel" le formule ainsi :

> *« Besondere Massregeln zur Abwehr des Goldzuflusses bedürfen die Bank nicht, wer Gold einzahlt, hat die Verpflichtung, darüber auch in gleichen Währung zu verfügen ; gegen die ihr übertragenen Inkassi, welche auf Silber lauten, hält sie in der Regel darauf, auch Silber zu erhalten, und gibt ihre Banknoten nur gegen Silber aus »*[192].

Les propos de ce directeur de banque sont confirmés par les chiffres : la part mensuelle moyenne de pièces d'or dans les caisses de la "Bank in Basel" s'élève ainsi pour l'année 1855 à 14.5 %[193]. Certes, le mois novembre accuse une hausse considérable (42 %), mais demeure exceptionnel en regard des mois d'été où le pourcentage se monte à moins de 10 %. L'or afflue donc, mais pas dans des proportions alarmantes. Au sein des Caisses fédérales, la situation est similaire. A la fin de l'année 1855, les réserves en numéraire de l'Etat central ne se composent en effet qu'à 5 % de pièces d'or, ce qui s'explique en grande partie par le fait qu'elles ne sont pas un moyen de paiement reconnues légalement[194]. Les autres acteurs consultés fournissent ultérieurement des données chiffrées qui font état d'une circulation d'or représentant environ 25 % de leur circulation pour l'année 1855[195]. Ce n'est toutefois pas l'avis de Speiser. Pour lui, il est indispensable d'agir rapidement, sous peine de se retrouver à court de numéraire.

---

191 Af, E12#1000/36#129*, lettre du CF à Borel, 29.12.1855, 1 p.

192 Af, E12#1000/36#129*, lettre du directeur de la "Bank in Basel" au Bourgmestre de BS, 05.01.1856, 3 p. (ici, p. 2).

193 Pourcentage calculé à partir des chiffres de la valeur en or dans les caisses de la banque par rapport à l'encaisse totale fournis par *Ibid.*, p. 1.

194 Af, E12#1000/36#129*, lettre du Caissier de la Confédération au DFF, 14.01.1856, 3 p. (ici, p. 2).

195 « Rapport du Conseil fédéral à la haute Assemblée fédérale concernant la question du tarifage de l'or (Du 25 Juin 1856) », *op. cit.*, pp. 141-169 (ici, pp. 155-157).

> « *Gegenwärtig ist es noch möglich eine derartige Massregel zu ergreifen, ohne offenbare wenigstens, irgend ein Interessen zu verletzen; in einem Jahr, wenn Frankreich von Silbermünze entblösst seyn wird, wie die Schweiz auch, wird es nicht mehr möglich seyn. Vielleicht von einem Jahr schon wird diese Zeitpunkt eintreten, denn man kauft zu hohen Prämie fortwährend in Paris die Silbermünze zum Ausfuhr auf, während die Gold-Einströmungen stets in Zunahme begriffen sind* »[196].

Les milieux économiques sont donc divisés sur la question et leurs revendications ne convergent pas. La seconde raison qui pousse le CF à ne pas prendre de mesures dans l'immédiat, c'est la réponse du consul suisse Borel. Son avis pèse, comme en 1850, d'un poids certain dans la balance, en raison de son amitié avec Ramel, un des pères du système monétaire français de 1803. Sa prise de position pour le maintien de l'étalon-argent exclusif est pour le moins catégorique :

> « *[...] recevoir l'or français à sa valeur nominale, serait la plus grande faute que l'on puisse commettre. Tarifer l'or avec une perte, quelque légère qu'elle fût, serait une mesure extrêmement dangereuse. Il faudrait trouver un point très-difficile à rencontrer, et qui serait sujet à des oscillations continuelles. La plus légère différence en plus ou en moins empêcherait, dans un cas, l'affluence de l'or, et par suite n'aboutirait à aucun résultat ; dans le second cas, au contraire, elle entraînerait l'exportation de toute la monnaie d'argent. Qu'on s'en tienne au système monétaire légal, qui veut que personne ne soit forcé de recevoir de l'or en paiement, et la Suisse ne manquera jamais d'argent [...]* »[197].

En se basant sur les chiffres contenus dans les différents rapports, l'afflux d'or se fait sentir à partir du second semestre de 1855, mais ne constitue pas pour autant une tendance de fond suffisamment marquée qui justifierait une intervention immédiate des autorités politiques fédérales.

La décision du CF de repousser la discussion à la session d'été ne suffit toutefois pas à calmer les revendications zurichoises. Quelques jours après l'annonce du report, c'est par l'intermédiaire de son président Georg Heinrich Biedermann-Frey, représentant des intérêts du grand commerce zurichois[198],

---

196 AF, E12#1000/36#129*, lettre de Speiser à Jakob Stämpfli, 02.12.1855, 4 p. (ici, pp. 2-3).

197 Propos de Borel du 08.01.1856 cités dans le « Rapport du Conseil fédéral à la haute Assemblée fédérale concernant la question du tarifage de l'or (Du 25 Juin 1856) », *op. cit.*, pp. 141-169 (ici, p. 154). Des déclarations similaires sont adressées à Speiser par le consul : AEB, PA 116, A 28, lettre de Borel à Speiser, 07.12.1854, 3 p.

198 Georg Heinrich Biedermann-Frey (1796-1876), ZH. D'abord actif dans la filature et le négoce de coton, commanditaire et fournisseur d'indienneries alsaciennes durant les années 1830, il diversifie ses activités dans le commerce international de produits manufacturés et de denrées coloniales (sel, sucre, bois) au plus tard au

que la “Kaufmännische Gesellschaft von Winterthur” pétitionne en faveur de l'octroi d'un cours légal aux monnaies d'or françaises. A ses yeux, il ne s'agit plus de les tarifer pour répondre à une situation provisoire, il est désormais nécessaire d'en faire les égales des pièces d'argent :

> *« Il est notoire que depuis quelques années, et dans les derniers temps surtout il a été apporté en Suisse une masse d'or considérable et, bien qu'il n'ait nulle part un cours légal, qu'il s'en fait journellement des paiements considérables, non pas seulement dans les transactions de commerce, mais aussi pour soldes d'artisans et salaire dans les grandes fabriques, dans une proportion qui ne peut que s'accroître avec le temps.*
> *Les caisses publiques, tant fédérales que cantonales, les banques et les banquiers prennent l'or à la valeur nominale. [...]; la plupart des maisons de banque donnent pour instruction à leurs commettants de ne stipuler leurs traites qu'en francs de France, vu que l'argent nécessaire fait défaut et afin de pouvoir payer en or. [...] Si l'on n'y avise pas [à la sortie de l'argent, JC], l'or continuera d'affluer, et nous aurons de nouveaux deux valeurs, savoir la valeur courante ou l'or pour le commerce journalier, grand et petit, et la valeur d'argent normale, dont les classes pauvres et les débiteurs sur titres de créance, seront les victimes.*
> *Nous ne saurions donc attendre du système de l'expectative et du laissez aller que des préjudices sans aucun avantage. Nous avons la conviction que la France, à l'instar de l'Angleterre et de l'Amérique, adoptera incessamment l'étalon d'or, car sans cela pourquoi ne frapperait-elle que de l'or jour et nuit; et comme nous avons adopté son pied monétaire, que nous ne pouvons frapper aucun numéraire d'argent sans perte considérable ni en tirer des quantités suffisantes de la France, il ne nous reste d'autre parti à prendre que de déclarer l'or français comme légal chez nous à sa valeur nominale »*[199].

Les acteurs de la banque et du grand commerce zurichois ne se satisfont donc pas de la position adoptée par les autorités politiques fédérales. Dans ces circonstances, ils décident de prendre une décision forte en suivant l'exemple bâlois. En effet, depuis le début du mois de novembre 1855, les banquiers bâlois ont imposé l'or aux fabricants et aux négociants pour leurs opérations d'escompte[200]. A Zurich, sous l'impulsion d'un de ses administrateurs, Caspar

---

début des années 1850. Co-propriétaire de plusieurs bateaux qui transportent marchandises et personnes à destination des Amériques et de l'Asie. Député libéral au GC de ZH durant les années 1830. Membre fondateur et premier président CA de la “Bank in Winterthur” (1862-1876), président de la “Kaufmännische Gesellschaft von Winterthur” durant les années 1850, siège au CA de plusieurs compagnies de chemins de fer suisses.

199 AF, E12#1000/36#129*, pétition de la “Kaufmännische Gesellschaft von Winterthur” adressée à l'AsF, 17.01.1856, 2 p. (ici, pp. 1-2). Souligné dans le texte original.

200 Lettre de Custer au CF, 09.11.1855, citée in GRAF, Barbara, *Die Schweiz und die lateinische Münzunion*, *op. cit.*, p. 80. Selon une lettre du président du Conseil

Ott-Trümpler, la "Bank in Zürich" décide qu'à partir du mois de mars 1856, elle recevra et fournira l'or à sa valeur nominale pour l'ensemble de ses opérations, et pas seulement pour l'escompte[201]. En somme, elle passe au bimétallisme et impose la valeur nominale de l'or à sa clientèle. Consciente que cette décision puisse mécontenter ses clients qui font leurs affaires en argent, elle leur laisse un délai pour récupérer leurs avoirs s'ils ne sont pas d'accord avec cette pratique. Il semblerait toutefois que cette décision n'ait pas eu d'incidence particulière sur les retraits[202]. En conséquence, tous les billets émis par la banque sont retirés et tamponnés en indiquant spécifiquement que les remboursements se font en « Francs de France » et non plus en « Francs suisses ». Nuance terminologique de prime abord anodine, elle est appelée à jouer un rôle déterminant, car elle autorise désormais la banque à écouler ses pièces d'or, sans craindre de se retrouver à cours de numéraire argent pour honorer ses obligations.

Le caractère illégal de cette mesure mérite d'être brièvement discuté[203]. En effet, l'article 8 de la loi du 7 mai 1850 stipule que « *Nul n'est tenu de recevoir en paiement des monnaies étrangères autres que celles qui sont frappées en exacte concordance avec le système monétaire établi par la présente loi, et que le Conseil fédéral aura reconnu, après examen, comme remplissant cette condition* », ce qui n'est en l'occurrence pas le cas. Qu'à cela ne tienne : ce même article 8 précise aussi que « *Les contrats passés après la mise en vigueur de cette loi, en espèces ou valeurs étrangères déterminées, seront exécutés selon la teneur des conventions* ». La "Bank in Zürich" escompte donc bien profiter de ce flou législatif pour s'y engouffrer et l'exploiter à son avantage, malgré de très fortes oppositions qui émergent dans l'opinion publique contre le caractère illégal de cette

---

d'Etat zurichois à Rüttimann du 28.01.1854, citée par Fasnacht, Luca, *Der Weg der Schweiz*, *op. cit.*, note 104 p. 36, les banquiers bâlois commencent à utiliser l'or dans leurs operations dès le début de 1854, sans toutefois l'imposer à leurs clients.

201 Caspar Ott-Trümpler (1801-1880), ZH, fils de Hans Caspar (1768-1854), à la tête de la très importante maison de négoce de coton "Ott-von Muralt" ; beau-fils de Jean Jacques Trümpler (1768-1845), propriétaire d'une usine de tissage mécanique de coton ("Trümpler & Gysi") aussi actif dans le négoce. Travaille d'abord dans la maison paternelle avec son frère Hans Conrad, puis créé sa propre entreprise de négoce de coton en 1838. Membre fondateur (1836) et membre de la direction (1836-1878) de la "Bank in Zürich", dont il est vice-président CA (1860-1866), puis président CA (1866-1878). Député au GC de ZH (1854-1869). Après Leonhard Pestalozzi (cf. note 155 p. 233) jusqu'au début des années 1850, Ott-Trümpler est le principal défenseur des intérêts monétaires zurichois à l'échelle fédérale.

202 Bleuler, Werner, *Bank in Zürich*, *op. cit.*, p. 70.

203 Meyer, Hermann, *Das Schweizerische Geldwesen*, *op. cit.*, p. 6.

pratique[204]. Décidés à compenser la décision de non-intervention des autorités politiques par des mesures propres à satisfaire leurs besoins, les milieux zurichois reçoivent deux soutiens de poids de la part des acteurs bâlois. D'une part, le banquier privé Adolf Burckhardt estime qu'en raison des relations commerciales internationales helvétiques, il est indispensable d'adopter un système monétaire parfaitement identique à celui de la France[205] :

> *« [...], dass für die Schweiz bei ihrem geringen Umfange und ihrer Entfernung vom Meere, ein eigenes Münzsystem unzweckmässig ist, und ihren Handel und Verkehr mit anderen Ländern hemmen muss; dass es im Gegenteil für uns als Handelstreibendes Volk von höchster Wichtigkeit ist, eine Währung zu besitzen, welche an die unserer Nachbarländer und namentlich Frankreichs sich anschliesst, und mit ihr auf der gleichen Basis beruht »*[206].

D'autre part, Speiser considère qu'il s'agit d'une nécessité pratique qui doit rompre avec la conception théorique[207]. Comme Adolf Burckhardt, il estime que le passage au bimétallisme est une étape provisoire devant mener à terme à l'étalon-or. Speiser élabore alors un nouveau projet de règlement pour la "Bank in Basel" qui intègre ces mesures (réception et paiement avec des pièces d'or, délai laissé aux créditeurs pour retirer leurs avoirs et insertion d'un tampon sur les billets) ; il est prévu pour être généralisable aux autres instituts bancaires

---

204 C'est surtout à partir de 1859 que les attaques fusent contre cette mesure pratiquée par les banques, rendues responsables de l'afflux d'or dans le pays, et surtout contre l'absence de réaction des autorités politiques fédérales. Un très bon exemple est fourni par [s.a.], « Zur Münzfrage », *Neue Zürcher Zeitung*, 04.12.1859, pp. 1-3. Cf. aussi [Un abonné], [s.n.], *Nouvelliste vaudois*, 04.10.1859, p. 3.

205 Adolf Burckhardt-Bischoff (1826-1904), BS, fils de Benedkit (1772-1841), négociant ; beau-fils de Christoph Bischoff (1799-1864), fabricant de rubans. Formation commerciale sur différentes places européennes (Londres, Paris), puis associé au sein de la maison de banque "Ehinger & Cie" (1852-1861) qu'il quitte pour occuper à partir de 1863 le poste de vice-président CA de la "Basler Handelsbank", dont il figure parmi les fondateurs. Rentier dès 1870. Membre de la "Basler Handelskammer" (1876-1904), membre CA de la "Bank in Basel" durant les années 1890. Député libéral-conservateur au GC de BS (1868-1902). Assume également plusieurs fonctions dans le domaine juridique. Partisan de l'étalon-or, il publie plusieurs brochures sur le sujet. Un des représentants suisses à la conférence monétaire internationale de Paris en 1881.

206 [Burckhardt, Adolf], *Der Bericht des Bundesrathes*, *op. cit.*, p. 51.

207 Sur ce sujet, quelques informations figurent dans Graf, Barbara, *Die Schweiz und die lateinische Münzunion*, *op. cit.*, pp. 90-92.

du pays[208]. La mobilisation de ces deux acteurs au poids important contribue à fournir un vernis de légitimité à la mesure prise par la banque zurichoise. D'ailleurs, peu de temps avant son décès, Speiser réaffirme la nécessité de passer à l'étalon-or unique pour éviter que la situation n'empire :

> « *Es kann sich unter den gegenwärtigen Umständen nicht um eine theoretische Erörterung handeln, ob Gold oder Silber das zweckmässigere Metall für unsere Circulation sey; oder darüber, ob es richtig, ob es grundsätzlich zu verantworten sey, zweierlei Metalle in ein und dasselbe Münzsystem aufzunehmen, auf zweierlei verschiedene Stoffe einen und den selben Standard zu begründen; diese beiden letztern Fragen sind theoretisch wie praktisch schon längst, man darf sagen einstimmig, gegen eine Doppelwährung entschieden, und was die erste anbelangt, so dürfen wir derselben unter den gegebenen Umständen kaum ein Gewicht beilegen. […] Die Aufgabe, zu deren Lösung die Umstände nöthigen, besteht darin, einen Zustand herbeizuführen, der nicht im Widerspruch mit den einmal herrschenden Thatsachen sich befinde, und damit den dermaligen Zustand aufzugeben, der ein unhaltbarer geworden, übrigens bereits von allen Seiten untergraben ist* »[209].

La prise de position du principal expert monétaire du pays et directeur de la "Bank in Basel" suffit à engager d'autres banques du pays, comme la "Bank in Luzern", à prendre des mesures similaires : les affaires se règlent désormais en "Francs de France", soit en or ou en argent, et non plus en FS. Dans ces conditions, le second tour de consultation entamé par le CF quelques mois plus tôt perd fortement de son importance, les milieux économiques ayant pris l'initiative de mesures que les autorités politiques se refusaient à entreprendre[210]. Livré en juin 1856, le Message du CF, qui repose sur les réponses reçues en janvier – c'est-à-dire avant la décision de la "Bank in Zürich" d'imposer l'or dans ses affaires –, passe presque inaperçu. Sans se prononcer sur le caractère illégal de la mesure prise par les banques, le CF estime que c'est au public de gérer le recours à l'or, acceptant en conséquence cette pratique. Il propose ainsi à l'AsF de « *ne point entrer en matière sur la question du tarifage de l'or, et considérer ce métal comme une marchandise dont le cours doit être réglé par le public, suivant l'offre ou la demande* »[211]. Les deux commissions du CE et du CN chargées

---

208 Les remarques et le projet de Speiser sont publiés dans la presse : Speiser, Johann Jakob, « Vorschläge, betreffs Massregeln hinsichtlich der Goldfrage, in Basel », *Neue Zürcher Zeitung*, 07.10.1856, pp. 1-2.

209 Bibliothèque nationale suisse, Speiser, Johann Jakob, *Vorschläge, op. cit.*, p. 4. Souligné dans le texte original.

210 Fasnacht, Luca, *Der Weg der Schweiz, op. cit.*, pp. 39-41.

211 « Rapport du Conseil fédéral à la haute Assemblée fédérale concernant la question du tarifage de l'or (Du 25 Juin 1856) », *op. cit.*, pp. 141-169 (ici, p. 167).

d'étudier la question, qui représentent comme en 1854 les intérêts du grand commerce et de l'agriculture de Suisse occidentale et ceux de l'industrie cotonnière zurichoise et de Suisse orientale, suivent à l'unanimité la décision du CF de ne pas intervenir et de laisser à l'initiative privée le soin de prendre les mesures nécessaires[212]. Lors de la discussion au CE, l'unanimité de la commission n'est pas partagée: seuls 19 membres sur les 36 refusent d'entrer en matière sur la tarification de l'or[213]. Vote serré qui témoigne que du côté des représentants des cantons, les mesures prises par les banques ne peuvent satisfaire les intérêts des Gouvernements cantonaux. C'est pour cette raison que 18 députés demandent que le CF porte une attention particulière à l'évolution de la situation et au besoin à faire des propositions de mesures à l'AsF. Du côté du CN, les députés n'accordent pas une très grande importance à la question. Il faut dire qu'ils sont alors très occupés avec la question du conflit de l'Ouest-Suisse qui monopolise plusieurs séances[214]. La décision de 1854 de ne pas entrer en matière, confirmée quelques jours auparavant par le CE, suffit à clore le sujet. Les conclusions de la commission du CN sont acceptées sans discussion. Le commentaire du rapporteur de la commission, le Bernois Fueter, résume ainsi la situation: « *Der praktische Sinn unseres Volkes weise sich auch hierin zu helfen und so vertrage sich, Gold und Silberwährung neben einander, erstern auch ohne gesetzliche Anerkennung, ohne Nachtheil für das Publikum* »[215]. En somme, puisque le commerce et la banque parviennent à prendre les mesures propres à s'autoréguler et que pour le moment la situation ne présente pas de gros désavantages, il n'y a pas besoin

---

212 La commission du CE se contente de faire un rapport oral sur la question: AF, E1401#1960/58#12*, Protocole du CE, séance du 17.07.1856, n° 283. Le rapport de la commission du CN n'est pas plus complet et se limite à appuyer les conclusions du CE et du CF. Il est reproduit dans AF, E1301#1960/51#15*, Protocole du CN, séance du 21.07.1856, pp. 309-310.

213 Sur la discussion au CE: AF, E1401#1960/58#12*, Protocole du CE, séance du 17.07.1856, n° 283; [S.A.], « Verhandlungen der Bundesversammlung. Ständerath », *Der Bund*, 19.07.1856, pp. 2-3; [S.A.], « Assemblée fédérale », *Journal de Genève*, 19.07.1856, pp. 1-2 (ici, p. 2); [S.A.], [s.n.], *Neue Zürcher Zeitung*, 18.07.1856, p. 3; [S.A.], « Goldwährung », *Neue Zürcher Zeitung*, 19.07.1856, pp. 1-2; [S.A.], « Assemblée fédérale », *Nouvelliste vaudois*, 18.07.1856, pp. 1-2 (ici, p. 2).

214 Le conflit de l'Ouest-Suisse découle de la difficulté à se mettre d'accord sur le tracé du chemin de fer de la "Compagnie de l'Ouest des chemins de fer suisses" entre les cantons et les groupes de financiers français qui défendent des intérêts différents.

215 Intervention du Bernois Fueter lors de la séance du CN du 21.07.1856, citée in AF, E1301#1960/51#15*, Protocole du CN, pp. 310-311.

d'intervenir[216]. D'ailleurs, l'arrêté fédéral de juillet 1856 est quasiment identique à celui de 1854 : le système de 1850 est maintenu en l'état, le CF étant toutefois invité à surveiller de plus près l'évolution de la situation[217].

Durant les années qui suivent, la question monétaire perd de son actualité en Suisse pour plusieurs raisons. Certes, la prime sur l'argent sur la place de Paris atteint des sommets au cours de l'année 1857 (3.25 %), tout comme celle sur l'or (0.65 %). Mais en acceptant désormais l'or à sa valeur nominale, les milieux économiques les plus concernés par son arrivée dans le pays réussissent à créer des conditions satisfaisantes pour leurs affaires ; l'ouverture de l'Hôtel suisse des Monnaies assure pour sa part la livraison de petites espèces nécessaires pour les activités quotidiennes. Il faut aussi mentionner que suite aux dépenses considérables engendrées par la Guerre menée en Crimée, à la spéculation sur les entreprises de chemins de fer aux Etats-Unis et à une série de mauvaises récoltes, l'Europe connaît une importante crise financière à partir du second semestre de 1856 qui se prolonge jusqu'en 1858[218]. Un autre élément qui intervient durant ces années qu'il convient de mentionner concerne la signature du traité monétaire de Vienne en 1857. Conclu entre les Etats allemands, l'Autriche et le Liechtenstein, il vise à stimuler les échanges commerciaux entre les trois zones monétaires (le florin autrichien, le florin allemand et le thaler prussien) par l'émission d'une monnaie commune sur le modèle de l'accord de Dresde de 1838[219]. Le bloc-argent qui se créé à l'est du continent européen encourage

216 Sur la discussion au CN : AF, E1301#1960/51#15*, Protocole du CN, séance du 21.07.1856, pp. 310-311 ; [S.A.], « Eidgenossenschaft », *Intelligenzblatt für die Stadt Bern*, Beilage n° 204, 22.07.1856, 4 p. (ici, p. 3).

217 « Arrêté fédéral concernant le tarifage de l'or (du 21 juillet 1856) », in *Recueil officiel*, *op. cit.*, Tome V, 1857, pp. 319-320.

218 Sur les causes et le déroulement de cette crise, on trouvera un bon aperçu dans PINNER, Felix, *Die grossen Weltkrisen*, *op. cit.*, pp. 128-141.

219 Sur le traité de Vienne, se référer en premier lieu à ZICH, Wilhelm, *Der Wiener Münzvertrag vom 24. Januar 1857 und Carl Ludwig von Bruck*, Thèse de doctorat de l'Université de Vienne, 2009, 331 p. (surtout les pp. 56-236), à OTTO, Frank, *Die Entstehung eines nationalen Geldes*, *op. cit.*, pp. 168-218 et à BLASEN, Philippe Henri, « Die österreichische Münzreform von 1857-1858 und die siebenbürgischen "Gelegenheitschriften anlässlich der neuen Währung". Mit besonderer Betrachtung der *Gespräch der Bauern Hans und Georg über das neue Geld* (1858) », *Studia Universitatis Babes-Bolyai Historia*, 61, 2, 2016, pp. 69-92 (ici, pp. 70-78). Des informations figurent aussi dans SPRENGER, Bernd, *Das Geld der deutschen*, *op. cit.*, pp. 165-168 et dans VEIT, Otto, *Grundriss der Währungspolitik*, *op. cit.*, pp. 440-445.

certains milieux économiques suisses à vouloir adopter des mesures similaires. En raison de ces événements, les discussions monétaires helvétiques sont pour un temps reléguées au second plan, mais la politique du laisser-faire initiée en 1854 montre d'importantes limites et le sujet revient toutefois rapidement à l'ordre du jour.

Au milieu de l'année 1859, l'AsF demande au CF d'intervenir pour remédier à la disparition des monnaies d'argent de la circulation. Le cœur du problème n'est en effet plus le même qu'en 1854 et en 1856[220]. Désormais, ce n'est plus l'arrivée de pièces d'or sur le territoire qui est problématique, c'est l'absence de pièces en argent et en particulier les petites pièces de 2, 1 et 0.5 FS. Un article paru dans la *Neue Zürcher Zeitung* illustre bien ce phénomène :

> «*Man hat gar keine Vorstellung davon, in welcher Verlegenheit sich Geschäftsleute befinden, seitdem von der Staatskasse kein Billon mehr ausgegeben wird. Es ist dadurch über die Wirte, Bäcker, Metzger u[nd] d[ergleichen] ein wahrer Belagerungszustand verhängt. Wie in einem Taubenhaus gehts da von Lehrknaben, die kleine Münze suchen, den ganzen Tag ein und aus. Zudem haben viele Geschäftsleute ihren Reisenden den gemessenen Auftrag ertheilt, überall Billon einzuwechseln und heimzusenden. Und bemerkenswert ist, dass dieser Tage ein Reisender die grösste Summe, die er auf seiner Tour erjagen konnte, zu Chambery in Savoyen zusammenbrachte; denn ganz Savoyen bedient sich des Schweizerbillons. Ja, man trifft dasselbe bis nach Paris an und selbst in den deutschen Grenzorten ist es ziemlich verbreitet*»[221].

Le billon suisse disparaît presque complètement de la circulation. Le CF estime ainsi que fin 1859, les pièces d'or représentent 90 % de la composition de la circulation[222]. Comment expliquer une telle situation ? Contrairement à 1850, où la valeur nominale des pièces suisses d'argent était légèrement inférieure à leur valeur intrinsèque, la situation est inverse une décennie plus tard : la valeur du métal contenue dans une pièce est supérieure à sa valeur nominale, en raison de l'agio sur l'argent. Ainsi, nous l'avons déjà dit, il se met en place depuis le début de la décennie un très lucratif commerce de spéculation qui consiste à exporter en direction de l'Asie des quantités considérables de métal blanc. Selon une estimation de l'époque, la France aurait exporté sur la seule année 1857 pour 459 millions de FF en argent et importé pour 568 millions de FF en

---

220 Sur les différences entre le milieu et la fin des années 1850, cf. Vescovi, Stefano, *Bimetallismus in der modernen Schweiz*, *op. cit.*, pp. 46-49.

221 [s.a.], «Schweiz. Bundesstadt», *Neue Zürcher Zeitung*, 06.02.1860, pp. 1-2 (ici, p. 2).

222 «Message du Conseil fédéral à l'Assemblée fédérale, touchant les monnaies (du 30 décembre 1859)», *Feuille fédérale*, Vol. 1, 2, 18.01.1860, pp. 33-110 (ici, pp. 37 et 92).

or. Entre 1854 et 1859, ce serait pour plus d'un 1.1 milliard de FF en argent qui aurait été envoyé en Asie pour équilibrer la balance commerciale[223]. En conséquence, le métal jaune constitue la principale matière première pour les frappes françaises. Cette "inversion monétaire" est corroborée par les chiffres : pour l'année 1859, les pièces d'argent représentent 1 % de la valeur du total des frappes françaises, pourcentage qui s'élevait à 88 % dix ans plus tôt[224]. De pays abondant en argent, la France devient un pays abondant en or. En raison du « parasitisme monétaire » pratiqué par la Suisse, sa circulation est directement alimentée par le réservoir français : tout ralentissement dans la production du numéraire en argent et son exportation se répercutent immédiatement en Suisse. Selon de nombreuses expertises contemporaines, les émissions réalisées par l'Hôtel des Monnaies suisse durant la seconde moitié des années 1850 sont immédiatement exportées en France[225]. Ce sont ainsi pour près de 900'000.- FS en pièces fabriquées à Berne entre 1856 et 1859 qui ont quitté la circulation intérieure[226].

Conformément à la demande de l'AsF, le CF amorce un troisième tour de consultation durant le second semestre de 1859. Contrairement à sa pratique durant les deux précédentes consultations, il élargit cette fois-ci le spectre des acteurs sollicités. Au-delà des Gouvernements cantonaux, il s'adresse aussi directement à des directeurs de banques, à des banquiers privés et à des négociants[227]. Leur position est présentée dans le tableau ci-dessous.

---

223 Chiffres tirés de *Ibid.*, pp. 34-35.

224 Pourcentages calculés à partir de Flandreau, Marc, *L'or du monde*, *op. cit.*, annexe F. Frappes annuelles d'or et d'argent en France (1796-1878), pp. 342-343. Cf. également Thuillier, Guy, « Pour une histoire monétaire en France », *op. cit.*, pp. 722-731.

225 Cf. par exemple Af, E12#1000/36#94*, *Réponse aux diverses questions posées par la Circulaire suisse* adressée par Charles Diérickx le 10.10.1859, 5 p. (ici, pp. 2-3), annexée à la lettre de François Bartholony au CF, 14.10.1859, 1 p.

226 L'annexe 9 fournit le détail des frappes helvétiques entre 1850 et 1865.

227 Un résumé très succinct des revendications de chaque acteur figure dans le « Message du Conseil fédéral à l'Assemblée fédérale, touchant les monnaies (du 30 décembre 1859) », *op. cit.*, pp. 33-110 (ici, pp. 39-65). Parmi les 51 réponses, qui se trouvent dans le fonds Af, E12#1000/36#94*, 28 voix sont favorables à donner cours légal à l'or et 19 à maintenir l'étalon-argent unique. Les 4 autres personnages ne prennent pas parti, mais transmettent des considérations monétaires générales au CF.

Tableau 22 : position des acteurs consultés par le Conseil fédéral en 1859 sur la convenance à passer au bimétallisme[228]

Acteurs **Options**	**Gouvernements cantonaux**	**Banques**	**Acteurs individuels**
Cours légal aux pièces d'or (passage au bimétallisme)	AG, BE, BL, BS, GR, LU, SG, SH, SO, VD, TI	Bank in Basel Bank-Verein (BS) Banque cantonale de Berne Banque générale de crédit international mobilier et foncier (GE) Bank in Luzern Deutsch-Schweizerische Kreditbank (SG) Bank in Zürich	Banquiers : Ludwig Wagner & Cie (BE) Marcuard & Cie (BE) François Bartholony (Paris) Paul-Frédéric Bonna & Cie (GE) Henry Hentsch (San Francisco) Franz Brunner (SO) Hans Conrad Orelli-Ziegler (Pestalozzi im Thalhof) (ZH) Négociant : Friedrich Peyer Im Hof (SH) Industriel : August Stähelin (BS) Rentier : August von Gonzenbach (SG/BE)
Maintien de l'étalon-argent	AI, AE, GL, NE, TG, SZ, VS	Banque cantonale de Fribourg Banque de Genève Banque du commerce (GE) Banque cantonale neuchâteloise Bank in St. Gallen Banque cantonale du Valais	Banquiers : Lombard, Odier & Cie (GE) Pury & Cie (NE) J. J. Mayer (SG) Charles-Juste Bugnion (VD) Genton & Cie (VD) C. Schulthess Erben (ZH)

228 Tableau inspiré de Graf, Barbara, *Die Schweiz und die lateinische Münzunion*, *op. cit.*, p. 100, complété et corrigé avec les 47 réponses qui se trouvent dans le fonds Af, E12#1000/36#94*.

Muni de toutes les réponses, le CF se prononce pour donner cours légal aux pièces d'or à leur valeur nominale, ce qui revient à introduire le bimétallisme dans le pays. L'objectif poursuivi par l'exécutif fédéral est double. Il s'agit, d'une part, de revêtir d'un caractère légal la pratique de fait du double-étalon de certains établissements bancaires qui est en vigueur depuis la décision de mars 1856 de la "Bank in Zürich" d'imposer les pièces d'or françaises dans l'ensemble de ses opérations. D'autre part, ce changement a pour but de renforcer les liens avec la France, qui se sont distendus en raison de la différence dans la structure de leur système monétaire. Le CF l'exprime en ces termes :

> *« Si l'indépendance monétaire peut s'allier avec le but que la Suisse s'est proposé, qui est de se donner un système rationnel, en vigueur dans un grand nombre d'Etats et propre à faciliter ses relations multiples avec l'étranger, nous sommes éloignés de n'en pas faire cas. Mais si l'indépendance monétaire devait conduire à l'isolement, ou signifiait que la Suisse doit s'attribuer l'initiative et innover dans ces questions, nous croyons qu'elle s'exposerait à perdre plus qu'à gagner. Cependant une certaine indépendance pourrait se concilier avec l'admission de l'or français ; […] il ne saurait y avoir de danger à admettre l'or français. En cas de retrait, l'on pourra toujours prendre à temps les mesures nécessaires et aussi longtemps que la France suit en matière monétaire une politique droite, il n'y aurait aucun avantage à vouloir se séparer d'elle »*[229].

Cette proposition d'adopter le double-étalon satisfait surtout les intérêts des milieux qui mènent leurs affaires sur les marchés étrangers. Toutefois, cette mesure ne règle pas le problème de la disparition du numéraire en argent. Or, tous les milieux économiques réclament de disposer de petites espèces pour leurs activités. Pour y parvenir, l'abaissement de leur titre de fin est proposé par les acteurs de l'industrie et du petit commerce[230]. Mais le CF ne l'entend pas de cette manière, car une telle pratique nécessiterait de retirer tout ce qui a été frappé depuis une décennie pour fabriquer des pièces en conformité avec cette nouvelle norme. L'exécutif fédéral mobilise alors l'argument de la nécessité de maintenir l'unité introduite en 1850 pour justifier sa position :

> *« Frapper des pièces divisionnaires à un titre ou à un poids inférieur est une mesure qui a été indiquée, mais que nous n'avons cru pouvoir admettre parce qu'elle impliquerait une détérioration de notre unité monétaire d'argent qui est le* franc, *et le bouleversement de*

---

229 « Message du Conseil fédéral à l'Assemblée fédérale, touchant les monnaies (du 30 décembre 1859) », *op. cit.*, pp. 33-110 (ici, p. 102).

230 La position des différents acteurs consultés par le CF en 1859 sur la réduction du titre de fin des petites pièces d'argent est résumée dans Graf, Barbara, *Die Schweiz und die lateinische Münzunion*, *op. cit.*, p. 102.

la loi de 1850, que nous voudrions compléter, conformément aux besoins, en la conservant autant que possible»[231].

Le CF estime donc suffisant d'abaisser uniquement le titre des pièces de 50 cts pour disposer de numéraire pour les affaires sur le marché intérieur. Ainsi, le projet livré par le CF vise aussi bien à satisfaire les intérêts de la banque et du grand commerce que des acteurs actifs à l'échelle locale. Il assure aux premiers une meilleure intégration aux échanges internationaux, en particulier avec la France, et les protège contre une rupture d'approvisionnement en grosses espèces. Quant aux seconds, ils sont mis à l'abri d'une augmentation importante du prix d'acquisition des pièces d'argent; la frappe de nouvelles pièces à un titre de fin inférieur assure par ailleurs au petit commerce de disposer d'outils monétaires adaptés.

Aux seins des commissions nommées par les deux Chambres, qui représentent une fois encore à une large majorité les intérêts industriels de la région zurichois et de la Suisse orientale ainsi que ceux du grand commerce et de l'agriculture de Suisse occidentale, les propositions du CF ne font toutefois pas l'unanimité[232].

Au CN, le mouvement en faveur de l'étalon-or est emmené par un de ses principaux partisans, le rapporteur de la majorité de la commission Carl Feer-Herzog[233]. Après le décès de son mentor Speiser, Feer-Herzog s'impose comme

---

231 «Message du Conseil fédéral à l'Assemblée fédérale, touchant les monnaies (du 30 décembre 1859)», *op. cit.*, pp. 33-110 (ici, p. 105). En italique dans le texte original.

232 Un commentaire détaillé du rapport des commissions du CN figure dans GRAF, Barbara, *Die Schweiz und die lateinische Münzunion*, *op. cit.*, pp. 104-112. Cf. aussi VESCOVI, Stefano, *Bimetallismus in der modernen Schweiz*, *op. cit.*, pp. 50-51.

233 Carl Feer-Herzog von Effingen (1820-1880), AG, fils de Friedrich (1790-1865), industriel (soie); beau-fils de Johann Jakob Herzog von Effingen, qui possède plusieurs filatures et tisseranderies mécanisées de coton. Formation d'ingénieur civil à Paris. Entre en 1845 comme directeur commercial dans l'entreprise paternelle ("F. Feer & Cie") et en fait une des premières fabriques de rubans de soie du pays. Développe surtout ses activités en direction des marchés américains. Se retire des affaires en 1865 après avoir fait fortune; possède 1.23 million de FS en 1862. Député au GC d'AG (1852-1880), Cn de tendance libérale (1857-1880). Membre fondateur (1854) et président CA (1854-1880) de l'"Aargauische Kantonalbank", membre CA du "Basler Bankverein", membre CA dès la fondation (1852) et vice-président CA (1860-1880) de la "Schweizerische Centralbahn Gesellschaft" (1852-1880), dont il est le principal relais en Argovie, premier président CA de la "Gotthardbahngesellschaft" (1871-1880). Membre fondateur et membre du

le principal expert monétaire du pays et marque de son empreinte toutes les décisions dans ce domaine pendant près de trois décennies[234]. Il incarne bien, au demeurant, le type d'acteur qui modèle la structure monétaire suisse durant la décennie et demie qui suit la fondation de l'Etat fédéral, ayant un pied dans le secteur industriel et un autre pied dans les affaires bancaires. Il considère que le rôle de l'Etat est de fournir des conditions-cadres stables afin d'assurer la poursuite des activités économiques. A ses yeux, l'existence d'un système monétaire en prise directe avec l'étranger en fait partie[235]. Les autres membres de la majorité de la commission du CN, qui représentent les secteurs du grand commerce, de la banque et des chemins de fer, sont eux aussi favorables à l'internationalisation du système monétaire suisse[236]. Ils reconnaissent la nécessité d'intervenir. Ils estiment que le bimétallisme n'est qu'une étape provisoire sur le chemin qui doit mener la Suisse à adopter l'étalon-or[237]. L'unique membre de la minorité de la commission du CN, le représentant appenzellois Adolf Friedrich Zürcher, est quant à lui un farouche opposant à un changement de la structure

comité de l'"Union suisse du commerce et de l'industrie" (1870-1872). Représente la Suisse à de nombreuses conférences commerciales et monétaires internationales, notamment lors de la fondation de l'UML en 1865. « Bundesbarone » proche de Johann Jakob Speiser (cf. note 45 p. 328), de Friedrich Peyer Im Hof (cf. note 11 p. 410) et de Johann Konrad Kern (cf. note 97 p. 745).

234 Suite au décès de Carl Feer-Herzog en 1880, l'expertise monétaire fédérale se dirige en direction de l'est du pays. C'est alors le Zurichois Conrad Cramer-Frey (1834-1900) qui s'impose comme le principal expert dans ce domaine.

235 Sur la vision monétaire de Feer-Herzog, cf. Staehelin, Heinrich, *Carl Feer-Herzog*, *op. cit.*, pp. 45-51.

236 Le fabricant de produits de soie Heinrich Hüni (cf. note 128 p. 451) est président de la "Zürcher Handelskammer" et possède un mandat au CA de la "Schweizerische Nordostbahn"; Joseph Marzell Hoffmann (cf. note 28 p. 415) est au CA de la "Sanktgallisch-Appenzellische Eisenbahngesellschaft" dès 1856; le juriste bâlois Daniel Bieder-Strub (1825-1906) est secrétaire de la direction de la "Schweizerische Centralbahn Gesellschaft" (1855-1856), membre fondateur, caissier et vice-directeur (1864-1884) de la "Basellandschaftliche Hypothekenbank"; l'ingénieur vaudois Edouard Dapples-d'Aubert (-Curchod) (1807-1887) est très impliqué dans le développement des chemins de fer (vice-président du CA de la "Compagnie de l'Ouest des chemins de fer suisses" en 1852-1855) et de l'hôtellerie sur l'Arc lémanique; le juriste bernois Cyprien Revel-Bourguignon (1805-1886) figure parmi les fondateurs du "Réseau des chemins de fer jurassiens" en 1856.

237 « Rapport de la majorité de la Commission du Conseil national sur la question monétaire (du 14 janvier 1860) », *op. cit.*, pp. 119-140 (ici, p. 128).

monétaire du pays[238]. Il estime toutefois nécessaire que le CF intervienne en imposant aux banques de respecter l'étalon-argent, mais sans donner cours légal aux pièces d'or :

> «*Les conséquences de ce mezzo-termine [la politique du laisser-faire adoptée depuis 1854 et l'accumulation de pièces d'or dans les Caisses publiques, JC] se sont faites rudement sentir, car aujourd'hui nous sommes dans la position de choisir seulement entre deux choses mauvaises, mais une décision doit être prise maintenant, nous devons à la dignité du pays de ne pas laisser subsister plus longtemps un provisoire qui, en présence de la loi actuelle, est une dérision*»[239].

Unique moyen de paiement légal, l'argent a disparu. Officiellement illégale, l'or l'a remplacé. Mais les moyens pour parvenir à remédier à cette situation créent le clivage entre partisans de l'argent et défenseurs de l'or. Pour une majorité de députés, le projet du CF est toutefois satisfaisant, en raison de l'abaissement du titre des pièces de 50 cts qui assurerait de les maintenir dans la circulation. Il ne peut d'ailleurs plus être question de s'accrocher coûte que coûte à l'argent en raison de sa disparition : l'or doit obtenir un statut légal, au moins de manière provisoire. Cette concordance de vues se retrouve lors de la discussion au CN qui suit le rapport des commissions : en plénum, 75 voix suivent la majorité de la commission, contre seulement 11 pour le maintien de l'étalon-argent[240].

---

238 Adolf Friedrich Zürcher-Schläpfer (1820-1888), AR, fils de Johann Ulrich, fabricant et teinturier ; beau-fils de Johann Jakob Schläpfer (1789-1850), une des plus importantes fortunes du canton, qui possède un commerce de filés de coton et un bureau de change. Docteur en médecine à la tête d'un cabinet médical à Hérisau, qu'il remet pour se vouer à ses activités politiques. Membre du Petit Conseil (exécutif cantonal) (1852-1857), puis de la Commission d'Etat (1857-1863) ; landamman en 1864-1867 et en 1871-1872. Cn de tendance radicale modérée (1857-1875) ; assume plusieurs charges juridiques dans son canton, notamment comme président du tribunal cantonal (1872-1880).

239 «Rapport de la minorité de la Commission du Conseil national sur la question monétaire (du 16 janvier 1860)», *Feuille fédérale*, Vol. 2, 38, 14.07.1860, pp. 565-574 (ici, p. 565).

240 Sur le débat au CN : AF, E1301#1960/51#22*, Protocole du CN, séance du 20.01.1860, n° 511 ; [s.a.], «Verhandlungen der Bundesversammlung. Nationalrath», *Der Bund*, 22.01.1860, pp. 2-3 ; [s.a.], «Eidgenossenschaft. Nationalrath», *Intelligenzblatt für die Stadt Bern*, 21.01.1860, pp. 2-3 ; [s.a.], «Nationalrath. Münzangelegenheit», *Neue Zürcher Zeitung*, 22.01.1860, p. 1 ; [s.a.], «Nationalrath», *St. Galler Zeitung*, 22.01.1860, p. 3. Sur le débat au CE : AF, E1401#1960/58#19*, Protocole du CE, séances du 26.01.1860 et du 27.01.1860, n° 383 et 384 ; [s.a.], «Ständerath», *Eidgenössische Zeitung*, 29.01.1860, p. 2.

Au sein du CE, la commission n'est pas non plus unanime, mais le rapport de minorité ne suffit pas à convaincre[241]. Durant la discussion, seuls quelques députés prennent la parole, le projet du CF satisfaisant suffisamment les intérêts de la majorité des acteurs économiques pour ne pas créer de gros débat. Seules 10 voies sur 34 sont favorables à maintenir le *statu quo*.

Concernant la question de l'abaissement du titre de fin des monnaies divisionnaires, la proposition du CF de n'adopter cette mesure que pour la pièce de 50 cts est fortement critiquée au sein des commissions des deux Chambres[242]. Emmenés par l'industriel de la soie Carl Feer-Herzog, les milieux industriels réclament de disposer d'outils adéquats pour le paiement des salaires[243]. A défaut de pouvoir se reposer sur le numéraire en argent français qui est exporté et sur les pièces d'or qui sont peu adaptées à ce type d'opérations en raison de leur trop grande valeur nominale par rapport aux montants des salaires journaliers, il est en effet nécessaire de disposer d'outils monétaires qui restent durablement dans la circulation intérieure. Aux yeux des industriels, disposer de petites pièces permet donc d'éviter un renchérissement du coût de la main-d'œuvre. Les milieux de l'artisanat et du commerce de proximité estiment eux aussi que la solution proposée par le CF est insuffisante, car il existerait un trop grand écart entre la pièce de 5 FS et celle de 50 cts. Certes, certains acteurs issus de la sphère bancaire s'opposent à une diminution du titre car elle représente une perte pour les créanciers qui s'attendent à recevoir en remboursement la même quantité d'argent qui a été prêtée, mais leurs poids n'est pas suffisant à contrer les exigences des milieux industriels[244]. Bien qu'ils ne disposent pas d'une représentation majoritaire aux Chambres, l'union entre les acteurs de l'industrie, de l'artisanat et du petit commerce suffit à faire échouer la proposition du CF. Les députés des deux Chambres décident finalement de réduire de 11 % le titre de fin des pièces de 2, 1 et 0.5 FS qui passe de 900 ‰ à 800 ‰[245].

---

241 Les rapports de majorité et de minorité du CE sont faits oralement et ne sont pas imprimés. Cf. AF, E1401#1960/58#19*, Protocole du CE, séance du 26.01.1860, n° 383.

242 « Rapport de la majorité de la Commission du Conseil national sur la question monétaire (du 14 janvier 1860) », *op. cit.*, pp. 119-140 (ici, pp. 128-130).

243 Cf. l'intervention de l'Argovien Carl Feer-Herzog lors de la séance du CN du 20.01.1860, citée in [S.A.], « Münzfrage im Nationalrath », *Neue Zürcher Zeitung*, 22.01.1860, p. 3.

244 AF, E12#1000/36#94*, rapport du Conseil d'Etat vaudois au DFF, 21.11.1859, 11 p. (ici, p. 2).

245 L'avantage de cette réduction est de rester ancré dans le système décimal, tout en procédant à une baisse suffisante pour amortir une éventuelle hausse ultérieure

Cette mesure limite la sortie de ces pièces du pays et rend non-profitable leur refonte.

La loi du 31.01.1860 constitue une rupture importante par rapport à la loi monétaire organique du 07.05.1850[246]. Elle comporte deux volets. D'une part, elle consacre l'introduction du bimétallisme en Suisse en adoptant le même rapport de valeur entre l'or et l'argent que la France (1/15.5). Les pièces d'or françaises (de 5.- à 100.- FF) et de la Sardaigne (de 10.- à 100.- FF) obtiennent le statut de monnaies légales en Suisse, ce qui signifie qu'elles reposent sur un pied d'égalité avec les espèces helvétiques[247]. Cette mesure renforce, selon l'historienne Madeleine Herren, *« l'orientation internationale du système monétaire suisse »* qui débute avec l'adoption du pied monétaire français en 1850 et se consolide avec le décret de 1852 qui donne cours légal aux pièces d'argent étrangères conformes au FF[248]. Il n'est par contre pas question de frapper des pièces d'or, en raison des frais élevés que cela engendrerait. D'autre part, le titre de fin des pièces de 2.-, 1.- et 0.5 FS est réduit de 900 ‰ à 800 ‰, ce qui implique le retrait de toutes celles qui ont été fabriquées depuis 1851. Elles sont remplacées par plus de 10.5 millions de FS de nouvelles pièces qui sont frappées entre 1860 et 1865 conformément à cette nouvelle disposition législative[249]. Le bénéfice retiré de ces nouvelles fabrications est versé au fonds de réserve de l'Hôtel des Monnaies mis sur pied l'année précédente. Ce fonds permet d'ailleurs d'amortir et de répartir le coût de ces opérations sur plusieurs années, ce qui réduit l'impact financier de ce changement. La production de 5 millions de FS répartie entre des pièces de 2.- et 1.- est également décidée pour l'année 1860[250]. Il faut encore souligner que la fabrication de ce type de pièces crée de grosses difficultés pour les responsables de l'Hôtel fédéral des Monnaies, peu habitués à

---

du prix de l'argent. Par ailleurs, l'alliage à 800 fournit une monnaie suffisamment dure qui complique les opérations de faux-monnayage. Cf. « Message du Conseil fédéral à l'Assemblée fédérale, touchant les monnaies (du 30 décembre 1859) », *op. cit.*, pp. 33-110 (ici, pp. 105-106).

246 « Loi fédérale portant modification de la loi fédérale sur les monnaies (du 31 janvier 1860) », in *Recueil officiel*, *op. cit.*, Tome VI, 1860, pp. 394-396.

247 « Arrêté du Conseil fédéral concernant les pièces d'or admises comme monnaie légale (Du 2 mars 1860) », in *Recueil officiel*, *op. cit.*, Tome VI, 1860, pp. 413-414.

248 Herren, Madeleine, « "Money is the great instrument of association" », *op. cit.*, pp. 269-288 (ici, p. 277).

249 Cf. les annexes 9 et 11 pour le détail.

250 « Arrêté fédéral concernant la frappe de monnaies divisionnaires d'argent (Du 2 février 1860) », in *Recueil officiel*, *op. cit.*, Tome VI, 1860, pp. 397-398.

ce type de frappe, dont les normes techniques et le contrôle sont plus stricts que pour les pièces de billon ; elles ne représentent d'ailleurs que 0.2 % de la valeur des pièces produites à Berne entre 1853 et 1859[251].

Dix ans après l'adoption du FS, les milieux de la banque et du grand commerce zurichois et bâlois, ainsi que certains acteurs de l'industrie et de l'agriculture, obtiennent une importante modification de la législation monétaire introduite en 1850 en l'adaptant aux nouvelles conditions de la circulation internationale. De ce point de vue, un article signé par un certain George Saint Laurent, qui doit vraisemblablement être un pseudonyme, paru dans un des plus importants quotidiens français au lendemain du passage au bimétallisme en Suisse illustre bien le besoin de disposer d'un système monétaire en conformité avec les activités internationales de la Suisse :

> «*Depuis 1850, la tendance manifeste, avouée, des pouvoirs publics en Suisse, avait un caractère essentiellement égoïste et profondément réactionnaire. A cette époque, et plus tard, en 1854, l'Assemblée fédérale était dominée par une seule préoccupation: retenir l'argent, qui s'obstinait à s'expatrier; [...] vouloir à tout prix retenir l'argent dans les frontières étroites de la Suisse, quand ces frontières n'existent plus; quand toutes ses montagnes sont sillonnées de chemins de fer; quand les droits d'entrée, à ses bureaux de péages, sont passés à l'état de mythe, pour un grand nombre de produits; quand son industrie horlogère accapare les pièces de cinq francs pour les fondre et en fabriquer des boîtes de montre; quand l'exportation de l'argent européen pour l'Asie est de 250 millions, tandis que la production annuelle atteint à peine 200 millions; c'était vouloir lutter contre un fait, poursuivre l'impossible*»[252].

Partisans de l'étalon-or, les promoteurs de la modification législative de 1860 ne se satisfont toutefois qu'à moitié de ce changement. Les propos tenus quelques années plus tard par le chef du DFF, le Genevois Jean-Jacques Challet-Venel, sont à cet égard représentatifs de la perception des contemporains de ce tournant[253] : « *Ce décret [le passage au bimétallisme en 1860, JC] a été une véritable*

---

251 « Rapport présenté à la Haute Assemblée fédérale par le Conseil fédéral suisse sur sa gestion pendant l'année 1860 (Département des Finances) », *Feuille fédérale*, Vol. 1, 20, 14.05.1861, pp. 567-618 (ici, p. 580).

252 Saint Laurent, George, [s.n.], *La Presse*, 25.01.1860, p. 2.

253 Jean-Jacques Challet-Venel (1811-1893), GE, fils de Barthélémy, horloger ; beau-fils de Jean-François Venel, propriétaire d'un pensionnat. Professeur, puis directeur (1839-1856) de l'établissement de son beau-père, CdE de GE de tendance radicale (1858-1864), premier Cf genevois (1864-1872). Assiste Johann Konrad Kern (cf. note 97 p. 745) lors des négociations du traité de commerce franco-suisse de 1864. Fondateur (1872) et premier directeur des "Magasins Généraux de la

révolution monétaire, mais cette révolution cependant n'a pas été complète, le décret fédéral de janvier 1860 n'a été qu'une étape sur le chemin de l'étalon d'or»[254]. Le système monétaire suisse connaît en effet une métamorphose importante. En abaissant le titre de l'unité monétaire de référence, le franc, une composante essentielle de ce système est affectée. Les monnaies d'argent n'ont donc plus de rapport avec le système monétaire décimal; seule la pièce de 5.- demeure conforme aux caractéristiques de la loi organique de 1850. Le système est aussi complété, en donnant aux pièces d'or françaises et sardes un cours légal. Il faut également relever que les discussions qui ont lieu durant toute la décennie 1850 ne remettent à aucun instant en cause la loi de 1850. Il ne s'agit pas de changer de système monétaire de fond en comble, mais uniquement de le modifier pour que ses dispositions correspondent à l'évolution du contexte monétaire international. Toutefois, le changement du titre des petites pièces d'argent helvétiques engendre une sortie partielle du réservoir monétaire français. La fondation de l'UML en 1865 et l'adhésion de la Suisse à cette union permettent de recréer la communauté monétaire existant entre les pays utilisant le franc. C'est l'objet de la prochaine partie.

Rive" (1872-1888) qui deviennent la "Société d'exploitation des Ports Francs de Genève" (1888-1893) qu'il dirige également. Député au GC de GE (1854-1862) et Cn (1857-1864 et 1872-1878). Président CA de la "Compagnie générale des tramways suisses" (1876-1882) et membre CA de la "Caisse d'Epargne du canton de Genève" (1859-1862).

254 AF, E12#1000/36#216*, rapport de Challet-Venel au CF, 19.02.1865, 10 p. (ici, p. 5).

8. La fondation de l'Union monétaire latine (1860-1865)

Le 19e siècle est sans conteste l'âge de l'unification des marchés, qui se réalise non seulement par la signature d'accords de libre-échange et le développement des résesaux ferroviaires, mais aussi par l'unification des unités de mesures et des monnaies. Les principaux bénéfices de ce processus résident dans une simplification des transactions, la réduction des frais de change ou encore la décimalisation des unités de compte.

Durant les années 1860, les outils du commerce international sont progressivement uniformisés sur la base d'accords internationaux. Initiée durant la décennie précédente, cette vague d'unification s'accélère suite à la signature du traité de commerce franco-anglais de 1860, qui ouvre une période de libéralisation des échanges sur une base bilatérale. Cette dynamique s'étend rapidement à de nombreux domaines : postes, télégraphes, poids, mesures et monnaies sont discutés au sein de conférences internationales. La Suisse participe activement à ce mouvement durant cette décennie qui constitue pour elle une période de forte internationalisation. La conclusion d'un traité de commerce avec la France en 1864 constitue de ce point de vue un événement central, car il permet à la Suisse de s'insérer dans un vaste réseau de pays liés par des accords commerciaux.

Dans les questions monétaires, cette décennie est surtout marquée par l'adhésion de la Suisse à l'UML en décembre 1865. Regroupant la France, la Belgique, l'Italie et la Suisse, rejoints en 1868 par la Grèce, cette union édicte un certain nombre de règles qui portent sur l'uniformisation de la fabrication, ainsi que sur la circulation des pièces d'argent entre ces pays. La coordination de normes monétaires à l'échelle internationale a pour fonction de lutter contre la spéculation internationale sur les petites monnaies en argent et d'assurer l'homogénéité des systèmes monétaires des participants. D'un point de vue helvétique, les objectifs poursuivis par sa participation à l'UML sont d'assurer un ancrage dans le réservoir monétaire français et de renforcer les effets du traité commercial conclu en 1864.

Ce chapitre n'a pas pour objectif d'écrire encore une fois l'histoire de la fondation de l'UML. Il vise, sur la base d'une documentation déposée aux Archives fédérales qui n'a été, à notre connaissance, que partiellement exploitée par Barbara Graf et par Luca Fasnacht dans leur mémoire de licence, à essayer de comprendre pour quelles raisons la Suisse, emmenée par les milieux du grand commerce et de la banque, décide d'intégrer cette union. Cette analyse permettra de donner de la chaire à cette histoire et ainsi de prendre le contre-pied des travaux sur le sujet, qui l'ont bien souvent cantonnée à son unique dimension technique[1]. Elle sera l'occasion de montrer que l'adhésion de la Suisse à l'UML n'a alors rien d'évident. Les étapes qui mènent la Suisse à entrer dans cette union sont en effet empreintes de certaines tensions entre les délégués qui représentent le pays à la conférence et le CF. Alors que les premiers y voient l'occasion d'améliorer l'intégration de la Suisse aux marchés étrangers, tout en renforçant son rôle sur la scène internationale, le second veut maintenir les caractéristiques du système de 1860 et se révèle être peu enclin à faire des concessions dans ce domaine. Cette opposition est toutefois relativement vite surmontée et les Chambres ratifient le traité de l'UML début 1866.

Pour bien comprendre les raisons qui sous-tendent la fondation de l'UML et l'adhésion de la Suisse à cette union, il est nécessaire de la replacer dans un contexte plus large, ce qui n'a, à notre connaissance, que rarement été entrepris dans les études sur la question[2]. C'est uniquement de cette manière qu'il devient possible de saisir les enjeux qui pèsent sur la participation de la Suisse à cette entente monétaire internationale.

8.1. L'unification des outils du commerce et de la communication durant les années 1860

Les années 1860 se caractérisent par une régularisation des relations internationales qui se traduit par une accélération du mouvement d'uniformisation qui débute durant la décennie précédente. Cette tendance de fond touche une grande variété de domaines, de la guerre à la santé, en passant par les sciences naturelles, la médecine, le droit, les brevets ou encore les langues[3]. Ce processus d'internationalisation et ces efforts de codification ont notamment

1 Weisskopf, Erich, *Das schweizerische Münzwesen*, *op. cit.*, p. 95; Blaum, Kurt, *Das Geldwesen der Schweiz seit 1798, op. cit.*, p. 84; Baltensperger, Ernst, *Le Franc Suisse*, *op. cit.*, pp. 79-81.

2 Les travaux de Russel, Henry B., *International Monetary Conferences*, *op. cit.*, pp. 18-26 et de Einaudi, Luca, *Money and Politics*, *op. cit.*, pp. 16-20 font exception de ce point de vue.

3 Sur ce processus, cf. Herren, Madeleine, *Internationale Organisationen seit 1865. Eine Globalgeschichte der internationalen Ordnung*, Darmstadt: WBG, 2009, pp. 16-25. Déjà en 1851, une conférence sanitaire internationale se tient à Paris pour prendre une série de mesures de prophylaxie maritime.

comme effet d'améliorer la coopération entre les Etats souverains, d'appliquer des règles communes à l'échelle mondiale en créant tout un réseau de rencontres régulières et de mise en commun des savoirs[4]. Cette tendance à l'universalisme se manifeste aussi sous la forme d'organisation d'expositions universelles qui ont pour fonction de présenter les dernières innovations technologiques et le savoir-faire dans les secteurs de l'industrie, des beaux-arts ou encore de l'agriculture.

Dans ce mouvement, l'unification des différents outils du commerce international est très discutée durant les années 1860[5]. L'objectif poursuivi par les acteurs pratiquant leurs affaires sur les marchés du monde est de réduire la diversité des pratiques nationales pour améliorer la fluidité des échanges à l'échelle du globe. Il s'agit surtout de diminuer les coûts qui proviennent de la présence de systèmes hétérogènes. Ce mouvement en faveur de l'uniformisation concerne non seulement les conditions commerciales bilatérales qui figurent dans les traités de commerce, mais également les communications et le transport de l'information, de marchandises et de personnes. Parmi toutes ces composantes, les monnaies représentent un outil parmi d'autres, bien qu'elles jouent un rôle central dans les échanges internationaux.

8.1.1. La Suisse dans l'orbite commerciale française : la signature du traité de commerce franco-suisse de 1864

Depuis son arrivée au pouvoir, Napoléon III s'engage en faveur d'une modernisation économique de la France. Afin d'y parvenir, il estime notamment nécessaire de supprimer les obstacles au commerce extérieur du pays. Favorable au libre-échange, il entreprend des négociations avec plusieurs pays européens durant les années 1850. Bien que soutenu par de larges franges des acteurs économiques actifs dans le négoce, la banque et les transports, il est toutefois confronté à une très forte opposition des milieux protectionnistes issus de la métallurgie, de l'agriculture et de la branche du textile. Majoritaires

---

4 Bien que se concentrant surtout sur le dernier tiers du 19e siècle, l'ouvrage de Herren, Madeleine, *Hintertüren zur Macht. Internationalismus und modernisierungsorientierte Aussenpolitik in Belgien, der Schweiz und den USA 1865-1914*, München : R. Oldenbourg Verlag, 2000, surtout le premier chapitre, pp. 13-82, est la référence sur cette thématique.

5 Des efforts sont ainsi réalisés dès le début des années 1850 pour introduire un Code de commerce international. Cf. Einaudi, Luca, *Money and Politics*, *op. cit.*, p. 19 et Perlman, Mark, « In Search of Monetary Union », *op. cit.*, pp. 313-332 (ici, p. 324).

au Parlement, ces acteurs s'opposent à la politique libre-échangiste de l'Empereur[6]. Afin d'améliorer l'intégration de la France aux flux du commerce international, Napoléon III est donc contraint d'user d'autres moyens que les voies législatives. Selon la Constitution de 1852, les traités commerciaux ont force de loi, sans qu'ils aient à être ratifiés par l'Assemblée. Mettant à profit cette disposition, l'Empereur français négocie en secret un accord commercial avec la Grande-Bretagne contenant la clause de la nation la plus favorisée. Rappelons que cette clause implique que tout avantage qu'un des deux pays accorderait à un Etat tiers bénéficierait automatiquement à l'autre pays[7]. Du côté anglais, le traité de 1860 permet d'entrer sur le marché français, afin de compenser notamment la diminution de ses exportations vers les Amériques[8]. Du côté français, la suppression d'une grande partie des interdictions à l'importation vise à stimuler l'industrie en la forçant à moderniser son outillage et à réduire ses coûts de production dans le but d'améliorer ses rendements pour être concurrentielle vis-à-vis des produits anglais[9]. De manière plus générale, cet accord a aussi pour fonction d'établir une coopération financière durable entre les deux pays en raison de leurs exportations respectives de capitaux[10], tout en assurant une stabilité politico-militaire entre deux des principales puissances

---

6 Nye, John Vincent, « Guerre, commerce, guerre commerciale : l'économie politique des échanges franco-anglais réexaminée », *Annales. Economies, sociétés, civilisations*, 47, 3, 1992, pp. 613-632 (ici, pp. 627-629). Cf. aussi Zeldin, Theodore, *The Political System of Napoleon III*, London : Macmillan & Co Ltd, 1958, pp. 100-110.

7 Sur ce traité, notamment sur le poids respectif des motivations politiques et économiques dans sa signature, cf. Dunham, Arthur Louis, *The Anglo-French Treaty of Commerce of 1860 and the Progress of the Industrial Revolution in France*, Ann Arbor: University Press, 1930, pp. 40-122; Iliasu, A. A., « The Cobden-Chevalier Commercial Treaty of 1860 », *The Historical Journal*, 14, 1, 1971, pp. 67-98 ; Ratcliffe, Barrie M., « Napoleon III and the Anglo-French Commercial Treaty of 1860 : a Reconsideration », *Journal of European Economic History*, 2, 3, 1973, pp. 582-613; Gern, Philippe, Arlettaz, Silvia, *Relations franco-suisses au XIXe siècle, op. cit.*, pp. 49-53.

8 Bairoch, Paul, *Commerce extérieur et développement économique, op. cit.*, p. 222.

9 *Ibid.*, p. 57 ; Humair, Cédric, *Développement économique et Etat central, op. cit.*, pp. 285-286.

10 Cottrell, Philip L., « La coopération financière franco-anglaise, 1850-1880 », in Lévy-Leboyer, Maurice (Dir.), *La position internationale de la France, op. cit.*, pp. 177-186 (ici, p. 177).

militaires européennes, alliées durant la Guerre de Crimée[11]. Publié en janvier 1860, le traité franco-anglais, retenu sous le nom de traité Cobden-Chevalier du nom de ses deux principaux négociateurs, fait grand bruit en Europe. Pourquoi ce traité est-il important pour comprendre la fondation de l'UML ? Car il représente un incitateur important du mouvement d'unification des outils du commerce international dont la France devient la pierre angulaire[12]. Ce traité inaugure ce faisant une nouvelle période dans les relations douanières : durant la seule décennie qui court de 1860 à 1870, ce sont 15 accords qui sont conclus sur cette base en Europe et pas moins de 120 à l'échelle internationale, battant fortement en brèche le protectionnisme et contribuant à libéraliser les échanges commerciaux internationaux[13].

Les milieux économiques helvétiques sont mitigés suite à l'annonce de ce traité. C'est une bonne nouvelle certes, car la Suisse ayant signé en 1855 un traité de commerce avec la Grande-Bretagne contenant la clause de la nation la plus favorisée, les exportateurs suisses en bénéficient. Plusieurs entraves à l'exportation sur le marché anglais et ses colonies sont ainsi supprimées. En revanche, elle n'a conclu que peu d'accords avec d'autres pays européens : en 1860, seul le traité avec la Sardaigne est en vigueur. Les acteurs intéressés au commerce extérieur craignent alors de ne pas pouvoir profiter des mêmes avantages que les pays qui seraient au bénéfice de la clause de la nation la plus favorisée. Dans ces conditions, les représentants des milieux du grand commerce, de l'industrie et de l'agriculture suisses font pression sur le CF pour qu'il s'engage dans des négociations pour conclure un traité de commerce avec la France[14]. A cet égard, le rapport de la commission du CN chargée d'étudier ce traité témoigne

---

11 Durant la Guerre de Crimée, les deux puissances poursuivent des objectifs différents. Alors que l'Angleterre cherche notamment à protéger Constantinople, étape importante de la route commerciale vers ses colonies, la France veut lutter contre le pouvoir croissant de la Russie.

12 Cameron, Rondo, *La France et le développement économique de l'Europe*, *op. cit.*, p. 45.

13 Brand, Urs, *Die schweizerisch-französischen Unterhandlungen*, *op. cit.*, p. 25. Une carte illustrant l'état du réseau des traités conclus en Europe sur la base du traité Cobden-Chevalier en 1875 figure in Lampe, Markus, « Explaining nineteenth-century bilateralism : economic and political determinants of the Cobden-Chevalier network », *The Economic History Review*, 64, 2, 2011, pp. 644-668 (ici, p. 645).

14 Humair, Cédric, *Développement économique et Etat central*, *op. cit.*, pp. 287-288 ; Aufdermauer, Claudia, *Die Bundesbarone und die Neutralität*, *op. cit.*, pp. 184-185.

parfaitement aussi bien de l'état d'esprit que des objectifs de ces milieux économiques. A leurs yeux, il est vital de rester intégrés au commerce international, sous peine de voir l'économie suisse péricliter :

> *« Si la Suisse, comptant sur ses propres forces, voulait se tenir à l'écart du mouvement de transformation qui se prépare dans la politique commerciale de l'Europe, il est très vraisemblable, d'abord, que mainte branche d'industrie serait forcée ou du moins engagée à émigrer de la Suisse dans les contrées limitrophes des pays faisant partie de l'Union douanière [pays qui sont liés par des traités de commerce, JC] ; que la production suisse se verrait plus encore que ce n'est le cas aujourd'hui, écartée des marchés plus rapprochés et avantageux à tous égards, et cela pour être réduite à n'avoir plus d'autres débouchés que les pays d'outre-mer n'offrant que peu de sécurité, tandis que d'un autre côté la participation à ce mouvement [de traités de commerce, JC] donne tout espoir que l'activité industrielle suisse parviendra, dans plusieurs branches, à se frayer une voie sur des marchés voisins et étendus, ou du moins à les exploiter sur une plus grande échelle que jusqu'à présent »*[15].

Pour ces acteurs, la bonne santé de l'économie helvétique passe donc par une intégration à l'économie mondiale. Mais lors des négociations avec la France, la Suisse a peu à offrir en contrepartie d'une baisse des taxes françaises, car le budget fédéral repose essentiellement sur les revenus douaniers. Toute diminution entrainerait un déséquilibre budgétaire très rapide[16]. A défaut d'un abaissement des tarifs, la Suisse doit céder sur plusieurs autres sujets. La France saisit en effet cette occasion pour régler une série de questions politiques en suspens : statut des Zones franches entourant Genève, propriété intellectuelle ou encore droit d'établissement des juifs français sur le territoire helvétique retardent les négociations d'un accord commercial entre les deux pays[17]. Exigées dès

---

15 « Rapport de la Commission du Conseil national concernant les traités avec la France (Du 26 août 1864) », *Feuille fédérale*, Vol. 2, 38, 10.09.1864, pp. 547-579 (ici, p. 549). Nous soulignons. La composition de la commission figure in Humair, Cédric, *Développement économique et Etat central*, *op. cit.*, note 282 p. 302 et note 284 p. 303.

16 Humair, Cédric, *Développement économique et Etat central*, *op. cit.*, note 253 p. 291 ; Aufdermauer, Claudia, *Die Bundesbarone und die Neutralität*, *op. cit.*, p. 183.

17 Mittler, Max, *Der Weg zum Ersten Weltkrieg*, *op. cit.*, pp. 82-97 ; Obrist, David, *Le contentieux des Zones franches (1915-1932) : l'Hinterland genevois et le Conseil fédéral entre problèmes régionaux et enjeux internationaux*, Mémoire de master de l'Université de Genève, 2020, pp. 15-16 ; Chachereau, Nicolas, *Les débuts du système suisse de brevets d'invention (1873-1914)*, Neuchâtel : Alphil, 2022, pp. 67-69 ; Leu, Stéphanie, « L'émancipation des Juifs de Suisse de 1866 ou l'histoire de la construction du national par l'international », *Revue suisse d'histoire*,

1860 par certaines franges des milieux économiques suisses, elles ne débutent qu'en 1863[18]. Le traité de commerce franco-suisse est finalement signé le 30 juin 1864. Contenant la clause de la nation la plus favorisée, il ouvre le marché français aux produits helvétiques et assure aux exportateurs suisses de pouvoir y prendre pied sans craindre un traitement différentiel[19]. Avec cet accord, la Suisse entre dans le réseau international des traités de commerce initié par la France et l'Angleterre en 1860. Toutefois, ils ne suffisent pas à réguler toutes les dimensions des échanges internationaux. Certes, ils constituent le cœur des rapports commerciaux, mais d'autres composantes importantes interviennent aussi. Dès la signature du traité de 1860, la France poursuit ainsi ses démarches pour améliorer la coopération économique à l'échelle internationale : postes, télégraphes et monnaies sont à l'agenda de plusieurs conférences qui se tiennent durant cette décennie.

8.1.2. La France, fer de lance du processus d'unification des composantes du commerce international

Le traité de commerce signé entre la France et l'Angleterre en 1860 amorce un tournant libéral qui fait de Paris le pôle d'attraction du processus

---

64, 2014, pp. 367-384 et Humair, Cédric, *Développement économique et Etat central*, *op. cit.*, pp. 301-304.

18 Sur la phase de négociations de ce traité : Brand, Urs, *Die schweizerisch-französischen Unterhandlungen*, *op. cit.*, pp. 31-40 et 44-256 ; Brunn, Denis, « Le traité de commerce franco-suisse de 1864 et les relations commerciales entre la France et la Suisse de 1864 à 1873 », in Poidevin, Raymond, Roulet, Louis-Edouard (Dir.), *Aspects des rapports entre la France et la Suisse de 1843 à 1939*, *op. cit.*, pp. 49-58 (ici, pp. 52-54) ; Gern, Philippe, Arlettaz, Silvia, *Relations franco-suisses au XIXe siècle*, *op. cit.*, pp. 54-80 ; Humair, Cédric, *Développement économique et Etat central*, *op. cit.*, pp. 287-299 ; Aufdermauer, Claudia, *Die Bundesbarone und die Neutralität*, *op. cit.*, pp. 182-216.

19 Avec ce traité, les exportateurs suisses bénéficient d'une protection qui leur assure des droits, ainsi que des privilèges similaires aux exportateurs d'autres nations sur le marché français. Cf. Frey, Emil, « Die schweizerische Handelspolitik der letzten Jahrzehnte », in Verein für Sozialpolitik (Ed.), *Die Handelspolitik Nordamerikas, Italiens, Österreichs, Belgiens, der Niederlande, Dänemarks, Schweden und Norwegens, Russlands und der Schweiz in den letzten Jahrzehnten, sowie die deutsche Handelsstatistik von 1880 bis 1890*, Leipzig : Duncker & Humblot, 1892, pp. 451-519 (ici, pp. 473-475).

d'uniformisation des outils du commerce international[20]. Parmi les domaines qui revêtent une grande importance pour la fluidité des échanges, la manière de peser et de mesurer (poids et mesures), le transport de l'information (poste) et la communication (télégraphes) occupent une place centrale. Les efforts consentis dans ces trois secteurs durant les années 1860 pour unifier les pratiques sont abordés ci-dessous.

L'impulsion initiale du mouvement d'uniformisation des pratiques commerciales est fournie lors de la première exposition universelle de Londres qui se tient en 1851. A cette occasion, les représentants nationaux présents sur place reconnaissent la nécessité de disposer d'outils standardisés pour améliorer l'intégration de tous les pays au commerce international[21]. A cet égard, les propos rétrospectifs tenus par des poids lourds de la banque et du grand commerce anglais sont très clairs sur les objectifs de ces milieux économiques :

> *« Public attention was forcibly called to the subject of establishing a common system of coins, weights, and measures at the time of the Great Exhibition in London in the year 1851, by the difficulty which was then experienced of comparing the value of the articles which were exhibited from different countries, the prices, weight, and measurement of which were expressed in the terms used in the country where each article was produced »*[22].

Un cap supplémentaire est franchi dans le cadre de l'exposition universelle de Paris qui a lieu en 1855. Lors du Congrès de statistique qui se tient en marge de l'exposition, les 150 membres présents fondent l'"Association internationale pour l'introduction d'un système décimal uniforme de poids, de mesures et de monnaies", présidée par le banquier James de Rothschild[23]. Née du constat des inconvénients et de l'incohérence à maintenir une multitude de valeurs qui compliquent la comparaison des produits, cette Association se prononce

20 Le rôle de Paris ne se limite pas à la dimension commerciale, mais s'étend aussi notamment à la diplomatie internationale. Le traité qui met un terme à la Guerre de Crimée est ainsi signé en mars 1856 dans la capitale française.

21 Bartel, Robert J., « International Monetary Unions », *op. cit.*, pp. 689-704 (ici, p. 692).

22 « Report. To the Queen's most excellent Majesty », 25.07.1868, in *Report from the Royal Commission on International Coinage*; *together with the Minutes of Evidence and Appendix*, London : George Edward Eyre & William Spottiswoode, 1868, 14 p. (ici, p. 1). Cette commission se compose notamment des banquiers Lionel Nathan de Rothschild, Thomas Baring et John Lubbock. L'ancien directeur de la "Bank of England" Thomson Hankey siège aussi à leurs côtés.

23 Af, E12#1000/36#94*, [s.a.], [s.n.], *L'Indépendance belge*, 25.11.1859, p. 1.

d'emblée pour l'adoption du système décimal français à l'échelle internationale. Plusieurs réunions ultérieures confirment cette décision[24]. Aux yeux de ces acteurs, la réduction de la diversité des différentes unités en vigueur devient nécessaire pour fluidifier le jeu des échanges et réduire les coûts. Certes, le choix de l'unité monétaire est la principale source de clivage, mais des efforts sont entrepris dans plusieurs pays pour étendre le système monétaire français. Les années 1860 marquent à cet égard une accélération dans ce processus. Lors du Congrès statistique international qui se tient à Berlin en 1863, un nouveau pas est franchi: le rapport des principales monnaies internationales pourrait être simplifié en procédant à quelques modifications mineures dans la valeur des pieds monétaires nationaux[25]. Ce n'est qu'en 1867, en marge de l'Exposition universelle de Paris, qu'un comité se prononce pour l'adoption universelle du système métrique. Elle ne sera réalisée qu'en 1875 avec la signature à Paris de la "Convention du mètre".

Le second domaine dans lequel des efforts importants sont entrepris pour uniformiser les pratiques concerne le transport par les postes, qui ont notamment en charge l'acheminement des lettres, des journaux, des moyens de paiement et des colis. Au milieu du 19e siècle, de nombreux Etats sont liés par des conventions postales bilatérales. Pour ne prendre qu'un exemple, la France en conclut 46 en l'espace de deux décennies (1848-1868)[26]. Toutefois, ce type d'accords montre certaines limites, car ils ne permettent pas de régler des dysfonctionnements généraux ou d'adopter des politiques communes suffisamment étendues pour déployer leurs effets. En mai 1863, sur l'initiative des Etats-Unis, une conférence est organisée à Paris[27]. Quinze pays y participent, dont plusieurs d'outre-mer. L'essor des moyens de transport et du commerce international qui engendrent une croissance importante des communications à l'échelle mondiale rendent nécessaires de supprimer les pratiques spécifiques de chaque pays pour améliorer la fluidité des échanges. Afin de réduire les entraves à la communication postale, les délégués reconnaissent la nécessité d'uniformiser trois aspects: le poids, le prix et les comptes. L'objectif de la conférence est d'assurer

---

24 Perlman, Mark, « In Search of Monetary Union », *op. cit.*, pp. 313-332 (ici, p. 313); Einaudi, Luca, *Money and Politics*, *op. cit.*, p. 143.

25 L'équation serait 1 livre sterling = 5 dollars américains = 25 FF. Cf. Einaudi, Luca, *Money and Politics*, *op. cit.*, pp. 19, 51 et 144-145.

26 Laborie, Léonard, *L'Europe mise en réseaux. La France et la coopération internationale dans les postes et les télécommunications (années 1850-années 1950)*, Bruxelles, etc.: Peter Lang, 2010, p. 68.

27 *Ibid.*, pp. 87-93.

une régularité et une rapidité dans le trafic postal. Dans le cadre de ces négociations, le Ministre plénipotentiaire suisse en poste à Paris Johann Konrad Kern se distingue en particulier[28]. Chargé d'élaborer l'ordre du jour de la conférence, il occupe aussi le poste de président de la commission qui rédige la convention et de rapporteur de la majorité. En raison de sa position géographique, la Suisse est particulièrement intéressée à réduire les taxes de transit et mène le mouvement au sein de la conférence[29]. Malgré l'opposition de la France à la diminution de ces prix pour des raisons fiscales, les délégués s'accordent à limiter les taxes de transit à la moitié de la valeur des taxes intérieures[30]. Après plus d'un mois de discussions, 31 principes généraux sont promulgués, devant servir de base aux accords postaux internationaux ultérieurs[31]. Déçu de ce maigre résultat, qui ne fait qu'édicter des règles générales mais sans aucun engagement, les milieux économiques suisses font pression dès la fin de la conférence sur le CF pour actualiser le traité postal bilatéral de 1849 entre la Suisse et la France[32]. Les négociations aboutissent en été 1865 à la signature d'un nouvel accord. A l'occasion de la discussion aux Chambres, les acteurs actifs sur les marchés étrangers réitèrent une fois encore la nécessité d'améliorer les conditions du commerce :

> *« Les changements à faire dans l'intérêt du progrès ne deviennent nulle part aussi urgent qu'en matière de circulation et de commerce, et nulle part la stabilité n'est aussi pernicieuse. Il ne faut dès lors pas s'étonner que le public commerçant pousse les autorités à faire leurs efforts pour obtenir le plus que possible »*[33].

---

28 Sur Johann Konrad Kern, cf. note 97 p. 745.

29 Bonjour, Ernest, *Histoire des postes suisses, 1849-1949, op. cit.*, Volume 2, pp. 124-125.

30 Un résumé des discussions se trouve dans [s.a.], « Die internationale Postkonferenz in Paris », *Neue Zürcher Zeitung*, 30.06.1863, p. 1.

31 [s.a.], « Die internationale Postkonferenz in Paris », *Der Bund*, 19.06.1863, pp. 1-2.

32 « Message du Conseil fédéral à l'Assemblée fédérale concernant les conventions de poste entre la Suisse et la France (Du 17 mai 1865) », *Feuille fédérale*, Vol. 2, 25, 07.06.1865, pp. 543-567 (surtout les pp. 543-545).

33 « Rapport de la Commission du Conseil des Etats concernant la convention de poste entre la Suisse et la France (Du 13 juillet 1865) », *Feuille fédérale*, Vol. 3, 38, 24.08.1865, pp. 353-364 (ici, p. 354). La commission est composée par les industriels bâlois August Stähelin (cf. note 138 p. 686) et neuchâtelois Aimé Humbert-Droz (1819-1900), à la tête de la société d'exportation l'"Union horlogère" et Ministre plénipotentiaire de la Confédération au Japon qui négocie le traité de commerce helvético-japonais en 1864, par l'avocat et juriste thurgovien Johann Karl Kappeler (1816-1888), membre très influent de l'AsF proche d'Alfred

Malgré les décisions de la conférence postale de 1863, il faut encore attendre une décennie pour que l'"Union générale des postes" soit fondée à Berne en 1874.

A côté des domaines des poids, des mesures et des postes, la vague d'uniformisation des pratiques commerciales qui caractérise les années 1860 touche aussi le secteur des télégraphes[34]. Accompagnant la mondialisation des échanges, la construction des réseaux télégraphiques s'inscrit dans le sillage des courants commerciaux internationaux. Au contraire des postes, le trafic télégraphique se compose de dépêches diplomatiques, d'ordres commerciaux et de cours de bourse. Bien qu'il demeure relativement cher par rapport aux postes, il permet d'améliorer l'efficacité des transports en fournissant un outil important de gestion du trafic et organise les marchés commerciaux internationaux en mettant en relation acheteurs et vendeurs qui se trouvent sur des places différentes.

Durant la première phase de leur développement pendant les années 1830-1840, chaque pays utilise un système télégraphique différent. Ainsi, un message traversant une frontière doit au préalable être retranscrit, éventuellement traduit, avant de pouvoir être remis en main propre au poste du pays voisin et être envoyé sur son réseau. Les avantages qu'apportent cette nouvelle technologie,

---

Escher et qui dirige l'Ecole polytechnique fédérale de Zurich dès 1857, et par le professeur de droit genevois Philippe Camperio (1810-1882).

34 Sur ce qui suit : Bertho Lavenir, Catherine, *Les télécommunications*, Suresnes : R. Pages, 1991, pp. 8-14 et 27-37 ; Bertho, Catherine, *Télégraphes et téléphones*, *op. cit.*, pp. 124-134 ; Laborie, Léonard, *L'Europe mise en réseaux*, *op. cit.*, pp. 69-86 ; Clara, Kristine (Dir.), *1865 Paris : la naissance de l'Union*, *op. cit.*, pp. 12-26 ; Wobring, Michael, « Die Integration der europäischen Telegraphie in der zweiten Hälfte des 19. Jahrhunderts », in Henrich-Franke, Christian, Neutsch, Cornelius, Thiemeyer, Guido (Eds.), *Internationalismus*, *op. cit.*, pp. 83-112 (ici, pp. 85-109). Sur la Suisse et son rôle dans les relations télégraphiques internationales : Direction Générale des PTT, *Un siècle de télécommunications en Suisse*, *op. cit.*, pp. 243-285 ; Grossi, Verdiana, « Technologie et diplomatie suisse », *op. cit.*, pp. 287-307 (ici, pp. 292-301) ; Museum für Kommunikation (Ed.), *In 28 Minuten von London nach Kalkutta*, *op. cit.*, pp. 85-94 ; Balbi, Gabriele, Fari, Simone, Richeri, Giuseppe, Calvo, Spartaco, *Network Neutrality*, *op. cit.*, pp. 53-113 ; Balbi, Gabriele, Calvo, Spartaco, Fari, Simone, Richeri, Giuseppe, « "Bringing together the two large electric currents that divide Europe" : Switzerland's Role in Promoting the Creation of a Common European Telegraph Space (1849-1865) », *Icon*, 15, 2009, pp. 61-80 ; Balbi, Gabriele, Fari, Simone, Richeri, Giuseppe, Calvo, Spartaco, « Swiss Specialties. Switzerland's Role in the Genesis of the Telegraph Union, 1855-1875 », *Journal of European Integration History*, 19, 2, 2013, pp. 207-225 (ici, pp. 209-214).

principalement en termes de rapidité des communications, sont donc péjorés par l'absence d'une organisation internationale. Par ailleurs, nombreux sont les pays qui surtaxent les messages étrangers ou en transit afin de pouvoir garantir des tarifs plus bas pour les communications intérieures[35]. Durant les années 1840 et 1850, toute une série d'accords bilatéraux sont signés afin de standardiser les techniques et d'unifier les pratiques. Ils portent essentiellement sur les équipements, les règlements d'utilisation et les tarifs pratiqués. En 1865, Napoléon III invite les représentants de vingt pays à une conférence qui vise à créer une union qui soit à même de chapeauter les accords existants[36]. Parmi les objectifs poursuivis, l'introduction d'un tarif unique pour tout le continent et la volonté de garantir des communications internationales en cas de conflit figurent en première place. Les négociations de cette conférence débouchent le 17 mai 1865 sur la signature de la toute première convention dans le secteur des télégraphes et qui crée l'"Union télégraphique internationale"[37] ; elle représente le prototype des organisations internationales qui se développent durant le dernier tiers du 19e siècle[38]. Il faut en particulier relever que le FF est adopté comme monnaie pour tous les comptes internationaux[39]. Trois ans plus tard, lors de la conférence télégraphique de Vienne de 1868, un organe permanent qui administre les affaires de l'"Union télégraphique internationale" est mis sur pied à Berne sur l'initiative de la délégation helvétique[40].

Les années 1850 et surtout 1860 sont marquées par un mouvement d'unification des pratiques commerciales à l'échelle internationale. Les domaines de la

35 Clara, Kristine (Dir.), *1865 Paris: la naissance de l'Union*, *op. cit.*, p. 26.

36 Contrairement à la conférence postale, il s'agit exclusivement de pays européens – Turquie et Russie compris. L'Angleterre n'est pas convoquée à la conférence et n'est pas membre de l'union, car son réseau est exploité par des entreprises privées. La Suisse est représentée par Johann Konrad Kern (cf. note 97 p. 745) et par le directeur des télégraphes suisses, Louis Curchod (1826-1889).

37 « Message du Conseil fédéral à la h. Assemblée fédérale concernant le traité télégraphique international de Paris (Du 10 juillet 1865) », *Feuille fédérale*, Vol. 3, 33, 22.07.1865, pp. 131-139.

38 Herren, Madeleine, *Internationale Organisationen seit 1865*, *op. cit.*, p. 21.

39 Clara, Kristine (Dir.), *1865 Paris: la naissance de l'Union*, *op. cit.*, p. 24; Laborie, Léonard, *L'Europe mise en réseaux*, *op. cit.*, p. 84.

40 Durant la seconde moitié du 19e siècle, le siège de ces institutions internationales se trouve souvent dans les "petits pays", ce qui permet notamment de garantir l'équilibre du pouvoir entre les Grandes puissances et d'éviter qu'une d'entre elles ne prenne l'ascendant sur les autres. Cf. Herren, Madeleine, *Internationale Organisationen seit 1865*, *op. cit.*, p. 21.

communication, du transport, de l'information, sont touchés avec des résultats variables. Le processus d'uniformisation des monnaies s'inscrit lui aussi dans ce mouvement. C'est que le rêve d'une monnaie universelle est très répandu durant cette période[41]. Les propos de l'économiste belge Emile de Laveleye illustrent bien cette tendance: « *La monnaie universelle circulant partout, franchissant toutes les frontières, est le symbole saisissant du lien qui embrasse tous les peuples, complément nécessaire du chemin de fer qui rapproche les hommes et du télégraphe électrique qui supprime les distances* »[42]. En raison de leur complexité technique et des liens forts avec la souveraineté des autorités politiques nationales, les questions monétaires donnent toutefois lieu à de gros débats aux échelles nationales et internationales. Il est maintenant temps de s'y intéresser de plus près.

8.2. L'adhésion de la Suisse à l'Union monétaire latine (1864-1865)

Beaucoup a déjà été dit sur l'UML pour essayer de comprendre les objectifs poursuivis par sa création[43]. Dans les travaux sur le sujet, deux cadres interprétatifs cohabitent[44]. Le premier voit dans la politique monétaire qui prend forme au sein de l'UML une expression de la politique expansionniste et hégémonique du Second Empire de Napoléon III. Initiée à la fin du 19e siècle, cette interprétation demeure dominante jusqu'à nos jours[45]. La seconde interprétation est de

---

41 Cf. par exemple: Henrichs, P., *Mémoire sur les avantages d'une langue et d'un système monétaire communs à plusieurs États et sur les moyens de les obtenir*, Paris: Imprimerie Centrale de Napoléon Chaix & Cie, 1851, p. 7.

42 Laveleye, Emile de, « La monnaie internationale », *Revue des deux mondes*, avril 1867, cité par Thiveaud, Jean-Marie, « Monnaie universelle », *op. cit.*, pp. 15-50 (ici, pp. 36-37).

43 La dénomination d'"Union monétaire latine" n'est pas utilisée par les Conférenciers. Ce nom provient d'articles qui paraissent dans la presse anglaise en 1866 pour la distinguer du monde anglo-saxon au nord de l'Europe et du "Münzverein" fondé par le traité monétaire de Vienne en 1857 à l'est du continent. A ce propos, cf. Einaudi, Luca, *Money and Politics*, *op. cit.*, p. 37.

44 Une bonne présentation de la position des chercheurs sur le sujet figure dans *Ibid.*, pp. 40-46.

45 Russel, Henry B., *International Monetary Conferences*, *op. cit.*, pp. 23-26; Willis, Henry Parker, *A History of the Latin Monetary Union*, *op. cit.*, pp. 55-60; Koch-Mehrin, Silvana, *Historische Währungsunion*, *op. cit.*, pp. 15-21, 28, 32 et 45-46; Gillard, Lucien, *L'Union latine*, *op. cit.*, pp. 76-77.

nature économique. Prenant le contre-pied d'une interprétation par trop politique qui a dominé le 20e siècle, cette seconde émerge durant les années 1990[46]. Elle postule que l'explication strictement politique est insuffisante à éclairer à elle seule les raisons de la fondation de l'UML et se doit d'être complétée. Elle met en avant que la fondation de l'UML constitue un outil fort d'intégration commerciale. L'enjeu est de taille car en 1860, les échanges interrégionaux entre les quatre pays fondateurs de cette union représentent quelque 30 % de leur commerce total ; une décennie plus tard, ce pourcentage s'élève à 32 %[47]. Si l'intégration commerciale de ces pays s'améliore durant les années 1860, elle est principalement la conséquence des traités de commerce et de la proximité géographique des signataires de l'UML. Dans cette perspective, la création d'une zone monétaire unifiée accompagne et renforce l'extension du libre-échange, mais ne constitue vraisemblablement pas un facteur déterminant dans la progression des échanges commerciaux.

Comme le relèvent très bien les défenseurs de l'approche économique, chacune de ces deux interprétations ne doivent pas être considérées comme exclusives l'une de l'autre[48]. Il est au contraire nécessaire de les prendre toutes deux en compte pour produire une analyse complète, car les dimensions de politique intérieure, extérieure et commerciale s'influencent mutuellement[49]. Ainsi, les objectifs poursuivis par les acteurs français doivent être compris en regard de leur fonction : pour le Ministre des Finances Achille Fould, l'UML est l'occasion de régler un problème monétaire, tandis que pour le Ministre des Affaires Etrangères, Edouard Drouyn de Lhuys, cette union est une opportunité pour accroître l'influence française[50]. De manière plus générale, les participants ont

---

46 Flandreau, Marc, « Was the Latin Monetary Union a Franc Zone ? », *op. cit.*, pp. 71-89 ; Redish, Angela, « The Latin Monetary Union », *op. cit.*, pp 68-85 (ici, pp. 68-71) ; Einaudi, Luca, « From the Franc to the 'Europe' », *op. cit.*, pp. 284-308 (ici, pp. 284-286) ; Einaudi, Luca, *Money and Politics*, *op. cit.*, pp. 3-5 et 40-46 ; Einaudi, Luca, « L'Union latine », *op. cit.*, pp. 299-323 (ici, pp. 301-304) ; Thiemeyer, Guido, *Internationalismus und Diplomatie*, *op. cit.*, pp. 26-29 ; Thiemeyer, Guido, « Europäische Wirtschaftsintegration », in Henrich-Franke, Christian, Neutsch, Cornelius, Thiemeyer, Guido (Eds.), *Internationalismus*, *op. cit.*, pp. 39-56 (ici, pp. 46-47).

47 Flandreau, Marc, « Was the Latin Monetary Union a Franc Zone ? », *op. cit.*, pp. 71-89 (ici, p. 74).

48 Flandreau, Marc, « The Economics and Politics », *op. cit.*, pp. 25-43 (ici, pp. 26-27).

49 Thiemeyer, Guido, *Internationalismus und Diplomatie*, *op. cit.*, p. 22.

50 Einaudi, Luca, *Money and Politics*, *op. cit.*, p. 46.

pour objectif d'améliorer l'ensemble des relations économiques internationales. Le président de la conférence, le vice-président du Conseil d'Etat français Félix Esquirou de Parieu, le formule en ces termes devant les autres représentants :

> *« Grâce à la solidarité qui existe entre les intérêts économiques, chaque peuple, en présence des avantages déjà réalisés, comprend de plus en plus la nécessité de supprimer successivement les entraves que rencontrent encore les relations internationales; l'une des plus onéreuses et des plus gênantes résulte assurément de cette diversité de monnaies qui multiplie les variations du change. L'idée de l'unification des systèmes monétaires fait donc chaque jour de nouveau progrès »*[51].

La fondation de l'UML doit donc être comprise comme une volonté d'améliorer l'intégration économique des participants, qui contribue à un rayonnement de la France sur le continent, les deux facteurs s'influençant de manière réciproque.

Les Suisses ont parfaitement conscience que sous couvert d'une union monétaire qui prescrit des normes techniques, la France poursuit aussi bien des objectifs politiques qu'économiques[52]. De son côté, la participation helvétique à l'UML revêt d'une perspective supplémentaire pour les milieux économiques et politiques : la dimension de politique internationale. Les propos tenus par le chef du DFF Challet-Venel dans une lettre adressée au CF début 1865 ne laissent planer aucun doute à ce sujet :

> *« [...] alors nous estimons que la Suisse toujours en avant dans toutes les mesures destinées à créer de nouvelles facilités aux transactions commerciales, tiendra à l'honneur de maintenir sa place à l'avant-garde, et de contribuer pour sa part à l'élaboration d'une convention monétaire internationale destinée à compléter les avantages que nous avons déjà conquis par les traités de commerce »*[53].

L'adhésion à l'UML représente ainsi une opportunité pour certaines milieux libéraux-radicaux de renforcer l'image de la Suisse comme meneuse de l'internationalisation. Sa participation constitue en effet un instrument de la politique extérieure du CF qui vise à accroître son rôle et son influence sur la scène internationale[54], tout en bénéficiant des avantages économiques induits par cette entente monétaire, ce qui permet au demeurant de renforcer son poids politique. En figurant parmi les fondateurs de l'UML, les Suisses peuvent mettre en

51 Intervention de de Parieu durant la 4e séance du 06.12.1865, citée in AF, E12#1000/36#214*, Protocole de l'UML, 4e séance, 06.12.1865, pp. 83-84.

52 AF, E12#1000/36#216*, lettre de Kern à Challet-Venel, 16.08.1865, 2 p. (ici, p. 1).

53 AF, E12#1000/36#216*, rapport de Challet-Venel au CF, 19.02.1865, 10 p. (ici, p. 3).

54 HERREN, Madeleine, *Hintertüren zur Macht*, *op. cit.*, pp. 238-248.

avant les services qu'ils rendent à la communauté internationale et se dotent ce faisant d'une certaine sympathie auprès de la France. Cette politique s'inscrit dans la même perspective que la tradition humanitaire du pays fondée deux ans plus tôt avec la création de la Croix-Rouge, qui constitue aussi un outil important dans les relations extérieures helvétiques[55]. Cette politique de bons offices, qui se renforce fortement à partir de 1870, permet aux Suisses de se profiler dans le créneau de la promotion de la paix et de donner un statut international plus en vue au pays.

8.2.1. La situation monétaire de la Suisse au milieu des années 1860

Les nouvelles conditions monétaires introduites en 1860, qui consacrent le passage au bimétallisme en octroyant un cours légal aux pièces d'or françaises et sardes et qui abaissent le titre de fin des monnaies divisionnaires en argent, ont rapidement des effets bénéfiques sur la circulation helvétique. Saluée par plusieurs économistes français et belges[56], la modification de la proportion de métal contenue dans les pièces d'argent permet de freiner l'exportation des petites pièces suisses, tandis que celles de 5 FS portant les dates de 1850 et 1851 qui avaient complètement disparu de la circulation reviennent dans les Caisses fédérales[57]. Cette stabilité ne perdure toutefois pas. Après seulement quelques années, la loi de 1860 montre d'importantes limites. En effet, la modification du titre des monnaies divisionnaires helvétiques a comme conséquence de sortir partiellement la Suisse des réservoirs monétaires français, belge et italien. La Suisse s'isole donc et crée ce faisant la première fracture au sein de la communauté monétaire structurée autour du franc à l'échelle européenne.

En août 1862, l'homogénéité qui caractérise les pays ayant adopté le franc comme base de leur système monétaire est à une nouvelle reprise ébréchée. A cette date, l'Italie – unifiée en 1859/1860 – adopte le système monétaire français, comme la Belgique et la Suisse avant elle[58]. Au contraire de ces pays, elle

---

55 Quelques éléments sur cette question figurent dans Guex, Sébastien, « Introduction. De la Suisse comme petit Etat faible », *op. cit.*, pp. 7-29 (ici, p. 10).

56 C'est notamment le cas du très réputé vice-président du Conseil d'Etat français Félix Esquirou de Parieu et du député belge à la Chambre des représentants, Nothomb. Cf. Paillard, Georges, *La Suisse et l'Union monétaire latine*, *op. cit.*, pp. 21-22 et Vescovi, Stefano, *Bimetallismus in der modernen Schweiz*, *op. cit.*, p. 51.

57 Af, E12#1000/36#216*, rapport de Challet-Venel au CF, 19.02.1865, 10 p. (ici, p. 6).

58 Sur l'unification monétaire italienne, cf. Mattia, Renato de, *L'unificazione monetaria italiana*, Torino : ILTE, 1959, pp. 9-73 ; Fratianni, Michele, Spinelli,

adopte un titre de fin de 835 ‰ pour ses monnaies divisionnaires[59]. La France est alors inondée d'espèces italiennes, car les pièces des deux pays ont la même valeur nominale, mais un contenu métallique différent. Deux ans plus tard, la France emboîte le pas de l'Italie et décide à son tour de réduire la proportion d'argent de ses petites monnaies en la fixant au même titre que l'Italie. Ces deux pays choisissent un titre différent de celui de la Suisse, car ils estiment que cette mesure est suffisante pour ralentir l'exportation et la fonte de leurs pièces, tout en ne s'éloignant pas trop du système monétaire de l'an XI[60].

La principale conséquence de cette rupture dans l'uniformité des systèmes monétaires réside dans un intense commerce de spéculation portant sur les espèces des quatre pays ayant le franc comme monnaie. En effet, trois titres de fin différents déterminent le contenu métallique de leurs monnaies divisionnaires, mais ne portent pas sur les mêmes pièces: 900 ‰ en Belgique (2.5, 2.-, 1.-, 0.50, 0.25 et 0.20 francs belges), 835 ‰ en Italie (1.-, 0.50 et 0.20 lires) et en France (0.50 et 0.20 FF) et 800 ‰ en Suisse (2.-,1.- et 0.50 FS)[61]. Les pièces de ces quatre pays présentent donc la même dénomination, la même valeur nominale, la même apparence et le même poids, mais un contenu métallique qui varie de 11 % entre la Suisse et la Belgique et de plus de 4 % entre la Suisse et la France ou l'Italie. Ainsi, si l'abaissement du titre de fin des pièces helvétiques a comme effet de décourager leur refonte et contribue à les maintenir dans la circulation,

---

Franco, « Currency Competition, Fiscal Policy and the Money Supply Process in Italy from Unification to World War I », *Journal of European Economic History*, 14, 3, 1985, pp. 473-499 (ici, pp. 476-478) ; Clough, Shepard B., *The Economic History of Modern Italy*, New York ; London : Columbia University Press, 1964, pp. 40-42 ; Einaudi, Luca, *Money and Politics*, *op. cit.*, pp. 31-32.

59 Sur ce qui suit : Paillard, Georges, *La Suisse et l'Union monétaire latine*, *op. cit.*, pp. 22-23 ; Dubois, Louis-Albert, *La fin de l'Union monétaire latine*, *op. cit.*, p. 10 ; Baltensperger, Ernst, *Le Franc Suisse*, *op. cit.*, p. 79 ; Hagenbach, Paul, *Die Entwicklung zur Goldwährung in der Schweiz*, *op. cit.*, pp. 16-17 ; Willis, Henry Parker, *A History of the Latin Monetary Union*, *op. cit.*, pp. 33-41 ; Valance, Georges, *La légende du franc*, *op. cit.*, pp. 213-214 ; Perlman, Mark, « In Search of Monetary Union », *op. cit.*, pp. 313-332 (ici, pp. 315-317) ; Redish, Angela, « The Latin Monetary Union », *op. cit.*, pp. 68-85 (ici, pp. 74-76).

60 L'abaissement de 7.2 % du contenu métallique (passage de 900 ‰ à 835 ‰) présente aussi l'avantage de correspondre à la même réduction opérée sur les schillings anglais. Le titre de fin des monnaies divisionnaires françaises est ainsi identique à celui des petites pièces anglaises et américaines. Cf. Af, E12#1000/36#215*, rapport final de Kern, Escher et Feer-Herzog au CF, 31.12.1865, 20 p. (ici, p. 10).

61 Vescovi, Stefano, *Bimetallismus in der modernen Schweiz*, *op. cit.*, pp. 52-54.

elles sont massivement exportées à partir de 1864 contre des pièces françaises, car il devient dès lors très profitable d'en faire commerce[62]. En conséquence, les pièces suisses disparaissent, non plus en raison de l'exportation d'argent vers l'Asie, mais car elles constituent un rouage central du commerce de spéculation qui s'en empare, puisqu'il s'agit uniquement d'échanger des pièces au contenu métallique différent de l'autre côté de la frontière, réalisant au passage un profit intéressant[63]. Début 1865, le Ministre français en poste en Suisse décrit ainsi ce processus au CF :

> *« Ces modifications effectuées sans concert préalable ont eu l'inconvénient de donner naissance à un commerce illicite très préjudiciable aux intérêts des Gouvernements. La refonte en lingots des pièces divisionnaires françaises pour l'exportation lorsque l'argent se trouvait coté à prime, ou bien la conversion de ces lingots en monnaies suisses à titre réduit pouvant en effet procurer des bénéfices importants, on a vu notre circulation envahie par ces pièces étrangères qui ne représentaient plus leur valeur nominale […] »*[64].

Afin de remédier à cette situation, la France, sur l'initiative du directeur du mouvement des fonds publics Pierre Sapia, décide d'interdire en mars 1864 les pièces suisses dans sa circulation, à l'exception des grosses pièces d'argent de 5 FS, dont le titre de fin n'a pas été réduit[65]. Cette mesure forte appliquée par la principale puissance économique continentale jette un fort discrédit sur le numéraire helvétique qui n'est plus accepté dans la circulation intérieure française ; la perte sur leur change en France atteint jusqu'à 20 % fin 1864[66]. Informé de cette mesure par le Ministre en poste à Paris, Johann Konrad Kern, le CF refuse toutefois d'ouvrir des bureaux de retrait sur le territoire français.

---

62 Einaudi, Luca, *Money and Politics*, *op. cit.*, p. 33. Cf. aussi Weisskopf, Erich, *Das schweizerische Münzwesen*, *op. cit.*, p. 92.

63 En 1864, un kg de pièces d'argent au titre de fin de 900 ‰ vaut 200.- FF en Belgique, 185.55 FF au titre de fin de 835 ‰ en Italie et en France et 177.77 FF en Suisse au titre de fin de 800 ‰. Cf. Baltensperger, Ernst, Kugler, Peter, *Swiss Monetary History*, *op. cit.*, p. 30 et Fasnacht, Luca, *Der Weg der Schweiz*, *op. cit.*, pp. 50-51.

64 Lettre de Louis Felix Etienne Turgot au CF, 02.02.1865, in *Documents diplomatiques suisses*, Vol. 1, n° 521, pp. 1043-1044 (ici, p. 1043).

65 Af, E12#1000/36#215*, rapport final de Kern, Escher et Feer-Herzog au CF, 31.12.1865, 20 p. (ici, pp. 3-4).

66 Paillard, Georges, *La Suisse et l'Union monétaire latine*, *op. cit.*, p. 23 ; Willis, Henry Parker, *A History of the Latin Monetary Union*, *op. cit.*, p. 40.

Il estime qu'il s'agit de pièces ayant vocation à circuler à l'intérieur du pays et non à l'étranger. A ses yeux, une telle pratique jetterait l'opprobre sur la Suisse :

> *« Durch ein solches ganz ausnahmsweises Entgegenkommen würde sich die Schweiz gleichsam das Ansehen geben, als wäre sie auf einer quasi falschmünzerei ertappt worden und suche nun den begangenen Fehler durch Einziehung des in Zirkulation geworfenen Geldes gut zu machen. Man dürfe nicht vergessen, dass die schweiz[erische] Eidgenossenschaft ihre Silberscheidemünze absolut nur für den innern Verkehr geschaffen habe und keineswegs in der Meinung, dass dieselbe auch in Ausland zu ihrem Nennwerth angenommen werden solle. Hätte Frankreich von Anfang an, gleich wie die Gränzstaaten Deutschlands, diese neue Münzsorte tarifirt, so wäre diese Calamität nicht eingetreten »*[67].

Les propos du CF peuvent surprendre. Alors qu'au début des années 1850, Speiser jugeait indispensable de s'ancrer dans le réservoir monétaire français par la reconnaissance réciproque des monnaies des deux pays dans leur circulation respective, la situation est différente quinze ans plus tard. C'est que la structure de l'approvisionnement helvétique envers le numéraire étranger n'est désormais plus la même et que l'indépendance monétaire du pays s'est améliorée. Si la tarification des pièces d'or françaises et sardes tend à renforcer la pratique du « parasitisme monétaire » de la Suisse sur les grosses espèces, le changement du titre de fin des petites pièces d'argent contribue en revanche à réduire le besoin en alimentation en numéraire étranger. Ainsi, les autorités politiques helvétiques, sans faire cavalier seul, sont désormais en mesure d'assurer la circulation de petites pièces sur le territoire helvétique, ce qui explique les propos du CF. D'ailleurs, tout comme l'exécutif fédéral, les milieux économiques suisses sont peu inquiets de l'interdiction française[68]. En effet, les nouvelles conditions introduites en 1860 satisfont aux besoins helvétiques et assurent la couverture des besoins : alors que l'octroi du cours légal aux pièces d'or françaises et sardes permet aux acteurs du grand commerce et de la banque de rester intégrés à l'économie mondiale, la frappe de nouvelles pièces d'argent avec un titre de fin réduit fournit aux milieux actifs sur les marchés intérieurs suffisamment d'outils monétaires ; la décision française de 1864 favorise d'ailleurs le retour des pièces d'argent sur le territoire helvétique.

L'interdiction des monnaies divisionnaires helvétiques en France relance toutefois le débat sur la convenance qu'il y aurait à adopter l'étalon-or unique

---

67 AF, E1004.1#1000/9#4005*, Protocole du CF, 20.04.1864, n° 1544.

68 [S.A.], « Das schweiz. Silbergeld », *Der Bund*, 31.03.1864, p. 3 ; [S.A.], [s.n.], *Gazette de Lausanne*, 01.04.1864, p. 2 ; [S.A.], [s.n.], *Journal de Genève*, 29.03.1864, p. 1.

en Suisse. Début juillet 1864, un médecin zurichois, le Dr. Fisler[69], adresse une pétition à l'AsF dans ce sens[70]. Il demande également la frappe de pièces d'or en parfaite concordance avec les pièces françaises. Muni de cette demande, le CF entreprend un tour de consultation des principaux établissements bancaires du pays[71]. Pour certains acteurs, frapper ses propres pièces d'or renforcerait l'indépendance monétaire du pays[72]. Mais une telle mesure nécessiterait le retrait de toutes les pièces d'argent et leur remplacement par d'importantes frappes en métal jaune qui ne sont pas rentables à fabriquer[73]. Une telle pratique risquerait au demeurant d'isoler la Suisse qui serait la seule à vivre sous le régime de l'étalon-or unique au cœur du continent. Enfin, les conditions monétaires introduites en 1860 sont jugées suffisantes pour les besoins du commerce par l'ensemble des acteurs consultés. En possession de ces réponses, le CF s'oppose à la pétition du Dr. Fisler. Si le mouvement international vers l'étalon-or est indéniable, il faut faire preuve de retenue et attendre la décision de la France. Le CF l'exprime ainsi dans son message aux Chambres :

> « *Cette position [adoption du bimétallisme en Suisse en 1860, JC], à notre avis, ne peut être que tout-à-fait temporaire; la force des choses ne tardera pas à conduire à adopter l'étalon d'or comme unique étalon et à ne considérer l'argent que comme monnaie de crédit. C'est là ce qui a été adopté depuis longtemps par les grandes nations dont le commerce embrasse le monde entier, l'Amérique et l'Angleterre. Aujourd'hui qu'il est évident pour tout le monde que la monnaie d'or est préférable et que le public lui-même a tranché la question, on peut être certain que le moment n'est pas éloigné où les deux grands Etats qui nous avoisinent, l'Italie et la France, suivront l'exemple de l'Angleterre et de l'Amérique. A ce point de vue et si nos prévisions sont justes, ce que nous croyons, n'est-il pas plus convenable pour la Suisse d'attendre la solution que cette question doit*

69 Il s'agit vraisemblablement du juge de district Jakob Fisler (1814-1871) qui possède un mandat au GC de ZH au moment de son décès, mais sans certitude.

70 AF, E12#1000/36#130*, pétition du Dr. Fisler à l'AsF, 03.07.1864, 3 p.

71 Le CF s'adresse aux banques suivantes, dont il reçoit des réponses qui se trouvent dans le fonds E12#1000/36#130* aux AF : la “Banque de Genève” et la “Banque du Commerce” à Genève, la “Banque cantonale neuchâteloise”, la “Basler Handelsbank”, l'“Eidgenössische Bank” à Berne, la “Banque cantonale vaudoise”, la “Solothurnische Bank”, la “Bank in St. Gallen” et le “Crédit Suisse” à Zurich.

72 AF, E12#1000/36#130*, lettre du président de l'“Eidgenössische Bank” Jakob Stämpfli au DFF, 13.08.1864, 3 p. (surtout les pp. 1-2).

73 La frappe des pièces de 5.- et de 10.- en or engendre une perte de 0.5 %, ce qui correspond aux frais de frappe. Cf. AF, E12#1000/36#130*, lettre du directeur de la Monnaie fédérale Albert Escher au DFF, 13.07.1864, 3 p. (ici, p. 3).

recevoir dans les deux grands Etats avec lesquels notre petit pays est lié par des rapports nécessaires et continus»[74].

Le CF n'est donc pas opposé à l'idée de passer à l'étalon-or, mais ne juge pas le moment venu. D'autant plus que d'après les informations à disposition du CF, la France ne semble pas être disposée à modifier son système monétaire dans l'immédiat[75]. La proposition du Dr. Fisler de frapper des pièces d'or est elle aussi refusée: elle est considérée comme une «mesure de luxe» par la commission du CN qui estime qu'elles coûteraient trop cher à fabriquer[76]. Les deux commissions mises sur pied par le CE et le CN suivent à l'unanimité le CF[77]. Aux Chambres, la demande du Dr. Fisler est refusée sans discussion[78].

En 1864, la situation monétaire helvétique est assez particulière. Raccordée au réservoir français par l'adoption de son pied monétaire en 1850 et par le cours légal octroyé à ses espèces d'argent par un décret de 1852, puis à ses monnaies d'or en 1860, la Suisse s'en distancie néanmoins. La modification législative sur le titre de fin des pièces d'argent de 1860 marque à cet égard une rupture importante, car les FS ne sont plus identiques aux FF. La décision française de mars 1864 d'interdire les pièces suisses est l'expression de cette séparation. C'est dans ce contexte qu'interviennent les premières ouvertures françaises pour se retrouver au sein d'une entente monétaire.

8.2.2. Les exigences du Conseil fédéral: maintenir la législation monétaire de 1860 intacte

Début février 1865, le Ministre de France en poste à Berne, le marquis Louis Felix Etienne Turgot, adresse une lettre au président de la Confédération suisse. Il lui annonce qu'afin de reformer la communauté monétaire existant avant 1860 entre la France, la Belgique, l'Italie et la Suisse, qui sont liés par une série

---

74 «Message du Conseil fédéral à l'Assemblée fédérale touchant la pétition de M. le Dr. Fisler, concernant la frappe d'or (31 octobre 1864)», *Feuille fédérale*, Vol. 3, 48, 12.11.1864, pp. 43-49 (ici, p. 46).

75 Graf, Barbara, *Die Schweiz und die lateinische Münzunion*, *op. cit.*, p. 123.

76 «Rapport de la Commission du Conseil national sur la pétition Fisler, concernant les frappes d'or (du 8 décembre 1864)», *Feuille fédérale*, Vol. 3, 55, 24.12.1864, pp. 295-301 (ici, p. 298). Cette commission propose toutefois d'introduire la frappe libre de l'or en Suisse, ce qui est refusé aux Chambres.

77 *Ibid.*, pp. 295-301. Le rapport du CE n'a pas été retrouvé.

78 [s.a.], «Conseil des Etats», *Gazette de Lausanne*, 08.12.1864, p. 1; [s.a.], «Confédération suisse. Conseil national», *Gazette de Lausanne*, 14.12.1864, pp. 1-2 (ici, p. 2).

de traités de commerce[79], le Gouvernement français aimerait réunir des représentants de ces quatre pays lors d'une conférence qui se tiendrait à Paris :

« Ces mesures restrictives [abaissement non coordonné du titre des petites pièces d'argent entre les pays, JC] quoique répondant à une impérieuse nécessité, sont malheureusement de nature à jeter de la perturbation dans les relations internationales ; tous les gouvernements auraient donc avantage à les faire disparaître, et le moyen le plus efficace d'atteindre ce résultat serait assurément de régler d'une manière uniforme par une convention diplomatique, la fabrication et la circulation des monnaies fractionnaires dans chacun des pays intéressés »[80].

Il s'agit de la première mention de la volonté française de créer une union monétaire[81]. Muni de cette missive, le CF charge le DFF de faire rapport sur le type de réponse qu'il faudrait adresser à l'invitation française. Ce rapport est une pièce essentielle pour comprendre quelles sont les intentions des autorités politiques helvétiques. Aux yeux du chef du DFF, le Genevois Challet-Venel, une telle conférence n'aurait d'utilité que dans la mesure où elle aurait pour but d'adopter définitivement l'étalon-or unique :

« [...] si la discussion ne pouvait pas sortir de cette limite [la loi monétaire française de 1803 qui introduit un rapport fixe de valeur entre l'or et l'argent, JC], et que la Conférence ne pût ainsi rien changer au principe de l'unité monétaire tel qu'il a été défini par la dite Loi, alors cette Conférence nous paraîtrait sans utilité réelle, et nous préférerions ajourner le débat jusqu'au jour peu éloigné, selon nous, où l'existence de l'étalon d'or pour unique étalon, et l'usage de l'argent comme monnaie divisionnaire auront

---

79 La France signe un traité de commerce avec la Belgique en 1861, avec l'Italie en 1863 et avec la Suisse en 1864. Le traité entre la Belgique et la Suisse date de 1863, tandis que celui entre l'Italie et la Suisse est signé en 1869.

80 Lettre de Louis Felix Etienne Turgot au CF, 02.02.1865, in *Documents diplomatiques suisses*, Vol. 1, n° 521, pp. 1043-1044 (ici, pp. 1043-1044).

81 A propos du débat, de moindre importance, portant sur l'initiative de l'UML, il convient de mentionner que Janssen, Albert Edouard, *Les conventions monétaires, op. cit.*, p. 190, est le premier à avancer l'idée, reprise récemment notamment par Einaudi, Luca, *Money and Politics, op. cit.*, p. 38 et Gillard, Lucien, *L'Union latine, op. cit.*, p. 65, que ce seraient les Belges qui auraient incité les Français à convoquer cette conférence. Koch-Mehrin, Silvana, *Historische Währungsunion, op. cit.*, pp. 19 et 21, pense au contraire qu'attribuer cette impulsion à un petit pays est une stratégie française pour tâcher de masquer sa volonté hégémonique. Sur la base des sources helvétiques consultées, nous pouvons avancer que selon les représentants suisses à Paris, c'est bien à la Belgique qu'il faille attribuer cette initiative. Cf. Af, E12#1000/36#216*, rapport de Kern et Escher au CF, 21.11.1865, 5 p. (ici, p. 2).

tellement passé à l'état de fait accompli, dans les quatre pays dont il s'agit, que la législation verra son rôle réduit à consacrer simplement l'état des choses»[82].

L'invitation française devrait donc être acceptée aux yeux du chef du DFF, à la condition que la conférence ne se borne pas uniquement à régler la question de la diversité des titres des monnaies d'argent, mais qu'elle mène à l'adoption de l'or comme étalon[83]. Car si la Suisse ne s'est pas encore engagée dans cette voie, répétons que c'est par crainte de se retrouver isolée au cœur du continent. Or, pour le Cf en charge des Finances, en modifiant la législation sur la base du métal jaune, la Suisse améliorerait son intégration à l'économie mondiale :

«L'or a déjà depuis longtemps été adopté comme étalon unique par les deux nations les plus commerçantes de l'univers [l'Angleterre et les Etats-Unis, JC]; si maintenant la France, l'Italie, la Belgique et la Suisse font un pas encore dans le même sens, un grand progrès aura été accompli pour préparer l'unité monétaire des peuples civilisés»[84].

En possession de ce rapport, le CF décide de répondre favorablement à l'invitation française. Cependant, malgré l'insistance de Challet-Venel à poser au cœur des négociations la question de l'étalon, le collège de l'exécutif fédéral décide, pour des raisons qui ne sont pas très claires, de revoir ses exigences à la baisse[85]. A ses yeux, l'élément central est de réussir à maintenir en l'état la législation de 1860 ; la conférence devrait donc uniquement avoir pour but de s'entendre sur des éléments purement techniques[86]. Les propos adressés par le CF au Ministre suisse à Paris sont très clairs à ce sujet :

«[...] il ne serait pas possible pour la Suisse de consentir à l'abandon même partiel de son système actuel d'argent billon. Les mesures qui ont été prises en 1860 pour remédier à l'excessive rareté de la monnaie divisionnaire en Suisse, ont parfaitement répondu aux besoins des transactions commerciales internes. [...] Mais, s'il s'agit simplement de déterminer pour l'avenir, pour chacun des Gouvernements intéressés, la quantité des monnaies divisionnaires que chacun d'eux pourrait fabriquer, d'après l'appréciation des besoins des transactions commerciales intérieures, et si moyennant un accord, les pièces divisionnaires fabriquées dans l'un des Etats limitrophes étaient admises sans obstacle à la circulation dans les quatre pays dont il s'agit, il est certain qu'une telle

82 Af, E12#1000/36#216*, rapport de Challet-Venel au CF, 19.02.1865, 10 p. (ici, p. 2).

83 Graf, Barbara, *Die Schweiz und die lateinische Münzunion*, *op. cit.*, pp. 126-129 ; Fasnacht, Luca, *Der Weg der Schweiz*, *op. cit.*, pp. 57-59.

84 Af, E12#1000/36#216*, rapport de Challet-Venel au CF, 19.02.1865, 10 p. (ici, p. 3).

85 Af, E1004.1#1000/9#4166*, Protocole du CF, 03.03.1865, n° 829.

86 Af, E12#1000/36#216*, lettre de Challet-Venel au CF, 05.03.1865, 4 p. (ici, pp. 1 et 3).

convention offrirait de certains avantages, si elle ne contenait cependant aucun engagement trop restrictif»[87].

Le CF est donc favorable à se retrouver au sein d'une union commune, mais il veut garder les mains libres et refuse que des mesures trop contraignantes ne lui soient imposées. Les Suisses ne sont toutefois pas les seuls à avoir des exigences spécifiques. C'est particulièrement le cas de l'Italie qui annonce d'emblée vouloir maintenir son titre de fin de 835 ‰ adopté en 1862[88]. De son côté, la Belgique rompt complètement avec sa politique monétaire menée depuis une décennie et demie. Etant pourtant parvenue à maintenir le système de l'étalon argent malgré l'arrivée massive d'or sur le continent et l'exportation de métal blanc vers l'Asie durant les années 1850, elle passe au bimétallisme début 1861, une année après la Suisse[89]. Tout comme les Helvètes, les Belges veulent inclure à la discussion la question de l'étalon[90]. Quant à la France, désireuse de parvenir à une entente sur le sujet, elle change de stratégie et se pose comme l'arbitre de ces exigences contradictoires. Alors que l'invitation de février 1865 annonçait que la conférence se bornerait à définir un titre de fin uniforme pour les monnaies divisionnaires et à déterminer des quantités à frapper pour chaque pays, ce cadre quelque peu restreint est élargi en incluant le sujet de l'étalon monétaire, afin de s'assurer de réunir des représentants des quatre pays et à parvenir à un accord commun[91].

Afin de conjuguer ces différentes exigences, une conférence préliminaire, sans programme déterminé et sans engagements réciproques, est convoquée pour le second semestre de 1865[92]. Toutefois, la Suisse met peu d'entrain à y participer. Le choix des délégués devant représenter le pays est un indicateur privilégié qui témoigne que cette réunion ne revêt pas une importance décisive pour le CF. Comme lors de la réforme de 1849, le Bâlois Rudolf Moser propose ses services à l'exécutif fédéral dès les premières ouvertures françaises[93].

87 Lettre du CF à Kern, 06.03.1865, in *Documents diplomatiques suisses*, Vol. 1, n° 523, pp. 1046-1047 (ici, pp. 1046-1047).
88 AF, E12#1000/36#216*, lettre de de Reinhard au CF, 24.05.1865, 5 p. (ici, pp. 2-3).
89 Gillard, Lucien, *L'Union latine*, *op. cit.*, p. 65.
90 AF, E12#1000/36#216*, lettre de Challet-Venel au CF, 10.06.1865, 3 p. (ici, p. 2).
91 AEF, K2/15, [s.a.], *Note sur la Commission Monétaire Internationale*, 31.07.1865, 4 p. (ici, pp. 2-3).
92 AF, E12#1000/36#216*, lettre de de Reinhard au CF, 24.05.1865, 5 p. (ici, p. 4).
93 AF, E12#1000/36#216*, lettre de Moser au CF, 28.03.1865, 4 p. (ici, p. 4). Sur Rudolf Moser, cf. note 60 p. 332.

Et l'histoire de se répéter, le CF refuse une nouvelle fois ses offres[94]. En octobre, c'est-à-dire cinq mois après la décision d'organiser la conférence préliminaire, la Suisse n'a toujours pas choisi officiellement ses représentants. Ce retard repousse l'organisation de la rencontre, cause de plaintes réitérées de la part du Ministre français en poste en Suisse[95]. Mis sous pression par le Ministre français des Affaires Etrangères Drouyn de Lhuys, le CF s'exécute[96]. Le Ministre plénipotentiaire Johann Konrad Kern est nommé premier délégué. Homme aussi polyvalent qu'influent, ami de Napoléon III, premier délégué lors de la négociation du traité de commerce franco-suisse de 1864, Kern s'est déjà illustré à plusieurs reprises par ses qualités diplomatiques et représente donc le candidat idéal pour représenter les intérêts suisses[97]. Il décide, avec l'accord du CF, de s'adjoindre deux experts[98]. L'industriel argovien Carl Feer-Herzog défend les intérêts commerciaux de la Suisse, alors que le directeur de la Monnaie fédérale, Albert Escher, représente quant à lui l'élément technique de la question[99].

---

94 AF, E12#1000/36#216*, lettre de la Chancellerie fédérale à Moser, 07.04.1865, 1 p. Ce refus s'explique par le projet de Moser qui aimerait réformer de fond en comble le système monétaire suisse en créant une nouvelle unité monétaire en or, l'*unit*, basée sur les systèmes du nord de l'Allemagne. Son projet figure dans AF, E12#1000/36#216*, lettre de Moser au CF, 28.03.1865, 4 p. (surtout les pp. 2-3).

95 AF, E12#1000/36#216*, lettres de Louis Felix Etienne Turgot au CF du 07.08.1865, 3 p. (surtout les pp. 2-3) et du 23.10.1856, 2 p. (ici, p. 2).

96 AF, E12#1000/36#216*, lettre du Ministre des Affaires Etrangères français, Edouard Drouyn de Lhuys, au Ministre suisse à Paris, Kern, 20.10.1865, 2 p.

97 Johann Konrad Kern-Freyenmuth (1808-1888), TG, fils de Christian, agriculteur et marchand de vins; beau-fils de Johann Conrad Freyenmuth (1775-1843), médecin. Etudes de théologie, puis de droit. Avocat dès 1831, CdE libéral de TG (1849-1853), directeur de la "Schweizerische Nordostbahn" (1853-1857), Ministre plénipotentiaire suisse à Paris (1857-1883). A la tête des libéraux thurgoviens (1837-1853), député au GC de TG (1832-1853), député à la Diète fédérale à de nombreuses reprises entre 1833 et 1848, rédacteur avec le Vaudois Druey (cf. note 28 p. 323) de la Constitution de 1848, Cn de tendance libérale-radicale proche des « Bundesbarone » qui gravitent autour d'Escher (1848-1854), puis CaE (1855-1857). Juge fédéral (1848-1854). Fondateur (1850) et premier président CA de la "Thurgauische Hypothekenbank" (1850-1858), premier président du Conseil de l'Ecole Polytechnique Fédérale de Zurich (1854-1857). Partisan de l'étalon-or. Ami du Genevois Guillaume-Henri Dufour et de Napoléon III qu'il défend depuis les années 1830.

98 Sur ces nominations : AF, E12#1000/36#216*, lettre du CF à Kern, 21.08.1865 1 p. et lettre de Kern au DFF, 24.10.1865, 2 p. (ici, p. 2).

99 Sur Carl Feer-Herzog, cf. note 233 p. 713.

Les délégués de tous les pays ayant été désignés, la réunion préparatoire peut débuter.

8.2.3. Divergences de vues entre le Conseil fédéral et les délégués helvétiques à Paris : les concessions nécessaires pour améliorer l'intégration monétaire de la Suisse aux marchés étrangers

La conférence préparatoire, qui a pour but de prendre connaissances des aspirations précises de chaque pays et d'élaborer le programme définitif, s'ouvre à Paris le 20 novembre 1865. Son contenu nous est connu par l'envoi d'une dizaine de lettres et de rapports que les délégués suisses font parvenir au CF au fur et à mesure de l'avancée des discussions et des réponses que le CF leur adresse. Avant d'entrer dans le déroulement de cette conférence, il est nécessaire de dire quelques mots sur les divergences d'intérêts entre le DFF et les trois délégués suisses. D'une part, le CF et en particulier le chef du DFF Challet-Venel est réticent à participer à cette union. A ses yeux, la législation de 1860 est satisfaisante et il ne voit aucune raison de la modifier. Il redoute également les frais qu'entrainerait une participation à cette entente. Par ailleurs, le CF craint le cadre rigide d'un accord international qui réduirait la marge de manœuvre helvétique et ait comme conséquence une perte de souveraineté. D'autre part, les trois délégués, Kern, Feer-Herzog et Escher, représentent les intérêts du grand commerce et de la banque. Favorables à participer à cette union, ils estiment que le système monétaire est un outil flexible qui doit être mis au service d'une meilleure intégration de l'économie suisse au commerce international. Dans cette perspective, quelques concessions en matière financière se justifient par les gains retirés à se rapprocher de la France.

Ces divergences de vues sont d'autant plus difficiles à concilier que le CF transmet des instructions très précises aux délégués. Les autorités politiques suisses ont deux exigences principales. La première, nous l'avons dit, est de réussir à préserver intacte la législation de 1860, c'est-à-dire de conserver le titre de fin de 800 ‰ sur les monnaies divisionnaires d'argent[100]. Pour y parvenir,

---

Albert Escher (vom Glas)-Platel (1828-1879), ZH, fils d'Heinrich (1802-1871), négociant en soie ; beau-fils d'Abraham Daniel Platel, négociant en vins d'origine vaudoise. Petit-fils par alliance de l'orfèvre Georg Adam Rehfues (cf. note 4 p. 527). Acquière la bourgeoisie de Berne en 1878. Formation d'ingénieur. Dirige la construction de chemins de fer en Espagne au début des années 1850 où il est ensuite ingénieur des mines (1854-1859), directeur de la Monnaie fédérale à Berne (1859-1879). Député libéral au GC de BE (1872-1879).

100 Lettre de Challet-Venel au CF, 09.11.1865, in *Documents diplomatiques suisses*, Vol. 1, n° 531, pp. 1062-1063 (ici, p. 1062).

toute exigence étrangère devrait être négociée contre ce maintien. La demande de frappe de pièces d'or de la part de la Suisse, qui risque vraisemblablement d'arriver suite à son passage au bimétallisme, illustre bien cette dynamique :

> *« Cette demande sera refusée. Toutefois cette mesure pourrait être accordée comme concession en échange d'une autre de majeure importance, comme par exemple la reconnaissance de notre titre de 8/10 pour les monnaies divisionnaires. En tout cas la Suisse ne s'engagerait à organiser son hôtel des monnaies de manière à frapper de l'or qu'à la condition que ces frappes se feraient en pièces de 20 Fr., 10 Fr. et 5 Fr. dans les mêmes proportions que celles usitées actuellement en France, soit 75% en pièces de 20 Fr., 20% en pièces de 10 Fr., 5% en pièces de 5 Fr. »*[101].

La seconde exigence du CF est de garantir la libre circulation des monnaies divisionnaires entre les quatre pays. Il veut s'assurer que leur numéraire respectif ne rencontre aucune barrière sur le territoire des participants et que chaque membre accepte dans ses Caisses publiques les pièces des autres pays[102]. Cette aspiration, qui trouve ses racines dans la décision française de 1864 d'interdire les petites pièces en argent suisses, est audacieuse, car une telle pratique n'est pas du tout répandue dans les relations monétaires internationales ; de telles mesures portent généralement uniquement sur les grosses pièces en argent et en or. Enfin, si les participants venaient à adopter l'étalon-or unique, la Suisse se prononcerait favorablement[103]. Cet aspect ne figure cependant pas au centre des exigences du CF, malgré la volonté du chef du DFF.

Durant la conférence préparatoire, le cœur des discussions porte sur le titre des monnaies divisionnaires en argent. Les délégués suisses se rendent compte dès la première séance qu'il sera extrêmement difficile de négocier le maintien du titre de fin de 800 ‰ introduit par la législation de 1860[104]. En effet, le rapport de force, dans cette question, n'est pas en faveur de la Suisse, comme l'illustre le graphique ci-dessous. L'Italie annonce d'emblée refuser de réduire son titre et

---

101 AF, E12#1000/36#216*, *Conférence monétaire de Paris. Instructions du Conseil fédéral aux délégués*, [s.d. : vers le 09.11.1865], 5 p. (ici, troisième supposition, pp. 4-5). Les instructions sont rédigées par le DFF et adoptées par le CF presque sans changement.

102 *Ibid.*, première supposition, point B. circulation, p. 3.

103 Les autres points des instructions portent sur des éléments très techniques, comme la dimension des pièces, leur tolérance, les conditions de retrait ou encore les mesures contre le faux-monnayage.

104 GRAF, Barbara, *Die Schweiz und die lateinische Münzunion*, *op. cit.*, pp. 136-138 ; FASNACHT, Luca, *Der Weg der Schweiz*, *op. cit.*, pp. 64-67 ; VESCOVI, Stefano, *Bimetallismus in der modernen Schweiz*, *op. cit.*, p. 73.

de s'aligner sur la Suisse. Afin de donner du poids à leur position, les délégués italiens déclarent qu'ils se retireraient des négociations si le titre de fin de 835 ‰ n'était pas reconnu par la convention[105]. Et pour cause: depuis 1862, l'Italie a frappé pour 106 millions de FF sur cette base. De son côté, la fabrication helvétique se monte à 11 millions de FS sur les années 1860-1865. La France, qui a frappé pour 16 millions de FF au titre de fin de 835 ‰, se joint à l'Italie, tout comme la Belgique, dont la fabrication de pièces s'élève à 20 millions de FF.

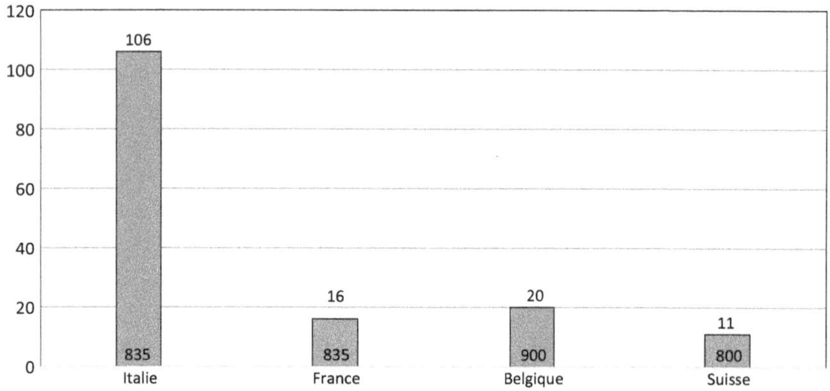

Graphique 19 : état du montant des frappes de monnaies divisionnaires des quatre pays fondateurs de l'Union monétaire latine à la fin 1865, en millions de francs français[106]

Les délégués suisses tâchent alors de négocier la reconnaissance de leurs monnaies comme récompense à leur prise d'initiative dans cette question. Mais cet argumentaire n'a que peu de valeur dans les discussions. S'adressant au CF, les

105 AF, E12#1000/36#216*, rapport de Kern, Feer-Herzog et Escher au CF, 28.11.1865, 10 p. (ici, p. 3).

106 Le montant des frappes de monnaies divisionnaires exprimé en millions de FF de chaque pays figure au-dessus des colonnes. Le titre de fin, qui est indiqué au bas de chaque colonne, ne porte pas sur les mêmes pièces d'un pays à l'autre, comme cela a déjà été mentionné. Pour la France, l'Italie et la Belgique, les chiffres sont tirés de WILLIS, Henry Parker, *A History of the Latin Monetary Union*, *op. cit.*, pp. 306, 309 et 311. Pour la Suisse, pour laquelle l'ouvrage de Willis ne contient pas d'informations, cf. l'annexe 9.

représentants helvétiques ont conscience qu'ils ne pèsent d'aucun poids dans la balance et que le rapport de force leur est très clairement défavorable :

> *« [...] elle [la Suisse, JC] était en droit de réclamer une position spéciale ou de tolérance, et de demander qu'on ne lui fît pas supporter les frais de cette initiative dont la légitimité et le bon sens étaient aujourd'hui généralement reconnues [sic]. Malgré l'esprit de conciliation évident de nos collègues, tous ont fait comprendre que l'uniformité du titre était une condition tellement essentielle et nécessaire que la position spéciale de la Suisse opposerait un obstacle infranchissable à une bonne entente et ils ont à plusieurs reprises indiqué qu'il était inadmissible qu'une émission aussi faible que celle de la Suisse vienne troubler [par la différence de son alliage, JC] l'harmonie de la convention projetée »*[107].

Dans ces conditions, les représentants helvétiques savent qu'il va être nécessaire de céder sur cet aspect si la Suisse veut participer à cette union[108]. A leurs yeux, la pesée d'intérêts est en faveur d'une concession financière : les frais engendrés par le retrait des pièces frappées depuis une décennie et demie et la fabrication de nouvelles sont un prix peu élevé à payer pour pouvoir continuer à se reposer sur la circulation du numéraire des autres participants. Mais cette attitude irrite au plus haut point le chef du DFF qui estime que les délégués doivent suivre à la lettre les instructions reçues et ne prendre aucune initiative sans en avoir préalablement reçu l'accord de la part du CF. Le maintien du titre suisse reste donc absolument essentiel aux yeux de Challet-Venel, comme en témoignent ses propos à Kern : *« Le Conseil Fédéral envisagerait comme une mesure de haute gravité d'avoir à revenir sur les stipulations si récentes de la loi fédérale monétaire de 1860 en ce qui concerne les monnaies divisionnaires en argent »*[109]. La raison de l'opposition du chef du DFF à toute modification réside dans les frais qu'engendreraient une nouvelle modification de la législation monétaire. En effet, selon les calculs du directeur de la Monnaie fédérale Albert Escher, qui participe à la conférence, ce seraient 350'000.- FS qui devraient être déboursés pour retirer et refrapper les monnaies divisionnaires selon la nouvelle norme[110]. Bien que cette somme ne représente qu'un peu moins de 4 % des dépenses de la Confédération pour l'année 1865, le problème réside aux yeux du chef du DFF

107 AF, E12#1000/36#216*, rapport de Kern, Feer-Herzog et Escher au CF, 28.11.1865, 10 p. (ici, pp. 3-4).

108 AF, E12#1000/36#216*, rapport de Kern et Escher au CF, 21.11.1865, 5 p. (ici, p. 3).

109 AF, E12#1000/36#216*, lettre de Challet-Venel à Kern, 25.11.1865, 2 p. (ici, p. 1).

110 Ces 350'000.- FS se répartissent ainsi : 157'500.- FS pour le retrait et la frappe de nouvelles pièces et 192'500.- FS pour la perte sur le frai (ou l'usure) des pièces. Cf. AF, E12#1000/36#216*, rapport de Kern, Feer-Herzog et Escher au CF, 28.11.1865, 10 p. (ici, pp. 6-7).

dans la convenance qu'il y aurait à la dépenser pour modifier un système qui vient d'être changé et qui, surtout, donne entière satisfaction. Certes, un fonds de réserve spécial alimenté par les bénéfices sur les frappes a été mis sur pied quelques années auparavant pour parer à ce type de frais, mais il n'en demeure pas moins qu'en gestionnaire rigoureux des Finances publiques, Challet-Venel est favorable à limiter tout type de dépenses. C'est d'autant plus nécessaire que suite à une baisse des revenus depuis le début des années 1860, le solde des comptes de la Confédération est négatif à partir de 1865[111]. Aux yeux du chef du DFF, il faut donc limiter toute forme de dépenses.

Au contraire de Challet-Venel, il ne s'agit que d'un sacrifice relatif aux yeux de Kern, Feer-Herzog et Escher, car les monnaies divisionnaires ont une durée de vie estimée de 25 ans. Il faudra donc de toute façon les retirer dans un laps de temps relativement court, au plus tard en 1885. La dépense à faire est donc uniquement avancée d'une dizaine d'années, mais ne constitue pas un sacrifice imposé par la conférence[112]. Cette concession financière est suffisamment contrebalancée par les avantages commerciaux que retirerait la Suisse à participer à cette union. Les trois délégués suisses tâchent d'en convaincre le CF en mobilisant l'argument qu'une adhésion actuelle constituerait le premier pas vers l'adoption ultérieure de l'étalon-or :

> *« Nous considérons l'unification des monnaies d'argent des quatre pays non pas seulement comme une condition et un complément nécessaires de la communauté de leur système monétaire, mais comme un premier jalon vers la monnaie universelle. Lorsqu'il y aura unification complète entre les systèmes de la France, de l'Italie, de la Belgique et de la Suisse, il n'y aura plus qu'un pas pour l'étalon d'or unique. Le terme très rapproché une fois atteint les systèmes monétaires des quatre pays présenteront assez d'analogies avec ceux de l'Angleterre et des Etats-Unis pour qu'une entente plus universelle sera devenue possible. [...] Tout le monde conviendra que l'unification est excessivement désirable, qu'une entente générale est dans tous les cas de première nécessité et quelques-uns ajouteront peut-être que la situation étant donnée telle qu'elle l'est dans ce moment, il serait peu digne pour la Suisse de se laisser détourner de la convention par d'étroites vues fiscales et de sacrifier un grand intérêt commercial, économique et moral à un petit bénéfice du Trésor de la Confédération »*[113].

---

111 L'évolution des finances fédérales entre 1850 et 1913 se trouve dans HUMAIR, Cédric, *Développement économique et Etat central*, *op. cit.*, annexe 1, pp. 745-748.

112 AF, E12#1000/36#216*, rapport de Kern, Feer-Herzog et Escher au CF, 28.11.1865, 10 p. (ici, p. 7).

113 *Ibid.*, pp. 7-8.

Pour les représentants suisses, il ne fait donc aucun doute qu'il faille accepter la proposition et adhérer à cette union monétaire. Dans une lettre confidentielle adressée au CF qu'il est le seul à signer, Kern réduit la question à un simple choix binaire, son but étant de réussir à imposer ses vues. Il estime qu'il y a deux voies possibles pour la Suisse, soit se retirer, soit participer en tâchant de limiter ses sacrifices :

> « *[...] der Delegirten den drei andere Staaten brachten uns schon am Anfang an zur vollendeten übereinstimmend Überzeugung, dass nicht im einzigen den drei andere Staaten unser System von 800/1000 annehme, und dass sich also die Frage dahin stelle: ob die Schweiz der projeketirten Convention fremde bleiben, sich [mot illisible], oder aber, ob sie nicht trachten soll, solche Zugeständnisse bei den Conferenzverhandlungen auszuwirken, welche es ihr möglich machen ohne verhältnissmässig zu grossen Opfer sich einer solchen Convention anzuschliessen* »[114].

Se retirer revient à jouer un jeu dangereux. Certes, une telle stratégie pourrait peut-être encourager les autres participants à faire des concessions plus importantes à la Suisse pour la faire revenir au sein de la conférence. Mais il n'est pas certain qu'en se retirant, il soit possible d'obtenir de telles conditions avantageuses par la suite. Kern en est parfaitement conscient[115]. Il estime toutefois que l'attitude des autres participants et en particulier celle de de Parieu est conciliante, surtout en regard du faible poids monétaire de la Suisse. Ainsi, la convention projetée présente suffisamment d'avantages par rapport aux concessions à faire pour s'engager à la signer.

Au terme de plusieurs jours de négociations et de discussions, les milieux du grand commerce et de la banque qui sont représentés à Paris par les délégués parviennent finalement à imposer leur point de vue au CF. En vertu de nouvelles instructions difficilement obtenues, les délégués suisses proposent aux représentants des trois autres pays de maintenir dans la circulation leurs pièces au titre de fin de 800 ‰ pendant une période de 15 ans, avant de les retirer et d'en frapper de nouvelles à 835 ‰. Les autres pays accordent finalement 12 ans à la Suisse pour procéder à ces opérations. Les représentants helvétiques sont favorables à accepter cette offre, estimant que les autres pays sont particulièrement tolérants à l'égard d'un pays de 2.6 millions d'habitants ayant frappé depuis une décennie et demie pour un peu plus de 18 millions de FS en

114 AF, E12#1000/36#216*, lettre de Kern au CF, 28.11.1865, 7 p. (ici, pp. 2-3). Souligné dans le texte original.

115 AF, E12#1000/36#216*, lettre de Kern à un destinataire inconnu, 01.12.1865, 2 p. (ici, p. 1) et lettre de Kern au CF, 02.12.1865, 4 p. (ici, pp. 2-4).

monnaies divisionnaires en argent, tandis qu'ils représentent 65 millions d'habitants et 360 millions de monnaies divisionnaires en circulation[116]. Challet-Venel reconnaît que la Suisse s'en sort bien. Les quelque 350'000.- FS de frais projetés peuvent être répartis sur 12 ans et ne risquent donc pas de constituer une charge trop importante pour le fonds de réserve de l'Hôtel des Monnaies. En conséquence, le chef du DFF est favorable à ce compromis et défend le projet à ses collègues du CF. Il appuie bien sur le fait qu'accepter ces concessions, présentées comme une récompense de son initiative cinq ans plus tôt dans l'abaissement du titre des petites monnaies d'argent, sont l'occasion de mettre en évidence les services rendus par la Suisse à la communauté internationale :

> *« De cette manière la Suisse participerait aux avantages de la circulation internationale monétaire par une sorte de compromis, qui réunirait tous les résultats avantageux qu'on a en perspective, et qui, contenant une véritable concession faite à la Suisse, reconnaîtrait implicitement par le fait même le service que la Confédération a rendu à la Cause générale, en attaquant de front en 1860 une question devant laquelle les grands pays semblaient hésiter »*[117].

Les délégués suisses ayant réussi à faire plier le CF sur la question qui constitue le cœur des discussions, ils peuvent désormais engager la Suisse dans la voie de cette union[118]. Au terme de la conférence préparatoire, seul le titre des monnaies divisionnaires a été abordé en détail. Mais puisqu'il est au cœur de l'impulsion initiale, l'accord de principe auquel les délégués sont parvenus est suffisant pour entamer la deuxième étape, celle de la conférence principale. Dans ce deuxième

---

116 AF, E12#1000/36#216*, rapport de Kern, Feer-Herzog et Escher au CF, 28.11.1865, 10 p. (ici, pp. 5-6). Cf. aussi dans le même fonds, la lettre de Kern au CF, 03.12.1865, 4 p. (ici, pp. 3-4).

117 Lettre de Challet-Venel au CF, 30.11.1865, in *Documents diplomatiques suisses*, Vol. 1, n° 534, pp. 1066-1067 (ici, p. 1067). Cf. aussi AF, E12#1000/36#216*, lettre de Challet-Venel au CF, 17.12.1865, 2 p. (ici, p. 2).

118 Mentionnons que les tensions entre Challet-Venel et les délégués se poursuivent sur un autre aspect. Le chef du DFF refuse de donner les pleins pouvoirs à Kern pour qu'il signe la convention au nom de la Suisse. C'est sur pression d'Edouard Herbet, directeur des affaires commerciales au Ministère des Affaires Etrangères, et de de Parieu, qui refuse que cette conférence se borne à être une déclaration de principes sans portée contraignante comme l'a été celle des Postes deux ans plus tôt, que le CF y consent finalement. Cf. AF, E12#1000/36#216*, lettre de Kern, Feer-Herzog et Escher au CF, 01.12.1865, 3 p. (ici, pp. 2-3), lettre de Kern au CF, 03.12.1865, 4 p. (ici, p. 1), ainsi que lettre de Challet-Venel au CF, 30.11.1865, in *Documents diplomatiques suisses*, Vol. 1, n° 534, pp. 1066-1067 (ici, p. 1067).

temps, les représentants helvétiques sont bien décidés à continuer à négocier pour obtenir un maximum de concessions de la part des autres participants.

Nous avons dit que la Suisse poursuit plusieurs objectifs en participant à cette réunion : le maintien de son titre adopté en 1860, la libre circulation des monnaies divisionnaires en argent et le passage à l'étalon-or. Ces trois éléments sont abordés à tour de rôle ci-dessous.

Durant la première séance de la conférence qui a lieu le 27 novembre 1865, Feer-Herzog et Kern reviennent à la charge sur la question du titre des monnaies helvétiques en demandant une exception. Les autres délégués, emmenés par la France, refusent en bloc[119]. Ils accordent, conformément aux discussions préliminaires un délai de 12 ans à la Suisse pour retirer ses monnaies et les frapper au titre de fin de 835 ‰[120]. Profitons de préciser que cette mesure porte sur les pièces de 2.- et 1.- FS, 50 et 20 cts, malgré les demandes réitérées des délégués suisses pour exclure les 20 cts, celles-ci étant frappées en billon en Suisse[121].

La seconde exigence des Suisses a trait à la libre circulation des monnaies d'argent entre les quatre pays. Ils ont, dans ce domaine, plus de succès que dans le précédent. Ils demandent, dans un premier temps, que les monnaies divisionnaires des quatre pays obtiennent un cours légal sur chacun des territoires[122]. Cela signifierait que les particuliers seraient légalement tenus de les recevoir en paiement. Le président français de Parieu s'oppose à cette revendication, estimant qu'elle serait une atteinte à la liberté des contrats et qu'elle constituerait une gêne dans les transactions, attendu que tout un chacun devrait être en mesure de reconnaître toutes les pièces des autres pays[123]. Emmenés par la France, les délégués étrangers refusent cette proposition. Cependant, conformément aux instructions du CF, la délégation helvétique insiste, tout en modifiant quelque peu ses exigences. Elle demande, d'une part, que les Caisses publiques reçoivent les pièces en argent des autres participants jusqu'à concurrence de 100.- FF par paiement. Cette mesure signifierait que les particuliers auraient la sécurité de pouvoir échanger les monnaies étrangères en leur possession sans craindre

119 Af, E12#1000/36#215*, rapport final de Kern, Escher et Feer-Herzog au CF, 31.12.1865, 20 p. (ici, p. 11).

120 Af, E12#1000/36#214*, Protocole de l'UML, 1e séance, 20.11.1865, pp. 10-17 et 2e séance, 27.11.1865, pp. 43-45 et 57-59.

121 Af, E12#1000/36#215*, rapport de Kern et Feer-Herzog au CF, 22.12.1865, 5 p. (ici, pp. 1-2) et Af, E12#1000/36#214*, Protocole de l'UML, 5e séance, 21.12.1865, pp. 97-98.

122 Af, E12#1000/36#214*, Protocole de l'UML, 2e séance, 27.11.1865, pp. 47-49.

123 Af, E12#1000/36#214*, Protocole de l'UML, 5e séance, 21.12.1865, p. 106.

de ne pouvoir les écouler. Cela revient à leur octroyer un cours officiel, mais pas légal. D'autre part, les délégués suisses demandent que les Gouvernements des participants soient tenus de reprendre des Caisses publiques étrangères leurs propres monnaies contre des pièces d'or ou d'argent pour un montant de 100.- FF minimum[124]. Les délégués étrangers s'opposent au montant de 100.- FF contenu dans ces deux mesures qu'ils veulent abaisser entre 20.- FF (France et Belgique) et 50.- FF (Italie)[125]. Ils ont parfaitement conscience que le but poursuivi par les Suisses est de s'approvisionner en grosses espèces auprès des Caisses publiques françaises contre des monnaies divisionnaires en argent[126]. C'est Feer-Herzog qui mène l'offensive pour convaincre les autres délégués. Il insiste sur l'importance de ces mesures. A ses yeux, elles revêtiraient un avantage commercial important, car les commerçants n'auraient plus la crainte de se retrouver avec des monnaies qu'ils écouleraient avec peine. Après de longues discussions qui ont lieu durant la dernière séance, les participants entrent dans les vues helvétiques et acceptent le montant de 100.- FF[127]. Kern et Feer-Herzog se félicitent de leur succès auprès du CF, dans le but de faciliter la ratification ultérieure de la convention: *«En somme le Cons[eil] fédéral peut se convaincre que nous avons fait des progrès vis à vis du projet préliminaire et que la rédaction définitive a donné suite à plusieurs de nos motions»*[128].

Il convient enfin d'aborder la question du passage à l'étalon-or unique[129]. Durant la conférence préparatoire, la question est à peine abordée. Les délégués suisses informent le CF que les participants sont peu enclins à procéder à ce changement:

> *«[...] il en résultait d'une manière très claire qu'aucun des trois pays, la France à la tête, n'oserait en ce moment abandonner entièrement l'étalon d'argent et de proclamer l'étalon*

124 AF, E12#1000/36#216*, lettre du CF à Kern, 18.12.1865, 3 p. (ici, pp. 1-2).

125 AF, E12#1000/36#214*, Protocole de l'UML, 2e séance, 27.11.1865, p. 51.

126 AF, E12#1000/36#214*, Protocole de l'UML, 5e séance, 21.12.1865, pp. 104-105.

127 AF, E12#1000/36#214*, Protocole de l'UML, *Convention monétaire définitivement adopté[e] par la Conférence internationale*, annexée à la 5e séance, 21.12.1865, pp. 125-131 (ici, art. 7 et 8, pp. 128-129).

128 AF, E12#1000/36#215*, rapport de Kern et Feer-Herzog au CF, 22.12.1865, 5 p. (ici, p. 4).

129 A propos de la discussion sur l'étalon-or durant les séances de l'UML, quelques informations figurent dans GRAF, Barbara, *Die Schweiz und die lateinische Münzunion, op. cit.*, pp. 143-147, ainsi que dans FASNACHT, Luca, *Der Weg der Schweiz, op. cit.*, pp. 67-71 et dans VESCOVI, Stefano, *Bimetallismus in der modernen Schweiz, op. cit.*, pp. 74-76.

d'or comme étalon unique. On est généralement plus disposé d'admettre l'état actuel, tel qu'il est, avec son système mixte, avec les deux étalons d'or et d'argent, mais le dernier plustôt [sic] en théorie qu'en réalité»[130].

Durant les séances de la conférence, c'est la Belgique qui mène l'offensive en faveur de l'étalon-or. En raison de sa position géographique, l'étalon-argent au nord (Hollande) et à l'est (Etats allemands) et le bimétallisme au sud (France), le pays est le théâtre d'importantes opérations d'arbitrage sur les métaux précieux. Il suffit en effet aux spéculateurs de passer la frontière et d'échanger des pièces pour réaliser des bénéfices[131]. Du côté helvétique, les trois délégués appuient la proposition belge. A leurs yeux, le système bimétalliste est trop instable, en raison de la variation du prix de deux métaux précieux, et ne peut donc prétendre à constituer une mesure fixe des valeurs[132]. Les délégués suisses sont cependant plus frileux que leurs homologues belges, estimant que la Suisse «*ne croit pas devoir prendre à ce sujet l'initiative d'une réforme qui n'aurait pas été préalablement adoptée dans des pays limitrophes aussi peuplés que le sont la France et l'Italie*»[133]. L'Italie soutient également cette revendication. Mais les représentants de ces trois pays sont confrontés à une forte opposition de la France. Mobilisant l'argument que la question n'est pas encore suffisamment étudiée et que de gros débats continuent à avoir lieu parmi les économistes français, elle ne veut pas s'engager[134]. Les raisons profondes de l'opposition française résident toutefois ailleurs.

Plusieurs études ont montré que la Banque de France joue un rôle dans la décision de maintenir le bimétallisme[135]. Bien qu'elle n'ait aucune influence sur la rédaction de la convention monétaire, elle pèse d'un certain poids sur

---

130 AF, E12#1000/36#216*, rapport de Kern et Escher au CF, 21.11.1865, 5 p. (ici, pp. 3-4).

131 La situation belge et le fonctionnement de ce commerce de spéculation sont présentés dans AF, E12#1000/36#214*, Protocole de l'UML, 1e séance, 20.11.1865, pp. 22-30.

132 AF, E12#1000/36#215*, rapport final de Kern, Escher et Feer-Herzog au CF, 31.12.1865, 20 p. (ici, p. 8).

133 Intervention de Kern durant la 3e séance du 01.12.1865, citée in AF, E12#1000/36#214*, Protocole de l'UML, 3e séance, 01.12.1865, p. 73.

134 Intervention de de Parieu durant la séance du 20.11.1865, citée in AF, E12#1000/36#214*, Protocole de l'UML, 1e séance, 20.11.1865, pp. 18-19; AF, E12#1000/36#215*, rapport final de Kern, Escher et Feer-Herzog au CF, 31.12.1865, 20 p. (ici, pp. 8-9).

135 Sur ce qui suit, cf. FLANDREAU, Marc, *L'or du monde*, *op. cit.*, pp. 153-191; FLANDREAU, Marc, «Les règles de la pratique. La Banque de France, le marché

la décision des délégués français en raison de son importance dans le système économique. Quatre éléments peuvent être avancés pour expliquer sa position.

Le premier relève d'une question d'influence. Le système bimétalliste permet en effet à la Banque de France de maintenir son pouvoir sur le système monétaire en place. Le passage à l'or aurait au contraire des conséquences imprévisibles et risquerait notamment de rompre sa coopération avec les banquiers privés, qui pratiquent au demeurant des opérations d'arbitrage sur le marché des métaux précieux. Ce système ayant fait ses preuves depuis plus d'un demi-siècle, il y a peu de raisons de le changer ; il a par exemple permis d'absorber les chocs entraînés par l'arrivée d'or sur le continent dès le début des années 1850.

La seconde raison qui milite en faveur du maintien du bimétallisme a trait aux activités de la Banque de France. Le système bimétalliste lui offre la possibilité de régler ses opérations dans le métal de son choix et ainsi éviter le drainage de ses réserves métalliques. Or, une diminution de son stock monétaire entrainerait une augmentation de son taux d'escompte pour freiner la sortie des espèces, ce qui se produit justement au début des années 1860. Par ailleurs, maintenir le système bimétalliste constitue une forme de sécurité, car l'argent est peu commode et découragerait de gros retraits en cas de crise.

Des raisons de stabilité politique constituent la troisième raison qui explique la défense du bimétallisme. En France, les pièces d'argent ont une forte circulation au sein du monde rural, qui constitue la majorité du soutien politique de Napoléon III. Une démonétisation de ces pièces serait perçue comme une attaque contre le pouvoir d'achat des paysans, risquant au passage de supprimer leur soutien à l'Empereur. De plus, de nombreux industriels sont favorables au maintien de l'argent dans la circulation.

Enfin, la dernière raison qui contribue à expliquer la position de la Banque de France concerne les coûts d'un changement de système monétaire. Le passage à l'étalon-or unique nécessiterait de retirer tout le numéraire en argent, qui

---

des métaux précieux et la naissance de l'étalon-or, 1848-1876 », *Annales. Histoire, Sciences Sociales*, 4, 1996, pp. 849-871 (ici, pp. 850-865) ; Einaudi, Luca, « L'Union latine », *op. cit.*, pp. 299-323 (ici, pp. 306-308 et 312-317) ; Einaudi, Luca, *Money and Politics*, *op. cit.*, pp. 128-142 ; Plessis, Alain, « La Banque de France et les relations monétaires internationales jusqu'en 1914 », *Relations internationales*, 29, 1982, pp. 3-23 (ici, pp. 15-18) ; Plessis, Alain, *La politique de la Banque de France*, *op. cit.*, pp. 308-314 ; Silvant, Claire, « L'école libérale française », *op. cit.*, pp. 305-326 (ici, pp. 316-320). Quelques informations sur la position des banquiers privés figurent aussi dans Thiemeyer, Guido, *Internationalismus und Diplomatie*, *op. cit.*, pp. 31-33.

se monte à plus d'un milliard de FF, le fondre, le vendre et procéder à la frappe de pièces d'or. La mise sur le marché de si grosses quantités d'argent aurait pour conséquence une chute de son prix, l'Etat perdant ainsi la différence entre le cours légal et le cours du marché. Au prix de l'argent en 1869, la perte estimée se monterait à plus de 3.5 millions de FF[136], sans compter ni la diminution du prix suite à l'arrivée de ces importantes quantités, ni les pertes découlant de la frappe de pièces d'or.

En raison de l'opposition de la France et en dépit de la volonté des représentants des autres pays, l'UML maintient le bimétallisme en place.

Au terme de cette conférence, la France, l'Italie, la Belgique et la Suisse adhèrent à l'UML qui fixe des normes techniques pour assurer l'homogénéité du système monétaire des participants et la bonne circulation des pièces sur leur territoire respectif[137]. Les trois délégués suisses recommandent au CF la ratification de la convention en raison notamment de ses avantages commerciaux. Ils mobilisent une fois encore l'argument des fortes concessions faites par les autres pays, présentées comme une reconnaissance à l'initiative helvétique :

> *« Il [le traité, JC] tranche une série de difficultés que la marche des évènements avait fait naître, il consacre un système pour lequel la Suisse avait pris l'initiative il y a six ans, en en faisant un système international, il renferme en faveur de notre pays des concessions très marquantes et il établit entre quatre Etats renfermant 65 millions d'habitants une Union monétaire qui sera d'une heureuse influence pour les besoins du commerce tout comme pour le développement des rapports internationaux. L'importance de cette Union comme chiffre est tellement forte qu'elle ne pourra manquer de produire son effet sur tous les états voisins »*[138].

Dans son message aux Chambres, le CF reprend mot pour mot les propos contenus dans le rapport final des délégués suisses, ce qui témoigne de leur influence déterminante dans cette question[139]. Les commissions nommées dans les deux

---

136 Einaudi, Luca, *Money and Politics*, *op. cit.*, p. 129.

137 Les clauses de l'UML ne concernent que les monnaies métalliques d'or, dont la frappe n'est pas régulée, et d'argent, pour lesquelles des quotas ne portent que sur les petites pièces. Le rapport de 1/15.5 entre l'or et l'argent figure dans le texte de la convention. Aucune disposition ne concerne l'émission des billets de banque. Cf. Hagenbach, Paul, *Die Entwicklung zur Goldwährung in der Schweiz*, *op. cit.*, pp. 18-21 et Graf, Barbara, *Die Schweiz und die lateinische Münzunion*, *op. cit.*, pp. 151-157.

138 AF, E12#1000/36#215*, rapport final de Kern, Escher et Feer-Herzog au CF, 31.12.1865, 20 p. (ici, p. 20).

139 « Message du Conseil fédéral à la haute Assemblée fédérale concernant la convention monétaire entre la Belgique, la France, l'Italie et la Suisse (du 2 février 1866) »,

Chambres début 1866 pour étudier la question, qui représentent les intérêts d'un large spectre des milieux économiques suisses, sont unanimes à suivre le CF[140]. Par une coïncidence assez curieuse, c'est le délégué saint-gallois le plus opposé à l'adoption du FF en 1850 qui se retrouve à occuper le poste de rapporteur de la commission du CN, Joseph Marzell Hoffmann, tandis que c'est un Thurgovien qui tient la même position dans la commission du CE[141]. Contrairement à la ratification du traité de commerce franco-suisse de 1864 à l'AsF qui débouche sur une forte opposition des milieux fédéralistes et conservateurs[142], le traité monétaire de 1865, qui limite pourtant la souveraineté monétaire du pays, ne semble déclencher aucune réaction particulière de la part des acteurs politiques et économiques suisses[143]. De manière surprenante, le sujet est adopté sans discussion en plénum, tandis qu'aucune réaction particulière n'a été trouvée dans les principaux titres de presse du pays[144]. Deux hypothèses peuvent contribuer à expliquer cette situation. D'une part, les députés discutent durant cette même session de l'AsF de la révision partielle de la Constitution. Il est très vraisemblable que la liberté d'établissement et l'égalité des droits des juifs accaparent bien plus leur attention que les monnaies. D'autre part, il est possible que l'UML soit considérée par les contemporains comme un complément au traité de commerce franco-suisse longuement débattu l'année précédente. En permettant d'optimiser l'ouverture du marché français aux produits industriels suisses, l'UML satisferait ainsi en partie les intérêts des acteurs de l'industrie de Suisse orientale, réduisant par là-même leur opposition à la ratification de ce traité. Présentant par ailleurs peu d'implications pour la politique intérieure, cette convention ne nécessiterait peut-être pas une discussion détaillée. A la fin du mois de février 1866, le CF ratifie la convention de l'UML. Ultérieurement,

---

Feuille fédérale, Vol. 1, 8, 24.02.1866, pp. 133-148 (surtout la p. 147). Cf. aussi AF, E12#1000/36#216*, lettre de Challet-Venel au CF, 17.12.1865, 2 p. (ici, p. 2).

140 « Rapport de la Commission du Conseil national concernant la convention monétaire entre la Belgique, la France, l'Italie et la Suisse (du 21/22 février 1866) », *Feuille fédérale*, Vol. 1, 12, 24.03.1866, pp. 325-328. Le CE fait un rapport oral sur la question.

141 Sur Joseph Marzell Hoffmann, cf. note 28 p. 415.

142 HUMAIR, Cédric, *Développement économique et Etat central*, *op. cit.*, pp. 303-304.

143 GRAF, Barbara, *Die Schweiz und die lateinische Münzunion*, *op. cit.*, pp. 157-158.

144 Sur le CN : AF, E1301#1960/51#36*, Protocole du CN, séance du 22.02.1866, n° 572 et [S.A.], « Schweiz. Bundesversammlung », *Neue Zürcher Zeitung*, 25.02.1866, pp. 1-2 (ici, p. 2). Sur le CE : AF, E1401#1960/58#33*, Protocole du CE, séance du 24.02.1866, n° 389 et [S.A.], « Ständerath », *Neue Zürcher Zeitung*, 27.02.1866, pp. 2-3 (ici, p. 3).

certains experts monétaires s'opposent tout de même à la signature de cet accord, mais leur avis ne pèse d'aucun poids dans la balance[145].

8.2.4. Epilogue : la Suisse dans l'Union monétaire latine

Selon le préambule officiel de la convention monétaire adoptée le 21 décembre 1865, les représentants de la France, de la Belgique, de l'Italie et de la Suisse,

> « *[…] également animés du désir d'établir une plus complète harmonie entre leurs législations monétaires, de remédier aux inconvénients qui résultent, pour les communications et les transactions entre les habitants de leurs Etats respectifs, de la diversité du titre de leurs monnaies d'appoint d'argent, et de contribuer, en formant entre eux une Union monétaire, aux progrès de l'uniformité des poids, mesures et monnaies, ont résolu de conclure une convention à cet effet […]* »[146].

Et de fait, l'UML créé une vaste zone monétaire unifiée qui s'étend du nord au sud de l'Europe en couvrant une bonne partie de l'ouest du continent, comme l'illustre la carte ci-dessous. Si cette convention internationale n'est signée qu'au milieu des années 1860, elle revêt d'un caractère officiel un état de fait préexistant[147]. En effet, Napoléon Ier a déjà pour ambition d'uniformiser les monnaies sur l'ensemble du continent pour fluidifier le commerce. En 1807, il écrit ainsi à ses deux frères Joseph et Louis, respectivement roi de Naples et de Hollande :

> « *Mon frère, si vous faîtes frapper de la monnaie, je désire que vous adoptiez les mêmes divisions de valeur que dans les monnaies de France […]. J'ai déjà fait la même chose pour mon royaume d'Italie. Les princes confédérés font la même chose. De cette manière,*

---

145 C'est en particulier le cas du Bâlois Rudolf Moser (cf. note 60 p. 332), déjà rencontré à plusieurs reprises dans ce travail. Estimant que la France exerce une influence trop importante sur les décisions de la convention, il exige qu'une commission soit mise sur pied pour examiner le contenu de ce traité. Le CF refuse une nouvelle fois de lui accorder le moindre crédit et lui demande explicitement de ne plus transmettre ses avis. Cf. AF, E12#1000/36#215*, lettre de Rudolf Moser au CF, 02.07.1866, 1 p. et MOSER, Rudolf, *Sur le refus de ratification de la Convention monétaire de Paris du 23 décembre 1865*, 02.07.1866, 2 p. ; AF, E12#1000/36#216*, Mémoire de Rudolf Moser au CF, 25.06.1866, 4 p. (ici, p. 3), lettre du DFF au CF, 29.06.1866, 1 p. et lettre de Challet-Venel au CF, 06.07.1866, 3 p. (ici, p. 3).

146 AF, E12#1000/36#214*, Protocole de l'UML, *Convention monétaire définitivement adopté[e] par la Conférence internationale*, annexé à la 5e séance, 21.12.1865, pp. 125-131 (ici, préambule p. 125).

147 THIEMEYER, Guido, *Internationalismus und Diplomatie*, *op. cit.*, pp. 21-28.

il y aura dans toute l'Europe uniformité de la monnaie, ce qui sera d'un grand avantage pour le commerce»[148].

Ainsi, de la Hollande à l'Italie, en passant par la Suisse, l'Espagne et l'Allemagne (Westphalie, Bade), les Bonaparte et leurs allié-e-s sont à l'origine de la diffusion du FF sur le continent dès le début du 19e siècle[149]. Durant les décennies qui suivent, ce système monétaire se répand progressivement en Europe et est adopté par plusieurs Etats souverains. Le FF devient ainsi la monnaie officielle en Belgique (1832), en Suisse (1850) et en Italie (1862). Il connaît également une large diffusion hors de l'Europe centrale et dans plusieurs pays d'Amérique du Sud[150].

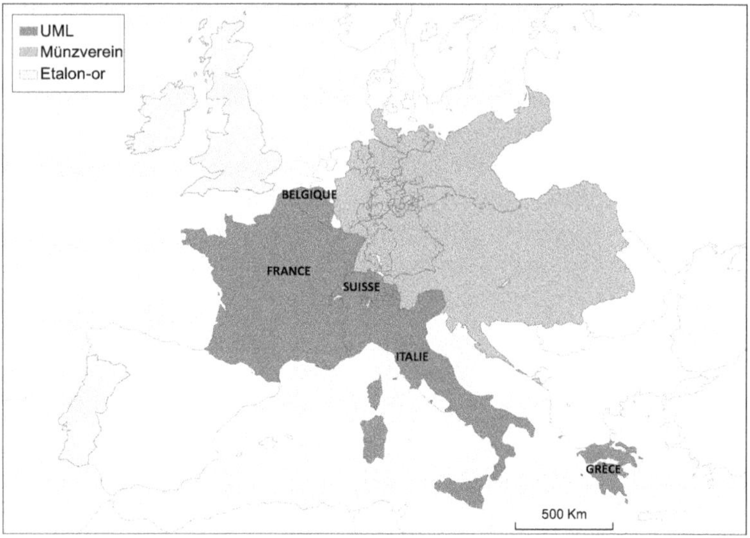

Carte 10 : pays membres de l'Union monétaire latine (1868)

---

148 Lettre de Napoléon Ier à ses frères datée de 1807, citée par Thiveaud, Jean-Marie, « Monnaie universelle », *op. cit.*, pp. 15-50 (ici, p. 30).

149 Un bon aperçu de la diffusion du FF sous Napoléon Ier figure dans Einaudi, Luca, *Money and Politics*, *op. cit.*, pp. 31-32, 62 et carte p. 207. Cf. également Porteous, John, *Coins in History*, *op. cit.*, pp. 230-232, ainsi que Lehr, Ernest, « Les écus de cinq francs. Esquisse historique et numismatique », *Bibliothèque universelle et revue suisse*, 75, 1914, pp. 305-320 (ici, pp. 307-308, 310-312 et 316-317).

150 Sous des dénominations différentes, le FF est adopté par la Roumanie (1867), l'Espagne (1868), la Serbie (1875), la Finlande (1877), la Bulgarie (1880), Haïti et la Colombie (1880), l'Argentine (1881), ainsi que par le Vénézuela (1883). Cf. Sedillot, René, *Histoire du Franc*, *op. cit.*, p. 98.

Aux yeux de nombreux contemporains, l'UML constitue une première étape sur le chemin devant mener à l'adoption d'une monnaie universelle à l'échelle internationale sur la base de l'étalon-or[151]. Une année à peine après la ratification du traité de l'UML par les quatre pays fondateurs, la France propose une réunion internationale dans le but de favoriser l'uniformisation de la circulation monétaire entre les Etats civilisés. Réunis en marge de l'Exposition universelle de Paris en 1867, les délégués de 20 pays reconnaissent les avantages de l'adoption d'un système commun basé sur l'or[152]. Bien qu'aucune décision définitive ne soit prise, les membres présents adoptent une série de recommandations qui stipulent notamment le choix d'un système existant basé sur une monnaie commune en or et l'octroi du cours légal pour les pièces des participants[153]. En dépit de l'enthousiasme de la majorité des participants, la conférence de 1867 n'est suivie d'aucun effet. Les quatre autres conférences monétaires internationales qui ont lieu par la suite jusqu'en 1914 (1878, 1881, 1889, 1892) à l'initiative des USA ou de la France se soldent également par des échecs[154].

Passons à l'adhésion de la Suisse à l'UML. Quel bilan tirer de son entrée dans cette union ? Nous l'avons dit, la participation helvétique à cette entente n'allait pas de soi. En 1864, le CF et les milieux économiques suisses n'accordent pas une très grande importance à l'interdiction française portant sur les petites pièces d'argent helvétiques, puisque les conditions introduites en 1860 satisfont les besoins des différents acteurs du tissu économique. Dans ces conditions, le refus helvétique de participer à l'UML n'aurait sûrement pas été une catastrophe. Certes, la Suisse aurait été isolée parmi les pays qui possèdent une monnaie nationale sur la base du FF et la bonne image qu'elle se construit durant ces années en aurait quelque peu souffert, mais le « parasitisme monétaire » que

151 Thiveaud, Jean-Marie, « Monnaie universelle », *op. cit.*, pp. 15-50 (ici, pp. 32-46).

152 Sur la conférence de 1867, cf. Einaudi, Luca, *Money and Politics*, *op. cit.*, pp. 54-61, 80-84, 147-180 ; Einaudi, Luca, « From the Franc to the 'Europe' », *op. cit.*, pp. 284-308 (ici, pp. 291-294) ; Perlman, Mark, « In Search of Monetary Union », *op. cit.*, pp. 313-332 (ici, pp. 320-324) ; Gillard, Lucien, *L'Union latine*, *op. cit.*, pp. 34-35 et 302-303 ; Graf, Barbara, *Die Schweiz und die lateinische Münzunion*, *op. cit.*, pp. 168-170.

153 Pour appliquer ces recommandations, il est nécessaire d'abandonner complètement le bimétallisme et de frapper une pièce en or commune sur la base de la pièce de référence, la 25.- en or française. L'Angleterre aurait à réduire le contenu de sa livre de 0.9 % et les USA de 3.8 % leur dollar pour qu'ils soient identiques au 25.- FF projeté. Cf. Einaudi, Luca, *Money and Politics*, *op. cit.*, p. 61.

154 Un résumé des délibérations et des décisions prises durant ces conférences figure dans Gillard, Lucien, *L'Union latine*, *op. cit.*, pp. 308-309, 315-316 et 320-323.

le pays pratique depuis 1852 le raccorde déjà aux réservoirs de la France, de la Belgique et de l'Italie; au vu de son poids monétaire, la participation helvétique n'est vraisemblablement pas un critère essentiel pour la mise sur pied de l'UML qui aurait très probablement vu le jour sans son adhésion. Même sans entrer dans cette union, la Suisse aurait continué à se reposer sur le numéraire étranger. Mais alors quels avantages tire-t-elle à signer cet accord ? Son adhésion permet d'ancrer dans une union internationale sa pratique du «parasitisme monétaire» avec l'assentiment des Gouvernements étrangers et ainsi de s'assurer d'un accès facilité à leur numéraire à des conditions très avantageuses. A partir de 1865, les bonnes pièces d'argent et d'or de tous les participants obtiennent un cours officiel auprès de leurs Caisses publiques respectives. Cette règle ne modifie toutefois pas les grandes lignes de l'approvisionnement monétaire de la Suisse, puisque le numéraire en argent français, italien et belge, tout comme les pièces d'or françaises et sardes possèdent déjà un cours légal dans le pays. Seules les monnaies d'or belges viennent s'ajouter à la liste des pièces acceptées par les Caisses publiques helvétiques[155]. Ce qui change par contre, c'est que les Caisses publiques des participants s'engagent à échanger les monnaies d'appoint en argent contre des bonnes pièces d'or ou d'argent pour un montant mimum de 100.- FF. Cette disposition constitue un outil supplémentaire pour sécuriser l'approvisionnement de la Suisse, car elle peut désormais acquérir des bonnes espèces d'or ou d'argent contre l'échange de petites monnaies. Elle s'assure par ce moyen de pouvoir disposer en tout temps de numéraire de bonne qualité sans avoir à le fabriquer. Justement, le pays peut désormais se reposer sur la circulation monétaire de ses voisins de manière tout à fait légale sans avoir à financer elle-même les coûts d'émission du numéraire nécessaire à couvrir ses besoins. Il s'assure ce faisant de continuer à réaliser des économies très importantes. Ainsi, pendant les cinq années qui suivent la fondation de l'UML, la Suisse ne frappe que pour 35'800.- FS, uniquement en pièces destinées à la circulation intérieure (1 et 2 cts)[156].

Si l'approvisionnement du pays ne change fondamentalement pas avec l'entrée de la Suisse dans l'UML, en revanche les conditions d'utilisation des

155 Sur cette question, cf. Paillard, Georges, *La Suisse et l'Union monétaire latine*, *op. cit.*, pp. 115-125 et 155-161 ; Dubois, Louis-Albert, *La fin de l'Union monétaire latine*, *op. cit.*, pp. 12-13.

156 Ce chiffre a été calculé à partir de Siegenthaler, Hansjörg (Dir.), *Statistique historique de la Suisse*, *op. cit.*, tableau O.1a. Frappe de monnaies suisses, 1850-1938, p. 802.

petites pièces en argent helvétiques à l'extérieur se modifient. Disposant d'un délai de 12 ans pour la mise en conformité de ses pièces avec le titre de fin adopté, la Suisse s'assure qu'elles soient reconnues des Caisses publiques d'un vaste territoire de plus de 65 millions d'habitants[157]. De la sorte, ses monnaies sont intégrées aux réservoirs étrangers et circulent librement au sein de cette zone unifiée, ce qui a tendance à fluidifier les échanges, surtout dans les zones frontalières[158]. Les Caisses publiques sont en effet tenues de recevoir les monnaies d'argent de tous les participants jusqu'à concurrence de 100.- FF. Bien que cette somme ne soit pas très élevée, elle garantit néanmoins aux marchands de pouvoir écouler les pièces en leur possession, ce qui a tendance à réduire les obstacles dans les relations avec l'étranger. En diminuant les coûts de transaction par le recours à une monnaie commune, commerçants et touristes utilisent les mêmes signes monétaires d'un bout à l'autre du continent, ce qui contribue à simplifier les échanges, sans forcément les stimuler[159].

D'un point de vue commercial, les échanges totaux (importations + exportations) entre les membres de l'UML ne progressent que de 7 % entre 1860 et 1870, alors qu'ils augmentent de 10 % avec le reste de l'Europe sur la même décennie[160]. Il est toutefois difficile d'évaluer quels sont les effets précis de l'unification monétaire dans cette évolution, puisque plusieurs traités de commerce sont signés durant les années 1860 entre les membres fondateurs de l'UML. Du côté des échanges franco-suisses, la valeur des exportations helvétiques destinées au marché français (commerce spécial) double entre 1864 et 1869, tandis que les importations de l'Hexagone consommées en Suisse ne progressent que de 29 % sur la même période. Les chiffres du commerce général présentent une évolution bien moins marquée : les exportations de la Suisse augmentent de 13 % entre 1864 et 1869, tandis que la progression des importations en Suisse

157 La convention de l'UML adopte également un certain nombre de dispositions qui assurent la bonne qualité des pièces en circulation. Lorsqu'elles ne répondent plus à ces normes, elles doivent être retirées par le pays émetteur.

158 AEF, K2/15, lettre du Garde des sceaux, Jules Baroche, au président de la Commission française des Monnaies, Pelouze, 31.07.1865, 2 p. (ici, p. 1).

159 Quelques informations sur ce sujet figurent dans EINAUDI, Luca, *Money and Politics*, *op. cit.*, pp. 64-66 et 192-193.

160 Pourcentages calculés à partir des chiffres du commerce interrégional des pays de l'UML fournis par FLANDREAU, Marc, « Was the Latin Monetary Union a Franc Zone ? », *op. cit.*, pp. 71-89 (ici, p. 74). Sur ce sujet, cf. aussi TIMINI, Jacopo, « Currency Unions and Heterogeneous Trade Effects : The Case of the Latin Monetary Union », *European Review of Economic History*, 22, 3, 2018, pp. 322-348.

s'élève à 1 %[161]. Ainsi, c'est surtout le marché intérieur qui gagne en importance pour chacun des deux partenaires durant la seconde moitié des années 1860. La cause de ces évolutions doit en premier lieu être recherchée dans la libéralisation des échanges entre les deux pays suite à la signature du traité de commerce de 1864[162]; l'intégration monétaire réalisée avec l'UML n'a vraisemblablement joué qu'un rôle secondaire dans ce processus[163]. En effet, la dynamique d'uniformisation des outils du commerce international, dont les traités de commerce sont la clef de voûte, qui touche les transports, les communications ou encore les échanges, crée un environnement propice à vouloir l'élargir aux monnaies. Dans cette perspective, l'UML doit plutôt être considérée comme un complément qui accompagne et renforce l'intégration commerciale qui découle des accords commerciaux, mais probablement pas comme étant leur principale cause[164].

La Suisse tire donc un certain nombre d'avantages à adhérer à l'UML, mais à quel prix ? En signant cette convention, la Suisse accepte de réduire sa

161 Pourcentages calculés à partir des chiffres du commerce franco-suisse en 1851-1869, in Brand, Urs, *Die schweizerisch-französischen Unterhandlungen*, *op. cit.*, pp. 252 et 266. Brand fournit la valeur annuelle des échanges entre les deux pays entre 1851 et 1869, ce qui offre la possibilité d'évaluer les effets du traité de commerce de 1864 et la fondation de l'UML en 1865 avant la césure de 1870-1871, car la guerre franco-prussienne affecte le commerce extérieur. Au contraire, Gern, Philippe, Arlettaz, Silvia, *Relations franco-suisses au XIXe siècle, op. cit.*, pp. 309-310, 314-315, 319-320 et 323-324, comparent la valeur des échanges pour les périodes 1857/1866 et 1867/1876 et incluent donc les années 1870 et 1871. Selon leurs chiffres, le commerce général franco-suisse croît plus fortement que le commerce spécial entre ces deux périodes. Il faut enfin relever que Brunn, Denis, « Le traité de commerce franco-suisse de 1864 », in Poidevin, Raymond, Roulet, Louis-Edouard (Dir.), *Aspects des rapports entre la France et la Suisse de 1843 à 1939, op. cit.*, pp. 49-58 (ici, pp. 55-57) utilise également les données de 1864 et de 1869 pour analyser les effets du traité de 1864; ses chiffres vont dans le même sens que ceux de Brand.

162 Humair, Cédric, *Développement économique et Etat central, op. cit.*, pp. 304-310 (surtout les pp. 306-308).

163 Pour juger des effets de l'UML sur les relations commerciales extérieures de la Suisse, il faudrait également prendre en compte les échanges avec la Belgique et avec l'Italie. La statistique du commerce ne le permet toutefois pas pour la Belgique, tandis que seule l'évolution des quantités échangées (et non leur valeur) avec l'Italie est fournie par la statistique jusqu'en 1892.

164 Flandreau, Marc, « The Economics and Politics », *op. cit.*, pp. 25-43 (ici, p. 31).

souveraineté monétaire[165]. En échange d'un raccord au réservoir monétaire des autres participants, les autorités politiques doivent appliquer les normes de l'union à leur propre législation, bien que certaines de leurs exigences n'aient pas été prises en compte, comme le maintien du titre de fin à 800 ‰ ; d'autres ne l'ont été que partiellement, tel que le volume d'émission des petites pièces d'argent autorisé qui est limité à 6.- FF par habitant dans chaque pays, en deçà de la demande helvétique[166]. En raison des règles de fonctionnement de l'UML, la marge de manœuvre des autorités suisses est également restreinte, car elles ne peuvent prendre certaines décisions librement. Elles doivent en effet composer avec les exigences des autres participants qui ont un poids monétaire bien plus important. Dans ces conditions, toute demande de changement implique des négociations et des compromis. Il en résulte une dépendance à la politique monétaire des autres pays membres de l'union. Toutefois, si certaines dispositions limitent l'autonomie monétaire de la Suisse, elles concernent des domaines d'application bien précis (les monnaies métalliques) et pour une durée définie (la convention est renouvelable après 15 ans), ce qui tend à atténuer leur impact sur le court terme, tout en laissant la possibilité de les modifier sur le moyen terme[167]. Précisions que c'est surtout après la formation des Etats-nations allemands et italiens que le manque de souveraineté helvétique se manifeste, la Suisse étant désormais entourée de quatre grands Etats. Témoin du besoin helvétique de s'affirmer, l'Helvetia assise au milieu d'une charrue et d'épis de blé qui figure sur les pièces de monnaie suisses dès 1850 se lève en 1874 et arbore une lance.

Le second prix à payer concerne l'adoption du titre de fin de la convention, fixé à 835 ‰. Cette modification du contenu métallique des pièces d'argent a comme principale conséquence le retrait des pièces frappées depuis une décennie et demie, représentant une valeur nominale de 23.7 millions de FS (pièces de 2 et 1 FS, ainsi que 50 et 20 cts), en partie au titre de 900 ‰ et en partie à celui de 800 ‰. Ayant déjà procédé au retrait et à la refonte de 2.2 millions de FS entre 1861 et 1865, il reste donc un peu plus de 20 millions de FS à retirer de la circulation d'ici au 1er janvier 1878. Selon une estimation de l'époque,

165 Hagenbach, Paul, *Die Entwicklung zur Goldwährung in der Schweiz*, *op. cit.*, pp. 36-39.

166 Ce montant de 6.- par habitant se situe au milieu des exigences françaises (5.-), belges (6.-), italiennes (7.-) et suisses (7.-). Il faut mentionner qu'il n'y a aucun quota sur la frappe de pièces de 5 FF. Cf. AF, E12#1000/36#214*, Protocole de l'UML, 5e séance, 21.12.1865, pp. 111-115.

167 Gillard, Lucien, *L'Union latine*, *op. cit.*, p. 252.

les dépenses pour la fonte des monnaies à 800 ‰ uniquement, soit environ 10.5 millions de FS, s'élèvent à 750'000.- FS[168]. On se rappellera que les bénéfices sur les frappes fédérales sont versés à un fonds de réserve de l'Hôtel des Monnaies qui se monte, en 1865, à près de 1 million de FS. La concession financière demeure donc limitée, puisque les frais du retrait pourraient en partie être couverts par les bénéfices réalisés sur les frappes antérieures. Elle l'est d'autant plus que la Suisse dispose de 12 ans pour appliquer ce changement. Selon une note de la légation suisse à Paris, les autorités politiques ne sont d'ailleurs pas particulièrement pressées et décident de répartir les frais sur l'ensemble du délai octroyé par les trois autres pays, réduisant encore l'impact financier. Ainsi, fin 1872, seule la moitié des 20 millions de FS ont été retirés de la circulation[169]. De plus, les bénéfices réalisés sur les nouvelles frappes helvétiques qui s'accélèrent à partir de 1874 alimentent de façon régulière le fonds de réserve, contribuant là aussi à minimiser les coûts financiers du retrait (cf. Graphique 18 p. 678). Entre 1869 et 1875, la valeur de ce fonds de réserve double pour s'établir à 1.2 million de FS ; au terme du délai de 12 ans, il se monte à près d'1.4 million de FS, signe que la charge financière n'est pas trop lourde pour la Suisse[170].

En signant la convention de 1865, la Suisse est gagnante sur plusieurs points. Elle parvient surtout à faire accepter par ses voisins sa pratique du « parasitisme monétaire » et l'ancre dans un accord international. Si elle réalise en conséquence des économies importantes, il est toutefois nécessaire de souligner que les coûts induits par cette pratique ne sont pas directement supportés par les Etats étrangers, mais par les particuliers qui font frapper des pièces aux Hôtels des Monnaies. Un certain nombre de dispositions assurent par ailleurs l'approvisionnement suisse en monnaies métalliques. En contrepartie, l'UML réduit la souveraineté monétaire helvétique et limite le champ d'action des autorités politiques sur plusieurs aspects. Des coûts financiers très relatifs sont également à assumer. Mais si l'indépendance du pays est quelque peu réduite, elle l'est au profit d'une meilleure intégration monétaire à l'échelle internationale. En 2004, l'historien Cédric Humair a émis l'hypothèse que la signature du traité de commerce de 1864 représente sûrement l'apogée de l'influence des milieux marchands et industriels sur l'Etat fédéral[171]. Au vu de ce qui précède, nous pouvons élargir cette hypothèse à l'adhésion de la Suisse à l'UML en 1865. En effet, les

---

168 AF, E12#1000/36#216*, Mémoire de Rudolf Moser au CF, 25.06.1866, 4 p. (ici, p. 4).
169 AEF, K2/18, *Note de la Légation Suisse à Paris*, [s.d. : après 1872], 2 p. (ici, p. 1).
170 Se référer à l'annexe 12 pour le détail.
171 HUMAIR, Cédric, *Développement économique et Etat central*, *op. cit.*, p. 310.

délégués Kern, Feer-Herzog et Escher, qui représentent les intérêts des milieux du grand commerce et de la banque helvétique, parviennent à imposer leurs vues au Cf Challet-Venel, qui est d'abord réticent à participer pour des raisons financières, et engagent la Suisse au sein d'une union internationale pour une durée de quinze ans, mais qui sera reconduite jusqu'après la Première Guerre mondiale. Ce nouvel épisode de l'histoire monétaire suisse contemporaine nous donne l'occasion de mettre en évidence les deux principales conséquences de la participation helvétique à l'UML durant la seconde moitié du 19e siècle : le maintien d'un régime bimétalliste, ainsi que les conditions de frappe et d'approvisionnement en monnaies d'argent.

L'UML est un produit de son temps et constitue une réponse au contexte monétaire des années 1850-1860. Si elle a pour principal but d'unifier les pratiques nationales que ses participants mettent en œuvre pour régler la disparition des pièces d'argent face à l'afflux d'or, elle reste en vigueur par la suite avec un certain nombre d'ajustements. Selon la conception des milieux économiques suisses actifs sur les marchés étrangers, l'UML doit en effet fonctionner comme un outil modulable d'intégration à l'échelle internationale[172] : lorsque les dispositions de l'accord ne correspondent plus au contexte monétaire, elles doivent être adaptées[173]. C'est que très vite, les Suisses ne se satisfont plus de certaines clauses de cette union et multiplient les demandes pour les modifier. C'est ce qui explique que les délégués suisses soient ceux qui prennent le plus grand nombre d'initiatives dans l'histoire de cette union[174]. A l'époque, l'insatisfaction helvétique, qui se traduit par une forte activité au sein des conférences, fait dire à l'économiste très réputé Ottomar Haupt qu'elle exerce une forte influence sur l'UML, *« peu en rapport avec son importance dans un autre*

172 Un bon indicateur qui témoigne que l'UML intéresse en premier lieu les acteurs orientés à l'internationale provient des personnalités qui représentent la Suisse lors des conférences. En 1865, 1874, 1875, 1876 et 1878, il s'agit de l'Argovien Carl Feer-Herzog (cf. note 233 p. 713). Après son décès, c'est le président du comité de l'"Union suisse du commerce et de l'industrie", le négociant zurichois Conrad Cramer-Frey, qui assume ce rôle (1885 et 1893). Durant ces conférences, ils sont assistés par un ou plusieurs diplomates : Johann Konrad Kern (cf. note 97 p. 745) en 1865, 1874, 1875, 1876 et 1879 et son successeur Charles Lardy (1847-1923) en 1874, 1878, 1885 et 1893.

173 Pour y parvenir, il est nécessaire de dénoncer la convention et de fixer de nouvelles règles, afin qu'elle ne soit pas reconduite tacitement.

174 Gillard, Lucien, *L'Union latine*, *op. cit.*, p. 122.

ordre d'idées »[175]. Avant de poursuivre, il faut aussi souligner que l'UML contient un certain nombre de limites[176]. Parmi-celles-ci, elle ne renferme aucune disposition sur les billets de banque. Or, leur développement s'accélère durant la seconde moitié du 19e siècle, ce qui a comme effet de dématérialiser et de remplacer progressivement les espèces métalliques qui perdent en importance. Alors qu'elles représentent 57 % de la masse monétaire globale de tous les pays qui participent à l'UML en 1865, leur part ne s'élève plus qu'à 17 % en 1915[177]. L'évolution des outils de paiement suisses s'inscrit dans une tendance de fond similaire, quoique bien plus marquée. De 77 % en 1865, les pièces de monnaies ne comptent plus que pour 18 % de la masse monétaire globale en 1910[178]. En raison de cette évolution, les dispositions de l'UML perdent progressivement en importance pour la Suisse jusqu'à la Première Guerre mondiale ; le degré de dépendance helvétique envers le numéraire étranger et en particulier français décroît après 1870 en conséquence et demeure relativement faible. Néanmoins, les frappes helvétiques sont peu importantes jusqu'en 1890 et l'approvisionnement en monnaies métalliques étrangères reste nécessaire pour satisfaire les besoins du pays[179]. En raison du « parasitisme monétaire », les clauses de l'UML

---

175 Haupt, Ottomar, *L'histoire monétaire de notre temps*, *op. cit.*, pp. 380-381. Ottomar Haupt (?-1898) est employé puis administrateur de la "Banque de Paris et des Pays-Bas". Il est aussi notamment le correspondant parisien du "Financial Times". Il publie un très grand nombre de travaux sur la question monétaire durant la seconde moitié du 19e siècle.

176 Les principales limites de l'UML sont les suivantes : absence d'autorité centrale ou d'instance qui officie comme arbitre, aucune banque centrale qui puisse intervenir sur la circulation monétaire, pas de pénalité prévue en cas de non-respect des règles et échange régulier d'informations qu'à partir de 1878. Cf. Herren, Madeleine, « "Money is the great instrument of association" », *op. cit.*, pp. 269-288 (ici, pp. 273-275) ; Gillard, Lucien, *L'Union latine*, *op. cit.*, pp. 50-51.

177 Gillard, Lucien, *L'Union latine*, *op. cit.*, p. 58.

178 Pourcentages calculés à partir de Siegenthaler, Hansjörg (Dir.), *Statistique historique de la Suisse*, *op. cit.*, tableau O.3. Masse monétaire en Suisse de 1851 à 1910, p. 805.

179 En 1850, Speiser estime que la couverture des besoins helvétiques requière la frappe de 115 millions de FS, correspondant à l'équivalent de 50.- FS par habitant (cf. chapitre 6.1.1). Cette somme de 115 millions correspond précisément à celle qui est frappée par la Suisse en argent entre 1865 et 1914. En ajoutant la fabrication des pièces d'or dès 1889, la somme totale frappée durant cette période s'élève à 292 millions, soit 78.- FS par habitant en 1914. Chiffres calculés à partir de *Idem*.

exercent donc tout de même une certaine influence sur la circulation monétaire suisse.

La première conséquence qui résulte de l'adhésion de la Suisse à l'UML, c'est qu'elle s'engage dans une union bimétalliste sur le long terme. Or, peu après la signature de l'accord de 1865, le contexte monétaire se modifie en profondeur[180]. L'année 1873 marque un tournant de ce point de vue. Après la défaite française de 1870-1871, des indemnités de guerre de 5 milliards de FF sont versées en métal jaune à l'Allemagne, ce qui lui permet d'adopter l'étalon-or par deux lois de 1871 et 1873[181]. En conséquence, elle démonétise des quantités considérables d'argent. Au même moment, la production mondiale d'argent explose, suite à la découverte de mines sur le territoire américain et à l'amélioration des techniques d'extraction[182]. En réaction à cette évolution, le Danemark, la Suède et la Norvège fondent en 1873 l'"Union monétaire scandinave" sur la base de l'étalon-or et démonétisent à leur tour leurs pièces d'argent[183]. La Hollande passe elle aussi en 1873 à l'étalon-or et abandonne la frappe libre d'argent, mesure également adoptée par les Etats-Unis la même année. En conséquence, les quantités d'argent disponibles sur le continent européen augmentent fortement, entraînant une chute de son prix. Puisque l'UML garantit un rapport fixe de valeur entre l'or et l'argent, fixé à 1/15.5, d'importantes opérations d'arbitrage ont lieu sur le territoire des pays de l'union[184]. Le recours à la fabrication de pièces permet d'absorber une partie de cette masse disponible en argent, tandis que l'or est notamment exporté en direction de l'Allemagne et des pays scandinaves[185].

---

180 Quelques informations sur le changement du contexte monétaire durant les années 1870 à l'échelle internationale se trouvent dans Vescovi, Stefano, *Bimetallismus in der modernen Schweiz*, *op. cit.*, pp. 79-83.

181 Sur la réforme monétaire allemande et son influence sur l'UML, cf. Thiemeyer, Guido, *Internationalismus und Diplomatie*, *op. cit.*, pp. 82-99.

182 La production annuelle moyenne d'argent, exprimée en poids ou en valeur, augmente de 79 % entre 1861/1865 et 1871/1875. Cf. Soetbeer, Adolf, *Edelmetall-Produktion*, *op. cit.*, p. 112.

183 Sur cette Union, cf. Olszak, Norbert, *Histoire des unions monétaires*, *op. cit.*, pp. 67-72.

184 De 1/15.4 en 1865, le rapport or/argent passe à 1/16.6 dix ans plus tard et atteint même 1/17.9 en 1878. Chiffres tirés de Soetbeer, Adolf, *Edelmetall-Produktion*, *op. cit.*, p. 131.

185 Entre 1865 et 1873, ce sont ainsi près de 900 millions de FF qui sont frappés en écus de 5.- FF sur les territoires des pays membres de l'UML. Après 1873, les mesures prises pour éviter une surémission monétaire en argent qui risquerait

La guerre franco-allemande qui débute en juillet 1870 engendre une importance crise monétaire en Suisse. Les moyens de paiement disparaissent complètement dès le mois suivant[186]. Dans un premier temps, la tarification des monnaies d'or anglaises et américaines est nécessaire pour s'assurer de disposer de suffisamment de numéraire; trois ans plus tard, la frappe libre est introduite sur l'or[187]. Dans un second temps, les milieux économiques actifs sur les marchés étrangers réclament le passage à l'étalon-or unique. Sur la base d'une expertise du professeur d'économie politique et de statistique de l'Université de Zurich Viktor Böhmert[188], le comité de l'"Union suisse du commerce et de l'industrie" adresse en octobre 1873 une pétition dans ce sens au CF[189]:

> *«Soviel betrachten wir als sicher, dass das Werthverhältniss von 15.5:1, welches der lateinischen Münzunion zu Grunde liegt, auf lange Zeit, wir möchten beinahe sagen für immer, ein gestörtes ist. Es kann sich daher heute für die Schweiz in keinem Fall mehr darum handeln, die Doppelwährung mit ihren angeblichen Vortheilen und Bequemlichkeiten festzuhalten, dieselbe besteht faktisch nicht mehr. Es bleibt uns einzig die Wahl, entweder mit Bewusstsein und Überlegung die Goldwährung anzunehmen und damit unsere Verbindung mit den Münzsystemen der aufgeklärtesten und fortgeschrittensten*

---

d'accélérer l'exportation de l'or diffèrent d'un pays à l'autre: allongement du délai de livraison des pièces par l'Hôtel des Monnaies en Italie, transformation des lingots en pièces interdite en Belgique ou encore limitation de la quantité que les particuliers peuvent faire frapper en France. Cf. GILLARD, Lucien, *L'Union latine*, *op. cit.*, p. 160; PAILLARD, Georges, *La Suisse et l'Union monétaire latine*, *op. cit.*, p. 45.

186 Protocole du CF, 09.08.1870, in *Documents diplomatiques suisses*, Vol. 2, n° 272, pp. 409-410.

187 Il faut souligner que la tarification porte sur les pièces d'or parmi les plus répandues à l'échelle internationale. Des informations sur le sujet figurent dans les notes 347 p. 519 et 99 p. 674.

188 Viktor Böhmert-Löning (1829-1918), d'origine allemande, fils de Karl Friedrich, pasteur; beau-fils de Justus Friedrich Wilhelm Löning, commerçant. Doctorat en droit à l'Université de Leipzig en 1854. Professeur d'économie politique à l'Université de Zurich, ainsi que d'économie politique et de statistique à l'Ecole Polytechnique Fédérale de Zurich (1866-1875), puis à l'Ecole Polytechnique de Dresde (1875-1903). Il y dirige également le Bureau royal de statistique (1875-1895). Partisan de l'étalon-or. Son rapport est reproduit dans [BÖHMERT, Viktor], «Eidgenossenschaft», *Neue Zürcher Zeitung*, 15.04.1873, pp. 1-2 et 16.04.1873, p. 2.

189 L'"Union suisse du commerce et de l'industrie" est une association faîtière d'associations cantonales et régionales qui naît en 1870. Elle représente les intérêts des milieux actifs sur les marchés étrangers. Cf. HUMAIR, Cédric, *Développement économique et Etat central*, *op. cit.*, pp. 318-327.

Nationen neu zu befestigen, oder aber bei längerem Zusehen unwiderstehlich der alleinigen Silberwährung zuzutreiben, auf die Vorzüge einer Goldmünze, welche durch jahrelangen Gebrauch sich bei uns eingebürgert hat, für die Zukunft zu verzichten, und im Verein mit unsern romanischen Nachbarn eine isolirte Stellung in der europäischen Handels- und Verkehrswelt einzunehmen »[190].

Dès lors et durant les décennies qui suivent, le CF et les milieux actifs à l'échelle internationale défendent cette solution[191]. Toutefois, au début des années 1870, le CF ne veut ni entrer dans l'orbite monétaire allemande, ni faire cavalier seul[192]. Il estime préférable pour le moment de rester dans l'UML et tâcher d'en modifier les règles de fonctionnement[193]. Durant la conférence de 1874, les revendications helvétiques de passer à l'étalon-or, soutenues par les Belges, se heurtent aux représentants français et italiens qui refusent de changer le régime monétaire de l'union[194]. La France ayant l'espoir de réussir à créer un bloc

---

190 Pétition de l'"Union suisse du commerce et de l'industrie" adressée au CF le 18.10.1873, reproduite en annexe de la lettre du Département fédéral des Finances et des Douanes au CF, 27.10.1873, in *Documents diplomatiques suisses*, Vol. 3, n° 26, pp. 64-66 (ici, p. 65).

191 Le mouvement pour l'étalon-or est emmené par Carl Feer-Herzog (cf. note 233 p. 713) jusqu'à son décès en 1880. Par la suite, c'est le banquier bâlois Adolf Burckhardt (cf. note 205 p. 705) qui reprend le flambeau en bénéficiant d'un très fort soutien du Cn démocrate schaffhousois Wilhelm Joos (1821-1900), qui dépose quatre motions au CN (1885, 1889, 1894 et 1897) pour demander le passage à l'étalon-or, et de Conrad Cramer-Frey. Parmi les publications de ces acteurs, cf. en priorité: Feer-Herzog, Carl, *Or ou argent ? Etude sur une question à l'ordre du jour*, Aarau: H. R. Sauerländer, 1873, 26 p. et du même auteur, *Bericht an den Schweizerischen Handels-und Industrieverein über den gegenwärtigen Stand der Münzfrage*, Zürich: Orell Füssli & Cie, 1878, 35 p.; Burckhardt, Adolf, *Die lateinische Münz-Convention und der internationale Bimetallismus*, Basel: H. Georg's Verlag, 1886, 135 p. Sur l'activité dans le domaine monétaire de Joos, cf. Paillard, Georges, *La Suisse et l'Union monétaire latine*, *op. cit.*, pp. 269-273.

192 Protocole du CF du 05.12.1873, in *Documents diplomatiques suisses*, Vol. 3, n° 29, p. 74.

193 Cf. les Instructions pour la délégation suisse à l'UML, reproduites en annexe du Protocole du CF du 05.12.1873, in *Documents diplomatiques suisses*, Vol. 3, n° 29, pp. 74-75 (ici, p. 74). Ces instructions portent sur la convenance à passer à l'étalon-or, l'interdiction de la frappe des pièces de 5 FF en argent et les mesures à prendre pour maintenir une partie de l'argent dans la circulation afin que la quantité de numéraire ne soit pas réduite trop brusquement.

194 Les délégués français ont comme instruction de rester dans le cadre de l'entente de 1865 et de ne pas s'engager dans des mesures trop radicales, tandis qu'en raison

bimétalliste sur la base d'une entente avec les Etats-Unis, les exigences d'une transition vers l'étalon-or unique sont systématiquement repoussées durant les conférences ultérieures[195]. En raison de sa participation à l'UML, la Suisse n'est donc pas en mesure de prendre cette décision librement et doit composer avec des exigences étrangères. Mais ce blocage pose un problème croissant aux milieux économiques helvétiques dominants, car ils ne peuvent pas adapter le système monétaire suisse pour qu'il soit conforme à celui de l'Empire allemand. Or, celui-ci s'impose durant le dernier tiers du 19e siècle comme la locomotive économique de l'Europe continentale et le principal partenaire commercial de la Suisse. Le maintien du système bimétalliste, qui se stabilise progressivement dès les années 1880, limite ainsi la capacité de la Suisse à se rapprocher de l'Allemagne, surtout après la signature d'un traité de commerce germano-suisse en 1891 qui la fait entrer dans son orbite commerciale[196]. Jusqu'à la Première Guerre mondiale, les milieux politiques et économiques suisses reviennent régulièrement à la charge pour exiger le passage à l'étalon-or au sein de l'UML, sans succès. Il faut relever qu'en dépit de cette volonté, la Suisse ne frappe pas d'espèces en or avant la fin des années 1880. Ainsi, sur la période courant de 1861 à 1914, il est fabriqué pour un montant total de 6'805 millions de francs en pièces d'or par les cinq participants de l'UML. La part helvétique ne représente que 2.6 % du total[197].

Au-delà qu'il complique un rapprochement avec l'Empire allemand, le maintien du système bimétalliste a comme conséquence de maintenir la Suisse dans un état de dépendance envers la France. Les négociants suisses doivent en effet passer par la capitale française pour le règlement de leurs paiements internationaux, car les pays reposant sur l'étalon-or unique n'acceptent pas les pièces d'argent. Il est donc nécessaire de les changer au préalable contre des pièces d'or, opération qui se fait sur la place de Paris[198]. Une des répercussions de cette

---

de son faible stock de métal jaune, l'Italie soutient la position française. Sur cette conférence de 1874, cf. GILLARD, Lucien, *L'Union latine*, *op. cit.*, pp. 159-169.

195 *Ibid.*, pp. 79-80 et 86-87.

196 HUMAIR, Cédric, *Développement économique et Etat central*, *op. cit.*, pp. 584-595.

197 Chiffre et pourcentage calculés à partir des données tirées de LECONTE, Jean-Marc, *Le Bréviaire des monnaies de l'Union latine, 1865-1926*, Paris: Cressida, 1995, pp. 23-27, 34-39, 83, 90, 101, 121-123, 145-148, 161-164 et 228-229. Les pièces frappées par la France et l'Italie dès 1861 sont admises dans la circulation de l'UML et ont donc été incluses dans ce chiffre. En revanche, la fabrication de monnaies pour les colonies des participants n'ont pas été prises en compte.

198 Sur cet aspect et ce qui suit, cf. GUEX, Sébastien, *La politique monétaire et financière de la Confédération suisse 1900-1920*, *op. cit.*, pp. 23-26; BOUCHMIL,

position de satellite, c'est que le FF fait constamment prime sur le FS dès la fin du 19e siècle, ce qui a tendance à renchérir le prix des importations helvétiques. Le déficit de la balance commerciale helvétique s'accroît donc, ce qui entraîne un exode des monnaies suisses qui s'accélère entre 1897 et 1907. En raison de la prime du FF sur le FS, un important commerce de spéculation se met également en place sur les grosses pièces d'argent helvétiques. Avec le maintien du système bimétalliste, ce drainage des écus d'argent a comme conséquence d'accentuer la faiblesse du FS et la disparition du numéraire helvétique.

Confrontés à une opposition au sein de l'UML, les milieux économiques et politiques suisses exigent néanmoins des mesures afin de limiter l'usage de l'argent et le reléguer comme monnaie de seconde importance. Leur but est de réduire ses importantes frappes et d'enrayer la spéculation qui découle de la chute de sa valeur[199]. Ils réclament alors l'interdiction complète de la fabrication d'écus de 5 FF en argent. La France et l'Italie craignent toutefois qu'une telle mesure entraîne la dissolution de l'UML. Les participants s'accordent néanmoins sur une suspension partielle en 1874 et décident de déterminer des quotas de frappe, renégociables chaque année[200]. La suspension de la libre frappe de l'argent marque le début de la période de contingentement qui est connue sous le nom de « bimétallisme boiteux »[201]. Elle dure jusqu'en 1878, lorsque la suspension complète de la fabrication des pièces de 5.- FF est décrétée[202]. Seul un

---

Ovschia-Eschil, *Origines et création de la Banque nationale suisse (1834-1905)*, *op. cit.*, pp. 135-158 ; Paillard, Georges, *La Suisse et l'Union monétaire latine*, *op. cit.*, pp. 67-70 ; Gillard, Lucien, *L'Union latine*, *op. cit.*, pp. 128-129.

199 Einaudi, Luca, *Money and Politics*, *op. cit.*, pp. 114-116.

200 La proposition helvétique de limiter le quota de frappe à 60 millions de FF n'est pas retenue et est fixée à 140 millions, dont la répartition est la suivante : 60 millions de FF pour la France, 60 pour l'Italie, 12 pour la Belgique et 8 pour la Suisse. Sur la position de la Suisse quant à la suspension des frappes, cf. Gillard, Lucien, *L'Union latine*, *op. cit.*, pp. 122-124 et 189-192, ainsi que Paillard, Georges, *La Suisse et l'Union monétaire latine*, *op. cit.*, pp. 46-62.

201 Pour certains auteurs, 1874 marque le moment de bascule vers l'abandon du bimétallisme et l'introduction de l'étalon-or de fait dans l'UML, tandis que d'autres le date de 1878, 1880 ou 1885. A ce propos, cf. Gillard, Lucien, *L'Union latine*, *op. cit.*, pp. 193-201 qui présente les positions des économistes sur la question. Il relève aussi les différentes expressions contemporaines pour caractériser ce régime monétaire – bimétallisme « boiteux », « limité » ou encore « bossu ».

202 Durant les cinq années que dure le régime du contingentement (1874-1878), le total des frappes en argent attribuées aux participants de l'union s'élève à

accord unanime des membres permettrait de reprendre ces frappes[203]; il n'est finalement pas appliqué avant la dissolution de l'union.

La seconde conséquence qui résulte de l'adhésion de la Suisse à l'UML concerne les conditions de frappe et d'approvisionnement en monnaies d'argent. Si la Suisse exige de limiter la fabrication d'écus de 5 FF, elle connaît plusieurs épisodes de pénurie monétaire qui alternent avec des périodes d'abondance concernant les monnaies divisionnaires entre 1870 et 1914[204]. Cette dimension de la circulation d'espèces métalliques est intimement liée à sa dépendance au numéraire des pays voisins. Alors que la convention de 1865 limite l'émission des petites pièces d'argent à 6.- par habitant[205], la Suisse est inondée dès l'année suivante par les petites pièces d'argent que les nouvelles autorités politique de l'Italie unifiée frappent en masse; l'introduction du cours forcé sur les billets italiens l'année suivante renforce encore cet exode[206]. La couverture des besoins helvétiques avec les pièces étrangères se réduit néanmoins avec la

---

500 millions de FF. Sur les 28.8 millions qui lui sont alloués, la Suisse frappe un peu moins de 8 millions de FS.

203 En 1885, la France propose cette reprise. Les délégués suisses menacent alors de quitter l'union, ce qui reviendrait à la dissoudre, ce que la France veut éviter. Afin de s'assurer qu'une tentative ultérieure n'ait pas lieu, les Suisses font inscrire au procès-verbal qu'ils se retireraient de cette entente si un Etat reprenait ce type de frappe. Cf. Gillard, Lucien, *L'Union latine*, *op. cit.*, p. 130; Hagenbach, Paul, *Die Entwicklung zur Goldwährung in der Schweiz*, *op. cit.*, p. 30.

204 Sur ce qui suit: Paillard, Georges, *La Suisse et l'Union monétaire latine*, *op. cit.*, pp. 128-143; Gillard, Lucien, *L'Union latine*, *op. cit.*, pp. 149-151 et 126-128.

205 Le détail des frappes de monnaies d'argent autorisées par l'UML se trouve dans Einaudi, Luca, *Money and Politics*, *op. cit.*, p. 116. Entre 1865 et 1874, l'Hôtel fédéral des Monnaies ne fabrique que pour 2 millions de FS, uniquement en pièces de 2.-, mais aucune autre pièce d'argent. Chiffre tiré de Siegenthaler, Hansjörg (Dir.), *Statistique historique de la Suisse*, *op. cit.*, tableau O.1a. Frappe de monnaies suisses, 1850-1938, p. 802.

206 En raison de l'émission importante de billets italiens, le taux de change est plus élevé en Suisse et il devient donc profitable d'y importer de l'argent italien et de le convertir en billets italiens. Il en découle un drainage des monnaies métalliques italiennes vers les autres pays de l'UML. A ce sujet, cf. Hagenbach, Paul, *Die Entwicklung zur Goldwährung in der Schweiz*, *op. cit.*, pp. 22, 27-28 et 34 et Paillard, Georges, *La Suisse et l'Union monétaire latine*, *op. cit.*, p. 237. De manière plus générale sur le cours forcé italien: Einaudi, Luca, *Money and Politics*, *op. cit.*, pp. 90-99; Thiemeyer, Guido, *Internationalismus und Diplomatie*, *op. cit.*, pp. 162-169.

crise économique qui débute en 1873 et qui s'accélère dès 1878. A cette date, le Gouvernement italien abroge par ailleurs le cours forcé sur ses billets et rapatrie l'ensemble de ses pièces qui circulent sur les territoires étrangers, ce qui accélère la disparition des pièces d'argent en circulation, tandis que la valeur du métal blanc continue à chuter[207]. En raison de ce changement dans la structure du numéraire étranger à leur disposition, les Suisses ne se satisfont plus de la norme de 6.- par habitant fixée en 1865[208]. Lors de la conférence de l'UML de 1878, ils réclament une augmentation de ce quota. Cette revendication est partiellement acceptée : le contingent d'émission est adapté, pour tous les membres, en proportion de la population. Durant les années suivantes, la délégation suisse n'a de cesse de revenir à la charge pour accroître son droit d'émission, mais avec un succès très relatif. D'ailleurs, dans l'histoire de l'UML, la Suisse est le pays qui conteste le plus fortement cette norme[209]. La marge de manœuvre des autorités helvétiques est ainsi réduite et elles ne sont pas en mesure de frapper ce qu'elles veulent librement. Toutefois, du fait du trafic de frontières avec la France et l'Italie, ainsi que de l'accroissement du nombre de touristes dès les années 1880, les besoins vont croissant et le numéraire à disposition est insuffisant. Dans une lettre adressée à l'Ambassade suisse à Paris, le CF le formule en ces termes :

> « *En faisant même abstraction complète de la circonstance que, par suite du trafic intense de frontière avec la France et l'Italie, une grande quantité de monnaies divisionnaires s'écoulent dans ces pays, le trafic interne, combiné avec l'affluence des étrangers, qui augmente d'année en année et qui s'étend sur une grande partie de la Suisse, exige une augmentation des monnaies d'appoint. Aussi se produit-il dans notre pays, surtout pendant les mois d'été, une pénurie de monnaie qui entrave les transactions, de sorte que la caisse d'Etat fédérale s'est trouvée à plusieurs reprises dans l'obligation non seulement de retirer des Etats contractants limitrophes nos propres monnaies divisionnaires, mais encore de prier la France de lui en envoyer des siennes* »[210].

---

207 Sur les 130 millions de lires retirées, un peu plus de 3 millions proviennent de Suisse. Cf. Paillard, Georges, *La Suisse et l'Union monétaire latine*, *op. cit.*, p. 130.

208 Lettre de Hammer, chef du Département fédéral des Finances et des Douanes, aux délégués suisses Feer-Herzog et Lardy, 01.09.1878, reproduite en annexe de la Lettre des délégués suisses à la conférence de 1878 à Hammer, 27.08.1878, in *Documents diplomatiques suisses*, Vol. 3, n° 134, p. 285.

209 Gillard, Lucien, *L'Union latine*, *op. cit.*, p. 149.

210 Lettre du CF au secrétaire de l'Ambassade suisse à Paris, Ernest Roguin, 28.08.1883, in *Documents diplomatiques suisses*, Vol. 3, n° 244, p. 521.

En dépit du manque de numéraire, le CF ne procède qu'à de très faibles émissions, car la valeur de l'argent continue à chuter. Il compte bien continuer à se reposer sur le numéraire étranger, mais le pays est à nouveau envahi par les petites monnaies italiennes dès 1885, au point tel que le CF est contraint dès 1888 de renvoyer une partie de ces pièces pour alléger la circulation[211]. En 1892, le CF estime que les monnaies divisionnaires italiennes représentent 49 % du total de ce type de pièces dans la circulation suisse[212] ; selon une autre source, cette part s'élèverait en 1893 à 62.5 %[213]. En 1893, l'Italie rapatrie une nouvelle fois ses petites pièces d'argent et la Suisse se retrouve à court de pièces divisionnaires. Cette fois, le CF doit procéder à des frappes pour éviter une pénurie de moyens de paiement. Pour faire face à cette situation et à l'accroissement des besoins en numéraire, les participants à la conférence de 1897 s'entendent pour que le quota par habitant soit augmenté à 7.- francs : ce n'est qu'à partir de ce moment que l'Hôtel fédéral des Monnaies commence à frapper régulièrement des monnaies divisionnaires en argent, ce qui permet d'améliorer l'indépendance helvétique dans ce domaine. Afin de régler la disparition du numéraire qui s'accélère dès le tournant du 20e siècle, le quota de frappe de petites pièces d'argent est finalement porté à 16.- francs par habitant en 1908.

Il convient également de mentionner qu'à côté des petites pièces d'argent, les autorités suisses veulent assurer leur approvisionnement en grosses espèces en cas de liquidation de l'UML[214]. Il est effectivement nécessaire de déterminer les conditions de remboursement des pièces nationales qui se trouvent dans la circulation étrangère. En raison de la dépendance helvétique au numéraire étranger, cette dimension est importante pour la Suisse. Et pour cause : en 1885,

---

211 Environ 2 millions de lires sont renvoyées en Italie chaque année entre 1888 et 1892. En 1893, il s'agit de 11 millions de lires, montant qui s'établir à 18 millions l'année suivante. Chiffres tirés de Paillard, Georges, *La Suisse et l'Union monétaire latine*, *op. cit.*, p. 132.

212 Pourcentage tiré du « Message du Conseil fédéral à l'assemblée fédérale concernant l'arrangement international du 15 novembre 1893 relatif à la révision partielle et temporaire de quelques dispositions de la convention monétaire du 6 novembre 1885 (du 28 novembre 1893) », *Feuille fédérale*, Vol. 5, 51, 06.12.1893, pp. 178-194 (ici, p. 180) cité par Paillard, Georges, *La Suisse et l'Union monétaire latine*, *op. cit.*, p. 133.

213 Rapport français de 1894 sur la frappe de monnaies divisionnaires en argent cité par Einaudi, Luca, *Money and Politics*, *op. cit.*, p. 111.

214 Sur cette question, cf. Gillard, Lucien, *L'Union latine*, *op. cit.*, pp. 169-178 ; Thiemeyer, Guido, *Internationalismus und Diplomatie*, *op. cit.*, pp. 172-186 ; Paillard, Georges, *La Suisse et l'Union monétaire latine*, *op. cit.*, pp. 237-259

le stock d'écus d'argent présents dans la circulation suisse s'élève à environ 95 millions de FS, dont moins de 5 % sont de fabrication indigène[215]. La Suisse vit bien presque exclusivement sur les bonnes espèces en argent étrangères : dans le cas de leur retrait, le pays se retrouverait à court de ce type de pièces. Lors de la conférence de 1885, les participants s'accordent pour indexer partiellement le remboursement des pièces d'argent à la valeur de l'or, ce qui satisfait la délégation helvétique[216]. Cette dernière parvient également à négocier des conditions très favorables pour éviter tout épisode de pénurie monétaire. En cas de dissolution, la Suisse serait autorisée à conserver des écus pour 96 millions de FF, ce qui correspond au montant qui circule alors sur son territoire[217]. Cette disposition est importante pour les milieux politiques et économiques suisses, car elle assure que même dans le cas d'une dissolution de l'UML, le pays aurait suffisamment de bonnes espèces en argent à disposition et n'aurait pas besoin de les fabriquer pour pallier leur retrait.

En raison de sa participation à l'UML, la structure de l'approvisionnement monétaire de la Suisse se modifie entre 1865 et le début du 20e siècle. Alors que durant les années 1850 et 1860, la France constitue le principal réservoir dans lequel puise la Suisse, son importance décroît durant la seconde moitié du siècle. Ce changement provient aussi bien de la diversification des sources d'alimentation que de l'amélioration progressive de l'indépendance monétaire du pays. Selon une enquête menée par le CF en 1905, la part des pièces à l'empreinte nationale représente ainsi 39 % des pièces de 50 cts, 65 % de celles de 1.- FS et 74 % de celles de 2.- FS qui circulent sur le territoire, comme l'illustre le

---

et Hagenbach, Paul, *Die Entwicklung zur Goldwährung in der Schweiz, op. cit.*, pp. 28-33.

215 Gillard, Lucien, *L'Union latine, op. cit.*, p. 178. En 1885, le montant des écus disponibles est de 9 millions de FS (3.- par habitant) pour la Suisse, alors qu'il s'élève à 2'800 millions de FF en France (74.- par habitant), 420 millions de francs belges en Belgique (76.- par habitant), 380 millions de lires en Italie (13.- par habitant) et 15 millions de drachmes en Grèce (8.75 par habitant). Chiffres tirés de l'*Economiste français*, 12.09.1885, p. 318, cité par Paillard, Georges, *La Suisse et l'Union monétaire latine, op. cit.*, note 2 p. 240.

216 Après de longues discussions, le remboursement d'après la valeur nominale l'emporte sur la valeur réelle. Cf. Gillard, Lucien, *L'Union latine, op. cit.*, pp. 174-177. Tant que le montant ne dépasse 100 millions de FF, le remboursement aurait lieu pour moitié en or, pour moitié en traite.

217 Gillard, Lucien, *L'Union latine, op. cit.*, p. 126; Paillard, Georges, *La Suisse et l'Union monétaire latine, op. cit.*, p. 258; Hagenbach, Paul, *Die Entwicklung zur Goldwährung in der Schweiz, op. cit.*, pp. 32-33.

graphique ci-dessous. Si la couverture des besoins en monnaies divisionnaires s'améliore, les écus en argent continuent en revanche à provenir presque exclusivement de l'étranger. Seulement 6 % d'entre eux ont été produits à l'Hôtel de Berne, tandis que les parts française et italienne représentent chacune 37 %. Enfin, la fabrication de pièces d'or indigènes n'entre que pour 28 % du total qui circule sur le territoire en 1905[218].

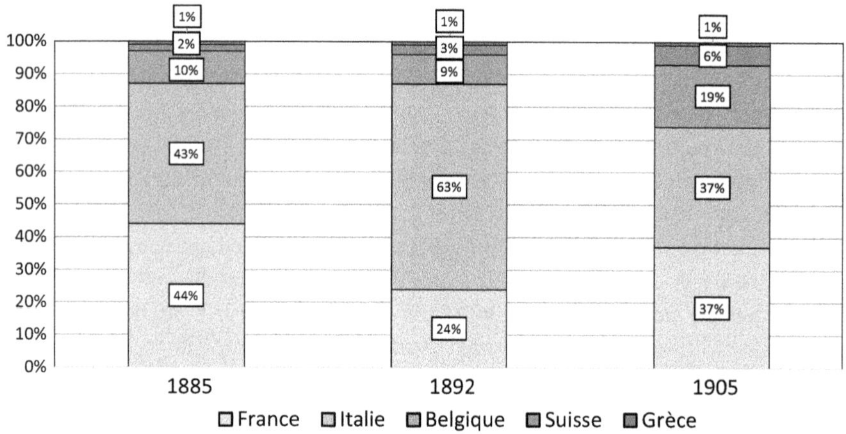

Graphique 20 : pays d'origine des monnaies d'argent qui circulent en Suisse en 1905[219]

En dépit de la marge de manœuvre limitée des autorités suisses qui ne peuvent agir librement et qui doivent accepter le maintien du bimétallisme et le quota de frappes, elles considèrent l'UML comme un outil d'intégration international dont les avantages surpassent les inconvénients. C'est ce qui explique qu'elles décident de ne pas sortir de cette union[220]. Une lettre du chef du Département fédéral des Finances et des Douanes adressée en 1889 au CF résume bien cette position :

218 Leconte, Jean-Marc, *Le Bréviaire des monnaies de l'Union latine, op. cit.*, p. 19.

219 Graphique construit à partir des données fournies par *Idem*. Les valeurs sont exprimées en pourcent du total.

220 Paillard, Georges, *La Suisse et l'Union monétaire latine, op. cit.*, pp. 260-265 et 288-292.

« Durch ihr einstweiliges Verbleiben bei dem lateinischen Münzverband erwachsen der Schweiz unter diesen Umständen keine Nachtheile und die Vortheile der seit bald einem Vierteljahrhundert bestehenden internationalen Verbindung dürfen anderseits nicht unterschätzt werden »[221].

Jusque très tard dans le 19e siècle, les autorités suisses profitent largement de puiser dans le réservoir monétaire des autres participants, ce qui leur permet de réaliser des économies très importantes. En 1906, le fonds de réserve de l'Hôtel fédéral des Monnaies atteint la somme de 13.5 millions de FS (15 % des dépenses de l'Etat fédéral)[222]. L'accroissement des frappes helvétiques au tournant du 20e siècle intervient d'ailleurs lorsque l'usage des billets est déjà bien développé, ce qui permet de limiter l'émission de monnaies métalliques.

Les conséquences de la Première Guerre mondiale accusent un changement important du poids monétaire de chacun des participants et sonnent le glas de l'UML. Elle est finalement dissoute sur l'initiative de la Suisse en 1926.

221 Lettre de Hammer, chef du Département fédéral des Finances et des Douanes, au CF, 28.12.1889, in *Documents diplomatiques suisses*, Vol. 3, n° 430, pp. 950-951 (ici, p. 951).

222 Ce chiffre est tiré de PAILLARD, Georges, *La Suisse et l'Union monétaire latine*, *op. cit.*, p. 181.

9. Conclusion

Ce travail étudie les étapes qui mènent à l'adoption d'une monnaie commune en 1850 et les quinze premières années d'existence du FS. Après un rapide rappel des jalons chronologiques de cette étude, nous articulerons les principaux résultats de notre analyse en les liant aux hypothèses et questions qui ont guidé nos recherches. Quelques thématiques qui mériteraient des investigations supplémentaires seront ensuite formulées.

Durant la première moitié du 19e siècle, l'histoire monétaire helvétique passe par plusieurs phases. Après une première expérience unificatrice imposée par Napoléon Ier durant la République helvétique en 1798, l'Acte de Médiation de 1803 limite fortement les compétences monétaires de l'Etat central qui sont en grande partie transférées aux Gouvernement cantonaux. Sans disposition explicite dans le Pacte fédéral de 1815, les cantons souverains récupèrent la régale monétaire. Ils utilisent leur droit et frappent d'importantes quantités de monnaies. Cette pratique présente l'avantage de pouvoir satisfaire ses propres besoins, sans risquer qu'une intervention extérieure impose une décision non conforme à ses propres besoins. Disposer d'outils monétaires sur lesquels il est possible d'intervenir assure non seulement un ancrage dans les économies transnationales, mais fournit également un revenu financier pour certains cantons. Cette organisation ultra-fédéraliste présente cependant des limites pour les acteurs du grand négoce et de la banque de Suisse occidentale qui s'engagent à réformer une après l'autre les composantes de l'armature monétaire du pays. Mais le chemin est semé d'embûches. S'ils peuvent se reposer sur le soutien des acteurs agricoles de Suisse occidentale, les milieux industriels de Suisse orientale veulent rester intégrés à l'économie des Etats du sud de l'Allemagne et s'opposent donc à tout changement. La région zurichoise est pour sa part tiraillée entre des besoins divergents et tâche de trouver une solution qui satisferait toutes les régions du pays. Enfin, les milieux agricoles de Suisse centrale et méridionale veillent jalousement sur leur régale monétaire et refusent toute ingérence des autorités centrales dans leurs affaires.

Entre 1815 et 1830, les besoins, les exigences et les conceptions divergent entre les différents milieux économiques suisses et sont difficilement conciliables. Sans compétences en la matière, la Diète fédérale est incapable de mener une politique commune. Les débats qui ont lieu en son sein dans les questions monétaires se caractérisent par une succession d'échecs, la conception de l'outil monétaire de l'un entrant en contradiction avec celle que l'autre désirerait.

Les années 1830 et la tentative de révision du Pacte représentent de ce point de vue un changement déterminant. Avec l'arrivée des libéraux au pouvoir aux échelles cantonale et fédérale, il n'est plus question de modifier une composante ou l'autre de l'armature monétaire du pays : il faut réformer le système dans son ensemble. Mais sur quelle base ? Tandis que certains préconisent l'adoption du pied monétaire français, d'autres sont favorables à choisir le florin du sud de l'Allemagne. Durant les deux décennies qui suivent, ces deux camps s'affrontent. Les acteurs économiques helvétiques prennent tantôt parti pour une solution, tantôt pour l'autre, en fonction de leurs intérêts et de leurs besoins du moment. En raison de ces exigences contradictoires, toute solution commune initiée à l'échelle fédérale continue à échouer durant les années 1830 et 1840. Toutefois, les revendications s'intensifient durant la crise économique des années 1840 et se font de plus en plus pressantes aussi bien au niveau des cantons que des associations économiques. Pour des franges de plus en plus larges des acteurs économiques, la situation monétaire n'est plus tenable et il faut réformer non seulement les monnaies, mais aussi les douanes ou encore les postes. La situation demeure toutefois dans une impasse face à la difficulté à s'entendre sur un projet commun.

L'adoption de la Constitution en septembre 1848 qui donne naissance à l'Etat fédéral permet de couper le nœud gordien dans les questions monétaires et ouvre la voie à une réforme globale. Sur le devant de la scène fédérale, une bataille met au prise les deux conceptions qui ont émergé durant la première moitié du siècle. Les défenseurs du FF veulent améliorer l'intégration économique de la Suisse à l'échelle internationale et se rapprocher de la France. Les partisans du FLa veulent pour leur part maintenir intacte l'osmose économique que les régions du nord-est du pays entretiennent avec les trois Etats du sud de l'Allemagne. La lutte autour du choix du pied monétaire oppose ainsi les promoteurs d'une monnaie universelle aux tenants du maintien des économies régionales aux espaces transnationaux. Le pays se déchire pendant plusieurs mois autour de cette question. Les avantages de la monnaie française ont finalement raison de la monnaie allemande. Le franc suisse naît le 7 mai 1850. Il est le petit frère du franc français et du franc belge. Mais ce n'est que la première étape de la réforme monétaire. Pendant encore près de trois ans, sa mise en application requiert d'élaborer les conditions de transition de l'ancien au nouveau système, la frappe des nouvelles monnaies à l'étranger ou encore le retrait des anciennes pièces. Le mot d'ordre de ce processus demeure immuable d'un bout à l'autre de la réforme : se doter d'une monnaie unifiée, mais sans délier les cordons de la bourse. Pour y parvenir tout en couvrant les besoins du pays, la Suisse pratique dès 1852 un « parasitisme monétaire » en puisant dans le réservoir monétaire de ses voisins le numéraire nécessaire à assurer l'approvisionnement du pays. En 1853, la réforme monétaire helvétique est terminée. La Suisse dispose d'une monnaie unifiée et centralisée à sa propre effigie.

Les quinze premières années d'existence du FS sont agitées. Le processus de réforme s'inscrit en effet dans un bouleversement du contexte monétaire international. A peine les premières pièces arrivent-elles dans la circulation qu'elles disparaissent du fait de l'arrivée massive d'or sur le continent européen. En raison de cette nouvelle configuration, les milieux économiques helvétiques réclament l'érection d'un Hôtel des Monnaies pour pouvoir frapper, à domicile, les pièces nécessaires à satisfaire les besoins du pays. Mais ce nouvel établissement ouvert en 1854 ne réduit que très peu la dépendance au numéraire étranger. En 1859, environ 90 % du numéraire qui circule sur le territoire suisse se compose de pièces d'or étrangères. Et pourtant, elles ne constituent pas un moyen de paiement légal. Le système monétaire de 1850 n'est donc plus adapté aux nouvelles règles du contexte monétaire international. Dix ans après sa mise en place, ses principales caractéristiques sont modifiées afin de rester intégré à l'économie mondiale et de garantir l'alimentation en numéraire du pays. En 1860, la Suisse passe ainsi au bimétallisme. Alors que les pièces d'or françaises et sardes obtiennent un cours légal, le contenu métallique des petites pièces d'argent est réduit pour s'assurer qu'elles restent dans la circulation. Cette dernière mesure constitue la première brèche dans l'uniformité des systèmes des pays qui utilisent le franc. Durant les années qui suivent, la France et l'Italie réduisent à leur tour la teneur métallique en argent de leurs petites pièces, mais à un autre titre que la Suisse. En raison de cette différence, les monnaies divisionnaires en argent helvétiques sont interdites par les Caisses publiques françaises en 1864 et un important commerce de spéculation se met en place entre ces pays. Afin de reformer la communauté monétaire existante entre eux avant 1860, la France, l'Italie, la Belgique et la Suisse se retrouvent en 1865 au sein de l'UML qui fixe des normes communes de fabrication et des règles d'utilisation des pièces en argent. Une décennie et demie après sa création, le FS est ainsi intégré à une union monétaire internationale sous l'égide de la France.

Les principaux jalons chronologiques esquissées ci-dessus mettent en évidence que le FS naît en 1850 dans la douleur. Ce constat nous amène au cœur de notre problématique. Le principal objectif de ce travail est de comprendre précisément quels acteurs socio-économiques exigent la centralisation et l'unification monétaires de 1850 et pour quelles raisons. Nous avons défendu la thèse que ce sont les milieux marchands et banquiers de Suisse occidentale qui sont les moteurs de ce changement et qu'ils considèrent l'adoption du pied monétaire français comme un des principaux outils de l'intégration de la Suisse au commerce international. Afin de synthétiser les nombreux éléments d'analyse mis en avant dans ce travail, présentons maintenant les principaux résultats de nos recherches.

Le premier élément qu'il faut mettre en évidence, c'est que le principal facteur qui détermine les prises de position dans le débat monétaire n'est pas d'ordre géographique, mais économique, ce qui valide nos deux premières hypothèses de recherche. Le modèle interprétatif dominant stipule en effet que la défense d'un pied monétaire comme base de la monnaie suisse avant 1850 est le résultat d'une confrontation entre deux blocs homogènes délimités par une ligne de démarcation imaginaire, une Suisse occidentale et une Suisse orientale, chacun des deux groupes ayant des intérêts distincts et inconciliables. Notre étude rompt avec cette interprétation et montre que c'est la structure et l'orientation des affaires des acteurs économiques qui constituent le facteur central de la mobilisation. L'analyse détaillée des débats menés à l'échelle fédérale durant la première moitié du 19e siècle permet de souligner que la nature des activités et l'orientation commerciale des acteurs déterminent des besoins et des attentes spécifiques. Elles jouent donc un rôle décisif pour saisir les intérêts en jeu dans la question monétaire. Ainsi, milieux marchands, bancaires, industriels ou encore agricoles ont un horizon d'attente bien précis qui ne peut être compris qu'en prenant en compte les caractéristiques de leurs activités.

Entre 1815 et 1850, le FF est soutenu par les acteurs actifs à l'échelle internationale. Les milieux marchands et banquiers de Suisse occidentale sont le principal moteur du processus de centralisation et d'unification monétaires, ce qui s'explique en grande partie par la nature de leurs activités et leur poids très important dans le tissu économique helvétique. Les partisans de la monnaie française ne sont toutefois pas cantonnés à la Suisse occidentale, comme le suggèrent les études antérieures sur le sujet, mais possèdent au contraire des soutiens dans l'ensemble du pays. Ainsi, des représentants de la soie zurichoise, de la paille argovienne, du commerce et de la banque bernois ou encore du grand négoce schaffhousois, glaronnais et lucernois défendent cette solution. Adopter une monnaie universelle leur permet de réduire les coûts de transaction et de diminuer en conséquence le prix d'acquisition des outils monétaires nécessaires à leurs activités, ce qui améliore leur compétitivité à l'échelle internationale. Le choix du FF favorise également un rapprochement commercial avec la France, lieu de transit des flux à destination des marchés de l'outre-mer et débouché d'une partie de la production agricole helvétique, ainsi qu'avec la place financière de Paris, centre du règlement des affaires internationales de nombreux négociants helvétiques. Au contraire, les milieux industriels de Suisse orientale qui sont les principaux défenseurs de la monnaie allemande disposent de relativement peu de soutiens hors de leur région. Certains représentants de l'industrie du coton zurichois et argovien, de la banque zurichoise, ainsi que des milieux agricoles grisons se mobilisent derrière ce projet. Ceci s'explique par leur volonté de maintenir l'osmose économique avec les Etats du sud de l'Allemagne et en particulier Augsbourg qui pourvoient en numéraire à tout le nord-est de la Suisse. Rester raccordés à ce réservoir monétaire garantit aux acteurs dominants de ces régions de demeurer compétitifs face à la concurrence étrangère. Assurer l'approvisionnement en petites monnaies qui permettent de réaliser des gains sur le paiement des ouvriers et préserver l'importation régulière de grosses quantités de céréales, ce qui limite le risque d'une augmentation du coût de la vie et donc de la masse salariale, sont deux composantes essentielles qu'il faut maintenir en l'état pour les milieux du négoce et de la banque de Suisse orientale. Les avantages qu'ils retirent à conserver cette organisation surpassent largement les gains qu'ils pourraient obtenir en adoptant une monnaie qui soit reconnue à l'échelle internationale.

Un autre élément qui pèse d'un poids certain dans la défense du FF avant 1850, c'est l'importance croissante du tourisme pour l'économie suisse. Dès 1815, le nombre de visiteurs sur le territoire augmente, rendant nécessaire d'offrir des conditions à même de fluidifier leur voyage. Car il s'agit d'une manne financière importante qu'il faut entretenir. A côté de la mise en place d'une offre d'hébergement et de transport à même de satisfaire la clientèle, disposer d'une organisation monétaire compréhensible améliore des conditions d'attraction du pays auprès des étrangers. C'est que le maintien d'une multitude de systèmes de compte et de pièces en circulation contribue à la mauvaise réputation du pays hors des frontières et risque de faire mauvaise presse aux acteurs de l'hôtellerie, du transport, du petit commerce ou encore de la banque intéressés à la venue des touristes. C'est aussi bien un des enjeux centraux de la réforme genevoise qui débute en 1835 que de celle menée sur la scène fédérale dès 1849. Les acteurs intéressés au développement de cette activité figurent ainsi parmi les partisans de l'adoption du FF en Suisse, car il bénéficie d'une large diffusion sur le continent européen et est facile à utiliser.

En revanche, la question des chemins de fer ne semble pas être un facteur déterminant dans le choix du FF en 1850. Notre troisième hypothèse de recherche formulée au départ n'est donc pas validée. Si l'alignement sur la France renforce sans aucun doute le lien symbolique entre les deux pays et permet de faciliter l'accès au marché des capitaux français pour y placer des emprunts, la nécessité de se rapprocher de Paris pour couvrir les besoins en financement de la construction du réseau ferré sur le territoire suisse n'a pas l'air d'être une préoccupation centrale qui intervienne dans le choix du pied monétaire.

Un second résultat de recherche, qui découle du précédent, concerne l'influence du contexte international sur la structure des débats monétaires qui se déroulent en Suisse. Tout au long de la période étudiée, l'évolution commerciale, monétaire et financière étrangère est un paramètre décisif qui détermine une bonne partie des prises de position des acteurs helvétiques. A l'aide de nombreuses données chiffrées, ce travail montre ainsi que la conception et les caractéristiques du système monétaire défendu par les milieux économiques suisses dépendent aussi bien de la structure des débouchés commerciaux extérieurs que des mesures prises à l'étranger en matière de commerce et de monnaie.

A partir de 1815, le protectionnisme règne sur une bonne partie de l'Europe. Pour compenser cette perte de débouché, les négociants helvétiques construisent la perspective atlantique et écoulent leurs produits sur les marchés de l'outre-mer. Elle se renforce avec la levée progressive des taxes sur le transit en France à partir de 1832. De l'autre côté du Rhin, les marchés allemands restent ouverts aux exportations suisses après 1815. La réforme monétaire des Etats du sud de l'Allemagne de 1837/1838 consolide les liens que les cantons industriels de Suisse orientale entretiennent avec ces partenaires. Ces deux orientations commerciales distinctes constituent des éléments de compréhension décisifs. D'une part, les exigences d'une refonte des conditions monétaires fédérales sur la base du FF au début des années 1830 coïncident avec l'amélioration des conditions commerciales françaises. La réforme monétaire genevoise sur la base du FF intervient justement durant ces années. D'autre part, la défense de la monnaie allemande s'explique par l'ancrage dans l'économie des trois voisins du nord qui représentent des partenaires décisifs qui fournissent numéraire, main-d'œuvre et céréales à certaines régions suisses. Le renouvèlement de la masse monétaire allemande à la fin des années 1830 renforce cette osmose. Ces évolutions extérieures jouent un rôle central dans la forme du débat monétaire helvétique de toute la première moitié du siècle. Durant la réforme qui débute en 1849, le poids des partenaires commerciaux dans les échanges extérieurs, tout comme leur importance sur le plan monétaire, sont des facteurs déterminants dans le choix de la nouvelle monnaie suisse.

L'influence du contexte international sur la situation monétaire suisse ne se limite toutefois pas au long processus qui mène à la centralisation et à l'unification monétaires. A partir de 1852, la Suisse évolue dans l'orbite commerciale, financière et monétaire française. La décision prise en décembre 1853 par la Banque de France d'introduire dans l'ensemble de ses paiements un quota de pièces d'or représente l'impulsion initiale à l'introduction du bimétallisme en

Suisse. Pour éviter de ne pouvoir utiliser ces pièces qui inondent le pays mais qui ne sont pas un moyen de paiement légal, les banques bâloises d'abord, puis zurichoises ensuite et sur l'ensemble du territoire enfin, les imposent à leurs clients dans l'ensemble de leurs opérations dès 1855/1856. Sur pression des milieux qui pratiquent leurs affaires sur les marchés étrangers, les autorités politiques fédérales adoptent le bimétallisme en 1860 et abaissent le titre de leurs petites pièces en argent. La participation de la Suisse à l'UML cinq ans plus tard constitue aussi une réponse au manque d'uniformité qui caractérise les systèmes monétaires des pays européens qui utilisent le franc. Adhérer à cette union assure de rester intégré aux réservoirs monétaires étrangers, tout comme aux flux du commerce mondial. Durant le dernier tiers du 19e siècle, c'est encore sous la pression de l'évolution du contexte international que les milieux économiques suisses dominants revendiquent le passage à l'étalon-or unique afin de se rapprocher du partenaire allemand. Ils sont toutefois bloqués par leur participation à l'UML au sein de laquelle la France bimétalliste fait obstacle.

Un troisième résultat de recherche, c'est que les milieux économiques qui dominent le débat monétaire accordent la priorité aux relations économiques internationales. Dans cette perspective, la monnaie constitue un outil qui doit favoriser l'intégration de la Suisse aux marchés internationaux. Les caractéristiques du système en place ne sont donc pas figées, mais doivent au contraire être adaptées en fonction de l'évolution du contexte extérieur et des besoins du moment. C'est notamment pour cette raison que le FF, qui a bonne réputation et dont la diffusion est très importante à l'échelle mondiale, est défendu par les acteurs du grand négoce et de la banque durant toute la première moitié du 19e siècle. Après l'adoption de cette monnaie à caractère universel, ils défendent l'internationalisation du système monétaire suisse. Ainsi, lorsque le régime de l'étalon-argent unique introduit en Suisse en 1850 n'est plus à même de satisfaire ce besoin de rester intégré aux marchés étrangers, il est modifié sur la base du bimétallisme, bien que cette pratique entre en contradiction avec la conception de plusieurs théoriciens monétaires et avec les intérêts de certains acteurs économiques helvétiques. La participation suisse à l'UML confirme cette volonté de ne pas être mis à l'écart des relations monétaires internationales. Les mesures prises en 1860 pour lutter contre l'afflux d'or et la disparition de l'argent satisfont les besoins des acteurs économiques suisses. Le passage au bimétallisme assure aux banquiers et aux négociants de pouvoir utiliser les grosses espèces d'or françaises et sardes, tandis que la réduction du titre des petites pièces d'argent garantit aux acteurs actifs sur le marché intérieur de pouvoir disposer d'outils monétaires. La décision française de 1864 d'interdire les pièces helvétiques à un titre réduit confirme que les autorités politiques du pays sont satisfaites de ces nouvelles règles et sont donc peu enclines à les changer lorsque la France propose de fonder l'UML l'année suivante. En revanche, les milieux économiques qui pratiquent leurs affaires à l'internationale voient dans cette union l'occasion d'améliorer l'intégration du pays aux marchés étrangers. En dépit de cette divergence de vues, ils parviennent finalement à imposer leur opinion au CF et à engager la Suisse dans l'UML. Dans cette perspective, l'adhésion à cette union forme un complément au traité de commerce franco-suisse de 1864 et contribue à rapprocher les deux pays. La libre circulation des monnaies au sein de cette zone unifiée réduit ainsi les coûts de transaction et fluidifie les échanges, en particulier dans les zones frontalières.

En participant à cette entente, la Suisse inscrit dans un accord international sa pratique du «parasitisme monétaire» avec l'assentiment des autres participants. Elle peut ainsi continuer à réaliser d'importantes économies en réduisant les frais à sa charge. En vertu des règles de fonctionnement de l'UML, la Suisse sécurise ce faisant son approvisionnement en numéraire à des conditions très avantageuses. Alors que les grosses pièces d'or et d'argent de tous les membres obtiennent un cours officiel sur le territoire des Etats participants, leurs Caisses publiques respectives s'engagent à échanger les monnaies d'appoint en argent contre des bonnes pièces d'or ou d'argent. Par ces deux dispositions, milieux économiques et autorités politiques helvétiques s'assurent de pouvoir avoir accès à du numéraire de qualité en quantité.

Cette participation a toutefois un prix. Les pièces helvétiques doivent être retirées et refrappées selon les normes de l'union. Un fonds de réserve alimenté par les gains antérieurs réalisés par les frappes suisses permet toutefois de minimiser l'impact financier de cette obligation. Mais c'est surtout la perte de souveraineté en matière monétaire de la Suisse qui est la principale conséquence de son adhésion à l'UML. D'une part, certaines exigences helvétiques ne sont pas prises en compte lors de l'élaboration de la conventionde 1865; d'autres ne le sont que partiellement. En raison de leur faible poids monétaire, les Suisses doivent donc faire des compromis et accepter des règles qui limitent leur autonomie monétaire. D'autre part, la réduction de la marge de manœuvre des autorités politiques se manifeste surtout à partir de 1870. La Suisse n'est en effet pas en mesure de prendre certaines décisions librement. Ainsi, l'abandon du bimétallisme et le passage à l'étalon-or revendiqué par les acteurs politiques et économiques suisses sont systématiquement repoussés par la France. La nécessité d'augmenter les quotas de frappe n'est pour sa part pas reconnue par les autres participants qui n'entrent dans les vues helvétiques qu'au tournant du 20e siècle. Il résulte par ailleurs de cette participation une forte dépendance à la France pour le règlement du trafic de paiements internationaux. Enfin, la pratique du

« parasitisme monétaire » helvétique montre ses limites durant le dernier tiers du 19e siècle. L'Hôtel des Monnaies débute alors la frappe de quantités plus importantes de pièces pour réduire sa dépendance au numéraire étranger. En dépit de ces désavantages, les avantages que la Suisse tire à participer à l'UML expliquent qu'elle en reste membre jusqu'à sa dissolution en 1926.

Un quatrième résultat que notre analyse révèle, c'est que le « parasitisme monétaire » que pratique la Suisse constitue une caractéristique centrale de son système monétaire. En décidant de ne couvrir que 10 % de ses besoins par des frappes à l'empreinte helvétique et de se reposer sur la circulation du numéraire étranger en argent à partir de 1852, les autorités politiques helvétiques réalisent des économies importantes qui s'élèvent à environ 4 millions de FS. Cette pratique n'est toutefois pas la conséquence d'une réforme réalisée rapidement. Elle découle bien d'une volonté de réduire les coûts de fabrication et les frais d'entretien de la circulation en les faisant reposer sur des Gouvernements étrangers. L'ouverture d'un Hôtel fédéral des Monnaies en 1854 confirme qu'il n'a pas pour fonction d'améliorer l'indépendance monétaire du pays en produisant l'ensemble des monnaies métalliques nécessaires à la couverture des besoins helvétiques. L'objectif de cet établissement est d'assurer la fourniture de petite monnaie pour les transactions quotidiennes, tout en continuant à se reposant sur les réservoirs étrangers pour les autres pièces. Cet objectif est confirmé par les bénéfices confortables réalisés sur la frappe de pièces qui assurent la rentabilité de cette activité. Le cours légal octroyé aux monnaies d'or françaises et sardes en 1860 corrobore cette analyse : l'Hôtel fédéral des Monnaies n'entreprend de fabriquer des pièces d'or que 30 ans plus tard. Cette pratique a toutefois une conséquence importante. A partir de 1852, la Suisse devient le « satellite monétaire » de la France et dépend fortement de son approvisionnement en numéraire, au moins jusqu'aux années 1870.

Les effets de la réforme monétaire qui voit naître le FS sont un dernier aspect central mis en évidence par ce travail. Ils interviennent sur deux plans. D'une part, la centralisation et l'unification monétaires sont un apport à l'Etat fédéral qui se construit à partir de 1848. Parmi d'autres outils comme les frontières, l'armée ou le commerce, les monnaies sont un instrument fort de souveraineté qui fournissent une manifestation visible et rapide de l'existence et du pouvoir de l'Etat. Le transfert des compétences monétaires à un souverain unique témoigne également de l'indépendance du pays aux yeux de l'étranger. Pour les autorités politiques, la réussite de la réforme constitue aussi un moyen d'affirmer leur légitimité en se distançant des échecs de 1798 ou de 1832. Par ailleurs, l'adoption d'une monnaie commune centralisée figure très probablement comme un élément de la construction du sentiment d'appartenance nationale.

Repère commun auquel tout le monde peut se référer, elle peut prétendre à agir comme ciment fédérateur après la guerre civile du Sonderbund et peut ce faisant contribuer à apaiser les tensions à l'intérieur du pays. Dans cette perspective, le nouveau FS joue très vraisemblablement un rôle de cohésion et d'outil d'intégration de toutes les couches sociales, de toutes les parties du pays, des différentes langues, religions ou orientations politiques à une même communauté en homogénéisant les antagonismes. Enfin, l'Helvetia qui figure sur les pièces helvétiques dès 1851 est un véhicule central de la représentation de l'identité nationale, tant à l'échelle nationale qu'internationale.

D'autre part, l'adoption d'une monnaie unique a des effets sur le développement économique ultérieur de la Suisse. L'adoption du FF favorise l'expansion économique de la Suisse à l'échelle mondiale. La réduction des coûts de transaction, la stabilisation du prix d'acquisition des pièces et la suppression des difficultés qui résultent de la multitude de systèmes concourent à améliorer la compétitivité des acteurs économiques helvétiques sur la scène internationale. Avec l'unification des douanes et des postes, l'arrivée du télégraphe et des chemins de fer ou encore le droit d'établissement sur tout le territoire, le FS contribue à la mise en place des conditions-cadres indispensables à créer un marché intérieur. En possession du monopole des compétences monétaires, l'Etat devient garant de la qualité du numéraire et dispose de moyens pour assurer l'approvisionnement du pays. Alors que le nouveau FS remplace les 700 différentes sortes de monnaies, tous les billets de banque sont retirés et libellés avec la nouvelle unité monétaire, ce qui favorise leur circulation à l'échelle nationale et stimule les affaires interbancaires. D'un point de vue commercial, l'introduction d'une monnaie unique simplifie toutes les transactions et fluidifie le transport de marchandises. Le FS figure aussi parmi les composantes essentielles de la constitution d'un marché suisse des capitaux. Il contribue ainsi à rassurer les investisseurs, tout en améliorant les perspectives de rentabilité, ce qui concourt à une réorientation du placement des fonds sur le marché intérieur. En encourageant les détenteurs de capitaux étrangers à placer leurs capitaux en Suisse, l'adoption d'une monnaie unique favorise surtout le financement de l'industrialisation et des infrastructures. Avec une unité commune, il devient également plus facile de mobiliser des fonds hors du cadre régional, ce qui élargit le rayon des affaires pour les milieux bancaires. Alors qu'ils gagnent en réputation, stimulant ainsi leurs activités de gestion de fortune, ils peuvent aussi plus facilement rechercher des capitaux sur la place de Paris. Le crédit se développe également, bénéficiant d'une homogénéisation assez rapide des taux d'intérêt des principales places helvétiques après 1850. Pour l'Etat, disposer d'une unité centralisée et unifiée qui soit alignée sur la principale monnaie continentale renforce sa crédibilité comme emprunteur aussi bien sur les marchés étrangers qu'auprès des investisseurs suisses. Finalement, la Suisse se dote en 1850 d'un outil qui améliore l'image qu'elle se donne d'elle-même hors des frontières, améliorant par là-même sa réputation sur la scène internationale. Cette dimension stimule non seulement les acteurs de la banque, mais aussi les milieux touristiques. Alors que le transport de personnes est facilité à l'intérieur du pays, la Suisse est intégrée dans une vaste zone monétaire basée sur le franc qui va du nord de la France aux Etats italiens.

Pour terminer cette conclusion, il convient encore de mentionner quelques thématiques qui mériteraient des investigations supplémentaires, ouvrant ainsi de nouvelles perspectives de recherches. Prenons les quatre pistes qui nous semblent les plus importantes. La première serait d'approfondir les revendications monétaires qui ont lieu à l'échelle cantonale durant la décennie qui précède la fondation de l'Etat fédéral. Notre travail rompt avec les travaux sur le sujet en mettant en évidence que durant les années 1840, les exigences pour un changement dans la structure monétaire du pays se font de plus en plus pressantes et proviennent d'une base qui s'élargit en raison de la crise économique. Nos recherches ont ainsi permis de découvrir que les Gouvernements cantonaux de Berne et de Zurich s'engagent à réformer leurs monnaies sous la pression de certains milieux économiques. A Berne, les coûts invoqués par les autorités politiques semblent être la principale cause du *statu quo*. En revanche à Zurich, les promoteurs d'un changement dans la structure monétaire du canton peuvent se reposer sur des revendications qui débutent durant les années 1830 et s'accélèrent durant la décennie suivante. Dès la fin de l'année 1843, un processus de réforme prend forme avant de s'essouffler dès 1846, en partie à cause de la difficulté à élaborer un projet qui satisfasse tous les acteurs économiques, en partie en raison des troubles politiques que connaît le pays.

Un axe de recherche serait de creuser ces tentatives et les raisons profondes de leurs échecs. Un travail de ce type permettrait sans doute de mettre précisément à jour qui sont les principaux promoteurs d'un changement et quelles sont leurs exigences précises dans ces deux cantons qui ont un poids important dans les questions monétaires. Ce serait aussi l'occasion de déterminer de qui proviennent les freins et les raisons des oppositions. Un second axe serait d'élargir la focale à l'ensemble du pays. Des demandes de réforme sont en effet également formulées dans les cantons de Vaud et des Grisons. Il est bien possible qu'une telle dynamique se rencontre aussi ailleurs. Des études sur ces cas permettraient sans doute de mieux saisir les attentes de certains milieux économiques non seulement dans leur canton, mais peut-être aussi d'améliorer notre compréhension de leur positionnement sur la scène fédérale durant les années

1848-1850. De manière plus générale, ce type de travaux pourrait contribuer à une réévaluation du rôle des années 1840 dans le processus qui mène à la fondation de l'Etat fédéral. Ils viendraient vraisemblablement confirmer que la réforme monétaire entreprise en 1849 à l'échelle fédérale peut se reposer sur des revendications partagées par un nombre croissant d'acteurs économiques à travers le pays.

Une seconde perspective de recherche ouverte par ce travail et qui mériterait d'être approfondie concerne le rôle des acteurs bâlois dans la construction et la mise en place des conditions-cadres du nouvel Etat fédéral. Nos recherches ont mis en évidence que les milieux économiques bâlois sont très investis sur la scène fédérale pour que la forme des nouvelles conditions monétaires soit conforme à leurs intérêts. En parvenant à se positionner à tous les niveaux décisionnels importants, ils exercent une influence déterminante sur les différents pans du processus d'unification monétaire. Des exigences d'une refonte des conditions monétaires à la fin des années 1840 au choix de la nouvelle unité, en passant par la négociation avec les partenaires étrangers et le financement des opérations en 1851-1852, les Bâlois parviennent à orienter le cours de la réforme selon leurs besoins. Des études menées sur les domaines des postes et des télégraphes offriraient certainement la possibilité de montrer que l'influence bâloise touche à de nombreux autres domaines, comme l'ont déjà montré des études sur les douanes et les chemins de fer. Car l'expert fédéral pour les postes, Benedikt La Roche, est lui aussi bâlois et entretient également des liens avec la "Bank in Basel", comme les autres experts mobilisés par le CF entre 1848 et 1852. Le potentiel de recherche sur cette thématique ne se limite toutefois pas à la mobilisation des compétences techniques des Bâlois. Une analyse du financement des activités des premières années de l'Etat fédéral viendrait peut-être confirmer leur implication qui a été observée dans le cas des monnaies. Elle montrerait vraisemblablement que la force de frappe financière des milieux bancaires bâlois est un outil mobilisé de manière assez large pour s'assurer d'être entendus et ainsi exercer une influence sur la forme des conditions-cadres qui sont mises en place dès 1848. Un tel travail permettrait également de comprendre à partir de quand et pour quelles raisons l'influence des Bâlois sur la scène fédérale diminue au profit des Zurichois.

Une troisième ouverture que suggère notre travail consiste à porter un regard extérieur sur les événements monétaires helvétiques qui ont lieu entre 1853 et 1865. Notre consultation des rapports des Ministres français en poste en Suisse s'est en effet limitée à la période de 1848 à 1852. Elle révèle que les autorités politiques de ce pays ne semblent pas, sur la base de ces sources, accorder une importance particulière à l'adoption du pied monétaire français en Suisse, ni aux commandes des premières pièces dans les ateliers de Paris et de Strasbourg, en raison notamment des troubles politiques de ces années qui accaparent bien plus leur attention. Une analyse des quinze premières années de la nouvelle monnaie suisse au travers des yeux des autorités monétaires et des diplomates français serait vraisemblablement très riche, car plusieurs événements qui ont trait à la question de la souveraineté monétaire de la Suisse ont lieu durant ces années. Il serait ainsi intéressant de connaître la réaction et la position de la première puissance économique continentale sur trois aspects: l'ouverture de l'Hôtel des Monnaies en 1854, le passage au bimétallisme en 1860 et l'adhésion à l'UML en 1865. Ces trois moments concernent en effet directement la France. Alors que l'érection d'un Hôtel fédéral représente un outil d'indépendance qui pourrait faire sortir la Suisse du giron de sa puissante voisine, le passage au bimétallisme en 1860, qui repose sur le cours légal aux monnaies d'or françaises et sardes, accuse au contraire un rapprochement avec l'Hexagone, qui se renforce encore avec la participation helvétique à l'UML. Creuser dans cette direction permettrait de déterminer si les autorités françaises, qu'elles soient commerciales, politiques ou monétaires, ont une stratégie délibérée pour essayer de garder la Suisse dans leur zone d'influence ou si ces trois décisions reposent uniquement sur une impulsion helvétique.

Cette approche extérieure pourrait également être élargie aux Etats allemands pour la période antérieure, entre 1848 et 1850. Sur la base de nos recherches dans la presse, il semblerait que les milieux politiques et économiques allemands n'accordent pas une plus grande importance que la France à la réforme monétaire helvétique. Pourtant, le mouvement en faveur de l'adoption du FLa en Suisse réunit des poids lourds de l'économie qui entretiennent, pour certains, des liens très étroits avec les milieux bancaires du sud de l'Allemagne, en particulier d'Augsbourg. Un travail qui se baserait notamment sur les rapports diplomatiques serait l'occasion de déterminer si les acteurs allemands se mobilisent pour soutenir les partisans du FLa en Suisse, s'ils font pression sur les autorités politiques pour qu'elles interviennent ou s'ils ne se sentent pas concernés par les événements monétaires helvétiques de ces années.

La quatrième et dernière piste de recherche constitue plus une invitation qu'une réelle ouverture offerte par ce travail. Il s'agirait de s'engager dans une histoire de la participation de la Suisse à l'UML entre 1865 et 1926. Certes, plusieurs travaux ont proposé ces dernières années une histoire de cet accord monétaire international sous l'angle de différentes thématiques. Si ces études permettent d'ébaucher les principales positions et revendications de chaque membre, elles souffrent bien souvent de leur cloisonnement à la stricte dimension monétaire. Or, il serait nécessaire d'aborder le cas helvétique en prenant non seulement en compte les caractéristiques du système monétaire suisse, qui dépend de l'étranger pour son approvisionnement en pièces métalliques, mais aussi en l'inscrivant dans le contexte commercial, financier et politique qui évolue fortement entre la naissance et la dissolution de l'UML. La position des milieux économiques suisses actifs sur les marchés étrangers, soutenus par les autorités politiques de l'exécutif fédéral, qui réclament très vite après la création de cette union une transition du bimétallisme vers l'étalon-or, devrait vraisemblablement figurer au cœur d'une telle recherche. Car c'est là le nœud de la question. Si l'UML est fondée et dirigée sous l'égide de la France qui est la locomotive économique de l'Europe continentale durant les années 1850 et 1860, c'est l'Allemagne qui endosse ce rôle dès la décennie suivante, modifiant ainsi profondément le rapport de force dans les questions commerciales, financières et monétaires sur le continent jusqu'à la Première Guerre mondiale. La Suisse s'engouffre alors rapidement dans le sillage de l'économie allemande et entre dans son orbite commerciale dès la signature du traité de 1891. Or, en raison de sa participation à l'UML, elle dépend fortement de la France pour ses paiements internationaux, en partie aussi pour son approvisionnement en monnaies métalliques, tandis que d'importantes quantités de capitaux sont investis sur le marché français. Une étude sur la participation helvétique à l'UML pourrait ainsi essayer de comprendre comment les milieux économiques suisses gèrent cette situation et pourquoi ils décident de ne pas quitter l'UML avant la Guerre. Ce questionnement pourrait largement être étendu à la décennie qui suit la fin du Premier conflit mondial. Bien que perdant déjà en importance durant la seconde moitié du 19e siècle, de nombreuses dispositions de l'UML n'ont plus d'effets après 1918. Pourtant, cette union n'est dissoute qu'en 1926, sur l'initiative de la Suisse. Il y a là matière, assurément, à écrire un autre chapitre de l'histoire monétaire helvétique contemporaine.

Cette étude contient des informations complémentaires en annexe. Elles peuvent être téléchargées ici

https://supplementaryresources.blob.core.windows.net/4335438-chiarelli/Annexes.pdf

Index des personnes

Bibliographie

1. Fonds d'archives

Archives fédérales, Berne (AF)

Période de l'Acte de Médiation, 1798-1815

C0#1000/2#3*, Recès de la Diète fédérale, 1803

C0#1000/2#210*, Textes des concordats sur la période de l'Acte de Médiation (1803-1812)

C0#1976/138#1*, Circulaires de la Diète fédérale (1803-1813)

Période de la Restauration et de la Régénération, 1815-1848

D0#1000/3#1053*, Documents sur le concordat monétaire de 1825 (1823-1826)

D0#1000/3#1055*, Actes de conférences et rapports sur différentes thématiques monétaires (1819-1839)

D0#1000/3#1057*, Documents divers (rapports, études, textes de lois) sur la conférence monétaire de 1839

D0#1000/3#1187*, Correspondance du consul suisse à Marseille au Vorort

D0#1000/3#1189*, Correspondance du consul suisse à Bordeaux au Vorort

D0#1000/3#1190*, Correspondance des consuls suisses au Havre, à Nantes et à Bastia au Vorort

D0#1000/3#1191*, Correspondance du consul suisse à Alger au Vorort

D0#1000/3#1192*, Correspondance des consuls suisses à Lisbonne et à Barcelone au Vorort

D0#1000/3#1193*, Correspondance du consul suisse à Gênes au Vorort

D0#1000/3#1197*, Correspondance du consul suisse à Milan au Vorort

D0#1000/3#1198*, Correspondance du consul suisse à Livourne au Vorort

D0#1000/3#1199*, Correspondance des consuls suisses à Trieste et à Turin au Vorort

D0#1000/3#1200*, Correspondance des consuls suisses à Londres et à Liverpool au Vorort

D0#1000/3#1201*, Correspondance des consuls suisses à Leipzig et à Hambourg au Vorort

D0#1000/3#1202*, Correspondance des consuls suisses à Amsterdam et à Rotterdam au Vorort

D0#1000/3#1203*, Correspondance des consuls suisses à Anvers et à Bruxelles au Vorort

D0#1000/3#1204*, Correspondance du consul suisse à Saint-Pétersbourg au Vorort

Période de l'Etat fédéral, 1848-1869

E9#1000/1173#147*, Correspondance du Département fédéral des Finances (1849)

E9#1000/1173#1043*, Documents concernant l'emprunt militaire auprès de la "Bank in Basel" (1849)

E12#1000/36#56*, Pétitions du canton de Zurich en faveur de l'adoption du pied monétaire basé sur le florin allemand (1850)

E12#1000/36#57*, Pétitions du canton de Saint-Gall en faveur de l'adoption du pied monétaire basé sur le florin allemand (1850)

E12#1000/36#58*, Pétitions du canton de Schaffhouse en faveur de l'adoption du pied monétaire basé sur le florin allemand (1850)

E12#1000/36#59*, Pétitions du canton d'Argovie en faveur de l'adoption du pied monétaire basé sur le florin allemand (1850)

E12#1000/36#60*, Pétitions du canton des Grisons en faveur de l'adoption du pied monétaire basé sur le florin allemand (1850)

E12#1000/36#61*, Pétitions du canton d'Appenzell Rhodes-Extérieures en faveur de l'adoption du pied monétaire basé sur le florin allemand (1850)

E12#1000/36#62*, Pétitions du canton de Thurgovie en faveur de l'adoption du pied monétaire basé sur le florin allemand (1850)

E12#1000/36#64*, Pétition de M. Gougger demandant l'introduction du système décimal en Suisse (1849)

E12#1000/36#65*, Pétition du "Schweizerische Volksthümliche Vaterlandsverein" (Berne) demandant l'interdiction des monnaies allemandes en Suisse (1849)

E12#1000/36#66*, Correspondance diverse, rapports et études concernant la réforme monétaire (1849-1850)

E12#1000/36#67*, Correspondance de Speiser adressée au Conseil fédéral concernant la réforme monétaire (1849-1850)

E12#1000/36#68*, Correspondance adressée au consul suisse en Belgique (1850)

E12#1000/36#69*, Documents divers (correspondance, coupures de presse, protocole du Conseil fédéral) concernant la réforme monétaire (1849-1850)

E12#1000/36#73*, Correspondance diverse concernant la réforme monétaire (1849-1850)

E12#1000/36#74*, Correspondance entre Speiser et le Conseil fédéral concernant la réforme monétaire (1849-1851)

E12#1000/36#78*, Correspondance et documents divers concernant le retrait des anciennes monnaies (1851-1852)

E12#1000/36#86*, Correspondance de Speiser avec les partenaires étrangers concernant la frappe des premiers francs suisses à l'étranger (1850-1851)

E12#1000/36#87*, Documents divers et rapports de commissions concernant la réforme monétaire (1849-1851)

E12#1000/36#92*, Correspondance, rapports et coupures de presse concernant le passage au bimétallisme (1859-1860)

E12#1000/36#94*, Rapports et préavis des cantons concernant le passage au bimétallisme (1859-1860)

E12#1000/36#109*, Rapports de l'Hôtel des Monnaies (1858-1861)

E12#1000/36#129*, Correspondance et rapports concernant le passage au bimétallisme (1854-1856)

E12#1000/36#130*, Pétition de Fisler (Zurich) en faveur de l'adoption de l'étalon-or (1864)

E12#1000/36#141*, Récapitulatifs des frappes suisses (1851-1868)

E12#1000/36#145*, Contrats, traités et correspondance à propos de la frappe des francs suisses en France (1851-1852)

E12#1000/36#149*, Documents divers (brochures et coupures de presse) concernant le passage au bimétallisme (1859-1860)

E12#1000/36#150*, Documents (correspondance, rapports et travaux divers) concernant les dessins et la fabrication des pièces de monnaies

E12#1000/36#179*, Pétitions, correspondance et rapports concernant la réforme monétaire (1849-1850)

E12#1000/36#214*, Protocole des séances de l'Union monétaire latine (1865)

E12#1000/36#215*, Rapports des délégués suisses au Conseil fédéral durant l'Union monétaire latine (1865) et autres documents divers relatifs à cette union (1865-1866)

E12#1000/36#216*, Correspondance diverse concernant l'Union monétaire latine (1865-1866)

E12#1000/36#264*, Récapitulatifs des frappes suisses et des retraits (1851-1869)

E12#1000/36#266*, Correspondance diverse concernant les questions monétaires (1853-1856)

E1004.1#1000/9#1000*-4166*, Protocole du Conseil fédéral, 1848-1865

E1009, 1000/24, Correspondance du Conseil fédéral aux Gouvernements cantonaux (1849-1850)

E1301#1960/51#3*, 12*, 15*, 22* et 36*, Protocole du Conseil national, 1850, 1854, 1856, 1860 et 1866

E1401#1960/58#1*, 7*, 9*, 12* et 33*, Protocole du Conseil des Etats, 1849, 1854, 1856, 1860 et 1866

E6103, Compte d'Etat de la Confédération suisse, 1855-1865.

E9500.92#1000/1197#1*, Correspondance diverse et contrats concernant la réforme monétaire (1850-1851)

E9500.92#1000/1197#3*, Correspondance de la Commission monétaire fédérale (1851-1853)

Fonds personnels

J1.67#1000/1363#28* et 30*, Notes personnelles d'Alfred Escher sur les monnaies (1849-1852)

Archives cantonales vaudoises (ACV)

J 268 – Affaires commerciales

– *Lettre adressée par un Suisse Citoyen du Canton de Vaud à Mr... à Paris, sur les relations commerciales avec la France,* 25.10.1837, 14 p.

– GONZENBACH, August von, *Mémoire (sur les rapports commerciaux entre la Suisse et la France),* 30.11.1835, 26 p.

K XII Z 2/1, Procès-verbaux de la Commission de l'agriculture, de l'industrie et du commerce, 1849-1850

K III 10/2/1849, Minute du protocole des séances du Conseil d'Etat (1849)

Archives d'Etat de Bâle-Ville (AEB)

Handel und Gewerbe, K 4.1, Ragionenbuch

PA 116, Fonds Johann Jakob Speiser-Hauser

– A, Correspondance

– BI 1a et BI 1b, Correspondance, contrats, études, brochures, lois (1848-1853)

– Anhang 1, Nécrologies sur Johann Jakob Speiser

AHA, Münz, J 5, Documents sur le retrait des pièces à Bâle (1851-1852)

PA 1245, B 7 2 et C 7 2, Coupures de presse sur Johann Jakob Speiser

Sammlung biographischer Zeitungsausschnitte

Archives de l'Etat de Genève (AEG)

C1 Monnaies, divers documents (rapports, devis, procès-verbaux et correspondance) concernant la réforme monétaire genevoise

Commerce A11, Registre de la Chambre du Commerce (1826-1847)

Jur. Civ. Ccm, 1-33, Tribunal de commerce, acte de sociétés (1808-1882)

Registres du Conseil d'Etat (1825-1840)

Archives de l'Etat de Zurich (AEZ)

MM 2.85 RRB à MM 2.109 RRB, Protocole du Conseil d'Etat (1844-1850)

MM 24.26 KRB à MM 24.30 KRB, Protocole du Grand conseil (1844-1851)

Archives diplomatiques de La Courneuve, Paris (AD)

41 CCC, Correspondance consulaire et commerciale, Suisse (1848-1852 et 1864-1866)

48MD, Mémoires et documents (1847-1848)

125 CP, Correspondance politique, Suisse (1848-1852 et 1864-1866)

Archives économiques et financières, Savigny-le-Temple (AEF)

HMM-34, 455, Traités Suisse – France (1851)

K-2, Conventions monétaires internationales (1865-1868)

Serie X, Ms 88-89, Fabrication de monnaies suisses (1851-1852)

Serie X, Ms 204-206, Registre des délibérations de la Commission des Monnaies et Médailles de Paris (1850-1852)

Bibliothèque cantonale de Saint Gall Vadiana (BSG)

VNL 38, Fonds Arnold Otto Aepli

- B: correspondance classée par émetteur
- C: correspondance classée par année

VNL 60, Fonds Johann Matthias Hungerbühler

- A 22: correspondance reçue en 1849
- A 23: correspondance reçue en 1850

Bibliothèque de Genève

Cote des agents de change réunis, Genève, 05.04.1852-30.12.1852

Bibliothèque nationale suisse, Berne

ODIER, James, *Les maisons de banque privées de Genève*, manuscrit dactylographié, [1913], 20 p.

SPEISER, Johann Jakob, *Vorschläge, betreffs Massregeln hinsichtlich der Goldfrage, in Basel* [Vom 3 Oktober 1856], manuscrit, 1856, 8 p.

2. Publications d'époque

Presse et périodiques

Presse helvétique

Anzeiger aus dem Bezirk Affoltern, 1849-1850

Baslerische Mittheilungen, 1829

Der Beobachter aus der östlichen Schweiz, 1838-1844

Der Bündner Landbote, 1840-1850

Der Erzähler, 1815-1865

Der Morgenstern, 1842

Der Wahrheitsfreund, 1849-1850

Die Neue Schweiz, 1849-1850

Eidgenössische Zeitung, 1845-1864

Gazette de Lausanne, 1815-1866

Journal de Genève, 1826-1866

Le fédéral, journal genevois, 1835

Neue Schweizer-Zeitung, 1829

Neue Zürcher Zeitung, 1815-1866

Nouvelliste vaudois, 1815-1866

Solothurner Blatt, 1849

St. Galler Zeitung, 1849-1866

Thurgauer Zeitung, 1849-1850

Winterthurer-Zeitung, 1847

Zugerische Kantons-Blatt, 1849-1858

Zürcherische Freitags-Zeitung, 1848-1866

Presse étrangère

Allgemeine Zeitung, 1849-1850

Aschaffenburger Zeitung, 1847-1850

Der Bayerische Landbote, 1847-1850

La Presse, 1860

Regensburger Zeitung, 1847-1850

Périodiques

Monatblatt des schweizerischen Gewerbsvereins, 1844-1845 et 1847

Schweizerische Gewerbeblatt oder Mittheilungen über Volkswirtschaft, Handel und Industrie, 1850

Schweizerische Handels- und Gewerbe-Zeitung. Mittheilungen über Volkswirtschaft und Eisenbahnen, 1859

Wochenblatt des Schweizerischen Industrievereins, 1849-1850

Zeitung für schweizerische Handwerker- und Gewerbe-Vereine, 1849

Sources publiées (classement chronologique)

Bulletin des lois et décrets du Corps législatif de la République helvétique, 2 Volumes, Lausanne : Henri Emanuel Vincent, 1798.

SAY, Jean-Baptiste, *Traité d'économie politique ou simple exposition de la manière dont se forment, se distribuent ou se consomment les richesses*, 2 Volumes, Paris : Calmann-Lévy, 1972 (éd. originale : 1803).

DARIER, Hugues, *Tableau du titre, poids et valeur des différentes monnaies d'or et d'argent, qui circulent dans le commerce*, Genève : Pierre Ecuyer, 1807, 129 p.

Abschied der Tagsatzung, 1814-1848.

Recueil authentique des lois et actes du gouvernement de la République et Canton de Genève, 1815-1848.

HEIDEGGER, *Manuel du voyageur en Suisse*, traduit de l'allemand, Zurich : Orell, Fussli & Cie, 1819, 450 p.

FUETER, Christian, *Gedanken zu einem Münz-System für den Canton Bern : nach dem neuen französischen Systeme*, Bern : L. A. Haller, 1823, 12 p.

[GREIFF-SCHMID, Joh. Konrad], *Ueber die Nachtheile des Uebermasses an Schweizerischen Scheidemünzen und die Möglichkeit ihrer Verminderung*, Bern : L. A. Haller, 1823, 31 p.

ODIER, Jacques-Louis, *Du système monétaire actuel du canton de Genève*, Genève : J. J. Paschoud, 1825, 37 p.

[S.A.], *Ueber das Schweizerische Münzwesen in Beziehung auf das im April 1825 unter mehrern Eidgenössischen Ständen abgeschlossene Münz-Concordat*, Bern: Chr. Albr. Jenni, 1825, 12 p.

Lettre de M. Prime-Ronde banquier à Messieurs les directeurs et administrateurs du Pont de la Lune, Genève: [s.n.], 1825, 12 p.

EBEL, J. G., *Manuel du voyageur en Suisse*, Paris: Audin, 1826, 620 p.

Neue Verhandlungen der Schweizerischen Gemeinnützigen Gesellschaft, Zürich: Orell, Füssli & Cie, 1826, 360 p.

GLUTZ-BLOTZHEIM, Robert, *Manuel du voyageur en Suisse*, Zurich: Orell, Füssli & Cie, 1827, 566 p.

BASTARD, Antoine, *Recueil des tarifs, contenant la réduction réciproque des monnaies de Suisse, de France, de Piémont, et du Canton de Genève, suivant leurs rapports actuels entr'elles*, Lausanne: Rouiller, 1828, 93 p.

DE LA RIVE-RILLIET, François, *Sur notre système monétaire*, Genève; Paris: Barbezat et Delarue, 1828, 20 p.

DUNANT, David, *Coup d'œil historique sur l'industrie genevoise*, Genève: D. Dunant, 1828, 150 p.

[GLUTZ], *Ueber das Münzwesen der westlichen Schweiz in seinem gegenwärtigen Zustande*, Bern: Chr. Albr. Jenni, 1829, 70 p.

FRANSCINI, Stefano, *Statistik der Schweiz, bearbeitet von G. Hagnauer*, Aarau: Heinrich Remigius Sauerländer, 1829, 435 p.

[PESTALOZZI, Leonhard], *Ueber das Schweizerische Münzwesen*, Zürich: [s.n.], [1829-1830], 28 p. (aus der *Schweizerische Monaths-Chronik*, 1829-1830).

HENTSCH & CIE, *Guide genevois à l'usage des étrangers: contenant l'indication des monnaies, les curiosités de la ville, les établissemens publics, les promenades à faire dans les environs, les règlemens de police, les départs des diligences, messageries, la hauteur des montagnes environnant le lac de Genève, en un mot tout ce qui peut offrir quelqu'intérêt à un voyageur*, Genève: Lador, 1830, 88 p.

MOSER, Jean Rodolphe, *Objections contre une changement du pied monétaire du canton de Berne, suivies de quelques idées d'amélioration de l'Etat monétaire dans la Suisse occidentale*, Bâle: [s.n.], 1830, 20 p.

[S.A.], «Ob Ordnung und Einheit in unserem Münzwesen durch eine Abänderung des Münzfusses zu erreichen wäre?», *Schweizerische Archiv für Statistik und Nationalökonomie*, 5, 1, 1830, pp. 1-20.

Anzeiger der Regierungs-Verhandlungen der Republik Bern, [s.l.]: [s.n.], 1831-1833.

NIQUELER, Etienne, *Statistique commerciale et mercantile de Genève, dédiée aux industriels*, Genève: Ab. Cherbuliez, 1831, 130 p.

Projet d'Acte fédéral et rapport de la commission de la Diète aux XXII cantons suisses, Genève: Ch. Gruaz, 1832, 181 p.

Rapport de la Commission de la Diète aux vingt-deux cantons suisses sur le projet d'Acte fédéral par elle délibéré à Lucerne le 15 décembre 1832, Genève: Charles Gruaz, 1832, 119 p.

[JENNER, Ludwig von], *Votrag des Finanzdepartementes an den Grossen Rath über das Münzwesen*, Bern: L. A. Haller, 1832, 14 p.

Gesetze, Dekrete und Verordnungen der Republik Bern, 1833, Bern: [s.n.], 304 p.

DUNANT, David, *Appendice au coup d'œil historique sur l'industrie genevoise*, [Genève]: [s.n.], 1833, pp. 151-190.

PESTALOZZI, Leonhard, *Beyträge zur Schweizerischen Münzgeschichte nebst Ansichten über Münzeinheit mit Beziehung auf den 21. Artikel der Bundesurkunde*, Zürich: Orell, Füssli & Cie, 1833, 108 p.

BOWRING, John, *Report on the Commerce and Manufactures of Switzerland*, London: W. Clowes & Sons, 1836, 148 p.

Mémorial des séances du Conseil représentatif de Genève, Genève: Abraham Cherbuliez, 1836-1841.

BORDIER, Daniel-Aimé, *Système monétaire*, [Genève]: Ch. Gruaz, [1837], 4 p.

BORDIER, Daniel-Aimé, *Sur le système monétaire*, [Genève]: [s.n.], [1837 ?], 11 p.

JAQUET, Louis, *Du commerce suisse et des douanes françaises*, Paris; Genève: Ab. Cherbuliez & Cie; Lausanne: B. Corbaz, 1837, 47 p.

COGHLAN, Francis, *Guide through Switzerland and Chamonix*, London: A. H. Baily, 1838, 360 p.

GIROD-MORCIAND, Gédéon, *Instructions familières pour l'emploi des centimes*, Genève: P.-A. Bonnant, 1838, 3 p.

PESTALOZZI, Leonhard, *Ueber die Landplage der fremden Scheidemünze im Kanton Zürich, und welches das einzig wirksame Mittel sei, sich davon zu befreien*, Zürich: Orell, Füssli & Cie, 1838, 33 p.

PESTALOZZI, Leonhard, *Die Münzwirren der westlichen Schweiz nebst dem Versuche ihrer Lösung*, Zürich: Orell, Füssli & Cie, 1839, 55 p.

Recueil officiel des pièces concernant le droit public de la Suisse, des décrets et arrêtés de la Diète et des concordats en vigueur, ainsi que des traités conclus entre la Confédération suisse et d'autres États, Tome II, Lausanne : Imprimerie des Frères Blanchard, 1839, 744 p.

BEYEL, Christian, *Ueber die Handels- und Gewerbs-Verhältnisse der Schweiz, die sie bedrohenden Gefahren und die möglichen Mittel zur Abhülfe*, Zürich; Frauenfeld: Ch. Beyel, 1840, 53 p.

CAILLAT, John, *Du commerce de Genève, du transit et d'un Bâtiment d'Entrepôt*, Genève: Ferdinand Ramboz, 1840, 31 p.

IM-THURN, Eduard, *Der Kanton Schaffhausen, historisch, geographisch, statistisch geschildert*, St. Gallen; Bern: Huber & Cie, 1840, 172 p.

NAVILLE, Jean-Edouard, *Considérations relatives au commerce de transit de la Suisse, présentées au Conseil Représentatif du Canton de Genève, dans sa séance du 24 février 1840*, [Genève]: [s.n.], 1840, 15 p.

Bulletin des séances du Grand conseil du canton de Vaud, Lausanne: Imprimerie d'Emmanuel Vincent Fils, 1841-1842.

[S.A.], *Handbuch für Kaufleute und Geschäftsmänner in der Schweiz*, Zürich: Orell, Füssli & Cie, 1841, 107 p.

FAZY-PASTEUR, Marc-Antoine, *Rapport fait à la Chambre de commerce en octobre 1840, sur le transit de marchandises à Genève, et sur l'établissement d'un entrepôt*, Genève: Ch. Gruaz, 1841, 80 p.

WILD, Johannes, *Andeutungen über eine zeitgemässe Handelsstrasse von Basel nach Mailand*, Zürich : Orell, Füssli & Cie, 1841, 12 p.

GONZENBACH, August von, *Exposé du mouvement commercial entre la Suisse et la France pendant l'année 1840*, Berne: Chr. Fischer, 1842, 153 p.

JULLIANY, Jules, *Essai sur le commerce de Marseille*, Marseille: Jules Barile; Paris: Renaud; Guillaumin, 3 Tomes, 1842.

Mémorial des séances du Grand conseil du canton de Genève, Genève: P. A. Bonnant, 1842-1848.

Verhandlungen des Grossen Rathes der Republik Bern, [s.l.]: [s.n.], 1842-1843.

HOFFMANN, Ernst Emil, *An den hochverehrlichen Auschuss des Industrie-Vereins zu Zürich*, [s.l.]: [s.n.], 1843, 16 p.

BEYEL, Christian, *Commissionalbericht über die schweizerischen Verkehrs-Verhältnisse zu handen der Zürcherischen Industriegesellschaft*, Zürich; Frauenfeld: Ch. Beyel, 1843, 187 p.

LOMBARD, Jean-Eloi, *Du système monétaire à Genève et en Suisse. Mémoire lu à la Société d'utilité publique dans sa séance du 3 février 1843*, Genève: Imprimerie Ch. Gruaz, 1843, 34 p.

SCHMUTS, David, *Dissertation sur l'état actuel et les moyens d'améliorations de l'agriculture, de l'industrie, du commerce & des péages de la Suisse*, Fribourg: Imprimerie L.-J. Schmid, 1843, 19 p.

[S.A.], *Uebersicht der industriellen Verhältnisse des Kantons Zürich*, Zürich: J. J. Ulrich, 1843, 24 p.

ABBE DELAJOUX, *Les ponts de Pougny et de Chancy, moyens faciles de maintenir et d'accroître le commerce de transit sur le territoire français entre Marseille, Lyon et Genève, soit par la voie de terre, soit par la navigation du Haut-Rhône*, Lyon: C. Rey Jeune et Cie, 1844, 72 p.

BRONNER, Franz Xaver, *Der Kanton Aargau, historisch, geographisch, statistisch geschildert*, St. Gallen; Bern: Huber & Cie, 1844, Tome I, 524 p.

MEYER VON KNONAU, Gerold, *Der Canton Zürich, historisch, geographisch, statistisch geschildert von den ältesten Zeiten bis auf die Gegenwart*, St. Gallen; Bern : Huber & Cie, 1844, Tome I, 375 p.

QUETIN, *Manuel du voyageur en Suisse, et dans les Alpes de la Savoie et du Piémont, traduit du Hand Book de Murray*, Paris: L. Maison, 1844, 586 p.

Rapport de la Commission fédérale d'experts en matière de commerce sur les relations commerciales de la Suisse avec l'étranger, [s.l.]: [s.n.], 1844, 224 p.

GONZENBACH, August von, *Ueber die Handelsverhältnisse zwischen der Schweiz und den deutschen Zollvereinsstaaten während des Jahres 1840*, Luzern: Meyer'schen, 1845, 236 p.

GONZENBACH, August von, *De la réforme du tarif anglais et de ses conséquences probables pour le commerce suisse*, Zurich: Orell, Füssli et Cie, 1846, 42 p.

LEUTHY, Johann Jakob, *Nachträge und Berichtigungen zu dem geographisch-statistisches Handlexikon des Schweizerlandes*, Zürich: J. J. Leuthy's Verlagsbureau, 1846, 134 p.

WILD, Felix, *Rede über die Zürcherischen Münzverhältnisse, gehalten im Grossen Rathe des Kantons Zürich am 23. Dezember 1846*, Zürich: Fr. Schulthess, 1847, 24 p.

GONZENBACH, August von, *Exposé du mouvement commercial entre la Suisse et l'Autriche pendant les années 1840 et 1845*, Berne : Chr. Fischer, 1847, 212 p.

HUNGERBÜHLER, Johann Matthias, *Ein Wort über die schweizerische Zoll- und Handelsfrage. Eröffnungsrede des Präsidenten der St. Gallisch-Appenzellischen gemeinnützigen Gesellschaft, Herrn Regierungsrath Hungerbühler, bei der Hauptversammlung in St. Gallen, den 27. Mai 1847*, St. Gallen : Kälin'sche Offizin, 1847, 22 p.

MINISTERE DE L'AGRICULTURE ET DU COMMERCE (Ed.), *Faits commerciaux, n° 2*, [s.l.]: [s.n.], 1847, pp. 1-61.

PREVOST-MARTIN, Alexandre-Louis, *Des banques*, Genève: Ferdinand Ramboz, 1847, 42 p.

Protocole des délibérations de la Commission chargée le 16 août 1847 par la Haute Diète Fédérale de la révision du Pacte fédéral du 7 août 1815, [Berne] : [s.n.], 1847, 215 p.

WOLOWSKI, Louis, « Etudes sur l'industrie suisse », *Séances de l'Académie des sciences morales et politiques*, II, 1847, pp. 167-182.

FRANSCINI, Stefano, Neue Statistik der Schweiz, 3 Volumes, Bern: Haller'schen Buchdruckerei, 1848-1851.

Rapport de la Commission qui a élaboré le projet de Constitution fédérale du 8 avril 1848, Lausanne: Imprimerie Pache, 1848, 86 p.

Recueil officiel des lois et ordonnances de la Confédération suisse, Berne : Imprimerie Staempfli, Volumes 2 à 7, 1848-1866.

« Message du Conseil fédéral à l'Assemblée fédérale sur les taxes postales du 15 mars 1849 », *Feuille fédérale*, Vol. 1, 13, 31.03.1849, pp. 7-20.

SPEISER, Johann Jakob, « Rapport d'expert et proposition d'un projet de loi concernant le système monétaire, accompagné d'un préambule », *Feuille fédérale*, Vol. 3, 54-57, 1849, pp. 1-28, 31-61, 65-88 et 97-126.

ASSOCIATION INDUSTRIELLE NEUCHÂTELOISE, *Parallèle entre le système monétaire français et le système monétaire du midi de l'Allemagne adressé à la haute Assemblée fédérale*, Neuchâtel: J. Attinger, 1849, 16 p.

BANK IN ST. GALLEN, *Eingabe der Bank in St. Gallen an das Finanzdepartement der schweizerischen Eidgenossenschaft, die in der Schweiz einzuführende Münzreform betreffend*, St. Gallen; Bern: Huber & Cie, 1849, 11 p.

BANQUE DE ST. GALL, *Mémoire de la Banque de St. Gall, adressé au Département fédéral des finances, concernant la réforme monétaire à introduire en Suisse*, St. Gall; Berne: Huber & Cie, 1849, 9 p.

[BERCHTOLD, Josef Anton], *Eingabe an die sämmtlichen hohen Bundes- und Kantonsbehoerden der Eidgenossenschaft über die Einförmigkeit der Maasse, Gewichte und Münzen in der Schweiz*, Sitten: Calpini-Albertazzi, 1849, 24 p.

[DELABAR, Gangolf], *Denkschrift der St. Gallischen-Appenzellischen gemeinnützigen Gesellschaft an die hohe Bundesversammlung in Bern, die schweizerische Münzreform bettrefend*, St. Gallen; Bern: Huber & Cie, 1849, 24 p.

ESCHER, Alfred, « Discours tenu par M. le Bourgmestre Dr. Escher, président du Conseil national à la réouverture de la session de ce Conseil, le 12 Novembre 1849 », *Feuille fédérale*, Vol. 3, 60, 22.11.1849, pp. 147-159.

ESCHER, Hans Heinrich, *Die Gesetze des Verkehrs und ihre Consequenzen für die Geldverhältnisse der Schweiz*, Zürich: Meyer und Zeller, 1849, 16 p.

FUETER, Friedrich, *Die Münzreform. Beiträge zur Aufklärung der schweizerischen Münzverhältnisse mit besonderer Berücksichtigung des Expertenbefindes und der Anträge des Herrn Bankdirektors Speiser*, Bern: Stämpflischen Buchdruckerei, 1849, 55 p.

[GONZENBACH, August von], *Gutachten des Kaufmännischen Direktoriums in St. Gallen in Sachen des eidgenössichen Münzwesens, abgegeben zu Handen und auf Einladung des Kleinen Rathes des Kantons St. Gallen*, St. Gallen; Bern: Huber & Cie, 1849, 31 p.

PESTALOZZI, Leonhard, *Der Schweizerfranken als eidgenössische Münzeinheit. Gutachten laut Auftrag der Zürcherischen Handelskammer*, Zürich: Orell, Füssli & Cie, 1849, 55 p.

PESTALOZZI, Leonhard, *Sur la possibilité de rétablir l'ordre et l'unité monétaire en Suisse sans réforme couteuse*, Zürich: Orell, Füssli & Cie, 1849, 22 p.

PESTALOZZI, Leonhard, *Ueber schweizerische Münzeinheit. Betrachtungen im Jahr 1849*, Zürich: Orell, Füssli & Cie, 1849, 23 p.

[PLANTA, Peter Conradin von], *Gutachten der Bündnerischen Sektion der Gemeinnützigen Gesellschaft über die Münzfrage*, Chur: [s.n.], 1849, 11 p.

SCHULER, [Josef Anton], *Das schweizerische Münzwesen und das Verhältniss desselben zu älteren Kapitalien, frühern Schuldtiteln, Obligationen, Verträgen, usw.*, Zug: Beat Joseph Blunschi, 1849, 15 p.

[SPEISER, Johann Jakob], *Noch ein Wort über die Münzfrage, als Erwiderung auf das Gutachten des Herrn Leonhard Pestalozzi*, Bern: Buchdruckerei der Berner-Zeitung, 1849, 22 p.

SPEISER, Johann Jakob, *Ueber das Münzwesen. Mit Beziehung auf die bevorstehende schweizerische Münzreform (besonders abdegruckt aus dem Wochenblatt des Schweizerischen Industrievereins)*, Basel: Schweighauser'sche Buchdruckerei, 1849, 94 p.

Vorstellung und Anträge des Kleinen Rathes vom Kanton St. Gallen an die Schweizersiche Bundesversammlung, die Münzfrage betreffend, St. Gallen: Kälin'sche Offizin, 1849, 26 p.

[WEYDMANN, Johann Philipp], *Bericht und Anträge an den Kleinen Rath des Kant. St. Gallen von Seite der von demselben zu Begutachtung der eidgenössischen Münzfrage niedergesetzten Kommission (im. Nov. 1849)*, St. Gallen; Bern: Huber & Cie, 1849, 18 p.

« Rapport du Conseil fédéral à l'Assemblée fédérale, sur la mise à exécution de la réforme monétaire suisse », *Feuille fédérale*, Vol. 3, 61, 24.11.1849, pp. 163-173.

«Rapport de la majorité de la Commission du Conseil des Etats sur la question de la réforme monétaire suisse», *Feuille fédérale*, Vol. 3, 64, 08.12.1849, pp. 211-233.

«Rapport de la minorité de la Commission nommée par le Conseil des Etats suisse touchant le projet de loi pour le système monétaire suisse et celui de la mise à exécution de la réforme monétaire en Suisse», *Feuille fédérale*, Vol. 3, 65, 15.12.1849, pp. 237-296.

AARGAUISCHE HANDELS- UND GEWERBS-VEREIN, *Bittschrift betreffend die Aufrechterhaltung eines Schweizerischen Münzfusses. An die Hohe Bundesversammlung der Schweizerischen Eidgenossenschaft*, Aarau: [s.n.], 1850, 12 p.

[AEPLI, Arnold Otto], *Welchem Münzfuss soll das schweizerische Volk den Vorzug geben, dem französischen oder dem schweizerischen ?*, St. Gallen: Zollikofer'schen Officizin, 1850, 23 p.

[BERCHTOLD, Josef Anton], *Noch ein Wort über die eidgenössische Münzfrage von einem Westschweizer*, St. Gallen: Scheitlin & Zollikofer, 1850, 43 p.

SPEISER, Johann Jakob, *Sechs Aufsätze über die Münzfrage (besonders abdegruckt aus dem Wochenblatt des Schweizerischen Industrie-Vereins)*, Basel: Schweighauser'sche Buchdruckerei, 1850, 38 p.

PESTALOZZI, Leonhard, *Vortrag in der Versammlung des zürcherischen Industrievereins bei Berathung einer Bittschrift an die hohe Bundesversammlung für Einführung des Schweizerfranken als eidgenössische Münzeinheit*, Zürich: Orell, Füssli & Cie, [1850], 8 p.

SECTION DU COMMERCE DE LA CLASSE D'INDUSTRIE ET DE COMMERCE DE LA SOCIETE DES ARTS DE GENEVE, *Réforme monétaire. Notes et faits. Section du commerce de la classe d'industrie et de commerce de la Société des Arts de Genève*, Genève: Ch. Gruaz, 1850, 27 p.

BOREL, François, «Mémoire au Conseil fédéral sur la question monétaire suisse par M. F. Borel, Consul de la Confédération suisse, à Bruxelles», *Feuille fédérale*, Vol. 1, 13, 03.04.1850, pp. 149-159.

ESCHER, Alfred, *Discours tenu à l'ouverture du Conseil national par son président, le 5 avril 1850*, [s.l.]: [s.n.], 1850, 15 p.

«Rapport de commission accompagnant le projet de loi sur l'expropriation tel qu'il a été délibéré par la Commission nommée par le Conseil national», *Feuille fédérale*, Vol. 1, 14, 05.04.1850, pp. 169-180.

ESCHER, Hans Heinrich, *Der Schweizerfranken*, Zürich: Zürcher & Furrer, 1850, 16 p.

[FAESI, Georg Heinrich], *Der Zürcherische Münzstreit*, Zürich: Orell, Füssli & Cie, 1850, 12 p.

TROG, Johann Jakob, *Die Betheiligung des Mittelstandes bei der Münzfrage (aus der Neuen Zürcher-Zeitung besonders abgedrückt)*, Solothurn: J. Gassmann Sohn, 1850, 16 p.

ZUM BRUNN, Emanuel, *Ueber Geld und Münze, die Sicherung und Beförderung ihres Umlaufes*, Bern: J. A. Weingart, 1850, 94 p.

HELFERICH, Johann Alfons Renatus von, «Die Einheit im deutschen Münzwesen», *Zeitschrift für die gesamte Staatswissenschaft*, 6, 2/3, 1850, pp. 385-437.

[HOFFMANN, Joseph Marzell], *Gespräche des Wirthes Luchs und seines Gastes Spitz über die eidgenössische Münzfrage*, Zürich: [s.n.], 1850, 40 p.

SPEISER, Johann Jakob, «Mémoire au Conseil fédéral sur les fabrications de monnaie et leurs frais, ainsi que sur la perte présumée qui résulterait de la fonte des monnaies cantonales actuelles», *Feuille fédérale*, Vol. 1, 18, 20.04.1850, pp. 309-332.

«Rapport de la partie de la Commission du Conseil national qui recommande l'adoption de la base du système monétaire français», *Supplément à la Feuille fédérale*, Vol. 1, 17, 30.04.1850, pp. 2-67.

«Rapport de la Commission monétaire du Conseil national sur le projet d'une loi concernant la réforme monétaire en Suisse», *Supplément à la Feuille fédérale*, Vol. 1, 17, 30.04.1850, pp. 69-74.

«Rapport et propositions de la fraction de la Commission du Conseil national qui recommande l'adoption du système du franc de Suisse basé sur le marc de Cologne (5 avril 1850)», *Supplément à la Feuille fédérale*, Vol. 1, 20, 30.04.1850, pp. 1-142.

«Loi sur les Monnaies fédérales (7 mai 1850)», *Feuille fédérale*, Vol. 2, 23, 17.05.1850, pp. 25-30.

«Loi sur la mise à exécution de la réforme monétaire suisse (7 mai 1850)», *Feuille fédérale*, Vol. 2, 23, 17.05.1850, pp. 30-38.

«Programme d'un concours pour les dessins des coins des monnaies suisses (13 mai 1850)», *Feuille fédérale*, Vol. 2, 23, 17.05.1850, pp. 41-43.

MOSER, Jean Rodolphe, *Le monnayage Suisse: résumé d'articles parus dans le «Bernerzeitung» des 23 août, 7, 8, 11, 12 et 13 septembre 1850 et lettre publiée dans la «Tribune suisse»*, Berne : Imprimerie Michel, 1850, 16 p.

MOSER, Jean Rodolphe, *Ueber die Münzprägung*, [s.l.] : [s.n.], 1850, 8 p.

MOSER, Rudolf, *Ueber die Münzprägung, eine Erwiderung an Herrn Bankdirektor Speiser*, [Berne] : [Kätzer], 1850, 8 p.

MOSER, Rudolf, *Du tarifage des monnaies dans la Suisse occidentale*, Berne: [s.n.], 1850, 16 p.

MOSER, Rudolf, *Ueber die eidgenössischen Münzgesetze vom 7. Mai 1850 und die Nothwendigkeit einer Revision derselben (aus den « Verhandlungen der St. Gallisch-Appenzellischen gemeinnützigen Gesellschaft » (Herbst-Heft 1850) besonders abgedruckt)*, St. Gallen; Bern: Huber & Cie, 1850, 72 p.

« Rapport à la Haute Assemblée fédérale sur la gestion du Conseil fédéral suisse dès le 21 novembre 1848 au 31 décembre 1849 », *Feuille fédérale*, Vol. 3, 46, 12.10.1850, 139 p.

« Rapport et projet de loi concernant le pied de réduction pour les caisses fédérales », *Feuille fédérale*, Vol. 3, 48, 26.10.1850, pp. 3-16.

« Projet de loi, concernant le pied de réduction d'après lequel les contrats pécuniaires des caisses fédérales, qui ont été passés avant la mise à exécution de la loi monétaire du 7 mai 1850, doivent être convertis dans les nouvelles valeurs », *Feuille fédérale*, Vol. 3, 48, 26.10.1850, pp. 17-19.

KÖNIG, Markus, *Handbuch für Kaufleute und Geschäftsmänner aller Klassen und Stände, enthaltend: alle in der Schweiz und im Handel vorkommenden Valuten nach dem neuen schweiz.-französische Münzfusse reduziert*, Zürich : Leuthy; Glarus: Schmid, 1850, 144 p.

Tableaux indiquant en monnaie nouvelle et ancienne le prix des denrées et des marchandises, à la livre, à l'aune, au pot, au quarteron, etc., Morges: E. Buvelot, 1850, 8 p.

[S.A.], *Genaue Berechnung, wie nach den Beschlüssen der vier konkordirenden Kantone Schaffhausen, Appenzell A.Rh., St. Gallen und Thurgau bei allen Kapitalien, Zinsen und sonstigen Geldverträgen der östlichen Schweiz der Reichsgulden und seine Abtheilungen in neue Schweizer-Franken und Rappen umzuwandeln sind*, St. Gallen: Kälin'sche Offizin, 1851, 24 p.

BAUMGARTNER, Gallus Jakob, *Schweizerspiegel. Drei Jahre unter der Bundesverfassung von 1848*, Zürich: Orell, Füssli & Cie, 1851, 244 p.

« Circulaire de la Commission fédérale des monnaies concernant l'émission d'un emprunt », *Feuille fédérale*, Vol. 1, 13, 15.03.1851, pp. 261-264.

« Règlements sur le retrait des monnaies suisses (du 11 mars 1851) », *Feuille fédérale*, Vol. 1, 14, 19.03.1851, pp. 271-276.

« Règlement sur la refonte des monnaies suisses (du 11 mars 1851) », *Feuille fédérale*, Vol. 1, 14, 19.03.1851, pp. 277-280.

« Règlement touchant le tarif pour l'échange ou le retrait des anciennes monnaies suisses (du 26 mars 1851) », *Feuille fédérale*, Vol. 1, 18, 12.04.1851, pp. 327-331.

« Rapport présenté à la Haute Assemblée fédérale par le Conseil fédéral suisse sur sa gestion pendant l'année 1850 (Département des Finances) », *Feuille fédérale*, Vol. 2, 38, 12.07.1851, pp. 211-221.

« Message du Conseil fédéral à l'Assemblée fédérale, touchant l'augmentation de la frappe de pièces divisionnaires des nouvelles monnaies suisses (17 juillet 1851) », *Feuille fédérale*, Vol. 3, 54, 18.10.1851, pp. 167-170.

« Projet de loi sur l'augmentation de la frappe des monnaies divisionnaires suisses, proposé à l'Assemblée fédérale par le Conseil fédéral », *Feuille fédérale*, Vol. 3, 54, 18.10.1851, pp. 171-172.

« Rapport de la Commission nommée par le Conseil des États suisse pour examiner le projet de loi présenté par le Conseil fédéral sur l'augmentation de la frappe de pièces divisionnaires de monnaies suisses (31 juillet 1851) », *Feuille fédérale*, Vol. 3, 54, 18.10.1851, pp. 172-177.

« Rapport de la Commission nommée par le Conseil national suisse pour examiner le projet de loi sur l'augmentation de la frappe de pièces divisionnaires de monnaies suisses (6 août 1851) », *Feuille fédérale*, Vol. 3, 54, 18.10.1851, pp. 178-181.

HENRICHS, P., *Mémoire sur les avantages d'une langue et d'un système monétaire communs à plusieurs États et sur les moyens de les obtenir*, Paris : Imprimerie Centrale de Napoléon Chaix & Cie, 1851, 12 p.

SCHMIDLIN, Wilhelm, *Das neue Geld : eine Anweisung zur Erleichterung des Uebergangs-Schwierigkeiten für den Geldverkehr im Kleinen*, Basel : Bahnmaier, 1851, 25 p.

MEYER VON KNONAU, Gerold, « Die schweizerischen Münzen von den ältesten Zeiten bis auf die Gegenwart », *Archiv für schweizerische Geschichte*, 8, 1851, pp. 375-402.

Amtliche Sammlung der wichtigern die Münzreform betreffenden Gesetze, Verordnungen, Beschlüsse u.s.w. der Bundesbehörden und der Behörden des Kantons Zürich, Zürich : Orell, Füssli & Cie, 1852, 56 p.

« Rapport de la Commission du Conseil national concernant l'augmentation de la frappe de monnaies divisionnaires suisses (du 20 décembre 1851) », *Feuille fédérale*, Vol. 1, 2, 10.01.1852, pp. 17-22.

BAEDEKER, Karl, *Die Schweiz. Handbuch für Reisende*, Coblenz : K. Baedeker, 1852, 396 p.

DURHEIM, Carl Jakob, *Reductionstabellen der alten Franken und Rappen in neue Schweizerfranken und Centimen und umgekehrt*, Bern : Haller'sche Buchdruckerei, 1852, 47 p.

« Rapport présenté à la Haute Assemblée fédérale par le Conseil fédéral suisse sur sa gestion pendant l'année 1851 (Département des Finances) », *Feuille fédérale*, Vol. 1, 21, 15.05.1852, pp. 469-504.

«Projet de loi fédérale réduisant en nouvelle monnaie suisse les valeurs exprimées en anciennes espèces dans diverses lois fédérales», *Feuille fédérale*, Vol. 2, 37, 31.07.1852, pp. 601-604.

«Rapport présenté à la Haute Assemblée fédérale par le Conseil fédéral suisse sur sa gestion pendant l'année 1852 (Département des Finances)», *Feuille fédérale*, Vol. 2, 22, 09.05.1853, pp. 87-161.

Rapport final de la Commission monétaire suisse sur l'exécution de la réforme monétaire, in «Rapport présenté à la haute Assemblée fédérale par le Conseil fédéral suisse sur sa gestion pendant l'année 1852», *Feuille fédérale*, Vol. 2, 22, 09.05.1853, pp. 92-137.

«Message du Conseil fédéral aux Conseils législatifs de la Confédération, concernant l'établissement d'un hôtel suisse des monnaies (du 6 janvier 1854)», *Feuille fédérale*, Vol. 1, 4, 21.01.1854, pp. 223-234.

«Rapport de la Commission du Conseil national concernant le projet de décret du Conseil fédéral pour l'établissement d'un hôtel suisse des monnaies (du 24 janvier 1854)», *Feuille fédérale*, Vol. 1, 14, 27.03.1854, pp. 625-637.

«Message du Conseil fédéral suisse aux Conseils législatifs de la Confédération, concernant le tarifage de l'or (14 juillet 1854)», *Feuille fédérale*, Vol. 3, 44, 23.09.1854, pp. 201-228.

«Message du Conseil fédéral suisse aux Conseils législatifs de la Confédération, concernant la suspension ou la modification de l'art. 11 de la loi sur les monnaies suisses (du 15 juillet 1854)», *Feuille fédérale*, Vol. 3, 45, 30.09.1854, pp. 328-332.

«Message du Conseil fédéral à l'Assemblée fédérale, touchant la convention avec Berne et le crédit supplémentaire relatifs à l'Hôtel suisse des Monnaies (27 Novembre 1854)», *Feuille fédérale*, Vol. 3, 55, 02.12.1854, pp. 485-494.

BLANCHET, Rodolphe, *Mémoire sur les monnaies des pays voisins du Léman*, Lausanne: Georges Bridel, 1854, 252 p.

[BURCKHARDT, Adolf], *Der Bericht des Bundesrathes über die Goldtarifirung mit Anmerkungen von einem Kaufmann*, Basel: Schweighauser'sche Buchhandlung, 1854, 51 p.

CUSTER, Hermann, *Die Gewichte, Gehalte und Werthe der alten schweizerischen Münzen*, Bern: J. A. Weingart, 1854, 127 p.

CUSTER, Hermann, *Die Tarifirung der französischen Goldmünzen in der Schweiz*, Bern: J. Dalp'sche, 1854, 46 p.

ESCHER, Hans Heinrich, *Die schweizerische Münzreform und ihr Schlussergebniss*, Zürich: Meyer und Zeller, 1854, 12 p.

«Rapport de la Commission du Conseil des Etats touchant le tarifage des pièces d'or (du 6 décembre 1854)», *Feuille fédérale*, Vol. 1, 1, 06.01.1855, pp. 1-12.

« Rapport de la Commission du Conseil national sur la question du tarifage de l'or (du 14 décembre 1854) », *Feuille fédérale*, Vol. 1, 2, 09.01.1855, pp. 21-25.

« Rapport du Conseil fédéral à la haute Assemblée fédérale concernant la question du tarifage de l'or (Du 25 Juin 1856) », *Feuille fédérale*, Vol. 2, 33, 05.07.1856, pp. 141-169.

SEUFFERT, Georg Karl, *Statistik des Getreide- und Viktualien-Handels im Königreiche Bayern mit Berücksichtigung des Auslandes*, München : J. G. Weiss, 1857, 496 p.

WEBER, Emil, *Schweizerische Handelsstatistik*, Zürich : Eigenthum und Verlag des literarischen Comptoirs, 1857, 203 p.

EIDGENÖSSISCHE DEPARTEMENT DES INNERN, *Beiträge der schweizerischen Eidgenossenschaft. V. Theil : Statistische Übersichten über den Handel der Schweiz mit dem Auslande*, Bern : Stämpfliche Buchdruckerei, 1858, 318 p.

ESCHER, Hans Heinrich, *Die schweizerische Scheidemünzfrage nach zehn Jahren*, Zürich : Zürcher & Furrer, 1859, 30 p.

JOANNE, Adolphe, *Nouvel Ebel. Manuel du voyageur en Suisse et à Chamonix*, Paris : L. Hachette & Cie, 1859, 614 p.

KOLB, G[eorg] Fr[iedrich], *Beiträge zur Statistik der Industrie und des Handels der Schweiz*, Zürich : von Meyer, 1859, 46 p.

OTT-TRÜMPLER, Caspar, *La situation monétaire de la Suisse en septembre 1859*, MALOU, J. (Trad.), Bruxelles : Librairie polytechnique d'Aug. Decq, 1859, 31 p.

CHERBULIEZ, Antoine-Elisée, « La question monétaire en Suisse » et « Note additionnelle sur la question monétaire en Suisse », *Journal des économistes*, Tome XXV, janvier-mars 1860, pp. 40-58 et 207-211.

FISCHER, Bernhard Friedrich, *Gold und Silber. Eine Antwort auf die von Tit. Eidgenössischen Finanzdepartement aufgestellten Fragen, aus Auftrag des Verwaltungsrathes der schweizerischen Kreditanstalt in Zürich bearbeitet*, Zürich : Orell, Füssli & Cie, 1860, 32 p.

GROSJEAN-BERARD, Simon, *Le système monétaire de la Suisse et son application*, Genève : Ramboz & Schuchardt, 1860, 30 p.

HAERNE, Désiré Pierre Antoine de, *La question monétaire considérée en général et dans ses rapports avec l'Angleterre, la France, la Suisse et la Belgique*, Bruxelles : A. Decq ; Paris : Guillaumin, 1860, 99 p.

KELLER, Friedrich, *Die Gold- und Silberfrage. Ein Versuch*, St. Gallen : Scheitlin & Zollikofer, 1860, 43 p.

« Message du Conseil fédéral à l'Assemblée fédérale, touchant les monnaies (du 30 décembre 1859) », *Feuille fédérale*, Vol. 1, 2, 18.01.1860, pp. 33-110.

« Rapport de la majorité de la Commission du Conseil national sur la question monétaire (du 14 janvier 1860) », *Feuille fédérale*, Vol. 1, 3, 04.02.1860, pp. 119-140.

« Rapport de la minorité de la Commission du Conseil national sur la question monétaire (du 16 janvier 1860) », *Feuille fédérale*, Vol. 2, 38, 14.07.1860, pp. 565-574.

« Rapport présenté à la haute Assemblée fédérale par le Conseil fédéral suisse sur sa gestion pendant l'année 1859 (Département des Finances) », *Feuille fédérale*, Vol. 2, 33, 26.06.1860, pp. 315-420.

« Rapport présenté à la Haute Assemblée fédérale par le Conseil fédéral suisse sur sa gestion pendant l'année 1860 (Département des Finances) », *Feuille fédérale*, Vol. 1, 20, 14.05.1861, pp. 567-618.

EMMINGHAUS, Arwed Karl Bernhard, *Die Schweizerische Volkswirtschaft*, Volume 2, Leipzig : Gustav Meyer, 1861, 389 p.

« Rapport présenté à la haute Assemblée fédérale par le Conseil fédéral suisse sur sa gestion pendant l'année 1861 (Département des Finances) », *Feuille fédérale*, Vol. 2, 24, 27.05.1862, pp. 403-461.

FRICK, J., SENN, J., *Allgemeines Adressbuch des Gewerbs- und Kaufmannsstandes der Schweiz*, Zürich : [s.n.], 1862, 491 p.

SOETBEER, Adolf, « Die Goldfrage und deren Einfluss auf das Münzwesen der handeltreibenden Länder », *Zeitschrift für die gesamte Staatswissenschaft*, 18, 1, 1862, pp. 3-138.

« Rapport présenté à la haute Assemblée fédérale par le Conseil fédéral suisse sur sa gestion pendant l'année 1862 (Département des Finances) », *Feuille fédérale*, Vol. 2, 19, 05.05.1863, pp. 395-465.

BLUMER, Johann Jakob, *Handbuch des Schweizerischen Bundesstaatsrechtes*, Volume 1, Schaffhausen : Hurter, 1863, 533 p.

PICTET, Ernest, *Des banques de circulation en Suisse*, Genève : Imprimerie Ramboz et Schuchardt, 1863, 33 p.

« Rapport présenté à la haute Assemblée fédérale par le Conseil fédéral suisse sur sa gestion pendant l'année 1863 (Département des Finances) », *Feuille fédérale*, Vol. 1, 20, 06.05.1864, pp. 605-665.

« Rapport de la Commission du Conseil national concernant les traités avec la France (Du 26 août 1864) », *Feuille fédérale*, Vol. 2, 38, 10.09.1864, pp. 547-579.

« Message du Conseil fédéral à l'Assemblée fédérale touchant la pétition de M. le Dr. Fisler, concernant la frappe d'or (31 octobre 1864) », *Feuille fédérale*, Vol. 3, 48, 12.11.1864, pp. 43-49.

« Rapport de la Commission du Conseil national sur la pétition Fisler, concernant les frappes d'or (du 8 décembre 1864) », *Feuille fédérale*, Vol. 3, 55, 24.12.1864, pp. 295-301.

Recueil officiel des pièces concernant le droit public de la Suisse, des lois fédérales, traités, décrets et arrêtés depuis l'introduction de la nouvelle Constitution fédérale du 12 septembre 1848, Berne : Imprimerie A. Fischer, 1864, 447 p.

« Rapport présenté à la haute Assemblée fédérale par le Conseil fédéral suisse sur sa gestion pendant l'année 1864 (Département des Finances) », *Feuille fédérale*, Vol. 2, 22, 15.05.1865, pp. 287-356.

« Message du Conseil fédéral à l'Assemblée fédérale concernant les conventions de poste entre la Suisse et la France (Du 17 mai 1865) », *Feuille fédérale*, Vol. 2, 25, 07.06.1865, pp. 543-567.

« Message du Conseil fédéral à la h. Assemblée fédérale concernant le traité télégraphique international de Paris (Du 10 juillet 1865) », *Feuille fédérale*, Vol. 3, 33, 22.07.1865, pp. 131-139.

« Rapport de la Commission du Conseil des Etats concernant la convention de poste entre la Suisse et la France (Du 13 juillet 1865) », *Feuille fédérale*, Vol. 3, 38, 24.08.1865, pp. 353-364.

BUREAU DE STATISTIQUE DU DEPARTEMENT FEDERAL DE L'INTERIEUR, *Waarenverkehr der Schweiz=Commerce de la Suisse*, Berne : H. Blom, 1865, 132 p.

BAUMGARTNER, Gallus Jakob, *Die Schweiz in ihren Kämpfen und Umgestaltungen von 1830 bis 1850*, Volume 4, Zürich : Friedrich Schulthess, 1866, 611 p.

« Message du Conseil fédéral à la haute Assemblée fédérale concernant la convention monétaire entre la Belgique, la France, l'Italie et la Suisse (du 2 février 1866) », *Feuille fédérale*, Vol. 1, 8, 24.02.1866, pp. 133-148.

« Traité entre la Suisse, la Belgique, la France et l'Italie concernant l'Union monétaire », *Feuille fédérale*, Vol. 1, 8, 24.02.1866, pp. 148-154.

« Rapport de la Commission du Conseil national concernant la convention monétaire entre la Belgique, la France, l'Italie et la Suisse (du 21/22 février 1866) », *Feuille fédérale*, Vol. 1, 12, 24.03.1866, pp. 325-328.

« Rapport présenté à la haute Assemblée fédérale par le Conseil fédéral suisse sur sa gestion pendant l'année 1865 (Département des Finances) », *Feuille fédérale*, Vol. 1, 17, 24.04.1866, pp. 499-564.

DE PARIEU, Félix Esquirou, *De l'uniformité monétaire*, extrait du *Journal des économistes* (juin 1867), Paris : De Guillaumin et Cie, 1867, 40 p.

MARX, Karl, *Le Capital. Critique de l'économie politique. Livre premier. Le procès de production du capital*, Paris : Presses universitaires de France, 1993 (éd. originale allemande : 1867), 940 p.

ZELLWEGER, Johann Konrad, *Der Kanton Appenzell. Land, Volk und dessen Geschichte bis auf die Gegenwart, dargestellt für das Volk*, Trogen : J. Schläpfer, [1867], 675 p.

« Rapport présenté à la haute Assemblée fédérale par le Conseil fédéral suisse sur sa gestion pendant l'année 1867 (Département des Finances) », *Feuille fédérale*, Vol. 2, 22, 23.05.1868, pp. 331-401.

Report from the Royal Commission on International Coinage; together with the Minutes of Evidence and Appendix, London : George Edward Eyre & William Spottiswoode, 1868, 372 p.

« Rapport présenté à la haute Assemblée fédérale par le Conseil fédéral suisse sur sa gestion pendant l'année 1868 (Département des Finances) », *Feuille fédérale*, Vol. 1, 15, 17.04.1869, pp. 763-812.

« Rapport présenté à la haute Assemblée fédérale par le Conseil fédéral suisse sur sa gestion pendant l'année 1869 », *Feuille fédérale*, Vol. 1, 17, 1869, pp. 1-422.

FEER-HERZOG, Carl, *L'unification monétaire internationale, ses conditions et ses perspectives*, Genève : A. Cherbuliez & Cie, 1869, 78 p.

FEER-HERZOG, Carl, *La France et ses alliés monétaires en présence de l'unification universelle des monnaies*, Paris : De Guillaumin & Cie, 1870, 116 p.

« Message du Conseil fédéral à l'Assemblée fédérale concernant la modification de l'article 9 de la loi sur les monnaies du 7 mai 1850 (du 2 décembre 1870) », *Feuille fédérale*, Vol. 3, 54, 24.12.1870, pp. 973-978.

DE PARIEU, Félix Esquirou, « La question de l'unification monétaire en 1870 », *Journal des économistes*, 15.05.1871, pp. 147-157.

« Rapport présenté à la haute Assemblée fédérale par le Conseil fédéral suisse sur sa gestion pendant l'année 1871 », *Feuille fédérale*, Vol. 1, 19, 1871, pp. 1-400.

« Règlement pour la frappe de monnaies d'or pour le compte des particuliers (du 15 janvier 1873) », *Feuille fédérale*, Vol. 1, 3, 18.01.1873, pp. 29-30.

« Rapport présenté à la haute Assemblée fédérale par le Conseil fédéral suisse sur sa gestion pendant l'année 1872 (Département des Finances) », *Feuille fédérale*, Vol. 2, 22, 13.05.1873, pp. 441-487.

FEER-HERZOG, Carl, *Or ou argent ? Etude sur une question à l'ordre du jour*, Aarau : H. R. Sauerländer, 1873, 26 p.

WARTMANN, Hermann, *Atlas über die Entwicklung von Industrie und Handel der Schweiz in dem Zeitraume vom Jahr 1770 bis zum Jahr 1870*, Winterthur : Topographisches Institut von Wurster Randegger, 1873, 8 p.

«Rapport présenté à la haute Assemblée fédérale par le Conseil fédéral suisse sur sa gestion pendant l'année 1874», *Feuille fédérale*, Vol. 1, 2, 1874, pp. 1-514.

WARTMANN, Hermann, *Industrie und Handel des Kantons St. Gallen auf Ende 1866*, St. Gallen: Huber & Cie, 1875, 658 p.

« Rapport présenté à la haute Assemblée fédérale par le Conseil fédéral suisse sur sa gestion pendant l'année 1875 (Département des Finances)», *Feuille fédérale*, Vol. 2, 23, 27.05.1876, pp. 587-684.

« Rapport présenté à la haute Assemblée fédérale par le Conseil fédéral suisse sur sa gestion pendant l'année 1876 (Département des Finances)», *Feuille fédérale*, Vol. 2, 22, 12.05.1877, pp. 497-580.

Report and Accompanying Documents of the United States Monetary Commission, 1876, Volume 1, Washington: Government Printing Office, 1877, 574 p.

« Rapport présenté à la haute Assemblée fédérale par le Conseil fédéral suisse sur sa gestion pendant l'année 1877 (Département des Finances)», *Feuille fédérale*, Vol. 2, 21, 04.05.1878, pp. 435-521.

FEER-HERZOG, Carl, *Bericht an den Schweizerischen Handels-und Industrieverein über den gegenwärtigen Stand der Münzfrage*, Zürich: Orell Füssli & Cie, 1878, 35 p.

« Rapport présenté à la haute Assemblée fédérale par le Conseil fédéral suisse sur sa gestion pendant l'année 1878 (Département des Finances)», *Feuille fédérale*, Vol. 2, 22, 10.05.1879, pp. 293-385.

SOETBEER, Adolf, *Edelmetall-Produktion und Werthverhältniss zwischen Gold und Silber seit der Entdeckung Amerika's bis zur Gegenwart*, Gotha: Justus Perthes, 1879, 142 p.

«Rapport présenté à la haute Assemblée fédérale par le Conseil fédéral suisse sur sa gestion pendant l'année 1879 (Département des Finances)», *Feuille fédérale*, Vol. 2, 17, 17.04.1880, pp. 513-664.

BURCKHARDT, Adolf, *Die lateinische Münz-Convention und der internationale Bimetallismus*, Basel: H. Georg's Verlag, 1886, 135 p.

DEPARTEMENT FEDERAL DU COMMERCE, *Statistique du mouvement commercial suisse de 1851-1884*, Berne: Imprimerie Stämpfli, 1887, 204 p.

«Message du Conseil fédéral à l'Assemblée fédérale concernant la tarification de monnaies d'or étrangères (du 12 avril 1887)», *Feuille fédérale*, Vol. 1, 18, 23.04.1887, pp. 827-831.

PEYER IM HOF, Johann Friedrich, *Aus den Anfängen des neuen Bundes: Erinnerungen eines Achtzigjährigen*, Fraufenfeld: J. Huber, 1900, 58 p.

3. Littérature secondaire

[ACKERMANN, Ernest *et alii*], *Le système monétaire de la Suisse: étude documentaire*, Lausanne: Payot, 1925, 380 p.

ADRIAN, Paul, «Eidgenössische Münzstätte», *Revue suisse de numismatique*, 16, 1910, pp. 148-151.

AGLIETTA, Michel, «L'ambivalence de l'argent», *Revue française d'économie*, 3, 3, 1988, pp. 87-133.

AGLIETTA, Michel, COUDERT, Virginie, *Le dollar et le système monétaire international*, Paris: Ed. La Découverte, 2014, 128 p.

AGLIETTA, Michel, ORLEAN, André, *La Violence de la monnaie*, Paris: Presses universitaires de France, 1982, 350 p.

ALBERTINI, Jean-Marie, LECOMTE-COLLIN, Véronique, COLLIN, Bruno, *Histoire de la monnaie: du troc à l'euro*, Paris; Zurich; Bruxelles: Sélection du Reader's Digest, 2000, 191 p.

ALTERMATT, Urs, *Conseil fédéral, Dictionnaire biographique des cent premiers conseillers fédéraux*, Yens: Cabédita, 1993, 672 p.

ALTHERR, Hans, *Eine Betrachtung über neue Wege der schweizerischen Münzpolitik*, Bern: A. Francke, 1908, 204 p.

ALTHERR, Hans, *Das Münzwesen der Schweiz bis zum Jahre 1798 auf Grundlage der eidg. Verhandlungen und Vereinbarungen*, Bern: Stämpfli & Cie, 1910, 432 p.

ANDREY, Georges, TORNARE, Alain-Jacques, *19 Février 1803: l'Acte de Médiation rercrée la Suisse*, Lausanne : Presses polytechniques et universitaires romandes, 2021, 165 p.

ANDREY, Georges, TORNARE, Alain-Jacques, *L'Acte de Médiation. Socle d'une nouvelle Suisse*, Bière : Cabédita, 2017, 101 p.

ANDREW, Abram Piatt, «The End of the Mexican Dollar», *The Quarterly Journal of Economics*, 18, 3, 1904, pp. 321-356.

ANROOY, Josephine van, *Die Hausindustrie in der schweizerischen Seidenstoffweberei*, Zürich : Ed. Rascher's Erben, 1904, 192 p.

ARDANT, Gabriel, «Financial Policy and Economic Infrastructure of Modern States and Nations», in TILLY, Charles (Ed.), *The Formation of National States in Western Europe*, Princeton : Princeton University Press, 1975, pp. 164-242.

ARLETTAZ, Gérald, «La Démocratie au temps des Républiques. Idéologies et mentalités politiques dans la société suisse, 1815-1848», *Etudes et Sources*, 9, 1983, pp. 5-34.

ARX, Rolf von, *Die Münzgeschichte des Landes Glarus und das Silberbergwerk auf der Mürtschenalp am Anfang des 17. Jahrhunderts*, Hilterfingen: Helvetische Münzenzeitung, 1979, 176 p.

AUBERT, Charles, «Relations de jadis entre Gênes et Genève», in KAHN-LAGINESTRA (Dir.), *Genève et l'Italie*, Genève: Société genevoise d'études italiennes, 1994, pp. 39-46.

AUFDERMAUER, Claudia, *Die Bundesbarone und die Neutralität: der Einfluss der Wirtschaftsvertreter auf die schweizerische Aussenpolitik und Aussenhandelspolitik (1848-1872)*, Freiburg: [s.n.], 2016, 348 p.

AYCOBERRY, Pierre, FERRO, Marc, *Une histoire du Rhin*, Paris: Ramsay, 1981, 459 p.

BAASCH, Ernst, *Beiträge zur Geschichte der Handelsbeziehungen zwischen Hamburg und Amerika*, Hamburg : L. Friederischen & Cie, 1892, 255 p.

BABEL, Antony, «Genève et la révolution industrielle, XVIIIe-XIXe siècles», in *Mélanges d'études économiques et sociales offerts à Claudius-P. Terrier*, Genève: Georg, 1968, pp. 1-22.

BABEL, Antony, *La Caisse hypothécaire et le développement économique du canton de Genève*, Genève: Librairie de l'Université, 1947, 517 p.

BABEL, Antony, *La fabrique genevoise*, Neuchâtel; Paris: Ed. Victor Attinger, 1938, 155 p.

BACHELIN, Auguste, *A propos des monnaies fédérales*, Bâle : Chr. Krüsi, 1875, 11 p.

BÄCHTOLD, Hermann, *Die schweizerische Volkswirtschaft in ihren Beziehungen zu Deutschland*, Frauenfeld; Leipzig : Huber & Co, 1927, 92 p.

BAGWELL, Philip Sidney, *The Transport Revolution from 1770*, London: B. T. Batsford Ltd, 1974, 460 p.

BAIROCH, Paul, *Commerce extérieur et développement économique de l'Europe au XIXe siècle*, Mouton; Paris; La Haye: Ecole des hautes études en sciences sociales, 1976, 355 p.

BAIROCH, Paul, «European Foreign Trade in the XIX Century: The Development of the Value and Volume of Exports (Preliminary Results)», *Journal of European Economic History*, 2, 1, 1973, pp. 5-36.

BAIROCH, Paul, «Geographical Structure and Trade Balance of European Foreign Trade from 1800 to 1970», *Journal of European Economic History*, 3, 3, 1974, pp. 557-608.

BAIROCH, Paul, « International Industrialization Levels from 1750 to 1980», *Journal of European Economic History*, 11, 2, 1982, pp. 269-333.

BAIROCH, Paul, *L'agriculture des pays développés, 1800 à nos jours: production – productivité – rendements*, Paris: Economica, 1999, 191 p.

BAIROCH, Paul, KÖRNER, Martin (Eds.), *La Suisse dans l'économie mondiale. Die Schweiz in der Weltwirtschaft*, Genève: Droz, 1990, 505 p.

BAIROCH, Paul, «Le volume des exportations de la Suisse de 1851 à 1975», *Revue suisse d'histoire*, 28, 1978, pp. 29-50.

BAIROCH, Paul, «Les spécificités des chemins de fer suisses des origines à nos jours», *Revue suisse d'histoire*, 39, 1989, pp. 35-57.

BAIROCH, Paul, *Mythes et paradoxes de l'histoire économique*, SAINT-GIRONS, Anne (Trad.), Paris: Ed. La Découverte, 1995, 286 p.

BAIROCH, Paul, *Victoires et déboires II. Histoire économique et sociale du monde du XVIe siècle à nos jours*, Paris: Gallimard, 1997, 1015 p.

BALBI, Gabriele, CALVO, Spartaco, FARI, Simone, RICHERI, Giuseppe, «"Bringing together the two large electric currents that divide Europe": Switzerland's Role in Promoting the Creation of a Common European Telegraph Space (1849-1865)», *Icon*, 15, 2009, pp. 61-80.

BALBI, Gabriele, FARI, Simone, RICHERI, Giuseppe, CALVO, Spartaco, *Network Neutrality. Switzerland's role in the genesis of the Telegraph Union, 1855-1875*, Bern, etc.: Peter Lang, 2014, 227 p.

BALBI, Gabriele, FARI, Simone, RICHERI, Giuseppe, CALVO, Spartaco, «Swiss Specialties. Switzerland's Role in the Genesis of the Telegraph Union, 1855-1875», *Journal of European Integration History*, 19, 2, 2013, pp. 207-225.

BALDNER, Jean-Marie, «La monnaie et l'historien», *Espace Temps*, 34-35, 1986, pp. 60-65.

BALTENSPERGER, Ernst, KUGLER, Peter, *«Histoire de la force du franc», La vie économique*, 22.09.2016. En ligne: https://dievolkswirtschaft.ch/fr/2016/09/histoire-de-la-force-du-franc/ (Etat au 26.01.2024).

BALTENSPERGER, Ernst, *Le Franc Suisse: l'histoire d'un succès*, Lausanne: Presses polytechniques et universitaires romandes, 2015, 320 p.

BALTENSPERGER, Ernst, KUGLER, Peter, «The historical origins of the safe haven status of the Swiss franc», *Aussenwirtschaft*, 67, 2, 2015, pp. 1-30.

BALTENSPERGER, Ernst, KUGLER, Peter, *Swiss Monetary History since the Early 19th Century*, Cambridge : Cambridge University Press, 2017, 244 p.

BANQUE NATIONALE SUISSE, *Banque nationale suisse, 1907-1957*, Zurich: Banque nationale suisse, 1957, 457 p.

BARTEL, Robert J., «International Monetary Unions: the XIXth Century Experience», *Journal of European Economic History*, 3, 1974, pp. 689-704.

BARTOLOTTI, Fabien, *Les milieux d'affaires marseillais et la route de Suez de la fin du XVIII*[e] *siècle à 1858*, Mémoire de master de l'Université Aix-Marseille, 2011-2012, 204 p. Disponible en ligne: https://www.academia.edu/19664719/Les_milieux_daffaires_marseillais_et_la_route_de_Suez_de_la_fin_du_XVIIIe_siècle_à_1858_Acteurs_enjeux_et_représentations (Etat au 26.01.2024).

BEAUD, Olivier, «La Diète suisse de 1815 à 1848», in MONNIER, Victor, HAFNER, Felix, KLEY, Andreas (Eds.), *Commentationes Historiae Iuris Helveticae*, Volume 2, Berne: Stämpfli, 2007, pp. 82-105.

BENNEWITZ, Susanne, *Ein Aussenseiter handelt. Der Kaufmann Isaac Dreyfus (1785-1845) in Basel*, Göttingen : Wallstein-Verlag, 2014, 208 p.

BENZ, Gérard, «Un aspect du financement des chemins de fer en Suisse par le capital étranger», *Revue suisse d'histoire*, 37, 1987, pp. 169-185.

BERGER, Helge, SPOERER, Mark, « Economic Crises and the European Revolutions of 1848 », *The Journal of Economic History*, 61, 2, 2001, pp. 293-326.

BERGERON, Louis, *Banquiers, négociants et manufacturiers parisiens du Directoire à l'Empire*, Paris : Ecole des hautes études en sciences sociales ; La Haye: Mouton, 1978, 436 p.

BERGIER, Jean-François, *Histoire économique de la Suisse*, Lausanne: Payot, 1984, 375 p.

BERGIER, Jean-François, *Une histoire du sel*, Fribourg: Office du Livre SA, 1982, 250 p.

BERNEGGER, Michael, RHONHEIMER, Hans Georg, «La soierie zurichoise, de la révolution industrielle à nos jours», in JELMINI, Jean-Pierre, CLERC-JUNIER, Caroline, KAEHR, Roland (Eds.), *La soie. Recueil d'articles sur l'art et l'histoire de la soie*, Neuchâtel: Musée d'Art et d'Histoire, 1986, pp. 141-161.

BERNEGGER, Therese, *Seidenindustrielle auf der Zürcher Landschaft von 1830 bis 1930: Zum Wandel von Unternehmerpositionen und -funktionen*, Mémoire de licence de l'Université de Zurich, 1988, 165 p. + 70 p. d'annexes.

BERTHO, Catherine, *Télégraphes et téléphones de Valmy au microprocesseur*, Paris : Librairie Générale Française, 1991, 541 p.

BERTHO LAVENIR, Catherine, *Les télécommunications*, Suresnes: R. Pages, 1991, 125 p.

BESSLER, Hans, *La France et la Suisse de 1848 à 1852*, Paris: Victor Attinger, 1930, 377 p.

BIAUDET, Jean-Charles, « Les origines de la Constitution fédérale de 1848 », *Publications de l'Université de Lausanne*, 5, 1949, pp. 7-33.

BIGO, R., « Note sur le cours forcé en 1848 », *Revue d'économie politique*, 55, 1945, pp. 81-88.

BILFINGER, Monica, KOCH, Hanspeter, *La monnaie fédérale à Berne*, Berne : Société d'histoire de l'art en Suisse, 2006, 43 p.

BISSING-BERLIN, Wilhelm Moritz von, « Der Deutsche Zollverein und die monetären Probleme », in JAHN, Georg (Ed.), *Schmollers Jahrbuch für Gesetzgebung, Verwaltung und Volkswirtschaft*, 79, 1, 1959, pp. 199-214.

BLANC, Jérôme, « Principe et exercice de la souveraineté monétaire. Le cas de l'exclusivité monétaire nationale », Communication au Colloque « Du franc à l'euro : changements et continuité de la monnaie », Poitiers, 14-16 novembre 2001, 16 p. Disponible en ligne : http://sceco.univ-poitiers.fr/franc-euro/communications.htm (Etat au 26.01.2024).

BLANC, Jérôme, « La complexité monétaire en France sous l'Ancien régime : étendue et mode de gestion », *De Pecunia*, 1994, 4, 3, 49 p. Disponible en ligne : https://halshs.archives-ouvertes.fr/halshs-00090030/document (Etat au 26.01.2024).

BLANC, Jérôme, « Formes et rationalités du localisme monétaire », *Actualité Economique*, 2002, 3, 78, pp. 347-369. Disponible en ligne : https://halshs.archives-ouvertes.fr/halshs-00138438/document (Etat au 26.01.2024).

BLANCHARD, Marcel, « Aux origines de nos chemins de fer : saint-simoniens et banquiers », *Annales d'histoire économique et sociale*, 10, 50, 1938, pp. 97-115.

BLANCHARD, Marcel, « Financiers français et chemins de fer suisses sous le Second Empire », *Revue d'Economie Politique*, 51, 1937, pp. 1591-1606.

BLANCHARD, Marcel, « La politique ferroviaire du Second Empire », *Annales d'histoire économique et sociale*, 6, 30, 1934, pp. 529-546.

BLANCHARD, Marcel, *Le Second Empire*, Paris : Armand Colin, 1950, 220 p.

BLASEN, Philippe Henri, « Die österreichische Münzreform von 1857-1858 und die siebenbürgischen "Gelegenheitschriften anlässlich der neuen Währung". Mit besonderer Betrachtung der *Gespräch der Bauern Hans und Georg über das neue Geld* (1858) », *Studia Universitatis Babes-Bolyai Historia*, 61, 2, 2016, pp. 69-92.

BLAUM, Kurt, *Das Geldwesen der Schweiz seit 1798*, Strassburg : Trübner, 1908, 176 p.

BLEULER, Werner, *Bank in Zürich, 1836-1906*, Zürich : Schweizerischen Kreditanstalt, 1913, 335 p.

BLOCH, Marc, *Esquisse d'une histoire monétaire de l'Europe*, Paris : A. Colin, 1954, 96 p.

BLOCH, Marc, « Mutations monétaires dans l'ancienne France », *Annales. Economies, Sociétés, Civilisations*, 2, 1953, pp. 145-158.

BLOCH, Marc, « Mutations monétaires dans l'ancienne France (Seconde partie) », *Annales. Economies, Sociétés, Civilisations*, 4, 1953, pp. 433-456.

BLÖSCH, Hans, « Der schweizerische Gewerbsverein und seine Bestrebungen für eine schweizersiche Zolleinheit », *Zeitschrift für schweizerische Statistik*, 64, 1928, pp. 397-409.

BODMER, Max, *Zur Tätigkeit und Stellung der Privatbankiers in der Schweiz*, Zürich : Schulthess, 1934, 119 p.

BODMER, Walter, « Die Einführung der Maschine in der Zürcher Florettseidenindustrie », *Swiss Journal of Economics and Statistics*, 86, 1950, pp. 512-526.

BODMER, Walter, *Die Entwicklung der schweizerischen Textilwirtschaft im Rahmen der übrigen Industrien und Wirtschaftszweige*, Zürich : Verlag Berichthaus, 1960, 579 p.

BODMER, Walter, « Die Zurzacher Messen von 1530 bis 1856 », *Argovia : Jahresschrift der Historischen Gesellschaft des Kantons Aargau*, 74, 1962, pp. 3-130.

BOILLAT, Johann, « L'or des horlogers. L'industrie neuchâteloise des métaux précieux (1846-1998) : acteurs et réseaux », *Revue historique neuchâteloise*, 1, 2016, pp. 23-45.

BONDERER, Roman, *Willensnation wider Willen. Die medialen Konflikte in der Entstehungszeit des Schweizer Nationalstaats (1830-1857)*, Basel : Schwabe, 2021, 461 p.

BÖNING, Holger, *Revolution in der Schweiz. Das Ende der Alten Eidgenossenschaft – Die Helvetische Republik 1798-1803*, Bern, etc. : Peter Lang, 1985, 237 p.

BONJOUR, Edgar, « Die Gründung des schweizerischen Bundesstaates », *Schweizer Monatshefte : Zeitschrift für Politik, Wirtschaft, Kultur*, 28, 2, 1948-1949, pp. 73-84.

BONJOUR, Ernest, *Histoire des postes suisses, 1849-1949. Les postes fédérales*, 2 Volumes, Berne : Direction Générale des PTT, 1949.

BONJOUR, Edgar, *La neutralité suisse. Synthèse de son histoire*, OSER, Charles (Trad.), Neuchâtel : Ed. de la Baconnière, 1979, 240 p.

BORDIER, Ami, *Notice sur la Société des agents de change de Genève*, Genève : Impr. Romet, 1904, 49 p.

BORDO, Michael D., « Currency Competition in Switzerland », *Aussenwirtschaft*, 68, 1, 2017, pp. 101-108.

BORN, Karl Erich, *Geld und Banken im 19. und 20. Jahrhundert*, Stuttgart : Alfred Kröner, 1977, 663 p.

BOSSHARDT, Alfred, NYDEGGER, Alfred, « Die schweizerische Aussenwirtschaft im Wandel der Zeiten », *Schweizerische Zeitschrift für Volkswirtschaft und Statistik*, 100, 1964, pp. 302-327.

BOTZENHART, Manfred, *Reform, Restauration, Krise. Deutschland 1789-1847*, Frankfurt am Main : Suhrkamp, 1985, 171 p.

BOUCHMIL, Ovschia-Eschil, *Origines et création de la Banque nationale suisse (1834-1905)*, Montpellier : Impr. Gustave Firmon, Montane et Sicardi, 1906, 277 p.

BOYER, Marie-Thérèse, GAVEAU, Gérard, GILLARD, Lucien, « Unités de compte, monnaies et change », *Cahiers d'économie politique*, 8, 1982, pp. 5-36.

BOYER-XAMBEU, Marie-Thérèse, DELEPLACE, Ghislain, GILLARD, Lucien, *Monnaie privée et pouvoir des Princes : l'économie des relations monétaires à la Renaissance*, [Paris] : Ed. du CNRS ; Presses de la Fondation Nationale des Sciences Politiques, 1986, 423 p.

BOYER-XAMBEU, Marie-Thérèse, DELEPLACE, Ghislain, GILLARD, Lucien, « Vers une typologie des régimes monétaires », *Cahiers d'économie politique*, 18, 1990, pp. 31-60.

BRAESCH, Frédéric, *La livre tournois et le franc de Germinal : essai sur la monnaie métallique*, Paris : La maison du livre français, 1936, 264 p.

BRAND, Urs, *Die schweizerisch-französischen Unterhandlungen über einen Handelsvertrag und der Abschluss des Vertragswerkes von 1864*, Bern : Herbert Lang & Cie, 1968, 321 p.

BRAUDEL, Fernand, *Civilisation matérielle, économie et capitalisme, XVe-XVIIIe siècle*, Tome I, *Les structures du quotidien : le possible et l'impossible*, Paris : Armand Colin, 1979, 544 p.

BRAUDEL, Fernand, *L'identité de la France*, Tome III, *Les hommes et les choses*, Paris : Arthaud, 1986, 536 p.

BRAUDEL, Fernand, LABROUSSE, Ernest, *Histoire économique et sociale de la France*, Tome III, Paris : Presses universitaires de France, 1976, 1104 p.

BROSSAULT, Eric, *Histoire de l'Union monétaire latine*, Rennes : Imprimerie des Arts et Manufactures, 1903, 203 p.

BURCKHARDT, C. F. W., *Zur Geschichte der Privatbankiers in der Schweiz*, Zürich : Orell, Füssli & Cie, 1914, 35 p.

BURCKHARDT-SARASIN, Carl, « Die geschäftliche Tätigkeit von Johann Rudolf Forcart-Weiss 1749-1834 », *Basler Jahrbuch*, 1950, pp. 102-141.

BÜRGI, Andreas, «Vom schweizerischen Münzwesen», *Schweizerische Zeitschrift für Volkswirtschaft und Sozialpolitik*, 32, 1926, pp. 243-247.

BÜRGIN, Alfred *et alii*, *Schweizer Pioniere der Wirtschaft und Technik. Vier basler Pioniere. Achilles Bischoff. Benedikt La Roche. Carl Geigy. J. J. Speiser*, Zürich: Verein für wirtschaftshistorische Studien, 1967, 133 p.

BURKHARD, Paul, *Exportfinanzierung und Exportbankfrage in der Schweiz*, Zürich: Ernst Lang, 1943, 195 p.

BÜRKLI-MEYER, Adolf, *Geschichte der zürcherischen Seidenindustrie vom Schlusse des XIII. Jahrhunderts an bis in die neuere Zeit*, Zürich: Orell, Füssli & Cie, 1884, 246 p.

BUSCHAUER, Regine, *Mobile Räume. Medien- und diskursgeschichtliche Studien zur Tele-Kommunikation*, Bielefeld : transcript, 2010, 361 p.

BUSER, Jakob, «La statistique du commerce suisse», *La Suisse économique*, 1916, pp. 183-215.

BUSER-VAN DYCK, Rudolf, *Zur Geschichte des Bankhauses Marcuard u. Co*, Bern : [s.n.], 1913, 17 p.

BUTIKOFER, Roland *et alii* (Eds.), *A tire d'ailes. Contributions de Hans Ulrich Jost à une histoire critique de la Suisse*, Lausanne: Antipodes, 2005, 611 p.

CAHN, Erich Bernhard, *Catalogue des monnaies suisses: essai d'un catalogue de toutes les frappes monétaires suisses classées d'après leur type, Tome I: «Fribourg»*, Berne: Société suisse de numismatique, 1959, 31 p.

CAHORN, Auguste, «Les monnaies de Glaris», *Revue suisse de numismatique*, 5, 1895, pp. 327-348.

CALVO, Spartaco, BALBI, Gabriele, FARI, Simone, RICHERI, Giuseppe, «La voie suisse aux télécommunications: politique, économie, technologie et société (1850-1915)», *Revue suisse d'histoire*, 61, 2011, pp. 435-453.

CAMERON, Rondo, «France, 1800-1870», in CAMERON, Rondo (Dir.), *Banking in the Early Stages of Industrialization. A Study in comparative economic history*, New York; London; Toronto: Oxford University Press, 1967, pp. 101-128.

CAMERON, Rondo, *La France et le développement économique de l'Europe (1800-1914)*, BERTHOD, Marianne (Trad.), Paris : Ed. du Seuil, 1971 (éd. originale anglaise: 1961), 430 p.

CAMPANELLI, Alessandro, «Le pouvoir central dans l'élaboration du Pacte fédéral de 1815», in MONNIER, Victor, HAFNER, Felix, KLEY, Andreas (Eds.), *Commentationes Historiae Iuris Helveticae*, Volume 16, Berne: Stämpfli, 2018, pp. 77-100.

CAPITANI, François de, « Le franc suisse : une aventure de deux cents ans », *Revue économique et sociale*, 1999, 57, pp. 65-72.

CARRERAS, Sandra, MAIHOLD, Günther (Eds.), *Preussen und Lateinamerika. Im Spannungsfeld von Kommerz, Macht und Kultur*, Münster : LIT, 2004, 324 p.

CARS, Jean des, *Mémoires d'un Palace : Baur au Lac*, Paris : Flammarion, 2002, 153 p.

CASSIS, Youssef, « Morris, Prevost & Co et les réseaux de la banque privée genevoise à Londres au XIXe siècle », in HEAD-KÖNIG, Anne-Lise, LORENZETTI, Luigi, VEYRASSAT, Béatrice (Eds.), *Famille, parenté et réseaux en Occident (XVIIe-XXe siècles). Mélanges offerts à Alfred Perrenoud*, Genève : Société d'histoire et d'archéologie de Genève, 2001, pp. 153-162.

CAYEZ, Pierre, « Les capitaux suisses à Lyon sous le Premier Empire », in PUBLICATIONS DE LA FACULTE DES SCIENCES ECONOMIQUES ET SOCIALES DE L'UNIVERSITE DE GENEVE (Ed.), *Colloque franco-suisse d'histoire économique et sociale : Genève, 5-6 mai 1967*, Genève : Librairie de l'Université ; Georg & Cie, 1969, pp. 129-134.

CERENVILLE, Bernard de, *Le système continental et la Suisse, 1803-1813*, Lausanne : Imprimerie Georges Bridel, 1906, 345 p.

CHACHEREAU, Nicolas, *Les débuts du système suisse de brevets d'invention (1873-1914)*, Neuchâtel : Alphil, 2022, 557 p.

CHAMBERLAIN, Muriel Evelyn, *"Pax Britannica" ? Britisch Foreign Policy, 1789-1914*, London ; New York : Longman, 1988, 224 p.

CHANCELIER, Isabelle, *Messieurs Mirabaud et Cie, d'Aigues-Vives à Paris, via Genève et Milan*, Saint-Pierre-de-Vassols : Ed. familiales, 2001, 288 p.

CHAPONNIERE, Olivier, *Antoine Bovy et le Franc suisse : une collection unique de documents monétaires*, Genève : Chaponnière & Firmenich, 2015, 151 p.

CHAPONNIERE, Olivier, *Bons au porteur. Billets de banque. Genève, 1830-1906. Catalogue et archives inédites*, Genève : Société Antoine Bovy, 2024, 242 p.

CHAPONNIERE, Olivier, *Monnaies d'or de la Suisse 1851-2022*, Genève : Chaponnière & Firmenich, 2022, 157 p.

CHAPONNIERE-MEYER, Corinne (Ed.), *Nos deux cents premières années : Lombard Odier & Cie*, Genève : Lombard Odier, 1998, 291 p.

CHEVALLEY, Gérald, *La crise alimentaire de 1846-1847 dans le canton de Vaud*, Mémoire de licence de l'Université de Lausanne, 1976, 97 p.

CHIARELLI, Jan, « L'adoption du franc comme monnaie nationale (1850) », *Traverse : Revue d'histoire*, 27, 1, 2020, pp. 154-169.

CHIARELLI, Jan, « L'adoption du *franc de Genève* (1825-1838) : enjeux économiques et réseaux d'acteurs », *Bulletin de la SHAG*, 45, 2016-2018, pp. 24-33.

CHRISTELLER, Laurent, « Les Pictet : activités bancaires et financières d'une famille patricienne genevoise (1707-1926) », *Revue vaudoise de généalogie et d'histoire des familles*, 2017, pp. 87-106.

CLARA, Kristine (Dir.), *1865 Paris : la naissance de l'Union*, Genève : [s.n.], 2015, 88 p.

CLEMENT, Jean-Pierre, « De la monnaie et de l'indépendance. Quelques remarques sur les noms des monnaies en Amérique latine », [s.d.], 26 p. Disponible en ligne : http://sceco.univ-poitiers.fr/franc-euro/articles/JPClement.PDF (Etat au 26.01.2024).

CLOUGH, Shepard B., *The Economic History of Modern Italy*, New York ; London : Columbia University Press, 1964, 458 p.

COHEN, Benjamin J., *The Geography of Money*, Ithaca ; London : Cornell University Press, 1998, 229 p.

CONFAVREUX, Joseph, « Usages sociaux et politiques de la monnaie en Dordogne dans la première moitié du XIXe siècle », *Ruralia*, 7, 2000, 30 p. Disponible en ligne : http://journals.openedition.org/ruralia/174?gathStatIcon=true (Etat au 26.01.2024).

CONSIGNY, Pierre, *La France et sa monnaie : un chemin de mémoire*, Paris : Imprimerie nationale éditions, 2001, 245 p.

CONZEMIUS, Victor (Ed.), *Briefwechsel Philipp Anton von Segesser (1817-1888). Band II (1849-1860)*, Zürich ; Einsiedeln ; Köln : Benziger, 1986, 404 p.

CORAGGIONI, Leodegar, *Münzgeschichte der Schweiz*, Genève : P. Stroehlin, 1896, 184 p.

COURBIS, Bernard, FROMENT, Eric, SERVET, Jean-Michel, « A propos du concept de monnaie », *Cahiers d'économie politique*, 18, 1990, pp. 5-29.

COURBIS, Bernard, FROMENT, Eric, SERVET, Jean-Michel, « Enrichir l'économie politique de la monnaie par l'histoire », *Revue économique*, 42, 2, 1991, pp. 315-338.

COUSTEIX, P., « Les financiers sous le Second Empire », *1848. Revue des révolutions contemporaines*, 43, 186, 1950, pp. 105-135.

CRUCHON, Amédée, *Le franc suisse pendant et après la guerre, 1914-1930*, Lausanne : Payot, 1932, 241 p.

CUENDET, Georges-André, « L'histoire bicentenaire de Darier Hentsch & Cie à travers les hommes qui l'ont faite », in *Le 200e, 1796-1996 : journal du bicentenaire de la banque Darier Hentsch & Cie*, n° 1-6, 1995-1996.

CZOUZ-TORNARE, Alain-Jacques (Dir.), *Quand Napoléon Bonaparte recréa la Suisse: la genèse et la mise en œuvre de l'Acte de médiation. Aspects des relations franco-suisses autour de 1803. Journée d'étude du 3 mars 2003 à la Sorbonne, salle Louis Liard*, Paris : Société des études robespierristes, 2005, 248 p.

DARIER & CIE, *Darier & Cie, banquiers (1837-1987): cent cinquante ans de vie genevoise*, Genève : Darier & Cie, 1987, 12 p.

DAY, John (Ed.), *Études d'histoire monétaire*, Lille : Presses universitaires de Lille, 1984, 447 p.

DAY, John, « Naissance et mort des monnaies de compte (XIIIe-XVIIIe siècles) », *Revue numismatique*, 6, 153, 1998, pp. 335-343.

DEBES, Robert, *Banque du Commerce de Genève 1845-1907*, St. Gallen: Honegger, 1909, 120 p.

DEJUNG, Emanuel, STÄHLI, Alfred, GANZ, Werner, *Jonas Furrer von Winterthur 1805-1861: erster schweizerischer Bundespräsident – ein Lebensbild*, Winterthur : Gemsberg-Verlag, 1948, 550 p.

DEJUNG, Christof, « Unbekannte Intermediäre: schweizerische Handelsfirmen im 19. und 20. Jahrhundert », *Traverse: Revue d'histoire*, 17, 1, 2010, pp. 139-155.

DELLA CASA, Marco, *Catalogue des monnaies suisses: essai d'un catalogue de toutes les frappes monétaires suisses classées d'après leur type, Tome IX: « La monetazione cantonale ticinese, 1813-1848 »*, Berne: Société suisse de numismatique, 1991, 230 p.

DELEPLACE, Ghislain, « Les différents usages de l'étalon monétaire », *Cahiers d'économie politique*, 23, 1994, pp. 101-113.

DELOBETTE, Edouard, *Ces Messieurs du Havre. Négociants, commissionnaires et armateurs de 1680 à 1830*, Thèse de doctorat de l'Université de Caen, 2005, 2547 p. Disponible en ligne: https://theses.hal.science/tel-00219751v1 (Etat au 26.01.2024).

DEMOLE, Eugène, *Histoire monétaire de Genève de 1792 à 1848*, Genève: J. Jullien; Paris : Alphonse Picard, 1892, 139 p.

DEMOLE, Eugène, WAVRE, William, *Histoire monétaire de Neuchâtel*, Neuchâtel : Société d'histoire et d'archéologie, 1939, 354 p.

DEMOUGIN, Jacques, *Histoire du franc*, Paris: Trésor du patrimoine, 2003, 158 p.

DENZEL, Markus A., « Die Integration der Schweizer Finanzplätze in das internationale Zahlungsverkehrssystem vom 17. Jahrhundert bis 1914 », *Revue suisse d'histoire*, 48, 1998, pp. 177-235.

DEONNA, Henry, « Une industrie genevoise de jadis : les indiennes », *Genava*, 8, 1930, pp. 185-240.

DERMIGNY, Louis, « La France à la fin de l'ancien régime : une carte monétaire », *Annales. Economies, sociétés, civilisations*, 10, 4, 1955, pp. 480-493.

[S.A.], « Die Konsularischen Vertreter der Eidgenossenschaft von 1798 bis 1925 », *Bulletin consulaire suisse*, supplément au n° 12, avril 1927, pp. 17-50.

DIERAUER, Johannes, *Histoire de la Confédération Suisse*, REYMOND, Aug. (Trad.), Tome V (1798-1848), 2 Volumes, Lausanne : Payot & Cie, 1919, 977 p.

DIETSCHI, Erich, *Die Schweiz und Deutschland in ihren handelspolitischen Beziehungen in der Zeit der Entstehung des deutschen Zollvereins 1815-1835*, Basel : [s.n.], 1927, 162 p.

DIRECTION GENERALE DES PTT, *Un siècle de télécommunications en Suisse, 1852-1952. Tome I : Télégraphe*, Berne : [s.n.], 1952, 323 p.

[S.A.], *Discours prononcés aux funérailles de M. Charles-François Girard, professeur à l'Université de Bâle, et de Mme Johanna-Théodora Girard née Blumer, son épouse*, Lausanne : Imprimerie Georges Bridel, 1876, 40 p.

DIVO, Jean-Paul, TOBLER, Edwin, *Die Münzen der Schweiz im 19. und 20. Jahrhundert*, Zürich : Bank Leu AG ; Luzern : Adolph Hess AG, 1969, 214 p.

Documents diplomatiques suisses, Volumes 1-3, 1848-1889, Berne : Benteli Verlag.

DONZE, Pierre-Yves, *L'invention du luxe : histoire de l'industrie horlogère à Genève de 1815 à nos jours*, Neuchâtel : Editions Alphil, 2017, 205 p.

DREYER, Alice, *Les toiles peintes en pays neuchâtelois*, Neuchâtel ; Paris : Ed. Delachaux & Niestlé SA, 1924, 179 p.

DU BOIS, Pierre, *La guerre du Sonderbund. La Suisse de 1847*, Neuchâtel : Alphil, 2018, 158 p.

DUBLER, Anne-Marie, SIEGRIST, Jean Jacques, « Wohlen : Geschichte von Recht, Wirtschaft und Bevölkerung einer frühindustrialisierten Gemeinde im Aargau », *Argovia*, 86, 1974, pp. 1-712.

DÜBLIN, Jürg, *Die Anfänge der Schweizerischen Bundesversammlung. Untersuchungen zur politischen Praxis der eidgenössischen Räte in den zwei ersten Legislaturperioden (1848-1854)*, Bern : Francke, 1978, 212 p.

DUBOIS, Louis-Albert, *La fin de l'Union monétaire latine*, Neuchâtel : Jules Guinchard-Arbois, 1950, 128 p.

DUBUIS, Olivier Frédéric, « Un mandat monétaire bernois de 1796 », in ASSOCIATION DES AMIS DU CABINET DES MEDAILLES (Ed.), *Hommage à Colin Martin pour son 85e anniversaire (Cahiers romands de numismatique*

1), Lausanne : Association des amis du Cabinet des médailles, 1992, pp. 108-122.

DUC, Gérard, *Alexandre Lombard: banquier et philanthrope (1810-1887)*, Genève: Lombard-Odier, 2011, 75 p.

DUC, Gérard, *Les tarifs marchandises des chemins de fer suisses (1850-1913) : stratégies des compagnies ferroviaires, nécessités de l'économie nationale et évolution du rôle régulateur de l'Etat*, Berne, etc. : Peter Lang, 2010, 456 p.

DUC, Gérard, « Projet de tunnel ferroviaire du Simplon et genèse du réseau de chemins de fer de Suisse occidentale (1836-1909) : rivalités cantonales, négociations internationales et trajectoires des compagnies privées », *Vallesia*, 2001, pp. 495-617.

DUDZIK, Peter, *Innovation und Investition. Technische Entwicklung und Unternehmerentscheide in der schweizerischen Baumwollspinnerei, 1800 bis 1916*, Zürich: Chronos, 1987, 634 p.

DUFOUR, Alfred, *Hommage à Pellegrino Rossi (1787-1848), Genevois et Suisse à vocation européenne*, Bâle : Helbing & Lichtenhahn, 1998, 156 p.

DUFOUR, Alfred, « Les libéraux genevois et la politique suisse », in DUFOUR, Alfred, ROTH, Robert, WALTER, François (Eds.), *Le libéralisme genevois, du Code civil aux Constitutions (1804-1842)*, Bâle : Helbing & Lichtenhahn, 1994, pp. 97-138.

DUFOUR, Alfred, « Un « Mémoire inofficiel » peu connu de Pellegrino Rossi sur la situation politique intérieure de la Suisse au début de la Régénération », in SCHOTT, Clausdieter, PETRIG SCHULER, Eva (Eds.), *Festschrift für Claudio Soliva zum 65. Geburtstag*, Zürich : Schulthess Polygraphischer Verlag, 1994, pp. 81-107.

DUNHAM, Arthur Louis, *The Anglo-French Treaty of Commerce of 1860 and the Progress of the Industrial Revolution in France*, Ann Arbor: University Press, 1930, 409 p.

EGGER, Walter, *La Banque cantonale de Berne, 1834-1934*, DEGOUMOIS, Léon (Trad.), [Berne]: [Kantonalbank von Bern], 1936, 312 p.

EICHENGREEN, Barry, *Vom Goldstandard zum Euro. Die Geschichte des internationalen Währungssystems*, Berlin: Wagenbach, 2000, 300 p.

EINAUDI, Luca, « From the Franc to the 'Europe' : The Attempted Transformation of the Latin Monetary Union into a European Monetary Union, 1865-1873 », *The Economic History Review*, 53, 2, 2000, pp. 284-308.

EINAUDI, Luca, « L'Union latine : convergence et union monétaires dans l'Europe du XIXe siècle », in FEIERTAG, Olivier, MARGAIRAZ, Michel (Eds.), *Politiques et pratiques des banques d'émission en Europe (XVIIe-XXe siècles).*

Le bicentenaire de la Banque de France dans la perspective de l'identité monétaire européenne, Paris : Albin Michel, 2003, pp. 299-323.

EINAUDI, Luca, *Money and Politics. European Monetary Unification and the International Gold Standard (1865-1873)*, Oxford: Oxford University Press, 2012[2] (1e édition: 2001), 241 p.

ELSIG, Patrick, *La monnaie en Valais: une histoire de «petits» sous*, Sion: Ed. des Musées cantonaux du Valais, 1993, 158 p.

ENGEL, Arthur, SERRURE, Raymond, *Traité de numismatique moderne et contemporaine*, 2 Volumes, Sala Bolognese: A. Forni, 1897-1899, 791 p.

ESCHER, Albert, «Das Münzwesen», in WIRTH, Max (Ed.), *Allgemeine Beschreibung und Statistik der Schweiz*, Tome I, Zürich: Orell, Füssli & Cie, 1871, pp. 475-487.

ESPOSITO, Marie-Claude, «Le contrôle de l'émission de monnaie en Grande-Bretagne au XIXe siècle: avancées et limites du Bank Charter Act de 1844», *Histoire, économie & société*, 2, 2009, pp. 59-74.

ETEMAD, Bouda, «"Point de bonne traite sans indiennes": réseaux d'affaires suisses et marchandises de traite», in BOTT, Sandra *et alii* (Eds.), *Suisse-Afrique (18e-20e siècles): De la traite des Noirs à la fin du régime de l'apartheid*, Münster : LIT, 2005, pp. 13-24.

FASNACHAT, Luca, *Der Weg der Schweiz in die Lateinische Münzunion. Das Währungswesen der Schweiz seit der Bundesstaatsgründung bis zur Unterzeichnung der internationalen Münzkonvention von 1865*, Mémoire de licence de l'Université de Zurich, 2014, 91 p.

FASSL, Peter, *Konfession, Wirtschaft und Politik. Von der Reichsstadt zur Industriestadt, Augsburg, 1750-1850*, Sigmaringen: Thorbecke, 1988, 538 p.

FAVARGER, Philippe, *La noble et vertueuse Compagnie des Marchands de Neuchâtel. Contribution à l'histoire du commerce dans le pays de Neuchâtel*, Neuchâtel: Wolfrath & Sperlé, 1913, 333 p.

FAZY, Georges, «Notes sur l'industrie des indiennes à Genève», in *Nos Anciens et leurs œuvres: recueil genevois d'art*, Genève: Léon Bovy, 4, 1906, pp. 103-118.

FEAVEARYEAR, Albert, *The Pound Sterling. A History of English Money*, Oxford: Clarendon Press, 1963[2] (1e édition: 1931), 446 p.

FERRIER LULLIN (Ed.), *Ferrier Lullin & Cie, 1795-1995*, Genève : Ferrier Lullin, 1995, 47 p.

FINK, Alexander, «Free banking as an evolving system: the case of Switzerland reconsidered», *The Review of Austrian Economics*, 27, 2014, pp. 57-69.

FLANDREAU, Marc, «Coin Memories: Estimates of the French Metallic Currency 1840-1878», *Journal of European Economic History*, 24, 2, 1995, pp. 271-310.

FLANDREAU, Marc, «The Economics and Politics of Monetary Unions: A Reassessment of the Latin Monetary Union, 1865-71», *Financial History Review*, 7, 2000, pp. 25-43.

FLANDREAU, Marc, «Was the Latin Monetary Union a Franc Zone ?», in REIS, Jaime (Ed.), *International Monetary Systems in Historical Perspective*, Basingstoke : Macmillan Press, 1995, pp. 71-89.

FLANDREAU, Marc, «Les règles de la pratique. La Banque de France, le marché des métaux précieux et la naissance de l'étalon-or, 1848-1876», *Annales. Histoire, Sciences Sociales*, 4, 1996, pp. 849-871.

FLANDREAU, Marc, *L'or du monde: la France et la stabilité du système monétaire international, 1848-1873*, Paris: L'Harmattan, 1995, 367 p.

FLURI, Adolf, *Wie unsere Väter Buch und Rechnung führten. Ein Beitrag zur bern. Münz- und Geldgeschichte*, Bern : Gustav Grunau, 1923, 51 p.

FONTANA, Biancamaria, *La République helvétique. Laboratoire de la Suisse moderne*, Lausanne : Presses polytechniques et universitaires romandes, 2020, 155 p.

FRANC, Andrea, *En dialogue avec le monde: les entreprises suisses aux XIXe et XXe siècles*, Zurich: Hier & Jetzt, 2021, 259 p.

FRATIANNI, Michele, SPINELLI, Franco, «Currency Competition, Fiscal Policy and the Money Supply Process in Italy from Unification to World War I», *Journal of European Economic History*, 14, 3, 1985, pp. 473-499.

FREY, Emil, «Die schweizerische Handelspolitik der letzten Jahrzehnte», in VEREIN FÜR SOZIALPOLITIK (Ed.), *Die Handelspolitik Nordamerikas, Italiens, Österreichs, Belgiens, der Niederlande, Dänemarks, Schweden und Norwegens, Russlands und der Schweiz in den letzten Jahrzehnten, sowie die deutsche Handelsstatistik von 1880 bis 1890*, Leipzig : Duncker & Humblot, 1892, pp. 451-519.

FREY, Thomas, SCHIEDT, Hans-Ulrich, «Wie viel Arbeitszeit kostet die Freizeitmobilität ? Monetäre Reisekosten in der Schweiz 1850-1910», in GILOMEN, Hans-Jörg, SCHUMACHER, Beatrice, TISSOT, Laurent (Eds.), *Freizeit und Vergnügen vom 14. bis zum 20. Jahrhundert = Temps libre et loisirs du 14e au 20e siècles*, Zürich : Chronos, 2005, pp. 157-171.

FROIDEVAUX, Charles, *Histoire économique et monétaire en Suisse occidentale (1589-1818)*, 3 Volumes, Neuchâtel : Alphil, 2019, 957 p.

FUETER, Eduard, *Die Schweiz seit 1848 : Geschichte, Politik, Wirtschaft*, Zürich ; Leipzig : Orell, Füssli & Cie, 1928, 305 p.

FURRER, Norbert, *Das Münzgeld der alten Schweiz: Grundriss*, Zürich: Chronos, 1995, 235 p.

FURRER, Norbert, « Le "sage système de l'unité monétaire" en l'an 1803 », in CHUARD, C. *et alii*, *Vaud sous l'Acte de Médiation, 1803-1813: la naissance d'un canton confédéré*, Lausanne : Bibliothèque historique vaudoise; Société vaudoise d'histoire et d'archéologie, 2002, pp. 225-229.

GAGLIARDI, Ernst, *Alfred Escher. Vier Jahrzehnte neuerer Schweizergeschichte*, Frauenfeld: Huber & Co, 1919, 748 p.

GARIEL, Georges, « Le système monétaire de la Confédération suisse », *Revue Economique Internationale (Bruxelles)*, II, 1910, pp. 525-545.

GEERING, Traugott, *Christoph Merian, 1800-1858: Gedenkschrift aus Anlass der 50-jährigen Wiederkehr seines Todestages (22. August 1858)*, Basel : Kreis & Co, 1908, 257 p.

GEERING, Traugott, *Die Basler Bankfirma Ehinger & Cie, 1810-1910*, Basel: Werner-Riehm, 1910, 81 p.

GEIGES, Lukas A., *Strukturwandlungen in der schweizerischen Textilindustrie*, Zürich: Juris-Verlag, 1964, 219 p.

GEMPERLI, Stefan *et alii*, *Aufbruch zum modernen St. Gallen. Vier Wegbereiter. Schweizer Pioniere der Wirtschaft und Technik*, Zürich : Verein für wirtschaftshistorische Studien, 2022, 176 p.

GENIER, Yves, *Le franc suisse. La fragilité d'une monnaie forte*, Lausanne : Presses polytechniques et universitaires romandes, 2018, 175 p.

GERLACH, Stefan, KUGLER, Peter, « Money demand under free banking 1851-1906 », *Swiss Journal of Economics and Statistics*, 154, 2018, 8 p. Disponible en ligne: https://sjes.springeropen.com/articles/10.1186/s41937-017-0013-8 (Etat au 26.01.2024).

GERN, Philippe, « Approche statistique du commerce franco-suisse de l'An V à 1821 », *Etudes et sources*, 7, 1981, pp. 77-118.

GERN, Philippe, ARLETTAZ, Silvia, *Relations franco-suisses au XIXe siècle. La confrontation de deux politiques économiques*, Genève: Georg Editeur, 1992, 355 p.

GIACOMETTI, Enrico, *Die Einführung des Telegraphen in der Schweiz, mit besonderer Berücksichtigung von Graubünden*, Chur: Desertina, 2006, 208 p.

GIARINI, Orio, STAHEL, Walter R., *Les limites du certain. Affronter les risques dans une nouvelle économie de service*, Lausanne : Presses polytechniques et universitaires romandes, 1990, 191 p.

GIDDENS, Anthony, *The Nation-State and Violence*, Cambridge: Polity Press, 1985, 399 p.

GIGASE, Marc, *L'Ouest-Suisse (1852-1864): Etude d'une compagnie ferroviaire, de son financement et de ses rapports avec l'Etat de Vaud*, Mémoire de licence de l'Université de Lausanne, 2003, 150 p.

GIGASE, Marc, « L'Ouest-Suisse. Expansion d'un réseau ferroviaire entre rivalités cantonales, intervention étatique et bataille financière internationale (1852-1872) », *Revue historique vaudoise*, 115, 2007, pp. 281-296.

GIGASE, Marc, « Enjeux autour d'une intervention étatique : la compagnie ferroviaire de l'Ouest-Suisse et l'Etat de Vaud, 1852-1864 », *Société suisse d'histoire économique et sociale*, 25, 2010, pp. 193-205.

GIGASE, Marc, *Le développement du rail et la construction du système touristique dans l'Arc lémanique (1852-1914)*, Thèse de doctorat de l'Université de Lausanne, 2014, 690 p.

GIGASE, Marc, « Navigation à vapeur et essor touristique aux XIXe siècle dans l'Arc lémanique », *Revue historique vaudoise*, 114, 2006, pp. 149-161.

GILLARD, Lucien, *L'Union latine, une expérience de souverainetés monétaires partagées (1865-1926)*, Paris : Classiques Garnier, 2017, 372 p.

GILLE, Bertrand, *La banque et le crédit en France de 1815 à 1848*, Paris : Presses universitaires de France, 1959, 380 p.

GILLE, Bertrand, *Les investissements français en Italie (1815-1914)*, Torino : Industria libraria tipografica editrice, 1968, 435 p.

GIRARD, Pierre, *Annales de la maison de banque Hentsch & Cie, Genève, 1796-1946*, [s.l.] : [s.n.], 1946, 72 p.

GIRTANNER-SALCHLI, Hermann, « Das Münzwesen im Kanton St. Gallen: unter Berücksichtigung der Verhandlungen im Schosse der eidgenössischen Tagsatzung von 1803 bis 1848 », *Revue suisse de numismatique*, 21, 1917, pp. 101-142 ; 22, 1920, pp. 105-128, 196-245, 289-316 ; 23, 1923, pp. 54-138.

GODET, Marcel, TÜRLER, Henri, ATTINGER, Victor, *Dictionnaire historique et biographique de la Suisse*, 7 Volumes, Neuchâtel : Administration du Dictionnaire historique et biographique de la Suisse, 1921-1934.

GONNET, Paul, « Esquisse de la crise économique en France de 1827 à 1832 », *Revue d'histoire économique et sociale*, 33, 3, 1955, pp. 249-292.

GRAF, Barbara, *Die Schweiz und die lateinische Münzunion: eine integrationspolitische Gründungsgeschichte ? Eine intergrationsgeschichtliche Untersuchung am Beispiel des schweizerischen Währungswesens von 1848 bis 1868*, Mémoire de licence de l'Université de Berne, 1995, 187 p.

GRETER-STÜCKELBERGER, Robert, *Catalogue des monnaies suisses: essai d'un catalogue de toutes les frappes monétaires suisses classées d'après leur type, Tome IV: « Obwalden im 18. und 19. Jahrhundert. Nidwalden im 19. Jahrhundert »*, Berne : Société suisse de numismatique, 1965, 55 p.

GREUL, Robert, *Die Lateinische Münz-Union. Eine völkerrechtsgeschichtliche Studie*, Berlin: Ferd. Dümmler, 1926, 149 p.

GREYERZ, Hans von, « Der Bundesstaat seit 1848 », *Handbuch der Schweizer Geschichte*, Tome II, Zürich : Berichthaus, 1977, pp. 1019-1246.

GROSSI, Verdiana, « Technologie et diplomatie suisse au XIXe siècle : le cas des télégraphes », *Relations internationales*, 39, 1, 1984, pp. 287-307.

GRUNER, Erich, « Quelques réflexions sur l'élite politique dans la Confédération helvétique depuis 1848 », *Revue d'histoire économique et sociale*, 44, 2, 1966, pp. 145-168.

GRUNER, Erich, *Die schweizerische Bundesversammlung = L'Assemblée fédérale suisse*, 5 Volumes, Berne: Francke, 1966-1970.

GUBLER, Ferdinand, *Die Anfänge der schweizerischen Eisenbahnpolitik auf Grundlage der wirtschaftlichen Interessen, 1833-1852*, Zürich: Leemann & Co, 1915, 362 p.

GUERY, Alain, POSTEL-VINAY, Gilles, « Aux origines de la monnaie moderne », *Annales. Economies, sociétés, civilisations*, 43, 4, 1988, pp. 969-974.

GUEX, Sébastien, « Introduction. De la Suisse comme petit Etat faible : jalons pour sortir d'une image en trompe-l'œil », in GUEX, Sébastien (Ed.), *La Suisse et les Grandes puissances, 1914-1945. Switzerland and the Great Powers, 1914-1945*, Genève: Droz, 1999, pp. 7-29.

GUEX, Sébastien, *L'argent de l'Etat. Parcours des finances publiques au XX*e *siècle*, Lausanne: Éditions Réalités sociales, 1998, 313 p.

GUEX, Sébastien, *La politique monétaire et financière de la Confédération suisse 1900-1920*, Lausanne: Payot, 1993, 502 p.

GUEX, Sébastien, « The Emergence of the Swiss Tax Haven, 1816-1914 », *Business History Review*, 96, 2, 2022, pp. 353-372.

GUEX, Sébastien, MAZBOURI, Malik, « L'historiographie des banques et de la place financière suisse », *Traverse : Revue d'histoire*, 17, 1, 2010, pp. 203-228.

GUICHONNET, Paul, WAEBER, Paul, « Révolutions et restauration (1782-1846) », in GUICHONNET, Paul (Dir.), *Histoire de Genève*, Toulouse : Privat ; Lausanne: Payot, 1986[3] (1e édition: 1974), pp. 255-298.

GYGAX, Paul, « Augsburg, das einstige Geldreservoir des Platzes St. Gallen: 1835-1850. Eine finanzgeschichtliche Studie », in SCHMOLLER, Gustav (Ed.), *Jahrbuch für Gesetzgebung, Verwaltung und Volkswirtschaft im Deutschen Reich*, 31, 4, 1907, pp. 297-313.

GYGAX, Paul, *Bank in St. Gallen 1837-1907: die Geschichte einer schweizerischen Notenbank*, St. Gallen: Zollikofer & Cie, 1907, 398 p.

HAAS-ZUMBÜHL, Franz, « Beiträge zu einer luzernischen Münzgeschichte », *Revue suisse de numismatique*, 9, 1899, pp. 5-166.

HAAS-ZUMBÜHL, Franz, « Die Tätigkeit der Münzstätte in Luzern von 1803 bis 1848 », *Revue suisse de numismatique*, 20, 1915, pp. 17-83.

HAEFLIGER, Hans, *Bundesrat Josef Munzinger*, Solothurn: [Drucksachenverwaltung Staatskanzlei], 1953, 447 p.

HAGENBACH, Paul, *Die Entwicklung zur Goldwährung in der Schweiz*, Weinfelden: Neuenschwander'sche Verlagsbuchhandlung, 1929, 137 p.

HALBEISEN, Patrick, MÜLLER, Margrit, « Die schrittweise Nationalisierung des Geldes: Von der Einführung der Schweizer Währung (Münzreform 1848) zur nationalen Kontrolle über das Geldwesen (Gründung der Nationalbnak 1907) », in MOSSER, Alois (Ed.), *Österreichs Weg zum Euro: Aspekte – Perspektiven – Handlungsspielräume*, Wien : Manzsche Verlagsbuchhandlung, 1998, pp. 63-86.

HALBEISEN, Patrick, MÜLLER, Margrit, « Ökonomische Motive und Erwartungen – ihr Einfluss auf die Bundesstaatsgründung », in ERNST, Andreas, TANNER, Albert, WEISHAUPT, Matthias (Eds.), *Revolution und Innovation: die konfliktreiche Entstehung des schweizerischen Bundesstaates von 1848*, Zürich : Chronos, 1998, pp. 117-136.

HALLER, Lea, *Transithandel. Geld- und Warenströme im globalen Kapitalismus*, Berlin: Suhrkamp, 2019, 512 p.

HÄNGGLI, Adrian, « Die 2. Generation der Firma "Jacob Isler & Co." und ihre Kombinationsfähigkeit. Ein Beitrag zur Geschichte der Freiämter Strohindustrie im 19. Jahrhundert », *Historische Gesellschaft Freiamt*, 47, 1947, pp. 5-28.

HÄNGGLI, Adrian, *Das Familienunternehmen "Jacob Isler & Co." Wohlen (AG) zur Zeit der zweiten Generation. 1823-1854*, Fribourg: Editions universitaires, 1973, 163 p.

HAUPT, Ottomar, *L'histoire monétaire de notre temps*, Paris: J.-H. Truchy; Berlin : Walther et Appolant, 1886, 432 p.

HAUSER, Albert, « Die Schweiz und der Deutsche Zollverein », *Schweizerische Zeitschrift für Volkswirtschaft und Sozialpolitik*, 94, 1958, pp. 482-494.

HAUSER, Albert, « Die wirtschaftlichen Beziehungen der Schweiz zu Deutschland in der ersten Hälfte des 19. Jahrhunderts », *Revue suisse d'histoire*, 8, 1958, pp. 355-382.

HAUSER, Albert, *Schweizerische Wirtschafts- und Sozialgeschichte*, Erlenbach-Zürich; Stuttgart: Eugen Rentsch, 1961, 400 p.

HEAFFORD, Michael, « Between Grand Tour and Tourism. British travellers to Switzerland in a period of transition, 1814-1860 », *The Journal of Transport History*, 27, 1, 2006, pp. 25-47.

HEFEKER, Carsten, « Interest Groups, Coalitions and Monetary Integration in the XIXth Century », *Journal of European Economic History*, 24, 1995, pp. 489-536.

HEFEKER, Carsten, *Interest Groups and Money Integration. The Political Economy of Exchange Regime Choice*, New York : Routledge, 1996, 176 p.

HELFFERICH, Karl, *Das Geld*, Leipzig : C. L. Hirschfeld, 1923, 674 p.

HELLEINER, Eric, « National Currencies and National Identities », *American Behavioral Scientist*, 41, 10, 1998, pp. 1409-1436.

HELLEINER, Eric, « One Nation, One Money : Territorial Currencies and the Nation-State », *Advanced Research on the Europeanisation of the Nation-State Working Paper*, 17, University of Oslo, 1997, 40 p. Disponible en ligne : https://www.sv.uio.no/arena/english/research/publications/arena-working-papers/1994-2000/1997/97_17.html (Etat au 26.01.2024).

HELLEINER, Eric, *The Making of National Money. Territorial Currencies in Historical Perspective*, Ithaca ; London : Cornell University Press, 2003, 277 p.

HEMARDINQUER, Jean-Jacques, « Capitalisme bâlois et histoire bancaire », *Annales. Economies, sociétés, civilisations*, 13, 3, 1958, pp. 564-572.

HENRICH-FRANKE, Christian, NEUTSCH, Cornelius, THIEMEYER, Guido (Eds.), *Internationalismus und Europäische Integration im Vergleich*, Baden-Baden : Nomos, 2007, 232 p.

HENRIOUD, Marc, « L'année de la misère en Suisse et plus particulièrement dans le canton de Vaud : 1816-1817 », *Revue historique vaudoise*, 25, 1917, pp. 114-124 et 133-142.

HENSELER, Antonin, *Essai sur les monnaies d'or et d'argent de Fribourg*, Fribourg : chez l'auteur, 1884, 135 p.

HENTSCH, Robert, *Hentsch : banquiers à Genève et à Paris au XIXe siècle*, Neuilly sur Seine : R. Hentsch, 1996, 319 p.

HERGER, Nils, « Regulated free banking in Switzerland (1881-1907) », *Swiss Journal of Economics and Statistics*, 157, 2021, 12 p. Disponible en ligne : https://sjes.springeropen.com/articles/10.1186/s41937-021-00078-w (Etat au 26.01.2024).

HERGER, Nils, « Unregulated and regulated free banking : Evidence from the case of Switzerland (1826–1907) », *Explorations in Economic History*, 93, 2022, 9 p. Disponible en ligne : https://www.sciencedirect.com/science/article/abs/pii/S0014498321000450 (Etat au 26.01.2024).

HERREN, Madeleine, *Hintertüren zur Macht. Internationalismus und modernisierungsorientierte Aussenpolitik in Belgien, der Schweiz und den USA 1865-1914*, München : R. Oldenbourg Verlag, 2000, 551 p.

HERREN, Madeleine, *Internationale Organisationen seit 1865. Eine Globalgeschichte der internationalen Ordnung*, Darmstadt: WBG, 2009, 136 p.

HERREN, Madeleine, « "Money is the great instrument of association". L'union monétaire latine, la guerre et la Suisse », *Relations internationales*, 99, 1999, pp. 269-288.

HERRMANN, Irène, *12 septembre 1814, la Restauration: la Confédération réinventée*, Lausanne : Presses polytechniques et universitaires romandes, 2016, 131 p.

HILDBRAND, Thomas, TANNER, Albert (Eds.), *Im Zeichen der Revolution : der Weg zum schweizerischen Bundesstaat 1798-1848*, Zürich : Chronos, 1997, 179 p.

HILER, David, « De la déclaration d'amour aux dures réalités de la vie en commun (1814-1945) », in STEPCZYNSKI, Marian (Dir.), *Genève et la Suisse : un mariage d'amour et de raison*, Genève : Bourse de Genève, 1992, pp. 59-153.

HILER, David, LESCAZE, Bernard, *Révolution inachevée, révolution oubliée : 1842. Les promesses de la Genève moderne*, Genève : Ed. Suzanne Hurtner, 1992, 223 p.

HILLER, Hans, *Die Erfindung der Mitte : Staatsmann Arnold Otto Aepli, 1816-1897*, St. Gallen : VGS, 2011, 88 p.

HILLER, Hans, *Landammann Arnold Otto Aepli (1816-1897). Sein Wirken in Bund und Kanton*, St. Gallen : H. Tschudy & Co, 1953, 233 p.

HIS, Eduard, *Basler Handelsherren des 19. Jahrhunderts*, Basel : Schwabe & Co, 1929, 194 p.

HIS, Eduard, *Basler Staatsmänner des 19. Jahrhunderts*, Basel : Benno Schwabe & Co, 1930, 271 p.

HIS, Eduard, « Die Bedeutung der schweizerischen Regeneration von 1830/31 », *Revue suisse d'histoire*, 11, 1931, pp. 73-96.

Historischen Gesellschaft des Kantons Aargau (Ed.), « Biographisches Lexikon des Kantons Aargau, 1803-1957 », *Argovia*, 1958, 936 p.

HISTORISCHEN UND ANTIQUARISCHEN GESELLSCHAFT ZU BASEL (Ed.), *Festschrift zum vierhundertsten Jahrestage des ewigen Bundes zwischen Basel und den Eidgenossen 13. Juli 1901*, Basel : [s.n.], 1901, 215 p.

HOBSBWAN, Eric, « Mass-Production traditions : Europe 1870-1914 », in HOBSBWAN, Eric, RANGER, Terence, *The Invention of Tradition*, Cambridge : Cambridge University Press, 1983, pp. 263-307.

HOFER, Hans, *Von Geld, Gewicht und Mass im alten Bern*, Bern: Deposito-Cassa der Stadt Bern, 1975, 83 p.

HOFER, Paul-Friedrich, *Das Münzwesen der Schweiz seit 1850*, Bern : G. Grunau, 1937, 62 p.

HOFER, Paul-Friedrich, « Die Münzprägungen der Helvetischen Republik », *Revue suisse de numismatique*, 26, 1934, pp. 147-164.

HOFMANN, Hannes, *Die Anfänge der Maschinenindustrie in der deutschen Schweiz 1800-1875*, Zürich: Fretz & Wasmuth Verlag, 1962, 220 p.

HOLENSTEIN, Rolf, *Stunde Null: die Neuerfindung der Schweiz im Jahr 1848. Die Privatprotokolle und Geheimberichte der Erfinder*, Basel: Echtzeit, 2018, 1071 p.

HOLENSTEIN, Thomas, *Geschichte der Konservativen Volkspartei des Kantons St. Gallen, 1834-1934*, St. Gallen: Verlag der Buchdruckerei Ostschweiz, 1934, 369 p.

HOLTFRERICH, Carl-Ludwig, « Did monetary unification precede or follow political unification of Germany in the 19th century ? », *European Economic Review*, 37, 1993, pp. 518-524.

HOLTFRERICH, Carl-Ludwig, « The monetary unification process in 19th-century Germany: relevance and lessons for Europe today », in DE CECCO, Marcello, GIOVANNINI, Alberto (Ed.), *A European Central Bank ? Perspectives on monetary unification after ten years of the EMS*, Cambridge; New York; Port Chester; Melbourne; Sydney : Cambridge University Press, 1990, pp. 216-243.

HORAT, Erwin, *Kleine Schwyzer Münz- und Geldgeschichte*, Schwyz: Schwyzer Hefte, 1993, 54 p.

HUBER, August, « Die Anleihen der französischen Könige bei Basel », *Basler Jahrbuch*, 1896, pp. 33-53.

HUBER, Paul, *Die Schweizerische Centralbahn, Ausgangsbedingungen-Gründung-Finanzierung der ersten Baujahre*, Mémoire de licence de l'Université de Bâle, 1979, 153 p.

HUGGENBURG, Frieda Maria, « Aus dem Leben des Hauptmanns und Künstlers Johann Brunner (1800-1866) », *Jahrbuch für solothurnische Geschichte*, 31, 1958, pp. 95-199.

HUMAIR, Cédric, *1848. Naissance de la Suisse moderne*, Lausanne : Antipodes, 2009, 167 p.

HUMAIR, Cédric, « Dans le sillage des Britanniques: le premier traité d'amitié, de commerce et d'établissement entre la Suisse et la Grande-Bretagne (1855) », in GARUFO, Francesco, MOREROD, Daniel (Eds.), *Laurent Tissot, une passion loin des sentiers battus*, Neuchâtel : Alphil, 2018, pp. 197-208.

HUMAIR, Cédric, *Développement économique et Etat central (1815-1914): un siècle de politique douanière au service des élites*, Berne, etc. : Peter Lang, 2004, 870 p.

HUMAIR, Cédric, « Economic Complementarity and Political Solidarity: Concerning the Sources of the first Treaty of 1850 between Switzerland and the United States », *Swiss American Historical Review*, 42, 2006, pp. 3-72.

HUMAIR, Cédric, « Etat fédéral, centralisation douanière et développement industriel de la Suisse, 1798-1848 », in ERNST, Andreas, TANNER, Albert, WEISHAUPT, Matthias (Eds.), *Revolution und Innovation : die konfliktreiche Entstehung des schweizerischen Bundesstaates von 1848*, Zürich : Chronos, 1998, pp. 103-116.

HUMAIR, Cédric, « Industrialisation, chemin de fer et Etat central : retard et démarrage du réseau ferroviaire helvétique (1836-1852) », *Traverse : Revue d'histoire*, 15, 1, 2008, pp. 15-29.

HUMAIR, Cédric, « L'Etat fédéral comme prestataire de services à l'industrie : faire face à la compétition économique internationale (1848-1914) », *Société suisse d'histoire économique et sociale*, 22, 2007, pp. 47-61.

HUMAIR, Cédric, *La Suisse et les puissances européennes. Aux sources de l'indépendance (1813-1857)*, Neuchâtel : Livreo-Alphil, 2018, 140 p.

HUMAIR, Cédric, « Introduction. Le tourisme comme moteur du développement socioéconomique et vecteur du rayonnement international de la Suisse (XIXe-XXe siècles) », in HUMAIR, Cédric, TISSOT, Laurent (Dir.), *Le tourisme suisse et son rayonnement international*, Lausanne : Ed. Antipodes, 2011, pp. 9-54.

HUMAIR, Cédric, GIGASE, Marc, LAPOINTE GUIGOZ, Julie, SULMONI, Stefano, *Système touristique et culture technique dans l'Arc lémanique : analyse d'une success story et de ses effets sur l'économie régionale (1852-1914)*, Neuchâtel : Alphil, 2014, 476 p.

HÜRLIMANN, Hans, *Zurcher Münzgeschichte*, Zürich : Kommissionsverlag Berichthaus, 1966, 357 p.

ILIASU, A. A., « The Cobden-Chevalier Commercial Treaty of 1860 », *The Historical Journal*, 14, 1, 1971, pp. 67-98.

IMLAH, Ann Gordon, *Britain and Switzerland : 1845-1860. A study of Anglo-Swiss relations during some critical years for Swiss neutrality*, London : Longmans, 1966, 208 p.

INAUEN, Josef, *Brennpunkt Schweiz. Die Süddeutschen Staaten Baden, Württemberg und Bayern und die Eidgenossenschaft 1815-1840*, Freiburg : Academic Press Fribourg, 2008, 460 p.

INAUEN, Josef, *Vom "Schurkenstaat" zur Vertrauenswürdigen Republik. Die Beziehungen zwischen Baden, Württemberg und Bayern und der Schweiz im Vormärz 1840-1848 und der Wandel in der Wahrnehmung der Eidgenossenschaft durch die süddeutschen Staaten bis 1871*, Freiburg: [s.n.], 2013, 931 p.

ISELIN, Isaak, LÜTHY, Herbert, SCHIESS, Walter S., *Der Schweizerische Grosshandel in Geschichte und Gegenwart*, Basel: Selbstverlag der Delegation des Handels, 1943, 184 p.

JACOUD, Gilles, « Crises et apprentissage: la Banque de France en 1848 », *Entreprises et histoire*, 69, 4, 2012, pp. 27-37.

JAEGER, Kurt, LAVANCHY, Charles, *Catalogue des monnaies suisses: essai d'un catalogue de toutes les frappes monétaires suisses classées d'après leur type, Tome III: « Die Münzprägungen des Kantons Appenzell-Ausserrhoden und der « neuen Kantone » der Schweiz seit 1803 »*, Berne: Société suisse de numismatique, 1963, 63 p.

JAMBU, Jérôme, « Changer de système de compte ou de monnaie, à l'époque moderne et sous la Révolution (à travers l'exemple normand) », *Revue européenne des sciences sociales*, 137, 2017, pp. 141-152.

JAMBU, Jérôme, « La distinction entre monnaie de compte et monnaie réelle est-elle à la racine des crises monétaires dans la France moderne ? », in DAUMAS, Jean-Claude (Dir.), *Faire de l'histoire économique aujourd'hui*, Dijon: Ed. Universitaires de Dijon, 2013, pp. 127-141.

JANSSEN, Albert Edouard, *Les conventions monétaires*, Paris : F. Alcan et R. Lisbonne; Bruxelles: F. Larcier, 1911, 569 p.

JÖHR, Adolf, *Die schweizerischen Notenbanken 1826-1913*, Zürich : Orell, Füssli & Cie, 1915, 519 p.

JOST, Hans Ulrich, « Das Schweizer Imbroglio », in JUST, Thomas *et alii* (Eds.), *Der Wiener Kongress. Die Erfindung Europas*, Wien : Carl Gerold's Sohn Verlag, 2014, pp. 374-391.

JOST, Hans Ulrich, « Pour une histoire européenne de la Suisse », *Traverse: Revue d'histoire*, 1, 3, 1994, pp. 19-39.

JOURDON, Philippe, *Histoire monétaire de l'Europe de 1800 à 2007: De l'esprit des Lumières après le XVIIIe siècle à la généralisation de l'économie monétarisée à partir du XXIe siècle*, Paris: L'Harmattan, 2009, 295 p.

JUNG, Joseph, *Alfred Escher: 1819-1882. Aufstieg, Macht, Tragik*, Zürich : NZZ, 2009[4] (éd. originale: 2007), 504 p.

JUNG, Joseph, *Alfred Escher: 1819-1882. Der Aufbruch zur modernen Schweiz*, 4 Volumes, Zürich : NZZ, 2006.

JUNG, Joseph (Ed.), *Alfred Escher zwischen Lukmanier und Gotthard. Briefe zur schweizerischen Alpenbahnfrage 1850-1882*, 3 Volumes, Zürich : NZZ, 2008.

JUNG, Joseph (Ed.), *Alfred Eschers Briefwechsel (1848-1852): Aufbau des jungen Bundesstaates, politische Flüchtlinge und Neutralität*, Zürich : NZZ, 2012, 288 p.

KAENEL, Philippe (Dir.), *1848. Le carrefour Suisse. Le pouvoir des images*, Lausanne: Payot, 1998, 183 p.

KAESER, Marc-Antoine, « Helvètes ou Lacustres ? La jeune Confédération suisse à la recherche d'ancêtres opérationnels », in ALTERMATT, Urs, BOSSHART-PFLUGER, Catherine, TANNER, Albert (Eds.), *Die Konstruktion einer Nation. Nation und Nationalisierung in der Schweiz, 18.-20. Jahrhundert*, Zürich : Chronos, 1998, pp. 75-86.

KAESTLI, Tobias (Ed.), *Nach Napoleon. Die Restauration, der Wiener Kongress und die Zukunft der Schweiz 1813-1815*, Baden: Hier und Jetzt, 2016, 255 p.

KAISER, Simon, STRICKLER, Johannes, *Geschichte und Texte der Bundesverfassungen der schweizerischen Eidgenossenschaft von der helvetischen Staatsumwälzung bis zur Gegenwart*, Bern : K. J. Wyss, 1901, 360 p.

KÄSTLI, Tobias, *Die Schweiz – eine Republik in Europa. Geschichte des Nationalstaats seit 1798*, Zürich: NZZ, 1998, 538 p.

KAUKIAINEN, Yrjö, « Shrinking the world: Improvements in the speed of information transmission, c. 1820-1870 », *European Review of Economic History*, 5, 1, 2001, pp. 1-28.

KELLENBENZ, Hermann, « German Trade Relations with the Indian Ocean from the End of the Eighteen Century to 1870 », *Journal of Southeast Asian Studies*, 13, 1, 1982, pp. 133-152.

KESSLER, Adolf, *Die Schweizerische Nordostbahn (1853-1901)*, Zürich: Hans A. Gutzwiller, 1929, 288 p.

KINDLEBERGER, Charles P., « The Rise of Free Trade in Western Europe, 1820-1875 », *The Journal of Economic History*, 35, 1, 1975, pp. 20-55.

KOCH, Björn, *Alfred Eschers Netzwerke 1819-1857: Aufbau, Entwicklung und Potentiale*, Freiburg: [s.n.], 2013, 404 p.

KOCH-MEHRIN, Silvana, *Historische Währungsunion zwischen Wirtschaft und Politik: die Lateinische Münzunion 1865-1927*, Baden-Baden: Nomos, 2001, 227 p.

KÖLZ, Alfred, *Histoire constitutionnelle de la Suisse moderne. Ses fondements idéologiques et son évolution institutionnelle dans le contexte européen, de la fin de l'Ancien Régime à 1848*, PERRINJAQUET, Alain, COLBOIS, Sylvie (Trad.), Berne : Ed. Stämpfli; Bruxelles: Bruylant SA, 2006, 707 p.

KNESCHAUREK, Francesco, « Wandlungen der schweizerischen Industriestruktur seit 1800 », *Revue suisse d'Economie politique et de Statistique*, 100, 1964, pp. 133-166.

KÖRNER, Martin, *Banken und Versicherungen im Kanton Luzern vom ausgehenden Ancien Régime bis zum Ersten Weltkrieg*, Luzern ; Stuttgart : Rex-Verlag, 1987, 221 p.

KÖRNER, Martin, « Zum Problem der Währungsvielfalt in der alten Schweiz », in CAUWENBERGHE, Eddy van, IRSIGLER, Franz (Eds.), *Münzprägung, Geldumlauf und Wechselkurse – Minting, Monetary Circulation and Exchange Rates*, Trier : Verlag Trierer Historische Forschungen, 1984, pp. 219-235.

KRAWEHL, Otto-Ernst, *Hamburgs Schiffs- und Warenverkehr mit England und den englischen Kolonie, 1814-1860*, Köln ; Wien : Böhlau, 1977, 536 p.

KREIS, Georg (Ed.), *Die Geschichte der Schweiz*, Basel : Schwabe, 2014, 645 p.

KREIS, Georg, *Helvetia im Wandel der Zeiten, Die Geschichte einer nationalen Repräsentationsfigur*, Zürich : NZZ, 1991, 185 p.

KREIS, Georg, « La question de l'identité nationale », in HUGGER, Paul (Dir.), *Les Suisses. Modes de vie, traditions, mentalités*, Tome II, Lausanne : Payot, 1992, pp. 781-800.

KRETZ, Franz, « Peter Felber (1805-1872) : Publizist und Politiker. Ein Beitrag zur Regenerationsgeschichte des Kantons Solothurn », *Jahrbuch für solothurnische Geschichte*, 35, 1962, pp. 1-159 et 36, 1963, pp. 5-141.

LABHARDT, Robert, *Kapital und Moral: Chrisoph Merian – Eine Biografie*, [Basel] : Christoph Merian Verlag, 2011, 334 p.

LABORIE, Léonard, *L'Europe mise en réseaux. La France et la coopération internationale dans les postes et les télécommunications (années 1850-années 1950)*, Bruxelles, etc. : Peter Lang, 2010, 494 p.

LAMPE, Markus, « Explaining nineteenth-century bilateralism : economic and political determinants of the Cobden-Chevalier network », *The Economic History Review*, 64, 2, 2011, pp. 644-668.

LANDES, David Saul, « Vieille banque et banque nouvelle : la révolution financière du XIXe siècle », *Revue d'histoire moderne et contemporaine*, 3, 3, 1956, pp. 204-222.

LANDMANN, Julius, « Der schweizerische Kapitalexport », *Journal de Statistique et Revue économique suisse*, 52, 1916, pp. 389-415.

LANDMANN, Julius, « Zur Entwicklungsgeschichte der Formen und der Organisation des öffentlicken Kredites », *Finanzarchiv*, 29, 1, 1912, pp. 1-69.

LAURENT, Henri, *La loi de Gresham au Moyen Âge. Essai sur la circulation monétaire entre la Flandre et le Brabant à la fin du XIVe siècle*, Bruxelles : Ed. de la revue de l'Université, 1933, 208 p.

LAVANCHY, Charles, « Ecus français de 6 livres contremarqués par les cantons de Berne et de Vaud », *Gazette numismatique suisse*, 7-9 (1957-1960), pp. 68-70.

LECHNER, A., « Georg Adam Rehfues (1784-1858) », *Blätter für bernische Geschichte, Kunst und Altertumskunde*, 4, 1908, pp. 258-273.

LECONTE, Jean-Marc, *Le Bréviaire des monnaies de l'Union latine, 1865-1926*, Paris : Cressida, 1995, 385 p.

LEFEVRE, André, « Chemins de fer et politique sous le Second Empire », *1848. Revue des révolutions contemporaines*, 40, 183, 1949, pp. 21-44.

LEHR, Ernest, *Essai sur la numismatique suisse*, Lausanne : B. Benda, 1875, 115 p.

LEHR, Ernest, « Les écus de cinq francs. Esquisse historique et numismatique », *Bibliothèque universelle et revue suisse*, 75, 1914, pp. 305-320.

LENDENMANN, Fritz, *Schweizer Handelsleute in Leipzig. Ein Beitrag zur Handels- und Bevölkerungsgeschichte Leipzigs und Kursachsens vom beginnenden 16. Jahrhundert bis 1815*, Bern, etc. : Peter Lang, 1978, 162 p.

LESCAZE, Bernard, *Genève, sa vie et ses monnaies aux siècles passés*, Genève : Crédit Suisse, 1981, 114 p.

LESCAZE, Bernard, RIVAZ, Michel de, CAMPAGNOLO, Matteo, *Une monnaie pour la Suisse*, Genève : Ed. Suzanne Hurter, 1999, 140 p.

LEU, Stéphanie, « L'émancipation des Juifs de Suisse de 1866 ou l'histoire de la construction du national par l'international », *Revue suisse d'histoire*, 64, 2014, pp. 367-384.

LEUENBERGER, Hans Rudolf, *500 Jahre Kaufmännische Corporation St. Gallen (1466-1966)*, St. Gallen : Kaufmännische Directorium, 1966, 141 p.

LEVASSEUR, E., « La monnaie et la circulation monétaire en France depuis la Révolution de 1789 », *Revue d'économie politique*, 25, 4, 1911, pp. 425-454.

LEVY-LEBOYER, Maurice, « La croissance économique en France au XIXe siècle. Résultats préliminaires », *Annales. Économies, Sociétés, Civilisations*, 23, 4, 1968, pp. 788-807.

LEVY-LEBOYER, Maurice (Dir.), *La position internationale de la France. Aspects économiques et financiers, XIXe-XXe siècles*, Paris : Ecole des hautes études en sciences sociales, 1977, 472 p.

LEVY-LEBOYER, Maurice, « Le rôle historique de la monnaie de banque », *Annales. Economies, sociétés, civilisations*, 23, 1, 1968, pp. 1-8.

LEVY-LEBOYER, Maurice, *Les banques européennes et l'industrialisation internationale dans la première moitié du XIXe siècle*, Paris : Presses universitaires de France, 1964, 813 p.

LIVET, Georges, *Histoire des routes et des transports en Europe. Des chemins de Saint-Jacques à l'âge d'or des diligences*, Strasbourg : Presses universitaires de Strasbourg, 2003, 606 p.

LUGRIN, Ernest, « La monnaie en Suisse », *Revue historique vaudoise*, 31, 1923, pp. 172-181 et 206-217.

LÜTHY, Herbert, « La République de Calvin et l'essor de la Banque protestante en France, de la révocation de l'Edit de Nantes à la Révolution », *Etudes suisses d'histoire générale*, 11, 1953, pp. 73-107.

MAISSEN, Thomas, *Histoire de la Suisse*, MUDRY, Yvan, STEINAUER, Jean, VIREDAZ, Christian (Trad.), Villeneuve d'Ascq : Presses universitaires du Septentrion, 2019 (éd. originale allemande : 2010), 393 p.

MAISSEN, Thomas, « The 1848 Conflicts and their Significance in Swiss Historiography », in BUTLER, Michael, PENDER, Malcolm, CHARNLEY, Joy (Eds.), *The Making of Modern Switzerland, 1848-1998*, Basingstoke : Macmillan ; New York : St. Martin's Press, 2000, pp. 3-34.

MANGOLD, Fritz, « Bankdirektor Johann Jakob Speiser », in *Basler Biographien*, 1904, pp. 135-320.

MANGOLD, Fritz, *Die Bank in Basel 1844-1907, und die Entwicklung des Konkordats der schweizerischen Emissionsbanken*, Basel : Kreis & Co, 1909, 365 p.

MARCHAL, Guy P., MATTIOLI, Aram (Eds.), *Erfundene Schweiz: Konstruktionen nationaler Identität = La Suisse imaginée : bricolages d'une identité nationale*, Zurich : Chronos, 1992, 373 p.

MARCUARD, Bernard, *Marcuard : période bernoise, 1745-1982*, Muri : B. Marcuard, 1983, 58 p.

MARTIN, Colin, « La formation de l'unité monétaire suisse », tiré à part de CONGRES INTERNATIONAL DE NUMISMATIQUE, *Congrès international de numismatique, Paris : 6-11 juillet 1953*, Tome II, Paris : Bibliothèque nationale, 1957, pp. 405-410.

MARTIN, Colin, « La formation de l'unité monétaire suisse », *Bulletin mensuel, Banque Cantonale Vaudoise*, 9, 1957, pp. 2-4.

MASTIN, Jean-Luc, « La force d'une illusion. La Monnaie de Lille et l'autonomie de la place lilloise au premier XIXe siècle », *Revue du Nord*, mars 2014, pp. 631-669.

MATTIA, Renato de, *L'unificazione monetaria italiana*, Torino : ILTE, 1959, 233 p.

MAYOR, André, *Le développement des bourses en valeurs mobilières de la Suisse française*, Bâle : G. Krebs, 1914, 72 p.

MAZBOURI, Malik, *L'émergence de la place financière suisse (1890-1913) : itinéraire d'un grand banquier*, Lausanne : Antipodes, 2005, 597 p.

MAZBOURI, Malik, « La banque privée comme métaphore : "vieille banque" et "banque nouvelle" en Suisse (1800-1930) », *Revue suisse d'histoire*, 70, 1, 2020, pp. 93-115 et 70, 2, 2020, pp. 286-306.

MEIER, Heinz K., *The United States and Switzerland in the Nineteenth Century*, The Hague : Mouton & Co, 1963, 208 p.

MEIER, Paul, *Der Währungswirrwarr von der Helvetik bis zur Bundesverfassung*, Bern : Arnaud-Druck, 1951, 148 p.

MELITZ, Jacques, OUDIZ, Gilles, « Systèmes monétaires et systèmes de change du XVIe et d'aujourd'hui en Europe occidentale », *Communications*, 50, 1989, pp. 181-194.

MENGER, Karl, « On the Origin of Money », *The Economic Journal*, 2, 6, 1892, pp. 239-255.

MENZEL, Ulrich, *Der Entwicklung der Schweiz (1780-1850). Ein Beitrag zum Konzept autozentrierter Entwicklung*, rapport de recherches, Université de Brême, 1979, 166 p.

MEUWLY, Olivier (Dir.), *Le Congrès de Vienne et le Canton de Vaud, 1813-1815*, Lausanne : Bibliothèque historique vaudoise, 2017, 412 p.

MEUWLY, Olivier, *La Constitution de 1848. L'acte fondateur de la Suisse moderne*, Gollion : Infolio, 2023, 61 p.

MEUWLY, Olivier, *La Régénération. Le libéralisme suisse à l'épreuve du pouvoir (1830-1847)*, Lausanne : Presses polytechniques et universitaires romandes, 2022, 156 p.

MEUWLY, Olivier, *Une brève histoire constitutionnelle de la Suisse*, Neuchâtel : Alphil, 2023, 119 p.

MEYER, Albert, « Thatsachen des Währungswesens », *Schweizerisches Finanz-Jahrbuch*, 1900/1901, pp. 71-113.

MEYER, Hermann, *Das Schweizerische Geldwesen. Rückblick und Ausblick auf Praxis und Rechtsordnung*, tiré à part de *Wirtschaftliche Publikationen der Zürcher Handelskammer*, Heft 18, Zürich : Arnold Bopp & Co, 1929, 35 p.

MITTLER, Max, *Der Weg zum Ersten Weltkrieg : Wie neutral war die Schweiz ? Kleinstaat und europäischer Imperialismus*, Zürich : NZZ, 2003, 982 p.

MORARD, Nicolas, « Ces petits riens qui coûtent : le franc à Fribourg en 1860 et aujourd'hui », in PRONGUE, Bernard *et alii* (contributions réunies par), *Passé pluriel. En hommage au professeur Roland Ruffieux*, Fribourg : Editions universitaires, 1991, pp. 61-76.

MORARD, Nicolas, CAHN, Erich B., VILLARD, Charles, *Monnaies de Fribourg - Freiburger Münzen*, Fribourg: Banque de l'Etat de Fribourg, 1969, 249 p.

MORINEAU, Michel, « De quoi va-t-on parler ? De la monnaie… », *Revue européenne des sciences sociales*, XLV, 137, 2007, pp. 81-98.

MOTTET, Blaise, *La centralisation postale de 1848 et les cantons romands. Enjeux économiques, politiques ou culturels ?*, Mémoire de licence de l'Université de Fribourg, 139 p.

MOTTET, Louis H. (Dir.), *Les grandes heures des banquiers suisses. Vers une histoire de la banque helvétique du XV*ᵉ *siècle à nos jours*, Neuchâtel; Paris: Delachaux & Niestlé SA, 1986, 263 p.

MOTTET, Louis H., *Regards sur l'histoire des banques et banquiers genevois*, Genève: Tribune Editions, 1982, 237 p.

MOTTU-WEBER, Liliane, « L'économie genevoise de l'annexion à la restauration (1798-1813): entre marasme et inventivité », in MOTTU-WEBER, Liliane, DROUX, Joëlle (Eds.), *Genève française 1798-1813: nouvelles approches. Actes du colloque tenu du 12 au 14 novembre 1998*, Genève : Société d'histoire et d'archéologie, 2004, pp. 205-221.

MUNDELL, Robert A., « Money and the Sovereignty of the State », *Zagreb Journal of Economics*, 4, 5, 2000, pp. 3-54.

MUNDELL, Robert A., « Monetary Unions and the Problem of Sovereignty », *The Annals of the American Academy of Political and Social Science*, 579, 2002, pp. 123-152.

MUSEUM FÜR KOMMUNIKATION (Ed.), *In 28 Minuten von London nach Kalkutta. Aufsätze zur Telegrafiegeschichte aus der Sammlung Dr. Hans Pieper im Museum für Kommunikation, Bern*, Zürich : Chronos, 2000, 352 p.

MUYDEN, Berthold van, *La Suisse sous le Pacte de 1815*, 2 Volumes, Lausanne : F. Rouge; Paris: Librairie Fischbacher, 1890-1892.

NABHOLZ, Hans, « Die Entstehung des Bundesstaates wirtschaftsgeschichtlich betrachtet », in *Mélanges d'histoire et de littérature offerts à Monsieur Charles Gilliard*, Lausanne: F. Rouge, 1944, pp. 574-590.

NAPOLSKI, Friedrich von, *Der Weg zum ersten Handelsvertrag zwischen der Schweiz und Deutschland*, Heider: Bergisch Gladbah, 1961, 78 p.

NEDWED, Harald, *Notenbankenfreiheit. Theoretische Analyse und historische Erfahrungen aus der Schweiz im 19. Jahrhundert*, Basel : Ganzmann AG, 1992, 392 p.

NEIDHARDT, Leonhard, *Reform des Bundesstaates. Analysen und Thesen*, Bern : Francke Verlag, 1970, 135 p.

NEIDHARDT, Leonhard, « Repräsentationsformen in der direkten Demokratie. Aspekte des schweizerischen Staatsbildungsprozess », in JUNKER, Beat, GILG, Peter, REICH, Richard (Eds.), *Geschichte und politische Wissenschaft. Festschrift für Erich Gruner zum 60. Geburtstag*, Bern : Francke Verlag, 1975, pp. 299-328.

NELDNER, Manfred, « Competition Necessarily Tends to Produce Excess : The Experience of Free Banking in Switzerland », *German Economic Review*, 4, 3, 2003, pp. 389-408.

NELDNER, Manfred, « Lessons from the free banking era in Switzerland : The law of adverse clearings and the role of the non-issuing credit banks », *European Review of Economic History*, 2, 3, 1998, pp. 289-308.

NICOLAS, Jean, *La Savoie au XVIIIe siècle. Noblesse et bourgeoisie*, Montmélian : La Fontaine de Siloé, 2003[2] (éd. originale : 1978), 1242 p.

NIEDERER, Albert, « Der Münzumtausch von 1851/52 in der Schweiz », *Revue suisse de numismatique*, 44, 1965, pp. 41-50.

NORTH, Douglass Cecil, « Transaction Costs in History », *Journal of European Economic History*, 14, 3, 1985, pp. 557-576.

NORTH, Michael, *Das Geld und seine Geschichte. Vom Mittelalter bis zur Gegenwart*, München : C. H. Beck, 1994, 272 p.

Nouvelle histoire de la Suisse et des Suisses, 3 Volumes, Lausanne: Payot, 1983.

NYE, John Vincent, « Guerre, commerce, guerre commerciale : l'économie politique des échanges franco-anglais réexaminée », *Annales. Economies, sociétés, civilisations*, 47, 3, 1992, pp. 613-632.

OBRIST, David, *Le contentieux des Zones franches (1915-1932) : l'Hinterland genevois et le Conseil fédéral entre problèmes régionaux et enjeux internationaux*, Mémoire de master de l'Université de Genève, 2020, 90 p.

ODIER, Henri-Charles-Auguste (Documents réunis par), *Notice publiée par Lombard, Odier & Cie à l'occasion du 125e anniversaire de la fondation de leur maison, Genève, 1798-1923*, [Genève] : [Impr. Sonor SA], 1923, 72 p.

OLSZAK, Norbert, *Histoire des unions monétaires*, Paris : Presses universitaires de France, 1996, 127 p.

OSTERHAMMEL, Jürgen, *La transformation du monde. Une histoire globale du XIXe siècle*, BESIEN, Hugues van (Trad.), Paris : Nouveau Monde éditions, 2017 (éd. originale allemande : 2009), 1483 p.

OSWALD, Roland, *Die Entwicklung und Bedeutung des st. gallischen Bankwesens*, Winterthur : Verlag Hans Schellenberg, 1971, 216 p.

OTTO, Frank, *Die Entstehung eines nationalen Geldes. Integrationsprozesse der deutschen Währungen im 19. Jahrhundert*, Berlin : Dunck & Humbolt, 2002, 585 p.

PAILLARD, Georges, *La Suisse et l'Union monétaire latine : étude économique et juridique*, Paris : Félix Alcan ; Lausanne : Payot, 1909, 302 p.

PERLMAN, Mark, « In Search of Monetary Union », *The Journal of European Economic History*, 22, 2, 1993, pp. 313-332.

PERROUX, Olivier, *Tradition, vocation et progrès : les élites bourgeoises de Genève (1814-1914)*, Genève : Slatkine, 2006, 595 p.

PEYER, Hans Conrad, « Basel in der Zürcher Wirtschaftsgeschichte », *Basler Zeitschrift für Geschichte und Altertumskunde*, 69, 1969, pp. 223-237.

PEYER, Hans Conrad, *Von Handel und Bank im alten Zürich*, Zürich : Verlag Berichthaus, 1968, 323 p.

PIETH, Friedrich, *Die Mission Justus von Gruners in der Schweiz 1816-1819*, Chur : Hitz'schen Buchhandlung, 1899, 192 p.

PIETSCHMANN, Horst, « Hamburg und Lateinamerika in der ersten Hälfte des 19. Jahrhunderts », in BECKER, Felix *et alii* (Eds.), *Iberische Welten. Festschrift zum 65. Geburtstag von Günter Kahle*, Köln ; Weimar ; Wien: Böhlau, 1994, pp. 381-407.

PINNER, Felix, *Die grossen Weltkrisen im Lichte des Strukturwandels der kapitalistischen Wirtschaft*, Zürich ; Leipzig : Max Niehans, 1937, 365 p.

PIUZ, Anne-Marie, « Note sur l'industrie des indiennes à Genève au XVIIIe siècle », in PIUZ, Anne-Marie, *A Genève et autour de Genève aux XVIIe et XVIIIe siècles : études d'histoire économique*, Lausanne : Payot, 1985, pp. 232-243.

PLATEL, Edmund, *Das Münzwesen der Schweiz*, Bern : Jent & Reinert, 1888, 36 p.

PLESSIS, Alain, *La politique de la Banque de France, 1851-1870*, Genève : Droz, 1985, 353 p.

PLESSIS, Alain, « La Banque de France et les relations monétaires internationales jusqu'en 1914 », *Relations internationales*, 29, 1982, pp. 3-23.

POIDEVIN, Raymond, « Aspects économiques des relations franco-allemandes (1834-1848) », in POIDEVIN, Raymond, SIEBURG, Heinz-Otto (Dir.), *Aspects des relations franco-allemandes 1830-1848. Deutch-französische Beziehungen 1830-1848. Actes du Colloque d'Otzenhausen, 3-5 octobre 1977*, Metz : Centre de recherches relations internationales de l'Université de Metz, 1978, pp. 63-71.

POIDEVIN, Raymond, « Les relations économiques entre la France et le Zollverein (1851-1866) », in POIDEVIN, Raymond, SIEBURG, Heinz-Otto (Dir.), *Aspects des relations franco-allemandes à l'époque du Second Empire 1851-1866. Deutsch-französische Beziehungen im Zeitalter des Second Empire 1851-1866. Actes du Colloque d'Otzenhausen, 5-8 octobre 1981*, Metz : Centre de recherches relations internationales de l'Université de Metz, 1982, pp. 97-104.

POIDEVIN, Raymond, ROULET, Louis-Edouard (Dir.), *Aspects des rapports entre la France et la Suisse de 1843 à 1939. Actes du Colloque de Neuchâtel*, Neuchâtel : Ed. de la Baconnière, 1982, 215 p.

POLANYI, Karl, *La grande transformation. Aux origines politiques et économiques de notre temps*, MALAMOUD, Catherine, ANGENO, Maurice (Trad.), Paris: Gallimard, 1983 (éd. originale anglaise: 1944), 419 p.

PORTEOUS, John, *Coins in History: A Survey of Coinage from the Reform of Diocletian to the Latin Monetary Union*, London: Weidenfeld and Nicolson, 1969, 256 p.

PREVOST, Augustus, *History of Morris, Prevost & Co. in London, including copies of some original documents [and a portrait]*, [London] : [s.n.], 1904, 16 p.

PRINGELS, Pierre, « Le Franc belge 1832-2011. Histoire et évolution des monnaies. Taux de change des valeurs européennes 1832 », *Annales du Cercle Archéologique d'Enghien*, 2001, pp. 143-182.

PÜNTENER, August, *Urner Münz- und Geldgeschichte*, Altdorf: A. Püntener, 1980, 136 p.

PÜNTENER, August, SCHWARZ, Dietrich, *Catalogue des monnaies suisses: essai d'un catalogue de toutes les frappes monétaires suisses classées d'après leur type, Tome VIII: « Die Münzprägung der drei Länder Uri, Schwyz und Nidwalden in Bellinzona und Altdorf. Die Münzen von Uri. Die Münzen von Nidwalden »*, Berne: Société suisse de numismatique, 1983, 162 p.

RAPPARD William Emmanuel, « Considérations historiques sur la Constitution fédérale de 1848 », in INSTITUT SUISSE DE RECHERCHES ET DE RELATIONS INTERNATIONALES (Ed.), *Varia politica: publiés ou réimprimés à l'occasion du soixante-dixième anniversaire de William E. Rappard*, Zurich : Ed. Polygraphiques SA, 1953, pp. 217-235.

RAPPARD, William Emmanuel, *L'individu et l'État dans l'évolution constitutionnelle de la Suisse*, Zurich: Ed. Polygraphiques SA, 1936, 566 p.

RAPPARD, William Emmanuel, *La Constitution fédérale de la Suisse. Ses origines, son élaboration, son évolution*, Neuchâtel : Ed. De la Baconnière, 1948, 477 p.

RAPPARD, William Emmanuel, *La Révolution industrielle et les origines de la protection légale du travail en Suisse*, Berne: Stämpfli & Cie, 1914, 343 p.

RAPPARD, William Emmanuel, « Trois économistes genevois et la révision du Pacte fédéral de 1815 », in SCHWEIZERISCHEN GESELLSCHAFT FÜR

STATISTIK UND VOLKSWIRTSCHAFT (Ed.), *Schweizerische Wirtschaftsfragen. Festgabe für Fritz Mangold*, Basel : Helbing & Lichtenhahn, 1941, pp. 179-216.

RATCLIFFE, Barrie M., « Napoleon III and the Anglo-French Commercial Treaty of 1860 : a Reconsideration », *Journal of European Economic History*, 2, 3, 1973, pp. 582-613.

RAUBER, Sebastian, *Die Vereinheitlichung des schweizerischen Münzwesens nach 1848*, Mémoire de licence de l'Université de Bâle, 2004, 102 p.

REDISH, Angela, « The Latin Monetary Union and the Emergence of the International Gold Standard », in BORDO, Michael M., CAPIE, Forrest, *Monetary Regimes in Transition*, Cambridge : Cambridge University Press, 1994, pp. 68-85.

REGIERUNGRAT DES KANTONS AARGAU (Ed.), *150 Jahre Kanton Aarau im Lichte der Zahlen, 1803-1953*, Aarau : Verlag zur Neuen Aargauer Zeitung, 1954, 541 p.

REICHENBACH, Pierre, « La monnaie du département du Simplon et la réception des batz "au coin du Valais" dans les caisses publiques », *Annales valaisannes*, 1992, pp. 31-58.

REGEMORTER van, Jean-Louis, « Les blés de la mer Noire et les origines du protectionnisme agricole en France (1819-1861) », *Revue russe*, 6, 1994, pp. 35-44.

REY, Adolf, *Die Entwicklung der Industrie im Kanton Aargau*, Aarau : Eugen Keller, 1937, 195 p.

RICHTER, Jürg, KUNZMANN, Ruedi, *Neuer HMZ-Katalog. Band 2: Die Münzen der Schweiz und Liechtensteins 15./16. Jahrhundert bis Gegenwart*, Regenstauf : Gietl Verlag, 2006[6], 604 p.

RIKLI, Erika, « L'histoire de la monnaie suisse », *Revue syndicale suisse : organe de l'Union syndicale suisse*, 28, 1936, pp. 355-360.

RITTMANN, Herbert, *Schweizer Münzen und Banknoten : der Katalog für Sammler*, Zürich : Ex Libris ; München : Battenberg, 1980, 176 p.

RITZMANN, Franz, « Die Entwicklung des schweizerischen Geld- und Kreditsystems », *Swiss Journal of Economics and Statistics*, 100, 1964, pp. 235-272.

RITZMANN, Franz, *Die Schweizer Banken : Geschichte-Theorie-Statistik*, Bern ; Stuttgart : Paul Haupt, 1973, 387 p.

ROESLE, Alphonse E., *Das Münzrecht im Kanton Aargau. Beitrag zur Geschichte des schweizerischen Münzrechtes*, Schwarzenburg : Imprimerie Gerber-Buchdruck, 1946, 127 p.

ROSE, Andrew K., LOCKWOOD, Ben, QUAH, Danny, « One Money, One Market: The Effect of Common Currencies on Trade », *Economic Policy*, 15, 30, 2000, pp. 7-45.

ROSSFELD, Roman, « Handwerk, Gewerbe und Industrie: die schweizerische Binnenwirtschaft im 19. und 20. Jahrhundert », *Traverse: Revue d'histoire*, 17, 1, 2010, pp. 75-102.

ROWLEY, Anthony, « Deux crises économiques modernes: 1846 et 1848 ? », *1848. Révolutions et mutations au XIXe siècle*, 2, 1986, pp. 81-90.

RUCHON, François, *Histoire politique de la République de Genève: de la Restauration à la suppression du budget des cultes (31 décembre 1813 – 30 juin 1907)*, Tome I, Genève: Alexandre Jullien, 1953, 407 p.

RUPLI, Walther, *Zollreform und Bundesreform in der Schweiz 1815-1848*, Zürich: Europa Verlag, 1949, 267 p.

RUSSELL, Henry B., *International Monetary Conferences. Their Purposes, Character, and Results*, New York; London : Harper & Brothers, 1898, 477 p.

SAGER, Josef, « Vom Reichsgulden zum Schweizerfranken: zum hundertjährigen Jubiläum des Frankens », *Thurgauische Beiträge zur vaterländische Geschichte*, 89, 1952, pp. 47-59.

SAINT MARC, Michèle, *Histoire monétaire de la France, 1800-1980*, Paris: Presses universitaires de France, 1983, 441 p.

SAINT MARC, Michèle, *Le Mark*, Paris: Presses universitaires de France, 1998, 127 p.

SALAIS, Robert, STORPER, Michael, *Les mondes de production: enquête sur l'identité économique de la France*, Paris : Ecole des hautes études en sciences sociales, 1993, 467 p.

SALVATORE, Dominick, DEAN, James W., WILLETT, Thomas D. (Eds.), *The Dollarization Debate*, Oxford: Oxford Scholarship, 2003, 475 p.

SALVISBERG, Hugo P., « Salomon und Ulrich Zellweger. Appenzeller Wegbereiter offener Wirtschaftsgrenzen », in *Schweizer Pioniere der Wirtschaft und Technik*, Zürich : Verein für wirtschaftshistorische Studien, 2008, 96 p.

SALZMANN, Martin, *Die Wirtschaftskrise im Kanton Zürich 1845 bis 1848. Ihre Stellung und Wertung im Rahmen der wirtschaftlich-sozialen Entwicklung in der ersten Hälfte des 19. Jahrhunderts*, Bern, etc. : Peter Lang, 1978, 399 p.

SARASIN, Philipp, *La ville des bourgeois. Elites et société urbaine à Bâle dans la deuxième moitié du XIXe siècle*, GEUDELIN, Estelle M. (Trad.), Paris; Montréal : L'Harmattan, 1998 (éd. originale allemande: 1997), 363 p.

SAMUELSON, Alain, *Le mark: histoire de la Monnaie allemande*, Paris; Bruxelles; Montréal: Didier, 1971, 431 p.

SCHALLER, Marie-Louise, « Helvetia antiqua et nova. Antike Vorbild für eine Integrationsfigur der Schweiz », *helvetia archaeologica*, 26, 101/102, 1995, pp. 2-62.

SCHANZ, Georg, *Die Steuern der Schweiz in ihrer Entwicklung seit Beginn des 19. Jahrhunderts*, 5 Volumes, Stuttgart : J. G. Gotta'schen Buchhandlung, 1890.

SCHÄRER KNUTTI, Anna Carolina, *Globale Verflechtungen und protestantische Netzwerke im 19. Jahrhundert: Der Appenzeller Unternehmer und Philanthrop Johann Ulrich Zellweger (1804-1871)*, Mémoire de licence de l'Université de Zurich, 2010, 139 p.

SCHAUFELBERGER, Albert, *Die Geschichte des bernischen Bankwesens*, Thun : Ott Verlag, 1948, 143 p.

SCHEITLIN, Carl, « Ein Gang durch die Geschichte der Bank, mit einem Ausblick », in ERSPARNISANSTALT DER STADT SANKT GALLEN (Ed.), *Hundertfünfundsiebzig Jahre Ersparnisanstalt der Stadt St. Gallen, mit einer kleinen Münzgeschichte*, St. Gallen : Ersparnisanstalt der Stadt St. Gallen, 1986, pp. 11-47.

SCHIB, Karl, GNADE, Rudolf, *Johann Conrad Fischer, 1773-1854*, Schaffhausen : G. Fischer AG, 1954, 246 p.

SCHIEDT, Hans-Ulrich, « Reisezeiten im 19. Jahrhundert », *ViaStoria*, 2, 2008, pp. 4-10.

SCHIEDT, Hans-Ulrich, « Chausseen und Kunststrassen : der Bau der Hauptstrassen zwischen 1740 und 1910 », *Revue Suisse d'histoire*, 56, 2006, pp. 13-21.

SCHIEDT, Hans-Ulrich, « Die Entwicklung der Strasseninfrastruktur in der Schweiz zwischen 1740 und 1910 », *Jahrbuch für Wirtschaftsgeschichte*, 1, 48, 2007, pp. 39-54.

SCHLESINGER, William, *Das Geldproblem in der Öffentlichen Meinung der Schweiz, 1803-1850*, Zürich : [s.n.], 1936, 135 p.

SCHLUCHTER, André *et alii*, *Geschichte des Kantons Solothurn 1831-1914. Landschaft und Bevölkerung – Wirtschaft und Verkehr – Gesellschaft – Kultur*, Band 4, Teil 2, Solothurn : Regierungsrat des Kantons Solothurn, 2011, 644 p.

SCHMID, Werner, *Geschichte des schweizer Frankens*, Bern : Paul Haupt, 1975, 232 p.

SCHMIDT, Peter Heinrich, *Die Schweiz und die europäische Handelspolitik*, Zürich : Orell, Füssli & Cie, 1914, 319 p.

SCHNEIDER, Hans, *Geschichte des Schweizerischen Bundesstaates 1848-1918. Erster Halbband 1848-1874*, Zürich : Ernst Waldmann, 1931, 857 p.

SCHNEIDER, Jürgen *et alii* (Eds.), *Währungen der Welt 1. Europäische und nordamerikanische Devisenkurse, 1777-1914*, 3 Volumes, Stuttgart : F. Steiner, 1991.

SCHNYDER, Matthias, « Das schweizerische Konsularwesen im 19. Jahrhundert », *Politorbis. Revue de politique étrangère*, 36, 2, 2004, pp. 5-68.

SCHOLLENBERGER, Johann Jakob, *Die Schweiz seit 1848. Ein staatsmännisches und diplomatisches Handbuch*, Berlin : O. Häring, 1908, 422 p.

SCHOOP, Albert, *Johann Konrad Kern. Jurist, Politiker, Staatsmann*, 2 Volumes, Frauenfeld ; Stuttgart : Huber, 1968-1976.

SCHROEDER, Paul W., *The Transformation of European Politics, 1763-1848*, Oxford : Clarendon Press, 1994, 894 p.

SCHÜEPP, Jakob, *Beiträge zur Schweizerischen Münzgeschichte, 1850-1894*, Frauenfeld : Huber & Cie, 1895, 154 p.

SCHÜEPP, Jakob, « Neue Beiträge zur Schweiz. Münz-und Währungsgeschichte 1700-1900. I. Teil : das Kleingeld », in *Programm der Thurgauischen Kantonsschule. Bericht über das Schuljahr 1913/1914*, Frauenfeld : Huber & Co, [1914], 107 p.

SCHÜEPP, Jakob, « Neue Beiträge zur Schweiz. Münz-und Währungsgeschichte 1700-1900. II. Teil : die groben Sorten », in *Programm der Thurgauischen Kantonsschule. Bericht über das Schuljahr 1915/1916*, Frauenfeld : Huber & Co, [1916], 118 p.

SCHULTHESS, Hans, *Savoy Hotel Baur en Ville Zürich, 1838-1938*, Zürich : Buchdr. Schulthess, 1938, 64 p.

SCHULZ, Matthias, « L'Europe après Napoléon et la construction d'une paix internationale. Innovations, erreurs, conséquences », in HERRMANN, Irène (Dir.), *Quand le monde a changé… L'entrée de Genève dans la Confédération suisse*, Genève : Georg, 2016, pp. 37-71.

SCHULZ, Matthias, *Normen und Praxis. Das Europäische Konzert der Grossmächte als Sicherheitsrat, 1815-1860*, München : R. Oldenbourg, 2009, 726 p.

SCHULZ, Matthias, « Zwischen Sicherheitsimperativ und innenpolitischem Equilibrium : Der Wiener Kongress und die Neuordnung der Schweiz, 1814/1815 », in MAZOHL, Brigitte, SCHNEIDER, Karin, WERNER, Eva Maria (Eds.), *Am Rande der grossen Politik. Italien und der Alpenraum beim Wiener Kongress*, Innsbruck : Innsbruck University Press, 2017, pp. 143-168.

SCHULTZ, Bruno, *Kleine deutsche Geldgeschichte des 19. und 20. Jahrhunderts*, Berlin : Duncker & Humblot, 1976, 294 p.

SCHWARZ, Jutta, *Bruttoanlageinvestitionen in der Schweiz von 1850 bis 1914. Eine empirische Untersuchung zur Kapitalbildung*, Bern; Stuttgart: Paul Haupt, 1981, 487 p.

SEDILLOT, René, *Histoire du Franc*, Paris: Ed. Sirey, 1979, 305 p.

SEILER, Christophe, STEIGMEIER, Andreas, *Geschichte des Aargaus: illustrierter Überblick von der Urzeit bis zur Gegenwart*, Aarau: AT Verlag, 1991, 240 p.

SERVET, Jean-Michel, « Des mesures et des hommes », *Revue économique*, 40, 1, 1989, pp. 111-118.

SERVET, Jean-Michel, « La fable du troc », *Dix-huitième siècle*, 26, 1994, pp. 103-115.

SERVET, Jean-Michel, *Les monnaies du lien*, Lyon: Presses universitaires de Lyon, 2012, 455 p.

SERVET, Jean-Michel, « Le troc primitif, un mythe fondateur d'une approche économiste de la monnaie », *Revue numismatique*, 157, 2001, pp. 15-32.

SIEGENTHALER, Hansjörg, « Die Bedeutung des Aussenhandels für die Ausbildung einer schweizerischen Wachstumgesellschaft im 18. und 19. Jahrhundert », in BERNARD, Nicolai, REICHEN, Quirinus (Eds.), *Gesellschaft und Gesellschaften. Festschrift zum 65. Geburtstag von Professor Dr. Ulrich Im Hof*, Bern : Wyss, 1982, pp. 325-340.

SIEGENTHALER, Hansjörg (Dir.), *Statistique historique de la Suisse*, Zurich : Chronos, 1996, 1221 p.

SIEGENTHALER, Hansjörg, « Supernationalität, Nationalismus und regionale Autonomie: Erfahrungen des schweizerischen Bundesstaates – Perspektiven der europäischen Gemeinschaft », *Traverse: Revue d'histoire*, 1, 3, 1994, pp. 117-142.

SIEGENTHALER, Hansjörg, « Weg der Vernunft in die Modernität. Vom Kampf um die Quellen der Wahrheit zur Gründung des Bundesstaates », in TANNER, Albert, *Geschichte(n) für die Zukunft ? Vom Umgang mit Geschichte(n) im Jubiläumsjahr 1998*, Basel : Schwabe, 1999, pp. 18-24.

SIEGENTHALER, Jörg, « Zum Lebensstandard schweizerischer Arbeiter im 19. Jahrhundert », *Swiss Journal of Economics and Statistics*, 101, 1965, pp. 423-444.

SIEGFRIED, Paul, *Basel im neuen Bund. I. Basel und der Ausbau der neuen Eidgenossenschaft. Der Anschluss Basels an die Eisenbahnen. Das Basler Gesundungswerk*, Basel: Komm. Helbing & Lichtenhahn, 1925, 95 p.

SILVANT, Claire, « L'école libérale française et la question du bimétallisme (1860-1885). Enjeux économiques et politiques de la controverse », *Oeconomia. History, Methodology, Philosophy*, 2-3, 2012, pp. 305-326.

SIMMEL, Georg, *Philosophie de l'argent*, Paris : Presses universitaires de France, 1987 (éd. originale allemande : 1977), 662 p.

SIMMEN, J. & H., *Catalogue des monnaies suisses : essai d'un catalogue de toutes les frappes monétaires suisses classées d'après leur type, Tome VII : « Soleure »*, Berne : Société suisse de numismatique, 1972, 109 p.

SINCLAIR, David, *The Pound. A Biography*, London : Century, 2000, 298 p.

SOUGY, Nadège, « Les montres de Genève au XIXe siècle. La fabrique des qualités », *Revue d'histoire moderne & contemporaine*, 65, 1, 2018, pp. 7-28.

SOUGY, Nadège, « Liberté, légalité, qualité : le luxe des produits d'or et d'argent à Genève au XIXe siècle », *Entreprises et histoire*, 46, 1, 2007, pp. 71-84.

SPEISER, William, « Der Kredit-Verein in Basel vom Jahre 1848 », *Zeitschrift für schweizerische Statistik*, 41, 1905, pp. 6-17.

SPEISER, William, GEERING, Traugott, KUMMER, Johann Jakob, *Bibliographie der schweizerischen Landeskunde. Bankwesen, Handelsstatistik, Versicherungswesen*, Berne : K. J. Wyss, 1893, 207 p.

SPRENGER, Bernd, *Das Geld der deutschen. Geldgeschichte Deutschlands von den Anfängen bis zur Gegenwart*, Paderborn ; München ; Wien ; Zürich : Ferdinand Schöningh, 1991, 300 p.

STAEHELIN, Heinrich, *Carl Feer-Herzog 1820-1880. Persönliche und familiäre Verhältnisse. Politische Tätigkeit im Aargau*, Aarau : Sauerländer, 1975, 335 p.

STAEHELIN, Heinrich, *Geschichte des Kantons Aargau 1830-1885*, Baden : Baden Verlag AG, 1978, 469 p.

STEIGER, Anne von, *Les rubans bâlois (XVIIIè-XXè siècles) : composition de l'offre et mobilité de la demande*, Thèse de doctorat de l'Université de Genève, 2012, 561 p.

STERCKEN, Angela, *Enthüllung der Helvetia. Die Sprache der Staatspersonifikation im 19. Jahrhundert*, Berlin : Dietrich Reimer, 1998, 292 p.

STELLING-Michaud, Sven, STELLING-Michaud, Suzanne (Dir.), *Le livre du recteur de l'Académie de Genève : 1559-1878*, 6 Volumes, Genève : Droz, 1959-1980.

STINTZI, Paul, « Der Anteil der Schweiz an der Begründung der oberelsässischen Industrie », *Basler Stadtbuch*, 1971, pp. 83-94.

STOSKOPF, Nicolas, « Alphonse Pinard et la révolution bancaire du Second Empire », *Histoire, économie et société*, 17, 2, 1998, pp. 299-317.

STOSKOPF, Nicolas, « Qu'est-ce que la haute banque parisienne au XIXe siècle ? », *Journée d'études sur l'histoire de la haute banque*, 16 novembre 2000, 15 p. Disponible en ligne: https://hal.archives-ouvertes.fr/hal-00431248/document (Etat au 26.01.2024).

STRAUMANN, Tobias, « Wieder mehr Wirtschaftsgeschichte der Schweiz im Jahrhundert – ein Plädoyer », *Revue suisse d'histoire*, 71, 2021, pp. 143-158.

STRICKLER, Johannes, « Das schweizerische Münzwesen im Übergang vom 18. zum 19. Jahrhundert », *Vierteljahrschrift für Sozial- und Wirtschaftsgeschichte*, 2, 1, 1904, pp. 122-147 et 2, 2, 1904, pp. 286-322.

STUDENY, Christophe, *L'invention de la vitesse. France, XVIIIe-XXe siècle*, Paris: Editions Gallimard, 1995, 408 p.

STUDENY, Christophe, « La révolution des transports et l'accélération de la France (1770-1870) », in GUIGUENO, Vincent, FLONNEAU, Mathieu, *De l'histoire des transports à l'histoire de la mobilité ?*, Rennes: Presses universitaires de Rennes, 2009, pp. 117-133.

STUDER, Brigitte (Ed.), *Etappen des Bundesstaates: Staats- und Nationsbildung der Schweiz, 1848-1998*, Zürich : Chronos, 1998, 293 p.

TANNER, Albert, « Willensnation versus Kulturnation. Nationalbewusstsein und Nationalismus in der Schweiz », in BOSSHART-PFLUGER, Catherine, JUNG, Joseph, METZGER, Franziska (Eds.), *Nation und Nationalismus in Europa. Kulturelle Konstruktion von Identitäten*, Frauenfeld; Stuttgart; Wien : Huber, 2002, pp. 179-203.

THERET, Bruno, « Les trois états de la monnaie. Approche interdisciplinaire du fait monétaire », *Revue économique*, 4, 59, 2008, pp. 813-841.

THERET, Philippe, *Le franc, les monnaies, les archives*, Paris: Chevau-Légers, 2019, 1126 p.

THIEMEYER, Guido, *Internationalismus und Diplomatie. Währungspolitische Kooperation im europäischen Staatensystem 1865-1900*, München : R. Oldenbourg, 2009, 255 p.

THIVEAUD, Jean-Marie, « L'Union latine: Europe, monnaie et toile d'araignée », *Revue d'économie financière*, 8-9, 1989, pp. 19-25.

THIVEAUD, Jean-Marie, « Le Roi, l'Etat, la finance – Souveraineté et légitimité de la monnaie », in AGLIETTA, Michel, ORLEAN, André (Dir.), *Souveraineté, légitimité de la monnaie*, Paris : A.E.F.; C.R.E.A., 1995, pp. 165-193.

THIVEAUD, Jean-Marie, OLIVEIRA, Matthieu de, « Les unions monétaires en Europe au XIXe siècle », *Revue d'économie financière*, hors-série, 1992, pp. 161-176.

THIVEAUD, Jean-Marie, « Monnaie universelle, unique, unitaire, cosmopolite, internationale… : Petite anthologie de quelques siècles de projets monétaires entre utopie et réalité », *Revue d'économie financière*, 36, 1998, pp. 15-50.

THUILLIER, Guy, *La monnaie en France au début du XIXe siècle*, Genève : Droz, 1983, 450 p.

THUILLIER, Guy, « Pour une histoire monétaire de la France au XIXe siècle : le rôle des monnaies de cuivre et de billon », *Annales E.S.C.*, 1, 1959, pp. 65-90.

THUILLIER, Guy, « Pour une histoire monétaire en France : spéculations sur l'or et l'argent en 1857 », *Annales E.S.C.*, 4, 1962, pp. 722-731.

TILLY, Charles, *Coercion, Capital, and European States, AD 990-1990*, Cambridge : Basil Blackwell, 1990, 269 p.

TIMINI, Jacopo, « Currency Unions and Heterogeneous Trade Effects : The Case of the Latin Monetary Union », *European Review of Economic History*, 22, 3, 2018, pp. 322-348.

TISSOT, Laurent, « L'hôtellerie de luxe à Genève (1830-2000). De ses espaces à ses usages », *Entreprises et Histoire*, 1, 46, 2007, pp. 17-33.

TISSOT, Laurent, « Les chemins de fer en Suisse au XIXe siècle : état des lieux », *Revue d'histoire des chemins de fer*, 42-43, 2012, pp. 67-90.

TISSOT, Laurent, *Naissance d'une industrie touristique. Les Anglais et la Suisse au XIXe siècle*, Lausanne : Payot, 2000, 302 p.

TISSOT, Laurent, « Une Suisse sans suisses. Les guides de voyage dans la construction d'une identité nationale (1840-1880) », *Revue d'Allemagne*, 30, 4, 1998, pp. 443-456.

TOBLER, Edwin, *Catalogue des monnaies suisses : essai d'un catalogue de toutes les frappes monétaires suisses classées d'après leur type, Tome V : « Appenzell Innerrhoden, Appenzell Ausserrhoden »*, Berne : Société suisse de numismatique, 1969, 112 p.

TOUTAIN, Jean-Claude, « Les transports en France de 1830 à 1965 », *Economies et sociétés*, septembre-octobre 1967, 306 p.

TRACHSEL, Charles-François, « Notice numismatique sur le concordat monétaire suisse de 1825 », tiré à part de *Revue belge de numismatique*, Bruxelles : J. Goemaere, 1898, 4 p.

TROXLER, Werner P., *Johann Rudolf Forcart-Weiss & Söhne. Ein Beitrag zur Unternehmergeschischte*, Bern, etc. : Peter Lang, 1973, 128 p.

TSCHARNER, Bénédict de, *Johann Konrad Kern (1808-1888), Homme d'Etat et diplomate*, Gollion : Infolio ; Genève : Editions de Penthes, 2005, 78 p.

TURCHETTI, Mario (Ed.), *La Suisse de la Médiation dans l'Europe napoléonienne (1803-1814). Die Schweiz unter der Mediationsakte in Napoleon*

Europa (1803-1814). Actes du colloque de Fribourg (journée du 10 octobre 2003), Fribourg : Academic Press, 2005, 151 p.

UGOLINI, Stefano, « The origins of Swiss wealth management ? Genevan private banking, 1800-1840 », *Financial History Review*, 2018, 22 p. Disponible en ligne : https://univ-tlse2.hal.science/hal-01886978/file/FHR%20Final%20(Mirabaud).pdf (Etat au 26.01.2024).

UNGER, Gérard, *Histoire du Second Empire*, Paris : Perrin, 2018, 477 p.

VALANCE, Georges, *La légende du franc, de 1360 à demain*, Paris : Flammarion, 1996, 448 p.

VANTHOOR, Wim Frans Victor, *European Monetary Union since 1848. A Political and Historical Analysis*, Cheltenham ; Northampton : Edward Elgar, 1996, 207 p.

VEIT, Otto, *Grundriss der Währungspolitik*, Frankfurt am Main : F. Knapp, 1961, 844 p.

VESCOVI, Stefano, *Bimetallismus in der modernen Schweiz. Formen, Probleme, Auseinandersetzungen und Interpretationsversuche der metallischen Doppelwährung im 19. Jahrhundert*, Mémoire de licence de l'Université de Berne, 1997, 103 p.

VEYRASSAT, Béatrice, « De Sainte-Croix à Rio de Janeiro : fromages et absinthe, dentelles et musiques contre café (1820-1840). Entreprise, région et marché mondial », in MOTTU-WEBER, Liliane, ZUMKELLER, Dominique (études réunies par), *Mélanges d'histoire économique offerts au professeur Anne-Marie Piuz*, Genève : Université de Genève ISTEC, 1989, pp. 267-280.

VEYRASSAT, Béatrice, « Intégration économique, intégration politique : les enjeux de la construction de l'Etat national. L'exemple de la Suisse et de l'Allemagne, 1815-1874 », in BARRELET, Jean-Marc, HENRY, Philippe (Dir.), *Neuchâtel, la Suisse, l'Europe : 1848-1998. Actes du colloque international de Neuchâtel-La Chaux-de-Fonds, 26-28 février 1998*, Fribourg : Editions Universitaires, 2000, pp. 119-142.

VEYRASSAT, Béatrice, *Histoire de la Suisse et des Suisses dans la marche du monde (XVIIe siècle – Première Guerre mondiale). Espaces – Circulations – Échanges*, Neuchâtel : Alphil, 2018, 428 p.

VEYRASSAT, Béatrice, « La Suisse sur les marchés du monde. Exportations globales et répartition géographique au XIXe siècle. Essai de reconstitution », in BAIROCH, Paul, KÖRNER, Martin (Eds.), *La Suisse dans l'économie mondiale. Die Schweiz in der Weltwirtschaft*, Genève : Droz, 1990, pp. 287-316.

VEYRASSAT, Béatrice, « Les Suisses et la Suisse au Brésil (1817-1930). Le renouvellement des communautés d'affaires ou le recul de l'influence économique de la Suisse française », *Etudes et Sources*, 21, 1995, pp. 11-44.

VEYRASSAT, Béatrice, *Négociants et fabricants dans l'industrie cotonnière suisse, 1760-1840. Aux origines financières de l'industrialisation*, Lausanne: Payot, 1982, 385 p.

VEYRASSAT, Béatrice, *Réseaux d'affaires internationaux, émigrations et exportations en Amérique latine au XIXe siècle: le commerce suisse aux Amériques*, Genève: Droz, 1993, 532 p.

VÖGELI, Rudolf Heinrich, *Die Schweizerische Regeneration von 1830-1840 in der Beleuchtung englischer Gesandtschaftsberichte*, Weida in Thüringen: Thoma & Hubert, 1924, 269 p.

VOGT, Annette Christine, *Ein Hamburger Beitrag zur Entwicklung des Welthandels im 19. Jahrhundert. Die Kaufmannsreederei Wappäus im internationalen Handel Venezuelas und der dänischen sowie niederländischen Antillen*, Stuttgart : Franz Steiner Verlag, 2003, 453 p.

WALDER, Emil, *Die Geschichte des Handelsbankwesens in St. Gallen*, St. Gallen: Fehrsche Buchhandlung, 1913, 260 p.

WALDVOGEL, William, *Les relations économiques entre la Grande-Bretagne et la Suisse dans le Passé et le Présent*, Neuveville : Imprimerie W. Henry, 1922, 275 p.

WALLISER, Thomas, *Zwei Vereinheitlichungsprozesse im neuen schweizerischen Bundesstaat: Das Zollwesen und das Postwesen 1848-1850. Die Kräfteverhältnisse zwischen Bund und Gliedstaaten am Beispiel der Kantone Bern und Waadt*, Mémoire de licence de l'Université de Bâle, 1997, 141 p.

WALTER, François, *Histoire de la Suisse*, 5 Volumes, Neuchâtel : Editions Alphil, 2013[3] (1e édition: 2010).

WALTER, Rolf, *Die Kommerzialisierung von Landwirtschaft und Gewerbe in Württemberg (1750-1850)*, St. Katharinen : Scripta Mercaturae, 1990, 531 p.

WALTHARD, Samuel Rodolphe, « Les banquiers actuels de Berne: 1841 », *Neues Berner Taschenbuch*, 32, 1926, pp. 175-191.

WANNER, Gustaf Adolf, *Christoph Merian 1800-1858. Zur hundersten Wiederkehr seines Todestages im Auftrag der Chr. Merian'schen Stiftung*, Basel: Benno Schwabe, 1958, 458 p.

WARTMANN, Hermann, *Das Kaufmännische Direktorium in St. Gallen*, Bern: Verlag Encyklopädie, 1905, 16 p.

WAVRE, Pierre-Alain, « Swiss investments in Italy from the XVIIIth to the XXth century », *Journal of European Economic History*, 17, 1988, pp. 85-102.

WEBER, Danny, *Das Handels- und Bankhaus Frege & Co in Leipzig (1739-1816)*, Stuttgart: Franz Steiner Verlag, 2008, 430 p.

WEBER, Erich, *Untiefen, Flut und Flauten. Der Güterverkehr auf dem Rhein zwischen 1750 und 1850. Die Modernisierung der vorindustriellen Rheinschiffahrt aus einer wirtschafts-, sozial- und umweltgeschichtlichen Perspektive betrachtet*, Thèse de doctorat de l'Université de Berne, 2005, 532 p. Disponible en ligne: https://biblio.unibe.ch/download/eldiss/05weber_e.pdf (Etat au 26.01.2024).

WEBER, Ernst Juerg, « Currency Competition in Switzerland, 1826-1850 », *Kyklos*, 4, 3, 1988, pp. 459-478.

WEBER, Ernst Juerg, « Free banking in Switzerland after the liberal revolutions in the nineteenth century », in DOWD, Kevin, *The experience of free banking*, London ; New York : Routledge, 1992, pp. 187-205.

WEBER, Félix, *Kleine Luzerner Münzgeschichte: 15.-19. Jahrhundert*, [Luzern] : [Kantonalbank], [1975], 19 p.

WEHRLI, Bernhard, *Die «Bundesbarone». Betrachtungen zur Führungsschicht der Schweiz nach der Gründung des Bundesstaates*, Zürich : Kommissionsverlag Beer AG, 1983, 63 p.

WEISSENRIEDER, Franz Xaver, *100 Jahre schweizerisches Münzwesen: 1850-1950, ein Querschnitt durch ein Jahrhundert eidgenössicher Münzgeschichte und Währungspolitik*, Bazenheid : E. Kalberer « Thur-Verlag », 1952, 101 p.

WEISSENRIEDER, Franz Xaver, *"Vom alten Schrot und Korn". Ein Querschnitt durch die Geschichte des alten st. gallischen Münzwesens*, Bazenheid : Kalenderverlag Thur ; E. Kalberer, 1942, 70 p.

WEISSKOPF, Erich, *Das schweizerische Münzwesen von seinen Anfängen bis zur Gegenwart*, Bern : A. Francke, 1948, 224 p.

WEISZ, Leo, « Der organisierte Kredit in Zürich von der Reformation bis zum Jahre 1835 », in DIREKTORIUM DER SCHWEIZERISCHEN NATIONALBANK (Ed.), *Geld- und Kreditsystem der Schweiz. Festgabe für Gottlieb Bachmann zum 20. Juli 1944, dem siebzigsten Geburtstag*, Zürich : Schulthess & Co, 1944, pp. 135-156.

WEISZ, Leo, *Die Zürcherische Exportindustrie. Ihre Entstehung und Entwicklung*, Zürich : NZZ, 1936, 237 p.

WENZELHUEMER, Roland, *Connecting the Nineteenth-Century World. The Telegraph and Globalization*, Cambridge : Cambridge University Press, 2013, 339 p.

WERVEKE, Hans Van, « Monnaie de compte et monnaie réelle », *Revue belge de philologie et d'histoire*, 13, 1-2, 1934, pp. 123-152.

WIDMER, Paul, *Schweizer Aussenpolitik und Diplomatie: von Pictet de Rochemont bis Edouard Brunner*, Zürich : Ammann, 2003, 455 p.

WIELANDT, *Friedrich, Münz- und Geldgeschichte des Standes Luzern*, Luzern: Schweizerischer Bankverein, 1969, 176 p.

WIELANDT, Friedrich, *Münz- und Geldgeschichte des Standes Schwyz*, Schwyz: Kantonalbank, 1964, 122 p.

WIELANDT, Friedrich, *Münz- und Geldgeschichte des Standes Zug*, Zug: Zuger Kantonalbank, 1966, 149 p.

WIELANDT, Friedrich, *Schaffhauser Münz- und Geldgeschichte*, Schaffhausen: Schaffhauser Kantonalbank, 1959, 223 p.

WILLIS, Henry Parker, *A History of the Latin Monetary Union: A Study of International Monetary Action*, New York: Greenwood Press, 1968 (éd. originale: 1901), 332 p.

WIPF, Hans Ulrich, KNOEPFLI, Adrian, «Wirtschaft: Strukturen und Konjunkturen; Kapital und Arbeit», in HISTORISCHER VEREIN DES KANTONS SCHAFFHAUSEN (Ed.), *Schaffhauser Kantonsgeschichte des 19. und 20. Jahrhunderts*, Volume 1, Schaffhausen: Historischer Verein des Kantons Schaffhausen, 2001, pp. 221-495.

WISSENSCHAFTLICHE KOMMISSION DER SANKT-GALLER KANTONSGESCHICHTE (Ed.), *Sankt-Galler Geschichte 2003. Band 5: Die Zeit des Kantons 1798-1861*, St. Gallen: Amt für Kultur des Kantons St. Gallen, 2003, 202 p.

WITTMANN, Walter, « Die Take-Off Periode der schweizerischen Volkswirtschaft », *Zeitschrift für die gesamte Staatswissenschaft*, 119, 1963, pp. 592-615.

WOBRING, Michael, *Die Globalisierung der Telekommunikation im 19. Jahrhundert. Pläne, Projekte und Kapazitätsausbauten zwischen Wirtschaft und Politik*, Bern, etc.: Peter Lang, 2004, 370 p.

WUARIN, Louis, *Le mouvement économique, 1814-1914*, Genève : A. Jullien, 1914, 106 p.

YON, Jean-Claude, *Le Second Empire. Politique, société, culture*, Paris: Armand Colin, 2004, 255 p.

ZALA, Sacha, «Souveränität, Neutralität, Aussenhandel: Zweck und Ziele der Schweizer Aussenpolitik seit 1848», in BERNAUER, Thomas *et alii* (Eds.), *Eine Aussenpolitik für die Schweiz im 21. Jahrhundert*, Basel : NZZ Libro, 2021, pp. 39-56.

ZEHNDER, Patrick, «Konfession und Industrialisierung – drei unterschiedliche Entwicklungslinien im Kanton Aargau des 19. Jahrhunderts», *Schweizerische Zeitschrift für Religions- und Kulturgeschichte*, 102, 2008, pp. 371-390.

ZELDIN, Theodore, *The Political System of Napoleon III*, London: Macmillan & Co Ltd, 1958, 196 p.

ZELIZER, Viviana A., « Monétisation et vie sociale », *Le Portique*, 19, 2007, pp. 43-58.

ZICH, Wilhelm, *Der Wiener Münzvertrag vom 24. Januar 1857 und Carl Ludwig von Bruck*, Thèse de doctorat de l'Université de Vienne, 2009, 331 p. Disponible en ligne : https://utheses.univie.ac.at/detail/6477 (Etat au 26.01.2024).

ZIMMERMANN, Rolf, *Volksbank oder Aktienbank ? Parlamentsdebatten, Referendum und zunehmende Verbandsmacht beim Streit um die Nationalbankgründung, 1891-1905*, Zürich : Chronos, 1987, 301 p.

ZINGG, Ulrich, « Das Münzwesen im Thurgau vom Mittelalter bis zur Wende des 19. Jahrhunderts », *Thurgauische Beiträge zur vaterländischen Geschichte*, 83, 1947, pp. 13-41.

4. Webographie

Allgemeine Deutsche Biographie & Neue Deutsche Biographie :
http://www.deutsche-biographie.de
Archives de la presse allemande :
https://digipress.digitale-sammlungen.de/search/simple
Archives de la presse française :
https://www.retronews.fr
Archives de la presse suisse :
https://www.e-newspaperarchives.ch
Archives de la presse vaudoise :
https://scriptorium.bcu-lausanne.ch
Archives du Temps et de la Gazette de Lausanne :
http://letempsarchives.ch
Archives nationales du monde du travail :
https://archives-nationales-travail.culture.gouv.fr
Base de données Biolemano :
https://www.unil.ch/hist/Biolemano
Base de données des élites suisses au XXe siècle :
https://www2.unil.ch/elitessuisses/
Base de données des personnalités de Bâle-Campagne :
https://personenlexikon.bl.ch
Dictionnaire Historique de la Suisse :
http://www.hls-dhs-dss.ch/f/home

Dictionnaire historique des familles de la Suisse :

http://www.hfls.ch

Généalogie des familles patriciennes bâloises :

https://www.stroux.org

JUNG, Joseph (Ed.), *Digitale Briefedition Alfred Escher*, Zürich : Alfred Escher-Stiftung :

https://www.briefedition.alfred-escher.ch

Recensement fédéral de la population réalisé par l'Office fédéral de la statistique pour la période 1850-2015 :

https://www.bfs.admin.ch/asset/fr/su-f-01.01-vz1850-ge-01

Statistique historique de la Suisse :

http://www.fsw.uzh.ch/hstat/nls/overview.php?lang=fr&timeline=no

www.ingramcontent.com/pod-product-compliance
Ingram Content Group UK Ltd.
Pitfield, Milton Keynes, MK11 3LW, UK
UKHW021420091026
15624UKWH00010B/255

9 783034 34951